刑法适用全指引

罪名要义　关联法规
立案追诉标准　定罪量刑标准

孙强　主编

编委会

主编　孙强　　　副主编　张蕾

编　委
（以编写章节先后为序）

孙强　陈丽莎　张蕾　孔崴
许晓冰　高雪洁　刘磊

中国法制出版社
CHINA LEGAL PUBLISHING HOUSE

前　言

为"懒人"编一本刑法工具书

当前，刑事案件的办理程序愈加细化，对承办人的专业化、精准化要求越来越高，由此导致案件承办人分配到个案具体办理环节的实际有效时间相对缩短，承办人也看似越来越"懒"。为"懒人"们"量体裁衣"地编写一本收录全面、高效易用的刑法规范汇编，是编者多年来孜孜以求的目标。本书正是朝着这一目标努力的结果。

为确保本书紧贴实务，编者以问题为导向，在具体编写中反复研究读者日常工作学习中查阅使用的各种需求和心态，身份不断在读者和编者之间切换，视角不断在司法实务工作者和理论研究者之间转换。最终确立了以刑法典为主干，在每一具体罪名下以刑法学（教材）本身的"犯罪论—刑罚论"这种基础逻辑顺序为框架，紧紧围绕每一具体罪名的犯罪构成要件要素对相关有效司法解释等做模块化归纳，以问答形式将相关内容串联起来的编写思路。这种思路是对目前市面上能够见到的几乎所有其他刑法法律汇编工具书编写思路的进一步细化。它将刑法教科书的编写思路挪移到刑法法条工具书的编写中，使得本书更加符合接受过刑法学系统训练的读者的"口味"。由于体系清晰、主题突出、纲举目张，模块化、问答式的汇编成果也更能够满足司法实践和系统学习的各种需要。尤其是，如果读者带着特定问题查阅本书，则更能深切体会到本书的便捷性。

本书具有如下特点：

1. 全面性、时效性。本书收录了建国后至今所有有效的刑法条文、立法解释、司法解释和最高人民法院、最高人民检察院指导案例、会议纪要等，包括2020年12月26日全国人大常委会《中华人民共和国刑法修正案（十一）》（自2021年3月1日起施行）、2021年2月26日《最高人民法院、最高人民检察院关于执行〈中华人民共和国刑法〉确定罪名的补充规定（七）》。本书完全忠于法律规范原文，在"问答式"编写体例中，除小标题为编者总结的外，不对法律规范本身进行任何人为归纳。

2. 主题性、体系性。在刑法典每个法条之下，本书首先将相关司法解释等做纵向拆分，然后再以小标题为引领，对主题相同的司法解释等做横向组合，实现了司法解释的主题化、模块化，极大提高了法条查阅速度，有效拉近了刑事规范与刑事司法实践的距离。此外，本书体系清晰，尤其是分则部分紧扣"立案追诉标准—定罪—量刑"的总框架。在各部分之下，根据刑法典本身的语词表述顺序对小标题进行排序，确保本书各部分的内部逻辑清晰紧密。

3. 专业性、务实性。本书编写人员均为刑事司法和纪检监察工作一线的法官、检察官、律师等，均接受过刑事法学研究生或以上阶段的严格学术训练，多为在所在单位具有十年以上工作经验的业务骨干。在标题拟定等方面，本书始终面向司法实务，以实务的口吻对小标题进行归纳，确保本书与实务的"兼容性"。本书对法条本身不做人为归纳，读者在司法实务中可以直接引用小标题下的司法解释、指导性案例等。

在本书编写过程中，个别学友提出，刑法学中存在"体系解释"的解释方法，本书这种拆分、组合的编写思路容易使得单个司法解释的完整体系变得支离破碎，从而限制读者对个别词句完整含义的准确探寻。实际上，"体系解释"的作用主要是使刑法条文之间、此罪与彼罪之间保持协调，"体系解释"更多发生在不同罪名的刑法典条文之间，或者是刑法与其他法律之间。本书并不会破坏司法解释的体系性，不会妨碍"体系解释"方法在本书中的使用。此外，"加重量刑数额（情节）"的认定本应属于"量刑"范畴，但囿于部分法条往往将本罪的加重量刑情节与入罪门槛［即基本量刑数额（情节）］同时表述，不宜机械拆分，故而将部分"加重量刑数额（情节）"的问题纳入"定罪"部分，这当然也是尊重读者思维习惯的结果。

本书首先由主编谋划思路、拟定大纲，然后分配给具体人员编写，最后再由主编统稿，副主编协助主编完成了部分编务工作。本书的具体分工如下：

第一编第一章、第二章、第三章、第四章、第五章，第二编第一章、第二章：孙强、陈丽莎；

第二编第三章：张蕾；

第二编第四章、第五章：孔崴；

第二编第六章：许晓冰、高雪洁；

第二编第七章、第八章、第九章、第十章，附则：刘磊。

感谢本书编辑胡艺女士，她为本书的出版付出了大量心血。她数年的支持鼓励是本书能够成稿的重要原因。感谢中国人民大学法学院、中国政法大学刑事司法学院、西北政法大学刑事法学院对本书编者给予的学术训练，这种训练让编者的理论素养不断积淀。更要感谢纷繁芜杂的刑事司法实践，本书肇始于司法实践的现实需要，是对这种需要的努力回应，也必然要接受实践的检验。

囿于时间和编者水平，本书难免出现疏漏或不妥之处，肯盼广大读者批评指正。

孙强

2021 年 3 月 13 日

目　　录

罪名索引 …………………………………………………………… 1

第一编　总　　则

第一章　刑法的任务、基本原则和适用范围

第 一 条　【立法目的与根据】……………………………………… 1
第 二 条　【刑法任务】……………………………………………… 2
第 三 条　【罪刑法定原则】………………………………………… 2
第 四 条　【法律面前人人平等原则】……………………………… 3
第 五 条　【罪责刑相适应原则】…………………………………… 3
第 六 条　【属地管辖权】…………………………………………… 3
第 七 条　【属人管辖权】…………………………………………… 4
第 八 条　【保护管辖权】…………………………………………… 4
第 九 条　【普遍管辖权】…………………………………………… 5
第 十 条　【域外刑事判决的消极承认】…………………………… 5
第十一条　【外交豁免】……………………………………………… 5
第十二条　【刑法的溯及力】………………………………………… 5

第二章　犯　　罪

第一节　犯罪和刑事责任

第十三条　【犯罪概念】…………………………………………… 11

第 十 四 条 【故意犯罪】 ………………………………… 11
第 十 五 条 【过失犯罪】 ………………………………… 12
第 十 六 条 【不可抗力和意外事件】 …………………… 12
第 十 七 条 【年龄对未成年人责任能力的影响】 ……… 12
第 十 七 条之一 【年龄对老年人责任能力的影响】 …… 20
第 十 八 条 【精神障碍对责任能力的影响】 …………… 21
第 十 九 条 【听觉视觉机能对责任能力的影响】 ……… 21
第 二 十 条 【正当防卫】 ………………………………… 21
第二十一条 【紧急避险】 ………………………………… 28

第二节 犯罪的预备、未遂和中止

第二十二条 【犯罪预备】 ………………………………… 29
第二十三条 【犯罪未遂】 ………………………………… 29
第二十四条 【犯罪中止】 ………………………………… 30

第三节 共同犯罪

第二十五条 【共同犯罪】 ………………………………… 30
第二十六条 【主犯】 ……………………………………… 30
第二十七条 【从犯】 ……………………………………… 33
第二十八条 【胁从犯】 …………………………………… 34
第二十九条 【教唆犯】 …………………………………… 34

第四节 单位犯罪

第 三 十 条 【单位负刑事责任的范围】 ………………… 34
第三十一条 【单位犯罪处罚】 …………………………… 38

第三章 刑 罚

第一节 刑罚的种类

第三十二条 【刑罚类别】 ………………………………… 40
第三十三条 【主刑种类】 ………………………………… 40
第三十四条 【附加刑种类】 ……………………………… 41

第三十五条	【驱逐出境】	41
第三十六条	【赔偿经济损失与民事优先原则】	44
第三十七条	【免予刑事处罚与非刑罚处罚措施】	46
第三十七条之一	【从业禁业】	47

第二节 管 制

第三十八条	【管制的期限、禁止令与社区矫正】	48
第三十九条	【管制犯的义务、劳动报酬】	59
第四十条	【管制期满解除】	60
第四十一条	【管制刑期的计算和折抵】	60

第三节 拘 役

第四十二条	【拘役的期限】	61
第四十三条	【拘役的执行】	62
第四十四条	【拘役刑期的计算和折抵】	63

第四节 有期徒刑、无期徒刑

第四十五条	【有期徒刑的期限】	63
第四十六条	【有期徒刑与无期徒刑的执行】	64
第四十七条	【有期徒刑刑期的计算与折抵】	65

第五节 死 刑

第四十八条	【死刑的适用条件、执行方式与核准程序】	66
第四十九条	【不得适用死刑的对象】	69
第五十条	【死缓的法律后果】	70
第五十一条	【死缓期间与减为有期徒刑的刑期计算】	72

第六节 罚 金

第五十二条	【罚金数额的裁量】	72
第五十三条	【罚金的缴纳】	74

第七节 剥夺政治权利

第五十四条	【剥夺政治权利的范围】	75

第五十五条　【剥夺政治权利的期限】 ………………………………… 76
第五十六条　【剥夺政治权利的适用】 ………………………………… 76
第五十七条　【对死刑、无期徒刑犯罪分子剥夺政治权利的适用】 …… 77
第五十八条　【剥夺政治权利的刑期计算、效力与执行】 …………… 77

第八节　没收财产

第五十九条　【没收财产的范围】 ……………………………………… 78
第 六 十 条　【正当债务的偿还】 ……………………………………… 79

第四章　刑罚的具体运用

第一节　量　　刑

第六十一条　【量刑根据】 ……………………………………………… 91
第六十二条　【从重处罚与从轻处罚】 ………………………………… 91
第六十三条　【减轻处罚】 ……………………………………………… 91
第六十四条　【犯罪财物的处理】 ……………………………………… 92

第二节　累　　犯

第六十五条　【一般累犯】 ……………………………………………… 95
第六十六条　【特别累犯】 ……………………………………………… 96

第三节　自首和立功

第六十七条　【自首与坦白】 …………………………………………… 97
第六十八条　【立功】 ………………………………………………… 106

第四节　数罪并罚

第六十九条　【判决宣告前一人犯数罪的并罚】 …………………… 111
第 七 十 条　【判决宣告后刑罚执行完毕前发现漏罪的并罚】 …… 112
第七十一条　【判决宣告后刑罚执行完毕前又犯新罪的并罚】 …… 115

第五节　缓　　刑

第七十二条　【服刑的条件、禁止令与附加刑的执行】 …………… 117

第七十三条	【缓刑考验期限】	123
第七十四条	【不适用缓刑的对象】	123
第七十五条	【缓刑犯应遵守的规定】	123
第七十六条	【社区矫正与缓刑考验合格的处理】	124
第七十七条	【缓刑考验不合格的处理】	124

第六节 减 刑

第七十八条	【减刑条件与限度】	129
第七十九条	【减刑程序】	137
第八十条	【无期徒刑减刑的刑期计算】	148

第七节 假 释

第八十一条	【假释的条件】	148
第八十二条	【假释程序】	152
第八十三条	【假释的考验期限与计算】	153
第八十四条	【假释犯应遵守的规定】	153
第八十五条	【社区矫正与假释考验合格的处理】	153
第八十六条	【假释考验不合格的处理】	154

第八节 时 效

第八十七条	【追诉期限】	155
第八十八条	【不受追诉期限限制的情形】	160
第八十九条	【追诉期限的计算】	160

第五章 其他规定

第九十条	【民族自治地方对本法的变通、补充规定】	161
第九十一条	【公共财产的含义】	161
第九十二条	【私有财产的含义】	161
第九十三条	【国家工作人员的含义】	162
第九十四条	【司法工作人员的含义】	165
第九十五条	【重伤的含义】	165
第九十六条	【违反国家规定的含义】	166
第九十七条	【首要分子的含义】	166

第九十八条　【告诉才处理的含义】…………………………………… 167
第九十九条　【以上、以下、以内包括本数】………………………… 167
第 一 百 条　【前科报告制度】………………………………………… 167
第一百零一条　【总则的效力】………………………………………… 172

第二编　分　　则

第一章　危害国家安全罪

第一百零二条　【背叛国家罪】………………………………………… 173
第一百零三条　【分裂国家罪】………………………………………… 173
　　　　　　　【煽动分裂国家罪】…………………………………… 173
第一百零四条　【武装叛乱、暴乱罪】………………………………… 175
第一百零五条　【颠覆国家政权罪】…………………………………… 175
　　　　　　　【煽动颠覆国家政权罪】……………………………… 175
第一百零六条　【与境外勾结的处罚规定】…………………………… 176
第一百零七条　【资助危害国家安全犯罪活动罪】…………………… 176
第一百零八条　【投敌叛变罪】………………………………………… 176
第一百零九条　【叛逃罪】……………………………………………… 177
第一百一十条　【间谍罪】……………………………………………… 177
第一百一十一条　【为境外窃取、刺探、收买、非法提供国家秘密、
　　　　　　　　情报罪】……………………………………………… 178
第一百一十二条　【资敌罪】…………………………………………… 180
第一百一十三条　【本章之罪适用死刑、没收财产的规定】………… 181

第二章　危害公共安全罪

第一百一十四条　【放火罪】【决水罪】【爆炸罪】【投放危险物质罪】
　　　　　　　　【以危险方法危害公共安全罪】…………………… 181
第一百一十五条　【放火罪】【决水罪】【爆炸罪】【投放危险物质罪】
　　　　　　　　【以危险方法危害公共安全罪】…………………… 186
　　　　　　　　【失火罪】【过失决水罪】【过失爆炸罪】【过失投放
　　　　　　　　危险物质罪】【过失以危险方法危害公共安全罪】…… 186

第一百一十六条	【破坏交通工具罪】	192
第一百一十七条	【破坏交通设施罪】	192
第一百一十八条	【破坏电力设备罪】【破坏易燃易爆设备罪】	193
第一百一十九条	【破坏交通工具罪】【破坏交通设施罪】【破坏电力设备罪】【破坏易燃易爆设备罪】	195
	【过失损坏交通工具罪】【过失损坏交通设施罪】【过失损坏电力设备罪】【过失损坏易燃易爆设备罪】	195
第一百二十条	【组织、领导、参加恐怖组织罪】	197
第一百二十条之一	【帮助恐怖活动罪】	200
第一百二十条之二	【准备实施恐怖活动罪】	202
第一百二十条之三	【宣扬恐怖主义、极端主义、煽动实施恐怖活动罪】	203
第一百二十条之四	【利用极端主义破坏法律实施罪】	204
第一百二十条之五	【强制穿戴宣扬恐怖主义、极端主义服饰、标志罪】	205
第一百二十条之六	【非法持有宣扬恐怖主义、极端主义物品罪】	205
第一百二十一条	【劫持航空器罪】	207
第一百二十二条	【劫持船只、汽车罪】	208
第一百二十三条	【暴力危及飞行安全罪】	208
第一百二十四条	【破坏广播电视设施、公用电信设施罪】	208
	【过失损坏广播电视设施、公用电信设施罪】	208
第一百二十五条	【非法制造、买卖、运输、邮寄、储存枪支、弹药、爆炸物罪】	215
	【非法制造、买卖、运输、储存危险物质罪】	215
第一百二十六条	【违规制造、销售枪支罪】	225
第一百二十七条	【盗窃、抢夺枪支、弹药、爆炸物、危险物质罪】	227
	【抢劫枪支、弹药、爆炸物、危险物质罪】【盗窃、抢夺枪支、弹药、爆炸物、危险物质罪】	227
第一百二十八条	【非法持有、私藏枪支、弹药罪】	228
	【非法出租、出借枪支罪】	229
	【非法出租、出借枪支罪】	229
第一百二十九条	【丢失枪支不报罪】	231

第一百三十条　　【非法携带枪支、弹药、管制刀具、危险物品危及
　　　　　　　　　公共安全罪】 ·· 232
第一百三十一条　【重大飞行事故罪】 ·· 235
第一百三十二条　【铁路运营安全事故罪】 ·· 235
第一百三十三条　【交通肇事罪】 ·· 238
第一百三十三条之一　【危险驾驶罪】 ·· 242
第一百三十三条之二　【妨害安全驾驶罪】 ·· 246
第一百三十四条　【重大责任事故罪】 ·· 246
　　　　　　　　　【强令、组织他人违章冒险作业罪】 ································ 246
第一百三十四条之一　【危险作业罪】 ·· 255
第一百三十五条　【重大劳动安全事故罪】 ·· 255
第一百三十五条之一　【大型群众性活动重大安全事故罪】 ································ 257
第一百三十六条　【危险物品肇事罪】 ·· 259
第一百三十七条　【工程重大安全事故罪】 ·· 260
第一百三十八条　【教育设施重大安全事故罪】 ·· 262
第一百三十九条　【消防责任事故罪】 ·· 264
第一百三十九条之一　【不报、谎报安全事故罪】 ·· 265

第三章　破坏社会主义市场经济秩序罪

第一节　生产、销售伪劣商品罪

第一百四十条　　【生产、销售伪劣产品罪】 ·· 269
第一百四十一条　【生产、销售、提供假药罪】 ·· 280
第一百四十二条　【生产、销售、提供劣药罪】 ·· 287
第一百四十二条之一　【妨害药品管理罪】 ·· 291
第一百四十三条　【生产、销售不符合安全标准的食品罪】 ······························ 291
第一百四十四条　【生产、销售有毒、有害食品罪】 ·· 297
第一百四十五条　【生产、销售不符合标准的医用器材罪】 ······························ 306
第一百四十六条　【生产、销售不符合安全标准的产品罪】 ······························ 309
第一百四十七条　【生产、销售伪劣农药、兽药、化肥、种子罪】 ·················· 311
第一百四十八条　【生产、销售不符合卫生标准的化妆品罪】 ·························· 314

第一百四十九条　【对生产销售伪劣商品行为的法条适用】 …………… 316

第一百五十条　【单位犯本节规定之罪的处理】 …………………… 316

第二节　走私罪

第一百五十一条　【走私武器、弹药罪】【走私核材料罪】【走私假
　　　　　　　　币罪】 …………………………………………………… 326

　　　　　　　　【走私文物罪】【走私贵重金属罪】【走私珍贵动物、
　　　　　　　　珍贵动物制品罪】 ……………………………………… 326

　　　　　　　　【走私国家禁止进出口的货物、物品罪】 ………… 327

第一百五十二条　【走私淫秽物品罪】 …………………………………… 337

　　　　　　　　【走私废物罪】 ………………………………………… 337

第一百五十三条　【走私普通货物、物品罪】 …………………………… 340

第一百五十四条　【走私货物、物品罪的特殊形式】 …………………… 345

第一百五十五条　【以走私犯罪论处的间接走私行为】 ………………… 346

第一百五十六条　【走私共犯】 …………………………………………… 348

第一百五十七条　【武装掩护走私、抗拒缉私的规定】 ………………… 348

第三节　妨害对公司、企业的管理秩序罪

第一百五十八条　【虚报注册资本罪】 …………………………………… 349

第一百五十九条　【虚假出资、抽逃出资罪】 …………………………… 351

第一百六十条　【欺诈发行证券罪】 ……………………………………… 353

第一百六十一条　【违规披露、不披露重要信息罪】 …………………… 354

第一百六十二条　【妨害清算罪】 ………………………………………… 356

第一百六十二条之一　【隐匿、故意销毁会计凭证、会计账簿、财务
　　　　　　　　　　会计报告罪】 ……………………………………… 356

第一百六十二条之二　【虚假破产罪】 …………………………………… 357

第一百六十三条　【非国家工作人员受贿罪】 …………………………… 358

第一百六十四条　【对非国家工作人员行贿罪】 ………………………… 364

　　　　　　　　【对外国公职人员、国际公共组织官员行贿罪】 … 364

第一百六十五条　【非法经营同类营业罪】 ……………………………… 366

第一百六十六条　【为亲友非法牟利罪】 ………………………………… 367

第一百六十七条　【签订、履行合同失职被骗罪】 ……………………… 367

第一百六十八条　【国有公司、企业、事业单位人员失职罪】【国有公司、
　　　　　　　　　企业、事业单位人员滥用职权罪】……………… 369
第一百六十九条　【徇私舞弊低价折股、出售国有资产罪】………… 372
第一百六十九条之一　【背信损害上市公司利益罪】………………… 373

第四节　破坏金融管理秩序罪

第一百七十条　【伪造货币罪】………………………………………… 374
第一百七十一条　【出售、购买、运输假币罪】……………………… 378
　　　　　　　　　【金融工作人员购买假币、以假币换取货币罪】… 378
第一百七十二条　【持有、使用假币罪】……………………………… 381
第一百七十三条　【变造货币罪】……………………………………… 383
第一百七十四条　【擅自设立金融机构罪】…………………………… 384
　　　　　　　　　【伪造、变造、转让金融机构经营许可证、批准文件罪】… 384
第一百七十五条　【高利转贷罪】……………………………………… 385
第一百七十五条之一　【骗取贷款、票据承兑、金融票证罪】……… 385
第一百七十六条　【非法吸收公众存款罪】…………………………… 386
第一百七十七条　【伪造、变造金融票证罪】………………………… 401
第一百七十七条之一　【妨害信用卡管理罪】………………………… 403
　　　　　　　　　　　【窃取、收买、非法提供信用卡信息罪】…… 403
第一百七十八条　【伪造、变造国家有价证券罪】…………………… 406
　　　　　　　　　【伪造、变造股票、公司、企业债券罪】………… 406
第一百七十九条　【擅自发行股票、公司、企业债券罪】…………… 406
第一百八十条　【内幕交易、泄露内幕信息罪】……………………… 409
　　　　　　　　【利用未公开信息交易罪】………………………… 409
第一百八十一条　【编造并传播证券、期货交易虚假信息罪】……… 417
　　　　　　　　　【诱骗投资者买卖证券、期货合约罪】…………… 417
第一百八十二条　【操纵证券、期货市场罪】………………………… 419
第一百八十三条　【职务侵占罪】……………………………………… 424
　　　　　　　　　【贪污罪】…………………………………………… 424
第一百八十四条　【非国家工作人员受贿罪】………………………… 425
　　　　　　　　　【受贿罪】…………………………………………… 425
第一百八十五条　【挪用资金罪】……………………………………… 425
　　　　　　　　　【挪用公款罪】……………………………………… 425

第一百八十五条之一　【背信运用受托财产罪】……………………… 425
　　　　　　　　　　【违法运用资金罪】……………………………… 426
第一百八十六条　　【违法发放贷款罪】……………………………… 427
第一百八十七条　　【吸收客户资金不入账罪】…………………… 428
第一百八十八条　　【违规出具金融票证罪】……………………… 429
第一百八十九条　　【对违法票据承兑、付款、保证罪】………… 430
第 一 百 九 十 条　　【逃汇罪】…………………………………………… 430
（单行刑法第一条）【骗购外汇罪】………………………………………… 431
第一百九十一条　　【洗钱罪】…………………………………………… 433

第五节　金融诈骗罪

第一百九十二条　　【集资诈骗罪】……………………………………… 436
第一百九十三条　　【贷款诈骗罪】……………………………………… 442
第一百九十四条　　【票据诈骗罪】……………………………………… 443
　　　　　　　　　　【金融凭证诈骗罪】……………………………… 444
第一百九十五条　　【信用证诈骗罪】……………………………… 445
第一百九十六条　　【信用卡诈骗罪】……………………………… 446
　　　　　　　　　　【盗窃罪】…………………………………………… 446
第一百九十七条　　【有价证券诈骗罪】…………………………… 451
第一百九十八条　　【保险诈骗罪】……………………………………… 452
第一百九十九条　　（已删除）…………………………………………… 453
第 二 百 条　　　　【单位犯金融诈骗罪的处罚规定】……………… 454

第六节　危害税收征管罪

第二百零一条　　　【逃税罪】…………………………………………… 454
第二百零二条　　　【抗税罪】…………………………………………… 456
第二百零三条　　　【逃避追缴欠税罪】…………………………… 458
第二百零四条　　　【骗取出口退税罪】【逃税罪】………………… 458
第二百零五条　　　【虚开增值税专用发票、用于骗取出口退税、抵
　　　　　　　　　　扣税款发票罪】……………………………………… 462
第二百零五条之一　【虚开发票罪】……………………………………… 464
第二百零六条　　　【伪造、出售伪造的增值税专用发票罪】… 465
第二百零七条　　　【非法出售增值税专用发票罪】……………… 466

第二百零八条 【非法购买增值税专用发票、购买伪造的增值税
专用发票罪】 ·········· 467
【虚开增值税专用发票罪】【出售伪造的增值税专
用发票罪】【非法出售增值税专用发票罪】 ·········· 467
第二百零九条 【非法制造、出售非法制造的用于骗取出口退税、
抵扣税款发票罪】 ·········· 468
【非法制造、出售非法制造的发票罪】 ·········· 468
【非法出售用于骗取出口退税、抵扣税款发票罪】 ·········· 468
【非法出售发票罪】 ·········· 468
第二百一十条 【盗窃罪】 ·········· 470
【诈骗罪】 ·········· 470
第二百一十条之一 【持有伪造的发票罪】 ·········· 471
第二百一十一条 【单位犯危害税收征管罪的处罚规定】 ·········· 472
第二百一十二条 【税收征缴优先原则】 ·········· 472

第七节 侵犯知识产权罪

第二百一十三条 【假冒注册商标罪】 ·········· 478
第二百一十四条 【销售假冒注册商标的商品罪】 ·········· 483
第二百一十五条 【非法制造、销售非法制造的注册商标标识罪】 ·········· 488
第二百一十六条 【假冒专利罪】 ·········· 491
第二百一十七条 【侵犯著作权罪】 ·········· 493
第二百一十八条 【销售侵权复制品罪】 ·········· 501
第二百一十九条 【侵犯商业秘密罪】 ·········· 502
第二百一十九条之一 【为境外窃取、刺探、收买、非法提供商业
秘密罪】 ·········· 506
第二百二十条 【单位犯侵犯知识产权罪的处罚规定】 ·········· 507

第八节 扰乱市场秩序罪

第二百二十一条 【损害商业信誉、商品声誉罪】 ·········· 507
第二百二十二条 【虚假广告罪】 ·········· 508
第二百二十三条 【串通投标罪】 ·········· 511
第二百二十四条 【合同诈骗罪】 ·········· 512
第二百二十四条之一 【组织、领导传销活动罪】 ·········· 516

第二百二十五条	【非法经营罪】	520
第二百二十六条	【强迫交易罪】	545
第二百二十七条	【伪造、倒卖伪造的有价票证罪】	548
	【倒卖车票、船票罪】	548
第二百二十八条	【非法转让、倒卖土地使用权罪】	550
第二百二十九条	【提供虚假证明文件罪】	553
	【出具证明文件重大失实罪】	553
第二百三十条	【逃避商检罪】	558
第二百三十一条	【单位犯扰乱市场秩序罪的处罚规定】	559

第四章　侵犯公民人身权利、民主权利罪

第二百三十二条	【故意杀人罪】	559
第二百三十三条	【过失致人死亡罪】	578
第二百三十四条	【故意伤害罪】	579
第二百三十四条之一	【组织出卖人体器官罪】	589
	【故意伤害罪】【故意杀人罪】	589
	【盗窃、侮辱、故意毁坏尸体、尸骨、骨灰罪】	589
第二百三十五条	【过失致人重伤罪】	590
第二百三十六条	【强奸罪】	590
第二百三十六条之一	【负有照护职责人员性侵罪】	599
第二百三十七条	【强制猥亵、侮辱罪】	599
	【猥亵儿童罪】	599
第二百三十八条	【非法拘禁罪】	603
第二百三十九条	【绑架罪】	610
第二百四十条	【拐卖妇女、儿童罪】	612
第二百四十一条	【收买被拐卖的妇女、儿童罪】	626
第二百四十二条	【妨害公务罪】	630
	【聚众阻碍解救被收买的妇女、儿童罪】	630
第二百四十三条	【诬告陷害罪】	631
第二百四十四条	【强迫劳动罪】	632
第二百四十四条之一	【雇用童工从事危重劳动罪】	632
第二百四十五条	【非法搜查罪】【非法侵入住宅罪】	633

第二百四十六条	【侮辱罪】【诽谤罪】	637
第二百四十七条	【刑讯逼供罪】【暴力取证罪】	641
第二百四十八条	【虐待被监管人罪】	643
第二百四十九条	【煽动民族仇恨、民族歧视罪】	645
第二百五十条	【出版歧视、侮辱少数民族作品罪】	645
第二百五十一条	【非法剥夺公民宗教信仰自由罪】【侵犯少数民族风俗习惯罪】	646
第二百五十二条	【侵犯通信自由罪】	646
第二百五十三条	【私自开拆、隐匿、毁弃邮件、电报罪】	647
第二百五十三条之一	【侵犯公民个人信息罪】	647
第二百五十四条	【报复陷害罪】	654
第二百五十五条	【打击报复会计、统计人员罪】	655
第二百五十六条	【破坏选举罪】	655
第二百五十七条	【暴力干涉婚姻自由罪】	656
第二百五十八条	【重婚罪】	656
第二百五十九条	【破坏军婚罪】	657
第二百六十条	【虐待罪】	658
第二百六十条之一	【虐待被监护、看护人罪】	662
第二百六十一条	【遗弃罪】	663
第二百六十二条	【拐骗儿童罪】	665
第二百六十二条之一	【组织残疾人、儿童乞讨罪】	665
第二百六十二条之二	【组织未成年人进行违反治安管理活动罪】	666

第五章　侵犯财产罪

第二百六十三条	【抢劫罪】	666
第二百六十四条	【盗窃罪】	684
第二百六十五条	【盗窃罪】	707
第二百六十六条	【诈骗罪】	707
第二百六十七条	【抢夺罪】	728
第二百六十八条	【聚众哄抢罪】	734
第二百六十九条	【转化的抢劫罪】	735
第二百七十条	【侵占罪】	737

第二百七十一条	【职务侵占罪】	737
	【贪污罪】	737
第二百七十二条	【挪用资金罪】	743
	【挪用公款罪】	743
第二百七十三条	【挪用特定款物罪】	747
第二百七十四条	【敲诈勒索罪】	749
第二百七十五条	【故意毁坏财物罪】	758
第二百七十六条	【破坏生产经营罪】	761
第二百七十六条之一	【拒不支付劳动报酬罪】	761

第六章 妨害社会管理秩序罪

第一节 扰乱公共秩序罪

第二百七十七条	【妨害公务罪】	766
	【袭警罪】	766
第二百七十八条	【煽动暴力抗拒法律实施罪】	772
第二百七十九条	【招摇撞骗罪】	773
第二百八十条	【伪造、变造、买卖国家机关公文、证件、印章罪】	
	【盗窃、抢夺、毁灭国家机关公文、证件、印章罪】	774
	【伪造公司、企业、事业单位、人民团体印章罪】	774
	【伪造、变造、买卖身份证件罪】	774
第二百八十条之一	【使用虚假身份证件、盗用身份证件罪】	780
第二百八十条之二	【冒名顶替罪】	780
第二百八十一条	【非法生产、买卖警用装备罪】	780
第二百八十二条	【非法获取国家秘密罪】	781
	【非法持有国家绝密、机密文件、资料、物品罪】	781
第二百八十三条	【非法生产、销售专用间谍器材、窃听、窃照专用器材罪】	781
第二百八十四条	【非法使用窃听、窃照专用器材罪】	782
第二百八十四条之一	【组织考试作弊罪】	782
	【非法出售、提供试题、答案罪】	782
	【代替考试罪】	783

第二百八十五条　【非法侵入计算机信息系统罪】 ………………… 787
　　　　　　　　【非法获取计算机信息系统数据、非法控制计算机
　　　　　　　　信息系统罪】 …………………………………………… 787
　　　　　　　　【提供侵入、非法控制计算机信息系统程序、工具罪】 …… 787
第二百八十六条　【破坏计算机信息系统罪】 ……………………………… 793
第二百八十六条之一　【拒不履行信息网络安全管理义务罪】 …………… 799
第二百八十七条　【利用计算机实施其他犯罪】 …………………………… 804
第二百八十七条之一　【非法利用信息网络罪】 …………………………… 804
第二百八十七条之二　【帮助信息网络犯罪活动罪】 ……………………… 807
第二百八十八条　【扰乱无线电通讯管理秩序罪】 ………………………… 810
第二百八十九条　【故意伤害罪】【故意杀人罪】【抢劫罪】 …………… 813
第二百九十条　【聚众扰乱社会秩序罪】 …………………………………… 814
　　　　　　　　【聚众冲击国家机关罪】 ……………………………………… 814
　　　　　　　　【扰乱国家机关工作秩序罪】 ………………………………… 814
　　　　　　　　【组织、资助非法聚集罪】 …………………………………… 814
第二百九十一条　【聚众扰乱公共场所秩序、交通秩序罪】 ……………… 817
第二百九十一条之一　【投放虚假危险物质罪】【编造、故意传播虚假
　　　　　　　　　　恐怖信息罪】 ……………………………………… 818
　　　　　　　　　　【编造、故意传播虚假信息罪】 ……………………… 819
第二百九十一条之二　【高空抛物罪】 ……………………………………… 823
第二百九十二条　【聚众斗殴罪】 …………………………………………… 823
第二百九十三条　【寻衅滋事罪】 …………………………………………… 825
第二百九十三条之一　【催收非法债务罪】 ………………………………… 836
第二百九十四条　【组织、领导、参加黑社会性质组织罪】 ……………… 837
　　　　　　　　【入境发展黑社会组织罪】 …………………………………… 837
　　　　　　　　【包庇、纵容黑社会性质组织罪】 …………………………… 837
第二百九十五条　【传授犯罪方法罪】 ……………………………………… 889
第二百九十六条　【非法集会、游行、示威罪】 …………………………… 889
第二百九十七条　【非法携带武器、管制刀具、爆炸物参加集会、游
　　　　　　　　行、示威罪】 …………………………………………… 890
第二百九十八条　【破坏集会、游行、示威罪】 …………………………… 891
第二百九十九条　【侮辱国旗、国徽、国歌罪】 …………………………… 891
　　　　　　　　【侮辱国歌罪】 ………………………………………………… 891

第二百九十九条之一	【侵害英雄烈士名誉、荣誉罪】	892
第 三 百 条	【组织、利用会道门、邪教组织、利用迷信破坏法律实施罪】	892
	【组织、利用会道门、邪教组织、利用迷信致人重伤、死亡罪】	892
第三百零一条	【聚众淫乱罪】	899
	【引诱未成年人聚众淫乱罪】	899
第三百零二条	【盗窃、侮辱、故意毁坏尸体、尸骨、骨灰罪】	899
第三百零三条	【赌博罪】	899
	【开设赌场罪】	899
	【组织参与国（境）外赌博罪】	899
第三百零四条	【故意延误投递邮件罪】	915

第二节 妨害司法罪

第三百零五条	【伪证罪】	916
第三百零六条	【辩护人、诉讼代理人毁灭证据、伪造证据、妨害作证罪】	917
第三百零七条	【妨害作证罪】	917
	【帮助毁灭、伪造证据罪】	917
第三百零七条之一	【虚假诉讼罪】	918
第三百零八条	【打击报复证人罪】	922
第三百零八条之一	【泄露不应公开的案件信息罪】	922
	【披露、报道不应公开的案件信息罪】	922
第三百零九条	【扰乱法庭秩序罪】	923
第三百一十条	【窝藏、包庇罪】	923
第三百一十一条	【拒绝提供间谍犯罪、恐怖主义犯罪、极端主义犯罪证据罪】	924
第三百一十二条	【掩饰、隐瞒犯罪所得、犯罪所得收益罪】	924
第三百一十三条	【拒不执行判决、裁定罪】	936
第三百一十四条	【非法处置查封、扣押、冻结的财产罪】	941
第三百一十五条	【破坏监管秩序罪】	942
第三百一十六条	【脱逃罪】	942
	【劫夺被押解人员罪】	942

第三百一十七条 【组织越狱罪】 ……………………………… 943
　　　　　　　 【暴动越狱罪】【聚众持械劫狱罪】 …………… 943

第三节　妨害国（边）境管理罪

第三百一十八条 【组织他人偷越国（边）境罪】 ………………… 944
第三百一十九条 【骗取出境证件罪】 …………………………… 946
第三百二十条 　【提供伪造、变造的出入境证件罪】【出售出入境证
　　　　　　　 件罪】 ……………………………………………… 947
第三百二十一条 【运送他人偷越国（边）境罪】 ………………… 948
第三百二十二条 【偷越国（边）境罪】 …………………………… 949
第三百二十三条 【破坏界碑、界桩罪】【破坏永久性测量标志罪】 … 950

第四节　妨害文物管理罪

第三百二十四条 【故意损毁文物罪】 …………………………… 953
　　　　　　　 【故意损毁名胜古迹罪】 ……………………… 953
　　　　　　　 【过失损毁文物罪】 …………………………… 953
第三百二十五条 【非法向外国人出售、赠送珍贵文物罪】 ……… 956
第三百二十六条 【倒卖文物罪】 ………………………………… 957
第三百二十七条 【非法出售、私赠文物藏品罪】 ………………… 958
第三百二十八条 【盗掘古文化遗址、古墓葬罪】 ………………… 959
　　　　　　　 【盗掘古人类化石、古脊椎动物化石罪】 ……… 959
第三百二十九条 【抢夺、窃取国有档案罪】 ……………………… 961
　　　　　　　 【擅自出卖、转让国有档案罪】 ………………… 961

第五节　危害公共卫生罪

第三百三十条 　【妨害传染病防治罪】 …………………………… 961
第三百三十一条 【传染病菌种、毒种扩散罪】 …………………… 963
第三百三十二条 【妨害国境卫生检疫罪】 ………………………… 964
第三百三十三条 【非法组织卖血罪】【强迫卖血罪】 …………… 965
第三百三十四条 【非法采集、供应血液、制作、供应血液制品罪】 …… 965
　　　　　　　 【采集、供应血液、制作、供应血液制品事故罪】 …… 966
第三百三十四条之一 【非法采集人类遗传资源、走私人类遗传资源
　　　　　　　　　 材料罪】 ……………………………………… 971

第三百三十五条	【医疗事故罪】	971
第三百三十六条	【非法行医罪】	972
	【非法进行节育手术罪】	972
第三百三十六条之一	【非法植入基因编辑、克隆胚胎罪】	977
第三百三十七条	【妨害动植物防疫、检疫罪】	978

第六节 破坏环境资源保护罪

第三百三十八条	【污染环境罪】	979
第三百三十九条	【非法处置进口的固体废物罪】	995
	【擅自进口固体废物罪】	995
第 三 百 四 十 条	【非法捕捞水产品罪】	998
第三百四十一条	【危害珍贵、濒危野生动物罪】	1000
	【非法狩猎罪】	1000
	【非法猎捕、收购、运输、出售陆生野生动物罪】	1000
第三百四十二条	【非法占用农用地罪】	1013
第三百四十二条之一	【破坏自然保护地罪】	1017
第三百四十三条	【非法采矿罪】	1017
	【破坏性采矿罪】	1017
第三百四十四条	【危害国家重点保护植物罪】	1023
第三百四十四条之一	【非法引进、释放、丢弃外来入侵物种罪】	1026
第三百四十五条	【盗伐林木罪】	1027
	【滥伐林木罪】	1027
	【非法收购、运输盗伐、滥伐的林木罪】	1027
第三百四十六条	【单位犯破坏环境资源保护罪的处罚规定】	1033

第七节 走私、贩卖、运输、制造毒品罪

第三百四十七条	【走私、贩卖、运输、制造毒品罪】	1052
第三百四十八条	【非法持有毒品罪】	1067
第三百四十九条	【包庇毒品犯罪分子罪】【窝藏、转移、隐瞒毒品、毒赃罪】	1069
第 三 百 五 十 条	【非法生产、买卖、运输制毒物品、走私制毒物品罪】	1072
第三百五十一条	【非法种植毒品原植物罪】	1080

第三百五十二条 【非法买卖、运输、携带、持有毒品原植物种子、
　　　　　　　　　幼苗罪】……………………………………… 1082
第三百五十三条 【引诱、教唆、欺骗他人吸毒罪】 1083
　　　　　　　　【强迫他人吸毒罪】……………………………… 1083
第三百五十四条 【容留他人吸毒罪】 …………………………… 1084
第三百五十五条 【非法提供麻醉药品、精神药品罪】 ………… 1086
第三百五十五条之一 【妨害兴奋剂管理罪】 …………………… 1088
第三百五十六条 【毒品犯罪的再犯】 …………………………… 1088
第三百五十七条 【毒品定义及毒品数量的计算】 ……………… 1088

第八节　组织、强迫、引诱、容留、介绍卖淫罪

第三百五十八条 【组织卖淫罪】【强迫卖淫罪】 ……………… 1089
　　　　　　　　【协助组织卖淫罪】 …………………………… 1090
第三百五十九条 【引诱、容留、介绍卖淫罪】 ………………… 1094
　　　　　　　　【引诱幼女卖淫罪】 …………………………… 1094
第三百六十条　 【传播性病罪】 ………………………………… 1096
第三百六十一条 【特定单位人员组织、强迫、引诱、容留、介绍
　　　　　　　　　他人卖淫行为的处理】 …………………… 1097
第三百六十二条 【包庇罪】 ……………………………………… 1097

第九节　制作、贩卖、传播淫秽物品罪

第三百六十三条 【制作、复制、出版、贩卖、传播淫秽物品牟利罪】 … 1098
　　　　　　　　【为他人提供书号出版淫秽书刊罪】 ………… 1098
第三百六十四条 【传播淫秽物品罪】 …………………………… 1110
　　　　　　　　【组织播放淫秽音像制品罪】 ………………… 1110
第三百六十五条 【组织淫秽表演罪】 …………………………… 1115
第三百六十六条 【单位犯本节罪的处罚】 ……………………… 1116
第三百六十七条 【淫秽物品的界定】 …………………………… 1116

第七章　危害国防利益罪

第三百六十八条 【阻碍军人执行职务罪】 ……………………… 1117
　　　　　　　　【阻碍军事行动罪】 …………………………… 1117

第三百六十九条	【破坏武器装备、军事设施、军事通信罪】	1117
	【过失损坏武器装备、军事设施、军事通信罪】	1118
第三百七十条	【故意提供不合格武器装备、军事设施罪】	1120
	【过失提供不合格武器装备、军事设施罪】	1120
第三百七十一条	【聚众冲击军事禁区罪】	1121
	【聚众扰乱军事管理区秩序罪】	1121
第三百七十二条	【冒充军人招摇撞骗罪】	1122
第三百七十三条	【煽动军人逃离部队罪】【雇用逃离部队军人罪】	1123
第三百七十四条	【接送不合格兵员罪】	1124
第三百七十五条	【伪造、变造、买卖武装部队公文、证件、印章罪】	
	【盗窃、抢夺武装部队公文、证件、印章罪】	1124
	【非法生产、买卖武装部队制式服装罪】	1124
	【伪造、盗窃、买卖、非法提供、非法使用武装部队专用标志罪】	1124
第三百七十六条	【战时拒绝、逃避征召、军事训练罪】	1128
	【战时拒绝、逃避服役罪】	1128
第三百七十七条	【战时故意提供虚假敌情罪】	1129
第三百七十八条	【战时造谣扰乱军心罪】	1129
第三百七十九条	【战时窝藏逃离部队军人罪】	1129
第 三 百 八 十 条	【战时拒绝、故意延误军事订货罪】	1130
第三百八十一条	【战时拒绝军事征收、征用罪】	1130

第八章 贪污贿赂罪

第三百八十二条	【贪污罪】	1136
第三百八十三条	【贪污罪的处罚】	1144
第三百八十四条	【挪用公款罪】	1148
第三百八十五条	【受贿罪】	1157
第三百八十六条	【受贿罪的处罚】	1171
第三百八十七条	【单位受贿罪】	1174
第三百八十八条	【受贿罪】	1175
第三百八十八条之一	【利用影响力受贿罪】	1175
第三百八十九条	【行贿罪】	1176

第三百九十条　【行贿罪的处罚】……………………… 1180
第三百九十条之一　【对有影响力的人行贿罪】……… 1184
第三百九十一条　【对单位行贿罪】…………………… 1185
第三百九十二条　【介绍贿赂罪】……………………… 1186
第三百九十三条　【单位行贿罪】……………………… 1187
第三百九十四条　【贪污罪】…………………………… 1188
第三百九十五条　【巨额财产来源不明罪】…………… 1188
　　　　　　　　　【隐瞒境外存款罪】………………… 1189
第三百九十六条　【私分国有资产罪】………………… 1190
　　　　　　　　　【私分罚没财物罪】………………… 1190

第九章　渎职罪

第三百九十七条　【滥用职权罪】【玩忽职守罪】…… 1199
第三百九十八条　【故意泄露国家秘密罪】【过失泄露国家秘密罪】…… 1210
第三百九十九条　【徇私枉法罪】……………………… 1212
　　　　　　　　　【民事、行政枉法裁判罪】………… 1212
　　　　　　　　　【执行判决、裁定失职罪】【执行判决、裁定滥用职权罪】………………………………… 1212
第三百九十九条之一　【枉法仲裁罪】………………… 1216
第四百条　【私放在押人员罪】………………………… 1216
　　　　　　【失职致使在押人员脱逃罪】……………… 1216
第四百零一条　【徇私舞弊减刑、假释、暂予监外执行罪】…… 1218
第四百零二条　【徇私舞弊不移交刑事案件罪】……… 1219
第四百零三条　【滥用管理公司、证券职权罪】……… 1222
第四百零四条　【徇私舞弊不征、少征税款罪】……… 1224
第四百零五条　【徇私舞弊发售发票、抵扣税款、出口退税罪】…… 1225
　　　　　　　　【违法提供出口退税凭证罪】………… 1225
第四百零六条　【国家机关工作人员签订、履行合同失职被骗罪】…… 1227
第四百零七条　【违法发放林木采伐许可证罪】……… 1228
第四百零八条　【环境监管失职罪】…………………… 1230
第四百零八条之一　【食品、药品监管渎职罪】……… 1232
第四百零九条　【传染病防治失职罪】………………… 1234

第四百一十条	【非法批准征收、征用、占用土地罪】【非法低价出让国有土地使用权罪】	1236
第四百一十一条	【放纵走私罪】	1241
第四百一十二条	【商检徇私舞弊罪】	1243
	【商检失职罪】	1243
第四百一十三条	【动植物检疫徇私舞弊罪】	1245
	【动植物检疫失职罪】	1245
第四百一十四条	【放纵制售伪劣商品犯罪行为罪】	1246
第四百一十五条	【办理偷越国（边）境人员出入境证件罪】【放行偷越国（边）境人员罪】	1248
第四百一十六条	【不解救被拐卖、绑架妇女、儿童罪】	1249
	【阻碍解救被拐卖、绑架妇女、儿童罪】	1249
第四百一十七条	【帮助犯罪分子逃避处罚罪】	1250
第四百一十八条	【招收公务员、学生徇私舞弊罪】	1252
第四百一十九条	【失职造成珍贵文物损毁、流失罪】	1254

第十章　军人违反职责罪

第四百二十条	【军人违反职责罪】	1255
第四百二十一条	【战时违抗命令罪】	1256
第四百二十二条	【隐瞒、谎报军情罪】【拒传、假传军令罪】	1257
第四百二十三条	【投降罪】	1258
第四百二十四条	【战时临阵脱逃罪】	1258
第四百二十五条	【擅离、玩忽军事职守罪】	1259
第四百二十六条	【阻碍执行军事职务罪】	1260
第四百二十七条	【指使部属违反职责罪】	1261
第四百二十八条	【违令作战消极罪】	1262
第四百二十九条	【拒不救援友邻部队罪】	1263
第四百三十条	【军人叛逃罪】	1264
第四百三十一条	【非法获取军事秘密罪】	1265
	【为境外窃取、刺探、收买、非法提供军事秘密罪】	1265
第四百三十二条	【故意泄露军事秘密罪】【过失泄露军事秘密罪】	1267
第四百三十三条	【战时造谣惑众罪】	1268

第四百三十四条 【战时自伤罪】 …… 1268
第四百三十五条 【逃离部队罪】 …… 1269
第四百三十六条 【武器装备肇事罪】 …… 1270
第四百三十七条 【擅自改变武器装备编配用途罪】 …… 1272
第四百三十八条 【盗窃、抢夺武器装备、军用物资罪】 …… 1273
第四百三十九条 【非法出卖、转让武器装备罪】 …… 1274
第四百四十条 【遗弃武器装备罪】 …… 1275
第四百四十一条 【遗失武器装备罪】 …… 1276
第四百四十二条 【擅自出卖、转让军队房地产罪】 …… 1276
第四百四十三条 【虐待部属罪】 …… 1277
第四百四十四条 【遗弃伤病军人罪】 …… 1278
第四百四十五条 【战时拒不救治伤病军人罪】 …… 1279
第四百四十六条 【战时残害居民、掠夺居民财物罪】 …… 1279
第四百四十七条 【私放俘虏罪】 …… 1280
第四百四十八条 【虐待俘虏罪】 …… 1281
第四百四十九条 【战时缓刑】 …… 1281
第四百五十条 【本章适用的主体范围】 …… 1281
第四百五十一条 【战时的概念】 …… 1282

附　则

第四百五十二条 【施行日期】 …… 1283

附件一 …… 1284
附件二 …… 1285

罪名索引

B

【办理偷越国（边）境人员出入境证件罪】……………… 1248
【帮助犯罪分子逃避处罚罪】……………………………… 1250
【帮助毁灭、伪造证据罪】………………………………… 917
【帮助恐怖活动罪】………………………………………… 200
【帮助信息网络犯罪活动罪】……………………………… 807
【绑架罪】…………………………………………………… 610
【包庇、纵容黑社会性质组织罪】………………………… 837
【包庇毒品犯罪分子罪】…………………………………… 1069
【包庇罪】…………………………………………………… 1097
【保险诈骗罪】……………………………………………… 452
【报复陷害罪】……………………………………………… 654
【暴动越狱罪】……………………………………………… 943
【暴力干涉婚姻自由罪】…………………………………… 656
【暴力取证罪】……………………………………………… 641
【暴力危及飞行安全罪】…………………………………… 208
【爆炸罪】…………………………………………………… 181/186
【背叛国家罪】……………………………………………… 173
【背信损害上市公司利益罪】……………………………… 373
【背信运用受托财产罪】…………………………………… 425
【编造、故意传播虚假恐怖信息罪】……………………… 818
【编造、故意传播虚假信息罪】…………………………… 819
【编造并传播证券、期货交易虚假信息罪】……………… 417
【变造货币罪】……………………………………………… 383
【辩护人、诉讼代理人毁灭证据、伪造证据、妨害作证罪】…… 917
【不报、谎报安全事故罪】………………………………… 265
【不解救被拐卖、绑架妇女、儿童罪】…………………… 1249

C

【采集、供应血液、制作、供应血液制品事故罪】……… 966
【操纵证券、期货市场罪】……… 419
【持有、使用假币罪】……… 381
【持有伪造的发票罪】……… 471
【出版歧视、侮辱少数民族作品罪】……… 645
【出具证明文件重大失实罪】……… 553
【出售、购买、运输假币罪】……… 378
【出售出入境证件罪】……… 947
【出售伪造的增值税专用发票罪】……… 467
【传播性病罪】……… 1096
【传播淫秽物品罪】……… 1110
【传染病防治失职罪】……… 1234
【传染病菌种、毒种扩散罪】……… 963
【传授犯罪方法罪】……… 889
【串通投标罪】……… 511
【催收非法债务罪】……… 836

D

【打击报复会计、统计人员罪】……… 655
【打击报复证人罪】……… 922
【大型群众性活动重大安全事故罪】……… 257
【代替考试罪】……… 783
【贷款诈骗罪】……… 442
【单位受贿罪】……… 1174
【单位行贿罪】……… 1187
【倒卖车票、船票罪】……… 548
【倒卖文物罪】……… 957
【盗伐林木罪】……… 1027
【盗掘古人类化石、古脊椎动物化石罪】……… 959
【盗掘古文化遗址、古墓葬罪】……… 959
【盗窃、抢夺、毁灭国家机关公文、证件、印章罪】……… 774
【盗窃、抢夺枪支、弹药、爆炸物、危险物质罪】……… 227

【盗窃、抢夺武器装备、军用物资罪】……………………………… 1273
【盗窃、抢夺武装部队公文、证件、印章罪】…………………… 1124
【盗窃、侮辱、故意毁坏尸体、尸骨、骨灰罪】………………… 589/899
【盗窃罪】……………………………………………… 446/470/684/707
【颠覆国家政权罪】………………………………………………… 175
【丢失枪支不报罪】………………………………………………… 231
【动植物检疫失职罪】……………………………………………… 1245
【动植物检疫徇私舞弊罪】………………………………………… 1245
【赌博罪】…………………………………………………………… 899
【对单位行贿罪】…………………………………………………… 1185
【对非国家工作人员行贿罪】……………………………………… 364
【对外国公职人员、国际公共组织官员行贿罪】………………… 364
【对违法票据承兑、付款、保证罪】……………………………… 430
【对有影响力的人行贿罪】………………………………………… 1184

F

【妨害安全驾驶罪】………………………………………………… 246
【妨害传染病防治罪】……………………………………………… 961
【妨害动植物防疫、检疫罪】……………………………………… 978
【妨害公务罪】……………………………………………………… 630/766
【妨害国境卫生检疫罪】…………………………………………… 964
【妨害清算罪】……………………………………………………… 356
【妨害信用卡管理罪】……………………………………………… 403
【妨害兴奋剂管理罪】……………………………………………… 1088
【妨害药品管理罪】………………………………………………… 291
【妨害作证罪】……………………………………………………… 917
【放火罪】…………………………………………………………… 181/186
【放行偷越国（边）境人员罪】…………………………………… 1248
【放纵制售伪劣商品犯罪行为罪】………………………………… 1246
【放纵走私罪】……………………………………………………… 1241
【非法剥夺公民宗教信仰自由罪】………………………………… 646
【非法捕捞水产品罪】……………………………………………… 998
【非法采集、供应血液、制作、供应血液制品罪】……………… 965
【非法采集人类遗传资源、走私人类遗传资源材料罪】………… 971

【非法采矿罪】………………………………………… 1017
【非法持有、私藏枪支、弹药罪】……………………… 228
【非法持有毒品罪】……………………………………… 1067
【非法持有国家绝密、机密文件、资料、物品罪】…… 781
【非法持有宣扬恐怖主义、极端主义物品罪】………… 205
【非法出卖、转让武器装备罪】………………………… 1274
【非法出售、私赠文物藏品罪】………………………… 958
【非法出售、提供试题、答案罪】……………………… 782
【非法出售发票罪】……………………………………… 468
【非法出售用于骗取出口退税、抵扣税款发票罪】…… 468
【非法出售增值税专用发票罪】………………………… 466/467
【非法出租、出借枪支罪】……………………………… 229
【非法处置查封、扣押、冻结的财产罪】……………… 941
【非法处置进口的固体废物罪】………………………… 995
【非法低价出让国有土地使用权罪】…………………… 1236
【非法购买增值税专用发票、购买伪造的增值税专用发票罪】… 467
【非法获取国家秘密罪】………………………………… 781
【非法获取计算机信息系统数据、非法控制计算机信息系统罪】… 787
【非法获取军事秘密罪】………………………………… 1265
【非法集会、游行、示威罪】…………………………… 889
【非法进行节育手术罪】………………………………… 972
【非法经营同类营业罪】………………………………… 366
【非法经营罪】…………………………………………… 520
【非法拘禁罪】…………………………………………… 603
【非法利用信息网络罪】………………………………… 804
【非法猎捕、收购、运输、出售陆生野生动物罪】…… 1000
【非法买卖、运输、携带、持有毒品原植物种子、幼苗罪】… 1082
【非法批准征收、征用、占用土地罪】………………… 1236
【非法侵入计算机信息系统罪】………………………… 787
【非法侵入住宅罪】……………………………………… 633
【非法生产、买卖、运输制毒物品、走私制毒物品罪】… 1072
【非法生产、买卖警用装备罪】………………………… 780
【非法生产、买卖武装部队制式服装罪】……………… 1124
【非法生产、销售专用间谍器材、窃听、窃照专用器材罪】… 781

【非法使用窃听、窃照专用器材罪】·················· 782
【非法收购、运输盗伐、滥伐的林木罪】·············· 1027
【非法狩猎罪】······································ 1000
【非法搜查罪】······································ 633
【非法提供麻醉药品、精神药品罪】·················· 1086
【非法吸收公众存款罪】······························ 386
【非法向外国人出售、赠送珍贵文物罪】·············· 956
【非法携带枪支、弹药、管制刀具、危险物品危及公共安全罪】······ 232
【非法携带武器、管制刀具、爆炸物参加集会、游行、示威罪】······ 890
【非法行医罪】······································ 972
【非法引进、释放、丢弃外来入侵物种罪】············ 1026
【非法占用农用地罪】································ 1013
【非法植入基因编辑、克隆胚胎罪】··················· 977
【非法制造、出售非法制造的发票罪】·················· 468
【非法制造、出售非法制造的用于骗取出口退税、抵扣税款发票罪】······ 468
【非法制造、买卖、运输、储存危险物质罪】············ 215
【非法制造、买卖、运输、邮寄、储存枪支、弹药、爆炸物罪】······ 215
【非法制造、销售非法制造的注册商标标识罪】·········· 488
【非法种植毒品原植物罪】···························· 1080
【非法转让、倒卖土地使用权罪】······················ 550
【非法组织卖血罪】·································· 965
【非国家工作人员受贿罪】························ 358/425
【诽谤罪】·· 637
【分裂国家罪】······································ 173
【负有照护职责人员性侵罪】·························· 599

G

【高空抛物罪】······································ 823
【高利转贷罪】······································ 385
【工程重大安全事故罪】······························ 260
【故意毁坏财物罪】·································· 758
【故意杀人罪】································ 559/589/813
【故意伤害罪】································ 579/589/813
【故意损毁名胜古迹罪】······························ 953

【故意损毁文物罪】……………………………… 953
【故意提供不合格武器装备、军事设施罪】…… 1120
【故意泄露国家秘密罪】………………………… 1210
【故意泄露军事秘密罪】………………………… 1267
【故意延误投递邮件罪】………………………… 915
【雇用逃离部队军人罪】………………………… 1123
【雇用童工从事危重劳动罪】…………………… 632
【拐卖妇女、儿童罪】…………………………… 612
【拐骗儿童罪】…………………………………… 665
【国家机关工作人员签订、履行合同失职被骗罪】…… 1227
【国有公司、企业、事业单位人员滥用职权罪】…… 369
【国有公司、企业、事业单位人员失职罪】…… 369
【过失爆炸罪】…………………………………… 186
【过失决水罪】…………………………………… 186
【过失损坏电力设备罪】………………………… 195
【过失损坏广播电视设施、公用电信设施罪】…… 208
【过失损坏交通工具罪】………………………… 195
【过失损坏交通设施罪】………………………… 195
【过失损坏武器装备、军事设施、军事通信罪】…… 1118
【过失损坏易燃易爆设备罪】…………………… 195
【过失损毁文物罪】……………………………… 953
【过失提供不合格武器装备、军事设施罪】…… 1120
【过失投放危险物质罪】………………………… 186
【过失泄露国家秘密罪】………………………… 1210
【过失泄露军事秘密罪】………………………… 1267
【过失以危险方法危害公共安全罪】…………… 186
【过失致人死亡罪】……………………………… 578
【过失致人重伤罪】……………………………… 590

H

【合同诈骗罪】…………………………………… 512
【环境监管失职罪】……………………………… 1230

J

【集资诈骗罪】……………………………………… 436
【假冒注册商标罪】………………………………… 478
【假冒专利罪】……………………………………… 491
【间谍罪】…………………………………………… 177
【交通肇事罪】……………………………………… 238
【教育设施重大安全事故罪】……………………… 262
【接送不合格兵员罪】……………………………… 1124
【劫持船只、汽车罪】……………………………… 208
【劫持航空器罪】…………………………………… 207
【劫夺被押解人员罪】……………………………… 942
【介绍贿赂罪】……………………………………… 1186
【金融工作人员购买假币、以假币换取货币罪】… 378
【金融凭证诈骗罪】………………………………… 444
【巨额财产来源不明罪】…………………………… 1188
【拒不救援友邻部队罪】…………………………… 1263
【拒不履行信息网络安全管理义务罪】…………… 799
【拒不支付劳动报酬罪】…………………………… 761
【拒不执行判决、裁定罪】………………………… 936
【拒传、假传军令罪】……………………………… 1257
【拒绝提供间谍犯罪、恐怖主义犯罪、极端主义犯罪证据罪】… 924
【聚众持械劫狱罪】………………………………… 943
【聚众冲击国家机关罪】…………………………… 814
【聚众冲击军事禁区罪】…………………………… 1121
【聚众斗殴罪】……………………………………… 823
【聚众哄抢罪】……………………………………… 734
【聚众扰乱公共场所秩序、交通秩序罪】………… 817
【聚众扰乱军事管理区秩序罪】…………………… 1121
【聚众扰乱社会秩序罪】…………………………… 814
【聚众淫乱罪】……………………………………… 899
【聚众阻碍解救被收买的妇女、儿童罪】………… 630
【决水罪】……………………………………… 181/186

【军人叛逃罪】……………………………………………… 1264
【军人违反职责罪】……………………………………… 1255

K

【开设赌场罪】…………………………………………… 899
【抗税罪】………………………………………………… 456

L

【滥伐林木罪】…………………………………………… 1027
【滥用管理公司、证券职权罪】………………………… 1222
【滥用职权罪】…………………………………………… 1199
【利用极端主义破坏法律实施罪】……………………… 204
【利用计算机实施其他犯罪】…………………………… 804
【利用未公开信息交易罪】……………………………… 409
【利用影响力受贿罪】…………………………………… 1175

M

【冒充军人招摇撞骗罪】………………………………… 1122
【冒名顶替罪】…………………………………………… 780
【民事、行政枉法裁判罪】……………………………… 1212

N

【内幕交易、泄露内幕信息罪】………………………… 409
【虐待被监管人罪】……………………………………… 643
【虐待被监护、看护人罪】……………………………… 662
【虐待部属罪】…………………………………………… 1277
【虐待俘虏罪】…………………………………………… 1281
【虐待罪】………………………………………………… 658
【挪用公款罪】……………………………………… 425/743/1148
【挪用特定款物罪】……………………………………… 747
【挪用资金罪】………………………………………… 425/743

P

【叛逃罪】………………………………………………… 177

【披露、报道不应公开的案件信息罪】 ………………………………… 922
【骗购外汇罪】 …………………………………………………………… 431
【骗取出境证件罪】 ……………………………………………………… 946
【骗取出口退税罪】 ……………………………………………………… 458
【骗取贷款、票据承兑、金融票证罪】 ………………………………… 385
【票据诈骗罪】 …………………………………………………………… 443
【破坏电力设备罪】 ………………………………………………… 193/195
【破坏广播电视设施、公用电信设施罪】 ……………………………… 208
【破坏集会、游行、示威罪】 …………………………………………… 891
【破坏计算机信息系统罪】 ……………………………………………… 793
【破坏监管秩序罪】 ……………………………………………………… 942
【破坏交通工具罪】 ………………………………………………… 192/195
【破坏交通设施罪】 ………………………………………………… 192/195
【破坏界碑、界桩罪】 …………………………………………………… 950
【破坏军婚罪】 …………………………………………………………… 657
【破坏生产经营罪】 ……………………………………………………… 761
【破坏武器装备、军事设施、军事通信罪】 …………………………… 1117
【破坏性采矿罪】 ………………………………………………………… 1017
【破坏选举罪】 …………………………………………………………… 655
【破坏易燃易爆设备罪】 …………………………………………… 193/195
【破坏永久性测量标志罪】 ……………………………………………… 950
【破坏自然保护地罪】 …………………………………………………… 1017

Q

【欺诈发行证券罪】 ……………………………………………………… 353
【签订、履行合同失职被骗罪】 ………………………………………… 367
【强奸罪】 ………………………………………………………………… 590
【强令、组织他人违章冒险作业罪】 …………………………………… 246
【强迫交易罪】 …………………………………………………………… 545
【强迫劳动罪】 …………………………………………………………… 632
【强迫卖血罪】 …………………………………………………………… 965
【强迫卖淫罪】 …………………………………………………………… 1089
【强迫他人吸毒罪】 ……………………………………………………… 1083
【强制穿戴宣扬恐怖主义、极端主义服饰、标志罪】 ………………… 205

【强制猥亵、侮辱罪】································· 599
【抢夺、窃取国有档案罪】························· 961
【抢夺罪】··· 728
【抢劫枪支、弹药、爆炸物、危险物质罪】······· 227
【抢劫罪】·· 666/813
【敲诈勒索罪】·· 749
【窃取、收买、非法提供信用卡信息罪】········· 403
【侵犯公民个人信息罪】······························ 647
【侵犯商业秘密罪】···································· 502
【侵犯少数民族风俗习惯罪】······················· 646
【侵犯通信自由罪】···································· 646
【侵犯著作权罪】······································· 493
【侵害英雄烈士名誉、荣誉罪】···················· 892
【侵占罪】··· 737

R

【扰乱法庭秩序罪】···································· 923
【扰乱国家机关工作秩序罪】······················· 814
【扰乱无线电通讯管理秩序罪】···················· 810
【容留他人吸毒罪】···································· 1084
【入境发展黑社会组织罪】··························· 837

S

【煽动暴力抗拒法律实施罪】······················· 772
【煽动颠覆国家政权罪】······························ 175
【煽动分裂国家罪】···································· 173
【煽动军人逃离部队罪】······························ 1123
【煽动民族仇恨、民族歧视罪】···················· 645
【擅离、玩忽军事职守罪】··························· 1259
【擅自出卖、转让国有档案罪】···················· 961
【擅自出卖、转让军队房地产罪】················· 1276
【擅自发行股票、公司、企业债券罪】··········· 406
【擅自改变武器装备编配用途罪】················· 1272
【擅自进口固体废物罪】······························ 995

【擅自设立金融机构罪】 ……………………………… 384
【商检失职罪】 ……………………………………… 1243
【商检徇私舞弊罪】 ………………………………… 1243
【生产、销售、提供假药罪】 ………………………… 280
【生产、销售、提供劣药罪】 ………………………… 287
【生产、销售不符合安全标准的产品罪】 …………… 309
【生产、销售不符合安全标准的食品罪】 …………… 291
【生产、销售不符合标准的医用器材罪】 …………… 306
【生产、销售不符合卫生标准的化妆品罪】 ………… 314
【生产、销售伪劣产品罪】 …………………………… 269
【生产、销售伪劣农药、兽药、化肥、种子罪】 …… 311
【生产、销售有毒、有害食品罪】 …………………… 297
【失火罪】 …………………………………………… 186
【失职造成珍贵文物损毁、流失罪】 ………………… 1254
【失职致使在押人员脱逃罪】 ………………………… 1216
【食品、药品监管渎职罪】 …………………………… 1232
【使用虚假身份证件、盗用身份证件罪】 …………… 780
【收买被拐卖的妇女、儿童罪】 ……………………… 626
【受贿罪】 ……………………………… 425/1157/1175
【私放俘虏罪】 ……………………………………… 1280
【私放在押人员罪】 ………………………………… 1216
【私分罚没财物罪】 ………………………………… 1190
【私分国有资产罪】 ………………………………… 1190
【私自开拆、隐匿、毁弃邮件、电报罪】 …………… 647
【损害商业信誉、商品声誉罪】 ……………………… 507

T

【贪污罪】 ……………………………… 424/737/1136/1188
【逃避商检罪】 ……………………………………… 558
【逃避追缴欠税罪】 ………………………………… 458
【逃汇罪】 …………………………………………… 430
【逃离部队罪】 ……………………………………… 1269
【逃税罪】 ……………………………………… 454/458
【提供侵入、非法控制计算机信息系统程序、工具罪】 …… 787

【提供伪造、变造的出入境证件罪】……… 947
【提供虚假证明文件罪】……… 553
【铁路运营安全事故罪】……… 235
【偷越国（边）境罪】……… 949
【投敌叛变罪】……… 176
【投放危险物质罪】……… 181/186
【投放虚假危险物质罪】……… 818
【投降罪】……… 1258
【脱逃罪】……… 942

W

【玩忽职守罪】……… 1199
【枉法仲裁罪】……… 1216
【危害国家重点保护植物罪】……… 1023
【危害珍贵、濒危野生动物罪】……… 1000
【危险驾驶罪】……… 242
【危险物品肇事罪】……… 259
【危险作业罪】……… 255
【为境外窃取、刺探、收买、非法提供国家秘密、情报罪】……… 178
【为境外窃取、刺探、收买、非法提供军事秘密罪】……… 1265
【为境外窃取、刺探、收买、非法提供商业秘密罪】……… 506
【为亲友非法牟利罪】……… 367
【为他人提供书号出版淫秽书刊罪】……… 1098
【违法发放贷款罪】……… 427
【违法发放林木采伐许可证罪】……… 1228
【违法提供出口退税凭证罪】……… 1225
【违法运用资金罪】……… 426
【违规出具金融票证罪】……… 429
【违规披露、不披露重要信息罪】……… 354
【违规制造、销售枪支罪】……… 225
【违令作战消极罪】……… 1262
【伪造、变造、买卖国家机关公文、证件、印章罪】……… 774
【伪造、变造、买卖身份证件罪】……… 774
【伪造、变造、买卖武装部队公文、证件、印章罪】……… 1124

【伪造、变造、转让金融机构经营许可证、批准文件罪】 …………… 384
【伪造、变造股票、公司、企业债券罪】 …………………………… 406
【伪造、变造国家有价证券罪】 ……………………………………… 406
【伪造、变造金融票证罪】 …………………………………………… 401
【伪造、出售伪造的增值税专用发票罪】 …………………………… 465
【伪造、倒卖伪造的有价票证罪】 …………………………………… 548
【伪造、盗窃、买卖、非法提供、非法使用武装部队专用标志罪】 …… 1124
【伪造公司、企业、事业单位、人民团体印章罪】 ………………… 774
【伪造货币罪】 ………………………………………………………… 374
【伪证罪】 ……………………………………………………………… 916
【猥亵儿童罪】 ………………………………………………………… 599
【窝藏、包庇罪】 ……………………………………………………… 923
【窝藏、转移、隐瞒毒品、毒赃罪】 ………………………………… 1069
【污染环境罪】 ………………………………………………………… 979
【诬告陷害罪】 ………………………………………………………… 631
【武器装备肇事罪】 …………………………………………………… 1270
【武装叛乱、暴乱罪】 ………………………………………………… 175
【侮辱国歌罪】 ………………………………………………………… 891
【侮辱国旗、国徽、国歌罪】 ………………………………………… 891
【侮辱罪】 ……………………………………………………………… 637

X

【吸收客户资金不入账罪】 …………………………………………… 428
【袭警罪】 ……………………………………………………………… 766
【洗钱罪】 ……………………………………………………………… 433
【消防责任事故罪】 …………………………………………………… 264
【销售假冒注册商标的商品罪】 ……………………………………… 483
【销售侵权复制品罪】 ………………………………………………… 501
【协助组织卖淫罪】 …………………………………………………… 1090
【泄露不应公开的案件信息罪】 ……………………………………… 922
【信用卡诈骗罪】 ……………………………………………………… 446
【信用证诈骗罪】 ……………………………………………………… 445
【刑讯逼供罪】 ………………………………………………………… 641
【行贿罪】 ……………………………………………………………… 1176

【虚报注册资本罪】 ………………………………………… 349
【虚假出资、抽逃出资罪】 ……………………………… 351
【虚假广告罪】 …………………………………………… 508
【虚假破产罪】 …………………………………………… 357
【虚假诉讼罪】 …………………………………………… 918
【虚开发票罪】 …………………………………………… 464
【虚开增值税专用发票、用于骗取出口退税、抵扣税款发票罪】 ……… 462
【虚开增值税专用发票罪】 ……………………………… 467
【宣扬恐怖主义、极端主义、煽动实施恐怖活动罪】 ………… 203
【寻衅滋事罪】 …………………………………………… 825
【徇私枉法罪】 …………………………………………… 1212
【徇私舞弊不移交刑事案件罪】 ………………………… 1219
【徇私舞弊不征、少征税款罪】 ………………………… 1224
【徇私舞弊低价折股、出售国有资产罪】 ……………… 372
【徇私舞弊发售发票、抵扣税款、出口退税罪】 ……… 1225
【徇私舞弊减刑、假释、暂予监外执行罪】 …………… 1218

Y

【掩饰、隐瞒犯罪所得、犯罪所得收益罪】 ……………… 924
【医疗事故罪】 …………………………………………… 971
【遗弃伤病军人罪】 ……………………………………… 1278
【遗弃武器装备罪】 ……………………………………… 1275
【遗弃罪】 ………………………………………………… 663
【遗失武器装备罪】 ……………………………………… 1276
【以危险方法危害公共安全罪】 ………………………… 181/186
【引诱、教唆、欺骗他人吸毒罪】 ……………………… 1083
【引诱、容留、介绍卖淫罪】 …………………………… 1094
【引诱未成年人聚众淫乱罪】 …………………………… 899
【引诱幼女卖淫罪】 ……………………………………… 1094
【隐瞒、谎报军情罪】 …………………………………… 1257
【隐瞒境外存款罪】 ……………………………………… 1189
【隐匿、故意销毁会计凭证、会计账簿、财务会计报告罪】 …… 356
【有价证券诈骗罪】 ……………………………………… 451

【诱骗投资者买卖证券、期货合约罪】·················· 417
【运送他人偷越国（边）境罪】······················ 948

Z

【诈骗罪】··· 470/707
【战时残害居民、掠夺居民财物罪】·················· 1279
【战时故意提供虚假敌情罪】························· 1129
【战时拒不救治伤病军人罪】························· 1279
【战时拒绝、故意延误军事订货罪】·················· 1130
【战时拒绝、逃避服役罪】··························· 1128
【战时拒绝、逃避征召、军事训练罪】··············· 1128
【战时拒绝军事征收、征用罪】······················ 1130
【战时临阵脱逃罪】·································· 1258
【战时违抗命令罪】·································· 1256
【战时窝藏逃离部队军人罪】························· 1129
【战时造谣惑众罪】·································· 1268
【战时造谣扰乱军心罪】······························ 1129
【战时自伤罪】······································· 1268
【招收公务员、学生徇私舞弊罪】···················· 1252
【招摇撞骗罪】·· 773
【执行判决、裁定滥用职权罪】······················ 1212
【执行判决、裁定失职罪】··························· 1212
【职务侵占罪】······································· 424/737
【指使部属违反职责罪】······························ 1261
【制作、复制、出版、贩卖、传播淫秽物品牟利罪】····· 1098
【重大飞行事故罪】·································· 235
【重大劳动安全事故罪】······························ 255
【重大责任事故罪】·································· 246
【重婚罪】··· 656
【转化的抢劫罪】····································· 735
【准备实施恐怖活动罪】······························ 202
【资敌罪】··· 180
【资助危害国家安全犯罪活动罪】···················· 176
【走私、贩卖、运输、制造毒品罪】·················· 1052

【走私废物罪】……………………………………… 337
【走私贵重金属罪】………………………………… 326
【走私国家禁止进出口的货物、物品罪】………… 327
【走私核材料罪】…………………………………… 326
【走私货物、物品罪的特殊形式】………………… 345
【走私假币罪】……………………………………… 326
【走私普通货物、物品罪】………………………… 340
【走私文物罪】……………………………………… 326
【走私武器、弹药罪】……………………………… 326
【走私淫秽物品罪】………………………………… 337
【走私珍贵动物、珍贵动物制品罪】……………… 326
【阻碍解救被拐卖、绑架妇女、儿童罪】………… 1249
【阻碍军人执行职务罪】…………………………… 1117
【阻碍军事行动罪】………………………………… 1117
【阻碍执行军事职务罪】…………………………… 1260
【组织、利用会道门、邪教组织、利用迷信破坏法律实施罪】…… 892
【组织、利用会道门、邪教组织、利用迷信致人重伤、死亡罪】…… 892
【组织、领导、参加黑社会性质组织罪】………… 837
【组织、领导、参加恐怖组织罪】………………… 197
【组织、领导传销活动罪】………………………… 516
【组织、资助非法聚集罪】………………………… 814
【组织播放淫秽音像制品罪】……………………… 1110
【组织参与国（境）外赌博罪】…………………… 899
【组织残疾人、儿童乞讨罪】……………………… 665
【组织出卖人体器官罪】…………………………… 589
【组织考试作弊罪】………………………………… 782
【组织卖淫罪】……………………………………… 1089
【组织他人偷越国（边）境罪】…………………… 944
【组织未成年人进行违反治安管理活动罪】……… 666
【组织淫秽表演罪】………………………………… 1115
【组织越狱罪】……………………………………… 943

中华人民共和国刑法①

(1979年7月1日第五届全国人民代表大会第二次会议通过　1997年3月14日第八届全国人民代表大会第五次会议修订　1997年3月14日中华人民共和国主席令第83号公布　自1997年10月1日起施行)

第一编　总　　则

第一章　刑法的任务、基本原则和适用范围

第一条　【立法目的与根据】为了惩罚犯罪，保护人民，根据宪法，结合我国同犯罪作斗争的具体经验及实际情况，制定本法。

---

①　根据1998年12月29日第九届全国人民代表大会常务委员会第六次会议通过的《全国人民代表大会常务委员会关于惩治骗购外汇、逃汇和非法买卖外汇犯罪的决定》、1999年12月25日第九届全国人民代表大会常务委员会第十三次会议通过的《中华人民共和国刑法修正案》、2001年8月31日第九届全国人民代表大会常务委员会第二十三次会议通过的《中华人民共和国刑法修正案（二）》、2001年12月29日第九届全国人民代表大会常务委员会第二十五次会议通过的《中华人民共和国刑法修正案（三）》、2002年12月28日第九届全国人民代表大会常务委员会第三十一次会议通过的《中华人民共和国刑法修正案（四）》、2005年2月28日第十届全国人民代表大会常务委员会第十四次会议通过的《中华人民共和国刑法修正案（五）》、2006年6月29日第十届全国人民代表大会常务委员会第二十二次会议通过的《中华人民共和国刑法修正案（六）》、2009年2月28日第十一届全国人民代表大会常务委员会第七次会议通过的《中华人民共和国刑法修正案（七）》、2009年8月27日第十一届全国人民代表大会常务委员会第十次会议通过的《关于修改部分法律的决定》、2011年2月25日第十一届全国人民代表大会常务委员会第十九次会议通过的《中华人民共和国刑法修正案（八）》、2015年8月29日第十二届全国人民代表大会常务委员会第十六次会议通过的《中华人民共和国刑法修正案（九）》、2017年11月4日第十二届全国人民代表大会常务委员会第三十次会议通过的《中华人民共和国刑法修正案（十）》修订、2020年12月26日第十三届全国人民代表大会常务委员会第二十四次会议通过的《中华人民共和国刑法修正案（十一）》修正。

● 要点及关联法规

修正前后刑法条文在裁判文书中的表述

最高人民法院关于在裁判文书中如何表述修正前后刑法条文的批复（2012年6月1日）

一、根据案件情况，裁判文书引用1997年3月14日第八届全国人民代表大会第五次会议修订的刑法条文，应当根据具体情况分别表述：

（一）有关刑法条文在修订的刑法施行后未经修正，或者经过修正，但引用的是现行有效条文，表述为"《中华人民共和国刑法》第××条"。

（二）有关刑法条文经过修正，引用修正前的条文，表述为"1997年修订的《中华人民共和国刑法》第××条"。

（三）有关刑法条文经两次以上修正，引用经修正、且为最后一次修正前的条文，表述为"经××××年《中华人民共和国刑法修正案（×）》修正的《中华人民共和国刑法》第××条"。

二、根据案件情况，裁判文书引用1997年3月14日第八届全国人民代表大会第五次会议修订前的刑法条文，应当表述为"1979年《中华人民共和国刑法》第××条"。

三、根据案件情况，裁判文书引用有关单行刑法条文，应当直接引用相应该条例、补充规定或者决定的具体条款。

四、最高人民法院《关于在裁判文书中如何引用修订前、后刑法名称的通知》（法〔1997〕192号）、最高人民法院《关于在裁判文书中如何引用刑法修正案的批复》（法释〔2007〕7号）不再适用。

第二条　【刑法任务】中华人民共和国刑法的任务，是用刑罚同一切犯罪行为作斗争，以保卫国家安全，保卫人民民主专政的政权和社会主义制度，保护国有财产和劳动群众集体所有的财产，保护公民私人所有的财产，保护公民的人身权利、民主权利和其他权利，维护社会秩序、经济秩序，保障社会主义建设事业的顺利进行。

第三条　【罪刑法定原则】法律明文规定为犯罪行为的，依照法律定罪处刑；法律没有明文规定为犯罪行为的，不得定罪处刑。

● 要点及关联法规

1. 司法解释应当主要针对具体的法律条文

最高人民检察院司法解释工作规定（2019年5月13日）

第三条 司法解释应当主要针对具体的法律条文，并符合立法的目的、原则和原意。

2. 办理刑事案件必须严格遵守罪刑法定原则

最高人民法院刑一庭：准确把握和正确适用依法从严政策（《人民法院报》2010年3月24日第6版）

一、从严惩处是宽严相济刑事政策的应有内容

……罪刑法定、罪刑相适应是刑法的基本原则，办理任何刑事案件包括严重刑事犯罪案件都必须严格遵守。从严惩处不是无限度的，不是越严越好、越重越好，而是有标准、有限度的。这个标准就是罪刑法定和罪刑相适应的刑法基本原则，就是刑法总则和分则中关于量刑情节和具体犯罪定罪量刑的规定，就是有关司法解释关于具体适用法律问题的规定。不能为了从严而突破法律的幅度和界限，任意或变相加重被告人的刑罚，否则，既不可能实现良好的法律效果，也不可能实现良好的社会效果。

第四条 【法律面前人人平等原则】 对任何人犯罪，在适用法律上一律平等。不允许任何人有超越法律的特权。

第五条 【罪责刑相适应原则】 刑罚的轻重，应当与犯罪分子所犯罪行和承担的刑事责任相适应。

第六条 【属地管辖权】 凡在中华人民共和国领域内犯罪的，除法律有特别规定的以外，都适用本法。

凡在中华人民共和国船舶或者航空器内犯罪的，也适用本法。

犯罪的行为或者结果有一项发生在中华人民共和国领域内的，就认为是在中华人民共和国领域内犯罪。

● **要点及关联法规**

1. 外国人、无国籍人拐卖外国妇女到我国境内的案件适用我国法律

最高人民法院关于审理拐卖妇女案件适用法律有关问题的解释（2000年1月25日）

第二条 外国人或者无国籍人拐卖外国妇女到我国境内被查获的，应当根据刑法第六条的规定，适用我国刑法定罪处罚。

2. 在台湾地区服刑的大陆居民回大陆服刑的案件适用我国法律

最高人民法院关于人民法院办理接收在台湾地区服刑的大陆居民回大陆服刑案件的规定（2016年5月1日）

第一条 人民法院办理接收在台湾地区服刑的大陆居民（以下简称被判刑人）回大陆服刑案件（以下简称接收被判刑人案件），应当遵循一个中国原则，遵守国家法律的基本原则，秉持人道和互惠原则，不得违反社会公共利益。

第九条 被判刑人回大陆服刑后，有关减刑、假释、暂予监外执行、赦免等事项，适用刑法、刑事诉讼法及相关司法解释的规定。

第十条 被判刑人回大陆服刑后，对其在台湾地区已被判处刑罚的行为，人民法院不再审理。

第七条 【属人管辖权】中华人民共和国公民在中华人民共和国领域外犯本法规定之罪的，适用本法，但是按本法规定的最高刑为三年以下有期徒刑的，可以不予追究。

中华人民共和国国家工作人员和军人在中华人民共和国领域外犯本法规定之罪的，适用本法。

第八条 【保护管辖权】外国人在中华人民共和国领域外对中华人民共和国国家或者公民犯罪，而按本法规定的最低刑为三年以上有期徒刑的，可以适用本法，但是按照犯罪地的法律不受处罚的除外。

● 要点及关联法规

对在我国领域外实施恐怖活动犯罪的刑事管辖权

反恐怖主义法（2018年4月27日）

第十一条 对在中华人民共和国领域外对中华人民共和国国家、公民或者机构实施的恐怖活动犯罪，或者实施的中华人民共和国缔结、参加的国际条约所规定的恐怖活动犯罪，中华人民共和国行使刑事管辖权，依法追究刑事责任。

第九条 【普遍管辖权】对于中华人民共和国缔结或者参加的国际条约所规定的罪行，中华人民共和国在所承担条约义务的范围内行使刑事管辖权的，适用本法。

第十条 【域外刑事判决的消极承认】凡在中华人民共和国领域外犯罪，依照本法应当负刑事责任的，虽然经过外国审判，仍然可以依照本法追究，但是在外国已经受过刑罚处罚的，可以免除或者减轻处罚。

第十一条 【外交豁免】享有外交特权和豁免权的外国人的刑事责任，通过外交途径解决。

第十二条 【刑法的溯及力】中华人民共和国成立以后本法施行以前的行为，如果当时的法律不认为是犯罪的，适用当时的法律；如果当时的法律认为是犯罪的，依照本法总则第四章第八节的规定应当追诉的，按照当时的法律追究刑事责任，但是如果本法不认为是犯罪或者处刑较轻的，适用本法。

本法施行以前，依照当时的法律已经作出的生效判决，继续有效。

● 要点及关联法规

1. 1997年《刑法》实施前，法院审判案件仍依照现行刑法、有关规定及司法解释办理

最高人民法院关于认真学习宣传贯彻修订的《中华人民共和国刑法》的通知（1997年3月25日）

四、修订的刑法实施前，人民法院审判刑法案件仍然应当依照现行刑法和人大常委会修改、补充刑法的有关决定、补充规定及最高人民法院的有关司法解释，并应遵守刑事诉讼法有关程序和期限的规定。

2. 应当以行为实施时作为新旧法选择适用的判断基础

最高人民法院研究室关于假释时间效力法律适用问题的答复（2011年7月15日）

一、根据刑法第十二条的规定，应当以行为实施时，而不是审判时，作为新旧法选择适用的判断基础。故《最高人民法院关于适用刑法时间效力规定若干问题的解释》第八条规定的"1997年9月30日以前犯罪，1997年10月1日以后仍在服刑的累犯以及因杀人、爆炸、抢劫、强奸、绑架等暴力性犯罪被判处十年以上有期徒刑、无期徒刑的犯罪分子"，包括1997年9月30日以前犯罪，已被羁押尚未判决的犯罪分子。

3. "处刑较轻"的认定

最高人民法院关于适用刑法第十二条几个问题的解释（1998年1月13日）

第一条 刑法第十二条规定的"处刑较轻"，是指刑法对某种犯罪规定的刑罚即法定刑比修订前刑法轻。法定刑较轻是指法定最高刑较轻；如果法定最高刑相同，则指法定最低刑较轻。

第二条 如果刑法规定的某一犯罪只有一个法定刑幅度，法定最高刑或者最低刑是指该法定刑幅度的最高刑或者最低刑；如果刑法规定的某一犯罪有两个以上的法定刑幅度，法定最高刑或者最低刑是指具体犯罪行为应当适用的法定刑幅度的最高刑或者最低刑。

4. 从旧兼从轻原则

最高人民法院关于适用刑法时间效力规定若干问题的解释（1997年10月1日）

为正确适用刑法，现就人民法院1997年10月1日以后审理的刑事案件，具体适用修订前的刑法或者修订后的刑法的有关问题规定如下：

第一条　对于行为人 1997 年 9 月 30 日以前实施的犯罪行为，在人民检察院、公安机关、国家安全机关立案侦查或者在人民法院受理案件以后，行为人逃避侦查或者审判，超过追诉期限或者被害人在追诉期限内提出控告，人民法院、人民检察院、公安机关应当立案而不予立案，超过追诉期限的，是否追究行为人的刑事责任，适用修订前的刑法第七十七条①的规定。

第二条　犯罪分子 1997 年 9 月 30 日以前犯罪，不具有法定减轻处罚情节，但是根据案件的具体情况需要在法定刑以下判处刑罚的，适用修订前的刑法第五十九条第二款②的规定。

第三条　前罪判处的刑罚已经执行完毕或者赦免，在 1997 年 9 月 30 日以前又犯应当判处有期徒刑以上刑罚之罪，是否构成累犯，适用修订前的刑法第六十一条③的规定；1997 年 10 月 1 日以后又犯应当判处有期徒刑以上刑罚之罪的，是否构成累犯，适用刑法第六十五条的规定。

第四条　1997 年 9 月 30 日以前被采取强制措施的犯罪嫌疑人、被告人或者 1997 年 9 月 30 日以前犯罪，1997 年 10 月 1 日以后仍在服刑的罪犯，如实供述司法机关还未掌握的本人其他罪行的，适用刑法第六十七条第二款的规定。

第五条　1997 年 9 月 30 日以前犯罪的犯罪分子，有揭发他人犯罪行为，或者提供重要线索，从而得以侦破其他案件等立功表现的，适用刑法第六十八条的规定。

第六条　1997 年 9 月 30 日以前犯罪被宣告缓刑的犯罪分子，在 1997 年 10 月 1 日以后的缓刑考验期间又犯新罪、被发现漏罪或者违反法律、行政法规或者国务院公安部门有关缓刑的监督管理规定，情节严重的，适用刑法第七十七条的规定，撤销缓刑。

第七条　1997 年 9 月 30 日以前犯罪，1997 年 10 月 1 日以后仍在服刑的犯

---

① 编者注：1979 年《刑法》第七十七条："在人民法院、人民检察院、公安机关采取强制措施以后，逃避侦查或者审判的，不受追诉期限的限制。"

② 编者注：1979 年《刑法》第五十九条第二款："犯罪分子虽然不具有本法规定的减轻处罚情节，如果根据案件的具体情况，判处法定刑的最低刑还是过重的，经人民法院审判委员会决定，也可以在法定刑以下判处刑罚。"

③ 编者注：1979 年《刑法》第六十一条："被判处有期徒刑以上刑罚的犯罪分子，刑罚执行完毕或者赦免以后，在三年以内再犯应当判处有期徒刑以上刑罚之罪的，是累犯，应当从重处罚；但是过失犯罪除外。前款规定的期限，对于被假释的犯罪分子，从假释期满之日起计算。"

罪分子，因特殊情况，需要不受执行刑期限制假释的，适用刑法第八十一条第一款的规定，报经最高人民法院核准。

第八条 1997年9月30日以前犯罪，1997年10月1日以后仍在服刑的累犯以及因杀人、爆炸、抢劫、强奸、绑架等暴力性犯罪被判处十年以上有期徒刑、无期徒刑的犯罪分子，适用修订前的刑法第七十三条[①]的规定，可以假释。

第九条 1997年9月30日以前被假释的犯罪分子，在1997年10月1日以后的假释考验期内，又犯新罪、被发出漏罪或者违反法律、行政法规或者国务院公安部门有关假释的监督管理规定的，适用刑法第八十六条的规定，撤销假释。

最高人民检察院关于检察工作中具体适用修订刑法第十二条若干问题的通知（1997年10月6日）

根据修订刑法第十二条的规定，现对发生在1997年9月30日以前，1997年10月1日后尚未处理或者正在处理的行为如何适用法律的若干问题通知如下：

一、如果当时的法律（包括1979年刑法，中华人民共和国惩治军人违反职责罪暂行条例，全国人大常委会关于刑事法律的决定、补充规定，民事、经济、行政法律中"依照"、"比照"刑法有关条款追究刑事责任的法律条文，下同）、司法解释认为是犯罪，修订刑法不认为是犯罪的，依法不再追究刑事责任。已经立案、侦查的，撤销案件；已批准逮捕的，撤销批准逮捕决定，并建议公安机关撤销案件；审查起诉的，作出不起诉决定；已经起诉的，建议人民法院退回案件，予以撤销；已经抗诉的，撤回抗诉。

二、如果当时的法律、司法解释认为是犯罪，修订刑法也认为是犯罪的，按从旧兼从轻的原则依法追究刑事责任：

1. 罪名、构成要件、情节以及法定刑没有变化的，适用当时的法律追究刑事责任。

2. 罪名、构成要件、情节以及法定刑已经变化的，根据从轻原则，确定适用当时的法律或者修订刑法追究刑事责任。

最高人民法院关于适用刑法第十二条几个问题的解释（1998年1月13日）

第三条 一九九七年十月一日以后审理一九九七年九月三十日以前发生的刑事案件，如果刑法规定的定罪处刑标准、法定刑与修订前刑法相同的，应当适用修订前的刑法。

---

① 编者注：1979年《刑法》第七十三条："被判处有期徒刑的犯罪分子，执行原判刑期二分之一以上，被判处无期徒刑的犯罪分子，实际执行十年以上，如果确有悔改表现，不致再危害社会，可以假释。如果有特殊情节，可以不受上述执行刑期的限制。"

5. 按照审判监督程序重新审判的案件，适用行为时的法律

最高人民法院关于认真学习宣传贯彻修订的《中华人民共和国刑法》的通知（1997年3月25日）

三、修订的刑法实施后，各级人民法院必须坚决贯彻执行。对于修订的刑法实施前发生的行为，10月1日实施后尚未处理或者正在处理的案件，依照修订的刑法第十二条的规定办理；对于修订的刑法施行前，人民法院已审结的案件，实施后人民法院按照审判监督程序重新审理的，适用原审结时的有关法律规定。

最高人民法院关于适用刑法时间效力规定若干问题的解释（1997年10月1日）

第十条　按照审判监督程序重新审判的案件，适用行为时的法律。

6. 跨法犯罪的时间效力

最高人民检察院关于检察工作中具体适用修订刑法第十二条若干问题的通知（1997年10月6日）

三、如果当时的法律不认为是犯罪，修订刑法认为是犯罪的，适用当时的法律；但行为连续或者继续到1997年10月1日以后的，对10月1日以后构成犯罪的行为适用修订刑法追究刑事责任。

最高人民检察院关于对跨越修订刑法施行日期的继续犯罪、连续犯罪以及其他同种数罪应如何具体适用刑法问题的批复（1998年12月2日）

对于开始于1997年9月30日以前，继续或者连续到1997年10月1日以后的行为，以及在1997年10月1日前后分别实施的同种类数罪，如果原刑法和修订刑法都认为是犯罪并且应当追诉，按照下列原则决定如何适用法律：

一、对于开始于1997年9月30日以前，继续到1997年10月1日以后终了的继续犯罪，应当适用修订刑法一并进行追诉。

二、对于开始于1997年9月30日以前，连续到1997年10月1日以后的连续犯罪，或者在1997年10月1日前后分别实施同种类数罪，其中罪名、构成要件、情节以及法定刑均没有变化的，应当适用修订刑法，一并进行追诉；罪名、构成要件、情节以及法定刑已经变化的，也应当适用修订刑法，一并进行追诉，但是修订刑法比原刑法所规定的构成要件和情节较为严格，或者法定刑较重的，在提起公诉时应当提出酌情从轻处理意见。

7. 司法解释的时间效力

最高人民法院关于认真学习宣传贯彻修订的《中华人民共和国刑法》的通知（1997年3月25日）

五、修订的刑法实施后，对已明令废止的全国人大常委会有关决定和补充规定，最高人民法院原作出的有关司法解释不再适用。但是如果修订的刑法有关条文实质内容没有变化的，人民法院在刑事审判工作中，在没有新的司法解释前，可参照执行。其他对于与修订的刑法规定相抵触的司法解释，不再适用。

最高人民法院、最高人民检察院关于适用刑事司法解释时间效力问题的规定（2001年12月17日）

一、司法解释是最高人民法院对审判工作中具体应用法律问题和最高人民检察院对检察工作中具体应用法律问题所作的具有法律效力的解释，自发布或者规定之日起施行，效力适用于法律的施行期间。

二、对于司法解释实施前发生的行为，行为时没有相关司法解释，司法解释施行后尚未处理或者正在处理的案件，依照司法解释的规定办理。

三、对于新的司法解释实施前发生的行为，行为时已有相关司法解释，依照行为时的司法解释办理，但适用新的司法解释对犯罪嫌疑人、被告人有利的，适用新的司法解释。

四、对于在司法解释施行前已办结的案件，按照当时的法律和司法解释，认定事实和适用法律没有错误的，不再变动。

最高人民法院关于九七刑法实施后发生的非法买卖枪支案件，审理时新的司法解释尚未作出，是否可以参照1995年9月20日最高人民法院《关于办理非法制造、买卖、运输非军用枪支、弹药刑事案件适用法律问题的解释》的规定审理案件请示的复函（2003年7月29日）

原审被告人侯磊非法买卖枪支的行为发生在修订后的《刑法》实施以后，而该案审理时《最高人民法院关于审理非法制造、买卖、运输枪支、弹药、爆炸物等刑事案件具体应用法律若干问题的解释》[1]尚未颁布，因此，依照我院法发〔1997〕3号《关于认真学习宣传贯彻修订的〈中华人民共和国刑法〉的通知》的精神，该案应参照1995年9月20日最高人民法院法发〔1995〕20号

---

[1] 编者注：该解释于2001年5月10日由最高人民法院审判委员会第1174次会议通过，2009年11月9日最高人民法院审判委员会第1476次会议修改。

《关于办理非法制造、买卖、运输非军用枪支、弹药刑事案件适用法律问题的解释》的规定办理。

第二章 犯 罪

第一节 犯罪和刑事责任

> **第十三条　【犯罪概念】**一切危害国家主权、领土完整和安全，分裂国家、颠覆人民民主专政的政权和推翻社会主义制度，破坏社会秩序和经济秩序，侵犯国有财产或者劳动群众集体所有的财产，侵犯公民私人所有的财产，侵犯公民的人身权利、民主权利和其他权利，以及其他危害社会的行为，依照法律应当受刑罚处罚的，都是犯罪，但是情节显著轻微危害不大的，不认为是犯罪。

● 要点及关联法规

《刑法》和《治安管理处罚法》之间的适用衔接

治安管理处罚法（2013年1月1日）

第二条　扰乱公共秩序，妨害公共安全，侵犯人身权利、财产权利，妨害社会管理，具有社会危害性，依照《中华人民共和国刑法》的规定构成犯罪的，依法追究刑事责任；尚不够刑事处罚的，由公安机关依照本法给予治安管理处罚。

> **第十四条　【故意犯罪】**明知自己的行为会发生危害社会的结果，并且希望或者放任这种结果发生，因而构成犯罪的，是故意犯罪。
>
> 故意犯罪，应当负刑事责任。

第十五条 【过失犯罪】 应当预见自己的行为可能发生危害社会的结果，因为疏忽大意而没有预见，或者已经预见而轻信能够避免，以致发生这种结果的，是过失犯罪。

过失犯罪，法律有规定的才负刑事责任。

第十六条 【不可抗力和意外事件】 行为在客观上虽然造成了损害结果，但是不是出于故意或者过失，而是由于不能抗拒或者不能预见的原因所引起的，不是犯罪。

第十七条[①] **【年龄对未成年人责任能力的影响】** 已满十六周岁的人犯罪，应当负刑事责任。

已满十四周岁不满十六周岁的人，犯故意杀人、故意伤害致人重伤或者死亡、强奸、抢劫、贩卖毒品、放火、爆炸、投放危险物质罪的，应当负刑事责任。

已满十二周岁不满十四周岁的人，犯故意杀人、故意伤害罪，致人死亡或者以特别残忍手段致人重伤造成严重残疾，情节恶劣，经最高人民检察院核准追诉的，应当负刑事责任。

对依照前三款规定追究刑事责任的不满十八周岁的人，应当从轻或者减轻处罚。

因不满十六周岁不予刑事处罚的，责令其父母或者其他监护人加以管教；在必要的时候，依法进行专门矫治教育。

[①] 编者注：本条经《刑法修正案（十一）》修订，第二款原来的"投毒"被修改为"投放危险物质"；第三款为新增，将刑法中特定情形下的刑事责任年龄降低到十二周岁至十四周岁；第四款据此也有相应调整；第五款原来的"也可以由政府收容教养"被修改为"依法进行专门矫治教育"。

要点及关联法规

1. 未成年人刑事案件中年龄的认定

最高人民法院关于审理未成年人刑事案件具体应用法律若干问题的解释（2006年1月23日）

第一条 本解释所称未成年人刑事案件，是指被告人实施被指控的犯罪时已满十四周岁不满十八周岁的案件。

第二条 刑法第十七条规定的"周岁"，按照公历的年、月、日计算，从周岁生日的第二天起算。

第三条 审理未成年人刑事案件，应当查明被告人实施被指控的犯罪时的年龄。裁判文书中应当写明被告人出生的年、月、日。

第四条 对于没有充分证据证明被告人实施被指控的犯罪时已经达到法定刑事责任年龄且确实无法查明的，应当推定其没有达到相应法定刑事责任年龄。

相关证据足以证明被告人实施被指控的犯罪时已经达到法定刑事责任年龄，但是无法准确查明被告人具体出生日期的，应当认定其达到相应法定刑事责任年龄。

最高人民检察院关于人民检察院办理未成年人刑事案件的规定（2013年12月27日）

第七十九条 本规定所称未成年人刑事案件，是指犯罪嫌疑人、被告人实施涉嫌犯罪行为时已满十四周岁、未满十八周岁的刑事案件，但在有关未成年人诉讼权利和体现对未成年人程序上特殊保护的条文中所称的未成年人，是指在诉讼过程中未满十八周岁的人。犯罪嫌疑人实施涉嫌犯罪行为时未满十八周岁，在诉讼过程中已满十八周岁的，人民检察院可以根据案件的具体情况适用本规定。

第八十条 实施犯罪行为的年龄，一律按公历的年、月、日计算。从周岁生日的第二天起，为已满××周岁。

最高人民检察院未成年人刑事检察工作指引（试行）（2017年3月2日）

第一百五十二条 【年龄审查】人民检察院审查未成年人刑事案件，应当注重对未成年人年龄证据的审查，重点审查是否已满十四、十六、十八周岁。

对于未成年人年龄证据，一般应当以公安机关加盖公章、附有未成年人照片的户籍证明为准。当户籍证明与其他证据存在矛盾时，应当遵循以下原则：

（一）可以调取医院的分娩记录、出生证明、户口簿、户籍登记底卡、居民身份证、临时居住证、护照、入境证明、港澳居民来往内地通行证、台湾居民来往大陆通行证、中华人民共和国旅行证、学籍卡、计生台帐、防疫证、（家）族谱等证明文件，收集接生人员、邻居、同学等其他无利害关系人的证言，综合审查判断，排除合理怀疑，采纳各证据共同证实的相对一致的年龄。

（二）犯罪嫌疑人不讲真实姓名、住址，年龄不明的，可以委托进行骨龄鉴定或者其他科学鉴定。经审查，鉴定意见能够准确确定犯罪嫌疑人实施犯罪行为时的年龄的，可以作为判断犯罪嫌疑人年龄的证据参考。若鉴定意见不能准确确定犯罪嫌疑人实施犯罪行为时的年龄，而且显示犯罪嫌疑人年龄在法定应负刑事责任年龄上下，但无法查清真实年龄的，应当作出有利于犯罪嫌疑人的认定。

公安部法制司关于如何确定无户籍登记的犯罪嫌疑人年龄的答复（1997年11月24日）

鉴于黄某的年龄在户籍资料中没有任何记载，户口登记机关无法提供准确的依据。因此，公安机关应进行司法鉴定，以确定诸如黄某等无户籍登记的犯罪嫌疑人的实际年龄。

根据目前的技术水平，还无法对犯罪嫌疑人的年龄作出精确的鉴定，对25岁以内青少年的年龄鉴定结论误差范围通常在±2岁以内，只能反映犯罪嫌疑人的年龄段（如14岁以上18岁以下）。从保护青少年的合法权益和"教育、感化、挽救"的刑事政策出发，在实际认定时，应将鉴定反映的该犯罪嫌疑人年龄段的下限即可能的最低年龄视为犯罪嫌疑人的年龄。

2. 未成年人刑事案件定罪的一般规定

全国人民代表大会常务委员会法制工作委员会关于已满十四周岁不满十六周岁的人承担刑事责任范围问题的答复意见（2002年7月24日）

刑法第十七条第二款规定的八种犯罪，是指具体犯罪行为而不是具体罪名。对于刑法第十七条中规定的"犯故意杀人、故意伤害致人重伤或者死亡"，是指只要故意实施了杀人、伤害行为并且造成了致人重伤、死亡后果的，都应负刑事责任。而不是指只有犯故意杀人罪、故意伤害罪的，才负刑事责任，绑架撕票的，不负刑事责任。对司法实践中出现的已满十四周岁不满十六周岁的人绑架人质后杀害被绑架人、拐卖妇女、儿童而故意造成被拐卖妇女、儿童重伤或死亡的行为，依据刑法是应当追究其刑事责任的。

最高人民检察院法律政策研究室关于相对刑事责任年龄的人承担刑事责任范围有关问题的答复（2003年4月18日）

一、相对刑事责任年龄的人实施了刑法第十七条第二款规定的行为，应当追究刑事责任的，其罪名应当根据所触犯的刑法分则具体条文认定。对于绑架后杀害被绑架人的，其罪名应认定为绑架罪①。

二、相对刑事责任年龄的人实施了刑法第二百六十九条规定的行为的，应当依照刑法第二百六十三条的规定，以抢劫罪②追究刑事责任。但对情节显著轻微，危害不大的，可根据刑法第十三条的规定，不予追究刑事责任。

最高人民法院关于审理未成年人刑事案件具体应用法律若干问题的解释
（2006年1月23日）

第五条　已满十四周岁不满十六周岁的人实施刑法第十七条第二款规定以外的行为，如果同时触犯了刑法第十七条第二款规定的，应当依照刑法第十七条第二款的规定确定罪名，定罪处罚。

第六条　已满十四周岁不满十六周岁的人偶尔与幼女发生性行为，情节轻微、未造成严重后果的，不认为是犯罪。

第七条　已满十四周岁不满十六周岁的人使用轻微暴力或者威胁，强行索要其他未成年人随身携带的生活、学习用品或者钱财数量不大，且未造成被害人轻微伤以上或者不敢正常到校学习、生活等危害后果的，不认为是犯罪。

已满十六周岁不满十八周岁的人具有前款规定情形的，一般也不认为是犯罪。

第八条　已满十六周岁不满十八周岁的人出于以大欺小、以强凌弱或者寻求精神刺激，随意殴打其他未成年人、多次对其他未成年人强拿硬要或者任意损毁公私财物，扰乱学校及其他公共场所秩序，情节严重的，以寻衅滋事罪定罪处罚。

第九条　已满十六周岁不满十八周岁的人实施盗窃行为未超过三次，盗窃数额虽已达到"数额较大"标准，但案发后能如实供述全部盗窃事实并积极退赃，且具有下列情形之一的，可以认定为"情节显著轻微危害不大"，不认为是犯罪：

（一）系又聋又哑的人或者盲人；

（二）在共同盗窃中起次要或者辅助作用，或者被胁迫；

（三）具有其他轻微情节的。

---

①　编者注：该定性与《最高人民法院关于审理未成年人刑事案件具体应用法律若干问题的解释》（2006年1月23日）第五条的定性不一致。

②　编者注：该定性与《最高人民法院关于审理未成年人刑事案件具体应用法律若干问题的解释》（2006年1月23日）第十条第一款的定性不一致。

已满十六周岁不满十八周岁的人盗窃未遂或者中止的,可不认为是犯罪。

已满十六周岁不满十八周岁的人盗窃自己家庭或者近亲属财物,或者盗窃其他亲属财物但其他亲属要求不予追究的,可不按犯罪处理。

第十条　已满十四周岁不满十六周岁的人盗窃、诈骗、抢夺他人财物,为窝藏赃物、抗拒抓捕或者毁灭罪证,当场使用暴力,故意伤害致人重伤或者死亡,或者故意杀人的,应当分别以故意伤害罪或者故意杀人罪定罪处罚。

已满十六周岁不满十八周岁的人犯盗窃、诈骗、抢夺罪,为窝藏赃物、抗拒抓捕或者毁灭罪证而当场使用暴力或者以暴力相威胁的,应当依照刑法第二百六十九条的规定定罪处罚;情节轻微的,可以不以抢劫罪定罪处罚。

3. 未成年人刑事案件量刑的一般规定

最高人民法院关于审理未成年人刑事案件具体应用法律若干问题的解释
(2006年1月23日)

第十一条　对未成年罪犯适用刑罚,应当充分考虑是否有利于未成年罪犯的教育和矫正。

对未成年罪犯量刑应当依照刑法第六十一条的规定,并充分考虑未成年人实施犯罪行为的动机和目的、犯罪时的年龄、是否初次犯罪、犯罪后的悔罪表现、个人成长经历和一贯表现等因素。对符合管制、缓刑、单处罚金或者免予刑事处罚适用条件的未成年罪犯,应当依法适用管制、缓刑、单处罚金或者免予刑事处罚。

第十二条　行为人在达到法定刑事责任年龄前后均实施了危害社会的行为,只能依法追究其达到法定刑事责任年龄后实施的危害社会行为的刑事责任。

行为人在年满十八周岁前后实施了不同种犯罪行为,对其年满十八周岁以前实施的犯罪应当依法从轻或者减轻处罚。行为人在年满十八周岁前后实施了同种犯罪行为,在量刑时应当考虑对年满十八周岁以前实施的犯罪,适当给予从轻或者减轻处罚。

第十三条　未成年人犯罪只有罪行极其严重的,才可以适用无期徒刑。对已满十四周岁不满十六周岁的人犯罪一般不判处无期徒刑。

第十四条　除刑法规定"应当"附加剥夺政治权利外,对未成年罪犯一般不判处附加剥夺政治权利。

如果对未成年罪犯判处附加剥夺政治权利的,应当依法从轻判处。

对实施被指控犯罪时未成年、审判时已成年的罪犯判处附加剥夺政治权利,适用前款的规定。

第十五条　对未成年罪犯实施刑法规定的"并处"没收财产或者罚金的犯罪，应当依法判处相应的财产刑；对未成年罪犯实施刑法规定的"可以并处"没收财产或者罚金的犯罪，一般不判处财产刑。

对未成年罪犯判处罚金刑时，应当依法从轻或者减轻判处，并根据犯罪情节，综合考虑其缴纳罚金的能力，确定罚金数额。但罚金的最低数额不得少于五百元人民币。

对被判处罚金刑的未成年罪犯，其监护人或者其他人自愿代为垫付罚金的，人民法院应当允许。

第十六条　对未成年罪犯符合刑法第七十二条第一款规定的，可以宣告缓刑。如果同时具有下列情形之一，对其适用缓刑确实不致再危害社会的，应当宣告缓刑：

（一）初次犯罪；

（二）积极退赃或赔偿被害人经济损失；

（三）具备监护、帮教条件。

第十七条　未成年罪犯根据其所犯罪行，可能被判处拘役、三年以下有期徒刑，如果悔罪表现好，并具有下列情形之一的，应当依照刑法第三十七条的规定免予刑事处罚：

（一）系又聋又哑的人或者盲人；

（二）防卫过当或者避险过当；

（三）犯罪预备、中止或者未遂；

（四）共同犯罪中从犯、胁从犯；

（五）犯罪后自首或者有立功表现；

（六）其他犯罪情节轻微不需要判处刑罚的。

最高人民法院关于贯彻宽严相济刑事政策的若干意见（2010年2月8日）

三、准确把握和正确适用依法从"宽"的政策要求

20. 对于未成年人犯罪，在具体考虑其实施犯罪的动机和目的、犯罪性质、情节和社会危害程度的同时，还要充分考虑其是否属于初犯，归案后是否悔罪，以及个人成长经历和一贯表现等因素，坚持"教育为主、惩罚为辅"的原则和"教育、感化、挽救"的方针进行处理。对于偶尔盗窃、抢夺、诈骗，数额刚达到较大的标准，案发后能如实交代并积极退赃的，可以认定为情节显著轻微，不作为犯罪处理。对于罪行较轻的，可以依法适当多适用缓刑或者判处管制、单处罚金等非监禁刑；依法可免予刑事处罚的，应当免予刑事处罚。对于犯罪情节严重的未成年人，也应当依照刑法第十七条第三款的规定予以从轻或者减

轻处罚。对于已满十四周岁不满十六周岁的未成年犯罪人，一般不判处无期徒刑。

最高人民法院关于常见犯罪的量刑指导意见（2017年4月1日）

三、常见量刑情节的适用

1. 对于未成年人犯罪，应当综合考虑未成年人对犯罪的认识能力、实施犯罪行为的动机和目的、犯罪时的年龄、是否初犯、偶犯、悔罪表现、个人成长经历和一贯表现等情况，予以从宽处罚。

（1）已满十四周岁不满十六周岁的未成年人犯罪，减少基准刑的30%-60%；

（2）已满十六周岁不满十八周岁的未成年人犯罪，减少基准刑的10%-50%。

最高人民检察院未成年人刑事检察工作指引（试行）（2017年3月2日）

第二百零七条　【量刑建议】对提起公诉的未成年人刑事案件，可以综合衡量犯罪事实、情节和未成年被告人的具体情况，依法提出量刑建议。对符合法定条件的，可以提出适用非监禁刑或者缓刑的建议，并视情况建议判处禁止令。

4. 未成年人刑事案件中的不起诉

最高人民检察院未成年人刑事检察工作指引（试行）（2017年3月2日）

第一百七十四条　【绝对不起诉】人民检察院经审查后，对于符合以下情形之一的未成年犯罪嫌疑人，经检察长或者检察委员会决定，应当对其作出不起诉决定：

（一）未达法定刑事责任年龄的；

（二）不存在犯罪事实或者犯罪事实非其所为的；

（三）情节显著轻微、危害不大，不认为是犯罪的；

（四）犯罪已过追诉时效期限的；

（五）经特赦令免除刑罚的；

（六）依照刑法规定告诉才处理的犯罪，没有告诉或者撤回告诉的；

（七）犯罪嫌疑人死亡的；

（八）其他法律规定免予追究刑事责任的情形。

发现犯罪事实并非未成年犯罪嫌疑人所为，需要重新侦查的，应当在作出不起诉决定后书面说明理由，将案卷材料退回公安机关并建议公安机关重新侦查。

第一百七十五条　【存疑不起诉】人民检察院对于二次退回补充侦查的案

件，仍然认为证据不足，不符合起诉条件的，经检察长或者检察委员会决定，应当作出不起诉决定。

人民检察院对于经过一次退回补充侦查的案件，认为证据不足，不符合起诉条件，且没有退回补充侦查必要的，可以作出不起诉决定。

第一百七十六条　【相对不起诉】对于犯罪情节轻微，具有下列情形之一，依照刑法规定不需要判处刑罚或者免除刑罚的未成年犯罪嫌疑人，一般应当依法作出不起诉决定：

（一）被胁迫参与犯罪的；

（二）犯罪预备、中止、未遂的；

（三）在共同犯罪中起次要或者辅助作用的；

（四）系又聋又哑的人或者盲人的；

（五）因防卫过当或者紧急避险过当构成犯罪的；

（六）有自首或者立功表现的；

（七）其他依照刑法规定不需要判处刑罚或者免除刑罚的情形。

对于未成年人轻伤害、初次犯罪、过失犯罪、犯罪未遂以及被诱骗或者被教唆实施犯罪等，情节轻微，确有悔罪表现，当事人双方自愿就民事赔偿达成协议并切实履行，或者经被害人同意并提供有效担保，符合刑法第三十七条规定的，人民检察院可以依照刑事诉讼法第一百七十三条第二款的规定作出不起诉决定，并根据案件的不同情况，予以训诫或者责令具结悔过、赔礼道歉、赔偿损失，或者由主管部门予以行政处罚。

第一百八十一条　【适用条件】对于符合以下条件的案件，人民检察院可以作出附条件不起诉的决定：

（一）犯罪嫌疑人实施犯罪行为时系未成年人的；

（二）涉嫌刑法分则第四章、第五章、第六章规定的犯罪的；

（三）可能被判处一年有期徒刑以下刑罚的；

（四）犯罪事实清楚，证据确实、充分，符合起诉条件的；

（五）犯罪嫌疑人具有悔罪表现的。

人民检察院可以参照《最高人民法院关于常见犯罪的量刑指导意见》并综合考虑全案情况和量刑情节，衡量是否"可能判处一年有期徒刑以下刑罚"。

具有下列情形之一的，一般认为具有悔罪表现：

（一）犯罪嫌疑人认罪认罚的；

（二）向被害人赔礼道歉、积极退赃、尽力减少或者赔偿损失的；

（三）取得被害人谅解的；

（四）具有自首或者立功表现的；

（五）犯罪中止的；

（六）其他具有悔罪表现的情形。

对于符合附条件不起诉条件，实施犯罪行为时未满十八周岁，但诉讼时已成年的犯罪嫌疑人，人民检察院可以作出附条件不起诉决定。

第一百八十二条　【积极适用】人民检察院对于符合条件的未成年人刑事案件，应当依法积极适用附条件不起诉，促使未成年犯罪嫌疑人积极自我改造，从而达到教育挽救的目的。对于不具备有效监护条件或者社会帮教措施的未成年犯罪嫌疑人，人民检察院应当积极为其创造条件，实现对未成年人的平等保护。

5. 未成年人刑事案件中收容教养的适用

最高人民法院对甘肃省高级人民法院〔2003〕甘行终字第98号请示的答复（2004年7月15日）

《刑法》第十七条第四款关于"因不满十六周岁不予刑事处罚的……在必要的时候，可以由政府收容教养"的规定，适用于因不满十四周岁不予刑事处罚的情形。

预防未成年人犯罪法（2013年1月1日）

第三十九条　未成年人在被收容教养期间，执行机关应当保证其继续接受文化知识、法律知识或者职业技术教育；对没有完成义务教育的未成年人，执行机关应当保证其继续接受义务教育。

解除收容教养、劳动教养①的未成年人，在复学、升学、就业等方面与其他未成年人享有同等权利，任何单位和个人不得歧视。

第十七条之一　【年龄对老年人责任能力的影响】已满七十五周岁的人故意犯罪的，可以从轻或者减轻处罚；过失犯罪的，应当从轻或者减轻处罚。

---

① 编者注：2013年11月15日《中共中央关于全面深化改革若干重大问题的决定》提出"废止劳动教养制度"，同年12月28日全国人大常委会通过了《关于废止有关劳动教养法律规定的决定》，废除了劳动教养制度。

第十八条 【精神障碍对责任能力的影响】 精神病人在不能辨认或者不能控制自己行为的时候造成危害结果，经法定程序鉴定确认的，不负刑事责任，但是应当责令他的家属或者监护人严加看管和医疗；在必要的时候，由政府强制医疗。

间歇性的精神病人在精神正常的时候犯罪，应当负刑事责任。

尚未完全丧失辨认或者控制自己行为能力的精神病人犯罪的，应当负刑事责任，但是可以从轻或者减轻处罚。

醉酒的人犯罪，应当负刑事责任。

● 要点及关联法规

强制医疗的范围、程序

刑事诉讼法（2018年10月26日）

第三百零二条 实施暴力行为，危害公共安全或者严重危害公民人身安全，经法定程序鉴定依法不负刑事责任的精神病人，有继续危害社会可能的，可以予以强制医疗。

第三百零三条 根据本章规定对精神病人强制医疗的，由人民法院决定。

公安机关发现精神病人符合强制医疗条件的，应当写出强制医疗意见书，移送人民检察院。对于公安机关移送的或者在审查起诉过程中发现的精神病人符合强制医疗条件的，人民检察院应当向人民法院提出强制医疗的申请。人民法院在审理案件过程中发现被告人符合强制医疗条件的，可以作出强制医疗的决定。

对实施暴力行为的精神病人，在人民法院决定强制医疗前，公安机关可以采取临时的保护性约束措施。

第十九条 【听觉视觉机能对责任能力的影响】 又聋又哑的人或者盲人犯罪，可以从轻、减轻或者免除处罚。

第二十条 【正当防卫】 为了使国家、公共利益、本人或者他人的人身、财产和其他权利免受正在进行的不法侵害，而采取的制止不法侵害的行为，对不法侵害人造成损害的，属于正当防卫，不负刑事责任。

正当防卫明显超过必要限度造成重大损害的，应当负刑事责任，但是应当减轻或者免除处罚。

对正在进行行凶、杀人、抢劫、强奸、绑架以及其他严重危及人身安全的暴力犯罪，采取防卫行为，造成不法侵害人伤亡的，不属于防卫过当，不负刑事责任。

● 要点及关联法规

1. 正当防卫的认定

最高人民法院、最高人民检察院、公安部关于依法适用正当防卫制度的指导意见（2020年8月28日）

为依法准确适用正当防卫制度，维护公民的正当防卫权利，鼓励见义勇为，弘扬社会正气，把社会主义核心价值观融入刑事司法工作，根据《中华人民共和国刑法》和《中华人民共和国刑事诉讼法》的有关规定，结合工作实际，制定本意见。

一、总体要求

1. 把握立法精神，严格公正办案。正当防卫是法律赋予公民的权利。要准确理解和把握正当防卫的法律规定和立法精神，对于符合正当防卫成立条件的，坚决依法认定。要切实防止"谁能闹谁有理""谁死伤谁有理"的错误做法，坚决捍卫"法不能向不法让步"的法治精神。

2. 立足具体案情，依法准确认定。要立足防卫人防卫时的具体情境，综合考虑案件发生的整体经过，结合一般人在类似情境下的可能反应，依法准确把握防卫的时间、限度等条件。要充分考虑防卫人面临不法侵害时的紧迫状态和紧张心理，防止在事后以正常情况下冷静理性、客观精确的标准去评判防卫人。

3. 坚持法理情统一，维护公平正义。认定是否构成正当防卫、是否防卫过当以及对防卫过当裁量刑罚时，要注重查明前因后果，分清是非曲直，确保案件处理于法有据、于理应当、于情相容，符合人民群众的公平正义观念，实现法律效果与社会效果的有机统一。

4. 准确把握界限，防止不当认定。对于以防卫为名行不法侵害之实的违法犯罪行为，要坚决避免认定为正当防卫或者防卫过当。对于虽具有防卫性质，但防卫行为明显超过必要限度造成重大损害的，应当依法认定为防卫过当。

二、正当防卫的具体适用

5. 准确把握正当防卫的起因条件。正当防卫的前提是存在不法侵害。不法侵害既包括侵犯生命、健康权利的行为，也包括侵犯人身自由、公私财产等权利的行为；既包括犯罪行为，也包括违法行为。不应将不法侵害不当限缩为暴力侵害或者犯罪行为。对于非法限制他人人身自由、非法侵入他人住宅等不法侵害，可以实行防卫。不法侵害既包括针对本人的不法侵害，也包括危害国家、公共利益或者针对他人的不法侵害。对于正在进行的拉拽方向盘、殴打司机等妨害安全驾驶、危害公共安全的违法犯罪行为，可以实行防卫。成年人对于未成年人正在实施的针对其他未成年人的不法侵害，应当劝阻、制止；劝阻、制止无效的，可以实行防卫。

6. 准确把握正当防卫的时间条件。正当防卫必须是针对正在进行的不法侵害。对于不法侵害已经形成现实、紧迫危险的，应当认定为不法侵害已经开始；对于不法侵害虽然暂时中断或者被暂时制止，但不法侵害人仍有继续实施侵害的现实可能性的，应当认定为不法侵害仍在进行；在财产犯罪中，不法侵害人虽已取得财物，但通过追赶、阻击等措施能够追回财物的，可以视为不法侵害仍在进行；对于不法侵害人确已失去侵害能力或者确已放弃侵害的，应当认定为不法侵害已经结束。对于不法侵害是否已经开始或者结束，应当立足防卫人在防卫时所处情境，按照社会公众的一般认知，依法作出合乎情理的判断，不能苛求防卫人。对于防卫人因为恐慌、紧张等心理，对不法侵害是否已经开始或者结束产生错误认识的，应当根据主客观相统一原则，依法作出妥当处理。

7. 准确把握正当防卫的对象条件。正当防卫必须针对不法侵害人进行。对于多人共同实施不法侵害的，既可以针对直接实施不法侵害的人进行防卫，也可以针对在现场共同实施不法侵害的人进行防卫。明知侵害人是无刑事责任能力人或者限制刑事责任能力人的，应当尽量使用其他方式避免或者制止侵害；没有其他方式可以避免、制止不法侵害，或者不法侵害严重危及人身安全的，可以进行反击。

8. 准确把握正当防卫的意图条件。正当防卫必须是为了使国家、公共利益、本人或者他人的人身、财产和其他权利免受不法侵害。对于故意以语言、行为等挑动对方侵害自己再予以反击的防卫挑拨，不应认定为防卫行为。

9. 准确界分防卫行为与相互斗殴。防卫行为与相互斗殴具有外观上的相似性，准确区分两者要坚持主客观相统一原则，通过综合考量案发起因、对冲突升级是否有过错、是否使用或者准备使用凶器、是否采用明显不相当的暴力、是否纠集他人参与打斗等客观情节，准确判断行为人的主观意图和行为性质。

因琐事发生争执，双方均不能保持克制而引发打斗，对于有过错的一方先动手且手段明显过激，或者一方先动手，在对方努力避免冲突的情况下仍继续侵害的，还击一方的行为一般应当认定为防卫行为。

双方因琐事发生冲突，冲突结束后，一方又实施不法侵害，对方还击，包括使用工具还击的，一般应当认定为防卫行为。不能仅因行为人事先进行防卫准备，就影响对其防卫意图的认定。

10. 防止将滥用防卫权的行为认定为防卫行为。对于显著轻微的不法侵害，行为人在可以辨识的情况下，直接使用足以致人重伤或者死亡的方式进行制止的，不应认定为防卫行为。不法侵害系因行为人的重大过错引发，行为人在可以使用其他手段避免侵害的情况下，仍故意使用足以致人重伤或者死亡的方式还击的，不应认定为防卫行为。

五、工作要求

19. 做好侦查取证工作。公安机关在办理涉正当防卫案件时，要依法及时、全面收集与案件相关的各类证据，为案件的依法公正处理奠定事实根基。取证工作要及时，对冲突现场有视听资料、电子数据等证据材料的，应当第一时间调取；对冲突过程的目击证人，要第一时间询问。取证工作要全面，对证明案件事实有价值的各类证据都应当依法及时收集，特别是涉及判断是否属于防卫行为、是正当防卫还是防卫过当以及有关案件前因后果等的证据。

20. 依法公正处理案件。要全面审查事实证据，认真听取各方意见，高度重视犯罪嫌疑人、被告人及其辩护人提出的正当防卫或者防卫过当的辩解、辩护意见，并及时核查，以准确认定事实、正确适用法律。要及时披露办案进展等工作信息，回应社会关切。对于依法认定为正当防卫的案件，根据刑事诉讼法的规定，及时作出不予立案、撤销案件、不批准逮捕、不起诉的决定或者被告人无罪的判决。对于防卫过当案件，应当依法适用认罪认罚从宽制度；对于犯罪情节轻微，依法不需要判处刑罚或者免除刑罚的，人民检察院可以作出不起诉决定。对于不法侵害人涉嫌犯罪的，应当依法及时追诉。人民法院审理第一审的涉正当防卫案件，社会影响较大或者案情复杂的，由人民陪审员和法官组成合议庭进行审理；社会影响重大的，由人民陪审员和法官组成七人合议庭进行审理。

21. 强化释法析理工作。要围绕案件争议焦点和社会关切，以事实为根据、以法律为准绳，准确、细致地阐明案件处理的依据和理由，强化法律文书的释法析理，有效回应当事人和社会关切，使办案成为全民普法的法治公开课，达到办理一案、教育一片的效果。要尽最大可能做好矛盾化解工作，促进社会和谐稳定。

22. 做好法治宣传工作。要认真贯彻"谁执法、谁普法"的普法责任制，做好以案说法工作，使正当防卫案件的处理成为全民普法和宣扬社会主义核心价值观的过程。要加大涉正当防卫指导性案例、典型案例的发布力度，旗帜鲜明保护正当防卫者和见义勇为人的合法权益，弘扬社会正气，同时引导社会公众依法、理性、和平解决琐事纠纷，消除社会戾气，增进社会和谐。

最高人民法院关于发布第 18 批指导性案例的通知（2018 年 6 月 20 日）
于欢故意伤害案（指导案例 93 号）
裁判要点：1. 对正在进行的非法限制他人人身自由的行为，应当认定为刑法第二十条第一款规定的"不法侵害"，可以进行正当防卫。

2. 防卫过当的认定及刑事责任

最高人民法院、最高人民检察院、公安部关于依法适用正当防卫制度的指导意见（2020 年 8 月 28 日）

三、防卫过当的具体适用

11. 准确把握防卫过当的认定条件。根据刑法第二十条第二款的规定，认定防卫过当应当同时具备"明显超过必要限度"和"造成重大损害"两个条件，缺一不可。

12. 准确认定"明显超过必要限度"。防卫是否"明显超过必要限度"，应当综合不法侵害的性质、手段、强度、危害程度和防卫的时机、手段、强度、损害后果等情节，考虑双方力量对比，立足防卫人防卫时所处情境，结合社会公众的一般认知作出判断。在判断不法侵害的危害程度时，不仅要考虑已经造成的损害，还要考虑造成进一步损害的紧迫危险性和现实可能性。不应当苛求防卫人必须采取与不法侵害基本相当的反击方式和强度。通过综合考量，对于防卫行为与不法侵害相差悬殊、明显过激的，应当认定防卫明显超过必要限度。

13. 准确认定"造成重大损害"。"造成重大损害"是指造成不法侵害人重伤、死亡。造成轻伤以下损害的，不属于重大损害。防卫行为虽然明显超过必要限度但没有造成重大损害的，不应认定为防卫过当。

14. 准确把握防卫过当的刑罚裁量。防卫过当应当负刑事责任，但是应当减轻或者免除处罚。要综合考虑案件情况，特别是不法侵害人的过错程度、不法侵害的严重程度以及防卫人面对不法侵害的恐慌、紧张等心理，确保刑罚裁量适当、公正。对于因侵害人实施严重贬损他人人格尊严、严重违反伦理道德的不法侵害，或者多次、长期实施不法侵害所引发的防卫过当行为，在量刑时应当充分考虑，以确保案件处理既经得起法律检验，又符合社会公平正义观念。

最高人民检察院关于印发最高人民检察院第十二批指导性案例的通知（2018 年 12 月 18 日）

陈某正当防卫案（检例第 45 号）

【要旨】在被人殴打、人身权利受到不法侵害的情况下，防卫行为虽然造成了重大损害的客观后果，但是防卫措施并未明显超过必要限度的，不属于防卫过当，依法不负刑事责任。

最高人民检察院关于印发最高人民检察院第十二批指导性案例的通知（2018 年 12 月 18 日）

朱凤山故意伤害（防卫过当）案（检例第 46 号）

【要旨】在民间矛盾激化过程中，对正在进行的非法侵入住宅、轻微人身侵害行为，可以进行正当防卫，但防卫行为的强度不具有必要性而致不法侵害人重伤、死亡的，属于明显超过必要限度造成重大损害，应当负刑事责任，但是应当减轻或者免除处罚。

最高人民法院关于发布第 18 批指导性案例的通知（2018 年 6 月 20 日）

于欢故意伤害案（指导案例 93 号）

裁判要点：3. 判断防卫是否过当，应当综合考虑不法侵害的性质、手段、强度、危害程度，以及防卫行为的性质、时机、手段、强度、所处环境和损害后果等情节。对非法限制他人人身自由并伴有侮辱、轻微殴打，且并不十分紧迫的不法侵害，进行防卫致人死亡重伤的，应当认定为刑法第二十条第二款规定的"明显超过必要限度造成重大损害"。

4. 防卫过当案件，如因被害人实施严重贬损他人人格尊严或者亵渎人伦的不法侵害引发的，量刑时对此应予充分考虑，以确保司法裁判既经得起法律检验，也符合社会公平正义观念。

3. 特殊防卫的认定

最高人民法院、最高人民检察院、公安部关于依法适用正当防卫制度的指导意见（2020 年 8 月 28 日）

四、特殊防卫的具体适用

15. 准确理解和把握"行凶"。根据刑法第二十条第三款的规定，下列行为应当认定为"行凶"：（1）使用致命性凶器，严重危及他人人身安全的；（2）未使用凶器或者未使用致命性凶器，但是根据不法侵害的人数、打击部位和力度等情况，确已严重危及他人人身安全的。虽然尚未造成实际损害，但已对人身安全造成严重、紧迫危险的，可以认定为"行凶"。

16. 准确理解和把握"杀人、抢劫、强奸、绑架"。刑法第二十条第三款规定的"杀人、抢劫、强奸、绑架",是指具体犯罪行为而不是具体罪名。在实施不法侵害过程中存在杀人、抢劫、强奸、绑架等严重危及人身安全的暴力犯罪行为的,如以暴力手段抢劫枪支、弹药、爆炸物或者以绑架手段拐卖妇女、儿童的,可以实行特殊防卫。有关行为没有严重危及人身安全的,应当适用一般防卫的法律规定。

17. 准确理解和把握"其他严重危及人身安全的暴力犯罪"。刑法第二十条第三款规定的"其他严重危及人身安全的暴力犯罪",应当是与杀人、抢劫、强奸、绑架行为相当,并具有致人重伤或者死亡的紧迫危险和现实可能的暴力犯罪。

18. 准确把握一般防卫与特殊防卫的关系。对于不符合特殊防卫起因条件的防卫行为,致不法侵害人伤亡的,如果没有明显超过必要限度,也应当认定为正当防卫,不负刑事责任。

最高人民检察院关于印发最高人民检察院第十二批指导性案例的通知(2018年12月18日)

于海明正当防卫案(检例第47号)

【要旨】对于犯罪故意的具体内容虽不确定,但足以严重危及人身安全的暴力侵害行为,应当认定为刑法第二十条第三款规定的"行凶"。行凶已经造成严重危及人身安全的紧迫危险,即使没有发生严重的实害后果,也不影响正当防卫的成立。

最高人民法院关于发布第18批指导性案例的通知(2018年6月20日)

于欢故意伤害案(指导案例93号)

裁判要点:2. 对非法限制他人人身自由并伴有侮辱、轻微殴打的行为,不应当认定为刑法第二十条第三款规定的"严重危及人身安全的暴力犯罪"。

最高人民检察院关于印发最高人民检察院第十二批指导性案例的通知(2018年12月18日)

侯雨秋正当防卫案(检例第48号)

裁判要点:单方聚众斗殴的,属于不法侵害,没有斗殴故意的一方可以进行正当防卫。单方持械聚众斗殴,对他人的人身安全造成严重危险的,应当认定为刑法第二十条第三款规定的"其他严重危及人身安全的暴力犯罪"。

最高人民法院关于发布第26批指导性案例的通知(2020年12月31日)

张那木拉正当防卫案(指导案例144号)

裁判要点:1. 对于使用致命性凶器攻击他人要害部位,严重危及他人人身安全的行为,应当认定为刑法第二十条第三款规定的"行凶",可以适用特殊防卫的有关规定。

2. 对于多人共同实施不法侵害，部分不法侵害人已被制伏，但其他不法侵害人仍在继续实施侵害的，仍然可以进行防卫。

4. 对家暴的正当防卫

最高人民法院、最高人民检察院、公安部、司法部关于依法办理家庭暴力犯罪案件的意见（2015年3月2日）

三、定罪处罚

19. 准确认定对家庭暴力的正当防卫。为了使本人或者他人的人身权利免受不法侵害，对正在进行的家庭暴力采取制止行为，只要符合刑法规定的条件，就应当依法认定为正当防卫，不负刑事责任。防卫行为造成施暴人重伤、死亡，且明显超过必要限度，属于防卫过当，应当负刑事责任，但是应当减轻或者免除处罚。

认定防卫行为是否"明显超过必要限度"，应当以足以制止并使防卫人免受家庭暴力不法侵害的需要为标准，根据施暴人正在实施家庭暴力的严重程度、手段的残忍程度、防卫人所处的环境、面临的危险程度、采取的制止暴力的手段、造成施暴人重大损害的程度，以及既往家庭暴力的严重程度等进行综合判断。

5. 对危害公共交通工具安全行为的正当防卫

最高人民法院、最高人民检察院、公安部关于依法惩治妨害公共交通工具安全驾驶违法犯罪行为的指导意见（2019年1月8日）

一、准确认定行为性质，依法从严惩处妨害安全驾驶罪

（四）对正在进行的妨害安全驾驶的违法犯罪行为，乘客等人员有权采取措施予以制止。制止行为造成违法犯罪行为人损害，符合法定条件的，应当认定为正当防卫。

第二十一条 【紧急避险】 为了使国家、公共利益、本人或者他人的人身、财产和其他权利免受正在发生的危险，不得已采取的紧急避险行为，造成损害的，不负刑事责任。

紧急避险超过必要限度造成不应有的损害的，应当负刑事责任，但是应当减轻或者免除处罚。

第一款中关于避免本人危险的规定，不适用于职务上、业务上负有特定责任的人。

● 要点及关联法规

对危害公共交通工具安全行为的紧急避险

最高人民法院、最高人民检察院、公安部关于依法惩治妨害公共交通工具安全驾驶违法犯罪行为的指导意见（2019年1月8日）

一、准确认定行为性质，依法从严惩处妨害安全驾驶犯罪

（五）正在驾驶公共交通工具的驾驶人员遭到妨害安全驾驶行为侵害时，为避免公共交通工具倾覆或者人员伤亡等危害后果发生，采取紧急制动或者躲避措施，造成公共交通工具、交通设施损坏或者人身损害，符合法定条件的，应当认定为紧急避险。

第二节　犯罪的预备、未遂和中止

> 第二十二条　【犯罪预备】为了犯罪，准备工具、制造条件的，是犯罪预备。
> 对于预备犯，可以比照既遂犯从轻、减轻处罚或者免除处罚。

> 第二十三条　【犯罪未遂】已经着手实行犯罪，由于犯罪分子意志以外的原因而未得逞的，是犯罪未遂。
> 对于未遂犯，可以比照既遂犯从轻或者减轻处罚。

● 要点及关联法规

1. 未遂犯的量刑规则

最高人民法院关于常见犯罪的量刑指导意见（2017年4月1日）

三、常见量刑情节的适用

2. 对于未遂犯，综合考虑犯罪行为的实行程度、造成损害的大小、犯罪未得逞的原因等情况，可以比照既遂犯减少基准刑的50%以下。

2. 数额犯中"部分既遂、部分未遂"的量刑

最高人民法院关于发布第 13 批指导性案例的通知（2016 年 6 月 30 日）
王新明合同诈骗案（指导案例 62 号）
裁判要点：在数额犯中，犯罪既遂部分与未遂部分分别对应不同法定刑幅度的，应当先决定对未遂部分是否减轻处罚，确定未遂部分对应的法定刑幅度，再与既遂部分对应的法定刑幅度进行比较，选择适用处罚较重的法定刑幅度，并酌情从重处罚；二者在同一量刑幅度的，以犯罪既遂酌情从重处罚。

第二十四条 【犯罪中止】 在犯罪过程中，自动放弃犯罪或者自动有效地防止犯罪结果发生的，是犯罪中止。

对于中止犯，没有造成损害的，应当免除处罚；造成损害的，应当减轻处罚。

第三节 共同犯罪

第二十五条 【共同犯罪】 共同犯罪是指二人以上共同故意犯罪。

二人以上共同过失犯罪，不以共同犯罪论处；应当负刑事责任的，按照他们所犯的罪分别处罚。

第二十六条 【主犯】 组织、领导犯罪集团进行犯罪活动的或者在共同犯罪中起主要作用的，是主犯。

三人以上为共同实施犯罪而组成的较为固定的犯罪组织，是犯罪集团。

对组织、领导犯罪集团的首要分子，按照集团所犯的全部罪行处罚。

对于第三款规定以外的主犯，应当按照其所参与的或者组织、指挥的全部犯罪处罚。

● 要点及关联法规

1. 犯罪集团的认定

最高人民法院、最高人民检察院、公安部关于当前办理集团犯罪案件中具体应用法律的若干问题的解答（1984年6月15日）

一、怎样办理团伙犯罪的案件？

……办理团伙犯罪案件，凡其中符合刑事犯罪集团基本特征的，应按犯罪集团处理；不符合犯罪集团基本特征的，就按一般共同犯罪处理，并根据其共同犯罪的事实和情节，该重判的重判，该轻判的轻判。

对犯罪团伙既要坚决打击，又必须打准。不要把三人以上共同犯罪，但罪行较轻、危害较小的案件当作犯罪团伙，进而当作"犯罪集团"来严厉打击。

二、在办案实践中怎样认定刑事犯罪集团？

刑事犯罪集团一般应具备下列基本特征：

（1）人数较多（三人以上），重要成员固定或基本固定。

（2）经常纠集一起进行一种或数种严重的刑事犯罪活动。

（3）有明显的首要分子。有的首要分子是在纠集过程中形成的，有的首要分子在纠集开始时就是组织者和领导者。

（4）有预谋地实施犯罪活动。

（5）不论作案次数多少，对社会造成的危害或其具有的危险性都很严重。

2. 犯罪集团中责任的认定

最高人民法院、最高人民检察院、公安部关于当前办理集团犯罪案件中具体应用法律的若干问题的解答（1984年6月15日）

二、在办案实践中怎样认定刑事犯罪集团？

……刑事犯罪集团的首要分子，是指在该集团中起组织、策划、指挥作用的犯罪分子（见刑法第二十三条、第八十六条）。首要分子可以是一名，也可以不只一名。首要分子应对该集团经过预谋、有共同故意的全部罪行负责。集团的其他成员，按其地位和作用，分别对其参与实施的具体罪行负责。如果某个成员实施了该集团共同故意犯罪范围以外的其他犯罪，则应由他个人负责。

对单一的犯罪集团，应按其所犯的罪定性；对一个犯罪集团犯多种罪的，应按其主罪定性；犯罪集团成员或一般共同犯罪的共犯，犯数罪的，分别按数罪并罚的原则处罚。

三、为什么对共同犯罪的案件必须坚持全案审判？

办理共同犯罪案件特别是集团犯罪案件，除对其中已逃跑的成员可以另案处理外，一定要把全案的事实查清，然后对应当追究刑事责任的同案人，全案起诉，全案判处。切不要全案事实还没有查清，就急于杀掉首要分子或主犯，或者把案件拆散，分开处理。这样做，不仅可能造成定罪不准，量刑失当，而且会造成死无对证，很容易漏掉同案成员的罪行，甚至漏掉罪犯，难以做到依法"从重从快，一网打尽"。

四、办理犯罪集团和一般共同犯罪中的重大案件，怎样执行党的政策，做到区别对待？

办理上述两类案件，应根据犯罪分子在犯罪活动中的地位、作用及危害大小，依照党的政策和刑法、全国人大常委会有关决定的规定，实行区别对待。

对犯罪集团的首要分子和其他主犯，一般共同犯罪中的重大案件的主犯，应依法从重严惩，其中罪行特别严重、不杀不足以平民愤的，应依法判处死刑。

上述两类案件的从犯，应根据其不同的犯罪情节，比照主犯依法从轻、减轻或者免除刑罚。对于胁从犯，应比照从犯依法减轻处罚或免除处罚。犯罪情节轻微，不需要追究刑事责任的，可以免予起诉或由公安部门作其他处理。

对于同犯罪集团成员有一般来往，而无犯罪行为的人，不要株连。

五、有些犯罪分子参加几起共同犯罪活动，应如何办理这些案件？

对这类案件，应分案判处，不能凑合成一案处理。某罪犯主要参加哪个案件的共同犯罪活动，就列入哪个案件去处理（在该犯参加的其他案件中可注明该犯已另案处理）。

最高人民法院关于贯彻宽严相济刑事政策的若干意见（2010年2月8日）

30. 对于恐怖组织犯罪、邪教组织犯罪、黑社会性质组织犯罪和进行走私、诈骗、贩毒等犯罪活动的犯罪集团，在处理时要分别情况，区别对待：对犯罪组织或集团中的为首组织、指挥、策划者和骨干分子，要依法从严惩处，该判处重刑或死刑的要坚决判处重刑或死刑；对受欺骗、胁迫参加犯罪组织、犯罪集团或只是一般参加者，在犯罪中起次要、辅助作用的从犯，依法应当从轻或减轻处罚，符合缓刑条件的，可以适用缓刑。

对于群体性事件中发生的杀人、放火、抢劫、伤害等犯罪案件，要注意重点打击其中的组织、指挥、策划者和直接实施犯罪行为的积极参与者；对因被煽动、欺骗、裹胁而参加，情节较轻，经教育确有悔改表现的，应当依法从宽处理。

31. 对于一般共同犯罪案件，应当充分考虑各被告人在共同犯罪中的地位和作用，以及在主观恶性和人身危险性方面的不同，根据事实和证据能分清主从犯的，都应当认定主从犯。有多名主犯的，应在主犯中进一步区分出罪行最为严重者。对于多名被告人共同致死一名被害人的案件，要进一步分清各被告人的作用，准确确定各被告人的罪责，以做到区别对待；不能以分不清主次为由，简单地一律判处重刑。

33. 在共同犯罪案件中，对于主犯或首要分子检举、揭发同案地位、作用较次犯罪分子构成立功的，从轻或者减轻处罚应当从严掌握，如果从轻处罚可能导致全案量刑失衡的，一般不予从轻处罚；如果检举、揭发的是其他犯罪案件中罪行同样严重的犯罪分子，或者协助抓获的是同案中的其他主犯、首要分子的，原则上应予依法从轻或者减轻处罚。对于从犯或犯罪集团中的一般成员立功，特别是协助抓获主犯、首要分子的，应当充分体现政策，依法从轻、减轻或者免除处罚。

3. 未成年人和成年人共同犯罪案件的处理

最高人民检察院关于印发第五批指导性案例的通知（2014年9月10日）
张某、沈某某等七人抢劫案（检例第19号）
【要旨】1. 办理未成年人与成年人共同犯罪案件，一般应当将未成年人与成年人分案起诉，但对于未成年人系犯罪集团的组织者或者其他共同犯罪中的主犯，或者具有其他不宜分案起诉情形的，可以不分案起诉。

2. 办理未成年人与成年人共同犯罪案件，应当根据未成年人在共同犯罪中的地位、作用，综合考量未成年人实施犯罪行为的动机和目的、犯罪时的年龄、是否属于初犯、偶犯、犯罪后悔罪表现、个人成长经历和一贯表现等因素，依法从轻或者减轻处罚。

3. 未成年人犯罪不构成累犯。

第二十七条 【从犯】在共同犯罪中起次要或者辅助作用的，是从犯。

对于从犯，应当从轻、减轻处罚或者免除处罚。

● 要点及关联法规

从犯的量刑规则

最高人民法院关于常见犯罪的量刑指导意见（2017年4月1日）
三、常见量刑情节的适用
3. 对于从犯，应当综合考虑其在共同犯罪中的地位、作用等情况，予以从宽处罚，减少基准刑的20%－50%；犯罪较轻的，减少基准刑的50%以上或者依法免除处罚。

> **第二十八条　【胁从犯】**对于被胁迫参加犯罪的，应当按照他的犯罪情节减轻处罚或者免除处罚。

> **第二十九条　【教唆犯】**教唆他人犯罪的，应当按照他在共同犯罪中所起的作用处罚。教唆不满十八周岁的人犯罪的，应当从重处罚。
>
> 如果被教唆的人没有犯被教唆的罪，对于教唆犯，可以从轻或者减轻处罚。

第四节　单位犯罪

> **第三十条　【单位负刑事责任的范围】**公司、企业、事业单位、机关、团体实施的危害社会的行为，法律规定为单位犯罪的，应当负刑事责任。

● 要点及关联法规

1. "单位犯罪"的认定

最高人民法院全国法院审理金融犯罪案件工作座谈会纪要（2001年1月21日）
二、（一）关于单位犯罪问题
根据刑法和《最高人民法院关于审理单位犯罪案件具体应用法律有关问题的解释》的规定，以单位名义实施犯罪，违法所得归单位所有的，是单位犯罪。

最高人民法院研究室关于外国公司、企业、事业单位在我国领域内犯罪如何适用法律问题的答复（2003年10月15日）

符合我国法人资格条件的外国公司、企业、事业单位，在我国领域内实施危害社会的行为，依照我国《刑法》构成犯罪的，应当依照我国《刑法》关于单位犯罪的规定追究刑事责任。

最高人民检察院关于办理涉互联网金融犯罪案件有关问题座谈会纪要（2017年6月1日）

三、依法认定单位犯罪及其责任人员

21. 涉互联网金融犯罪所涉罪名中，刑法规定应当追究单位刑事责任的，对同时具备以下情形且具有独立法人资格的单位，可以以单位犯罪追究：

（1）犯罪活动经单位决策实施；

（2）单位的员工主要按照单位的决策实施具体犯罪活动；

（3）违法所得归单位所有，经单位决策使用，收益亦归单位所有。但是，单位设立后专门从事违法犯罪活动的，应当以自然人犯罪追究刑事责任。

2. "公司、企业、事业单位"的认定

最高人民法院关于审理单位犯罪案件具体应用法律有关问题的解释（1999年7月3日）

第一条　刑法第三十条规定的公司、企业、事业单位，既包括国有、集体所有的公司、企业、事业单位，也包括依法设立的合资经营、合作经营企业和具有法人资格的独资、私营等公司、企业、事业单位。

3. 单位分支机构、内设机构、部门实施犯罪行为的处理

最高人民法院全国法院审理金融犯罪案件工作座谈会纪要（2001年1月21日）

二、（一）关于单位犯罪问题

1. 单位的分支机构或者内设机构、部门实施犯罪行为的处理。以单位的分支机构或者内设机构、部门的名义实施犯罪，违法所得亦归分支机构或者内设机构、部门所有的，应认定为单位犯罪。不能因为单位的分支机构或者内设机构、部门没有可供执行罚金的财产，就不将其认定为单位犯罪，而按照个人犯罪处理。

最高人民检察院关于办理涉互联网金融犯罪案件有关问题座谈会纪要（2017年6月1日）

三、依法认定单位犯罪及其责任人员

20. 涉互联网金融犯罪案件多以单位形式组织实施，所涉单位数量众多、层级复杂，其中还包括大量分支机构和关联单位，集团化特征明显。有的涉互联

网金融犯罪案件中分支机构遍布全国,既有具备法人资格的,又有不具备法人资格的;既有受总公司直接领导的,又有受总公司的下属单位领导的。公安机关在立案时做法不一,有的对单位立案,有的不对单位立案,有的被立案的单位不具有独立法人资格,有的仅对最上层的单位立案而不对分支机构立案。对此,检察机关公诉部门在审查起诉时,应当从能够全面揭示犯罪行为基本特征、全面覆盖犯罪活动、准确界定区分各层级人员的地位作用、有利于有力指控犯罪、有利于追缴违法所得等方面依法具体把握,确定是否以单位犯罪追究。

22. 对参与涉互联网金融犯罪,但不具有独立法人资格的分支机构,是否追究其刑事责任,可以区分两种情形处理:

(1) 全部或部分违法所得归分支机构所有并支配,分支机构作为单位犯罪主体追究刑事责任;

(2) 违法所得完全归分支机构上级单位所有并支配的,不能对分支机构作为单位犯罪主体追究刑事责任,而是应当对分支机构的上级单位(符合单位犯罪主体资格)追究刑事责任。

23. 分支机构认定为单位犯罪主体的,该分支机构相关涉案人员应当作为该分支机构的"直接负责的主管人员"或者"其他直接责任人员"追究刑事责任。仅将分支机构的上级单位认定为单位犯罪主体的,该分支机构相关涉案人员可以作为该上级单位的"其他直接责任人员"追究刑事责任。

24. 对符合追诉条件的分支机构(包括具有独立法人资格的和不具有独立法人资格)及其所属单位,公安机关均没有作为犯罪嫌疑单位移送审查起诉,仅将其所属单位的上级单位作为犯罪嫌疑单位移送审查起诉的,对相关分支机构涉案人员可以区分以下情形处理:

(1) 有证据证明被立案的上级单位(比如总公司)在业务、财务、人事等方面对下属单位及其分支机构进行实际控制,下属单位及其分支机构涉案人员可以作为被移送审查起诉的上级单位的"其他直接责任人员"追究刑事责任。在证明实际控制关系时,应当收集、运用公司决策、管理、考核等相关文件,OA系统等电子数据,资金往来记录等证据。对不同地区同一单位的分支机构涉案人员起诉时,证明实际控制关系的证据体系、证明标准应基本一致。

(2) 据现有证据无法证明被立案的上级单位与下属单位及其分支机构之间存在实际控制关系的,对符合单位犯罪构成要件的下属单位或分支机构应当补充起诉,下属单位及其分支机构已不具备补充起诉条件的,可以将下属单位及其分支机构的涉案犯罪嫌疑人直接起诉。

4. 对未作为单位犯罪起诉的单位犯罪案件的处理

最高人民法院全国法院审理金融犯罪案件工作座谈会纪要（2001年1月21日）

二、（一）关于单位犯罪问题

3. 对未作为单位犯罪起诉的单位犯罪案件的处理。对于应当认定为单位犯罪的案件，检察机关只作为自然人犯罪案件起诉的，人民法院应及时与检察机关协商，建议检察机关对犯罪单位补充起诉。如检察机关不补充起诉的，人民法院仍应依法审理，对被起诉的自然人根据指控的犯罪事实、证据及庭审查明的事实，依法按单位犯罪中的直接负责的主管人员或者其他直接责任人员追究刑事责任，并应引用刑罚分则关于单位犯罪追究直接负责的主管人员和其他直接责任人员刑事责任的有关条款。

5. 企业被合并后刑事责任的处理

最高人民法院研究室关于企业犯罪后被合并应当如何追究刑事责任问题的答复（1998年11月18日）

人民检察院起诉时该犯罪企业已被合并到一个新企业的，仍应依法追究原犯罪企业及其直接负责的主管人员和其他直接人员的刑事责任。人民法院审判时，对被告单位应列原犯罪企业名称，但注明已被并入新的企业，对被告单位所判处的罚金数额以其并入新的企业的财产及收益为限。

6. 单位法律主体资格消失后的追诉问题

最高人民检察院关于涉嫌犯罪单位被撤销、注销、吊销营业执照或者宣告破产的应如何进行追诉问题的批复（2002年7月15日）

涉嫌犯罪的单位被撤销、注销、吊销营业执照或者宣告破产的，应当根据刑法关于单位犯罪的相关规定，对实施犯罪行为的该单位直接负责的主管人员和其他直接责任人员追究刑事责任，对该单位不再追诉。

7. 单位共同犯罪

最高人民法院全国法院审理金融犯罪案件工作座谈会纪要（2001年1月21日）

二、（一）关于单位犯罪问题

4. 单位共同犯罪的处理。两个以上单位以共同故意实施的犯罪，应根据各单位在共同犯罪中的地位、作用大小，确定犯罪单位的主、从犯。

8. 不以单位犯罪论处的情况

最高人民法院关于审理单位犯罪案件具体应用法律有关问题的解释（1999年7月3日）

第二条 个人为进行违法犯罪活动而设立的公司、企业、事业单位实施犯罪的，或者公司、企业、事业单位设立后，以实施犯罪为主要活动的，不以单位犯罪论处。

第三条 盗用单位名义实施犯罪，违法所得由实施犯罪的个人私分的，依照刑法有关自然人犯罪的规定定罪处罚。

最高人民法院研究室关于外国公司、企业、事业单位在我国领域内犯罪如何适用法律问题的答复（2003年10月15日）

个人为在我国领域内进行违法犯罪活动而设立的外国公司、企业、事业单位实施犯罪的，或者外国公司、企业、事业单位设立后在我国领域内以实施违法犯罪为主要活动的，不以单位犯罪论处。

公安部关于村民委员会可否构成单位犯罪主体问题的批复（2007年3月1日）

根据《刑法》第三十条的规定，单位犯罪主体包括公司、企业、事业单位、机关、团体。按照《村民委员会组织法》第二条的规定，村民委员会是村民自我管理、自我教育、自我服务的基层群众性自治组织，不属于《刑法》第三十条列举的范围。因此，对以村民委员会名义实施犯罪的，不应以单位犯罪论，可以依法追究直接负责的主管人员和其他直接责任人员的刑事责任。

全国人民代表大会常务委员会关于《中华人民共和国刑法》第三十条的解释（2014年4月24日）

公司、企业、事业单位、机关、团体等单位实施刑法规定的危害社会的行为，刑法分则和其他法律未规定追究单位的刑事责任的，对组织、策划、实施该危害社会行为的人依法追究刑事责任。

第三十一条 【单位犯罪处罚】单位犯罪的，对单位判处罚金，并对其直接负责的主管人员和其他直接责任人员判处刑罚。本法分则和其他法律另有规定的，依照规定。

● 要点及关联法规

1. 直接负责的主管人员和其他直接责任人员的认定、区分

最高人民法院关于审理单位犯罪案件对其直接负责的主管人员和其他直接责任人员是否区分主犯、从犯问题的批复（2000年10月10日）

在审理单位故意犯罪案件时，对其直接负责的主管人员和其他直接责任人员，可不区分主犯、从犯，按照其在单位犯罪中所起的作用判处刑罚。

最高人民法院全国法院审理金融犯罪案件工作座谈会纪要（2001年1月21日）

二、（一）关于单位犯罪问题

2. 单位犯罪直接负责的主管人员和其他直接责任人员的认定：直接负责的主管人员，是在单位实施的犯罪中起决定、批准、授意、纵容、指挥等作用的人员，一般是单位的主管负责人，包括法定代表人。其他直接责任人员，是在单位犯罪中具体实施犯罪并起较大作用的人员，既可以是单位的经营管理人员，也可以是单位的职工，包括聘任、雇佣的人员。应当注意的是，在单位犯罪中，对于受单位领导指派或奉命而参与实施了一定犯罪行为的人员，一般不宜作为直接责任人员追究刑事责任。对单位犯罪中的直接负责的主管人员和其他直接责任人员，应根据其在单位犯罪中的地位、作用和犯罪情节，分别处以相应的刑罚，主管人员与直接责任人员，在个案中，不是当然的主、从犯关系，有的案件，主管人员与直接责任人员在实施犯罪行为中的主从关系不明显的，可不分主、从犯。但具体案件可以分清主、从犯，且不分清主、从犯，在同一法定刑档次、幅度内量刑无法做到罪刑相适应的，应当分清主、从犯，依法处罚。

最高人民检察院关于办理涉互联网金融犯罪案件有关问题座谈会纪要（2017年6月1日）

四、综合运用定罪量刑情节

26. 单位犯罪中，直接负责的主管人员和其他直接责任人员在涉互联网金融犯罪案件中的地位、作用存在明显差别的，可以区分主犯和从犯。对起组织领导作用的总公司的直接负责的主管人员和发挥主要作用的其他直接责任人员，可以认定为全案的主犯，其他人员可以认定为从犯。

2. 对分支机构涉案人员的从宽处罚

最高人民检察院关于办理涉互联网金融犯罪案件有关问题座谈会纪要（2017年6月1日）

四、综合运用定罪量刑情节

25. 在办理跨区域涉互联网金融犯罪案件时，在追诉标准、追诉范围以及量刑建议等方面应当注意统一平衡。对于同一单位在多个地区分别设立分支机构的，在同一省（自治区、直辖市）范围内应当保持基本一致。分支机构所涉犯罪嫌疑人与上级单位主要犯罪嫌疑人之间应当保持适度平衡，防止出现责任轻重"倒挂"的现象。

27. 最大限度减少投资人的实际损失是办理涉互联网金融犯罪案件特别是非法集资案件的重要工作。在决定是否起诉、提出量刑建议时，要重视对是否具有认罪认罚、主动退赃退赔等情节的考察。分支机构涉案人员积极配合调查、主动退还违法所得、真诚认罪悔罪的，应当依法提出从轻、减轻处罚的量刑建议。其中，对情节轻微、可以免予刑事处罚的，或者情节显著轻微、危害不大、不认为是犯罪的，应当依法作出不起诉决定。对被不起诉人需要给予行政处罚或者没收违法所得的，应当向行政主管部门提出检察意见。

第三章 刑　　罚

第一节　刑罚的种类

第三十二条　【刑罚类别】刑罚分为主刑和附加刑。

第三十三条　【主刑种类】主刑的种类如下：
（一）管制；
（二）拘役；

（三）有期徒刑；
（四）无期徒刑；
（五）死刑。

第三十四条　【附加刑种类】附加刑的种类如下：
（一）罚金；
（二）剥夺政治权利；
（三）没收财产。
附加刑也可以独立适用。

第三十五条　【驱逐出境】对于犯罪的外国人，可以独立适用或者附加适用驱逐出境。

● **要点及关联法规**

强制外国人出境的规定

最高人民法院、最高人民检察院、公安部、外交部、司法部、财政部关于强制外国人出境的执行办法的规定（1992年7月31日）

一、适用范围

有下列情形之一需要强制出境的外国人，均按本规定执行：

（一）依据我国刑法的规定，由人民法院对犯罪的外国人判处独立适用或者附加适用驱逐出境刑罚的；

（二）依据《中华人民共和国外国人入境出境管理法》的规定，由公安部对违法的外国人处以限期出境或者驱逐出境的；

（三）依据《中华人民共和国外国人入境出境管理法》以及其他有关法律的规定，由公安机关决定遣送出境或者缩短停留期限、取消居留资格的外国人，未在指定的期限内自动离境，需强制出境的；

（四）我国政府已按照国际条约或《中华人民共和国外交特权与豁免条例》的规定，对享有外交或领事特权和豁免的外国人宣布为不受欢迎的人或者不可接受并拒绝承认其外交或领事人员身份，责令限期出境的人，无正当理由逾期不自动出境的。

二、执行机关

执行和监视强制外国人出境的工作，由公安机关依据有关法律文书或者公文进行：

（一）对判处独立适用驱逐出境刑罚的外国人，人民法院应当自该判决生效之日起十五日内，将对该犯的刑事判决书、执行通知书的副本交付所在地省级公安机关，由省级公安机关指定的公安机关执行。

（二）被判处徒刑的外国人，其主刑执行期满后应执行驱逐出境附加刑的，应在主刑刑期届满的一个月前，由原羁押监狱的主管部门将该犯的原判决书、执行通知书副本或者复印本送交所在地省级公安机关，由省级公安机关指定的公安机关执行。

（三）被公安部处以驱逐出境、限期出境的外国人，凭公安部出入境管理处罚裁决书，由当地的公安机关执行。

（四）被公安机关决定遣送出境、缩短停留期限或者取消居留资格的外国人，由当地公安机关凭决定书执行。

被缩短停留期限或者取消居留资格的外国人，也可以由接待单位安排出境，公安机关凭决定书负责监督。

（五）我国政府已按照国际条约或《中华人民共和国外交特权与豁免条例》的规定，对享有外交或领事特权和豁免的外国人宣布为不受欢迎的人或者不可接受并拒绝承认其外交或领事人员身份，责令限期出境的人，无正当理由逾期不自动出境的，凭外交部公文由公安部指定的公安机关负责执行或者监督执行。

三、执行前的准备工作

（一）对被强制出境的外国人持有的准予在我国居留的证件，一律收缴。对护照上的签证应当缩短有效期，加盖不准延期章，或者予以注销。

（二）凡被驱逐出境的外国人，均须列入不准入境者名单，具体办法按照公安部制订的《关于通报不准外籍人入境者名单的具体办法》（〈1989〉公境字87号）执行。对其他强制出境的外国人，需要列入不准入境者名单的，按规定报批。

凡被列入不准入境者名单的外国人，执行的公安机关应当在执行前向其宣布不准入境年限。

（三）对被强制出境的外国人，执行机关必须查验其本人的有效护照或者其他替代护照的身份证件，以及过境国家或者地区的有效签证。

不具备上述签证或者证件的，应事先同其本国驻华使、领馆联系，由使、领馆负责办理。在华有接待单位的，由接待单位同使、领馆联系。没有接待单位的，由公安部出入境管理局或者领馆所在地公安机关同使、领馆联系。在华无使、领馆或者使、领馆不予配合的，应层报外交部或公安部，通过外交途径解决。

对与我毗邻国家的公民从边境口岸或者通道出境的，可以不办理对方的证件或者签证。

（四）被强制出境的外国人应当办妥离境的机票、车票、船票，费用由本人负担。本人负担不了的，也不属于按协议由我有关单位提供旅费的，须由其本国使、领馆负责解决（同使、领馆联系解决的办法，与前项相同）。对使、领馆拒绝承担费用或者在华无使、领馆的，由我国政府承担。

（五）对已被决定强制出境的外国人，事由和日期是否需要通知其驻华使、领馆，可由当地外事部门请示外交部决定。

（六）对有可能引起外交交涉或者纷争的案件，主管机关应及时将有关案情和商定的对外表态的口径等通知当地外事部门。需对外报道的，须经公安部、外交部批准。

四、执行期限

负责具体执行的公安机关、应当按照交付机关确定的期限立即执行。如有特殊情况，需要延期执行的，报省、自治区、直辖市公安厅、局核准。

五、出境口岸

（一）对被强制出境的外国人，其出境的口岸，应事先确定，就近安排。

（二）如果被强制出境的外国人前往与我国接壤的国家，也可以安排从边境口岸出境。

（三）执行机关应当事先与出境口岸公安机关和边防检查站联系，通报被强制出境人员的情况，抵达口岸时间、交通工具班次，出境乘用的航班号、车次、时间，以及其他与协助执行有关的事项。出境口岸公安机关和边防检查站应当协助安排有关出境事项。

（四）出境时间应当尽可能安排在抵达口岸的当天。无法在当天出境的，口岸所在地公安机关应当协助采取必要的监护措施。

六、执行方式及有关事项

（一）被人民法院判决独立适用驱逐出境和被公安部处以驱逐出境的外国人，由公安机关看守所武警和外事民警共同押送；对主管执行期满后再驱逐出境的外国人由原羁押监狱的管教干警、看守武警和公安机关外事民警共同押送。对上述两类人员押送途中确有必要时，可以使用手铐。对其他被责令出境的外国人，需要押送的，由执行机关派外事民警押送；不需要押送的，可以在离境时派出外事民警，临场监督。

（二）执行人员的数量视具体情况而定，原则上应不少于2人。

（三）押送人员应提高警惕，保障安全，防止发生逃逸、行凶、自杀、自伤等事故。

（四）边防检查站凭对外国人强制出境的执行通知书、决定书或者裁决书以及被强制出境人的护照、证件安排放行。

（五）执行人员要监督被强制出境的外国人登上交通工具并离境后方可离开。从边境通道出境的，要监督其离开我国国境后方可离开。

（六）对被驱逐出境的外国人入出境交通工具等具体情况，应拍照，有条件的也可录像存查。

七、经费

执行强制外国人出境所需的费用（包括押送人员食宿、交通费，以及其本人无力承担费用而驻华使、领馆拒不承担或者在华没有使、领馆的外国人在中国境内的住宿、交通费、临时看押场所的租赁费、国际旅费等），应当按照现行财政体制，由办案地财政部门负责解决。

八、执行强制出境任务的人民警察和工作人员，要仪表庄重、严于职守、讲究文明、遵守外事纪律。

今后有关强制外国人出境的执行工作，统一遵照本规定执行。

第三十六条　【赔偿经济损失与民事优先原则】 由于犯罪行为而使被害人遭受经济损失的，对犯罪分子除依法给予刑事处罚外，并应根据情况判处赔偿经济损失。

承担民事赔偿责任的犯罪分子，同时被判处罚金，其财产不足以全部支付的，或者被判处没收财产的，应当先承担对被害人的民事赔偿责任。

● 要点及关联法规

1. 责任竞合下的民事优先原则

民法典（2021年1月1日）

第一百八十七条　民事主体因同一行为应当承担民事责任、行政责任和刑事责任的，承担行政责任或者刑事责任不影响承担民事责任；民事主体的财产不足以支付的，优先用于承担民事责任。

2. 刑事附带民事诉讼的受案范围、赔偿范围

最高人民法院全国法院维护农村稳定刑事审判工作座谈会纪要（1999 年 10 月 27 日）

三、（五）关于刑事附带民事诉讼问题

人民法院审理附带民事诉讼案件的受案范围，应只限于被害人因人身权利受到犯罪行为侵犯和财物被犯罪行为损毁而遭受的物质损失，不包括因犯罪分子非法占有、处置被害人财产而使其遭受的物质损失。对因犯罪分子非法占有、处置被害人财产而使其遭受的物质损失，应当根据刑法第六十四条的规定处理，即应通过追缴赃款赃物、责令退赔的途径解决。如赃款赃物尚在的，应一律追缴；已被用掉、毁坏或挥霍的，应责令退赔。无法退赔的，在决定刑罚时，应作为酌定从重处罚的情节予以考虑。

关于附带民事诉讼的赔偿范围，在没有司法解释规定之前，应注意把握以下原则：一是要充分运用现有法律规定，在法律许可的范围内最大限度地补偿被害人因被告人的犯罪行为而遭受的物质损失。物质损失应包括已造成的损失，也包括将来必然遭受的损失。二是赔偿只限于犯罪行为直接造成的物质损失，不包括精神损失和间接造成的物质损失。

最高人民法院关于适用《中华人民共和国刑事诉讼法》的解释（2021 年 3 月 1 日）

第一百七十五条　被害人因人身权利受到犯罪侵犯或者财物被犯罪分子毁坏而遭受物质损失的，有权在刑事诉讼过程中提起附带民事诉讼；被害人死亡或者丧失行为能力的，其法定代理人、近亲属有权提起附带民事诉讼。

因受到犯罪侵犯，提起附带民事诉讼或者单独提起民事诉讼要求赔偿精神损失的，人民法院一般不予受理。

3. 刑事附带民事诉讼赔偿责任的分配

最高人民法院全国法院维护农村稳定刑事审判工作座谈会纪要（1999 年 10 月 27 日）

三、（五）关于刑事附带民事诉讼问题

……关于附带民事诉讼的赔偿范围，在没有司法解释规定之前，应注意把握以下原则：……三是要适当考虑被告人的赔偿能力。被告人的赔偿能力包括现在的赔偿能力和将来的赔偿能力，对未成年被告人还应考虑其监护人的赔偿能力，以避免数额过大的空判引起的负面效应，被告人的民事赔偿情况可作为量刑的酌定情节。四是要切实维护被害人的合法权益。附带民事原告人提出

起诉的,对于没有构成犯罪的共同致害人,也要追究其民事赔偿责任。未成年致害人由其法定代理人或者监护人承担赔偿责任。但是,在逃的同案犯不应列为附带民事诉讼的被告人。关于赔偿责任的分担:共同致害人应当承担连带赔偿责任;在学校等单位内部发生犯罪造成受害人损失,在管理上有过错责任的学校等单位有赔偿责任,但不承担连带赔偿责任;交通肇事犯罪的车辆所有人(单位)在犯罪分子无赔偿能力的情况下,承担代为赔偿或者垫付的责任。

4. 刑事附带民事诉讼未成年被告人民事赔偿责任的承担

最高人民法院关于审理未成年人刑事案件具体应用法律若干问题的解释(2006年1月23日)

第十九条 刑事附带民事案件的未成年被告人有个人财产的,应当由本人承担民事赔偿责任,不足部分由监护人予以赔偿,但单位担任监护人的除外。

被告人对被害人物质损失的赔偿情况,可以作为量刑情节予以考虑。

5. 对于积极赔偿被害人经济损失并取得谅解的量刑规则

最高人民法院关于常见犯罪的量刑指导意见(2017年4月1日)

三、常见量刑情节的适用

9. 对于积极赔偿被害人经济损失并取得谅解的,综合考虑犯罪性质、赔偿数额、赔偿能力以及认罪、悔罪程度等情况,可以减少基准刑的40%以下;积极赔偿但没有取得谅解的,可以减少基准刑的30%以下;尽管没有赔偿,但取得谅解的,可以减少基准刑的20%以下。其中抢劫、强奸等严重危害社会治安犯罪的应从严掌握。

10. 对于当事人根据刑事诉讼法第二百七十七条达成刑事和解协议的,综合考虑犯罪性质、赔偿数额、赔礼道歉以及真诚悔罪等情况,可以减少基准刑的50%以下;犯罪较轻的,可以减少基准刑的50%以上或者依法免除处罚。

第三十七条 【免予刑事处罚与非刑罚处罚措施】 对于犯罪情节轻微不需要判处刑罚的,可以免予刑事处罚,但是可以根据案件的不同情况,予以训诫或者责令具结悔过、赔礼道歉、赔偿损失,或者由主管部门予以行政处罚或者行政处分。

● 要点及关联法规

1. **免予刑事处罚的范围**

最高人民法院关于贯彻宽严相济刑事政策的若干意见（2010年2月8日）

三、准确把握和正确适用依法从"宽"的政策要求

15. 被告人的行为已经构成犯罪，但犯罪情节轻微，或者未成年人、在校学生实施的较轻犯罪，或者被告人具有犯罪预备、犯罪中止、从犯、胁从犯、防卫过当、避险过当等情节，依法不需要判处刑罚的，可以免予刑事处罚。对免予刑事处罚的，应当根据刑法第三十七条规定，做好善后、帮教工作或者交由有关部门进行处理，争取更好的社会效果。

2. **未成年罪犯适用免予刑事处罚的情形**

最高人民法院关于审理未成年人刑事案件具体应用法律若干问题的解释（2006年1月23日）

第十七条 未成年罪犯根据其所犯罪行，可能被判处拘役、三年以下有期徒刑，如果悔罪表现好，并具有下列情形之一的，应当依照刑法第三十七条的规定免予刑事处罚：

（一）系又聋又哑的人或者盲人；
（二）防卫过当或者避险过当；
（三）犯罪预备、中止或者未遂；
（四）共同犯罪中从犯、胁从犯；
（五）犯罪后自首或者有立功表现；
（六）其他犯罪情节轻微不需要判处刑罚的。

> **第三十七条之一** 【从业禁业】因利用职业便利实施犯罪，或者实施违背职业要求的特定义务的犯罪被判处刑罚的，人民法院可以根据犯罪情况和预防再犯罪的需要，禁止其自刑罚执行完毕之日或者假释之日起从事相关职业，期限为三年至五年。
>
> 被禁止从事相关职业的人违反人民法院依照前款规定作出的决定的，由公安机关依法给予处罚；情节严重的，依照本法第三百一十三条的规定定罪处罚。

> 其他法律、行政法规对其从事相关职业另有禁止或者限制性规定的,从其规定。

● 要点及关联法规

1. 危害生产安全犯罪中的从业禁止

最高人民法院、最高人民检察院关于办理危害生产安全刑事案件适用法律若干问题的解释(2015年12月16日)

第十六条 对于实施危害生产安全犯罪适用缓刑的犯罪分子,可以根据犯罪情况,禁止其在缓刑考验期限内从事与安全生产相关联的特定活动;对于被判处刑罚的犯罪分子,可以根据犯罪情况和预防再犯罪的需要,禁止其自刑罚执行完毕之日或者假释之日起三年至五年内从事与安全生产相关的职业。

2. 从业禁止的时间效力问题

最高人民法院关于《中华人民共和国刑法修正案(九)》时间效力问题的解释(2015年11月1日)

第一条 对于2015年10月31日以前因利用职业便利实施犯罪,或者实施违背职业要求的特定义务的犯罪的,不适用修正后刑法第三十七条之一第一款的规定。其他法律、行政法规另有规定的,从其规定。

第二节 管 制

> 第三十八条 【管制的期限、禁止令与社区矫正】管制的期限,为三个月以上二年以下。
>
> 判处管制,可以根据犯罪情况,同时禁止犯罪分子在执行期间从事特定活动,进入特定区域、场所,接触特定的人。
>
> 对判处管制的犯罪分子,依法实行社区矫正。
>
> 违反第二款规定的禁止令的,由公安机关依照《中华人民共和国治安管理处罚法》的规定处罚。

● 要点及关联法规

1. 对被判处管制的犯罪分子适用禁止令的规定

最高人民法院、最高人民检察院、公安部、司法部关于对判处管制、宣告缓刑的犯罪分子适用禁止令有关问题的规定（试行）（2011年5月1日）

第一条 对判处管制、宣告缓刑的犯罪分子，人民法院根据犯罪情况，认为从促进犯罪分子教育矫正、有效维护社会秩序的需要出发，确有必要禁止其在管制执行期间、缓刑考验期限内从事特定活动，进入特定区域、场所，接触特定人的，可以根据刑法第三十八条第二款、第七十二条第二款的规定，同时宣告禁止令。

第二条 人民法院宣告禁止令，应当根据犯罪分子的犯罪原因、犯罪性质、犯罪手段、犯罪后的悔罪表现、个人一贯表现等情况，充分考虑与犯罪分子所犯罪行的关联程度，有针对性地决定禁止其在管制执行期间、缓刑考验期限内"从事特定活动，进入特定区域、场所，接触特定的人"的一项或者几项内容。

第三条 人民法院可以根据犯罪情况，禁止判处管制、宣告缓刑的犯罪分子在管制执行期间、缓刑考验期限内从事以下一项或者几项活动：

（一）个人为进行违法犯罪活动而设立公司、企业、事业单位或者在设立公司、企业、事业单位后以实施犯罪为主要活动的，禁止设立公司、企业、事业单位；

（二）实施证券犯罪、贷款犯罪、票据犯罪、信用卡犯罪等金融犯罪的，禁止从事证券交易、申领贷款、使用票据或者申领、使用信用卡等金融活动；

（三）利用从事特定生产经营活动实施犯罪的，禁止从事相关生产经营活动；

（四）附带民事赔偿义务未履行完毕，违法所得未追缴、退赔到位，或者罚金尚未足额缴纳的，禁止从事高消费活动；

（五）其他确有必要禁止从事的活动。

第四条 人民法院可以根据犯罪情况，禁止判处管制、宣告缓刑的犯罪分子在管制执行期间、缓刑考验期限内进入以下一类或者几类区域、场所：

（一）禁止进入夜总会、酒吧、迪厅、网吧等娱乐场所；

（二）未经执行机关批准，禁止进入举办大型群众性活动的场所；

（三）禁止进入中小学校区、幼儿园园区及周边地区，确因本人就学、居住等原因，经执行机关批准的除外；

（四）其他确有必要禁止进入的区域、场所。

第五条　人民法院可以根据犯罪情况，禁止判处管制、宣告缓刑的犯罪分子在管制执行期间、缓刑考验期限内接触以下一类或者几类人员：

（一）未经对方同意，禁止接触被害人及其法定代理人、近亲属；

（二）未经对方同意，禁止接触证人及其法定代理人、近亲属；

（三）未经对方同意，禁止接触控告人、批评人、举报人及其法定代理人、近亲属；

（四）禁止接触同案犯；

（五）禁止接触其他可能遭受其侵害、滋扰的人或者可能诱发其再次危害社会的人。

第六条　禁止令的期限，既可以与管制执行、缓刑考验的期限相同，也可以短于管制执行、缓刑考验的期限，但判处管制的，禁止令的期限不得少于三个月，宣告缓刑的，禁止令的期限不得少于二个月。

判处管制的犯罪分子在判决执行以前先行羁押以致管制执行的期限少于三个月的，禁止令的期限不受前款规定的最短期限的限制。

禁止令的执行期限，从管制、缓刑执行之日起计算。

第七条　人民检察院在提起公诉时，对可能判处管制、宣告缓刑的被告人可以提出宣告禁止令的建议。当事人、辩护人、诉讼代理人可以就应否对被告人宣告禁止令提出意见，并说明理由。

公安机关在移送审查起诉时，可以根据犯罪嫌疑人涉嫌犯罪的情况，就应否宣告禁止令及宣告何种禁止令，向人民检察院提出意见。

第八条　人民法院对判处管制、宣告缓刑的被告人宣告禁止令的，应当在裁判文书主文部分单独作为一项予以宣告。

第九条　禁止令由司法行政机关指导管理的社区矫正机构负责执行。

第十条　人民检察院对社区矫正机构执行禁止令的活动实行监督。发现有违反法律规定的情况，应当通知社区矫正机构纠正。

第十一条　判处管制的犯罪分子违反禁止令，或者被宣告缓刑的犯罪分子违反禁止令尚不属情节严重的，由负责执行禁止令的社区矫正机构所在地的公安机关依照《中华人民共和国治安管理处罚法》第六十条的规定处罚。

第十二条　被宣告缓刑的犯罪分子违反禁止令，情节严重的，应当撤销缓刑，执行原判刑罚。原作出缓刑裁判的人民法院应当自收到当地社区矫正机构提出的撤销缓刑建议书之日起一个月内依法作出裁定。人民法院撤销缓刑的裁定一经作出，立即生效。

违反禁止令，具有下列情形之一的，应当认定为"情节严重"：

（一）三次以上违反禁止令的；

（二）因违反禁止令被治安管理处罚后，再次违反禁止令的；

（三）违反禁止令，发生较为严重危害后果的；

（四）其他情节严重的情形。

第十三条　被宣告禁止令的犯罪分子被依法减刑时，禁止令的期限可以相应缩短，由人民法院在减刑裁定中确定新的禁止令期限。

正确适用禁止令相关规定确保非监禁刑执行效果——最高人民法院、最高人民检察院、公安部、司法部有关负责人就《关于对判处管制、宣告缓刑的犯罪分子适用禁止令有关问题的规定（试行）》答记者问（《人民法院报》2011年5月4日第3版）

问：如何准确把握禁止令的适用条件？

答：根据刑法第三十八条第二款、第七十二条第二款的规定，对判处管制、宣告缓刑的犯罪分子，人民法院根据犯罪情况，可以同时作出禁止令，而不是一律必须宣告禁止令。为防止禁止令的不当适用，《规定》① 第一条对禁止令的宣告条件作了进一步明确，规定"人民法院根据犯罪，认为从促进犯罪分子教育矫正、有效维护社会秩序的需要出发，确有必要禁止其在管制执行期间、缓刑考验期限内从事特定活动，进入特定区域、场所，接触特定人的"，可以依法宣告禁止令。

适用中应注意，从立法精神看，禁止令的主要目的在于强化对犯罪分子的有效监管，促进其教育矫正，防止其再次危害社会。因此，在斟酌是否宣告禁止令时，要根据对犯罪分子的犯罪情况和个人情况的综合分析，准确判断其有无再次危害社会的人身危险性，进而作出决定，而不能片面依据其所犯罪行客观危害的大小决定是否适用禁止令。

问：如何确定禁止令的具体内容？

答：《规定》第二条对确定禁止令具体内容的原则作了规定，第三、四、五条对禁止"从事特定活动"、"进入特定区域、场所"、"接触特定的人"的具体理解作了进一步明确。适用中应注意把握以下几点：

一是禁止令应当具有针对性。应当根据犯罪分子的犯罪原因、犯罪性质、犯罪手段、犯罪后的悔罪表现、个人一贯表现等情况，充分考虑与犯罪分子所犯罪行的关联程度，有针对性地决定禁止其在管制执行期间、缓刑考验期限内

---

① 编者注：即《最高人民法院、最高人民检察院、公安部、司法部关于对判处管制、宣告缓刑的犯罪分子适用禁止令有关问题的规定（试行）》（2011年5月1日）。

"从事特定活动,进入特定区域、场所,接触特定的人"的一项或者几项内容。例如,犯罪分子是因长期在网吧上网,形成网瘾,进而走上犯罪道路的,可作出禁止其进入网吧的决定;如果犯罪分子是因为在夜总会、酒吧沾染恶习实施犯罪的,则可作出禁止其进入夜总会、酒吧的决定;犯罪分子在犯罪前后有滋扰证人行为的,可作出禁止其接触证人的决定;犯罪分子是在酒后犯罪,且有酗酒习性的,可作出禁止其饮酒的决定,等等。

二是禁止令应当具有可行性。禁止令的内容必须具有可行性,不能根本无从执行,也不能妨害犯罪分子的正常生活。例如,不能作出"禁止进入公共场所"等决定。

三是对于有关法律法规已经明确禁止的内容,不能再通过禁止令的形式予以禁止。例如,根据有关法律规定,任何人均不得吸食毒品,因此,不能作出"禁止吸食毒品"的禁止令;又如,相关法律已经规定,违反道路交通安全法律、法规的规定,发生重大交通事故,构成犯罪的,依法追究刑事责任,并由公安机关交通管理部门吊销机动车驾驶证,因此,对因犯相关罪行被判处管制、宣告缓刑的犯罪分子,也不能作出"禁止驾驶机动车"的禁止令。

问:如何把握适用禁止令的裁判文书格式?

答:考虑到禁止令在性质上属于管制、缓刑的执行监管措施,《规定》第八条明确规定,宣告禁止令的,应当在裁判文书主文部分单独作为一项予以宣告。对此,要注意把握如下几点:一是宣告禁止令的,不能在裁判文书之外另行制作禁止令文书,而是应当作为裁判文书主文部分的单独一项内容,具体表述应采取以下方式:

"一、被告人×××犯××罪,判处……(写明主刑、附加刑)。(刑期从判决执行之日起计算。判决以前先行羁押的,羁押一日折抵刑期一日,即自××××年××月××日起至××××年××月××日止)。"

"二、禁止被告人×××在×个月内……(写明禁止从事的活动,进入的区域、场所,接触的人)(禁止令期限从判决生效之日起计算)。"

二是宣告禁止令的,裁判文书应当援引相关法律和司法解释条文,并说明理由。

问:在适用禁止令的过程中,人民法院、人民检察院、公安机关、司法行政机关如何分工负责,互相配合,互相制约?

答:人民法院、人民检察院、公安机关、司法行政机关分工负责,互相配合,互相制约,以确保《规定》的相关内容落到实处,确保禁止令的正确适用,确保管制、缓刑等非监禁刑的执行效果。

人民法院可以根据犯罪情况,同时禁止判处管制、宣告缓刑的犯罪分子在执行期间从事特定活动,进入特定区域、场所,接触特定的人。判决生效后,人民法院应当将裁判文书及时送达社区矫正机构,并抄送同级人民检察院。

人民检察院在提起公诉时,对可能判处管制、宣告缓刑的被告人可以同时提出适用禁止令的建议。同时,对社区矫正机构执行禁止令的活动实行监督。发现有违反法律规定的情况,应当通知社区矫正机构纠正。

公安机关在移送审查起诉时,可以根据犯罪嫌疑人涉嫌犯罪的情况,就应否宣告禁止令及宣告何种禁止令,向人民检察院提出意见。对违反禁止令的管制犯,或者违反禁止令但情节不严重的缓刑犯,应当依照《中华人民共和国治安管理处罚法》第六十条的规定给予处罚。

司法行政机关指导管理的社区矫正机构负责禁止令的执行,对被宣告禁止令的犯罪分子依法监督管理。对违反禁止令,情节严重的缓刑犯,应当依法提请撤销缓刑,执行原判刑罚。原作出缓刑裁判的人民法院应当自收到当地社区矫正机构提出的撤销缓刑建议书之日起一个月内依法作出裁定。人民法院撤销缓刑的裁定一经作出,立即生效。

2. 未成年人刑事案件中禁止令的适用

最高人民法院关于发布第四批指导性案例的通知(2013年1月31日)

董某某、宋某某抢劫案(指导案例14号)

裁判要点:对判处管制或者宣告缓刑的未成年被告人,可以根据其犯罪的具体情况以及禁止事项与所犯罪行的关联程度,对其适用"禁止令"。对于未成年人因上网诱发犯罪的,可以禁止其在一定期限内进入网吧等特定场所。

最高人民检察院未成年人刑事检察工作指引(试行)(2017年3月2日)

第二百一十五条 【建议适用禁止令】人民检察院根据未成年被告人的犯罪原因、犯罪性质、犯罪手段、犯罪后的认罪悔罪表现、个人一贯表现等情况,充分考虑与未成年被告人所犯罪行的关联程度,可以有针对性地建议人民法院判处未成年被告人在管制执行期间、缓刑考验期限内适用禁止令:

(一)禁止从事以下一项或者几项活动:

1. 因无监护人监管或监护人监管不力,经常夜不归宿的,禁止在未经社区矫正机构批准的情况下在外留宿过夜;

2. 因沉迷暴力、色情等网络游戏诱发犯罪的,禁止接触网络游戏;

3. 附带民事赔偿义务未履行完毕,违法所得未追缴、退赔到位,或者罚金尚未足额缴纳的，禁止进行高消费活动。高消费的标准可根据当地居民人均收入和支出水平确定；

4. 其他确有必要禁止从事的活动。

（二）禁止进入以下一类或者几类区域、场所：

1. 因出入未成年人不宜进入的场所导致犯罪的，禁止进入夜总会、歌舞厅、酒吧、迪厅、营业性网吧、游戏机房、溜冰场等场所；

2. 经常以大欺小、以强凌弱进行寻衅滋事，在学校周边实施违法犯罪行为的，禁止进入中小学校区、幼儿园园区及周边地区。确因本人就学、居住等原因的除外；

3. 其他确有必要禁止进入的区域、场所。

（三）禁止接触以下一类或者几类人员：

1. 因受同案犯不良影响导致犯罪的，禁止除正常工作、学习外接触同案犯；

2. 为保护特定人员，禁止在未经对方同意的情况下接触被害人、证人、控告人、举报人及其近亲属；

3. 禁止接触其他可能遭受其侵害、滋扰的人或者可能诱发其再次危害社会的人。

建议适用禁止令，应当把握好禁止令的针对性、可行性和预防性，并向未成年被告人及其法定代理人阐明适用禁止令的理由，督促法定代理人协助司法机关加强监管，促进未成年被告人接受矫治和回归社会。

3. 上诉不加刑原则下禁止令的适用

最高人民法院关于适用《中华人民共和国刑事诉讼法》的解释（2021年3月1日）

第四百零一条　审理被告人或者其法定代理人、辩护人、近亲属提出上诉的案件，不得对被告人的刑罚作出实质不利的改判，并应当执行下列规定：

（五）原判没有宣告职业禁止、禁止令的，不得增加宣告；原判宣告职业禁止、禁止令的，不得增加内容、延长期限。

4. 禁止令的时间效力问题

最高人民法院关于《中华人民共和国刑法修正案（八）》时间效力问题的解释（2011年5月1日）

第一条　对于2011年4月30日以前犯罪，依法应当判处管制或者宣告缓刑的，人民法院根据犯罪情况，认为确有必要同时禁止犯罪分子在管制期间或者缓刑考验期内从事特定活动，进入特定区域、场所，接触特定人的，适用修正后刑法第三十八条第二款或者第七十二条第二款①的规定。

犯罪分子在管制期间或者缓刑考验期内，违反人民法院判决中的禁止令的，适用修正后刑法第三十八条第四款或者第七十七条第二款②的规定。

5. 社区矫正的一般规定

刑事诉讼法（2018年10月26日）

第二百六十九条　对被判处管制、宣告缓刑、假释或者暂予监外执行的罪犯，依法实行社区矫正，由社区矫正机构负责执行。

最高人民法院、最高人民检察院、公安部、司法部社区矫正实施办法（2012年3月1日）

第二条　司法行政机关负责指导管理、组织实施社区矫正工作。

人民法院对符合社区矫正适用条件的被告人、罪犯依法作出判决、裁定或者决定。

人民检察院对社区矫正各执法环节依法实行法律监督。

公安机关对违反治安管理规定和重新犯罪的社区矫正人员及时依法处理。

第三条　县级司法行政机关社区矫正机构对社区矫正人员进行监督管理和教育帮助。司法所承担社区矫正日常工作。

社会工作者和志愿者在社区矫正机构的组织指导下参与社区矫正工作。

有关部门、村（居）民委员会、社区矫正人员所在单位、就读学校、家庭成员或者监护人、保证人等协助社区矫正机构进行社区矫正。

第四条　人民法院、人民检察院、公安机关、监狱对拟适用社区矫正的被告人、罪犯，需要调查其对所居住社区影响的，可以委托县级司法行政机关进行调查评估。

受委托的司法行政机关应当根据委托机关的要求，对被告人或者罪犯的居所情况、家庭和社会关系、一贯表现、犯罪行为的后果和影响、居住地村（居）民委员会和被害人意见、拟禁止的事项等进行调查了解，形成评估意见，及时

---

①　编者注：根据《中华人民共和国刑法修正案（八）》，将《刑法》第七十二条第二款修改为："宣告缓刑，可以根据犯罪情况，同时禁止犯罪分子在缓刑考验期限内从事特定活动，进入特定区域、场所，接触特定的人。"

②　编者注：根据《中华人民共和国刑法修正案（八）》，将《刑法》第七十七条第二款修改为："被宣告缓刑的犯罪分子，在缓刑考验期限内，违反法律、行政法规或者国务院有关部门关于缓刑的监督管理规定，或者违反人民法院判决中的禁止令，情节严重的，应当撤销缓刑，执行原判刑罚。"

提交委托机关。

第十一条　社区矫正人员应当定期向司法所报告遵纪守法、接受监督管理、参加教育学习、社区服务和社会活动的情况。发生居所变化、工作变动、家庭重大变故以及接触对其矫正产生不利影响人员的，社区矫正人员应当及时报告。

保外就医的社区矫正人员还应当每个月向司法所报告本人身体情况，每三个月向司法所提交病情复查情况。

第十二条　对于人民法院禁止令确定需经批准才能进入的特定区域或者场所，社区矫正人员确需进入的，应当经县级司法行政机关批准，并告知人民检察院。

第十三条　社区矫正人员未经批准不得离开所居住的市、县（旗）。

社区矫正人员因就医、家庭重大变故等原因，确需离开所居住的市、县（旗），在七日以内的，应当报经司法所批准；超过七日的，应当由司法所签署意见后报经县级司法行政机关批准。返回居住地时，应当立即向司法所报告。社区矫正人员离开所居住市、县（旗）不得超过一个月。

第十四条　社区矫正人员未经批准不得变更居住的县（市、区、旗）。

社区矫正人员因居所变化确需变更居住地的，应当提前一个月提出书面申请，由司法所签署意见后报经县级司法行政机关审批。县级司法行政机关在征求社区矫正人员新居住地县级司法行政机关的意见后作出决定。

经批准变更居住地的，县级司法行政机关应当自作出决定之日起三个工作日内，将有关法律文书和矫正档案移交新居住地县级司法行政机关。有关法律文书应当抄送现居住地及新居住地县级人民检察院和公安机关。社区矫正人员应当自收到决定之日起七日内到新居住地县级司法行政机关报到。

第十五条　社区矫正人员应当参加公共道德、法律常识、时事政策等教育学习活动，增强法制观念、道德素质和悔罪自新意识。社区矫正人员每月参加教育学习时间不少于八小时。

第十六条　有劳动能力的社区矫正人员应当参加社区服务，修复社会关系，培养社会责任感、集体观念和纪律意识。社区矫正人员每月参加社区服务时间不少于八小时。

第十七条　根据社区矫正人员的心理状态、行为特点等具体情况，应当采取有针对性的措施进行个别教育和心理辅导，矫正其违法犯罪心理，提高其适应社会能力。

第十八条　司法行政机关应当根据社区矫正人员的需要，协调有关部门和单位开展职业培训和就业指导，帮助落实社会保障措施。

第十九条　司法所应当根据社区矫正人员个人生活、工作及所处社区的实际情况,有针对性地采取实地检查、通讯联络、信息化核查等措施及时掌握社区矫正人员的活动情况。重点时段、重大活动期间或者遇有特殊情况,司法所应当及时了解掌握社区矫正人员的有关情况,可以根据需要要求社区矫正人员到办公场所报告、说明情况。

社区矫正人员脱离监管的,司法所应当及时报告县级司法行政机关组织追查。

第二十三条 社区矫正人员有下列情形之一的,县级司法行政机关应当给予警告,并出具书面决定:

(一)未按规定时间报到的;

(二)违反关于报告、会客、外出、居住地变更规定的;

(三)不按规定参加教育学习、社区服务等活动,经教育仍不改正的;

(四)保外就医的社区矫正人员无正当理由不按时提交病情复查情况,或者未经批准进行就医以外的社会活动且经教育仍不改正的;

(五)违反人民法院禁止令,情节轻微的;

(六)其他违反监督管理规定的。

第二十四条 社区矫正人员违反监督管理规定或者人民法院禁止令,依法应予治安管理处罚的,县级司法行政机关应当及时提请同级公安机关依法给予处罚。公安机关应当将处理结果通知县级司法行政机关。

第二十五条 缓刑、假释的社区矫正人员有下列情形之一的,由居住地同级司法行政机关向原裁判人民法院提出撤销缓刑、假释建议书并附相关证明材料,人民法院应当自收到之日起一个月内依法作出裁定:

(一)违反人民法院禁止令,情节严重的;

(二)未按规定时间报到或者接受社区矫正期间脱离监管,超过一个月的;

(三)因违反监督管理规定受到治安管理处罚,仍不改正的;

(四)受到司法行政机关三次警告仍不改正的;

(五)其他违反有关法律、行政法规和监督管理规定,情节严重的。

司法行政机关撤销缓刑、假释的建议书和人民法院的裁定书同时抄送社区矫正人员居住地同级人民检察院和公安机关。

第二十八条 社区矫正人员符合法定减刑条件的,由居住地县级司法行政机关提出减刑建议书并附相关证明材料,经地(市)级司法行政机关审核同意后提请社区矫正人员居住地的中级人民法院裁定。人民法院应当自收到之日起一个月内依法裁定;暂予监外执行罪犯的减刑,案情复杂或者情况特殊的,可以延长一个月。司法行政机关减刑建议书和人民法院减刑裁定书副本,应当同时抄送社区矫正人员居住地同级人民检察院和公安机关。

第三十条 社区矫正人员矫正期满，司法所应当组织解除社区矫正宣告。宣告由司法所工作人员主持，按照规定程序公开进行。

司法所应当针对社区矫正人员不同情况，通知有关部门、村（居）民委员会、群众代表、社区矫正人员所在单位、社区矫正人员的家庭成员或者监护人、保证人参加宣告。

宣告事项应当包括：宣读对社区矫正人员的鉴定意见；宣布社区矫正期限届满，依法解除社区矫正；对判处管制的，宣布执行期满，解除管制；对宣告缓刑的，宣布缓刑考验期满，原判刑罚不再执行；对裁定假释的，宣布考验期满，原判刑罚执行完毕。

县级司法行政机关应当向社区矫正人员发放解除社区矫正证明书，并书面通知决定机关，同时抄送县级人民检察院和公安机关。

暂予监外执行的社区矫正人员刑期届满的，由监狱、看守所依法为其办理刑满释放手续。

第三十二条 对于被判处剥夺政治权利在社会上服刑的罪犯，司法行政机关配合公安机关，监督其遵守刑法第五十四条的规定，并及时掌握有关信息。被剥夺政治权利的罪犯可以自愿参加司法行政机关组织的心理辅导、职业培训和就业指导活动。

第三十三条 对未成年人实施社区矫正，应当遵循教育、感化、挽救的方针，按照下列规定执行：

（一）对未成年人的社区矫正应当与成年人分开进行；

（二）对未成年社区矫正人员给予身份保护，其矫正宣告不公开进行，其矫正档案应当保密；

（三）未成年社区矫正人员的矫正小组应当有熟悉青少年成长特点的人员参加；

（四）针对未成年人的年龄、心理特点和身心发育需要等特殊情况，采取有益于其身心健康发展的监督管理措施；

（五）采用易为未成年人接受的方式，开展思想、法制、道德教育和心理辅导；

（六）协调有关部门为未成年社区矫正人员就学、就业等提供帮助；

（七）督促未成年社区矫正人员的监护人履行监护职责，承担抚养、管教等义务；

（八）采取其他有利于未成年社区矫正人员改过自新、融入正常社会生活的必要措施。

犯罪的时候不满十八周岁被判处五年有期徒刑以下刑罚的社区矫正人员，适用前款规定。

第三十六条　社区矫正人员的人身安全、合法财产和辩护、申诉、控告、检举以及其他未被依法剥夺或者限制的权利不受侵犯。社区矫正人员在就学、就业和享受社会保障等方面，不受歧视。

司法工作人员应当认真听取和妥善处理社区矫正人员反映的问题，依法维护其合法权益。

第四十条　本办法自2012年3月1日起施行。最高人民法院、最高人民检察院、公安部、司法部之前发布的有关社区矫正的规定与本办法不一致的，以本办法为准。

第三十九条　【管制犯的义务、劳动报酬】 被判处管制的犯罪分子，在执行期间，应当遵守下列规定：

（一）遵守法律、行政法规，服从监督；

（二）未经执行机关批准，不得行使言论、出版、集会、结社、游行、示威自由的权利；

（三）按照执行机关规定报告自己的活动情况；

（四）遵守执行机关关于会客的规定；

（五）离开所居住的市、县或者迁居，应当报经执行机关批准。

对于被判处管制的犯罪分子，在劳动中应当同工同酬。

● 要点及关联法规

1. 管制犯可否担任企业领导职务的问题

最高人民检察院关于被判处管制、剥夺政治权利和宣告缓刑、假释的犯罪分子能否担任中外合资、合作经营企业领导职务问题的答复（1991年9月25日）

最高人民法院、最高人民检察院、公安部、劳动人事部〔86〕高检会（三）字第2号《关于被判处管制、剥夺政治权利和宣告缓刑、假释的犯罪分子能否外出经商等问题的通知》第三条所规定的不能担任领导职务的原则，可适用于中外合资、中外合作企业（包括我方与港、澳、台客商合资、合作企业）。

最高人民法院、最高人民检察院、公安部、劳动人事部关于被判处管制、剥夺政治权利和宣告缓刑、假释的犯罪分子能否外出经商等问题的通知（1986年11月8日）

三、犯罪分子在被管制、剥夺政治权利、缓刑、假释期间，不能担任国营或集体企事业单位的领导职务。

2. 管制犯可否外出经商的问题

最高人民法院、最高人民检察院、公安部、劳动人事部关于被判处管制、剥夺政治权利和宣告缓刑、假释的犯罪分子能否外出经商等问题的通知（1986年11月8日）

一、对被判处管制、剥夺政治权利和宣告缓刑、假释的犯罪分子，公安机关和有关单位要依法对其实行经常性的监督改造或考察。被管制、假释的犯罪分子，不能外出经商；被剥夺政治权利和宣告缓刑的犯罪分子，按现行规定，属于允许经商范围之内的，如外出经商，需事先经公安机关允许。

二、犯罪分子在被管制、剥夺政治权利、缓刑、假释期间，若原所在单位确有特殊情况不能安排工作的，在不影响对其实行监督考察的情况下，经工商管理部门批准，可以在常住户口所在地自谋生计；家在农村的，亦可就地从事或承包一些农副业生产。

第四十条 【管制期满解除】被判处管制的犯罪分子，管制期满，执行机关应即向本人和其所在单位或者居住地的群众宣布解除管制。

第四十一条 【管制刑期的计算和折抵】管制的刑期，从判决执行之日起计算；判决执行以前先行羁押的，羁押一日折抵刑期二日。

● 要点及关联法规

1. 刑期折抵问题

最高人民法院研究室关于因错判在服刑期"脱逃"后确有犯罪其错判服刑期限可否与后判刑期折抵问题的电话答复（1983年8月31日）

……对被错判徒刑的在服刑期间"脱逃"的行为，可以不以脱逃论罪判刑；

但在脱逃期间犯罪的,应依法定罪判刑;对被错判已服刑的日期与后来犯罪所判处的刑期不宜折抵,可在量刑时酌情考虑从轻或减轻处罚。

刑事诉讼法(2018年10月26日)

第七十六条 指定居所监视居住的期限应当折抵刑期。被判处管制的,监视居住一日折抵刑期一日;被判处拘役、有期徒刑的,监视居住二日折抵刑期一日。

最高人民法院关于人民法院办理接收在台湾地区服刑的大陆居民回大陆服刑案件的规定(2016年5月1日)

第六条 被判刑人被接收回大陆服刑前被实际羁押的期间,应当以一日折抵转换后的刑期一日。

2. 刑期起止日期在判决书中的表述

最高人民法院关于刑事裁判文书中刑期起止日期如何表述问题的批复(2000年3月4日)

根据刑法第四十一条、第四十四条、第四十七条和《法院刑事诉讼文书样式》(样本)的规定,判处管制、拘役、有期徒刑的,应当在刑事裁判文书中写明刑种、刑期和主刑刑期的起止日期及折抵办法。刑期从判决执行之日起计算。判决执行以前先行羁押的,羁押一日折抵刑期一日(判处管制刑的,羁押一日折抵刑期二日),即自××××年××月××日(羁押之日)起至××××年××月××日止。羁押期间取保候审的,刑期的终止日顺延。

3. 终审判决、裁定的生效日期

最高人民法院关于刑事案件终审判决和裁定何时发生法律效力问题的批复(2004年7月29日)

……终审的判决和裁定自宣告之日起发生法律效力。

第三节 拘 役

第四十二条 【拘役的期限】拘役的期限,为一个月以上六个月以下。

> **第四十三条 【拘役的执行】** 被判处拘役的犯罪分子，由公安机关就近执行。
>
> 在执行期间，被判处拘役的犯罪分子每月可以回家一天至两天；参加劳动的，可以酌量发给报酬。

● 要点及关联法规

拘役犯的执行

公安部看守所留所执行刑罚罪犯管理办法（2013年11月23日）

第二条第二款 被判处拘役的成年和未成年罪犯，由看守所执行刑罚。

第五十四条 被判处拘役的罪犯每月可以回家一至二日，由罪犯本人提出申请，管教民警签署意见，经看守所所长审核后，报所属公安机关批准。

第五十五条 被判处拘役的外国籍罪犯提出探亲申请的，看守所应当报设区的市一级以上公安机关审批。设区的市一级以上公安机关作出批准决定的，应当报上一级公安机关备案。

被判处拘役的外国籍罪犯探亲时，不得出境。

第五十六条 对于准许回家的拘役罪犯，看守所应当发给回家证明，并告知应当遵守的相关规定。

罪犯回家时间不能集中使用，不得将刑期末期作为回家时间，变相提前释放罪犯。

第八十一条 看守所对罪犯的劳动时间，参照国家有关劳动工时的规定执行。

罪犯有在法定节日和休息日休息的权利。

第八十二条 看守所对于参加劳动的罪犯，可以酌量发给报酬并执行国家有关劳动保护的规定。

第八十三条 罪犯在劳动中致伤、致残或者死亡的，由看守所参照国家劳动保险的有关规定处理。

公安部关于对被判处拘役的罪犯在执行期间回家问题的批复（2001年1月31日）

《刑法》第四十三条第二款规定，"在执行期间，被判处拘役的犯罪分子每月可以回家一至两天"。根据上述规定，是否准许被判处拘役的罪犯回家，应当根据其在服刑期间表现以及准许其回家是否会影响剩余刑期的继续执行等情况综合考虑，由负责执行的拘役所、看守所提出建议，报其所属的县级以上公安机关决定。被判处拘役的外国籍罪犯提出回家申请的，由地方级以上公安机关决定，并由决定机关将有关情况报上级公安机关备案。对于准许回家的，应当发给国家证明，告知其应当按时返回监管场所和不按时返回将要承担的法律责任，并将准许回家的决定送同级人民检察院。被判处拘役的罪犯在决定机关辖区内有固定住处的，可允许其回固定住处，没有固定住处的，可在决定机关为其指定的居所每月与其家人团聚一天至两天。拘役所、看守所根据被判处拘役的罪犯在服刑及回家期间表现，认为不宜继续准许其回家的，应当提出建议，报原决定机关决定。对于被判处拘役的罪犯在回家期间逃跑的，应当按照《刑法》第三百一十六条的规定以脱逃罪追究其刑事责任。

第四十四条　【拘役刑期的计算和折抵】 拘役的刑期，从判决执行之日起计算；判决执行以前先行羁押的，羁押一日折抵刑期一日。

● 要点及关联法规

行政拘留可折抵相应刑期

行政处罚法（2018年1月1日）

第二十八条　违法行为构成犯罪，人民法院判处拘役或者有期徒刑时，行政机关已经给予当事人行政拘留的，应当依法折抵相应刑期。

违法行为构成犯罪，人民法院判处罚金时，行政机关已经给予当事人罚款的，应当折抵相应罚金。

第四节　有期徒刑、无期徒刑

第四十五条　【有期徒刑的期限】 有期徒刑的期限，除本法第五十条、第六十九条规定外，为六个月以上十五年以下。

> **第四十六条 【有期徒刑与无期徒刑的执行】** 被判处有期徒刑、无期徒刑的犯罪分子，在监狱或者其他执行场所执行；凡有劳动能力的，都应当参加劳动，接受教育和改造。

● 要点及关联法规

1. 有期徒刑和无期徒刑的执行场所

刑事诉讼法（2018年10月26日）

第二百六十四条 罪犯被交付执行刑罚的时候，应当由交付执行的人民法院在判决生效后十日以内将有关的法律文书送达公安机关、监狱或者其他执行机关。

对被判处死刑缓期二年执行、无期徒刑、有期徒刑的罪犯，由公安机关依法将该罪犯送交监狱执行刑罚。对被判处有期徒刑的罪犯，在被交付执行刑罚前，剩余刑期在三个月以下的，由看守所代为执行。对被判处拘役的罪犯，由公安机关执行。

对未成年犯应当在未成年犯管教所执行刑罚。

执行机关应当将罪犯及时收押，并且通知罪犯家属。

判处有期徒刑、拘役的罪犯，执行期满，应当由执行机关发给释放证明书。

2. 犯罪分子在监狱中的劳动改造

监狱法（2013年1月1日）

第七十一条 监狱对罪犯的劳动时间，参照国家有关劳动工时的规定执行；在季节性生产等特殊情况下，可以调整劳动时间。

罪犯有在法定节日和休息日休息的权利。

第七十二条 监狱对参加劳动的罪犯，应当按照有关规定给予报酬并执行国家有关劳动保护的规定。

第七十三条 罪犯在劳动中致伤、致残或者死亡的，由监狱参照国家劳动保险的有关规定处理。

3. 未成年犯罪无期徒刑的适用

最高人民法院关于审理未成年人刑事案件具体应用法律若干问题的解释（2006年1月23日）

第十三条 未成年人犯罪只有罪行极其严重的，才可以适用无期徒刑。对已满十四周岁不满十六周岁的人犯罪一般不判处无期徒刑。

> **第四十七条 【有期徒刑刑期的计算与折抵】** 有期徒刑的刑期,从判决执行之日起计算;判决执行以前先行羁押的,羁押一日折抵刑期一日。

● 要点及关联法规

接收在台湾地区服刑的大陆居民回大陆服刑案件中,无期徒刑、有期徒刑的转换和折抵

最高人民法院关于人民法院办理接收在台湾地区服刑的大陆居民回大陆服刑案件的规定(2016年5月1日)

第五条 人民法院应当在立案后一个月内就是否准予接收被判刑人作出裁定,情况复杂、特殊的,可以延长一个月。

人民法院裁定准予接收的,应当依据台湾地区法院判决认定的事实并参考其所定罪名,根据刑法就相同或者最相似犯罪行为规定的法定刑,按照下列原则对台湾地区法院确定的无期徒刑或者有期徒刑予以转换:

(一)原判处刑罚未超过刑法规定的最高刑,包括原判处刑罚低于刑法规定的最低刑的,以原判处刑罚作为转换后的刑罚;

(二)原判处刑罚超过刑法规定的最高刑的,以刑法规定的最高刑作为转换后的刑罚;

(三)转换后的刑罚不附加适用剥夺政治权利。

前款所称的最高刑,如台湾地区法院认定的事实依据刑法应当认定为一个犯罪的,是指刑法对该犯罪规定的最高刑;如应当认定为多个犯罪的,是指刑法对数罪并罚规定的最高刑。

对人民法院立案前,台湾地区有关业务主管部门对被判刑人在服刑期间作出的减轻刑罚决定,人民法院应当一并予以转换,并就最终应当执行的刑罚作出裁定。

第六条 被判刑人被接收回大陆服刑前被实际羁押的期间,应当以一日折抵转换后的刑期一日。

第五节 死　　刑

> **第四十八条** 【死刑的适用条件、执行方式与核准程序】死刑只适用于罪行极其严重的犯罪分子。对于应当判处死刑的犯罪分子，如果不是必须立即执行的，可以判处死刑同时宣告缓期二年执行。
>
> 死刑除依法由最高人民法院判决的以外，都应当报请最高人民法院核准。死刑缓期执行的，可以由高级人民法院判决或者核准。

● 要点及关联法规

1. 死刑只适用于罪行极其严重的犯罪分子

最高人民检察院关于印发第五批指导性案例的通知（2014年9月10日）

郭明先参加黑社会性质组织、故意杀人、故意伤害案（检例第18号）

【要旨】死刑依法只适用于罪行极其严重的犯罪分子。对故意杀人、故意伤害、绑架、爆炸等涉黑、涉恐、涉暴刑事案件中罪行极其严重，严重危害国家安全和公共安全、严重危害公民生命权，或者严重危害社会秩序的被告人，依法应当判处死刑，人民法院未判处死刑的，人民检察院应当依法提出抗诉。

最高人民法院关于进一步加强刑事审判工作的决定（2007年8月28日）

六、严格控制和慎重适用死刑

43. 必须高度重视死刑案件的审判。死刑是剥夺犯罪分子生命的最严厉的刑罚。必须严格执行法律，准确惩治犯罪，慎重适用死刑，统一死刑适用标准，确保死刑案件审判质量，维护社会稳定，促进社会和谐。

44. 坚持死刑只适用于罪行极其严重的犯罪分子。正确处理严格控制和慎重适用死刑与依法严厉惩罚严重刑事犯罪的关系。充分考虑维护社会稳定的实际需要，充分考虑社会和公众的接受程度，对那些罪行极其严重，性质极其恶劣，社会危害极大，罪证确实充分，必须依法判处死刑立即执行的，坚决依法判处死刑立即执行。

45. 贯彻执行"保留死刑，严格控制死刑"的刑事政策。对于具有法定从轻、减轻情节的，依法从轻或者减轻处罚，一般不判处死刑立即执行。对于因婚姻家庭、邻里纠纷等民间矛盾激化引发的案件，因被害方的过错行为引起的案件，案发后真诚悔罪积极赔偿被害人经济损失的案件等具有酌定从轻情节的，应慎用死刑立即执行。注重发挥死缓制度既能够依法严惩犯罪又能够有效减少死刑执行的作用，凡是判处死刑可不立即执行的，一律判处死刑缓期二年执行。

2. 办理死刑案件应当遵循的原则

最高人民法院、最高人民检察院、公安部、司法部关于进一步严格依法办案确保办理死刑案件质量的意见（2007年3月9日）

二、办理死刑案件应当遵循的原则要求

（一）坚持惩罚犯罪与保障人权相结合

3. 我国目前正处于全面建设小康社会、加快推进社会主义现代化建设的重要战略机遇期，同时又是人民内部矛盾凸显、刑事犯罪高发、对敌斗争复杂的时期，维护社会和谐稳定的任务相当繁重，必须继续坚持"严打"方针，正确运用死刑这一刑罚手段同严重刑事犯罪作斗争，有效遏制犯罪活动猖獗和蔓延势头。同时，要全面落实"国家尊重和保障人权"宪法原则，切实保障犯罪嫌疑人、被告人的合法权益。坚持依法惩罚犯罪和依法保障人权并重，坚持罪刑法定、罪刑相适应、适用刑法人人平等和审判公开、程序法定等基本原则，真正做到有罪依法惩处，无罪不受刑事追究。

（二）坚持保留死刑，严格控制和慎重适用死刑

4. "保留死刑，严格控制死刑"是我国的基本死刑政策。实践证明，这一政策是完全正确的，必须继续贯彻执行。要完整、准确地理解和执行"严打"方针，依法严厉打击严重刑事犯罪，对极少数罪行极其严重的犯罪分子，坚决依法判处死刑。我国现在还不能废除死刑，但应逐步减少适用，凡是可杀可不杀的，一律不杀。办理死刑案件，必须根据构建社会主义和谐社会和维护社会稳定的要求，严谨审慎，既要保证根据证据正确认定案件事实，杜绝冤错案件的发生，又要保证定罪准确，量刑适当，做到少杀、慎杀。

（三）坚持程序公正与实体公正并重，保障犯罪嫌疑人、被告人的合法权利

5. 人民法院、人民检察院和公安机关进行刑事诉讼，既要保证案件实体处理的正确性，也要保证刑事诉讼程序本身的正当性和合法性。在侦查、起诉、审判等各个阶段，必须始终坚持依法进行诉讼，坚决克服重实体、轻程序，重打击、轻保护的错误观念，尊重犯罪嫌疑人、被告人的诉讼地位，切实保障犯罪嫌疑人、被告人充分行使辩护权等诉讼权利，避免因剥夺或者限制犯罪嫌疑

人、被告人的合法权利而导致冤错案件的发生。

（四）坚持证据裁判原则，重证据、不轻信口供

6. 办理死刑案件，要坚持重证据、不轻信口供的原则。只有被告人供述，没有其他证据的，不能认定被告人有罪；没有被告人供述，其他证据确实充分的，可以认定被告人有罪。对刑讯逼供取得的犯罪嫌疑人供述、被告人供述和以暴力、威胁等非法方法收集的被害人陈述、证人证言，不能作为定案的根据。对被告人作出有罪判决的案件，必须严格按照刑事诉讼法第一百六十二条的规定，做到"事实清楚，证据确实、充分"。证据不足，不能认定被告人有罪的，应当作出证据不足、指控的犯罪不能成立的无罪判决。

（五）坚持宽严相济的刑事政策

7. 对死刑案件适用刑罚时，既要防止重罪轻判，也要防止轻罪重判，做到罪刑相当，罚当其罪，重罪重判，轻罪轻判，无罪不罚。对罪行极其严重的被告人必须依法惩处，严厉打击；对具有法律规定"应当"从轻、减轻或者免除处罚情节的被告人，依法从宽处理；对具有法律规定"可以"从轻、减轻或者免除处罚情节的被告人，如果没有其他特殊情节，原则上依法从宽处理；对具有酌定从宽处罚情节的也依法予以考虑。

最高人民法院关于贯彻宽严相济刑事政策的若干意见（2010年2月8日）

四、准确把握和正确适用宽严"相济"的政策要求

29. 要准确理解和严格执行"保留死刑，严格控制和慎重适用死刑"的政策。对于罪行极其严重的犯罪分子，论罪应当判处死刑的，要坚决依法判处死刑。要依法严格控制死刑的适用，统一死刑案件的裁判标准，确保死刑只适用于极少数罪行极其严重的犯罪分子。拟判处死刑的具体案件定罪或者量刑的证据必须确实、充分，得出唯一结论。对于罪行极其严重，但只要是依法可不立即执行的，就不应当判处死刑立即执行。

3. 死刑的执行

刑事诉讼法（2018年10月26日）

第二百六十三条 人民法院在交付执行死刑前，应当通知同级人民检察院派员临场监督。

死刑采用枪决或者注射等方法执行。

死刑可以在刑场或者指定的羁押场所内执行。

指挥执行的审判人员，对罪犯应当验明正身，讯问有无遗言、信札，然后交付执行人员执行死刑。在执行前，如果发现可能有错误，应当暂停执行，报

请最高人民法院裁定。

执行死刑应当公布，不应示众。

执行死刑后，在场书记员应当写成笔录。交付执行的人民法院应当将执行死刑情况报告最高人民法院。

执行死刑后，交付执行的人民法院应当通知罪犯家属。

> **第四十九条　【不得适用死刑的对象】** 犯罪的时候不满十八周岁的人和审判的时候怀孕的妇女，不适用死刑。
>
> 审判的时候已满七十五周岁的人，不适用死刑，但以特别残忍手段致人死亡的除外。

● 要点及关联法规

"审判的时候怀孕的妇女"的认定

最高人民法院研究室关于如何理解"审判的时候怀孕的妇女不适用死刑"问题的电话答复（1991年3月18日）

在羁押期间已是孕妇的被告人，无论其怀孕是否属于违反国家计划生育政策，也不论其是否自然流产或者经人工流产以及流产后移送起诉或审判期间的长短，仍应执行我院〔83〕法研字第18号《关于人民法院审判严重刑事犯罪案件中具体应用法律的若干问题的答复》中对第三个问题的答复："对于这类案件，应当按照刑法第四十四条①和刑事诉讼法第一百五十四条②的规定办理，即：人民法院对'审判的时候怀孕的妇女，不适用死刑'。如果人民法院在审判时发现，在羁押受审时已是孕妇的，仍应依照上述法律规定，不适用死刑。"

---

① 编者注：1979年《刑法》第四十四条："犯罪的时候不满十八岁的人和审判的时候怀孕的妇女，不适用死刑。已满十六岁不满十八岁的，如果所犯罪行特别严重，可以判处死刑缓期二年执行。"

② 编者注：1979年《刑事诉讼法》第一百五十四条："下级人民法院接到最高人民法院执行死刑的命令后，应当在七日以内交付执行。但是发现有下列情形之一的，应当停止执行，并且立即报告最高人民法院，由最高人民法院作出裁定：（一）在执行前发现判决可能有错误的；（二）罪犯正在怀孕。前款第一项停止执行的原因消失后，必须报请最高人民法院院长再签发执行死刑的命令才能执行；由于前款第二项原因停止执行的，应当报请最高人民法院依法改判。"

最高人民法院关于对怀孕妇女在羁押期间自然流产审判时是否可以适用死刑问题的批复（1998 年 8 月 13 日）

怀孕妇女因涉嫌犯罪在羁押期间自然流产后，又因同一事实被起诉、交付审判的，应当视为"审判的时候怀孕的妇女"，依法不适用死刑。

第五十条　【死缓的法律后果】 判处死刑缓期执行的，在死刑缓期执行期间，如果没有故意犯罪，二年期满以后，减为无期徒刑；如果确有重大立功表现，二年期满以后，减为二十五年有期徒刑；如果故意犯罪，情节恶劣的，报请最高人民法院核准后执行死刑；对于故意犯罪未执行死刑的，死刑缓期执行的期间重新计算，并报最高人民法院备案。

对被判处死刑缓期执行的累犯以及因故意杀人、强奸、抢劫、绑架、放火、爆炸、投放危险物质或者有组织的暴力性犯罪被判处死刑缓期执行的犯罪分子，人民法院根据犯罪情节等情况可以同时决定对其限制减刑。

● 要点及关联法规

1. 死缓的法律后果

刑事诉讼法（2018 年 10 月 26 日）

第二百六十一条　最高人民法院判处和核准的死刑立即执行的判决，应当由最高人民法院院长签发执行死刑的命令。

被判处死刑缓期二年执行的罪犯，在死刑缓期执行期间，如果没有故意犯罪，死刑缓期执行期满，应当予以减刑的，由执行机关提出书面意见，报请高级人民法院裁定；如果故意犯罪，情节恶劣，查证属实，应当执行死刑的，由高级人民法院报请最高人民法院核准；对于故意犯罪未执行死刑的，死刑缓期执行的期间重新计算，并报最高人民法院备案。

2. 死缓限制减刑的审理程序

最高人民法院关于死刑缓期执行限制减刑案件审理程序若干问题的规定（2011 年 5 月 1 日）

第一条　根据刑法第五十条第二款的规定，对被判处死刑缓期执行的累犯以及因故意杀人、强奸、抢劫、绑架、放火、爆炸、投放危险物质或者有组织的暴力性犯罪被判处死刑缓期执行的犯罪分子，人民法院根据犯罪情节、人身危险性等情况，可以在作出裁判的同时决定对其限制减刑。

第二条　被告人对第一审人民法院作出的限制减刑判决不服的，可以提出上诉。被告人的辩护人和近亲属，经被告人同意，也可以提出上诉。

第三条　高级人民法院审理或者复核判处死刑缓期执行并限制减刑的案件，认为原判对被告人判处死刑缓期执行适当，但判决限制减刑不当的，应当改判，撤销限制减刑。

第四条　高级人民法院审理判处死刑缓期执行没有限制减刑的上诉案件，认为原判事实清楚、证据充分，但应当限制减刑的，不得直接改判，也不得发回重新审判。确有必要限制减刑的，应当在第二审判决、裁定生效后，按照审判监督程序重新审判。

高级人民法院复核判处死刑缓期执行没有限制减刑的案件，认为应当限制减刑的，不得以提高审级等方式对被告人限制减刑。

第五条　高级人民法院审理判处死刑的第二审案件，对被告人改判死刑缓期执行的，如果符合刑法第五十条第二款的规定，可以同时决定对其限制减刑。

高级人民法院复核判处死刑后没有上诉、抗诉的案件，认为应当改判死刑缓期执行并限制减刑的，可以提审或者发回重新审判。

第六条　最高人民法院复核死刑案件，认为对被告人可以判处死刑缓期执行并限制减刑的，应当裁定不予核准，并撤销原判，发回重新审判。

一案中两名以上被告人被判处死刑，最高人民法院复核后，对其中部分被告人改判死刑缓期执行的，如果符合刑法第五十条第二款的规定，可以同时决定对其限制减刑。

第七条　人民法院对被判处死刑缓期执行的被告人所作的限制减刑决定，应当在判决书主文部分单独作为一项予以宣告。

第八条　死刑缓期执行限制减刑案件审理程序的其他事项，依照刑事诉讼法和有关司法解释的规定执行。

3. 死缓的时间效力问题

最高人民法院关于《中华人民共和国刑法修正案（八）》时间效力问题的解释（2011年5月1日）

第二条　2011年4月30日以前犯罪，判处死刑缓期执行的，适用修正前刑法第五十条的规定。

被告人具有累犯情节，或者所犯之罪是故意杀人、强奸、抢劫、绑架、放火、爆炸、投放危险物质或者有组织的暴力性犯罪，罪行极其严重，根据修正前刑法判处死刑缓期执行不能体现罪刑相适应原则，而根据修正后刑法判处死刑缓期执行同时决定限制减刑可以罚当其罪的，适用修正后刑法第五十条第二款的规定。

最高人民法院关于《中华人民共和国刑法修正案（九）》时间效力问题的解释（2015年11月1日）

第二条　对被判处死刑缓期执行的犯罪分子，在死刑缓期执行期间，且在2015年10月31日以前故意犯罪的，适用修正后刑法第五十条第一款的规定。

第五十一条　【死缓期间与减为有期徒刑的刑期计算】 死刑缓期执行的期间，从判决确定之日起计算。死刑缓期执行减为有期徒刑的刑期，从死刑缓期执行期满之日起计算。

第六节　罚　　金

第五十二条　【罚金数额的裁量】 判处罚金，应当根据犯罪情节决定罚金数额。

● 要点及关联法规

1. 罚金刑适用的一般规定

最高人民法院全国法院维护农村稳定刑事审判工作座谈会纪要（1999年10月27日）

三、（四）关于财产刑问题

凡法律规定并处罚金或者没收财产的，均应当依法并处，被告人的执行能力不能作为是否判处财产刑的依据。确实无法执行或不能执行的，可以依法执行终结或者减免。对法律规定主刑有死刑、无期徒刑和有期徒刑，同时并处没收财产或罚金的，如决定判处死刑，只能并处没收财产；判处无期徒刑的，可以并处没收财产，也可以并处罚金；判处有期徒刑的，只能并处罚金。

对于法律规定有罚金刑的犯罪，罚金的具体数额应根据犯罪的情节确定。刑法和司法解释有明确规定的，按规定判处；没有规定的，各地可依照法律规定的原则和具体情况，在总结审判经验的基础上统一规定参照执行的数额标准。

对自由刑与罚金刑均可选择适用的案件，如盗窃罪，在决定刑罚时，既要避免以罚金刑代替自由刑，又要克服机械执法只判处自由刑的倾向。对于可执行财产刑且罪行又不严重的初犯、偶犯、从犯等，可单处罚金刑。对于应当并处罚金刑的犯罪，如被告人能积极缴纳罚金，认罪态度较好，且判处的罚金数量较大，自由刑可适当从轻，或考虑宣告缓刑，这符合罪刑相适应原则，因为罚金刑也是刑罚。

被告人犯数罪的，应避免判处罚金刑的同时，判处没收部分财产……

最高人民法院关于适用财产刑若干问题的规定（2000年12月19日）

第一条　刑法规定"并处"没收财产或者罚金的犯罪，人民法院在对犯罪分子判处主刑的同时，必须依法判处相应的财产刑；刑法规定"可以并处"没收财产或者罚金的犯罪，人民法院应当根据案件具体情况及犯罪分子的财产状况，决定是否适用财产刑。

第二条　人民法院应当根据犯罪情节，如违法所得数额、造成损失的大小等，并综合考虑犯罪分子缴纳罚金的能力，依法判处罚金。刑法没有明确规定罚金数额标准的，罚金的最低数额不能少于一千元。

对未成年人犯罪应当从轻或者减轻判处罚金，但罚金的最低数额不能少于五百元。

第三条　依法对犯罪分子所犯数罪分别判处罚金的，应当实行并罚，将所判处的罚金数额相加，执行总和数额。

一人犯数罪依法同时并处罚金和没收财产的，应当合并执行……

第四条　犯罪情节较轻，适用单处罚金不致再危害社会并具有下列情形之一的，可以依法单处罚金：

（一）偶犯或者初犯；

（二）自首或者有立功表现的；

（三）犯罪时不满十八周岁的；

（四）犯罪预备、中止或者未遂的；

（五）被胁迫参加犯罪的；

（六）全部退赃并有悔罪表现的；

（七）其他可以依法单处罚金的情形。

2. 未成年人犯罪案件中罚金刑的适用

最高人民法院关于审理未成年人刑事案件具体应用法律若干问题的解释（2006年1月23日）

第十五条　对未成年罪犯实施刑法规定的"并处"没收财产或者罚金的犯罪，应当依法判处相应的财产刑；对未成年罪犯实施刑法规定的"可以并处"没收财产或者罚金的犯罪，一般不判处财产刑。

对未成年罪犯判处罚金刑时，应当依法从轻或者减轻判处，并根据犯罪情节，综合考虑其缴纳罚金的能力，确定罚金数额。但罚金的最低数额不得少于五百元人民币。

对被判处罚金刑的未成年罪犯，其监护人或者其他人自愿代为垫付罚金的，人民法院应当允许。

第五十三条　【罚金的缴纳】 罚金在判决指定的期限内一次或者分期缴纳。期满不缴纳的，强制缴纳。对于不能全部缴纳罚金的，人民法院在任何时候发现被执行人有可以执行的财产，应当随时追缴。

由于遭遇不能抗拒的灾祸等原因缴纳确实有困难的，经人民法院裁定，可以延期缴纳、酌情减少或者免除。

● 要点及关联法规

1. "判决指定的期限"的确定

最高人民法院关于适用财产刑若干问题的规定（2000年12月19日）

第五条　刑法第五十三条规定的"判决指定的期限"应当在判决书中予以确定；"判决指定的期限"应为从判决发生法律效力第二日起最长不超过三个月。

2. 罚金刑的减免

最高人民法院关于适用财产刑若干问题的规定（2000年12月19日）

第六条　刑法第五十三条规定的"由于遭遇不能抗拒的灾祸缴纳确实有困难的"，主要是指因遭受火灾、水灾、地震等灾祸而丧失财产；罪犯因重病、伤残等而丧失劳动能力，或者需要罪犯抚养的近亲属患有重病，需支付巨额医药费等，确实没有财产可供执行的情形。

具有刑法第五十三条规定"可以酌情减少或者免除"事由的，由罪犯本人、亲属或者犯罪单位向负责执行的人民法院提出书面申请，并提供相应的证明材料。人民法院审查以后，根据实际情况，裁定减少或者免除应当缴纳的罚金数额。

3. 罚金刑的执行

最高人民法院关于适用财产刑若干问题的规定（2000年12月19日）

第八条　罚金刑的数额应当以人民币为计算单位。

第九条　人民法院认为依法应当判处被告人财产刑的，可以在案件审理过程中，决定扣押或者冻结被告人的财产。

第十条　财产刑由第一审人民法院执行。

犯罪分子的财产在异地的，第一审人民法院可以委托财产所在地人民法院代为执行。

第十一条　自判决指定的期限届满第二日起，人民法院对于没有法定减免事由不缴纳罚金的，应当强制其缴纳。

对于隐藏、转移、变卖、损毁已被扣押、冻结财产情节严重的，依照刑法第三百一十四条的规定追究刑事责任。

第七节　剥夺政治权利

第五十四条　【剥夺政治权利的范围】 剥夺政治权利是剥夺下列权利：

（一）选举权和被选举权；

（二）言论、出版、集会、结社、游行、示威自由的权利；

（三）担任国家机关职务的权利；

（四）担任国有公司、企业、事业单位和人民团体领导职务的权利。

> **第五十五条 【剥夺政治权利的期限】** 剥夺政治权利的期限，除本法第五十七条规定外，为一年以上五年以下。
>
> 判处管制附加剥夺政治权利的，剥夺政治权利的期限与管制的期限相等，同时执行。

> **第五十六条 【剥夺政治权利的适用】** 对于危害国家安全的犯罪分子应当附加剥夺政治权利；对于故意杀人、强奸、放火、爆炸、投毒、抢劫等严重破坏社会秩序的犯罪分子，可以附加剥夺政治权利。
>
> 独立适用剥夺政治权利的，依照本法分则的规定。

● 要点及关联法规

1. 可以附加剥夺政治权利的情形

最高人民法院关于对故意伤害、盗窃等严重破坏社会秩序的犯罪分子能否附加剥夺政治权利问题的批复（1998年1月13日）

根据刑法第五十六条规定，对于故意杀人、强奸放火、爆炸、投毒、抢劫等严重破坏社会秩序的犯罪分子，可以附加剥夺政治权利。对故意伤害、盗窃等其他严重破坏社会秩序的犯罪，犯罪分子主观恶性较深、犯罪情节恶劣、罪行严重的，也可以依法附加剥夺政治权利。

2. 未成年人犯罪案件中剥夺政治权利的适用

最高人民法院关于审理未成年人刑事案件具体应用法律若干问题的解释（2006年1月23日）

第十四条 除刑法规定"应当"附加剥夺政治权利外，对未成年罪犯一般不判处附加剥夺政治权利。

如果对未成年罪犯判处附加剥夺政治权利的，应当依法从轻判处。

对实施被指控犯罪时未成年、审判时已成年的罪犯判处附加剥夺政治权利，适用前款的规定。

3. 被羁押的人和正在服刑的罪犯可行使选举权

全国人民代表大会常务委员会关于县级以下人民代表大会代表直接选举的若干规定（1983年3月5日）

五、下列人员准予行使选举权利：

（一）被判处有期徒刑、拘役，管制而没有附加剥夺政治权利的……

全国人大常委会法制工作委员会、最高人民法院、最高人民检察院、公安部、司法部、民政部关于正在服刑的罪犯和被羁押的人的选举权问题的联合通知（1984年3月24日）

五、对准予行使选举权利的被羁押的人和正在服刑的罪犯，经选举委员会和执行羁押、监禁的机关共同决定，可以在原户口所在地参加选举，也可以在劳改场所参加选举；可以在流动票箱投票，也可以委托有选举权的亲属或者其他选民代为投票。

第五十七条　【对死刑、无期徒刑犯罪分子剥夺政治权利的适用】 对于被判处死刑、无期徒刑的犯罪分子，应当剥夺政治权利终身。

在死刑缓期执行减为有期徒刑或者无期徒刑减为有期徒刑的时候，应当把附加剥夺政治权利的期限改为三年以上十年以下。

第五十八条　【剥夺政治权利的刑期计算、效力与执行】 附加剥夺政治权利的刑期，从徒刑、拘役执行完毕之日或者从假释之日起计算；剥夺政治权利的效力当然施用于主刑执行期间。

被剥夺政治权利的犯罪分子，在执行期间，应当遵守法律、行政法规和国务院公安部门有关监督管理的规定，服从监督；不得行使本法第五十四条规定的各项权利。

● **要点及关联法规**

剥夺政治权利的执行

公安部公安机关办理刑事案件程序规定（2013年1月1日）

第二百九十一条第二款　对被判处剥夺政治权利的罪犯，由罪犯居住地的派出所负责执行。

第三百条　负责执行剥夺政治权利的派出所应当按照人民法院的判决,向罪犯及其所在单位、居住地基层组织宣布其犯罪事实、被剥夺政治权利的期限,以及罪犯在执行期间应当遵守的规定。

第三百零一条　被剥夺政治权利的罪犯在执行期间应当遵守下列规定:
(一)遵守国家法律、行政法规和公安部制定的有关规定,服从监督管理;
(二)不得享有选举权和被选举权;
(三)不得组织或者参加集会、游行、示威、结社活动;
(四)不得出版、制作、发行书籍、音像制品;
(五)不得接受采访,发表演说;
(六)不得在境内外发表有损国家荣誉、利益或者其他具有社会危害性的言论;
(七)不得担任国家机关职务;
(八)不得担任国有公司、企业、事业单位和人民团体的领导职务。

第三百零二条　被剥夺政治权利的罪犯违反本规定第三百零一条的规定,尚未构成新的犯罪的,公安机关依法可以给予治安管理处罚。

第三百零三条　被剥夺政治权利的罪犯,执行期满,公安机关应当书面通知本人及其所在单位、居住地基层组织。

刑事诉讼法(2018年10月26日)

第二百七十条　对被判处剥夺政治权利的罪犯,由公安机关执行。执行期满,应当由执行机关书面通知本人及其所在单位、居住地基层组织。

第八节　没收财产

第五十九条　【没收财产的范围】 没收财产是没收犯罪分子个人所有财产的一部或者全部。没收全部财产的,应当对犯罪分子个人及其扶养的家属保留必需的生活费用。

在判处没收财产的时候,不得没收属于犯罪分子家属所有或者应有的财产。

● 要点及关联法规

1. 没收财产适用的一般规定

（参见第五十二条【要点及关联法规】1. 罚金刑适用的一般规定）

2. 未成年人犯罪案件中没收财产的适用

（参见第五十二条【要点及关联法规】2. 未成年人犯罪案件中罚金刑的适用）

3. 没收财产的执行

最高人民法院关于刑事裁判涉财产部分执行的若干规定（2014年11月6日）

第六条第二款　判处没收部分财产的，应当明确没收的具体财物或者金额。

第九条　判处没收财产的，应当执行刑事裁判生效时被执行人合法所有的财产。

执行没收财产或罚金刑，应当参照被扶养人住所地政府公布的上年度当地居民最低生活费标准，保留被执行人及其所扶养家属的生活必需费用。

第十三条第一款　被执行人在执行中同时承担刑事责任、民事责任，其财产不足以支付的，按照下列顺序执行：

（一）人身损害赔偿中的医疗费用；

（二）退赔被害人的损失；

（三）其他民事债务；

（四）罚金；

（五）没收财产。

刑事诉讼法（2018年10月26日）

第二百七十二条　没收财产的判决，无论附加适用或者独立适用，都由人民法院执行；在必要的时候，可以会同公安机关执行。

第六十条　【正当债务的偿还】 没收财产以前犯罪分子所负的正当债务，需要以没收的财产偿还的，经债权人请求，应当偿还。

● **要点及关联法规**

"没收财产以前犯罪分子所负的正当债务"的认定

最高人民法院关于适用财产刑若干问题的规定（2000年12月19日）

第七条 刑法第六十条规定的"没收财产以前犯罪分子所负的正当债务",是指犯罪分子在判决生效前所负他人的合法债务。

第四章 刑罚的具体运用

本章要点及关联法规

在刑罚适用中贯彻宽严相济的刑事政策

最高人民检察院关于在检察工作中贯彻宽严相济刑事司法政策的若干意见（2007年1月15日）

一、检察机关贯彻宽严相济刑事司法政策的指导思想和原则

4. 检察机关贯彻宽严相济的刑事司法政策应当坚持以下原则：

——全面把握。宽严相济刑事司法政策中的宽与严是一个有机统一的整体,二者相辅相成,必须全面理解,全面把握,全面落实。既要防止只讲严而忽视宽,又要防止只讲宽而忽视严,防止一个倾向掩盖另一个倾向。

——区别对待。宽严相济刑事司法政策的核心是区别对待。应当综合考虑犯罪的社会危害性（包括犯罪侵害的客体、情节、手段、后果等）、犯罪人的主观恶性（包括犯罪时的主观方面、犯罪后的态度、平时表现等）以及案件的社会影响,根据不同时期、不同地区犯罪与社会治安的形势,具体情况具体分析,依法予以从宽或者从严处理。

——严格依法。贯彻宽严相济的刑事司法政策,必须坚持罪刑法定、罪刑相适应、法律面前人人平等原则,实现政策指导与严格执法的有机统一,宽要有节,严要有度,宽和严都必须严格依照法律,在法律范围内进行,做到宽严合法,于法有据。

——注重效果。贯彻宽严相济的刑事司法政策,应当做到惩治犯罪与保障

人权的有机统一,法律效果与社会效果的有机统一,保护犯罪嫌疑人、被告人的合法权利与保护被害人的合法权益的有机统一,特殊预防与一般预防的有机统一,执法办案与化解矛盾的有机统一,以有利于维护稳定,化解矛盾,减少对抗,促进和谐。

最高人民法院关于贯彻宽严相济刑事政策的若干意见(2010年2月8日)

一、贯彻宽严相济刑事政策的总体要求

1. 贯彻宽严相济刑事政策,要根据犯罪的具体情况,实行区别对待,做到该宽则宽,当严则严,宽严相济,罚当其罪,打击和孤立极少数,教育、感化和挽救大多数,最大限度地减少社会对立面,促进社会和谐稳定,维护国家长治久安。

2. 要正确把握宽与严的关系,切实做到宽严并用。既要注意克服重刑主义思想影响,防止片面从严,也要避免受轻刑化思想影响,一味从宽。

二、准确把握和正确适用依法从"严"的政策要求

6. 宽严相济刑事政策中的从"严",主要是指对于罪行十分严重、社会危害性极大,依法应当判处重刑或死刑的,要坚决地判处重刑或死刑;对于社会危害大或者具有法定、酌定从重处罚情节,以及主观恶性深、人身危险性大的被告人,要依法从严惩处。在审判活动中通过体现依法从"严"的政策要求,有效震慑犯罪分子和社会不稳定分子,达到有效遏制犯罪、预防犯罪的目的。

7. 贯彻宽严相济刑事政策,必须毫不动摇地坚持依法严惩严重刑事犯罪的方针。对于危害国家安全犯罪、恐怖组织犯罪、邪教组织犯罪、黑社会性质组织犯罪、恶势力犯罪、故意危害公共安全犯罪等严重危害国家政权稳固和社会治安的犯罪,故意杀人、故意伤害致人死亡、强奸、绑架、拐卖妇女儿童、抢劫、重大抢夺、重大盗窃等严重暴力犯罪和严重影响人民群众安全感的犯罪,走私、贩卖、运输、制造毒品等毒害人民健康的犯罪,要作为严惩的重点,依法从重处罚。尤其对于极端仇视国家和社会,以不特定人为侵害对象,所犯罪行特别严重的犯罪分子,该重判的要坚决依法重判,该判处死刑的要坚决依法判处死刑。

8. 对于国家工作人员贪污贿赂、滥用职权、失职渎职的严重犯罪,黑恶势力犯罪、重大安全责任事故、制售伪劣食品药品所涉及的国家工作人员职务犯罪,发生在社会保障、征地拆迁、灾后重建、企业改制、医疗、教育、就业等领域严重损害群众利益、社会影响恶劣、群众反映强烈的国家工作人员职务犯罪,发生在经济社会建设重点领域、重点行业的严重商业贿赂犯罪等,要依法

从严惩处。

对于国家工作人员职务犯罪和商业贿赂犯罪中性质恶劣、情节严重、涉案范围广、影响面大的，或者案发后隐瞒犯罪事实、毁灭证据、订立攻守同盟、负案潜逃等拒不认罪悔罪的，要坚决依法从严惩处。

对于被告人犯罪所得数额不大，但对国家财产和人民群众利益造成重大损失、社会影响极其恶劣的职务犯罪和商业贿赂犯罪案件，也应依法从严惩处。

要严格掌握职务犯罪法定减轻处罚情节的认定标准与减轻处罚的幅度，严格控制依法减轻处罚后判处三年以下有期徒刑适用缓刑的范围，切实规范职务犯罪缓刑、免予刑事处罚的适用。

9. 当前和今后一段时期，对于集资诈骗、贷款诈骗、制贩假币以及扰乱、操纵证券、期货市场等严重危害金融秩序的犯罪，生产、销售假药、劣药、有毒有害食品等严重危害食品药品安全的犯罪，走私等严重侵害国家经济利益的犯罪，造成严重后果的重大安全责任事故犯罪，重大环境污染、非法采矿、盗伐林木等各种严重破坏环境资源的犯罪等，要依法从严惩处，维护国家的经济秩序，保护广大人民群众的生命健康安全。

10. 严惩严重刑事犯罪，必须充分考虑被告人的主观恶性和人身危险性。对于事先精心预谋、策划犯罪的被告人，具有惯犯、职业犯等情节的被告人，或者因故意犯罪受过刑事处罚、在缓刑、假释考验期内又犯罪的被告人，要依法严惩，以实现刑罚特殊预防的功能。

12. 要注重综合运用多种刑罚手段，特别是要重视依法适用财产刑，有效惩治犯罪。对于法律规定有附加财产刑的，要依法适用。对于侵财型和贪利型犯罪，更要注重通过依法适用财产刑使犯罪分子受到经济上的惩罚，剥夺其重新犯罪的能力和条件。要切实加大财产刑的执行力度，确保刑罚的严厉性和惩罚功能得以实现。被告人非法占有、处置被害人财产不能退赃的，在决定刑罚时，应作为重要情节予以考虑，体现从严处罚的精神。

三、准确把握和正确适用依法从"宽"的政策要求

14. 宽严相济刑事政策中的从"宽"，主要是指对于情节较轻、社会危害性较小的犯罪，或者罪行虽然严重，但具有法定、酌定从宽处罚情节，以及主观恶性相对较小、人身危险性不大的被告人，可以依法从轻、减轻或者免除处罚；对于具有一定社会危害性，但情节显著轻微危害不大的行为，不作为犯罪处理；对于依法可不监禁的，尽量适用缓刑或者判处管制、单处罚金等非监禁刑。

16. 对于所犯罪行不重、主观恶性不深、人身危险性较小、有悔改表现、不

致再危害社会的犯罪分子，要依法从宽处理。对于其中具备条件的，应当依法适用缓刑或者管制、单处罚金等非监禁刑。同时配合做好社区矫正，加强教育、感化、帮教、挽救工作。

19. 对于较轻犯罪的初犯、偶犯，应当综合考虑其犯罪的动机、手段、情节、后果和犯罪时的主观状态，酌情予以从宽处罚。对于犯罪情节轻微的初犯、偶犯，可以免于刑事处罚；依法应当予以刑事处罚的，也应当尽量适用缓刑或者判处管制、单处罚金等非监禁刑。

20. 对于未成年人犯罪，在具体考虑其实施犯罪的动机和目的、犯罪性质、情节和社会危害程度的同时，还要充分考虑其是否属于初犯，归案后是否悔罪，以及个人成长经历和一贯表现等因素，坚持"教育为主、惩罚为辅"的原则和"教育、感化、挽救"的方针进行处理。对于偶尔盗窃、抢夺、诈骗，数额刚达到较大的标准，案发后能如实交代并积极退赃的，可以认定为情节显著轻微，不作为犯罪处理。对于罪行较轻的，可以依法适当多适用缓刑或者判处管制、单处罚金等非监禁刑；依法可免予刑事处罚的，应当免予刑事处罚。对于犯罪情节严重的未成年人，也应当依照刑法第十七条第三款的规定予以从轻或者减轻处罚。对于已满十四周岁不满十六周岁的未成年犯罪人，一般不判处无期徒刑。

21. 对于老年人犯罪，要充分考虑其犯罪的动机、目的、情节、后果以及悔罪表现等，并结合其人身危险性和再犯可能性，酌情予以从宽处罚。

22. 对于因恋爱、婚姻、家庭、邻里纠纷等民间矛盾激化引发的犯罪，因劳动纠纷、管理失当等原因引发、犯罪动机不属恶劣的犯罪，因被害方过错或者基于义愤引发的或者具有防卫因素的突发性犯罪，应酌情从宽处罚。

23. 被告人案发后对被害人积极进行赔偿，并认罪、悔罪的，依法可以作为酌定量刑情节予以考虑。因婚姻家庭等民间纠纷激化引发的犯罪，被害人及其家属对被告人表示谅解的，应当作为酌定量刑情节予以考虑。犯罪情节轻微，取得被害人谅解的，可以依法从宽处理，不需判处刑罚的，可以免予刑事处罚。

四、准确把握和正确适用宽严"相济"的政策要求

25. 宽严相济刑事政策中的"相济"，主要是指在对各类犯罪依法处罚时，要善于综合运用宽和严两种手段，对不同的犯罪和犯罪分子区别对待，做到严中有宽、宽以济严；宽中有严、严以济宽。

26. 在对严重刑事犯罪依法从严惩处的同时，对被告人具有自首、立功、从犯等法定或酌定从宽处罚情节的，还要注意宽以济严，根据犯罪的具体情况，

依法应当或可以从宽的，都应当在量刑上予以充分考虑。

27. 在对较轻刑事犯罪依法从轻处罚的同时，要注意严以济宽，充分考虑被告人是否具有屡教不改、严重滋扰社会、群众反映强烈等酌定从严处罚的情况，对于不从严不足以有效惩戒者，也应当在量刑上有所体现，做到济之以严，使犯罪分子受到应有处罚，切实增强改造效果。

28. 对于被告人同时具有法定、酌定从严和法定、酌定从宽处罚情节的案件，要在全面考察犯罪的事实、性质、情节和对社会危害程度的基础上，结合被告人的主观恶性、人身危险性、社会治安状况等因素，综合作出分析判断，总体从严，或者总体从宽。

32. 对于过失犯罪，如安全责任事故犯罪等，主要应当根据犯罪造成危害后果的严重程度、被告人主观罪过的大小以及被告人案发后的表现等，综合掌握处罚的宽严尺度。对于过失犯罪后积极抢救、挽回损失或者有效防止损失进一步扩大的，要依法从宽。对于造成的危害后果虽然不是特别严重，但情节特别恶劣或案发后故意隐瞒案情，甚至逃逸，给及时查明事故原因和迅速组织抢救造成贻误的，则要依法从重处罚。

34. 对于危害国家安全犯罪、故意危害公共安全犯罪、严重暴力犯罪、涉众型经济犯罪等严重犯罪；恐怖组织犯罪、邪教组织犯罪、黑恶势力犯罪等有组织犯罪的领导者、组织者和骨干分子；毒品犯罪再犯的严重犯罪者；确有执行能力而拒不依法积极主动缴付财产执行财产刑或确有履行能力而不积极主动履行附带民事赔偿责任的，在依法减刑、假释时，应当从严掌握。对累犯减刑时，应当从严掌握。拒不交代真实身份或对减刑、假释材料弄虚作假，不符合减刑、假释条件的，不得减刑、假释。

对于因犯故意杀人、爆炸、抢劫、强奸、绑架等暴力犯罪，致人死亡或严重残疾而被判处死刑缓期二年执行或无期徒刑的罪犯，要严格控制减刑的频度和每次减刑的幅度，要保证其相对较长的实际服刑期限，维护公平正义，确保改造效果。

对于未成年犯、老年犯、残疾罪犯、过失犯、中止犯、胁从犯、积极主动缴付财产执行财产刑或履行民事赔偿责任的罪犯、因防卫过当或避险过当而判处徒刑的罪犯以及其他主观恶性不深、人身危险性不大的罪犯，在依法减刑、假释时，应当根据悔改表现予以从宽掌握。对认罪服法，遵守监规，积极参加学习、劳动，确有悔改表现的，依法予以减刑，减刑的幅度可以适当放宽，间隔的时间可以相应缩短。符合刑法第八十一条第一款规定的假释条件的，应当依法多适用假释。

最高人民法院刑一庭：准确把握和正确适用依法从严政策（《人民法院报》2010年3月24日第6版）

三、准确把握从严案件的量刑

对犯罪的从严惩处主要体现在对犯罪分子的量刑上。要根据案件的事实和法律的规定，对于罪行、情节严重的犯罪体现从严的精神。《意见》指出："严惩严重刑事犯罪，必须充分考虑被告人的主观恶性和人身危险性"；"要注重综合运用多种刑罚手段，特别是要重视依法适用财产刑，有效惩治犯罪。"

一是要充分考虑犯罪行为的社会危害性，对于犯罪造成国家利益和人民群众生命、健康、财产重大损失的，要依法从重量刑。同时，要充分考虑案件的法定或酌定从重处罚情节。对于被告人有法定或酌定从重处罚情节的，如共同犯罪中的主犯、集团犯罪中的组织、策划、指挥者和骨干分子等，要依法从重处罚。

二是要充分考虑被告人的主观恶性、人身危险性对量刑的影响。主观恶性的大小是犯罪分子应负刑事责任的重要根据。对于主观恶性大的犯罪分子，如犯罪情节恶劣、犯罪手段残忍、犯罪动机卑劣的，特别是对于事先精心预谋、策划犯罪的被告人，要依法从严惩处。人身危险性的大小是对犯罪分子进行特殊预防的重要依据，对于惯犯、职业犯、累犯、再犯、在缓刑假释考验期内又犯罪等人身危险性特别大的犯罪分子，也要依法从严惩处。

三是对于罪行极其严重的犯罪分子，要坚决地适用重刑直至死刑，以震慑犯罪、伸张正义、鼓舞人民群众与严重犯罪行为作斗争。死刑是对罪行极其严重的犯罪分子的一种最严厉的刑罚方法，虽然我国采取严格控制、慎重适用死刑的方针，但是基于犯罪的客观形势和人民群众的要求，我们仍然保留死刑并适度使用，不仅震慑了犯罪，也满足了群众的正义要求，社会效果是好的。因此，人民法院对于那些罪行极其严重、人身危险性极大的犯罪分子，依法应当判处死刑立即执行的，要毫不手软，坚决判处。

四是对严重犯罪分子不仅可以判处死刑、徒刑，还要依法适用财产刑，如没收财产、罚金等刑罚。对侵财型和贪利型犯罪，要依法没收犯罪分子的犯罪所得，以剥夺犯罪分子重新犯罪的能力和条件。要把犯罪分子的退赃情况作为对其量刑轻重的重要依据，对于拒不退赃的，要依法从重处罚，对于赃款被挥霍客观上不能退赃的，也要适度从严。

第一节　量　刑

本节要点及关联法规

1. 常见犯罪量刑的一般性规定

最高人民法院关于常见犯罪的量刑指导意见（2017年4月1日）

一、量刑的指导原则

1. 量刑应当以事实为根据，以法律为准绳，根据犯罪的事实、性质、情节和对于社会的危害程度，决定判处的刑罚。

2. 量刑既要考虑被告人所犯罪行的轻重，又要考虑被告人应负刑事责任的大小，做到罪责刑相适应，实现惩罚和预防犯罪的目的。

3. 量刑应当贯彻宽严相济的刑事政策，做到该宽则宽，当严则严，宽严相济，罚当其罪，确保裁判法律效果和社会效果的统一。

4. 量刑要客观、全面把握不同时期不同地区的经济社会发展和治安形势的变化，确保刑法任务的实现；对于同一地区同一时期、案情相似的案件，所判处的刑罚应当基本均衡。

二、量刑的基本方法

量刑时，应以定性分析为主，定量分析为辅，依次确定量刑起点、基准刑和宣告刑。

1. 量刑步骤

（1）根据基本犯罪构成事实在相应的法定刑幅度内确定量刑起点。

（2）根据其他影响犯罪构成的犯罪数额、犯罪次数、犯罪后果等犯罪事实，在量刑起点的基础上增加刑罚量确定基准刑。

（3）根据量刑情节调节基准刑，并综合考虑全案情况，依法确定宣告刑。

2. 调节基准刑的方法

（1）具有单个量刑情节的，根据量刑情节的调节比例直接调节基准刑。

（2）具有多个量刑情节的，一般根据各个量刑情节的调节比例，采用同向相加、逆向相减的方法调节基准刑；具有未成年人犯罪、老年人犯罪、限制行为能力的精神病人犯罪、又聋又哑的人或者盲人犯罪，防卫过当、避险过当、犯罪预备、犯罪未遂、犯罪中止，从犯、胁从犯和教唆犯等量刑情节的，先适用该量刑情节对基准刑进行调节,在此基础上,再适用其他量刑情节进行调节。

(3)被告人犯数罪,同时具有适用于各个罪的立功、累犯等量刑情节的,先适用该量刑情节调节个罪的基准刑,确定个罪所应判处的刑罚,再依法实行数罪并罚,决定执行的刑罚。

3. 确定宣告刑的方法

(1)量刑情节对基准刑的调节结果在法定刑幅度内,且罪责刑相适应的,可以直接确定为宣告刑;如果具有应当减轻处罚情节的,应依法在法定最低刑以下确定宣告刑。

(2)量刑情节对基准刑的调节结果在法定最低刑以下,具有法定减轻处罚情节,且罪责刑相适应的,可以直接确定为宣告刑;只有从轻处罚情节的,可以依法确定法定最低刑为宣告刑;但是根据案件的特殊情况,经最高人民法院核准,也可以在法定刑以下判处刑罚。

(3)量刑情节对基准刑的调节结果在法定最高刑以上的,可以依法确定法定最高刑为宣告刑。

(4)综合考虑全案情况,独任审判员或合议庭可以在20%的幅度内对调节结果进行调整,确定宣告刑。当调节后的结果仍不符合罪责刑相适应原则的,应提交审判委员会讨论,依法确定宣告刑。

(5)综合全案犯罪事实和量刑情节,依法应当判处无期徒刑以上刑罚、管制或者单处附加刑、缓刑、免刑的,应当依法适用。

三、常见量刑情节的适用

量刑时要充分考虑各种法定和酌定量刑情节,根据案件的全部犯罪事实以及量刑情节的不同情形,依法确定量刑情节的适用及其调节比例。对严重暴力犯罪、毒品犯罪等严重危害社会治安犯罪,在确定从宽的幅度时,应当从严掌握;对犯罪情节较轻的犯罪,应当充分体现从宽。具体确定各个量刑情节的调节比例时,应当综合平衡调节幅度与实际增减刑罚量的关系,确保罪责刑相适应。

1. 对于未成年人犯罪,应当综合考虑未成年人对犯罪的认识能力、实施犯罪行为的动机和目的、犯罪时的年龄、是否初犯、偶犯、悔罪表现、个人成长经历和一贯表现等情况,予以从宽处罚。

(1)已满十四周岁不满十六周岁的未成年人犯罪,减少基准刑的30%-60%;

(2)已满十六周岁不满十八周岁的未成年人犯罪,减少基准刑的10%-50%。

2. 对于未遂犯,综合考虑犯罪行为的实行程度、造成损害的大小、犯罪未得逞的原因等情况,可以比照既遂犯减少基准刑的50%以下。

3. 对于从犯,应当综合考虑其在共同犯罪中的地位、作用等情况,予以从宽处罚，减少基准刑的20%-50%；犯罪较轻的，减少基准刑的50%以上或者依法免除处罚。

4. 对于自首情节，综合考虑自首的动机、时间、方式、罪行轻重、如实供述罪行的程度以及悔罪表现等情况，可以减少基准刑的40%以下；犯罪较轻的，可以减少基准刑的40%以上或者依法免除处罚。恶意利用自首规避法律制裁等不足以从宽处罚的除外。

5. 对于坦白情节，综合考虑如实供述罪行的阶段工程度、罪行轻重以及悔罪程度等情况，确定从宽的幅度。

（1）如实供述自己罪行的，可以减少基准刑的20%以下；

（2）如实供述司法机关尚未掌握的同种较重罪行的，可以减少基准刑的10%-30%，（因如实供述自己罪行，避免特别严重后果发生的，可以减少基准刑的30%-50%）

6. 对于当庭自愿认罪的，根据犯罪的性质、罪行的轻重、认罪程度以及悔罪表现等情况，可以减少基准刑的10%以下。依法认定自首、坦白的除外。

7. 对于立功情节，综合考虑立功的大小、次数、内容、来源、效果以及罪行轻重等情况，确定从宽的幅度。

（1）一般立功的，可以减少基准刑的20%以下。

（2）重大立功的，可以减少基准刑的20%-50%；犯罪较轻的，减少基准刑的50%以上或者依法免除处罚。

8. 对于退赃、退赔的，综合考虑犯罪性质，退赃、退赔行为对损害结果所能弥补的程度，退赃、退赔的数额及主动程度等情况，可以减少基准刑的30%以下。其中抢劫等严重危害社会治安犯罪的应从严掌握。

9. 对于积极赔偿被害人经济损失并取得谅解的，综合考虑犯罪性质、赔偿数额、赔偿能力以及认罪、悔罪程度等情况，可以减少基准刑的40%以下；积极赔偿但没有取得谅解的，可以减少基准刑的30%以下；尽管没有赔偿，但取得谅解的，可以减少基准刑的20%以下。其中抢劫、强奸等严重危害社会治安犯罪的应从严掌握。

10. 对于当事人根据刑事诉讼法第二百七十七条达成刑事和解协议的，综合考虑犯罪性质、赔偿数额、赔礼道歉以及真诚悔罪等情况，可以减少基准刑的50%以下；犯罪较轻的，可以减少基准刑的50%以上或者依法免除处罚。

11. 对于累犯，应当综合考虑前后罪的性质、刑罚执行完毕或赦免以后至再犯罪时间的长短以及前后罪罪行轻重等情况，增加基准刑的10%-40%，一般不少于3个月。

12. 对于有前科的,综合考虑前科的性质、时间间隔长短、次数、处罚轻重等情况,可以增加基准刑的 10% 以下。前科犯罪为过失犯罪和未成年人犯罪的除外。

13. 对于犯罪对象为未成年人、老年人、残疾人、孕妇等弱势人员的,综合考虑犯罪的性质、犯罪的严重程度等情况,可以增加基准刑的 20% 以下。

14. 对于在重大自然灾害、预防、控制突发传染病疫情等灾害期间故意犯罪的,根据案件的具体情况,可以增加基准刑的 20% 以下。

四、常见犯罪的量刑（略）

五、附则

1. 本指导意见规范上列十五种犯罪判处有期徒刑、拘役的案件。其他判处有期徒刑、拘役的案件,可以参照量刑的指导原则、基本方法和常见量刑情节的适用规范量刑。

2. 各高级人民法院应当结合当地实际制定实施细则。

3. 本指导意见自 2017 年 4 月 1 日起实施。《最高人民法院关于实施量刑规范化工作的通知》（法发〔2013〕14 号）同时废止。

4. 相关刑法条文。（略）

2. 量刑的程序性规定

最高人民法院、最高人民检察院、公安部、国家安全部、司法部关于规范量刑程序若干问题的意见（试行）（2010 年 10 月 1 日）

第一条 人民法院审理刑事案件,应当保障量刑活动的相对独立性。

第二条 侦查机关、人民检察院应当依照法定程序,收集能够证实犯罪嫌疑人、被告人犯罪情节轻重以及其他与量刑有关的各种证据。

人民检察院提起公诉的案件,对于量刑证据材料的移送,依照有关规定进行。

第三条 对于公诉案件,人民检察院可以提出量刑建议。量刑建议一般应当具有一定的幅度。

人民检察院提出量刑建议,一般应当制作量刑建议书,与起诉书一并移送人民法院；根据案件的具体情况,人民检察院也可以在公诉意见书中提出量刑建议。对于人民检察院不派员出席法庭的简易程序案件,应当制作量刑建议书,与起诉书一并移送人民法院。

量刑建议书中一般应当载明人民检察院建议对被告人处以刑罚的种类、刑罚幅度、刑罚执行方式及其理由和依据。

第四条　在诉讼过程中，当事人和辩护人、诉讼代理人可以提出量刑意见，并说明理由。

第五条　人民检察院以量刑建议书方式提出量刑建议的，人民法院在送达起诉书副本时，将量刑建议书一并送达被告人。

第六条　对于公诉案件，特别是被告人不认罪或者对量刑建议有争议的案件，被告人因经济困难或者其他原因没有委托辩护人的，人民法院可以通过法律援助机构指派律师为其提供辩护。

第七条　适用简易程序审理的案件，在确定被告人对起诉书指控的犯罪事实和罪名没有异议，自愿认罪且知悉认罪的法律后果后，法庭审理可以直接围绕量刑问题进行。

第八条　对于适用普通程序审理的被告人认罪案件，在确认被告人了解起诉书指控的犯罪事实和罪名，自愿认罪且知悉认罪的法律后果后，法庭审理主要围绕量刑和其他有争议的问题进行。

第九条　对于被告人不认罪或者辩护人做无罪辩护的案件，在法庭调查阶段，应当查明有关的量刑事实。在法庭辩论阶段，审判人员引导控辩双方先辩论定罪问题。在定罪辩论结束后，审判人员告知控辩双方可以围绕量刑问题进行辩论，发表量刑建议或意见，并说明理由和依据。

第十条　在法庭调查过程中，人民法院应当查明对被告人适用特定法定刑幅度以及其他从重、从轻、减轻或免除处罚的法定或者酌定量刑情节。

第十一条　人民法院、人民检察院、侦查机关或者辩护人委托有关方面制作涉及未成年人的社会调查报告的，调查报告应当在法庭上宣读，并接受质证。

第十二条　在法庭审理过程中，审判人员对量刑证据有疑问的，可以宣布休庭，对证据进行调查核实，必要时也可以要求人民检察院补充调查核实。人民检察院应当补充调查核实有关证据，必要时可以要求侦查机关提供协助。

第十三条　当事人和辩护人、诉讼代理人申请人民法院调取在侦查、审查起诉中收集的量刑证据材料，人民法院认为确有必要的，应当依法调取。人民法院认为不需要调取有关量刑证据材料的，应当说明理由。

第十四条　量刑辩论活动按照以下顺序进行：
（一）公诉人、自诉人及其诉讼代理人发表量刑建议或意见；
（二）被害人（或者附带民事诉讼原告人）及其诉讼代理人发表量刑意见；
（三）被告人及其辩护人进行答辩并发表量刑意见。

第十五条　在法庭辩论过程中，出现新的量刑事实，需要进一步调查的，应当恢复法庭调查，待事实查清后继续法庭辩论。

第十六条　人民法院的刑事裁判文书中应当说明量刑理由。量刑理由主要包括：

（一）已经查明的量刑事实及其对量刑的作用；

（二）是否采纳公诉人、当事人和辩护人、诉讼代理人发表的量刑建议、意见的理由；

（三）人民法院量刑的理由和法律依据。

第十七条　对于开庭审理的二审、再审案件的量刑活动，依照有关法律规定进行。法律没有规定的，参照本意见进行。

对于不开庭审理的二审、再审案件，审判人员在阅卷、讯问被告人、听取其他当事人、辩护人、诉讼代理人的意见时，应当注意审查量刑事实和证据。

> **第六十一条　【量刑根据】**对于犯罪分子决定刑罚的时候，应当根据犯罪的事实、犯罪的性质、情节和对于社会的危害程度，依照本法的有关规定判处。

● 要点及关联法规

参见【本章要点及关联法规】、【本节要点及关联法规】

> **第六十二条　【从重处罚与从轻处罚】**犯罪分子具有本法规定的从重处罚、从轻处罚情节的，应当在法定刑的限度以内判处刑罚。

● 要点及关联法规

参见【本章要点及关联法规】、【本节要点及关联法规】

> **第六十三条　【减轻处罚】**犯罪分子具有本法规定的减轻处罚情节的，应当在法定刑以下判处刑罚；本法规定有数个量刑幅度的，应当在法定量刑幅度的下一个量刑幅度内判处刑罚。
>
> 犯罪分子虽然不具有本法规定的减轻处罚情节，但是根据案件的特殊情况，经最高人民法院核准，也可以在法定刑以下判处刑罚。

● 要点及关联法规

1. 参见【本章要点及关联法规】、【本节要点及关联法规】
2. "在法定刑以下判处刑罚"的认定

最高人民法院研究室关于如何理解"在法定刑以下判处刑罚"问题的答复（2012年5月30日）

刑法第六十三条第一款规定的"在法定刑以下判处刑罚"，是指在法定量刑幅度的最低刑以下判处刑罚。刑法分则中规定的"处十年以上有期徒刑、无期徒刑或者死刑"，是一个量刑幅度，而不是"十年以上有期徒刑"、"无期徒刑"和"死刑"三个量刑幅度。

3. 减轻处罚的时间效力问题

最高人民法院关于适用刑法时间效力规定若干问题的解释（1997年10月1日）

第二条　犯罪分子1997年9月30日以前犯罪，不具有法定减轻处罚情节，但是根据案件的具体情况需要在法定刑以下判处刑罚的，适用修订前的刑法第五十九条第二款①的规定。

第六十四条　【犯罪财物的处理】犯罪分子违法所得的一切财物，应当予以追缴或者责令退赔；对被害人的合法财产，应当及时返还；违禁品和供犯罪所用的本人财物，应当予以没收。没收的财物和罚金，一律上缴国库，不得挪用和自行处理。

● 要点及关联法规

1. 参见【本章要点及关联法规】、【本节要点及关联法规】
2. 对涉案财物的处理

---

① 编者注：1979年《刑法》第五十九条第二款："犯罪分子虽然不具有本法规定的减轻处罚情节，如果根据案件的具体情况，判处法定刑的最低刑还是过重的，经人民法院审判委员会决定，也可以在法定刑以下判处刑罚。"

最高人民法院关于适用刑法第六十四条有关问题的批复（2013 年 10 月 21 日）

根据刑法第六十四条和《最高人民法院关于适用〈中华人民共和国刑事诉讼法〉的解释》第一百三十八条、第一百三十九条的规定，被告人非法占有、处置被害人财产的，应当依法予以追缴或者责令退赔。据此，追缴或者责令退赔的具体内容，应当在判决主文中写明；其中，判决前已经发还被害人的财产，应当注明。被害人提起附带民事诉讼，或者另行提起民事诉讼请求返还被非法占有、处置的财产的，人民法院不予受理。

最高人民法院关于刑事裁判涉财产部分执行的若干规定（2014 年 11 月 6 日）

第六条第三款 判处追缴或者责令退赔的，应当明确追缴或者退赔的金额或财物的名称、数量等相关情况。

第十条 对赃款赃物及其收益，人民法院应当一并追缴。

被执行人将赃款赃物投资或者置业，对因此形成的财产及其收益，人民法院应予追缴。

被执行人将赃款赃物与其他合法财产共同投资或者置业，对因此形成的财产中与赃款赃物对应的份额及其收益，人民法院应予追缴。

对于被害人的损失，应当按照刑事裁判认定的实际损失予以发还或者赔偿。

第十一条 被执行人将刑事裁判认定为赃款赃物的涉案财物用于清偿债务、转让或者设置其他权利负担，具有下列情形之一的，人民法院应予追缴：

（一）第三人明知是涉案财物而接受的；

（二）第三人无偿或者以明显低于市场的价格取得涉案财物的；

（三）第三人通过非法债务清偿或者违法犯罪活动取得涉案财物的；

（四）第三人通过其他恶意方式取得涉案财物的。

第三人善意取得涉案财物的，执行程序中不予追缴。作为原所有人的被害人对该涉案财物主张权利的，人民法院应当告知其通过诉讼程序处理。

最高人民检察院、公安部关于公安机关办理经济犯罪案件的若干规定（2018 年 1 月 1 日）

第五十四条 犯罪分子违法所得的一切财物及其孳息，应当予以追缴或者责令退赔。

发现犯罪嫌疑人将经济犯罪违法所得和其他涉案财物用于清偿债务、转让或者设定其他权利负担，具有下列情形之一的，应依法查封、扣押、冻结：

（一）他人明知是经济犯罪违法所得和其他涉案财物而接受的；

（二）他人无偿或者以明显低于市场价格取得上述财物的；

（三）他人通过非法债务清偿或者违法犯罪活动取得上述财物的；

（四）他人通过其他恶意方式取得上述财物的。

他人明知是经济犯罪违法所得及其产生的收益，通过虚构债权债务关系、虚假交易等方式予以窝藏、转移、收购、代为销售或者以其他方法掩饰、隐瞒，构成犯罪的，应当依法追究刑事责任。

3. 被告人亲属主动退缴赃款问题

最高人民法院关于被告人亲属主动为被告人退缴赃款应如何处理的批复（1987年8月26日）

一、被告人是成年人，其违法所得都由自己挥霍，无法追缴的，应责令被告人退赔，其家属没有代为退赔的义务。

被告人在家庭共同财产中有其个人应有部分的，只能在其个人应有部分的范围内，责令被告人退赔。

二、如果被告人的违法所得有一部分用于家庭日常生活，对这部分违法所得，被告人和家属均有退赔义务。

三、如果被告人对责令其本人退赔的违法所得已无实际上的退赔能力，但其亲属应被告人的请求，或者主动提出并征得被告人同意，自愿代被告人退赔部分或者全部违法所得的，法院也可考虑其具体情况，收下其亲属自愿代被告人退赔的款项，并视为被告人主动退赔的款项。

四、属于以上三种情况，已作了退赔的，均可视为被告人退赃较好，可以依法适用从宽处罚。

五、如果被告人的罪行应当判处死刑，并必须执行，属于以上第一、二两种情况的，法院可以接收退赔的款项；属于以上第三种情况的，其亲属自愿代为退赔的款项，法院不应接收。

4. 存在退赔、退赃情节的量刑

最高人民法院关于常见犯罪的量刑指导意见（2017年4月1日）

三、常见量刑情节的适用

8. 对于退赃、退赔的，综合考虑犯罪性质，退赃、退赔行为对损害结果所能弥补的程度，退赃、退赔的数额及主动程度等情况，可以减少基准刑的30%以下。其中抢劫等严重危害社会治安犯罪的应从严掌握。

第二节 累　　犯

> **第六十五条　【一般累犯】**被判处有期徒刑以上刑罚的犯罪分子，刑罚执行完毕或者赦免以后，在五年以内再犯应当判处有期徒刑以上刑罚之罪的，是累犯，应当从重处罚，但是过失犯罪和不满十八周岁的人犯罪的除外。
>
> 前款规定的期限，对于被假释的犯罪分子，从假释期满之日起计算。

● 要点及关联法规

1. 参见【本章要点及关联法规】
2. 刑罚执行完毕以后"五年以内"起始日期的认定

最高人民检察院关于认定累犯如何确定刑罚执行完毕以后"五年以内"起始日期的批复（2018年12月30日）

刑法第六十五条第一款规定的"刑罚执行完毕"，是指刑罚执行到期应予释放之日。认定累犯，确定刑罚执行完毕以后"五年以内"的起始日期，应当从刑满释放之日起计算。

3. 累犯应当从重处罚

最高人民法院关于贯彻宽严相济刑事政策的若干意见（2010年2月8日）

二、准确把握和正确适用依法从"严"的政策要求

11. 要依法从严惩处累犯和毒品再犯。凡是依法构成累犯和毒品再犯的，即使犯罪情节较轻，也要体现从严惩处的精神。尤其是对于前罪为暴力犯罪或被判处重刑的累犯，更要依法从严惩处。

4. 缓刑犯在考验期满后五年内再犯应当判处有期徒刑以上刑罚之罪不应认定为累犯

最高人民法院、最高人民检察院关于缓刑犯在考验期满后五年内再犯应当判处有期徒刑以上刑罚之罪应否认定为累犯问题的批复（2020年1月20日）

被判处有期徒刑宣告缓刑的犯罪分子，在缓刑考验期满后五年内再犯应当判处有期徒刑以上刑罚之罪的，因前罪判处的有期徒刑并未执行，不具备刑法第六十五条规定的"刑罚执行完毕"的要件，故不应认定为累犯，但可作为对新罪确定刑罚的酌定从重情节予以考虑。

5. 量刑规则

最高人民法院关于常见犯罪的量刑指导意见（2017年4月1日）

三、常见量刑情节的适用

11. 对于累犯，应当综合考虑前后罪的性质、刑罚执行完毕或赦免以后至再犯罪时间的长短以及前后罪罪行轻重等情况，增加基准刑的10%–40%，一般不少于3个月……

6. 累犯的时间效力问题

最高人民法院关于适用刑法时间效力规定若干问题的解释（1997年10月1日）

第三条　前罪判处的刑罚已经执行完毕或者赦免，在1997年9月30日以前又犯应当判处有期徒刑以上刑罚之罪，是否构成累犯，适用修订前的刑法第六十一条的规定；1997年10月1日以后又犯应当判处有期徒刑以上刑罚之罪的，是否构成累犯，适用刑法第六十五条的规定。

最高人民法院关于《中华人民共和国刑法修正案（八）》时间效力问题的解释（2011年5月1日）

第三条第一款　被判处有期徒刑以上刑罚，刑罚执行完毕或者赦免以后，在2011年4月30日以前再犯应当判处有期徒刑以上刑罚之罪的，是否构成累犯，适用修正前刑法第六十五条的规定；但是，前罪实施时不满十八周岁的，是否构成累犯，适用修正后刑法第六十五条的规定。

第六十六条　【特别累犯】 危害国家安全犯罪、恐怖活动犯罪、黑社会性质的组织犯罪的犯罪分子，在刑罚执行完毕或者赦免以后，在任何时候再犯上述任一类罪的，都以累犯论处。

● 要点及关联法规

1. **参见【本章要点及关联法规】**
2. **特别累犯的时间效力问题**

   最高人民法院关于《中华人民共和国刑法修正案（八）》时间效力问题的解释（2011年5月1日）

   第三条第二款 曾犯危害国家安全犯罪，刑罚执行完毕或者赦免以后，在2011年4月30日以前再犯危害国家安全犯罪的，是否构成累犯，适用修正前刑法第六十六条的规定。

   第三款 曾被判处有期徒刑以上刑罚，或者曾犯危害国家安全犯罪、恐怖活动犯罪、黑社会性质的组织犯罪，在2011年5月1日以后再犯罪的，是否构成累犯，适用修正后刑法第六十五条、第六十六条的规定。

第三节 自首和立功

> 第六十七条 【自首与坦白】犯罪以后自动投案，如实供述自己的罪行的，是自首。对于自首的犯罪分子，可以从轻或者减轻处罚。其中，犯罪较轻的，可以免除处罚。
>
> 被采取强制措施的犯罪嫌疑人、被告人和正在服刑的罪犯，如实供述司法机关还未掌握的本人其他罪行的，以自首论。
>
> 犯罪嫌疑人虽不具有前两款规定的自首情节，但是如实供述自己罪行的，可以从轻处罚；因其如实供述自己罪行，避免特别严重后果发生的，可以减轻处罚。

● 要点及关联法规

1. **参见【本章要点及关联法规】**

2. "自动投案"的认定

最高人民法院关于处理自首和立功具体应用法律若干问题的解释（1998年5月9日）

第一条 根据刑法第六十七条第一款的规定，犯罪以后自动投案，如实供述自己的罪行的，是自首。

（一）自动投案，是指犯罪事实或者犯罪嫌疑人未被司法机关发觉，或者虽被发觉，但犯罪嫌疑人尚未受到讯问、未被采取强制措施时，主动、直接向公安机关、人民检察院或者人民法院投案。

犯罪嫌疑人向其所在单位、城乡基层组织或者其他有关负责人员投案的；犯罪嫌疑人因病、伤或者为了减轻犯罪后果，委托他人先代为投案，或者先以信电投案的；罪行未被司法机关发觉，仅因形迹可疑被有关组织或者司法机关盘问、教育后，主动交代自己的罪行的；犯罪后逃跑，在被通缉、追捕过程中，主动投案的；经查实确已准备去投案，或者正在投案途中，被公安机关捕获的，应当视为自动投案。

并非出于犯罪嫌疑人主动，而是经亲友规劝、陪同投案的；公安机关通知犯罪嫌疑人的亲友，或者亲友主动报案后，将犯罪嫌疑人送去投案的，也应当视为自动投案。

犯罪嫌疑人自动投案后又逃跑的，不能认定为自首。

最高人民法院、最高人民检察院关于办理职务犯罪案件认定自首、立功等量刑情节若干问题的意见（2009年3月12日）

一、关于自首的认定和处理

根据刑法第六十七条第一款的规定，成立自首需同时具备自动投案和如实供述自己的罪行两个要件。犯罪事实或者犯罪分子未被办案机关掌握，或者虽被掌握，但犯罪分子尚未受到调查谈话、讯问，或者未被宣布采取调查措施或者强制措施时，向办案机关投案的，是自动投案。在此期间如实交代自己的主要犯罪事实的，应当认定为自首。

犯罪分子向所在单位等办案机关以外的单位、组织或者有关负责人员投案的，应当视为自动投案。

没有自动投案，在办案机关调查谈话、讯问、采取调查措施或者强制措施期间，犯罪分子如实交代办案机关掌握的线索所针对的事实的，不能认定为自首。

没有自动投案，但具有以下情形之一的，以自首论：（1）犯罪分子如实交代办案机关未掌握的罪行,与办案机关已掌握的罪行属不同种罪行的;(2)办案机关所掌握线索针对的犯罪事实不成立,在此范围外犯罪分子交代同种罪行的。

单位犯罪案件中,单位集体决定或者单位负责人决定而自动投案,如实交代单位犯罪事实的,或者单位直接负责的主管人员自动投案,如实交代单位犯罪事实的,应当认定为单位自首。单位自首的,直接负责的主管人员和直接责任人员未自动投案,但如实交代自己知道的犯罪事实的,可以视为自首;拒不交代自己知道的犯罪事实或者逃避法律追究的,不应当认定为自首。单位没有自首,直接责任人员自动投案并如实交代自己知道的犯罪事实的,对该直接责任人员应当认定为自首。

对于具有自首情节的犯罪分子,办案机关移送案件时应当予以说明并移交相关证据材料。

对于具有自首情节的犯罪分子,应当根据犯罪的事实、性质、情节和对于社会的危害程度,结合自动投案的动机、阶段、客观环境,交代犯罪事实的完整性、稳定性以及悔罪表现等具体情节,依法决定是否从轻、减轻或者免除处罚以及从轻、减轻处罚的幅度。

最高人民法院关于处理自首和立功若干具体问题的意见(2010年12月22日)

一、关于"自动投案"的具体认定

《解释》第一条第(一)项规定十种应当视为自动投案的情形,体现了犯罪嫌疑人投案的主动性和自愿性。根据《解释》第一条第(一)项的规定,犯罪嫌疑人具有以下情形之一的,也应当视为自动投案:1.犯罪后主动报案,虽未表明自己是作案人,但没有逃离现场,在司法机关询问时交代自己罪行的;2.明知他人报案而在现场等待,抓捕时无拒捕行为,供认犯罪事实的;3.在司法机关未确定犯罪嫌疑人,尚在一般性排查询问时主动交代自己罪行的;4.因特定违法行为被采取劳动教养、行政拘留、司法拘留、强制隔离戒毒等行政、司法强制措施期间,主动向执行机关交代尚未被掌握的犯罪行为的;5.其他符合立法本意,应当视为自动投案的情形。

罪行未被有关部门、司法机关发觉,仅因形迹可疑被盘问、教育后,主动交代了犯罪事实的,应当视为自动投案,但有关部门、司法机关在其身上、随身携带的物品、驾乘的交通工具等处发现与犯罪有关的物品的,不能认定为自动投案。

交通肇事后保护现场、抢救伤者,并向公安机关报告的,应认定为自动投案,构成自首的,因上述行为同时系犯罪嫌疑人的法定义务,对其是否从宽、从宽幅度要适当从严掌握。交通肇事逃逸后自动投案，如实供述自己罪行的，应认定为自首，但应依法以较重法定刑为基准，视情决定对其是否从宽处罚以及从宽处罚的幅度。

犯罪嫌疑人被亲友采用捆绑等手段送到司法机关，或者在亲友带领侦查人员前来抓捕时无拒捕行为，并如实供认犯罪事实的，虽然不能认定为自动投案，但可以参照法律对自首的有关规定酌情从轻处罚。

最高人民法院、最高人民检察院、公安部、司法部关于敦促涉黑涉恶在逃人员投案自首的通告（2019年11月4日）

一、在逃人员自本通告发布之日起至2020年1月31日前自动投案，如实供述自己的罪行的，是自首。可以依法从轻或者减轻处罚；犯罪情节较轻的，可以依法免除处罚。

二、由于客观原因，本人不能在规定期限内到司法机关投案的，可以委托他人代为投案。犯罪后逃跑，在被通缉、追捕过程中，主动投案的；经查实确已准备去投案，或者正在投案途中，被公安机关抓获的，视为自动投案。

三、在逃人员的亲友应当积极规劝其尽快投案自首。经亲友规劝、陪同投案的，或者亲友主动报案后将在逃人员送去投案的，视为自动投案。

五、在逃人员要认清形势，珍惜机会，尽快投案自首，争取从宽处理。在规定期限内拒不投案自首的，司法机关将依法惩处。任何人不得为在逃人员提供隐藏处所、财物、交通工具，为其通风报信或者作假证明包庇，或者提供其他便利条件帮助其逃匿。经查证属实，构成犯罪的，将依法追究刑事责任。

3."如实供述自己的罪行"的认定

最高人民法院关于处理自首和立功具体应用法律若干问题的解释（1998年5月9日）

第一条 （二）如实供述自己的罪行，是指犯罪嫌疑人自动投案后，如实交代自己的主要犯罪事实。

犯有数罪的犯罪嫌疑人仅如实供述所犯数罪中部分犯罪的，只对如实供述部分犯罪的行为，认定为自首。

共同犯罪案件中的犯罪嫌疑人，除如实供述自己的罪行，还应当供述所知的同案犯，主犯则应当供述所知其他同案的共同犯罪事实，才能认定为自首。

犯罪嫌疑人自动投案并如实供述自己的罪行后又翻供的，不能认定为自首，但在一审判决前又能如实供述的，应当认定为自首。

第二条 根据刑法第六十七条第二款的规定，被采取强制措施的犯罪嫌疑人、被告人和已宣判的罪犯，如实供述司法机关尚未掌握的罪行，与司法机关已掌握的或者判决确定的罪行属不同种罪行的，以自首论。

最高人民法院关于处理自首和立功若干具体问题的意见（2010年12月22日）

二、关于"如实供述自己的罪行"的具体认定

《解释》第一条第（二）项①规定如实供述自己的罪行，除供述自己的主要犯罪事实外，还应包括姓名、年龄、职业、住址、前科等情况。犯罪嫌疑人供述的身份等情况与真实情况虽有差别，但不影响定罪量刑的，应认定为如实供述自己的罪行。犯罪嫌疑人自动投案后隐瞒自己的真实身份等情况，影响对其定罪量刑的，不能认定为如实供述自己的罪行。

犯罪嫌疑人多次实施同种罪行的，应当综合考虑已交代的犯罪事实与未交代的犯罪事实的危害程度，决定是否认定为如实供述主要犯罪事实。虽然投案后没有交代全部犯罪事实，但如实交代的犯罪情节重于未交代的犯罪情节，或者如实交代的犯罪数额多于未交代的犯罪数额，一般应认定为如实供述自己的主要犯罪事实。无法区分已交代的与未交代的犯罪情节的严重程度，或者已交代的犯罪数额与未交代的犯罪数额相当，一般不认定为如实供述自己的主要犯罪事实。

犯罪嫌疑人自动投案时虽然没有交代自己的主要犯罪事实，但在司法机关掌握其主要犯罪事实之前主动交代的，应认定为如实供述自己的罪行。

4. "司法机关还未掌握的本人其他罪行""不同种罪行"的认定

最高人民法院关于处理自首和立功若干具体问题的意见（2010年12月22日）

三、关于"司法机关还未掌握的本人其他罪行"和"不同种罪行"的具体认定

犯罪嫌疑人、被告人在被采取强制措施期间，向司法机关主动如实供述本人的其他罪行，该罪行能否认定为司法机关已掌握，应根据不同情形区别对待。如果该罪行已被通缉，一般应以司法机关是否在通缉令发布范围内作出判断，不在通缉令发布范围内的，应认定为还未掌握，在通缉令发布范围内的，应视为已掌握；如果该罪行已录入全国公安信息网络在逃人员信息数据库，应视为

---

① 编者注：《最高人民法院关于处理自首和立功具体应用法律若干问题的解释》（1998年5月9日）。

已掌握。如果该罪行未被通缉、也未录入全国公安信息网络在逃人员信息数据库，应以该司法机关是否已实际掌握该罪行为标准。

犯罪嫌疑人、被告人在被采取强制措施期间如实供述本人其他罪行，该罪行与司法机关已掌握的罪行属同种罪行还是不同种罪行，一般应以罪名区分。虽然如实供述的其他罪行的罪名与司法机关已掌握犯罪的罪名不同，但如实供述的其他犯罪与司法机关已掌握的犯罪属选择性罪名或者在法律、事实上密切关联，如因受贿被采取强制措施后，又交代因受贿为他人谋取利益行为，构成滥用职权罪的，应认定为同种罪行。

5. 被告人对行为性质的辩解不影响自首的成立

最高人民法院关于被告人对行为性质的辩解是否影响自首成立问题的批复（2004年4月1日）

根据刑法第六十七条第一款和最高人民法院《关于处理自首和立功具体应用法律若干问题的解释》第一条的规定，犯罪以后自动投案，如实供述自己的罪行的，是自首。被告人对行为性质的辩解不影响自首的成立。

6. 自首、立功证据材料的审查

最高人民法院关于处理自首和立功若干具体问题的意见（2010年12月22日）

七、关于自首、立功证据材料的审查

人民法院审查的自首证据材料，应当包括被告人投案经过、有罪供述以及能够证明其投案情况的其他材料。投案经过的内容一般应包括被告人投案时间、地点、方式等。证据材料应加盖接受被告人投案的单位的印章，并有接受人员签名。

人民法院审查的立功证据材料，一般应包括被告人检举揭发材料及证明其来源的材料、司法机关的调查核实材料、被检举揭发人的供述等。被检举揭发案件已立案、侦破，被检举揭发人被采取强制措施、公诉或者审判的，还应审查相关的法律文书。证据材料应加盖接收被告人检举揭发材料的单位的印章，并有接收人员签名。

人民法院经审查认为证明被告人自首、立功的材料不规范、不全面的，应当由检察机关、侦查机关予以完善或者提供补充材料。

上述证据材料在被告人被指控的犯罪一、二审审理时已形成的，应当经庭审质证。

7. 自首对量刑的影响

最高人民法院关于处理自首和立功具体应用法律若干问题的解释（1998年5月9日）

第三条　根据刑法第六十七条第一款的规定，对于自首的犯罪分子，可以从轻或者减轻处罚；对于犯罪较轻的，可以免除处罚。具体确定从轻、减轻还是免除处罚，应当根据犯罪轻重，并考虑自首的具体情节。

第四条　被采取强制措施的犯罪嫌疑人、被告人和已宣判的罪犯，如实供述司法机关尚未掌握的罪行，与司法机关已掌握的或者判决确定的罪行属同种罪行的，可以酌情从轻处罚；如实供述的同种罪行较重的，一般应当从轻处罚。

最高人民法院关于贯彻宽严相济刑事政策的若干意见（2010年2月8日）

三、准确把握和正确适用依法从"宽"的政策要求

17. 对于自首的被告人，除了罪行极其严重、主观恶性极深、人身危险性极大，或者恶意地利用自首规避法律制裁者以外，一般均应当依法从宽处罚。

对于亲属以不同形式送被告人归案或协助司法机关抓获被告人而认定为自首的，原则上都应当依法从宽处罚；有的虽然不能认定为自首，但考虑到被告人亲属支持司法机关工作，促使被告人到案、认罪、悔罪，在决定对被告人具体处罚时，也应当予以充分考虑。

最高人民法院关于处理自首和立功若干具体问题的意见（2010年12月22日）

八、关于对自首、立功的被告人的处罚

对具有自首、立功情节的被告人是否从宽处罚、从宽处罚的幅度，应当考虑其犯罪事实、犯罪性质、犯罪情节、危害后果、社会影响、被告人的主观恶性和人身危险性等。自首的还应考虑投案的主动性、供述的及时性和稳定性等。立功的还应考虑检举揭发罪行的轻重、被检举揭发的人可能或者已经被判处的刑罚、提供的线索对侦破案件或者协助抓捕其他犯罪嫌疑人所起作用的大小等。

具有自首或者立功情节的，一般应依法从轻、减轻处罚；犯罪情节较轻的，可以免除处罚。类似情况下，对具有自首情节的被告人的从宽幅度要适当宽于具有立功情节的被告人。

虽然具有自首或者立功情节，但犯罪情节特别恶劣、犯罪后果特别严重、被告人主观恶性深、人身危险性大，或者在犯罪前即为规避法律、逃避处罚而准备自首、立功的，可以不从宽处罚。

对于被告人具有自首、立功情节，同时又有累犯、毒品再犯等法定从重处

罚情节的，既要考虑自首、立功的具体情节，又要考虑被告人的主观恶性、人身危险性等因素，综合分析判断，确定从宽或者从严处罚。累犯的前罪为非暴力犯罪的，一般可以从宽处罚，前罪为暴力犯罪或者前、后罪为同类犯罪的，可以不从宽处罚。

在共同犯罪案件中，对具有自首、立功情节的被告人的处罚，应注意共同犯罪人以及首要分子、主犯、从犯之间的量刑平衡。犯罪集团的首要分子、共同犯罪的主犯检举揭发或者协助司法机关抓捕同案地位、作用较次的犯罪分子的，从宽处罚与否应当从严掌握，如果从轻处罚可能导致全案量刑失衡的，一般不从轻处罚；如果检举揭发或者协助司法机关抓捕的是其他案件中罪行同样严重的犯罪分子，一般应依法从宽处罚。对于犯罪集团的一般成员、共同犯罪的从犯立功的，特别是协助抓捕首要分子、主犯的，应当充分体现政策，依法从宽处罚。

最高人民法院关于常见犯罪的量刑指导意见（2017年4月1日）

三、常见量刑情节的适用

4. 对于自首情节，综合考虑自首的动机、时间、方式、罪行轻重、如实供述罪行的程度以及悔罪表现等情况，可以减少基准刑的40%以下；犯罪较轻的，可以减少基准刑的40%以上或者依法免除处罚。恶意利用自首规避法律制裁等不足以从宽处罚的除外。

8. 坦白对量刑的影响

最高人民法院、最高人民检察院关于办理职务犯罪案件认定自首、立功等量刑情节若干问题的意见（2009年3月12日）

三、关于如实交代犯罪事实的认定和处理

犯罪分子依法不成立自首，但如实交代犯罪事实，有下列情形之一的，可以酌情从轻处罚：（1）办案机关掌握部分犯罪事实，犯罪分子交代了同种其他犯罪事实的；（2）办案机关掌握的证据不充分，犯罪分子如实交代有助于收集定案证据的。

犯罪分子如实交代犯罪事实，有下列情形之一的，一般应当从轻处罚：（1）办案机关仅掌握小部分犯罪事实，犯罪分子交代了大部分未被掌握的同种犯罪事实的；（2）如实交代对于定案证据的收集有重要作用的。

最高人民法院关于常见犯罪的量刑指导意见（2017年4月1日）

三、常见量刑情节的适用

5. 对于坦白情节，综合考虑如实供述罪行的阶段、程度、罪行轻重以及悔罪程度等情况,确定从宽的幅度。

(1) 如实供述自己罪行的,可以减少基准刑的20%以下;

(2) 如实供述司法机关尚未掌握的同种较重罪行的,可以减少基准刑的10%-30%;

(3) 因如实供述自己罪行,避免特别严重后果发生的,可以减少基准刑的30%-50%。

9. 坦白的时间效力问题

最高人民法院关于适用刑法时间效力规定若干问题的解释(1997年10月1日)

第四条 1997年9月30日以前被采取强制措施的犯罪嫌疑人、被告人或者1997年9月30日以前犯罪,1997年10月1日以后仍在服刑的罪犯,如实供述司法机关还未掌握的本人其他罪行的,适用刑法第六十七条第二款的规定。

最高人民法院关于《中华人民共和国刑法修正案(八)》时间效力问题的解释(2011年5月1日)

第四条 2011年4月30日以前犯罪,虽不具有自首情节,但是如实供述自己罪行的,适用修正后刑法第六十七条第三款的规定。

10. 职务犯罪案件中自首情节的认定

最高人民法院刑二庭:宽严相济在经济犯罪和职务犯罪案件审判中的具体贯彻(《人民法院报》2010年4月7日第6版)

二、宽严相济刑事政策在职务犯罪案件审判中的具体贯彻

(三)关于自首、立功等量刑情节的运用。自首、立功是法定的从宽情节。实践中要注意依照《意见》第17条、第18条等规定,结合"两高"《关于办理职务犯罪案件认定自首、立功等量刑情节若干问题的意见》的规定,做好职务犯罪案件审判工作中宽严相济刑事政策与法律规定的有机结合,具体如下:(1)要严格掌握自首、立功等量刑情节的法定标准和认定程序,确保自首、立功等量刑情节认定的严肃性和规范性的。(2)对于具有自首情节的犯罪分子,应当根据犯罪事实并结合自动投案的动机、阶段、客观环境,交代犯罪事实的完整性、稳定性以及悔罪表现等具体情节,依法决定是否从轻、减轻或者免除处罚以及从轻、减轻处罚的幅度。(3)对于具有立功情节的犯罪分子,应当根据犯罪事实并结合立功表现所起作用的大小、所破获案件的罪行轻重、所抓获犯罪嫌疑人可能判处的法定刑以及立功的时机等具体情节,依法决定是否从轻、减轻或者

免除处罚以及从轻、减轻处罚的幅度。(4) 对于犯罪分子依法不成立自首,但主动交代犯罪事实的,应当视其主动交代的犯罪事实情况及对证据收集的作用大小、酌情从轻处罚。(5) 赃款赃物追回的,应当注意区分贪污、受贿等不同性质的犯罪以及犯罪分子在追赃中的具体表现,决定是否从轻处罚以及从轻处罚的幅度。

> **第六十八条 【立功】**犯罪分子有揭发他人犯罪行为,查证属实的,或者提供重要线索,从而得以侦破其他案件等立功表现的,可以从轻或者减轻处罚;有重大立功表现的,可以减轻或者免除处罚。

● 要点及关联法规

1. **参见【本章要点及关联法规】**
2. **立功的认定、处理**

最高人民法院关于处理自首和立功具体应用法律若干问题的解释(1998年5月9日)

第五条 根据刑法第六十八条第一款的规定,犯罪分子到案后有检举、揭发他人犯罪行为,包括共同犯罪案件中的犯罪分子揭发同案犯共同犯罪以外的其他犯罪,经查证属实;提供侦破其他案件的重要线索,经查证属实;阻止他人犯罪活动;协助司法机关抓捕其他犯罪嫌疑人(包括同案犯);具有其他有利于国家和社会的突出表现的,应当认定为有立功表现。

第六条 共同犯罪案件的犯罪分子到案后,揭发同案犯共同犯罪事实的,可以酌情予以从轻处罚。

第七条 根据刑法第六十八条第一款的规定,犯罪分子有检举、揭发他人重大犯罪行为,经查证属实;提供侦破其他重大案件的重要线索,经查证属实;阻止他人重大犯罪活动;协助司法机关抓捕其他重大犯罪嫌疑人(包括同案犯);对国家和社会有其他重大贡献等表现的,应当认定为有重大立功表现。

前款所称"重大犯罪"、"重大案件"、"重大犯罪嫌疑人"的标准,一般是指犯罪嫌疑人、被告人可能被判处无期徒刑以上刑罚或者案件在本省、自治区、直辖市或者全国范围内有较大影响等情形。

最高人民法院、最高人民检察院关于办理职务犯罪案件认定自首、立功等量刑情节若干问题的意见（2009年3月12日）

二、关于立功的认定和处理

立功必须是犯罪分子本人实施的行为。为使犯罪分子得到从轻处理，犯罪分子的亲友直接向有关机关揭发他人犯罪行为，提供侦破其他案件的重要线索，或者协助司法机关抓捕其他犯罪嫌疑人的，不应当认定为犯罪分子的立功表现。

据以立功的他人罪行材料应当指明具体犯罪事实；据以立功的线索或者协助行为对于侦破案件或者抓捕犯罪嫌疑人要有实际作用。犯罪分子揭发他人犯罪行为时没有指明具体犯罪事实的；揭发的犯罪事实与查实的犯罪事实不具有关联性的；提供的线索或者协助行为对于其他案件的侦破或者其他犯罪嫌疑人的抓捕不具有实际作用的，不能认定为立功表现。

犯罪分子揭发他人犯罪行为，提供侦破其他案件重要线索的，必须经查证属实，才能认定为立功。审查是否构成立功，不仅要审查办案机关的说明材料，还要审查有关事实和证据以及与案件定性处罚相关的法律文书，如立案决定书、逮捕决定书、侦查终结报告、起诉意见书、起诉书或者判决书等。

据以立功的线索、材料来源有下列情形之一的，不能认定为立功：（1）本人通过非法手段或者非法途径获取的；（2）本人因原担任的查禁犯罪等职务获取的；（3）他人违反监管规定向犯罪分子提供的；（4）负有查禁犯罪活动职责的国家机关工作人员或者其他国家工作人员利用职务便利提供的。

犯罪分子检举、揭发的他人犯罪，提供侦破其他案件的重要线索，阻止他人的犯罪活动，或者协助司法机关抓捕的其他犯罪嫌疑人，犯罪嫌疑人、被告人依法可能被判处无期徒刑以上刑罚的，应当认定为有重大立功表现。其中，可能被判处无期徒刑以上刑罚，是指根据犯罪行为的事实、情节可能判处无期徒刑以上刑罚。案件已经判决的，以实际判处的刑罚为准。但是，根据犯罪行为的事实、情节应当判处无期徒刑以上刑罚，因被判刑人有法定情节经依法从轻、减轻处罚后判处有期徒刑的，应当认定为重大立功。

最高人民法院关于处理自首和立功若干具体问题的意见（2010年12月22日）

五、关于"协助抓捕其他犯罪嫌疑人"的具体认定

犯罪分子具有下列行为之一，使司法机关抓获其他犯罪嫌疑人的，属于《解释》① 第五条规定的"协助司法机关抓捕其他犯罪嫌疑人"：1. 按照司法机

---

① 编者注：《最高人民法院关于处理自首和立功具体应用法律若干问题的解释》（1998年5月9日）。

关的安排,以打电话、发信息等方式将其他犯罪嫌疑人(包括同案犯)约至指定地点的;2.按照司法机关的安排,当场指认、辨认其他犯罪嫌疑人(包括同案犯)的;3.带领侦查人员抓获其他犯罪嫌疑人(包括同案犯)的;4.提供司法机关尚未掌握的其他案件犯罪嫌疑人的联络方式、藏匿地址的,等等。

犯罪分子提供同案犯姓名、住址、体貌特征等基本情况,或者提供犯罪前、犯罪中掌握、使用的同案犯联络方式、藏匿地址,司法机关依据此抓捕同案犯的,不能认定为协助司法机关抓捕同案犯。

3. 立功线索来源的认定、查证

最高人民法院关于处理自首和立功若干具体问题的意见(2010年12月22日)

四、关于立功线索来源的具体认定

犯罪分子通过贿买、暴力、胁迫等非法手段,或者被羁押后与律师、亲友会见过程中违反监管规定,获取他人犯罪线索并"检举揭发"的,不能认定为有立功表现。

犯罪分子将本人以往查办犯罪职务活动中掌握的,或者从负有查办犯罪、监管职责的国家工作人员处获取的他人犯罪线索予以检举揭发的,不能认定为有立功表现。

犯罪分子亲友为使犯罪分子"立功",向司法机关提供他人犯罪线索、协助抓捕犯罪嫌疑人的,不能认定为犯罪分子有立功表现。

六、关于立功线索的查证程序和具体认定

被告人在一、二审审理期间检举揭发他人犯罪行为或者提供侦破其他案件的重要线索,人民法院经审查认为该线索内容具体、指向明确的,应及时移交有关人民检察院或者公安机关依法处理。

侦查机关出具材料,表明在三个月内还不能查证并抓获被检举揭发的人,或者不能查实的,人民法院审理案件可不再等待查证结果。

被告人检举揭发他人犯罪行为或者提供侦破其他案件的重要线索经查证不属实,又重复提供同一线索,且没有提出新的证据材料的,可以不再查证。

根据被告人检举揭发破获的他人犯罪案件,如果已有审判结果,应当依据判决确认的事实认定是否查证属实;如果被检举揭发的他人犯罪案件尚未进入审判程序,可以依据侦查机关提供的书面查证情况认定是否查证属实。检举揭发的线索经查确有犯罪发生,或者确定了犯罪嫌疑人,可能构成重大立功,只是未能将犯罪嫌疑人抓获归案的,对可能判处死刑的被告人一般要留有余地,对其他被告人原则上应酌情从轻处罚。

被告人检举揭发或者协助抓获的人的行为构成犯罪，但因法定事由不追究刑事责任、不起诉、终止审理的，不影响对被告人立功表现的认定；被告人检举揭发或者协助抓获的人的行为应判处无期徒刑以上刑罚，但因具有法定、酌定从宽情节，宣告刑为有期徒刑或者更轻刑罚的，不影响对被告人重大立功表现的认定。

七、关于自首、立功证据材料的审查（参见第六十七条【要点及关联法规】6. 自首、立功证据材料的审查）

4. 立功对量刑的影响

最高人民法院、最高人民检察院关于办理职务犯罪案件认定自首、立功等量刑情节若干问题的意见（2009年3月12日）

二、关于立功的认定和处理

……对于具有立功情节的犯罪分子，应当根据犯罪的事实、性质、情节和对社会的危害程度，结合立功表现所起作用的大小、所破获案件的罪行轻重、所抓获犯罪嫌疑人可能判处的法定刑以及立功的时机等具体情节，依法决定是否从轻、减轻或者免除处罚以及从轻、减轻处罚的幅度。

最高人民法院关于贯彻宽严相济刑事政策的若干意见（2010年2月8日）

三、准确把握和正确适用依法从"宽"的政策要求

18. 对于被告人检举揭发他人犯罪构成立功的，一般均应当依法从宽处罚。对于犯罪情节不是十分恶劣，犯罪后果不是十分严重的被告人立功的，从宽处罚的幅度应当更大。

最高人民法院关于处理自首和立功若干具体问题的意见（2010年12月22日）

（参见第六十七条【要点及关联法规】7. 自首对量刑的影响）

最高人民法院关于常见犯罪的量刑指导意见（2017年4月1日）

三、常见量刑情节的适用

7. 对于立功情节，综合考虑立功的大小、次数、内容、来源、效果以及罪行轻重等情况，确定从宽的幅度。

（1）一般立功的，可以减少基准刑的20%以下；

（2）重大立功的，可以减少基准刑的20% - 50%；犯罪较轻的，减少基准刑的50%以上或者依法免除处罚。

最高人民法院、最高人民检察院、公安部、司法部关于敦促涉黑涉恶在逃人员投案自首的通告（2019年11月4日）

四、在逃人员有检举、揭发他人犯罪行为，经查证属实的，以及提供重要

线索,从而得以侦破其他案件,或者有积极协助司法机关抓获其他在逃人员等立功表现的,可以依法从轻或者减轻处罚;有重大立功表现的,可以依法减轻或者免除处罚。

5. 毒品案件立功的认定

最高人民法院全国部分法院审理毒品犯罪案件工作座谈会纪要(2008年12月1日)

七、毒品案件的立功问题

共同犯罪中同案犯的基本情况,包括同案犯姓名、住址、体貌特征、联络方式等信息,属于被告人应当供述的范围。公安机关根据被告人供述抓获同案犯的,不应认定其有立功表现。被告人在公安机关抓获同案犯过程中确实起到协助作用的,例如,经被告人现场指认、辨认抓获了同案犯;被告人带领公安人员抓获了同案犯;被告人提供了不为有关机关掌握或有关机关按照正常工作程序无法掌握的同案犯藏匿的线索,有关机关据此抓获了同案犯;被告人交代了与同案犯的联系方式,又按要求与对方联络,积极协助公安机关抓获了同案犯等,属于协助司法机关抓获同案犯,应认定为立功。

关于立功从宽处罚的把握,应以功是否足以抵罪为标准。在毒品共同犯罪案件中,毒枭、毒品犯罪集团首要分子、共同犯罪的主犯、职业毒犯、毒品惯犯等,由于掌握同案犯、从犯、马仔的犯罪情况和个人信息,被抓获后往往能协助抓捕同案犯,获得立功或者重大立功。对其是否从宽处罚以及从宽幅度的大小,应当主要看功是否足以抵罪,即应结合被告人罪行的严重程度、立功大小综合考虑。要充分注意毒品共同犯罪人以及上、下家之间的量刑平衡。对于毒枭等严重毒品犯罪分子立功的,从轻或者减轻处罚应当从严掌握。如果其罪行极其严重,只有一般立功表现,功不足以抵罪的,可不予从轻处罚;如果其检举、揭发的是其他犯罪案件中罪行同样严重的犯罪分子,或者协助抓获的是同案中的其他首要分子、主犯,功足以抵罪的,原则上可以从轻或者减轻处罚;如果协助抓获的只是同案中的从犯或者马仔,功不足以抵罪,或者从轻处罚后全案处刑明显失衡的,不予从轻处罚。相反,对于从犯、马仔立功,特别是协助抓获毒枭、首要分子、主犯的,应当从轻处罚,直至依法减轻或者免除处罚。

被告人亲属为了使被告人得到从轻处罚,检举、揭发他人犯罪或者协助司法机关抓捕其他犯罪人的,不能视为被告人立功。同监犯将本人或者他人尚未被司法机关掌握的犯罪事实告知被告人,由被告人检举揭发的,如经查证属实,虽可认定被告人立功，但是否从宽处罚、从宽幅度大小，应与通常的立功有所区别。通过非法手段或者非法途径获取他人犯罪信息，如从国家工作人员处贿买他人犯罪信息，通过律师、看守人员等非法途径获取他人犯罪信息，由被告人检举揭发的，不能认定为立功，也不能作为酌情从轻处罚情节。

6. "犯罪后自首又有重大立功表现"的时间效力问题

最高人民法院关于《中华人民共和国刑法修正案（八）》时间效力问题的解释（2011年5月1日）

第五条 2011年4月30日以前犯罪，犯罪后自首又有重大立功表现的，适用修正前刑法第六十八条第二款①的规定。

第四节 数罪并罚

> **第六十九条【判决宣告前一人犯数罪的并罚】**判决宣告以前一人犯数罪的，除判处死刑和无期徒刑的以外，应当在总和刑期以下、数刑中最高刑期以上，酌情决定执行的刑期，但是管制最高不能超过三年，拘役最高不能超过一年，有期徒刑总和刑期不满三十五年的，最高不能超过二十年，总和刑期在三十五年以上的，最高不能超过二十五年。
>
> 数罪中有判处有期徒刑和拘役的，执行有期徒刑。数罪中有判处有期徒刑和管制，或者拘役和管制的，有期徒刑、拘役执行完毕后，管制仍须执行。
>
> 数罪中有判处附加刑的，附加刑仍须执行，其中附加刑种类相同的，合并执行，种类不同的，分别执行。

---

① 编者注：1997年《刑法》第六十八条第二款："犯罪后自首又有重大立功表现的，应当减轻或者免除处罚。"

● 要点及关联法规

1. 参见【本章要点及关联法规】
2. 数罪并罚的时间效力问题

最高人民法院关于《中华人民共和国刑法修正案（八）》时间效力问题的解释（2011年5月1日）

第六条 2011年4月30日以前一人犯数罪，应当数罪并罚的，适用修正前刑法第六十九条①的规定；2011年4月30日前后一人犯数罪，其中一罪发生在2011年5月1日以后的，适用修正后刑法第六十九条的规定。

最高人民法院关于《中华人民共和国刑法修正案（九）》时间效力问题的解释（2015年11月1日）

第三条 对于2015年10月31日以前一人犯数罪，数罪中有判处有期徒刑和拘役，有期徒刑和管制，或者拘役和管制，予以数罪并罚的，适用修正后刑法第六十九条第二款的规定。

第七十条 【判决宣告后刑罚执行完毕前发现漏罪的并罚】判决宣告以后，刑罚执行完毕以前，发现被判刑的犯罪分子在判决宣告以前还有其他罪没有判决的，应当对新发现的罪作出判决，把前后两个判决所判处的刑罚，依照本法第六十九条的规定，决定执行的刑罚。已经执行的刑期，应当计算在新判决决定的刑期以内。

● 要点及关联法规

1. 参见【本章要点及关联法规】

---

① 编者注：1997年《刑法》第六十九条："判决宣告以前一人犯数罪的，除判处死刑和无期徒刑的以外，应当在总和刑期以下、数罪中最高刑期以上，酌情决定执行的刑期，但是管制最高不能超过三年，拘役最高不能超过一年，有期徒刑最高不能超过二十年。如果数罪中有判处附加刑的，附加刑仍须执行。"

2. 判决宣告后发现漏罪的处理

最高人民法院关于判决宣告后又发现被判刑的犯罪分子的同种漏罪是否实行数罪并罚问题的批复（1993年4月16日）

人民法院的判决宣告并已发生法律效力以后，刑罚还没有执行完毕以前，发现被判刑的犯罪分子在判决宣告以前还有其他罪没有判决的，不论新发现的罪与原判决的罪是否属于同种罪，都应当依照刑法第六十五条的规定实行数罪并罚。但如果在第一审人民法院的判决宣告以后，被告人提出上诉或者人民检察院提出抗诉，判决尚未发生法律效力的，第二审人民法院在审理期间，发现原审被告人在第一审判决宣告以前还有同种漏罪没有判决的，第二审人民法院应当依照刑事诉讼法第一百三十六条第（三）项的规定，裁定撤销原判，发回原审人民法院重新审判，第一审人民法院重新审判时，不适用刑法关于数罪并罚的规定。

最高人民法院关于办理减刑、假释案件具体应用法律的规定（2017年1月1日）

第三十五条　被判处死刑缓期执行的罪犯，在死刑缓期执行期内被发现漏罪，依据刑法第七十条规定数罪并罚，决定执行死刑缓期执行的，死刑缓期执行期间自新判决确定之日起计算，已经执行的死刑缓期执行期间计入新判决的死刑缓期执行期间内，但漏罪被判处死刑缓期执行的除外。

第三十六条　被判处死刑缓期执行的罪犯，在死刑缓期执行期满后被发现漏罪，依据刑法第七十条规定数罪并罚，决定执行死刑缓期执行的，交付执行时对罪犯实际执行无期徒刑，死缓考验期不再执行，但漏罪被判处死刑缓期执行的除外。

在无期徒刑减为有期徒刑时，前罪死刑缓期执行减为无期徒刑之日起至新判决生效之日止已经实际执行的刑期，应当计算在减刑裁定决定执行的刑期以内。

原减刑裁定减去的刑期依照本规定第三十四条处理。

第三十七条　被判处无期徒刑的罪犯在减为有期徒刑后发现漏罪，依据刑法第七十条规定数罪并罚，决定执行无期徒刑的，前罪无期徒刑生效之日起至新判决生效之日止已经实际执行的刑期，应当在新判决的无期徒刑减为有期徒刑时，在减刑裁定决定执行的刑期内扣减。

无期徒刑罪犯减为有期徒刑后因发现漏罪判处三年有期徒刑以下刑罚，数罪并罚决定执行无期徒刑的，在新判决生效后执行一年以上，符合减刑条件的，可以减为有期徒刑,减刑幅度依照本规定第八条、第九条的规定执行。

原减刑裁定减去的刑期依照本规定第三十四条处理。

3. 服刑罪犯发明创造构成立功、重大立功的,不能作为追诉漏罪的法定量刑情节考虑

最高人民法院研究室关于罪犯在刑罚执行期间的发明创造能否按照重大立功表现作为对其漏罪审判时的量刑情节问题的答复(2011年6月14日)

罪犯在服刑期间的发明创造构成立功或者重大立功的,可以作为依法减刑的条件予以考虑,但不能作为追诉漏罪的法定量刑情节考虑。

4. 罪犯因漏罪数罪并罚时原减刑裁定的处理

最高人民法院关于罪犯因漏罪、新罪数罪并罚时原减刑裁定应如何处理的意见(2012年1月18日)

罪犯被裁定减刑后,因被发现漏罪或者又犯新罪而依法进行数罪并罚时,经减刑裁定减去的刑期不计入已经执行的刑期。

在此后对因漏罪数罪并罚的罪犯依法减刑,决定减刑的频次、幅度时,应当对其原经减刑裁定减去的刑期酌予考虑。

最高人民法院关于办理减刑、假释案件具体应用法律的规定(2017年1月1日)

第三十四条 罪犯被裁定减刑后,刑罚执行期间因发现漏罪而数罪并罚的,原减刑裁定自动失效。如漏罪系罪犯主动交代的,对其原减去的刑期,由执行机关报请有管辖权的人民法院重新作出减刑裁定,予以确认;如漏罪系有关机关发现或者他人检举揭发的,由执行机关报请有管辖权的人民法院,在原减刑裁定减去的刑期总和之内,酌情重新裁定。

第三十五条 被判处死刑缓期执行的罪犯,在死刑缓期执行期内被发现漏罪,依据刑法第七十条规定数罪并罚,决定执行死刑缓期执行的,死刑缓期执行期间自新判决确定之日起计算,已经执行的死刑缓期执行期间计入新判决的死刑缓期执行期间内,但漏罪被判处死刑缓期执行的除外。

第三十六条 被判处死刑缓期执行的罪犯,在死刑缓期执行期满后被发现漏罪,依据刑法第七十条规定数罪并罚,决定执行死刑缓期执行的,交付执行时对罪犯实际执行无期徒刑,死缓考验期不再执行,但漏罪被判处死刑缓期执行的除外。

在无期徒刑减为有期徒刑时，前罪死刑缓期执行减为无期徒刑之日起至新判决生效之日止已经实际执行的刑期，应当计算在减刑裁定决定执行的刑期以内。

原减刑裁定减去的刑期依照本规定第三十四条处理。

第三十七条　被判处无期徒刑的罪犯在减为有期徒刑后因发现漏罪，依据刑法第七十条规定数罪并罚，决定执行无期徒刑的，前罪无期徒刑生效之日起至新判决生效之日止已经实际执行的刑期，应当在新判决的无期徒刑减为有期徒刑时，在减刑裁定决定执行的刑期内扣减。

无期徒刑罪犯减为有期徒刑后因发现漏罪判处三年有期徒刑以下刑罚，数罪并罚决定执行无期徒刑的，在新判决生效后执行一年以上，符合减刑条件的，可以减为有期徒刑，减刑幅度依照本规定第八条、第九条的规定执行。

原减刑裁定减去的刑期依照本规定第三十四条处理。

> **第七十一条　【判决宣告后刑罚执行完毕前又犯新罪的并罚】** 判决宣告以后，刑罚执行完毕以前，被判刑的犯罪分子又犯罪的，应当对新犯的罪作出判决，把前罪没有执行的刑罚和后罪所判处的刑罚，依照本法第六十九条的规定，决定执行的刑罚。

● 要点及关联法规

1. 参见【本章要点及关联法规】
2. "刑罚执行完毕以前"的认定

全国人大常委会法制工作委员会关于对被告人在罚金刑执行完毕前又犯新罪的罚金应否与未执行完毕的罚金适用数罪并罚问题的答复意见（2017年11月26日）

刑法第七十一条中的"刑罚执行完毕以前"应是指主刑执行完毕以前。如果被告人主刑已执行完毕，只是罚金尚未执行完毕的，根据刑法第五十三条的规定，人民法院在任何时候发现有可以执行的财产，应当随时追缴。因此，被告人前罪主刑已执行完毕，罚金尚未执行完毕的，应当由人民法院继续执行尚未执行完毕的罚金，不必与新罪判处的罚金数罪并罚。

3. 在执行剥夺政治权利期间又犯新罪的处理

最高人民法院关于在执行附加刑剥夺政治权利期间犯新罪应如何处理的批复（2009年6月10日）

一、对判处有期徒刑并处剥夺政治权利的罪犯，主刑已执行完毕，在执行附加刑剥夺政治权利期间又犯新罪，如果所犯新罪无须附加剥夺政治权利的，依照刑法第七十一条的规定数罪并罚。

二、前罪尚未执行完毕的附加刑剥夺政治权利的刑期从新罪的主刑有期徒刑执行之日起停止计算，并依照刑法第五十八条规定从新罪的主刑有期徒刑执行完毕之日或者假释之日起继续计算；附加刑剥夺政治权利的效力施用于新罪的主刑执行期间。

三、对判处有期徒刑的罪犯，主刑已执行完毕，在执行附加刑剥夺政治权利期间又犯新罪，如果所犯新罪也剥夺政治权利的，依照刑法第五十五条、第五十七条、第七十一条的规定并罚。

4. 对再审改判前因犯罪被加刑的罪犯，再审时执行刑罚的确定

最高人民法院研究室关于对再审改判前因犯新罪被加刑的罪犯再审时如何确定执行的刑罚问题的电话答复（1989年5月24日）

……对于再审改判前因犯新罪被加刑的罪犯，在对其前罪再审时，应当将罪犯犯新罪时的判决中关于前罪与新罪并罚的内容撤销，并把经再审改判后的前罪没有执行完的刑罚和新罪已判处的刑罚，按照刑法第六十六条的规定依法数罪并罚。关于原前罪与新罪并罚的判决由哪个法院撤销，应视具体情况确定：如果再审法院是对新罪作出判决的法院的上级法院，或者是对新罪作出判决的同一法院，可以由再审法院撤销；否则，应由对新罪作出判决的法院撤销。对于前罪经再审改判为无罪或者免予刑事处分的，其已执行的刑期可以折抵新罪的刑期。

5. 罪犯因新罪并罚时原减刑裁定的处理

最高人民法院关于罪犯因漏罪、新罪数罪并罚时原减刑裁定应如何处理的意见（2012年1月18日）

各省、自治区、直辖市高级人民法院，解放军军事法院，新疆维吾尔自治区高级人民法院生产建设兵团分院：

近期，我院接到一些地方高级人民法院关于判决宣告以后，刑罚执行完毕以前，罪犯因漏罪或者又犯新罪数罪并罚时，原减刑裁定应如何处理的请示。

为统一法律适用，经研究，提出如下意见：

罪犯被裁定减刑后，因被发现漏罪或者又犯新罪而依法进行数罪并罚时，经减刑裁定减去的刑期不计入已经执行的刑期。

在此后对因漏罪数罪并罚的罪犯依法减刑，决定减刑的频次、幅度时，应当对其原经减刑裁定减去的刑期酌予考虑。

最高人民法院关于办理减刑、假释案件具体应用法律的规定（2017 年 1 月 1 日）

第三十三条　罪犯被裁定减刑后，刑罚执行期间因故意犯罪而数罪并罚时，经减刑裁定减去的刑期不计入已经执行的刑期。原判死刑缓期执行减为无期徒刑、有期徒刑，或者无期徒刑减为有期徒刑的裁定继续有效。

第五节　缓　刑

第七十二条　【服刑的条件、禁止令与附加刑的执行】对于被判处拘役、三年以下有期徒刑的犯罪分子，同时符合下列条件的，可以宣告缓刑，对其中不满十八周岁的人、怀孕的妇女和已满七十五周岁的人，应当宣告缓刑：

（一）犯罪情节较轻；
（二）有悔罪表现；
（三）没有再犯罪的危险；
（四）宣告缓刑对所居住社区没有重大不良影响。

宣告缓刑，可以根据犯罪情况，同时禁止犯罪分子在缓刑考验期限内从事特定活动，进入特定区域、场所，接触特定的人。

被宣告缓刑的犯罪分子，如果被判处附加刑，附加刑仍须执行。

● 要点及关联法规

1. 参见【本章要点及关联法规】

2. 数罪并罚刑期为三年以下有期徒刑的犯罪分子可适用缓刑

最高人民检察院法律政策研究室关于对数罪并罚决定执行刑期为三年以下有期徒刑的犯罪分子能否适用缓刑问题的复函（1998年9月17日）

根据刑法第七十二条的规定，可以适用缓刑的对象是被判处拘役、三年以下有期徒刑的犯罪分子；条件是根据犯罪分子的犯罪情节和悔罪表现，适用缓刑确实不致再危害社会。对于判决宣告以前犯数罪的犯罪分子，只要判决执行的刑罚为拘役、三年以下有期徒刑，且符合根据犯罪分子的犯罪情节和悔罪表现，适用缓刑确实不致再危害社会的案件，依法可以适用缓刑。

3. 未成年人犯罪案件中缓刑的适用

最高人民法院关于审理未成年人刑事案件具体应用法律若干问题的解释（2006年1月23日）

第十六条　对未成年罪犯符合刑法第七十二条第一款规定的，可以宣告缓刑。如果同时具有下列情形之一，对其适用缓刑确实不致再危害社会的，应当宣告缓刑：

（一）初次犯罪；

（二）积极退赃或赔偿被害人经济损失；

（三）具备监护、帮教条件。

最高人民检察院未成年人刑事检察工作指引（试行）（2017年3月2日）

第二百一十四条　【建议适用缓刑】对于具有下列情形之一，依法可能判处拘役、三年以下有期徒刑，有悔罪表现，宣告缓刑对所居住社区没有重大不良影响，具备有效监护条件或者社会帮教措施，适用缓刑确实不致再危害社会的未成年被告人，人民检察院应当建议人民法院适用缓刑：

（一）犯罪情节较轻，未造成严重后果的；

（二）主观恶性不大的初犯或者胁从犯、从犯；

（三）被害人同意和解或者被害人有明显过错的；

（四）其他可以适用缓刑的情形。

人民检察院提出对未成年被告人适用缓刑建议的，应当将未成年被告人能够获得有效监护、帮教的书面材料于判决前移送人民法院。

4. 农民犯罪案件中缓刑的适用

最高人民法院全国法院维护农村稳定刑事审判工作座谈会纪要（1999年10月27日）

三、（二）关于对农民被告人依法判处缓刑、管制、免予刑事处罚问题

对农民被告人适用刑罚，既要严格遵循罪刑相适应的原则，又要充分考虑到农民犯罪主体的特殊性。要依靠当地党委做好相关部门的工作，依法适当多适用非监禁刑罚。对于已经构成犯罪，但不需要判处刑罚的，或者法律规定有管制刑的，应当依法免予刑事处罚或判处管制刑。对于罪行较轻且认罪态度好，符合宣告缓刑条件的，应当依法适用缓刑。

要努力配合有关部门落实非监禁刑的监管措施。在监管措施落实问题上可以探索多种有效的方式，如在城市应加强与适用缓刑的犯罪人原籍的政府和基层组织联系落实帮教措施；在农村应通过基层组织和被告人亲属、家属、好友做好帮教工作等等。

5. 危害生产安全刑事案件中缓刑的适用

最高人民法院关于进一步加强危害生产安全刑事案件审判工作的意见（2011年12月30日）

六、依法正确适用缓刑和减刑、假释

17. 对于危害后果较轻，在责任事故中不负主要责任，符合法律有关缓刑适用条件的，可以依法适用缓刑，但应注意根据案件具体情况，区别对待，严格控制，避免适用不当造成的负面影响。

18. 对于具有下列情形的被告人，原则上不适用缓刑：

（一）具有本意见第14条、第15条所规定的情形的；

（二）数罪并罚的。

19. 宣告缓刑，可以根据犯罪情况，同时禁止犯罪分子在缓刑考验期限内从事与安全生产有关的特定活动。

6. 职务犯罪案件中缓刑的适用

最高人民法院、最高人民检察院关于办理职务犯罪案件严格适用缓刑、免予刑事处罚若干问题的意见（2012年8月8日）

为进一步规范贪污贿赂、渎职等职务犯罪案件缓刑、免予刑事处罚的适用，确保办理职务犯罪案件的法律效果和社会效果，根据刑法有关规定并结合司法工作实际，就职务犯罪案件缓刑、免予刑事处罚的具体适用问题，提出以下意见：

一、严格掌握职务犯罪案件缓刑、免予刑事处罚的适用。职务犯罪案件的刑罚适用直接关系反腐败工作的实际效果。人民法院、人民检察院要深刻认识

职务犯罪的严重社会危害性，正确贯彻宽严相济刑事政策，充分发挥刑罚的惩治和预防功能。要在全面把握犯罪事实和量刑情节的基础上严格依照刑法规定的条件适用缓刑、免予刑事处罚，既要考虑从宽情节，又要考虑从严情节；既要做到刑罚与犯罪相当，又要做到刑罚执行方式与犯罪相当，切实避免缓刑、免予刑事处罚不当适用造成的消极影响。

二、具有下列情形之一的职务犯罪分子，一般不适用缓刑或者免予刑事处罚：

（一）不如实供述罪行的；

（二）不予退缴赃款赃物或者将赃款赃物用于非法活动的；

（三）属于共同犯罪中情节严重的主犯的；

（四）犯有数个职务犯罪依法实行并罚或者以一罪处理的；

（五）曾因职务违纪违法行为受过行政处分的；

（六）犯罪涉及的财物属于救灾、抢险、防汛、优抚、扶贫、移民、救济、防疫等特定款物的；

（七）受贿犯罪中具有索贿情节的；

（八）渎职犯罪中徇私舞弊情节或者滥用职权情节恶劣的；

（九）其他不应适用缓刑、免予刑事处罚的情形。

三、不具有本意见第二条规定的情形，全部退缴赃款赃物，依法判处三年有期徒刑以下刑罚，符合刑法规定的缓刑适用条件的贪污、受贿犯罪分子，可以适用缓刑；符合刑法第三百八十三条第一款第（三）项的规定，依法不需要判处刑罚的，可以免予刑事处罚。

不具有本意见第二条所列情形，挪用公款进行营利活动或者超过三个月未还构成犯罪，一审宣判前已将公款归还，依法判处三年有期徒刑以下刑罚，符合刑法规定的缓刑适用条件的，可以适用缓刑；在案发前已归还，情节轻微，不需要判处刑罚的，可以免予刑事处罚。

四、人民法院审理职务犯罪案件时应当注意听取检察机关、被告人、辩护人提出的量刑意见，分析影响性案件案发前后的社会反映，必要时可以征求案件查办等机关的意见。对于情节恶劣、社会反映强烈的职务犯罪案件，不得适用缓刑、免予刑事处罚。

五、对于具有本意见第二条规定的情形之一，但根据全案事实和量刑情节，检察机关认为确有必要适用缓刑或者免予刑事处罚并据此提出量刑建议的，应经检察委员会讨论决定；审理法院认为确有必要适用缓刑或者免予刑事处罚的，应经审判委员会讨论决定。

7. 在大陆受审台湾居民缓刑的适用

最高人民法院、最高人民检察院、公安部、司法部关于对因犯罪在大陆受审的台湾居民依法适用缓刑实行社区矫正有关问题的意见（2017年1月1日）

第一条　对因犯罪被判处拘役、三年以下有期徒刑的台湾居民，如果其犯罪情节较轻、有悔罪表现、没有再犯罪的危险且宣告缓刑对所居住社区没有重大不良影响的，人民法院可以宣告缓刑，对其中不满十八周岁的人、怀孕的妇女和已满七十五周岁的人，应当宣告缓刑。

第二条　人民检察院建议对被告人宣告缓刑的，应当说明依据和理由。

被告人及其法定代理人、辩护人提出宣告缓刑的请求，应当说明理由，必要时需提交经过台湾地区公证机关公证的被告人在台湾地区无犯罪记录证明等相关材料。

第三条　公安机关、人民检察院、人民法院需要委托司法行政机关调查评估宣告缓刑对社区影响的，可以委托犯罪嫌疑人、被告人在大陆居住地的县级司法行政机关，也可以委托适合协助社区矫正的下列单位或者人员所在地的县级司法行政机关：

（一）犯罪嫌疑人、被告人在大陆的工作单位或者就读学校；

（二）台湾同胞投资企业协会、台湾同胞投资企业；

（三）其他愿意且有能力协助社区矫正的单位或者人员。

已经建立涉台社区矫正专门机构的地方，可以委托该机构所在地的县级司法行政机关调查评估。

根据前两款规定仍无法确定接受委托的调查评估机关的，可以委托办理案件的公安机关、人民检察院、人民法院所在地的县级司法行政机关。

第四条　司法行政机关收到委托后，一般应当在十个工作日内向委托机关提交调查评估报告；对提交调查评估报告的时间另有规定的，从其规定。

司法行政机关开展调查评估，可以请当地台湾同胞投资企业协会、台湾同胞投资企业以及犯罪嫌疑人、被告人在大陆的监护人、亲友等协助提供有关材料。

第五条　人民法院对被告人宣告缓刑时，应当核实其居住地或者本意见第三条规定的有关单位、人员所在地，书面告知被告人应当自判决、裁定生效后十日内到社区矫正执行地的县级司法行政机关报到，以及逾期报到的法律后果。

缓刑判决、裁定生效后，人民法院应当在十日内将判决书、裁定书、执行通知书等法律文书送达社区矫正执行地的县级司法行政机关，同时抄送该地县级人民检察院和公安机关。

第六条　对被告人宣告缓刑的，人民法院应当及时作出不准出境决定书，同时依照有关规定办理边控手续。

实施边控的期限为缓刑考验期限。

第七条　对缓刑犯的社区矫正，由其在大陆居住地的司法行政机关负责指导管理、组织实施；在大陆没有居住地的，由本意见第三条规定的有关司法行政机关负责。

第八条　为缓刑犯确定的社区矫正小组可以吸收下列人员参与：

（一）当地台湾同胞投资企业协会、台湾同胞投资企业的代表；

（二）在大陆居住或者工作的台湾同胞；

（三）缓刑犯在大陆的亲友；

（四）其他愿意且有能力参与社区矫正工作的人员。

第九条　根据社区矫正需要，司法行政机关可以会同相关部门，协调台湾同胞投资企业协会、台湾同胞投资企业等，为缓刑犯提供工作岗位、技能培训等帮助。

第十条　对于符合条件的缓刑犯，可以依据《海峡两岸共同打击犯罪及司法互助协议》，移交台湾地区执行。

第十一条　对因犯罪在大陆受审、执行刑罚的台湾居民判处管制、裁定假释、决定或者批准暂予监外执行，实行社区矫正的，可以参照适用本意见的有关规定。

第十二条　本意见自2017年1月1日起施行。

8. 对宣告缓刑的犯罪分子适用禁止令的规定

最高人民法院、最高人民检察院、公安部、司法部关于对判处管制、宣告缓刑的犯罪分子适用禁止令有关问题的规定（试行）（2011年5月1日）

（参见第三十八条【要点及关联法规】1. 对被判处管制的犯罪分子适用禁止令的规定）

9. 禁止令的时间效力问题

最高人民法院关于《中华人民共和国刑法修正案（八）》时间效力问题的解释（2011年5月1日）

（参见第三十八条【要点及关联法规】4. 禁止令的时间效力问题）

第七十三条 【缓刑考验期限】拘役的缓刑考验期限为原判刑期以上一年以下，但是不能少于二个月。

有期徒刑的缓刑考验期限为原判刑期以上五年以下，但是不能少于一年。

缓刑考验期限，从判决确定之日起计算。

● 要点及关联法规

参见【本章要点及关联法规】

第七十四条 【不适用缓刑的对象】对于累犯和犯罪集团的首要分子，不适用缓刑。

● 要点及关联法规

参见【本章要点及关联法规】

第七十五条 【缓刑犯应遵守的规定】被宣告缓刑的犯罪分子，应当遵守下列规定：

（一）遵守法律、行政法规，服从监督；
（二）按照考察机关的规定报告自己的活动情况；
（三）遵守考察机关关于会客的规定；
（四）离开所居住的市、县或者迁居，应当报经考察机关批准。

● 要点及关联法规

参见【本章要点及关联法规】

> **第七十六条　【社区矫正与缓刑考验合格的处理】** 对宣告缓刑的犯罪分子，在缓刑考验期限内，依法实行社区矫正，如果没有本法第七十七条规定的情形，缓刑考验期满，原判的刑罚就不再执行，并公开予以宣告。

● 要点及关联法规

1. 参见【本章要点及关联法规】
2. 社区矫正的适用

（参见第三十八条【要点及关联法规】5. 社区矫正的一般规定）

> **第七十七条　【缓刑考验不合格的处理】** 被宣告缓刑的犯罪分子，在缓刑考验期限内犯新罪或者发现判决宣告以前还有其他罪没有判决的，应当撤销缓刑，对新犯的罪或者新发现的罪作出判决，把前罪和后罪所判处的刑罚，依照本法第六十九条的规定，决定执行的刑罚。
>
> 被宣告缓刑的犯罪分子，在缓刑考验期限内，违反法律、行政法规或者国务院有关部门关于缓刑的监督管理规定，或者违反人民法院判决中的禁止令，情节严重的，应当撤销缓刑，执行原判刑罚。

● 要点及关联法规

1. 参见【本章要点及关联法规】
2. 应当撤销缓刑的情形

中央社会治安综合治理委员会办公室、最高人民法院、最高人民检察院、公安部、司法部关于加强和规范监外执行工作的意见（2009年6月25日）

二、加强和规范监外执行罪犯的监督管理

15. 被宣告缓刑、假释的罪犯在缓刑、假释考验期间有下列情形之一的，由与原裁判人民法院同级的执行地公安机关提出撤销缓刑、假释的建议：

（1）人民法院、监狱、看守所已书面告知罪犯应当按时到执行地公安机关报到，罪犯未在规定的时间内报到，脱离监管三个月以上的；

（2）未经执行地公安机关批准擅自离开所居住的市、县或者迁居，脱离监管三个月以上的；

（3）未按照执行地公安机关的规定报告自己的活动情况或者不遵守执行机关关于会客等规定，经过三次教育仍然拒不改正的；

（4）有其他违反法律、行政法规或者国务院公安部门有关缓刑、假释的监督管理规定行为，情节严重的。

最高人民法院关于适用《中华人民共和国刑事诉讼法》的解释（2021年3月1日）

第五百四十三条 人民法院收到社区矫正机构的撤销缓刑建议书后，经审查，确认罪犯在缓刑考验期限内具有下列情形之一的，应当作出撤销缓刑的裁定：

（一）违反禁止令，情节严重的；

（二）无正当理由不按规定时间报到或者接受社区矫正期间脱离监管，超过一个月的；

（三）因违反监督管理规定受到治安管理处罚，仍不改正的；

（四）受到执行机关二次警告，仍不改正的；

（五）违反法律、行政法规和监督管理规定，情节严重的其他情形。

人民法院收到社区矫正机构的撤销假释建议书后，经审查，确认罪犯在假释考验期限内具有前款第二项、第四项规定情形之一，或者有其他违反监督管理规定的行为，尚未构成新的犯罪的，应当作出撤销假释的裁定。

第五百四十五条第二款 人民法院应当将撤销缓刑、假释裁定书送达社区矫正机构和公安机关，并抄送人民检察院，由公安机关将罪犯送交执行。执行以前被逮捕的，羁押一日折抵刑期一日。

3. 撤销缓刑时罪犯在宣告缓刑前羁押的时间应当折抵刑期

最高人民法院关于撤销缓刑时罪犯在宣告缓刑前羁押的时间能否折抵刑期问题的批复（2002年4月18日）

根据刑法第七十七条的规定，对被宣告缓刑的犯罪分子撤销缓刑执行原判刑罚的，对其在宣告缓刑前羁押的时间应当折抵刑期。

4. 缓刑期间违反禁止令的处理

最高人民法院关于《中华人民共和国刑法修正案（八）》时间效力问题的解释（2011年5月1日）

第一条第二款 犯罪分子在管制期间或者缓刑考验期内，违反人民法院判决中的禁止令的，适用修正后刑法第三十八条第四款或者第七十七条第二款的规定。

第六节 减　　刑

本节要点及关联法规

在减刑工作中贯彻宽严相济刑事政策

最高人民法院审判监督庭：在减刑、假释工作中贯彻宽严相济刑事政策（《人民法院报》2010年5月5日第6版）

宽严相济刑事政策是我国基本刑事政策，贯穿于刑事立法、刑事司法和刑罚执行的全过程。减刑、假释作为一种刑罚执行变更制度，是人民法院审判工作的重要组成部分，是贯彻宽严相济刑事政策"宽"的一面的重要切入点，是以"宽"济"严"的重要渠道。各级人民法院审理减刑、假释案件，务必要以宽严相济刑事政策为指导，充分发挥减刑、假释制度的积极功能，确保刑罚的执行效果。《最高人民法院关于贯彻宽严相济刑事政策的若干意见》（以下简称《意见》）第34条、第43条对减刑、假释审理工作如何贯彻宽严相济刑事政策作了规定，明确了"一个原则"，体现了"三项新的精神"，具有非常重要的指导意义和实践价值。各级人民法院要认真组织学习，将《意见》的精神不折不扣地贯彻到减刑、假释案件审理的全过程，力争实现减刑、假释审理工作的进一步发展。

一、明确了区别对待的原则

区别对待是宽严相济刑事政策的基础。在减刑、假释工作中贯彻宽严相济刑事政策，实行区别对待原则，是指以刑罚个别化原则为指导，从不同罪犯的犯罪和改造的实际情况出发，针对不同罪犯的不同情况，依法采取宽严不同的减刑、假释政策，确保在兼顾一般预防的前提下充分发挥刑罚的特殊预防功能，获取最佳的刑罚执行效果。为了实现刑罚的惩治功能，有效的预防犯罪，对具有严重社会危害性和人身危险性的犯罪分子，如犯有危害国家安全犯罪、故意危害公共安全犯罪、严重暴力犯罪、涉众型经济犯罪等严重犯罪的犯罪分子，恐怖组织犯罪、邪教组织犯罪、黑恶势力犯罪等有组织犯罪的领导者、组织者和骨干分子，毒品犯罪再犯的严重犯罪者，要"当严则严"，在减刑、假释的条件，减刑的起始时间，减刑的幅度和减刑的频度等方面从严把握。另一方面，考虑到未成年罪犯可塑性较强，老年犯、残疾罪犯的再犯可能性较小，以及过失犯、中止犯、胁从犯、防卫过当或避险过当罪犯的主观恶性和人身危险性不大，在依法对他们进行减刑、假释时，要根据悔罪表现，在减刑、假释的条件，减刑的起始时间，减刑的幅度和减刑的频度等方面"该宽则宽"。

二、体现了三项新的精神

一是体现了减刑、假释与财产刑执行和民事赔偿责任履行情况挂钩的精神。当前，大部分法院在审理减刑、假释案件时，基本上不考虑罪犯财产刑执行和民事赔偿责任履行的情况。这种执（履）行与不执（履）行、执（履）行多与执（履）行少与减刑、假释不挂钩的局面，会形成错误的财产刑执行导向机制，加剧财产刑"空判"现象，进而损坏宽严相济刑事政策的落实。为了体现刑罚执行的严肃性和完整性，调动罪犯执行财产刑的积极性，《意见》将财产刑执行和附带民事赔偿责任履行情况作为"该款则宽、当严则严"的重要参考依据，规定："确有执行能力而拒不依法积极主动缴付财产执行财产刑或确有履行能力而不积极主动履行附带民事赔偿责任的，在依法减刑、假释时，应当从严掌握；积极主动缴付财产执行财产刑或履行民事赔偿责任的罪犯，在依法减刑、假释时，应根据悔改表现予以从宽掌握。"

二是体现了保证因暴力犯罪被判处死缓和无期徒刑罪犯较长服刑期限的精神。在"严格控制和限制死刑"的政策指导下，人民法院对一些故意杀人、爆炸、抢劫、强奸、绑架致人死亡或严重残疾的暴力犯罪的罪犯判处了死刑缓期执行或者无期徒刑。在我国的司法实践中，死缓犯的实际执行期限一般不会超过二十年，有的甚至只有十三四年，无期徒刑罪犯一般服刑十五年左右即可出狱，有的只有十一二年。这种"死刑过重，生刑过轻"的不平衡现象，不仅使得死刑缓期执行和无期徒刑应有的严厉性在实践中得不到保证，而且难以保证罪犯的改造效果。为了维护公平正义，确保罪犯的改造效果，《意见》体现了要保证因暴力犯罪被判处死缓和无期徒刑罪犯较长服刑期限的精神，规定："对于因故意杀人、爆炸、抢劫、强奸、绑架等暴力犯罪，致人死亡或严重残疾而被判处死刑缓期两年执行或无期徒刑的罪犯，严格控制减刑的频度和每次减刑的幅度，保证其相对较长的实际服刑期限。"

三是体现了程序公正的精神。程序是制约减刑、假释裁量权滥用的有效手段，是确保宽严相济刑事政策落到实处的重要保障。树立程序公正意识，构建程序公正机制是规范减刑、假释案件审理的必由之路。实践证明，对减刑、假释案件实行程序公正机制，具有非常积极的作用，不仅可以避免人民群众对减刑、假释审理工作"暗箱操作"的怀疑，增强人民群众对司法公正的信心，而且可以使人民法院在审理减刑、假释案件时听取多方面意见，使减刑、假释裁定最大程度地接近正义。因此，《意见》对减刑、假释的程序公正机制作了明确的规定。但是,由于面临案多人少的矛盾,要求所有减刑、假释案件一律实行开庭审理,目前尚不具备条件。因此,构建程序公正机制,必须要选好适用范围,才能取得预期的效果。针对实践中职务犯罪罪犯的减刑、假释,较之于普通罪犯,存在减刑幅度偏大、间隔时间偏短、减刑频率偏快、假释比例偏高等问题,《意见》要求对于职务犯罪案件,尤其是原为县处级以上领导干部罪犯的减刑、假释案件,要一律开庭审理。对于故意杀人、抢劫、故意伤害等严重危害社会治安的暴力犯罪分子,有组织犯罪案件的首要分子和其他主犯以及其他重大、有影响案件罪犯的减刑、假释,原则上也要开庭审理。对于由于条件所限,不能开庭审理的减刑、假释案件,要在羁押场所公示,接受其他在押罪犯的监督,确保司法权最大限度地在阳光下运行。

三、贯彻《意见》精神时要注意的几个突出问题

一是要注意全面审查,防止"唯分是举、以分折刑"。贯彻宽严相济的刑事政策,依法审理是前提,宽严有据是根本。要防止"想宽就宽、想严就严"的错误倾向,要做到宽严都有足够的事实和法律依据。目前,一些人民法院审理减刑、假释案件依然主要以百分考核的分数作为唯一的标准。我们认为,百分考核的分数不能全面准确反映出罪犯的思想改造情况,无法全面反映罪犯的社会危害性和人身危险性,不符合宽严相济刑事政策的精神。各级人民法院要坚决摒弃"唯分是举"的错误做法,要树立全面审查的原则,既要将罪犯的改造表现作为宽严相济的重要根据,也要充分考虑罪犯的原判犯罪性质、情节、主观恶性、犯罪原因、原判刑罚情况、人身危险性、罪前社会表现、年龄、身体状况以及被害人意见等因素。只有这样,才能做到宽严有理,宽严有据。

二是要注意具体情况具体分析,力求宽严皆当,宽严有效。宽严"相济"是宽严相济刑事政策的精髓。贯彻宽严相济的刑事政策,要在"相济"上下工夫。要准确把握宽严相济刑事政策的精神,做到统筹兼顾、协调运用,不能只讲"宽"而忽视"严",也不能只讲"严"而忽视"宽"。要理性认识犯罪现象,正确把握犯罪规律,科学判断当前和今后一个时期社会治安的态势,充分考虑人民群众的社会安全感,具体情况具体分析,做到严中有宽、宽以济严,宽中有严、严以济宽,防止片面化和绝对化。对具有严重社会危害性和人身危险性罪犯从严掌握的同时,也要注意宽的一面,要给出路、给希望,鼓励其悔过自新、积极改造,实现刑罚的教育和矫治功能。对于未成年罪犯、老病残罪犯等主观恶性不深、人身危险性不大的罪犯从宽掌握的同时,也要体现严的一面,防止一味从宽,以体现刑罚的惩罚和警示功能。

三是要注意因地制宜,充分发挥假释的制度优势。假释是落实宽严相济刑

事政策的一项重要制度。相对于减刑而言，假释在维持原判稳定性、促使罪犯自我改造和顺利回归社会、降低行刑成本方面具有一定的优势。但是，当前大部分人民法院假释的适用率不高，远远低于减刑适用率。针对这一情况，《意见》规定，符合刑法第八十一条第一款规定的假释条件的，应当依法多适用假释。在贯彻该意见时，首先，要克服害怕承担风险的心理。只要严格依照法定程序和正当程序审理假释案件，注意听取各方面的意见，正确行使裁量权，依法公正地进行裁决，严格遵守廉政规则和审判纪律，办案人员就不应当承担责任。其次，要正确把握假释的条件，综合考察原判犯罪的性质、情节、社会危害性等各种因素，具体分析，准确把握。此外，还要注重完善假释后的监管措施。最后，有必要指出的是，《意见》所说的依法"多"适用假释，不是对法律规定的假释条件的放宽，而是针对过去没有很好地发挥假释功能，假释适用比例过小的现象提出的要求。

最高人民法院关于办理减刑、假释案件具体应用法律的规定（2017年1月1日）

第一条 减刑、假释是激励罪犯改造的刑罚制度，减刑、假释的适用应当贯彻宽严相济刑事政策，最大限度地发挥刑罚的功能，实现刑罚的目的。

第三十四条 罪犯被裁定减刑后，刑罚执行期间因发现漏罪而数罪并罚的，原减刑裁定自动失效。如漏罪系罪犯主动交代的，对其原减去的刑期，由执行机关报请有管辖权的人民法院重新作出减刑裁定，予以确认；如漏罪系有关机关发现或者他人检举揭发的，由执行机关报请有管辖权的人民法院，在原减刑裁定减去的刑期总和之内，酌情重新裁定。

第七十八条 【减刑条件与限度】 被判处管制、拘役、有期徒刑、无期徒刑的犯罪分子，在执行期间，如果认真遵守监规，接受教育改造，确有悔改表现的，或者有立功表现的，可以减刑；有下列重大立功表现之一的，应当减刑：

（一）阻止他人重大犯罪活动的；

（二）检举监狱内外重大犯罪活动，经查证属实的；

（三）有发明创造或者重大技术革新的；

（四）在日常生产、生活中舍己救人的；

（五）在抗御自然灾害或者排除重大事故中，有突出表现的；

（六）对国家和社会有其他重大贡献的。

> 减刑以后实际执行的刑期不能少于下列期限：
>
> （一）判处管制、拘役、有期徒刑的，不能少于原判刑期的二分之一；
>
> （二）判处无期徒刑的，不能少于十三年；
>
> （三）人民法院依照本法第五十条第二款规定限制减刑的死刑缓期执行的犯罪分子，缓期执行期满后依法减为无期徒刑的，不能少于二十五年，缓期执行期满后依法减为二十五年有期徒刑的，不能少于二十年。

● 要点及关联法规

1. 参见【本章要点及关联法规】、【本节要点及关联法规】
2. "确有悔改表现"的认定

最高人民法院关于办理减刑、假释案件具体应用法律的规定（2017年1月1日）

第三条 "确有悔改表现"是指同时具备以下条件：

（一）认罪悔罪；

（二）遵守法律法规及监规，接受教育改造；

（三）积极参加思想、文化、职业技术教育；

（四）积极参加劳动，努力完成劳动任务。

对职务犯罪、破坏金融管理秩序和金融诈骗犯罪、组织（领导、参加、包庇、纵容）黑社会性质组织犯罪等罪犯，不积极退赃、协助追缴赃款赃物、赔偿损失，或者服刑期间利用个人影响力和社会关系等不正当手段意图获得减刑、假释的，不认定其"确有悔改表现"。

罪犯在刑罚执行期间的申诉权利应当依法保护，对其正当申诉不能不加分析地认为是不认罪悔罪。

3. "立功表现""重大立功表现"的认定

最高人民法院关于办理减刑、假释案件具体应用法律的规定（2017年1月1日）

第四条 具有下列情形之一的，可以认定为有"立功表现"：

（一）阻止他人实施犯罪活动的；
（二）检举、揭发监狱内外犯罪活动，或者提供重要的破案线索，经查证属实的；
（三）协助司法机关抓捕其他犯罪嫌疑人的；
（四）在生产、科研中进行技术革新，成绩突出的；
（五）在抗御自然灾害或者排除重大事故中，表现积极的；
（六）对国家和社会有其他较大贡献的。

第（四）项、第（六）项中的技术革新或者其他较大贡献应当由罪犯在刑罚执行期间独立或者为主完成，并经省级主管部门确认。

第五条 具有下列情形之一的，应当认定为有"重大立功表现"：
（一）阻止他人实施重大犯罪活动的；
（二）检举监狱内外重大犯罪活动，经查证属实的；
（三）协助司法机关抓捕其他重大犯罪嫌疑人的；
（四）有发明创造或者重大技术革新的；
（五）在日常生产、生活中舍己救人的；
（六）在抗御自然灾害或者排除重大事故中，有突出表现的；
（七）对国家和社会有其他重大贡献的。

第（四）项中的发明创造或者重大技术革新应当是罪犯在刑罚执行期间独立或者为主完成并经国家主管部门确认的发明专利，且不包括实用新型专利和外观设计专利；第（七）项中的其他重大贡献应当由罪犯在刑罚执行期间独立或者为主完成，并经国家主管部门确认。

4. "可以减刑"应当考察的因素

最高人民法院关于办理减刑、假释案件具体应用法律的规定（2017年1月1日）

第二条 对于罪犯符合刑法第七十八条第一款规定"可以减刑"条件的案件，在办理时应当综合考察罪犯犯罪的性质和具体情节、社会危害程度、原判刑罚及生效裁判中财产性判项的履行情况、交付执行后的一贯表现等因素。

5. 管制、拘役、剩余刑期不满二年的罪犯的减刑

最高人民法院关于办理减刑、假释案件具体应用法律的规定（2017年1月1日）

第十六条 被判处管制、拘役的罪犯，以及判决生效后剩余刑期不满二年

有期徒刑的罪犯，符合减刑条件的，可以酌情减刑，减刑起始时间可以适当缩短，但实际执行的刑期不得少于原判刑期的二分之一。

6. 有期徒刑的减刑

最高人民法院关于办理减刑、假释案件具体应用法律的规定（2017年1月1日）

第六条　被判处有期徒刑的罪犯减刑起始时间为：不满五年有期徒刑的，应当执行一年以上方可减刑；五年以上不满十年有期徒刑的，应当执行一年六个月以上方可减刑；十年以上有期徒刑的，应当执行二年以上方可减刑。有期徒刑减刑的起始时间自判决执行之日起计算。

确有悔改表现或者有立功表现的，一次减刑不超过九个月有期徒刑；确有悔改表现并有立功表现的，一次减刑不超过一年有期徒刑；有重大立功表现的，一次减刑不超过一年六个月有期徒刑；确有悔改表现并有重大立功表现的，一次减刑不超过二年有期徒刑。

被判处不满十年有期徒刑的罪犯，两次减刑间隔时间不得少于一年；被判处十年以上有期徒刑的罪犯，两次减刑间隔时间不得少于一年六个月。减刑间隔时间不得低于上次减刑减去的刑期。

罪犯有重大立功表现的，可以不受上述减刑起始时间和间隔时间的限制。

第七条　对符合减刑条件的职务犯罪罪犯，破坏金融管理秩序和金融诈骗犯罪罪犯，组织、领导、参加、包庇、纵容黑社会性质组织犯罪罪犯，危害国家安全犯罪罪犯，恐怖活动犯罪罪犯，毒品犯罪集团的首要分子及毒品再犯，累犯，确有履行能力而不履行或者不全部履行生效裁判中财产性判项的罪犯，被判处十年以下有期徒刑的，执行二年以上方可减刑，减刑幅度应当比照本规定第六条从严掌握，一次减刑不超过一年有期徒刑，两次减刑之间应当间隔一年以上。

对被判处十年以上有期徒刑的前款罪犯，以及因故意杀人、强奸、抢劫、绑架、放火、爆炸、投放危险物质或者有组织的暴力性犯罪被判处十年以上有期徒刑的罪犯，数罪并罚且其中两罪以上被判处十年以上有期徒刑的，执行二年以上方可减刑，减刑幅度应当比照本规定第六条从严掌握，一次减刑不超过一年有期徒刑，二次减刑之间应当间隔一年六个月以上。

罪犯有重大立功表现的，可以不受上述减刑起始时间和间隔时间的限制。

第四十条　本规定所称"判决执行之日"，是指罪犯实际送交刑罚执行机关之日。

本规定所称"减刑间隔时间"，是指前一次减刑裁定送达之日起至本次减刑报请之日止的期间。

7. 无期徒刑的减刑

最高人民法院关于贯彻宽严相济刑事政策的若干意见（2010年2月8日）

四、准确把握和正确适用宽严"相济"的政策要求

34. ……对于因犯故意杀人、爆炸、抢劫、强奸、绑架等暴力犯罪，致人死亡或严重残疾而被判处死刑缓期二年执行或无期徒刑的罪犯，要严格控制减刑的频度和每次减刑的幅度，要保证其相对较长的实际服刑期限，维护公平正义，确保改造效果。

最高人民法院关于办理减刑、假释案件具体应用法律的规定（2017年1月1日）

第八条　被判处无期徒刑的罪犯在刑罚执行期间，符合减刑条件的，执行二年以上，可以减刑。减刑幅度为：确有悔改表现或者有立功表现的，可以减为二十二年有期徒刑；确有悔改表现并有立功表现的，可以减为二十一年以上二十二年以下有期徒刑；有重大立功表现的，可以减为二十年以上二十一年以下有期徒刑；确有悔改表现并有重大立功表现的，可以减为十九年以上二十年以下有期徒刑。无期徒刑罪犯减为有期徒刑后再减刑时，减刑幅度依照本规定第六条的规定执行。两次减刑间隔时间不得少于二年。

罪犯有重大立功表现的，可以不受上述减刑起始时间和间隔时间的限制。

第九条　对被判处无期徒刑的职务犯罪罪犯，破坏金融管理秩序和金融诈骗犯罪罪犯，组织、领导、参加、包庇、纵容黑社会性质组织犯罪罪犯，危害国家安全犯罪罪犯，恐怖活动犯罪罪犯，毒品犯罪集团的首要分子及毒品再犯，累犯以及因故意杀人、强奸、抢劫、绑架、放火、爆炸、投放危险物质或者有组织的暴力性犯罪的罪犯，确有履行能力而不履行或者不全部履行生效裁判中财产性判项的罪犯，数罪并罚被判处无期徒刑的罪犯，符合减刑条件的，执行三年以上方可减刑，减刑幅度应当比照本规定第八条从严掌握，减刑后的刑期最低不得少于二十年有期徒刑；减为有期徒刑后再减刑时，减刑幅度比照本规定第六条从严掌握，一次不超过一年有期徒刑，两次减刑之间应当间隔二年以上。

罪犯有重大立功表现的，可以不受上述减刑起始时间和间隔时间的限制。

8. 死缓的减刑

最高人民法院关于贯彻宽严相济刑事政策的若干意见（2010年2月8日）

四、准确把握和正确适用宽严"相济"的政策要求

34. ……对于因犯故意杀人、爆炸、抢劫、强奸、绑架等暴力犯罪，致人死亡或严重残疾而被判处死刑缓期二年执行或无期徒刑的罪犯，要严格控制减刑

的频度和每次减刑的幅度，要保证其相对较长的实际服刑期限，维护公平正义，确保改造效果。

最高人民法院关于办理减刑、假释案件具体应用法律的规定（2017年1月1日）

第十条 被判处死刑缓期执行的罪犯减为无期徒刑后，符合减刑条件的，执行三年以上方可减刑。减刑幅度为：确有悔改表现或者有立功表现的，可以减为二十五年有期徒刑；确有悔改表现并有立功表现的，可以减为二十四年以上二十五年以下有期徒刑；有重大立功表现的，可以减为二十三年以上二十四年以下有期徒刑；确有悔改表现并有重大立功表现的，可以减为二十二年以上二十三年以下有期徒刑。

被判处死刑缓期执行的罪犯减为有期徒刑后再减刑时，比照本规定第8条的规定办理。

第十一条 对被判处死刑缓期执行的职务犯罪罪犯，破坏金融管理秩序和金融诈骗犯罪罪犯，组织、领导、参加、包庇、纵容黑社会性质组织犯罪罪犯，危害国家安全犯罪罪犯，恐怖活动犯罪罪犯，毒品犯罪集团的首要分子及毒品再犯，累犯以及因故意杀人、强奸、抢劫、绑架、放火、爆炸、投放危险物质或者有组织的暴力性犯罪的罪犯，确有履行能力而不履行或者不全部履行生效裁判中财产性判项的罪犯，数罪并罚被判处死刑缓期执行的罪犯，减为无期徒刑后，符合减刑条件的，执行三年以上方可减刑，一般减为二十五年有期徒刑，有立功表现或者重大立功表现的，可以比照本规定第十条减为二十三年以上二十五年以下有期徒刑；减为有期徒刑后再减刑时，减刑幅度比照本规定第六条从严掌握，一次不超过一年有期徒刑，两次减刑之间应当间隔二年以上。

第十二条 被判处死刑缓期执行的罪犯经过一次或者几次减刑后，其实际执行的刑期不得少于十五年，死刑缓期执行期间不包括在内。

死刑缓期执行罪犯在缓期执行期间不服从监管、抗拒改造，尚未构成犯罪的，在减为无期徒刑后再减刑时应当适当从严。

第十三条 被限制减刑的死刑缓期执行罪犯，减为无期徒刑后，符合减刑条件的，执行五年以上方可减刑。减刑间隔时间和减刑幅度依照本规定第十一条的规定执行。

第十四条 被限制减刑的死刑缓期执行罪犯，减为有期徒刑后再减刑时，一次减刑不超过六个月有期徒刑，两次减刑间隔时间不得少于二年。有重大立功表现的，间隔时间可以适当缩短，但一次减刑不超过一年有期徒刑。

第十五条　对被判处终身监禁的罪犯，在死刑缓期执行期满依法减为无期徒刑的裁定中，应当明确终身监禁，不得再减刑或者假释。

9. 减刑时附加剥夺政治权利的期限

最高人民法院关于办理减刑、假释案件具体应用法律的规定（2017年1月1日）

第十七条　被判处有期徒刑罪犯减刑时，对附加剥夺政治权利的期限可以酌减。酌减后剥夺政治权利的期限，不得少于一年。

被判处死刑缓期执行、无期徒刑的罪犯减为有期徒刑时，应当将附加剥夺政治权利的期限减为七年以上十年以下，经过一次或者几次减刑后，最终剥夺政治权利的期限不得少于三年。

10. 拘役、三年以下有期徒刑并宣告缓刑的罪犯的减刑

最高人民法院关于办理减刑、假释案件具体应用法律的规定（2017年1月1日）

第十八条　被判处拘役或者三年以下有期徒刑，并宣告缓刑的罪犯，一般不适用减刑。

前款规定的罪犯在缓刑考验期内有重大立功表现的，可以参照刑法第七十八条的规定予以减刑，同时应当依法缩减其缓刑考验期。缩减后，拘役的缓刑考验期限不得少于二个月，有期徒刑的缓刑考验期限不得少于一年。

11. 在刑罚执行期间故意犯罪的减刑限制

最高人民法院关于办理减刑、假释案件具体应用法律的规定（2017年1月1日）

第二十一条　被判处有期徒刑、无期徒刑的罪犯在刑罚执行期间又故意犯罪，新罪被判处有期徒刑的，自新罪判决确定之日起三年内不予减刑；新罪被判处无期徒刑的，自新罪判决确定之日起四年内不予减刑。

罪犯在死刑缓期执行期间又故意犯罪，未被执行死刑的，死刑缓期执行的期间重新计算，减为无期徒刑后，五年内不予减刑。

被判处死刑缓期执行罪犯减刑后，在刑罚执行期间又故意犯罪的，依照第一款规定处理。

12. 未成年罪犯的减刑

最高人民法院关于办理减刑、假释案件具体应用法律的规定（2017年1月1日）

第十九条　对在报请减刑前的服刑期间不满十八周岁，且所犯罪行不属于刑法第八十一条第二款规定情形的罪犯，认罪悔罪，遵守法律法规及监规，积极参加学习、劳动，应当视为确有悔改表现。

对上述罪犯减刑时,减刑幅度可以适当放宽,或者减刑起始时间、间隔时间可以适当缩短,但放宽的幅度和缩短的时间不得超过本规定中相应幅度、时间的三分之一。

13. 老年、身体残疾、患严重疾病罪犯的减刑

最高人民检察院、中国残疾人联合会关于在检察工作中切实维护残疾人合法权益的意见(2015年11月30日)

十四、……对残疾罪犯开展减刑、假释、暂予监外执行检察工作,可以依法适当从宽掌握,但是,反复故意实施犯罪的残疾罪犯除外。

最高人民法院关于办理减刑、假释案件具体应用法律的规定(2017年1月1日)

第二十条 老年罪犯、患严重疾病罪犯或者身体残疾罪犯减刑时,应当主要考察其认罪悔罪的实际表现。

对基本丧失劳动能力,生活难以自理的上述罪犯减刑时,减刑幅度可以适当放宽,或者减刑起始时间、间隔时间可以适当缩短,但放宽的幅度和缩短的时间不得超过本规定中相应幅度、时间的三分之一。

第三十一条 年满八十周岁、身患疾病或者生活难以自理、没有再犯罪危险的罪犯,既符合减刑条件,又符合假释条件的,优先适用假释;不符合假释条件的,参照本规定第二十条有关的规定从宽处理。

第三十九条 本规定所称"老年罪犯",是指报请减刑、假释时年满六十五周岁的罪犯。

本规定所称"患严重疾病罪犯",是指因患有重病,久治不愈,而不能正常生活、学习、劳动的罪犯。

本规定所称"身体残疾罪犯",是指因身体有肢体或者器官残缺、功能不全或者丧失功能,而基本丧失生活、学习、劳动能力的罪犯,但是罪犯犯罪后自伤致残的除外。

对刑罚执行机关提供的证明罪犯患有严重疾病或者有身体残疾的证明文件,人民法院应当审查,必要时可以委托有关单位重新诊断、鉴定。

14. 危害生产安全犯罪的减刑

最高人民法院关于进一步加强危害生产安全刑事案件审判工作的意见(2011年12月30日)

六、依法正确适用缓刑和减刑、假释

20. 办理与危害生产安全犯罪相关的减刑、假释案件,要严格执行刑法、刑

事诉讼法和有关司法解释规定。是否决定减刑、假释，既要看罪犯服刑期间的悔改表现，还要充分考虑原判认定的犯罪事实、性质、情节、社会危害程度等情况。

15. 财产性判项对减刑的影响

最高人民法院关于办理减刑、假释案件具体应用法律的规定（2017年1月1日）

第三十八条　人民法院作出的刑事判决、裁定发生法律效力后，在依照刑事诉讼法第二百五十三条、第二百五十四条的规定将罪犯交付执行刑罚时，如果生效裁判中有财产性判项，人民法院应当将反映财产性判项执行、履行情况的有关材料一并随案移送刑罚执行机关。罪犯在服刑期间本人履行或者其亲属代为履行生效裁判中财产性判项的，应当及时向刑罚执行机关报告。刑罚执行机关报请减刑时应随案移送以上材料。

人民法院办理减刑、假释案件时，可以向原一审人民法院核实罪犯履行财产性判项的情况。原一审人民法院应当出具相关证明。

刑罚执行期间，负责办理减刑、假释案件的人民法院可以协助原一审人民法院执行生效裁判中的财产性判项。

第四十一条　本规定所称"财产性判项"是指判决罪犯承担的附带民事赔偿义务判项，以及追缴、责令退赔、罚金、没收财产等判项。

第七十九条　**【减刑程序】**对于犯罪分子的减刑，由执行机关向中级以上人民法院提出减刑建议书。人民法院应当组成合议庭进行审理，对确有悔改或者立功事实的，裁定予以减刑。非经法定程序不得减刑。

● 要点及关联法规

1. 参见【本章要点及关联法规】、【本节要点及关联法规】

2. 人民法院办理减刑的程序

最高人民法院关于适用《中华人民共和国刑事诉讼法》的解释（2021年3月1日）

第五百三十三条　被判处死刑缓期执行的罪犯，在死刑缓期执行期间，没有故意犯罪的，死刑缓期执行期满后，应当裁定减刑；死刑缓期执行期满后，尚未裁定减刑前又犯罪的，应当在依法减刑后，对其所犯新罪另行审判。

第五百三十四条　对减刑、假释案件，应当按照下列情形分别处理：

（一）对被判处死刑缓期执行的罪犯的减刑，由罪犯服刑地的高级人民法院在收到同级监狱管理机关审核同意的减刑建议书后一个月以内作出裁定；

（二）对被判处无期徒刑的罪犯的减刑、假释，由罪犯服刑地的高级人民法院在收到同级监狱管理机关审核同意的减刑、假释建议书后一个月以内作出裁定，案情复杂或者情况特殊的，可以延长一个月；

（三）对被判处有期徒刑和被减为有期徒刑的罪犯的减刑、假释，由罪犯服刑地的中级人民法院在收到执行机关提出的减刑、假释建议书后一个月以内作出裁定，案情复杂或者情况特殊的，可以延长一个月；

（四）对被判处管制、拘役的罪犯的减刑，由罪犯服刑地的中级人民法院在收到同级执行机关审核同意的减刑建议书后一个月以内作出裁定。

对社区矫正对象的减刑，由社区矫正执行地的中级以上人民法院在收到社区矫正机构减刑建议书后三十日以内作出裁定。

第五百三十五条　受理减刑、假释案件，应当审查执行机关移送的材料是否包括下列内容：

（一）减刑、假释建议书；

（二）原审法院的裁判文书、执行通知书、历次减刑裁定书的复制件；

（三）证明罪犯确有悔改、立功或者重大立功表现具体事实的书面材料；

（四）罪犯评审鉴定表、奖惩审批表等；

（五）罪犯假释后对所居住社区影响的调查评估报告；

（六）刑事裁判涉财产部分、附带民事裁判的执行、履行情况；

（七）根据案件情况需要移送的其他材料。

人民检察院对报请减刑、假释案件提出意见的，执行机关应当一并移送受理减刑、假释案件的人民法院。

经审查，材料不全的，应当通知提请减刑、假释的执行机关在三日以内补送；逾期未补送的，不予立案。

第五百三十六条　审理减刑、假释案件，对罪犯积极履行刑事裁判涉财产部分、附带民事裁判确定的义务的，可以认定有悔改表现，在减刑、假释时从宽掌握；对确有履行能力而不履行或者不全部履行的，在减刑、假释时从严掌握。

第五百三十七条　审理减刑、假释案件，应当在立案后五日以内对下列事项予以公示：

（一）罪犯的姓名、年龄等个人基本情况；

（二）原判认定的罪名和刑期；

（三）罪犯历次减刑情况；
（四）执行机关的减刑、假释建议和依据。
公示应当写明公示期限和提出意见的方式。

第五百三十八条　审理减刑、假释案件，应当组成合议庭，可以采用书面审理的方式，但下列案件应当开庭审理：

（一）因罪犯有重大立功表现提请减刑的；
（二）提请减刑的起始时间、间隔时间或者减刑幅度不符合一般规定的；
（三）被提请减刑、假释罪犯系职务犯罪罪犯，组织、领导、参加、包庇、纵容黑社会性质组织罪犯，破坏金融管理秩序罪犯或者金融诈骗罪犯的；
（四）社会影响重大或者社会关注度高的；
（五）公示期间收到不同意见的；
（六）人民检察院提出异议的；
（七）有必要开庭审理的其他案件。

第五百三十九条　人民法院作出减刑、假释裁定后，应当在七日以内送达提请减刑、假释的执行机关、同级人民检察院以及罪犯本人。人民检察院认为减刑、假释裁定不当，在法定期限内提出书面纠正意见的，人民法院应当在收到意见后另行组成合议庭审理，并在一个月以内作出裁定。

对假释的罪犯，适用本解释第五百一十九条的有关规定，依法实行社区矫正。

第五百四十条　减刑、假释裁定作出前，执行机关书面提请撤回减刑、假释建议的，人民法院可以决定是否准许。

第五百四十一条　人民法院发现本院已经生效的减刑、假释裁定确有错误的，应当另行组成合议庭审理；发现下级人民法院已经生效的减刑、假释裁定确有错误的，可以指令下级人民法院另行组成合议庭审理，也可以自行组成合议庭审理。

最高人民法院关于减刑、假释案件审理程序的规定（2014年6月1日）

为进一步规范减刑、假释案件的审理程序，确保减刑、假释案件审理的合法、公正，根据《中华人民共和国刑法》《中华人民共和国刑事诉讼法》有关规定，结合减刑、假释案件审理工作实际，制定本规定。

第一条　对减刑、假释案件，应当按照下列情形分别处理：

（一）对被判处死刑缓期执行的罪犯的减刑，由罪犯服刑地的高级人民法院在收到同级监狱管理机关审核同意的减刑建议书后一个月内作出裁定；
（二）对被判处无期徒刑的罪犯的减刑、假释，由罪犯服刑地的高级人民法院在收到同级监狱管理机关审核同意的减刑、假释建议书后一个月内作出裁定，案情复杂或者情况特殊的，可以延长一个月；

（三）对被判处有期徒刑和被减为有期徒刑的罪犯的减刑、假释，由罪犯服刑地的中级人民法院在收到执行机关提出的减刑、假释建议书后一个月内作出裁定，案情复杂或者情况特殊的，可以延长一个月；

（四）对被判处拘役、管制的罪犯的减刑，由罪犯服刑地中级人民法院在收到同级执行机关审核同意的减刑、假释建议书后一个月内作出裁定。

对暂予监外执行罪犯的减刑，应当根据情况，分别适用前款的有关规定。

第二条　人民法院受理减刑、假释案件，应当审查执行机关移送的下列材料：

（一）减刑或者假释建议书；

（二）终审法院裁判文书、执行通知书、历次减刑裁定书的复印件；

（三）罪犯确有悔改或者立功、重大立功表现的具体事实的书面证明材料；

（四）罪犯评审鉴定表、奖惩审批表等；

（五）其他根据案件审理需要应予移送的材料。

报请假释的，应当附有社区矫正机构或者基层组织关于罪犯假释后对所居住社区影响的调查评估报告。

人民检察院对报请减刑、假释案件提出检察意见的，执行机关应当一并移送受理减刑、假释案件的人民法院。

经审查，材料齐备的，应当立案；材料不齐的，应当通知执行机关在三日内补送，逾期未补送的，不予立案。

第三条　人民法院审理减刑、假释案件，应当在立案后五日内将执行机关报请减刑、假释的建议书等材料依法向社会公示。

公示内容应当包括罪犯的个人情况、原判认定的罪名和刑期、罪犯历次减刑情况、执行机关的建议及依据。

公示应当写明公示期限和提出意见的方式。公示期限为五日。

第四条　人民法院审理减刑、假释案件，应当依法由审判员或者由审判员和人民陪审员组成合议庭进行。

第五条　人民法院审理减刑、假释案件，除应当审查罪犯在执行期间的一贯表现外，还应当综合考虑犯罪的具体情节、原判刑罚情况、财产刑执行情况、附带民事裁判履行情况、罪犯退赃退赔等情况。

人民法院审理假释案件，除应当审查第一款所列情形外，还应当综合考虑罪犯的年龄、身体状况、性格特征、假释后生活来源以及监管条件等影响再犯罪的因素。

执行机关以罪犯有立功表现或重大立功表现为由提出减刑的，应当审查立功或重大立功表现是否属实。涉及发明创造、技术革新或者其他贡献的，应当审查该成果是否系罪犯在执行期间独立完成，并经有关主管机关确认。

第六条　人民法院审理减刑、假释案件，可以采取开庭审理或者书面审理的方式。但下列减刑、假释案件，应当开庭审理：

（一）因罪犯有重大立功表现报请减刑的；

（二）报请减刑的起始时间、间隔时间或者减刑幅度不符合司法解释一般规定的；

（三）公示期间收到不同意见的；

（四）人民检察院有异议的；

（五）被报请减刑、假释罪犯系职务犯罪罪犯，组织（领导、参加、包庇、纵容）黑社会性质组织犯罪罪犯，破坏金融管理秩序和金融诈骗犯罪罪犯，及其他在社会上有重大影响或社会关注度高的；

（六）人民法院认为其他应当开庭审理的。

第七条　人民法院开庭审理减刑、假释案件，应当通知人民检察院、执行机关及被报请减刑、假释罪犯参加庭审。

人民法院根据需要，可以通知证明罪犯确有悔改表现或者立功、重大立功表现的证人，公示期间提出不同意见的人，以及鉴定人、翻译人员等其他人员参加庭审。

第八条　开庭审理应当在罪犯刑罚执行场所或者人民法院确定的场所进行。有条件的人民法院可以采取视频开庭的方式进行。

在社区执行刑罚的罪犯因重大立功被报请减刑的，可以在罪犯服刑地或者居住地开庭审理。

第九条　人民法院对于决定开庭审理的减刑、假释案件，应当在开庭三日前将开庭的时间、地点通知人民检察院、执行机关、被报请减刑、假释罪犯和有必要参加庭审的其他人员，并于开庭三日前进行公告。

第十条　减刑、假释案件的开庭审理由审判长主持，应当按照以下程序进行：

（一）审判长宣布开庭，核实被报请减刑、假释罪犯的基本情况；

（二）审判长宣布合议庭组成人员、检察人员、执行机关代表及其他庭审参加人；

（三）执行机关代表宣读减刑、假释建议书，并说明主要理由；

（四）检察人员发表检察意见；

（五）法庭对被报请减刑、假释罪犯确有悔改表现或立功表现、重大立功表现的事实以及其他影响减刑、假释的情况进行调查核实；

（六）被报请减刑、假释罪犯作最后陈述；

（七）审判长对庭审情况进行总结并宣布休庭评议。

第十一条　庭审过程中，合议庭人员对报请理由有疑问的，可以向被报请减刑、假释罪犯、证人、执行机关代表、检察人员提问。

庭审过程中，检察人员对报请理由有疑问的，在经审判长许可后，可以出示证据，申请证人到庭，向被报请减刑、假释罪犯及证人提问并发表意见。被报请减刑、假释罪犯对报请理由有疑问的，在经审判长许可后，可以出示证据，申请证人到庭，向证人提问并发表意见。

第十二条　庭审过程中，合议庭对证据有疑问需要进行调查核实，或者检察人员、执行机关代表提出申请的，可以宣布休庭。

第十三条　人民法院开庭审理减刑、假释案件，能够当庭宣判的应当当庭宣判；不能当庭宣判的，可以择期宣判。

第十四条　人民法院书面审理减刑、假释案件，可以就被报请减刑、假释罪犯是否符合减刑、假释条件进行调查核实或听取有关方面意见。

第十五条　人民法院书面审理减刑案件，可以提讯被报请减刑罪犯；书面审理假释案件，应当提讯被报请假释罪犯。

第十六条　人民法院审理减刑、假释案件，应当按照下列情形分别处理：

（一）被报请减刑、假释罪犯符合法律规定的减刑、假释条件的，作出予以减刑、假释的裁定；

（二）被报请减刑的罪犯符合法律规定的减刑条件，但执行机关报请的减刑幅度不适当的，对减刑幅度作出相应调整后作出予以减刑的裁定；

（三）被报请减刑、假释罪犯不符合法律规定的减刑、假释条件的，作出不予减刑、假释的裁定。

在人民法院作出减刑、假释裁定前，执行机关书面申请撤回减刑、假释建议的，是否准许，由人民法院决定。

第十七条　减刑、假释裁定书应当写明罪犯原判和历次减刑情况，确有悔改表现或者立功、重大立功表现的事实和理由，以及减刑、假释的法律依据。

裁定减刑的，应当注明刑期的起止时间；裁定假释的，应当注明假释考验期的起止时间。

裁定调整减刑幅度或者不予减刑、假释的，应当在裁定书中说明理由。

第十八条　人民法院作出减刑、假释裁定后，应当在七日内送达报请减刑、假释的执行机关、同级人民检察院以及罪犯本人。作出假释裁定的，还应当送达社区矫正机构或者基层组织。

第十九条　减刑、假释裁定书应当通过互联网依法向社会公布。

第二十条　人民检察院认为人民法院减刑、假释裁定不当，在法定期限内提出书面纠正意见的，人民法院应当在收到纠正意见后另行组成合议庭审理，并在一个月内作出裁定。

第二十一条　人民法院发现本院已经生效的减刑、假释裁定确有错误的，应当依法重新组成合议庭进行审理并作出裁定；上级人民法院发现下级人民法院已经生效的减刑、假释裁定确有错误的，应当指令下级人民法院另行组成合议庭审理，也可以自行依法组成合议庭进行审理并作出裁定。

第二十二条　最高人民法院以前发布的司法解释和规范性文件，与本规定不一致的，以本规定为准。

3. 人民检察院办理减刑的程序

最高人民检察院人民检察院办理减刑、假释案件规定（2014年8月1日）

第一条　为了进一步加强和规范减刑、假释法律监督工作，确保刑罚变更执行合法、公正，根据《中华人民共和国刑法》《中华人民共和国刑事诉讼法》和《中华人民共和国监狱法》等有关规定，结合检察工作实际，制定本规定。

第二条　人民检察院依法对减刑、假释案件的提请、审理、裁定等活动是否合法实行法律监督。

第三条　人民检察院办理减刑、假释案件，应当按照下列情形分别处理：

（一）对减刑、假释案件提请活动的监督，由对执行机关承担检察职责的人民检察院负责；

（二）对减刑、假释案件审理、裁定活动的监督，由人民法院的同级人民检察院负责；同级人民检察院对执行机关不承担检察职责的，可以根据需要指定对执行机关承担检察职责的人民检察院派员出席法庭；下级人民检察院发现减刑、假释裁定不当的，应当及时向作出减刑、假释裁定的人民法院的同级人民检察院报告。

第四条　人民检察院办理减刑、假释案件，依照规定实行统一案件管理和办案责任制。

第五条　人民检察院收到执行机关移送的下列减刑、假释案件材料后，应当及时进行审查：

（一）执行机关拟提请减刑、假释意见；

（二）终审法院裁判文书、执行通知书、历次减刑裁定书；

（三）罪犯确有悔改表现、立功表现或者重大立功表现的证明材料；

（四）罪犯评审鉴定表、奖惩审批表；

（五）其他应当审查的案件材料。

对拟提请假释案件，还应当审查社区矫正机构或者基层组织关于罪犯假释后对所居住社区影响的调查评估报告。

第六条　具有下列情形之一的，人民检察院应当进行调查核实：

（一）拟提请减刑、假释罪犯系职务犯罪罪犯，破坏金融管理秩序和金融诈骗犯罪罪犯，黑社会性质组织犯罪罪犯，严重暴力恐怖犯罪罪犯，或者其他在社会上有重大影响、社会关注度高的罪犯；

（二）因罪犯有立功表现或者重大立功表现拟提请减刑的；

（三）拟提请减刑、假释罪犯的减刑幅度大、假释考验期长、起始时间早、间隔时间短或者实际执行刑期短的；

（四）拟提请减刑、假释罪犯的考核计分高、专项奖励多或者鉴定材料、奖惩记录有疑点的；

（五）收到控告、举报的；

（六）其他应当进行调查核实的。

第七条　人民检察院可以采取调阅复制有关材料、重新组织诊断鉴别、进行文证鉴定、召开座谈会、个别询问等方式，对下列情况进行调查核实：

（一）拟提请减刑、假释罪犯在服刑期间的表现情况；

（二）拟提请减刑、假释罪犯的财产刑执行、附带民事裁判履行、退赃退赔等情况；

（三）拟提请减刑罪犯的立功表现、重大立功表现是否属实，发明创造、技术革新是否系罪犯在服刑期间独立完成并经有关主管机关确认；

（四）拟提请假释罪犯的身体状况、性格特征、假释后生活来源和监管条件等影响再犯罪的因素；

（五）其他应当进行调查核实的情况。

第八条　人民检察院可以派员列席执行机关提请减刑、假释评审会议，了解案件有关情况，根据需要发表意见。

第九条　人民检察院发现罪犯符合减刑、假释条件，但是执行机关未提请减刑、假释的，可以建议执行机关提请减刑、假释。

第十条　人民检察院收到执行机关抄送的减刑、假释建议书副本后，应当逐案进行审查，可以向人民法院提出书面意见。发现减刑、假释建议不当或者提请减刑、假释违反法定程序的，应当在收到建议书副本后十日以内，依法向审理减刑、假释案件的人民法院提出书面意见，同时将检察意见书副本抄送执行机关。案情复杂或者情况特殊的，可以延长十日。

第十一条　人民法院开庭审理减刑、假释案件的，人民检察院应当指派检察人员出席法庭，发表检察意见，并对法庭审理活动是否合法进行监督。

第十二条　出席法庭的检察人员不得少于二人，其中至少一人具有检察官职务。

第十三条　检察人员应当在庭审前做好下列准备工作：

（一）全面熟悉案情，掌握证据情况，拟定法庭调查提纲和出庭意见；

（二）对执行机关提请减刑、假释有异议的案件，应当收集相关证据，可以建议人民法院通知相关证人出庭作证。

第十四条　庭审开始后，在执行机关代表宣读减刑、假释建议书并说明理由之后，检察人员应当发表检察意见。

第十五条　庭审过程中，检察人员对执行机关提请减刑、假释有疑问的，经审判长许可，可以出示证据，申请证人出庭作证，要求执行机关代表出示证据或者作出说明，向被提请减刑、假释的罪犯及证人提问并发表意见。

第十六条　法庭调查结束时，在被提请减刑、假释罪犯作最后陈述之前，经审判长许可，检察人员可以发表总结性意见。

第十七条　庭审过程中，检察人员认为需要进一步调查核实案件事实、证据，需要补充鉴定或者重新鉴定，或者需要通知新的证人到庭的，应当建议休庭。

第十八条　检察人员发现法庭审理活动违反法律规定的，应当在庭审后及时向本院检察长报告，依法向人民法院提出纠正意见。

第十九条　人民检察院收到人民法院减刑、假释裁定书副本后，应当及时审查下列内容：

（一）人民法院对罪犯裁定予以减刑、假释，以及起始时间、间隔时间、实际执行刑期、减刑幅度或者假释考验期是否符合有关规定；

（二）人民法院对罪犯裁定不予减刑、假释是否符合有关规定；

（三）人民法院审理、裁定减刑、假释的程序是否合法；

（四）按照有关规定应当开庭审理的减刑、假释案件，人民法院是否开庭审理；

（五）人民法院减刑、假释裁定书是否依法送达执行并向社会公布。

第二十条　人民检察院经审查认为人民法院减刑、假释裁定不当的，应当在收到裁定书副本后二十日以内，依法向作出减刑、假释裁定的人民法院提出书面纠正意见。

第二十一条　人民检察院对人民法院减刑、假释裁定提出纠正意见的，应当监督人民法院在收到纠正意见后一个月以内重新组成合议庭进行审理并作出最终裁定。

第二十二条　人民检察院发现人民法院已经生效的减刑、假释裁定确有错误的，应当向人民法院提出书面纠正意见，提请人民法院按照审判监督程序依法另行组成合议庭重新审理并作出裁定。

第二十三条　人民检察院收到控告、举报或者发现司法工作人员在办理减刑、假释案件中涉嫌违法的，应当依法进行调查，并根据情况，向有关单位提出纠正违法意见，建议更换办案人，或者建议予以纪律处分；构成犯罪的，依法追究刑事责任。

第二十四条　人民检察院办理职务犯罪罪犯减刑、假释案件，按照有关规定实行备案审查。

第二十五条　本规定自发布之日起施行。最高人民检察院以前发布的有关规定与本规定不一致的，以本规定为准。

4. 案件改判后原减轻裁定的处理

最高人民法院研究室关于对无期徒刑犯减刑后原审法院发现原判决有错误予以改判，原减刑裁定应如何适用法律条款予以撤销问题的答复（1994年11月7日）

被判处无期徒刑的罪犯由服刑地的高级人民法院依法裁定减刑后，原审人民法院发现原判决确有错误并依照审判监督程序改判为有期徒刑的，应当依照我院法（研）复〔1989〕2号批复撤销原减刑裁定。鉴于原减刑裁定是在无期徒刑基础上的减刑，既然原判无期徒刑已被认定为错判，那么原减刑裁定在认定事实和适用法律上亦应视为确有错误。由此，由罪犯服刑地的高级人民法院根据刑事诉讼法第一百四十九条第一款的规定，按照审判监督程序撤销原减刑裁定是适宜的。

最高人民法院关于办理减刑、假释案件具体应用法律的规定（2017年1月1日）

第三十二条　人民法院按照审判监督程序重新审理的案件，裁定维持原判决、裁定的，原减刑、假释裁定继续有效。

再审裁判改变原判决、裁定的，原减刑、假释裁定自动失效，执行机关应当及时报请有管辖权的人民法院重新作出是否减刑、假释的裁定。重新作出减刑裁定时，不受本规定有关减刑起始时间、间隔时间和减刑幅度的限制。重新裁定时应综合考虑各方面因素，减刑幅度不得超过原裁定减去的刑期总和。

再审改判为死刑缓期执行或者无期徒刑的，在新判决减为有期徒刑之时，原判决已经实际执行的刑期一并扣减。

再审裁判宣告无罪的，原减刑、假释裁定自动失效。

5. 无期徒刑犯减刑后原审法院予以改判，原减刑裁定应否撤销的问题

最高人民法院研究室关于对无期徒刑犯减刑后原审法院发现原判决有错误予以改判，原减刑裁定应如何适用法律条款予以撤销问题的答复（1994年11月7日）

被判处无期徒刑的罪犯由服刑地的高级人民法院依法裁定减刑后，原审人民法院发一原判决确有错误并依照审判监督程序改判为有期徒刑的，应当依照我院法（研）复〔1989〕2号批复撤销原减刑裁定。鉴于原减刑裁定是在无期徒刑基础上的减刑，既然原判无期徒刑已被认定为错判，那么原减刑裁定在认定事实和适用法律上亦应视为确有错误。由此，由罪犯服刑地的高级人民法院根据刑事诉讼法第一百四十九条第一款的规定，按照审判监督程序撤销原减刑裁定是适宜的。

最高人民法院关于刘文占减刑一案的答复（2007年8月11日）

你院①〔1999〕冀刑执字第486号减刑裁定，没有法定程序、法定理由撤销。罪犯刘文占犯盗窃罪被判处无期徒刑，减为有期徒刑十八年之后，发现其在判决宣告之前犯有强奸罪、抢劫罪。沧州市中级人民法院作出新的判决，对刘文占以强奸罪、抢劫罪分别定罪量刑，数罪并罚，决定对罪犯刘文占执行无期徒刑是正确的。

现监狱报请为罪犯刘文占减刑，你院在计算刑期时，应将罪犯刘文占第一次减为有期徒刑十八年之后至漏罪判决之间已经执行的刑期予以扣除。

6. 重新审理的案件中原减刑裁定的效力

最高人民法院关于办理减刑、假释案件具体应用法律的规定（2017年1月1日）

第三十二条　人民法院按照审判监督程序重新审理的案件，裁定维持原判决、裁定的，原减刑、假释裁定继续有效。

再审裁判改变原判决、裁定的，原减刑、假释裁定自动失效，执行机关应当及时报请有管辖权的人民法院重新作出是否减刑、假释的裁定。重新作出减刑裁定时，不受本规定有关减刑起始时间、间隔时间和减刑幅度的限制。重新裁定时应综合考虑各方面因素，减刑幅度不得超过原裁定减去的刑期总和。

再审改判为死刑缓期执行或者无期徒刑的，在新判决减为有期徒刑之时，原判决已经实际执行的刑期一并扣减。

再审裁判宣告无罪的，原减刑、假释裁定自动失效。

---

① 编者注：即河北省高级人民法院。

> **第八十条 【无期徒刑减刑的刑期计算】** 无期徒刑减为有期徒刑的刑期，从裁定减刑之日起计算。

● 要点及关联法规

1. 参见【本章要点及关联法规】、【本节要点及关联法规】
2. 无期徒刑减为有期徒刑后发现漏罪的处理

　　最高人民法院关于办理减刑、假释案件具体应用法律的规定（2017年1月1日）

　　第三十七条　被判处无期徒刑的罪犯在减为有期徒刑后因发现漏罪，依据刑法第七十条规定数罪并罚，决定执行无期徒刑的，前罪无期徒刑生效之日起至新判决生效之日止已经实际执行的刑期，应当在新判决的无期徒刑减为有期徒刑时，在减刑裁定决定执行的刑期内扣减。

　　无期徒刑罪犯减为有期徒刑后因发现漏罪判处三年有期徒刑以下刑罚，数罪并罚决定执行无期徒刑的，在新判决生效后执行一年以上，符合减刑条件的，可以减为有期徒刑，减刑幅度依照本规定第八条、第九条的规定执行。

　　原减刑裁定减去的刑期依照本规定第三十四条处理。

第七节　假　　释

本节要点及关联法规

在假释工作中贯彻宽严相济刑事政策

　　最高人民法院审判监督庭：在减刑、假释工作中贯彻宽严相济刑事政策（《人民法院报》2010年5月5日第6版）

　　（参见本章第六节【本节要点及关联法规】在减刑工作中贯彻宽严相济刑事政策）

> **第八十一条 【假释的条件】** 被判处有期徒刑的犯罪分子，执行原判刑期二分之一以上，被判处无期徒刑的犯罪分子，实际执行

> 十三年以上，如果认真遵守监规，接受教育改造，确有悔改表现，没有再犯罪的危险的，可以假释。如果有特殊情况，经最高人民法院核准，可以不受上述执行刑期的限制。
>
> 　　对累犯以及因故意杀人、强奸、抢劫、绑架、放火、爆炸、投放危险物质或者有组织的暴力性犯罪被判处十年以上有期徒刑、无期徒刑的犯罪分子，不得假释。
>
> 　　对犯罪分子决定假释时，应当考虑其假释后对所居住社区的影响。

● 要点及关联法规

1. 参见【本章要点及关联法规】、【本节要点及关联法规】
2. 第一款"确有悔改表现"的认定

最高人民法院关于办理减刑、假释案件具体应用法律的规定（2017 年 1 月 1 日）

　　第三条　"确有悔改表现"是指同时具备以下条件：
　　（一）认罪悔罪；
　　（二）遵守法律法规及监规，接受教育改造；
　　（三）积极参加思想、文化、职业技术教育；
　　（四）积极参加劳动，努力完成劳动任务。

对职务犯罪、破坏金融管理秩序和金融诈骗犯罪、组织（领导、参加、包庇、纵容）黑社会性质组织犯罪等罪犯，不积极退赃、协助追缴赃款赃物、赔偿损失，或者服刑期间利用个人影响力和社会关系等不正当手段意图获得减刑、假释的，不认定其"确有悔改表现"。

罪犯在刑罚执行期间的申诉权利应当依法保护，对其正当申诉不能不加分析地认为是不认罪悔罪。

3. 第一款"没有再犯罪的危险"的认定

最高人民法院关于办理减刑、假释案件具体应用法律的规定（2017 年 1 月 1 日）

　　第二十二条　办理假释案件，认定"没有再犯罪的危险"，除符合刑法第八十一条规定的情形外，还应当根据犯罪的具体情节、原判刑罚情况，在刑罚执行中的一贯表现，罪犯的年龄、身体状况、性格特征，假释后生活来源以及监管条件等因素综合考虑。

4. 第一款"特殊情况"的认定

最高人民法院关于办理减刑、假释案件具体应用法律的规定（2017年1月1日）

第二十四条 刑法第八十一条第一款规定的"特殊情况"，是指有国家政治、国防、外交等方面特殊需要的情况。

5. 第二款"暴力性犯罪"的认定

最高人民法院研究室关于假释时间效力法律适用问题的答复（2011年7月15日）

二、经《中华人民共和国刑法修正案（八）》修正前刑法第八十一条第二款规定的"暴力性犯罪"，不仅包括杀人、爆炸、抢劫、强奸、绑架五种，也包括故意伤害等其他暴力性犯罪。

6. 假释的刑期条件

最高人民法院关于办理减刑、假释案件具体应用法律的规定（2017年1月1日）

第二十三条 被判处有期徒刑的罪犯假释时，执行原判刑期二分之一的时间，应当从判决执行之日起计算，判决执行以前先行羁押的，羁押一日折抵刑期一日。

被判处无期徒刑的罪犯假释时，刑法中关于实际执行刑期不得少于十三年的时间，应当从判决生效之日起计算。判决生效以前先行羁押的时间不予折抵。

第四十条第一款 本规定所称"判决执行之日"，是指罪犯实际送交刑罚执行机关之日。

7. 对部分罪犯适用假释时可以从宽掌握

最高人民法院关于办理减刑、假释案件具体应用法律的规定（2017年1月1日）

第二十六条 对下列罪犯适用假释时可以依法从宽掌握：

（一）过失犯罪的罪犯、中止犯罪的罪犯、被胁迫参加犯罪的罪犯；

（二）因防卫过当或者紧急避险过当而被判处有期徒刑以上刑罚的罪犯；

（三）犯罪时未满十八周岁的罪犯；

（四）基本丧失劳动能力、生活难以自理，假释后生活确有着落的老年罪犯、患严重疾病罪犯或者身体残疾罪犯；

（五）服刑期间改造表现特别突出的罪犯；

（六）具有其他可以从宽假释情形的罪犯。

罪犯既符合法定减刑条件，又符合法定假释条件的，可以优先适用假释。

第三十一条 年满八十周岁、身患疾病或者生活难以自理、没有再犯罪危险的罪犯，既符合减刑条件，又符合假释条件的，优先适用假释；不符合假释条件的，参照本规定第二十条有关的规定从宽处理。

8. 不得假释的范围

最高人民法院关于办理减刑、假释案件具体应用法律的规定（2017 年 1 月 1 日）

第二十五条　对累犯以及因故意杀人、强奸、抢劫、绑架、放火、爆炸、投放危险物质或者有组织的暴力性犯罪被判处十年以上有期徒刑、无期徒刑的罪犯，不得假释。

因前款情形和犯罪被判处死刑缓期执行的罪犯，被减为无期徒刑、有期徒刑后，也不得假释。

第二十七条　对于生效裁判中有财产性判项，罪犯确有履行能力而不履行或者不全部履行的，不予假释。

第三十条　依照刑法第八十六条规定被撤销假释的罪犯，一般不得再假释。但依照该条第二款被撤销假释的罪犯，如果罪犯对漏罪曾作如实供述但原判未予认定，或者漏罪系其自首，符合假释条件的，可以再假释。

被撤销假释的罪犯，收监后符合减刑条件的，可以减刑，但减刑起始时间自收监之日起计算。

最高人民法院关于办理减刑、假释案件具体应用法律的补充规定（2019 年 6 月 1 日）

为准确把握宽严相济刑事政策，严格执行《最高人民法院关于办理减刑、假释案件具体应用法律的规定》，现对《中华人民共和国刑法修正案（九）》施行后，依照刑法分则第八章贪污贿赂罪判处刑罚的原具有国家工作人员身份的罪犯的减刑、假释补充规定如下：

第一条　对拒不认罪悔罪的，或者确有履行能力而不履行或者不全部履行生效裁判中财产性判项的，不予假释，一般不予减刑。

9. 减刑后又假释的时间间隔

最高人民法院关于办理减刑、假释案件具体应用法律的规定（2017 年 1 月 1 日）

第二十八条　罪犯减刑后又假释的，间隔时间不得少于一年；对一次减去一年以上有期徒刑后，决定假释的，间隔时间不得少于一年六个月。

罪犯减刑后余刑不足二年，决定假释的，可以适当缩短间隔时间。

10. 改判后假释裁定的处理

最高人民法院关于办理减刑、假释案件具体应用法律的规定（2017年1月1日）

第三十二条 人民法院按照审判监督程序重新审理的案件，裁定维持原判决、裁定的，原减刑、假释裁定继续有效。

再审裁判改变原判决、裁定的，原减刑、假释裁定自动失效，执行机关应当及时报请有管辖权的人民法院重新作出是否减刑、假释的裁定。重新作出减刑裁定时，不受本规定有关减刑起始时间、间隔时间和减刑幅度的限制。重新裁定时应综合考虑各方面因素，减刑幅度不得超过原裁定减去的刑期总和。

再审改判为死刑缓期执行或者无期徒刑的，在新判决减为有期徒刑之时，原判决已经实际执行的刑期一并扣减。

再审裁判宣告无罪的，原减刑、假释裁定自动失效。

11. 假释的时间效力问题

最高人民法院关于《中华人民共和国刑法修正案（八）》时间效力问题的解释（2011年5月1日）

第七条 2011年4月30日以前犯罪，被判处无期徒刑的罪犯，减刑以后或者假释前实际执行的刑期，适用修正前刑法第七十八条第二款、第八十一条第一款的规定。

第八条 2011年4月30日以前犯罪，因具有累犯情节或者系故意杀人、强奸、抢劫、绑架、放火、爆炸、投放危险物质或者有组织的暴力性犯罪并被判处十年以上有期徒刑、无期徒刑的犯罪分子，2011年5月1日以后仍在服刑的，能否假释，适用修正前刑法第八十一条第二款的规定；2011年4月30日以前犯罪，因其他暴力性犯罪被判处十年以上有期徒刑、无期徒刑的犯罪分子，2011年5月1日以后仍在服刑的，能否假释，适用修正后刑法第八十一条第二款、第三款的规定。

第八十二条 【假释程序】 对于犯罪分子的假释，依照本法第七十九条规定的程序进行。非经法定程序不得假释。

● 要点及关联法规

1. 参见【本章要点及关联法规】、【本节要点及关联法规】

2. 人民法院办理假释的程序

（参见第七十九条【要点及关联法规】2. 人民法院办理减刑的程序）

3. 人民检察院办理假释的程序

（参见第七十九条【要点及关联法规】3. 人民检察院办理减刑的程序）

> **第八十三条** 【假释的考验期限与计算】有期徒刑的假释考验期限，为没有执行完毕的刑期；无期徒刑的假释考验期限为十年。
>
> 假释考验期限，从假释之日起计算。

● 要点及关联法规

参见【本章要点及关联法规】、【本节要点及关联法规】

> **第八十四条** 【假释犯应遵守的规定】被宣告假释的犯罪分子，应当遵守下列规定：
>
> （一）遵守法律、行政法规，服从监督；
>
> （二）按照监督机关的规定报告自己的活动情况；
>
> （三）遵守监督机关关于会客的规定；
>
> （四）离开所居住的市、县或者迁居，应当报经监督机关批准。

● 要点及关联法规

参见【本章要点及关联法规】、【本节要点及关联法规】

> **第八十五条** 【社区矫正与假释考验合格的处理】对假释的犯罪分子，在假释考验期限内，依法实行社区矫正，如果没有本法第八十六条规定的情形，假释考验期满，就认为原判刑罚已经执行完毕，并公开予以宣告。

● 要点及关联法规

参见【本章要点及关联法规】、【本节要点及关联法规】

> **第八十六条** 【假释考验不合格的处理】被假释的犯罪分子，在假释考验期限内犯新罪，应当撤销假释，依照本法第七十一条的规定实行数罪并罚。
>
> 在假释考验期限内，发现被假释的犯罪分子在判决宣告以前还有其他罪没有判决的，应当撤销假释，依照本法第七十条的规定实行数罪并罚。
>
> 被假释的犯罪分子，在假释考验期限内，有违反法律、行政法规或者国务院有关部门关于假释的监督管理规定的行为，尚未构成新的犯罪的，应当依照法定程序撤销假释，收监执行未执行完毕的刑罚。

● 要点及关联法规

1. 参见【本章要点及关联法规】、【本节要点及关联法规】
2. 假释考验期内犯新罪、漏罪或者违反有关规定的处理

最高人民法院关于适用刑法时间效力规定若干问题的解释（1997年10月1日）

第九条 1997年9月30日以前被假释的犯罪分子，在1997年10月1日以后的假释考验期内，又犯新罪、被发出漏罪或者违反法律、行政法规或者国务院公安部门有关假释的监督管理规定的，适用刑法第八十六条的规定，撤销假释。

最高人民法院关于办理减刑、假释案件具体应用法律的规定（2017年1月1日）

第二十九条 罪犯在假释考验期内违反法律、行政法规或者国务院有关部门关于假释的监督管理规定的，作出假释裁定的人民法院，应当在收到报请机关或者检察机关撤销假释建议书后及时审查，作出是否撤销假释的裁定，并送达报请机关，同时抄送人民检察院、公安机关和原刑罚执行机关。

罪犯在逃的，撤销假释裁定书可以作为对罪犯进行追捕的依据。

第三十条　依照刑法第八十六条规定被撤销假释的罪犯，一般不得再假释。但依照该条第二款被撤销假释的罪犯，如果罪犯对漏罪曾作如实供述但原判未予认定，或者漏罪系其自首，符合假释条件的，可以再假释。

被撤销假释的罪犯，收监后符合减刑条件的，可以减刑，但减刑起始时间自收监之日起计算。

3. 在监狱内犯罪，假释期间被发现的处理

最高人民法院、最高人民检察院、公安部、司法部关于监狱办理刑事案件有关问题的规定（2014年8月11日）

三、罪犯在监狱内犯罪，假释期间被发现的，由审判新罪的人民法院撤销假释，并书面通知原裁定假释的人民法院和社区矫正机构。撤销假释的决定作出前，根据案件情况需要逮捕的，由人民检察院或者人民法院批准或者决定逮捕，公安机关执行逮捕，并将被逮捕人送监狱所在地看守所羁押，同时通知社区矫正机构。

刑满释放后被发现，需要逮捕的，由监狱提请人民检察院审查批准逮捕，公安机关执行逮捕后，将被逮捕人送监狱所在地看守所羁押。

第八节　时　效

第八十七条　【追诉期限】犯罪经过下列期限不再追诉：
（一）法定最高刑为不满五年有期徒刑的，经过五年；
（二）法定最高刑为五年以上不满十年有期徒刑的，经过十年；
（三）法定最高刑为十年以上有期徒刑的，经过十五年；
（四）法定最高刑为无期徒刑、死刑的，经过二十年。如果二十年以后认为必须追诉的，须报请最高人民检察院核准。

● 要点及关联法规

1. 参见【本章要点及关联法规】

2. 关于办理核准追诉案件的规定

最高人民检察院关于办理核准追诉案件若干问题的规定（2012年8月21日）

第三条　法定最高刑为无期徒刑、死刑的犯罪，已过二十年追诉期限的，不再追诉。如果认为必须追诉的，须报请最高人民检察院核准。

第四条　须报请最高人民检察院核准追诉的案件在核准之前，侦查机关可以依法对犯罪嫌疑人采取强制措施。

侦查机关报请核准追诉并提请逮捕犯罪嫌疑人，人民检察院经审查认为必须追诉而且符合法定逮捕条件的，可以依法批准逮捕，同时要求侦查机关在报请核准追诉期间不停止对案件的侦查。

未经最高人民检察院核准，不得对案件提起公诉。

第五条　报请核准追诉的案件应当同时符合下列条件：

（一）有证据证明存在犯罪事实，且犯罪事实是犯罪嫌疑人实施的；

（二）涉嫌犯罪的行为应当适用的法定量刑幅度的最高刑为无期徒刑或者死刑的；

（三）涉嫌犯罪的性质、情节和后果特别严重，虽然已过二十年追诉期限，但社会危害性和影响依然存在，不追诉会严重影响社会稳定或者产生其他严重后果，而必须追诉的；

（四）犯罪嫌疑人能够及时到案接受追诉的。

第六条　侦查机关报请核准追诉的案件，由同级人民检察院受理并层报最高人民检察院审查决定。

第十条　对已经批准逮捕的案件，侦查羁押期限届满不能做出是否核准追诉决定的，应当依法对犯罪嫌疑人变更强制措施或者延长侦查羁押期限。

第十一条　最高人民检察院决定核准追诉的案件，最初受理案件的人民检察院应当监督侦查机关及时开展侦查取证。

最高人民检察院决定不予核准追诉，侦查机关未及时撤销案件的，同级人民检察院应当予以监督纠正。犯罪嫌疑人在押的，应当立即释放。

第十二条　人民检察院直接立案侦查的案件报请最高人民检察院核准追诉的，参照本规定办理。

最高人民检察院人民检察院刑事诉讼规则（试行）（2013年1月1日）

第三百五十一条　法定最高刑为无期徒刑、死刑的犯罪，已过二十年追诉期限的，不再追诉。如果认为必须追诉的，须报请最高人民检察院核准。

第三百五十二条　须报请最高人民检察院核准追诉的案件，侦查机关在核准之前可以依法对犯罪嫌疑人采取强制措施。

侦查机关报请核准追诉并提请逮捕犯罪嫌疑人，人民检察院经审查认为必须追诉而且符合法定逮捕条件的，可以依法批准逮捕，同时要求侦查机关在报请核准追诉期间不得停止对案件的侦查。

未经最高人民检察院核准，不得对案件提起公诉。

第三百五十三条　报请核准追诉的案件应当同时符合下列条件：

（一）有证据证明存在犯罪事实，且犯罪事实是犯罪嫌疑人实施的；

（二）涉嫌犯罪的行为应当适用的法定量刑幅度的最高刑为无期徒刑或者死刑的；

（三）涉嫌犯罪的性质、情节和后果特别严重，虽然已过二十年追诉期限，但社会危害性和影响依然存在，不追诉会严重影响社会稳定或者产生其他严重后果，而必须追诉的；

（四）犯罪嫌疑人能够及时到案接受追诉的。

第三百五十四条　侦查机关报请核准追诉的案件，由同级人民检察院受理并层报最高人民检察院审查决定。

第三百五十五条　地方各级人民检察院对侦查机关报请核准追诉的案件，应当及时进行审查并开展必要的调查，经检察委员会审议提出是否同意核准追诉的意见，在受理案件后十日以内制作报请核准追诉案件报告书，连同案件材料一并层报最高人民检察院。

第三百五十六条　最高人民检察院收到省级人民检察院报送的报请核准追诉案件报告书及案件材料后，应当及时审查，必要时派人到案发地了解案件有关情况。经检察长批准或者检察委员会审议，应当在受理案件后一个月以内作出是否核准追诉的决定，特殊情况下可以延长十五日，并制作核准追诉决定书或者不予核准追诉决定书，逐级下达最初受理案件的人民检察院，送达报请核准追诉的侦查机关。

第三百五十七条　对已经批准逮捕的案件，侦查羁押期限届满不能做出是否核准追诉决定的，应当对犯罪嫌疑人变更强制措施或者延长侦查羁押期限。

第三百五十八条　最高人民检察院决定核准追诉的案件，最初受理案件的人民检察院应当监督侦查机关的侦查工作。

最高人民检察院决定不予核准追诉，侦查机关未及时撤销案件的，同级人民检察院应当予以监督纠正。犯罪嫌疑人在押的，应当立即释放。

第三百五十九条　人民检察院直接受理立案侦查的案件报请最高人民检察院核准追诉的，参照本节规定办理。

3. 不再追诉去台人员在特定历史时期的犯罪行为

最高人民法院、最高人民检察院关于不再追诉去台人员在中华人民共和国成立前的犯罪行为的公告（1988年3月14日）

台湾同胞来祖国大陆探亲旅游的日益增多。这对于促进海峡两岸"三通"和实现祖国和平统一大业将起到积极的作用。为此，对去台人员中在中华人民共和国成立前在大陆犯有罪行的，根据《中华人民共和国刑法》第七十六条①关于对犯罪追诉时效的规定的精神，决定对其当时所犯罪行不再追诉。

来祖国大陆的台湾同胞应遵守国家的法律，其探亲、旅游、贸易、投资等正当活动，均受法律保护。

最高人民法院、最高人民检察院关于不再追诉去台人员在中华人民共和国成立后当地人民政权建立前的犯罪行为的公告（1989年9月7日）

最高人民法院、最高人民检察院1988年3月14日《关于不再追诉去台人员在中华人民共和国成立前的犯罪行为的公告》发布以后，引起各方面的积极反响。为了进一步发展祖国大陆与台湾地区的经济、文化交流和人员往来，促进祖国和平统一大业，现根据《中华人民共和国刑法》的规定，再次公告如下：

一、对去台人员在中华人民共和国成立后，犯罪地地方人民政权建立前所犯历史罪行，不再追诉。

二、去台人员在中华人民共和国成立后、犯罪地地方人民政权建立前犯有罪行，并连续或继续到当地人民政权建立后的，追诉时限从犯罪行为终了之日起计算。凡符合《中华人民共和国刑法》第七十六条规定的，不再追诉。其中法定最高刑为无期徒刑、死刑的，经过二十年，也不再追诉。如果认为必须追诉的，由最高人民检察院核准。

三、对于去海外其他地方的人员在中华人民共和国成立前，或者在中华人民共和国成立后、犯罪地地方人民政权建立前所犯的罪行，分别按照最高人民法院、最高人民检察院《关于不再追诉去台人员在中华人民共和国成立前的犯罪行为的公告》精神和本公告第一条、第二条的规定办理。

4. 经过二十年追诉期限，是否予以追诉的审查

最高人民检察院关于印发最高人民检察院第六批指导性案例的通知（2015年7月3日）

马世龙（抢劫）核准追诉案（检例第20号）

---

① 编者注：1997年《刑法》第八十七条。

【要旨】故意杀人、抢劫、强奸、绑架、爆炸等严重危害社会治安的犯罪，经过二十年追诉期限，仍然严重影响人民群众安全感，被害方、案发地群众、基层组织等强烈要求追究犯罪嫌疑人刑事责任，不追诉可能影响社会稳定或者产生其他严重后果的，对犯罪嫌疑人应当追诉。

最高人民检察院关于印发最高人民检察院第六批指导性案例的通知（2015年7月3日）

丁国山等（故意伤害）核准追诉案（检例第21号）

【要旨】涉嫌犯罪情节恶劣、后果严重，并且犯罪后积极逃避侦查，经过二十年追诉期限，犯罪嫌疑人没有明显悔罪表现，也未通过赔礼道歉、赔偿损失等获得被害方谅解，犯罪造成的社会影响没有消失，不追诉可能影响社会稳定或者产生其他严重后果的，对犯罪嫌疑人应当追诉。

最高人民检察院关于印发最高人民检察院第六批指导性案例的通知（2015年7月3日）

杨菊云（故意杀人）不核准追诉案（检例第22号）

【要旨】1. 因婚姻家庭等民间矛盾激化引发的犯罪，经过二十年追诉期限，犯罪嫌疑人没有再犯罪危险性，被害人及其家属对犯罪嫌疑人表示谅解，不追诉有利于化解社会矛盾、恢复正常社会秩序，同时不会影响社会稳定或者产生其他严重后果的，对犯罪嫌疑人可以不再追诉。

2. 须报请最高人民检察院核准追诉的案件，侦查机关在核准之前可以依法对犯罪嫌疑人采取强制措施。侦查机关报请核准追诉并提请逮捕犯罪嫌疑人，人民检察院经审查认为必须追诉而且符合法定逮捕条件的，可以依法批准逮捕。

最高人民检察院关于印发最高人民检察院第六批指导性案例的通知（2015年7月3日）

蔡金星、陈国辉等（抢劫）不核准追诉案（检例第23号）

【要旨】1. 涉嫌犯罪已过二十年追诉期限，犯罪嫌疑人没有再犯罪危险性，并且通过赔礼道歉、赔偿损失等方式积极消除犯罪影响，被害方对犯罪嫌疑人表示谅解，犯罪破坏的社会秩序明显恢复，不追诉不会影响社会稳定或者产生其他严重后果的，对犯罪嫌疑人可以不再追诉。

2. 1997年9月30日以前实施的共同犯罪，已被司法机关采取强制措施的犯罪嫌疑人逃避侦查或者审判的，不受追诉期限限制。司法机关在追诉期限内未发现或者未采取强制措施的犯罪嫌疑人，应当受追诉期限限制；涉嫌犯罪应当适用的法定量刑幅度的最高刑为无期徒刑、死刑，犯罪行为发生二十年以后认为必须追诉的，须报请最高人民检察院核准。

5. 关于立案追诉后因法律司法解释修改导致追诉时效发生变化的案件法律适用问题

最高人民法院关于被告人林少钦受贿请示一案的答复（2017年2月13日）

追诉时效是依照法律规定对犯罪分子追究刑事责任的期限，在追诉时效期限内，司法机关应当依法追究犯罪分子刑事责任。对于法院正在审理的贪污贿赂案件，应当依据司法机关立案侦查时的法律规定认定追诉时效。依据立案侦查时的法律规定未过时效，且已经进入诉讼程序的案件，在新的法律规定生效后应当继续审理。

第八十八条　【不受追诉期限限制的情形】 在人民检察院、公安机关、国家安全机关立案侦查或者在人民法院受理案件以后，逃避侦查或者审判的，不受追诉期限的限制。

被害人在追诉期限内提出控告，人民法院、人民检察院、公安机关应当立案而不予立案的，不受追诉期限的限制。

● 要点及关联法规

1. 参见【本章要点及关联法规】

2. 公安部《关于刑事追诉期限有关问题的批复》（2000年10月25日）

陕西省公安厅：

你厅《关于刑事追诉期限有关问题的请示》（陕公法发〔2000〕29号）收悉。现批复如下：

根据从旧兼从轻原则，对1997年9月30日以前实施的犯罪行为，追诉期限问题应当适用1979年刑法第七十七条的规定，即在人民法院、人民检察院、公安机关采取强制措施以后逃避侦查或者审判的，不受追诉期限的限制。

第八十九条　【追诉期限的计算】 追诉期限从犯罪之日起计算；犯罪行为有连续或者继续状态的，从犯罪行为终了之日起计算。

在追诉期限以内又犯罪的，前罪追诉的期限从犯后罪之日起计算。

● 要点及关联法规

参见【本章要点及关联法规】

第五章　其他规定

第九十条　【民族自治地方对本法的变通、补充规定】民族自治地方不能全部适用本法规定的，可以由自治区或者省的人民代表大会根据当地民族的政治、经济、文化的特点和本法规定的基本原则，制定变通或者补充的规定，报请全国人民代表大会常务委员会批准施行。

第九十一条　【公共财产的含义】本法所称公共财产，是指下列财产：
（一）国有财产；
（二）劳动群众集体所有的财产；
（三）用于扶贫和其他公益事业的社会捐助或者专项基金的财产。
在国家机关、国有公司、企业、集体企业和人民团体管理、使用或者运输中的私人财产，以公共财产论。

第九十二条　【私有财产的含义】本法所称公民私人所有的财产，是指下列财产：
（一）公民的合法收入、储蓄、房屋和其他生活资料；
（二）依法归个人、家庭所有的生产资料；
（三）个体户和私营企业的合法财产；
（四）依法归个人所有的股份、股票、债券和其他财产。

> **第九十三条 【国家工作人员的含义】** 本法所称国家工作人员，是指国家机关中从事公务的人员。
>
> 国有公司、企业、事业单位、人民团体中从事公务的人员和国家机关、国有公司、企业、事业单位委派到非国有公司、企业、事业单位、社会团体从事公务的人员，以及其他依照法律从事公务的人员，以国家工作人员论。

● 要点及关联法规

1. 国家机关工作人员的认定

最高人民检察院对《关于中国证监会主体认定的请示》的答复函（2000年4月30日）

根据国办〔1998〕131号文件的规定，中国证券监督管理委员会为国务院直属事业单位，是全国证券期货市场的主管部门。其主要职责是统一管理证券期货市场，按规定对证券期货监管机构实行垂直领导，所以，它是具有行政职责的事业单位。据此，北京证券监督管理委员会干部应视同为国家机关工作人员。

最高人民检察院对《关于中国保险监督管理委员会主体认定的请示》的答复（2000年10月8日）

对于中国保险监督管理委员会可参照对国家机关的办法进行管理。据此，中国保险监督管理委员会干部应视同国家机关工作人员。

最高人民法院全国法院审理经济犯罪案件工作座谈会纪要（2003年11月13日）

一、关于贪污贿赂犯罪和渎职犯罪的主体

（一）国家机关工作人员的认定

刑法中所称的国家机关工作人员，是指在国家机关中从事公务的人员，包括在各级国家权力机关、行政机关、司法机关和军事机关中从事公务的人员。

根据有关立法解释的规定，在依照法律、法规规定行使国家行政管理职权的组织中从事公务的人员，或者在受国家机关委托代表国家行使职权的组织中从事公务的人员，或者虽未列入国家机关人员编制但在国家机关中从事公务的人员，视为国家机关工作人员。在乡（镇）以上中国共产党机关、人民政协机关中从事公务的人员，司法实践中也应当视为国家机关工作人员。

2. "以国家工作人员论"的情形

最高人民法院研究室关于国家工作人员在农村合作基金会兼职从事管理工作如何认定身份问题的答复（2000年6月29日）

国家工作人员自行到农村合作基金会兼职从事管理工作的，因其兼职工作与国家工作人员身份无关，应认定为农村合作基金会一般从业人员；国家机关、国有公司、企业、事业单位委派到农村合作基金会兼职从事管理工作的人员，以国家工作人员论。

最高人民法院全国法院审理经济犯罪案件工作座谈会纪要（2003年11月13日）

一、关于贪污贿赂犯罪和渎职犯罪的主体

（二）国家机关、国有公司、企业、事业单位委派到非国有公司、企业、事业单位、社会团体从事公务的人员的认定

所谓委派，即委任、派遣，其形式多种多样，如任命、指派、提名、批准等。不论被委派的人身份如何，只要是接受国家机关、国有公司、企业、事业单位委派，代表国家机关、国有公司、企业、事业单位在非国有公司、企业、事业单位、社会团体中从事组织、领导、监督、管理等工作，都可以认定为国家机关、国有公司、企业、事业单位委派到非国有公司、企业、事业单位、社会团体从事公务的人员。如国家机关、国有公司、企业、事业单位委派在国有控股或者参股的股份有限公司从事组织、领导、监督、管理等工作的人员，应当以国家工作人员论。国有公司、企业改制为股份有限公司后，原国有公司、企业的工作人员和股份有限公司新任命的人员中，除代表国有投资主体行使监督、管理职权的人外，不以国家工作人员论。

最高人民检察院法律政策研究室关于国家机关、国有公司、企业委派到非国有公司、企业从事公务但尚未依照规定程序获取该单位职务的人员是否适用刑法第九十三条第二款问题的答复（2004年11月3日）

对于国家机关、国有公司、企业委派到非国有公司、企业从事公务但尚未依照规定程序获取该单位职务的人员，涉嫌职务犯罪的，可以依照刑法第九十三条第二款关于"国家机关、国有公司、企业委派到非国有公司、企业、事业单位、社会团体从事公务的人员"，"以国家工作人员论"的规定追究刑事责任。

3. "其他依照法律从事公务的人员"的认定

全国人民代表大会常务委员会关于《中华人民共和国刑法》第九十三条第二款的解释（2009年8月27日）

全国人民代表大会常务委员会讨论了村民委员会等村基层组织人员在从事

哪些工作时属于刑法第九十三条第二款规定的"其他依照法律从事公务的人员",解释如下:

村民委员会等村基层组织人员协助人民政府从事下列行政管理工作,属于刑法第九十三条第二款规定的"其他依照法律从事公务的人员":

(一)救灾、抢险、防汛、优抚、扶贫、移民、救济款物的管理;

(二)社会捐助公益事业款物的管理;

(三)国有土地的经营和管理;

(四)土地征收、征用①补偿费用的管理;

(五)代征、代缴税款;

(六)有关计划生育、户籍、征兵工作;

(七)协助人民政府从事的其他行政管理工作。

村民委员会等村基层组织人员从事前款规定的公务,利用职务上的便利,非法占有公共财物、挪用公款、索取他人财物或者非法收受他人财物,构成犯罪的,适用刑法第三百八十二条和第三百八十三条贪污罪、第三百八十四条挪用公款罪、第三百八十五条和第三百八十六条受贿罪的规定。

最高人民检察院关于贯彻执行《全国人民代表大会常务委员会关于〈中华人民共和国刑法〉第九十三条第二款的解释》的通知(2000年6月5日)

三、各级检察机关在依法查处村民委员会等村基层组织人员贪污、受贿、挪用公款犯罪案件过程中,要根据《解释》和其他有关法律的规定,严格把握界限,准确认定村民委员会等村基层组织人员的职务活动是否属于协助人民政府从事《解释》所规定的行政管理工作,并正确把握刑法第三百八十二条、第三百八十三条贪污罪、第三百八十四条挪用公款罪和第三百八十五条、第三百八十六条受贿罪的构成要件。对村民委员会等村基层组织人员从事属于村民自治范围的经营、管理活动不能适用《解释》的规定。

最高人民检察院关于《全国人民代表大会常务委员会关于〈中华人民共和国刑法〉第九十三条第二款的解释》的时间效力的批复(2000年6月29日)

《全国人民代表大会常务委员会关于〈中华人民共和国刑法〉第九十三条第二款的解释》是对刑法第九十三条第二款关于"其他依照法律从事公务的人员"规定的进一步明确,并不是对刑法的修改。因此,该《解释》的效力适用于修订刑法的施行日期,其溯及力适用修订刑法第12条的规定。

---

① 编者注:2009年8月27日全国人大常委会《关于修改部分法律的决定》将原来的"征用"改为"征收、征用"。

最高人民法院全国法院审理经济犯罪案件工作座谈会纪要（2003年11月13日）
一、关于贪污贿赂犯罪和渎职犯罪的主体
（三）"其他依照法律从事公务的人员"的认定

刑法第九十三条第二款规定的"其他依照法律从事公务的人员"应当具有两个特征：一是在特定条件下行使国家管理职能；二是依照法律规定从事公务。具体包括：（1）依法履行职责的各级人民代表大会代表；（2）依法履行审判职责的人民陪审员；（3）协助乡镇人民政府、街道办事处从事行政管理工作的村民委员会、居民委员会等农村和城市基层组织人员；（4）其他由法律授权从事公务的人员。

4．"从事公务"的认定

最高人民法院全国法院审理经济犯罪案件工作座谈会纪要（2003年11月13日）
一、关于贪污贿赂犯罪和渎职罪的主体
（四）关于"从事公务"的理解

从事公务，是指代表国家机关、国有公司、企业事业单位、人民团体等履行组织、领导、监督、管理等职责。公务主要表现为与职权相联系的公共事务以及监督、管理国有财产的职务活动。如国家机关工作人员依法履行职责，国有公司的董事、经理、监事、会计、出纳人员等管理、监督国有财产等活动，属于从事公务。那些不具备职权内容的劳务活动、技术服务工作，如售货员、售票员等所从事的工作，一般不认为是公务。

第九十四条 【司法工作人员的含义】 本法所称司法工作人员，是指有侦查、检察、审判、监管职责的工作人员。

第九十五条 【重伤的含义】 本法所称重伤，是指有下列情形之一的伤害：

（一）使人肢体残废或者毁人容貌的；
（二）使人丧失听觉、视觉或者其他器官机能的；
（三）其他对于人身健康有重大伤害的。

> **第九十六条　【违反国家规定的含义】** 本法所称违反国家规定，是指违反全国人民代表大会及其常务委员会制定的法律和决定，国务院制定的行政法规、规定的行政措施、发布的决定和命令。

● 要点及关联法规

"国家规定"的认定

最高人民法院关于准确理解和适用刑法中"国家规定"的有关问题的通知
（2011年4月8日）

一、根据刑法第九十六条的规定，刑法中"国家规定"是指，全国人民代表大会及其常务委员会制定的法律和决定，国务院制定的行政法规、规定的行政措施、发布的决定和命令。其中，"国务院规定的行政措施"应当由国务院决定，通常以行政法规或者国务院制发文件的形式加以规定。以国务院办公厅名义制发的文件，符合以下条件的，亦应视为刑法中的"国家规定"：（1）有明确的法律依据或者同相关行政法规不相抵触；（2）经国务院常务会议讨论通过或者经国务院批准；（3）在国务院公报上公开发布。

二、各级人民法院在刑事审判工作中，对有关案件所涉及的"违反国家规定"的认定，要依照相关法律、行政法规及司法解释的规定准确把握。对于规定不明确的，要按照本通知的要求审慎认定。对于违反地方性法规、部门规章的行为，不得认定为"违反国家规定"。对被告人的行为是否"违反国家规定"存在争议的，应当作为法律适用问题，逐级向最高人民法院请示。

三、各级人民法院审理非法经营犯罪案件，要依法严格把握刑法第二百二十五条第（四）的适用范围。对被告人的行为是否属于刑法第二百二十五条第（四）规定的"其它严重扰乱市场秩序的非法经营行为"，有关司法解释未作明确规定的，应当作为法律适用问题，逐级向最高人民法院请示。

> **第九十七条　【首要分子的含义】** 本法所称首要分子，是指在犯罪集团或者聚众犯罪中起组织、策划、指挥作用的犯罪分子。

第九十八条 【告诉才处理的含义】 本法所称告诉才处理,是指被害人告诉才处理。如果被害人因受强制、威吓无法告诉的,人民检察院和被害人的近亲属也可以告诉。

第九十九条 【以上、以下、以内包括本数】 本法所称以上、以下、以内,包括本数。

第一百条 【前科报告制度】 依法受过刑事处罚的人,在入伍、就业的时候,应当如实向有关单位报告自己曾受过刑事处罚,不得隐瞒。

犯罪的时候不满十八周岁被判处五年有期徒刑以下刑罚的人,免除前款规定的报告义务。

● 要点及关联法规

1. 犯罪人员犯罪记录制度

最高人民法院、最高人民检察院、公安部、国家安全部、司法部关于建立犯罪人员犯罪记录制度的意见(2012 年 5 月 10 日)

犯罪记录是国家专门机关对犯罪人员情况的客观记载。犯罪记录制度是现代社会管理制度中的一项重要内容。为适应新时期经济社会发展的需要,进一步推进社会管理创新,维护社会稳定,促进社会和谐,现就建立我国犯罪人员犯罪记录制度提出如下意见。

一、建立犯罪人员犯罪记录制度的重要意义和基本要求

建立犯罪人员犯罪记录制度,对犯罪人员信息进行合理登记和有效管理,既有助于国家有关部门充分掌握与运用犯罪人员信息,适时制定和调整刑事政策及其他公共政策,改进和完善相关法律法规,有效防控犯罪,维护社会秩序,也有助于保障有犯罪记录的人的合法权利,帮助其顺利回归社会。

近年来,我国犯罪人员犯罪记录工作取得较大进展,有关部门为建立犯罪人员犯罪记录制度进行了积极探索。认真总结并推广其中的有益做法,在全国范围内开展犯罪人员信息的登记和管理工作,逐步建立和完善犯罪记录制度,

对司法工作服务大局，促进社会矛盾化解，推进社会管理机制创新，具有重要意义。

建立犯罪人员犯罪记录制度，开展有关犯罪记录的工作，要按照深入贯彻落实科学发展观和构建社会主义和谐社会的总体要求，在司法体制和工作机制改革的总体框架内，全面落实宽严相济刑事政策，促进社会和谐稳定，推动经济社会健康发展。要立足国情，充分考虑现阶段我国经济社会发展的状况和人民群众的思想观念，注意与现有法律法规和其他制度的衔接。要充分认识我国的犯罪记录制度以及有关工作尚处于起步阶段这一现状，抓住重点，逐步推进，确保此项工作能够稳妥、有序开展，为进一步完善我国犯罪记录制度，健全犯罪记录工作机制创造条件。

二、犯罪人员犯罪记录制度的主要内容

（一）建立犯罪人员信息库

为加强对犯罪人员信息的有效管理，依托政法机关现有网络和资源，由公安机关、国家安全机关、人民检察院、司法行政机关分别建立有关记录信息库，并实现互联互通，待条件成熟后建立全国统一的犯罪信息库。

犯罪人员信息登记机关录入的信息应当包括以下内容：犯罪人员的基本情况、检察机关（自诉人）和审判机关的名称、判决书编号、判决确定日期、罪名、所判处刑罚以及刑罚执行情况等。

（二）建立犯罪人员信息通报机制

人民法院应当及时将生效的刑事裁判文书以及其他有关信息通报犯罪人员信息登记机关。

监狱、看守所应当及时将《刑满释放人员通知书》寄送被释放人员户籍所在地犯罪人员信息登记机关。

县级司法行政机关应当及时将《社区服刑人员矫正期满通知书》寄送被解除矫正人员户籍所在地犯罪人员信息登记机关。

国家机关基于办案需要，向犯罪人员信息登记机关查询有关犯罪信息，有关机关应当予以配合。

（三）规范犯罪人员信息查询机制

公安机关、国家安全机关、人民检察院和司法行政机关分别负责受理、审核和处理有关犯罪记录的查询申请。

上述机关在向社会提供犯罪信息查询服务时，应当严格依照法律法规关于升学、入伍、就业等资格、条件的规定进行。

辩护律师为依法履行辩护职责，要求查询本案犯罪嫌疑人、被告人的犯罪记录的，应当允许，涉及未成年人的犯罪记录被执法机关依法封存的除外。

（四）建立未成年人犯罪记录封存制度

为深入贯彻落实党和国家对违法犯罪未成年人的"教育、感化、挽救"方针和"教育为主、惩罚为辅"原则，切实帮助失足青少年回归社会，根据刑事诉讼法的有关规定，结合我国未成年人保护工作的实际，建立未成年人轻罪犯罪记录封存制度，对于犯罪时不满十八周岁，被判处五年有期徒刑以下刑罚的未成年人的犯罪记录，应当予以封存。犯罪记录被封存后，不得向任何单位和个人提供，但司法机关为办案需要或者有关单位根据国家规定进行查询的除外。依法进行查询的单位，应当对被封存的犯罪记录的情况予以保密。

执法机关对未成年人的犯罪记录可以作为工作记录予以保存。

（五）明确违反规定处理犯罪人员信息的责任

负责提供犯罪人员信息的部门及其工作人员应当及时、准确地向犯罪人员信息登记机关提供有关信息。不按规定提供信息，或者故意提供虚假、伪造信息，情节严重或者造成严重后果的，应当依法追究相关人员的责任。

负责登记和管理犯罪人员信息的部门及其工作人员应当认真登记、妥善管理犯罪人员信息。不按规定登记犯罪人员信息、提供查询服务，或者违反规定泄露犯罪人员信息，情节严重或者造成严重后果的，应当依法追究相关人员的责任。

使用犯罪人员信息的单位和个人应当按照查询目的使用有关信息并对犯罪人员信息予以保密。不按规定使用犯罪人员信息，情节严重或者造成严重后果的，应当依法追究相关人员的责任。

三、扎实推进犯罪人员犯罪记录制度的建立与完善

犯罪记录制度是我国一项崭新的法律制度，在建立和实施过程中不可避免地会遇到各种各样的问题和困难，有关部门要高度重视，精心组织，认真实施，并结合自身工作的性质和特点，研究制定具体实施办法或实施细则，循序渐进，在实践中不断健全、完善，确保取得实效。

犯罪记录制度的建立是一个系统工程，各有关部门要加强协调，互相配合，处理好在工作起步以及推进中可能遇到的各种问题。要充分利用政法网以及各部门现有的网络基础设施，逐步实现犯罪人员信息的网上录入、查询和文件流转，实现犯罪人员信息的共享。要处理好犯罪人员信息与被劳动教养、治安管理处罚、不起诉人员信息以及其他信息库之间的关系。要及时总结，适时调整工作思路和方法，保障犯罪记录工作的顺利展开，推动我国犯罪记录制度的发展与完善。

2. 未成年人刑事案件中的犯罪记录封存制度

刑事诉讼法（2018年10月26日）

第二百八十六条　犯罪的时候不满十八周岁，被判处五年有期徒刑以下刑罚的，应当对相关犯罪记录予以封存。

犯罪记录被封存的，不得向任何单位和个人提供，但司法机关为办案需要或者有关单位根据国家规定进行查询的除外。依法进行查询的单位，应当对被封存的犯罪记录的情况予以保密。

最高人民检察院未成年人刑事检察工作指引（试行）（2017年3月2日）

第八十二条　对于犯罪时不满十八周岁，被判处五年有期徒刑以下刑罚以及免除刑事处罚的未成年人的犯罪记录，人民检察院应当在收到人民法院生效判决后，对犯罪记录予以封存。

对于犯罪记录封存的未成年人，人民检察院应当告知其在入学、入伍、就业时，免除报告自己曾受过刑事处罚的义务。

对于二审案件，上级人民检察院封存犯罪记录时，应当通知下级人民检察院对相关犯罪记录予以封存。

对于在年满十八周岁前后实施数个行为，构成一罪或者数罪，被判处五年有期徒刑以下刑罚的以及免除刑事处罚的未成年人的犯罪记录，人民检察院可以不适用犯罪记录封存规定。

第八十三条　人民检察院应当将拟封存的有关未成年人个人信息、涉嫌犯罪或者犯罪的全部案卷、材料，均装订成册，加盖"封存"字样印章后，交由档案部门统一加密保存，执行严格的保管制度，不予公开，并应在相关电子信息系统中加设封存模块，实行专门的管理及查询制度。未经法定查询程序，不得对封存的犯罪记录及相关电子信息进行查询。

有条件的地方可以建立专门的未成年人犯罪档案库或者管理区，封存相关档案。

第八十四条　对于未分案处理的未成年人与成年人共同犯罪案件中有未成年人涉罪记录需要封存的，应当将全案卷宗等材料予以封存。分案处理的，在封存未成年人材料的同时，应当在未封存的成年人卷宗封皮标注"含犯罪记录封存信息"，并对相关信息采取必要保密措施。

对不符合封存条件的其他未成年人、成年人犯罪记录，应当依照相关规定录入全国违法犯罪人员信息系统。

第八十五条　未成年人犯罪记录封存后，没有法定事由、未经法定程序不得解封。

除司法机关为办案需要或者有关单位根据国家规定进行查询的以外,人民检察院不得向任何单位和个人提供封存的犯罪记录,并不得提供未成年人有犯罪记录的证明。

前款所称国家规定,是指全国人民代表大会及其常务委员会制定的法律和决定,国务院制定的行政法规、规定的行政措施、发布的决定和命令。

第八十六条　人民检察院对未成年犯罪嫌疑人作出不起诉决定后,应当对相关记录予以封存。具体程序参照本指引第八十二条至八十五条规定办理。

第八十七条　其他民事、行政与刑事案件,因案件需要使用被封存的未成年人犯罪记录信息的,应当在相关卷宗中标明"含犯罪记录封存信息",并对相关信息采取必要保密措施。

第八十八条　被封存犯罪记录的未成年人本人或者其法定代理人申请为其出具无犯罪记录证明的,人民检察院应当出具无犯罪记录的证明。如需要协调公安机关、人民法院为其出具无犯罪记录证明的,人民检察院应当积极予以协助。

第八十九条　司法机关或者有关单位需要查询犯罪记录的,应当向封存犯罪记录的人民检察院提出书面申请,列明查询理由、依据和目的,人民检察院应当在受理之后七日内作出是否许可的答复。

对司法机关为办理案件需要申请查询的,可以依法允许其查阅、摘抄、复制相关案卷材料和电子信息。

其他单位查询人民检察院不起诉决定的,应当不许可查询。

依法不许可查询的,人民检察院应当向查询单位出具不许可查询决定书,并说明理由。

许可查询的,查询后,档案管理部门应当登记相关查询情况,并按照档案管理规定将有关申请、审批材料一同存入卷宗归档保存。

第九十条　确需查询已封存的共同犯罪记录中成年同案犯或者被判处五年有期徒刑以上刑罚未成年同案犯犯罪信息的,人民检察院可以参照本指引第八十九条的规定履行相关程序。

第九十一条　对于许可查询被封存的未成年人犯罪记录的,人民检察院应当告知查询犯罪记录的单位及相关人员严格按照查询目的和使用范围使用有关信息,严格遵守保密义务,并要求其签署保密承诺书。不按规定使用所查询的犯罪记录或者违反规定泄露相关信息,情节严重或者造成严重后果的,应当依法追究相关人员的责任。

第九十二条　对被封存犯罪记录的未成年人，符合下列条件之一的，应当对其犯罪记录解除封存：

（一）实施新的犯罪，且新罪与封存记录之罪数罪并罚后被决定执行五年有期徒刑以上刑罚的；

（二）发现漏罪，且漏罪与封存记录之罪数罪并罚后被决定执行五年有期徒刑以上刑罚的。

第九十三条　未成年人及其法定代理人向人民检察院提出或者人民检察院发现应当封存未成年人犯罪记录而未依法封存的，或者相关单位违法出具未成年人有犯罪记录的证明的，人民检察院应当依法履行法律监督职责，提出纠正意见，督促相关部门依法落实未成年人犯罪记录封存制度。

第一百零一条　【总则的效力】本法总则适用于其他有刑罚规定的法律，但是其他法律有特别规定的除外。

第二编 分 则

第一章 危害国家安全罪

> **第一百零二条** 【背叛国家罪】勾结外国,危害中华人民共和国的主权、领土完整和安全的,处无期徒刑或者十年以上有期徒刑。
> 与境外机构、组织、个人相勾结,犯前款罪的,依照前款的规定处罚。

● 关联法条

第一百一十三条

> **第一百零三条** 【分裂国家罪】组织、策划、实施分裂国家、破坏国家统一的,对首要分子或者罪行重大的,处无期徒刑或者十年以上有期徒刑;对积极参加的,处三年以上十年以下有期徒刑;对其他参加的,处三年以下有期徒刑、拘役、管制或者剥夺政治权利。
> 【煽动分裂国家罪】煽动分裂国家、破坏国家统一的,处五年以下有期徒刑、拘役、管制或者剥夺政治权利;首要分子或者罪行重大的,处五年以上有期徒刑。

● 关联法条

第一百零六条、第一百一十三条

● 定罪

1. **利用互联网煽动分裂国家行为的定性**

全国人民代表大会常务委员会关于维护互联网安全的决定（2009年8月27日）

二、为了维护国家安全和社会稳定，对有下列行为之一，构成犯罪的，依照刑法有关规定追究刑事责任：

（一）利用互联网造谣、诽谤或者发表、传播其他有害信息，煽动颠覆国家政权、推翻社会主义制度，或者煽动分裂国家、破坏国家统一；

……

2. **出版、印刷、复制、发行、传播载有煽动分裂国家内容出版物行为的定性**

最高人民法院关于审理非法出版物刑事案件具体应用法律若干问题的解释（1998年12月23日）

第一条 明知出版物中载有煽动分裂国家、破坏国家统一或者煽动颠覆国家政权、推翻社会主义制度的内容，而予以出版、印刷、复制、发行、传播的，依照刑法第一百零三条第二款或者第一百零五条第二款的规定，以煽动分裂国家罪或者煽动颠覆国家政权罪定罪处罚。

3. **利用突发传染病疫情等灾害，制造、传播谣言，煽动分裂国家行为的定性**

最高人民法院、最高人民检察院关于办理妨害预防、控制突发传染病疫情等灾害的刑事案件具体应用法律若干问题的解释（2003年5月15日）

第十条第二款 利用突发传染病疫情等灾害，制造、传播谣言，煽动分裂国家、破坏国家统一，或者煽动颠覆国家政权、推翻社会主义制度的，依照刑法第一百零三条第二款、第一百零五条第二款的规定，以煽动分裂国家罪或者煽动颠覆国家政权罪定罪处罚。

第十八条 本解释所称"突发传染病疫情等灾害"，是指突然发生，造成或者可能造成社会公众健康严重损害的重大传染病疫情、群体性不明原因疾病以及其他严重影响公众健康的灾害。

最高人民法院、最高人民检察院、公安部、司法部关于依法惩治妨害新型冠状病毒感染肺炎疫情防控违法犯罪的意见（2020年2月6日）

二、准确适用法律，依法严惩妨害疫情防控的各类违法犯罪

（六）依法严惩造谣传谣犯罪……利用新型冠状病毒感染肺炎疫情，制造、

传播谣言，煽动分裂国家、破坏国家统一，或者煽动颠覆国家政权、推翻社会主义制度的，依照刑法第一百零三条第二款、第一百零五条第二款的规定，以煽动分裂国家罪或者煽动颠覆国家政权罪定罪处罚……对虚假疫情信息案件，要依法、精准、恰当处置。对恶意编造虚假疫情信息，制造社会恐慌，挑动社会情绪，扰乱公共秩序，特别是恶意攻击党和政府，借机煽动颠覆国家政权、推翻社会主义制度的，要依法严惩。对于因轻信而传播虚假信息，危害不大的，不以犯罪论处。

> **第一百零四条　【武装叛乱、暴乱罪】** 组织、策划、实施武装叛乱或者武装暴乱的，对首要分子或者罪行重大的，处无期徒刑或者十年以上有期徒刑；对积极参加的，处三年以上十年以下有期徒刑；对其他参加的，处三年以下有期徒刑、拘役、管制或者剥夺政治权利。
>
> 策动、胁迫、勾引、收买国家机关工作人员、武装部队人员、人民警察、民兵进行武装叛乱或者武装暴乱的，依照前款的规定从重处罚。

● 关联法条

第一百零六条、第一百一十三条

> **第一百零五条　【颠覆国家政权罪】** 组织、策划、实施颠覆国家政权、推翻社会主义制度的，对首要分子或者罪行重大的，处无期徒刑或者十年以上有期徒刑；对积极参加的，处三年以上十年以下有期徒刑；对其他参加的，处三年以下有期徒刑、拘役、管制或者剥夺政治权利。
>
> **【煽动颠覆国家政权罪】** 以造谣、诽谤或者其他方式煽动颠覆国家政权、推翻社会主义制度的，处五年以下有期徒刑、拘役、管制或者剥夺政治权利；首要分子或者罪行重大的，处五年以上有期徒刑。

● 关联法条

第一百零六条

● 定罪

1. **利用互联网煽动颠覆国家政权行为的定性**

（参见第一百零三条【定罪】1. 利用互联网煽动分裂国家行为的定性）

2. **出版、印刷、复制、发行、传播载有煽动颠覆国家政权内容出版物行为的定性**

（参见第一百零三条【定罪】2. 出版、印刷、复制、发行、传播载有煽动分裂国家内容出版物行为的定性）

3. **利用突发传染病疫情等灾害，制造、传播谣言，煽动颠覆国家政权行为的定性**

（参见第一百零三条【定罪】3. 利用突发传染病疫情等灾害，制造、传播谣言，煽动分裂国家行为的定性）

第一百零六条 【与境外勾结的处罚规定】与境外机构、组织、个人相勾结，实施本章第一百零三条、第一百零四条、第一百零五条规定之罪的，依照各该条的规定从重处罚。

第一百零七条 【资助危害国家安全犯罪活动罪】境内外机构、组织或者个人资助实施本章第一百零二条、第一百零三条、第一百零四条、第一百零五条规定之罪的，对直接责任人员，处五年以下有期徒刑、拘役、管制或者剥夺政治权利；情节严重的，处五年以上有期徒刑。

第一百零八条 【投敌叛变罪】投敌叛变的，处三年以上十年以下有期徒刑；情节严重或者带领武装部队人员、人民警察、民兵投敌叛变的，处十年以上有期徒刑或者无期徒刑。

分则 | 第一章 危害国家安全罪

● 关联法条

第一百一十三条

> **第一百零九条** 【叛逃罪】国家机关工作人员在履行公务期间,擅离岗位,叛逃境外或者在境外叛逃的,处五年以下有期徒刑、拘役、管制或者剥夺政治权利;情节严重的,处五年以上十年以下有期徒刑。
>
> 掌握国家秘密的国家工作人员叛逃境外或者在境外叛逃的,依照前款的规定从重处罚。

> **第一百一十条** 【间谍罪】有下列间谍行为之一,危害国家安全的,处十年以上有期徒刑或者无期徒刑;情节较轻的,处三年以上十年以下有期徒刑:
> (一)参加间谍组织或者接受间谍组织及其代理人的任务的;
> (二)为敌人指示轰击目标的。

● 关联法条

第一百一十三条

● 定罪

1. 境外主体参与间谍行为的定性

反间谍法(2014年11月1日)

第二十七条第一款 境外机构、组织、个人实施或者指使、资助他人实施,或者境内机构、组织、个人与境外机构、组织、个人相勾结实施间谍行为,构成犯罪的,依法追究刑事责任。

2. 罪与非罪

反间谍法（2014 年 11 月 1 日）

第二十八条　在境外受胁迫或者受诱骗参加敌对组织、间谍组织，从事危害中华人民共和国国家安全的活动，及时向中华人民共和国驻外机构如实说明情况，或者入境后直接或者通过所在单位及时向国家安全机关、公安机关如实说明情况，并有悔改表现的，可以不予追究。

● 量刑

实施间谍行为，有自首、立功情节的处罚

反间谍法（2014 年 11 月 1 日）

第二十七条第二款　实施间谍行为，有自首或者立功表现的，可以从轻、减轻或者免除处罚；有重大立功表现的，给予奖励。

第一百一十一条　【为境外窃取、刺探、收买、非法提供国家秘密、情报罪】为境外的机构、组织、人员窃取、刺探、收买、非法提供国家秘密或者情报的，处五年以上十年以下有期徒刑；情节特别严重的，处十年以上有期徒刑或者无期徒刑；情节较轻的，处五年以下有期徒刑、拘役、管制或者剥夺政治权利。

● 关联法条

第一百一十三条

● 定罪

1. "国家秘密""情报"的认定、鉴定

最高人民法院关于审理为境外窃取、刺探、收买、非法提供国家秘密、情报案件具体应用法律若干问题的解释（2001 年 1 月 22 日）

第一条　刑法第一百一十一条规定的"国家秘密"，是指《中华人民共和国保守国家秘密法》第二条、第八条①以及《中华人民共和国保守国家秘密法实施办法》② 第四条确定的事项。

刑法第一百一十一条规定的"情报",是指关系国家安全和利益、尚未公开或者依照有关规定不应公开的事项。

对为境外机构、组织、人员窃取、刺探、收买、非法提供国家秘密之外的情报的行为,以为境外窃取、刺探、收买、非法提供情报罪定罪处罚。

第七条　审理为境外窃取、刺探、收买、非法提供国家秘密案件,需要对有关事项是否属于国家秘密以及属于何种密级进行鉴定的,由国家保密工作部门或者省、自治区、直辖市保密工作部门鉴定。

最高人民法院、国家保密局关于执行《关于审理为境外窃取、刺探、收买、非法提供国家秘密、情报案件具体应用法律若干问题的解释》有关问题的通知(2001年8月22日)

人民法院审理为境外窃取、刺探、收买、非法提供情报案件,需要对有关事项是否属于情报进行鉴定的,由国家保密工作部门或者省、自治区、直辖市保密工作部门鉴定。

2. "情节特别严重"、一般情节、"情节较轻"的认定

最高人民法院关于审理为境外窃取、刺探、收买、非法提供国家秘密、情报案件具体应用法律若干问题的解释(2001年1月22日)

第二条　为境外窃取、刺探、收买、非法提供国家秘密或者情报,具有下列情形之一的,属于"情节特别严重",处十年以上有期徒刑、无期徒刑,可以并处没收财产:

(一)为境外窃取、刺探、收买、非法提供绝密级国家秘密的;

(二)为境外窃取、刺探、收买、非法提供三项以上机密级国家秘密的;

(三)为境外窃取、刺探、收买、非法提供国家秘密或者情报,对国家安全和利益造成其他特别严重损害的。

实施前款行为,对国家和人民危害特别严重、情节特别恶劣的,可以判处死刑,并处没收财产。

第三条　为境外窃取、刺探、收买、非法提供国家秘密或者情报,具有下列情形之一的,处五年以上十年以下有期徒刑,可以并处没收财产:

---

① 编者注:现为2010年修订后的《保守国家秘密法》第九条。
② 编者注:该办法已废止。

（一）为境外窃取、刺探、收买、非法提供机密级国家秘密的；

（二）为境外窃取、刺探、收买、非法提供三项以上秘密级国家秘密的；

（三）为境外窃取、刺探、收买、非法提供国家秘密或者情报，对国家安全和利益造成其他严重损害的。

第四条 为境外窃取、刺探、收买、非法提供秘密级国家秘密或者情报，属于"情节较轻"，处五年以下有期徒刑、拘役、管制或者剥夺政治权利，可以并处没收财产。

3. 窃取、刺探、收买、非法提供没有标明密级事项行为的定性

最高人民法院关于审理为境外窃取、刺探、收买、非法提供国家秘密、情报案件具体应用法律若干问题的解释（2001年1月22日）

第五条 行为人知道或者应当知道没有标明密级的事项关系国家安全和利益，而为境外窃取、刺探、收买、非法提供的，依照刑法第一百一十一条的规定以为境外窃取、刺探、收买、非法提供国家秘密罪定罪处罚。

4. 通过互联网为境外提供国家秘密、情报行为的定性

全国人民代表大会常务委员会关于维护互联网安全的决定（2009年8月27日）

二、为了维护国家安全和社会稳定，对有下列行为之一，构成犯罪的，依照刑法有关规定追究刑事责任：

……

（二）通过互联网窃取、泄露国家秘密、情报或者军事秘密；

……

最高人民法院关于审理为境外窃取、刺探、收买、非法提供国家秘密、情报案件具体应用法律若干问题的解释（2001年1月22日）

第六条 通过互联网将国家秘密或者情报非法发送给境外的机构、组织、个人的，依照刑法第一百一十一条的规定定罪处罚；将国家秘密通过互联网予以发布，情节严重的，依照刑法第三百九十八条的规定定罪处罚。

第一百一十二条 【资敌罪】 战时供给敌人武器装备、军用物资资敌的，处十年以上有期徒刑或者无期徒刑；情节较轻的，处三年以上十年以下有期徒刑。

● 关联法条

第一百一十三条

> 第一百一十三条 【本章之罪适用死刑、没收财产的规定】本章上述危害国家安全罪行中,除第一百零三条第二款、第一百零五条、第一百零七条、第一百零九条外,对国家和人民危害特别严重、情节特别恶劣的,可以判处死刑。
> 犯本章之罪的,可以并处没收财产。

第二章 危害公共安全罪

> 第一百一十四条 【放火罪】【决水罪】【爆炸罪】【投放危险物质罪】【以危险方法危害公共安全罪】放火、决水、爆炸以及投放毒害性、放射性、传染病病原体等物质或者以其他危险方法危害公共安全,尚未造成严重后果的,处三年以上十年以下有期徒刑。

● 立案追诉标准

国家林业局、公安部关于森林和陆生野生动物刑事案件管辖及立案标准
(2001年5月9日)

一、森林公安机关管辖在其辖区内发生的刑法规定的下列森林和陆生野生动物刑事案件

(六)放火案件中,故意放火烧毁森林或者其他林木的案件(第一百四十一条、第一百一十五条第一款)。

二、森林和陆生野生动物刑事案件的立案标准

(六)放火案

凡故意放火造成森林或者其他林木火灾的都应当立案;过火有林地面积2

公顷以上为重大案件;过火有林地面积10公顷以上,或者致人重伤、死亡的,为特别重大案件。

● 定罪

1. 在预防、控制突发传染病疫情等灾害中危害公共安全行为的定性

最高人民法院、最高人民检察院关于办理妨害预防、控制突发传染病疫情等灾害的刑事案件具体应用法律若干问题的解释(2003年5月15日)

第一条 故意传播突发传染病病原体,危害公共安全的,依照刑法第一百一十四条、第一百一十五条第一款的规定,按照以危险方法危害公共安全罪定罪处罚。

患有突发传染病或者疑似突发传染病而拒绝接受检疫、强制隔离或者治疗,过失造成传染病传播,情节严重,危害公共安全的,依照刑法第一百一十五条第二款的规定,按照过失以危险方法危害公共安全罪定罪处罚。

第十八条 本解释所称"突发传染病疫情等灾害",是指突然发生,造成或者可能造成社会公众健康严重损害的重大传染病疫情、群体性不明原因疾病以及其他严重影响公众健康的灾害。

2. 在信访活动中危害公共安全行为的定性

公安部关于公安机关处置信访活动中违法犯罪行为适用法律的指导意见(2013年7月19日)

二、对危害公共安全违法犯罪行为的处理

1. 为制造社会影响、发泄不满情绪、实现个人诉求,驾驶机动车在公共场所任意冲闯,危害公共安全,符合《刑法》第一百一十四条、第一百一十五条第一款规定的,以以危险方法危害公共安全罪追究刑事责任。

4. 采取放火、爆炸或者以其他危险方法自伤、自残、自杀,危害公共安全,符合《刑法》第一百一十四条和第一百一十五条第一款规定的,以放火罪、爆炸罪、以危险方法危害公共安全罪追究刑事责任。

3. 邪教组织人员以自焚、自爆或者其他危险方法危害公共安全行为的定性

最高人民法院、最高人民检察院关于办理组织、利用邪教组织破坏法律实施等刑事案件适用法律若干问题的解释(2017年2月1日)

第十二条 邪教组织人员以自焚、自爆或者其他危险方法危害公共安全的,依照刑法第一百一十四条、第一百一十五条的规定,以放火罪、爆炸罪、以危险方法危害公共安全罪等定罪处罚。

4. 在公共交通工具行驶过程中,妨害安全驾驶行为的定性

最高人民法院、最高人民检察院、公安部关于依法惩治妨害公共交通工具安全驾驶违法犯罪行为的指导意见(2019年1月8日)①

一、准确认定行为性质,依法从严惩处妨害安全驾驶犯罪

(一)乘客在公共交通工具行驶过程中,抢夺方向盘、变速杆等操纵装置,殴打、拉拽驾驶人员,或者有其他妨害安全驾驶行为,危害公共安全,尚未造成严重后果的,依照刑法第一百一十四条的规定,以以危险方法危害公共安全罪定罪处罚;致人重伤、死亡或者使公私财产遭受重大损失的,依照刑法第一百一十五条第一款的规定,以以危险方法危害公共安全罪定罪处罚。

实施前款规定的行为,具有以下情形之一的,从重处罚:

1. 在夜间行驶或者恶劣天气条件下行驶的公共交通工具上实施的;

2. 在临水、临崖、急弯、陡坡、高速公路、高架道路、桥隧路段及其他易发生危险的路段实施的;

3. 在人员、车辆密集路段实施的;

4. 在实际载客10人以上或者时速60公里以上的公共交通工具上实施的;

5. 经他人劝告、阻拦后仍然继续实施的;

6. 持械袭击驾驶人员的;

7. 其他严重妨害安全驾驶的行为。

实施上述行为,即使尚未造成严重后果,一般也不得适用缓刑。

(二)乘客在公共交通工具行驶过程中,随意殴打其他乘客,追逐、辱骂他人,或者起哄闹事,妨害公共交通工具运营秩序,符合刑法第二百九十三条规定的,以寻衅滋事罪定罪处罚;妨害公共交通工具安全行驶,危害公共安全的,依照刑法第一百一十四条、第一百一十五条第一款的规定,以以危险方法危害公共安全罪定罪处罚。

(三)驾驶人员在公共交通工具行驶过程中,与乘客发生纷争后违规操作或者擅离职守,与乘客厮打、互殴,危害公共安全,尚未造成严重后果的,依照

---

① 编者注:理解适用时应当注意与《刑法修正案(十一)》增加的第一百三十三条之二的关系。

刑法第一百一十四条的规定，以以危险方法危害公共安全罪定罪处罚；致人重伤、死亡或者使公私财产遭受重大损失的，依照刑法第一百一十五条第一款的规定，以以危险方法危害公共安全罪定罪处罚。

（七）本意见所称公共交通工具，是指公共汽车、公路客运车，大、中型出租车等车辆。

5. 对妨害公共交通工具安全驾驶违法行为的正当防卫和紧急避险

最高人民法院、最高人民检察院、公安部关于依法惩治妨害公共交通工具安全驾驶违法犯罪行为的指导意见（2019年1月8日）

一、准确认定行为性质，依法从严惩处妨害安全驾驶犯罪

（四）对正在进行的妨害安全驾驶的违法犯罪行为，乘客等人员有权采取措施予以制止。制止行为造成违法犯罪行为人损害，符合法定条件的，应当认定为正当防卫。

（五）正在驾驶公共交通工具的驾驶人员遭到妨害安全驾驶行为侵害时，为避免公共交通工具倾覆或者人员伤亡等危害后果发生，采取紧急制动或者躲避措施，造成公共交通工具、交通设施损坏或者人身损害，符合法定条件的，应当认定为紧急避险。

（七）本意见所称公共交通工具，是指公共汽车、公路客运车，大、中型出租车等车辆。

6. 故意高空抛物，尚未造成严重后果的处理

最高人民法院关于依法妥善审理高空抛物、坠物案件的意见[①]（2019年10月21日）

二、依法惩处构成犯罪的高空抛物、坠物行为，切实维护人民群众生命财产安全

5. 准确认定高空抛物犯罪。对于高空抛物行为，应当根据行为人的动机、抛物场所、抛掷物的情况以及造成的后果等因素，全面考量行为的社会危害程度，准确判断行为性质，正确适用罪名，准确裁量刑罚。

故意从高空抛弃物品，尚未造成严重后果，但足以危害公共安全的，依照刑法第一百一十四条规定的以危险方法危害公共安全罪定罪处罚；致人重伤、

---

① 编者注：理解适用时应当注意与《刑法修正案（十一）》增加的第二百九十一条之二的关系。

死亡或者使公私财产遭受重大损失的,依照刑法第一百一十五条第一款的规定处罚。为伤害、杀害特定人员实施上述行为的,依照故意伤害罪、故意杀人罪定罪处罚。

6. 依法从重惩治高空抛物犯罪。具有下列情形之一的,应当从重处罚,一般不得适用缓刑:(1)多次实施的;(2)经劝阻仍继续实施的;(3)受过刑事处罚或者行政处罚后又实施的;(4)在人员密集场所实施的;(5)其他情节严重的情形。

7. 暴力袭警,危害公共安全尚未造成严重后果行为的定性

最高人民法院、最高人民检察院、公安部关于依法惩治袭警违法犯罪行为的指导意见(2020年1月10日)

三、驾车冲撞、碾轧、拖拽、刮蹭民警,或者挤别、碰撞正在执行职务的警用车辆,危害公共安全或者民警生命、健康安全,符合刑法第一百一十四条、第一百一十五条、第二百三十二条、第二百三十四条规定的,应当以危险方法危害公共安全罪、故意杀人罪或者故意伤害罪定罪,酌情从重处罚……

8. 故意传播新型冠状病毒感染肺炎病原体,危害公共安全行为的定性

最高人民法院、最高人民检察院、公安部、司法部关于依法惩治妨害新型冠状病毒感染肺炎疫情防控违法犯罪的意见(2020年2月6日)

二、准确适用法律,依法严惩妨害疫情防控的各类违法犯罪

(一)依法严惩抗拒疫情防控措施犯罪。故意传播新型冠状病毒感染肺炎病原体,具有下列情形之一,危害公共安全的,依照刑法第一百一十四条、第一百一十五条第一款的规定,以危险方法危害公共安全罪定罪处罚:

1. 已经确诊的新型冠状病毒感染肺炎病人、病原携带者,拒绝隔离治疗或者隔离期未满擅自脱离隔离治疗,并进入公共场所或者公共交通工具的;

2. 新型冠状病毒感染肺炎疑似病人拒绝隔离治疗或者隔离期未满擅自脱离隔离治疗,并进入公共场所或者公共交通工具,造成新型冠状病毒传播的。

其他拒绝执行卫生防疫机构依照传染病防治法提出的防控措施,引起新型冠状病毒传播或者有传播严重危险的,依照刑法第三百三十条的规定,以妨害传染病防治罪定罪处罚……

(十)依法严惩妨害疫情防控的违法行为。实施上述(一)至(九)规定的行为,不构成犯罪的,由公安机关根据治安管理处罚法有关虚构事实扰乱公共秩序,扰乱单位秩序、公共场所秩序、寻衅滋事,拒不执行紧急状态下的决

定、命令，阻碍执行职务，冲闯警戒带、警戒区，殴打他人，故意伤害，侮辱他人，诈骗，在铁路沿线非法挖掘坑穴、采石取沙，盗窃、损毁路面公共设施，损毁铁路设施设备，故意损毁财物，哄抢公私财物等规定，予以治安管理处罚，或者由有关部门予以其他行政处罚。

对于在疫情防控期间实施有关违法犯罪的，要作为从重情节予以考量，依法体现从严的政策要求，有力惩治震慑违法犯罪，维护法律权威，维护社会秩序，维护人民群众生命安全和身体健康。

9. 盗窃、破坏公共场所的窨井盖，足以危害公共安全，尚未造成严重后果行为的定性

最高人民法院、最高人民检察院、公安部关于办理涉窨井盖相关刑事案件的指导意见（2020年3月16日）

二、盗窃、破坏人员密集往来的非机动车道、人行道以及车站、码头、公园、广场、学校、商业中心、厂区、社区、院落等生产生活、人员聚集场所的窨井盖，足以危害公共安全，尚未造成严重后果的，依照刑法第一百一十四条的规定，以危险方法危害公共安全罪定罪处罚；致人重伤、死亡或者使公私财产遭受重大损失的，依照刑法第一百一十五条第一款的规定处罚。

过失致人重伤、死亡或者使公私财产遭受重大损失的，依照刑法第一百一十五条第二款的规定，以过失以危险方法危害公共安全罪定罪处罚。

十二、本意见所称的"窨井盖"，包括城市、城乡结合部和乡村等地的窨井盖以及其他井盖。

第一百一十五条　【放火罪】【决水罪】【爆炸罪】【投放危险物质罪】【以危险方法危害公共安全罪】 放火、决水、爆炸以及投放毒害性、放射性、传染病病原体等物质或者以其他危险方法致人重伤、死亡或者使公私财产遭受重大损失的，处十年以上有期徒刑、无期徒刑或者死刑。

【失火罪】【过失决水罪】【过失爆炸罪】【过失投放危险物质罪】【过失以危险方法危害公共安全罪】 过失犯前款罪的，处三年以上七年以下有期徒刑；情节较轻的，处三年以下有期徒刑或者拘役。

● 关联法条

第九十五条

● 立案追诉标准

国家林业局、公安部关于森林和陆生野生动物刑事案件管辖及立案标准（2001年5月9日）

一、森林公安机关管辖在其辖区内发生的刑法规定的下列森林和陆生野生动物刑事案件

（七）失火案件中，过失烧毁森林或者其他林木的案件（第一百一十五条第二款）。

二、森林和陆生野生动物刑事案件的立案标准

（七）失火案

失火造成森林火灾，过火有林地面积2公顷以上，或者致人重伤、死亡的应当立案；过火有林地面积10公顷以上，或者致人死亡、重伤5人以上的为重大案件；过火有林地面积50公顷以上，或者死亡2人以上的为特别重大案件。

最高人民检察院、公安部关于公安机关管辖的刑事案件立案追诉标准的规定（一）（2008年6月25日）

第一条［失火案（刑法第一百一十五条第二款）］ 过失引起火灾，涉嫌下列情形之一的，应予立案追诉：

（一）造成死亡一人以上，或者重伤三人以上的；

（二）造成公共财产或者他人财产直接经济损失五十万元以上的；

（三）造成十户以上家庭的房屋以及其他基本生活资料烧毁的；

（四）造成森林火灾，过火有林地面积二公顷以上，或者过火疏林地、灌木林地、未成林地、苗圃地面积四公顷以上的；

（五）其他造成严重后果的情形。

本条和本规定第十五条规定的"有林地"、"疏林地"、"灌木林地"、"未成林地"、"苗圃地"，按照国家林业主管部门的有关规定确定。

● 定罪

1. 故意高空抛物，致人重伤、死亡或者使公私财产遭受重大损失的处理

（参见第一百一十四条【定罪】6. 故意高空抛物，尚未造成严重后果的处理）

2. 暴力袭警，危害公共安全造成严重后果行为的定性

（参见第一百一十四条【定罪】7. 暴力袭警，危害公共安全尚未造成严重后果行为的定性）

3. 故意传播新型冠状病毒感染肺炎病原体，危害公共安全行为的定性

（参见第一百一十四条【定罪】8. 故意传播新型冠状病毒感染肺炎病原体，危害公共安全行为的定性）

4. 盗窃、破坏公共场所的窨井盖，足以危害公共安全，致人伤亡或使公私财产遭受重大损失行为的定性

（参见第一百一十四条【定罪】9. 盗窃、破坏公共场所的窨井盖，足以危害公共安全，尚未造成严重后果行为的定性）

● 量刑

醉酒驾车危害公共安全，造成重大伤亡行为的量刑

最高人民法院关于印发醉酒驾车犯罪法律适用问题指导意见及相关典型案例的通知（2009年9月11日）

一、准确适用法律，依法严惩醉酒驾车犯罪

刑法规定，醉酒的人犯罪，应当负刑事责任。行为人明知酒后驾车违法、醉酒驾车会危害公共安全，却无视法律醉酒驾车，特别是在肇事后继续驾车冲撞，造成重大伤亡，说明行为人主观上对持续发生的危害结果持放任态度，具有危害公共安全的故意。对此类醉酒驾车造成重大伤亡的，应依法以危险方法危害公共安全罪定罪。

2009年9月8日公布的两起醉酒驾车犯罪案件中，被告人黎景全和被告人孙伟铭都是在严重醉酒状态下驾车肇事，连续冲撞，造成重大伤亡。其中，黎景全驾车肇事后，不顾伤者及劝阻他的众多村民的安危，继续驾车行驶，致2

人死亡，1 人轻伤；孙伟铭长期无证驾驶，多次违反交通法规，在醉酒驾车与其他车辆追尾后，为逃逸继续驾车超限速行驶，先后与 4 辆正常行驶的轿车相撞，造成 4 人死亡、1 人重伤。被告人黎景全和被告人孙伟铭在醉酒驾车发生交通事故后，继续驾车冲撞行驶，其主观上对他人伤亡的危害结果明显持放任态度，具有危害公共安全的故意。二被告人的行为均已构成以危险方法危害公共安全罪。

二、贯彻宽严相济刑事政策，适当裁量刑罚

根据刑法第一百一十五条第一款的规定，醉酒驾车，放任危害结果发生，造成重大伤亡事故，构成以危险方法危害公共安全罪的，应处以十年以上有期徒刑、无期徒刑或者死刑。具体决定对被告人的刑罚时，要综合考虑此类犯罪的性质、被告人的犯罪情节、危害后果及其主观恶性、人身危险性。一般情况下，醉酒驾车构成本罪的，行为人在主观上并不希望、也不追求危害结果的发生，属于间接故意犯罪，行为的主观恶性与以制造事端为目的而恶意驾车撞人并造成重大伤亡后果的直接故意犯罪有所不同，因此，在决定刑罚时，也应当有所区别。此外，醉酒状态下驾车，行为人的辨认和控制能力实际有所减弱，量刑时也应酌情考虑。

被告人黎景全和被告人孙伟铭醉酒驾车犯罪案件，依法没有适用死刑，而是分别判处无期徒刑，主要考虑到二被告人均系间接故意犯罪，与直接故意犯罪相比，主观恶性不是很深，人身危险性不是很大；犯罪时驾驶车辆的控制能力有所减弱；归案后认罪、悔罪态度较好，积极赔偿被害方的经济损失，一定程度上获得了被害方的谅解。广东省高级人民法院和四川省高级人民法院的终审裁判对二被告人的量刑是适当的。

三、统一法律适用，充分发挥司法审判职能作用

为依法严肃处理醉酒驾车犯罪案件，遏制酒后和醉酒驾车对公共安全造成的严重危害，警示、教育潜在违规驾驶人员，今后，对醉酒驾车，放任危害结果的发生，造成重大伤亡的，一律按照本意见规定，并参照附发的典型案例，依法以以危险方法危害公共安全罪定罪量刑。

为维护生效裁判的既判力，稳定社会关系，对于此前已经处理过的将特定情形的醉酒驾车认定为交通肇事罪的案件，应维持终审裁判，不再变动。

附：有关醉酒驾车犯罪案例

一、被告人黎景全以危险方法危害公共安全案

被告人黎景全，男，汉族，1964 年 4 月 30 日生于广东省佛山市，初中文化，佛山市个体运输司机。1981 年 12 月 11 日因犯抢劫罪、故意伤害罪被判处有期徒刑四年六个月。2006 年 9 月 17 日因本案被刑事拘留，同月 28 日被逮捕。

2006 年 9 月 16 日 18 时 50 分许，被告人黎景全大量饮酒后，驾驶车牌号为

粤A1J374的面包车由南向北行驶至广东省佛山市南海区盐步碧华村新路治安亭附近路段时，从后面将骑自行车的被害人李洁霞及其搭乘的儿子陈柏宇撞倒，致陈柏宇轻伤。撞人后，黎景全继续开车前行，撞坏治安亭前的铁闸及旁边的柱子，又掉头由北往南向穗盐路方向快速行驶，车轮被卡在路边花地上。被害人梁锡全（系黎景全的好友）及其他村民上前救助伤者并劝阻黎景全，黎景全加大油门驾车冲出花地，碾过李洁霞后撞倒梁锡全，致李洁霞、梁锡全死亡。黎景全驾车驶出路面外被治安队员及民警抓获。经检验，黎景全案发时血液中检出乙醇成分，含量为369.9毫克/100毫升。

被告人黎景全在医院被约束至酒醒后，对作案具体过程无记忆，当得知自己撞死二人、撞伤一人时，十分懊悔。虽然其收入微薄，家庭生活困难，但仍多次表示要积极赔偿被害人亲属的经济损失。

广东省佛山市人民检察院指控被告人黎景全犯以危险方法危害公共安全罪，向佛山市中级人民法院提起公诉。佛山市中级人民法院于2007年2月7日以〔2007〕佛刑一初字第1号刑事附带民事判决，认定被告人黎景全犯以危险方法危害公共安全罪，判处死刑，剥夺政治权利终身。宣判后，黎景全提出上诉。广东省高级人民法院于2008年9月17日以〔2007〕粤高法刑一终字第131号刑事裁定，驳回上诉，维持原判，并依法报请最高人民法院核准。

最高人民法院复核认为，被告人黎景全酒后驾车撞倒他人后，仍继续驾驶，冲撞人群，其行为已构成以危险方法危害公共安全罪。黎景全醉酒驾车撞人，致二人死亡、一人轻伤，犯罪情节恶劣，后果特别严重，应依法惩处。鉴于黎景全是在严重醉酒状态下犯罪，属间接故意犯罪，与蓄意危害公共安全的直接故意犯罪有所不同；且其归案后认罪、悔罪态度较好，依法可不判处死刑。第一审判决、第二审裁定认定的事实清楚，证据确实、充分，定罪准确，审判程序合法，但量刑不当。依照《中华人民共和国刑事诉讼法》第一百九十九条和最高人民法院《关于复核死刑案件若干问题的规定》第四条的规定，裁定不核准被告人黎景全死刑，撤销广东省高级人民法院〔2007〕粤高法刑一终字第131号刑事裁定，发回广东省高级人民法院重新审判。

广东省高级人民法院重审期间，与佛山市中级人民法院一同做了大量民事调解工作。被告人黎景全的亲属倾其所有，筹集15万元赔偿给被害方。

广东省高级人民法院审理认为，被告人黎景全醉酒驾车撞倒李洁霞所骑自行车后，尚知道驾驶车辆掉头行驶；在车轮被路边花地卡住的情况下，知道将车辆驾驶回路面，说明其案发时具有辨认和控制能力。黎景全撞人后，置被撞人员于不顾，也不顾在车前对其进行劝阻和救助伤者的众多村民，仍继续驾车企图离开现场，撞向已倒地的李洁霞和救助群众梁锡全，致二人死亡，说明其主观上对在场人员伤亡的危害结果持放任态度，具有危害公共安全的间接故意。因此，其行为已构成以危险方法危害公共安全罪。黎景全犯罪的情节恶劣，后果严重。但鉴于黎景全系间接故意犯罪，与蓄意危害公共安全的直接故意犯罪相比，主观恶性不是很深，人身危险性不是很大；犯罪时处于严重醉酒状态，辨认和控制能力有所减弱；归案后认罪、悔罪态度较好，积极赔偿了被害方的经济损失，依法可从轻处罚。据此，于2009年9月8日作出〔2007〕粤高法刑一终字第131—1号刑事判决，认定被告人黎景全犯以危险方法危害公共安全罪，判处无期徒刑，剥夺政治权利终身。

二、被告人孙伟铭以危险方法危害公共安全案

被告人孙伟铭，男，汉族，1979年5月9日出生于西藏自治区，高中文化，成都奔腾电子信息技术有限公司员工。2008年12月15日被刑事拘留，同月26日被逮捕。

2008年5月，被告人孙伟铭购买一辆车牌号为川A43K66的别克轿车。之后，孙伟铭在未取得驾驶证的情况下长期驾驶该车，并多次违反交通法规。同年12月14日中午，孙伟铭与其父母为亲属祝寿，大量饮酒。当日17时许，孙伟铭驾驶其别克轿车行至四川省成都市成龙路"蓝谷地"路口时，从后面撞向与其同向行驶的车牌号为川A9T332的一辆比亚迪轿车尾部。肇事后，孙伟铭继续驾车超限速行驶，行至成龙路"卓锦城"路段时，越过中心黄色双实线，先后与对面车道正常行驶的车牌号分别为川AUZ872的长安奔奔轿车、川AK1769的长安奥拓轿车、川AVD241的福特蒙迪欧轿车、川AMC337的奇瑞QQ轿车等4辆轿车相撞，造成车牌号为川AUZ872的长安奔奔轿车上的张景全、尹国辉夫妇和金亚民、张成秀夫妇死亡，代玉秀重伤，以及公私财产损失5万余元。经鉴定，孙伟铭驾驶的车辆碰撞前瞬间的行驶速度为134—138公里/小时；孙伟铭案发时血液中的乙醇含量为135.8毫克/100毫升。案发后，孙伟铭的亲属赔偿被害人经济损失11.4万元。

四川省成都市人民检察院指控被告人孙伟铭犯以危险方法危害公共安全罪，向成都市中级人民法院提起公诉。成都市中级人民法院于2009年7月22日以〔2009〕成刑初字第158号刑事判决，认定被告人孙伟铭犯以危险方法危害公共安全罪，判处死刑，剥夺政治权利终身。宣判后，孙伟铭提出上诉。

四川省高级人民法院审理期间，被告人孙伟铭之父孙林表示愿意代为赔偿被害人的经济损失，社会各界人士也积极捐款帮助赔偿。经法院主持调解，孙林代表孙伟铭与被害方达成民事赔偿协议，并在身患重病、家庭经济并不宽裕

的情况下，积极筹款赔偿了被害方经济损失，取得被害方一定程度的谅解。

四川省高级人民法院审理认为，被告人孙伟铭无视交通法规和公共安全，在未取得驾驶证的情况下，长期驾驶机动车辆，多次违反交通法规，且在醉酒驾车发生交通事故后，继续驾车超限速行驶，冲撞多辆车辆，造成数人伤亡的严重后果，说明其主观上对危害结果的发生持放任态度，具有危害公共安全的间接故意，其行为已构成以危险方法危害公共安全罪。孙伟铭犯罪情节恶劣，后果严重。但鉴于孙伟铭是间接故意犯罪，不希望、也不积极追求危害后果发生，与直接故意驾车撞击车辆、行人的犯罪相比，主观恶性不是很深，人身危险性不是很大；犯罪时处于严重醉酒状态，其对自己行为的辨认和控制能力有所减弱；案发后，真诚悔罪，并通过亲属积极筹款赔偿被害方的经济损失，依法可从轻处罚。据此，四川省高级人民法院于2009年9月8日作出〔2009〕川刑终字第690号刑事判决，认定被告人孙伟铭犯以危险方法危害公共安全罪，判处无期徒刑，剥夺政治权利终身。

> **第一百一十六条　【破坏交通工具罪】** 破坏火车、汽车、电车、船只、航空器，足以使火车、汽车、电车、船只、航空器发生倾覆、毁坏危险，尚未造成严重后果的，处三年以上十年以下有期徒刑。

> **第一百一十七条　【破坏交通设施罪】** 破坏轨道、桥梁、隧道、公路、机场、航道、灯塔、标志或者进行其他破坏活动，足以使火车、汽车、电车、船只、航空器发生倾覆、毁坏危险，尚未造成严重后果的，处三年以上十年以下有期徒刑。

● 定罪

1. **在疫情防控期间破坏交通设施，尚未造成严重后果行为的定性**

最高人民法院、最高人民检察院、公安部、司法部关于依法惩治妨害新型冠状病毒感染肺炎疫情防控违法犯罪的意见（2020年2月6日）

二、准确适用法律，依法严惩妨害疫情防控的各类违法犯罪

（八）依法严惩破坏交通设施犯罪。在疫情防控期间，破坏轨道、桥梁、隧

道、公路、机场、航道、灯塔、标志或者进行其他破坏活动,足以使火车、汽车、电车、船只、航空器发生倾覆、毁坏危险的,依照刑法第一百一十七条、第一百一十九条第一款的规定,以破坏交通设施罪定罪处罚。

办理破坏交通设施案件,要区分具体情况,依法审慎处理。对于为了防止疫情蔓延,未经批准擅自封路阻碍交通,未造成严重后果的,一般不以犯罪论处,由主管部门予以纠正。

(十)依法严惩妨害疫情防控的违法行为。实施上述(一)至(九)规定的行为,不构成犯罪的,由公安机关根据治安管理处罚法有关虚构事实扰乱公共秩序,扰乱单位秩序、公共场所秩序、寻衅滋事,拒不执行紧急状态下的决定、命令,阻碍执行职务,冲闯警戒带、警戒区,殴打他人、故意伤害、侮辱他人,诈骗,在铁路沿线非法挖掘坑穴、采石取沙,盗窃、损毁路面公共设施,损毁铁路设施设备,故意损毁财物,哄抢公私财物等规定,予以治安管理处罚,或者由有关部门予以其他行政处罚。

2. 盗窃、破坏窨井盖,足以使汽车、电车发生倾覆、毁坏危险,尚未造成严重后果行为的定性

最高人民法院、最高人民检察院、公安部关于办理涉窨井盖相关刑事案件的指导意见(2020年3月16日)

十一、盗窃、破坏正在使用中的社会机动车通行道路上的窨井盖,足以使汽车、电车发生倾覆、毁坏危险,尚未造成严重后果的,依照刑法第一百一十七条的规定,以破坏交通设施罪定罪处罚;造成严重后果的,依照刑法第一百一十九条第一款的规定处罚。

过失造成严重后果的,依照刑法第一百一十九条第二款的规定,以过失损坏交通设施罪定罪处罚。

十二、本意见所称的"窨井盖",包括城市、城乡结合部和乡村等地的窨井盖以及其他井盖。

第一百一十八条 【破坏电力设备罪】【破坏易燃易爆设备罪】
破坏电力、燃气或者其他易燃易爆设备,危害公共安全,尚未造成严重后果的,处三年以上十年以下有期徒刑。

● 定罪

1. **"电力设备"的认定**

最高人民法院关于审理破坏电力设备刑事案件具体应用法律若干问题的解释（2007年8月21日）

第四条第一款 本解释所称电力设备，是指处于运行、应急等使用中的电力设备；已经通电使用，只是由于枯水季节或电力不足等原因暂停使用的电力设备；已经交付使用但尚未通电的电力设备。不包括尚未安装完毕，或者已经安装完毕但尚未交付使用的电力设备。

2. **"危害公共安全"的认定**

最高人民法院、最高人民检察院、公安部关于办理盗窃油气、破坏油气设备等刑事案件适用法律若干问题的意见（2018年9月28日）

一、关于危害公共安全的认定

在实施盗窃油气等行为过程中，破坏正在使用的油气设备，具有下列情形之一的，应当认定为刑法第一百一十八条规定的"危害公共安全"：

（一）采用切割、打孔、撬砸、拆卸手段的，但是明显未危害公共安全的除外；

（二）采用开、关等手段，足以引发火灾、爆炸等危险的。

3. **盗窃油气、破坏油气设备行为的定性**

最高人民法院、最高人民检察院关于办理盗窃油气、破坏油气设备等刑事案件具体应用法律若干问题的解释（2007年1月19日）

第一条 在实施盗窃油气等行为过程中，采用切割、打孔、撬砸、拆卸、开关等手段破坏正在使用的油气设备的，属于刑法第一百一十八条规定的"破坏燃气或者其他易燃易爆设备"的行为；危害公共安全，尚未造成严重后果的，依照刑法第一百一十八条的规定定罪处罚。

第八条 本解释所称的"油气"，是指石油、天然气。其中，石油包括原油、成品油；天然气包括煤层气。

本解释所称"油气设备"，是指用于石油、天然气生产、储存、运输等易燃易爆设备。

最高人民法院、最高人民检察院、公安部关于办理盗窃油气、破坏油气设备等刑事案件适用法律若干问题的意见（2018年9月28日）

四、关于内外勾结盗窃油气行为的处理

行为人与油气企业人员勾结共同盗窃油气,没有利用油气企业人员职务便利,仅仅是利用其易于接近油气设备、熟悉环境等方便条件的,以盗窃罪的共同犯罪论处。

实施上述行为,同时构成破坏易燃易爆设备罪的,依照处罚较重的规定定罪处罚。

4. 盗窃电力设备行为的定性

最高人民法院关于审理破坏电力设备刑事案件具体应用法律若干问题的解释（2007年8月21日）

第三条 盗窃电力设备,危害公共安全,但不构成盗窃罪的,以破坏电力设备罪定罪处罚;同时构成盗窃罪和破坏电力设备罪的,依照刑法处罚较重的规定定罪处罚。

盗窃电力设备,没有危及公共安全,但应当追究刑事责任的,可以根据案件的不同情况,按照盗窃罪等犯罪处理。

5. 一罪与数罪

最高人民法院、最高人民检察院关于办理盗窃油气、破坏油气设备等刑事案件具体应用法律若干问题的解释（2007年1月19日）

第四条 盗窃油气同时构成盗窃罪和破坏易燃易爆设备罪的,依照刑法处罚较重的规定定罪处罚。

第一百一十九条 【破坏交通工具罪】【破坏交通设施罪】【破坏电力设备罪】【破坏易燃易爆设备罪】破坏交通工具、交通设施、电力设备、燃气设备、易燃易爆设备,造成严重后果的,处十年以上有期徒刑、无期徒刑或者死刑。

【过失损坏交通工具罪】【过失损坏交通设施罪】【过失损坏电力设备罪】【过失损坏易燃易爆设备罪】过失犯前款罪的,处三年以上七年以下有期徒刑;情节较轻的,处三年以下有期徒刑或者拘役。

● 定罪

1. 第一款"造成严重后果"的认定

最高人民法院、最高人民检察院关于办理盗窃油气、破坏油气设备等刑事案件具体应用法律若干问题的解释（2007年1月19日）

第二条 实施本解释第一条规定的行为，具有下列情形之一的，属于刑法第一百一十九条第一款规定的"造成严重后果"，依照刑法第一百一十九条第一款的规定定罪处罚：

（一）造成一人以上死亡、三人以上重伤或者十人以上轻伤的；

（二）造成井喷或者重大环境污染事故的；

（三）造成直接经济损失数额在五十万元以上的；

（四）造成其他严重后果的。

最高人民法院、最高人民检察院、公安部关于办理盗窃油气、破坏油气设备等刑事案件适用法律若干问题的意见（2018年9月28日）

六、关于直接经济损失的认定

《最高人民法院、最高人民检察院关于办理盗窃油气、破坏油气设备等刑事案件具体应用法律若干问题的解释》第二条第三项规定的"直接经济损失"包括因实施盗窃油气等行为直接造成的油气损失以及采取抢修堵漏等措施所产生的费用。

对于直接经济损失数额，综合油气企业提供的证据材料、犯罪嫌疑人、被告人及其辩护人所提辩解、辩护意见等认定；难以确定的，依据价格认证机构出具的报告，结合其他证据认定。

油气企业提供的证据材料，应当有工作人员签名和企业公章。

最高人民法院关于审理破坏电力设备刑事案件具体应用法律若干问题的解释（2007年8月21日）

第一条 破坏电力设备，具有下列情形之一的，属于刑法第一百一十九条第一款规定的"造成严重后果"，以破坏电力设备罪判处十年以上有期徒刑、无期徒刑或者死刑：

（一）造成一人以上死亡、三人以上重伤或者十人以上轻伤的；

（二）造成一万以上用户电力供应中断六小时以上，致使生产、生活受到严重影响的；

（三）造成直接经济损失一百万元以上的；
（四）造成其他危害公共安全严重后果的。

第二条　过失损坏电力设备，造成本解释第一条规定的严重后果的，依照刑法第一百一十九条第二款的规定，以过失损坏电力设备罪判处三年以上七年以下有期徒刑；情节较轻的，处三年以下有期徒刑或者拘役。

2. 在疫情防控期间破坏交通设施，造成严重后果行为的定性

（参见第一百一十七条【定罪】1. 在疫情防控期间破坏交通设施，尚未造成严重后果行为的定性）

3. 盗窃、破坏窨井盖，足以使汽车、电车发生倾覆、毁坏危险，造成严重后果行为的定性

（参见第一百一十七条【定罪】2. 盗窃、破坏窨井盖，足以使汽车、电车发生倾覆、毁坏危险，尚未造成严重后果行为的定性）

第一百二十条　【组织、领导、参加恐怖组织罪】组织、领导恐怖活动组织的，处十年以上有期徒刑或者无期徒刑，并处没收财产；积极参加的，处三年以上十年以下有期徒刑，并处罚金；其他参加的，处三年以下有期徒刑、拘役、管制或者剥夺政治权利，可以并处罚金。

犯前款罪并实施杀人、爆炸、绑架等犯罪的，依照数罪并罚的规定处罚。

● 定罪

1. 恐怖主义、恐怖活动、恐怖活动组织、恐怖活动人员、恐怖事件的认定

反恐怖主义法（2018年4月27日）

第三条　本法所称恐怖主义，是指通过暴力、破坏、恐吓等手段，制造社会恐慌、危害公共安全、侵犯人身财产，或者胁迫国家机关、国际组织，以实现其政治、意识形态等目的的主张和行为。

本法所称恐怖活动，是指恐怖主义性质的下列行为：

（一）组织、策划、准备实施、实施造成或者意图造成人员伤亡、重大财产损失、公共设施损坏、社会秩序混乱等严重社会危害的活动的；

（二）宣扬恐怖主义，煽动实施恐怖活动，或者非法持有宣扬恐怖主义的物品，强制他人在公共场所穿戴宣扬恐怖主义的服饰、标志的；

（三）组织、领导、参加恐怖活动组织的；

（四）为恐怖活动组织、恐怖活动人员、实施恐怖活动或者恐怖活动培训提供信息、资金、物资、劳务、技术、场所等支持、协助、便利的；

（五）其他恐怖活动。

本法所称恐怖活动组织，是指三人以上为实施恐怖活动而组成的犯罪组织。

本法所称恐怖活动人员，是指实施恐怖活动的人和恐怖活动组织的成员。

本法所称恐怖事件，是指正在发生或者已经发生的造成或者可能造成重大社会危害的恐怖活动。

2. "组织、领导恐怖组织""积极参加"的认定

最高人民法院、最高人民检察院、公安部、司法部关于办理恐怖活动和极端主义犯罪案件适用法律若干问题的意见（2018年3月16日）

一、准确认定犯罪

（一）具有下列情形之一的，应当认定为刑法第一百二十条规定的"组织、领导恐怖活动组织"，以组织、领导恐怖组织罪定罪处罚：

1. 发起、建立恐怖活动组织的；
2. 恐怖活动组织成立后，对组织及其日常运行负责决策、指挥、管理的；
3. 恐怖活动组织成立后，组织、策划、指挥该组织成员进行恐怖活动的；
4. 其他组织、领导恐怖活动组织的情形。

具有下列情形之一的，应当认定为刑法第一百二十条规定的"积极参加"，以参加恐怖组织罪定罪处罚：

1. 纠集他人共同参加恐怖活动组织的；
2. 多次参加恐怖活动组织的；
3. 曾因参加恐怖活动组织、实施恐怖活动被追究刑事责任或者二年内受过行政处罚，又参加恐怖活动组织的；
4. 在恐怖活动组织中实施恐怖活动且作用突出的；
5. 在恐怖活动组织中积极协助组织、领导者实施组织、领导行为的；
6. 其他积极参加恐怖活动组织的情形。

参加恐怖活动组织，但不具有前两款规定情形的，应当认定为刑法第一百二十条规定的"其他参加"，以参加恐怖组织罪定罪处罚。

3. 一罪与数罪

最高人民法院、最高人民检察院、公安部、司法部关于办理恐怖活动和极端主义犯罪案件适用法律若干问题的意见（2018 年 3 月 16 日）

一、准确认定犯罪

（一）……犯刑法第一百二十条规定的犯罪，又实施杀人、放火、爆炸、绑架、抢劫等犯罪的，依照数罪并罚的规定定罪处罚。

（八）犯刑法第一百二十条规定的犯罪，同时构成刑法第一百二十条之一至之六规定的犯罪的，依照处罚较重的规定定罪处罚。

4. 管辖

最高人民法院、最高人民检察院、公安部、司法部关于办理恐怖活动和极端主义犯罪案件适用法律若干问题的意见（2018 年 3 月 16 日）

二、正确适用程序

（一）组织、领导、参加恐怖组织罪……的第一审刑事案件由中级人民法院管辖。

三、完善工作机制

（二）恐怖活动和极端主义犯罪案件一般由犯罪地公安机关管辖，犯罪嫌疑人居住地公安机关管辖更为适宜的，也可以由犯罪嫌疑人居住地公安机关管辖。移送案件应当一案一卷，将案件卷宗、提取物证和扣押物品等全部随案移交。移送案件的公安机关应当指派专人配合接收案件的公安机关开展后续案件办理工作。

● 量刑

依法严惩暴力恐怖犯罪活动

最高人民法院关于充分发挥审判职能作用切实维护公共安全的若干意见（2015 年 9 月 16 日）

二、依法严惩严重刑事犯罪，有效维护社会稳定

3. 依法严惩暴力恐怖犯罪活动。暴力恐怖犯罪严重危害广大人民群众的生命财产安全，严重危害社会和谐稳定。对暴力恐怖犯罪活动，要坚持严打方针不动摇，对首要分子、骨干成员、罪行重大者，该判处重刑乃至死刑的应当依法判处；要立足早打小打苗头，对已经构成犯罪的一律依法追究刑事责任，

对因被及时发现、采取预防措施而没有造成实际损害的暴恐分子，只要符合犯罪构成条件的，该依法重判的也要依法重判；要注意区别对待，对自动投案、检举揭发，特别是主动交代、协助抓捕幕后指使的，要体现政策依法从宽处理。要通过依法裁判，树立法治威严，坚决打掉暴恐分子的嚣张气焰，有效维护人民权益和社会安宁。

> **第一百二十条之一** 【帮助恐怖活动罪】资助恐怖活动组织、实施恐怖活动的个人的，或者资助恐怖活动培训的，处五年以下有期徒刑、拘役、管制或者剥夺政治权利，并处罚金；情节严重的，处五年以上有期徒刑，并处罚金或者没收财产。
>
> 为恐怖活动组织、实施恐怖活动或者恐怖活动培训招募、运送人员的，依照前款的规定处罚。
>
> 单位犯前两款罪的，对单位判处罚金，并对其直接负责的主管人员和其他直接责任人员，依照第一款的规定处罚。

● 立案追诉标准

最高人民检察院、公安部关于公安机关管辖的刑事案件立案追诉标准的规定（二）（2010年5月7日）

第一条 ［资助恐怖活动案（刑法第一百二十条之一）］资助恐怖活动组织或者实施恐怖活动的个人的，应予立案追诉。

本条规定的"资助"，是指为恐怖活动组织或者实施恐怖活动的个人筹集、提供经费、物资或者提供场所以及其他物质便利的行为。"实施恐怖活动的个人"，包括预谋实施、准备实施和实际实施恐怖活动的个人。

● 定罪

1. 入罪情节

最高人民法院、最高人民检察院、公安部、司法部关于办理恐怖活动和极端主义犯罪案件适用法律若干问题的意见（2018年3月16日）

一、准确认定犯罪

（二）具有下列情形之一的，依照刑法第一百二十条之一的规定，以帮助恐

怖活动罪定罪处罚:

1. 以募捐、变卖房产、转移资金等方式为恐怖活动组织、实施恐怖活动的个人、恐怖活动培训筹集、提供经费,或者提供器材、设备、交通工具、武器装备等物资,或者提供其他物质便利的;

2. 以宣传、招收、介绍、输送等方式为恐怖活动组织、实施恐怖活动、恐怖活动培训招募人员的;

3. 以帮助非法出入境,或者为非法出入境提供中介服务、中转运送、停留住宿、伪造身份证明材料等便利,或者充当向导、帮助探查偷越国(边)境路线等方式,为恐怖活动组织、实施恐怖活动、恐怖活动培训运送人员的;

4. 其他资助恐怖活动组织、实施恐怖活动的个人、恐怖活动培训,或者为恐怖活动组织、实施恐怖活动、恐怖活动培训招募、运送人员的情形。

2. "资助""实施恐怖活动的个人"的认定

最高人民法院关于审理洗钱等刑事案件具体应用法律若干问题的解释(2009年11月11日)

第五条 刑法第一百二十条之一规定的"资助",是指为恐怖活动组织或者实施恐怖活动的个人筹集、提供经费、物资或者提供场所以及其他物质便利的行为。

刑法第一百二十条之一规定的"实施恐怖活动的个人",包括预谋实施、准备实施和实际实施恐怖活动的个人。

最高人民法院、最高人民检察院、公安部、司法部关于办理恐怖活动和极端主义犯罪案件适用法律若干问题的意见(2018年3月16日)

一、准确认定犯罪

……实施恐怖活动的个人,包括已经实施恐怖活动的个人,也包括准备实施、正在实施恐怖活动的个人。包括在我国领域内实施恐怖活动的个人,也包括在我国领域外实施恐怖活动的个人。包括我国公民,也包括外国公民和无国籍人。

3. 帮助恐怖活动罪主观故意的认定

最高人民法院、最高人民检察院、公安部、司法部关于办理恐怖活动和极端主义犯罪案件适用法律若干问题的意见(2018年3月16日)

一、准确认定犯罪

……帮助恐怖活动罪的主观故意,应当根据案件具体情况,结合行为人的具体行为、认知能力、一贯表现和职业等综合认定。

4. 共犯的认定

最高人民法院、最高人民检察院、公安部、司法部关于办理恐怖活动和极端主义犯罪案件适用法律若干问题的意见（2018年3月16日）

一、准确认定犯罪

……明知是恐怖活动犯罪所得及其产生的收益，为掩饰、隐瞒其来源和性质，而提供资金账户，协助将财产转换为现金、金融票据、有价证券，通过转账或者其他结算方式协助资金转移，协助将资金汇往境外的，以洗钱罪定罪处罚。事先通谋的，以相关恐怖活动犯罪的共同犯罪论处。

第一百二十条之二 【准备实施恐怖活动罪】有下列情形之一的，处五年以下有期徒刑、拘役、管制或者剥夺政治权利，并处罚金；情节严重的，处五年以上有期徒刑，并处罚金或者没收财产：

（一）为实施恐怖活动准备凶器、危险物品或者其他工具的；

（二）组织恐怖活动培训或者积极参加恐怖活动培训的；

（三）为实施恐怖活动与境外恐怖活动组织或者人员联络的；

（四）为实施恐怖活动进行策划或者其他准备的。

有前款行为，同时构成其他犯罪的，依照处罚较重的规定定罪处罚。

● 定罪

入罪情节

最高人民法院、最高人民检察院、公安部、司法部关于办理恐怖活动和极端主义犯罪案件适用法律若干问题的意见（2018年3月16日）

一、准确认定犯罪

（三）具有下列情形之一的，依照刑法第一百二十条之二的规定，以准备实施恐怖活动罪定罪处罚：

1. 为实施恐怖活动制造、购买、储存、运输凶器，易燃易爆、易制爆品，腐蚀性、放射性、传染性、毒害性物品等危险物品，或者其他工具的；

2. 以当面传授、开办培训班、组建训练营、开办论坛、组织收听收看音频视频资料等方式，或者利用网站、网页、论坛、博客、微博客、网盘、即时通信、通讯群组、聊天室等网络平台、网络应用服务组织恐怖活动培训的,或者积极参加恐怖活动心理体能培训,传授、学习犯罪技能方法或者进行恐怖活动训练的;

3. 为实施恐怖活动,通过拨打电话、发送短信、电子邮件等方式,或者利用网站、网页、论坛、博客、微博客、网盘、即时通信、通讯群组、聊天室等网络平台、网络应用服务与境外恐怖活动组织、人员联络的;

4. 为实施恐怖活动出入境或者组织、策划、煽动、拉拢他人出入境的;

5. 为实施恐怖活动进行策划或者其他准备的情形。

> **第一百二十条之三　【宣扬恐怖主义、极端主义、煽动实施恐怖活动罪】** 以制作、散发宣扬恐怖主义、极端主义的图书、音频视频资料或者其他物品,或者通过讲授、发布信息等方式宣扬恐怖主义、极端主义的,或者煽动实施恐怖活动的,处五年以下有期徒刑、拘役、管制或者剥夺政治权利,并处罚金;情节严重的,处五年以上有期徒刑,并处罚金或者没收财产。

● 定罪

入罪情节

最高人民法院、最高人民检察院、公安部、司法部关于办理恐怖活动和极端主义犯罪案件适用法律若干问题的意见(2018 年 3 月 16 日)

一、准确认定犯罪

(四)实施下列行为之一,宣扬恐怖主义、极端主义或者煽动实施恐怖活动的,依照刑法第一百二十条之三的规定,以宣扬恐怖主义、极端主义、煽动实施恐怖活动罪定罪处罚:

1. 编写、出版、印刷、复制、发行、散发、播放载有宣扬恐怖主义、极端主义内容的图书、报刊、文稿、图片或者音频视频资料的;

2. 设计、生产、制作、销售、租赁、运输、托运、寄递、散发、展示带有宣扬恐怖主义、极端主义内容的标识、标志、服饰、旗帜、徽章、器物、纪念品等物品的;

3. 利用网站、网页、论坛、博客、微博客、网盘、即时通信、通讯群组、聊天室等网络平台、网络应用服务等登载、张贴、复制、发送、播放、演示载有恐怖主义、极端主义内容的图书、报刊、文稿、图片或者音频视频资料的;

4. 网站、网页、论坛、博客、微博客、网盘、即时通信、通讯群组、聊天室等网络平台、网络应用服务的建立、开办、经营、管理者，明知他人利用网络平台、网络应用服务散布、宣扬恐怖主义、极端主义内容，经相关行政主管部门处罚后仍允许或者放任他人发布的；

5. 利用教经、讲经、解经、学经、婚礼、葬礼、纪念、聚会和文体活动等宣扬恐怖主义、极端主义、煽动实施恐怖活动的；

6. 其他宣扬恐怖主义、极端主义、煽动实施恐怖活动的行为。

第一百二十条之四 【利用极端主义破坏法律实施罪】利用极端主义煽动、胁迫群众破坏国家法律确立的婚姻、司法、教育、社会管理等制度实施的，处三年以下有期徒刑、拘役或者管制，并处罚金；情节严重的，处三年以上七年以下有期徒刑，并处罚金；情节特别严重的，处七年以上有期徒刑，并处罚金或者没收财产。

● 定罪

入罪情节

最高人民法院、最高人民检察院、公安部、司法部关于办理恐怖活动和极端主义犯罪案件适用法律若干问题的意见（2018年3月16日）

一、准确认定犯罪

（五）利用极端主义，实施下列行为之一的，依照刑法第一百二十条之四的规定，以利用极端主义破坏法律实施罪定罪处罚：

1. 煽动、胁迫群众以宗教仪式取代结婚、离婚登记，或者干涉婚姻自由的；

2. 煽动、胁迫群众破坏国家法律确立的司法制度实施的；

3. 煽动、胁迫群众干涉未成年人接受义务教育，或者破坏学校教育制度、国家教育考试制度等国家法律规定的教育制度的；

4. 煽动、胁迫群众抵制人民政府依法管理，或者阻碍国家机关工作人员依法执行职务的；

5. 煽动、胁迫群众损毁居民身份证、居民户口簿等国家法定证件以及人民币的；

6. 煽动、胁迫群众驱赶其他民族、有其他信仰的人员离开居住地，或者干涉他人生活和生产经营的；

7. 其他煽动、胁迫群众破坏国家法律制度实施的行为。

> **第一百二十条之五 【强制穿戴宣扬恐怖主义、极端主义服饰、标志罪】** 以暴力、胁迫等方式强制他人在公共场所穿着、佩戴宣扬恐怖主义、极端主义服饰、标志的,处三年以下有期徒刑、拘役或者管制,并处罚金。

● 定罪

入罪情节

最高人民法院、最高人民检察院、公安部、司法部关于办理恐怖活动和极端主义犯罪案件适用法律若干问题的意见(2018年3月16日)

一、准确认定犯罪

(六)具有下列情形之一的,依照刑法第一百二十条之五的规定,以强制穿戴宣扬恐怖主义、极端主义服饰、标志罪定罪处罚:

1. 以暴力、胁迫等方式强制他人在公共场所穿着、佩戴宣扬恐怖主义、极端主义服饰的;

2. 以暴力、胁迫等方式强制他人在公共场所穿着、佩戴含有恐怖主义、极端主义的文字、符号、图形、口号、徽章的服饰、标志的;

3. 其他强制他人穿戴宣扬恐怖主义、极端主义服饰、标志的情形。

> **第一百二十条之六 【非法持有宣扬恐怖主义、极端主义物品罪】** 明知是宣扬恐怖主义、极端主义的图书、音频视频资料或者其他物品而非法持有,情节严重的,处三年以下有期徒刑、拘役或者管制,并处或者单处罚金。

● 定罪

1. 入罪数额

最高人民法院、最高人民检察院、公安部、司法部关于办理恐怖活动和极端主义犯罪案件适用法律若干问题的意见(2018年3月16日)

一、准确认定犯罪

(七)明知是载有宣扬恐怖主义、极端主义内容的图书、报刊、文稿、图片、音频视频资料、服饰、标志或者其他物品而非法持有,达到下列数量标准之一的,依照刑法第一百二十条之六的规定,以非法持有宣扬恐怖主义、极端主义物品罪定罪处罚:

1. 图书、刊物二十册以上,或者电子图书、刊物五册以上的;
2. 报纸一百份(张)以上,或者电子报纸二十份(张)以上的;
3. 文稿、图片一百篇(张)以上,或者电子文稿、图片二十篇(张)以上,或者电子文档五十万字符以上的;
4. 录音带、录像带等音像制品二十个以上,或者电子音频视频资料五个以上,或者电子音频视频资料二十分钟以上的;
5. 服饰、标志二十件以上的。

非法持有宣扬恐怖主义、极端主义的物品,虽未达到前款规定的数量标准,但具有多次持有,持有多类物品,造成严重后果或者恶劣社会影响,曾因实施恐怖活动、极端主义违法犯罪被追究刑事责任或者二年内受过行政处罚等情形之一的,也可以定罪处罚。

多次非法持有宣扬恐怖主义、极端主义的物品,未经处理的,数量应当累计计算。非法持有宣扬恐怖主义、极端主义的物品,涉及不同种类或者形式的,可以根据本条规定的不同数量标准的相应比例折算后累计计算。

2. 主观故意中"明知"的认定

最高人民法院、最高人民检察院、公安部、司法部关于办理恐怖活动和极端主义犯罪案件适用法律若干问题的意见(2018年3月16日)

一、准确认定犯罪

……非法持有宣扬恐怖主义、极端主义物品罪主观故意中的"明知",应当根据案件具体情况,以行为人实施的客观行为为基础,结合其一贯表现,具体行为、程度、手段、事后态度,以及年龄、认知和受教育程度、所从事的职业等综合审查判断。

具有下列情形之一,行为人不能做出合理解释的,可以认定其"明知",但有证据证明确属被蒙骗的除外:

1. 曾因实施恐怖活动、极端主义违法犯罪被追究刑事责任,或者二年内受过行政处罚,或者被责令改正后又实施的;
2. 在执法人员检查时,有逃跑、丢弃携带物品或者逃避、抗拒检查等行为,在其携带、藏匿或者丢弃的物品中查获宣扬恐怖主义、极端主义的物品的;
3. 采用伪装、隐匿、暗语、手势、代号等隐蔽方式制作、散发、持有宣扬恐怖主义、极端主义的物品的；

4. 以虚假身份、地址或者其他虚假方式办理托运、寄递手续，在托运、寄递的物品中查获宣扬恐怖主义、极端主义的物品的；

5. 有其他证据足以证明行为人应当知道的情形。

3. 宣扬恐怖主义、极端主义的图书、音频视频资料，服饰、标志或者其他物品的认定

最高人民法院、最高人民检察院、公安部、司法部关于办理恐怖活动和极端主义犯罪案件适用法律若干问题的意见（2018年3月16日）

二、正确适用程序

（三）宣扬恐怖主义、极端主义的图书、音频视频资料，服饰、标志或者其他物品的认定，应当根据《中华人民共和国反恐怖主义法》有关恐怖主义、极端主义的规定，从其记载的内容、外观特征等分析判断。公安机关应当对涉案物品全面审查并逐一标注或者摘录，提出审读意见，与扣押、移交物品清单及涉案物品原件一并移送人民检察院审查。人民检察院、人民法院可以结合在案证据、案件情况、办案经验等综合审查判断。

4. 一罪与数罪

最高人民法院、最高人民检察院、公安部、司法部关于办理恐怖活动和极端主义犯罪案件适用法律若干问题的意见（2018年3月16日）

一、准确认定犯罪

（八）犯刑法第一百二十条规定的犯罪，同时构成刑法第一百二十条之一至之六规定的犯罪的，依照处罚较重的规定定罪处罚。

犯刑法第一百二十条之一至之六规定的犯罪，同时构成其他犯罪的，依照处罚较重的规定定罪处罚。

第一百二十一条 【劫持航空器罪】以暴力、胁迫或者其他方法劫持航空器的，处十年以上有期徒刑或者无期徒刑；致人重伤、死亡或者使航空器遭受严重破坏的，处死刑。

● 关联法条

第九十五条

> **第一百二十二条** 【劫持船只、汽车罪】以暴力、胁迫或者其他方法劫持船只、汽车的，处五年以上十年以下有期徒刑；造成严重后果的，处十年以上有期徒刑或者无期徒刑。

> **第一百二十三条** 【暴力危及飞行安全罪】对飞行中的航空器上的人员使用暴力，危及飞行安全，尚未造成严重后果的，处五年以下有期徒刑或者拘役；造成严重后果的，处五年以上有期徒刑。

> **第一百二十四条** 【破坏广播电视设施、公用电信设施罪】破坏广播电视设施、公用电信设施，危害公共安全的，处三年以上七年以下有期徒刑；造成严重后果的，处七年以上有期徒刑。
> 【过失损坏广播电视设施、公用电信设施罪】过失犯前款罪的，处三年以上七年以下有期徒刑；情节较轻的，处三年以下有期徒刑或者拘役。

● 定罪

1. 入罪情节

最高人民法院关于审理破坏广播电视设施等刑事案件具体应用法律若干问题的解释（2011年6月13日）

第一条　采取拆卸、毁坏设备，剪割缆线，删除、修改、增加广播电视设备系统中存储、处理、传输的数据和应用程序，非法占用频率等手段，破坏正在使用的广播电视设施，具有下列情形之一的，依照刑法第一百二十四条第一款的规定，以破坏广播电视设施罪处三年以上七年以下有期徒刑：

（一）造成救灾、抢险、防汛和灾害预警等重大公共信息无法发布的；

（二）造成县级、地市（设区的市）级广播电视台中直接关系节目播出的设施无法使用，信号无法播出的；

（三）造成省级以上广播电视传输网内的设施无法使用，地市（设区的市）级广播电视传输网内的设施无法使用三小时以上，县级广播电视传输网内的设施无法使用十二小时以上，信号无法传输的；

（四）其他危害公共安全的情形。

2. "危害公共安全"的认定

最高人民法院关于审理破坏公用电信设施刑事案件具体应用法律若干问题的解释（2005年1月11日）

第一条 采用截断通信线路、损毁通信设备或者删除、修改、增加电信网计算机信息系统中存储、处理或者传输的数据和应用程序等手段，故意破坏正在使用的公用电信设施，具有下列情形之一的，属于刑法第一百二十四条规定的"危害公共安全"，依照刑法第一百二十四条第一款规定，以破坏公用电信设施罪处三年以上七年以下有期徒刑：

（一）造成火警、匪警、医疗急救、交通事故报警、救灾、抢险、防汛等通信中断或者严重障碍，并因此贻误救助、救治、救灾、抢险等，致使人员死亡一人、重伤三人以上或者造成财产损失三十万元以上的；

（二）造成二千以上不满一万用户通信中断一小时以上，或者一万以上用户通信中断不满一小时的；

（三）在一个本地网范围内，网间通信全阻、关口局至某一局向全部中断或网间某一业务全部中断不满二小时或者直接影响范围不满五万（用户×小时）的；

（四）造成网间通信严重障碍，一日内累计二小时以上不满十二小时的；

（五）其他危害公共安全的情形。

3. "造成严重后果"的认定

最高人民法院关于审理破坏公用电信设施刑事案件具体应用法律若干问题的解释（2005年1月11日）

第二条 实施本解释第一条规定的行为，具有下列情形之一的，属于刑法第一百二十四条第一款规定的"严重后果"，以破坏公用电信设施罪处七年以上有期徒刑：

（一）造成火警、匪警、医疗急救、交通事故报警、救灾、抢险、防汛等通信中断或者严重障碍，并因此贻误救助、救治、救灾、抢险等，致使人员死亡二人以上、重伤六人以上或者造成财产损失六十万元以上的；

（二）造成一万以上用户通信中断一小时以上的；

（三）在一个本地网范围内，网间通信全阻、关口局至某一局向全部中断或网间某一业务全部中断二小时以上或者直接影响范围五万（用户×小时）以上的；

（四）造成网间通信严重障碍，一日内累计十二小时以上的；

（五）造成其他严重后果的。

第五条　本解释中规定的公用电信设施的范围、用户数、通信中断和严重障碍的标准和时间长度，依据国家电信行业主管部门的有关规定确定。

最高人民法院关于审理破坏广播电视设施等刑事案件具体应用法律若干问题的解释（2011年6月13日）

第二条　实施本解释第一条规定的行为，具有下列情形之一的，应当认定为刑法第一百二十四条第一款规定的"造成严重后果"，以破坏广播电视设施罪处七年以上有期徒刑：

（一）造成救灾、抢险、防汛和灾害预警等重大公共信息无法发布，因此贻误排除险情或者疏导群众，致使一人以上死亡、三人以上重伤或者财产损失五十万元以上，或者引起严重社会恐慌、社会秩序混乱的；

（二）造成省级以上广播电视台中直接关系节目播出的设施无法使用，信号无法播出的；

（三）造成省级以上广播电视传输网内的设施无法使用三小时以上，地市（设区的市）级广播电视传输网内的设施无法使用十二小时以上，县级广播电视传输网内的设施无法使用四十八小时以上，信号无法传输的；

（四）造成其他严重后果的。

第三条第一款　过失损坏正在使用的广播电视设施，造成本解释第二条规定的严重后果的，依照刑法第一百二十四条第二款的规定，以过失损坏广播电视设施罪处三年以上七年以下有期徒刑；情节较轻的，处三年以下有期徒刑或者拘役。

第八条　本解释所称广播电视台中直接关系节目播出的设施、广播电视传输网内的设施，参照国家广播电视行政主管部门和其他相关部门的有关规定确定。

4. 非法使用"伪基站"设备干扰公用电信网络信号，危害公共安全行为的定性

最高人民法院、最高人民检察院、公安部、国家安全部关于依法办理非法生产销售使用"伪基站"设备案件的意见（2014年3月14日）

一、准确认定行为性质

（二）非法使用"伪基站"设备干扰公用电信网络信号，危害公共安全的，依照《刑法》第一百二十四条第一款的规定，以破坏公用电信设施罪追究刑事责任；同时构成虚假广告罪、非法获取公民个人信息罪[①]、破坏计算机信息系统

[①] 编者注：该罪名已修改为侵犯公民个人信息罪。

罪、扰乱无线电通讯管理秩序罪的，依照处罚较重的规定追究刑事责任。

除法律、司法解释另有规定外，利用"伪基站"设备实施诈骗等其他犯罪行为，同时构成破坏公用电信设施罪的，依照处罚较重的规定追究刑事责任。

（三）明知他人实施非法生产、销售"伪基站"设备，或者非法使用"伪基站"设备干扰公用电信网络信号等犯罪，为其提供资金、场所、技术、设备等帮助的，以共同犯罪论处。

5. 使用"伪基站"群发短信，在较大范围内较长时间造成用户通信中断行为的定性

最高人民法院研究室关于非法生产、销售、使用"伪基站"行为定性的研究意见（参见《司法研究与指导》总第5辑）

二、关于使用"伪基站"设备群发短信行为的定性。根据刑法第二百五十三条之一的规定，非法获取公民个人信息罪的行为对象为"国家机关或者金融、电信、交通、教育、医疗等单位在履行职责或者提供服务过程中获得的公民个人信息"。行为人利用"伪基站"设备，非法获取公民手机卡中的用户身份识别信息（IMSI）、手机号码等信息，不属于刑法第二百五十三条之一规定的"公民个人信息"，不宜以非法获取公民个人信息罪定罪处罚。行为人利用"伪基站"设备，以非法占用电信频率的方式，破坏正在使用中的公用无线通信网络，在较大范围内较长时间造成用户通信中断，严重危害公共安全的，可以以破坏公用电信设施罪定罪处罚。

6. 建设、施工单位的人员损毁广播电视设施行为的定性

最高人民法院关于审理破坏广播电视设施等刑事案件具体应用法律若干问题的解释（2011年6月13日）

第四条 建设、施工单位的管理人员、施工人员，在建设、施工过程中，违反广播电视设施保护规定，故意或者过失损毁正在使用的广播电视设施，构成犯罪的，以破坏广播电视设施罪或者过失损坏广播电视设施罪定罪处罚。其定罪量刑标准适用本解释第一至三条的规定。

7. 共同犯罪

最高人民法院关于审理破坏公用电信设施刑事案件具体应用法律若干问题的解释（2005年1月11日）

第四条 指使、组织、教唆他人实施本解释规定的故意犯罪行为的，按照共犯定罪处罚。

8. 一罪与数罪

最高人民法院关于审理破坏公用电信设施刑事案件具体应用法律若干问题的解释（2005年1月11日）

第三条 故意破坏正在使用的公用电信设施尚未危害公共安全，或者故意毁坏尚未投入使用的公用电信设施，造成财物损失，构成犯罪的，依照刑法第二百七十五条规定，以故意毁坏财物罪定罪处罚。

盗窃公用电信设施价值数额不大，但是构成危害公共安全犯罪的，依照刑法第一百二十四条的规定定罪处罚；盗窃公用电信设施同时构成盗窃罪和破坏公用电信设施罪的，依照处罚较重的规定定罪处罚。

第五条 本解释中规定的公用电信设施的范围、用户数、通信中断和严重障碍的标准和时间长度，依据国家电信行业主管部门的有关规定确定。

最高人民法院关于审理破坏广播电视设施等刑事案件具体应用法律若干问题的解释（2011年6月13日）

第五条 盗窃正在使用的广播电视设施，尚未构成盗窃罪，但具有本解释第一条、第二条规定情形的，以破坏广播电视设施罪定罪处罚；同时构成盗窃罪和破坏广播电视设施罪的，依照处罚较重的规定定罪处罚。

第六条 破坏正在使用的广播电视设施未危及公共安全，或者故意毁坏尚未投入使用的广播电视设施，造成财物损失数额较大或者有其他严重情节的，以故意毁坏财物罪定罪处罚。

第七条 实施破坏广播电视设施犯罪，并利用广播电视设施实施煽动分裂国家、煽动颠覆国家政权、煽动民族仇恨、民族歧视或者宣扬邪教等行为，同时构成其他犯罪的，依照处罚较重的规定定罪处罚。

9. 公用电信设施损坏经济损失的计算

最高人民法院、最高人民检察院、工业和信息化部、公安部公用电信设施损坏经济损失计算方法（2014年8月28日）

第一条 为保障公用电信设施安全稳定运行，规范公用电信设施损坏经济损失计算，制定本方法。

第二条 中华人民共和国境内由于盗窃、破坏等因素造成公用电信设施损坏所带来的经济损失，根据本方法计算。

第三条 本方法中公用电信设施主要包括：

（一）通信线路类：包括光（电）缆、电力电缆等；交接箱、分（配）线盒等；管道、槽道、人井（手孔）；电杆、拉线、吊线、挂钩等支撑加固和保护装置；标石、标志标牌、井盖等附属配套设施。

（二）通信设备类：包括基站、中继站、微波站、直放站、室内分布系统、无线局域网（WLAN）系统、有线接入设备、公用电话终端等。

（三）其他配套设备类：包括通信铁塔、收发信天（馈）线；公用电话亭；用于维系通信设备正常运转的通信机房、空调、蓄电池、开关电源、不间断电源（UPS）、太阳能电池板、油机、变压器、接地铜排、消防设备、安防设备、动力环境设备等附属配套设施。

（四）电信主管部门认定的其他电信设施。

第四条　公用电信设施损坏经济损失，主要包括公用电信设施修复损失、阻断通信业务损失和阻断通信其他损失。

公用电信设施修复损失，是指公用电信设施损坏后临时抢修、正式恢复所需各种修复费用总和，包括人工费、机具使用费、仪表使用费、调遣费、赔补费、更换设施设备费用等。

阻断通信业务损失，是指公用电信设施损坏造成通信中断所带来的业务损失的总和，包括干线光传送网阻断通信损失、城域/本地光传送网阻断通信损失和接入网阻断通信损失。

阻断通信其他损失，是指公用电信设施损坏造成通信中断所带来的除通信业务损失以外的其他损失的总和，包括基础电信企业依法向电信用户支付的赔偿费用等损失。

第五条　公用电信设施修复损失计算

公用电信设施损坏后临时检修、正式修复所需费用按照《关于发布〈通信建设工程概算、预算编制办法及相关定额〉的通知》（工信部〔2008〕75号）核实确定。

公用电信设施损坏后通过设置应急通信设备、使用备份设备或迂回路由等方式临时抢修产生的费用，可由当地通信管理局确定。

第六条　阻断通信业务损失计算

阻断通信业务损失＝阻断通信时间×单位时间通信业务价值。

阻断通信时间，是指自该类业务通信阻断发生时始，至该类业务修复后经测试验证后通信可用时止的时间长度。

单位时间通信业务价值，是指阻断通信时间段前三十天对应时段内的平均业务量与业务单价的乘积。

各类业务单价可在该类业务标价和套餐折合最低价之间取值，具体由当地通信管理局根据当地实际情况确定。

（一）干线光传送网阻断通信损失

干线光传送网，按照阻断通信的使用带宽进行计算，即：

干线光传送网阻断通信损失＝阻断通信时间（分钟）×前三十天对应时段内平均使用带宽（Mbps）×单位带宽价格（元/Mbps/分钟）。

单位带宽价格按基础电信企业向当地通信管理局资费备案的互联网100Mbps专线接入（当地静态路由接入方式）价格的百分之一计算。

（二）城域/本地光传送网阻断通信损失

城域/本地光传送网阻断通信损失参照干线光传送网阻断通信损失计算。

（三）接入网阻断通信损失

接入网可明确区分不同业务类型，应分别计算该网络内不同业务实际阻断通信时间内的损失，并将不同业务类型损失进行叠加。

接入网阻断通信损失包括固定和移动语音业务损失、固定数据业务损失、移动数据业务损失、固定和移动专线出租电路损失、短信业务损失和增值电信业务损失。

固定和移动语音业务损失包括国际长途、国内长途和本地通话三类业务损失，每类业务损失计算公式为：固定和移动语音业务损失＝前三十天对应时段内平均通话时长（分钟）×单价（元/分钟）。

固定数据业务损失计算公式为：固定数据业务损失＝阻断通信时间（分钟）×月均固定数据业务资费/当月分钟数（元/分钟）。

移动数据业务损失计算公式为：移动数据业务损失＝前三十天对应时段内平均数据流量（MB/秒）×阻断时长（秒）×单价（元/MB）。

固定和移动专线出租电路损失根据基础电信企业和党、政、军机关、事业单位、企业等签订的专线电路租用合同相关条款进行计算。

短信业务损失计算公式为：短信业务阻断损失＝前三十天对应时段内平均短信量（条）×单价（元/条）。

增值电信业务损失可由当地通信管理局确定。

第七条 专用电信设施损坏经济损失计算可参照本方法执行。

第八条 各省、自治区、直辖市通信管理局可根据本规定，结合具体情况制定适合本行政区域内的公用电信设施损坏经济损失计算方法。

第九条 本方法由工业和信息化部负责解释。

第十条 本规定自印发之日起实施。

● 量刑

酌情从宽处罚

最高人民法院关于审理破坏广播电视设施等刑事案件具体应用法律若干问题的解释（2011年6月13日）

第三条第二款 过失损坏广播电视设施构成犯罪，但能主动向有关部门报告，积极赔偿损失或者修复被损坏设施的，可以酌情从宽处罚。

> 第一百二十五条 【非法制造、买卖、运输、邮寄、储存枪支、弹药、爆炸物罪】非法制造、买卖、运输、邮寄、储存枪支、弹药、爆炸物的，处三年以上十年以下有期徒刑；情节严重的，处十年以上有期徒刑、无期徒刑或者死刑。
>
> 【非法制造、买卖、运输、储存危险物质罪】非法制造、买卖、运输、储存毒害性、放射性、传染病病原体等物质，危害公共安全的，依照前款的规定处罚。
>
> 单位犯前两款罪的，对单位判处罚金，并对其直接负责的主管人员和其他直接责任人员，依照第一款的规定处罚。

● 立案追诉标准

最高人民检察院、公安部关于公安机关管辖的刑事案件立案追诉标准的规定（一）（2008年6月25日）

第二条 [非法制造、买卖、运输、储存危险物质案（刑法第一百二十五条第二款）]非法制造、买卖、运输、储存毒害性、放射性、传染病病原体等物质，危害公共安全，涉嫌下列情形之一的，应予立案追诉：

（一）造成人员重伤或者死亡的；

（二）造成直接经济损失十万元以上的；

（三）非法制造、买卖、运输、储存毒鼠强、氟乙酰胺、氟乙酰钠、毒鼠硅、甘氟原粉、原液、制剂五十克以上，或者饵料二千克以上的；

（四）造成急性中毒、放射性疾病或者造成传染病流行、暴发的；

（五）造成严重环境污染的；

（六）造成毒害性、放射性、传染病病原体等危险物质丢失、被盗、被抢或者被他人利用进行违法犯罪活动的；

（七）其他危害公共安全的情形。

● 定罪

1. 入罪数额、入罪情节

最高人民法院关于审理非法制造、买卖、运输枪支、弹药、爆炸物等刑事案件具体应用法律若干问题的解释（2010年1月1日）

第一条第一款　个人或者单位非法制造、买卖、运输、邮寄、储存枪支、弹药、爆炸物，具有下列情形之一的，依照刑法第一百二十五条第一款的规定，以非法制造、买卖、运输、邮寄、储存枪支、弹药、爆炸物罪定罪处罚：

（一）非法制造、买卖、运输、邮寄、储存军用枪支一支以上的；

（二）非法制造、买卖、运输、邮寄、储存以火药为动力发射枪弹的非军用枪支一支以上或者以压缩气体等为动力的其他非军用枪支二支以上的；

（三）非法制造、买卖、运输、邮寄、储存军用子弹十发以上、气枪铅弹五百发以上或者其他非军用子弹一百发以上的；

（四）非法制造、买卖、运输、邮寄、储存手榴弹一枚以上的；

（五）非法制造、买卖、运输、邮寄、储存爆炸装置的；

（六）非法制造、买卖、运输、邮寄、储存炸药、发射药、黑火药一千克以上或者烟火药三千克以上、雷管三十枚以上或者导火索、导爆索三十米以上的；

（七）具有生产爆炸物品资格的单位不按照规定的品种制造，或者具有销售、使用爆炸物品资格的单位超过限额买卖炸药、发射药、黑火药十千克以上或者烟火药三十千克以上、雷管三百枚以上或者导火索、导爆索三百米以上的；

（八）多次非法制造、买卖、运输、邮寄、储存弹药、爆炸物的；

（九）虽未达到上述最低数量标准，但具有造成严重后果等其他恶劣情节的。

第十条　实施非法制造、买卖、运输、邮寄、储存、盗窃、抢夺、持有、私藏其他弹药、爆炸物品等行为，参照本解释有关条文规定的定罪量刑标准处罚。

最高人民法院、最高人民检察院关于办理非法制造、买卖、运输、储存毒鼠强等禁用剧毒化学品刑事案件具体应用法律若干问题的解释（2003年10月1日）

第一条 非法制造、买卖、运输、储存毒鼠强等禁用剧毒化学品，危害公共安全，具有下列情形之一的，依照刑法第一百二十五条的规定，以非法制造、买卖、运输、储存危险物质罪，处三年以上十年以下有期徒刑：

（一）非法制造、买卖、运输、储存原粉、原液、原药制剂50克以上，或者饵料2千克以上的；

（二）在非法制造、买卖、运输、储存过程中致人重伤、死亡或者造成公私财产损失10万元以上的。

第六条 本解释所称"毒鼠强等禁用剧毒化学品"，是指国家明令禁止的毒鼠强、氟乙酰胺、氟乙酸钠、毒鼠硅、甘氟。

2. 枪支的认定

枪支管理法（2015年4月24日）

第四十六条 本法所称枪支，是指以火药或者压缩气体等为动力，利用管状器具发射金属弹丸或者其他物质，足以致人伤亡或者丧失知觉的各种枪支。

公安部关于对彩弹枪按照枪支进行管理的通知（2002年6月7日）

彩弹枪射击运动，是一项利用彩弹枪进行对抗射击的娱乐活动。目前彩弹枪正逐步向小口径化方向发展，所发射的彩弹也由软质向硬质转化，且初速越来越快，威力越来越大，近距离射击可对人体构成伤害。为加强对彩弹枪的管理，特通知如下：

彩弹枪的结构符合《中华人民共和国枪支管理法》第四十六条有关枪支定义规定的要件，且其发射彩弹时枪口动能平均值达到93焦耳，已超过国家军用标准规定的对人体致伤动能的标准（78焦耳）。各地要按照《中华人民共和国枪支管理法》的有关规定对彩弹枪进行管理，以维护社会治安秩序，保障公共安全。

公安部关于对以气体等为动力发射金属弹丸或者其他物质的仿真枪认定问题的批复（2006年10月11日）

依据《中华人民共和国枪支管理法》第四十六条的规定，利用气瓶、弹簧、电机等形成压缩气体为动力、发射金属弹丸或者其他物质并具有杀伤力的"仿真枪"，具备制式气枪的本质特征，应认定为枪支，并按气枪进行管制处理。对非法制造、买卖、运输、储存、邮寄、持有、携带和走私此类枪支的，应当依照《中华人民共和国枪支管理法》、《中华人民共和国刑法》、《中华人民共和国治安管理处罚法》的有关规定追究当事人的法律责任。对不具有杀伤力但符合仿真枪认定规定的，应认定为仿真枪；对非法制造、销售此类仿真枪的，应当依照《中华人民共和国枪支管理法》的有关规定，予以处罚。

公安部仿真枪认定标准（2008年2月19日）

仿真枪的认定工作由县级或者县级以上公安机关负责，对能够发射弹丸需要进行鉴定的，由县级以上公安机关刑事技术部门负责按照《枪支致伤力的法庭科学鉴定判据》，参照《公安机关涉案枪支弹药性能鉴定工作规定》（公通字〔2001〕68号），从其所发射弹丸的能量进行鉴定是否属于枪支。当事人或办案机关对仿真枪的认定提出异议的，由上一级公安机关重新认定。

公安部关于仿真枪认定标准有关问题的批复（2011年1月8日）

一、关于仿真枪与制式枪支的比例问题

公安部《仿真枪认定标准》第一条第三项规定的"外形长度尺寸介于相应制式枪支全枪长度尺寸的二分之一与一倍之间"，其中的"一倍"是指比相应制式枪支全枪长度尺寸长出一倍；其中的二分之一与一倍均不包含本数。

二、关于仿真枪仿制式枪支年代问题

鉴于转轮手枪等一些手动、半自动枪械均属于第一次世界大战以前就已问世的产品。因此，制式枪支的概念不能以第一次世界大战来划定，仍应当按照《仿真枪认定标准》的有关规定执行。但绳枪、燧发枪等古代前装枪不属于制式枪支的范畴。

公安部关于对空包弹管理有关问题的批复（2011年9月22日）

空包弹是一种能够被枪支击发的无弹头特种枪弹。鉴于空包弹易被犯罪分子改制成枪弹，并且发射时其枪口冲击波在一定距离内，仍能够对人员造成伤害。因此，应当依据《中华人民共和国枪支管理法》将空包弹纳入枪支弹药管理范畴。其中，对中国人民解放军、武装警察部队需要配备使用的各类空包弹，纳入军队、武警部队装备枪支弹药管理范畴予以管理；对公务用枪配备单位需要使用的各类空包弹，纳入公务用枪管理范畴予以管理；对民用枪支配置、影视制作等单位需要配置使用的各类空包弹，纳入民用枪支弹药管理范畴予以管理。

对于射钉弹、发令弹的口径与制式枪支口径相同的，应当作为民用枪支弹药进行管理；口径与制式枪支口径不同的，对制造企业应当作为民用爆炸物品使用单位进行管理，其销售、购买应当实行实名登记管理。

公安部关于枪支主要零部件管理有关问题的批复（2014年3月6日）

枪支主要零部件是指组成枪支的主要零件和部件，其中，枪支主要零件是指对枪支性能具有较大影响而且不可拆分的单个制件,如枪管、击针、扳机等;枪支部件是指由若干枪支零件组成具有一定功能的集合体,如击发机构部件、枪机部件等。《最高人民法院关于审理非法制造、买卖、运输枪支、弹药、爆炸物等刑事案件具体应用法律若干问题的解释》(法释〔2009〕18号)中的枪支散件和《公安机关涉案枪支弹药性能鉴定工作规定》(公通字〔2010〕67号)中的枪支专用散件等同于枪支主要零件。

枪支主要零部件的生产加工应当委托具有枪支制造资质的企业进行。对枪支主要零部件的鉴定工作,应当按照《公安机关涉案枪支弹药性能鉴定工作规定》进行,对国外生产的枪支或者自制枪支的主要零部件,可以采取判别是否具有枪支零部件主要性能特征的方式进行鉴定。

3. "非法储存"的认定

最高人民法院关于审理非法制造、买卖、运输枪支、弹药、爆炸物等刑事案件具体应用法律若干问题的解释(2010年1月1日)

第八条第一款 刑法第一百二十五条第一款规定的"非法储存",是指明知是他人非法制造、买卖、运输、邮寄的枪支、弹药而为其存放的行为,或者非法存放爆炸物的行为。

4. "毒害性"物质、"非法买卖"毒害性物质的认定

最高人民法院关于发布第四批指导性案例的通知(2013年1月31日)
王召成等非法买卖、储存危险物质案(指导案例13号)

裁判要点:1. 国家严格监督管理的氰化钠等剧毒化学品,易致人中毒或者死亡,对人体、环境具有极大的毒害性和危险性,属于刑法第一百二十五条第二款规定的"毒害性"物质。

2. "非法买卖"毒害性物质,是指违反法律和国家主管部门规定,未经有关主管部门批准许可,擅自购买或者出售毒害性物质的行为,并不需要兼有买进和卖出的行为。

5. 非法制造、买卖、运输、邮寄、储存枪支、弹药、爆炸物"情节严重"的认定

最高人民法院关于审理非法制造、买卖、运输枪支、弹药、爆炸物等刑事案件具体应用法律若干问题的解释(2010年1月1日)

第二条 非法制造、买卖、运输、邮寄、储存枪支、弹药、爆炸物,具有下列情形之一的,属于刑法第一百二十五条第一款规定的"情节严重":

（一）非法制造、买卖、运输、邮寄、储存枪支、弹药、爆炸物的数量达到本解释第一条第（一）、（二）、（三）、（六）、（七）项规定的最低数量标准五倍以上的；

（二）非法制造、买卖、运输、邮寄、储存手榴弹三枚以上的；

（三）非法制造、买卖、运输、邮寄、储存爆炸装置，危害严重的；

（四）达到本解释第一条规定的最低数量标准，并具有造成严重后果等其他恶劣情节的。

第九条第一款 因筑路、建房、打井、整修宅基地和土地等正常生产、生活需要，以及因从事合法的生产经营活动而非法制造、买卖、运输、邮寄、储存爆炸物，数量达到本解释第一条规定标准，没有造成严重社会危害，并确有悔改表现的，可依法从轻处罚；情节轻微的，可以免除处罚。

第二款 具有前款情形，数量虽达到本解释第二条规定标准的，也可以不认定为刑法第一百二十五条第一款规定的"情节严重"。

第十条 实施非法制造、买卖、运输、邮寄、储存、盗窃、抢夺、持有、私藏其他弹药、爆炸物品等行为，参照本解释有关条文规定的定罪量刑标准处罚。

6. 非法制造、买卖、运输、储存危险物质"情节严重"的认定

最高人民法院、最高人民检察院关于办理非法制造、买卖、运输、储存毒鼠强等禁用剧毒化学品刑事案件具体应用法律若干问题的解释（2003年10月1日）

第二条 非法制造、买卖、运输、储存毒鼠强等禁用剧毒化学品，具有下列情形之一的，属于刑法第一百二十五条规定的"情节严重"，处十年以上有期徒刑、无期徒刑或者死刑：

（一）非法制造、买卖、运输、储存原粉、原液、制剂500克以上，或者饵料20千克以上的；

（二）在非法制造、买卖、运输、储存过程中致3人以上重伤、死亡，或者造成公私财产损失20万元以上的；

（三）非法制造、买卖、运输、储存原粉、原药、制剂50克以上不满500克，或者饵料2千克以上不满20千克，并具有其他严重情节的。

第三条 单位非法制造、买卖、运输、储存毒鼠强等禁用剧毒化学品的，依照本解释第一条、第二条规定的定罪量刑标准执行。

第六条 本解释所称"毒鼠强等禁用剧毒化学品"，是指国家明令禁止的毒鼠强、氟乙酰胺、氟乙酸钠、毒鼠硅、甘氟。

7. 枪支数量的认定

最高人民法院关于审理非法制造、买卖、运输枪支、弹药、爆炸物等刑事案件具体应用法律若干问题的解释（2010年1月1日）

第七条 非法制造、买卖、运输、邮寄、储存、盗窃、抢夺、持有、私藏、携带成套枪支散件的，以相应数量的枪支计；非成套枪支散件以每三十件为一成套枪支散件计。

8. 非法制造、买卖、运输、储存以火药为动力发射弹药的大口径武器行为的定性

最高人民检察院法律政策研究室关于非法制造、买卖、运输、储存以火药为动力发射弹药的大口径武器的行为如何适用法律问题的答复（2004年11月3日）

对于非法制造、买卖、运输、储存以火药为动力发射弹药的大口径武器的行为，应当依照刑法第一百二十五条第一款的规定，以非法制造、买卖、运输、储存枪支罪追究刑事责任。

9. 非法生产经营烟花爆竹及相关行为的定性

最高人民法院、最高人民检察院、公安部、国家安全监管总局关于依法加强对涉嫌犯罪的非法生产经营烟花爆竹行为刑事责任追究的通知（2012年9月6日）

一、非法生产、经营烟花爆竹及相关行为涉及非法制造、买卖、运输、邮寄、储存黑火药、烟火药，构成非法制造、买卖、运输、邮寄、储存爆炸物罪的，应当依照刑法第一百二十五条的规定定罪处罚；非法生产、经营烟花爆竹及相关行为涉及生产、销售伪劣产品或不符合安全标准产品，构成生产、销售伪劣产品罪或生产、销售不符合安全标准产品罪的，应当依照刑法第一百四十条、第一百四十六条的规定定罪处罚；非法生产、经营烟花爆竹及相关行为构成非法经营罪的，应当依照刑法第二百二十五条的规定定罪处罚。上述非法生产经营烟花爆竹行为的定罪量刑和立案追诉标准，分别按照《最高人民法院关于审理非法制造、买卖、运输枪支、弹药、爆炸物等刑事案件具体应用法律若干问题的解释》（法释〔2009〕18号）、《最高人民法院最高人民检察院关于办理生产、销售伪劣商品刑事案件具体应用法律若干问题的解释》（法释〔2001〕10号）、《最高人民检察院、公安部关于公安机关管辖的刑事案件立案追诉标准的规定（一）》（公通字〔2008〕36号）、《最高人民检察院、公安部关于公安机关管辖的刑事案件立案追诉标准的规定（二）》（公通字〔2010〕23号）等有关规定执行。

10. 共同犯罪

最高人民法院关于审理非法制造、买卖、运输枪支、弹药、爆炸物等刑事案件具体应用法律若干问题的解释（2010年1月1日）

第一条第二款 介绍买卖枪支、弹药、爆炸物的，以买卖枪支、弹药、爆炸物罪的共犯论处。

11. 枪支弹药性能的鉴定

公安部公安机关涉案枪支弹药性能鉴定工作规定（2010年12月7日）

为规范对涉案枪支、弹药的鉴定工作，确保鉴定合法、准确、公正，特制定本规定。

一、鉴定范围。公安机关在办理涉枪刑事案件中需要鉴定涉案枪支、弹药性能的，适用本规定。

本规定所称制式枪支、弹药，是指按照国家标准或公安部、军队下达的战术技术指标要求，经国家有关部门或军队批准定型，由合法企业生产的各类枪支、弹药，包括国外制造和历史遗留的各类旧杂式枪支、弹药。

本规定所称非制式枪支、弹药，是指未经有关部门批准定型或不符合国家标准的各类枪支、弹药，包括自制、改制的枪支、弹药和枪支弹药生产企业研制工作中的中间产品。

二、鉴定机关。涉案枪支、弹药的鉴定由地（市）级公安机关负责，当事人或者办案机关有异议的，由省级公安机关复检一次。各地可委托公安机关现有刑事技术鉴定部门开展枪支、弹药的鉴定工作。

三、鉴定标准。

（一）凡是制式枪支、弹药，无论是否能够完成击发动作，一律认定为枪支、弹药。

（二）凡是能发射制式弹药的非制式枪支（包括自制、改制枪支），一律认定为枪支。对能够装填制式弹药，但因缺少个别零件或锈蚀不能完成击发，经加装相关零件或除锈后能够发射制式弹药的非制式枪支，一律认定为枪支。

（三）对不能发射制式弹药的非制式枪支，按照《枪支致伤力的法庭科学鉴定判据》（GA/T718—2007）的规定，当所发射弹丸的枪口比动能大于等于1.8焦耳/平方厘米时，一律认定为枪支。

（四）对制式枪支、弹药专用散件（零部件），能够由制造厂家提供相关零部件图样（复印件）和件号的，一律认定为枪支、弹药散件（零部件）。

（五）对非制式枪支、弹药散件（零部件），如具备与制式枪支、弹药专用散件（零部件）相同功能的，一律认定为枪支、弹药散件（零部件）。

四、鉴定程序。对枪支弹药的鉴定需经过鉴定、复核两个步骤，并应当由不同的人员分别进行。复核人应当按照鉴定操作流程的全过程进行复核，防止发生错误鉴定。鉴定完成后，应当制作《枪支、弹药鉴定书》。《枪支、弹药鉴定书》中的鉴定结论应当准确、简明，同时应当标明鉴定人、复核人身份并附有本人签名，加盖鉴定单位印章。《枪支、弹药鉴定书》应附检材、样本照片等附件。

五、鉴定时限。一般的鉴定和复检应当在十五日内完成。疑难复杂的，应当在三十日内完成。

12. 罪与非罪

最高人民法院、最高人民检察院关于办理非法制造、买卖、运输、储存毒鼠强等禁用剧毒化学品刑事案件具体应用法律若干问题的解释（2003年10月1日）

第五条第一款 本解释施行以前，确因生产、生活需要而非法制造、买卖、运输、储存毒鼠强等禁用剧毒化学品饵料自用，没有造成严重社会危害的，可以依照刑法第十三条的规定，不作为犯罪处理。

最高人民法院、最高人民检察院关于涉以压缩气体为动力的枪支、气枪铅弹刑事案件定罪量刑问题的批复（2018年3月30日）

一、对于非法制造、买卖、运输、邮寄、储存、持有、私藏、走私以压缩气体为动力且枪口比动能较低的枪支的行为，在决定是否追究刑事责任以及如何裁量刑罚时，不仅应当考虑涉案枪支的数量，而且应当充分考虑涉案枪支的外观、材质、发射物、购买场所和渠道、价格、用途、致伤力大小、是否易于通过改制提升致伤力，以及行为人的主观认知、动机目的、一贯表现、违法所得、是否规避调查等情节，综合评估社会危害性，坚持主客观相统一，确保罪责刑相适应。

二、对于非法制造、买卖、运输、邮寄、储存、持有、私藏、走私气枪铅弹的行为，在决定是否追究刑事责任以及如何裁量刑罚时，应当综合考虑气枪铅弹的数量、用途以及行为人的动机目的、一贯表现、违法所得、是否规避调查等情节，综合评估社会危害性，确保罪责刑相适应。

公安部关于涉弩违法犯罪行为的处理及性能鉴定问题的批复（2006年5月25日）

一、弩是一种具有一定杀伤能力的运动器材，但其结构和性能不符合《中华人民共和国枪支管理法》对枪支的定义，不属于枪支范畴。因此，不能按照《最高人民法院关于审理非法制造、买卖、运输枪支、弹药、爆炸物等刑事案件具体应用法律若干问题的解释》（法释〔2001〕15号）追究刑事责任，仍应按照《公安部、国家工商行政管理局关于加强弩管理的通知》（公治〔1999〕1646号）的规定，对非法制造、销售、运输、持有弩的登记收缴，消除社会治安隐患。

13. 时间效力问题

最高人民法院关于处理涉枪、涉爆申诉案件有关问题的通知（2003年1月15日）

我院于2001年9月17日发出《对执行〈关于审理非法制造、买卖、运输枪支、弹药、爆炸物等刑事案件具体应用法律若干问题的解释〉有关问题的通知》（以下简称《通知》）后，一些高级人民法院向我院请示，对于符合《通知》的要求，但是已经依照我院于2001年5月16日公布的《关于审理非法制造、买卖、运输枪支、弹药、爆炸物等刑事案件具体应用法律若干问题的解释》（以下简称《解释》）作出生效裁判的案件，当事人提出申诉的，人民法院能否根据《通知》精神再审改判等问题。为准确适用法律和司法解释，现就有关问题通知如下：

《解释》公布后，人民法院经审理并已作出生效裁判的非法制造、买卖、运输枪支、弹药等刑事案件，当事人依法提出申诉，经审查认为生效裁判不符合《通知》规定的，人民法院可以根据案件的具体情况，按照审判监督程序重新审理，并依照《通知》规定的精神予以改判。

最高人民法院关于九七刑法实施后发生的非法买卖枪支案件，审理时新的司法解释尚未作出，是否可以参照1995年9月20日最高人民法院《关于办理非法制造、买卖、运输非军用枪支、弹药刑事案件适用法律问题的解释》的规定审理案件请示的复函（2003年7月29日）

原审被告人侯磊非法买卖枪支的行为发生在修订后的《刑法》实施以后，而该案审理时《最高人民法院关于审理非法制造、买卖、运输枪支、弹药、爆炸物等刑事案件具体应用法律若干问题的解释》尚未颁布，因此，依照我院法发〔1997〕3号《关于认真学习宣传贯彻修订的〈中华人民共和国刑法〉的通知》的精神，该案应参照1995年9月20日最高人民法院法发〔1995〕20号《关于办理非法制造、买卖、运输非军用枪支、弹药刑事案件适用法律问题的解释》的规定办理。

● 量刑

从轻、减轻或者免除处罚

最高人民法院、最高人民检察院关于办理非法制造、买卖、运输、储存毒鼠强等禁用剧毒化学品刑事案件具体应用法律若干问题的解释（2003年10月1日）

第五条第二款 本解释施行以后，确因生产、生活需要而非法制造、买卖、运输、储存毒鼠强等禁用剧毒化学品饵料自用，构成犯罪，但没有造成严重社会危害，经教育确有悔改表现的，可以依法从轻、减轻或者免除处罚。

最高人民法院关于审理非法制造、买卖、运输枪支、弹药、爆炸物等刑事案件具体应用法律若干问题的解释（2010年1月1日）

第九条 因筑路、建房、打井、整修宅基地和土地等正常生产、生活需要，以及因从事合法的生产经营活动而非法制造、买卖、运输、邮寄、储存爆炸物，数量达到本解释第一条规定标准，没有造成严重社会危害，并确有悔改表现的，可依法从轻处罚；情节轻微的，可以免除处罚。

具有前款情形，数量虽达到本解释第二条规定标准的，也可以不认定为刑法第一百二十五条第一款规定的"情节严重"。

在公共场所、居民区等人员集中区域非法制造、买卖、运输、邮寄、储存爆炸物，或者因非法制造、买卖、运输、邮寄、储存爆炸物三年内受到两次以上行政处罚又实施上述行为，数量达到本解释规定标准的，不适用前两款量刑的规定。

第一百二十六条 【违规制造、销售枪支罪】 依法被指定、确定的枪支制造企业、销售企业，违反枪支管理规定，有下列行为之一的，对单位判处罚金，并对其直接负责的主管人员和其他直接责任人员，处五年以下有期徒刑；情节严重的，处五年以上十年以下有期徒刑；情节特别严重的，处十年以上有期徒刑或者无期徒刑：

（一）以非法销售为目的，超过限额或者不按照规定的品种制造、配售枪支的；

（二）以非法销售为目的，制造无号、重号、假号的枪支的；

（三）非法销售枪支或者在境内销售为出口制造的枪支的。

● 立案追诉标准

最高人民检察院、公安部关于公安机关管辖的刑事案件立案追诉标准的规定（一）（2008年6月25日）

第三条　[违规制造、销售枪支案（刑法第一百二十六条）]　依法被指定、确定的枪支制造企业、销售企业，违反枪支管理规定，以非法销售为目的，超过限额或者不按照规定的品种制造、配售枪支，或者以非法销售为目的，制造无号、重号、假号的枪支，或者非法销售枪支或者在境内销售为出口制造的枪支，涉嫌下列情形之一的，应予立案追诉：

（一）违规制造枪支五支以上的；

（二）违规销售枪支二支以上的；

（三）虽未达到上述数量标准，但具有造成严重后果等其他恶劣情节的。

本条和本规定第四条、第七条规定的"枪支"，包括枪支散件。成套枪支散件，以相应数量的枪支计；非成套枪支散件，以每三十件为一成套枪支散件计。

● 定罪

1. 入罪情节

最高人民法院关于审理非法制造、买卖、运输枪支、弹药、爆炸物等刑事案件具体应用法律若干问题的解释（2010年1月1日）

第三条第一款　依法被指定或者确定的枪支制造、销售企业，实施刑法第一百二十六条规定的行为，具有下列情形之一的，以违规制造、销售枪支罪定罪处罚：

（一）违规制造枪支五支以上的；

（二）违规销售枪支二支以上的；

（三）虽未达到上述最低数量标准，但具有造成严重后果等其他恶劣情节的。

2. "情节严重""情节特别严重"的认定

最高人民法院关于审理非法制造、买卖、运输枪支、弹药、爆炸物等刑事案件具体应用法律若干问题的解释（2010年1月1日）

第三条第二款　具有下列情形之一的，属于刑法第一百二十六条规定的"情节严重"：

（一）违规制造枪支二十支以上的；

（二）违规销售枪支十支以上的；

（三）达到本条第一款规定的最低数量标准，并具有造成严重后果等其他恶劣情节的。

第三款　具有下列情形之一的，属于刑法第一百二十六条规定的"情节特别严重"：

（一）违规制造枪支五十支以上的；

（二）违规销售枪支三十支以上的；

（三）达到本条第二款规定的最低数量标准，并具有造成严重后果等其他恶劣情节的。

第一百二十七条　【盗窃、抢夺枪支、弹药、爆炸物、危险物质罪】盗窃、抢夺枪支、弹药、爆炸物的，或者盗窃、抢夺毒害性、放射性、传染病病原体等物质，危害公共安全的，处三年以上十年以下有期徒刑；情节严重的，处十年以上有期徒刑、无期徒刑或者死刑。

【抢劫枪支、弹药、爆炸物、危险物质罪】【盗窃、抢夺枪支、弹药、爆炸物、危险物质罪】抢劫枪支、弹药、爆炸物的，或者抢劫毒害性、放射性、传染病病原体等物质，危害公共安全的，或者盗窃、抢夺国家机关、军警人员、民兵的枪支、弹药、爆炸物的，处十年以上有期徒刑、无期徒刑或者死刑。

● 定罪

1. 盗窃、抢夺枪支、弹药、爆炸物罪的入罪数额

最高人民法院关于审理非法制造、买卖、运输枪支、弹药、爆炸物等刑事案件具体应用法律若干问题的解释（2010年1月1日）

第四条第一款　盗窃、抢夺枪支、弹药、爆炸物，具有下列情形之一的，依照刑法第一百二十七条第一款的规定，以盗窃、抢夺枪支、弹药、爆炸物罪定罪处罚：

（一）盗窃、抢夺以火药为动力的发射枪弹非军用枪支一支以上或者以压缩气体等为动力的其他非军用枪支二支以上的；

（二）盗窃、抢夺军用子弹十发以上、气枪铅弹五百发以上或者其他非军用

子弹一百发以上的；

（三）盗窃、抢夺爆炸装置的；

（四）盗窃、抢夺炸药、发射药、黑火药一千克以上或者烟火药三千克以上、雷管三十枚以上或者导火索、导爆索三十米以上的；

（五）虽未达到上述最低数量标准，但具有造成严重后果等其他恶劣情节的。

第七条 非法制造、买卖、运输、邮寄、储存、盗窃、抢夺、持有、私藏、携带成套枪支散件的，以相应数量的枪支计；非成套枪支散件以每三十件为一成套枪支散件计。

第十条 实施非法制造、买卖、运输、邮寄、储存、盗窃、抢夺、持有、私藏其他弹药、爆炸物品等行为，参照本解释有关条文规定的定罪量刑标准处罚。

2. 第一款"情节严重"的认定

最高人民法院关于审理非法制造、买卖、运输枪支、弹药、爆炸物等刑事案件具体应用法律若干问题的解释（2010年1月1日）

第四条第二款 具有下列情形之一的，属于刑法第一百二十七条第一款规定的"情节严重"：

（一）盗窃、抢夺枪支、弹药、爆炸物的数量达到本条第一款规定的最低数量标准五倍以上的；

（二）盗窃、抢夺军用枪支的；

（三）盗窃、抢夺手榴弹的；

（四）盗窃、抢夺爆炸装置，危害严重的；

（五）达到本条第一款规定的最低数量标准，并具有造成严重后果等其他恶劣情节的。

3. 抢劫、抢夺民警枪支行为的定性

最高人民法院、最高人民检察院、公安部关于依法惩治袭警违法犯罪行为的指导意见（2020年1月10日）

四、抢劫、抢夺民警枪支，符合刑法第一百二十七条第二款规定的，应当以抢劫枪支罪、抢夺枪支罪定罪。

第一百二十八条 【非法持有、私藏枪支、弹药罪】违反枪支管理规定，非法持有、私藏枪支、弹药的，处三年以下有期徒刑、拘役或者管制；情节严重的，处三年以上七年以下有期徒刑。

> **【非法出租、出借枪支罪】**依法配备公务用枪的人员，非法出租、出借枪支的，依照前款的规定处罚。
>
> **【非法出租、出借枪支罪】**依法配置枪支的人员，非法出租、出借枪支，造成严重后果的，依照第一款的规定处罚。
>
> 单位犯第二款、第三款罪的，对单位判处罚金，并对其直接负责的主管人员和其他直接责任人员，依照第一款的规定处罚。

● 立案追诉标准

最高人民检察院、公安部关于公安机关管辖的刑事案件立案追诉标准的规定（一）（2008年6月25日）

第四条第一款　[非法持有、私藏枪支、弹药案（刑法第一百二十八条第一款）] 违反枪支管理规定，非法持有、私藏枪支、弹药，涉嫌下列情形之一的，应予立案追诉：

（一）非法持有、私藏军用枪支一支以上的；

（二）非法持有、私藏以火药为动力发射枪弹的非军用枪支一支以上，或者以压缩气体等为动力的其他非军用枪支二支以上的；

（三）非法持有、私藏军用子弹二十发以上、气枪铅弹一千发以上或者其他非军用子弹二百发以上的；

（四）非法持有、私藏手榴弹、炸弹、地雷、手雷等具有杀伤性弹药一枚以上的；

（五）非法持有、私藏的弹药造成人员伤亡、财产损失的。

第五条　[非法出租、出借枪支案（刑法第一百二十八条第二、三、四款）] 依法配备公务用枪的人员或单位，非法将枪支出租、出借给未取得公务用枪配备资格的人员或单位，或者将公务用枪用作借债质押物的，应予立案追诉。

依法配备公务用枪的人员或单位，非法将枪支出租、出借给具有公务用枪配备资格的人员或单位，以及依法配置民用枪支的人员或单位，非法出租、出借民用枪支，涉嫌下列情形之一的，应予立案追诉：

（一）造成人员轻伤以上伤亡事故的；

（二）造成枪支丢失、被盗、被抢的；

（三）枪支被他人利用进行违法犯罪活动的；

（四）其他造成严重后果的情形。

● 定罪

1. 非法持有、私藏枪支、弹药罪的入罪数额

最高人民法院关于审理非法制造、买卖、运输枪支、弹药、爆炸物等刑事案件具体应用法律若干问题的解释（2010年1月1日）

第五条第一款　具有下列情形之一的，依照刑法第一百二十八条第一款的规定，以非法持有、私藏枪支、弹药罪定罪处罚：

（一）非法持有、私藏军用枪支一支的；

（二）非法持有、私藏以火药为动力发射枪弹的非军用枪支一支或者以压缩气体等为动力的其他非军用枪支二支以上的；

（三）非法持有、私藏军用子弹二十发以上，气枪铅弹一千发以上或者其他非军用子弹二百发以上的；

（四）非法持有、私藏手榴弹一枚以上的；

（五）非法持有、私藏的弹药造成人员伤亡、财产损失的。

第七条　非法制造、买卖、运输、邮寄、储存、盗窃、抢夺、持有、私藏、携带成套枪支散件的，以相应数量的枪支计；非成套枪支散件以每三十件为一成套枪支散件计。

第十条　实施非法制造、买卖、运输、邮寄、储存、盗窃、抢夺、持有、私藏其他弹药、爆炸物品等行为，参照本解释有关条文规定的定罪量刑标准处罚。

2. "非法持有""私藏"的认定

最高人民法院关于审理非法制造、买卖、运输枪支、弹药、爆炸物等刑事案件具体应用法律若干问题的解释（2010年1月1日）

第八条第二款　刑法第一百二十八条第一款规定的"非法持有"，是指不符合配备、配置枪支、弹药条件的人员，违反枪支管理法律、法规的规定，擅自持有枪支、弹药的行为。

第三款　刑法第一百二十八条第一款规定的"私藏"，是指依法配备、配置枪支、弹药的人员，在配备、配置枪支、弹药的条件消除后，违反枪支管理法律、法规的规定，私自藏匿所配备、配置的枪支、弹药且拒不交出的行为。

最高人民检察院、公安部关于公安机关管辖的刑事案件立案追诉标准的规定（一）（2008年6月25日）

第四条第二款　本条规定的"非法持有"，是指不符合配备、配置枪支、弹药条件的人员，擅自持有枪支、弹药的行为；"私藏"，是指依法配备、配置枪支、弹药的人员，在配备、配置枪支、弹药的条件消除后，私自藏匿所配备、配置的枪支、弹药且拒不交出的行为。

3. "情节严重"的认定

最高人民法院关于审理非法制造、买卖、运输枪支、弹药、爆炸物等刑事案件具体应用法律若干问题的解释（2010年1月1日）

第五条第二款　具有下列情形之一的，属于刑法第一百二十八条第一款规定的"情节严重"：

（一）非法持有、私藏军用枪支二支以上的；

（二）非法持有、私藏以火药为动力发射枪弹的非军用枪支二支以上或者以压缩气体等为动力的其他非军用枪支五支以上的；

（三）非法持有、私藏军用子弹一百发以上，气枪铅弹五千发以上或者其他非军用子弹一千发以上的；

（四）非法持有、私藏手榴弹三枚以上的；

（五）达到本条第一款规定的最低数量标准，并具有造成严重后果等其他恶劣情节的。

4. 依法配备公务用枪人员将公务用枪用作质押物行为的定性

最高人民检察院关于将公务用枪用作借债质押的行为如何适用法律问题的批复（1998年11月3日）

依法配备公务用枪的人员，违反法律规定，将公务用枪用作借债质押物，使枪支处于非依法持枪人的控制、使用之下，严重危害公共安全，是刑法第一百二十八条第二款所规定的非法出借枪支行为的一种形式，应以非法出借枪支罪追究刑事责任；对接受枪支质押的人员，构成犯罪的，根据刑法第一百二十八条第一款的规定，应以非法持有枪支罪追究其刑事责任。

第一百二十九条　【丢失枪支不报罪】依法配备公务用枪的人员，丢失枪支不及时报告，造成严重后果的，处三年以下有期徒刑或者拘役。

● 立案追诉标准

最高人民检察院、公安部关于公安机关管辖的刑事案件立案追诉标准的规定（一）（2008年6月25日）

第六条 ［丢失枪支不报案（刑法第一百二十九条）］依法配备公务用枪的人员，丢失枪支不及时报告，涉嫌下列情形之一的，应予立案追诉：

（一）丢失的枪支被他人使用造成人员轻伤以上伤亡事故的；

（二）丢失的枪支被他人利用进行违法犯罪活动的；

（三）其他造成严重后果的情形。

第一百三十条 【非法携带枪支、弹药、管制刀具、危险物品危及公共安全罪】 非法携带枪支、弹药、管制刀具或者爆炸性、易燃性、放射性、毒害性、腐蚀性物品，进入公共场所或者公共交通工具，危及公共安全，情节严重的，处三年以下有期徒刑、拘役或者管制。

● 立案追诉标准

最高人民检察院、公安部关于公安机关管辖的刑事案件立案追诉标准的规定（一）（2008年6月25日）

第七条 ［非法携带枪支、弹药、管制刀具、危险物品危及公共安全案（刑法第一百三十条）］非法携带枪支、弹药、管制刀具或者爆炸性、易燃性、放射性、毒害性、腐蚀性物品，进入公共场所或者公共交通工具，危及公共安全，涉嫌下列情形之一的，应予立案追诉：

（一）携带枪支一支以上或者手榴弹、炸弹、地雷、手雷等具有杀伤性弹药一枚以上的；

（二）携带爆炸装置一套以上的；

（三）携带炸药、发射药、黑火药五百克以上或者烟火药一千克以上、雷管二十枚以上或者导火索、导爆索二十米以上，或者虽未达到上述数量标准，但拒不交出的；

（四）携带的弹药、爆炸物在公共场所或者公共交通工具上发生爆炸或者燃烧，尚未造成严重后果的；

（五）携带管制刀具二十把以上，或者虽未达到上述数量标准，但拒不交出，或者用来进行违法活动尚未构成其他犯罪的；

（六）携带的爆炸性、易燃性、放射性、毒害性、腐蚀性物品在公共场所或者公共交通工具上发生泄漏、遗洒，尚未造成严重后果的；

（七）其他情节严重的情形。

● 定罪

1. 入罪情节

最高人民法院关于审理非法制造、买卖、运输枪支、弹药、爆炸物等刑事案件具体应用法律若干问题的解释（2010年1月1日）

第六条 非法携带枪支、弹药、爆炸物进入公共场所或者公共交通工具，危及公共安全，具有下列情形之一的，属于刑法第一百三十条规定的"情节严重"：

（一）携带枪支或者手榴弹的；

（二）携带爆炸装置的；

（三）携带炸药、发射药、黑火药五百克以上或者烟火药一千克以上、雷管二十枚以上或者导火索、导爆索二十米以上的；

（四）携带的弹药、爆炸物在公共场所或者公共交通工具上发生爆炸或者燃烧，尚未造成严重后果的；

（五）具有其他严重情节的。

行为人非法携带本条第一款第（三）项规定的爆炸物进入公共场所或者公共交通工具，虽未达到上述数量标准，但拒不交出的，依照刑法第一百三十条的规定定罪处罚；携带的数量达到最低数量标准，能够主动、全部交出的，可不以犯罪论处。

第七条 非法制造、买卖、运输、邮寄、储存、盗窃、抢夺、持有、私藏、携带成套枪支散件的，以相应数量的枪支计；非成套枪支散件以每三十件为一成套枪支散件计。

2. "管制刀具"的认定

公安部关于将陶瓷类刀具纳入管制刀具管理问题的批复（2010年4月7日）

陶瓷类刀具具有超高硬度、超高耐磨、刃口锋利等特点，其技术特性已达到或超过了部分金属刀具的性能，对符合《管制刀具认定标准》（公通字〔2007〕2号）规定的刀具类型、刀刃长度和刀尖角度等条件的陶瓷类刀具，应当作为管制刀具管理。

3. 非法携带枪支、弹药、管制器具、危险物品进入医疗机构行为的定性

最高人民法院、最高人民检察院、公安部、司法部、国家卫生和计划生育委员会关于依法惩处涉医违法犯罪维护正常医疗秩序的意见（2014年4月22日）

二、严格依法惩处涉医违法犯罪

（五）非法携带枪支、弹药、管制器具或者爆炸性、放射性、毒害性、腐蚀性物品进入医疗机构的，依照治安管理处罚法第三十条、第三十二条的规定处罚；危及公共安全情节严重，构成非法携带枪支、弹药、管制刀具、危险物品危及公共安全罪的，依照刑法的有关规定定罪处罚。

4. 在信访接待场所、其他国家机关或公共场所、公共交通工具上非法携带枪支、弹药、管制刀具、危险物品行为的定性

公安部关于公安机关处置信访活动中违法犯罪行为适用法律的指导意见（2013年7月19日）

二、对危害公共安全违法犯罪行为的处理

3. 在信访接待场所、其他国家机关或者公共场所、公共交通工具上非法携带枪支、弹药、弓弩、匕首等管制器具，或者爆炸性、毒害性、放射性、腐蚀性等危险物质的，应当及时制止，收缴枪支、弹药、管制器具、危险物质；符合《治安管理处罚法》第三十二条、第三十条规定的，以非法携带枪支、弹药、管制器具、非法携带危险物质依法予以治安管理处罚；情节严重，符合《刑法》第一百三十条规定的，以非法携带枪支、弹药、管制刀具、危险物品危及公共安全罪追究刑事责任。

最高人民法院、最高人民检察院、公安部关于依法处理信访活动中违法犯罪行为的指导意见（2019年2月28日）

一、依法打击违法犯罪行为，明确法律底线

（五）非法携带枪支、弹药、管制刀具、危险物品。非法携带枪支、弹药、管制刀具或者爆炸性、易燃性、放射性、毒害性、腐蚀性物品进入公共场所或者公共交通工具，危及公共安全，情节严重的，依照刑法第一百三十条的规定，以非法携带枪支、弹药、管制刀具、危险物品危及公共安全罪定罪处罚。

5. 罪与非罪

公安部关于对少数民族人员佩带刀具乘坐火车如何处理问题的批复（2001年4月28日）

根据国务院批准、公安部发布的《对部分刀具实行管制的暂行规定》（[83]公发（治）31号）的规定，管制刀具是指匕首、三棱刀（包括机械加工用的三棱刮刀）、带有自锁装置的弹簧刀（跳刀）以及其他相类似的单刃、双刃、三棱尖刀。任何人不得非法制造、销售、携带和私自保存管制刀具。少数民族人员只能在民族自治地区佩带、销售和使用藏刀、腰刀、靴刀等民族刀具；在非民族自治地区，只要少数民族人员所携带的刀具属于管制刀具范围，公安机关就应当严格按照相应规定予以管理。凡公安工作中涉及的此类有关少数民族的政策、法律规定，各级公安机关应当积极采取多种形式广泛宣传，特别是要加大在车站等人员稠密的公共场所及公共交通工具上的宣传力度。

少数民族人员违反《中华人民共和国铁路法》和《铁路运输安全保护条例》携带管制刀具进入车站、乘坐火车的，由公安机关依法予以没收，但在本少数民族自治地区携带具有特别纪念意义或者比较珍贵的民族刀具进入车站的，可以由携带人交其亲友带回或者交由车站派出所暂时保存并出具相应手续，携带人返回时领回；对不服从管理，构成违反治安管理行为的，依法予以治安处罚；构成犯罪的，依法追究其刑事责任。

第一百三十一条 【重大飞行事故罪】航空人员违反规章制度，致使发生重大飞行事故，造成严重后果的，处三年以下有期徒刑或者拘役；造成飞机坠毁或者人员死亡的，处三年以上七年以下有期徒刑。

第一百三十二条 【铁路运营安全事故罪】铁路职工违反规章制度，致使发生铁路运营安全事故，造成严重后果的，处三年以下有期徒刑或者拘役；造成特别严重后果的，处三年以上七年以下有期徒刑。

● 定罪

1. "造成严重后果"的认定

最高人民法院、最高人民检察院关于办理危害生产安全刑事案件适用法律若干问题的解释（2015年12月16日）

第六条第一款 实施刑法第一百三十二条、第一百三十四条第一款、第一百三十五条、第一百三十五条之一、第一百三十六条、第一百三十九条规定的行为，因而发生安全事故，具有下列情形之一的，应当认定为"造成严重后果"或者"发生重大伤亡事故或者造成其他严重后果"，对相关责任人员，处三年以下有期徒刑或者拘役：

（一）造成死亡一人以上，或者重伤三人以上的；

（二）造成直接经济损失一百万元以上的；

（三）其他造成严重后果或者重大安全事故的情形。

2. "造成特别严重后果"的情形

最高人民法院、最高人民检察院关于办理危害生产安全刑事案件适用法律若干问题的解释（2015年12月16日）

第七条第一款 实施刑法第一百三十二条、第一百三十四条第一款、第一百三十五条、第一百三十五条之一、第一百三十六条、第一百三十九条规定的行为，因而发生安全事故，具有下列情形之一的，对相关责任人员，处三年以上七年以下有期徒刑：

（一）造成死亡三人以上或者重伤十人以上，负事故主要责任的；

（二）造成直接经济损失五百万元以上，负事故主要责任的；

（三）其他造成特别严重后果、情节特别恶劣或者后果特别严重的情形。

3. 一罪与数罪

最高人民法院、最高人民检察院关于办理危害生产安全刑事案件适用法律若干问题的解释（2015年12月16日）

第十四条 国家工作人员违反规定投资入股生产经营，构成本解释规定的有关犯罪的，或者国家工作人员的贪污、受贿犯罪行为与安全事故发生存在关联性的，从重处罚；同时构成贪污、受贿犯罪和危害生产安全犯罪的，依照数罪并罚的规定处罚。

● 量刑

1. 从重处罚

最高人民法院、最高人民检察院关于办理危害生产安全刑事案件适用法律若干问题的解释（2015年12月16日）

第十二条 实施刑法第一百三十二条、第一百三十四条至第一百三十九条之一规定的犯罪行为，具有下列情形之一的，从重处罚：

（一）未依法取得安全许可证件或者安全许可证件过期、被暂扣、吊销、注销后从事生产经营活动的；

（二）关闭、破坏必要的安全监控和报警设备的；

（三）已经发现事故隐患，经有关部门或者个人提出后，仍不采取措施的；

（四）一年内曾因危害生产安全违法犯罪活动受过行政处罚或者刑事处罚的；

（五）采取弄虚作假、行贿等手段，故意逃避、阻挠负有安全监督管理职责的部门实施监督检查的；

（六）安全事故发生后转移财产意图逃避承担责任的；

（七）其他从重处罚的情形。

实施前款第五项规定的行为，同时构成刑法第三百八十九条规定的犯罪的，依照数罪并罚的规定处罚。

2. 酌情从轻处罚

最高人民法院、最高人民检察院关于办理危害生产安全刑事案件适用法律若干问题的解释（2015年12月16日）

第十三条 实施刑法第一百三十二条、第一百三十四条至第一百三十九条之一规定的犯罪行为，在安全事故发生后积极组织、参与事故抢救，或者积极配合调查、主动赔偿损失的，可以酌情从轻处罚。

3. 从业禁止

最高人民法院、最高人民检察院关于办理危害生产安全刑事案件适用法律若干问题的解释（2015年12月16日）

第十六条 对于实施危害生产安全犯罪适用缓刑的犯罪分子，可以根据犯罪情况，禁止其在缓刑考验期限内从事与安全生产相关联的特定活动；对于被判处刑罚的犯罪分子，可以根据犯罪情况和预防再犯罪的需要，禁止其自刑罚执行完毕之日或者假释之日起三年至五年内从事与安全生产相关的职业。

> **第一百三十三条　【交通肇事罪】**违反交通运输管理法规，因而发生重大事故，致人重伤、死亡或者使公私财产遭受重大损失的，处三年以下有期徒刑或者拘役；交通运输肇事后逃逸或者有其他特别恶劣情节的，处三年以上七年以下有期徒刑；因逃逸致人死亡的，处七年以上有期徒刑。

● 关联法条

第九十五条

● 定罪

1. 本罪定义

最高人民检察院侦查监督厅关于印发部分罪案《审查逮捕证据参考标准（试行）》的通知（2003年11月27日）

十、交通肇事罪案审查逮捕证据参考标准

交通肇事罪，是指触犯《刑法》第133条的规定，违反交通运输管理法规，因而发生重大事故，致人重伤、死亡或者造成公私财产遭受重大损失的行为。

2. 入罪情节

最高人民法院关于审理交通肇事刑事案件具体应用法律若干问题的解释（2000年11月21日）

第一条　从事交通运输人员或者非交通运输人员，违反交通运输管理法规发生重大交通事故，在分清事故责任的基础上，对于构成犯罪的，依照刑法第一百三十三条的规定定罪处罚。

第二条　交通肇事具有下列情形之一的，处三年以下有期徒刑或者拘役：

（一）死亡一人或者重伤三人以上，负事故全部或者主要责任的；

（二）死亡三人以上，负事故同等责任的；

（三）造成公共财产或者他人财产直接损失，负事故全部或者主要责任，无能力赔偿数额在三十万元以上的。

交通肇事致一人以上重伤，负事故全部或者主要责任，并具有下列情形之一的，以交通肇事罪定罪处罚：

（一）酒后、吸食毒品后驾驶机动车辆的；
（二）无驾驶资格驾驶机动车辆的；
（三）明知是安全装置不全或者安全机件失灵的机动车辆而驾驶的；
（四）明知是无牌证或者已报废的机动车辆而驾驶的；
（五）严重超载驾驶的；
（六）为逃避法律追究逃离事故现场的。

第七条　单位主管人员、机动车辆所有人或者机动车辆承包人指使、强令他人违章驾驶造成重大交通事故，具有本解释第二条规定情形之一的，以交通肇事罪定罪处罚。

3. "交通运输肇事后逃逸"的认定

最高人民法院关于审理交通肇事刑事案件具体应用法律若干问题的解释
（2000 年 11 月 21 日）

第三条　"交通运输肇事后逃逸"，是指行为人具有本解释第二条第一款规定和第二款第（一）至（五）项规定的情形之一，在发生交通事故后，为逃避法律追究而逃跑的行为。

4. "有其他特别恶劣情节"的认定

最高人民法院关于审理交通肇事刑事案件具体应用法律若干问题的解释
（2000 年 11 月 21 日）

第四条　交通肇事具有下列情形之一的，属于"有其他特别恶劣情节"，处三年以上七年以下有期徒刑：
（一）死亡二人以上或者重伤五人以上，负事故全部或者主要责任的；
（二）死亡六人以上，负事故同等责任的；
（三）造成公共财产或者他人财产直接损失，负事故全部或者主要责任，无能力赔偿数额在六十万元以上的。

5. "因逃逸致人死亡"的认定

最高人民法院关于审理交通肇事刑事案件具体应用法律若干问题的解释
（2000 年 11 月 21 日）

第五条　"因逃逸致人死亡"，是指行为人在交通肇事后为逃避法律追究而逃跑，致使被害人因得不到救助而死亡的情形。

交通肇事后，单位主管人员、机动车辆所有人、承包人或者乘车人指使肇事人逃逸，致使被害人因得不到救助而死亡的，以交通肇事罪的共犯论处。

6. 单位主管人员、机动车辆所有人、承包人、乘车人交通肇事的认定

最高人民法院关于审理交通肇事刑事案件具体应用法律若干问题的解释（2000年11月21日）

第七条 单位主管人员、机动车辆所有人或者机动车辆承包人指使、强令他人违章驾驶造成重大交通事故，具有本解释第二条规定情形之一的，以交通肇事罪定罪处罚。

最高人民检察院侦查监督厅关于印发部分罪案《审查逮捕证据参考标准（试行）》的通知（2003年11月27日）

十、交通肇事罪案审查逮捕证据参考标准

……其他以交通肇事罪定罪处罚的有：（1）交通肇事后，单位主管人员、机动车辆所有人、承包人或者乘车人指使肇事人逃逸，致使被害人因得不到救助而死亡的；（2）单位主管人员、机动车辆所有人或者机动车辆承包人指使、强令他人违章驾驶造成重大交通事故的。

7. 实施"碰瓷"，发生重大交通事故，致人重伤、死亡或使公私财物遭受重大损失行为的定性

最高人民法院、最高人民检察院、公安部关于依法办理"碰瓷"违法犯罪案件的指导意见（2020年9月22日）

六、实施"碰瓷"，驾驶机动车对其他机动车进行追逐、冲撞、挤别、拦截或者突然加减速、急刹车等可能影响交通安全的行为，因而发生重大事故，致人重伤、死亡或者使公私财物遭受重大损失，符合刑法第一百三十三条规定的，以交通肇事罪定罪处罚。

8. 赔偿责任、赔偿范围

最高人民法院关于被盗机动车辆肇事后由谁承担损害赔偿责任问题的批复（1999年7月3日）

使用盗窃的机动车辆肇事，造成被害人物质损失的，肇事人应当依法承担损害赔偿责任，被盗机动车辆的所有人不承担损害赔偿责任。

最高人民法院研究室关于交通肇事刑事案件附带民事赔偿范围问题的答复（2014年2月24日）

根据刑事诉讼法第九十九条、第一百零一条和《最高人民法院关于适用〈中华人民共和国刑事诉讼法〉的解释》第一百五十五条的规定，交通肇事刑事案件的附带民事诉讼当事人未能就民事赔偿问题达成调解、和解协议的，无论

附带民事诉讼被告人是否投保机动车第三者强制责任保险,均可将死亡赔偿金、残疾赔偿金纳入判决赔偿的范围。

9. 此罪与彼罪

最高人民法院关于审理交通肇事刑事案件具体应用法律若干问题的解释（2000年11月21日）

第六条 行为人在交通肇事后为逃避法律追究,将被害人带离事故现场后隐藏或者遗弃,致使被害人无法得到救助而死亡或者严重残疾的,应当分别依照刑法第二百三十二条、第二百三十四条第二款的规定,以故意杀人罪或者故意伤害罪定罪处罚。

第八条 在实行公共交通管理的范围内发生重大交通事故的,依照刑法第一百三十三条和本解释的有关规定办理。

在公共交通管理的范围外,驾驶机动车辆或者使用其他交通工具致人伤亡或者致使公共财产或者他人财产遭受重大损失,构成犯罪的,分别依照刑法第一百三十四条、第一百三十五条、第二百三十三条等规定定罪处罚。

10. 刑事判决既判力的维持

最高人民法院关于醉酒驾车犯罪法律适用问题的意见（2009年9月11日）

三、统一法律适用,充分发挥司法审判职能作用

……为维护生效裁判的既判力,稳定社会关系,对于此前已经处理过的将特定情形的醉酒驾车认定为交通肇事罪的案件,应维持终审裁判,不再变动。

● 量刑

量刑起点、基准刑的确定

最高人民法院关于常见犯罪的量刑指导意见（2017年4月1日）

四、常见犯罪的量刑

（一）交通肇事罪

1. 构成交通肇事罪的,可以根据下列不同情形在相应的幅度内确定量刑起点:

（1）致人重伤、死亡或者使公私财产遭受重大损失的,可以在二年以下有期徒刑、拘役幅度内确定量刑起点。

（2）交通运输肇事后逃逸或者有其他特别恶劣情节的,可以在三年至五年有期徒刑幅度内确定量刑起点。

（3）因逃逸致一人死亡的，可以在七年至十年有期徒刑幅度内确定量刑起点。

2. 在量刑起点的基础上，可以根据事故责任、致人重伤、死亡的人数或者财产损失的数额以及逃逸等其他影响犯罪构成的犯罪事实增加刑罚量，确定基准刑。

第一百三十三条之一　【危险驾驶罪】在道路上驾驶机动车，有下列情形之一的，处拘役，并处罚金：

（一）追逐竞驶，情节恶劣的；

（二）醉酒驾驶机动车的；

（三）从事校车业务或者旅客运输，严重超过额定乘员载客，或者严重超过规定时速行驶的；

（四）违反危险化学品安全管理规定运输危险化学品，危及公共安全的。

机动车所有人、管理人对前款第三项、第四项行为负有直接责任的，依照前款的规定处罚。

有前两款行为，同时构成其他犯罪的，依照处罚较重的规定定罪处罚。

● 定罪

1. "道路""机动车"的认定

道路交通安全法（2011年5月1日）

第一百一十九条　本法中下列用语的含义：

（一）"道路"，是指公路、城市道路和虽在单位管辖范围但允许社会机动车通行的地方，包括广场、公共停车场等用于公众通行的场所。

……

（三）"机动车"，是指以动力装置驱动或者牵引，上道路行驶的供人员乘用或者用于运送物品以及进行工程专项作业的轮式车辆。

……

2. "追逐竞驶""情节恶劣"的认定

最高人民法院关于发布第八批指导性案例的通知（2014年12月18日）
张某某、金某危险驾驶案（指导案例32号）
裁判要点：1. 机动车驾驶人员出于竞技、追求刺激、斗气或者其他动机，在道路上曲折穿行、快速追赶行驶的，属于《中华人民共和国刑法》第一百三十三条之一规定的"追逐竞驶"。

2. 追逐竞驶虽未造成人员伤亡或财产损失，但综合考虑超过限速、闯红灯、强行超车、抗拒交通执法等严重违反道路交通安全法的行为，足以威胁他人生命、财产安全的，属于危险驾驶罪中"情节恶劣"的情形。

3. "严重超过额定乘员载客""严重超过规定时速行驶"的认定

公安部严重超员、严重超速危险驾驶刑事案件立案标准（试行）（2015年11月20日）

第一条 在道路上驾驶机动车从事校车业务或者公路客运、旅游客运、包车客运，有下列严重超过额定乘员载客情形之一的，可以立案侦查：

（一）驾驶大型载客汽车，载客超过额定乘员50%以上或者超过额定乘员15人以上的；

（二）驾驶中型载客汽车，载客超过额定乘员80%以上或者超过额定乘员10人以上的；

（三）驾驶小型、微型载客汽车，载客超过额定乘员100%以上或者超过额定乘员7人以上的。

第二条 在道路上驾驶机动车从事校车业务或者公路客运、旅游客运、包车客运，有下列严重超过规定时速行驶情形之一的，可以立案侦查：

（一）在高速公路、城市快速路上行驶，超过规定时速50%以上，且行驶时速达到90公里以上；

（二）在高速公路、城市快速路以外的道路上行驶，超过规定时速100%以上，且行驶时速达到60公里以上的；

（三）通过铁路道口、急弯路、窄路、窄桥或者在冰雪、泥泞的道路上行驶，或者掉头、转弯、下陡坡，以及遇雾、雨、雪、沙尘、冰雹等低能见度气象条件时，超过规定时速50%以上，且行驶时速达到30公里以上的；

（四）通过傍山险路、连续下坡、连续急弯等事故易发路段，超过规定时速50%以上，且行驶时速达到30公里以上的。

第三条 机动车所有人、管理人强迫、指使机动车驾驶人实施本标准第一条、第二条所列行为或者有其他负有直接责任情形的，可以立案侦查。

4. "醉酒驾驶机动车"标准的认定

最高人民法院、最高人民检察院、公安部关于办理醉酒驾驶机动车刑事案件适用法律若干问题的意见（2013年12月18日）

一、在道路上驾驶机动车，血液酒精含量达到80毫克/100毫升以上的，属于醉酒驾驶机动车，依照刑法第一百三十三条之一第一款的规定，以危险驾驶罪定罪处罚。

前款规定的"道路""机动车"，适用道路交通安全法的有关规定。

五、公安机关在查处醉酒驾驶机动车的犯罪嫌疑人时，对查获经过、呼气酒精含量检验和抽取血样过程应当制作记录；有条件的，应当拍照、录音或者录像；有证人的，应当收集证人证言。

六、血液酒精含量检验鉴定意见是认定犯罪嫌疑人是否醉酒的依据。犯罪嫌疑人经呼气酒精含量检验达到本意见第一条规定的醉酒标准，在抽取血样之前脱逃的，可以以呼气酒精含量检验结果作为认定其醉酒的依据。

犯罪嫌疑人在公安机关依法检查时，为逃避法律追究，在呼气酒精含量检验或者抽取血样前又饮酒，经检验其血液酒精含量达到本意见第一条规定的醉酒标准的，应当认定为醉酒。

5. 一罪与数罪

最高人民法院、最高人民检察院、公安部关于办理醉酒驾驶机动车刑事案件适用法律若干问题的意见（2013年12月18日）

三、醉酒驾驶机动车，以暴力、威胁方法阻碍公安机关依法检查，又构成妨害公务罪等其他犯罪的，依照数罪并罚的规定处罚。

6. 醉酒驾驶机动车的行政处罚

道路交通安全法（2011年5月1日）

第九十一条 饮酒后驾驶机动车的，处暂扣六个月机动车驾驶证，并处一千元以上二千元以下罚款。因饮酒后驾驶机动车被处罚，再次饮酒后驾驶机动车的，处十日以下拘留，并处一千元以上二千元以下罚款，吊销机动车驾驶证。

醉酒驾驶机动车的，由公安机关交通管理部门约束至酒醒，吊销机动车驾驶证，依法追究刑事责任；五年内不得重新取得机动车驾驶证。

饮酒后驾驶营运机动车的，处十五日拘留，并处五千元罚款，吊销机动驾驶证，五年内不得重新取得机动车驾驶证。

醉酒驾驶营运机动车的，由公安机关交通管理部门约束至酒醒，吊销机动车驾驶证，依法追究刑事责任；十年内不得重新取得机动车驾驶证，重新取得机动车驾驶证后，不得驾驶营运机动车。

饮酒后或者醉酒驾驶机动车发生重大交通事故，构成犯罪的，依法追究刑事责任，并由公安机关交通管理部门吊销机动车驾驶证，终生不得重新取得机动车驾驶证。

● 量刑

1. 从重处罚

最高人民法院、最高人民检察院、公安部关于办理醉酒驾驶机动车刑事案件适用法律若干问题的意见（2013年12月18日）

二、醉酒驾驶机动车，具有下列情形之一的，依照刑法第一百三十三条之一第一款的规定，从重处罚：

（一）造成交通事故且负事故全部或者主要责任，或者造成交通事故后逃逸，尚未构成其他犯罪的；

（二）血液酒精含量达到200毫克/100毫升以上的；

（三）在高速公路、城市快速路上驾驶的；

（四）驾驶载有乘客的营运机动车的；

（五）有严重超员、超载或者超速驾驶，无驾驶资格驾驶机动车，使用伪造或者变造的机动车牌证等严重违反道路交通安全法的行为的；

（六）逃避公安机关依法检查，或者拒绝、阻碍公安机关依法检查尚未构成其他犯罪的；

（七）曾因酒后驾驶机动车受过行政处罚或者刑事追究的；

（八）其他可以从重处罚的情形。

2. 罚金数额的确定

最高人民法院、最高人民检察院、公安部关于办理醉酒驾驶机动车刑事案件适用法律若干问题的意见（2013年12月18日）

四、对醉酒驾驶机动车的被告人判处罚金，应当根据被告人的醉酒程度、是否造成实际损害、认罪悔罪态度等情况，确定与主刑相适应的罚金数额。

> **第一百三十三条之二**① 【妨害安全驾驶罪】对行驶中的公共交通工具的驾驶人员使用暴力或者抢控驾驶操纵装置,干扰公共交通工具正常行驶,危及公共安全的,处一年以下有期徒刑、拘役或者管制,并处或者单处罚金。
>
> 前款规定的驾驶人员在行驶的公共交通工具上擅离职守,与他人互殴或者殴打他人,危及公共安全的,依照前款的规定处罚。
>
> 有前两款行为,同时构成其他犯罪的,依照处罚较重的规定定罪处罚。

> **第一百三十四条** 【重大责任事故罪】在生产、作业中违反有关安全管理的规定,因而发生重大伤亡事故或者造成其他严重后果的,处三年以下有期徒刑或者拘役;情节特别恶劣的,处三年以上七年以下有期徒刑。
>
> 【强令、组织他人违章冒险作业罪】强令他人违章冒险作业,或者明知存在重大事故隐患而不排除,仍冒险组织作业②,因而发生重大伤亡事故或者造成其他严重后果的,处五年以下有期徒刑或者拘役;情节特别恶劣的,处五年以上有期徒刑。

● 定罪

1. 犯罪主体的认定

最高人民法院、最高人民检察院关于办理危害生产安全刑事案件适用法律若干问题的解释(2015年12月16日)

第一条 刑法第一百三十四条第一款规定的犯罪主体,包括对生产、作业负有组织、指挥或者管理职责的负责人、管理人员、实际控制人、投资人等人员,以及直接从事生产、作业的人员。

---

① 编者注:本条为《刑法修正案(十一)》新增。

② 编者注:针对本罪,《刑法修正案(十一)》新增加了一种行为方式,即"或者明知存在重大事故隐患而不排除,仍冒险组织作业"。

第二条　刑法第一百三十四条第二款规定的犯罪主体，包括对生产、作业负有组织、指挥或者管理职责的负责人、管理人员、实际控制人、投资人等人员。

2 "发生重大伤亡事故或者造成其他严重后果"的认定

最高人民法院、最高人民检察院关于办理危害生产安全刑事案件适用法律若干问题的解释（2015年12月16日）

第六条第一款　实施刑法第一百三十二条、第一百三十四条第一款、第一百三十五条、第一百三十五条之一、第一百三十六条、第一百三十九条规定的行为，因而发生安全事故，具有下列情形之一的，应当认定为"造成严重后果"或者"发生重大伤亡事故或者造成其他严重后果"，对相关责任人员，处三年以下有期徒刑或者拘役：

（一）造成死亡一人以上，或者重伤三人以上的；

（二）造成直接经济损失一百万元以上的；

（三）其他造成严重后果或者重大安全事故的情形。

第二款　实施刑法第一百三十四条第二款规定的行为，因而发生安全事故，具有本条第一款规定情形的，应当认定为"发生重大伤亡事故或者造成其他严重后果"，对相关责任人员，处五年以下有期徒刑或者拘役。

3. 第二款"强令他人违章冒险作业"的认定

最高人民法院、最高人民检察院关于办理危害生产安全刑事案件适用法律若干问题的解释（2015年12月16日）

第五条　明知存在事故隐患、继续作业存在危险，仍然违反有关安全管理的规定，实施下列行为之一的，应当认定为刑法第一百三十四条第二款规定的"强令他人违章冒险作业"：

（一）利用组织、指挥、管理职权，强制他人违章作业的；

（二）采取威逼、胁迫、恐吓等手段，强制他人违章作业的；

（三）故意掩盖事故隐患，组织他人违章作业的；

（四）其他强令他人违章作业的行为。

4. 第一款、第二款"情节特别恶劣"的情形

最高人民法院关于进一步加强危害生产安全刑事案件审判工作的意见（2011年12月30日）

五、准确把握宽严相济刑事政策

14. 造成《关于办理危害矿山生产安全刑事案件具体应用法律若干问题的

解释》第四条规定的"重大伤亡事故或者其他严重后果",同时具有下列情形之一的,也可以认定为刑法第一百三十四条、第一百三十五条规定的"情节特别恶劣":

(一) 非法、违法生产的;

(二) 无基本劳动安全设施或未向生产、作业人员提供必要的劳动防护用品,生产、作业人员劳动安全无保障的;

(三) 曾因安全生产设施或者安全生产条件不符合国家规定,被监督管理部门处罚或责令改正,一年内再次违规生产致使发生重大生产安全事故的;

(四) 关闭、故意破坏必要安全警示设备的;

(五) 已发现事故隐患,未采取有效措施,导致发生重大事故的;

(六) 事故发生后不积极抢救人员,或者毁灭、伪造、隐藏影响事故调查的证据,或者转移财产逃避责任的;

(七) 其他特别恶劣的情节。

最高人民法院、最高人民检察院关于办理危害生产安全刑事案件适用法律若干问题的解释(2015年12月16日)

第七条第一款 实施刑法第一百三十二条、第一百三十四条第一款、第一百三十五条、第一百三十五条之一、第一百三十六条、第一百三十九条规定的行为,因而发生安全事故,具有下列情形之一的,对相关责任人员,处三年以上七年以下有期徒刑:

(一) 造成死亡三人以上或者重伤十人以上,负事故主要责任的;

(二) 造成直接经济损失五百万元以上,负事故主要责任的;

(三) 其他造成特别严重后果、情节特别恶劣或者后果特别严重的情形。

第二款 实施刑法第一百三十四条第二款规定的行为,因而发生安全事故,具有本条第一款规定情形的,对相关责任人员,处五年以上有期徒刑。

5. 非矿山生产安全事故中犯罪主体、犯罪情节的认定

最高人民法院关于进一步加强危害生产安全刑事案件审判工作的意见(2011年12月30日)

四、准确适用法律

12. 非矿山生产安全事故中,认定"直接负责的主管人员和其他直接责任人员"、"负有报告职责的人员"的主体资格,认定构成"重大伤亡事故或者其他严重后果"、"情节特别恶劣",不报、谎报事故情况,贻误事故抢救,"情节严重"、"情节特别严重"等,可参照最高人民法院、最高人民检察院

《关于办理危害矿山生产安全刑事案件具体应用法律若干问题的解释》的相关规定。

6. 在公共交通管理的范围外发生重大责任事故的处罚

最高人民法院关于审理交通肇事刑事案件具体应用法律若干问题的解释（2000年11月21日）

第八条 在实行公共交通管理的范围内发生重大交通事故的，依照刑法第一百三十三条和本解释的有关规定办理。

在公共交通管理的范围外，驾驶机动车辆或者使用其他交通工具致人伤亡或者致使公共财产或者他人财产遭受重大损失，构成犯罪的，分别依照刑法第一百三十四条、第一百三十五条、第二百三十三条等规定定罪处罚。

7. 在生产作业中过失高空坠物，造成重大伤亡事故或其他严重后果的定性

最高人民法院关于依法妥善审理高空抛物、坠物案件的意见（2019年10月21日）

二、依法惩处构成犯罪的高空抛物、坠物行为，切实维护人民群众生命财产安全

7. 准确认定高空坠物犯罪……在生产、作业中违反有关安全管理规定，从高空坠落物品，发生重大伤亡事故或者造成其他严重后果的，依照刑法第一百三十四条第一款的规定，以重大责任事故罪定罪处罚。

8. 生产作业中擅自移动窨井盖或未做好安全防护措施等，发生重大伤亡事故或造成其他严重后果行为的定性

最高人民法院、最高人民检察院、公安部关于办理涉窨井盖相关刑事案件的指导意见（2020年3月16日）

五、在生产、作业中违反有关安全管理的规定，擅自移动窨井盖或者未做好安全防护措施等，发生重大伤亡事故或者造成其他严重后果的，依照刑法第一百三十四条第一款的规定，以重大责任事故罪定罪处罚。

窨井盖建设、设计、施工、工程监理单位违反国家规定，降低工程质量标准，造成重大安全事故的，依照刑法第一百三十七条的规定，以工程重大安全事故罪定罪处罚。

十二、本意见所称的"窨井盖"，包括城市、城乡结合部和乡村等地的窨井盖以及其他井盖。

9. 一罪与数罪

最高人民法院关于进一步加强危害生产安全刑事案件审判工作的意见（2011年12月30日）

四、准确适用法律

9. 严格把握危害生产安全犯罪与以其他危险方法危害公共安全罪的界限，不应将生产经营中违章违规的故意不加区别地视为对危害后果发生的故意。

10. 以行贿方式逃避安全生产监督管理，或者非法、违法生产、作业，导致发生重大生产安全事故，构成数罪的，依照数罪并罚的规定处罚。

违反安全生产管理规定，非法采矿、破坏性采矿或排放、倾倒、处置有害物质严重污染环境，造成重大伤亡事故或者其他严重后果，同时构成危害生产安全犯罪和破坏环境资源保护犯罪的，依照数罪并罚的规定处罚。

11. 安全事故发生后，负有报告职责的国家工作人员不报或者谎报事故情况，贻误事故抢救，情节严重，构成不报、谎报安全事故罪，同时构成职务犯罪或其他危害生产安全犯罪的，依照数罪并罚的规定处罚。

最高人民法院、最高人民检察院关于办理危害生产安全刑事案件适用法律若干问题的解释（2015年12月16日）

第十四条 国家工作人员违反规定投资入股生产经营，构成本解释规定的有关犯罪的，或者国家工作人员的贪污、受贿犯罪行为与安全事故发生存在关联性的，从重处罚；同时构成贪污、受贿犯罪和危害生产安全犯罪的，依照数罪并罚的规定处罚。

10. 危害生产安全刑事案件的审判原则、政策

最高人民法院关于进一步加强危害生产安全刑事案件审判工作的意见（2011年12月30日）

二、危害生产安全刑事案件审判工作的原则

3. 严格依法，从严惩处。对严重危害生产安全犯罪，尤其是相关职务犯罪，必须始终坚持严格依法、从严惩处。对于人民群众广泛关注、社会反映强烈的案件要及时审结，回应人民群众关切，维护社会和谐稳定。

4. 区分责任，均衡量刑。危害生产安全犯罪，往往涉案人员较多，犯罪主体复杂，既包括直接从事生产、作业的人员，也包括对生产、作业负有组织、指挥或者管理职责的负责人、管理人员、实际控制人、投资人等，有的还涉及国家机关工作人员渎职犯罪。对相关责任人的处理，要根据事故原因、危害后果、主体职责、过错大小等因素，综合考虑全案，正确划分责任，做到罪责刑相适应。

5. 主体平等，确保公正。审理危害生产安全刑事案件，对于所有责任主体，都必须严格落实法律面前人人平等的刑法原则，确保刑罚适用公正，确保裁判效果良好。

三、正确确定责任

6. 审理危害生产安全刑事案件，政府或相关职能部门依法对事故原因、损失大小、责任划分作出的调查认定，经庭审质证后，结合其他证据，可作为责任认定的依据。

7. 认定相关人员是否违反有关安全管理规定，应当根据相关法律、行政法规，参照地方性法规、规章及国家标准、行业标准，必要时可参见公认的惯例和生产经营单位制定的安全生产规章制度、操作规程。

8. 多个原因行为导致生产安全事故发生的，在区分直接原因与间接原因的同时，应当根据原因行为在引发事故中所具作用的大小，分清主要原因与次要原因，确认主要责任和次要责任，合理确定罪责。

一般情况下，对生产、作业负有组织、指挥或者管理职责的负责人、管理人员、实际控制人、投资人，违反有关安全生产管理规定，对重大生产安全事故的发生起决定性、关键性作用的，应当承担主要责任。

对于直接从事生产、作业的人员违反安全管理规定，发生重大生产安全事故的，要综合考虑行为人的从业资格、从业时间、接受安全生产教育培训情况、现场条件、是否受到他人强令作业、生产经营单位执行安全生产规章制度的情况等因素认定责任，不能将直接责任简单等同于主要责任。

对于负有安全生产管理、监督职责的工作人员，应根据其岗位职责、履职依据、履职时间等，综合考察工作职责、监管条件、履职能力、履职情况等，合理确定罪责。

五、准确把握宽严相济刑事政策

13. 审理危害生产安全刑事案件，应综合考虑生产安全事故所造成的伤亡人数、经济损失、环境污染、社会影响、事故原因与被告人职责的关联程度、被告人主观过错大小、事故发生后被告人的施救表现、履行赔偿责任情况等，正确适用刑罚，确保裁判法律效果和社会效果相统一。

最高人民法院关于充分发挥审判职能作用切实维护公共安全的若干意见
（2015年9月16日）

三、依法惩治危害安全生产犯罪，促进安全生产形势根本好转

7. 准确把握打击重点。结合当前形势并针对犯罪原因，既要重点惩治发生在危险化学品、民爆器材、烟花爆竹、电梯、煤矿、非煤矿山、油气运送管道、

建筑施工、消防、粉尘涉爆等重点行业领域企业,以及港口、码头、人员密集场所等重点部位的危害安全生产犯罪,更要从严惩治发生在这些犯罪背后的国家机关工作人员贪污贿赂和渎职犯罪。既要依法追究直接造成损害的从事生产、作业的责任人员,更要依法从严惩治对生产、作业负有组织、指挥或者管理职责的负责人、管理人、实际控制人、投资人。既要加大对各类安全生产犯罪的惩治力度,更要从严惩治因安全生产条件不符合国家规定被处罚而又违规生产、关闭或者故意破坏安全警示设备,事故发生后不积极抢救人员或者毁灭、伪造、隐藏影响事故调查证据,通过行贿非法获取相关生产经营资质等情节的危害安全生产的犯罪。

8. 依法妥善审理与重大责任事故有关的赔偿案件。对当事人因重大责任事故遭受人身、财产损失而提起诉讼要求赔偿的,应当依法及时受理,保障当事人诉权。对两人以上实施危及他人人身、财产安全的行为,其中一人或者数人的行为造成他人损害,能够确定具体责任人的,由责任人承担赔偿责任,不能确定具体责任人的,由行为人承担连带责任。被告人因重大责任事故既承担刑事、行政责任,又承担民事责任的,其财产应当优先承担民事责任。原告因重大责任事故遭受损失而无法及时履行赡养、抚养等义务,申请先予执行的,应当依法支持。

最高人民检察院关于印发最高人民检察院第二十五批指导性案例的通知
(2021 年 1 月 20 日)

余某某等人重大劳动安全事故重大责任事故案(检例第 94 号)

【要旨】办理危害生产安全刑事案件,要根据案发原因及涉案人员的职责和行为,准确适用重大责任事故罪和重大劳动安全事故罪。要全面审查案件事实证据,依法追诉漏罪漏犯,准确认定责任主体和相关人员责任,并及时移交职务违法犯罪线索。针对事故中暴露出的相关单位安全管理漏洞和监管问题,要及时制发检察建议,督促落实整改。

宋某某等人重大责任事故案(检例第 95 号)

【要旨】对相关部门出具的安全生产事故调查报告,要综合全案证据进行审查,准确认定案件事实和相关人员责任。要正确区分相关涉案人员的责任和追责方式,发现漏犯及时追诉,对不符合起诉条件的,依法作出不起诉处理。

黄某某等人重大责任事故、谎报安全事故案(检例第 96 号)

【要旨】检察机关要充分运用行政执法和刑事司法衔接工作机制,通过积极履职,加强对线索移送和立案的法律监督。认定谎报安全事故罪,要重点审查谎报行为与贻误事故抢救结果之间的因果关系。对同时构成重大责任事故罪和谎报安全事故罪的,应当数罪并罚。应注重督促涉事单位或有关部门及时赔偿被害人损失,有效化解社会矛盾。安全生产事故涉及生态环境污染等公益损害的,刑事检察部门要和公益诉讼检察部门加强协作配合,督促协同行政监管部门,统筹运用法律、行政、经济等手段严格落实企业主体责任,修复受损公益,防控安全风险。

夏某某等人重大责任事故案(检例第97号)

【要旨】内河运输中发生的船舶交通事故,相关责任人员可能同时涉嫌交通肇事罪和重大责任事故罪,要根据运输活动是否具有营运性质以及相关人员的具体职责和行为,准确适用罪名。重大责任事故往往涉案人员较多,因果关系复杂,要准确认定涉案单位投资人、管理人员及相关国家工作人员等涉案人员的刑事责任。

● 量刑

1. **酌情从轻处罚**

(参见第一百三十二条【量刑】2. 酌情从轻处罚)

2. **从业禁止**

(参见第一百三十二条【量刑】3. 从业禁止)

3. **从重处罚**

最高人民法院关于进一步加强危害生产安全刑事案件审判工作的意见
(2011年12月30日)

五、准确把握宽严相济刑事政策

15. 相关犯罪中,具有以下情形之一的,依法从重处罚:

(一)国家工作人员违反规定投资入股生产经营企业,构成危害生产安全犯罪的;

(二)贪污贿赂行为与事故发生存在关联性的;

(三)国家工作人员的职务犯罪与事故存在直接因果关系的;

(四)以行贿方式逃避安全生产监督管理,或者非法、违法生产、作业的;

(五)生产安全事故发生后,负有报告职责的国家工作人员不报或者谎报事故情况,贻误事故抢救,尚未构成不报、谎报安全事故罪的;

(六)事故发生后,采取转移、藏匿、毁灭遇难人员尸体,或者毁灭、伪

造、隐藏影响事故调查的证据,或者转移财产,逃避责任的;

(七)曾因安全生产设施或者安全生产条件不符合国家规定,被监督管理部门处罚或责令改正,一年内再次违规生产致使发生重大生产安全事故的。

最高人民法院、最高人民检察院关于办理危害生产安全刑事案件适用法律若干问题的解释(2015年12月16日)

第十二条 实施刑法第一百三十二条、第一百三十四条至第一百三十九条之一规定的犯罪行为,具有下列情形之一的,从重处罚:

(一)未依法取得安全许可证件或者安全许可证件过期、被暂扣、吊销、注销后从事生产经营活动的;

(二)关闭、破坏必要的安全监控和报警设备的;

(三)已经发现事故隐患,经有关部门或者个人提出后,仍不采取措施的;

(四)一年内曾因危害生产安全违法犯罪活动受过行政处罚或者刑事处罚的;

(五)采取弄虚作假、行贿等手段,故意逃避、阻挠负有安全监督管理职责的部门实施监督检查的;

(六)安全事故发生后转移财产意图逃避承担责任的;

(七)其他从重处罚的情形。

实施前款第五项规定的行为,同时构成刑法第三百八十九条规定的犯罪的,依照数罪并罚的规定处罚。

4. 从宽处罚

最高人民法院关于进一步加强危害生产安全刑事案件审判工作的意见(2011年12月30日)

五、准确把握宽严相济刑事政策

16. 对于事故发生后,积极施救,努力挽回事故损失,有效避免损失扩大;积极配合调查,赔偿受害人损失的,可依法从宽处罚。

5. 缓刑、减刑、假释的适用

最高人民法院关于进一步加强危害生产安全刑事案件审判工作的意见(2011年12月30日)

六、依法正确适用缓刑和减刑、假释

17. 对于危害后果较轻,在责任事故中不负主要责任,符合法律有关缓刑适用条件的,可以依法适用缓刑,但应注意根据案件具体情况,区别对待,严格控制,避免适用不当造成的负面影响。

18. 对于具有下列情形的被告人，原则上不适用缓刑：

（一）具有本意见第 14 条、第 15 条所规定的情形的；

（二）数罪并罚的。

19. 宣告缓刑，可以根据犯罪情况，同时禁止犯罪分子在缓刑考验期限内从事与安全生产有关的特定活动。

20. 办理与危害生产安全犯罪相关的减刑、假释案件，要严格执行刑法、刑事诉讼法和有关司法解释规定。是否决定减刑、假释，既要看罪犯服刑期间的悔改表现，还要充分考虑原判认定的犯罪事实、性质、情节、社会危害程度等情况。

第一百三十四条之一[①] 【危险作业罪】在生产、作业中违反有关安全管理的规定，有下列情形之一，具有发生重大伤亡事故或者其他严重后果的现实危险的，处一年以下有期徒刑、拘役或者管制：

（一）关闭、破坏直接关系生产安全的监控、报警、防护、救生设备、设施，或者篡改、隐瞒、销毁其相关数据、信息的；

（二）因存在重大事故隐患被依法责令停产停业、停止施工、停止使用有关设备、设施、场所或者立即采取排除危险的整改措施，而拒不执行的；

（三）涉及安全生产的事项未经依法批准或者许可，擅自从事矿山开采、金属冶炼、建筑施工，以及危险物品生产、经营、储存等高度危险的生产作业活动的。

第一百三十五条 【重大劳动安全事故罪】安全生产设施或者安全生产条件不符合国家规定，因而发生重大伤亡事故或者造成其他严重后果的，对直接负责的主管人员和其他直接责任人员，处三年以下有期徒刑或者拘役；情节特别恶劣的，处三年以上七年以下有期徒刑。

---

① 编者注：本条为《刑法修正案（十一）》新增。

定罪

1. "发生重大伤亡事故或者造成其他严重后果"的认定

最高人民法院、最高人民检察院关于办理危害生产安全刑事案件适用法律若干问题的解释（2015年12月16日）

第六条第一款　实施刑法第一百三十二条、第一百三十四条第一款、第一百三十五条、第一百三十五条之一、第一百三十六条、第一百三十九条规定的行为，因而发生安全事故，具有下列情形之一的，应当认定为"造成严重后果"或者"发生重大伤亡事故或者造成其他严重后果"，对相关责任人员，处三年以下有期徒刑或者拘役：

（一）造成死亡一人以上，或者重伤三人以上的；

（二）造成直接经济损失一百万元以上的；

（三）其他造成严重后果或者重大安全事故的情形。

2. "直接负责的主管人员和其他直接责任人员"的认定

最高人民法院、最高人民检察院关于办理危害生产安全刑事案件适用法律若干问题的解释（2015年12月16日）

第三条　刑法第一百三十五条规定的"直接负责的主管人员和其他直接责任人员"，是指对安全生产设施或者安全生产条件不符合国家规定负有直接责任的生产经营单位负责人、管理人员、实际控制人、投资人，以及其他对安全生产设施或者安全生产条件负有管理、维护职责的人员。

3. "情节特别恶劣"的情形

最高人民法院、最高人民检察院关于办理危害生产安全刑事案件适用法律若干问题的解释（2015年12月16日）

第七条第一款　实施刑法第一百三十二条、第一百三十四条第一款、第一百三十五条、第一百三十五条之一、第一百三十六条、第一百三十九条规定的行为，因而发生安全事故，具有下列情形之一的，对相关责任人员，处三年以上七年以下有期徒刑：

（一）造成死亡三人以上或者重伤十人以上，负事故主要责任的；

（二）造成直接经济损失五百万元以上，负事故主要责任的；

（三）其他造成特别严重后果、情节特别恶劣或者后果特别严重的情形。

4. 用人单位职业病危害预防设施不合格，因而发生重大伤亡事故行为的定性

最高人民法院研究室关于被告人阮某重大劳动安全事故案有关法律适用问题的答复（2009年12月25日）

用人单位违反职业病防治法的规定，职业病危害预防设施不符合国家规定，因而发生重大伤亡事故或者造成其他严重后果的，对直接负责的主管人员和其他直接责任人员，可以依照刑法第一百三十五条的规定，以重大劳动安全事故罪定罪处罚。

5. 在公共交通管理领域外发生重大劳动安全事故的处罚

（参见第一百三十四条【定罪】6. 在公共交通管理的范围外发生重大责任事故的处罚）

6. 一罪与数罪

（参见第一百三十二条【定罪】3. 一罪与数罪）

7. 重大劳动安全事故刑事案件的审判原则、政策

（参见第一百三十四条【定罪】10. 危害生产安全刑事案件的审判原则、政策）

● 量刑

1. 从重处罚

（参见第一百三十二条【量刑】1. 从重处罚）

2. 酌情从轻处罚

（参见第一百三十二条【量刑】2. 酌情从轻处罚）

3. 从业禁止

（参见第一百三十二条【量刑】3. 从业禁止）

第一百三十五条之一　【大型群众性活动重大安全事故罪】 举办大型群众性活动违反安全管理规定，因而发生重大伤亡事故或者造成其他严重后果的，对直接负责的主管人员和其他直接责任人员，处三年以下有期徒刑或者拘役；情节特别恶劣的，处三年以上七年以下有期徒刑。

● 定罪

1. "发生重大伤亡事故或者造成其他严重后果"的认定

最高人民法院、最高人民检察院关于办理危害生产安全刑事案件适用法律若干问题的解释（2015年12月16日）

第六条第一款 实施刑法第一百三十二条、第一百三十四条第一款、第一百三十五条、第一百三十五条之一、第一百三十六条、第一百三十九条规定的行为，因而发生安全事故，具有下列情形之一的，应当认定为"造成严重后果"或者"发生重大伤亡事故或者造成其他严重后果"，对相关责任人员，处三年以下有期徒刑或者拘役：

（一）造成死亡一人以上，或者重伤三人以上的；

（二）造成直接经济损失一百万元以上的；

（三）其他造成严重后果或者重大安全事故的情形。

2. "情节特别恶劣"的情形

最高人民法院、最高人民检察院关于办理危害生产安全刑事案件适用法律若干问题的解释（2015年12月16日）

第七条第一款 实施刑法第一百三十二条、第一百三十四条第一款、第一百三十五条、第一百三十五条之一、第一百三十六条、第一百三十九条规定的行为，因而发生安全事故，具有下列情形之一的，对相关责任人员，处三年以上七年以下有期徒刑：

（一）造成死亡三人以上或者重伤十人以上，负事故主要责任的；

（二）造成直接经济损失五百万元以上，负事故主要责任的；

（三）其他造成特别严重后果、情节特别恶劣或者后果特别严重的情形。

3. 一罪与数罪

（参见第一百三十二条【定罪】3. 一罪与数罪）

● 量刑

1. 从重处罚

（参见第一百三十二条【量刑】1. 从重处罚）

2. 酌情从轻处罚

（参见第一百三十二条【量刑】2. 酌情从轻处罚）

3. 从业禁止

（参见第一百三十二条【量刑】3. 从业禁止）

> 第一百三十六条　【危险物品肇事罪】违反爆炸性、易燃性、放射性、毒害性、腐蚀性物品的管理规定，在生产、储存、运输、使用中发生重大事故，造成严重后果的，处三年以下有期徒刑或者拘役；后果特别严重的，处三年以上七年以下有期徒刑。

● 定罪

1. "造成严重后果"的认定

最高人民法院、最高人民检察院关于办理危害生产安全刑事案件适用法律若干问题的解释（2015年12月16日）

第六条第一款　实施刑法第一百三十二条、第一百三十四条第一款、第一百三十五条、第一百三十五条之一、第一百三十六条、第一百三十九条规定的行为，因而发生安全事故，具有下列情形之一的，应当认定为"造成严重后果"或者"发生重大伤亡事故或者造成其他严重后果"，对相关责任人员，处三年以下有期徒刑或者拘役：

（一）造成死亡一人以上，或者重伤三人以上的；

（二）造成直接经济损失一百万元以上的；

（三）其他造成严重后果或者重大安全事故的情形。

2. "后果特别严重"的情形

最高人民法院、最高人民检察院关于办理危害生产安全刑事案件适用法律若干问题的解释（2015年12月16日）

第七条第一款　实施刑法第一百三十二条、第一百三十四条第一款、第一百三十五条、第一百三十五条之一、第一百三十六条、第一百三十九条规定的行为，因而发生安全事故，具有下列情形之一的，对相关责任人员，处三年以上七年以下有期徒刑：

（一）造成死亡三人以上或者重伤十人以上，负事故主要责任的；

（二）造成直接经济损失五百万元以上，负事故主要责任的；

（三）其他造成特别严重后果、情节特别恶劣或者后果特别严重的情形。

3. 一罪与数罪

（参见第一百三十二条【定罪】3. 一罪与数罪）

● 量刑

1. 从重处罚

（参见第一百三十二条【量刑】1. 从重处罚）

2. 酌情从轻处罚

（参见第一百三十二条【量刑】2. 酌情从轻处罚）

3. 从业禁止

（参见第一百三十二条【量刑】3. 从业禁止）

第一百三十七条 【工程重大安全事故罪】建设单位、设计单位、施工单位、工程监理单位违反国家规定，降低工程质量标准，造成重大安全事故的，对直接责任人员，处五年以下有期徒刑或者拘役，并处罚金；后果特别严重的，处五年以上十年以下有期徒刑，并处罚金。

● 关联法条

第九十六条

● 定罪

1. "造成重大安全事故"的认定

最高人民法院、最高人民检察院关于办理危害生产安全刑事案件适用法律若干问题的解释（2015年12月16日）

第六条第一款 实施刑法第一百三十二条、第一百三十四条第一款、第一百三十五条、第一百三十五条之一、第一百三十六条、第一百三十九条规定的行为,因而发生安全事故,具有下列情形之一的,应当认定为"造成严重后果"或者"发生重大伤亡事故或者造成其他严重后果",对相关责任人员,处三年以下有期徒刑或者拘役:

（一）造成死亡一人以上,或者重伤三人以上的;

（二）造成直接经济损失一百万元以上的;

（三）其他造成严重后果或者重大安全事故的情形。

第三款　实施刑法第一百三十七条规定的行为,因而发生安全事故,具有本条第一款规定情形的,应当认定为"造成重大安全事故",对直接责任人员,处五年以下有期徒刑或者拘役,并处罚金。

2. "后果特别严重"的情形

最高人民法院、最高人民检察院关于办理危害生产安全刑事案件适用法律若干问题的解释（2015 年 12 月 16 日）

第七条第一款　实施刑法第一百三十二条、第一百三十四条第一款、第一百三十五条、第一百三十五条之一、第一百三十六条、第一百三十九条规定的行为,因而发生安全事故,具有下列情形之一的,对相关责任人员,处三年以上七年以下有期徒刑:

（一）造成死亡三人以上或者重伤十人以上,负事故主要责任的;

（二）造成直接经济损失五百万元以上,负事故主要责任的;

（三）其他造成特别严重后果、情节特别恶劣或者后果特别严重的情形。

第三款　实施刑法第一百三十七条规定的行为,因而发生安全事故,具有本条第一款规定情形的,对直接责任人员,处五年以上十年以下有期徒刑,并处罚金。

3. 窨井盖建设、设计、施工、工程监理单位违反国家规定,降低工程质量标准,造成重大安全事故行为的定性

（参见第一百三十四条【定罪】8. 生产作业中擅自移动窨井盖或未做好安全防护措施等,发生重大伤亡事故或造成其他严重后果行为的定性）

4. 一罪与数罪

（参见第一百三十二条【定罪】3. 一罪与数罪）

● 量刑

1. 从重处罚

   （参见第一百三十二条【量刑】1. 从重处罚）

2. 酌情从轻处罚

   （参见第一百三十二条【量刑】2. 酌情从轻处罚）

3. 从业禁止

   （参见第一百三十二条【量刑】3. 从业禁止）

> **第一百三十八条　【教育设施重大安全事故罪】** 明知校舍或者教育教学设施有危险，而不采取措施或者不及时报告，致使发生重大伤亡事故的，对直接责任人员，处三年以下有期徒刑或者拘役；后果特别严重的，处三年以上七年以下有期徒刑。

● 立案追诉标准

最高人民检察院、公安部关于公安机关管辖的刑事案件立案追诉标准的规定（一）（2008年6月25日）

第十四条　［教育设施重大安全事故案（刑法第一百三十八条）］明知校舍或者教育教学设施有危险，而不采取措施或者不及时报告，涉嫌下列情形之一的，应予立案追诉：

（一）造成死亡一人以上、重伤三人以上或者轻伤十人以上的；

（二）其他致使发生重大伤亡事故的情形。

● 定罪

1. "发生重大伤亡事故"的认定

   最高人民法院、最高人民检察院关于办理危害生产安全刑事案件适用法律若干问题的解释（2015年12月16日）

   第六条第一款　实施刑法第一百三十二条、第一百三十四条第一款、第一百三十五条、第一百三十五条之一、第一百三十六条、第一百三十九条规定的行为，因而发生安全事故，具有下列情形之一的，应当认定为"造成严重后果"或者"发生重大伤亡事故或者造成其他严重后果"，对相关责任人员，处三年以下有期徒刑或者拘役：

（一）造成死亡一人以上，或者重伤三人以上的；

（二）造成直接经济损失一百万元以上的；

（三）其他造成严重后果或者重大安全事故的情形。

第四款 实施刑法第一百三十八条规定的行为，因而发生安全事故，具有本条第一款第一项规定情形的，应当认定为"发生重大伤亡事故"，对直接责任人员，处三年以下有期徒刑或者拘役。

2. "后果特别严重"的情形

最高人民法院、最高人民检察院关于办理危害生产安全刑事案件适用法律若干问题的解释（2015年12月16日）

第七条第四款 实施刑法第一百三十八条规定的行为，因而发生安全事故，具有下列情形之一的，对直接责任人员，处三年以上七年以下有期徒刑：

（一）造成死亡三人以上或者重伤十人以上，负事故主要责任的；

（二）具有本解释第六条第一款第一项规定情形，同时造成直接经济损失五百万元以上并负事故主要责任的，或者同时造成恶劣社会影响的。

3. 一罪与数罪

（参见第一百三十二条【定罪】3. 一罪与数罪）

● 量刑

1. 从重处罚

（参见第一百三十二条【量刑】1. 从重处罚）

2. 酌情从轻处罚

（参见第一百三十二条【量刑】2. 酌情从轻处罚）

3. 从业禁止

（参见第一百三十二条【量刑】3. 从业禁止）

> **第一百三十九条 【消防责任事故罪】**违反消防管理法规，经消防监督机构通知采取改正措施而拒绝执行，造成严重后果的，对直接责任人员，处三年以下有期徒刑或者拘役；后果特别严重的，处三年以上七年以下有期徒刑。

● 立案追诉标准

最高人民检察院、公安部关于公安机关管辖的刑事案件立案追诉标准的规定（一）（2008年6月25日）

第十五条 ［消防责任事故案（刑法第一百三十九条）］违反消防管理法规，经消防监督机构通知采取改正措施而拒绝执行，涉嫌下列情形之一的，应予立案追诉：

（一）造成死亡一人以上，或者重伤三人以上；

（二）造成直接经济损失五十万元以上的；

（三）造成森林火灾，过火有林地面积二公顷以上，或者过火疏林地、灌木林地、未成林地、苗圃地面积四公顷以上的；

（四）其他造成严重后果的情形。

● 定罪

1. "造成严重后果"的认定

最高人民法院、最高人民检察院关于办理危害生产安全刑事案件适用法律若干问题的解释（2015年12月16日）

第六条第一款 实施刑法第一百三十二条、第一百三十四条第一款、第一百三十五条、第一百三十五条之一、第一百三十六条、第一百三十九条规定的行为，因而发生安全事故，具有下列情形之一的，应当认定为"造成严重后果"或者"发生重大伤亡事故或者造成其他严重后果"，对相关责任人员，处三年以下有期徒刑或者拘役：

（一）造成死亡一人以上，或者重伤三人以上的；

（二）造成直接经济损失一百万元以上的；

（三）其他造成严重后果或者重大安全事故的情形。

2. "后果特别严重"的情形

最高人民法院、最高人民检察院关于办理危害生产安全刑事案件适用法律若干问题的解释（2015年12月16日）

第七条第一款　实施刑法第一百三十二条、第一百三十四条第一款、第一百三十五条、第一百三十五条之一、第一百三十六条、第一百三十九条规定的行为，因而发生安全事故，具有下列情形之一的，对相关责任人员，处三年以上七年以下有期徒刑：

（一）造成死亡三人以上或者重伤十人以上，负事故主要责任的；

（二）造成直接经济损失五百万元以上，负事故主要责任的；

（三）其他造成特别严重后果、情节特别恶劣或者后果特别严重的情形。

3. 一罪与数罪

（参见第一百三十二条【定罪】3. 一罪与数罪）

● 量刑

1. 从重处罚

（参见第一百三十二条【量刑】1. 从重处罚）

2. 酌情从轻处罚

（参见第一百三十二条【量刑】2. 酌情从轻处罚）

3. 从业禁止

（参见第一百三十二条【量刑】3. 从业禁止）

第一百三十九条之一　【不报、谎报安全事故罪】在安全事故发生后，负有报告职责的人员不报或者谎报事故情况，贻误事故抢救，情节严重的，处三年以下有期徒刑或者拘役；情节特别严重的，处三年以上七年以下有期徒刑。

● 立案追诉标准

最高人民检察院、公安部关于公安机关管辖的刑事案件立案追诉标准的规定（一）的补充规定（2017年4月27日）

一、在《最高人民检察院、公安部关于公安机关管辖的刑事案件立案追诉标准的规定（一）》（以下简称《立案追诉标准（一）》）第15条后增加一条，作为第15条之一：[不报、谎报安全事故案（刑法第139条之一）]在安全事故发生后，负有报告职责的人员不报或者谎报事故情况，贻误事故抢救，涉嫌下列情形之一的，应予立案追诉：

（一）导致事故后果扩大，增加死亡1人以上，或者增加重伤3人以上，或者增加直接经济损失100万元以上的；

（二）实施下列行为之一，致使不能及时有效开展事故抢救的：

1. 决定不报、迟报、谎报事故情况或者指使、串通有关人员不报、迟报、谎报事故情况的；

2. 在事故抢救期间擅离职守或者逃匿的；

3. 伪造、破坏事故现场，或者转移、藏匿、毁灭遇难人员尸体，或者转移、藏匿受伤人员的；

4. 毁灭、伪造、隐匿与事故有关的图纸、记录、计算机数据等资料以及其他证据的；

（三）其他不报、谎报安全事故情节严重的情形。

本条规定的"负有报告职责的人员"，是指负有组织、指挥或者管理职责的负责人、管理人员、实际控制人、投资人，以及其他负有报告职责的人员。

● 定罪

1. "负有报告职责的人员"的认定

最高人民法院、最高人民检察院关于办理危害生产安全刑事案件适用法律若干问题的解释（2015年12月16日）

第四条 刑法第一百三十九条之一规定的"负有报告职责的人员"，是指负有组织、指挥或者管理职责的负责人、管理人员、实际控制人、投资人，以及其他负有报告职责的人员。

2. "情节严重""情节特别严重"的认定

最高人民法院、最高人民检察院关于办理危害生产安全刑事案件适用法律若干问题的解释（2015年12月16日）

第八条 在安全事故发生后，负有报告职责的人员不报或者谎报事故情况，贻误事故抢救，具有下列情形之一的，应当认定为刑法第一百三十九条之一规定的"情节严重"：

（一）导致事故后果扩大，增加死亡一人以上，或者增加重伤三人以上，或者增加直接经济损失一百万元以上的；

（二）实施下列行为之一，致使不能及时有效开展事故抢救的：

1. 决定不报、迟报、谎报事故情况或者指使、串通有关人员不报、迟报、谎报事故情况的；
2. 在事故抢救期间擅离职守或者逃匿的；
3. 伪造、破坏事故现场，或者转移、藏匿、毁灭遇难人员尸体，或者转移、藏匿受伤人员的；
4. 毁灭、伪造、隐匿与事故有关的图纸、记录、计算机数据等资料以及其他证据的；

（三）其他情节严重的情形。

具有下列情形之一的，应当认定为刑法第一百三十九条之一规定的"情节特别严重"：

（一）导致事故后果扩大，增加死亡三人以上，或者增加重伤十人以上，或者增加直接经济损失五百万元以上的；

（二）采用暴力、胁迫、命令等方式阻止他人报告事故情况，导致事故后果扩大的；

（三）其他情节特别严重的情形。

3. 共同犯罪

最高人民法院、最高人民检察院关于办理危害生产安全刑事案件适用法律若干问题的解释（2015年12月16日）

第九条 在安全事故发生后，与负有报告职责的人员串通，不报或者谎报事故情况，贻误事故抢救，情节严重的，依照刑法第一百三十九条之一的规定，以共犯论处。

4. 一罪与数罪

最高人民法院关于进一步加强危害生产安全刑事案件审判工作的意见（2011年12月30日）

四、准确适用法律

11. 安全事故发生后，负有报告职责的国家工作人员不报或者谎报事故情况，贻误事故抢救，情节严重，构成不报、谎报安全事故罪，同时构成职务犯罪或其他危害生产安全犯罪的，依照数罪并罚的规定处罚。

最高人民法院、最高人民检察院关于办理危害生产安全刑事案件适用法律若干问题的解释（2015年12月16日）

第十四条 国家工作人员违反规定投资入股生产经营，构成本解释规定的有关犯罪的，或者国家工作人员的贪污、受贿犯罪行为与安全事故发生存在关联性的，从重处罚；同时构成贪污、受贿犯罪和危害生产安全犯罪的，依照数罪并罚的规定处罚。

● 量刑

1. **从重处罚**

（参见第一百三十二条【量刑】1. 从重处罚）

2. **酌情从轻处罚**

（参见第一百三十二条【量刑】2. 酌情从轻处罚）

3. **从业禁止**

（参见第一百三十二条【量刑】3. 从业禁止）

第三章　破坏社会主义市场经济秩序罪

第一节　生产、销售伪劣商品罪

> **第一百四十条　【生产、销售伪劣产品罪】**生产者、销售者在产品中掺杂、掺假，以假充真，以次充好或者以不合格产品冒充合格产品，销售金额五万元以上不满二十万元的，处二年以下有期徒刑或者拘役，并处或者单处销售金额百分之五十以上二倍以下罚金；销售金额二十万元以上不满五十万元的，处二年以上七年以下有期徒刑，并处销售金额百分之五十以上二倍以下罚金；销售金额五十万元以上不满二百万元的，处七年以上有期徒刑，并处销售金额百分之五十以上二倍以下罚金；销售金额二百万元以上的，处十五年有期徒刑或者无期徒刑，并处销售金额百分之五十以上二倍以下罚金或者没收财产。

● 关联法条

第一百五十条

● 立案追诉标准

最高人民检察院、公安部关于公安机关管辖的刑事案件立案追诉标准的规定（一）（2008年6月25日）

第十六条第一款　生产者、销售者在产品中掺杂、掺假，以假充真，以次充好或者以不合格产品冒充合格产品，涉嫌下列情形之一的，应予立案追诉：

（一）伪劣产品销售金额五万元以上的；

（二）伪劣产品尚未销售，货值金额十五万元以上的；

（三）伪劣产品销售金额不满五万元，但将已销售金额乘以三倍后，与尚未销售的伪劣产品货值金额合计十五万元以上的。

第一百条　本规定中的立案追诉标准，除法律、司法解释另有规定的以外，适用于相关的单位犯罪。

第一百零一条　本规定中的"以上"，包括本数。

● 定罪

1."在产品中掺杂、掺假""以假充真""以次充好""不合格产品"的认定

最高人民法院、最高人民检察院关于办理生产、销售伪劣商品刑事案件具体应用法律若干问题的解释（2001年4月10日）

第一条　刑法第一百四十条规定的"在产品中掺杂、掺假"，是指在产品中掺入杂质或者异物，致使产品质量不符合国家法律、法规或者产品明示质量标准规定的质量要求，降低、失去应有使用性能的行为。

刑法第一百四十条规定的"以假充真"，是指以不具有某种使用性能的产品冒充具有该种使用性能的产品的行为。

刑法第一百四十条规定的"以次充好"，是指以低等级、低档次产品冒充高等级、高档次产品，或者以残次、废旧零配件组合、拼装后冒充正品或者新产品的行为。

刑法第一百四十条规定的"不合格产品"，是指不符合《中华人民共和国产品质量法》第二十六条第二款规定的质量要求的产品。

对本条规定的上述行为难以确定的，应当委托法律、行政法规规定的产品质量检验机构进行鉴定。

最高人民法院关于审理生产、销售伪劣商品刑事案件有关鉴定问题的通知（2001年5月21日）

一、对于提起公诉的生产、销售伪劣产品、假冒商标、非法经营等严重破坏社会主义市场经济秩序的犯罪案件，所涉生产、销售的产品是否属于"以假充真"、"以次充好"、"以不合格产品冒充合格产品"难以确定的，应当根据《解释》[①] 第

[①] 编者注：即《最高人民法院、最高人民检察院关于办理生产、销售伪劣商品刑事案件具体应用法律若干问题的解释》（2001年4月10日）。

一条第五款的规定,由公诉机关委托法律、行政法规规定的产品质量检验机构进行鉴定。

最高人民检察院、公安部关于公安机关管辖的刑事案件立案追诉标准的规定(一)(2008年6月25日)

第十六条第二款 本条规定的"掺杂、掺假",是指在产品中掺入杂质或者异物,致使产品质量不符合国家法律、法规或者产品明示质量标准规定的质量要求,降低、失去应有使用性能的行为;"以假充真",是指以不具有某种使用性能的产品冒充具有该种使用性能的产品的行为;"以次充好",是指以低等级、低档次产品冒充高等级、高档次产品,或者以残次、废旧零配件组合、拼装后冒充正品或者新产品的行为;"不合格产品",是指不符合《中华人民共和国产品质量法》规定的质量要求的产品。

第三款 对本条规定的上述行为难以确定的,应当委托法律、行政法规定的产品质量检验机构进行鉴定……

2. "销售金额"的认定

最高人民法院、最高人民检察院关于办理生产、销售伪劣商品刑事案件具体应用法律若干问题的解释(2001年4月10日)

第二条 刑法第一百四十条、第一百四十九条规定的"销售金额",是指生产者、销售者出售伪劣产品后所得和应得的全部违法收入。

伪劣产品尚未销售,货值金额达到刑法第一百四十条规定的销售金额三倍以上的,以生产、销售伪劣产品罪(未遂)定罪处罚。

货值金额以违法生产、销售的伪劣产品的标价计算;没有标价的,按照同类合格产品的市场中间价格计算。货值金额难以确定的,按照国家计划委员会、最高人民法院、最高人民检察院、公安部1997年4月22日联合发布的《扣押、追缴、没收物品估价管理办法》的规定,委托指定的估价机构确定。

多次实施生产、销售伪劣产品行为,未经处理的,伪劣产品的销售金额或者货值金额累计计算。

最高人民检察院、公安部关于公安机关管辖的刑事案件立案追诉标准的规定(一)(2008年6月25日)

第十六条第三款 ……本条规定的"销售金额",是指生产者、销售者出售伪劣产品后所得和应得的全部违法收入;"货值金额",以违法生产、销售的伪劣产品的标价计算;没有标价的,按照同类合格产品的市场中间价格计算。货值金额难以确定的,按照《扣押、追缴、没收物品估价管理办法》的规定,委托估价机构进行确定。

3. 生产、销售伪劣烟草制品行为的定性

最高人民法院、最高人民检察院、公安部、国家烟草专卖局关于办理假冒伪劣烟草制品等刑事案件适用法律问题座谈会纪要（2003年12月23日）

一、关于生产、销售伪劣烟草制品行为适用法律问题

（一）关于生产伪劣烟草制品尚未销售或者尚未完全销售行为定罪量刑问题

根据刑法第一百四十条的规定，生产、销售伪劣烟草制品，销售金额在五万元以上的，构成生产、销售伪劣产品罪。

根据《最高人民法院、最高人民检察院关于办理生产、销售伪劣商品刑事案件具体应用法律若干问题的解释》的有关规定，销售金额是指生产者、销售者出售伪劣烟草制品后所得和应得的全部违法收入。伪劣烟草制品尚未销售，货值金额达到刑法第一百四十条规定的销售金额三倍（十五万元）以上的，以生产、销售伪劣产品罪（未遂）定罪处罚。货值金额以违法生产、销售的伪劣产品的标价计算；没有标价的，按照同类合格产品的市场中间价格计算。货值金额难以确定的，按照国家计划委员会、最高人民法院、最高人民检察院、公安部1997年4月22日联合发布的《扣押、追缴、没收物品估价管理办法》的规定，委托指定的估价机构确定。

伪劣烟草制品尚未销售，货值金额分别达到十五万元以上不满二十万元、二十万元以上不满五十万元、五十万元以上不满二百万元、二百万元以上的，分别依照刑法第一百四十条规定的各量刑档次定罪处罚。

十一、关于烟草制品、卷烟的范围

本纪要所称烟草制品指卷烟、雪茄烟、烟丝、复烤烟叶、烟叶、卷烟纸、滤嘴棒、烟用丝束。

本纪要所称卷烟包括散支烟和成品烟。

最高人民法院、最高人民检察院关于办理非法生产、销售烟草专卖品等刑事案件具体应用法律若干问题的解释（2010年3月26日）

第一条 生产、销售伪劣卷烟、雪茄烟等烟草专卖品，销售金额在五万元以上的，依照刑法第一百四十条的规定，以生产、销售伪劣产品罪定罪处罚。

未经卷烟、雪茄烟等烟草专卖品注册商标所有人许可，在卷烟、雪茄烟等烟草专卖品上使用与其注册商标相同的商标，情节严重的，依照刑法第二百一十三条的规定，以假冒注册商标罪定罪处罚。

销售明知是假冒他人注册商标的卷烟、雪茄烟等烟草专卖品，销售金额较大的，依照刑法第二百一十四条的规定，以销售假冒注册商标的商品罪定罪处罚。

伪造、擅自制造他人卷烟、雪茄烟注册商标标识或者销售伪造、擅自制造的卷烟、雪茄烟注册商标标识，情节严重的，依照刑法第二百一十五条的规定，以非法制造、销售非法制造的注册商标标识罪定罪处罚。

违反国家烟草专卖管理法律法规，未经烟草专卖行政主管部门许可，无烟草专卖生产企业许可证、烟草专卖批发企业许可证、特种烟草专卖经营企业许可证、烟草专卖零售许可证等许可证明，非法经营烟草专卖品，情节严重的，依照刑法第二百二十五条的规定，以非法经营罪定罪处罚。

第七条 办理非法生产、销售烟草专卖品等刑事案件，需要对伪劣烟草专卖品鉴定的，应当委托国务院产品质量监督管理部门和省、自治区、直辖市人民政府产品质量监督管理部门指定的烟草质量检测机构进行。

第九条 本解释所称"烟草专卖品"，是指卷烟、雪茄烟、烟丝、复烤烟叶、烟叶、卷烟纸、滤嘴棒、烟用丝束、烟草专用机械。

本解释所称"卷烟辅料"，是指卷烟纸、滤嘴棒、烟用丝束。

本解释所称"烟草专用机械"，是指由国务院烟草专卖行政主管部门烟草专用机械名录所公布的，在卷烟、雪茄烟、烟丝、复烤烟叶、烟叶、卷烟纸、滤嘴棒、烟用丝束的生产加工过程中，能够完成一项或者多项特定加工工序，可以独立操作的机械设备。

本解释所称"同类烟草专用机械"，是指在卷烟、雪茄烟、烟丝、复烤烟叶、烟叶、卷烟纸、滤嘴棒、烟用丝束的生产加工过程中，能够完成相同加工工序的机械设备。

4. 生产、销售不符合食品安全标准的食品添加剂，用于食品的包装材料、容器、洗涤剂、消毒剂，或者用于食品生产经营的工具、设备等行为的定性

最高人民法院、最高人民检察院关于办理危害食品安全刑事案件适用法律若干问题的解释（2013年5月4日）

第十条 生产、销售不符合食品安全标准的食品添加剂，用于食品的包装材料、容器、洗涤剂、消毒剂，或者用于食品生产经营的工具、设备等，构成犯罪的，依照刑法第一百四十条的规定以生产、销售伪劣产品罪定罪处罚。

5. 非法生产、拼装、销售烟草专用机械行为的定性

最高人民法院、最高人民检察院、公安部、国家烟草专卖局关于办理假冒伪劣烟草制品等刑事案件适用法律问题座谈会纪要（2003年12月23日）

一、关于生产、销售伪劣烟草制品行为适用法律问题

（二）关于非法生产、拼装、销售烟草专用机械行为定罪处罚问题

非法生产、拼装、销售烟草专用机械行为，依照刑法第一百四十条的规定，以生产、销售伪劣产品罪追究刑事责任。

6. 生产、经营烟花爆竹行为的定性

最高人民法院、最高人民检察院、公安部、国家安全监管总局关于依法加强对涉嫌犯罪的非法生产经营烟花爆竹行为刑事责任追究的通知（2012年9月6日）

一、非法生产、经营烟花爆竹及相关行为涉及非法制造、买卖、运输、邮寄、储存黑火药、烟火药，构成非法制造、买卖、运输、邮寄、储存爆炸物罪的，应当依照刑法第一百二十五条的规定定罪处罚；非法生产、经营烟花爆竹及相关行为涉及生产、销售伪劣产品或不符合安全标准产品，构成生产、销售伪劣产品罪或生产、销售不符合安全标准产品罪的，应当依照刑法第一百四十条、第一百四十六条的规定定罪处罚；非法生产、经营烟花爆竹及相关行为构成非法经营罪的，应当依照刑法第二百二十五条的规定定罪处罚。上述非法生产经营烟花爆竹行为的定罪量刑和立案追诉标准，分别按照《最高人民法院关于审理非法制造、买卖、运输枪支、弹药、爆炸物等刑事案件具体应用法律若干问题的解释》（法释〔2009〕18号）、《最高人民法院、最高人民检察院关于办理生产、销售伪劣商品刑事案件具体应用法律若干问题的解释》（法释〔2001〕10号）、《最高人民检察院、公安部关于公安机关管辖的刑事案件立案追诉标准的规定（一）》（公通字〔2008〕36号）、《最高人民检察院、公安部关于公安机关管辖的刑事案件立案追诉标准的规定（二）》（公通字〔2010〕23号）等有关规定执行。

7. 以非碘盐充当碘盐、以非食盐充当食盐进行非法经营行为的定性

最高人民检察院关于废止《最高人民检察院关于办理非法经营食盐刑事案件具体应用法律若干问题的解释》的决定（2020年4月1日）

为适应盐业体制改革，保证国家法律统一正确适用，根据《食盐专营办法》（国务院令696号）的规定，结合检察工作实际，最高人民检察院决定废止《最高人民检察院关于办理非法经营食盐刑事案件具体应用法律若干问题的解释》（高检发释字〔2002〕6号）。

该解释废止后，对以非碘盐充当碘盐或者以工业用盐等非食盐充当食盐等危害食盐安全的行为，人民检察院可以依据《最高人民法院、最高人民检察院

关于办理生产、销售伪劣商品刑事案件具体应用法律若干问题的解释》（法释〔2001〕10号）、《最高人民法院、最高人民检察院关于办理危害食品安全刑事案件适用法律若干问题的解释》（法释〔2013〕12号）的规定，分别不同情况，以生产、销售伪劣产品罪，或者生产、销售不符合安全标准的食品罪，或者生产、销售有毒、有害食品罪追究刑事责任。

8. 在非设关地走私伪劣油品行为的定性

最高人民法院、最高人民检察院、海关总署打击非设关地成品油走私专题研讨会会议纪要（2019年10月25日）

一、关于定罪处罚

……在办理非设关地走私成品油刑事案件中，发现行为人在销售的成品油中掺杂、掺假，以假充真，以次充好或者以不合格油品冒充合格油品，构成犯罪的，依照刑法第一百四十条的规定，对该行为以生产、销售伪劣产品罪定罪处罚。

9. 疫情防控期间生产、销售伪劣防治防护物资行为的定性

最高人民法院、最高人民检察院、公安部、司法部关于依法惩治妨害新型冠状病毒感染肺炎疫情防控违法犯罪的意见（2020年2月6日）

二、准确适用法律，依法严惩妨害疫情防控的各类违法犯罪

（三）依法严惩制假售假犯罪。在疫情防控期间，生产、销售伪劣的防治、防护产品、物资，或者生产、销售用于防治新型冠状病毒感染肺炎的假药、劣药，符合刑法第一百四十条、第一百四十一条、第一百四十二条规定的，以生产、销售伪劣产品罪，生产、销售假药罪或者生产、销售劣药罪定罪处罚。

在疫情防控期间，生产不符合保障人体健康的国家标准、行业标准的医用口罩、护目镜、防护服等医用器材，或者销售明知是不符合标准的医用器材，足以严重危害人体健康的，依照刑法第一百四十五条的规定，以生产、销售不符合标准的医用器材罪定罪处罚。

10. 既遂与未遂

最高人民法院、最高人民检察院、公安部、国家烟草专卖局关于办理假冒伪劣烟草制品等刑事案件适用法律问题座谈会纪要（2003年12月23日）

一、关于生产、销售伪劣烟草制品行为适用法律问题

（一）关于生产伪劣烟草制品尚未销售或者尚未完全销售行为定罪量刑问题

……伪劣烟草制品的销售金额不满五万元，但与尚未销售的伪劣烟草制品的货值金额合计达到十五万元以上的，以生产、销售伪劣产品罪（未遂）定罪处罚。

最高人民法院、最高人民检察院关于办理非法生产、销售烟草专卖品等刑事案件具体应用法律若干问题的解释（2010年3月26日）

第二条 伪劣卷烟、雪茄烟等烟草专卖品尚未销售，货值金额达到刑法第一百四十条规定的销售金额定罪起点数额标准的三倍以上的，或者销售金额未达到五万元，但与未销售货值金额合计达到十五万元以上的，以生产、销售伪劣产品罪（未遂）定罪处罚。

销售金额和未销售货值金额分别达到不同的法定刑幅度或者均达到同一法定刑幅度的，在处罚较重的法定刑幅度内酌情从重处罚。

查获的未销售的伪劣卷烟、雪茄烟，能够查清销售价格的，按照实际销售价格计算。无法查清实际销售价格，有品牌的，按照该品牌卷烟、雪茄烟的查获地省级烟草专卖行政主管部门出具的零售价格计算；无品牌的，按照查获地省级烟草专卖行政主管部门出具的上年度卷烟平均零售价格计算。

11. 共同犯罪

最高人民法院、最高人民检察院关于办理生产、销售伪劣商品刑事案件具体应用法律若干问题的解释（2001年4月10日）

第九条 知道或者应当知道他人实施生产、销售伪劣商品犯罪，而为其提供贷款、资金、账号、发票、证明、许可证件，或者提供生产、经营场所或者运输、仓储、保管、邮寄等便利条件，或者提供制假生产技术的，以生产、销售伪劣商品犯罪的共犯论处。

最高人民法院、最高人民检察院、公安部、国家烟草专卖局关于办理假冒伪劣烟草制品等刑事案件适用法律问题座谈会纪要（2003年12月23日）

四、关于共犯的问题

知道或者应当知道他人实施本《纪要》第一条至第三条规定的犯罪行为，仍实施下列行为之一的，应认定为共犯，依法追究刑事责任：

1. 直接参与生产、销售假冒伪劣烟草制品或者销售假冒烟用注册商标的烟草制品或者直接参与非法经营烟草制品并在其中起主要作用的；

2. 提供房屋、场地、设备、车辆、贷款、资金、账号、发票、证明、技术等设施和条件，用于帮助生产、销售、储存、运输假冒伪劣烟草制品、非法经营烟草制品的；

3. 运输假冒伪劣烟草制品的。

上述人员中有检举他人犯罪经查证属实，或者提供重要线索，有立功表现的，可以从轻或减轻处罚；有重大立功表现的，可以减轻或者免除处罚。

最高人民法院、最高人民检察院关于办理非法生产、销售烟草专卖品等刑事案件具体应用法律若干问题的解释（2010年3月26日）

第六条 明知他人实施本解释第一条所列犯罪，而为其提供贷款、资金、账号、发票、证明、许可证件，或者提供生产、经营场所、设备、运输、仓储、保管、邮寄、代理进出口等便利条件，或者提供生产技术、卷烟配方的，应当按照共犯追究刑事责任。

12. 一罪与数罪

最高人民法院、最高人民检察院关于办理生产、销售伪劣商品刑事案件具体应用法律若干问题的解释（2001年4月10日）

第十条 实施生产、销售伪劣商品犯罪，同时构成侵犯知识产权、非法经营等其他犯罪的，依照处罚较重的规定定罪处罚。

第十一条 实施刑法第一百四十条至第一百四十八条规定的犯罪，又以暴力、威胁方法抗拒查处，构成其他犯罪的，依照数罪并罚的规定处罚。

最高人民法院、最高人民检察院、公安部、国家烟草专卖局关于办理假冒伪劣烟草制品等刑事案件适用法律问题座谈会纪要（2003年12月23日）

六、关于一罪与数罪问题

行为人的犯罪行为同时构成生产、销售伪劣产品罪、销售假冒注册商标的商品罪、非法经营罪等罪的，依照处罚较重的规定定罪处罚。

最高人民法院、最高人民检察院关于办理非法生产、销售烟草专卖品等刑事案件具体应用法律若干问题的解释（2010年3月26日）

第五条 行为人实施非法生产、销售烟草专卖品犯罪，同时构成生产、销售伪劣产品罪、侵犯知识产权犯罪、非法经营罪的，依照处罚较重的规定定罪处罚。

最高人民法院关于审理生产、销售伪劣商品刑事案件有关鉴定问题的通知（2001年5月21日）

三、经鉴定确系伪劣商品，被告人的行为既构成生产、销售伪劣产品罪，又构成生产、销售假药罪或者生产、销售不符合卫生标准的食品罪[①]，或者同时构成侵犯知识产权、非法经营等其他犯罪的，根据刑法第一百四十九条第二款和《解释》第十条的规定，应当依照处罚较重的规定定罪处罚。

---

① 编者注：该罪名已改为"生产、销售不符合安全标准的食品罪"。

最高人民法院、最高人民检察院关于办理危害食品安全刑事案件适用法律若干问题的解释（2013年5月4日）

第十一条　以提供给他人生产、销售食品为目的，违反国家规定，生产、销售国家禁止用于食品生产、销售的非食品原料，情节严重的，依照刑法第二百二十五条的规定以非法经营罪定罪处罚。

违反国家规定，生产、销售国家禁止生产、销售、使用的农药、兽药，饲料、饲料添加剂，或者饲料原料、饲料添加剂原料，情节严重的，依照前款的规定定罪处罚。

实施前两款行为，同时又构成生产、销售伪劣产品罪，生产、销售伪劣农药、兽药罪等其他犯罪的，依照处罚较重的规定定罪处罚。

第十三条第二款　生产、销售不符合食品安全标准的食品，无证据证明足以造成严重食物中毒事故或者其他严重食源性疾病，不构成生产、销售不符合安全标准的食品罪，但是构成生产、销售伪劣产品罪等其他犯罪的，依照该其他犯罪定罪处罚。

第十九条　单位实施本解释规定的犯罪的，依照本解释规定的定罪量刑标准处罚。

最高人民检察院关于印发第四批指导性案例的通知（2014年2月20日）

胡林贵等人生产、销售有毒、有害食品，行贿；骆梅等人销售伪劣产品；朱伟全等人生产、销售伪劣产品；黎达文等人受贿，食品监管渎职案（检例第15号）

【要旨】实施生产、销售有毒、有害食品犯罪，为逃避查处向负有食品安全监管职责的国家工作人员行贿的，应当以生产、销售有毒、有害食品罪和行贿罪实行数罪并罚。

负有食品安全监督管理职责的国家机关工作人员，滥用职权，向生产、销售有毒、有害食品的犯罪分子通风报信，帮助逃避处罚的，应当认定为食品监管渎职罪；在渎职过程中受贿的，应当以食品监管渎职罪和受贿罪实行数罪并罚。

最高人民法院、最高人民检察院关于办理危害药品安全刑事案件适用法律若干问题的解释（2014年12月1日）

第七条第二款　以提供给他人生产、销售药品为目的，违反国家规定，生产、销售不符合药用要求的非药品原料、辅料，情节严重的，依照刑法第二百二十五条的规定以非法经营罪定罪处罚。

第四款　实施本条第二款行为，同时又构成生产、销售伪劣产品罪、以危险方法危害公共安全罪等犯罪的,依照处罚较重的规定定罪处罚。

第十条 实施生产、销售假药、劣药犯罪,同时构成生产、销售伪劣产品、侵犯知识产权、非法经营、非法行医、非法采供血等犯罪的,依照处罚较重的规定定罪处罚。

● 量刑

1. 从重处罚

最高人民法院、最高人民检察院关于办理生产、销售伪劣商品刑事案件具体应用法律若干问题的解释(2001年4月10日)

第十二条 国家机关工作人员参与生产、销售伪劣商品犯罪的,从重处罚。

最高人民法院、最高人民检察院关于办理妨害预防、控制突发传染病疫情等灾害的刑事案件具体应用法律若干问题的解释(2003年5月15日)

第二条 在预防、控制突发传染病疫情等灾害期间,生产、销售伪劣的防治、防护产品、物资,或者生产、销售用于防治传染病的假药、劣药,构成犯罪的,分别依照刑法第一百四十条、第一百四十一条、第一百四十二条的规定,以生产、销售伪劣产品罪,生产、销售假药罪或者生产、销售劣药罪定罪,依法从重处罚。

最高人民法院、最高人民检察院、公安部、国家烟草专卖局关于办理假冒伪劣烟草制品等刑事案件适用法律问题座谈会纪要(2003年12月23日)

五、国家机关工作人员参与实施本《纪要》第一条至第三条规定的犯罪行为的处罚问题

根据《最高人民法院、最高人民检察院关于办理生产、销售伪劣商品刑事案件具体应用法律若干问题的解释》的规定,国家机关工作人员参与实施本《纪要》第一条至第三条规定的犯罪行为的,从重处罚。

2. 从宽处罚

最高人民法院、最高人民检察院关于办理妨害预防、控制突发传染病疫情等灾害的刑事案件具体应用法律若干问题的解释(2003年5月15日)

第十七条 人民法院、人民检察院办理有关妨害预防、控制突发传染病疫情等灾害的刑事案件,对于有自首、立功等悔罪表现的,依法从轻、减轻、免除处罚或者依法作出不起诉决定。

> 第一百四十一条 　【生产、销售、提供假药罪】生产、销售假药的，处三年以下有期徒刑或者拘役，并处罚金；对人体健康造成严重危害或者有其他严重情节的，处三年以上十年以下有期徒刑，并处罚金；致人死亡或者有其他特别严重情节的，处十年以上有期徒刑、无期徒刑或者死刑，并处罚金或者没收财产。
>
> 　　药品使用单位的人员明知是假药而提供给他人使用的，依照前款的规定处罚。①

● 关联法条

第一百四十九条、第一百五十条

● 立案追诉标准

最高人民检察院、公安部关于公安机关管辖的刑事案件立案追诉标准的规定（一）的补充规定（2017年4月27日）

第二条　将《立案追诉标准（一）》第17条修改为：[生产、销售假药案（刑法第141条）] 生产、销售假药的，应予立案追诉。但销售少量根据民间传统配方私自加工的药品，或者销售少量未经批准进口的国外、境外药品，没有造成他人伤害后果或者延误诊治，情节显著轻微危害不大的除外。

以生产、销售假药为目的，具有下列情形之一的，属于本条规定的"生产"：

（一）合成、精制、提取、储存、加工炮制药品原料的；

（二）将药品原料、辅料、包装材料制成成品过程中，进行配料、混合、制剂、储存、包装的；

（三）印制包装材料、标签、说明书的。

医疗机构、医疗机构工作人员明知是假药而有偿提供给他人使用，或者为出售而购买、储存的，属于本条规定的"销售"。

---

① 编者注：《刑法修正案（十一）》新设了该款，删除了原来"本条所称假药，是指依照《中华人民共和国药品管理法》的规定属于假药和按假药处理的药品、非药品"的规定。

本条规定的"假药",是指依照《中华人民共和国药品管理法》的规定属于假药和按假药处理的药品、非药品。是否属于假药难以确定的,可以根据地市级以上药品监督管理部门出具的认定意见等相关材料进行认定。必要时,可以委托省级以上药品监督管理部门设置或者确定的药品检验机构进行检验。

● 定罪

1. "生产""销售"的认定

最高人民法院、最高人民检察院关于办理危害药品安全刑事案件适用法律若干问题的解释(2014年12月1日)

第六条 以生产、销售假药、劣药为目的,实施下列行为之一的,应当认定为刑法第一百四十一条、第一百四十二条规定的"生产":

(一)合成、精制、提取、储存、加工炮制药品原料的行为;

(二)将药品原料、辅料、包装材料制成成品过程中,进行配料、混合、制剂、储存、包装的行为;

(三)印制包装材料、标签、说明书的行为。

医疗机构、医疗机构工作人员明知是假药、劣药而有偿提供给他人使用,或者为出售而购买、储存的行为,应当认定为刑法第一百四十一条、第一百四十二条规定的"销售"。

2. "假药"的认定

最高人民法院、最高人民检察院关于办理危害药品安全刑事案件适用法律若干问题的解释(2014年12月1日)

第十四条 是否属于刑法第一百四十一条、第一百四十二条规定的"假药"、"劣药"难以确定的,司法机关可以根据地市级以上药品监督管理部门出具的认定意见等相关材料进行认定。必要时,可以委托省级以上药品监督管理部门设置或者确定的药品检验机构进行检验。

药品管理法(2019年12月1日)

第九十八条第一款 禁止生产(包括配制,下同)、销售、使用假药、劣药。

第二款 有下列情形之一的,为假药:

(一)药品所含成份与国家药品标准规定的成份不符;

（二）以非药品冒充药品或者以他种药品冒充此种药品；

（三）变质的药品；

（四）药品所标明的适应症或者功能主治超出规定范围。

第四款 禁止未取得药品批准证明文件生产、进口药品；禁止使用未按照规定审评、审批的原料药、包装材料和容器生产药品。

3. "对人体健康造成严重危害"的认定

最高人民法院、最高人民检察院关于办理危害药品安全刑事案件适用法律若干问题的解释（2014年12月1日）

第二条 生产、销售假药，具有下列情形之一的，应当认定为刑法第一百四十一条规定的"对人体健康造成严重危害"：

（一）造成轻伤或者重伤的；

（二）造成轻度残疾或者中度残疾的；

（三）造成器官组织损伤导致一般功能障碍或者严重功能障碍的；

（四）其他对人体健康造成严重危害的情形。

第十六条 本解释规定的"轻伤"、"重伤"按照《人体损伤程度鉴定标准》进行鉴定。

本解释规定的"轻度残疾"、"中度残疾"、"重度残疾"按照相关伤残等级评定标准进行评定。

4. "其他严重情节"的认定

最高人民法院、最高人民检察院关于办理危害药品安全刑事案件适用法律若干问题的解释（2014年12月1日）

第三条 生产、销售假药，具有下列情形之一的，应当认定为刑法第一百四十一条规定的"其他严重情节"：

（一）造成较大突发公共卫生事件的；

（二）生产、销售金额二十万元以上不满五十万元的；

（三）生产、销售金额十万元以上不满二十万元，并具有本解释第一条规定情形之一的；

（四）根据生产、销售的时间、数量、假药种类等，应当认定为情节严重的。

第十五条 本解释所称"生产、销售金额"，是指生产、销售假药、劣药所得和可得的全部违法收入。

5. "其他特别严重情节"的认定

最高人民法院、最高人民检察院关于办理危害药品安全刑事案件适用法律若干问题的解释（2014年12月1日）

第四条　生产、销售假药，具有下列情形之一的，应当认定为刑法第一百四十一条规定的"其他特别严重情节"：

（一）致人重度残疾的；

（二）造成三人以上重伤、中度残疾或者器官组织损伤导致严重功能障碍的；

（三）造成五人以上轻度残疾或者器官组织损伤导致一般功能障碍的；

（四）造成十人以上轻伤的；

（五）造成重大、特别重大突发公共卫生事件的；

（六）生产、销售金额五十万元以上的；

（七）生产、销售金额二十万元以上不满五十万元，并具有本解释第一条规定情形之一的；

（八）根据生产、销售的时间、数量、假药种类等，应当认定为情节特别严重的。

第十五条　本解释所称"生产、销售金额"，是指生产、销售假药、劣药所得和可得的全部违法收入。

6. 药品注册申请单位工作人员故意使用虚假材料骗取药品批准文件生产、销售药品的行为的定性

最高人民法院、最高人民检察院关于办理药品、医疗器械注册申请材料造假刑事案件适用法律若干问题的解释（2017年9月1日）

第三条　药品注册申请单位的工作人员，故意使用符合本解释第一条第二款规定的虚假药物非临床研究报告、药物临床试验报告及相关材料，骗取药品批准证明文件生产、销售药品的，应当依照刑法第一百四十一条规定，以生产、销售假药罪定罪处罚。

7. 具有药品经营资质的企业通过非法渠道从私人手中购进药品后销售的行为的定性

最高人民检察院法律政策研究室对《关于具有药品经营资质的企业通过非法渠道从私人手中购进药品后销售的如何适用法律问题的请示》的答复（2015年10月26日）

司法机关应当根据《中华人民共和国药品管理法》的有关规定，对具有药品经营资质的企业通过非法渠道从私人手中购销的药品的性质进行认定，区分

不同情况，分别定性处理：一是对于经认定属于假药、劣药，且达到"两高"《关于办理危害药品安全刑事案件适用法律若干问题的解释》（以下称《药品解释》）规定的销售假药罪、销售劣药罪的定罪量刑标准的，应当以销售假药罪、销售劣药罪依法追究刑事责任。二是对于经认定属于劣药，但尚未达到《药品解释》规定的销售劣药罪的定罪量刑标准的，可以依据刑法第一百四十九条、第一百四十条的规定，以销售伪劣产品罪追究刑事责任。三是对于无法认定属于假药、劣药的，可以由药品监督管理部门依照《中华人民共和国药品管理法》的规定给予行政处罚，不宜以非法经营罪追究刑事责任。

8. 疫情防控期间生产、销售假药行为的定性

（参见第一百四十条【定罪】9. 疫情防控期间生产、销售伪劣防治防护物资行为的定性）

9. 共同犯罪

最高人民法院、最高人民检察院关于办理生产、销售伪劣商品刑事案件具体应用法律若干问题的解释（2001年4月10日）

第九条　知道或者应当知道他人实施生产、销售伪劣商品犯罪，而为其提供贷款、资金、账号、发票、证明、许可证件，或者提供生产、经营场所或者运输、仓储、保管、邮寄等便利条件，或者提供制假生产技术的，以生产、销售伪劣商品犯罪的共犯论处。

最高人民法院、最高人民检察院关于办理危害药品安全刑事案件适用法律若干问题的解释（2014年12月1日）

第八条　明知他人生产、销售假药、劣药，而有下列情形之一的，以共同犯罪论处：

（一）提供资金、贷款、账号、发票、证明、许可证件的；

（二）提供生产、经营场所、设备或者运输、储存、保管、邮寄、网络销售渠道等便利条件的；

（三）提供生产技术或者原料、辅料、包装材料、标签、说明书的；

（四）提供广告宣传等帮助行为的。

10. 一罪与数罪

最高人民法院、最高人民检察院关于办理生产、销售伪劣商品刑事案件具体应用法律若干问题的解释（2001年4月10日）

第十条　实施生产、销售伪劣商品犯罪，同时构成侵犯知识产权、非法经营等其他犯罪的,依照处罚较重的规定定罪处罚。

第十一条 实施刑法第一百四十条至第一百四十八条规定的犯罪,又以暴力、威胁方法抗拒查处,构成其他犯罪的,依照数罪并罚的规定处罚。

最高人民法院、最高人民检察院关于办理危害药品安全刑事案件适用法律若干问题的解释(2014年12月1日)

第七条 违反国家药品管理法律法规,未取得或者使用伪造、变造的药品经营许可证,非法经营药品,情节严重的,依照刑法第二百二十五条的规定以非法经营罪定罪处罚。

以提供给他人生产、销售药品为目的,违反国家规定,生产、销售不符合药用要求的非药品原料、辅料,情节严重的,依照刑法第二百二十五条的规定以非法经营罪定罪处罚。

实施前两款行为,非法经营数额在十万元以上,或者违法所得数额在五万元以上的,应当认定为刑法第二百二十五条规定的"情节严重";非法经营数额在五十万元以上,或者违法所得数额在二十五万元以上的,应当认定为刑法第二百二十五条规定的"情节特别严重"。

实施本条第二款行为,同时又构成生产、销售伪劣产品罪、以危险方法危害公共安全罪等犯罪的,依照处罚较重的规定定罪处罚。

第十条 实施生产、销售假药、劣药犯罪,同时构成生产、销售伪劣产品、侵犯知识产权、非法经营、非法行医、非法采供血等犯罪的,依照处罚较重的规定定罪处罚。

11. 罪与非罪

最高人民法院、最高人民检察院关于办理危害药品安全刑事案件适用法律若干问题的解释(2014年12月1日)

第十一条第二款 销售少量根据民间传统配方私自加工的药品,或者销售少量未经批准进口的国外、境外药品,没有造成他人伤害后果或者延误诊治,情节显著轻微危害不大的,不认为是犯罪。

最高人民检察院关于全面履行检察职能为推进健康中国建设提供有力司法保障的意见(2016年9月29日)

二、4.……办案中要严格落实罪刑法定原则,贯彻宽严相济刑事政策,对于销售少量根据民间传统配方私自加工的药品,或者销售少量未经批准进口的国外、境外药品,没有造成他人伤害后果或者延误诊治的行为,以及病患者实施的不以营利为目的带有自救、互助性质的制售药品行为,不作为犯罪处理。对于认定罪与非罪争议较大的案件,及时向上级检察机关请示报告。

● 量刑

1. 从重处罚

最高人民法院、最高人民检察院关于办理生产、销售伪劣商品刑事案件具体应用法律若干问题的解释（2001年4月10日）

第十二条 国家机关工作人员参与生产、销售伪劣商品犯罪的，从重处罚。

最高人民法院、最高人民检察院关于办理妨害预防、控制突发传染病疫情等灾害的刑事案件具体应用法律若干问题的解释（2003年5月15日）

第二条 在预防、控制突发传染病疫情等灾害期间，生产、销售伪劣的防治、防护产品、物资，或者生产、销售用于防治传染病的假药、劣药，构成犯罪的，分别依照刑法第一百四十条、第一百四十一条、第一百四十二条的规定，以生产、销售伪劣产品罪，生产、销售假药罪或者生产、销售劣药罪定罪，依法从重处罚。

最高人民法院、最高人民检察院关于办理危害药品安全刑事案件适用法律若干问题的解释（2014年12月1日）

第一条 生产、销售假药，具有下列情形之一的，应当酌情从重处罚：

（一）生产、销售的假药以孕产妇、婴幼儿、儿童或者危重病人为主要使用对象的；

（二）生产、销售的假药属于麻醉药品、精神药品、医疗用毒性药品、放射性药品、避孕药品、血液制品、疫苗的；

（三）生产、销售的假药属于注射剂药品、急救药品的；

（四）医疗机构、医疗机构工作人员生产、销售假药的；

（五）在自然灾害、事故灾难、公共卫生事件、社会安全事件等突发事件期间，生产、销售用于应对突发事件的假药的；

（六）两年内曾因危害药品安全违法犯罪活动受过行政处罚或者刑事处罚的；

（七）其他应当酌情从重处罚的情形。

2. 从宽处罚

最高人民法院、最高人民检察院关于办理妨害预防、控制突发传染病疫情等灾害的刑事案件具体应用法律若干问题的解释（2003年5月15日）

第十七条 人民法院、人民检察院办理有关妨害预防、控制突发传染病疫情等灾害的刑事案件,对于有自首、立功等悔罪表现的,依法从轻、减轻、免除处罚或者依法作出不起诉决定。

3. 罚金

最高人民法院、最高人民检察院关于办理危害药品安全刑事案件适用法律若干问题的解释(2014年12月1日)

第十二条 犯生产、销售假药罪的,一般应当依法判处生产、销售金额二倍以上的罚金。共同犯罪的,对各共同犯罪人合计判处的罚金应当在生产、销售金额的二倍以上。

第十三条 单位犯本解释规定之罪的,对单位判处罚金,并对直接负责的主管人员和其他直接责任人员,依照本解释规定的自然人犯罪的定罪量刑标准处罚。

第十五条 本解释所称"生产、销售金额",是指生产、销售假药、劣药所得和可得的全部违法收入。

4. 缓刑、免予刑事处罚、禁止令

最高人民法院、最高人民检察院关于办理危害药品安全刑事案件适用法律若干问题的解释(2014年12月1日)

第十一条第一款 对实施本解释规定之犯罪的犯罪分子,应当依照刑法规定的条件,严格缓刑、免予刑事处罚的适用。对于适用缓刑的,应当同时宣告禁止令,禁止犯罪分子在缓刑考验期内从事药品生产、销售及相关活动。

第一百四十二条[①] 【生产、销售、提供劣药罪】生产、销售劣药,对人体健康造成严重危害的,处三年以上十年以下有期徒刑,并处罚金;后果特别严重的,处十年以上有期徒刑或者无期徒刑,并处罚金或者没收财产。

药品使用单位的人员明知是劣药而提供给他人使用的,依照前款的规定处罚。

---

① 编者注:《刑法修正案(十一)》删除了第一款中原根据"销售金额"对罚金刑倍数的限制;新设了目前的第二款,删除了原来"本条所称劣药,是指依照《中华人民共和国药品管理法》的规定属于劣药的药品"的规定。

🔵 关联法条

第一百四十九条、第一百五十条

🔵 立案追诉标准

最高人民检察院、公安部关于公安机关管辖的刑事案件立案追诉标准的规定（一）（2008年6月25日）

第十八条 ［生产、销售劣药案（刑法第一百四十二条）］生产（包括配制）、销售劣药，涉嫌下列情形之一的，应予立案追诉：

（一）造成人员轻伤、重伤或者死亡的；

（二）其他对人体健康造成严重危害的情形。

本条规定的"劣药"，是指依照《中华人民共和国药品管理法》的规定，药品成份的含量不符合国家药品标准的药品和按劣药论处的药品。

第一百条 本规定中的立案追诉标准，除法律、司法解释另有规定的以外，适用于相关的单位犯罪。

🔵 定罪

1. "劣药"的认定

药品管理法（2019年12月1日）

第九十八条第一款 禁止生产（包括配制，下同）、销售、使用假药、劣药。

第三款 有下列情形之一的，为劣药：

（一）药品成份的含量不符合国家药品标准；

（二）被污染的药品；

（三）未标明或者更改有效期的药品；

（四）未注明或者更改产品批号的药品；

（五）超过有效期的药品；

（六）擅自添加防腐剂、辅料的药品；

（七）其他不符合药品标准的药品。

2. "生产""销售"的认定

（参见第一百四十一条【定罪】1."生产""销售"的认定）

3. "对人体健康造成严重危害""后果特别严重"的认定

最高人民法院、最高人民检察院关于办理危害药品安全刑事案件适用法律若干问题的解释（2014年12月1日）

第五条第一款 生产、销售劣药，具有本解释第二条规定情形之一的，应当认定为刑法第一百四十二条规定的"对人体健康造成严重危害"。

第二款 生产、销售劣药，致人死亡，或者具有本解释第四条第一项至第五项规定情形之一的，应当认定为刑法第一百四十二条规定的"后果特别严重"。

第二条 生产、销售假药，具有下列情形之一的，应当认定为刑法第一百四十一条规定的"对人体健康造成严重危害"：

（一）造成轻伤或者重伤的；

（二）造成轻度残疾或者中度残疾的；

（三）造成器官组织损伤导致一般功能障碍或者严重功能障碍的；

（四）其他对人体健康造成严重危害的情形。

第四条 生产、销售假药，具有下列情形之一的，应当认定为刑法第一百四十一条规定的"其他特别严重情节"：

（一）致人重度残疾的；

（二）造成三人以上重伤、中度残疾或者器官组织损伤导致严重功能障碍的；

（三）造成五人以上轻度残疾或者器官组织损伤导致一般功能障碍的；

（四）造成十人以上轻伤的；

（五）造成重大、特别重大突发公共卫生事件的……

4. "生产、销售金额"的认定

最高人民法院、最高人民检察院关于办理危害药品安全刑事案件适用法律若干问题的解释（2014年12月1日）

第十五条 本解释所称"生产、销售金额"，是指生产、销售假药、劣药所得和可得的全部违法收入。

5. 疫情防控期间生产、销售劣药行为的定性

（参见第一百四十条【定罪】9. 疫情防控期间生产、销售伪劣防治防护物资行为的定性）

6. 共同犯罪

（参见第一百四十一条【定罪】9. 共同犯罪）

7. 一罪与数罪

（参见第一百四十一条【定罪】10. 一罪与数罪）

● 量刑

1. 从重处罚

最高人民法院、最高人民检察院关于办理生产、销售伪劣商品刑事案件具体应用法律若干问题的解释（2001年4月10日）

第十二条 国家机关工作人员参与生产、销售伪劣商品犯罪的，从重处罚。

最高人民法院、最高人民检察院关于办理妨害预防、控制突发传染病疫情等灾害的刑事案件具体应用法律若干问题的解释（2003年5月15日）

第二条 在预防、控制突发传染病疫情等灾害期间，生产、销售伪劣的防治、防护产品、物资，或者生产、销售用于防治传染病的假药、劣药，构成犯罪的，分别依照刑法第一百四十条、第一百四十一条、第一百四十二条的规定，以生产、销售伪劣产品罪，生产、销售假药罪或者生产、销售劣药罪定罪，依法从重处罚。

最高人民法院、最高人民检察院关于办理危害药品安全刑事案件适用法律若干问题的解释（2014年12月1日）

第五条第三款 生产、销售劣药，具有本解释第一条规定情形之一的，应当酌情从重处罚。

第一条 生产、销售假药，具有下列情形之一的，应当酌情从重处罚：

（一）生产、销售的假药以孕产妇、婴幼儿、儿童或者危重病人为主要使用对象的；

（二）生产、销售的假药属于麻醉药品、精神药品、医疗用毒性药品、放射性药品、避孕药品、血液制品、疫苗的；

（三）生产、销售的假药属于注射剂药品、急救药品的；

（四）医疗机构、医疗机构工作人员生产、销售假药的；

（五）在自然灾害、事故灾难、公共卫生事件、社会安全事件等突发事件期间，生产、销售用于应对突发事件的假药的；

（六）两年内曾因危害药品安全违法犯罪活动受过行政处罚或者刑事处

罚的；

（七）其他应当酌情从重处罚的情形。

2. 从宽处罚

最高人民法院、最高人民检察院关于办理妨害预防、控制突发传染病疫情等灾害的刑事案件具体应用法律若干问题的解释（2003年5月15日）

第十七条 人民法院、人民检察院办理有关妨害预防、控制突发传染病疫情等灾害的刑事案件，对于有自首、立功等悔罪表现的，依法从轻、减轻、免除处罚或者依法作出不起诉决定。

第一百四十二条之一[①] 【妨害药品管理罪】违反药品管理法规，有下列情形之一，足以严重危害人体健康的，处三年以下有期徒刑或者拘役，并处或者单处罚金；对人体健康造成严重危害或者有其他严重情节的，处三年以上七年以下有期徒刑，并处罚金：

（一）生产、销售国务院药品监督管理部门禁止使用的药品的；

（二）未取得药品相关批准证明文件生产、进口药品或者明知是上述药品而销售的；

（三）药品申请注册中提供虚假的证明、数据、资料、样品或者采取其他欺骗手段的；

（四）编造生产、检验记录的。

有前款行为，同时又构成本法第一百四十一条、第一百四十二条规定之罪或者其他犯罪的，依照处罚较重的规定定罪处罚。

第一百四十三条 【生产、销售不符合安全标准的食品罪】生产、销售不符合食品安全标准的食品，足以造成严重食物中毒事故或者其他严重食源性疾病的，处三年以下有期徒刑或者拘役，并处罚金；对人体健康造成严重危害或者有其他严重情节的，处三年以上七年以下有期徒刑，并处罚金；后果特别严重的，处七年以上有期徒刑或者无期徒刑，并处罚金或者没收财产。

---

① 编者注：本条为《刑法修正案（十一）》新增。

● 关联法条

第一百四十九条、第一百五十条

● 立案追诉标准

最高人民检察院、公安部关于公安机关管辖的刑事案件立案追诉标准的规定（一）的补充规定（2017年4月27日）

第三条 将《立案追诉标准（一）》第19条修改为：[生产、销售不符合安全标准的食品案（刑法第143条）]生产、销售不符合食品安全标准的食品，涉嫌下列情形之一的，应予立案追诉：

（一）食品含有严重超出标准限量的致病性微生物、农药残留、兽药残留、重金属、污染物质以及其他危害人体健康的物质的；

（二）属于病死、死因不明或者检验检疫不合格的畜、禽、兽、水产动物及其肉类、肉类制品的；

（三）属于国家为防控疾病等特殊需要明令禁止生产、销售的食品的；

（四）婴幼儿食品中生长发育所需营养成分严重不符合食品安全标准的；

（五）其他足以造成严重食物中毒事故或者严重食源性疾病的情形。

在食品加工、销售、运输、贮存等过程中，违反食品安全标准，超限量或者超范围滥用食品添加剂，足以造成严重食物中毒事故或者其他严重食源性疾病的，应予立案追诉。

在食用农产品种植、养殖、销售、运输、贮存等过程中，违反食品安全标准，超限量或者超范围滥用添加剂、农药、兽药等，足以造成严重食物中毒事故或者其他严重食源性疾病的，应予立案追诉。

● 定罪

1. "足以造成严重食物中毒事故或者其他严重食源性疾病"的认定

最高人民法院、最高人民检察院关于办理危害食品安全刑事案件适用法律若干问题的解释（2013年5月4日）

第一条 生产、销售不符合食品安全标准的食品，具有下列情形之一的，应当认定为刑法第一百四十三条规定的"足以造成严重食物中毒事故或者其他严重食源性疾病"：

（一）含有严重超出标准限量的致病性微生物、农药残留、兽药残留、重金属、污染物质以及其他危害人体健康的物质的；

（二）属于病死、死因不明或者检验检疫不合格的畜、禽、兽、水产动物及其肉类、肉类制品的；

（三）属于国家为防控疾病等特殊需要明令禁止生产、销售的；

（四）婴幼儿食品中生长发育所需营养成分严重不符合食品安全标准的；

（五）其他足以造成严重食物中毒事故或者严重食源性疾病的情形。

第十九条　单位实施本解释规定的犯罪的，依照本解释规定的定罪量刑标准处罚。

第二十一条　"足以造成严重食物中毒事故或者其他严重食源性疾病""有毒、有害非食品原料"难以确定的，司法机关可以根据检验报告并结合专家意见等相关材料进行认定。必要时，人民法院可以依法通知有关专家出庭作出说明。

2. "对人体健康造成严重危害或者有其他严重情节"的认定

最高人民法院、最高人民检察院关于办理危害食品安全刑事案件适用法律若干问题的解释（2013 年 5 月 4 日）

第二条　生产、销售不符合食品安全标准的食品，具有下列情形之一的，应当认定为刑法第一百四十三条规定的"对人体健康造成严重危害"：

（一）造成轻伤以上伤害的；

（二）造成轻度残疾或者中度残疾的；

（三）造成器官组织损伤导致一般功能障碍或者严重功能障碍的；

（四）造成十人以上严重食物中毒或者其他严重食源性疾病的；

（五）其他对人体健康造成严重危害的情形。

第三条　生产、销售不符合食品安全标准的食品，具有下列情形之一的，应当认定为刑法第一百四十三条规定的"其他严重情节"：

（一）生产、销售金额二十万元以上的；

（二）生产、销售金额十万元以上不满二十万元，不符合食品安全标准的食品数量较大或者生产、销售持续时间较长的；

（三）生产、销售金额十万元以上不满二十万元，属于婴幼儿食品的；

（四）生产、销售金额十万元以上不满二十万元，一年内曾因危害食品安全

违法犯罪活动受过行政处罚或者刑事处罚的;

(五)其他情节严重的情形。

3. "后果特别严重"的认定

最高人民法院、最高人民检察院关于办理危害食品安全刑事案件适用法律若干问题的解释（2013年5月4日）

第四条 生产、销售不符合食品安全标准的食品，具有下列情形之一的，应当认定为刑法第一百四十三条规定的"后果特别严重":

(一)致人死亡或者重度残疾的;

(二)造成三人以上重伤、中度残疾或者器官组织损伤导致严重功能障碍的;

(三)造成十人以上轻伤、五人以上轻度残疾或者器官组织损伤导致一般功能障碍的;

(四)造成三十人以上严重食物中毒或者其他严重食源性疾病的;

(五)其他特别严重的后果。

4. 滥用食品添加剂行为的定性

最高人民法院、最高人民检察院关于办理危害食品安全刑事案件适用法律若干问题的解释（2013年5月4日）

第八条 在食品加工、销售、运输、贮存等过程中，违反食品安全标准，超限量或者超范围滥用食品添加剂，足以造成严重食物中毒事故或者其他严重食源性疾病的，依照刑法第一百四十三条的规定以生产、销售不符合安全标准的食品罪定罪处罚。

在食用农产品种植、养殖、销售、运输、贮存等过程中，违反食品安全标准，超限量或者超范围滥用添加剂、农药、兽药等，足以造成严重食物中毒事故或者其他严重食源性疾病的，适用前款的规定定罪处罚。

5. 生产、销售含有兴奋剂目录所列物质食品行为的定性

最高人民法院关于审理走私、非法经营、非法使用兴奋剂刑事案件适用法律若干问题的解释（2020年1月1日）

第五条 生产、销售含有兴奋剂目录所列物质的食品，符合刑法第一百四十三条、第一百四十四条规定的，以生产、销售不符合安全标准的食品罪、生产、销售有毒、有害食品罪定罪处罚。

第七条 实施本解释规定的行为，涉案物质属于毒品、制毒物品等，构成有关犯罪的，依照相应犯罪定罪处罚。

第八条 对于是否属于本解释规定的"兴奋剂""兴奋剂目录所列物质""体育运动""国内、国际重大体育竞赛"等专门性问题，应当依据《中华人民共和国体育法》《反兴奋剂条例》等法律法规，结合国务院体育主管部门出具的认定意见等证据材料作出认定。

6. 共同犯罪

最高人民法院、最高人民检察院关于办理生产、销售伪劣商品刑事案件具体应用法律若干问题的解释（2001年4月10日）

第九条 知道或者应当知道他人实施生产、销售伪劣商品犯罪，而为其提供贷款、资金、账号、发票、证明、许可证件，或者提供生产、经营场所或者运输、仓储、保管、邮寄等便利条件，或者提供制假生产技术的，以生产、销售伪劣商品犯罪的共犯论处。

最高人民法院、最高人民检察院关于办理危害食品安全刑事案件适用法律若干问题的解释（2013年5月4日）

第十四条 明知他人生产、销售不符合食品安全标准的食品，有毒、有害食品，具有下列情形之一的，以生产、销售不符合安全标准的食品罪或者生产、销售有毒、有害食品罪的共犯论处：

（一）提供资金、贷款、账号、发票、证明、许可证件的；

（二）提供生产、经营场所或者运输、贮存、保管、邮寄、网络销售渠道等便利条件的；

（三）提供生产技术或者食品原料、食品添加剂、食品相关产品的；

（四）提供广告等宣传的。

7. 一罪与数罪

最高人民法院、最高人民检察院关于办理生产、销售伪劣商品刑事案件具体应用法律若干问题的解释（2001年4月10日）

第十条 实施生产、销售伪劣商品犯罪，同时构成侵犯知识产权、非法经营等其他犯罪的，依照处罚较重的规定定罪处罚。

第十一条 实施刑法第一百四十条至第一百四十八条规定的犯罪，又以暴力、威胁方法抗拒查处，构成其他犯罪的，依照数罪并罚的规定处罚。

最高人民法院、最高人民检察院、公安部关于依法严惩"地沟油"犯罪活动的通知（2012年1月9日）

二、准确理解法律规定，严格区分犯罪界限

（四）虽无法查明"食用油"是否系利用"地沟油"生产、加工，但犯罪嫌疑人、被告人明知该"食用油"来源可疑而予以销售的,应分别情形处理:经鉴定,检出有毒、有害成分的,依照刑法第一百四十四条销售有毒、有害食品罪的规定追究刑事责任;属于不符合安全标准的食品的,依照刑法第一百四十三条销售不符合安全标准的食品罪追究刑事责任;属于以假充真、以次充好、以不合格产品冒充合格产品或者假冒注册商标,构成犯罪的,依照刑法第一百四十条销售伪劣产品罪或者第二百一十三条假冒注册商标罪、第二百一十四条销售假冒注册商标的商品罪追究刑事责任。

最高人民法院、最高人民检察院关于办理危害食品安全刑事案件适用法律若干问题的解释(2013年5月4日)

第十三条 生产、销售不符合食品安全标准的食品,有毒、有害食品,符合刑法第一百四十三条、第一百四十四条规定的,以生产、销售不符合安全标准的食品罪或者生产、销售有毒、有害食品罪定罪处罚。同时构成其他犯罪的,依照处罚较重的规定定罪处罚。

生产、销售不符合食品安全标准的食品,无证据证明足以造成严重食物中毒事故或者其他严重食源性疾病,不构成生产、销售不符合安全标准的食品罪,但是构成生产、销售伪劣产品罪等其他犯罪的,依照该其他犯罪定罪处罚。

第十六条第三款 负有食品安全监督管理职责的国家机关工作人员与他人共谋,利用其职务行为帮助他人实施危害食品安全犯罪行为,同时构成渎职犯罪和危害食品安全犯罪共犯的,依照处罚较重的规定定罪处罚。

● 量刑

1. 从重处罚

最高人民法院、最高人民检察院关于办理生产、销售伪劣商品刑事案件具体应用法律若干问题的解释(2001年4月10日)

第十二条 国家机关工作人员参与生产、销售伪劣商品犯罪的,从重处罚。

2. 罚金

最高人民法院、最高人民检察院关于办理危害食品安全刑事案件适用法律若干问题的解释(2013年5月4日)

第十七条 犯生产、销售不符合安全标准的食品罪,生产、销售有毒、有害食品罪,一般应当依法判处生产、销售金额二倍以上的罚金。

3. 禁止令

最高人民法院、最高人民检察院关于办理危害食品安全刑事案件适用法律若干问题的解释（2013年5月4日）

第十八条 对实施本解释规定之犯罪的犯罪分子，应当依照刑法规定的条件严格适用缓刑、免予刑事处罚。根据犯罪事实、情节和悔罪表现，对于符合刑法规定的缓刑适用条件的犯罪分子，可以适用缓刑，但是应当同时宣告禁止令，禁止其在缓刑考验期限内从事食品生产、销售及相关活动。

> **第一百四十四条 【生产、销售有毒、有害食品罪】** 在生产、销售的食品中掺入有毒、有害的非食品原料的，或者销售明知掺有有毒、有害的非食品原料的食品的，处五年以下有期徒刑，并处罚金；对人体健康造成严重危害或者有其他严重情节的，处五年以上十年以下有期徒刑，并处罚金；致人死亡或者有其他特别严重情节的，依照本法第一百四十一条的规定处罚。

● 关联法条

第一百四十九条、第一百五十条

● 立案追诉标准

最高人民检察院、公安部关于公安机关管辖的刑事案件立案追诉标准的规定（一）的补充规定（2017年4月27日）

第四条 将《立案追诉标准（一）》第20条修改为：[生产、销售有毒、有害食品案（刑法第144条）] 在生产、销售的食品中掺入有毒、有害的非食品原料的，或者销售明知掺有有毒、有害的非食品原料的食品的，应予立案追诉。

在食品加工、销售、运输、贮存等过程中，掺入有毒、有害的非食品原料，或者使用有毒、有害的非食品原料加工食品的，应予立案追诉。

在食用农产品种植、养殖、销售、运输、贮存等过程中，使用禁用农药、兽药等禁用物质或者其他有毒、有害物质的，应予立案追诉。

在保健食品或者其他食品中非法添加国家禁用药物等有毒、有害物质的，应予立案追诉。

下列物质应当认定为本条规定的"有毒、有害的非食品原料"：

（一）法律、法规禁止在食品生产经营活动中添加、使用的物质；

（二）国务院有关部门公布的《食品中可能违法添加的非食用物质名单》《保健食品中可能非法添加的物质名单》中所列物质；

（三）国务院有关部门公告禁止使用的农药、兽药以及其他有毒、有害物质；

（四）其他危害人体健康的物质。

● 定罪

1. "有毒、有害的非食品原料"的认定

最高人民法院、最高人民检察院关于办理危害食品安全刑事案件适用法律若干问题的解释（2013年5月4日）

第二十条 下列物质应当认定为"有毒、有害的非食品原料"：

（一）法律、法规禁止在食品生产经营活动中添加、使用的物质；

（二）国务院有关部门公布的《食品中可能违法添加的非食用物质名单》《保健食品中可能非法添加的物质名单》上的物质；

（三）国务院有关部门公告禁止使用的农药、兽药以及其他有毒、有害物质；

（四）其他危害人体健康的物质。

第二十一条 "足以造成严重食物中毒事故或者其他严重食源性疾病""有毒、有害非食品原料"难以确定的，司法机关可以根据检验报告并结合专家意见等相关材料进行认定。必要时，人民法院可以依法通知有关专家出庭作出说明。

最高人民法院关于发布第15批指导性案例的通知（2016年12月28日）

北京阳光一佰生物技术开发有限公司、习文有等生产、销售有毒、有害食品案（指导案例70号）

裁判要点：行为人在食品生产经营中添加的虽然不是国务院有关部门公布的《食品中可能违法添加的非食用物质名单》和《保健食品中可能非法添加的物质名单》中的物质，但如果该物质与上述名单中所列物质具有同等属性，并且根据检验报告和专家意见等相关材料能够确定该物质对人体具有同等危害的，

应当认定为《中华人民共和国刑法》第一百四十四条规定的"有毒、有害的非食品原料"。

2. "对人体健康造成严重危害"的认定

最高人民法院、最高人民检察院关于办理危害食品安全刑事案件适用法律若干问题的解释（2013 年 5 月 4 日）

第五条 生产、销售有毒、有害食品，具有本解释第二条规定情形之一的，应当认定为刑法第一百四十四条规定的"对人体健康造成严重危害"。

第二条 生产、销售不符合食品安全标准的食品，具有下列情形之一的，应当认定为刑法第一百四十三条规定的"对人体健康造成严重危害"：

（一）造成轻伤以上伤害的；
（二）造成轻度残疾或者中度残疾的；
（三）造成器官组织损伤导致一般功能障碍或者严重功能障碍的；
（四）造成十人以上严重食物中毒或者其他严重食源性疾病的；
（五）其他对人体健康造成严重危害的情形。

3. "其他严重情节"的认定

最高人民法院、最高人民检察院关于办理危害食品安全刑事案件适用法律若干问题的解释（2013 年 5 月 4 日）

第六条 生产、销售有毒、有害食品，具有下列情形之一的，应当认定为刑法第一百四十四条规定的"其他严重情节"：

（一）生产、销售金额二十万元以上不满五十万元的；
（二）生产、销售金额十万元以上不满二十万元，有毒、有害食品的数量较大或者生产、销售持续时间较长的；
（三）生产、销售金额十万元以上不满二十万元，属于婴幼儿食品的；
（四）生产、销售金额十万元以上不满二十万元，一年内曾因危害食品安全违法犯罪活动受过行政处罚或者刑事处罚的；
（五）有毒、有害的非食品原料毒害性强或者含量高的；
（六）其他情节严重的情形。

4. "致人死亡或者有其他特别严重情节"的认定

最高人民法院、最高人民检察院关于办理危害食品安全刑事案件适用法律若干问题的解释（2013 年 5 月 4 日）

第七条 生产、销售有毒、有害食品，生产、销售金额五十万元以上，或者具有本解释第四条规定的情形之一的,应当认定为刑法第一百四十四条规定的"致人死亡或者有其他特别严重情节"。

第四条 生产、销售不符合食品安全标准的食品,具有下列情形之一的,应当认定为刑法第一百四十三条规定的"后果特别严重":

(一)致人死亡或者重度残疾的;

(二)造成三人以上重伤、中度残疾或者器官组织损伤导致严重功能障碍的;

(三)造成十人以上轻伤、五人以上轻度残疾或者器官组织损伤导致一般功能障碍的;

(四)造成三十人以上严重食物中毒或者其他严重食源性疾病的;

(五)其他特别严重的后果。

5. 涉及禁止在饲料和动物饮用水中使用药品的行为的定性

最高人民法院、最高人民检察院关于办理非法生产、销售、使用禁止在饲料和动物饮用水中使用的药品等刑事案件具体应用法律若干问题的解释(2002年8月23日)

第三条 使用盐酸克仑特罗等禁止在饲料和动物饮用水中使用的药品或者含有该类药品的饲料养殖供人食用的动物,或者销售明知是使用该类药品或者含有该类药品的饲料养殖的供人食用的动物的,依照刑法第一百四十四条的规定,以生产、销售有毒、有害食品罪追究刑事责任。

第四条 明知是使用盐酸克仑特罗等禁止在饲料和动物饮用水中使用的药品或者含有该类药品的饲料养殖的供人食用的动物,而提供屠宰等加工服务,或者销售其制品的,依照刑法第一百四十四条的规定,以生产、销售有毒、有害食品罪追究刑事责任。

第五条 实施本解释规定的行为,同时触犯刑法规定的两种以上犯罪的,依照处罚较重的规定追究刑事责任。

第六条 禁止在饲料和动物饮用水中使用的药品,依照国家有关部门公告的禁止在饲料和动物饮用水中使用的药物品种目录确定。

最高人民检察院关于印发第四批指导性案例的通知(2014年2月20日)

孙建亮等人生产、销售有毒、有害食品案(检例第14号)

【要旨】明知盐酸克伦特罗(俗称"瘦肉精")是国家禁止在饲料和动物饮用水中使用的药品,而用以养殖供人食用的动物并出售,应当认定为生产、销售有毒、有害食品罪。明知盐酸克伦特罗是国家禁止在饲料和动物饮用水中使用的药品，而买卖和代买盐酸克伦特罗片，供他人用以养殖供人食用的动物的，应当认定为生产、销售有毒、有害食品罪的共犯。

6. "地沟油"犯罪的处罚

最高人民法院、最高人民检察院、公安部关于依法严惩"地沟油"犯罪活动的通知（2012年1月9日）

二、准确理解法律规定，严格区分犯罪界限

（一）对于利用"地沟油"生产"食用油"的，依照刑法第一百四十四条生产有毒、有害食品罪的规定追究刑事责任。

（二）明知是利用"地沟油"生产的"食用油"而予以销售的，依照刑法第一百四十四条销售有毒、有害食品罪的规定追究刑事责任。认定是否"明知"，应当结合犯罪嫌疑人、被告人的认知能力，犯罪嫌疑人、被告人及其同案人的供述和辩解，证人证言，产品质量，进货渠道及进货价格，销售渠道及销售价格等主、客观因素予以综合判断。

（三）对于利用"地沟油"生产的"食用油"，已经销售出去没有实物，但是有证据证明系已被查实生产、销售有毒、有害食品犯罪事实的上线提供的，依照刑法第一百四十四条销售有毒、有害食品罪的规定追究刑事责任。

（四）虽无法查明"食用油"是否系利用"地沟油"生产、加工，但犯罪嫌疑人、被告人明知该"食用油"来源可疑而予以销售的，应分别情形处理：经鉴定，检出有毒、有害成分的，依照刑法第一百四十四条销售有毒、有害食品罪的规定追究刑事责任；属于不符合安全标准的食品的，依照刑法第一百四十三条销售不符合安全标准的食品罪追究刑事责任；属于以假充真、以次充好、以不合格产品冒充合格产品或者假冒注册商标，构成犯罪的，依照刑法第一百四十条销售伪劣产品罪或者第二百一十三条假冒注册商标罪、第二百一十四条销售假冒注册商标的商品罪追究刑事责任。

（五）知道或应当知道他人实施以上第（一）、（二）、（三）款犯罪行为，而为其掏捞、加工、贩运"地沟油"，或者提供贷款、资金、账号、发票、证明、许可证件，或者提供技术、生产、经营场所、运输、仓储、保管等便利条件的，依照本条第（一）、（二）、（三）款犯罪的共犯论处。

（六）对违反有关规定，掏捞、加工、贩运"地沟油"，没有证据证明用于生产"食用油"的，交由行政部门处理。

（七）对于国家工作人员在食用油安全监管和查处"地沟油"违法犯罪活动中滥用职权、玩忽职守、徇私枉法，构成犯罪的，依照刑法有关规定追究刑事责任。

三、准确把握宽严相济刑事政策在食品安全领域的适用

在对"地沟油"犯罪定罪量刑时,要充分考虑犯罪数额、犯罪分子主观恶性及其犯罪手段、犯罪行为对人民群众生命安全和身体健康的危害、对市场经济秩序的破坏程度、恶劣影响等。对于具有累犯、前科、共同犯罪的主犯、集团犯罪的首要分子等情节,以及犯罪数额巨大、情节恶劣、危害严重,群众反映强烈,给国家和人民利益造成重大损失的犯罪分子,依法严惩,罪当判处死刑的,要坚决依法判处死刑。对在同一条生产销售链上的犯罪分子,要在法定刑幅度内体现严惩源头犯罪的精神,确保生产环节与销售环节量刑的整体平衡。对于明知是"地沟油"而非法销售的公司、企业,要依法从严追究有关单位和直接责任人员的责任。对于具有自首、立功、从犯等法定情节的犯罪分子,可以依法从宽处理。要严格把握适用缓刑、免予刑事处罚的条件。对依法必须适用缓刑的,一般同时宣告禁止令,禁止其在缓刑考验期内从事与食品生产、销售等有关的活动。

最高人民检察院关于印发第四批指导性案例的通知(2014年2月20日)

柳立国等人生产、销售有毒、有害食品,生产、销售伪劣产品案(检例第12号)

【要旨】明知对方是食用油经销者,仍将用餐厨废弃油(俗称"地沟油")加工而成的劣质油脂销售给对方,导致劣质油脂流入食用油市场供人食用的,构成生产、销售有毒、有害食品罪;明知油脂经销者向饲料生产企业和药品生产企业等单位销售豆油等食用油,仍将用餐厨废弃油加工而成的劣质油脂销售给对方,导致劣质油脂流向饲料生产企业和药品生产企业等单位的,构成生产、销售伪劣产品罪。

7. 在食品中添加有毒、有害的非食品原料,或者使用有毒、有害的非食品原料加工食品行为的定性

最高人民法院、最高人民检察院关于办理危害食品安全刑事案件适用法律若干问题的解释(2013年5月4日)

第九条 在食品加工、销售、运输、贮存等过程中,掺入有毒、有害的非食品原料,或者使用有毒、有害的非食品原料加工食品的,依照刑法第一百四十四条的规定以生产、销售有毒、有害食品罪定罪处罚。

在食用农产品种植、养殖、销售、运输、贮存等过程中,使用禁用农药、兽药等禁用物质或者其他有毒、有害物质的,适用前款的规定定罪处罚。

在保健食品或者其他食品中非法添加国家禁用药物等有毒、有害物质的,适用第一款的规定定罪处罚。

最高人民检察院关于印发第四批指导性案例的通知（2014年2月20日）

徐孝伦等人生产、销售有害食品案（检例第13号）

【要旨】在食品加工过程中，使用有毒、有害的非食品原料加工食品并出售的，应当认定为生产、销售有毒、有害食品罪；明知是他人使用有毒、有害的非食品原料加工出的食品仍然购买并出售的，应当认定为销售有毒、有害食品罪。

8. 在食品中添加罂粟壳行为的定性

国家禁毒委员会办公室、公安部、国家食品药品监督管理总局、国家工商行政管理总局关于严厉打击在食品中添加罂粟壳行为的通知（2014年12月24日）

罂粟壳作为国家管制的麻醉药品，长期食用易使人体产生依赖造成瘾癖……凡发现在食品中掺用罂粟壳的，要严格依照《食品安全法》等规定予以处罚，并将查处情况通报当地公安机关和工商部门。公安机关要强化对集贸市场、调味品批发市场及零售单位，特别是供应、使用罂粟壳情况较多的中医药点等重点单位的巡查工作，严格按照《刑法》、《治安管理处罚法》、《禁毒法》等规定，对构成"教唆、引诱、欺骗他人吸毒罪"、"非法持有毒品罪"、"生产、销售有毒有害食品罪"等罪名，以及"非法运输、买卖、储存、使用罂粟壳"等违法行为，依法严厉追究涉案单位及相关责任人员的法律责任。工商部门在市场监管中发现相关案件线索的，及时通报公安机关。

9. 生产、销售含有兴奋剂目录所列物质食品行为的定性

（参见第一百四十三条【定罪】5. 生产、销售含有兴奋剂目录所列物质食品行为的定性）

10. 共同犯罪

最高人民法院、最高人民检察院关于办理生产、销售伪劣商品刑事案件具体应用法律若干问题的解释（2001年4月10日）

第九条　知道或者应当知道他人实施生产、销售伪劣商品犯罪，而为其提供贷款、资金、账号、发票、证明、许可证件，或者提供生产、经营场所或者运输、仓储、保管、邮寄等便利条件，或者提供制假生产技术的，以生产、销售伪劣商品犯罪的共犯论处。

11. 一罪与数罪

最高人民法院、最高人民检察院关于办理生产、销售伪劣商品刑事案件具体应用法律若干问题的解释（2001年4月10日）

第十条　实施生产、销售伪劣商品犯罪，同时构成侵犯知识产权、非法经

营等其他犯罪的,依照处罚较重的规定定罪处罚。

第十一条 实施刑法第一百四十条至第一百四十八条规定的犯罪,又以暴力、威胁方法抗拒查处,构成其他犯罪的,依照数罪并罚的规定处罚。

最高人民法院、最高人民检察院关于办理危害食品安全刑事案件适用法律若干问题的解释(2013年5月4日)

第十三条 生产、销售不符合食品安全标准的食品,有毒、有害食品,符合刑法第一百四十三条、第一百四十四条规定的,以生产、销售不符合安全标准的食品罪或者生产、销售有毒、有害食品罪定罪处罚。同时构成其他犯罪的,依照处罚较重的规定定罪处罚。

生产、销售不符合食品安全标准的食品,无证据证明足以造成严重食物中毒事故或者其他严重食源性疾病,不构成生产、销售不符合安全标准的食品罪,但是构成生产、销售伪劣产品罪等其他犯罪的,依照该其他犯罪定罪处罚。

最高人民检察院关于印发第四批指导性案例的通知(2014年2月20日)

胡林贵等人生产、销售有毒、有害食品,行贿;骆梅等人销售伪劣产品;朱伟全等人生产、销售伪劣产品;黎达文等人受贿,食品监管渎职案(检例第15号)

【要旨】实施生产、销售有毒、有害食品犯罪,为逃避查处向负有食品安全监管职责的国家工作人员行贿的,应当以生产、销售有毒、有害食品罪和行贿罪实行数罪并罚。

负有食品安全监督管理职责的国家机关工作人员,滥用职权,向生产、销售有毒、有害食品的犯罪分子通风报信,帮助逃避处罚的,应当认定为食品监管渎职罪;在渎职过程中受贿的,应当以食品监管渎职罪和受贿罪实行数罪并罚。

● 量刑

1. 从重处罚

最高人民法院、最高人民检察院关于办理生产、销售伪劣商品刑事案件具体应用法律若干问题的解释(2001年4月10日)

第十二条 国家机关工作人员参与生产、销售伪劣商品犯罪的,从重处罚。

2. 刑种的适用

最高人民法院关于进一步加大力度，依法严惩危害食品安全及相关职务犯罪的通知（2011年5月27日）

被告人实施危害食品安全的行为同时构成危害食品安全犯罪和生产、销售伪劣产品、侵犯知识产权、非法经营等犯罪的，依照处罚较重的规定定罪处罚。要综合考虑犯罪分子的主观恶性、犯罪手段、犯罪数额、危害后果、恶劣影响等因素，依法准确裁量刑罚。对于致人死亡或者有其他特别严重情节，罪当判处死刑的，要坚决依法判处死刑。要加大财产刑的判处力度，用足、用好罚金、没收财产等刑罚手段，剥夺犯罪分子再次犯罪的能力。要从严把握对危害食品安全的犯罪分子及相关职务犯罪分子适用缓免刑的条件。对依法必须适用缓刑的犯罪分子，可以同时宣告禁止令，禁止其在缓刑考验期内从事与食品生产、销售等有关的活动。

最高人民法院关于充分发挥审判职能作用切实维护公共安全的若干意见（2015年9月16日）

四、做好涉民生案件审判工作，切实保障人民群众合法权益

10. 依法惩治危害食品药品安全犯罪。食品药品安全形势不容乐观，重大、恶性食品药品安全犯罪案件时有发生，党中央高度关注，人民群众反映强烈。要以"零容忍"的态度，坚持最严厉的处罚、最严肃的问责，依法严惩生产、销售有毒、有害食品、不符合卫生标准的食品，以及生产、销售假药、劣药等犯罪。要充分认识此类犯罪的严重社会危害，严格缓刑、免刑等非监禁刑的适用。要采取有效措施依法追缴违法犯罪所得，充分适用财产刑，坚决让犯罪分子在经济上无利可图、得不偿失。要依法适用禁止令，有效防范犯罪分子再次危害社会。

食品安全法（2018年2月29日）

第一百三十五条第二款　因食品安全犯罪被判处有期徒刑以上刑罚的，终身不得从事食品生产经营管理工作，也不得担任食品生产经营企业食品安全管理人员。

第三款　食品生产经营者聘用人员违反前两款规定的，由县级以上人民政府食品药品监督管理部门吊销许可证。

> **第一百四十五条　【生产、销售不符合标准的医用器材罪】**生产不符合保障人体健康的国家标准、行业标准的医疗器械、医用卫生材料，或者销售明知是不符合保障人体健康的国家标准、行业标准的医疗器械、医用卫生材料，足以严重危害人体健康的，处三年以下有期徒刑或者拘役，并处销售金额百分之五十以上二倍以下罚金；对人体健康造成严重危害的，处三年以上十年以下有期徒刑，并处销售金额百分之五十以上二倍以下罚金；后果特别严重的，处十年以上有期徒刑或者无期徒刑，并处销售金额百分之五十以上二倍以下罚金或者没收财产。

● 关联法条

第一百四十九条、第一百五十条

● 立案追诉标准

最高人民检察院、公安部关于公安机关管辖的刑事案件立案追诉标准的规定（一）（2008年6月25日）

第二十一条　［生产、销售不符合标准的医用器材案（刑法第一百四十五条）］生产不符合保障人体健康的国家标准、行业标准的医疗器械、医用卫生材料，或者销售明知是不符合保障人体健康的国家标准、行业标准的医疗器械、医用卫生材料，涉嫌下列情形之一的，应予立案追诉：

（一）进入人体的医疗器械的材料中含有超过标准的有毒有害物质的；

（二）进入人体的医疗器械的有效性指标不符合标准要求，导致治疗、替代、调节、补偿功能部分或者全部丧失，可能造成贻误诊治或者人体严重损伤的；

（三）用于诊断、监护、治疗的有源医疗器械的安全指标不符合强制性标准要求，可能对人体构成伤害或者潜在危害的；

（四）用于诊断、监护、治疗的有源医疗器械的主要性能指标不合格，可能造成贻误诊治或者人体严重损伤的；

（五）未经批准，擅自增加功能或者适用范围，可能造成贻误诊治或者人体严重损伤的；

（六）其他足以严重危害人体健康或者对人体健康造成严重危害的情形。

医疗机构或者个人知道或者应当知道是不符合保障人体健康的国家标准、行业标准的医疗器械、医用卫生材料而购买并有偿使用的，视为本条规定的"销售"。

第一百条 本规定中的立案追诉标准，除法律、司法解释另有规定的以外，适用于相关的单位犯罪。

● 定罪

1. "对人体健康造成严重危害""后果特别严重"的认定

最高人民法院、最高人民检察院关于办理生产、销售伪劣商品刑事案件具体应用法律若干问题的解释（2001年4月10日）

第六条 生产、销售不符合标准的医疗器械、医用卫生材料，致人轻伤或者其他严重后果的，应认定为刑法第一百四十五条规定的"对人体健康造成严重危害"。

生产、销售不符合标准的医疗器械、医用卫生材料，造成感染病毒性肝炎等难以治愈的疾病、一人以上重伤、三人以上轻伤或者其他严重后果的，应认定为"后果特别严重"。

医疗机构或者个人，知道或者应当知道是不符合保障人体健康的国家标准、行业标准的医疗器械、医用卫生材料而购买、使用，对人体健康造成严重危害的，以销售不符合标准的医用器材罪定罪处罚。

没有国家标准、行业标准的医疗器械，注册产品标准可视为"保障人体健康的行业标准"。

2. 购买并有偿使用不符合国家标准、行业标准的医疗器械、医用卫生材料行为的定性

最高人民法院、最高人民检察院关于办理妨害预防、控制突发传染病疫情等灾害的刑事案件具体应用法律若干问题的解释（2003年5月15日）

第三条第二款 医疗机构或者个人，知道或者应当知道系前款规定的不符合保障人体健康的国家标准、行业标准的医疗器械、医用卫生材料而购买并有偿使用的，以销售不符合标准的医用器材罪定罪，依法从重处罚。

3. 疫情防控期间，生产、销售不符合标准的医用口罩、护目镜、防护服等医用器材行为的定性

（参见第一百四十条【定罪】9. 疫情防控期间生产、销售伪劣防治防护物资行为的定性）

4. 共同犯罪

最高人民法院、最高人民检察院关于办理生产、销售伪劣商品刑事案件具体应用法律若干问题的解释（2001年4月10日）

第九条 知道或者应当知道他人实施生产、销售伪劣商品犯罪，而为其提供贷款、资金、账号、发票、证明、许可证件，或者提供生产、经营场所或者运输、仓储、保管、邮寄等便利条件，或者提供制假生产技术的，以生产、销售伪劣商品犯罪的共犯论处。

5. 一罪与数罪

最高人民法院、最高人民检察院关于办理生产、销售伪劣商品刑事案件具体应用法律若干问题的解释（2001年4月10日）

第十条 实施生产、销售伪劣商品犯罪，同时构成侵犯知识产权、非法经营等其他犯罪的，依照处罚较重的规定定罪处罚。

第十一条 实施刑法第一百四十条至第一百四十八条规定的犯罪，又以暴力、威胁方法抗拒查处，构成其他犯罪的，依照数罪并罚的规定处罚。

● 量刑

1. 从重处罚

最高人民法院、最高人民检察院关于办理生产、销售伪劣商品刑事案件具体应用法律若干问题的解释（2001年4月10日）

第十二条 国家机关工作人员参与生产、销售伪劣商品犯罪的，从重处罚。

最高人民法院、最高人民检察院关于办理妨害预防、控制突发传染病疫情等灾害的刑事案件具体应用法律若干问题的解释（2003年5月15日）

第三条第一款 在预防、控制突发传染病疫情等灾害期间，生产用于防治传染病的不符合保障人体健康的国家标准、行业标准的医疗器械、医用卫生材料，或者销售明知是用于防治传染病的不符合保障人体健康的国家标准、行业标准的医疗器械、医用卫生材料，不具有防护、救治功能，足以严重危害人体

健康的，依照刑法第一百四十五条的规定，以生产、销售不符合标准的医用器材罪定罪，依法从重处罚。

2. 从宽处罚

最高人民法院、最高人民检察院关于办理妨害预防、控制突发传染病疫情等灾害的刑事案件具体应用法律若干问题的解释（2003年5月15日）

第十七条　人民法院、人民检察院办理有关妨害预防、控制突发传染病疫情等灾害的刑事案件，对于有自首、立功等悔罪表现的，依法从轻、减轻、免除处罚或者依法作出不起诉决定。

第一百四十六条　【生产、销售不符合安全标准的产品罪】生产不符合保障人身、财产安全的国家标准、行业标准的电器、压力容器、易燃易爆产品或者其他不符合保障人身、财产安全的国家标准、行业标准的产品，或者销售明知是以上不符合保障人身、财产安全的国家标准、行业标准的产品，造成严重后果的，处五年以下有期徒刑，并处销售金额百分之五十以上二倍以下罚金；后果特别严重的，处五年以上有期徒刑，并处销售金额百分之五十以上二倍以下罚金。

● 关联法条

第一百四十九条、第一百五十条

● 立案追诉标准

最高人民检察院、公安部关于公安机关管辖的刑事案件立案追诉标准的规定（一）（2008年6月25日）

第二十二条　[生产、销售不符合安全标准的产品案（刑法第一百四十六条）] 生产不符合保障人身、财产安全的国家标准、行业标准的电器、压力容器、易燃易爆或者其他不符合保障人身、财产安全的国家标准、行业标准的产品，或者销售明知是以上不符合保障人身、财产安全的国家标准、行业标准的产品，涉嫌下列情形之一的，应予立案追诉：

（一）造成人员重伤或者死亡的；

（二）造成直接经济损失十万元以上的；

（三）其他造成严重后果的情形。

第一百条　本规定中的立案追诉标准，除法律、司法解释另有规定的以外，适用于相关的单位犯罪。

第一百零一条　本规定中的"以上"，包括本数。

● 定罪

1. 涉及烟花爆竹行为的定性

（参见第一百四十条【定罪】6. 生产、经营烟花爆竹行为的定性）

2. 生产、销售不符合标准的安全设备的定性

最高人民法院、最高人民检察院关于办理危害生产安全刑事案件适用法律若干问题的解释（2015年12月16日）

第十一条　生产不符合保障人身、财产安全的国家标准、行业标准的安全设备，或者明知安全设备不符合保障人身、财产安全的国家标准、行业标准而进行销售，致使发生安全事故，造成严重后果的，依照刑法第一百四十六条的规定，以生产、销售不符合安全标准的产品罪定罪处罚。

3. 生产、销售不符合安全标准窨井盖行为的定性

最高人民法院、最高人民检察院、公安部关于办理涉窨井盖相关刑事案件的指导意见（2020年3月16日）

六、生产不符合保障人身、财产安全的国家标准、行业标准的窨井盖，或者销售明知是不符合保障人身、财产安全的国家标准、行业标准的窨井盖，造成严重后果的，依照刑法第一百四十六条的规定，以生产、销售不符合安全标准的产品罪定罪处罚。

十二、本意见所称的"窨井盖"，包括城市、城乡结合部和乡村等地的窨井盖以及其他井盖。

4. 共同犯罪

最高人民法院、最高人民检察院关于办理生产、销售伪劣商品刑事案件具体应用法律若干问题的解释（2001年4月10日）

第九条　知道或者应当知道他人实施生产、销售伪劣商品犯罪，而为其提供贷款、资金、账号、发票、证明、许可证件，或者提供生产、经营场所或者运输、仓储、保管、邮寄等便利条件，或者提供制假生产技术的，以生产、销售伪劣商品犯罪的共犯论处。

5. 一罪与数罪

最高人民法院、最高人民检察院关于办理生产、销售伪劣商品刑事案件具体应用法律若干问题的解释（2001年4月10日）

第十条　实施生产、销售伪劣商品犯罪，同时构成侵犯知识产权、非法经营等其他犯罪的，依照处罚较重的规定定罪处罚。

第十一条　实施刑法第一百四十条至第一百四十八条规定的犯罪，又以暴力、威胁方法抗拒查处，构成其他犯罪的，依照数罪并罚的规定处罚。

● 量刑

从重处罚

最高人民法院、最高人民检察院关于办理生产、销售伪劣商品刑事案件具体应用法律若干问题的解释（2001年4月10日）

第十二条　国家机关工作人员参与生产、销售伪劣商品犯罪的，从重处罚。

第一百四十七条　【生产、销售伪劣农药、兽药、化肥、种子罪】 生产假农药、假兽药、假化肥，销售明知是假的或者失去使用效能的农药、兽药、化肥、种子，或者生产者、销售者以不合格的农药、兽药、化肥、种子冒充合格的农药、兽药、化肥、种子，使生产遭受较大损失的，处三年以下有期徒刑或者拘役，并处或者单处销售金额百分之五十以上二倍以下罚金；使生产遭受重大损失的，处三年以上七年以下有期徒刑，并处销售金额百分之五十以上二倍以下罚金；使生产遭受特别重大损失的，处七年以上有期徒刑或者无期徒刑，并处销售金额百分之五十以上二倍以下罚金或者没收财产。

● 关联法条

第一百四十九条、第一百五十条

● 立案追诉标准

最高人民检察院、公安部关于公安机关管辖的刑事案件立案追诉标准的规定（一）（2008年6月25日）

第二十三条　[生产、销售伪劣农药、兽药、化肥、种子案（刑法第一百四十七条）]生产假农药、假兽药、假化肥，销售明知是假的或者失去使用效能的农药、兽药、化肥、种子，或者生产者、销售者以不合格的农药、兽药、化肥、种子冒充合格的农药、兽药、化肥、种子，涉嫌下列情形之一的，应予立案追诉：

（一）使生产遭受损失二万元以上的；

（二）其他使生产遭受较大损失的情形。

第一百条　本规定中的立案追诉标准，除法律、司法解释另有规定的以外，适用于相关的单位犯罪。

第一百零一条　本规定中的"以上"，包括本数。

● 定罪

1. "假种子"的认定

种子法（2016年1月1日）

第四十九条　禁止生产经营假、劣种子。农业、林业主管部门和有关部门依法打击生产经营假、劣种子的违法行为，保护农民合法权益，维护公平竞争的市场秩序。

下列种子为假种子：

（一）以非种子冒充种子或者以此种品种种子冒充其他品种种子的；

（二）种子种类、品种与标签标注的内容不符或者没有标签的。

下列种子为劣种子：

（一）质量低于国家规定标准的；

（二）质量低于标签标注指标的；

（三）带有国家规定的检疫性有害生物的。

最高人民检察院关于印发最高人民检察院第十六批指导性案例的通知（2019年12月20日）

王敏生产、销售伪劣种子案（检例第61号）

【要旨】以同一科属的此品种种子冒充彼品种种子，属于刑法上的"假种子"。行为人对假种子进行小包装分装销售，使农业生产遭受较大损失的，应当以生产、销售伪劣种子罪追究刑事责任。

2. "较大损失""重大损失""特别重大损失"的认定

最高人民法院、最高人民检察院关于办理生产、销售伪劣商品刑事案件具体应用法律若干问题的解释（2001年4月10日）

第七条 刑法第一百四十七条规定的生产、销售伪劣农药、兽药、化肥、种子罪中"使生产遭受较大损失"，一般以二万元为起点；"重大损失"，一般以十万元为起点；"特别重大损失"，一般以五十万元为起点。

最高人民检察院关于印发最高人民检察院第十六批指导性案例的通知（2019年12月20日）

南京百分百公司等生产、销售伪劣农药案（检例第62号）

【要旨】2. 对于使用伪劣农药造成的农业生产损失，可采取田间试验的方法确定受损原因，并以农作物绝收折损面积、受害地区前三年该类农作物的平均亩产量和平均销售价格为基准，综合计算认定损失金额。

3. 借用他人许可证明文件生产、销售农药，使生产遭受较大损失行为的定性

最高人民检察院关于印发最高人民检察院第十六批指导性案例的通知（2019年12月20日）

南京百分百公司等生产、销售伪劣农药案（检例第62号）

【要旨】1. 未取得农药登记证的企业或者个人，借用他人农药登记证、生产许可证、质量标准证等许可证明文件生产、销售农药，使生产遭受较大损失的，以生产、销售伪劣农药罪追究刑事责任。

4. 共同犯罪

最高人民法院、最高人民检察院关于办理生产、销售伪劣商品刑事案件具体应用法律若干问题的解释（2001年4月10日）

第九条 知道或者应当知道他人实施生产、销售伪劣商品犯罪，而为其提供贷款、资金、账号、发票、证明、许可证件，或者提供生产、经营场所或者运输、仓储、保管、邮寄等便利条件，或者提供制假生产技术的，以生产、销售伪劣商品犯罪的共犯论处。

5. 一罪与数罪

最高人民法院、最高人民检察院关于办理生产、销售伪劣商品刑事案件具体应用法律若干问题的解释（2001年4月10日）

第十条 实施生产、销售伪劣商品犯罪，同时构成侵犯知识产权、非法经营等其他犯罪的，依照处罚较重的规定定罪处罚。

第十一条 实施刑法第一百四十条至第一百四十八条规定的犯罪，又以暴力、威胁方法抗拒查处，构成其他犯罪的，依照数罪并罚的规定处罚。

● 量刑

1. 从重处罚

最高人民法院、最高人民检察院关于办理生产、销售伪劣商品刑事案件具体应用法律若干问题的解释（2001年4月10日）

第十二条 国家机关工作人员参与生产、销售伪劣商品犯罪的，从重处罚。

2. 禁止令

种子法（2016年1月1日）

第七十五条第二款 因生产经营假种子犯罪被判处有期徒刑以上刑罚的，种子企业或者其他单位的法定代表人、直接负责的主管人员自刑罚执行完毕之日起五年内不得担任种子企业的法定代表人、高级管理人员。

第七十六条第二款 因生产经营劣种子犯罪被判处有期徒刑以上刑罚的，种子企业或者其他单位的法定代表人、直接负责的主管人员自刑罚执行完毕之日起五年内不得担任种子企业的法定代表人、高级管理人员。

第一百四十八条 【生产、销售不符合卫生标准的化妆品罪】
生产不符合卫生标准的化妆品，或者销售明知是不符合卫生标准的化妆品，造成严重后果的，处三年以下有期徒刑或者拘役，并处或者单处销售金额百分之五十以上二倍以下罚金。

● 关联法条

第一百四十九条、第一百五十条

● 立案追诉标准

最高人民检察院、公安部关于公安机关管辖的刑事案件立案追诉标准的规定（一）（2008年6月25日）

第二十四条 ［生产、销售不符合卫生标准的化妆品案（刑法第一百四十八条）］生产不符合卫生标准的化妆品，或者销售明知是不符合卫生标准的化妆品，涉嫌下列情形之一的，应予立案追诉：

（一）造成他人容貌毁损或者皮肤严重损伤的；

（二）造成他人器官组织损伤导致严重功能障碍的；

（三）致使他人精神失常或者自杀、自残造成重伤、死亡的；

（四）其他造成严重后果的情形。

第一百条 本规定中的立案追诉标准，除法律、司法解释另有规定的以外，适用于相关的单位犯罪。

● 定罪

1. 共同犯罪

最高人民法院、最高人民检察院关于办理生产、销售伪劣商品刑事案件具体应用法律若干问题的解释（2001年4月10日）

第九条 知道或者应当知道他人实施生产、销售伪劣商品犯罪，而为其提供贷款、资金、账号、发票、证明、许可证件，或者提供生产、经营场所或者运输、仓储、保管、邮寄等便利条件，或者提供制假生产技术的，以生产、销售伪劣商品犯罪的共犯论处。

2. 一罪与数罪

最高人民法院、最高人民检察院关于办理生产、销售伪劣商品刑事案件具体应用法律若干问题的解释（2001年4月10日）

第十条 实施生产、销售伪劣商品犯罪，同时构成侵犯知识产权、非法经营等其他犯罪的，依照处罚较重的规定定罪处罚。

第十一条 实施刑法第一百四十条至第一百四十八条规定的犯罪，又以暴力、威胁方法抗拒查处，构成其他犯罪的，依照数罪并罚的规定处罚。

● 量刑

从重处罚

最高人民法院、最高人民检察院关于办理生产、销售伪劣商品刑事案件具体应用法律若干问题的解释（2001年4月10日）

第十二条 国家机关工作人员参与生产、销售伪劣商品犯罪的，从重处罚。

> **第一百四十九条 【对生产销售伪劣商品行为的法条适用】** 生产、销售本节第一百四十一条至第一百四十八条所列产品，不构成各该条规定的犯罪，但是销售金额在五万元以上的，依照本节第一百四十条的规定定罪处罚。
>
> 生产、销售本节第一百四十一条至第一百四十八条所列产品，构成各该条规定的犯罪，同时又构成本节第一百四十条规定之罪的，依照处罚较重的规定定罪处罚。

● 定罪

1. "销售金额"的认定

（参见第一百四十条【定罪】2."销售金额"的认定）

2. 一罪与数罪

最高人民法院关于审理生产、销售伪劣商品刑事案件有关鉴定问题的通知（2001年5月21日）

三、经鉴定确系伪劣商品，被告人的行为既构成生产、销售伪劣产品罪，又构成生产、销售假药罪或者生产、销售不符合卫生标准的食品罪，或者同时构成侵犯知识产权、非法经营等其他犯罪的，根据刑法第一百四十九条第二款和《解释》第十条的规定，应当依照处罚较重的规定定罪处罚。

> **第一百五十条 【单位犯本节规定之罪的处理】** 单位犯本节第一百四十条至第一百四十八条规定之罪的，对单位判处罚金，并对其直接负责的主管人员和其他直接责任人员，依照各该条的规定处罚。

第二节　走私罪

本节罪名定罪问题的总体规定

1. 犯罪嫌疑人、被告人主观故意的认定

最高人民法院、最高人民检察院、海关总署关于办理走私刑事案件适用法律若干问题的意见（2002年7月8日）

五、关于走私犯罪嫌疑人、被告人主观故意的认定问题

行为人明知自己的行为违反国家法律法规，逃避海关监管，偷逃进出境货物、物品的应缴税额，或者逃避国家有关进出境的禁止性管理，并且希望或者放任危害结果发生的，应认定为具有走私的主观故意。

走私主观故意中的"明知"是指行为人知道或者应当知道所从事的行为是走私行为。具有下列情形之一的，可以认定为"明知"，但有证据证明确属被蒙骗的除外：

（一）逃避海关监管，运输、携带、邮寄国家禁止进出境的货物、物品的；

（二）用特制的设备或者运输工具走私货物、物品的；

（三）未经海关同意，在非设关的码头、海（河）岸、陆路边境等地点，运输（驳载）、收购或者贩卖非法进出境货物、物品的；

（四）提供虚假的合同、发票、证明等商业单证委托他人办理通关手续的；

（五）以明显低于货物正常进（出）口的应缴税额委托他人代理进（出）口业务的；

（六）曾因同一种走私行为受过刑事处罚或者行政处罚的；

（七）其他有证据证明的情形。

最高人民法院、最高人民检察院、海关总署打击非设关地成品油走私专题研讨会会议纪要（2019年10月25日）

二、关于主观故意的认定

行为人没有合法证明，逃避监管，在非设关地运输、贩卖、收购、接卸成品油，有下列情形之一的，综合其他在案证据，可以认定具有走私犯罪故意，但有证据证明确属被蒙骗或者有其他相反证据的除外：

（一）使用"三无"船舶、虚假船名船舶、非法改装的船舶，或者使用虚假

号牌车辆、非法改装、伪装的车辆的；

（二）虚假记录船舶航海日志、轮机日志，进出港未申报或者进行虚假申报的；

（三）故意关闭或者删除船载 AIS 系统、GPS 及其他导航系统存储数据，销毁手机存储数据，或者销毁成品油交易、运输单证的；

（四）在明显不合理的隐蔽时间、偏僻地点过驳成品油的；

（五）使用无实名登记或者无法定位的手机卡、卫星电话卡等通讯工具的；

（六）使用暗号、信物进行联络、接头的；

（七）交易价格明显低于同类商品国内合规市场同期价格水平且无法作出合理解释的；

（八）使用控制的他人名下银行账户收付成品油交易款项的；

（九）逃避、抗拒执法机关检查，或者事前制定逃避执法机关检查预案的；

（十）其他可以认定具有走私犯罪故意情形的。

2. 行为人对其走私的具体对象不明确的案件的处理

最高人民法院、最高人民检察院、海关总署关于办理走私刑事案件适用法律若干问题的意见（2002 年 7 月 8 日）

六、关于行为人对其走私的具体对象不明确的案件的处理问题

走私犯罪嫌疑人主观上具有走私犯罪故意，但对其走私的具体对象不明确的，不影响走私犯罪构成，应当根据实际的走私对象定罪处罚。但是，确有证据证明行为人因受蒙骗而对走私对象发生认识错误的，可以从轻处罚。

3. 伪报价格走私犯罪案件中实际成交价格的认定

最高人民法院、最高人民检察院、海关总署关于办理走私刑事案件适用法律若干问题的意见（2002 年 7 月 8 日）

十一、关于伪报价格走私犯罪案件中实际成交价格的认定问题

走私犯罪案件中的伪报价格行为，是指犯罪嫌疑人、被告人在进出口货物、物品时，向海关申报进口或者出口的货物、物品的价格低于或者高于进出口货物的实际成交价格。

对实际成交价格的认定，在无法提取真、伪两套合同、发票等单证的情况下，可以根据犯罪嫌疑人、被告人的付汇渠道、资金流向、会计账册、境内外收发货人的真实交易方式，以及其他能够证明进出口货物实际成交价格的证据材料综合认定。

4. 出售走私货物已缴纳的增值税不应从走私偷逃应缴税额中扣除

最高人民法院、最高人民检察院、海关总署关于办理走私刑事案件适用法律若干问题的意见（2002年7月8日）

十二、关于出售走私货物已缴纳的增值税应否从走私偷逃应缴税额中扣除的问题

走私犯罪嫌疑人为出售走私货物而开具增值税专用发票并缴纳增值税，是其走私行为既遂后在流通领域获违法所得的一种手段，属于非法开具增值税专用发票。对走私犯罪嫌疑人因出售走私货物而实际缴纳走私货物增值税的，在核定走私货物偷逃应缴税额时，不应当将其已缴纳的增值税额从其走私偷逃应缴税额中扣除。

5. 单位走私犯罪案件诉讼代表人的确定及其相关问题

最高人民法院、最高人民检察院、海关总署关于办理走私刑事案件适用法律若干问题的意见（2002年7月8日）

十七、关于单位走私犯罪案件诉讼代表人的确定及其相关问题

单位走私犯罪案件的诉讼代表人，应当是单位的法定代表人或者主要负责人。单位的法定代表人或者主要负责人被依法追究刑事责任或者因其他原因无法参与刑事诉讼的，人民检察院应当另行确定被告单位的其他负责人作为诉讼代表人参加诉讼。

接到出庭通知的被告单位的诉讼代表人应当出庭应诉。拒不出庭的，人民法院在必要的时候，可以拘传到庭。

对直接负责的主管人员和其他直接责任人员均无法归案的单位走私犯罪案件，只要单位走私犯罪的事实清楚、证据确实充分，且能够确定诉讼代表人代表单位参与刑事诉讼活动的，可以先行追究该单位的刑事责任。

被告单位没有合适人选作为诉讼代表人出庭的，因不具备追究该单位刑事责任的诉讼条件，可按照单位犯罪的条款先行追究单位犯罪中直接负责的主管人员或者其他直接责任人员的刑事责任。人民法院在对单位犯罪中直接负责的主管人员或者直接责任人员进行判决时，对于扣押、冻结的走私货物、物品、违法所得以及属于犯罪单位所有的走私犯罪工具，应当一并判决予以追缴、没收。

6. 单位走私犯罪及其直接负责的主管人员和直接责任人员的认定

最高人民法院、最高人民检察院、海关总署关于办理走私刑事案件适用法律若干问题的意见（2002年7月8日）

十八、关于单位走私犯罪及其直接负责的主管人员和直接责任人员的认定问题

具备下列特征的，可以认定为单位走私犯罪：（1）以单位的名义实施走私犯罪，即由单位集体研究决定，或者由单位的负责人或者被授权的其他人员决定、同意；（2）为单位谋取不正当利益或者违法所得大部分归单位所有。

依照《最高人民法院关于审理单位犯罪案件具体应用法律有关问题的解释》第二条的规定，个人为进行违法犯罪活动而设立的公司、企业、事业单位实施犯罪的，或者个人设立公司、企业、事业单位后，以实施犯罪为主要活动的，不以单位犯罪论处。单位是否以实施犯罪为主要活动，应根据单位实施走私行为的次数、频度、持续时间、单位进行合法经营的状况等因素综合考虑认定。

根据单位人员在单位走私犯罪活动中所发挥的不同作用，对其直接负责的主管人员和其他直接责任人员，可以确定为一人或者数人。对于受单位领导指派而积极参与实施走私犯罪行为的人员，如果其行为在走私犯罪的主要环节起重要作用的，可以认定为单位犯罪的直接责任人员。

7. 单位走私犯罪后发生变更的刑事责任追究

最高人民法院、最高人民检察院、海关总署关于办理走私刑事案件适用法律若干问题的意见（2002年7月8日）

十九、关于单位走私犯罪后发生分立、合并或者其他资产重组情形以及单位被依法注销、宣告破产等情况下，如何追究刑事责任的问题

单位走私犯罪后，单位发生分立、合并或者其他资产重组等情况的，只要承受该单位权利义务的单位存在，应当追究单位走私犯罪的刑事责任。走私单位发生分立、合并或者其他资产重组后，原单位名称发生更改的，仍以原单位（名称）作为被告单位。承受原单位权利义务的单位法定代表人或者负责人为诉讼代表人。

单位走私犯罪后，发生分立、合并或者其他资产重组情形，以及被依法注销、宣告破产等情况的，无论承受该单位权利义务的单位是否存在，均应追究原单位直接负责的主管人员和其他直接责任人员的刑事责任。

人民法院对原走私单位判处罚金的，应当将承受原单位权利义务的单位作为被执行人。罚金超出新单位所承受的财产的，可在执行中予以减除。

8. 单位自首的认定

最高人民法院、最高人民检察院、海关总署关于办理走私刑事案件适用法律若干问题的意见（2002年7月8日）

二十一、关于单位走私犯罪案件自首的认定问题

在办理单位走私犯罪案件中，对单位集体决定自首的，或者单位直接负责的主管人员自首的，应当认定单位自首。认定单位自首后，如实交代主要犯罪事实的单位负责的其他主管人员和其他直接责任人员，可视为自首，但对拒不交代主要犯罪事实或逃避法律追究的人员，不以自首论。

9. 走私货物、物品、走私违法所得以及走私犯罪工具的处理

最高人民法院、最高人民检察院、海关总署关于办理走私刑事案件适用法律若干问题的意见（2002年7月8日）

二十三、关于走私货物、物品、走私违法所得以及走私犯罪工具的处理问题

在办理走私犯罪案件过程中，对发现的走私货物、物品、走私违法所得以及属于走私犯罪分子所有的犯罪工具，走私犯罪侦查机关应当及时追缴，依法予以查扣、冻结。在移送审查起诉时应当将扣押物品文件清单、冻结存款证明文件等材料随案移送，对于扣押的危险品或者鲜活、易腐、易失效、易贬值等不宜长期保存的货物、物品，已经依法先行变卖、拍卖的，应当随案移送变卖、拍卖物品清单以及原物的照片或者录像资料；人民检察院在提起公诉时应当将上述扣押物品文件清单、冻结存款证明和变卖、拍卖物品清单一并移送；人民法院在判决走私罪案件时，应当对随案清单、证明文件中载明的款、物审查确认并依法判决予以追缴、没收；海关根据人民法院的判决和海关法的有关规定予以处理，上缴中央国库。

10. 走私货物、物品无法扣押或者不便扣押情况下走私违法所得的追缴

最高人民法院、最高人民检察院、海关总署关于办理走私刑事案件适用法律若干问题的意见（2002年7月8日）

二十四、关于走私货物、物品无法扣押或者不便扣押情况下走私违法所得的追缴问题

在办理走私普通货物、物品犯罪案件中，对于走私货物、物品因流入国内市场或者投入使用，致使走私货物、物品无法扣押或者不便扣押的，应当按照走私货物、物品的进出口完税价格认定违法所得予以追缴；走私货物、物品实际销售价格高于进出口完税价格的，应当按照实际销售价格认定违法所得予以追缴。

11. 走私多种物品的定性

最高人民法院、最高人民检察院关于办理走私刑事案件适用法律若干问题的解释（2014年9月10日）

第二十二条 在走私的货物、物品中藏匿刑法第一百五十一条、第一百五十二条、第三百四十七条、第三百五十条规定的货物、物品，构成犯罪的，以实际走私的货物、物品定罪处罚；构成数罪的，实行数罪并罚。

12. 非设关地走私成品油问题的处理

最高人民法院、最高人民检察院、海关总署打击非设关地成品油走私专题研讨会会议纪要（2019年10月25日）

一、关于定罪处罚

走私成品油，构成犯罪的，依照刑法第一百五十三条的规定，以走私普通货物罪定罪处罚。

对不构成走私共犯的收购人，直接向走私人购买走私的成品油，数额较大的，依照刑法第一百五十五条第（一）项的规定，以走私罪论处；向非直接走私人购买走私的成品油的，根据其主观故意，分别依照刑法第一百九十一条规定的洗钱罪或者第三百一十二条规定的掩饰、隐瞒犯罪所得、犯罪所得收益罪定罪处罚。

在办理非设关地走私成品油刑事案件中，发现行为人在销售的成品油中掺杂、掺假，以假充真，以次充好或者以不合格油品冒充合格油品，构成犯罪的，依照刑法第一百四十条的规定，对该行为以生产、销售伪劣产品罪定罪处罚。

行为人与他人事先通谋或者明知他人从事走私成品油犯罪活动，而在我国专属经济区或者公海向其贩卖、过驳成品油的，应当按照走私犯罪的共犯追究刑事责任。

明知他人从事走私成品油犯罪活动而为其提供资金、贷款、账号、发票、证明、许可文件，或者提供运输、仓储等其他便利条件的，应当按照走私犯罪的共犯追究刑事责任。

对成品油走私共同犯罪或者犯罪集团中的主要出资者、组织者，应当认定为主犯；对受雇用的联络员、船长等管理人员，可以认定为从犯，如其在走私犯罪中起重要作用的，应当认定为主犯；对其他参与人员，如船员、司机、"黑引水"、盯梢望风人员等，不以其职业、身份判断是否追究刑事责任，应当按照其在走私活动中的实际地位、作用、涉案金额、参与次数等确定是否追究刑事责任。

对在非设关地走私成品油的犯罪嫌疑人、被告人，人民检察院、人民法院应当依法严格把握不起诉、缓刑适用条件。

三、关于犯罪数额的认定

非设关地成品油走私活动属于非法的贸易活动，计核非设关地成品油走私刑事案件的偷逃应缴税额，一律按照成品油的普通税率核定，不适用最惠国税率或者暂定税率。

查获部分走私成品油的，可以按照被查获的走私成品油标准核定应缴税额；全案没有查获成品油的，可以结合其他在案证据综合认定走私成品油的种类和数量，核定应缴税额。

办理非设关地成品油走私犯罪案件，除主要犯罪嫌疑人以外，对集团犯罪、共同犯罪中的其他犯罪嫌疑人，无法准确核定其参与走私的具体偷逃应缴税额的，可以结合在案相关证据，根据其参与走私的涉案金额、次数或者在走私活动中的地位、作用等情节决定是否追究刑事责任。

四、关于证据的收集

办理非设关地成品油走私犯罪案件，应当注意收集、提取以下证据：

（一）反映涉案地点的位置、环境，涉案船舶、车辆、油品的特征、数量、属性等的证据；

（二）涉案船舶的航次航图、航海日志、GPS、AIS 轨迹、卫星电话及其通话记录；

（三）涉案人员的手机号码及其通话记录、手机短信、微信聊天记录，涉案人员通过微信、支付宝、银行卡等方式收付款的资金交易记录；

（四）成品油取样、计量过程的照片、视听资料；

（五）跟踪守候、监控拍摄的照片、视听资料；

（六）其他应当收集、提取的证据。

依照法律规定采取技术侦查措施收集的物证、书证、视听资料、电子数据等证据材料对定罪量刑有重大影响的，应当随案移送，并移送批准采取技术侦查措施的法律文书和侦查办案部门对证据内容的说明材料。对视听资料中涉及的绰号、暗语、俗语、方言等，侦查机关应当结合犯罪嫌疑人的供述、证人证言等证据说明其内容。

确因客观条件的限制无法逐一收集船员、司机、收购人等人员证言的，可结合已收集的言词证据和物证、书证、视听资料、电子数据等证据，综合认定犯罪事实。

五、关于涉案货物、财产及运输工具的处置

对查封、扣押的涉案成品油及易贬值、不易保管的涉案船舶、车辆，权利人明确的,经其本人书面同意或者申请,依法履行审批程序,并固定证据和留存样本后,可以依法先行变卖、拍卖,变卖、拍卖所得价款暂予保存,待诉讼终结后一并依法处理。

有证据证明依法应当追缴、没收的涉案财产被他人善意取得或者与其他合法财产混合且不可分割的,应当追缴、没收其他等值财产。

侦查机关查封、扣押的财物经审查后应当返还的,应当通知原主认领。无人认领的,应当公告通知,公告满三个月无人认领的,依法拍卖、变卖后所得价款上缴国库;上缴国库后有人认领,经查证属实的,应当申请退库予以返还。

对用于运输走私成品油的船舶、车辆,按照以下原则处置:

(一)对"三无"船舶、无法提供有效证书的船舶、车辆,依法予以没收、收缴或者移交主管机关依法处置;

(二)对走私犯罪分子自有的船舶、车辆或者假挂靠、长期不作登记、虚假登记等实为走私分子所有的船舶、车辆,作为犯罪工具依法没收;

(三)对所有人明知他人实施走私犯罪而出租、出借的船舶、车辆,依法予以没收。

具有下列情形之一的,可以认定船舶、车辆出租人、出借人明知他人实施违法犯罪,但有证据证明确属被蒙骗或者有其他相反证据的除外:

(一)出租人、出借人未经有关部门批准,擅自将船舶、车辆改装为可装载油料用的船舶、车辆,或者进行伪装的;

(二)出租人、出借人默许实际承租人将船舶、车辆改装为可装载油料用船舶、车辆,或者进行伪装的;

(三)因出租、出借船舶、车辆用于走私受过行政处罚,又出租、出借给同一走私人或者同一走私团伙使用的;

(四)出租人、出借人拒不提供真实的实际承运人信息,或者提供虚假的实际承运人信息的;

(五)其他可以认定明知的情形。

六、关于办案协作

为有效遏制非设关地成品油走私犯罪活动,各级海关缉私部门、人民检察院和人民法院要进一步加强办案协作,依法及时开展侦查、批捕、起诉和审判工作。要强化人民检察院提前介入机制,并加大对非设关地重特大成品油走私案件联合挂牌督办力度。要强化案件信息沟通,积极发挥典型案例指引作用,保证执法司法标准的统一性和均衡性。

七、其他问题

本纪要中的成品油是指汽油、煤油、柴油以及其他具有相同用途的乙醇汽油和生物柴油等替代燃料（包括添加染色剂的"红油""白油""蓝油"等）。

办理非设关地走私白糖、冻品等刑事案件的相关问题，可以参照本纪要的精神依法处理。

13. 一罪与数罪

最高人民法院关于审理发生在我国管辖海域相关案件若干问题的规定（二）（2016年8月2日）

第八条第二款 有破坏海洋资源犯罪行为，又实施走私、妨害公务等犯罪的，依照数罪并罚的规定处理。

14. 走私既遂的认定

最高人民法院、最高人民检察院关于办理走私刑事案件适用法律若干问题的解释（2014年9月10日）

第二十三条 实施走私犯罪，具有下列情形之一的，应当认定为犯罪既遂：

（一）在海关监管现场被查获的；

（二）以虚假申报方式走私，申报行为实施完毕的；

（三）以保税货物或者特定减税、免税进口的货物、物品为对象走私，在境内销售的，或者申请核销行为实施完毕的。

本节罪名量刑问题的总体规定

1. 共同走私犯罪案件中罚金刑的判处

最高人民法院、最高人民检察院、海关总署关于办理走私刑事案件适用法律若干问题的意见（2002年7月8日）

二十二、关于共同走私犯罪案件如何判处罚金刑问题

审理共同走私犯罪案件时，对各共同犯罪人判处罚金的总额应掌握在共同走私行为偷逃应缴税额的一倍以上五倍以下。

2. 涉案款物的没收

最高人民法院关于严格执行有关走私案件涉案财物处理规定的通知（2006年4月30日）

关于刑事案件赃款赃物的处理问题，相关法律、司法解释已经规定的很明确。《海关法》第九十二条规定，"海关依法扣留的货物、物品、运输工具，在

人民法院判决或者海关处罚决定作出之前，不得处理"；"人民法院判决没收或者海关决定没收的走私货物、物品、违法所得、走私运输工具、特制设备，由海关依法统一处理，所得价款和海关决定处以的罚款，全部上缴中央国库。"《最高人民法院、最高人民检察院、海关总署关于办理走私刑事案件适用法律若干问题的意见》第二十三条规定，"人民法院在判决走私罪案件时，应当对随案清单、证明文件中载明的款、物审查确认并依法判决予以追缴、没收；海关根据人民法院的判决和海关法的有关规定予以处理，上缴中央国库。"

据此，地方各级人民法院在审理走私犯罪案件时，对涉案的款、物等，应当严格遵循并切实执行上述法律、司法解释的规定，依法作出追缴、没收的判决。对于在审理走私犯罪案件中遇到的新情况、新问题，要加强与海关等相关部门的联系和协调，对于遇到的适用法律的新问题，应当及时报告最高人民法院。

3. 宽严相济刑事政策的贯彻

最高人民法院刑二庭：宽严相济在经济犯罪和职务犯罪案件审判中的具体贯彻（《人民法院报》2010年4月7日第6版）

一、宽严相济刑事政策在经济犯罪案件审判中的具体贯彻

（三）关于刑法适用。

（2）根据《意见》第25条规定的宽严"相济"要求，应当区分犯罪行为的具体情形区别对待。以走私犯罪为例，对海上偷运走私、绕关走私等未向海关报关的走私与价格瞒骗走私，走私特殊物品与走私普通货物、物品在具体量刑时都应当有所区别；对进口走私象牙等珍贵动物制品犯罪在量刑时应当酌情考虑出口国家的法律规定以及行为人的主观认识因素。

第一百五十一条　【走私武器、弹药罪】【走私核材料罪】【走私假币罪】 走私武器、弹药、核材料或者伪造的货币的，处七年以上有期徒刑，并处罚金或者没收财产；情节特别严重的，处无期徒刑，并处没收财产；情节较轻的，处三年以上七年以下有期徒刑，并处罚金。

【走私文物罪】【走私贵重金属罪】【走私珍贵动物、珍贵动物制品罪】 走私国家禁止出口的文物、黄金、白银和其他贵重金属或者国家禁止进出口的珍贵动物及其制品的，处五年以上十年以下有期徒刑，并处罚金；情节特别严重的，处十年以上有期徒刑或者无期徒刑，并处没收财产；情节较轻的，处五年以下有期徒刑，并处罚金。

> 【走私国家禁止进出口的货物、物品罪】走私珍稀植物及其制品等国家禁止进出口的其他货物、物品的,处五年以下有期徒刑或者拘役,并处或者单处罚金;情节严重的,处五年以上有期徒刑,并处罚金。
>
> 单位犯本条规定之罪的,对单位判处罚金,并对其直接负责的主管人员和其他直接责任人员,依照本条各款的规定处罚。

● 关联法条

第一百五十五条、第一百五十六条、第一百五十七条

● 立案追诉标准

最高人民检察院、公安部关于公安机关管辖的刑事案件立案追诉标准的规定(二)(2010年5月7日)

第二条　[走私假币案(刑法第一百五十一条第一款)]走私伪造的货币,总面额在二千元以上或者币量在二百张(枚)以上的,应予立案追诉。

● 定罪

1. 参见【本节罪名定罪问题的总体规定】
2. 走私国家禁止进出口的货物、物品行为的入罪数额

最高人民法院、最高人民检察院关于办理走私刑事案件适用法律若干问题的解释(2014年9月10日)

第十一条　走私国家禁止进出口的货物、物品,具有下列情形之一的,依照刑法第一百五十一条第三款的规定处五年以下有期徒刑或者拘役,并处或者单处罚金:

(一)走私国家一级保护野生植物五株以上不满二十五株,国家二级保护野生植物十株以上不满五十株,或者珍稀植物、珍稀植物制品数额在二十万元以上不满一百万元的;

(二)走私重点保护古生物化石或者未命名的古生物化石不满十件,或者一

般保护古生物化石十件以上不满五十件的；

（三）走私禁止进出口的有毒物质一吨以上不满五吨，或者数额在二万元以上不满十万元的；

（四）走私来自境外疫区的动植物及其产品五吨以上不满二十五吨，或者数额在五万元以上不满二十五万元的；

（五）走私木炭、硅砂等妨害环境、资源保护的货物、物品十吨以上不满五十吨，或者数额在十万元以上不满五十万元的；

（六）走私旧机动车、切割车、旧机电产品或者其他禁止进出口的货物、物品二十吨以上不满一百吨，或者数额在二十万元以上不满一百万元的；

（七）数量或者数额未达到本款第一项至第六项规定的标准，但属于犯罪集团的首要分子，使用特种车辆从事走私活动，造成环境严重污染，或者引起甲类传染病传播、重大动植物疫情等情形的。

具有下列情形之一的，应当认定为刑法第一百五十一条第三款规定的"情节严重"：

（一）走私数量或者数额超过前款第一项至第六项规定的标准的；

（二）达到前款第一项至第六项规定的标准，且属于犯罪集团的首要分子，使用特种车辆从事走私活动，造成环境严重污染，或者引起甲类传染病传播、重大动植物疫情等情形的。

3. 第一款"武器、弹药"的认定

最高人民法院、最高人民检察院关于办理走私刑事案件适用法律若干问题的解释（2014年9月10日）

第二条 刑法第一百五十一条第一款规定的"武器、弹药"的种类，参照《中华人民共和国进口税则》及《中华人民共和国禁止进出境物品表》的有关规定确定。

4. 第一款"货币"的认定

最高人民法院、最高人民检察院关于办理走私刑事案件适用法律若干问题的解释（2014年9月10日）

第七条 刑法第一百五十一条第一款规定的"货币"，包括正在流通的人民币和境外货币。伪造的境外货币数额，折合成人民币计算。

5. 第二款"国家禁止出口的文物"的认定

中华人民共和国文物保护法（2017年11月5日）

第六十条 国有文物、非国有文物中的珍贵文物和国家规定禁止出境的其

他文物,不得出境;但是依照本法规定出境展览或者因特殊需要经国务院批准出境的除外。

最高人民法院、最高人民检察院关于办理妨害文物管理等刑事案件适用法律若干问题的解释(2016年1月1日)

第一条第一款 刑法第一百五十一条规定的"国家禁止出口的文物",依照《中华人民共和国文物保护法》规定的"国家禁止出境的文物"的范围认定。

6. 第二款"珍贵动物"的认定

最高人民法院、最高人民检察院关于办理走私刑事案件适用法律若干问题的解释(2014年9月10日)

第十条 刑法第一百五十一条第二款规定的"珍贵动物",包括列入《国家重点保护野生动物名录》中的国家一、二级保护野生动物,《濒危野生动植物种国际贸易公约》附录Ⅰ、附录Ⅱ中的野生动物,以及驯养繁殖的上述动物。

走私本解释附表中未规定的珍贵动物的,参照附表中规定的同属或者同科动物的数量标准执行。

走私本解释附表中未规定珍贵动物的制品的,按照《最高人民法院、最高人民检察院、国家林业局、公安部、海关总署关于破坏野生动物资源刑事案件中涉及的CITES附录Ⅰ和附录Ⅱ所列陆生野生动物制品价值核定问题的通知》(林濒发〔2012〕239号)的有关规定核定价值。

7. 第三款"珍稀植物"的认定

最高人民法院、最高人民检察院关于办理走私刑事案件适用法律若干问题的解释(2014年9月10日)

第十二条 刑法第一百五十一条第三款规定的"珍稀植物",包括列入《国家重点保护野生植物名录》《国家重点保护野生药材物种名录》《国家珍贵树种名录》中的国家一、二级保护野生植物、国家重点保护的野生药材、珍贵树木,《濒危野生动植物种国际贸易公约》附录Ⅰ、附录Ⅱ中的野生植物,以及人工培育的上述植物。

本解释规定的"古生物化石",按照《古生物化石保护条例》的规定予以认定。走私具有科学价值的古脊椎动物化石、古人类化石,构成犯罪的,依照刑法第一百五十一条第二款的规定,以走私文物罪定罪处罚。

8. 走私国家禁止进出口的兴奋剂行为的定性

最高人民法院关于审理走私、非法经营、非法使用兴奋剂刑事案件适用法律若干问题的解释（2020年1月1日）

第一条 运动员、运动员辅助人员走私兴奋剂目录所列物质，或者其他人员以在体育竞赛中非法使用为目的走私兴奋剂目录所列物质，涉案物质属于国家禁止进出口的货物、物品，具有下列情形之一的，应当依照刑法第一百五十一条第三款的规定，以走私国家禁止进出口的货物、物品罪定罪处罚：

（一）一年内曾因走私被给予二次以上行政处罚后又走私的；

（二）用于或者准备用于未成年人运动员、残疾人运动员的；

（三）用于或者准备用于国内、国际重大体育竞赛的；

（四）其他造成严重恶劣社会影响的情形。

实施前款规定的行为，涉案物质不属于国家禁止进出口的货物、物品，但偷逃应缴税额一万元以上或者一年内曾因走私被给予二次以上行政处罚后又走私的，应当依照刑法第一百五十三条的规定，以走私普通货物、物品罪定罪处罚。

对于本条第一款、第二款规定以外的走私兴奋剂目录所列物质行为，适用《最高人民法院、最高人民检察院关于办理走私刑事案件适用法律若干问题的解释》（法释〔2014〕10号）规定的定罪量刑标准。

第七条 实施本解释规定的行为，涉案物质属于毒品、制毒物品等，构成有关犯罪的，依照相应犯罪定罪处罚。

第八条 对于是否属于本解释规定的"兴奋剂""兴奋剂目录所列物质""体育运动""国内、国际重大体育竞赛"等专门性问题，应当依据《中华人民共和国体育法》《反兴奋剂条例》等法律法规，结合国务院体育主管部门出具的认定意见等证据材料作出认定。

9. 走私武器弹药"情节较轻""情节特别严重"的认定

最高人民法院、最高人民检察院关于办理走私刑事案件适用法律若干问题的解释（2014年9月10日）

第一条 走私武器、弹药，具有下列情形之一的，可以认定为刑法第一百五十一条第一款规定的"情节较轻"：

（一）走私以压缩气体等非火药为动力发射枪弹的枪支二支以上不满五支的；

（二）走私气枪铅弹五百发以上不满二千五百发，或者其他子弹十发以上不满五十发的；

（三）未达到上述数量标准，但属于犯罪集团的首要分子，使用特种车辆从

事走私活动,或者走私的武器、弹药被用于实施犯罪等情形的;

(四)走私各种口径在六十毫米以下常规炮弹、手榴弹或者枪榴弹等分别或者合计不满五枚的。

具有下列情形之一的,依照刑法第一百五十一条第一款的规定处七年以上有期徒刑,并处罚金或者没收财产:

(一)走私以火药为动力发射枪弹的枪支一支,或者以压缩气体等非火药为动力发射枪弹的枪支五支以上不满十支的;

(二)走私第一款第二项规定的弹药,数量在该项规定的最高数量以上不满最高数量五倍的;

(三)走私各种口径在六十毫米以下常规炮弹、手榴弹或者枪榴弹等分别或者合计达到五枚以上不满十枚,或者各种口径超过六十毫米以上常规炮弹合计不满五枚的;

(四)达到第一款第一、二、四项规定的数量标准,且属于犯罪集团的首要分子,使用特种车辆从事走私活动,或者走私的武器、弹药被用于实施犯罪等情形的。

具有下列情形之一的,应当认定为刑法第一百五十一条第一款规定的"情节特别严重":

(一)走私第二款第一项规定的枪支,数量超过该项规定的数量标准的;

(二)走私第一款第二项规定的弹药,数量在该项规定的最高数量标准五倍以上的;

(三)走私第二款第三项规定的弹药,数量超过该项规定的数量标准,或者走私具有巨大杀伤力的非常规炮弹一枚以上的;

(四)达到第二款第一项至第三项规定的数量标准,且属于犯罪集团的首要分子,使用特种车辆从事走私活动,或者走私的武器、弹药被用于实施犯罪等情形的。

走私其他武器、弹药,构成犯罪的,参照本条各款规定的标准处罚。

10. 走私伪造货币"情节较轻""情节特别严重"的认定

最高人民法院、最高人民检察院关于办理走私刑事案件适用法律若干问题的解释(2014 年 9 月 10 日)

第六条 走私伪造的货币,数额在二千元以上不满二万元,或者数量在二百张(枚)以上不满二千张(枚)的,可以认定为刑法第一百五十一条第一款规定的"情节较轻"。

具有下列情形之一的，依照刑法第一百五十一条第一款的规定处七年以上有期徒刑，并处罚金或者没收财产：

（一）走私数额在二万元以上不满二十万元，或者数量在二千张（枚）以上不满二万张（枚）的；

（二）走私数额或者数量达到第一款规定的标准，且具有走私的伪造货币流入市场等情节的。

具有下列情形之一的，应当认定为刑法第一百五十一条第一款规定的"情节特别严重"：

（一）走私数额在二十万元以上，或者数量在二万张（枚）以上的；

（二）走私数额或者数量达到第二款第一项规定的标准，且属于犯罪集团的首要分子，使用特种车辆从事走私活动，或者走私的伪造货币流入市场等情形的。

11. 走私文物"情节较轻""情节特别严重"的认定

最高人民法院、最高人民检察院关于办理妨害文物管理等刑事案件适用法律若干问题的解释（2016年1月1日）

第一条第二款 走私国家禁止出口的二级文物的，应当依照刑法第一百五十一条第二款的规定，以走私文物罪处五年以上十年以下有期徒刑，并处罚金；走私国家禁止出口的一级文物的，应当认定为刑法第一百五十一条第二款规定的"情节特别严重"；走私国家禁止出口的三级文物的，应当认定为刑法第一百五十一条第二款规定的"情节较轻"。

第三款 走私国家禁止出口的文物，无法确定文物等级，或者按照文物等级定罪量刑明显过轻或者过重的，可以按照走私的文物价值定罪量刑。走私的文物价值在二十万元以上不满一百万元的，应当依照刑法第一百五十一条第二款的规定，以走私文物罪处五年以上十年以下有期徒刑，并处罚金；文物价值在一百万元以上的，应当认定为刑法第一百五十一条第二款规定的"情节特别严重"；文物价值在五万元以上不满二十万元的，应当认定为刑法第一百五十一条第二款规定的"情节较轻"。

12. 走私珍贵动物制品"情节较轻""情节特别严重"的认定

最高人民法院、最高人民检察院关于办理走私刑事案件适用法律若干问题的解释（2014年9月10日）

第九条 走私国家一、二级保护动物未达到本解释附表中（一）规定的数量标准，或者走私珍贵动物制品数额不满二十万元的，可以认定为刑法第一百五十一条第二款规定的"情节较轻"。

具有下列情形之一的,依照刑法第一百五十一条第二款的规定处五年以上十年以下有期徒刑,并处罚金:

(一)走私国家一、二级保护动物达到本解释附表中(一)规定的数量标准的;

(二)走私珍贵动物制品数额在二十万元以上不满一百万元的;

(三)走私国家一、二级保护动物未达到本解释附表中(一)规定的数量标准,但具有造成该珍贵动物死亡或者无法追回等情节的。

具有下列情形之一的,应当认定为刑法第一百五十一条第二款规定的"情节特别严重":

(一)走私国家一、二级保护动物达到本解释附表中(二)规定的数量标准的;

(二)走私珍贵动物制品数额在一百万元以上的;

(三)走私国家一、二级保护动物达到本解释附表中(一)规定的数量标准,且属于犯罪集团的首要分子,使用特种车辆从事走私活动,或者造成该珍贵动物死亡、无法追回等情形的。

不以牟利为目的,为留作纪念而走私珍贵动物制品进境,数额不满十万元的,可以免予刑事处罚;情节显著轻微的,不作为犯罪处理。

13. 走私枪支散件行为的定性

最高人民法院、最高人民检察院关于办理走私刑事案件适用法律若干问题的解释(2014年9月10日)

第三条 走私枪支散件,构成犯罪的,依照刑法第一百五十一条第一款的规定,以走私武器罪定罪处罚。成套枪支散件以相应数量的枪支计,非成套枪支散件以每三十件为一套枪支散件计。

14. 走私弹头、弹壳行为的定性

最高人民法院、最高人民检察院关于办理走私刑事案件适用法律若干问题的解释(2014年9月10日)

第四条 走私各种弹药的弹头、弹壳,构成犯罪的,依照刑法第一百五十一条第一款的规定,以走私弹药罪定罪处罚。具体的定罪量刑标准,按照本解释第一条规定的数量标准的五倍执行。

走私报废或者无法组装并使用的各种弹药的弹头、弹壳,构成犯罪的,依照刑法第一百五十三条的规定,以走私普通货物、物品罪定罪处罚;属于废物的,依照刑法第一百五十二条第二款的规定,以走私废物罪定罪处罚。

弹头、弹壳是否属于前款规定的"报废或者无法组装并使用"或者"废物",由国家有关技术部门进行鉴定。

15. 走私仿真枪、管制刀具行为的定性

最高人民法院、最高人民检察院关于办理走私刑事案件适用法律若干问题的解释（2014年9月10日）

第五条 走私国家禁止或者限制进出口的仿真枪、管制刀具,构成犯罪的,依照刑法第一百五十一条第三款的规定,以走私国家禁止进出口的货物、物品罪定罪处罚。具体的定罪量刑标准,适用本解释第十一条第一款第六、七项和第二款的规定。

走私的仿真枪经鉴定为枪支,构成犯罪的,依照刑法第一百五十一条第一款的规定,以走私武器罪定罪处罚。不以牟利或者从事违法犯罪活动为目的,且无其他严重情节的,可以依法从轻处罚；情节轻微不需要判处刑罚的,可以免予刑事处罚。

16. "具有科学价值的古脊椎动物化石、古人类化石"与文物同等保护

全国人大常委会关于《中华人民共和国刑法》有关文物的规定适用于具有科学价值的古脊椎动物化石、古人类化石的解释（2005年12月29日）

刑法有关文物的规定,适用于具有科学价值的古脊椎动物化石、古人类化石。

最高人民法院、最高人民检察院关于办理妨害文物管理等刑事案件适用法律若干问题的解释（2016年1月1日）

第十七条 走私、盗窃、损毁、倒卖、盗掘或者非法转让具有科学价值的古脊椎动物化石、古人类化石的,依照刑法和本解释的有关规定定罪量刑。

17. 未经许可进出口国家限制进出口的货物、物品行为的定性

最高人民法院、最高人民检察院关于办理走私刑事案件适用法律若干问题的解释（2014年9月10日）

第二十一条 未经许可进出口国家限制进出口的货物、物品,构成犯罪的,应当依照刑法第一百五十一条、第一百五十二条的规定,以走私国家禁止进出口的货物、物品罪等罪名定罪处罚；偷逃应缴税额,同时又构成走私普通货物、物品罪的,依照处罚较重的规定定罪处罚。

取得许可,但超过许可数量进出口国家限制进出口的货物、物品,构成犯罪的,依照刑法第一百五十三条的规定,以走私普通货物、物品罪定罪处罚。

租用、借用或者使用购买的他人许可证,进出口国家限制进出口的货物、

物品的,适用本条第一款的规定定罪处罚。

18. 针对不可移动文物整体实施走私的定罪量刑

最高人民法院、最高人民检察院关于办理妨害文物管理等刑事案件适用法律若干问题的解释（2016年1月1日）

第十二条 针对不可移动文物整体实施走私、盗窃、倒卖等行为的,根据所属不可移动文物的等级,依照本解释第一条、第二条、第六条的规定定罪量刑:

（一）尚未被确定为文物保护单位的不可移动文物,适用一般文物的定罪量刑标准;

（二）市、县级文物保护单位,适用三级文物的定罪量刑标准;

（三）全国重点文物保护单位、省级文物保护单位,适用二级以上文物的定罪量刑标准。

针对不可移动文物中的建筑构件、壁画、雕塑、石刻等实施走私、盗窃、倒卖等行为的,根据建筑构件、壁画、雕塑、石刻等文物本身的等级或者价值,依照本解释第一条、第二条、第六条的规定定罪量刑。建筑构件、壁画、雕塑、石刻等所属不可移动文物的等级,应当作为量刑情节予以考虑。

19. 走私国家禁止进出口的野生动物及其制品行为的定性

最高人民法院、最高人民检察院、公安部、司法部关于依法惩治非法野生动物交易犯罪的指导意见（2020年12月18日）

二、依法严厉打击非法收购、运输、出售、进出口野生动物及其制品的犯罪行为,切断非法野生动物交易的利益链条。

……走私国家禁止进出口的珍贵动物及其制品,符合刑法第一百五十一条第二款规定的,以走私珍贵动物、珍贵动物制品罪定罪处罚。

四、二次以上实施本意见第一条至第三条规定的行为构成犯罪,依法应当追诉的,或者二年内二次以上实施本意见第一条至第三条规定的行为未经处理的,数量、数额累计计算。

20. 文物价值的认定

最高人民法院、最高人民检察院关于办理妨害文物管理等刑事案件适用法律若干问题的解释（2016年1月1日）

第十三条 案件涉及不同等级的文物的,按照高级别文物的量刑幅度量刑;有多件同级文物的,五件同级文物视为一件高一级文物,但是价值明显不相当的除外。

第十四条　依照文物价值定罪量刑的，根据涉案文物的有效价格证明认定文物价值；无有效价格证明，或者根据价格证明认定明显不合理的，根据销赃数额认定，或者结合本解释第十五条规定的鉴定意见、报告认定。

第十五条　在行为人实施有关行为前，文物行政部门已对涉案文物及其等级作出认定的，可以直接对有关案件事实作出认定。

对案件涉及的有关文物鉴定、价值认定等专门性问题难以确定的，由司法鉴定机构出具鉴定意见，或者由国务院文物行政部门指定的机构出具报告。其中，对于文物价值，也可以由有关价格认证机构作出价格认证并出具报告。

21. 单位犯罪

最高人民法院、最高人民检察院关于办理走私刑事案件适用法律若干问题的解释（2014年9月10日）

第二十四条第一款　单位犯刑法第一百五十一条、第一百五十二条规定之罪，依照本解释规定的标准定罪处罚。

最高人民法院、最高人民检察院关于办理妨害文物管理等刑事案件适用法律若干问题的解释（2016年1月1日）

第十一条第一款　单位实施走私文物、倒卖文物等行为，构成犯罪的，依照本解释规定的相应自然人犯罪的定罪量刑标准，对直接负责的主管人员和其他直接责任人员定罪处罚，并对单位判处罚金。

● 量刑

1. 参见【本节罪名量刑问题的总体规定】

2. 从宽处罚

最高人民法院、最高人民检察院关于办理妨害文物管理等刑事案件适用法律若干问题的解释（2016年1月1日）

第十六条第一款　实施本解释第一条、第二条、第六条至第九条规定的行为，虽已达到应当追究刑事责任的标准，但行为人系初犯，积极退回或者协助追回文物，未造成文物损毁，并确有悔罪表现的，可以认定为犯罪情节轻微，不起诉或者免予刑事处罚。

第一百五十二条 【走私淫秽物品罪】以牟利或者传播为目的,走私淫秽的影片、录像带、录音带、图片、书刊或者其他淫秽物品的,处三年以上十年以下有期徒刑,并处罚金;情节严重的,处十年以上有期徒刑或者无期徒刑,并处罚金或者没收财产;情节较轻的,处三年以下有期徒刑、拘役或者管制,并处罚金。

【走私废物罪】逃避海关监管将境外固体废物、液态废物和气态废物运输进境,情节严重的,处五年以下有期徒刑,并处或者单处罚金;情节特别严重的,处五年以上有期徒刑,并处罚金。

单位犯前两款罪的,对单位判处罚金,并对其直接负责的主管人员和其他直接责任人员,依照前两款的规定处罚。

● 关联法条

第一百五十五条、第一百五十六条、第一百五十七条

● 立案追诉标准

最高人民检察院、公安部关于公安机关管辖的刑事案件立案追诉标准的规定(一)(2008年6月25日)

第二十五条 [走私淫秽物品案(刑法第一百五十二条第一款)]以牟利或者传播为目的,走私淫秽的影片、录像带、录音带、图片、书刊或者其他通过文字、声音、形象等形式表现淫秽内容的影碟、音碟、电子出版物等物品,涉嫌下列情形之一的,应予立案追诉:

(一)走私淫秽录像带、影碟五十盘(张)以上的;
(二)走私淫秽录音带、音碟一百盘(张)以上的;
(三)走私淫秽扑克、书刊、画册一百副(册)以上的;
(四)走私淫秽照片、画片五百张以上的;
(五)走私其他淫秽物品相当于上述数量的;
(六)走私淫秽物品数量虽未达到本条第(一)项至第(四)项规定标准,但分别达到其中两项以上标准的百分之五十以上的。

● 定罪

1. 参见【本节罪名定罪问题的总体规定】
2. 走私淫秽物品"情节较轻""情节严重"认定

最高人民法院、最高人民检察院关于办理走私刑事案件适用法律若干问题的解释（2014年9月10日）

第十三条 以牟利或者传播为目的，走私淫秽物品，达到下列数量之一的，可以认定为刑法第一百五十二条第一款规定的"情节较轻"：

（一）走私淫秽录像带、影碟五十盘（张）以上不满一百盘（张）的；

（二）走私淫秽录音带、音碟一百盘（张）以上不满二百盘（张）的；

（三）走私淫秽扑克、书刊、画册一百副（册）以上不满二百副（册）的；

（四）走私淫秽照片、画片五百张以上不满一千张的；

（五）走私其他淫秽物品相当于上述数量的。

走私淫秽物品在前款规定的最高数量以上不满最高数量五倍的，依照刑法第一百五十二条第一款的规定处三年以上十年以下有期徒刑，并处罚金。

走私淫秽物品在第一款规定的最高数量五倍以上，或者在第一款规定的最高数量以上不满五倍，但属于犯罪集团的首要分子，使用特种车辆从事走私活动等情形的，应当认定为刑法第一百五十二条第一款规定的"情节严重"。

3. 走私废物"情节严重""情节特别严重"的认定

最高人民法院、最高人民检察院关于办理走私刑事案件适用法律若干问题的解释（2014年9月10日）

第十四条 走私国家禁止进口的废物或者国家限制进口的可用作原料的废物，具有下列情形之一的，应当认定为刑法第一百五十二条第二款规定的"情节严重"：

（一）走私国家禁止进口的危险性固体废物、液态废物分别或者合计达到一吨以上不满五吨的；

（二）走私国家禁止进口的非危险性固体废物、液态废物分别或者合计达到五吨以上不满二十五吨的；

（三）走私国家限制进口的可用作原料的固体废物、液态废物分别或者合计达到二十吨以上不满一百吨的；

（四）未达到上述数量标准，但属于犯罪集团的首要分子，使用特种车辆从事走私活动，或者造成环境严重污染等情形的。

具有下列情形之一的，应当认定为刑法第一百五十二条第二款规定的"情节特别严重"：

（一）走私数量超过前款规定的标准的；

（二）达到前款规定的标准，且属于犯罪集团的首要分子，使用特种车辆从事走私活动，或者造成环境严重污染等情形的；

（三）未达到前款规定的标准，但造成环境严重污染且后果特别严重的。

走私置于容器中的气态废物，构成犯罪的，参照前两款规定的标准处罚。

第十五条　国家限制进口的可用作原料的废物的具体种类，参照国家有关部门的规定确定。

4. 未经许可进出口国家限制进出口的货物、物品行为的定性

最高人民法院、最高人民检察院关于办理走私刑事案件适用法律若干问题的解释（2014年9月10日）

第二十一条　未经许可进出口国家限制进出口的货物、物品，构成犯罪的，应当依照刑法第一百五十一条、第一百五十二条的规定，以走私国家禁止进出口的货物、物品罪等罪名定罪处罚；偷逃应缴税额，同时又构成走私普通货物、物品罪的，依照处罚较重的规定定罪处罚。

取得许可，但超过许可数量进出口国家限制进出口的货物、物品，构成犯罪的，依照刑法第一百五十三条的规定，以走私普通货物、物品罪定罪处罚。

租用、借用或者使用购买的他人许可证，进出口国家限制进出口的货物、物品的，适用本条第一款的规定定罪处罚。

5. 单位犯罪

最高人民法院、最高人民检察院关于办理走私刑事案件适用法律若干问题的解释（2014年9月10日）

第二十四条第一款　单位犯刑法第一百五十一条、第一百五十二条规定之罪，依照本解释规定的标准定罪处罚。

● 量刑

参见【本节罪名量刑问题的总体规定】

第一百五十三条 【走私普通货物、物品罪】 走私本法第一百五十一条、第一百五十二条、第三百四十七条规定以外的货物、物品的，根据情节轻重，分别依照下列规定处罚：

（一）走私货物、物品偷逃应缴税额较大或者一年内曾因走私被给予二次行政处罚后又走私的，处三年以下有期徒刑或者拘役，并处偷逃应缴税额一倍以上五倍以下罚金。

（二）走私货物、物品偷逃应缴税额巨大或者有其他严重情节的，处三年以上十年以下有期徒刑，并处偷逃应缴税额一倍以上五倍以下罚金。

（三）走私货物、物品偷逃应缴税额特别巨大或者有其他特别严重情节的，处十年以上有期徒刑或者无期徒刑，并处偷逃应缴税额一倍以上五倍以下罚金或者没收财产。

单位犯前款罪的，对单位判处罚金，并对其直接负责的主管人员和其他直接责任人员，处三年以下有期徒刑或者拘役；情节严重的，处三年以上十年以下有期徒刑；情节特别严重的，处十年以上有期徒刑。

对多次走私未经处理的，按照累计走私货物、物品的偷逃应缴税额处罚。

● 关联法条

第一百五十四条、第一百五十五条、第一百五十六条、第一百五十七条

● 定罪

1. 参见【本节罪名定罪问题的总体规定】
2. 第一款"偷逃应缴税额较大""偷逃应缴税额巨大""偷逃应缴税额特别巨大""其他严重情节""其他特别严重情节"的认定

最高人民法院、最高人民检察院关于办理走私刑事案件适用法律若干问题的解释（2014年9月10日）

第十六条 走私普通货物、物品，偷逃应缴税额在十万元以上不满五十万元

的，应当认定为刑法第一百五十三条第一款规定的"偷逃应缴税额较大"；偷逃应缴税额在五十万元以上不满二百五十万元的，应当认定为"偷逃应缴税额巨大"；偷逃应缴税额在二百五十万元以上的，应当认定为"偷逃应缴税额特别巨大"。

走私普通货物、物品，具有下列情形之一，偷逃应缴税额在三十万元以上不满五十万元的，应当认定为刑法第一百五十三条第一款规定的"其他严重情节"；偷逃应缴税额在一百五十万元以上不满二百五十万元的，应当认定为"其他特别严重情节"：

（一）犯罪集团的首要分子；
（二）使用特种车辆从事走私活动的；
（三）为实施走私犯罪，向国家机关工作人员行贿的；
（四）教唆、利用未成年人、孕妇等特殊人群走私的；
（五）聚众阻挠缉私的。

3. 第一款第一项"一年内曾因走私被给予二次行政处罚后又走私"的认定

最高人民法院、最高人民检察院关于办理走私刑事案件适用法律若干问题的解释（2014年9月10日）

第十七条　刑法第一百五十三条第一款规定的"一年内曾因走私被给予二次行政处罚后又走私"中的"一年内"，以因走私第一次受到行政处罚的生效之日与"又走私"行为实施之日的时间间隔计算确定；"被给予二次行政处罚"的走私行为，包括走私普通货物、物品以及其他货物、物品；"又走私"行为仅指走私普通货物、物品。

4. "应缴税额"的认定

最高人民法院、最高人民检察院、海关总署关于办理走私刑事案件适用法律若干问题的意见（2002年7月8日）

三、关于办理走私普通货物、物品刑事案件偷逃应缴税额的核定问题

在办理走私普通货物、物品刑事案件中，对走私行为人涉嫌偷逃应缴税额的核定，应当由走私犯罪案件管辖地的海关出具《涉嫌走私的货物、物品偷逃税款海关核定证明书》（以下简称《核定证明书》）。海关出具的《核定证明书》，经走私犯罪侦查机关、人民检察院、人民法院审查确认，可以作为办案的依据和定罪量刑的证据。

走私犯罪侦查机关、人民检察院和人民法院对《核定证明书》提出异议或者因核定偷逃税额的事实发生变化，认为需要补充核定或者重新核定的，可以

要求原出具《核定证明书》的海关补充核定或者重新核定。

走私犯罪嫌疑人、被告人或者辩护人对《核定证明书》有异议，向走私犯罪侦查机关、人民检察院或者人民法院提出重新核定申请的，经走私犯罪侦查机关、人民检察院或者人民法院同意，可以重新核定。重新核定应当另行指派专人进行。

最高人民法院、最高人民检察院关于办理走私刑事案件适用法律若干问题的解释（2014年9月10日）

第十八条第一款　刑法第一百五十三条规定的"应缴税额"，包括进出口货物、物品应当缴纳的进出口关税和进口环节海关代征税的税额。应缴税额以走私行为实施时的税则、税率、汇率和完税价格计算；多次走私的，以每次走私行为实施时的税则、税率、汇率和完税价格逐票计算；走私行为实施时间不能确定的，以案发时的税则、税率、汇率和完税价格计算。

5. 第二款"情节严重""情节特别严重"的认定

最高人民法院、最高人民检察院关于办理走私刑事案件适用法律若干问题的解释（2014年9月10日）

第二十四条第二款　单位犯走私普通货物、物品罪，偷逃应缴税额在二十万元以上不满一百万元的，应当依照刑法第一百五十三条第二款的规定，对单位判处罚金，并对其直接负责的主管人员和其他直接责任人员，处三年以下有期徒刑或者拘役；偷逃应缴税额在一百万元以上不满五百万元的，应当认定为"情节严重"；偷逃应缴税额在五百万元以上的，应当认定为"情节特别严重"。

6. 第三款"多次走私未经处理"的含义

最高人民法院、最高人民检察院关于办理走私刑事案件适用法律若干问题的解释（2014年9月10日）

第十八条第二款　刑法第一百五十三条第三款规定的"多次走私未经处理"，包括未经行政处理和刑事处理。

7. 超过许可数量进出口国家限制进出口的货物、物品行为的定性

最高人民法院、最高人民检察院关于办理走私刑事案件适用法律若干问题的解释（2014年9月10日）

第二十一条　未经许可进出口国家限制进出口的货物、物品，构成犯罪的，应当依照刑法第一百五十一条、第一百五十二条的规定，以走私国家禁止进出口的货物、物品罪等罪名定罪处罚；偷逃应缴税额，同时又构成走私普通货物、物品罪的，依照处罚较重的规定定罪处罚。

取得许可,但超过许可数量进出口国家限制进出口的货物、物品,构成犯罪的,依照刑法第一百五十三条的规定,以走私普通货物、物品罪定罪处罚。

租用、借用或者使用购买的他人许可证,进出口国家限制进出口的货物、物品的,适用本条第一款的规定定罪处罚。

8. 走私旧汽车、切割车等货物、物品行为的定性

最高人民法院、最高人民检察院、海关总署关于办理走私刑事案件适用法律若干问题的意见(2002年7月8日)

八、关于走私旧汽车、切割车等货物、物品的行为的定罪问题

走私刑法第一百五十一条、第一百五十二条、第三百四十七条、第三百五十条规定的货物、物品以外的,已被国家明令禁止进出口的货物、物品,例如旧汽车、切割车、侵犯知识产权的货物、来自疫区的动植物及其产品等,应当依照刑法第一百五十三条的规定,以走私普通货物、物品罪追究刑事责任。

9. 利用涉税单证进口货物行为的定性

最高人民法院、最高人民检察院、海关总署关于办理走私刑事案件适用法律若干问题的意见(2002年7月8日)

九、关于利用购买的加工贸易登记手册、特定减免税批文等涉税单证进口货物行为的定性处理问题

加工贸易登记手册、特定减免税批文等涉税单证是海关根据国家法律法规以及有关政策性规定,给予特定企业用于保税货物经营管理和减免税优惠待遇的凭证。利用购买的加工贸易登记手册、特定减免税批文等涉税单证进口货物,实质是将一般贸易货物伪报为加工贸易保税货物或者特定减免税货物进口,以达到偷逃应缴税款的目的,应当适用刑法第一百五十三条以走私普通货物、物品罪定罪处罚。如果行为人与走私分子通谋出售上述涉税单证,或者在出卖批文后又以提供印章、向海关伪报保税货物、特定减免税货物等方式帮助买方办理进口通关手续的,对卖方依照刑法第一百五十六条以走私罪共犯定罪处罚。买卖上述涉税单证情节严重尚未进口货物的,依照刑法第二百八十条的规定定罪处罚。

10. 在加工贸易活动中骗取海关核销行为的定性

最高人民法院、最高人民检察院、海关总署关于办理走私刑事案件适用法律若干问题的意见(2002年7月8日)

十、关于在加工贸易活动中骗取海关核销行为的认定问题

在加工贸易经营活动中,以假出口、假结转或者利用虚假单证等方式骗取

海关核销，致使保税货物、物品脱离海关监管，造成国家税款流失，情节严重的，依照刑法第一百五十三条的规定，以走私普通货物、物品罪追究刑事责任。但有证据证明因不可抗力原因导致保税货物脱离海关监管，经营人无法办理正常手续而骗取海关核销的，不认定为走私犯罪。

11. 单位与个人共同走私普通货物、物品案件的处理

最高人民法院、最高人民检察院、海关总署关于办理走私刑事案件适用法律若干问题的意见（2002年7月8日）

二十、关于单位与个人共同走私普通货物、物品案件的处理问题

单位和个人（不包括单位直接负责的主管人员和其他直接责任人员）共同走私的，单位和个人均应对共同走私所偷逃应缴税额负责。

对单位和个人共同走私偷逃应缴税额为5万元以上不满25万元的，应当根据其在案件中所起的作用，区分不同情况做出处理。单位起主要作用的，对单位和个人均不追究刑事责任，由海关予以行政处理；个人起主要作用的，对个人依照刑法有关规定追究刑事责任，对单位由海关予以行政处理。无法认定单位或个人起主要作用的，对个人和单位分别按个人犯罪和单位犯罪的标准处理。①

单位和个人共同走私偷逃应缴税额超过25万元且能区分主、从犯的，应当按照刑法关于主、从犯的有关规定，对从犯从轻、减轻处罚或者免除处罚。

12. 走私兴奋剂行为的定性

（参见第一百五十一条【定罪】8. 走私国家禁止进出口的兴奋剂行为的定性）

● 量刑

参见【本节罪名量刑问题的总体规定】

---

① 编者注：偷逃税额的计算应执行《最高人民法院、最高人民检察院关于办理走私刑事案件适用法律若干问题的解释》（2014年9月10日）第十六条的规定。

第一百五十四条 【走私货物、物品罪的特殊形式】下列走私行为,根据本节规定构成犯罪的,依照本法第一百五十三条的规定定罪处罚:

(一)未经海关许可并且未补缴应缴税额,擅自将批准进口的来料加工、来件装配、补偿贸易的原材料、零件、制成品、设备等保税货物,在境内销售牟利的;

(二)未经海关许可并且未补缴应缴税额,擅自将特定减税、免税进口的货物、物品,在境内销售牟利的。

● 关联法条

第一百五十六条、第一百五十七条

● 定罪

1. 参见【本节罪名定罪问题的总体规定】
2. "保税货物"的认定

最高人民检察院关于擅自销售进料加工保税货物的行为法律适用问题的解释(2000年10月16日)

保税货物是指经海关批准未办理纳税手续进境,在境内储存、加工、装配后复运出境的货物。经海关批准进口的进料加工的货物属于保税货物。未经海关许可并且未补缴应缴税额,擅自将批准进口的进料加工的原材料、零件、制成品、设备等保税货物,在境内销售牟利,偷逃应缴税额在五万元以上的[①],依照刑法第一百五十四条、第一百五十三条的规定,以走私普通货物、物品罪追究刑事责任。

最高人民法院、最高人民检察院关于办理走私刑事案件适用法律若干问题的解释(2014年9月10日)

第十九条 刑法第一百五十四条规定的"保税货物",是指经海关批准,未

---

① 编者注:偷逃税额的计算应执行《最高人民法院、最高人民检察院关于办理走私刑事案件适用法律若干问题的解释》(2014年9月10日)第十六条的规定。

办理纳税手续进境，在境内储存、加工、装配后应予复运出境的货物，包括通过加工贸易、补偿贸易等方式进口的货物，以及在保税仓库、保税工厂、保税区或者免税商店内等储存、加工、寄售的货物。

3. "销售牟利"的认定

最高人民法院、最高人民检察院、海关总署关于办理走私刑事案件适用法律若干问题的意见（2002年7月8日）

十三、关于刑法第一百五十四条规定的"销售牟利"的理解问题

刑法第一百五十四条第（一）、（二）项规定的"销售牟利"，是指行为人主观上为了牟取非法利益而擅自销售海关监管的保税货物、特定减免税货物。该种行为是否构成犯罪，应当根据偷逃的应缴税额是否达到刑法第一百五十三条及相关司法解释规定的数额标准予以认定。实际获利与否或者获利多少并不影响其定罪。

● 量刑

参见【本节罪名量刑问题的总体规定】

> 第一百五十五条 【以走私犯罪论处的间接走私行为】下列行为，以走私罪论处，依照本节的有关规定处罚：
> （一）直接向走私人非法收购国家禁止进口物品的，或者直接向走私人非法收购走私进口的其他货物、物品，数额较大的；
> （二）在内海、领海、界河、界湖运输、收购、贩卖国家禁止进出口物品的，或者运输、收购、贩卖国家限制进出口货物、物品，数额较大，没有合法证明的。

● 关联法条

第一百五十六条、第一百五十七条

● 定罪

1. 参见【本节罪名定罪问题的总体规定】

2. "内海"的认定

最高人民法院、最高人民检察院关于办理走私刑事案件适用法律若干问题的解释（2014年9月10日）

第二十条第二款 刑法第一百五十五条第二项规定的"内海"，包括内河的入海口水域。

3. 海上走私运输人、收购人或者贩卖人的刑事责任

最高人民法院、最高人民检察院、海关总署关于办理走私刑事案件适用法律若干问题的意见（2002年7月8日）

十四、关于海上走私犯罪案件如何追究运输人的刑事责任问题

对刑法第一百五十五条第（二）项规定的实施海上走私犯罪行为的运输人、收购人或者贩卖人应当追究刑事责任。对运输人，一般追究运输工具的负责人或者主要责任人的刑事责任，但对于事先通谋的、集资走私的、或者使用特殊的走私运输工具从事走私犯罪活动的，可以追究其他参与人员的刑事责任。

4. 一罪与数罪

最高人民法院、最高人民检察院关于办理走私刑事案件适用法律若干问题的解释（2014年9月10日）

第二十条第一款 直接向走私人非法收购走私进口的货物、物品，在内海、领海、界河、界湖运输、收购、贩卖国家禁止进出口的物品，或者没有合法证明，在内海、领海、界河、界湖运输、收购、贩卖国家限制进出口的货物、物品，构成犯罪的，应当按照走私货物、物品的种类，分别依照刑法第一百五十一条、第一百五十二条、第一百五十三条、第三百四十七条、第三百五十条的规定定罪处罚。

● 量刑

参见【本节罪名量刑问题的总体规定】

> **第一百五十六条 【走私共犯】** 与走私罪犯通谋，为其提供贷款、资金、账号、发票、证明，或者为其提供运输、保管、邮寄或者其他方便的，以走私罪的共犯论处。

● 定罪

1. 参见【本节罪名定罪问题的总体规定】
2. "与走私罪犯通谋"的认定

最高人民法院、最高人民检察院、海关总署关于办理走私刑事案件适用法律若干问题的意见（2002年7月8日）

十五、关于刑法第一百五十六条规定的"与走私罪犯通谋"的理解问题

通谋是指犯罪行为人之间事先或者事中形成的共同的走私故意。下列情形可以认定为通谋：

（一）对明知他人从事走私活动而同意为其提供贷款、资金、账号、发票、证明、海关单证，提供运输、保管、邮寄或者其他方便的；

（二）多次为同一走私犯罪分子的走私行为提供前项帮助的。

● 量刑

参见【本节罪名量刑问题的总体规定】

> **第一百五十七条 【武装掩护走私、抗拒缉私的规定】** 武装掩护走私的，依照本法第一百五十一条第一款的规定从重处罚。
>
> 以暴力、威胁方法抗拒缉私的，以走私罪和本法第二百七十七条规定的阻碍国家机关工作人员依法执行职务罪，依照数罪并罚的规定处罚。

第三节　妨害对公司、企业的管理秩序罪

第一百五十八条　【虚报注册资本罪】申请公司登记使用虚假证明文件或者采取其他欺诈手段虚报注册资本，欺骗公司登记主管部门，取得公司登记，虚报注册资本数额巨大、后果严重或者有其他严重情节的，处三年以下有期徒刑或者拘役，并处或者单处虚报注册资本金额百分之一以上百分之五以下罚金。

单位犯前款罪的，对单位判处罚金，并对其直接负责的主管人员和其他直接责任人员，处三年以下有期徒刑或者拘役。

● 立案追诉标准

最高人民检察院、公安部关于公安机关管辖的刑事案件立案追诉标准的规定（二）（2010年5月7日）

第三条　[虚报注册资本案（刑法第一百五十八条）]申请公司登记使用虚假证明文件或者采取其他欺诈手段虚报注册资本，欺骗公司登记主管部门，取得公司登记，涉嫌下列情形之一的，应予立案追诉：

（一）超过法定出资期限，实缴注册资本不足法定注册资本最低限额，有限责任公司虚报数额在三十万元以上并占其应缴出资数额百分之六十以上的，股份有限公司虚报数额在三百万元以上并占其应缴出资数额百分之三十以上的；

（二）超过法定出资期限，实缴注册资本达到法定注册资本最低限额，但仍虚报注册资本，有限责任公司虚报数额在一百万元以上并占其应缴出资数额百分之六十以上的，股份有限公司虚报数额在一千万元以上并占其应缴出资数额百分之三十以上的；

（三）造成投资者或者其他债权人直接经济损失累计数额在十万元以上的；

（四）虽未达到上述数额标准，但具有下列情形之一的：

1. 两年内因虚报注册资本受过行政处罚二次以上，又虚报注册资本的；

2. 向公司登记主管人员行贿的；

3. 为进行违法活动而注册的。

（五）其他后果严重或者有其他严重情节的情形。

第八十八条　本规定中的"虽未达到上述数额标准"，是指接近上述数额标准且已达到该数额的百分之八十以上的。

第九十条　本规定中的立案追诉标准，除法律、司法解释、本规定中另有规定的以外，适用于相应的单位犯罪。

第九十一条　本规定中的"以上"，包括本数。

● 定罪

1. 犯罪主体

全国人民代表大会常务委员会关于《中华人民共和国刑法》第一百五十八条、第一百五十九条的解释（2014年4月24日）

全国人民代表大会常务委员会讨论了公司法修改后刑法第一百五十八条、第一百五十九条对实行注册资本实缴登记制、认缴登记制的公司的适用范围问题，解释如下：

刑法第一百五十八条、第一百五十九条的规定，只适用于依法实行注册资本实缴登记制的公司。

2. 罪与非罪

最高人民检察院、公安部关于严格依法办理虚报注册资本和虚假出资抽逃出资刑事案件的通知（2014年5月20日）

二、严格把握罪与非罪的界限。根据新修改的公司法和全国人大常委会立法解释，自2014年3月1日起，除依法实行注册资本实缴登记制的公司（参见《国务院关于印发注册资本登记制度改革方案的通知》（国发〔2014〕7号））以外，对申请公司登记的单位和个人不得以虚报注册资本罪追究刑事责任；对公司股东、发起人不得以虚假出资、抽逃出资罪追究刑事责任。对依法实行注册资本实缴登记制的公司涉嫌虚报注册资本和虚假出资、抽逃出资犯罪的，各级公安机关、检察机关依照刑法和《立案追诉标准（二）》的相关规定追究刑事责任时，应当认真研究行为性质和危害后果，确保执法办案的法律效果和社会效果。

3. 跨时限案件的处理

最高人民检察院、公安部关于严格依法办理虚报注册资本和虚假出资抽逃出资刑事案件的通知（2014年5月20日）

三、依法妥善处理跨时限案件。各级公安机关、检察机关对发生在2014年3月1日以前尚未处理或者正在处理的虚报注册资本和虚假出资、抽逃出资刑事案件，应当按照刑法第十二条规定的精神处理：除依法实行注册资本实缴登记制的公司以外，依照新修改的公司法不再符合犯罪构成要件的案件，公安机关已经立案侦查的，应当撤销案件；检察机关已经批准逮捕的，应当撤销批准逮捕决定，并监督公安机关撤销案件；检察机关审查起诉的，应当作出不起诉决定；检察机关已经起诉的，应当撤回起诉并作出不起诉决定；检察机关已经抗诉的，应当撤回抗诉。

第一百五十九条 【虚假出资、抽逃出资罪】公司发起人、股东违反公司法的规定未交付货币、实物或者未转移财产权，虚假出资，或者在公司成立后又抽逃其出资，数额巨大、后果严重或者有其他严重情节的，处五年以下有期徒刑或者拘役，并处或者单处虚假出资金额或者抽逃出资金额百分之二以上百分之十以下罚金。

单位犯前款罪的，对单位判处罚金，并对其直接负责的主管人员和其他直接责任人员，处五年以下有期徒刑或者拘役。

● 立案追诉标准

最高人民检察院、公安部关于公安机关管辖的刑事案件立案追诉标准的规定（二）（2010年5月7日）

第四条　[虚假出资、抽逃出资案（刑法第一百五十九条）] 公司发起人、股东违反公司法的规定未交付货币、实物或者未转移财产权，虚假出资，或者在公司成立后又抽逃其出资，涉嫌下列情形之一的，应予立案追诉：

（一）超过法定出资期限，有限责任公司股东虚假出资数额在三十万元以上并占其应缴出资数额百分之六十以上的，股份有限公司发起人、股东虚假出资数额在三百万元以上并占其应缴出资数额百分之三十以上的；

（二）有限责任公司股东抽逃出资数额在三十万元以上并占其实缴出资数额百分之六十以上的，股份有限公司发起人、股东抽逃出资数额在三百万元以上并占其实缴出资数额百分之三十以上的；

（三）造成公司、股东、债权人的直接经济损失累计数额在十万元以上的；

（四）虽未达到上述数额标准，但具有下列情形之一的：

1. 致使公司资不抵债或者无法正常经营的；
2. 公司发起人、股东合谋虚假出资、抽逃出资的；
3. 两年内因虚假出资、抽逃出资受过行政处罚二次以上，又虚假出资、抽逃出资的；
4. 利用虚假出资、抽逃出资所得资金进行违法活动的。

（五）其他严重后果或者有其他严重情节的情形。

第八十八条　本规定中的"虽未达到上述数额标准"，是指接近上述数额标准且已达到该数额的百分之八十以上的。

第九十条　本规定中的立案追诉标准，除法律、司法解释、本规定中另有规定的以外，适用于相应的单位犯罪。

第九十一条　本规定中的"以上"，包括本数。

● 定罪

1. 犯罪主体

（参见第一百五十八条【定罪】1. 犯罪主体）

2. 罪与非罪

（参见第一百五十八条【定罪】2. 罪与非罪）

3. 跨时限案件的处理

（参见第一百五十八条【定罪】3. 跨时限案件的处理）

第一百六十条① 　【欺诈发行证券罪】在招股说明书、认股书、公司、企业债券募集办法等发行文件中隐瞒重要事实或者编造重大虚假内容，发行股票或者公司、企业债券、存托凭证或者国务院依法认定的其他证券，数额巨大、后果严重或者有其他严重情节的，处五年以下有期徒刑或者拘役，并处或者单处罚金；数额特别巨大、后果特别严重或者有其他特别严重情节的，处五年以上有期徒刑，并处罚金。

控股股东、实际控制人组织、指使实施前款行为的，处五年以下有期徒刑或者拘役，并处或者单处非法募集资金金额百分之二十以上一倍以下罚金；数额特别巨大、后果特别严重或者有其他特别严重情节的，处五年以上有期徒刑，并处非法募集资金金额百分之二十以上一倍以下罚金。

单位犯前两款罪的，对单位判处非法募集资金金额百分之二十以上一倍以下罚金，并对其直接负责的主管人员和其他直接责任人员，依照第一款的规定处罚。

● 立案追诉标准

最高人民检察院、公安部关于公安机关管辖的刑事案件立案追诉标准的规定（二）（2010年5月7日）

第五条　[欺诈发行股票、债券案（刑法第一百六十条）] 在招股说明书、认股书、公司、企业债券募集办法中隐瞒重要事实或者编造重大虚假内容，发行股票或者公司、企业债券，涉嫌下列情形之一的，应予立案追诉：

（一）发行数额在五百万元以上的；

---

① 编者注：《刑法修正案（十一）》在第一款中增加了"等发行文件""存托凭证"的表述，删除了根据非法募集资金金额确定罚金数额的规定，增设了加重犯即"数额特别巨大、后果特别严重或者有其他特别严重情节的，处五年以上有期徒刑，并处罚金"；第二款为新增；第三款增设了根据"非法募集资金金额"在"百分之二十以上一倍以下"确定"罚金"的规定，对直接责任人员的处罚由"处五年以下有期徒刑或者拘役"调整为"依照第一款的规定处罚"。

（二）伪造、变造国家机关公文、有效证明文件或者相关凭证、单据的；

（三）利用募集的资金进行违法活动的；

（四）转移或者隐瞒所募集资金的；

（五）其他后果严重或者有其他严重情节的情形。

第九十条　本规定中的立案追诉标准，除法律、司法解释、本规定中另有规定的以外，适用于相应的单位犯罪。

第九十一条　本规定中的"以上"，包括本数。

第一百六十一条①　【违规披露、不披露重要信息罪】依法负有信息披露义务的公司、企业向股东和社会公众提供虚假的或者隐瞒重要事实的财务会计报告，或者对依法应当披露的其他重要信息不按照规定披露，严重损害股东或者其他人利益，或者有其他严重情节的，对其直接负责的主管人员和其他直接责任人员，处五年以下有期徒刑或者拘役，并处或者单处罚金；情节特别严重的，处五年以上十年以下有期徒刑，并处罚金。

前款规定的公司、企业的控股股东、实际控制人实施或者组织、指使实施前款行为的，或者隐瞒相关事项导致前款规定的情形发生的，依照前款的规定处罚。

犯前款罪的控股股东、实际控制人是单位的，对单位判处罚金，并对其直接负责的主管人员和其他直接责任人员，依照第一款的规定处罚。

● 立案追诉标准

最高人民检察院、公安部关于公安机关管辖的刑事案件立案追诉标准的规定（二）（2010年5月7日）

第六条　[违规披露、不披露重要信息案（刑法第一百六十一条）] 依法负

---

① 编者注：《刑法修正案（十一）》将违规披露、不披露重要信息罪的起刑点由原来的三年调整为目前的五年，同时增设了加重刑即"情节特别严重的，处五年以上十年以下有期徒刑，并处罚金"；第二款、第三款均为新增。

有信息披露义务的公司、企业向股东和社会公众提供虚假的或者隐瞒重要事实的财务会计报告，或者对依法应当披露的其他重要信息不按照规定披露，涉嫌下列情形之一的，应予立案追诉：

（一）造成股东、债权人或者其他人直接经济损失数额累计在五十万元以上的；

（二）虚增或者虚减资产达到当期披露的资产总额百分之三十以上的；

（三）虚增或者虚减利润达到当期披露的利润总额百分之三十以上的；

（四）未按照规定披露的重大诉讼、仲裁、担保、关联交易或者其他重大事项所涉及的数额或者连续十二个月的累计数额占净资产百分之五十以上的；

（五）致使公司发行的股票、公司债券或者国务院依法认定的其他证券被终止上市交易或者多次被暂停上市交易的；

（六）致使不符合发行条件的公司、企业骗取发行核准并且上市交易的；

（七）在公司财务会计报告中将亏损披露为盈利，或者将盈利披露为亏损的；

（八）多次提供虚假的或者隐瞒重要事实的财务会计报告，或者多次对依法应当披露的其他重要信息不按照规定披露的；

（九）其他严重损害股东、债权人或者其他人利益，或者有其他严重情节的情形。

第九十一条　本规定中的"以上"，包括本数。

● 定罪

单位违规披露、不披露重要信息行为的处理

最高人民检察院关于印发最高人民检察院第十七批指导性案例的通知（2020年2月5日）

博元投资股份有限公司、余蒂妮等人违规披露、不披露重要信息案（检例第66号）

【要旨】刑法规定违规披露、不披露重要信息罪只处罚单位直接负责的主管人员和其他直接责任人员，不处罚单位。公安机关以本罪将单位移送起诉的，检察机关应当对单位直接负责的主管人员及其他直接责任人员提起公诉，对单位依法作出不起诉决定。对单位需要给予行政处罚的，检察机关应当提出检察意见，移送证券监督管理部门依法处理。

> **第一百六十二条 【妨害清算罪】** 公司、企业进行清算时,隐匿财产,对资产负债表或者财产清单作虚伪记载或者在未清偿债务前分配公司、企业财产,严重损害债权人或者其他人利益的,对其直接负责的主管人员和其他直接责任人员,处五年以下有期徒刑或者拘役,并处或者单处二万元以上二十万元以下罚金。

● 立案追诉标准

最高人民检察院、公安部关于公安机关管辖的刑事案件立案追诉标准的规定(二)(2010年5月7日)

第七条 [妨害清算案(刑法第一百六十二条)]公司、企业进行清算时,隐匿财产,对资产负债表或者财产清单作虚伪记载或者在未清偿债务前分配公司、企业财产,涉嫌下列情形之一的,应予立案追诉:

(一)隐匿财产价值在五十万元以上的;

(二)对资产负债表或者财产清单作虚伪记载涉及金额在五十万元以上的;

(三)在未清偿债务前分配公司、企业财产价值在五十万元以上的;

(四)造成债权人或者其他人直接经济损失数额累计在十万元以上的;

(五)虽未达到上述数额标准,但应清偿的职工的工资、社会保险费用和法定补偿金得不到及时清偿,造成恶劣社会影响的;

(六)其他严重损害债权人或者其他人利益的情形。

第八十八条 本规定中的"虽未达到上述数额标准",是指接近上述数额标准且已达到该数额的百分之八十以上的。

第九十一条 本规定中的"以上",包括本数。

> **第一百六十二条之一 【隐匿、故意销毁会计凭证、会计账簿、财务会计报告罪】** 隐匿或者故意销毁依法应当保存的会计凭证、会计账簿、财务会计报告,情节严重的,处五年以下有期徒刑或者拘役,并处或者单处二万元以上二十万元以下罚金。
>
> 单位犯前款罪的,对单位判处罚金,并对其直接负责的主管人员和其他直接责任人员,依照前款的规定处罚。

● 立案追诉标准

最高人民检察院、公安部关于公安机关管辖的刑事案件立案追诉标准的规定（二）（2010年5月7日）

第八条 [隐匿、故意销毁会计凭证、会计账簿、财务会计报告案（刑法第一百六十二条之一）] 隐匿或者故意销毁依法应当保存的会计凭证、会计账簿、财务会计报告，涉嫌下列情形之一的，应予立案追诉：

（一）隐匿、故意销毁的会计凭证、会计账簿、财务会计报告涉及金额在五十万元以上的；

（二）依法应当向司法机关、行政机关、有关主管部门等提供而隐匿、故意销毁或者拒不交出会计凭证、会计账簿、财务会计报告的；

（三）其他情节严重的情形。

第九十条 本规定中的立案追诉标准，除法律、司法解释、本规定中另有规定的以外，适用于相应的单位犯罪。

第九十一条 本规定中的"以上"，包括本数。

● 定罪

犯罪主体

全国人民代表大会常务委员会法制工作委员会关于对"隐匿、销毁会计凭证、会计账簿、财务会计报告构成犯罪的主体范围"问题的答复意见（2002年1月14日）

根据全国人大常委会1999年12月25日刑法修正案第一条的规定，任何单位和个人在办理会计事务时对依法应当保存的会计凭证、会计账簿、财务会计报告，进行隐匿、销毁，情节严重的，构成犯罪，应当依法追究其刑事责任。

第一百六十二条之二 【虚假破产罪】公司、企业通过隐匿财产、承担虚构的债务或者以其他方法转移、处分财产，实施虚假破产，严重损害债权人或者其他人利益的，对其直接负责的主管人员和其他直接责任人员，处五年以下有期徒刑或者拘役，并处或者单处二万元以上二十万元以下罚金。

● 立案追诉标准

最高人民检察院、公安部关于公安机关管辖的刑事案件立案追诉标准的规定（二）（2010年5月7日）

第九条 ［虚假破产案（刑法第一百六十二条之二）］公司、企业通过隐匿财产、承担虚构的债务或者以其他方法转移、处分财产，实施虚假破产，涉嫌下列情形之一的，应予立案追诉：

（一）隐匿财产价值在五十万元以上的；

（二）承担虚构的债务涉及金额在五十万元以上的；

（三）以其他方法转移、处分财产价值在五十万元以上的；

（四）造成债权人或者其他人直接经济损失数额累计在十万元以上的；

（五）虽未达到上述数额标准，但应清偿的职工的工资、社会保险费用和法定补偿金得不到及时清偿，造成恶劣社会影响的；

（六）其他严重损害债权人或者其他人利益的情形。

第八十八条 本规定中的"虽未达到上述数额标准"，是指接近上述数额标准且已达到该数额的百分之八十以上的。

第九十条 本规定中的立案追诉标准，除法律、司法解释、本规定中另有规定的以外，适用于相应的单位犯罪。

第九十一条 本规定中的"以上"，包括本数。

第一百六十三条 【非国家工作人员受贿罪】 公司、企业或者其他单位的工作人员，利用职务上的便利，索取他人财物或者非法收受他人财物，为他人谋取利益，数额较大的，处三年以下有期徒刑或者拘役，并处罚金；数额巨大或者有其他严重情节的，处三年以上十年以下有期徒刑，并处罚金；数额特别巨大或者有其他特别严重情节的，处十年以上有期徒刑或者无期徒刑，并处罚金。[1]

---

[1] 编者注：《刑法修正案（十一）》比照《刑法》关于受贿罪的规定，调整了非国家工作人员受贿罪的法定刑档次。

> 公司、企业或者其他单位的工作人员在经济往来中，利用职务上的便利，违反国家规定，收受各种名义的回扣、手续费，归个人所有的，依照前款的规定处罚。
>
> 国有公司、企业或者其他国有单位中从事公务的人员和国有公司、企业或者其他国有单位委派到非国有公司、企业以及其他单位从事公务的人员有前两款行为的，依照本法第三百八十五条、第三百八十六条的规定定罪处罚。

● 关联法条

第九十六条、第一百八十四条

● 定罪

1. "其他单位""公司、企业或者其他单位的工作人员"的认定

最高人民法院、最高人民检察院关于办理商业贿赂刑事案件适用法律若干问题的意见（2008年11月20日）

二、刑法第一百六十三条、第一百六十四条规定的"其他单位"，既包括事业单位、社会团体、村民委员会、居民委员会、村民小组等常设性的组织，也包括为组织体育赛事、文艺演出或者其他正当活动而成立的组委会、筹委会、工程承包队等非常设性的组织。

三、刑法第一百六十三条、第一百六十四条规定的"公司、企业或者其他单位的工作人员"，包括国有公司、企业以及其他国有单位中的非国家工作人员。

2. "财物"的认定

最高人民法院、最高人民检察院关于办理贪污贿赂刑事案件适用法律若干问题的解释（2016年4月18日）

第十二条　贿赂犯罪中的"财物"，包括货币、物品和财产性利益。财产性利益包括可以折算为货币的物质利益如房屋装修、债务免除等，以及需要支付货币的其他利益如会员服务、旅游等。后者的犯罪数额，以实际支付或者应当支付的数额计算。

3. "为他人谋取利益"的认定

最高人民法院、最高人民检察院关于办理贪污贿赂刑事案件适用法律若干问题的解释（2016年4月18日）

第十三条 具有下列情形之一的，应当认定为"为他人谋取利益"，构成犯罪的，应当依照刑法关于受贿犯罪的规定定罪处罚：

（一）实际或者承诺为他人谋取利益的；

（二）明知他人有具体请托事项的；

（三）履职时未被请托，但事后基于该履职事由收受他人财物的。

国家工作人员索取、收受具有上下级关系的下属或者具有行政管理关系的被管理人员的财物价值三万元以上，可能影响职权行使的，视为承诺为他人谋取利益。

4. "数额较大""数额巨大"的认定

最高人民法院、最高人民检察院关于办理贪污贿赂刑事案件适用法律若干问题的解释（2016年4月18日）

第十一条第一款 刑法第一百六十三条规定的非国家工作人员受贿罪、第二百七十一条规定的职务侵占罪中"数额较大""数额巨大"的数额起点，按照本解释关于受贿罪、贪污罪相对应的数额标准规定的二倍、五倍执行。

第一条第一款 贪污或者受贿数额在三万元以上不满二十万元的，应当认定为刑法第三百八十三条第一款规定的"数额较大"，依法判处三年以下有期徒刑或者拘役，并处罚金。

第二条第一款 贪污或者受贿数额在二十万元以上不满三百万元的，应当认定为刑法第三百八十三条第一款规定的"数额巨大"，依法判处三年以上十年以下有期徒刑，并处罚金或者没收财产。

5. 受贿数额的认定

最高人民法院、最高人民检察院关于办理商业贿赂刑事案件适用法律若干问题的意见（2008年11月20日）

七、商业贿赂中的财物，既包括金钱和实物，也包括可以用金钱计算数额的财产性利益，如提供房屋装修、含有金额的会员卡、代币卡（券）、旅游费用等。具体数额以实际支付的资费为准。

八、收受银行卡的，不论受贿人是否实际取出或者消费，卡内的存款数额一般应全额认定为受贿数额。使用银行卡透支的，如果由给予银行卡的一方承担还款责任，透支数额也应当认定为受贿数额。

6. 贿赂、馈赠的区分

最高人民法院、最高人民检察院关于办理商业贿赂刑事案件适用法律若干问题的意见（2008年11月20日）

十、办理商业贿赂犯罪案件，要注意区分贿赂与馈赠的界限。主要应当结合以下因素全面分析、综合判断：

（1）发生财物往来的背景，如双方是否存在亲友关系及历史上交往的情形和程度；

（2）往来财物的价值；

（3）财物往来的缘由、时机和方式，提供财物方对于接受方有无职务上的请托；

（4）接受方是否利用职务上的便利为提供方谋取利益。

7. 非国家工作人员与国家工作人员共同收受他人财物行为的定性

最高人民法院、最高人民检察院关于办理商业贿赂刑事案件适用法律若干问题的意见（2008年11月20日）

十一、非国家工作人员与国家工作人员通谋，共同收受他人财物，构成共同犯罪的，根据双方利用职务便利的具体情形分别定罪追究刑事责任：

（1）利用国家工作人员的职务便利为他人谋取利益的，以受贿罪追究刑事责任。

（2）利用非国家工作人员的职务便利为他人谋取利益的，以非国家工作人员受贿罪追究刑事责任。

（3）分别利用各自的职务便利为他人谋取利益的，按照主犯的犯罪性质追究刑事责任，不能分清主从犯的，可以受贿罪追究刑事责任。

8. 足球裁判受贿行为的定性

最高人民检察院依法严肃处理足球"黑哨"腐败问题的通知（2002年2月25日）

根据目前我国足球行业管理体制现状和体育法等有关规定，对于足球裁判的受贿行为，可以依照刑法第一百六十三条的规定，以公司、企业人员受贿罪[①]依法批捕、提起公诉；对于国家工作人员涉嫌贿赂犯罪的案件，应当依法立案侦查、提起公诉，追究刑事责任；对于其他相关的犯罪行为，应根据案件的具体情况，确定适用刑法问题。

---

① 编者注：该罪名已改为"非国家工作人员受贿罪"。

9. 一罪与数罪

最高人民法院、最高人民检察院关于办理商业贿赂刑事案件适用法律若干问题的意见（2008年11月20日）

四、医疗机构中的国家工作人员，在药品、医疗器械、医用卫生材料等医药产品采购活动中，利用职务上的便利，索取销售方财物，或者非法收受销售方财物，为销售方谋取利益，构成犯罪的，依照刑法第三百八十五条的规定，以受贿罪定罪处罚。

医疗机构中的非国家工作人员，有前款行为，数额较大的，依照刑法第一百六十三条的规定，以非国家工作人员受贿罪定罪处罚。

医疗机构中的医务人员，利用开处方的职务便利，以各种名义非法收受药品、医疗器械、医用卫生材料等医药产品销售方财物，为医药产品销售方谋取利益，数额较大的，依照刑法第一百六十三条的规定，以非国家工作人员受贿罪定罪处罚。

五、学校及其他教育机构中的国家工作人员，在教材、教具、校服或者其他物品的采购等活动中，利用职务上的便利，索取销售方财物，或者非法收受销售方财物，为销售方谋取利益，构成犯罪的，依照刑法第三百八十五条的规定，以受贿罪定罪处罚。

学校及其他教育机构中的非国家工作人员，有前款行为，数额较大的，依照刑法第一百六十三条的规定，以非国家工作人员受贿罪定罪处罚。

学校及其他教育机构中的教师，利用教学活动的职务便利，以各种名义非法收受教材、教具、校服或者其他物品销售方财物，为教材、教具、校服或者其他物品销售方谋取利益，数额较大的，依照刑法第一百六十三条的规定，以非国家工作人员受贿罪定罪处罚。

六、依法组建的评标委员会、竞争性谈判采购中谈判小组、询价采购中询价小组的组成人员，在招标、政府采购等事项的评标或者采购活动中，索取他人财物或者非法收受他人财物，为他人谋取利益，数额较大的，依照刑法第一百六十三条的规定，以非国家工作人员受贿罪定罪处罚。

依法组建的评标委员会、竞争性谈判采购中谈判小组、询价采购中询价小组中国家机关或者其他国有单位的代表有前款行为的，依照刑法第三百八十五条的规定，以受贿罪定罪处罚。

最高人民法院、最高人民检察院关于办理贪污贿赂刑事案件适用法律若干问题的解释（2016年4月18日）

第十七条　国家工作人员利用职务上的便利，收受他人财物，为他人谋取利益，同时构成受贿罪和刑法分则第三章第三节、第九章规定的渎职犯罪的，除刑法另有规定外，以受贿罪和渎职犯罪数罪并罚。

10. 违法所得的处理

最高人民法院、最高人民检察院关于办理贪污贿赂刑事案件适用法律若干问题的解释（2016年4月18日）

第十八条 贪污贿赂犯罪分子违法所得的一切财物，应当依照刑法第六十四条的规定予以追缴或者责令退赔，对被害人的合法财产应当及时返还。对尚未追缴到案或者尚未足额退赔的违法所得，应当继续追缴或者责令退赔。

● 量刑

宽严相济刑事政策的贯彻

最高人民法院刑二庭：宽严相济在经济犯罪和职务犯罪案件审判中的具体贯彻（《人民法院报》2010年4月7日第6版）

二、宽严相济刑事政策在职务犯罪案件审判中的具体贯彻

（二）关于政策法律界限。在坚持依法从严惩处职务犯罪的同时，同样需要根据《意见》第14条、第25条的规定，体现宽严"相济"，做到严中有宽、宽以济严。以贿赂犯罪为例说明如下：（1）对于收受财物后于案发前退还或上交所收财物的，应当区分情况做出不同处理：收受请托人财物后及时退还或者上交的，因其受贿故意不能确定，同时为了感化、教育潜在受贿犯罪分子，故不宜以受贿处理；受贿后因自身或者与其受贿有关联的人、事被查处，为掩饰犯罪而退还或者上交的，因受贿行为既已完毕，且无主动悔罪之意思，故不影响受贿罪的认定。(2) 对于行业、领域内带有一定普遍性、涉案人员众多的案件，要注意区别对待，防止因打击面过宽导致不良的社会效果。特别是对于普通医生的商业贿赂犯罪问题，更要注意运用多种手段治理应对。对收受回扣数额大的；明知药品伪劣，但为收受回扣而要求医院予以采购的；为收受回扣而给病人大量开药或者使用不对症药品，造成严重后果的；收受回扣造成其他严重影响的等情形，应依法追究刑事责任。(3) 对于性质恶劣、情节严重、涉案范围广、影响面大的商业贿赂犯罪案件，特别是对于顶风作案的，或者案发后隐瞒犯罪事实、毁灭证据、订立攻守同盟、负案潜逃等企图逃避法律追究的，应当依照《意见》第8条第2款的规定依法从严惩处的同时，对于在自查自纠中主动向单位、行业主管（监管）部门讲

清问题、积极退赃的，或者检举、揭发他人犯罪行为，有自首、立功情节的，应当依照《意见》有关规定依法从轻、减轻或者免予处罚。

> **第一百六十四条　【对非国家工作人员行贿罪】**为谋取不正当利益，给予公司、企业或者其他单位的工作人员以财物，数额较大的，处三年以下有期徒刑或者拘役，并处罚金；数额巨大的，处三年以上十年以下有期徒刑，并处罚金。
>
> **【对外国公职人员、国际公共组织官员行贿罪】**为谋取不正当商业利益，给予外国公职人员或者国际公共组织官员以财物的，依照前款的规定处罚。
>
> 单位犯前两款罪的，对单位判处罚金，并对其直接负责的主管人员和其他直接责任人员，依照第一款的规定处罚。
>
> 行贿人在被追诉前主动交待行贿行为的，可以减轻处罚或者免除处罚。

● 立案追诉标准

最高人民检察院、公安部关于公安机关管辖的刑事案件立案追诉标准的规定（二）（2010年5月7日）

第十一条　［对非国家工作人员行贿案（刑法第一百六十四条）］为谋取不正当利益，给予公司、企业或者其他单位的工作人员以财物……单位行贿数额在二十万元以上的，应予立案追诉。

最高人民检察院、公安部关于公安机关管辖的刑事案件立案追诉标准的规定（二）的补充规定（2011年11月14日）

一、在《最高人民检察院、公安部关于公安机关管辖的刑事案件立案追诉标准的规定（二）》中增加第十一条之一：［对外国公职人员、国际公共组织官员行贿案（刑法第一百六十四条第二款）］

为谋取不正当商业利益，给予外国公职人员或者国际公共组织官员以财物，个人行贿数额在一万元以上的，单位行贿数额在二十万元以上的，应予立案追诉。

● 定罪

1. "谋取不正当利益"的认定

最高人民法院、最高人民检察院关于办理商业贿赂刑事案件适用法律若干问题的意见（2008年11月20日）

九、在行贿犯罪中，"谋取不正当利益"，是指行贿人谋取违反法律、法规、规章或者政策规定的利益，或者要求对方违反法律、法规、规章、政策、行业规范的规定提供帮助或者方便条件。

在招标投标、政府采购等商业活动中，违背公平原则，给予相关人员财物以谋取竞争优势的，属于"谋取不正当利益"。

2. "其他单位""公司、企业或者其他单位的工作人员"的认定

（参见第一百六十三条【定罪】1."其他单位""公司、企业或者其他单位的工作人员"的认定）

3. "财物"的认定

（参见第一百六十三条【定罪】2."财物"的认定）

4. "数额较大""数额巨大"的认定

最高人民法院、最高人民检察院关于办理贪污贿赂刑事案件适用法律若干问题的解释（2016年4月18日）

第十一条第三款 刑法第一百六十四条第一款规定的对非国家工作人员行贿罪中的"数额较大""数额巨大"的数额起点，按照本解释第七条、第八条第一款关于行贿罪的数额标准规定的二倍执行。

第七条 为谋取不正当利益，向国家工作人员行贿，数额在三万元以上的，应当依照刑法第三百九十条的规定以行贿罪追究刑事责任。

行贿数额在一万元以上不满三万元，具有下列情形之一的，应当依照刑法第三百九十条的规定以行贿罪追究刑事责任：

（一）向三人以上行贿的；

（二）将违法所得用于行贿的；

（三）通过行贿谋取职务提拔、调整的；

（四）向负有食品、药品、安全生产、环境保护等监督管理职责的国家工作人员行贿，实施非法活动的；

（五）向司法工作人员行贿，影响司法公正的；

（六）造成经济损失数额在五十万元以上不满一百万元的。

第八条第一款　犯行贿罪，具有下列情形之一的，应当认定为刑法第三百九十条第一款规定的"情节严重"：

（一）行贿数额在一百万元以上不满五百万元的；

（二）行贿数额在五十万元以上不满一百万元，并具有本解释第七条第二款第一项至第五项规定的情形之一的；

（三）其他严重的情节。

5. 受贿数额的认定

（参见第一百六十三条【定罪】5. 受贿数额的认定）

6. 贿赂、馈赠的区分

（参见第一百六十三条【定罪】6. 贿赂、馈赠的区分）

第一百六十五条　【非法经营同类营业罪】国有公司、企业的董事、经理利用职务便利，自己经营或者为他人经营与其所任职公司、企业同类的营业，获取非法利益，数额巨大的，处三年以下有期徒刑或者拘役，并处或者单处罚金；数额特别巨大的，处三年以上七年以下有期徒刑，并处罚金。

● 立案追诉标准

最高人民检察院、公安部关于公安机关管辖的刑事案件立案追诉标准的规定（二）（2010年5月7日）

第十二条　[非法经营同类营业案（刑法第一百六十五条）] 国有公司、企业的董事、经理利用职务便利，自己经营或者为他人经营与其所任职公司、企业同类的营业，获取非法利益，数额在十万元以上的，应予立案追诉。

第九十一条　本规定中的"以上"，包括本数。

第一百六十六条 【为亲友非法牟利罪】国有公司、企业、事业单位的工作人员，利用职务便利，有下列情形之一，使国家利益遭受重大损失的，处三年以下有期徒刑或者拘役，并处或者单处罚金；致使国家利益遭受特别重大损失的，处三年以上七年以下有期徒刑，并处罚金：

（一）将本单位的盈利业务交由自己的亲友进行经营的；

（二）以明显高于市场的价格向自己的亲友经营管理的单位采购商品或者以明显低于市场的价格向自己的亲友经营管理的单位销售商品的；

（三）向自己的亲友经营管理的单位采购不合格商品的。

● 立案追诉标准

最高人民检察院、公安部关于公安机关管辖的刑事案件立案追诉标准的规定（二）（2010年5月7日）

第十三条 ［为亲友非法牟利案（刑法第一百六十六条）］国有公司、企业、事业单位的工作人员，利用职务便利，为亲友非法牟利，涉嫌下列情形之一的，应予立案追诉：

（一）造成国家直接经济损失数额在十万元以上的；

（二）使其亲友非法获利数额在二十万元以上的；

（三）造成有关单位破产、停业、停产六个月以上，或者被吊销许可证和营业执照、责令关闭、撤销、解散的；

（四）其他致使国家利益遭受重大损失的情形。

第九十一条 本规定中的"以上"，包括本数。

第一百六十七条 【签订、履行合同失职被骗罪】国有公司、企业、事业单位直接负责的主管人员，在签订、履行合同过程中，因严重不负责任被诈骗，致使国家利益遭受重大损失的，处三年以下有期徒刑或者拘役；致使国家利益遭受特别重大损失的，处三年以上七年以下有期徒刑。

● 立案追诉标准

最高人民检察院、公安部关于公安机关管辖的刑事案件立案追诉标准的规定（二）（2010年5月7日）

第十四条　［签订、履行合同失职被骗案（刑法第一百六十七条）］国有公司、企业、事业单位直接负责的主管人员，在签订、履行合同过程中，因严重不负责任被诈骗，涉嫌下列情形之一的，应予立案追诉：

（一）造成国家直接经济损失数额在五十万元以上的；

（二）造成有关单位破产、停业、停产六个月以上，或者被吊销许可证和营业执照、责令关闭、撤销、解散的；

（三）其他致使国家利益遭受重大损失的情形。

金融机构、从事对外贸易经营活动的公司、企业的工作人员严重不负责任，造成一百万美元以上外汇被骗购或者逃汇一千万美元以上的，应予立案追诉。

本条规定的"诈骗"，是指对方当事人的行为已经涉嫌诈骗犯罪，不以对方当事人已经被人民法院判决构成诈骗犯罪作为立案追诉的前提。

第九十一条　本规定中的"以上"，包括本数。

● 定罪

1. 严重不负责任造成大量外汇被骗购或者逃汇，致使国家利益遭受重大损失的定性

全国人民代表大会常务委员会关于惩治骗购外汇、逃汇和非法买卖外汇犯罪的决定（1998年12月29日）

七、金融机构、从事对外贸易经营活动的公司、企业的工作人员严重不负责任，造成大量外汇被骗购或者逃汇，致使国家利益遭受重大损失的，依照刑法第一百六十七条的规定定罪处罚。

2. 签订、履行合同失职被骗罪以对方当事人涉嫌诈骗构成犯罪为前提

最高人民法院刑事审判第二庭关于签订、履行合同失职被骗犯罪是否以对方当事人的行为构成诈骗犯罪为要件的意见（2001年4月）

认定签订、履行合同失职被骗罪和国家机关工作人员签订、履行合同失职罪，应当以对方当事人涉嫌诈骗，行为构成犯罪为前提。但司法机关在办理或者审判行为人被指控犯上述两罪的案件过程中，不能以对方当事人已经被人民法院判决构成诈骗犯罪作为认定本案当事人构成签订、履行合同失职被骗罪或者国家机关工作人员签订、履行合同失职罪的前提。也就是说，司法机关在办理案件过程中，只要认定对方当事人的行为已经涉嫌构成诈骗犯罪，就可依法认定行为人构成签订、履行合同失职被骗罪或者国家机关工作人员签订、履行合同失职罪，而不需要搁置或者中止审理，直至对方当事人被人民法院审理并判决构成诈骗犯罪。

> **第一百六十八条　【国有公司、企业、事业单位人员失职罪】【国有公司、企业、事业单位人员滥用职权罪】** 国有公司、企业的工作人员，由于严重不负责任或者滥用职权，造成国有公司、企业破产或者严重损失，致使国家利益遭受重大损失的，处三年以下有期徒刑或者拘役；致使国家利益遭受特别重大损失的，处三年以上七年以下有期徒刑。
>
> 国有事业单位的工作人员有前款行为，致使国家利益遭受重大损失的，依照前款的规定处罚。
>
> 国有公司、企业、事业单位的工作人员，徇私舞弊，犯前两款罪的，依照第一款的规定从重处罚。

● 立案追诉标准

最高人民检察院、公安部关于公安机关管辖的刑事案件立案追诉标准的规定（二）（2010年5月7日）

第十五条　［国有公司、企业、事业单位人员失职案（刑法第一百六十八条）］国有公司、企业、事业单位的工作人员，严重不负责任，涉嫌下列情形之一的，应予立案追诉：

（一）造成国家直接经济损失数额在五十万元以上的；

（二）造成有关单位破产、停业、停产一年以上，或者被吊销许可证和营业执照、责令关闭、撤销、解散的；

（三）其他致使国家利益遭受重大损失的情形。

第十六条　［国有公司、企业、事业单位人员滥用职权案（刑法第一百六十八条）］国有公司、企业、事业单位的工作人员，滥用职权，涉嫌下列情形之一的，应予立案追诉：

（一）造成国家直接经济损失数额在三十万元以上的；

（二）造成有关单位破产、停业、停产六个月以上，或者被吊销许可证和营业执照、责令关闭、撤销、解散的；

（三）其他致使国家利益遭受重大损失的情形。

第九十一条 本规定中的"以上"，包括本数。

● 定罪

1. 国有公司、企业人员的认定

最高人民法院关于如何认定国有控股、参股股份有限公司中的国有公司、企业人员的解释（2005年8月11日）

国有公司、企业委派到国有控股、参股公司从事公务的人员，以国有公司、企业人员论。

2. 国有电信企业人员严重不负责任或者滥用职权行为的定性

最高人民法院关于审理扰乱电信市场管理秩序案件具体应用法律若干问题的解释（2000年5月24日）

第六条 国有电信企业的工作人员，由于严重不负责任或者滥用职权，造成国有电信企业破产或者严重损失，致使国家利益遭受重大损失的，依照刑法第一百六十八条的规定定罪处罚。

3. 农业发展银行及其分支机构的工作人员严重不负责任或者滥用职权行为的定性

最高人民检察院研究室关于中国农业发展银行及其分支机构的工作人员法律适用问题的答复（2002年9月23日）

中国农业发展银行及其分支机构的工作人员严重不负责任或者滥用职权，构成犯罪的，应当依照刑法第一百六十八条的规定追究刑事责任。

4. 在预防、控制灾害的工作中严重不负责任或者滥用职权行为的定性

最高人民法院、最高人民检察院关于办理妨害预防、控制突发传染病疫情等灾害的刑事案件具体应用法律若干问题的解释（2003年5月15日）

第四条 国有公司、企业、事业单位的工作人员，在预防、控制突发传染病疫情等灾害的工作中，由于严重不负责任或者滥用职权，造成国有公司、企业破产或者严重损失，致使国家利益遭受重大损失的，依照刑法第一百六十八条的规定,以国有公司、企业、事业单位人员失职罪或者国有公司、企业、事业单位人员滥用职权罪定罪处罚。

第十七条 人民法院、人民检察院办理有关妨害预防、控制突发传染病疫情等灾害的刑事案件,对于有自首、立功等悔罪表现的,依法从轻、减轻、免除处罚或者依法作出不起诉决定。

5. 国家工作人员在企业改制、国有资产处置过程中失职行为的定性

最高人民法院、最高人民检察院关于办理国家出资企业中职务犯罪案件具体应用法律若干问题的意见(2010年11月26日)

一、关于国家出资企业工作人员在改制过程中隐匿公司、企业财产归个人持股的改制后公司、企业所有的行为的处理

……在企业改制过程中未采取低估资产、隐瞒债权、虚设债务、虚构产权交易等方式故意隐匿公司、企业财产的,一般不应当认定为贪污;造成国有资产重大损失,依法构成刑法第一百六十八条或者第一百六十九条规定的犯罪的,依照该规定定罪处罚。

四、关于国家工作人员在企业改制过程中的渎职行为的处理

国家出资企业中的国家工作人员在公司、企业改制或者国有资产处置过程中严重不负责任或者滥用职权,致使国家利益遭受重大损失的,依照刑法第一百六十八条的规定,以国有公司、企业人员失职罪或者国有公司、企业人员滥用职权罪定罪处罚……

六、关于国家出资企业中国家工作人员的认定

经国家机关、国有公司、企业、事业单位提名、推荐、任命、批准等,在国有控股、参股公司及其分支机构中从事公务的人员,应当认定为国家工作人员。具体的任命机构和程序,不影响国家工作人员的认定。

经国家出资企业中负有管理、监督国有资产职责的组织批准或者研究决定,代表其在国有控股、参股公司及其分支机构中从事组织、领导、监督、经营、管理工作的人员,应当认定为国家工作人员。

国家出资企业中的国家工作人员,在国家出资企业中持有个人股份或者同时接受非国有股东委托的,不影响其国家工作人员身份的认定。

七、关于国家出资企业的界定

本意见所称"国家出资企业",包括国家出资的国有独资公司、国有独资企业,以及国有资本控股公司、国有资本参股公司。

是否属于国家出资企业不清楚的,应遵循"谁投资、谁拥有产权"的原则进行界定。企业注册登记中的资金来源与实际出资不符的,应根据实际出资情况确定企业的性质。企业实际出资情况不清楚的,可以综合工商注册、分配形式、经营管理等因素确定企业的性质。

> **第一百六十九条 【徇私舞弊低价折股、出售国有资产罪】** 国有公司、企业或者其上级主管部门直接负责的主管人员,徇私舞弊,将国有资产低价折股或者低价出售,致使国家利益遭受重大损失的,处三年以下有期徒刑或者拘役;致使国家利益遭受特别重大损失的,处三年以上七年以下有期徒刑。

● 立案追诉标准

最高人民检察院、公安部关于公安机关管辖的刑事案件立案追诉标准的规定(二)(2010年5月7日)

第十七条 [徇私舞弊低价折股、出售国有资产案(刑法第一百六十九条)] 国有公司、企业或者其上级主管部门直接负责的主管人员,徇私舞弊,将国有资产低价折股或者低价出售,涉嫌下列情形之一的,应予立案追诉:

(一)造成国家直接经济损失数额在三十万元以上的;

(二)造成有关单位破产、停业、停产六个月以上,或者被吊销许可证和营业执照、责令关闭、撤销、解散的;

(三)其他致使国家利益遭受重大损失的情形。

第九十一条 本规定中的"以上",包括本数。

● 定罪

国家工作人员在企业改制、国有资产处置过程中徇私舞弊行为的定性

(参见第一百六十八条【定罪】5. 国家工作人员在企业改制、国有资产处置过程中失职行为的定性)

第一百六十九条之一 【背信损害上市公司利益罪】上市公司的董事、监事、高级管理人员违背对公司的忠实义务,利用职务便利,操纵上市公司从事下列行为之一,致使上市公司利益遭受重大损失的,处三年以下有期徒刑或者拘役,并处或者单处罚金;致使上市公司利益遭受特别重大损失的,处三年以上七年以下有期徒刑,并处罚金:

(一)无偿向其他单位或者个人提供资金、商品、服务或者其他资产的;

(二)以明显不公平的条件,提供或者接受资金、商品、服务或者其他资产的;

(三)向明显不具有清偿能力的单位或者个人提供资金、商品、服务或者其他资产的;

(四)为明显不具有清偿能力的单位或者个人提供担保,或者无正当理由为其他单位或者个人提供担保的;

(五)无正当理由放弃债权、承担债务的;

(六)采用其他方式损害上市公司利益的。

上市公司的控股股东或者实际控制人,指使上市公司董事、监事、高级管理人员实施前款行为的,依照前款的规定处罚。

犯前款罪的上市公司的控股股东或者实际控制人是单位的,对单位判处罚金,并对其直接负责的主管人员和其他直接责任人员,依照第一款的规定处罚。

● 立案追诉标准

最高人民检察院、公安部关于公安机关管辖的刑事案件立案追诉标准的规定(二)(2010年5月7日)

第十八条 [背信损害上市公司利益案(刑法第一百六十九条之一)]上市公司的董事、监事、高级管理人员违背对公司的忠实义务,利用职务便利,操纵上市公司从事损害上市公司利益的行为,以及上市公司的控股股东或者实际控制人,指使上市公司董事、监事、高级管理人员实施损害上市公司利益的行为，涉嫌下列情形之一的，应予立案追诉：

（一）无偿向其他单位或者个人提供资金、商品、服务或者其他资产，致使上市公司直接经济损失数额在一百五十万元以上的；

（二）以明显不公平的条件，提供或者接受资金、商品、服务或者其他资产，致使上市公司直接经济损失数额在一百五十万元以上的；

（三）向明显不具有清偿能力的单位或者个人提供资金、商品、服务或者其他资产，致使上市公司直接经济损失数额在一百五十万元以上的；

（四）为明显不具有清偿能力的单位或者个人提供担保，或者无正当理由为其他单位或者个人提供担保，致使上市公司直接经济损失数额在一百五十万元以上的；

（五）无正当理由放弃债权、承担债务，致使上市公司直接经济损失数额在一百五十万元以上的；

（六）致使公司发行的股票、公司债券或者国务院依法认定的其他证券被终止上市交易或者多次被暂停上市交易的；

（七）其他致使上市公司利益遭受重大损失的情形。

第九十一条　本规定中的"以上"，包括本数。

第四节　破坏金融管理秩序罪

第一百七十条　【伪造货币罪】伪造货币的，处三年以上十年以下有期徒刑，并处罚金；有下列情形之一的，处十年以上有期徒刑或者无期徒刑，并处罚金或者没收财产：

（一）伪造货币集团的首要分子；

（二）伪造货币数额特别巨大的；

（三）有其他特别严重情节的。

● 关联法条

第一百七十一条第三款

● 立案追诉标准

最高人民检察院、公安部关于公安机关管辖的刑事案件立案追诉标准的规定（二）（2010年5月7日）

第十九条 ［伪造货币案（刑法第一百七十条）］伪造货币，涉嫌下列情形之一的，应予立案追诉：

（一）伪造货币，总面额在二千元以上或者币量在二百张（枚）以上的；

（二）制造货币版样或者为他人伪造货币提供版样的；

（三）其他伪造货币应予追究刑事责任的情形。

本规定中的"货币"是指流通的以下货币：

（一）人民币（含普通纪念币、贵金属纪念币）、港元、澳门元、新台币；

（二）其他国家及地区的法定货币。

贵金属纪念币的面额以中国人民银行授权中国金币总公司的初始发售价格为准。

第九十一条 本规定中的"以上"，包括本数。

● 定罪

1. 入罪数额

最高人民法院关于审理伪造货币等案件具体应用法律若干问题的解释（2000年9月14日）

第一条第一款 伪造货币的总面额在二千元以上不满三万元或者币量在二百张（枚）以上不足三千张（枚）的，依照刑法第一百七十条的规定，处三年以上十年以下有期徒刑。

2. 境外货币犯罪的数额认定

最高人民法院关于审理伪造货币等案件具体应用法律若干问题的解释（二）（2010年11月3日）

第三条 以正在流通的境外货币为对象的假币犯罪，依照刑法第一百七十条至第一百七十三条的规定定罪处罚。

假境外货币犯罪的数额，按照案发当日中国外汇交易中心或者中国人民银行授权机构公布的人民币对该货币的中间价折合成人民币计算。中国外汇交易中心或者中国人民银行授权机构未公布汇率中间价的境外货币，按照案发当日境内银行人民币对该货币的中间价折算成人民币，或者该货币在境内银行、国际外汇市场对美元汇率，与人民币对美元汇率中间价进行套算。

3. "伪造货币"的认定

最高人民法院关于审理伪造货币等案件具体应用法律若干问题的解释（二）（2010年11月3日）

第一条第一款　仿照真货币的图案、形状、色彩等特征非法制造假币，冒充真币的行为，应当认定为刑法第一百七十条规定的"伪造货币"。

4. "伪造货币数额特别巨大"的认定

最高人民法院关于审理伪造货币等案件具体应用法律若干问题的解释（2000年9月14日）

第一条第二款　伪造货币的总面额在三万元以上的，属于"伪造货币数额特别巨大"。

5. 管辖

最高人民法院、最高人民检察院、公安部关于严厉打击假币犯罪活动的通知（2009年9月15日）

二、密切配合，强化合力……根据刑事诉讼法的有关规定，假币犯罪案件的地域管辖应当遵循以犯罪地管辖为主，犯罪嫌疑人居住地管辖为辅的原则。假币犯罪案件中的犯罪地，既包括犯罪预谋地、行为发生地，也包括运输假币的途经地。假币犯罪案件中的犯罪嫌疑人居住地，不仅包括犯罪嫌疑人经常居住地和户籍所在地，也包括其临时居住地。

6. 制造、非法提供货币样板行为的定性

最高人民法院关于审理伪造货币等案件具体应用法律若干问题的解释（2000年9月14日）

第一条第三款　行为人制造货币版样或者与他人事前通谋，为他人伪造货币提供版样的，依照刑法第一百七十条的规定定罪处罚。

7. 制造、出售伪造的台币行为的定性

最高人民法院全国法院审理金融犯罪案件工作座谈会纪要（2001年1月21日）

二、（二）关于破坏金融管理秩序罪

2. 关于假币犯罪

……制造或者出售伪造的台币行为的处理。对于伪造台币的，应当以伪造

货币罪定罪处罚;出售伪造的台币的,应当以出售假币罪定罪处罚。

8. 制造真伪拼凑货币行为的定性

最高人民法院关于审理伪造货币等案件具体应用法律若干问题的解释(二)
(2010年11月3日)

第二条 同时采用伪造和变造手段,制造真伪拼凑货币的行为,依照刑法第一百七十条的规定,以伪造货币罪定罪处罚。

9. 以央行发行的普通纪念币、贵金属纪念币为对象的假币犯罪的定性及数额计算

最高人民法院关于审理伪造货币等案件具体应用法律若干问题的解释(二)
(2010年11月3日)

第四条 以中国人民银行发行的普通纪念币和贵金属纪念币为对象的假币犯罪,依照刑法第一百七十条至第一百七十三条的规定定罪处罚。

假普通纪念币犯罪的数额,以面额计算;假贵金属纪念币犯罪的数额,以贵金属纪念币的初始发售价格计算。

10. 一罪与数罪

最高人民法院全国法院审理金融犯罪案件工作座谈会纪要(2001年1月21日)

二、(二)关于破坏金融管理秩序罪

2. 关于假币犯罪

……假币犯罪罪名的确定。假币犯罪案件中犯罪分子实施数个相关行为的,在确定罪名时应把握以下原则:

(1)对同一宗假币实施了法律规定为选择性罪名的行为,应根据行为人所实施的数个行为,按相关罪名刑法规定的排列顺序并列确定罪名,数额不累计计算,不实行数罪并罚。

(2)对不同宗假币实施法律规定为选择性罪名的行为,并列确定罪名,数额按全部假币面额累计计算,不实行数罪并罚。

(3)对同一宗假币实施了刑法没有规定为选择性罪名的数个犯罪行为,择一重罪从重处罚。如伪造货币或者购买假币后使用的,以伪造货币罪或购买假币罪定罪,从重处罚。

(4)对不同宗假币实施了刑法没有规定为选择性罪名的数个犯罪行为,分别定罪,数罪并罚……

11. **此罪与彼罪**

最高人民法院全国法院审理金融犯罪案件工作座谈会纪要（2001年1月21日）

二、（二）关于破坏金融管理秩序罪

2. 关于假币犯罪

假币犯罪的认定。假币犯罪是一种严重破坏金融管理秩序的犯罪。只要有证据证明行为人实施了出售、购买、运输、使用假币行为，且数额较大，就构成犯罪。伪造货币的，只要实施了伪造行为，不论是否完成全部印制工序，即构成伪造货币罪；对于尚未制造出成品，无法计算伪造、销售假币面额的，或者制造、销售用于伪造货币的版样的，不认定犯罪数额，依据犯罪情节决定刑罚。明知是伪造的货币而持有，数额较大，根据现有证据不能认定行为人是为了进行其他假币犯罪的，以持有假币罪定罪处罚；如果有证据证明其持有的假币已构成其他假币犯罪的，应当以其他假币犯罪定罪处罚……

第一百七十一条　【出售、购买、运输假币罪】出售、购买伪造的货币或者明知是伪造的货币而运输，数额较大的，处三年以下有期徒刑或者拘役，并处二万元以上二十万元以下罚金；数额巨大的，处三年以上十年以下有期徒刑，并处五万元以上五十万元以下罚金；数额特别巨大的，处十年以上有期徒刑或者无期徒刑，并处五万元以上五十万元以下罚金或者没收财产。

【金融工作人员购买假币、以假币换取货币罪】银行或者其他金融机构的工作人员购买伪造的货币或者利用职务上的便利，以伪造的货币换取货币的，处三年以上十年以下有期徒刑，并处二万元以上二十万元以下罚金；数额巨大或者有其他严重情节的，处十年以上有期徒刑或者无期徒刑，并处二万元以上二十万元以下罚金或者没收财产；情节较轻的，处三年以下有期徒刑或者拘役，并处或者单处一万元以上十万元以下罚金。

伪造货币并出售或者运输伪造的货币的，依照本法第一百七十条的规定定罪从重处罚。

● 立案追诉标准

最高人民检察院、公安部关于公安机关管辖的刑事案件立案追诉标准的规定（二）（2010年5月7日）

第二十条　[出售、购买、运输假币案（刑法第一百七十一条第一款）] 出售、购买伪造的货币或者明知是伪造的货币而运输，总面额在四千元以上或者币量在四百张（枚）以上的，应予立案追诉。

在出售假币时被抓获的，除现场查获的假币应认定为出售假币的数额外，现场之外在行为人住所或者其他藏匿地查获的假币，也应认定为出售假币的数额。

第二十一条　[金融工作人员购买假币、以币换取货币案（刑法第一百七十一条第二款）] 银行或者其他金融机构的工作人员购买伪造的货币或者利用职务上的便利，以伪造的货币换取货币，总面额在二千元以上或者币量在二百张（枚）以上的，应予立案追诉。

第九十一条　本规定中的"以上"，包括本数。

● 定罪

1. 第一款"数额较大""数额巨大""数额特别巨大"的认定

最高人民法院关于审理伪造货币等案件具体应用法律若干问题的解释（2000年9月14日）

第三条　出售、购买假币或者明知是假币而运输，总面额在四千元以上不满五万元的，属于"数额较大"；总面额在五万元以上不满二十万元的，属于"数额巨大"；总面额在二十万元以上的，属于"数额特别巨大"，依照刑法第一百七十一条第一款的规定定罪处罚。

2. 第二款"数额较大""数额巨大""情节较轻"的认定

最高人民法院关于审理伪造货币等案件具体应用法律若干问题的解释（2000年9月14日）

第四条　银行或者其他金融机构的工作人员购买假币或者利用职务上的便利，以假币换取货币，总面额在四千元以上不满五万元或者币量在四百张（枚）以上不足五千张（枚）的，处三年以上十年以下有期徒刑，并处二万元以上二十万元以下罚金；总面额在五万元以上或者币量在五千张（枚）以上或者有其他严重情节的，处十年以上有期徒刑或者无期徒刑，并处二万元以上二十万元以下罚金或者没收财产；总面额不满人民币四千元或者币量不足四百张（枚）或者具有其他情节较轻情形的，处三年以下有期徒刑或者拘役，并处或者单处一万元以上十万元以下罚金。

3. 境外货币犯罪的数额认定

（参见第一百七十条【定罪】2. 境外货币犯罪的数额认定）

4. 出售假币被查获部分的处理

最高人民法院全国法院审理金融犯罪案件工作座谈会纪要（2001年1月21日）

二、（二）关于破坏金融管理秩序罪

2. 关于假币犯罪

……出售假币被查获部分的处理。在出售假币时被抓获的，除现场查获的假币应认定为出售假币的犯罪数额外，现场之外在行为人住所或者其他藏匿地查获的假币，亦应认定为出售假币的犯罪数额。但有证据证实后者是行为人有实施其他假币犯罪的除外……

5. 制造、出售伪造的台币行为的定性

（参见第一百七十条【定罪】7. 制造、出售伪造的台币行为的定性）

6. 以央行发行的普通纪念币、贵金属纪念币为对象的假币犯罪的定性及数额计算

（参见第一百七十条【定罪】9. 以央行发行的普通纪念币、贵金属纪念币为对象的假币犯罪的定性及数额计算）

7. 一罪与数罪

最高人民法院关于审理伪造货币等案件具体应用法律若干问题的解释（2000年9月14日）

第二条第二款　行为人出售、运输假币构成犯罪，同时有使用假币行为的，依照刑法第一百七十一条、第一百七十二条的规定，实行数罪并罚。

最高人民法院全国法院审理金融犯罪案件工作座谈会纪要（2001年1月21日）

二、（二）关于破坏金融管理秩序罪

2. 关于假币犯罪

……假币犯罪罪名的确定。假币犯罪案件中犯罪分子实施数个相关行为的，在确定罪名时应把握以下原则：

（1）对同一宗假币实施了法律规定为选择性罪名的行为，应根据行为人所实施的数个行为，按相关罪名刑法规定的排列顺序并列确定罪名，数额不累计计算，不实行数罪并罚。

（2）对不同宗假币实施法律规定选择性罪名的行为，并列确定罪名，数额按全部假币面额累计计算，不实行数罪并罚。

（3）对同一宗假币实施了刑法没有规定为选择性罪名的数个犯罪行为，择一重罪从重处罚。如伪造货币或者购买假币后使用的，以伪造货币罪或购买假币罪定罪，从重处罚。

（4）对不同宗假币实施了刑法没有规定为选择性罪名的数个犯罪行为，分别定罪，数罪并罚……

8. 此罪与彼罪

（参见第一百七十条【定罪】11. 此罪与彼罪）

● 量刑

从重处罚

最高人民法院关于审理伪造货币等案件具体应用法律若干问题的解释
（2000年9月14日）

第二条第一款　行为人购买假币后使用，构成犯罪的，依照刑法第一百七十一条的规定，以购买假币罪定罪，从重处罚。

第一百七十二条　【持有、使用假币罪】 明知是伪造的货币而持有、使用，数额较大的，处三年以下有期徒刑或者拘役，并处或者单处一万元以上十万元以下罚金；数额巨大的，处三年以上十年以下有期徒刑，并处二万元以上二十万元以下罚金；数额特别巨大的，处十年以上有期徒刑，并处五万元以上五十万元以下罚金或者没收财产。

● 立案追诉标准

最高人民检察院、公安部关于公安机关管辖的刑事案件立案追诉标准的规定（二）（2010年5月7日）

第二十二条 ［持有、使用假币案（刑法第一百七十二条）］明知是伪造的货币而持有、使用，总面额在四千元以上或者币量在四百张（枚）以上的，应予立案追诉。

第九十一条 本规定中的"以上"，包括本数。

● 定罪

1. "数额较大""数额巨大""数额特别巨大"的认定

最高人民法院关于审理伪造货币等案件具体应用法律若干问题的解释（2000年9月14日）

第五条 明知是假币而持有、使用，总面额在四千元以上不满五万元的，属于"数额较大"；总面额在五万元以上不满二十万元的，属于"数额巨大"；总面额在二十万元以上的，属于"数额特别巨大"，依照刑法第一百七十二条的规定定罪处罚。

2. 以央行发行的普通纪念币、贵金属纪念币为对象的假币犯罪的定性及数额计算

（参见第一百七十条【定罪】9. 以央行发行的普通纪念币、贵金属纪念币为对象的假币犯罪的定性及数额计算）

3. 一罪与数罪

最高人民法院关于审理伪造货币等案件具体应用法律若干问题的解释（2000年9月14日）

第二条第二款 行为人出售、运输假币构成犯罪，同时有使用假币行为的，依照刑法第一百七十一条、第一百七十二条的规定，实行数罪并罚。

4. 此罪与彼罪

（参见第一百七十条【定罪】11. 此罪与彼罪）

> 第一百七十三条 【变造货币罪】变造货币，数额较大的，处三年以下有期徒刑或者拘役，并处或者单处一万元以上十万元以下罚金；数额巨大的，处三年以上十年以下有期徒刑，并处二万元以上二十万元以下罚金。

● 立案追诉标准

最高人民检察院、公安部关于公安机关管辖的刑事案件立案追诉标准的规定（二）（2010年5月7日）

第二十三条 [变造货币案（刑法第一百七十三条）] 变造货币，总面额在二千元以上或者币量在二百张（枚）以上的，应予立案追诉。

第九十一条 本规定中的"以上"，包括本数。

● 定罪

1. "数额较大""数额巨大"的认定

最高人民法院关于审理伪造货币等案件具体应用法律若干问题的解释（2000年9月14日）

第六条 变造货币的总面额在二千元以上不满三万元的，属于"数额较大"；总面额在三万元以上的，属于"数额巨大"，依照刑法第一百七十三条的规定定罪处罚。

2. "变造货币"的认定

最高人民法院关于审理伪造货币等案件具体应用法律若干问题的解释（二）（2010年11月3日）

第一条第二款 对真货币采用剪贴、挖补、揭层、涂改、移位、重印等方法加工处理，改变真币形态、价值的行为，应当认定为刑法第一百七十三条规定的"变造货币"。

3. 以央行发行的普通纪念币、贵金属纪念币为对象的假币犯罪的定性及数额计算

（参见第一百七十条【定罪】9. 以央行发行的普通纪念币、贵金属纪念币为对象的假币犯罪的定性及数额计算）

第一百七十四条 【擅自设立金融机构罪】未经国家有关主管部门批准,擅自设立商业银行、证券交易所、期货交易所、证券公司、期货经纪公司、保险公司或者其他金融机构的,处三年以下有期徒刑或者拘役,并处或者单处二万元以上二十万元以下罚金;情节严重的,处三年以上十年以下有期徒刑,并处五万元以上五十万元以下罚金。

【伪造、变造、转让金融机构经营许可证、批准文件罪】伪造、变造、转让商业银行、证券交易所、期货交易所、证券公司、期货经纪公司、保险公司或者其他金融机构的经营许可证或者批准文件的,依照前款的规定处罚。

单位犯前两款罪的,对单位判处罚金,并对其直接负责的主管人员和其他直接责任人员,依照第一款的规定处罚。

● 立案追诉标准

最高人民检察院、公安部关于公安机关管辖的刑事案件立案追诉标准的规定(二)(2010年5月7日)

第二十四条 [擅自设立金融机构案(刑法第一百七十四条第一款)]未经国家有关主管部门批准,擅自设立金融机构,涉嫌下列情形之一的,应予立案追诉:

(一)擅自设立商业银行、证券交易所、期货交易所、证券公司、期货公司、保险公司或者其他金融机构的;

(二)擅自设立商业银行、证券交易所、期货交易所、证券公司、期货公司、保险公司或者其他金融机构筹备组织的。

第二十五条 [伪造、变造、转让金融机构经营许可证、批准文件案(刑法第一百七十四条第二款)]伪造、变造、转让商业银行、证券交易所、期货交易所、证券公司、期货公司、保险公司或者其他金融机构的经营许可证或者批准文件的,应予立案追诉。

第九十条 本规定中的立案追诉标准,除法律、司法解释、本规定中另有规定的以外,适用于相应的单位犯罪。

第九十一条 本规定中的"以上",包括本数。

第一百七十五条 　【高利转贷罪】以转贷牟利为目的,套取金融机构信贷资金高利转贷他人,违法所得数额较大的,处三年以下有期徒刑或者拘役,并处违法所得一倍以上五倍以下罚金;数额巨大的,处三年以上七年以下有期徒刑,并处违法所得一倍以上五倍以下罚金。

单位犯前款罪的,对单位判处罚金,并对其直接负责的主管人员和其他直接责任人员,处三年以下有期徒刑或者拘役。

● 立案追诉标准

最高人民检察院、公安部关于公安机关管辖的刑事案件立案追诉标准的规定(二)(2010年5月7日)

第二十六条　[高利转贷案(刑法第一百七十五条)]以转贷牟利为目的,套取金融机构信贷资金高利转贷他人,涉嫌下列情形之一的,应予立案追诉:

(一)高利转贷,违法所得数额在十万元以上的;

(二)虽未达到上述数额标准,但两年内因高利转贷受过行政处罚二次以上,又高利转贷的。

第九十条　本规定中的立案追诉标准,除法律、司法解释、本规定中另有规定的以外,适用于相应的单位犯罪。

第九十一条　本规定中的"以上",包括本数。

第一百七十五条之一　【骗取贷款、票据承兑、金融票证罪】以欺骗手段取得银行或者其他金融机构贷款、票据承兑、信用证、保函等,给银行或者其他金融机构造成重大损失或者有其他严重情节的,处三年以下有期徒刑或者拘役,并处或者单处罚金;给银行或者其他金融机构造成特别重大损失或者有其他特别严重情节的,处三年以上七年以下有期徒刑,并处罚金。①

单位犯前款罪的,对单位判处罚金,并对其直接负责的主管人员和其他直接责任人员,依照前款的规定处罚。

---

① 编者注:《刑法修正案(十一)》删除了本款前段中"其他金融机构造成重大损失"后"或者有其他严重情节的"表述。

● 立案追诉标准

最高人民检察院、公安部关于公安机关管辖的刑事案件立案追诉标准的规定（二）（2010年5月7日）

第二十七条　[骗取贷款、票据承兑、金融票证案（刑法第一百七十五条之一）] 以欺骗手段取得银行或者其他金融机构贷款、票据承兑、信用证、保函等，涉嫌下列情形之一的，应予立案追诉：

（一）以欺骗手段取得贷款、票据承兑、信用证、保函等，数额在一百万元以上的；

（二）以欺骗手段取得贷款、票据承兑、信用证、保函等，给银行或者其他金融机构造成直接经济损失数额在二十万元以上的；

（三）虽未达到上述数额标准，但多次以欺骗手段取得贷款、票据承兑、信用证、保函等的；

（四）其他给银行或者其他金融机构造成重大损失或者有其他严重情节的情形。

第九十条　本规定中的立案追诉标准，除法律、司法解释、本规定中另有规定的以外，适用于相应的单位犯罪。

第九十一条　本规定中的"以上"，包括本数。

第一百七十六条① 　【非法吸收公众存款罪】非法吸收公众存款或者变相吸收公众存款，扰乱金融秩序的，处三年以下有期徒刑或者拘役，并处或者单处罚金；数额巨大或者有其他严重情节的，处三年以上十年以下有期徒刑，并处罚金；数额特别巨大或者有其他特别严重情节的，处十年以上有期徒刑，并处罚金。

单位犯前款罪的，对单位判处罚金，并对其直接负责的主管人员和其他直接责任人员，依照前款的规定处罚。

有前两款行为，在提起公诉前积极退赃退赔，减少损害结果发生的，可以从轻或者减轻处罚。

---

① 编者注：《刑法修正案（十一）》删除了第一款中原本对于罚金数额的幅度限制，增设了加重犯即"数额特别巨大或者有其他特别严重情节的，处十年以上有期徒刑，并处罚金"；增设了第三款退赃退赔从宽条款。

● 立案追诉标准

最高人民检察院、公安部关于公安机关管辖的刑事案件立案追诉标准的规定（二）（2010年5月7日）

第二十八条 ［非法吸收公众存款案（刑法第一百七十六条）］非法吸收公众存款或者变相吸收公众存款，扰乱金融秩序，涉嫌下列情形之一的，应予立案追诉：

（一）个人非法吸收或者变相吸收公众存款数额在二十万元以上的，单位非法吸收或者变相吸收公众存款数额在一百万元以上的；

（二）个人非法吸收或者变相吸收公众存款三十户以上的，单位非法吸收或者变相吸收公众存款一百五十户以上的；①

（三）个人非法吸收或者变相吸收公众存款给存款人造成直接经济损失数额在十万元以上的，单位非法吸收或者变相吸收公众存款给存款人造成直接经济损失数额在五十万元以上的；

（四）造成恶劣社会影响的；

（五）其他扰乱金融秩序情节严重的情形。

第九十条 本规定中的立案追诉标准，除法律、司法解释、本规定中另有规定的以外，适用于相应的单位犯罪。

第九十一条 本规定中的"以上"，包括本数。

● 定罪

1. 入罪标准

最高人民法院关于审理非法集资刑事案件具体应用法律若干问题的解释（2011年1月4日）

第三条第一款 非法吸收或者变相吸收公众存款，具有下列情形之一的，应当依法追究刑事责任：

（一）个人非法吸收或者变相吸收公众存款，数额在20万元以上的，单位非法吸收或者变相吸收公众存款，数额在100万元以上的；

---

① 编者注：根据《最高人民法院关于审理非法集资刑事案件具体应用法律若干问题的解释》（2011年1月4日）第三条第一款的规定，应以"人"计算，而非"户"。

（二）个人非法吸收或者变相吸收公众存款对象30人以上的，单位非法吸收或者变相吸收公众存款对象150人以上的；

（三）个人非法吸收或者变相吸收公众存款，给存款人造成直接经济损失数额在10万元以上的，单位非法吸收或者变相吸收公众存款，给存款人造成直接经济损失数额在50万元以上的；

（四）造成恶劣社会影响或者其他严重后果的。

2. "非法吸收公众存款或者变相吸收公众存款"的认定

最高人民法院关于审理非法集资刑事案件具体应用法律若干问题的解释（2011年1月4日）

第一条　违反国家金融管理法律规定，向社会公众（包括单位和个人）吸收资金的行为，同时具备下列四个条件的，除刑法另有规定的以外，应当认定为刑法第一百七十六条规定的"非法吸收公众存款或者变相吸收公众存款"：

（一）未经有关部门依法批准或者借用合法经营的形式吸收资金；

（二）通过媒体、推介会、传单、手机短信等途径向社会公开宣传；

（三）承诺在一定期限内以货币、实物、股权等方式还本付息或者给付回报；

（四）向社会公众即社会不特定对象吸收资金的。

未向社会公开宣传，在亲友或者单位内部针对特定对象吸收资金的，不属于非法吸收或者变相吸收公众存款。

第二条　实施下列行为之一，符合本解释第一条第一款规定的条件的，应当依照刑法第一百七十六条的规定，以非法吸收公众存款罪定罪处罚：

（一）不具有房产销售的真实内容或者不以房产销售为主要目的，以返本销售、售后包租、约定回购、销售房产份额等方式非法吸收资金的；

（二）以转让林权并代为管护等方式非法吸收资金的；

（三）以代种植（养殖）、租种植（养殖）、联合种植（养殖）等方式非法吸收资金的；

（四）不具有销售商品、提供服务的真实内容或者不以销售商品、提供服务为主要目的，以商品回购、寄存代售等方式非法吸收资金的；

（五）不具有发行股票、债券的真实内容，以虚假转让股权、发售虚构债券等方式非法吸收资金的；

（六）不具有募集基金的真实内容，以假借境外基金、发售虚构基金等方式非法吸收资金的；

（七）不具有销售保险的真实内容，以假冒保险公司、伪造保险单据等方式非法吸收资金的；

（八）以投资入股的方式非法吸收资金的；

（九）以委托理财的方式非法吸收资金的；

（十）利用民间"会"、"社"等组织非法吸收资金的；

（十一）其他非法吸收资金的行为。

最高人民法院、最高人民检察院、公安部关于办理非法集资刑事案件适用法律若干问题的意见（2014年3月25日）

二、关于"向社会公开宣传"的认定问题

《最高人民法院关于审理非法集资刑事案件具体应用法律若干问题的解释》第一条第一款第二项中的"向社会公开宣传"，包括以各种途径向社会公众传播吸收资金的信息，以及明知吸收资金的信息向社会公众扩散而予以放任等情形。

三、关于"社会公众"的认定问题

下列情形不属于《最高人民法院关于审理非法集资刑事案件具体应用法律若干问题的解释》第一条第二款规定的"针对特定对象吸收资金"的行为，应当认定为向社会公众吸收资金：

（一）在向亲友或者单位内部人员吸收资金的过程中，明知亲友或者单位内部人员向不特定对象吸收资金而予以放任的；

（二）以吸收资金为目的，将社会人员吸收为单位内部人员，并向其吸收资金的。

3. "数额巨大或者有其他严重情节"的认定

最高人民法院关于审理非法集资刑事案件具体应用法律若干问题的解释（2011年1月4日）

第三条第二款　具有下列情形之一的，属于刑法第一百七十六条规定的"数额巨大或者有其他严重情节"：

（一）个人非法吸收或者变相吸收公众存款，数额在100万元以上的，单位非法吸收或者变相吸收公众存款，数额在500万元以上的；

（二）个人非法吸收或者变相吸收公众存款对象100人以上的，单位非法吸收或者变相吸收公众存款对象500人以上的；

（三）个人非法吸收或者变相吸收公众存款，给存款人造成直接经济损失数额在50万元以上的，单位非法吸收或者变相吸收公众存款，给存款人造成直接经济损失数额在 250 万元以上的；

（四）造成特别恶劣社会影响或者其他特别严重后果的。

4. 主观故意的认定

最高人民法院、最高人民检察院、公安部关于办理非法集资刑事案件若干问题的意见（2019 年 1 月 30 日）

四、关于主观故意的认定问题

认定犯罪嫌疑人、被告人是否具有非法吸收公众存款的犯罪故意，应当依据犯罪嫌疑人、被告人的任职情况、职业经历、专业背景、培训经历、本人因同类行为受到行政处罚或者刑事追究情况以及吸收资金方式、宣传推广、合同资料、业务流程等证据，结合其供述，进行综合分析判断。

犯罪嫌疑人、被告人使用诈骗方法非法集资，符合《最高人民法院关于审理非法集资刑事案件具体应用法律若干问题的解释》第四条规定的，可以认定为集资诈骗罪中"以非法占有为目的"。

办案机关在办理非法集资刑事案件中，应当根据案件具体情况注意收集运用涉及犯罪嫌疑人、被告人的以下证据：是否使用虚假身份信息对外开展业务；是否虚假订立合同、协议；是否虚假宣传，明显超出经营范围或者夸大经营、投资、服务项目及盈利能力；是否吸收资金后隐匿、销毁合同、协议、账目；是否传授或者接受规避法律、逃避监管的方法，等等。

5. 犯罪数额的计算

最高人民法院关于审理非法集资刑事案件具体应用法律若干问题的解释（2011 年 1 月 4 日）

第三条第三款 非法吸收或者变相吸收公众存款的数额，以行为人所吸收的资金全额计算。案发前后已归还的数额，可以作为量刑情节酌情考虑。

最高人民法院、最高人民检察院、公安部关于办理非法集资刑事案件若干问题的意见（2019 年 1 月 30 日）

五、关于犯罪数额的认定问题

非法吸收或者变相吸收公众存款构成犯罪，具有下列情形之一的，向亲友或者单位内部人员吸收的资金应当与向不特定对象吸收的资金一并计入犯罪数额：

（一）在向亲友或者单位内部人员吸收资金的过程中，明知亲友或者单位内部人员向不特定对象吸收资金而予以放任的；

（二）以吸收资金为目的，将社会人员吸收为单位内部人员，并向其吸收资金的；

（三）向社会公开宣传，同时向不特定对象、亲友或者单位内部人员吸收资金的。

非法吸收或者变相吸收公众存款的数额，以行为人所吸收的资金全额计算。集资参与人收回本金或者获得回报后又重复投资的数额不予扣除，但可以作为量刑情节酌情考虑。

6. 单位犯罪的认定

最高人民法院、最高人民检察院、公安部关于办理非法集资刑事案件若干问题的意见（2019年1月30日）

二、关于单位犯罪的认定问题

单位实施非法集资犯罪活动，全部或者大部分违法所得归单位所有的，应当认定为单位犯罪。

个人为进行非法集资犯罪活动而设立的单位实施犯罪的，或者单位设立后，以实施非法集资犯罪活动为主要活动的，不以单位犯罪论处，对单位中组织、策划、实施非法集资犯罪活动的人员应当以自然人犯罪依法追究刑事责任。

判断单位是否以实施非法集资犯罪活动为主要活动，应当根据单位实施非法集资的次数、频度、持续时间、资金规模、资金流向、投入人力物力情况、单位进行正当经营的状况以及犯罪活动的影响、后果等因素综合考虑认定。

三、关于涉案下属单位的处理问题

办理非法集资刑事案件中，人民法院、人民检察院、公安机关应当全面查清涉案单位，包括上级单位（总公司、母公司）和下属单位（分公司、子公司）的主体资格、层级、关系、地位、作用、资金流向等，区分情况依法作出处理。

上级单位已被认定为单位犯罪，下属单位实施非法集资犯罪活动，且全部或者大部分违法所得归下属单位所有的，对该下属单位也应当认定为单位犯罪。上级单位和下属单位构成共同犯罪的，应当根据犯罪单位的地位、作用，确定犯罪单位的刑事责任。

上级单位已被认定为单位犯罪，下属单位实施非法集资犯罪活动，但全部或者大部分违法所得归上级单位所有的，对下属单位不单独认定为单位犯罪。下属单位中涉嫌犯罪的人员，可以作为上级单位的其他直接责任人员依法追究刑事责任。

上级单位未被认定为单位犯罪，下属单位被认定为单位犯罪的，对上级单位中组织、策划、实施非法集资犯罪的人员,一般可以与下属单位按照自然人与单位共同犯罪处理。

上级单位与下属单位均未被认定为单位犯罪的,一般以上级单位与下属单位中承担组织、领导、管理、协调职责的主管人员和发挥主要作用的人员作为主犯,以其他积极参加非法集资犯罪的人员作为从犯,按照自然人共同犯罪处理。

7. 擅自发行证券行为的定性

最高人民法院、最高人民检察院、公安部、中国证券监督管理委员会关于整治非法证券活动有关问题的通知(2008年1月2日)

二、明确法律政策界限,依法打击非法证券活动

(二)关于擅自发行证券的责任追究。未经依法核准,擅自发行证券,涉嫌犯罪的,依照《刑法》第一百七十九条之规定,以擅自发行股票、公司、企业债券罪追究刑事责任。未经依法核准,以发行证券为幌子,实施非法证券活动,涉嫌犯罪的,依照《刑法》第一百七十六条、第一百九十二条等规定,以非法吸收公众存款罪、集资诈骗罪等罪名追究刑事责任。未构成犯罪的,依照《证券法》和有关法律的规定给予行政处罚。

8. 金融机构及其工作人员不能构成非法吸收公众存款罪的犯罪主体

最高人民法院研究室关于认定非法吸收公众存款罪主体问题的复函(2001年9月10日)

金融机构及其工作人员不能构成非法吸收公众存款罪的犯罪主体。对于银行或者其他金融机构工作人员以牟利为目的,采用吸收客户资金不入账并将资金用于非法拆借、发放贷款,构成犯罪,依照刑法有关规定定罪处罚。

9. 涉互联网吸收公众资金行为的定性

最高人民检察院关于办理涉互联网金融犯罪案件有关问题座谈会纪要(2017年6月1日)

二、准确界定涉互联网金融行为法律性质

(一)非法吸收公众存款行为的认定

6. 涉互联网金融活动在未经有关部门依法批准的情形下,公开宣传并向不特定公众吸收资金,承诺在一定期限内还本付息的,应当依法追究刑事责任。其中,应重点审查互联网金融活动相关主体是否存在归集资金、沉淀资金,致使投资人资金存在被挪用、侵占等重大风险等情形。

7. 互联网金融的本质是金融，判断其是否属于"未经有关部门依法批准"，即行为是否具有非法性的主要法律依据是《商业银行法》、《非法金融机构和非法金融业务活动取缔办法》（国务院令第247号）等现行有效的金融管理法律规定。

8. 对以下网络借贷领域的非法吸收公众资金的行为，应当以非法吸收公众存款罪分别追究相关行为主体的刑事责任：

（1）中介机构以提供信息中介服务为名，实际从事直接或间接归集资金、甚至自融或变相自融等行为，应当依法追究中介机构的刑事责任。特别要注意识别变相自融行为，如中介机构通过拆分融资项目期限、实行债权转让等方式为自己吸收资金的，应当认定为非法吸收公众存款。

（2）中介机构与借款人存在以下情形之一的，应当依法追究刑事责任：①中介机构与借款人合谋或者明知借款人存在违规情形，仍为其非法吸收公众存款提供服务的；中介机构与借款人合谋，采取向出借人提供信用担保、通过电子渠道以外的物理场所开展借贷业务等违规方式向社会公众吸收资金的；②双方合谋通过拆分融资项目期限、实行债权转让等方式为借款人吸收资金的。在对中介机构、借款人进行追诉时，应根据各自在非法集资中的地位、作用确定其刑事责任。中介机构虽然没有直接吸收资金，但是通过大肆组织借款人开展非法集资并从中收取费用数额巨大、情节严重的，可以认定为主犯。

（3）借款人故意隐瞒事实，违反规定，以自己名义或借用他人名义利用多个网络借贷平台发布借款信息，借款总额超过规定的最高限额，或将吸收资金用于明确禁止的投资股票、场外配资、期货合约等高风险行业，造成重大损失和社会影响的，应当依法追究借款人的刑事责任。对于借款人将借款主要用于正常的生产经营活动，能够及时清退所吸收资金，不作为犯罪处理。

9. 在非法吸收公众存款罪中，原则上认定主观故意并不要求以明知法律的禁止性规定为要件。特别是具备一定涉金融活动相关从业经历、专业背景或在犯罪活动中担任一定管理职务的犯罪嫌疑人，应当知晓相关金融法律管理规定，如果有证据证明其实际从事的行为应当批准而未经批准，行为在客观上具有非法性，原则上就可以认定其具有非法吸收公众存款的主观故意。在证明犯罪嫌疑人的主观故意时，可以收集运用犯罪嫌疑人的任职情况、职业经历、专业背景、培训经历、此前任职单位或者其本人因从事同类行为受到处罚情况等证据，证明犯罪嫌疑人提出的"不知道相关行为被法律所禁止，故不具有非法吸收公众存款的主观故意"等辩解不能成立。除此之外，还可以收集运用以下证据进一步印证犯罪嫌疑人知道或应当知道其所从事行为具有非法性，比如犯罪嫌疑人故意规避法律以逃避监管的相关证据：自己或要求下属与投资人签订虚假的亲友关系确认书，频繁更换宣传用语逃避监管，实际推介内容与宣传用语、实际经营状况不一致，刻意向投资人夸大公司兑付能力，在培训课程中传授或接受规避法律的方法，等等。

10. 对于无相关职业经历、专业背景，且从业时间短暂，在单位犯罪中层级较低，纯属执行单位领导指令的犯罪嫌疑人提出辩解的，如确实无其他证据证明其具有主观故意的，可以不作为犯罪处理。另外，实践中还存在犯罪嫌疑人提出因信赖行政主管部门出具的相关意见而陷入错误认识的辩解。如果上述辩解确有证据证明，不应作为犯罪处理，但应当对行政主管部门出具的相关意见及其出具过程进行查证，如存在以下情形之一，仍应认定犯罪嫌疑人具有非法吸收公众存款的主观故意：

（1）行政主管部门出具意见所涉及的行为与犯罪嫌疑人实际从事的行为不一致的；

（2）行政主管部门出具的意见未对是否存在非法吸收公众存款问题进行合法性审查，仅对其他合法性问题进行审查的；

（3）犯罪嫌疑人在行政主管部门出具意见时故意隐瞒事实、弄虚作假的；

（4）犯罪嫌疑人与出具意见的行政主管部门的工作人员存在利益输送行为的；

（5）犯罪嫌疑人存在其他影响和干扰行政主管部门出具意见公正性的情形的。

对于犯罪嫌疑人提出因信赖专家学者、律师等专业人士、主流新闻媒体宣传或有关行政主管部门工作人员的个人意见而陷入错误认识的辩解，不能作为犯罪嫌疑人判断自身行为合法性的根据和排除主观故意的理由。

11. 负责或从事吸收资金行为的犯罪嫌疑人非法吸收公众存款金额，根据其实际参与吸收的全部金额认定。但以下金额不应计入该犯罪嫌疑人的吸收金额：

（1）犯罪嫌疑人自身及其近亲属所投资的资金金额；

（2）记录在犯罪嫌疑人名下，但其未实际参与吸收且未从中收取任何形式好处的资金。

吸收金额经过司法会计鉴定的，可以将前述不计入部分直接扣除。但是，前述两项所涉金额仍应计入相对应的上一级负责人及所在单位的吸收金额。

12. 投资人在每期投资结束后，利用投资账户中的资金（包括每期投资结束后归还的本金、利息）进行反复投资的金额应当累计计算，但对反复投资的数额应当作出说明。对负责或从事行政管理、财务会计、技术服务等辅助工作的犯罪嫌疑人，应当按照其参与的犯罪事实，结合其在犯罪中的地位和作用，依法确定刑事责任范围。

13. 确定犯罪嫌疑人的吸收金额时，应当重点审查、运用以下证据：(1) 涉案主体自身的服务器或第三方服务器上存储的交易记录等电子数据；(2) 会计账簿和会计凭证；(3) 银行账户交易记录、POS机支付记录；(4) 资金收付凭证、书面合同等书证。仅凭投资人报案数据不能认定吸收金额。

10. 非法设立资金池，控制、支配相关资金并承诺还本付息行为的定性

最高人民检察院关于印发最高人民检察院第十七批指导性案例的通知（2020年2月5日）

杨卫国等人非法吸收公众存款案（检例第64号）

裁判要点：单位或个人假借开展网络借贷信息中介业务之名，未经依法批准，归集不特定公众的资金设立资金池，控制、支配资金池中的资金，并承诺还本付息的，构成非法吸收公众存款罪。

11. 非法集资的性质认定

最高人民法院关于非法集资刑事案件性质认定问题的通知（2011年8月18日）

各省、自治区、直辖市高级人民法院，解放军军事法院，新疆维吾尔自治区高级人民法院生产建设兵团分院：

为依法、准确、及时审理非法集资刑事案件，现就非法集资性质认定的有关问题通知如下：

一、行政部门对于非法集资的性质认定，不是非法集资案件进入刑事程序的必经程序。行政部门未对非法集资作出性质认定的，不影响非法集资刑事案件的审判。

二、人民法院应当依照刑法和最高人民法院《关于审理非法集资刑事案件具体应用法律若干问题的解释》等有关规定认定案件事实的性质，并认定相关行为是否构成犯罪。

三、对于案情复杂、性质认定疑难的案件，人民法院可以在有关部门关于是否符合行业技术标准的行政认定意见的基础上，根据案件事实和法律规定作出性质认定。

四、非法集资刑事案件的审判工作涉及领域广、专业性强，人民法院在审理此类案件当中要注意加强与有关行政主（监）管部门以及公安机关、人民检察院的配合。审判工作中遇到重大问题难以解决的，请及时报告最高人民法院。

最高人民法院、最高人民检察院、公安部关于办理非法集资刑事案件适用法律若干问题的意见（2014 年 3 月 25 日）

一、关于行政认定的问题

行政部门对于非法集资的性质认定，不是非法集资刑事案件进入刑事诉讼程序的必经程序。行政部门未对非法集资作出性质认定的，不影响非法集资刑事案件的侦查、起诉和审判。

公安机关、人民检察院、人民法院应当依法认定案件事实的性质，对于案情复杂、性质认定疑难的案件，可参考有关部门的认定意见，根据案件事实和法律规定作出性质认定。

最高人民法院、最高人民检察院、公安部关于办理非法集资刑事案件若干问题的意见（2019 年 1 月 30 日）

一、关于非法集资的"非法性"认定依据问题

人民法院、人民检察院、公安机关认定非法集资的"非法性"，应当以国家金融管理法律法规作为依据。对于国家金融管理法律法规仅作原则性规定的，可以根据法律规定的精神并参考中国人民银行、中国银行保险监督管理委员会、中国证券监督管理委员会等行政主管部门依照国家金融管理法律法规制定的部门规章或者国家有关金融管理的规定、办法、实施细则等规范性文件的规定予以认定。

12. 涉案财物的追缴、处置

最高人民法院、最高人民检察院、公安部关于办理非法集资刑事案件适用法律若干问题的意见（2014 年 3 月 25 日）

五、关于涉案财物的追缴和处置问题

向社会公众非法吸收的资金属于违法所得。以吸收的资金向集资参与人支付的利息、分红等回报，以及向帮助吸收资金人员支付的代理费、好处费、返点费、佣金、提成等费用，应当依法追缴。集资参与人本金尚未归还的，所支付的回报可予折抵本金。

将非法吸收的资金及其转换财物用于清偿债务或者转让给他人，有下列情形之一的，应当依法追缴：

（一）他人明知是上述资金及财物而收取的；

（二）他人无偿取得上述资金及财物的；

（三）他人以明显低于市场的价格取得上述资金及财物的；

（四）他人取得上述资金及财物系源于非法债务或者违法犯罪活动的；

（五）其他依法应当追缴的情形。

查封、扣押、冻结的易贬值及保管、养护成本较高的涉案财物，可以在诉讼终结前按照有关规定变卖、拍卖。所得价款由查封、扣押、冻结机关予以保管，待诉讼终结后一并处置。

查封、扣押、冻结的涉案财物，一般应在诉讼终结后，返还集资参与人。涉案财物不足全部返还的，按照集资参与人的集资额比例返还。

13. 证据的收集

最高人民法院、最高人民检察院、公安部关于办理非法集资刑事案件适用法律若干问题的意见（2014年3月25日）

六、关于证据的收集问题

办理非法集资刑事案件中，确因客观条件的限制无法逐一收集集资参与人的言词证据的，可结合已收集的集资参与人的言词证据和依法收集并查证属实的书面合同、银行账户交易记录、会计凭证及会计账簿、资金收付凭证、审计报告、互联网电子数据等证据，综合认定非法集资对象人数和吸收资金数额等犯罪事实。

14. 涉及民事案件的处理

最高人民法院、最高人民检察院、公安部关于办理非法集资刑事案件适用法律若干问题的意见（2014年3月25日）

七、关于涉及民事案件的处理问题

对于公安机关、人民检察院、人民法院正在侦查、起诉、审理的非法集资刑事案件，有关单位或者个人就同一事实向人民法院提起民事诉讼或者申请执行涉案财物的，人民法院应当不予受理，并将有关材料移送公安机关或者检察机关。

人民法院在审理民事案件或者执行过程中，发现有非法集资犯罪嫌疑的，应当裁定驳回起诉或者中止执行，并及时将有关材料移送公安机关或者检察机关。

公安机关、人民检察院、人民法院在侦查、起诉、审理非法集资刑事案件中，发现与人民法院正在审理的民事案件属同一事实，或者被申请执行的财物属于涉案财物的，应当及时通报相关人民法院。人民法院经审查认为确属涉嫌犯罪的，依照前款规定处理。

最高人民法院、最高人民检察院、公安部关于办理非法集资刑事案件适用法律若干问题的意见（2014年3月25日）

九、关于涉案财物追缴处置问题

办理跨区域非法集资刑事案件，案件主办地办案机关应当及时归集涉案财物，为统一资产处置做好基础性工作。其他涉案地办案机关应当及时查明涉案财物，明确其来源、去向、用途、流转情况，依法办理查封、扣押、冻结手续，并制作详细清单，对扣押款项应当设立明细账，在扣押后立即存入办案机关唯一合规账户，并将有关情况提供案件主办地办案机关。

人民法院、人民检察院、公安机关应当严格依照刑事诉讼法和相关司法解释的规定，依法移送、审查、处理查封、扣押、冻结的涉案财物。对审判时尚未追缴到案或者尚未足额退赔的违法所得，人民法院应当判决继续追缴或者责令退赔，并由人民法院负责执行，处置非法集资职能部门、人民检察院、公安机关等应当予以配合。

人民法院对涉案财物依法作出判决后，有关地方和部门应当在处置非法集资职能部门统筹协调下，切实履行协作义务，综合运用多种手段，做好涉案财物清运、财产变现、资金归集、资金清退等工作，确保最大限度减少实际损失。

根据有关规定，查封、扣押、冻结的涉案财物，一般应在诉讼终结后返还集资参与人。涉案财物不足全部返还的，按照集资参与人的集资额比例返还。退赔集资参与人的损失一般优先于其他民事债务以及罚金、没收财产的执行。

十、关于集资参与人权利保障问题

集资参与人，是指向非法集资活动投入资金的单位和个人，为非法集资活动提供帮助并获取经济利益的单位和个人除外。

人民法院、人民检察院、公安机关应当通过及时公布案件进展、涉案资产处置情况等方式，依法保障集资参与人的合法权利。集资参与人可以推选代表人向人民法院提出相关意见和建议；推选不出代表人的，人民法院可以指定代表人。人民法院可以视案件情况决定集资参与人代表人参加或者旁听庭审，对集资参与人提起附带民事诉讼等请求不予受理。

15. 跨区域案件的管辖

最高人民法院、最高人民检察院、公安部关于办理非法集资刑事案件适用法律若干问题的意见（2014年3月25日）

八、关于跨区域案件的处理问题

跨区域非法集资刑事案件，在查清犯罪事实的基础上，可以由不同地区的公安机关、人民检察院、人民法院分别处理。

对于分别处理的跨区域非法集资刑事案件，应当按照统一制定的方案处置涉案财物。

国家机关工作人员违反规定处置涉案财物,构成渎职等犯罪的,应当依法追究刑事责任。

最高人民法院、最高人民检察院、公安部关于办理非法集资刑事案件若干问题的意见(2019年1月30日)

七、关于管辖问题

跨区域非法集资刑事案件按照《国务院关于进一步做好防范和处置非法集资工作的意见》(国发〔2015〕59号)确定的工作原则办理。如果合并侦查、诉讼更为适宜的,可以合并办理。

办理跨区域非法集资刑事案件,如果多个公安机关都有权立案侦查的,一般由主要犯罪地公安机关作为案件主办地,对主要犯罪嫌疑人立案侦查和移送审查起诉;由其他犯罪地公安机关作为案件分办地根据案件具体情况,对本地区犯罪嫌疑人立案侦查和移送审查起诉。

管辖不明或者有争议的,按照有利于查清犯罪事实、有利于诉讼的原则,由其共同的上级公安机关协调确定或者指定有关公安机关作为案件主办地立案侦查。需要提请批准逮捕、移送审查起诉、提起公诉的,由分别立案侦查的公安机关所在地的人民检察院、人民法院受理。

对于重大、疑难、复杂的跨区域非法集资刑事案件,公安机关应当在协调确定或者指定案件主办地立案侦查的同时,通报同级人民检察院、人民法院。人民检察院、人民法院参照前款规定,确定主要犯罪地作为案件主办地,其他犯罪地作为案件分办地,由所在地的人民检察院、人民法院负责起诉、审判。

本条规定的"主要犯罪地",包括非法集资活动的主要组织、策划、实施地,集资行为人的注册地、主要营业地、主要办事机构所在地,集资参与人的主要所在地等。

16. 共同犯罪

最高人民法院关于审理非法集资刑事案件具体应用法律若干问题的解释(2011年1月4日)

第八条 广告经营者、广告发布者违反国家规定,利用广告为非法集资活动相关的商品或者服务作虚假宣传,具有下列情形之一的,依照刑法第二百二十二条的规定,以虚假广告罪定罪处罚:

(一)违法所得数额在10万元以上的;

(二)造成严重危害后果或者恶劣社会影响的;

(三)二年内利用广告作虚假宣传,受过行政处罚二次以上的;

(四)其他情节严重的情形。

明知他人从事欺诈发行股票、债券、非法吸收公众存款、擅自发行股票、债券、集资诈骗或者组织、领导传销活动等集资犯罪活动,为其提供广告等宣传的,以相关犯罪的共犯论处。

最高人民法院、最高人民检察院、公安部关于办理非法集资刑事案件适用法律若干问题的意见(2014年3月25日)

四、关于共同犯罪的处理问题

为他人向社会公众非法吸收资金提供帮助,从中收取代理费、好处费、返点费、佣金、提成等费用,构成非法集资共同犯罪的,应当依法追究刑事责任。能够及时退缴上述费用的,可依法从轻处罚;其中情节轻微的,可以免除处罚;情节显著轻微、危害不大的,不作为犯罪处理。

17. 罪与非罪

最高人民法院关于审理非法集资刑事案件具体应用法律若干问题的解释(2011年1月4日)

第三条第四款 非法吸收或者变相吸收公众存款,主要用于正常的生产经营活动,能够及时清退所吸收资金,可以免予刑事处罚;情节显著轻微的,不作为犯罪处理。

● 量刑

宽严相济刑事政策的贯彻

最高人民法院刑二庭:宽严相济在经济犯罪和职务犯罪案件审判中的具体贯彻(《人民法院报》2010年4月7日第6版)

一、宽严相济刑事政策在经济犯罪案件审判中的具体贯彻

(二)关于政策法律界限。对于当前金融危机背景下的经济违法行为,应当根据《意见》第4条规定的"审时度势"原则、第5条规定的"两个效果相统一"原则以及第14条、第23条规定的从宽要求,审慎分析判断其社会危害性,从有利于保障经济增长、维护社会稳定的角度依法准确定罪量刑。以非法集资案件为例说明如下:一是要准确界定非法集资与民间借贷、商业交易的政策法律界限。未经社会公开宣传,在单位职工或者亲友内部针对特定对象筹集资金的,一般可以不作为非法集资。二是要准确把握非法集资罪与非罪的界限。资金主要用于生产经营及相关活动,行为人有还款意愿,能够及时清退集资款项,情节轻微,社会危害不大的,可以免予刑事处罚或者不作为犯罪处理。此外,

对于"边缘案"、"踩线案"、罪与非罪界限一时难以划清的案件，要从有利于促进企业生存发展、有利于保障员工生计、有利于维护社会和谐稳定的高度，依法妥善处理，可定可不定的，原则上不按犯罪处理。特别对于涉及企业、公司法定代表人、技术人员因政策界限不明而实施的轻微违法犯罪，更要依法慎重处理。

最高人民法院、最高人民检察院、公安部关于办理非法集资刑事案件若干问题的意见（2019年1月30日）

六、关于宽严相济刑事政策把握问题

办理非法集资刑事案件，应当贯彻宽严相济刑事政策，依法合理把握追究刑事责任的范围，综合运用刑事手段和行政手段处置和化解风险，做到惩处少数、教育挽救大多数。要根据行为人的客观行为、主观恶性、犯罪情节及其地位、作用、层级、职务等情况，综合判断行为人的责任轻重和刑事追究的必要性，按照区别对待原则分类处理涉案人员，做到罚当其罪、罪责刑相适应。

重点惩处非法集资犯罪活动的组织者、领导者和管理人员，包括单位犯罪中的上级单位（总公司、母公司）的核心层、管理层和骨干人员，下属单位（分公司、子公司）的管理层和骨干人员，以及其他发挥主要作用的人员。

对于涉案人员积极配合调查、主动退赃退赔、真诚认罪悔罪的，可以依法从轻处罚；其中情节轻微的，可以免除处罚；情节显著轻微、危害不大的，不作为犯罪处理。

第一百七十七条　【伪造、变造金融票证罪】 有下列情形之一，伪造、变造金融票证的，处五年以下有期徒刑或者拘役，并处或者单处二万元以上二十万元以下罚金；情节严重的，处五年以上十年以下有期徒刑，并处五万元以上五十万元以下罚金；情节特别严重的，处十年以上有期徒刑或者无期徒刑，并处五万元以上五十万元以下罚金或者没收财产：

（一）伪造、变造汇票、本票、支票的；

（二）伪造、变造委托收款凭证、汇款凭证、银行存单等其他银行结算凭证的；

（三）伪造、变造信用证或者附随的单据、文件的；

（四）伪造信用卡的。

单位犯前款罪的，对单位判处罚金，并对其直接负责的主管人员和其他直接责任人员，依照前款的规定处罚。

● 立案追诉标准

最高人民检察院、公安部关于公安机关管辖的刑事案件立案追诉标准的规定（二）（2010年5月7日）

第二十九条 [伪造、变造金融票证案（刑法第一百七十七条）] 伪造、变造金融票证，涉嫌下列情形之一的，应予立案追诉：

（一）伪造、变造汇票、本票、支票，或者伪造、变造委托收款凭证、汇款凭证、银行存单等其他银行结算凭证，或者伪造、变造信用证或者附随的单据、文件，总面额在一万元以上或者数量在十张以上的；

（二）伪造信用卡一张以上，或者伪造空白信用卡十张以上的。

第九十条 本规定中的立案追诉标准，除法律、司法解释、本规定中另有规定的以外，适用于相应的单位犯罪。

第九十一条 本规定中的"以上"，包括本数。

● 定罪

1. "信用卡"的认定

全国人民代表大会常务委员会关于《中华人民共和国刑法》有关信用卡规定的解释（2004年12月29日）

刑法规定的"信用卡"，是指由商业银行或者其他金融机构发行的具有消费支付、信用贷款、转账结算、存取现金等全部功能或者部分功能的电子支付卡。

2. "伪造信用卡""情节严重""情节特别严重"的认定

最高人民法院、最高人民检察院关于办理妨害信用卡管理刑事案件具体应用法律若干问题的解释（2018年12月1日）

第一条 复制他人信用卡、将他人信用卡信息资料写入磁条介质、芯片或者以其他方法伪造信用卡一张以上的，应当认定为刑法第一百七十七条第一款第四项规定的"伪造信用卡"，以伪造金融票证罪定罪处罚。

伪造空白信用卡十张以上的，应当认定为刑法第一百七十七条第一款第四项规定的"伪造信用卡"，以伪造金融票证罪定罪处罚。

伪造信用卡，有下列情形之一的，应当认定为刑法第一百七十七条规定的"情节严重"：

（一）伪造信用卡五张以上不满二十五张的；

（二）伪造的信用卡内存款余额、透支额度单独或者合计数额在二十万元以上不满一百万元的；

（三）伪造空白信用卡五十张以上不满二百五十张的；

（四）其他情节严重的情形。

伪造信用卡，有下列情形之一的，应当认定为刑法第一百七十七条规定的"情节特别严重"：

（一）伪造信用卡二十五张以上的；

（二）伪造的信用卡内存款余额、透支额度单独或者合计数额在一百万元以上的；

（三）伪造空白信用卡二百五十张以上的；

（四）其他情节特别严重的情形。

本条所称"信用卡内存款余额、透支额度"，以信用卡被伪造后发卡行记录的最高存款余额、可透支额度计算。

第十三条 单位实施本解释规定的行为，适用本解释规定的相应自然人犯罪的定罪量刑标准。

第一百七十七条之一 【妨害信用卡管理罪】有下列情形之一，妨害信用卡管理的，处三年以下有期徒刑或者拘役，并处或者单处一万元以上十万元以下罚金；数量巨大或者有其他严重情节的，处三年以上十年以下有期徒刑，并处二万元以上二十万元以下罚金：

（一）明知是伪造的信用卡而持有、运输的，或者明知是伪造的空白信用卡而持有、运输，数量较大的；

（二）非法持有他人信用卡，数量较大的；

（三）使用虚假的身份证明骗领信用卡的；

（四）出售、购买、为他人提供伪造的信用卡或者以虚假的身份证明骗领的信用卡的。

【窃取、收买、非法提供信用卡信息罪】窃取、收买或者非法提供他人信用卡信息资料的，依照前款规定处罚。

银行或者其他金融机构的工作人员利用职务上的便利，犯第二款罪的，从重处罚。

● 立案追诉标准

最高人民检察院、公安部关于公安机关管辖的刑事案件立案追诉标准的规定（二）（2010年5月7日）

第三十条　[妨害信用卡管理案（刑法第一百七十七条之一第一款）] 妨害信用卡管理，涉嫌下列情形之一的，应予立案追诉：

（一）明知是伪造的信用卡而持有、运输的；

（二）明知是伪造的空白信用卡而持有、运输，数量累计在十张以上的；

（三）非法持有他人信用卡，数量累计在五张以上的；

（四）使用虚假的身份证明骗领信用卡的；

（五）出售、购买、为他人提供伪造的信用卡或者以虚假的身份证明骗领的信用卡的。

违背他人意愿，使用其居民身份证、军官证、士兵证、港澳居民往来内地通行证、台湾居民来往大陆通行证、护照等身份证明申领信用卡的，或者使用伪造、变造的身份证明申领信用卡的，应当认定为"使用虚假的身份证明骗领信用卡"。

第三十一条　[窃取、收买、非法提供信用卡信息案（刑法第一百七十七条之一第二款）] 窃取、收买或者非法提供他人信用卡信息资料，足以伪造可进行交易的信用卡，或者足以使他人以信用卡持卡人名义进行交易，涉及信用卡一张以上的，应予立案追诉。

第九十一条　本规定中的"以上"，包括本数。

● 定罪

1. "信用卡"的认定

（参见第一百七十七条【定罪】1. "信用卡"的认定）

2. 第一款第一项、第二项"数量较大"的认定

最高人民法院、最高人民检察院关于办理妨害信用卡管理刑事案件具体应用法律若干问题的解释（2018年12月1日）

第二条第一款　明知是伪造的空白信用卡而持有、运输十张以上不满一百张的，应当认定为刑法第一百七十七条之一第一款第一项规定的"数量较大"；

非法持有他人信用卡五张以上不满五十张的,应当认定为刑法第一百七十七条之一第一款第二项规定的"数量较大"。

3. 第一款规定的"数量巨大"的认定

最高人民法院、最高人民检察院关于办理妨害信用卡管理刑事案件具体应用法律若干问题的解释(2018年12月1日)

第二条第二款　有下列情形之一的,应当认定为刑法第一百七十七条之一第一款规定的"数量巨大":

(一)明知是伪造的信用卡而持有、运输十张以上的;
(二)明知是伪造的空白信用卡而持有、运输一百张以上的;
(三)非法持有他人信用卡五十张以上的;
(四)使用虚假的身份证明骗领信用卡十张以上的;
(五)出售、购买、为他人提供伪造的信用卡或者以虚假的身份证明骗领的信用卡十张以上的。

4. "使用虚假的身份证明骗领信用卡"的认定

最高人民法院、最高人民检察院关于办理妨害信用卡管理刑事案件具体应用法律若干问题的解释(2018年12月1日)

第二条第三款　违背他人意愿,使用其居民身份证、军官证、士兵证、港澳居民往来内地通行证、台湾居民来往大陆通行证、护照等身份证明申领信用卡的,或者使用伪造、变造的身份证明申领信用卡的,应当认定为刑法第一百七十七条之一第一款第三项规定的"使用虚假的身份证明骗领信用卡"。

5. 非法获取他人信用卡信息,足以伪造信用卡,或足以以持卡人名义交易行为的定性

最高人民法院、最高人民检察院关于办理妨害信用卡管理刑事案件具体应用法律若干问题的解释(2018年12月1日)

第二条　窃取、收买、非法提供他人信用卡信息资料,足以伪造可进行交易的信用卡,或者足以使他人以信用卡持卡人名义进行交易,涉及信用卡一张以上不满五张的,依照刑法第一百七十七条之一第二款的规定,以窃取、收买、非法提供信用卡信息罪定罪处罚;涉及信用卡五张以上的,应当认定为刑法第一百七十七条之一第一款规定的"数量巨大"。

> 第一百七十八条 【伪造、变造国家有价证券罪】伪造、变造国库券或者国家发行的其他有价证券，数额较大的，处三年以下有期徒刑或者拘役，并处或者单处二万元以上二十万元以下罚金；数额巨大的，处三年以上十年以下有期徒刑，并处五万元以上五十万元以下罚金；数额特别巨大的，处十年以上有期徒刑或者无期徒刑，并处五万元以上五十万元以下罚金或者没收财产。
>
> 【伪造、变造股票、公司、企业债券罪】伪造、变造股票或者公司、企业债券，数额较大的，处三年以下有期徒刑或者拘役，并处或者单处一万元以上十万元以下罚金；数额巨大的，处三年以上十年以下有期徒刑，并处二万元以上二十万元以下罚金。
>
> 单位犯前两款罪的，对单位判处罚金，并对其直接负责的主管人员和其他直接责任人员，依照前两款的规定处罚。

● 立案追诉标准

最高人民检察院、公安部关于公安机关管辖的刑事案件立案追诉标准的规定（二）（2010年5月7日）

第三十二条 [伪造、变造国家有价证券案（刑法第一百七十八条第一款）] 伪造、变造国库券或者国家发行的其他有价证券，总面额在二千元以上的，应予立案追诉。

第三十三条 [伪造、变造股票、公司、企业债券案（刑法第一百七十八条第二款）] 伪造、变造股票或者公司、企业债券，总面额在五千元以上的，应予立案追诉。

第九十条 本规定中的立案追诉标准，除法律、司法解释、本规定中另有规定的以外，适用于相应的单位犯罪。

第九十一条 本规定中的"以上"，包括本数。

> 第一百七十九条 【擅自发行股票、公司、企业债券罪】未经国家有关主管部门批准，擅自发行股票或者公司、企业债券，数额巨大、后果严重或者有其他严重情节的，处五年以下有期徒刑或者拘役，并处或者单处非法募集资金金额百分之一以上百分之五以下罚金。

> 单位犯前款罪的，对单位判处罚金，并对其直接负责的主管人员和其他直接责任人员，处五年以下有期徒刑或者拘役。

● 立案追诉标准

最高人民检察院、公安部关于公安机关管辖的刑事案件立案追诉标准的规定（二）（2010年5月7日）

第三十四条　[擅自发行股票、公司、企业债券案（刑法第一百七十九条）]　未经国家有关主管部门批准，擅自发行股票或者公司、企业债券，涉嫌下列情形之一的，应予立案追诉：

（一）发行数额在五十万元以上的；

（二）虽未达到上述数额标准，但擅自发行致使三十人以上的投资者购买了股票或者公司、企业债券的；

（三）不能及时清偿或者清退的；

（四）其他后果严重或者有其他严重情节的情形。

第九十条　本规定中的立案追诉标准，除法律、司法解释、本规定中另有规定的以外，适用于相应的单位犯罪。

第九十一条　本规定中的"以上"，包括本数。

● 定罪

1. "擅自发行股票或者公司、企业债券"的认定

最高人民法院关于审理非法集资刑事案件具体应用法律若干问题的解释（2011年1月4日）

第六条　未经国家有关主管部门批准，向社会不特定对象发行、以转让股权等方式变相发行股票或者公司、企业债券，或者向特定对象发行、变相发行股票或者公司、企业债券累计超过200人的，应当认定为刑法第一百七十九条规定的"擅自发行股票、公司、企业债券"。构成犯罪的，以擅自发行股票、公司、企业债券罪定罪处罚。

2. 公司及其股东向社会公众擅自转让股票行为的定性

最高人民法院、最高人民检察院、公安部、中国证券监督管理委员会关于整治非法证券活动有关问题的通知（2008年1月2日）

二、明确法律政策界限，依法打击非法证券活动

（一）关于公司及其股东向社会公众擅自转让股票行为的性质认定。《证券法》第十条第三款规定："非公开发行证券，不得采用广告、公开劝诱和变相公开方式。"国办发 99 号文规定："严禁任何公司股东自行或委托他人以公开方式向社会公众转让股票。向特定对象转让股票，未依法报经证监会核准的，转让后，公司股东累计不得超过 200 人。"公司、公司股东违反上述规定，擅自向社会公众转让股票，应当追究其擅自发行股票的责任。公司与其股东合谋，实施上述行为的，公司与其股东共同承担责任。

3. 以发行证券为幌子，实施非法证券活动的定性

最高人民法院、最高人民检察院、公安部、中国证券监督管理委员会关于整治非法证券活动有关问题的通知（2008 年 1 月 2 日）

二、明确法律政策界限，依法打击非法证券活动

（二）关于擅自发行证券的责任追究。未经依法核准，擅自发行证券，涉嫌犯罪的，依照《刑法》第一百七十九条之规定，以擅自发行股票、公司、企业债券罪追究刑事责任。未经依法核准，以发行证券为幌子，实施非法证券活动，涉嫌犯罪的，依照《刑法》第一百七十六条、第一百九十二条等规定，以非法吸收公众存款罪、集资诈骗罪等罪名追究刑事责任。未构成犯罪的，依照《证券法》和有关法律的规定给予行政处罚。

4. 中介机构所代理的非上市公司涉嫌擅自发行股票行为的定性

最高人民法院、最高人民检察院、公安部、中国证券监督管理委员会关于整治非法证券活动有关问题的通知（2008 年 1 月 2 日）

二、明确法律政策界限，依法打击非法证券活动

（三）关于非法经营证券业务的责任追究。任何单位和个人经营证券业务，必须经证监会批准。未经批准的，属于非法经营证券业务，应予以取缔；涉嫌犯罪的，依照《刑法》第二百二十五条之规定，以非法经营罪追究刑事责任。对于中介机构非法代理买卖非上市公司股票，涉嫌犯罪的，应当依照《刑法》第二百二十五条之规定，以非法经营罪追究刑事责任；所代理的非上市公司涉嫌擅自发行股票，构成犯罪的，应当依照《刑法》第一百七十九条之规定，以擅自发行股票罪追究刑事责任。非上市公司和中介机构共谋擅自发行股票，构成犯罪的，以擅自发行股票罪的共犯论处。未构成犯罪的，依照《证券法》和有关法律的规定给予行政处罚。

第一百八十条 【内幕交易、泄露内幕信息罪】证券、期货交易内幕信息的知情人员或者非法获取证券、期货交易内幕信息的人员,在涉及证券的发行,证券、期货交易或者其他对证券、期货交易价格有重大影响的信息尚未公开前,买入或者卖出该证券,或者从事与该内幕信息有关的期货交易,或者泄露该信息,或者明示、暗示他人从事上述交易活动,情节严重的,处五年以下有期徒刑或者拘役,并处或者单处违法所得一倍以上五倍以下罚金;情节特别严重的,处五年以上十年以下有期徒刑,并处违法所得一倍以上五倍以下罚金。

单位犯前款罪的,对单位判处罚金,并对其直接负责的主管人员和其他直接责任人员,处五年以下有期徒刑或者拘役。

内幕信息、知情人员的范围,依照法律、行政法规的规定确定。

【利用未公开信息交易罪】证券交易所、期货交易所、证券公司、期货经纪公司、基金管理公司、商业银行、保险公司等金融机构的从业人员以及有关监管部门或者行业协会的工作人员,利用因职务便利获取的内幕信息以外的其他未公开的信息,违反规定,从事与该信息相关的证券、期货交易活动,或者明示、暗示他人从事相关交易活动,情节严重的,依照第一款的规定处罚。

● 立案追诉标准

最高人民检察院、公安部关于公安机关管辖的刑事案件立案追诉标准的规定(二)(2010年5月7日)

第三十五条 [内幕交易、泄露内幕信息案(刑法第一百八十条第一款)]证券、期货交易内幕信息的知情人员、单位或者非法获取证券、期货交易内幕信息的人员、单位,在涉及证券的发行,证券、期货交易或者其他对证券、期货交易价格有重大影响的信息尚未公开前,买入或者卖出该证券,或者从事与该内幕信息有关的期货交易,或者泄露该信息,或者明示、暗示他人从事上述交易活动,涉嫌下列情形之一的,应予立案追诉:

(一)证券交易成交额累计在五十万元以上的;

(二)期货交易占用保证金数额累计在三十万元以上的;

（三）获利或者避免损失数额累计在十五万元以上的；
（四）多次进行内幕交易、泄露内幕信息的；
（五）其他情节严重的情形。

第九十条　本规定中的立案追诉标准，除法律、司法解释、本规定中另有规定的以外，适用于相应的单位犯罪。

第九十一条　本规定中的"以上"，包括本数。

● 定罪

1. 第一款中"证券、期货交易内幕信息的知情人员或者非法获取证券、期货交易内幕信息的人员"的认定

最高人民法院、最高人民检察院关于办理内幕交易、泄露内幕信息刑事案件具体应用法律若干问题的解释（2012年6月1日）

第一条　下列人员应当认定为刑法第一百八十条第一款规定的"证券、期货交易内幕信息的知情人员"：

（一）证券法第七十四条规定的人员；

（二）期货交易管理条例第八十五条第十二项规定的人员。

第二条　具有下列行为的人员应当认定为刑法第一百八十条第一款规定的"非法获取证券、期货交易内幕信息的人员"：

（一）利用窃取、骗取、套取、窃听、利诱、刺探或者私下交易等手段获取内幕信息的；

（二）内幕信息知情人员的近亲属或者其他与内幕信息知情人员关系密切的人员，在内幕信息敏感期内，从事或者明示、暗示他人从事，或者泄露内幕信息导致他人从事与该内幕信息有关的证券、期货交易，相关交易行为明显异常，且无正当理由或者正当信息来源的；

（三）在内幕信息敏感期内，与内幕信息知情人员联络、接触，从事或者明示、暗示他人从事，或者泄露内幕信息导致他人从事与该内幕信息有关的证券、期货交易，相关交易行为明显异常，且无正当理由或者正当信息来源的。

第三条　本解释第二条第二项、第三项规定的"相关交易行为明显异常"，要综合以下情形，从时间吻合程度、交易背离程度和利益关联程度等方面予以认定：

（一）开户、销户、激活资金账户或者指定交易（托管）、撤销指定交易（转托管）的时间与该内幕信息形成、变化、公开时间基本一致的；

（二）资金变化与该内幕信息形成、变化、公开时间基本一致的；

（三）买入或者卖出与内幕信息有关的证券、期货合约时间与内幕信息的形成、变化和公开时间基本一致的；

（四）买入或者卖出与内幕信息有关的证券、期货合约时间与获悉内幕信息的时间基本一致的；

（五）买入或者卖出证券、期货合约行为明显与平时交易习惯不同的；

（六）买入或者卖出证券、期货合约行为，或者集中持有证券、期货合约行为与该证券、期货公开信息反映的基本面明显背离的；

（七）账户交易资金进出与该内幕信息知情人员或者非法获取人员有关联或者利害关系的；

（八）其他交易行为明显异常情形。

第五条　本解释所称"内幕信息敏感期"是指内幕信息自形成至公开的期间。

证券法第六十七条第二款所列"重大事件"的发生时间，第七十五条规定的"计划"、"方案"以及期货交易管理条例第八十五条第十一项规定的"政策"、"决定"等的形成时间，应当认定为内幕信息的形成之时。

影响内幕信息形成的动议、筹划、决策或者执行人员，其动议、筹划、决策或者执行初始时间，应当认定为内幕信息的形成之时。

内幕信息的公开，是指内幕信息在国务院证券、期货监督管理机构指定的报刊、网站等媒体披露。

证券法（2014年8月31日）

第七十四条　证券交易内幕信息的知情人包括：

（一）发行人的董事、监事、高级管理人员；

（二）持有公司百分之五以上股份的股东及其董事、监事、高级管理人员，公司的实际控制人及其董事、监事、高级管理人员；

（三）发行人控股的公司及其董事、监事、高级管理人员；

（四）由于所任公司职务可以获取公司有关内幕信息的人员；

（五）证券监督管理机构工作人员以及由于法定职责对证券的发行、交易进行管理的其他人员；

（六）保荐人、承销的证券公司、证券交易所、证券登记结算机构、证券服务机构的有关人员；

（七）国务院证券监督管理机构规定的其他人。

2. 第二款中"从事与内幕信息有关的证券、期货交易"的认定

最高人民法院、最高人民检察院关于办理内幕交易、泄露内幕信息刑事案件具体应用法律若干问题的解释（2012年6月1日）

第四条　具有下列情形之一的，不属于刑法第一百八十条第一款规定的从事与内幕信息有关的证券、期货交易：

（一）持有或者通过协议、其他安排与他人共同持有上市公司百分之五以上股份的自然人、法人或者其他组织收购该上市公司股份的；

（二）按照事先订立的书面合同、指令、计划从事相关证券、期货交易的；

（三）依据已被他人披露的信息而交易的；

（四）交易具有其他正当理由或者正当信息来源的。

3. 第一款中"情节严重""情节特别严重"的认定

最高人民法院、最高人民检察院关于办理内幕交易、泄露内幕信息刑事案件具体应用法律若干问题的解释（2012年6月1日）

第六条　在内幕信息敏感期内从事或者明示、暗示他人从事或者泄露内幕信息导致他人从事与该内幕信息有关的证券、期货交易，具有下列情形之一的，应当认定为刑法第一百八十条第一款规定的"情节严重"：

（一）证券交易成交额在五十万元以上的；

（二）期货交易占用保证金数额在三十万元以上的；

（三）获利或者避免损失数额在十五万元以上的；

（四）三次以上的；

（五）具有其他严重情节的。

第七条　在内幕信息敏感期内从事或者明示、暗示他人从事或者泄露内幕信息导致他人从事与该内幕信息有关的证券、期货交易，具有下列情形之一的，应当认定为刑法第一百八十条第一款规定的"情节特别严重"：

（一）证券交易成交额在二百五十万元以上的；

（二）期货交易占用保证金数额在一百五十万元以上的；

（三）获利或者避免损失数额在七十五万元以上的；

（四）具有其他特别严重情节的。

4. 第一款中"违法所得"的认定

最高人民法院、最高人民检察院关于办理内幕交易、泄露内幕信息刑事案件具体应用法律若干问题的解释（2012年6月1日）

第十条　刑法第一百八十条第一款规定的"违法所得"，是指通过内幕交易

行为所获利益或者避免的损失。

内幕信息的泄露人员或者内幕交易的明示、暗示人员未实际从事内幕交易的，其罚金数额按照因泄露而获悉内幕信息人员或者被明示、暗示人员从事内幕交易的违法所得计算。

5. 第四款中"内幕信息以外的其他未公开的信息"的认定

最高人民法院、最高人民检察院关于办理利用未公开信息交易刑事案件适用法律若干问题的解释（2019年7月1日）

第一条 刑法第一百八十条第四款规定的"内幕信息以外的其他未公开的信息"，包括下列信息：

（一）证券、期货的投资决策、交易执行信息；
（二）证券持仓数量及变化、资金数量及变化、交易动向信息；
（三）其他可能影响证券、期货交易活动的信息。

第二条 内幕信息以外的其他未公开的信息难以认定的，司法机关可以在有关行政主（监）管部门的认定意见的基础上，根据案件事实和法律规定作出认定。

6. 第四款中"违反规定"的认定

最高人民法院、最高人民检察院关于办理利用未公开信息交易刑事案件适用法律若干问题的解释（2019年7月1日）

第三条 刑法第一百八十条第四款规定的"违反规定"，是指违反法律、行政法规、部门规章、全国性行业规范有关证券、期货未公开信息保护的规定，以及行为人所在的金融机构有关信息保密、禁止交易、禁止利益输送等规定。

7. 第四款中"明示、暗示他人从事相关交易活动"的认定

最高人民法院、最高人民检察院关于办理利用未公开信息交易刑事案件适用法律若干问题的解释（2019年7月1日）

第四条 刑法第一百八十条第四款规定的行为人"明示、暗示他人从事相关交易活动"，应当综合以下方面进行认定：

（一）行为人具有获取未公开信息的职务便利；
（二）行为人获取未公开信息的初始时间与他人从事相关交易活动的初始时间具有关联性；
（三）行为人与他人之间具有亲友关系、利益关联、交易终端关联等关联关系；
（四）他人从事相关交易的证券、期货品种、交易时间与未公开信息所涉证

券、期货品种、交易时间等方面基本一致；

（五）他人从事的相关交易活动明显不具有符合交易习惯、专业判断等正当理由；

（六）行为人对明示、暗示他人从事相关交易活动没有合理解释。

8. 第四款中"情节严重""情节特别严重"的认定

最高人民法院、最高人民检察院关于办理利用未公开信息交易刑事案件适用法律若干问题的解释（2019年7月1日）

第五条 利用未公开信息交易，具有下列情形之一的，应当认定为刑法第一百八十条第四款规定的"情节严重"：

（一）违法所得数额在一百万元以上的；

（二）二年内三次以上利用未公开信息交易的；

（三）明示、暗示三人以上从事相关交易活动的。

第六条 利用未公开信息交易，违法所得数额在五十万元以上，或者证券交易成交额在五百万元以上，或者期货交易占用保证金数额在一百万元以上，具有下列情形之一的，应当认定为刑法第一百八十条第四款规定的"情节严重"：

（一）以出售或者变相出售未公开信息等方式，明示、暗示他人从事相关交易活动的；

（二）因证券、期货犯罪行为受过刑事追究的；

（三）二年内因证券、期货违法行为受过行政处罚的；

（四）造成恶劣社会影响或者其他严重后果的。

第七条 刑法第一百八十条第四款规定的"依照第一款的规定处罚"，包括该条第一款关于"情节特别严重"的规定。

利用未公开信息交易，违法所得数额在一千万元以上的，应当认定为"情节特别严重"。

违法所得数额在五百万元以上，或者证券交易成交额在五千万元以上，或者期货交易占用保证金数额在一千万元以上，具有本解释第六条规定的四种情形之一的，应当认定为"情节特别严重"。

第九条 本解释所称"违法所得"，是指行为人利用未公开信息从事与该信息相关的证券、期货交易活动所获利益或者避免的损失。

行为人明示、暗示他人利用未公开信息从事相关交易活动，被明示、暗示人员从事相关交易活动所获利益或者避免的损失，应当认定为"违法所得"。

9. 利用未公开信息交易犯罪事实的认定

最高人民检察院关于印发最高人民检察院第十七批指导性案例的通知（2020年2月5日）

王鹏等人利用未公开信息交易案（检例第65号）

【要旨】具有获取未公开信息职务便利条件的金融机构从业人员及其近亲属从事相关证券交易行为明显异常，且与未公开信息相关交易高度趋同，即使其拒不供述未公开信息传递过程等犯罪事实，但其他证据之间相互印证，能够形成证明利用未公开信息犯罪的完整证明体系，足以排除其他可能的，可以依法认定犯罪事实。

10. 犯罪数额的计算

最高人民法院、最高人民检察院关于办理内幕交易、泄露内幕信息刑事案件具体应用法律若干问题的解释（2012年6月1日）

第八条　二次以上实施内幕交易或者泄露内幕信息行为，未经行政处理或者刑事处理的，应当对相关交易数额依法累计计算。

第九条　同一案件中，成交额、占用保证金额、获利或者避免损失额分别构成情节严重、情节特别严重的，按照处罚较重的数额定罪处罚。

构成共同犯罪的，按照共同犯罪行为人的成交总额、占用保证金总额、获利或者避免损失总额定罪处罚，但判处各被告人罚金的总额应掌握在获利或者避免损失总额的一倍以上五倍以下。

最高人民法院、最高人民检察院关于办理利用未公开信息交易刑事案件适用法律若干问题的解释（2019年7月1日）

第八条　二次以上利用未公开信息交易，依法应予行政处理或者刑事处理而未经处理的，相关交易数额或者违法所得数额累计计算。

11. 单位犯罪

最高人民法院、最高人民检察院关于办理内幕交易、泄露内幕信息刑事案件具体应用法律若干问题的解释（2012年6月1日）

第十一条　单位实施刑法第一百八十条第一款规定的行为，具有本解释第六条规定情形之一的，按照刑法第一百八十条第二款的规定定罪处罚。

● 量刑

1. 从宽处罚

最高人民法院、最高人民检察院关于办理利用未公开信息交易刑事案件适用法律若干问题的解释（2019 年 7 月 1 日）

第十一条　符合本解释第五条、第六条规定的标准，行为人如实供述犯罪事实，认罪悔罪，并积极配合调查，退缴违法所得的，可以从轻处罚；其中犯罪情节轻微的，可以依法不起诉或者免予刑事处罚。

符合刑事诉讼法规定的认罪认罚从宽适用范围和条件的，依照刑事诉讼法的规定处理。

2. 对第四款援引法定刑的理解

最高人民检察院关于印发最高人民检察院第七批指导性案例的通知（2016 年 5 月 31 日）

马乐利用未公开信息交易案（检例第 24 号）

【要旨】刑法第一百八十条第四款利用未公开信息交易罪为援引法定刑的情形，应当是对第一款法定刑的全部援引。其中，"情节严重"是入罪标准，在处罚上应当依照本条第一款内幕交易、泄露内幕信息罪的全部法定刑处罚，即区分不同情形分别依照第一款规定的"情节严重"和"情节特别严重"两个量刑档次处罚。

最高人民法院关于发布第 13 批指导性案例的通知（2016 年 6 月 30 日）

马乐利用未公开信息交易案（指导案例 61 号）

裁判要点：刑法第一百八十条第四款规定的利用未公开信息交易罪援引法定刑的情形，应当是对第一款内幕交易、泄露内幕信息罪全部法定刑的引用，即利用未公开信息交易罪应有"情节严重""情节特别严重"两种情形和两个量刑档次。

3. 罚金数额计算

最高人民法院、最高人民检察院关于办理利用未公开信息交易刑事案件适用法律若干问题的解释（2019 年 7 月 1 日）

第十条　行为人未实际从事与未公开信息相关的证券、期货交易活动的，其罚金数额按照被明示、暗示人员从事相关交易活动的违法所得计算。

4. 可以从轻处罚、依法不起诉或者免予刑事处罚

　　最高人民法院、最高人民检察院关于办理利用未公开信息交易刑事案件适用法律若干问题的解释（2019年7月1日）

　　第十一条　符合本解释第五条、第六条规定的标准，行为人如实供述犯罪事实，认罪悔罪，并积极配合调查，退缴违法所得的，可以从轻处罚；其中犯罪情节轻微的，可以依法不起诉或者免予刑事处罚。

　　符合刑事诉讼法规定的认罪认罚从宽适用范围和条件的，依照刑事诉讼法的规定处理。

5. 罚金的确定

　　最高人民法院、最高人民检察院关于办理利用未公开信息交易刑事案件适用法律若干问题的解释（2019年7月1日）

　　第十条　行为人未实际从事与未公开信息相关的证券、期货交易活动的，其罚金数额按照被明示、暗示人员从事相关交易活动的违法所得计算。

第一百八十一条　【编造并传播证券、期货交易虚假信息罪】 编造并且传播影响证券、期货交易的虚假信息，扰乱证券、期货交易市场，造成严重后果的，处五年以下有期徒刑或者拘役，并处或者单处一万元以上十万元以下罚金。

【诱骗投资者买卖证券、期货合约罪】 证券交易所、期货交易所、证券公司、期货经纪公司的从业人员，证券业协会、期货业协会或者证券期货监督管理部门的工作人员，故意提供虚假信息或者伪造、变造、销毁交易记录，诱骗投资者买卖证券、期货合约，造成严重后果的，处五年以下有期徒刑或者拘役，并处或者单处一万元以上十万元以下罚金；情节特别恶劣的，处五年以上十年以下有期徒刑，并处二万元以上二十万元以下罚金。

单位犯前两款罪的，对单位判处罚金，并对其直接负责的主管人员和其他直接责任人员，处五年以下有期徒刑或者拘役。

● 立案追诉标准

最高人民检察院、公安部关于公安机关管辖的刑事案件立案追诉标准的规定（二）（2010年5月7日）

第三十七条 [编造并传播证券、期货交易虚假信息案（刑法第一百八十一条第一款）] 编造并且传播影响证券、期货交易的虚假信息，扰乱证券、期货交易市场，涉嫌下列情形之一的，应予立案追诉：

（一）获利或者避免损失数额累计在五万元以上的；

（二）造成投资者直接经济损失数额在五万元以上的；

（三）致使交易价格和交易量异常波动的；

（四）虽未达到上述数额标准，但多次编造并且传播影响证券、期货交易的虚假信息的；

（五）其他造成严重后果的情形。

第三十八条 [诱骗投资者买卖证券、期货合约案（刑法第一百八十一条第二款）] 证券交易所、期货交易所、证券公司、期货公司的从业人员，证券业协会、期货业协会或者证券期货监督管理部门的工作人员，故意提供虚假信息或者伪造、变造、销毁交易记录，诱骗投资者买卖证券、期货合约，涉嫌下列情形之一的，应予立案追诉：

（一）获利或者避免损失数额累计在五万元以上的；

（二）造成投资者直接经济损失数额在五万元以上的；

（三）致使交易价格和交易量异常波动的；

（四）其他造成严重后果的情形。

第九十条 本规定中的立案追诉标准，除法律、司法解释、本规定中另有规定的以外，适用于相应的单位犯罪。

第九十一条 本规定中的"以上"，包括本数。

● 定罪

利用互联网编造并传播证券、期货交易虚假信息行为的定性

全国人民代表大会常务委员会关于维护互联网安全的决定（2009年8月27日）

三、为了维护社会主义市场经济秩序和社会管理秩序，对有下列行为之一，

构成犯罪的,依照刑法有关规定追究刑事责任:

……

(四)利用互联网编造并传播影响证券、期货交易或者其他扰乱金融秩序的虚假信息;

……

> **第一百八十二条 【操纵证券、期货市场罪】**有下列情形之一,操纵证券、期货市场,影响证券、期货交易价格或者证券、期货交易量,情节严重的,处五年以下有期徒刑或者拘役,并处或者单处罚金;情节特别严重的,处五年以上十年以下有期徒刑,并处罚金:①
>
> (一)单独或者合谋,集中资金优势、持股或者持仓优势或者利用信息优势联合或者连续买卖的;
>
> (二)与他人串通,以事先约定的时间、价格和方式相互进行证券、期货交易的;
>
> (三)在自己实际控制的帐户之间进行证券交易,或者以自己为交易对象,自买自卖期货合约的;
>
> (四)不以成交为目的,频繁或者大量申报买入、卖出证券、期货合约并撤销申报的;
>
> (五)利用虚假或者不确定的重大信息,诱导投资者进行证券、期货交易的;
>
> (六)对证券、证券发行人、期货交易标的公开作出评价、预测或者投资建议,同时进行反向证券交易或者相关期货交易的;
>
> (七)以其他方法操纵证券、期货市场的。
>
> 单位犯前款罪的,对单位判处罚金,并对其直接负责的主管人员和其他直接责任人员,依照前款的规定处罚。

---

① 编者注:本款中第(四)(五)(六)项为《刑法修正案(十一)》新设,第(一)(二)(三)项中原本"影响证券、期货交易价格或者证券、期货交易量"的表述被调整为本款的整体规定。。

● 定罪

1. 第一款中"情节严重"的认定

最高人民法院、最高人民检察院关于办理操纵证券、期货市场刑事案件适用法律若干问题的解释（2019年7月1日）

第二条 操纵证券、期货市场，具有下列情形之一的，应当认定为刑法第一百八十二条第一款规定的"情节严重"：

（一）持有或者实际控制证券的流通股份数量达到该证券的实际流通股份总量百分之十以上，实施刑法第一百八十二条第一款第一项操纵证券市场行为，连续十个交易日的累计成交量达到同期该证券总成交量百分之二十以上的；

（二）实施刑法第一百八十二条第一款第二项、第三项操纵证券市场行为，连续十个交易日的累计成交量达到同期该证券总成交量百分之二十以上的；

（三）实施本解释第一条第一项至第四项操纵证券市场行为，证券交易成交额在一千万元以上的；

（四）实施刑法第一百八十二条第一款第一项及本解释第一条第六项操纵期货市场行为，实际控制的账户合并持仓连续十个交易日的最高值超过期货交易所限仓标准的二倍，累计成交量达到同期该期货合约总成交量百分之二十以上，且期货交易占用保证金数额在五百万元以上的；

（五）实施刑法第一百八十二条第一款第二项、第三项及本解释第一条第一项、第二项操纵期货市场行为，实际控制的账户连续十个交易日的累计成交量达到同期该期货合约总成交量百分之二十以上，且期货交易占用保证金数额在五百万元以上的；

（六）实施本解释第一条第五项操纵证券、期货市场行为，当日累计撤回申报量达到同期该证券、期货合约总申报量百分之五十以上，且证券撤回申报额在一千万元以上、撤回申报的期货合约占用保证金数额在五百万元以上的；

（七）实施操纵证券、期货市场行为，违法所得数额在一百万元以上的。

第三条 操纵证券、期货市场，违法所得数额在五十万元以上，具有下列情形之一的，应当认定为刑法第一百八十二条第一款规定的"情节严重"：

（一）发行人、上市公司及其董事、监事、高级管理人员、控股股东或者实际控制人实施操纵证券、期货市场行为的；

（二）收购人、重大资产重组的交易对方及其董事、监事、高级管理人员、

控股股东或者实际控制人实施操纵证券、期货市场行为的;

（三）行为人明知操纵证券、期货市场行为被有关部门调查，仍继续实施的;

（四）因操纵证券、期货市场行为受过刑事追究的;

（五）二年内因操纵证券、期货市场行为受过行政处罚的;

（六）在市场出现重大异常波动等特定时段操纵证券、期货市场的;

（七）造成恶劣社会影响或者其他严重后果的。

第九条 本解释所称"违法所得"，是指通过操纵证券、期货市场所获利益或者避免的损失。

本解释所称"连续十个交易日"，是指证券、期货市场开市交易的连续十个交易日，并非指行为人连续交易的十个交易日。

2. 第一款中"情节特别严重"的认定

最高人民法院、最高人民检察院关于办理操纵证券、期货市场刑事案件适用法律若干问题的解释（2019年7月1日）

第四条 具有下列情形之一的，应当认定为刑法第一百八十二条第一款规定的"情节特别严重"：

（一）持有或者实际控制证券的流通股份数量达到该证券的实际流通股份总量百分之十以上，实施刑法第一百八十二条第一款第一项操纵证券市场行为，连续十个交易日的累计成交量达到同期该证券总成交量百分之五十以上的;

（二）实施刑法第一百八十二条第一款第二项、第三项操纵证券市场行为，连续十个交易日的累计成交量达到同期该证券总成交量百分之五十以上的;

（三）实施本解释第一条第一项至第四项操纵证券市场行为，证券交易成交额在五千万元以上的;

（四）实施刑法第一百八十二条第一款第一项及本解释第一条第六项操纵期货市场行为，实际控制的账户合并持仓连续十个交易日的最高值超过期货交易所限仓标准的五倍，累计成交量达到同期该期货合约总成交量百分之五十以上，且期货交易占用保证金数额在二千五百万元以上的;

（五）实施刑法第一百八十二条第一款第二项、第三项及本解释第一条第一项、第二项操纵期货市场行为，实际控制的账户连续十个交易日的累计成交量达到同期该期货合约总成交量百分之五十以上，且期货交易占用保证金数额在二千五百万元以上的;

（六）实施操纵证券、期货市场行为，违法所得数额在一千万元以上的。

实施操纵证券、期货市场行为,违法所得数额在五百万元以上,并具有本解释第三条规定的七种情形之一的,应当认定为"情节特别严重"。

第九条 本解释所称"违法所得",是指通过操纵证券、期货市场所获利益或者避免的损失。

本解释所称"连续十个交易日",是指证券、期货市场开市交易的连续十个交易日,并非指行为人连续交易的十个交易日。

3. 第一款第三项中"自己实际控制的账户"的认定

最高人民法院、最高人民检察院关于办理操纵证券、期货市场刑事案件适用法律若干问题的解释(2019年7月1日)

第五条 下列账户应当认定为刑法第一百八十二条中规定的"自己实际控制的账户":

(一)行为人以自己名义开户并使用的实名账户;

(二)行为人向账户转入或者从账户转出资金,并承担实际损益的他人账户;

(三)行为人通过第一项、第二项以外的方式管理、支配或者使用的他人账户;

(四)行为人通过投资关系、协议等方式对账户内资产行使交易决策权的他人账户;

(五)其他有证据证明行为人具有交易决策权的账户。

有证据证明行为人对前款第一项至第三项账户内资产没有交易决策权的除外。

4. 第一款第四项中"以其他方法操纵证券、期货市场"的认定

最高人民法院、最高人民检察院关于办理操纵证券、期货市场刑事案件适用法律若干问题的解释(2019年7月1日)

第一条 行为人具有下列情形之一的,可以认定为刑法第一百八十二条第一款第四项规定的"以其他方法操纵证券、期货市场":

(一)利用虚假或者不确定的重大信息,诱导投资者作出投资决策,影响证券、期货交易价格或者证券、期货交易量,并进行相关交易或者谋取相关利益的;

(二)通过对证券及其发行人、上市公司、期货交易标的公开作出评价、预测或者投资建议,误导投资者作出投资决策,影响证券、期货交易价格或者证券、期货交易量,并进行与其评价、预测、投资建议方向相反的证券交易或者

相关期货交易的；

（三）通过策划、实施资产收购或者重组、投资新业务、股权转让、上市公司收购等虚假重大事项，误导投资者作出投资决策，影响证券交易价格或者证券交易量，并进行相关交易或者谋取相关利益的；

（四）通过控制发行人、上市公司信息的生成或者控制信息披露的内容、时点、节奏，误导投资者作出投资决策，影响证券交易价格或者证券交易量，并进行相关交易或者谋取相关利益的；

（五）不以成交为目的，频繁申报、撤单或者大额申报、撤单，误导投资者作出投资决策，影响证券、期货交易价格或者证券、期货交易量，并进行与申报相反的交易或者谋取相关利益的；

（六）通过囤积现货，影响特定期货品种市场行情，并进行相关期货交易的；

（七）以其他方法操纵证券、期货市场的。

5. "抢帽子"操纵交易行为的定性

最高人民检察院关于印发最高人民检察院第十批指导性案例的通知（2018年7月3日）

朱炜明操纵证券市场案（检例第39号）

【指导意义】证券公司、证券咨询机构、专业中介机构及其工作人员，违反规定买卖或者持有相关证券后，对该证券或者其发行人、上市公司作出公开评价、预测或者提出投资建议，通过期待的市场波动谋取利益的，构成"抢帽子"交易操纵行为。发布投资咨询意见的机构或者证券从业人员往往具有一定的社会知名度，他们借助影响力较大的传播平台发布诱导性信息，容易对普通投资者交易决策产生影响。其在发布信息后，又利用证券价格波动实施与投资者反向交易的行为获利，破坏了证券市场管理秩序，违反了证券市场公开、公平、公正原则，具有较大的社会危害性，情节严重的，构成操纵证券市场罪。

6. 在"新三板"操纵证券市场行为的处理

最高人民法院、最高人民检察院关于办理操纵证券、期货市场刑事案件适用法律若干问题的解释（2019年7月1日）

第十条　对于在全国中小企业股份转让系统中实施操纵证券市场行为，社会危害性大，严重破坏公平公正的市场秩序的，比照本解释的规定执行，但本解释第二条第一项、第二项和第四条第一项、第二项除外。

7. 犯罪数额的计算

最高人民法院、最高人民检察院关于办理操纵证券、期货市场刑事案件适用法律若干问题的解释（2019年7月1日）

第六条　二次以上实施操纵证券、期货市场行为，依法应予行政处理或者刑事处理而未经处理的，相关交易数额或者违法所得数额累计计算。

8. 单位犯罪的定罪处罚

最高人民法院、最高人民检察院关于办理操纵证券、期货市场刑事案件适用法律若干问题的解释（2019年7月1日）

第八条　单位实施刑法第一百八十二条第一款行为的，依照本解释规定的定罪量刑标准，对其直接负责的主管人员和其他直接责任人员定罪处罚，并对单位判处罚金。

● 量刑

可以从轻处罚，依法不起诉或免予刑事处罚

最高人民法院、最高人民检察院关于办理操纵证券、期货市场刑事案件适用法律若干问题的解释（2019年7月1日）

第七条　符合本解释第二条、第三条规定的标准，行为人如实供述犯罪事实，认罪悔罪，并积极配合调查，退缴违法所得的，可以从轻处罚；其中犯罪情节轻微的，可以依法不起诉或者免予刑事处罚。

符合刑事诉讼法规定的认罪认罚从宽适用范围和条件的，依照刑事诉讼法的规定处理。

第一百八十三条　【职务侵占罪】保险公司的工作人员利用职务上的便利，故意编造未曾发生的保险事故进行虚假理赔，骗取保险金归自己所有的，依照本法第二百七十一条的规定定罪处罚。

【贪污罪】国有保险公司工作人员和国有保险公司委派到非国有保险公司从事公务的人员有前款行为的，依照本法第三百八十二条、第三百八十三条的规定定罪处罚。

第一百八十四条 【非国家工作人员受贿罪】银行或者其他金融机构的工作人员在金融业务活动中索取他人财物或者非法收受他人财物，为他人谋取利益的，或者违反国家规定，收受各种名义的回扣、手续费，归个人所有的，依照本法第一百六十三条的规定定罪处罚。

【受贿罪】国有金融机构工作人员和国有金融机构委派到非国有金融机构从事公务的人员有前款行为的，依照本法第三百八十五条、第三百八十六条的规定定罪处罚。

● 关联法条

第九十六条

第一百八十五条 【挪用资金罪】商业银行、证券交易所、期货交易所、证券公司、期货经纪公司、保险公司或者其他金融机构的工作人员利用职务上的便利，挪用本单位或者客户资金的，依照本法第二百七十二条的规定定罪处罚。

【挪用公款罪】国有商业银行、证券交易所、期货交易所、证券公司、期货经纪公司、保险公司或者其他国有金融机构的工作人员和国有商业银行、证券交易所、期货交易所、证券公司、期货经纪公司、保险公司或者其他国有金融机构委派到前款规定中的非国有机构从事公务的人员有前款行为的，依照本法第三百八十四条的规定定罪处罚。

第一百八十五条之一 【背信运用受托财产罪】商业银行、证券交易所、期货交易所、证券公司、期货经纪公司、保险公司或者其他金融机构，违背受托义务，擅自运用客户资金或者其他委托、信托的财产，情节严重的，对单位判处罚金，并对其直接负责的主管人员和其他直接责任人员，处三年以下有期徒刑或者拘役，并处三万元以上三十万元以下罚金；情节特别严重的，处三年以上十年以下有期徒刑，并处五万元以上五十万元以下罚金。

【违法运用资金罪】 社会保障基金管理机构、住房公积金管理机构等公众资金管理机构,以及保险公司、保险资产管理公司、证券投资基金管理公司,违反国家规定运用资金的,对其直接负责的主管人员和其他直接责任人员,依照前款的规定处罚。

● 关联法条

第九十六条

● 立案追诉标准

最高人民检察院、公安部关于公安机关管辖的刑事案件立案追诉标准的规定(二)(2010年5月7日)

第四十条 [背信运用受托财产案(刑法第一百八十五条之一第一款)] 商业银行、证券交易所、期货交易所、证券公司、期货公司、保险公司或者其他金融机构,违背受托义务,擅自运用客户资金或者其他委托、信托的财产,涉嫌下列情形之一的,应予立案追诉:

(一)擅自运用客户资金或者其他委托、信托的财产数额在三十万元以上的;

(二)虽未达到上述数额标准,但多次擅自运用客户资金或者其他委托、信托的财产,或者擅自运用多个客户资金或者其他委托、信托的财产的;

(三)其他情节严重的情形。

第四十一条 [违法运用资金案(刑法第一百八十五条之一第二款)] 社会保障基金管理机构、住房公积金管理机构等公众资金管理机构,以及保险公司、保险资产管理公司、证券投资基金管理公司,违反国家规定运用资金,涉嫌下列情形之一的,应予立案追诉:

(一)违反国家规定运用资金数额在三十万元以上的;

(二)虽未达到上述数额标准,但多次违反国家规定运用资金的;

(三)其他情节严重的情形。

第九十一条 本规定中的"以上",包括本数。

第一百八十六条 【违法发放贷款罪】银行或者其他金融机构的工作人员违反国家规定发放贷款，数额巨大或者造成重大损失的，处五年以下有期徒刑或者拘役，并处一万元以上十万元以下罚金；数额特别巨大或者造成特别重大损失的，处五年以上有期徒刑，并处二万元以上二十万元以下罚金。

银行或者其他金融机构的工作人员违反国家规定，向关系人发放贷款的，依照前款的规定从重处罚。

单位犯前两款罪的，对单位判处罚金，并对其直接负责的主管人员和其他直接责任人员，依照前两款的规定处罚。

关系人的范围，依照《中华人民共和国商业银行法》和有关金融法规确定。

● 关联法条

第九十六条

● 立案追诉标准

最高人民检察院、公安部关于公安机关管辖的刑事案件立案追诉标准的规定（二）（2010年5月7日）

第四十二条 ［违法发放贷款案（刑法第一百八十六条）］银行或者其他金融机构及其工作人员违反国家规定发放贷款，涉嫌下列情形之一的，应予立案追诉：

（一）违法发放贷款，数额在一百万元以上的；

（二）违法发放贷款，造成直接经济损失数额在二十万元以上的。

第九十条 本规定中的立案追诉标准，除法律、司法解释、本规定中另有规定的以外，适用于相应的单位犯罪。

第九十一条 本规定中的"以上"，包括本数。

● 定罪

"关系人"的认定

商业银行法（2015年10月1日）

第四十条 商业银行不得向关系人发放信用贷款；向关系人发放担保贷款的条件不得优于其他借款人同类贷款的条件。

前款所称关系人是指：

（一）商业银行的董事、监事、管理人员、信贷业务人员及其近亲属；

（二）前项所列人员投资或者担任高级管理职务的公司、企业和其他经济组织。

第一百八十七条 【吸收客户资金不入账罪】 银行或者其他金融机构的工作人员吸收客户资金不入账，数额巨大或者造成重大损失的，处五年以下有期徒刑或者拘役，并处二万元以上二十万元以下罚金；数额特别巨大或者造成特别重大损失的，处五年以上有期徒刑，并处五万元以上五十万元以下罚金。

单位犯前款罪的，对单位判处罚金，并对其直接负责的主管人员和其他直接责任人员，依照前款的规定处罚。

● 立案追诉标准

最高人民检察院、公安部关于公安机关管辖的刑事案件立案追诉标准的规定（二）（2010年5月7日）

第四十三条 ［吸收客户资金不入账案（刑法第一百八十七条）］银行或者其他金融机构及其工作人员吸收客户资金不入账，涉嫌下列情形之一的，应予立案追诉：

（一）吸收客户资金不入账，数额在一百万元以上的；

（二）吸收客户资金不入账，造成直接经济损失数额在二十万元以上的。

第九十条 本规定中的立案追诉标准，除法律、司法解释、本规定中另有规定的以外，适用于相应的单位犯罪。

第九十一条 本规定中的"以上"，包括本数。

● 定罪

"吸收客户资金不入账"的认定

最高人民法院全国法院审理金融犯罪案件工作座谈会纪要（2001年1月21日）

二、（二）关于破坏金融管理秩序罪

3. 用账外客户资金非法拆借、发放贷款行为的认定和处罚

……吸收客户资金不入账，是指不记入金融机构的法定存款账目，以逃避国家金融监管，至于是否记入法定账目以外设立的账目，不影响该罪成立。

……对于利用职务上便利，挪用已经记入金融机构法定存款账户的客户资金归个人使用的，或者吸收客户资金不入账，却给客户开具银行存单，客户也认为将款已存入银行，该款却被行为人以个人名义借贷给他人的，均应认定为挪用公款罪或者挪用资金罪。

> **第一百八十八条** 【违规出具金融票证罪】银行或者其他金融机构的工作人员违反规定，为他人出具信用证或者其他保函、票据、存单、资信证明，情节严重的，处五年以下有期徒刑或者拘役；情节特别严重的，处五年以上有期徒刑。
>
> 单位犯前款罪的，对单位判处罚金，并对其直接负责的主管人员和其他直接责任人员，依照前款的规定处罚。

● 立案追诉标准

最高人民检察院、公安部关于公安机关管辖的刑事案件立案追诉标准的规定（二）（2010年5月7日）

第四十四条 ［违规出具金融票证案（刑法第一百八十八条）］银行或者其他金融机构及其工作人员违反规定，为他人出具信用证或者其他保函、票据、存单、资信证明，涉嫌下列情形之一的，应予立案追诉：

（一）违反规定为他人出具信用证或者其他保函、票据、存单、资信证明，数额在一百万元以上的；

（二）违反规定为他人出具信用证或者其他保函、票据、存单、资信证明，

造成直接经济损失数额在二十万元以上的;

（三）多次违规出具信用证或者其他保函、票据、存单、资信证明的;

（四）接受贿赂违规出具信用证或者其他保函、票据、存单、资信证明的;

（五）其他情节严重的情形。

第九十条 本规定中的立案追诉标准，除法律、司法解释、本规定中另有规定的以外，适用于相应的单位犯罪。

第九十一条 本规定中的"以上"，包本数。

第一百八十九条 【对违法票据承兑、付款、保证罪】银行或者其他金融机构的工作人员在票据业务中，对违反票据法规定的票据予以承兑、付款或者保证，造成重大损失的，处五年以下有期徒刑或者拘役;造成特别重大损失的，处五年以上有期徒刑。

单位犯前款罪的，对单位判处罚金，并对其直接负责的主管人员和其他直接责任人员，依照前款的规定处罚。

● 立案追诉标准

最高人民检察院、公安部关于公安机关管辖的刑事案件立案追诉标准的规定（二）（2010年5月7日）

第四十五条 [对违法票据承兑、付款、保证案（刑法第一百八十九条）]银行或者其他金融机构及其工作人员在票据业务中，对违反票据法规定的票据予以承兑、付款或者保证，造成直接经济损失数额在二十万元以上的，应予立案追诉。

第九十条 本规定中的立案追诉标准，除法律、司法解释、本规定中另有规定的以外，适用于相应的单位犯罪。

第九十一条 本规定中的"以上"，包本数。

第一百九十条 【逃汇罪】公司、企业或者其他单位，违反国家规定，擅自将外汇存放境外，或者将境内的外汇非法转移到境外，数额较大的，对单位判处逃汇数额百分之五以上百分之三十以下罚金，并对其直接负责的主管人员和其他直接责任人员处五年以下有期徒刑或者拘役；数额巨大或者有其他严重情节的，对单位判处逃汇数额百分之五以上百分之三十以下罚金，并对其直接负责的主管人员和其他直接责任人员处五年以上有期徒刑。

（单行刑法第一条）① 　　**【骗购外汇罪】**有下列情形之一，骗购外汇，数额较大的，处五年以下有期徒刑或者拘役，并处骗购外汇数额百分之五以上百分之三十以下罚金；数额巨大或者有其他严重情节的，处五年以上十年以下有期徒刑，并处骗购外汇数额百分之五以上百分之三十以下罚金；数额特别巨大或者有其他特别严重情节的，处十年以上有期徒刑或者无期徒刑，并处骗购外汇数额百分之五以上百分之三十以下罚金或者没收财产：

（一）使用伪造、变造的海关签发的报关单、进口证明、外汇管理部门核准件等凭证和单据的；

（二）重复使用海关签发的报关单、进口证明、外汇管理部门核准件等凭证和单据的；

（三）以其他方式骗购外汇的。

伪造、变造海关签发的报关单、进口证明、外汇管理部门核准件等凭证和单据，并用于骗购外汇的，依照前款的规定从重处罚。

明知用于骗购外汇而提供人民币资金的，以共犯论处。

单位犯前三款罪的，对单位依照第一款的规定判处罚金，并对其直接负责的主管人员和其他直接责任人员，处五年以下有期徒刑或者拘役；数额巨大或者有其他严重情节的，处五年以上十年以下有期徒刑；数额特别巨大或者有其他特别严重情节的，处十年以上有期徒刑或者无期徒刑。

---

① 编者注：此处的单行刑法指 1998 年 12 月 29 日第九届全国人民代表大会常务委员会第六次会议通过的《关于惩治骗购外汇、逃汇和非法买卖外汇犯罪的决定》（主席令第十四号公布施行），根据《最高人民法院、最高人民检察院关于执行〈中华人民共和国刑法〉确定罪名的补充规定》（法释〔2002〕7 号），该决定第一条罪名为骗购外汇罪。

● 关联法条

第九十六条

● 立案追诉标准

最高人民检察院、公安部关于公安机关管辖的刑事案件立案追诉标准的规定（二）（2010年5月7日）

第四十六条 [逃汇案（刑法第一百九十条）]公司、企业或者其他单位，违反国家规定，擅自将外汇存放境外，或者将境内的外汇非法转移到境外，单笔在二百万美元以上或者累计数额在五百万美元以上的，应予立案追诉。

第四十七条 [骗购外汇案（全国人民代表大会常务委员会《关于惩治骗购外汇、逃汇和非法买卖外汇犯罪的决定》第一条）]骗购外汇，数额在五十万美元以上的，应予立案追诉。

第九十条 本规定中的立案追诉标准，除法律、司法解释、本规定中另有规定的以外，适用于相应的单位犯罪。

第九十一条 本规定中的"以上"，包括本数。

● 定罪

时间效力

最高人民法院、最高人民检察院、公安部办理骗汇、逃汇犯罪案件联席会议纪要（1999年3月16日）

二、全国人大常委《关于惩治骗购外汇、逃汇和非法买卖外汇犯罪的决定》（以下简称《决定》）公布施行后发生的犯罪行为，应当依照《决定》办理；对于《决定》公布施行前发生的公布施行后尚未处理或者正在处理的行为，依照修订后的刑法第十二条第一款规定的原则办理。

● 量刑

从重处罚

全国人民代表大会常务委员会关于惩治骗购外汇、逃汇和非法买卖外汇犯罪的决定（1998年12月29日）

五、海关、外汇管理部门以及金融机构、从事对外贸易经营活动的公司、企业或者其他单位的工作人员与骗购外汇或者逃汇的行为人通谋，为其提供购买外汇的有关凭证或者其他便利的，或者明知是伪造、变造的凭证和单据而售汇、付汇的，以共犯论，依照本决定从重处罚。

> **第一百九十一条**① 【洗钱罪】为掩饰、隐瞒毒品犯罪、黑社会性质的组织犯罪、恐怖活动犯罪、走私犯罪、贪污贿赂犯罪、破坏金融管理秩序犯罪、金融诈骗犯罪的所得及其产生的收益的来源和性质，有下列行为之一的，没收实施以上犯罪的所得及其产生的收益，处五年以下有期徒刑或者拘役，并处或者单处罚金；情节严重的，处五年以上十年以下有期徒刑，并处罚金：
> （一）提供资金帐户的；
> （二）将财产转换为现金、金融票据、有价证券的；
> （三）通过转帐或者其他支付结算方式转移资金的；
> （四）跨境转移资产的；
> （五）以其他方法掩饰、隐瞒犯罪所得及其收益的来源和性质的。
> 单位犯前款罪的，对单位判处罚金，并对其直接负责的主管人员和其他直接责任人员，依照前款的规定处罚。

● 定罪

1. "以其他方法掩饰、隐瞒犯罪所得及其收益的来源和性质"的认定

最高人民法院关于审理洗钱等刑事案件具体应用法律若干问题的解释（2009年11月11日）

第二条 具有下列情形之一的，可以认定为刑法第一百九十一条第一款第（五）项规定的"以其他方法掩饰、隐瞒犯罪所得及其收益的来源和性质"：

---

① 编者注：《刑法修正案（十一）》删除了第一款（二）（三）（四）项中"协助"的表述，使得"自洗钱"行为入罪；删除了原来根据"洗钱数额"确定罚金数额的规定；将原第（四）项"协助将资金汇往境外的"调整为"跨境转移资产的"。第二款将对单位的处罚调整为与对自然人的处罚一致。

（一）通过典当、租赁、买卖、投资等方式，协助转移、转换犯罪所得及其收益的；

（二）通过与商场、饭店、娱乐场所等现金密集型场所的经营收入相混合的方式，协助转移、转换犯罪所得及其收益的；

（三）通过虚构交易、虚设债权债务、虚假担保、虚报收入等方式，协助将犯罪所得及其收益转换为"合法"财物的；

（四）通过买卖彩票、奖券等方式，协助转换犯罪所得及其收益的；

（五）通过赌博方式，协助将犯罪所得及其收益转换为赌博收益的；

（六）协助将犯罪所得及其收益携带、运输或者邮寄出入境的；

（七）通过前述规定以外的方式协助转移、转换犯罪所得及其收益的。

2. 一罪与数罪

最高人民法院关于审理洗钱等刑事案件具体应用法律若干问题的解释（2009年11月11日）

第三条　明知是犯罪所得及其产生的收益而予以掩饰、隐瞒，构成刑法第三百一十二条规定的犯罪，同时又构成刑法第一百九十一条或者第三百四十九条规定的犯罪的，依照处罚较重的规定定罪处罚。

3. 与上游犯罪的关系

最高人民法院关于审理洗钱等刑事案件具体应用法律若干问题的解释（2009年11月11日）

第四条　刑法第一百九十一条、第三百一十二条、第三百四十九条规定的犯罪，应当以上游犯罪事实成立为认定前提。上游犯罪尚未依法裁判，但查证属实的，不影响刑法第一百九十一条、第三百一十二条、第三百四十九条规定的犯罪的审判。

上游犯罪事实可以确认，因行为人死亡等原因依法不予追究刑事责任的，不影响刑法第一百九十一条、第三百一十二条、第三百四十九条规定的犯罪的认定。

上游犯罪事实可以确认，依法以其他罪名定罪处罚的，不影响刑法第一百九十一条、第三百一十二条、第三百四十九条规定的犯罪的认定。

本条所称"上游犯罪"，是指产生刑法第一百九十一条、第三百一十二条、第三百四十九条规定的犯罪所得及其收益的各种犯罪行为。

第五节　金融诈骗罪

本节罪名定罪问题的总体规定

1. "以非法占有为目的"的认定

最高人民法院全国法院审理金融犯罪案件工作座谈会纪要（2001 年 1 月 21 日）

二、（三）关于金融诈骗罪

1. 金融诈骗罪中非法占有目的的认定

金融诈骗犯罪都是以非法占有为目的的犯罪。在司法实践中，认定是否具有非法占有为目的，应当坚持主客观相一致的原则，既要避免单纯根据损失结果客观归罪，也不能仅凭被告人自己的供述，而应当根据案件具体情况具体分析。根据司法实践，对于行为人通过诈骗的方法非法获取资金，造成数额较大资金不能归还，并具有下列情形之一的，可以认定为具有非法占有的目的：

（1）明知没有归还能力而大量骗取资金的；

（2）非法获取资金后逃跑的；

（3）肆意挥霍骗取资金的；

（4）使用骗取的资金进行违法犯罪活动的；

（5）抽逃、转移资金、隐匿财产，以逃避返还资金的；

（6）隐匿、销毁账目，或者搞假破产、假倒闭，以逃避返还资金的；

（7）其他非法占有资金、拒不返还的行为。但是，在处理具体案件的时候，对于有证据证明行为人不具有非法占有目的的，不能单纯以财产不能归还就按金融诈骗罪处罚。

2. 犯罪数额的计算

最高人民法院全国法院审理金融犯罪案件工作座谈会纪要（2001 年 1 月 21 日）

二、（三）关于金融诈骗罪

4. 金融诈骗犯罪定罪量刑的数额标准和犯罪数额的计算。金融诈骗的数额不仅是定罪的重要标准，也是量刑的主要依据。在没有新的司法解释之前，可参照 1996 年《最高人民法院关于审理诈骗案件具体应用法律的若干问题的解释》①的规定执行。在具体认定金融诈骗犯罪的数额时,应当以行为人实际骗取的数额计算。对于行为人为实施金融诈骗活动而支付的中介费、手续费、回扣等,或者用于行贿、赠与等费用,均应计入金融诈骗的犯罪数额。但应当将案发前已归还的数额扣除。

本节罪名量刑问题的总体规定

1. 财产刑的适用

最高人民法院全国法院审理金融犯罪案件工作座谈会纪要(2001年1月21日)

二、(五)财产刑的适用

金融犯罪是图利型犯罪,惩罚和预防此类犯罪,应当注重同时从经济上制裁犯罪分子。刑法对金融犯罪都规定了财产刑,人民法院应当严格依法判处。罚金的数额,应当根据被告人的犯罪情节,在法律规定的数额幅度内确定。对于具有从轻、减轻或者免除处罚情节的被告人,对于本应并处的罚金刑原则上也应当从轻、减轻或者免除。

单位金融犯罪中直接负责的主管人员和其他直接责任人员,是否适用罚金刑,应当根据刑法的具体规定。刑法分则条文规定有罚金刑,并规定对单位犯罪中直接负责的主管人员和其他直接责任人员依照自然人犯罪条款处罚的,应当判处罚金刑,但是对直接负责的主管人员和其他直接责任人员判处罚金的数额,应当低于对单位判处罚金的数额;刑法分则条文明确规定对单位犯罪中直接负责的主管人员和其他直接责任人员只判处自由刑的,不能附加判处罚金刑。

第一百九十二条② 【集资诈骗罪】以非法占有为目的,使用诈骗方法非法集资,数额较大的,处三年以上七年以下有期徒刑,并处罚金;数额巨大或者有其他严重情节的,处七年以上有期徒刑或者无期徒刑,并处罚金或者没收财产。

单位犯前款罪的,对单位判处罚金,并对其直接负责的主管人员和其他直接责任人员,依照前款的规定处罚。

---

① 编者注:该解释已被2013年1月14日《最高人民法院关于废止1980年1月1日至1997年6月30日期间发布的部分司法解释和司法解释性文件(第九批)的决定》废止。

② 编者注:《刑法修正案(十一)》修正了本条第一款中的法定刑档次,增设了第二款。

🔹 关联法条

第二百八十七条

🔹 立案追诉标准

最高人民检察院、公安部关于公安机关管辖的刑事案件立案追诉标准的规定（二）（2010年5月7日）

第四十九条　[集资诈骗案（刑法第一百九十二条）] 以非法占有为目的，使用诈骗方法非法集资，涉嫌下列情形之一的，应予立案追诉：

（一）个人集资诈骗，数额在十万元以上的；

（二）单位集资诈骗，数额在五十万元以上的。

第九十一条　本规定中的"以上"，包括本数。

🔹 定罪

1. 参见【本节罪名定罪问题的总体规定】
2. "以非法占有为目的"的认定

最高人民检察院关于办理涉互联网金融犯罪案件有关问题座谈会纪要（2017年6月1日）

14. 以非法占有为目的，使用诈骗方法非法集资，是集资诈骗罪的本质特征。是否具有非法占有目的，是区分非法吸收公众存款罪和集资诈骗罪的关键要件，对此要重点围绕融资项目真实性、资金去向、归还能力等事实进行综合判断。犯罪嫌疑人存在以下情形之一的，原则上可以认定具有非法占有目的：

（1）大部分资金未用于生产经营活动，或名义上投入生产经营但又通过各种方式抽逃转移资金的；

（2）资金使用成本过高，生产经营活动的盈利能力不具有支付全部本息的现实可能性的；

（3）对资金使用的决策极度不负责任或肆意挥霍造成资金缺口较大的；

（4）归还本息主要通过借新还旧来实现的；

（5）其他依照有关司法解释可以认定为非法占有目的的情形。

15. 对于共同犯罪或单位犯罪案件中，不同层级的犯罪嫌疑人之间存在犯罪目的发生转化或者犯罪目的明显不同的，应当根据犯罪嫌疑人的犯罪目的分别认定。

（1）注意区分犯罪目的发生转变的时间节点。犯罪嫌疑人在初始阶段仅具有非法吸收公众存款的故意，不具有非法占有目的，但在发生经营失败、资金链断裂等问题后，明知没有归还能力仍然继续吸收公众存款的，这一时间节点之后的行为应当认定为集资诈骗罪，此前的行为应当认定为非法吸收公众存款罪。

（2）注意区分犯罪嫌疑人的犯罪目的的差异。在共同犯罪或单位犯罪中，犯罪嫌疑人由于层级、职责分工、获取收益方式、对全部犯罪事实的知情程度等不同，其犯罪目的也存在不同。在非法集资犯罪中，有的犯罪嫌疑人具有非法占有的目的，有的则不具有非法占有目的，对此，应当分别认定为集资诈骗罪和非法吸收公众存款罪。

16. 证明主观上是否具有非法占有目的，可以重点收集、运用以下客观证据：

（1）与实施集资诈骗整体行为模式相关的证据：投资合同、宣传资料、培训内容等；

（2）与资金使用相关的证据：资金往来记录、会计账簿和会计凭证、资金使用成本（包括利息和佣金等）、资金决策使用过程、资金主要用途、财产转移情况等；

（3）与归还能力相关的证据：吸收资金所投资项目内容、投资实际经营情况、盈利能力、归还本息资金的主要来源、负债情况、是否存在虚构业绩等虚假宣传行为等；

（4）其他涉及欺诈等方面的证据：虚构融资项目进行宣传、隐瞒资金实际用途、隐匿销毁账簿；等等。司法会计鉴定机构对相关数据进行鉴定时，办案部门可以根据查证犯罪事实的需要提出重点鉴定的项目，保证司法会计鉴定意见与待证的构成要件事实之间的关联性。

最高人民法院关于审理非法集资刑事案件具体应用法律若干问题的解释
（2011年1月4日）

第四条第二款　使用诈骗方法非法集资，具有下列情形之一的，可以认定为"以非法占有为目的"：

（一）集资后不用于生产经营活动或者用于生产经营活动与筹集资金规模明显不成比例，致使集资款不能返还的；

（二）肆意挥霍集资款，致使集资款不能返还的；

（三）携带集资款逃匿的；
（四）将集资款用于违法犯罪活动的；
（五）抽逃、转移资金、隐匿财产，逃避返还资金的；
（六）隐匿、销毁账目，或者搞假破产、假倒闭，逃避返还资金的；
（七）拒不交代资金去向，逃避返还资金的；
（八）其他可以认定非法占有目的的情形。

第三款　集资诈骗罪中的非法占有目的，应当区分情形进行具体认定。行为人部分非法集资行为具有非法占有目的的，对该部分非法集资行为所涉集资款以集资诈骗罪定罪处罚；非法集资共同犯罪中部分行为人具有非法占有目的，其他行为人没有非法占有集资款的共同故意和行为的，对具有非法占有目的的行为人以集资诈骗罪定罪处罚。

3. "数额较大""数额巨大""数额特别巨大"的认定

最高人民法院关于审理非法集资刑事案件具体应用法律若干问题的解释（2011年1月4日）

第五条第一款　个人进行集资诈骗，数额在10万元以上的，应当认定为"数额较大"；数额在30万元以上的，应当认定为"数额巨大"；数额在100万元以上的，应当认定为"数额特别巨大"。

第二款　单位进行集资诈骗，数额在50万元以上的，应当认定为"数额较大"；数额在150万元以上的，应当认定为"数额巨大"；数额在500万元以上的，应当认定为"数额特别巨大"。

4. 集资诈骗数额的计算

最高人民法院关于审理非法集资刑事案件具体应用法律若干问题的解释（2011年1月4日）

第五条第三款　集资诈骗的数额以行为人实际骗取的数额计算，案发前已归还的数额应予扣除。行为人为实施集资诈骗活动而支付的广告费、中介费、手续费、回扣，或者用于行贿、赠与等费用，不予扣除。行为人为实施集资诈骗活动而支付的利息，除本金未归还可予折抵本金以外，应当计入诈骗数额。

最高人民检察院关于办理涉互联网金融犯罪案件有关问题座谈会纪要（2017年6月1日）

17. 集资诈骗的数额，应当以犯罪嫌疑人实际骗取的金额计算。犯罪嫌疑人为吸收公众资金制造还本付息的假象，在诈骗的同时对部分投资人还本付息的，集资诈骗的金额以案发时实际未兑付的金额计算。案发后,犯罪嫌疑人主动退还集资款项的,不能从集资诈骗的金额中扣除,但可以作为量刑情节考虑。

5. 与非法吸收公众存款罪的关系

最高人民法院关于审理非法集资刑事案件具体应用法律若干问题的解释(2011年1月4日)

第二条 实施下列行为之一,符合本解释第一条第一款规定的条件的,应当依照刑法第一百七十六条的规定,以非法吸收公众存款罪定罪处罚:

(一)不具有房产销售的真实内容或者不以房产销售为主要目的,以返本销售、售后包租、约定回购、销售房产份额等方式非法吸收资金的;

(二)以转让林权并代为管护等方式非法吸收资金的;

(三)以代种植(养殖)、租种植(养殖)、联合种植(养殖)等方式非法吸收资金的;

(四)不具有销售商品、提供服务的真实内容或者不以销售商品、提供服务为主要目的,以商品回购、寄存代售等方式非法吸收资金的;

(五)不具有发行股票、债券的真实内容,以虚假转让股权、发售虚构债券等方式非法吸收资金的;

(六)不具有募集基金的真实内容,以假借境外基金、发售虚构基金等方式非法吸收资金的;

(七)不具有销售保险的真实内容,以假冒保险公司、伪造保险单据等方式非法吸收资金的;

(八)以投资入股的方式非法吸收资金的;

(九)以委托理财的方式非法吸收资金的;

(十)利用民间"会"、"社"等组织非法吸收资金的;

(十一)其他非法吸收资金的行为。

第四条第一款第一项 以非法占有为目的,使用诈骗方法实施本解释第二条规定所列行为的,应当依照刑法第一百九十二条的规定,以集资诈骗罪定罪处罚。

6. 以发行证券为幌子实施诈骗行为的定性

最高人民法院、最高人民检察院、公安部、中国证券监督管理委员会关于整治非法证券活动有关问题的通知(2008年1月2日)

二、明确法律政策界限,依法打击非法证券活动

(二)关于擅自发行证券的责任追究。未经依法核准,擅自发行证券,涉嫌

犯罪的，依照《刑法》第一百七十九条之规定，以擅自发行股票、公司、企业债券罪追究刑事责任。未经依法核准，以发行证券为幌子，实施非法证券活动，涉嫌犯罪的，依照《刑法》第一百七十六条、第一百九十二条等规定，以非法吸收公众存款罪、集资诈骗罪等罪名追究刑事责任。未构成犯罪的，依照《证券法》和有关法律的规定给予行政处罚。

7. 利用网络平台发布虚假信息募集资金并将资金用于个人挥霍构成集资诈骗

最高人民检察院关于印发最高人民检察院第十批指导性案例的通知（2018年7月3日）

周辉集资诈骗案（检例第40号）

【要旨】网络借贷信息中介机构或其控制人，利用网络借贷平台发布虚假信息，非法建立资金池募集资金，所得资金大部分未用于生产经营活动，主要用于借新还旧和个人挥霍，无法归还所募资金数额巨大，应认定为具有非法占有目的，以集资诈骗罪追究刑事责任。

8. 此罪与彼罪

最高人民法院全国法院审理金融犯罪案件工作座谈会纪要（2001年1月21日）

二、（三）关于金融诈骗罪

3. 集资诈骗罪的认定和处理：集资诈骗罪和欺诈发行股票、债券罪、非法吸收公众存款罪在客观上均表现为向社会公众非法募集资金。区别的关键在于行为人是否具有非法占有的目的。对于以非法占有为目的而非法集资，或者在非法集资过程中产生了非法占有他人资金的故意，均构成集资诈骗罪。但是，在处理具体案件时要注意以下两点：一是不能仅凭较大数额的非法集资款不能返还的结果，推定行为人具有非法占有的目的；二是行为人将大部分资金用于投资或生产经营活动，而将少量资金用于个人消费或挥霍的，不应仅以此便认定具有非法占有的目的。

● 量刑

参见【本节罪名量刑问题的总体规定】

> **第一百九十三条** 【贷款诈骗罪】有下列情形之一,以非法占有为目的,诈骗银行或者其他金融机构的贷款,数额较大的,处五年以下有期徒刑或者拘役,并处二万元以上二十万元以下罚金;数额巨大或者有其他严重情节的,处五年以上十年以下有期徒刑,并处五万元以上五十万元以下罚金;数额特别巨大或者有其他特别严重情节的,处十年以上有期徒刑或者无期徒刑,并处五万元以上五十万元以下罚金或者没收财产:
> （一）编造引进资金、项目等虚假理由的;
> （二）使用虚假的经济合同的;
> （三）使用虚假的证明文件的;
> （四）使用虚假的产权证明作担保或者超出抵押物价值重复担保的;
> （五）以其他方法诈骗贷款的。

● 关联法条

第二百八十七条

● 立案追诉标准

最高人民检察院、公安部关于公安机关管辖的刑事案件立案追诉标准的规定（二）（2010年5月7日）

第五十条 [贷款诈骗案（刑法第一百九十三条）] 以非法占有为目的,诈骗银行或者其他金融机构的贷款,数额在二万元以上的,应予立案追诉。

第九十一条 本规定中的"以上",包括本数。

● 定罪

1. 参见【本节罪名定罪问题的总体规定】
2. 贷款诈骗与贷款纠纷的区分

最高人民法院全国法院审理金融犯罪案件工作座谈会纪要（2001年1月21日）

二、（三）关于金融诈骗罪

2. 贷款诈骗罪的认定和处理。贷款诈骗犯罪是目前案发较多的金融诈骗犯

罪之一。审理贷款诈骗犯罪案件,应当注意以下两个问题:

……二是要严格区分贷款诈骗与贷款纠纷的界限。对于合法取得贷款后,没有按规定的用途使用贷款,到期没有归还贷款的,不能以贷款诈骗罪定罪处罚;对于确有证据证明行为人不具有非法占有的目的,因不具备贷款的条件而采取了欺骗手段获取贷款,案发时有能力履行还贷义务,或者案发时不能归还贷款是因为意志以外的原因,如因经营不善、被骗、市场风险等,不应以贷款诈骗罪定罪处罚。

3. 单位实施贷款诈骗的处理

最高人民法院全国法院审理金融犯罪案件工作座谈会纪要(2001年1月21日)

二、(三)关于金融诈骗罪

2. 贷款诈骗罪的认定和处理。贷款诈骗犯罪是目前案发较多的金融诈骗犯罪之一。审理贷款诈骗犯罪案件,应当注意以下两个问题:

一是单位不能构成贷款诈骗罪。根据刑法第三十条和第一百九十三条的规定,单位不构成贷款诈骗罪。对于单位实施的贷款诈骗行为,不能以贷款诈骗罪定罪处罚,也不能以贷款诈骗罪追究直接负责的主管人员和其他直接责任人员的刑事责任。但是,在司法实践中,对于单位十分明显地以非法占有为目的,利用签订、履行借款合同诈骗银行或其他金融机构贷款,符合刑法第二百二十四条规定的合同诈骗罪构成要件的,应当以合同诈骗罪定罪处罚。

● 量刑

参见【本节罪名量刑问题的总体规定】

> **第一百九十四条 【票据诈骗罪】**有下列情形之一,进行金融票据诈骗活动,数额较大的,处五年以下有期徒刑或者拘役,并处二万元以上二十万元以下罚金;数额巨大或者有其他严重情节的,处五年以上十年以下有期徒刑,并处五万元以上五十万元以下罚金;数额特别巨大或者有其他特别严重情节的,处十年以上有期徒刑或者无期徒刑,并处五万元以上五十万元以下罚金或者没收财产:
> (一)明知是伪造、变造的汇票、本票、支票而使用的;
> (二)明知是作废的汇票、本票、支票而使用的;

（三）冒用他人的汇票、本票、支票的；

（四）签发空头支票或者与其预留印鉴不符的支票，骗取财物的；

（五）汇票、本票的出票人签发无资金保证的汇票、本票或者在出票时作虚假记载，骗取财物的。

【金融凭证诈骗罪】使用伪造、变造的委托收款凭证、汇款凭证、银行存单等其他银行结算凭证的，依照前款的规定处罚。

● 关联法条

第二百条、第二百八十七条

● 立案追诉标准

最高人民检察院、公安部关于公安机关管辖的刑事案件立案追诉标准的规定（二）（2010年5月7日）

第五十一条 ［票据诈骗案（刑法第一百九十四条第一款）］进行金融票据诈骗活动，涉嫌下列情形之一的，应予立案追诉：

（一）个人进行金融票据诈骗，数额在一万元以上的；

（二）单位进行金融票据诈骗，数额在十万元以上的。

第五十二条 ［金融凭证诈骗案（刑法第一百九十四条第二款）］使用伪造、变造的委托收款凭证、汇款凭证、银行存单等其他银行结算凭证进行诈骗活动，涉嫌下列情形之一的，应予立案追诉：

（一）个人进行金融凭证诈骗，数额在一万元以上的；

（二）单位进行金融凭证诈骗，数额在十万元以上的。

第九十一条 本规定中的"以上"，包括本数。

● 定罪

参见【本节罪名定罪问题的总体规定】

● 量刑

参见【本节罪名量刑问题的总体规定】

> 第一百九十五条 【信用证诈骗罪】有下列情形之一，进行信用证诈骗活动的，处五年以下有期徒刑或者拘役，并处二万元以上二十万元以下罚金；数额巨大或者有其他严重情节的，处五年以上十年以下有期徒刑，并处五万元以上五十万元以下罚金；数额特别巨大或者有其他特别严重情节的，处十年以上有期徒刑或者无期徒刑，并处五万元以上五十万元以下罚金或者没收财产：
> （一）使用伪造、变造的信用证或者附随的单据、文件的；
> （二）使用作废的信用证的；
> （三）骗取信用证的；
> （四）以其他方法进行信用证诈骗活动的。

● 关联法条

第二百条、第二百八十七条

● 立案追诉标准

最高人民检察院、公安部关于公安机关管辖的刑事案件立案追诉标准的规定（二）（2010年5月7日）

第五十三条 [信用证诈骗案（刑法第一百九十五条）] 进行信用证诈骗活动，涉嫌下列情形之一的，应予立案追诉：
（一）使用伪造、变造的信用证或者附随的单据、文件的；
（二）使用作废的信用证的；
（三）骗取信用证的；
（四）以其他方法进行信用证诈骗活动的。

第九十条 本规定中的立案追诉标准，除法律、司法解释、本规定中另有规定的以外，适用于相应的单位犯罪。

第九十一条　本规定中的"以上"，包括本数。

● 定罪

参见【本节罪名定罪问题的总体规定】

● 量刑

参见【本节罪名量刑问题的总体规定】

第一百九十六条　【信用卡诈骗罪】有下列情形之一，进行信用卡诈骗活动，数额较大的，处五年以下有期徒刑或者拘役，并处二万元以上二十万元以下罚金；数额巨大或者有其他严重情节的，处五年以上十年以下有期徒刑，并处五万元以上五十万元以下罚金；数额特别巨大或者有其他特别严重情节的，处十年以上有期徒刑或者无期徒刑，并处五万元以上五十万元以下罚金或者没收财产：

（一）使用伪造的信用卡，或者使用以虚假的身份证明骗领的信用卡的；

（二）使用作废的信用卡的；

（三）冒用他人信用卡的；

（四）恶意透支的。

前款所称恶意透支，是指持卡人以非法占有为目的，超过规定限额或者规定期限透支，并且经发卡银行催收后仍不归还的行为。

【盗窃罪】盗窃信用卡并使用的，依照本法第二百六十四条的规定定罪处罚。

● 关联法条

第二百八十七条

● 定罪

1. 参见【本节罪名定罪问题的总体规定】

2. "信用卡"的认定

全国人民代表大会常务委员会关于《中华人民共和国刑法》有关信用卡规定的解释（2004年12月29日）

刑法规定的"信用卡"，是指由商业银行或者其他金融机构发行的具有消费支付、信用贷款、转账结算、存取现金等全部功能或者部分功能的电子支付卡。

3. "数额较大""数额巨大""数额特别巨大"的认定

最高人民法院、最高人民检察院关于办理妨害信用卡管理刑事案件具体应用法律若干问题的解释（2018年12月1日）

第五条第一款　使用伪造的信用卡、以虚假的身份证明骗领的信用卡、作废的信用卡或冒用他人信用卡，进行信用卡诈骗活动，数额在五千元以上不满五万元的，应当认定为刑法第一百九十六条规定的"数额较大"；数额在五万元以上不满五十万元的，应当认定为刑法第一百九十六条规定的"数额巨大"；数额在五十万元以上的，应当认定为刑法第一百九十六条规定的"数额特别巨大"。

4. "冒用他人信用卡"的认定

最高人民法院、最高人民检察院关于办理妨害信用卡管理刑事案件具体应用法律若干问题的解释（2018年12月1日）

第五条第二款　刑法第一百九十六条第一款第三项所称"冒用他人信用卡"，包括以下情形：

（一）拾得他人信用卡并使用的；

（二）骗取他人信用卡并使用的；

（三）窃取、收买、骗取或者以其他非法方式获取他人信用卡信息资料，并通过互联网、通讯终端等使用的；

（四）其他冒用他人信用卡的情形。

5. "恶意透支"的认定、处罚

最高人民法院、最高人民检察院关于办理妨害信用卡管理刑事案件具体应用法律若干问题的解释（2018年12月1日）

第六条 持卡人以非法占有为目的，超过规定限额或者规定期限透支，经发卡银行两次有效催收后超过三个月仍不归还的，应当认定为刑法第一百九十六条规定的"恶意透支"。

对于是否以非法占有为目的，应当综合持卡人信用记录、还款能力和意愿、申领和透支信用卡的状况、透支资金的用途、透支后的表现、未按规定还款的原因等情节作出判断。不得单纯依据持卡人未按规定还款的事实认定非法占有目的。

具有以下情形之一的，应当认定为刑法第一百九十六条第二款规定的"以非法占有为目的"，但有证据证明持卡人确实不具有非法占有目的的除外：

（一）明知没有还款能力而大量透支，无法归还的；
（二）使用虚假资信证明申领信用卡后透支，无法归还的；
（三）透支后通过逃匿、改变联系方式等手段，逃避银行催收的；
（四）抽逃、转移资金，隐匿财产，逃避还款的；
（五）使用透支的资金进行犯罪活动的；
（六）其他非法占有资金，拒不归还的情形。

第七条 催收同时符合下列条件的，应当认定为本解释第六条规定的"有效催收"：

（一）在透支超过规定限额或者规定期限后进行；
（二）催收应当采用能够确认持卡人收悉的方式，但持卡人故意逃避催收的除外；
（三）两次催收至少间隔三十日；
（四）符合催收的有关规定或者约定。

对于是否属于有效催收，应当根据发卡银行提供的电话录音、信息送达记录、信函送达回执、电子邮件送达记录、持卡人或者其家属签字以及其他催收原始证据材料作出判断。

发卡银行提供的相关证据材料，应当有银行工作人员签名和银行公章。

第八条 恶意透支，数额在五万元以上不满五十万元的，应当认定为刑法第一百九十六条规定的"数额较大"；数额在五十万元以上不满五百万元的，应当认定为刑法第一百九十六条规定的"数额巨大"；数额在五百万元以上的，应当认定为刑法第一百九十六条规定的"数额特别巨大"。

第九条 恶意透支的数额，是指公安机关刑事立案时尚未归还的实际透支的本金数额，不包括利息、复利、滞纳金、手续费等发卡银行收取的费用。归还或者支付的数额，应当认定为归还实际透支的本金。

检察机关在审查起诉、提起公诉时,应当根据发卡银行提供的交易明细、分类账单(透支账单、还款账单)等证据材料,结合犯罪嫌疑人、被告人及其辩护人所提辩解、辩护意见及相关证据材料,审查认定恶意透支的数额;恶意透支的数额难以确定的,应当依据司法会计、审计报告,结合其他证据材料审查认定。人民法院在审判过程中,应当在对上述证据材料查证属实的基础上,对恶意透支的数额作出认定。

发卡银行提供的相关证据材料,应当有银行工作人员签名和银行公章。

第十条 恶意透支数额较大,在提起公诉前全部归还或者具有其他情节轻微情形的,可以不起诉;在一审判决前全部归还或者具有其他情节轻微情形的,可以免予刑事处罚。但是,曾因信用卡诈骗受过两次以上处罚的除外。

第十一条 发卡银行违规以信用卡透支形式变相发放贷款,持卡人未按规定归还的,不适用刑法第一百九十六条'恶意透支'的规定。构成其他犯罪的,以其他犯罪论处。

最高人民法院研究室关于信用卡犯罪法律适用若干问题的复函(2010年7月5日)

一、对于一人持有多张信用卡进行恶意透支,每张信用卡透支数额均未达到1万元的立案追诉标准的,原则上可以累计数额进行追诉。但考虑到一人办多张信用卡的情况复杂,如累计透支数额不大的,应分别不同情况慎重处理。

二、发卡银行的"催收"应有电话录音、持卡人或其家属签字等证据证明。"两次催收"一般应分别采用电话、信函、上门等两种以上催收形式。

三、若持卡人在透支大额款项后,仅向发卡行偿还远低于最低还款额的欠款,具有非法占有目的的,可以认定为"恶意透支";行为人确实不具有非法占有目的的,不能认定为"恶意透支"。

四、非法套现犯罪的证据规格,仍应遵循刑事诉讼法规定的证据确实、充分的证明标准。原则上应向各持卡人询问并制作笔录。如因持卡人数量众多、下落不明等客观原因导致无法取证,且其他证据已能确实、充分地证明使用信用卡非法套现的犯罪事实及套现数额的,则可以不向所有持卡人询问并制作笔录。

6. 银行违规以信用卡透支形式变相发放贷款,持卡人未按规定归还的不属于"恶意透支"

最高人民法院、最高人民检察院关于办理妨害信用卡管理刑事案件具体应用法律若干问题的解释(2018年12月1日)

第十一条 发卡银行违规以信用卡透支形式变相发放贷款,持卡人未按规定归还的，不适用刑法第一百九十六条'恶意透支'的规定。构成其他犯罪的，以其他犯罪论处。

7. 拾得信用卡并在ATM机上使用行为的定性

最高人民检察院关于拾得他人信用卡并在自动柜员机（ATM机）上使用的行为如何定性问题的批复（2008年5月7日）

拾得他人信用卡并在自动柜员机（ATM机）上使用的行为，属于刑法第一百九十六条第一款第（三）项规定的"冒用他人信用卡"的情形，构成犯罪的，以信用卡诈骗罪追究刑事责任。

8. 非法套现行为的定性

最高人民法院、最高人民检察院关于办理妨害信用卡管理刑事案件具体应用法律若干问题的解释（2018年12月1日）

第十二条 违反国家规定，使用销售点终端机具（POS机）等方法，以虚构交易、虚开价格、现金退货等方式向信用卡持卡人直接支付现金，情节严重的，应当依据刑法第二百二十五条的规定，以非法经营罪定罪处罚。

实施前款行为，数额在一百万元以上的，或者造成金融机构资金二十万元以上逾期未还的，或者造成金融机构经济损失十万元以上的，应当认定为刑法第二百二十五条规定的"情节严重"；数额在五百万元以上的，或者造成金融机构资金一百万元以上逾期未还的，或者造成金融机构经济损失五十万元以上的，应当认定为刑法第二百二十五条规定的"情节特别严重"。

持卡人以非法占有为目的，采用上述方式恶意透支，应当追究刑事责任的，依照刑法第一百九十六条的规定，以信用卡诈骗罪定罪处罚。

9. 管辖的确定

最高人民法院、最高人民检察院、公安部关于信用卡诈骗犯罪管辖有关问题的通知（2011年8月8日）

近年来，信用卡诈骗流窜作案逐年增多，受害人在甲地申领的信用卡，被犯罪嫌疑人在乙地盗取了信用卡信息，并在丙地被提现或消费。犯罪嫌疑人企图通过空间的转换逃避刑事打击。为及时有效打击此类犯罪，现就有关案件管辖问题通知如下：

对以窃取、收买等手段非法获取他人信用卡信息资料后在异地使用的信用卡诈骗犯罪案件，持卡人信用卡申领地的公安机关、人民检察院、人民法院可以依法立案侦查、起诉、审判。

● 量刑

参见【本节罪名量刑问题的总体规定】

> 第一百九十七条 【有价证券诈骗罪】使用伪造、变造的国库券或者国家发行的其他有价证券，进行诈骗活动，数额较大的，处五年以下有期徒刑或者拘役，并处二万元以上二十万元以下罚金；数额巨大或者有其他严重情节的，处五年以上十年以下有期徒刑，并处五万元以上五十万元以下罚金；数额特别巨大或者有其他特别严重情节的，处十年以上有期徒刑或者无期徒刑，并处五万元以上五十万元以下罚金或者没收财产。

● 关联法条

第二百八十七条

● 立案追诉标准

最高人民检察院、公安部关于公安机关管辖的刑事案件立案追诉标准的规定（二）（2010年5月7日）

第五十五条 ［有价证券诈骗案（刑法第一百九十七条）］使用伪造、变造的国库券或者国家发行的其他有价证券进行诈骗活动，数额在一万元以上的，应予立案追诉。

第九十一条 本规定中的"以上"，包括本数。

● 定罪

参见【本节罪名定罪问题的总体规定】

● 量刑

参见【本节罪名量刑问题的总体规定】

第一百九十八条 【保险诈骗罪】 有下列情形之一，进行保险诈骗活动，数额较大的，处五年以下有期徒刑或者拘役，并处一万元以上十万元以下罚金；数额巨大或者有其他严重情节的，处五年以上十年以下有期徒刑，并处二万元以上二十万元以下罚金；数额特别巨大或者有其他特别严重情节的，处十年以上有期徒刑，并处二万元以上二十万元以下罚金或者没收财产：

（一）投保人故意虚构保险标的，骗取保险金的；

（二）投保人、被保险人或者受益人对发生的保险事故编造虚假的原因或者夸大损失的程度，骗取保险金的；

（三）投保人、被保险人或者受益人编造未曾发生的保险事故，骗取保险金的；

（四）投保人、被保险人故意造成财产损失的保险事故，骗取保险金的；

（五）投保人、受益人故意造成被保险人死亡、伤残或者疾病，骗取保险金的。

有前款第四项、第五项所列行为，同时构成其他犯罪的，依照数罪并罚的规定处罚。

单位犯第一款罪的，对单位判处罚金，并对其直接负责的主管人员和其他直接责任人员，处五年以下有期徒刑或者拘役；数额巨大或者有其他严重情节的，处五年以上十年以下有期徒刑；数额特别巨大或者有其他特别严重情节的，处十年以上有期徒刑。

保险事故的鉴定人、证明人、财产评估人故意提供虚假的证明文件，为他人诈骗提供条件的，以保险诈骗的共犯论处。

● 关联法条

第二百八十七条

● **立案追诉标准**

最高人民检察院、公安部关于公安机关管辖的刑事案件立案追诉标准的规定（二）(2010年5月7日)

第五十六条 [保险诈骗案（刑法第一百九十八条）] 进行保险诈骗活动，涉嫌下列情形之一的，应予立案追诉：

（一）个人进行保险诈骗，数额在一万元以上的；

（二）单位进行保险诈骗，数额在五万元以上的。

第九十一条 本规定中的"以上"，包括本数。

● **定罪**

1. 参见【本节罪名定罪问题的总体规定】
2. 实施"碰瓷"骗取保险金行为的定性

最高人民法院、最高人民检察院、公安部关于依法办理"碰瓷"违法犯罪案件的指导意见（2020年9月22日）

一、实施"碰瓷"，虚构事实、隐瞒真相，骗取赔偿，符合刑法第二百六十六条规定的，以诈骗罪定罪处罚；骗取保险金，符合刑法第一百九十八条规定的，以保险诈骗罪定罪处罚。

3. 保险诈骗未遂

最高人民检察院法律政策研究室关于保险诈骗未遂能否按犯罪处理问题的答复（1998年11月27日）

行为人已经着手实施保险诈骗行为，但由于其意志以外的原因未能获得保险赔偿的，是诈骗未遂，情节严重的，应依法追究刑事责任。

● **量刑**

参见【本节罪名量刑问题的总体规定】

第一百九十九条 【已删除】

> 第二百条① 【单位犯金融诈骗罪的处罚规定】单位犯本节第一百九十二条、第一百九十四条、第一百九十五条规定之罪的,对单位判处罚金,并对其直接负责的主管人员和其他直接责任人员,处五年以下有期徒刑或者拘役,可以并处罚金;数额巨大或者有其他严重情节的,处五年以上十年以下有期徒刑,并处罚金;数额特别巨大或者有其他特别严重情节的,处十年以上有期徒刑或者无期徒刑,并处罚金。

● 关联法条

第二百八十七条

● 定罪

参见【本节罪名定罪问题的总体规定】

● 量刑

参见【本节罪名量刑问题的总体规定】

第六节 危害税收征管罪

> 第二百零一条 【逃税罪】纳税人采取欺骗、隐瞒手段进行虚假纳税申报或者不申报,逃避缴纳税款数额较大并且占应纳税额百分之十以上的,处三年以下有期徒刑或者拘役,并处罚金;数额巨大

---

① 编者注:《刑法修正案(十一)》删除了本条原本也适用于《刑法》第一百九十二条的规定。

并且占应纳税额百分之三十以上的，处三年以上七年以下有期徒刑，并处罚金。

扣缴义务人采取前款所列手段，不缴或者少缴已扣、已收税款，数额较大的，依照前款的规定处罚。

对多次实施前两款行为，未经处理的，按照累计数额计算。

有第一款行为，经税务机关依法下达追缴通知后，补缴应纳税款，缴纳滞纳金，已受行政处罚的，不予追究刑事责任；但是，五年内因逃避缴纳税款受过刑事处罚或者被税务机关给予二次以上行政处罚的除外。

● 关联法条

第二百零四条、第二百一十一条、第二百一十二条

● 立案追诉标准

最高人民检察院、公安部关于公安机关管辖的刑事案件立案追诉标准的规定（二）（2010年5月7日）

第五十七条　［逃税案（刑法第二百零一条）］逃避缴纳税款，涉嫌下列情形之一的，应予立案追诉：

（一）纳税人采取欺骗、隐瞒手段进行虚假纳税申报或者不申报，逃避缴纳税款，数额在五万元以上并且占各税种应纳税总额百分之十以上，经税务机关依法下达追缴通知后，不补缴应纳税款、不缴纳滞纳金或者不接受行政处罚的；

（二）纳税人五年内因逃避缴纳税款受过刑事处罚或者被税务机关给予二次以上行政处罚，又逃避缴纳税款，数额在五万元以上并且占各税种应纳税总额百分之十以上的；

（三）扣缴义务人采取欺骗、隐瞒手段，不缴或者少缴已扣、已收税款，数额在五万元以上的。

纳税人在公安机关立案后再补缴应纳税款、缴纳滞纳金或者接受行政处罚的，不影响刑事责任的追究。

第九十一条　本规定中的"以上"，包括本数。

● 定罪

1. "纳税人""扣缴义务人"的认定

税收征收管理法（2015年4月24日）

第四条　法律、行政法规规定负有纳税义务的单位和个人为纳税人。

法律、行政法规规定负有代扣代缴、代收代缴税款义务的单位和个人为扣缴义务人。

纳税人、扣缴义务人必须依照法律、行政法规的规定缴纳税款、代扣代缴、代收代缴税款。

2. 未办理税务登记的纳税人可构成逃税罪

公安部关于对未依法办理税务登记的纳税人能否成为偷税犯罪主体问题的批复（2007年5月23日）

根据《中华人民共和国税收管理法》[①]第四条、第三十七条的规定，未按照规定办理税务登记的从事生产、经营的纳税人以及临时从事经营的纳税人，可以构成偷税罪[②]的犯罪主体。其行为触犯《中华人民共和国刑法》第二百零一条规定的，公安机关应当以偷税罪立案侦查，依法追究刑事责任。

第二百零二条　【抗税罪】以暴力、威胁方法拒不缴纳税款的，处三年以下有期徒刑或者拘役，并处拒缴税款一倍以上五倍以下罚金；情节严重的，处三年以上七年以下有期徒刑，并处拒缴税款一倍以上五倍以下罚金。

● 关联法条

第二百一十二条

[①] 编者注：现已更名为《税收征收管理法》。
[②] 编者注：现已更名为逃税罪。

● 立案追诉标准

最高人民检察院、公安部关于公安机关管辖的刑事案件立案追诉标准的规定（二）（2010年5月7日）

第五十八条 [抗税案（刑法第二百零二条）] 以暴力、威胁方法拒不缴纳税款，涉嫌下列情形之一的，应予立案追诉：

（一）造成税务工作人员轻微伤以上的；

（二）以给税务工作人员及其亲友的生命、健康、财产等造成损害为威胁，抗拒缴纳税款的；

（三）聚众抗拒缴纳税款的；

（四）以其他暴力、威胁方法拒不缴纳税款的。

● 定罪

1. "情节严重"的认定

最高人民法院关于审理偷税抗税刑事案件具体应用法律若干问题的解释（2002年11月7日）

第五条 实施抗税行为具有下列情形之一的，属于刑法第二百零二条规定的"情节严重"：

（一）聚众抗税的首要分子；

（二）抗税数额在十万元以上的；

（三）多次抗税的；

（四）故意伤害致人轻伤的；

（五）具有其他严重情节。

2. 抗税行为致人重伤、死亡的定性

最高人民法院关于审理偷税抗税刑事案件具体应用法律若干问题的解释（2002年11月7日）

第六条第一款 实施抗税行为致人重伤、死亡，构成故意伤害罪、故意杀人罪的，分别依照刑法第二百三十四条第二款、第二百三十二条的规定定罪处罚。

3. 共同犯罪

最高人民法院关于审理偷税抗税刑事案件具体应用法律若干问题的解释（2002年11月7日）

第六条第二款 与纳税人或者扣缴义务人共同实施抗税行为的，以抗税罪的共犯依法处罚。

第二百零三条 【逃避追缴欠税罪】 纳税人欠缴应纳税款，采取转移或者隐匿财产的手段，致使税务机关无法追缴欠缴的税款，数额在一万元以上不满十万元的，处三年以下有期徒刑或者拘役，并处或者单处欠缴税款一倍以上五倍以下罚金；数额在十万元以上的，处三年以上七年以下有期徒刑，并处欠缴税款一倍以上五倍以下罚金。

● 关联法条

第二百一十一条、第二百一十二条

● 立案追诉标准

最高人民检察院、公安部关于公安机关管辖的刑事案件立案追诉标准的规定（二）（2010年5月7日）

第五十九条 [逃避追缴欠税案（刑法第二百零三条）] 纳税人欠缴应纳税款，采取转移或者隐匿财产的手段，致使税务机关无法追缴欠缴的税款，数额在一万元以上的，应予立案追诉。

第九十条 本规定中的立案追诉标准，除法律、司法解释、本规定中另有规定的以外，适用于相应的单位犯罪。

第九十一条 本规定中的"以上"，包括本数。

第二百零四条 【骗取出口退税罪】【逃税罪】 以假报出口或者其他欺骗手段，骗取国家出口退税款，数额较大的，处五年以下有期徒刑或者拘役，并处骗取税款一倍以上五倍以下罚金；数额巨大或者有其他严重情节的，处五年以上十年以下有期徒刑，并处骗取

> 税款一倍以上五倍以下罚金；数额特别巨大或者有其他特别严重情节的，处十年以上有期徒刑或者无期徒刑，并处骗取税款一倍以上五倍以下罚金或者没收财产。
>
> 　　纳税人缴纳税款后，采取前款规定的欺骗方法，骗取所缴纳的税款的，依照本法第二百零一条的规定定罪处罚；骗取税款超过所缴纳的税款部分，依照前款的规定处罚。

● 关联法条

第二百一十一条、第二百一十二条

● 立案追诉标准

最高人民检察院、公安部关于公安机关管辖的刑事案件立案追诉标准的规定（二）（2010年5月7日）

　　第六十条　［骗取出口退税案（刑法第二百零四条第一款）］以假报出口或者其他欺骗手段，骗取国家出口退税款，数额在五万元以上的，应予立案追诉。

　　第九十条　本规定中的立案追诉标准，除法律、司法解释、本规定中另有规定的以外，适用于相应的单位犯罪。

　　第九十一条　本规定中的"以上"，包括本数。

● 定罪

1. "假报出口或者其他欺骗手段"的认定

最高人民法院关于审理骗取出口退税刑事案件具体应用法律若干问题的解释（2002年9月23日）

　　第一条　刑法第二百零四条规定的"假报出口"，是指以虚构已税货物出口事实为目的，具有下列情形之一的行为：

　　（一）伪造或者签订虚假的买卖合同；

　　（二）以伪造、变造或者其他非法手段取得出口货物报关单、出口收汇核销单、出口货物专用缴款书等有关出口退税单据、凭证；

（三）虚开、伪造、非法购买增值税专用发票或者其他可以用于出口退税的发票；

（四）其他虚构已税货物出口事实的行为。

第二条　具有下列情形之一的，应当认定为刑法第二百零四条规定的"其他欺骗手段"：

（一）骗取出口货物退税资格的；

（二）将未纳税或者免税货物作为已税货物出口的；

（三）虽有货物出口，但虚构该出口货物的品名、数量、单价等要素，骗取未实际纳税部分出口退税款的；

（四）以其他手段骗取出口退税款的。

2. "数额较大""数额巨大""数额特别巨大"的认定

最高人民法院关于审理骗取出口退税刑事案件具体应用法律若干问题的解释（2002年9月23日）

第三条　骗取国家出口退税款5万元以上的，为刑法第二百零四条规定的"数额较大"；骗取国家出口退税款50万元以上的，为刑法第二百零四条规定的"数额巨大"；骗取国家出口退税款250万元以上的，为刑法第二百零四条规定的"数额特别巨大"。

3. "其他严重情节"的认定

最高人民法院关于审理骗取出口退税刑事案件具体应用法律若干问题的解释（2002年9月23日）

第四条　具有下列情形之一的，属于刑法第二百零四条规定的"其他严重情节"：

（一）造成国家税款损失30万元以上并且在第一审判决宣告前无法追回的；

（二）因骗取国家出口退税行为受过行政处罚，两年内又骗取国家出口退税款数额在30万元以上的；

（三）情节严重的其他情形。

4. "其他特别严重情节"的认定

最高人民法院关于审理骗取出口退税刑事案件具体应用法律若干问题的解释（2002年9月23日）

第五条　具有下列情形之一的，属于刑法第二百零四条规定的"其他特别严重情节"：

（一）造成国家税款损失 150 万元以上并且在第一审判决宣告前无法追回的；
　　（二）因骗取国家出口退税行为受过行政处罚，两年内又骗取国家出口退税款数额在 150 万元以上的；
　　（三）情节特别严重的其他情形。

5. 允许他人自带客户、货源、汇票并自行报关骗取国家出口退税款行为的定性

最高人民法院关于审理骗取出口退税刑事案件具体应用法律若干问题的解释（2002 年 9 月 23 日）

第六条　有进出口经营权的公司、企业，明知他人意欲骗取国家出口退税款，仍违反国家有关进出口经营的规定，允许他人自带客户、自带货源、自带汇票并自行报关，骗取国家出口退税款的，依照刑法第二百零四条第一款、第二百一十一条的规定定罪处罚。

6. 一罪与数罪

最高人民法院关于审理骗取出口退税刑事案件具体应用法律若干问题的解释（2002 年 9 月 23 日）

第九条　实施骗取出口退税犯罪，同时构成虚开增值税专用发票罪等其他犯罪的，依照刑法处罚较重的规定定罪处罚。

● 量刑

1. 从重处罚

最高人民法院关于审理骗取出口退税刑事案件具体应用法律若干问题的解释（2002 年 9 月 23 日）

第八条　国家工作人员参与实施骗取出口退税犯罪活动的，依照刑法第二百零四条第一款的规定从重处罚。

2. 从轻、减轻处罚

最高人民法院关于审理骗取出口退税刑事案件具体应用法律若干问题的解释（2002 年 9 月 23 日）

第七条　实施骗取国家出口退税行为，没有实际取得出口退税款的，可以比照既遂犯从轻或者减轻处罚。

> **第二百零五条 【虚开增值税专用发票、用于骗取出口退税、抵扣税款发票罪】**虚开增值税专用发票或者虚开用于骗取出口退税、抵扣税款的其他发票的,处三年以下有期徒刑或者拘役,并处二万元以上二十万元以下罚金;虚开的税款数额较大或者有其他严重情节的,处三年以上十年以下有期徒刑,并处五万元以上五十万元以下罚金;虚开的税款数额巨大或者有其他特别严重情节的,处十年以上有期徒刑或者无期徒刑,并处五万元以上五十万元以下罚金或者没收财产。
>
> 单位犯本条规定之罪的,对单位判处罚金,并对其直接负责的主管人员和其他直接责任人员,处三年以下有期徒刑或者拘役;虚开的税款数额较大或者有其他严重情节的,处三年以上十年以下有期徒刑;虚开的税款数额巨大或者有其他特别严重情节的,处十年以上有期徒刑或者无期徒刑。
>
> 虚开增值税专用发票或者虚开用于骗取出口退税、抵扣税款的其他发票,是指有为他人虚开、为自己虚开、让他人为自己虚开、介绍他人虚开行为之一的。

● 关联法条

第二百一十二条

● 定罪

1. "虚开增值税专用发票"的认定

最高人民法院关于适用《全国人民代表大会常务委员会关于惩治虚开、伪造和非法出售增值专用发票犯罪的决定》的若干问题的解释(1996年10月17日)

一、根据《决定》第一条规定,虚开增值税专用发票的,构成虚开增值税专用发票罪。

具有下列行为之一的,属于"虚开增值税专用发票":(1)没有货物购销或者没有提供或接受应税劳务而为他人、为自己、让他人为自己、介绍他人开具增值税专用发票;(2)有货物购销或者提供或接受了应税劳务但为他人、为自己、让他人为自己、介绍他人开具数量或者金额不实的增值税专用发票;(3)进行了实际经营活动,但让他人为自己代开增值税专用发票。

最高人民检察院关于印发最高人民检察院第二十二批指导性案例的通知(2020 年 11 月 24 日)

无锡 F 警用器材公司虚开增值税专用发票案(检例第 81 号)

【要旨】民营企业违规经营触犯刑法情节较轻,认罪认罚的,对单位和直接责任人员依法能不捕的不捕,能不诉的不诉。检察机关应当督促认罪认罚的民营企业合法规范经营。拟对企业作出不起诉处理的,可以通过公开听证听取意见。对被不起诉人(单位)需要给予行政处罚、处分或者需要没收其违法所得的,应当依法提出检察意见,移送有关主管机关处理。

2. "出口退税、抵扣税款的其他发票"的认定

全国人民代表大会常务委员会关于《中华人民共和国刑法》有关出口退税、抵扣税款的其他发票规定的解释(2005 年 12 月 29 日)

刑法规定的"出口退税、抵扣税款的其他发票",是指除增值税专用发票以外的,具有出口退税、抵扣税款功能的收付款凭证或者完税凭证。

3. "数额较大""数额巨大"的认定

最高人民法院关于虚开增值税专用发票定罪量刑标准有关问题的通知(2018 年 8 月 22 日)

二、在新的司法解释颁行前,对虚开增值税专用发票刑事案件定罪量刑的数额标准,可以参照《最高人民法院关于审理骗取出口退税刑事案件具体应用法律若干问题的解释》(法释〔2002〕30 号)第三条的规定执行,即虚开的税款数额在五万元以上的,以虚开增值税专用发票罪处三年以下有期徒刑或者拘役,并处二万元以上二十万元以下罚金;虚开的税款数额在五十万元以上的,认定为刑法第二百零五条规定的"数额较大";虚开的税款数额在二百五十万元以上的,认定为刑法第二百零五条规定的"数额巨大"。

4. "高开低征""开大征小"等违规开具增值税专用发票行为的定性

最高人民法院关于对《审计署关于咨询虚开增值税专用发票罪问题的函》的复函(2001 年 10 月 17 日)

地方税务机关实施"高开低征"或者"开大征小"等违规开具增值税专用发票的行为,不属于刑法第二百零五条规定的虚开增值税专用发票的犯罪行为,造成国家税款重大损失的,对有关主管部门的国家机关工作人员,应当根据刑法有关渎职罪的规定追究刑事责任。

5. 以他人名义从事经营活动并开具增值税专用发票的不构成"虚开增值税专用发票"

最高人民法院研究室关于如何认定以"挂靠"有关公司名义实施经营活动并让有关公司为自己虚开增值税专用发票行为的性质征求意见的复函（2015年6月11日）

一、挂靠方以挂靠形式向受票方实际销售货物，被挂靠方向受票方开具增值税专用发票的，不属于刑法第二百零五条规定的"虚开增值税专用发票"……

二、行为人利用他人的名义从事经营活动，并以他人名义开具增值税专用发票的，即便行为人与该他人之间不存在挂靠关系，但如行为人进行了实际的经营活动，主观上并无骗取抵扣税款的故意，客观上也未造成国家增值税款损失的，不宜认定为刑法第二百零五条规定的"虚开增值税专用发票"；符合逃税罪等其他犯罪构成条件的，可以其他犯罪论处。

第二百零五条之一　【虚开发票罪】 虚开本法第二百零五条规定以外的其他发票，情节严重的，处二年以下有期徒刑、拘役或者管制，并处罚金；情节特别严重的，处二年以上七年以下有期徒刑，并处罚金。

单位犯前款罪的，对单位判处罚金，并对其直接负责的主管人员和其他直接责任人员，依照前款的规定处罚。

● 立案追诉标准

最高人民检察院、公安部关于公安机关管辖的刑事案件立案追诉标准的规定（二）的补充规定（2011年11月14日）

二、在《立案追诉标准（二）》中增加第六十一条之一：[虚开发票案（刑法第二百零五条之一）] 虚开刑法第二百零五条规定以外的其他发票，涉嫌下列情形之一的，应予立案追诉：

（一）虚开发票一百份以上或者虚开金额累计在四十万元以上的；

（二）虽未达到上述数额标准，但五年内因虚开发票行为受过行政处罚二次以上，又虚开发票的；

（三）其他情节严重的情形。

> **第二百零六条　【伪造、出售伪造的增值税专用发票罪】**伪造或者出售伪造的增值税专用发票的,处三年以下有期徒刑、拘役或者管制,并处二万元以上二十万元以下罚金;数量较大或者有其他严重情节的,处三年以上十年以下有期徒刑,并处五万元以上五十万元以下罚金;数量巨大或者有其他特别严重情节的,处十年以上有期徒刑或者无期徒刑,并处五万元以上五十万元以下罚金或者没收财产。
>
> 单位犯本条规定之罪的,对单位判处罚金,并对其直接负责的主管人员和其他直接责任人员,处三年以下有期徒刑、拘役或者管制;数量较大或者有其他严重情节的,处三年以上十年以下有期徒刑;数量巨大或者有其他特别严重情节的,处十年以上有期徒刑或者无期徒刑。

● 立案追诉标准

最高人民检察院、公安部关于公安机关管辖的刑事案件立案追诉标准的规定(二)(2010年5月7日)

第六十二条　[伪造、出售伪造的增值税专用发票案(刑法第二百零六条)]伪造或者出售伪造的增值税专用发票二十五份以上或者票面额累计在十万元以上的,应予立案追诉。

第九十条　本规定中的立案追诉标准,除法律、司法解释、本规定中另有规定的以外,适用于相应的单位犯罪。

第九十一条　本规定中的"以上",包括本数。

● 定罪

1. **入罪数额**

最高人民法院关于适用《全国人民代表大会常务委员会关于惩治虚开、伪造和非法出售增值税专用发票犯罪的决定》的若干问题的解释(1996年10月17日)

二、根据《决定》第二条规定,伪造或者出售伪造的增值税专用发票的,构成伪造、出售伪造的增值税专用发票罪。

伪造或者出售伪造的增值税专用发票25份以上或者票面额（百元版以每份100元，千元版以每份1000元，万元版以每份1万元计算，以此类推。下同）累计10万元以上的应当依法定罪处罚……

伪造并出售同一宗增值税专用发票的，数量或者票面额不重复计算。

变造增值税专用发票的，按照伪造增值税专用发票行为处理。

2. "数量较大或者有其他严重情节" "数量巨大或者有其他特别严重情节" 的认定

最高人民法院关于适用《全国人民代表大会常务委员会关于惩治虚开、伪造和非法出售增值税专用发票犯罪的决定》的若干问题的解释（1996年10月17日）

二、……伪造或者出售伪造的增值税专用发票100份以上或者票面额累计50万元以上的，属于"数量较大"；具有下列情形之一的，属于"有其他严重情节"：（1）违法所得数额在1万元以上的；（2）伪造并出售伪造的增值税专用发票60份以上或者票面额累计30万元以上的；（3）造成严重后果或者具有其他严重情节的。

伪造或者出售伪造的增值税专用发票500份以上或者票面额累计250万元以上，属于"数量巨大"；具有下列情形之一的，属于"有其他特别严重情节"：（1）违法所得数额在5万元以上的；（2）伪造并出售伪造的增值税专用发票300份以上或者票面额累计200万元以上的；（3）伪造或者出售伪造的增值税专用发票接近"数量巨大"并有其他严重情节的；（4）造成特别严重后果或者具有其他特别严重情节的。

第二百零七条 【非法出售增值税专用发票罪】非法出售增值税专用发票的，处三年以下有期徒刑、拘役或者管制，并处二万元以上二十万元以下罚金；数量较大的，处三年以上十年以下有期徒刑，并处五万元以上五十万元以下罚金；数量巨大的，处十年以上有期徒刑或者无期徒刑，并处五万元以上五十万元以下罚金或者没收财产。

● 关联法条

第二百一十一条

● 立案追诉标准

最高人民检察院、公安部关于公安机关管辖的刑事案件立案追诉标准的规定（二）（2010年5月7日）

第六十三条 [非法出售增值税专用发票案（刑法第二百零七条）]非法出售增值税专用发票二十五份以上或者票面额累计在十万元以上的，应予立案追诉。

第九十条 本规定中的立案追诉标准，除法律、司法解释、本规定中另有规定的以外，适用于相应的单位犯罪。

第九十一条 本规定中的"以上"，包括本数。

第二百零八条 【非法购买增值税专用发票、购买伪造的增值税专用发票罪】非法购买增值税专用发票或者购买伪造的增值税专用发票的，处五年以下有期徒刑或者拘役，并处或者单处二万元以上二十万元以下罚金。

【虚开增值税专用发票罪】【出售伪造的增值税专用发票罪】【非法出售增值税专用发票罪】非法购买增值税专用发票或者购买伪造的增值税专用发票又虚开或者出售的，分别依照本法第二百零五条、第二百零六条、第二百零七条的规定定罪处罚。

● 关联法条

第二百一十一条

● 立案追诉标准

最高人民检察院、公安部关于公安机关管辖的刑事案件立案追诉标准的规定（二）（2010年5月7日）

第六十四条 [非法购买增值税专用发票、购买伪造的增值税专用发票案（刑法第二百零八条第一款）]非法购买增值税专用发票或者购买伪造的增值税专用发票二十五份以上或者票面额累计在十万元以上的，应予立案追诉。

第九十条　本规定中的立案追诉标准，除法律、司法解释、本规定中另有规定的以外，适用于相应的单位犯罪。

第九十一条　本规定中的"以上"，包括本数。

● 定罪

购买真伪两种值税专用发票的，不数罪并罚

最高人民法院关于适用《全国人民代表大会常务委员会关于惩治虚开、伪造和非法出售增值税专用发票犯罪的决定》的若干问题的解释（1996年10月17日）

四、……非法购买真、伪两种增值税专用发票的，数量累计计算，不实行数罪并罚。

第二百零九条　【非法制造、出售非法制造的用于骗取出口退税、抵扣税款发票罪】伪造、擅自制造或者出售伪造、擅自制造的可以用于骗取出口退税、抵扣税款的其他发票的，处三年以下有期徒刑、拘役或者管制，并处二万元以上二十万元以下罚金；数量巨大的，处三年以上七年以下有期徒刑，并处五万元以上五十万元以下罚金；数量特别巨大的，处七年以上有期徒刑，并处五万元以上五十万元以下罚金或者没收财产。

【非法制造、出售非法制造的发票罪】伪造、擅自制造或者出售伪造、擅自制造的前款规定以外的其他发票的，处二年以下有期徒刑、拘役或者管制，并处或者单处一万元以上五万元以下罚金；情节严重的，处二年以上七年以下有期徒刑，并处五万元以上五十万元以下罚金。

【非法出售用于骗取出口退税、抵扣税款发票罪】非法出售可以用于骗取出口退税、抵扣税款的其他发票的，依照第一款的规定处罚。

【非法出售发票罪】非法出售第三款规定以外的其他发票的，依照第二款的规定处罚。

● 立案追诉标准

最高人民检察院、公安部关于公安机关管辖的刑事案件立案追诉标准的规定（二）（2010年5月7日）

第六十五条 ［非法制造、出售非法制造的用于骗取出口退税、抵扣税款发票案（刑法第二百零九条第一款）］伪造、擅自制造或者出售伪造、擅自制造的可以用于骗取出口退税、抵扣税款的非增值税专用发票五十份以上或者票面额累计在二十万元以上的，应予立案追诉。

第六十六条 ［非法制造、出售非法制造的发票案（刑法第二百零九条第二款）］伪造、擅自制造或者出售伪造、擅自制造的不具有骗取出口退税、抵扣税款功能的普通发票一百份以上或者票面额累计在四十万元以上的，应予立案追诉。

第六十七条 ［非法出售用于骗取出口退税、抵扣税款发票案（刑法第二百零九条第三款）］非法出售可以用于骗取出口退税、抵扣税款的非增值税专用发票五十份以上或者票面额累计在二十万元以上的，应予立案追诉。

第六十八条 ［非法出售发票案（刑法第二百零九条第四款）］非法出售普通发票一百份以上或者票面额累计在四十万元以上的，应予立案追诉。

第九十条 本规定中的立案追诉标准，除法律、司法解释、本规定中另有规定的以外，适用于相应的单位犯罪。

第九十一条 本规定中的"以上"，包括本数。

● 定罪

1. "出口退税、抵扣税款的其他发票"的认定

全国人民代表大会常务委员会关于《中华人民共和国刑法》有关出口退税、抵扣税款的其他发票规定的解释（2005年12月29日）

刑法规定的"出口退税、抵扣税款的其他发票"，是指除增值税专用发票以外的，具有出口退税、抵扣税款功能的收付款凭证或者完税凭证。

2. "数量巨大""数量特别巨大"的认定

最高人民法院关于适用《全国人民代表大会常务委员会关于惩治虚开、伪造和非法出售增值税专用发票犯罪的决定》的若干问题的解释（1996年10月17日）

六、……伪造、擅自制造或者出售伪造、擅自制造的可以用于骗取出口退

税、抵扣税款的其他发票200份以上的，属于"数量巨大"；伪造、擅自制造或者出售伪造、擅自制造的可以用于骗取出口退税、抵扣税款的其他发票1000份以上的，属于"数量特别巨大"。

3. 非法出售，或伪造、自制或出售伪造、自制的机动车有关发票行为的定性

最高人民法院、最高人民检察院、公安部、国家工商行政管理局关于依法查处盗窃、抢劫机动车案件的规定（1998年5月8日）

六、非法出售机动车有关发票的，或者伪造、擅自制造或者出售伪造、擅自制造的机动车有关发票的，依照《刑法》第二百零九条的规定处罚。

4. 变造、出售变造的普通发票行为的定性

全国人民代表大会常务委员会法制工作委员会刑法室关于对变造、出售变造普通发票行为的定性问题的意见（2005年1月17日）

刑法第二百零九条第二款规定的"伪造、擅自制造或者出售伪造、擅自制造的前款规定以外的其他发票"的行为，包括变造、出售变造的普通发票的行为。

第二百一十条 【盗窃罪】盗窃增值税专用发票或者可以用于骗取出口退税、抵扣税款的其他发票的，依照本法第二百六十四条的规定定罪处罚。

【诈骗罪】使用欺骗手段骗取增值税专用发票或者可以用于骗取出口退税、抵扣税款的其他发票的，依照本法第二百六十六条的规定定罪处罚。

● 定罪

盗窃增值税专用发票或可以用于骗取出口退税、抵扣税款的其他发票的数额认定

最高人民法院关于适用《全国人民代表大会常务委员会关于惩治虚开、伪造和非法出售增值税专用发票犯罪的决定》的若干问题的解释（1996年10月17日）

七、盗窃增值税专用发票或者可以用于骗取出口退税、抵扣税款的其他发票25份以上，或者其他发票50份以上的；诈骗增值税专用发票或者可以用于骗取出口退税、抵扣税款的其他发票50份以上，或者其他发票100份以上的，依

照刑法第一百五十一条的规定处罚①。

盗窃增值税专用发票或者可以用于骗取出口退税、抵扣税款的其他发票250份以上，或者其他发票500份以上的；诈骗增值税专用发票或者可以用于骗取出口退税、抵扣税款的其他发票500份以上，或者其他发票1000份以上的，依照刑法第一百五十二条的规定处罚②。

盗窃增值税专用发票或者其他发票情节特别严重的，依照《全国人民代表大会常务委员会关于严惩严重破坏经济的罪犯的决定》第一条第（一）项的规定处罚③。

盗窃、诈骗增值税专用发票或者其他发票后，又实施《决定》规定的虚开、出售等犯罪的，按照其中重罪定罪处罚，不实行数罪并罚。

第二百一十条之一　【持有伪造的发票罪】明知是伪造的发票而持有，数量较大的，处二年以下有期徒刑、拘役或者管制，并处罚金；数量巨大的，处二年以上七年以下有期徒刑，并处罚金。

单位犯前款罪的，对单位判处罚金，并对其直接负责的主管人员和其他直接责任人员，依照前款的规定处罚。

● 立案追诉标准

最高人民检察院、公安部关于公安机关管辖的刑事案件立案追诉标准的规定（二）的补充规定（2011年11月14日）

三、在《立案追诉标准（二）》中增加第六十八条之一：[持有伪造的发票案（刑法第二百一十条之一）] 明知是伪造的发票而持有，具有下列情形之一的，应予立案追诉：

（一）持有伪造的增值税专用发票五十份以上或者票面额累计在二十万元以上的，应予立案追诉；

---

① 编者注：即按照1997年《刑法》盗窃罪或诈骗罪的"数额较大"的规定处罚。
② 编者注：即按照1997年《刑法》盗窃罪或诈骗罪的"数额巨大"的规定处罚。
③ 编者注：即按照1997年《刑法》第264条的规定，处10年以上有期徒刑或者无期徒刑，并处罚金或者没收财产。

(二）持有伪造的可以用于骗取出口退税、抵扣税款的其他发票一百份以上或者票面额累计在四十万元以上的，应予立案追诉；

(三）持有伪造的第（一）项、第（二）项规定以外的其他发票二百份以上或者票面额累计在八十万元以上的，应予立案追诉。

第九十条　本规定中的立案追诉标准，除法律、司法解释、本规定中另有规定的以外，适用于相应的单位犯罪。

第九十一条　本规定中的"以上"，包括本数。

第二百一十一条　【单位犯危害税收征管罪的处罚规定】 单位犯本节第二百零一条、第二百零三条、第二百零四条、第二百零七条、第二百零八条、第二百零九条规定之罪的，对单位判处罚金，并对其直接负责的主管人员和其他直接责任人员，依照各该条的规定处罚。

第二百一十二条　【税收征缴优先原则】 犯本节第二百零一条至第二百零五条规定之罪，被判处罚金、没收财产的，在执行前，应当先由税务机关追缴税款和所骗取的出口退税款。

第七节　侵犯知识产权罪

本节罪名定罪问题的总体规定

1. 利用互联网侵犯他人知识产权行为的定性

全国人民代表大会常务委员会关于维护互联网安全的决定（2009年8月27日）

三、为了维护社会主义市场经济秩序和社会管理秩序，对有下列行为之一，构成犯罪的，依照刑法有关规定追究刑事责任：

……

（三）利用互联网侵犯他人知识产权；

……

2. 管辖

最高人民法院、最高人民检察院关于办理侵犯知识产权刑事案件具体应用法律若干问题的解释（二）（2007年4月5日）

第五条　被害人有证据证明的侵犯知识产权刑事案件，直接向人民法院起诉的，人民法院应当依法受理；严重危害社会秩序和国家利益的侵犯知识产权刑事案件，由人民检察院依法提起公诉。

最高人民法院、最高人民检察院、公安部关于办理侵犯知识产权刑事案件适用法律若干问题的意见（2011年1月10日）

一、关于侵犯知识产权犯罪案件的管辖问题

侵犯知识产权犯罪案件由犯罪地公安机关立案侦查。必要时，可以由犯罪嫌疑人居住地公安机关立案侦查。侵犯知识产权犯罪案件的犯罪地，包括侵权产品制造地、储存地、运输地、销售地，传播侵权作品、销售侵权产品的网站服务器所在地、网络接入地、网站建立者或者管理者所在地，侵权作品上传者所在地，权利人受到实际侵害的犯罪结果发生地。对有多个侵犯知识产权犯罪地的，由最初受理的公安机关或者主要犯罪地公安机关管辖。多个侵犯知识产权犯罪地的公安机关对管辖有争议的，由共同的上级公安机关指定管辖，需要提请批准逮捕、移送审查起诉、提起公诉的，由该公安机关所在地的同级人民检察院、人民法院受理。

对于不同犯罪嫌疑人、犯罪团伙跨地区实施的涉及同一批侵权产品的制造、储存、运输、销售等侵犯知识产权犯罪行为，符合并案处理要求的，有关公安机关可以一并立案侦查，需要提请批准逮捕、移送审查起诉、提起公诉的，由该公安机关所在地的同级人民检察院、人民法院受理。

3. 单位犯罪

最高人民法院、最高人民检察院关于办理侵犯知识产权刑事案件具体应用法律若干问题的解释（二）（2007年4月5日）

第六条　单位实施刑法第二百一十三条至第二百一十九条规定的行为，按照《最高人民法院、最高人民检察院关于办理侵犯知识产权刑事案件具体应用法律若干问题的解释》和本解释规定的相应个人犯罪的定罪量刑标准定罪处罚。

4. 犯罪数额的计算

最高人民法院、最高人民检察院、公安部关于办理侵犯知识产权刑事案件适用法律若干问题的意见（2011年1月10日）

十四、关于多次实施侵犯知识产权行为累计计算数额问题依照《最高人民法院、最高人民检察院关于办理侵犯知识产权刑事案件具体应用法律若干问题的解释》第十二条第二款的规定，多次实施侵犯知识产权行为，未经行政处理或者刑事处罚的，非法经营数额、违法所得数额或者销售金额累计计算。

二年内多次实施侵犯知识产权违法行为，未经行政处理，累计数额构成犯罪的，应当依法定罪处罚。实施侵犯知识产权犯罪行为的追诉期限，适用刑法的有关规定，不受前述二年的限制。

最高人民法院关于依法加大知识产权侵权行为惩治力度的意见（2020年9月14日）

四、加大刑事打击力度

14. 通过网络销售实施侵犯知识产权犯罪的非法经营数额、违法所得数额，应当综合考虑网络销售电子数据、银行账户往来记录、送货单、物流公司电脑系统记录、证人证言、被告人供述等证据认定。

5. 共同犯罪

最高人民法院、最高人民检察院关于办理侵犯知识产权刑事案件具体应用法律若干问题的解释（2004年12月22日）

第十六条 明知他人实施侵犯知识产权犯罪，而为其提供贷款、资金、账号、发票、证明、许可证件，或者提供生产、经营场所或者运输、储存、代理进出口等便利条件、帮助的，以侵犯知识产权犯罪的共犯论处。

最高人民法院、最高人民检察院、公安部关于办理侵犯知识产权刑事案件适用法律若干问题的意见（2011年1月10日）

十五、关于为他人实施侵犯知识产权犯罪提供原材料、机械设备等行为的定性问题

明知他人实施侵犯知识产权犯罪，而为其提供生产、制造侵权产品的主要原材料、辅助材料、半成品、包装材料、机械设备、标签标识、生产技术、配方等帮助，或者提供互联网接入、服务器托管、网络存储空间、通讯传输通道、代收费、费用结算等服务的，以侵犯知识产权犯罪的共犯论处。

6. 一罪与数罪

最高人民法院、最高人民检察院、公安部关于办理侵犯知识产权刑事案件适用法律若干问题的意见（2011年1月10日）

十六、关于侵犯知识产权犯罪竞合的处理问题

行为人实施侵犯知识产权犯罪，同时构成生产、销售伪劣商品犯罪的，依照侵犯知识产权犯罪与生产、销售伪劣商品犯罪中处罚较重的规定定罪处罚。

7. 行政执法部门收集的证据的效力

最高人民法院、最高人民检察院、公安部关于办理侵犯知识产权刑事案件适用法律若干问题的意见（2011年1月10日）

二、关于办理侵犯知识产权刑事案件中行政执法部门收集、调取证据的效力问题

行政执法部门依法收集、调取、制作的物证、书证、视听资料、检验报告、鉴定结论、勘验笔录、现场笔录，经公安机关、人民检察院审查，人民法院庭审质证确认，可以作为刑事证据使用。

行政执法部门制作的证人证言、当事人陈述等调查笔录，公安机关认为有必要作为刑事证据使用的，应当依法重新收集、制作。

8. 侵犯知识产权案件的抽样取证、委托鉴定

最高人民法院、最高人民检察院、公安部关于办理侵犯知识产权刑事案件适用法律若干问题的意见（2011年1月10日）

三、关于办理侵犯知识产权刑事案件的抽样取证问题和委托鉴定问题

公安机关在办理侵犯知识产权刑事案件时，可以根据工作需要抽样取证，或者商请同级行政执法部门、有关检验机构协助抽样取证。法律、法规对抽样机构或者抽样方法有规定的，应当委托规定的机构并按照规定方法抽取样品。

公安机关、人民检察院、人民法院在办理侵犯知识产权刑事案件时，对于需要鉴定的事项，应当委托国家认可的有鉴定资质的鉴定机构进行鉴定。

公安机关、人民检察院、人民法院应当对鉴定结论进行审查，听取权利人、犯罪嫌疑人、被告人对鉴定结论的意见，可以要求鉴定机构作出相应说明。

9. 自诉案件的证据收集

最高人民法院、最高人民检察院、公安部关于办理侵犯知识产权刑事案件适用法律若干问题的意见（2011年1月10日）

四、关于侵犯知识产权犯罪自诉案件的证据收集问题

人民法院依法受理侵犯知识产权刑事自诉案件，对于当事人因客观原因不能取得的证据，在提起自诉时能够提供有关线索，申请人民法院调取的，人民法院应当依法调取。

10. 诉讼参与人的保密义务

最高人民法院、最高人民检察院关于办理侵犯知识产权刑事案件具体应用法律若干问题的解释（三）（2020年9月14日）

第六条　在刑事诉讼程序中，当事人、辩护人、诉讼代理人或者案外人书面申请对有关商业秘密或者其他需要保密的商业信息的证据、材料采取保密措施的，应当根据案件情况采取组织诉讼参与人签署保密承诺书等必要的保密措施。

违反前款有关保密措施的要求或者法律法规规定的保密义务的，依法承担相应责任。擅自披露、使用或者允许他人使用在刑事诉讼程序中接触、获取的商业秘密，符合刑法第二百一十九条规定的，依法追究刑事责任。

11. 侵犯知识产权商品等物品的没收和销毁

最高人民法院、最高人民检察院关于办理侵犯知识产权刑事案件具体应用法律若干问题的解释（三）（2020年9月14日）

第七条　除特殊情况外，假冒注册商标的商品、非法制造的注册商标标识、侵犯著作权的复制品、主要用于制造假冒注册商标的商品、注册商标标识或者侵权复制品的材料和工具，应当依法予以没收和销毁。

上述物品需要作为民事、行政案件的证据使用的，经权利人申请，可以在民事、行政案件终结后或者采取取样、拍照等方式对证据固定后予以销毁。

本节罪名量刑问题的总体规定

1. 缓刑的适用

最高人民法院、最高人民检察院关于办理侵犯知识产权刑事案件具体应用法律若干问题的解释（二）（2007年4月5日）

第三条　侵犯知识产权犯罪，符合刑法规定的缓刑条件的，依法适用缓刑。有下列情形之一的，一般不适用缓刑：

（一）因侵犯知识产权被刑事处罚或者行政处罚后，再次侵犯知识产权构成犯罪的；

（二）不具有悔罪表现的；

（三）拒不交出违法所得的；

（四）其他不宜适用缓刑的情形。

2. 罚金数额的确定

最高人民法院、最高人民检察院关于办理侵犯知识产权刑事案件具体应用法律若干问题的解释（二）（2007年4月5日）

第四条 对于侵犯知识产权犯罪的，人民法院应当综合考虑犯罪的违法所得、非法经营数额、给权利人造成的损失、社会危害性等情节，依法判处罚金。罚金数额一般在违法所得的一倍以上五倍以下，或者按照非法经营数额的50%以上一倍以下确定。

最高人民法院、最高人民检察院关于办理侵犯知识产权刑事案件具体应用法律若干问题的解释（三）（2020年9月14日）

第十条 对于侵犯知识产权犯罪的，应当综合考虑犯罪违法所得数额、非法经营数额、给权利人造成的损失数额、侵权假冒物品数量及社会危害性等情节，依法判处罚金。

罚金数额一般在违法所得数额的一倍以上五倍以下确定。违法所得数额无法查清的，罚金数额一般按照非法经营数额的百分之五十以上一倍以下确定。违法所得数额和非法经营数额均无法查清，判处三年以下有期徒刑、拘役、管制或者单处罚金的，一般在三万元以上一百万元以下确定罚金数额；判处三年以上有期徒刑的，一般在十五万元以上五百万元以下确定罚金数额。

最高人民法院关于依法加大知识产权侵权行为惩治力度的意见（2020年9月14日）

四、加大刑事打击力度

16. 依法严格追缴违法所得，加强罚金刑的适用，剥夺犯罪分子再次侵犯知识产权的能力和条件。

3. 从重处罚且不适用缓刑的情形

最高人民法院、最高人民检察院关于办理侵犯知识产权刑事案件具体应用法律若干问题的解释（三）（2020年9月14日）

第八条 具有下列情形之一的，可以酌情从重处罚，一般不适用缓刑：

（一）主要以侵犯知识产权为业的；

（二）因侵犯知识产权被行政处罚后再次侵犯知识产权构成犯罪的；

（三）在重大自然灾害、事故灾难、公共卫生事件期间，假冒抢险救灾、防疫物资等商品的注册商标的；

（四）拒不交出违法所得的。

最高人民法院关于依法加大知识产权侵权行为惩治力度的意见（2020 年 9 月 14 日）

四、加大刑事打击力度

15. 对于主要以侵犯知识产权为业、在特定期间假冒抢险救灾、防疫物资等商品的注册商标以及因侵犯知识产权受到行政处罚后再次侵犯知识产权构成犯罪的情形，依法从重处罚，一般不适用缓刑。

4. "可以酌情从轻处罚"的情形

最高人民法院、最高人民检察院关于办理侵犯知识产权刑事案件具体应用法律若干问题的解释（三）（2020 年 9 月 14 日）

第九条　具有下列情形之一的，可以酌情从轻处罚：

（一）认罪认罚的；

（二）取得权利人谅解的；

（三）具有悔罪表现的；

（四）以不正当手段获取权利人的商业秘密后尚未披露、使用或者允许他人使用的。

第二百一十三条①　**【假冒注册商标罪】**未经注册商标所有人许可，在同一种商品、服务上使用与其注册商标相同的商标，情节严重的，处三年以下有期徒刑，并处或者单处罚金；情节特别严重的，处三年以上十年以下有期徒刑，并处罚金。

● 关联法条

第二百二十条

● 立案追诉标准

最高人民检察院、公安部关于公安机关管辖的刑事案件立案追诉标准的规定（二）（2010 年 5 月 7 日）

第六十九条　［假冒注册商标案（刑法第二百一十三条）］未经注册商标所

---

① 编者注：《刑法修正案（十一）》增加了本条中"服务"的表述，并将本罪最高刑由"三年以上七年以下"提高到"三年以上十年以下"。

有人许可,在同一种商品上使用与其注册商标相同的商标,涉嫌下列情形之一的,应予立案追诉:

(一)非法经营数额在五万元以上或者违法所得数额在三万元以上的;

(二)假冒两种以上注册商标,非法经营数额在三万元以上或者违法所得数额在二万元以上的;

(三)其他情节严重的情形。

第九十一条　本规定中的"以上",包括本数。

● 定罪

1. **参见【本节罪名定罪问题的总体规定】**
2. **商标的范围**

最高人民法院刑事审判第二庭关于集体商标是否属于我国刑法的保护范围问题的复函(2009年4月10日)

一、我国《商标法》第三条规定:"经商标局核准注册的商标为注册商标,包括商品商标、服务商标和集体商标、证明商标;商标注册人享有商标专用权,受法律保护。"因此,刑法第二百一十三条至二百一十五条所规定的"注册商标"应当涵盖"集体商标"。

二、商标标识中注明了自己的注册商标的同时,又使用了他人注册为集体商标的地理名称,可以认定为刑法规定的"相同的商标"⋯⋯

中华人民共和国商标法(2014年5月1日)

第三条　经商标局核准注册的商标为注册商标,包括商品商标、服务商标和集体商标、证明商标;商标注册人享有商标专用权,受法律保护。

本法所称集体商标,是指以团体、协会或者其他组织名义注册,供该组织成员在商事活动中使用,以表明使用者在该组织中的成员资格的标志。

本法所称证明商标,是指由对某种商品或者服务具有监督能力的组织所控制,而由该组织以外的单位或者个人使用于其商品或者服务,用以证明该商品或者服务的原产地、原料、制造方法、质量或者其他特定品质的标志。

集体商标、证明商标注册和管理的特殊事项,由国务院工商行政管理部门规定。

3. "使用""相同的商标"的认定

最高人民法院、最高人民检察院关于办理侵犯知识产权刑事案件具体应用法律若干问题的解释（2004年12月22日）

第八条　刑法第二百一十三条规定的"相同的商标"，是指与被假冒的注册商标完全相同，或者与被假冒的注册商标在视觉上基本无差别、足以对公众产生误导的商标。

刑法第二百一十三条规定的"使用"，是指将注册商标或者假冒的注册商标用于商品、商品包装或者容器以及产品说明书、商品交易文书，或者将注册商标或者假冒的注册商标用于广告宣传、展览以及其他商业活动等行为。

4. "同一种商品""与其注册商标相同的商标"的认定

最高人民法院、最高人民检察院、公安部关于办理侵犯知识产权刑事案件适用法律若干问题的意见（2011年1月10日）

五、关于刑法第二百一十三条规定的"同一种商品"的认定问题

名称相同的商品以及名称不同但指同一事物的商品，可以认定为"同一种商品"。"名称"是指国家工商行政管理总局商标局在商标注册工作中对商品使用的名称，通常即《商标注册用商品和服务国际分类》中规定的商品名称。"名称不同但指同一事物的商品"是指在功能、用途、主要原料、消费对象、销售渠道等方面相同或者基本相同，相关公众一般认为是同一种事物的商品。

认定"同一种商品"，应当在权利人注册商标核定使用的商品和行为人实际生产销售的商品之间进行比较。

最高人民法院、最高人民检察院关于办理侵犯知识产权刑事案件具体应用法律若干问题的解释（三）（2020年9月14日）

第一条　具有下列情形之一的，可以认定为刑法第二百一十三条规定的"与其注册商标相同的商标"：

（一）改变注册商标的字体、字母大小写或者文字横竖排列，与注册商标之间基本无差别的；

（二）改变注册商标的文字、字母、数字等之间的间距，与注册商标之间基本无差别的；

（三）改变注册商标颜色，不影响体现注册商标显著特征的；

（四）在注册商标上仅增加商品通用名称、型号等缺乏显著特征要素，不影响体现注册商标显著特征的；

（五）与立体注册商标的三维标志及平面要素基本无差别的；

（六）其他与注册商标基本无差别、足以对公众产生误导的商标。

第十一条　本解释发布施行后，之前发布的司法解释和规范性文件与本解释不一致的，以本解释为准。

5. "情节严重""情节特别严重"的认定

最高人民法院、最高人民检察院关于办理侵犯知识产权刑事案件具体应用法律若干问题的解释（2004年12月22日）

第一条　未经注册商标所有人许可，在同一种商品上使用与其注册商标相同的商标，具有下列情形之一的，属于刑法第二百一十三条规定的"情节严重"，应当以假冒注册商标罪判处三年以下有期徒刑或者拘役，并处或者单处罚金：

（一）非法经营数额在五万元以上或者违法所得数额在三万元以上的；

（二）假冒两种以上注册商标，非法经营数额在三万元以上或者违法所得数额在二万元以上的；

（三）其他情节严重的情形。

具有下列情形之一的，属于刑法第二百一十三条规定的"情节特别严重"，应当以假冒注册商标罪判处三年以上七年以下有期徒刑，并处罚金：

（一）非法经营数额在二十五万元以上或者违法所得数额在十五万元以上的；

（二）假冒两种以上注册商标，非法经营数额在十五万元以上或者违法所得数额在十万元以上的；

（三）其他情节特别严重的情形。

第十二条　本解释所称"非法经营数额"，是指行为人在实施侵犯知识产权行为过程中，制造、储存、运输、销售侵权产品的价值。已销售的侵权产品的价值，按照实际销售的价格计算。制造、储存、运输和未销售的侵权产品的价值，按照标价或者已经查清的侵权产品的实际销售平均价格计算。侵权产品没有标价或者无法查清其实际销售价格的，按照被侵权产品的市场中间价格计算。

多次实施侵犯知识产权行为，未经行政处理或者刑事处罚的，非法经营数额、违法所得数额或者销售金额累计计算。

6. 犯罪数额的确定

最高人民法院、最高人民检察院、公安部关于办理侵犯知识产权刑事案件适用法律若干问题的意见（2011年1月10日）

七、关于尚未附着或者尚未全部附着假冒注册商标标识的侵权产品价值是否计入非法经营数额的问题在计算制造、储存、运输和未销售的假冒注册商标侵权产品价值时，对于已经制作完成但尚未附着（含加贴）或者尚未全部附着（含加贴）假冒注册商标标识的产品，如果有确实、充分证据证明该产品将假冒他人注册商标，其价值计入非法经营数额。

最高人民法院关于发布第 16 批指导性案例的通知（2017 年 3 月 6 日）

郭明升、郭明锋、孙淑标假冒注册商标案（指导案例 87 号）

裁判要点：假冒注册商标犯罪的非法经营数额、违法所得数额，应当综合被告人供述、证人证言、被害人陈述、网络销售电子数据、被告人银行账户往来记录、送货单、快递公司电脑系统记录、被告人等所作记账等证据认定……

7. 在烟草上使用与他人注册商标相同的商标的定性

最高人民法院、最高人民检察院关于办理非法生产、销售烟草专卖品等刑事案件具体应用法律若干问题的解释（2010 年 3 月 26 日）

第一条第二款　未经卷烟、雪茄烟等烟草专卖品注册商标所有人许可，在卷烟、雪茄烟等烟草专卖品上使用与其注册商标相同的商标，情节严重的，依照刑法第二百一十三条的规定，以假冒注册商标罪定罪处罚。

8. 一罪与数罪

最高人民法院、最高人民检察院关于办理侵犯知识产权刑事案件具体应用法律若干问题的解释（2004 年 12 月 22 日）

第十三条　实施刑法第二百一十三条规定的假冒注册商标犯罪，又销售该假冒注册商标的商品，构成犯罪的，应当依照刑法第二百一十三条的规定，以假冒注册商标罪定罪处罚。

实施刑法第二百一十三条规定的假冒注册商标犯罪，又销售明知是他人的假冒注册商标的商品，构成犯罪的，应当实行数罪并罚。

最高人民法院、最高人民检察院关于办理非法生产、销售烟草专卖品等刑事案件具体应用法律若干问题的解释（2010 年 3 月 26 日）

第五条　行为人实施非法生产、销售烟草专卖品犯罪，同时构成生产、销售伪劣产品罪、侵犯知识产权犯罪、非法经营罪的，依照处罚较重的规定定罪处罚。

9. 共同犯罪

最高人民法院、最高人民检察院关于办理侵犯知识产权刑事案件具体应用法律若干问题的解释（2004 年 12 月 22 日）

第十六条　明知他人实施侵犯知识产权犯罪，而为其提供贷款、资金、账号、发票、证明、许可证件,或者提供生产、经营场所或运输、储存、代理进出口等便利条件、帮助的,以侵犯知识产权犯罪的共犯论处。

最高人民检察院关于印发最高人民检察院第二十六批指导性案例的通知(2021年2月4日)

案例四:姚常龙等五人假冒注册商标案(检例第101号)

【要旨】凡在我国合法注册且在有效期内的商标,商标所有人享有的商标专用权依法受我国法律保护。未经商标所有人许可,无论假冒商品是否销往境外,情节严重构成犯罪的,依法应予追诉。判断侵犯注册商标犯罪案件是否构成共同犯罪,应重点审查假冒商品生产者和销售者之间的意思联络情况、对假冒违法性的认知程度、对销售价格与正品价格差价的认知情况等因素综合判断。

10. 办理售假犯罪案件时,应当注意审查发现制假犯罪事实

最高人民检察院关于印发最高人民检察院第二十四批指导性案例的通知(2020年12月21日)

丁某某、林某某等人假冒注册商标立案监督案(检例第93号)

【要旨】检察机关在办理售假犯罪案件时,应当注意审查发现制假犯罪事实,强化对人民群众切身利益和企业知识产权的保护力度。对于公安机关未立案侦查的制假犯罪与已立案侦查的售假犯罪不属于共同犯罪的,应当按照立案监督程序,监督公安机关立案侦查。对于跨地域实施的关联制售假犯罪,检察机关可以建议公安机关并案管辖。

● **量刑**

参见【本节罪名量刑问题的总体规定】

> 第二百一十四条① 【销售假冒注册商标的商品罪】销售明知是假冒注册商标的商品,违法所得数额较大或者有其他严重情节的,处三年以下有期徒刑,并处或者单处罚金;违法所得数额巨大或者有其他特别严重情节的,处三年以上十年以下有期徒刑,并处罚金。

---

① 编者注:《刑法修正案(十一)》将本罪原本"销售金额"的表述调整为"违法所得数额""其他严重情节""其他特别严重情节";并将本罪最高刑由"三年以上七年以下"提高到"三年以上十年以下"。

● **关联法条**

第二百二十条

● **立案追诉标准**

最高人民检察院、公安部关于公安机关管辖的刑事案件立案追诉标准的规定（二）（2010年5月7日）

第七十条　［销售假冒注册商标的商品案（刑法第二百一十四条）］销售明知是假冒注册商标的商品，涉嫌下列情形之一的，应予立案追诉：

（一）销售金额在五万元以上的；

（二）尚未销售，货值金额在十五万元以上的；

（三）销售金额不满五万元，但已销售金额与尚未销售的货值金额合计在十五万元以上的。

第九十条　本规定中的立案追诉标准，除法律、司法解释、本规定中另有规定的以外，适用于相应的单位犯罪。

第九十一条　本规定中的"以上"，包括本数。

● **定罪**

1. 参见【本节罪名定罪问题的总体规定】

2. "违法所得数额"的认定[①]

最高人民法院、最高人民检察院关于办理侵犯知识产权刑事案件具体应用法律若干问题的解释（2004年12月22日）

第九条第一款　刑法第二百一十四条规定的"销售金额"，是指销售假冒注册商标的商品后所得和应得的全部违法收入。

[①] 编者注：由于《刑法修正案（十一）》对《刑法》第二百一十四条的调整，本部分原有相关司法解释与刑法典的规定已不完全一致，但在新司法解释出来前仍有一定意义。

3. "明知"的认定

最高人民法院、最高人民检察院关于办理侵犯知识产权刑事案件具体应用法律若干问题的解释（2004年12月22日）

第九条第二款 具有下列情形之一的，应当认定为属于刑法第二百一十四条规定的"明知"：

（一）知道自己销售的商品上的注册商标被涂改、调换或者覆盖的；

（二）因销售假冒注册商标的商品受到过行政处罚或者承担过民事责任、又销售同一种假冒注册商标的商品的；

（三）伪造、涂改商标注册人授权文件或者知道该文件被伪造、涂改的；

（四）其他知道或者应当知道是假冒注册商标的商品的情形。

最高人民检察院关于印发最高人民检察院第二十六批指导性案例的通知（2021年2月4日）

案例一：邓秋城、双善食品（厦门）有限公司等销售假冒注册商标的商品案（检例第98号）

【要旨】办理侵犯注册商标类犯罪案件，应注意结合被告人销售假冒商品数量、扩散范围、非法获利数额及在上下游犯罪中的地位、作用等因素，综合判断犯罪行为的社会危害性，确保罪责刑相适应。在认定犯罪的主观明知时，不仅考虑被告人供述，还应综合考虑交易场所、交易时间、交易价格等客观行为，坚持主客观相一致。对侵害众多消费者利益的情形，可以建议相关社会组织或自行提起公益诉讼。

4. "数额较大""数额巨大"的认定

最高人民法院、最高人民检察院关于办理侵犯知识产权刑事案件具体应用法律若干问题的解释（2004年12月22日）

第二条 销售明知是假冒注册商标的商品，销售金额在五万元以上的，属于刑法第二百一十四条规定的"数额较大"，应当以销售假冒注册商标的商品罪判处三年以下有期徒刑或者拘役，并处或者单处罚金。

销售金额在二十五万元以上的，属于刑法第二百一十四条规定的"数额巨大"，应当以销售假冒注册商标的商品罪判处三年以上七年以下有期徒刑，并处罚金。

5. 销售假冒他人注册商标的烟草专卖品的定性

最高人民法院、最高人民检察院关于办理非法生产、销售烟草专卖品等刑事案件具体应用法律若干问题的解释（2010年3月26日）

第一条第三款 销售明知是假冒他人注册商标的卷烟、雪茄烟等烟草专卖品，销售金额较大的，依照刑法第二百一十四条的规定，以销售假冒注册商标的商品罪定罪处罚。

6. 明知是假冒烟用注册商标的烟草制品而予以销售行为的定性

最高人民法院、最高人民检察院、公安部、国家烟草专卖局关于办理假冒伪劣烟草制品等刑事案件适用法律问题座谈会纪要（2003年12月23日）

二、关于销售明知是假冒烟用注册商标的烟草制品行为中的"明知"问题

根据刑法第二百一十四条的规定，销售明知是假冒烟用注册商标的烟草制品，销售金额较大的，构成销售假冒注册商标的商品罪。

"明知"，是指知道或应当知道。有下列情形之一的，可以认定为"明知"：

1. 以明显低于市场价格进货的；
2. 以明显低于市场价格销售的；
3. 销售假冒烟用注册商标的烟草制品被发现后转移、销毁物证或者提供虚假证明、虚假情况的；
4. 其他可以认定为明知的情形。

7. 犯罪未遂

最高人民法院、最高人民检察院、公安部关于办理侵犯知识产权刑事案件适用法律若干问题的意见（2011年1月10日）

八、关于销售假冒注册商标的商品犯罪案件中尚未销售或者部分销售情形的定罪量刑问题

销售明知是假冒注册商标的商品，具有下列情形之一的，依照刑法第二百一十四条的规定，以销售假冒注册商标的商品罪（未遂）定罪处罚：

（一）假冒注册商标的商品尚未销售，货值金额在十五万元以上的；

（二）假冒注册商标的商品部分销售，已销售金额不满五万元，但与尚未销售的假冒注册商标的商品的货值金额合计在十五万元以上的。

假冒注册商标的商品尚未销售，货值金额分别达到十五万元以上不满二十五万元、二十五万元以上的，分别依照刑法第二百一十四条规定的各法定刑幅度定罪处罚。

销售金额和未销售货值金额分别达到不同的法定刑幅度或者均达到同一法定刑幅度的，在处罚较重的法定刑或者同一法定刑幅度内酌情从重处罚。

8. 共同犯罪

最高人民法院、最高人民检察院、公安部、国家烟草专卖局关于办理假冒伪劣烟草制品等刑事案件适用法律问题座谈会纪要（2003年12月23日）

四、关于共犯问题

知道或者应当知道他人实施本《纪要》第一条至第三条规定的犯罪行为，仍实施下列行为之一的，应认定为共犯，依法追究刑事责任：

1. 直接参与生产、销售假冒伪劣烟草制品或者销售假冒烟用注册商标的烟草制品或者直接参与非法经营烟草制品并在其中起主要作用的；

2. 提供房屋、场地、设备、车辆、贷款、资金、账号、发票、证明、技术等设施和条件，用于帮助生产、销售、储存、运输假冒伪劣烟草制品、非法经营烟草制品的；

3. 运输假冒伪劣烟草制品的。

上述人员中有检举他人犯罪经查证属实，或者提供重要线索，有立功表现的，可以从轻或减轻处罚；有重大立功表现的，可以减轻或者免除处罚。

9. 一罪与数罪

最高人民法院、最高人民检察院、公安部、国家烟草专卖局关于办理假冒伪劣烟草制品等刑事案件适用法律问题座谈会纪要（2003年12月23日）

六、关于一罪与数罪问题

行为人的犯罪行为同时构成生产、销售伪劣产品罪、销售假冒注册商标的商品罪、非法经营罪等罪的，依照处罚较重的规定定罪处罚。

最高人民法院、最高人民检察院关于办理侵犯知识产权刑事案件具体应用法律若干问题的解释（2004年12月22日）

第十三条 实施刑法第二百一十三条规定的假冒注册商标犯罪，又销售该假冒注册商标的商品，构成犯罪的，应当依照刑法第二百一十三条的规定，以假冒注册商标罪定罪处罚。

实施刑法第二百一十三条规定的假冒注册商标犯罪，又销售明知是他人的假冒注册商标的商品，构成犯罪的，应当实行数罪并罚。

● 量刑

1. 参见【本节罪名量刑问题的总体规定】

2. 从重处罚

最高人民法院、最高人民检察院、公安部、国家烟草专卖局关于办理假冒伪劣烟草制品等刑事案件适用法律问题座谈会纪要（2003年12月23日）

五、国家机关工作人员参与实施本《纪要》第一条至第三条规定的犯罪行为的处罚问题

根据《最高人民法院、最高人民检察院关于办理生产、销售伪劣商品刑事案件具体应用法律若干问题的解释》的规定，国家机关工作人员参与实施本《纪要》第一条至第三条规定的犯罪行为的，从重处罚。

第二百一十五条[①] 【非法制造、销售非法制造的注册商标标识罪】伪造、擅自制造他人注册商标标识或者销售伪造、擅自制造的注册商标标识，情节严重的，处三年以下有期徒刑，并处或者单处罚金；情节特别严重的，处三年以上十年以下有期徒刑，并处罚金。

● 关联法条

第二百二十条

● 立案追诉标准

最高人民检察院、公安部关于公安机关管辖的刑事案件立案追诉标准的规定（二）（2010年5月7日）

第七十一条 ［非法制造、销售非法制造的注册商标标识案（刑法第二百一十五条）］伪造、擅自制造他人注册商标标识或者销售伪造、擅自制造的注册商标标识，涉嫌下列情形之一的，应予立案追诉：

（一）伪造、擅自制造或者销售伪造、擅自制造的注册商标标识数量在二万件以上，或者非法经营数额在五万元以上，或者违法所得数额在三万元以上的；

---

① 编者注：《刑法修正案（十一）》提高了本罪的法定刑，一是删除了第一档刑罚中原本"拘役或者管制"的表述，二是将法定最高刑由原来的"三年以上七年以下"提高到"三年以上十年以下"。

（二）伪造、擅自制造或者销售伪造、擅自制造两种以上注册商标标识数量在一万件以上，或者非法经营数额在三万元以上，或者违法所得数额在二万元以上的；

（三）其他情节严重的情形。

第九十条　本规定中的立案追诉标准，除法律、司法解释、本规定中另有规定的以外，适用于相应的单位犯罪。

第九十一条　本规定中的"以上"，包括本数。

● 定罪

1. 参见【本节罪名定罪问题的总体规定】
2. "情节严重""情节特别严重"的认定

最高人民法院、最高人民检察院关于办理侵犯知识产权刑事案件具体应用法律若干问题的解释（2004年12月22日）

第三条　伪造、擅自制造他人注册商标标识或者销售伪造、擅自制造的注册商标标识，具有下列情形之一的，属于刑法第二百一十五条规定的"情节严重"，应当以非法制造、销售非法制造的注册商标标识罪判处三年以下有期徒刑、拘役或者管制，并处或者单处罚金：

（一）伪造、擅自制造或者销售伪造、擅自制造的注册商标标识数量在二万件以上，或者非法经营数额在五万元以上，或者违法所得数额在三万元以上的；

（二）伪造、擅自制造或者销售伪造、擅自制造两种以上注册商标标识数量在一万件以上，或者非法经营数额在三万元以上，或者违法所得数额在二万元以上的；

（三）其他情节严重的情形。

具有下列情形之一的，属于刑法第二百一十五条规定的"情节特别严重"，应当以非法制造、销售非法制造的注册商标标识罪判处三年以上七年以下有期徒刑，并处罚金：

（一）伪造、擅自制造或者销售伪造、擅自制造的注册商标标识数量在十万件以上，或者非法经营数额在二十五万元以上，或者违法所得数额在十五万元以上的；

（二）伪造、擅自制造或者销售伪造、擅自制造两种以上注册商标标识数量在五万件以上，或者非法经营数额在十五万元以上，或者违法所得数额在十万元以上的；

（三）其他情节特别严重的情形。

第十二条 本解释所称"非法经营数额"，是指行为人在实施侵犯知识产权行为过程中，制造、储存、运输、销售侵权产品的价值。已销售的侵权产品的价值，按照实际销售的价格计算。制造、储存、运输和未销售的侵权产品的价值，按照标价或者已经查清的侵权产品的实际销售平均价格计算。侵权产品没有标价或者无法查清其实际销售价格的，按照被侵权产品的市场中间价格计算。

多次实施侵犯知识产权行为，未经行政处理或者刑事处罚的，非法经营数额、违法所得数额或者销售金额累计计算。

本解释第三条所规定的"件"，是指标有完整商标图样的一份标识。

3. 伪造、擅自制造卷烟、雪茄烟注册商标标识或者销售以上标识行为的定性

最高人民法院、最高人民检察院关于办理非法生产、销售烟草专卖品等刑事案件具体应用法律若干问题的解释（2010年3月26日）

第一条第四款 伪造、擅自制造他人卷烟、雪茄烟注册商标标识或者销售伪造、擅自制造的卷烟、雪茄烟注册商标标识，情节严重的，依照刑法第二百一十五条的规定，以非法制造、销售非法制造的注册商标标识罪定罪处罚。

4. 犯罪未遂

最高人民法院、最高人民检察院、公安部关于办理侵犯知识产权刑事案件适用法律若干问题的意见（2011年1月10日）

九、关于销售他人非法制造的注册商标标识犯罪案件中尚未销售或者部分销售情形的定罪问题

销售他人伪造、擅自制造的注册商标标识，具有下列情形之一的，依照刑法第二百一十五条的规定，以销售非法制造的注册商标标识罪（未遂）定罪处罚：

（一）尚未销售他人伪造、擅自制造的注册商标标识数量在六万件以上的；

（二）尚未销售他人伪造、擅自制造的两种以上注册商标标识数量在三万件以上的；

（三）部分销售他人伪造、擅自制造的注册商标标识，已销售标识数量不满二万件，但与尚未销售标识数量合计在六万件以上的；

（四）部分销售他人伪造、擅自制造的两种以上注册商标标识，已销售标识数量不满一万件，但与尚未销售标识数量合计在三万件以上的。

5. 共同犯罪

最高人民法院、最高人民检察院关于办理非法生产、销售烟草专卖品等刑事案件具体应用法律若干问题的解释（2010年3月26日）

第六条 明知他人实施本解释第一条所列犯罪，而为其提供贷款、资金、账号、发票、证明、许可证件，或者提供生产、经营场所、设备、运输、仓储、保管、邮寄、代理进出口等便利条件，或者提供生产技术、卷烟配方的，应当按照共犯追究刑事责任。

最高人民法院、最高人民检察院关于办理侵犯知识产权刑事案件具体应用法律若干问题的解释（2004年12月22日）

第十六条 明知他人实施侵犯知识产权犯罪，而为其提供贷款、资金、账号、发票、证明、许可证件，或者提供生产、经营场所或运输、储存、代理进出口等便利条件、帮助的，以侵犯知识产权犯罪的共犯论处。

6. 一罪与数罪

最高人民法院、最高人民检察院关于办理非法生产、销售烟草专卖品等刑事案件具体应用法律若干问题的解释（2010年3月26日）

第五条 行为人实施非法生产、销售烟草专卖品犯罪，同时构成生产、销售伪劣产品罪、侵犯知识产权犯罪、非法经营罪的，依照处罚较重的规定定罪处罚。

● 量刑

参见【本节罪名量刑问题的总体规定】

> 第二百一十六条 【假冒专利罪】假冒他人专利，情节严重的，处三年以下有期徒刑或者拘役，并处或者单处罚金。

● 关联法条

第二百二十条

● 立案追诉标准

最高人民检察院、公安部关于公安机关管辖的刑事案件立案追诉标准的规定（二）（2010年5月7日）

第七十二条　[假冒专利案（刑法第二百一十六条）] 假冒他人专利，涉嫌下列情形之一的，应予立案追诉：

（一）非法经营数额在二十万元以上或者违法所得数额在十万元以上的；

（二）给专利权人造成直接经济损失在五十万元以上的；

（三）假冒两项以上他人专利，非法经营数额在十万元以上或者违法所得数额在五万元以上的；

（四）其他情节严重的情形。

第九十条　本规定中的立案追诉标准，除法律、司法解释、本规定中另有规定的以外，适用于相应的单位犯罪。

第九十一条　本规定中的"以上"，包括本数。

● 定罪

1. 参见【本节罪名定罪问题的总体规定】
2. "假冒他人专利"的认定

最高人民法院、最高人民检察院关于办理侵犯知识产权刑事案件具体应用法律若干问题的解释（2004年12月22日）

第十条　实施下列行为之一的，属于刑法第二百一十六条规定的"假冒他人专利"的行为：

（一）未经许可，在其制造或者销售的产品、产品的包装上标注他人专利号的；

（二）未经许可，在广告或者其他宣传材料中使用他人的专利号，使人将所涉及的技术误认为是他人专利技术的；

（三）未经许可，在合同中使用他人的专利号，使人将合同涉及的技术误认为是他人专利技术的；

（四）伪造或者变造他人的专利证书、专利文件或者专利申请文件的。

3. "情节严重"的认定

最高人民法院、最高人民检察院关于办理侵犯知识产权刑事案件具体应用法律若干问题的解释（2004年12月22日）

第四条　假冒他人专利，具有下列情形之一的，属于刑法第二百一十六条规定的"情节严重"，应当以假冒专利罪判处三年以下有期徒刑或者拘役，并处或者单处罚金：

（一）非法经营数额在二十万元以上或者违法所得数额在十万元以上的；
（二）给专利权人造成直接经济损失五十万元以上的；
（三）假冒两项以上他人专利，非法经营数额在十万元以上或者违法所得数额在五万元以上的；
（四）其他情节严重的情形。

● 量刑

参见【本节罪名量刑问题的总体规定】

> 第二百一十七条① 【侵犯著作权罪】以营利为目的，有下列侵犯著作权或者与著作权有关的权利的情形之一，违法所得数额较大或者有其他严重情节的，处三年以下有期徒刑，并处或者单处罚金；违法所得数额巨大或者有其他特别严重情节的，处三年以上十年以下有期徒刑，并处罚金：
> （一）未经著作权人许可，复制发行、通过信息网络向公众传播其文字作品、音乐、美术、视听作品、计算机软件及法律、行政法规规定的其他作品的；
> （二）出版他人享有专有出版权的图书的；
> （三）未经录音录像制作者许可，复制发行、通过信息网络向公众传播其制作的录音录像的；
> （四）未经表演者许可，复制发行录有其表演的录音录像制品，或者通过信息网络向公众传播其表演的；
> （五）制作、出售假冒他人署名的美术作品的；
> （六）未经著作权人或者与著作权有关的权利人许可，故意避开或者破坏权利人为其作品、录音录像制品等采取的保护著作权或者与著作权有关的权利的技术措施的。

---

① 编者注：《刑法修正案（十一）》增加了"或者与著作权有关的权利"的表述，围绕这一表述对原第（一）（三）项内容也有所调整，增加了第（四）（六）项；同时将法定最高刑由原来的七年提高到十年。

● 关联法条

第二百二十条

● 立案追诉标准

最高人民检察院、公安部关于公安机关管辖的刑事案件立案追诉标准的规定（一）（2008年6月25日）

第二十六条 [侵犯著作权案（刑法第二百七十一条）]以营利为目的，未经著作权人许可，复制发行其文字作品、音乐、电影、电视、录像作品、计算机软件及其他作品，或者出版他人享有专有出版权的图书，或者未经录音录像制作者许可，复制发行其制作的录音录像，或者制作、出售假冒他人署名的美术作品，涉嫌下列情形之一的，应予立案追诉：

（一）违法所得数额三万元以上的；

（二）非法经营数额五万元以上的；

（三）未经著作权人许可，复制发行其文字作品、音乐、电影、电视、录像作品、计算机软件及其他作品，复制品数量合计五百张（份）以上的；

（四）未经录音录像制作者许可，复制发行其制作的录音录像制品，复制品数量合计五百张（份）以上的；

（五）其他情节严重的情形。

以刊登收费广告等方式直接或者间接收取费用的情形，属于本条规定的"以营利为目的"。

本条规定的"未经著作权人许可"，是指没有得到著作权人授权或者伪造、涂改著作权人授权许可文件或者超出授权许可范围的情形。

本条规定的"复制发行"，包括复制、发行或者既复制又发行的行为。

通过信息网络向公众传播他人文字作品、音乐、电影、电视、录像作品、计算机软件及其他作品，或者通过信息网络传播他人制作的录音录像制品的行为，应当视为本条规定的"复制发行"。

侵权产品的持有人通过广告、征订等方式推销侵权产品的，属于本条规定的"发行"。

本条规定的"非法经营数额"，是指行为人在实施侵犯知识产权行为过程中，制造、储存、运输、销售侵权产品的价值。已销售的侵权产品的价值，按照实际销售的价格计算。制造、储存、运输和未销售的侵权产品的价值，按照标价或者已经查清的侵权产品的实际销售平均价格计算。侵权产品没有标价或者无法查清其实际销售价格的，按照被侵权产品的市场中间价格计算。

第一百条　本规定中的立案追诉标准，除法律、司法解释另有规定的以外，适用于相关的单位犯罪。

第一百零一条　本规定中的"以上"，包括本数。

● 定罪

1. 参见【本节罪名定罪问题的总体规定】
2. "以营利为目的"的认定

最高人民法院、最高人民检察院、公安部关于办理侵犯知识产权刑事案件适用法律若干问题的意见（2011年1月10日）

十、关于侵犯著作权犯罪案件"以营利为目的"的认定问题

除销售外，具有下列情形之一的，可以认定为"以营利为目的"：

（一）以在他人作品中刊登收费广告、捆绑第三方作品等方式直接或者间接收取费用的；

（二）通过信息网络传播他人作品，或者利用他人上传的侵权作品，在网站或者网页上提供刊登收费广告服务，直接或者间接收取费用的；

（三）以会员制方式通过信息网络传播他人作品，收取会员注册费或者其他费用的；

（四）其他利用他人作品牟利的情形。

3. "违法所得数额较大或者有其他严重情节"的认定

最高人民法院、最高人民检察院关于办理侵犯知识产权刑事案件具体应用法律若干问题的解释（2004年12月22日）

第五条　以营利为目的，实施刑法第二百一十七条所列侵犯著作权行为之一，违法所得数额在三万元以上的，属于"违法所得数额较大"；具有下列情形之一的，属于"有其他严重情节"，应当以侵犯著作权罪判处三年以下有期徒刑或者拘役，并处或者单处罚金：

（一）非法经营数额在五万元以上的；

……

（三）其他严重情节的情形。

以营利为目的，实施刑法第二百一十七条所列侵犯著作权行为之一，违法所得数额在十五万元以上的，属于"违法所得数额巨大"；具有下列情形之一的，属于"有其他特别严重情节"，应当以侵犯著作权罪判处三年以上七年以下有期徒刑，并处罚金：

（一）非法经营数额在二十五万元以上的；

……

（三）其他特别严重情节的情形。

第十二条　本解释所称"非法经营数额"，是指行为人在实施侵犯知识产权行为过程中，制造、储存、运输、销售侵权产品的价值。已销售的侵权产品的价值，按照实际销售的价格计算。制造、储存、运输和未销售的侵权产品的价值，按照标价或者已经查清的侵权产品的实际销售平均价格计算。侵权产品没有标价或者无法查清其实际销售价格的，按照被侵权产品的市场中间价格计算。

多次实施侵犯知识产权行为，未经行政处理或者刑事处罚的，非法经营数额、违法所得数额或者销售金额累计计算。

本解释第三条所规定的"件"，是指标有完整商标图样的一份标识。

最高人民法院、最高人民检察院关于办理侵犯知识产权刑事案件具体应用法律若干问题的解释（二）（2007年4月5日）

第一条　以营利为目的，未经著作权人许可，复制发行其文字作品、音乐、电影、电视、录像作品、计算机软件及其他作品，复制品数量合计在五百张（份）以上的，属于刑法第二百一十七条规定的"有其他严重情节"；复制品数量在二千五百张（份）以上的，属于刑法第二百一十七条规定的"有其他特别严重情节"。

4."未经著作权人许可""未经录音制作者许可"的认定

最高人民法院、最高人民检察院关于办理侵犯知识产权刑事案件具体应用法律若干问题的解释（2004年12月22日）

第十一条第二款　刑法第二百一十七条规定的"未经著作权人许可"，是指没有得到著作权人授权或者伪造、涂改著作权人授权许可文件或者超出授权许可范围的情形。

最高人民法院、最高人民检察院、公安部关于办理侵犯知识产权刑事案件适用法律若干问题的意见（2011年1月10日）

十一、关于侵犯著作权犯罪案件"未经著作权人许可"的认定问题

"未经著作权人许可"一般应当依据著作权人或者其授权的代理人、著作权集体管理组织、国家著作权行政管理部门指定的著作权认证机构出具的涉案作

品版权认证文书,或者证明出版者、复制发行者伪造、涂改授权许可文件或者超出授权许可范围的证据,结合其他证据综合予以认定。

在涉案作品种类众多且权利人分散的案件中,上述证据确实难以一一取得,但有证据证明涉案复制品系非法出版、复制发行的,且出版者、复制发行者不能提供获得著作权人许可的相关证明材料的,可以认定为"未经著作权人许可"。但是,有证据证明权利人放弃权利、涉案作品的著作权不受我国著作权法保护,或者著作权保护期限已经届满的除外。

最高人民法院、最高人民检察院关于办理侵犯知识产权刑事案件具体应用法律若干问题的解释(三)(2020年9月14日)

第二条 在刑法第二百一十七条规定的作品、录音制品上以通常方式署名的自然人、法人或者非法人组织,应当推定为著作权人或者录音制作者,且该作品、录音制品上存在着相应权利,但有相反证明的除外。

在涉案作品、录音制品种类众多且权利人分散的案件中,有证据证明涉案复制品系非法出版、复制发行,且出版者、复制发行者不能提供获得著作权人、录音制作者许可的相关证据材料的,可以认定为刑法第二百一十七条规定的"未经著作权人许可""未经录音制作者许可"。但是,有证据证明权利人放弃权利、涉案作品的著作权或者录音制品的有关权利不受我国著作权法保护、权利保护期限已经届满的除外。

最高人民检察院关于印发最高人民检察院第二十六批指导性案例的通知(2021年2月4日)

案例三:陈力等八人侵犯著作权案(检例第100号)

【要旨】办理网络侵犯视听作品著作权犯罪案件,应注意及时提取、固定和保全相关电子数据,并围绕客观性、合法性、关联性要求对电子数据进行全面审查。对涉及众多作品的案件,在认定"未经著作权人许可"时,应围绕涉案复制品是否系非法出版、复制发行且被告人能否提供获得著作权人许可的相关证明材料进行审查。

5. "复制发行"的认定

最高人民法院、最高人民检察院关于办理侵犯知识产权刑事案件具体应用法律若干问题的解释(二)(2007年4月5日)

第二条 刑法第二百一十七条侵犯著作权罪中的"复制发行",包括复制、发行或者既复制又发行的行为。

侵权产品的持有人通过广告、征订等方式推销侵权产品的,属于刑法第二百一十七条规定的"发行"。

非法出版、复制、发行他人作品,侵犯著作权构成犯罪的,按照侵犯著作权罪定罪处罚。

最高人民法院、最高人民检察院、公安部关于办理侵犯知识产权刑事案件适用法律若干问题的意见(2011年1月10日)

十二、关于刑法第二百一十七条规定的"发行"的认定及相关问题

"发行",包括总发行、批发、零售、通过信息网络传播以及出租、展销等活动。

非法出版、复制、发行他人作品,侵犯著作权构成犯罪的,按照侵犯著作权罪定罪处罚,不认定为非法经营罪等其他犯罪。

6. 以刊登广告方式收取费用的定性

最高人民法院、最高人民检察院关于办理侵犯知识产权刑事案件具体应用法律若干问题的解释(2004年12月22日)

第十一条第一款 以刊登收费广告等方式直接或者间接收取费用的情形,属于刑法第二百一十七条规定的"以营利为目的"。

7. 通过信息网络向公众传播他人作品行为的定性

最高人民法院、最高人民检察院关于办理侵犯知识产权刑事案件具体应用法律若干问题的解释(2004年12月22日)

第十一条第三款 通过信息网络向公众传播他人文字作品、音乐、电影、电视、录像作品、计算机软件及其他作品的行为,应当视为刑法第二百一十七条规定的"复制发行"。

最高人民法院、最高人民检察院关于办理侵犯著作权刑事案件中涉及录音录像制品有关问题的批复(2005年10月18日)

以营利为目的,未经录音录像制作者许可,复制发行其制作的录音录像制品的行为,复制品的数量标准分别适用《最高人民法院、最高人民检察院关于办理侵犯知识产权刑事案件具体应用法律若干问题的解释》第五条第一款第(二)项、第二款第(二)项的规定。①

未经录音录像制作者许可,通过信息网络传播其制作的录音录像制品的行为,应当视为刑法第二百一十七条第(三)项规定的"复制发行"。

---

① 编者注:应适用最高人民法院、最高人民检察院《关于办理侵犯知识产权刑事案件具体应用法律若干问题的解释(二)》(2007年4月5日)第一条的规定。

最高人民法院、最高人民检察院、公安部关于办理侵犯知识产权刑事案件适用法律若干问题的意见（2011年1月10日）

十三、关于通过信息网络传播侵权作品行为的定罪处罚标准问题

以营利为目的，未经著作权人许可，通过信息网络向公众传播他人文字作品、音乐、电影、电视、美术、摄影、录像作品、录音录像制品、计算机软件及其他作品，具有下列情形之一的，属于刑法第二百一十七条规定的"其他严重情节"：

（一）非法经营数额在五万元以上的；

（二）传播他人作品的数量合计在五百件（部）以上的；

（三）传播他人作品的实际被点击数达到五万次以上的；

（四）以会员制方式传播他人作品，注册会员达到一千人以上的；

（五）数额或者数量虽未达到第（一）项至第（四）项规定标准，但分别达到其中两项以上标准一半以上的；

（六）其他严重情节的情形。

实施前款规定的行为，数额或者数量达到前款第（一）项至第（五）项规定标准五倍以上的，属于刑法第二百一十七条规定的"其他特别严重情节"。

8. 尚未印制完成的侵权复制品如何计算非法经营数额

公安部关于对侵犯著作权案件中尚未印制完成的侵权复制品如何计算非法经营数额问题的批复（2003年6月20日）

根据《最高人民法院关于审理非法出版物刑事案件具体应用法律若干问题的解释》（法释〔1998〕30号）第17条的规定，侵犯著作权案件，应以非法出版物的定价数额乘以行为人经营的非法出版物数量所得的数额计算其经营数额。因此，对于行为人尚未印制完成侵权复制品的，应当以侵权复制品的定价数额乘以承印数量所得的数额计算其经营数额。但由于上述行为属于犯罪未遂，对于需要追究刑事责任的，公安机关应当在起诉意见书中予以说明。

9. 共同犯罪

最高人民法院关于审理非法出版物刑事案件具体应用法律若干问题的解释（1998年12月23日）

第十六条 出版单位与他人事前通谋，向其出售、出租或者以其他形式转让该出版单位的名称、书号、刊号、版号，他人实施本解释第二条、第四条、第八条、第九条、第十条、第十一条规定的行为，构成犯罪的，对该出版单位应当以共犯论处。

最高人民法院、最高人民检察院、公安部关于办理侵犯知识产权刑事案件适用法律若干问题的意见（2011年1月10日）

十五、关于为他人实施侵犯知识产权犯罪提供原材料、机械设备等行为的定性问题

明知他人实施侵犯知识产权犯罪，而为其提供生产、制造侵权产品的主要原材料、辅助材料、半成品、包装材料、机械设备、标签标识、生产技术、配方等帮助，或者提供互联网接入、服务器托管、网络存储空间、通讯传输通道、代收费、费用结算等服务的，以侵犯知识产权犯罪的共犯论处。

10. 一罪与数罪

最高人民法院关于审理非法出版物刑事案件具体应用法律若干问题的解释（1998年12月23日）

第五条 实施刑法第二百一十七条规定的侵犯著作权行为，又销售该侵权复制品，违法所得数额巨大的，只定侵犯著作权罪，不实行数罪并罚。

实施刑法第二百一十七条规定的侵犯著作权的犯罪行为，又明知是他人的侵权复制品而予以销售，构成犯罪的，应当实行数罪并罚。

最高人民法院、最高人民检察院关于办理侵犯知识产权刑事案件具体应用法律若干问题的解释（2004年12月22日）

第十四条 实施刑法第二百一十七条规定的侵犯著作权犯罪，又销售该侵权复制品，构成犯罪的，应当依照刑法第二百一十七条的规定，以侵犯著作权罪定罪处罚。

实施刑法第二百一十七条规定的侵犯著作权犯罪，又销售明知是他人的侵权复制品，构成犯罪的，应当实行数罪并罚。

最高人民法院、最高人民检察院、公安部关于办理侵犯知识产权刑事案件适用法律若干问题的意见（2011年1月10日）

十六、关于侵犯知识产权犯罪竞合的处理问题

行为人实施侵犯知识产权犯罪，同时构成生产、销售伪劣商品犯罪的，依照侵犯知识产权犯罪与生产、销售伪劣商品犯罪中处罚较重的规定定罪处罚。

● 量刑

参见【本节罪名量刑问题的总体规定】

> 第二百一十八条① 【销售侵权复制品罪】以营利为目的，销售明知是本法第二百一十七条规定的侵权复制品，违法所得数额巨大或者有其他严重情节的，处五年以下有期徒刑，并处或者单处罚金。

● 关联法条

第二百二十条

● 立案追诉标准

最高人民检察院、公安部关于公安机关管辖的刑事案件立案追诉标准的规定（一）（2008年6月25日）

第二十七条 ［销售侵权复制品案（刑法第二百一十八条）］以营利为目的，销售明知是刑法第二百一十七条规定的侵权复制品，涉嫌下列情形之一的，应予立案追诉：

（一）违法所得数额十万元以上的；

（二）违法所得数额虽未达到上述数额标准，但尚未销售的侵权复制品货值金额达到三十万元以上的。

第一百条 本规定中的立案追诉标准，除法律、司法解释另有规定的以外，适用于相关的单位犯罪。

第一百零一条 本规定中的"以上"，包括本数。

● 定罪

1. 参见【本节罪名定罪问题的总体规定】
2. "违法所得数额巨大"的认定

最高人民法院、最高人民检察院关于办理侵犯知识产权刑事案件具体应用法律若干问题的解释（2004年12月22日）

第六条 以营利为目的，实施刑法第二百一十八条规定的行为，违法所得

---

① 编者注：《刑法修正案（十一）》增加了本条中目前"或者有其他严重情节的"修订的表述，并将法定最高刑由原来的三年提高到五年。

数额在十万元以上的，属于"违法所得数额巨大"，应当以销售侵权复制品罪判处三年以下有期徒刑或者拘役，并处或者单处罚金。

3. 一罪与数罪

最高人民法院关于审理非法出版物刑事案件具体应用法律若干问题的解释（1998年12月23日）

第五条　实施刑法第二百一十七条规定的侵犯著作权行为，又销售该侵权复制品，违法所得数额巨大的，只定侵犯著作权罪，不实行数罪并罚。

实施刑法第二百一十七条规定的侵犯著作权的犯罪行为，又明知是他人的侵权复制品而予以销售，构成犯罪的，应当实行数罪并罚。

最高人民法院、最高人民检察院关于办理侵犯知识产权刑事案件具体应用法律若干问题的解释（2004年12月22日）

第十四条　实施刑法第二百一十七条规定的侵犯著作权犯罪，又销售该侵权复制品，构成犯罪的，应当依照刑法第二百一十七条的规定，以侵犯著作权罪定罪处罚。

实施刑法第二百一十七条规定的侵犯著作权犯罪，又销售明知他人的侵权复制品，构成犯罪的，应当实行数罪并罚。

● 量刑

参见【本节罪名量刑问题的总体规定】

> 第二百一十九条[①]　【侵犯商业秘密罪】有下列侵犯商业秘密行为之一，情节严重的，处三年以下有期徒刑，并处或者单处罚金；情节特别严重的，处三年以上十年以下有期徒刑，并处罚金：
>
> （一）以盗窃、贿赂、欺诈、胁迫、电子侵入或者其他不正当手段获取权利人的商业秘密的；

[①]　编者注：《刑法修正案（十一）》将原来的"造成重大损失""造成特别严重后果"分别调整为目前的"情节严重""情节特别严重"，并对第（一）项中的"不正当手段"增加了"贿赂、欺诈""电子侵入"等列举，删除了"利诱"的表述；第（三）项将违反"约定"修改为违反"保密义务"；删除了本条原本对于"商业秘密"的刑法界定。

（二）披露、使用或者允许他人使用以前项手段获取的权利人的商业秘密的；

（三）违反保密义务或者违反权利人有关保守商业秘密的要求，披露、使用或者允许他人使用其所掌握的商业秘密的。

明知前款所列行为，获取、披露、使用或者允许他人使用该商业秘密的，以侵犯商业秘密论。

本条所称权利人，是指商业秘密的所有人和经商业秘密所有人许可的商业秘密使用人。

● 关联法条

第二百二十条

● 立案追诉标准

最高人民检察院、公安部关于修改侵犯商业秘密刑事案件立案追诉标准的决定（2020年9月17日）

为依法惩治侵犯商业秘密犯罪，加大对知识产权的刑事司法保护力度，维护社会主义市场经济秩序，将《最高人民检察院、公安部关于公安机关管辖的刑事案件立案追诉标准的规定（二）》第七十三条侵犯商业秘密刑事案件立案追诉标准修改为：【侵犯商业秘密案（刑法第二百一十九条）】侵犯商业秘密，涉嫌下列情形之一的，应予立案追诉：

（一）给商业秘密权利人造成损失数额在三十万元以上的；

（二）因侵犯商业秘密违法所得数额在三十万元以上的；

（三）直接导致商业秘密的权利人因重大经营困难而破产、倒闭的；

（四）其他给商业秘密权利人造成重大损失的情形。

前款规定的造成损失数额或者违法所得数额，可以按照下列方式认定：

（一）以不正当手段获取权利人的商业秘密，尚未披露、使用或者允许他人使用的，损失数额可以根据该项商业秘密的合理许可使用费确定；

（二）以不正当手段获取权利人的商业秘密后，披露、使用或者允许他人使用的，损失数额可以根据权利人因被侵权造成销售利润的损失确定，但该损失

数额低于商业秘密合理许可使用费的,根据合理许可使用费确定;

(三)违反约定、权利人有关保守商业秘密的要求,披露、使用或者允许他人使用其所掌握的商业秘密的,损失数额可以根据权利人因被侵权造成销售利润的损失确定;

(四)明知商业秘密是不正当手段获取或者是违反约定、权利人有关保守商业秘密的要求披露、使用、允许使用,仍获取、使用或者披露的,损失数额可以根据权利人因被侵权造成销售利润的损失确定;

(五)因侵犯商业秘密行为导致商业秘密已为公众所知悉或者灭失的,损失数额可以根据该项商业秘密的商业价值确定。商业秘密的商业价值,可以根据该项商业秘密的研究开发成本、实施该项商业秘密的收益综合确定;

(六)因披露或者允许他人使用商业秘密而获得的财物或者其他财产性利益,应当认定为违法所得。

前款第二项、第三项、第四项规定的权利人因被侵权造成销售利润的损失,可以根据权利人因被侵权造成销售量减少的总数乘以权利人每件产品的合理利润确定;销售量减少的总数无法确定的,可以根据侵权产品销售量乘以权利人每件产品的合理利润确定;权利人因被侵权造成销售量减少的总数和每件产品的合理利润均无法确定的,可以根据侵权产品销售量乘以每件侵权产品的合理利润确定。商业秘密系用于服务等其他经营活动的,损失数额可以根据权利人因被侵权而减少的合理利润确定。

商业秘密的权利人为减轻对商业运营、商业计划的损失或者重新恢复计算机信息系统安全、其他系统安全而支出的补救费用,应当计入给商业秘密的权利人造成的损失。

● 定罪

1. 参见【本节罪名定罪问题的总体规定】

2. 第一款第一项"盗窃"和"其他不正当手段"的认定

最高人民法院、最高人民检察院关于办理侵犯知识产权刑事案件具体应用法律若干问题的解释(三)(2020年9月14日)

第三条第一款 采取非法复制、未经授权或者超越授权使用计算机信息系统等方式窃取商业秘密的,应当认定为刑法第二百一十九条第一款第一项规定的"盗窃"。

3. "情节严重""情节特别严重"的认定①

最高人民法院、最高人民检察院关于办理侵犯知识产权刑事案件具体应用法律若干问题的解释（2004年12月22日）

第七条 实施刑法第二百一十九条规定的行为之一，给商业秘密的权利人造成损失数额在五十万元以上的，属于"给商业秘密的权利人造成重大损失"，应当以侵犯商业秘密罪判处三年以下有期徒刑或者拘役，并处或者单处罚金。

给商业秘密的权利人造成损失数额在二百五十万元以上的，属于刑法第二百一十九条规定的"造成特别严重后果"，应当以侵犯商业秘密罪判处三年以上七年以下有期徒刑，并处罚金。

最高人民法院、最高人民检察院关于办理侵犯知识产权刑事案件具体应用法律若干问题的解释（三）（2020年9月14日）

第四条 实施刑法第二百一十九条规定的行为，具有下列情形之一的，应当认定为"给商业秘密的权利人造成重大损失"：

（一）给商业秘密的权利人造成损失数额或者因侵犯商业秘密违法所得数额在三十万元以上的；

（二）直接导致商业秘密的权利人因重大经营困难而破产、倒闭的；

（三）造成商业秘密的权利人其他重大损失的。

给商业秘密的权利人造成损失数额或者因侵犯商业秘密违法所得数额在二百五十万元以上的，应当认定为刑法第二百一十九条规定的"造成特别严重后果"。

第五条 实施刑法第二百一十九条规定的行为造成的损失数额或者违法所得数额，可以按照下列方式认定：

（一）以不正当手段获取权利人的商业秘密，尚未披露、使用或者允许他人使用的，损失数额可以根据该项商业秘密的合理许可使用费确定；

（二）以不正当手段获取权利人的商业秘密后，披露、使用或者允许他人使用的，损失数额可以根据权利人因被侵权造成销售利润的损失确定，但该损失数额低于商业秘密合理许可使用费的，根据合理许可使用费确定；

（三）违反约定、权利人有关保守商业秘密的要求，披露、使用或者允许他

---

① 编者注：由于《刑法修正案（十一）》对《刑法》第二百一十九条的调整，本部分原有相关司法解释与刑法典的规定已不完全一致，但在新司法解释出来前仍有一定意义。

人使用其所掌握的商业秘密的，损失数额可以根据权利人因被侵权造成销售利润的损失确定；

（四）明知商业秘密是不正当手段获取或者是违反约定、权利人有关保守商业秘密的要求披露、使用、允许使用，仍获取、使用或者披露的，损失数额可以根据权利人因被侵权造成销售利润的损失确定；

（五）因侵犯商业秘密行为导致商业秘密已为公众所知悉或者灭失的，损失数额可以根据该项商业秘密的商业价值确定。商业秘密的商业价值，可以根据该项商业秘密的研究开发成本、实施该项商业秘密的收益综合确定；

（六）因披露或者允许他人使用商业秘密而获得的财物或者其他财产性利益，应当认定为违法所得。

前款第二项、第三项、第四项规定的权利人因被侵权造成销售利润的损失，可以根据权利人因被侵权造成销售量减少的总数乘以权利人每件产品的合理利润确定；销售量减少的总数无法确定的，可以根据侵权产品销售量乘以权利人每件产品的合理利润确定；权利人因被侵权造成销售量减少的总数和每件产品的合理利润均无法确定的，可以根据侵权产品销售量乘以每件侵权产品的合理利润确定。商业秘密系用于服务等其他经营活动的，损失数额可以根据权利人因被侵权而减少的合理利润确定。

商业秘密的权利人为减轻对商业运营、商业计划的损失或者重新恢复计算机信息系统安全、其他系统安全而支出的补救费用，应当计入给商业秘密的权利人造成的损失。

● 量刑

参见【本节罪名量刑问题的总体规定】

> 第二百一十九条之一[①] 【为境外窃取、刺探、收买、非法提供商业秘密罪】为境外的机构、组织、人员窃取、刺探、收买、非法提供商业秘密的，处五年以下有期徒刑，并处或者单处罚金；情节严重的，处五年以上有期徒刑，并处罚金。

[①] 编者注：本条为《刑法修正案（十一）》新设。

● 关联法条

第二百二十条

> 第二百二十条① 【单位犯侵犯知识产权罪的处罚规定】单位犯本节第二百一十三条至第二百一十九之一条规定之罪的，对单位判处罚金，并对其直接负责的主管人员和其他直接责任人员，依照本节各该条的规定处罚。

第八节 扰乱市场秩序罪

> 第二百二十一条 【损害商业信誉、商品声誉罪】捏造并散布虚伪事实，损害他人的商业信誉、商品声誉，给他人造成重大损失或者有其他严重情节的，处二年以下有期徒刑或者拘役，并处或者单处罚金。

● 关联法条

第二百三十一条

● 立案追诉标准

最高人民检察院、公安部关于公安机关管辖的刑事案件立案追诉标准的规定（二）（2010年5月7日）

第七十四条 ［损害商业信誉、商品声誉案（刑法第二百二十一条）］捏造并散布虚伪事实，损害他人的商业信誉、商品声誉，涉嫌下列情形之一的，应

---

① 编者注：伴随着第二百一十九条之一的诞生，《刑法修正案（十一）》也将本条适用范围随之扩大至该条，为该条创设了单位犯罪。

予立案追诉：

（一）给他人造成直接经济损失数额在五十万元以上的；

（二）虽未达到上述数额标准，但具有下列情形之一的：

1. 利用互联网或者其他媒体公开损害他人商业信誉、商品声誉的；

2. 造成公司、企业等单位停业、停产六个月以上，或者破产的。

（三）其他给他人造成重大损失或者有其他严重情节的情形。

第九十条 本规定中的立案追诉标准，除法律、司法解释、本规定中另有规定的以外，适用于相应的单位犯罪。

第九十一条 本规定中的"以上"，包括本数。

● 定罪

1. 利用互联网损害他人商业信誉、商品声誉行为的定性

全国人民代表大会常务委员会关于维护互联网安全的决定（2009年8月27日）

三、为了维护社会主义市场经济秩序和社会管理秩序，对有下列行为之一，构成犯罪的，依照刑法有关规定追究刑事责任：

……

（二）利用互联网损害他人商业信誉和商品声誉；

……

2. 一罪与数罪

最高人民法院、最高人民检察院关于办理利用信息网络实施诽谤等刑事案件适用法律若干问题的解释（2013年9月10日）

第九条 利用信息网络实施诽谤、寻衅滋事、敲诈勒索、非法经营犯罪，同时又构成刑法第二百二十一条规定的损害商业信誉、商品声誉罪，第二百七十八条规定的煽动暴力抗拒法律实施罪，第二百九十一条之一规定的编造、故意传播虚假恐怖信息罪等犯罪的，依照处罚较重的规定定罪处罚。

第二百二十二条 【虚假广告罪】广告主、广告经营者、广告发布者违反国家规定，利用广告对商品或者服务作虚假宣传，情节严重的，处二年以下有期徒刑或者拘役，并处或者单处罚金。

● **关联法条**

第九十六条、第二百三十一条

● **立案追诉标准**

最高人民检察院、公安部关于公安机关管辖的刑事案件立案追诉标准的规定（二）（2010年5月7日）

第七十五条　[虚假广告案（刑法第二百二十二条）]广告主、广告经营者、广告发布者违反国家规定，利用广告对商品或者服务作虚假宣传，涉嫌下列情形之一的，应予立案追诉：

（一）违法所得数额在十万元以上的；

（二）给单个消费者造成直接经济损失数额在五万元以上的，或者给多个消费者造成直接经济损失数额累计在二十万元以上的；

（三）假借预防、控制突发事件的名义，利用广告作虚假宣传，致使多人上当受骗，违法所得数额在三万元以上的；

（四）虽未达到上述数额标准，但两年内因利用广告作虚假宣传，受过行政处罚二次以上，又利用广告作虚假宣传的；

（五）造成人身伤残的；

（六）其他情节严重的情形。

第九十条　本规定中的立案追诉标准，除法律、司法解释、本规定中另有规定的以外，适用于相应的单位犯罪。

第九十一条　本规定中的"以上"，包括本数。

● **定罪**

1. 假借灾害名义利用广告虚假宣传行为的定性

最高人民法院、最高人民检察院关于办理妨害预防、控制突发传染病疫情等灾害的刑事案件具体应用法律若干问题的解释（2003年5月15日）

第五条　广告主、广告经营者、广告发布者违反国家规定，假借预防、控制突发传染病疫情等灾害的名义，利用广告对所推销的商品或者服务作虚假宣传，致使多人上当受骗，违法所得数额较大或者有其他严重情节的，依照刑法

第二百二十二条的规定,以虚假广告罪定罪处罚。

最高人民法院、最高人民检察院、公安部、司法部关于依法惩治妨害新型冠状病毒感染肺炎疫情防控违法犯罪的意见(2020年2月6日)

二、准确适用法律,依法严惩妨害疫情防控的各类违法犯罪

(五)……在疫情防控期间,违反国家规定,假借疫情防控的名义,利用广告对所推销的商品或者服务作虚假宣传,致使多人上当受骗,违法所得数额较大或者有其他严重情节的,依照刑法第二百二十二条的规定,以虚假广告罪定罪处罚……

2. 利用广告为非法集资作虚假宣传行为的定性

最高人民法院关于审理非法集资刑事案件具体应用法律若干问题的解释(2011年1月4日)

第八条 广告经营者、广告发布者违反国家规定,利用广告为非法集资活动相关的商品或者服务作虚假宣传,具有下列情形之一的,依照刑法第二百二十二条的规定,以虚假广告罪定罪处罚:

(一)违法所得数额在10万元以上的;

(二)造成严重危害后果或者恶劣社会影响的;

(三)二年内利用广告作虚假宣传,受过行政处罚二次以上的;

(四)其他情节严重的情形。

明知他人从事欺诈发行股票、债券,非法吸收公众存款,擅自发行股票、债券,集资诈骗或者组织、领导传销活动等集资犯罪活动,为其提供广告等宣传的,以相关犯罪的共犯论处。

3. 利用广告为保健品作虚假宣传行为的定性

最高人民法院、最高人民检察院关于办理危害食品安全刑事案件适用法律若干问题的解释(2013年5月4日)

第十五条 广告主、广告经营者、广告发布者违反国家规定,利用广告对保健食品或者其他食品作虚假宣传,情节严重的,依照刑法第二百二十二条的规定以虚假广告罪定罪处罚。

4. 利用广告为药品作虚假宣传行为的定性

最高人民法院、最高人民检察院关于办理危害药品安全刑事案件适用法律若干问题的解释(2014年12月1日)

第九条 广告主、广告经营者、广告发布者违反国家规定,利用广告对药

品作虚假宣传,情节严重的,依照刑法第二百二十二条的规定以虚假广告罪定罪处罚。

5. 共同犯罪

最高人民检察院关于认真执行《中华人民共和国广告法》的通知（1995 年 1 月 28 日）

三、各级人民检察院在办理违反《广告法》的刑事案件中,要注意根据案件情况,分清广告主、广告经营者和广告发布者各自的责任。对广告经营者或广告发布者明知广告的行为是违反《广告法》的行为构成犯罪的,在追究法人（单位）刑事责任的同时,对其直接负责的主管人员和其他直接责任人员要依法追究刑事责任。

第二百二十三条 【串通投标罪】投标人相互串通投标报价,损害招标人或者其他投标人利益,情节严重的,处三年以下有期徒刑或者拘役,并处或者单处罚金。

投标人与招标人串通投标,损害国家、集体、公民的合法利益的,依照前款的规定处罚。

● 关联法条

第二百三十一条

● 立案追诉标准

最高人民检察院、公安部关于公安机关管辖的刑事案件立案追诉标准的规定（二）（2010 年 5 月 7 日）

第七十六条 ［串通投标案（刑法第二百二十三条）］投标人相互串通投标报价,或者投标人与招标人串通投标,涉嫌下列情形之一的,应予立案追诉：

（一）损害招标人、投标人或者国家、集体、公民的合法利益,造成直接经济损失数额在五十万元以上的；

（二）违法所得数额在十万元以上的；

（三）中标项目金额在二百万元以上的；

（四）采取威胁、欺骗或者贿赂等非法手段的；

（五）虽未达到上述数额标准，但两年内因串通投标，受过行政处罚二次以上，又串通投标的；

（六）其他情节严重的情形。

第九十条　本规定中的立案追诉标准，除法律、司法解释、本规定中另有规定的以外，适用于相应的单位犯罪。

第九十一条　本规定中的"以上"，包括本数。

● 定罪

串通拍卖行为的定性

最高人民检察院关于印发最高人民检察院第二十四批指导性案例的通知（2020年12月21日）

许某某、包某某串通投标立案监督案（检例第90号）

【要旨】刑法规定了串通投标罪，但未规定串通拍卖行为构成犯罪。对于串通拍卖行为，不能以串通投标罪予以追诉。公安机关对串通竞拍国有资产行为以涉嫌串通投标罪刑事立案的，检察机关应当通过立案监督，依法通知公安机关撤销案件。

第二百二十四条　【合同诈骗罪】有下列情形之一，以非法占有为目的，在签订、履行合同过程中，骗取对方当事人财物，数额较大的，处三年以下有期徒刑或者拘役，并处或者单处罚金；数额巨大或者有其他严重情节的，处三年以上十年以下有期徒刑，并处罚金；数额特别巨大或者有其他特别严重情节的，处十年以上有期徒刑或者无期徒刑，并处罚金或者没收财产：

（一）以虚构的单位或者冒用他人名义签订合同的；

（二）以伪造、变造、作废的票据或者其他虚假的产权证明作担保的；

（三）没有实际履行能力，以先履行小额合同或者部分履行合同的方法，诱骗对方当事人继续签订和履行合同的；

（四）收受对方当事人给付的货物、货款、预付款或者担保财产后逃匿的；

（五）以其他方法骗取对方当事人财物的。

● 关联法条

第二百三十一条

● 立案追诉标准

最高人民检察院、公安部关于公安机关管辖的刑事案件立案追诉标准的规定（二）（2010年5月7日）

第七十七条 ［合同诈骗案（刑法第二百二十四条）］以非法占有为目的，在签订、履行合同过程中，骗取对方当事人财物，数额在二万元以上的，应予立案追诉。

第九十条 本规定中的立案追诉标准，除法律、司法解释、本规定中另有规定的以外，适用于相应的单位犯罪。

第九十一条 本规定中的"以上"，包括本数。

● 定罪

1. 单位实施贷款诈骗的处理

最高人民法院全国法院审理金融犯罪案件工作座谈会纪要（2001年1月21日）

二、（三）关于金融诈骗罪

2. 贷款诈骗罪的认定和处理。贷款诈骗犯罪是目前案发较多的金融诈骗犯罪之一。审理贷款诈骗犯罪案件，应当注意以下两个问题：

一是单位不能构成贷款诈骗罪。根据刑法第三十条和第一百九十三条的规定，单位不构成贷款诈骗罪。对于单位实施的贷款诈骗行为，不能以贷款诈骗罪定罪处罚，也不能以贷款诈骗罪追究直接负责的主管人员和其他直接责任人员的刑事责任。[①] 但是，在司法实践中，对于单位十分明显地以非法占有为目

[①] 编者注：全国人民代表大会常务委员会《关于〈中华人民共和国刑法〉第三十条的解释》（2014年4月24日）规定："公司、企业、事业单位、机关、团体等单位实施刑法规定的危害社会的行为，刑法分则和其他法律未规定追究单位的刑事责任的，对组织、策划、实施该危害社会行为的人依法追究刑事责任。""不能以贷款诈骗罪追究直接负责的主管人员和其他直接责任人员的刑事责任"与上述立法解释矛盾。

的，利用签订、履行借款合同诈骗银行或其他金融机构贷款，符合刑法第二百二十四条规定的合同诈骗罪构成要件的，应当以合同诈骗罪定罪处罚。

2. 罪与非罪

最高人民法院关于充分发挥审判职能作用切实加强产权司法保护的意见
（2016年11月28日）

5. 客观看待企业经营的不规范问题，对定罪依据不足的依法宣告无罪。对改革开放以来各类企业特别是民营企业因经营不规范所引发的问题，要以历史和发展的眼光客观看待，严格遵循罪刑法定、疑罪从无、从旧兼从轻等原则，依法公正处理。对虽属违法违规、但不构成犯罪，或者罪与非罪不清的，应当宣告无罪。对在生产、经营、融资等活动中的经济行为，除法律、行政法规明确禁止的，不得以犯罪论处。

6. 严格区分经济纠纷与刑事犯罪，坚决防止把经济纠纷当作犯罪处理。充分考虑非公有制经济特点，严格把握刑事犯罪的认定标准，严格区分正当融资与非法集资、合同纠纷与合同诈骗、民营企业参与国有企业兼并重组中涉及的经济纠纷与恶意侵占国有资产等的界限，坚决防止把经济纠纷认定为刑事犯罪，坚决防止利用刑事手段干预经济纠纷。对于各类经济纠纷，特别是民营企业与国有企业之间的纠纷，不论实际损失多大，都要始终坚持依法办案，排除各种干扰，确保公正审判。

7. 依法慎用强制措施和查封、扣押、冻结措施，最大限度降低对企业正常生产经营活动的不利影响。对涉案企业和人员，应当综合考虑行为性质、危害程度以及配合诉讼的态度等情况，依法慎重决定是否适用强制措施和查封、扣押、冻结措施。在刑事审判中，对已被逮捕的被告人，符合取保候审、监视居住条件的，应当变更强制措施。在刑事、民事、行政审判中，确需采取查封、扣押、冻结措施的，除依法需责令关闭的企业外，在条件允许的情况下可以为企业预留必要的流动资金和往来账户。不得查封、扣押、冻结与案件无关的财产。

8. 严格规范涉案财产的处置，依法维护涉案企业和人员的合法权益。严格区分违法所得和合法财产，对于经过审理不能确认为违法所得的，不得判决追缴或者责令退赔。严格区分个人财产和企业法人财产，处理股东、企业经营管理者等自然人犯罪不得任意牵连企业法人财产，处理企业犯罪不得任意牵连股东、企业经营管理者个人合法财产。严格区分涉案人员个人财产和家庭成员财产，处理涉案人员犯罪不得牵连其家庭成员合法财产。按照公开公正和规范高效的要求，严格执行、不断完善涉案财物保管、鉴定、估价、拍卖、变卖制度。

最高人民法院关于依法妥善处理历史形成的产权案件工作实施意见（2016年11月28日）

13. 准确把握罪与非罪的法律政策界限。严格区分经济纠纷与经济犯罪特别是合同纠纷与合同诈骗的界限、企业正当融资与非法集资的界限、民营企业参与国有企业兼并重组中涉及的经济纠纷与恶意侵占国有资产的界限。准确把握经济违法行为入刑标准，准确认定经济纠纷和经济犯罪的性质，坚决纠正将经济纠纷当作犯罪处理的错误生效裁判。对于在生产、经营、融资等活动中的经济行为，当时法律、行政法规没有明确禁止而以犯罪论处的，或者虽属违法违规但不构成犯罪而以犯罪论处的，均应依法纠正。

最高人民法院关于充分发挥审判职能作用为企业家创新创业营造良好法治环境的通知（2017年12月29日）

二、依法保护企业家的人身自由和财产权利。严格执行刑事法律和司法解释，坚决防止利用刑事手段干预经济纠纷。坚持罪刑法定原则，对企业家在生产、经营、融资活动中的创新创业行为，只要不违反刑事法律的规定，不得以犯罪论处。严格非法经营罪、合同诈骗罪的构成要件，防止随意扩大适用。对于在合同签订、履行过程中产生的民事争议，如无确实充分的证据证明符合犯罪构成的，不得作为刑事案件处理。严格区分企业家违法所得和合法财产，没有充分证据证明为违法所得的，不得判决追缴或者责令退赔。严格区分企业家个人财产和企业法人财产，在处理企业犯罪时不得牵连企业家个人合法财产和家庭成员财产。

最高人民检察院关于印发最高人民检察院第二十四批指导性案例的通知（2020年12月21日）

温某某合同诈骗立案监督案（检例第91号）

【要旨】检察机关办理涉企业合同诈骗犯罪案件，应当严格区分合同诈骗与民事违约行为的界限。要注意审查涉案企业在签订、履行合同过程中是否具有非法占有目的和虚构事实、隐瞒真相的行为，准确认定是否具有诈骗故意。发现公安机关对企业之间的合同纠纷以合同诈骗进行刑事立案的，应当依法监督撤销案件。对于立案后久侦不结的"挂案"，检察机关应当向公安机关提出纠正意见。

第二百二十四条之一　【组织、领导传销活动罪】组织、领导以推销商品、提供服务等经营活动为名，要求参加者以缴纳费用或者购买商品、服务等方式获得加入资格，并按照一定顺序组成层级，直接或者间接以发展人员的数量作为计酬或者返利依据，引诱、胁迫参加者继续发展他人参加，骗取财物，扰乱经济社会秩序的传销活动的，处五年以下有期徒刑或者拘役，并处罚金；情节严重的，处五年以上有期徒刑，并处罚金。

● 关联法条

第二百三十一条

● 立案追诉标准

最高人民检察院、公安部关于公安机关管辖的刑事案件立案追诉标准的规定（二）（2010年5月7日）

第七十八条　[组织、领导传销活动案（刑法第二百二十四条之一）]组织、领导以推销商品、提供服务等经营活动为名，要求参加者以缴纳费用或者购买商品、服务等方式获得加入资格，并按照一定顺序组成层级，直接或者间接以发展人员的数量作为计酬或者返利依据，引诱、胁迫参加者继续发展他人参加，骗取财物，扰乱经济社会秩序的传销活动，涉嫌组织、领导的传销活动人员在三十人以上且层级在三级以上的，对组织者、领导者，应予立案追诉。

本条所指的传销活动的组织者、领导者，是指在传销活动中起组织、领导作用的发起人、决策人、操纵人，以及在传销活动中担负策划、指挥、布置、协调等重要职责，或者在传销活动实施中起到关键作用的人员。

第九十条　本规定中的立案追诉标准，除法律、司法解释、本规定中另有规定的以外，适用于相应的单位犯罪。

第九十一条　本规定中的"以上"，包括本数。

● 定罪

1. **传销组织层级、人数、人员的认定**

最高人民法院、最高人民检察院、公安部关于办理组织领导传销活动刑事案件适用法律若干问题的意见（2013年11月14日）

一、关于传销组织层级及人数的认定问题

以推销商品、提供服务等经营活动为名，要求参加者以缴纳费用或者购买商品、服务等方式获得加入资格，并按照一定顺序组成层级，直接或者间接以发展人员的数量作为计酬或者返利依据，引诱、胁迫参加者继续发展他人参加，骗取财物，扰乱经济社会秩序的传销组织，其组织内部参与传销活动人员在三十人以上且层级在三级以上的，应当对组织者、领导者追究刑事责任。

组织、领导多个传销组织，单个或者多个组织中的层级已达三级以上的，可将在各个组织中发展的人数合并计算。

组织者、领导者形式上脱离原传销组织后，继续从原传销组织获取报酬或者返利的，原传销组织在其脱离后发展人员的层级数和人数，应当计算为其发展的层级数和人数。

办理组织、领导传销活动刑事案件中，确因客观条件的限制无法逐一收集参与传销活动人员的言词证据的，可以结合依法收集并查证属实的缴纳、支付费用及计酬、返利记录，视听资料，传销人员关系图，银行账户交易记录，互联网电子数据，鉴定意见等证据，综合认定参与传销的人数、层级数等犯罪事实。

二、关于传销活动有关人员的认定和处理问题

下列人员可以认定为传销活动的组织者、领导者：

（一）在传销活动中起发起、策划、操纵作用的人员；

（二）在传销活动中承担管理、协调等职责的人员；

（三）在传销活动中承担宣传、培训等职责的人员；

（四）曾因组织、领导传销活动受过刑事处罚，或者一年以内因组织、领导传销活动受过行政处罚，又直接或者间接发展参与传销活动人员在十五人以上且层级在三级以上的人员；

（五）其他对传销活动的实施、传销组织的建立、扩大等起关键作用的人员。

以单位名义实施组织、领导传销活动犯罪的，对于受单位指派，仅从事劳

务性工作的人员，一般不予追究刑事责任。

七、其他问题

本意见所称"以上"、"以内"，包括本数。

本意见所称"层级"和"级"，系指组织者、领导者与参与传销活动人员之间的上下线关系层次，而非组织者、领导者在传销组织中的身份等级。

对传销组织内部人数和层级数的计算，以及对组织者、领导者直接或者间接发展参与传销活动人员人数和层级数的计算，包括组织者、领导者本人及其本层级在内。

2. "骗取财物"的认定

最高人民法院、最高人民检察院、公安部关于办理组织领导传销活动刑事案件适用法律若干问题的意见（2013年11月14日）

三、关于"骗取财物"的认定问题

传销活动的组织者、领导者采取编造、歪曲国家政策，虚构、夸大经营、投资、服务项目及盈利前景，掩饰计酬、返利真实来源或者其他欺诈手段，实施刑法第二百二十四条之一规定的行为，从参与传销活动人员缴纳的费用或者购买商品、服务的费用中非法获利的，应当认定为骗取财物。参与传销活动人员是否认为被骗，不影响骗取财物的认定。

3. "情节严重"的认定

最高人民法院、最高人民检察院、公安部关于办理组织领导传销活动刑事案件适用法律若干问题的意见（2013年11月14日）

四、关于"情节严重"的认定问题

对符合本意见第一条第一款规定的传销组织的组织者、领导者，具有下列情形之一的，应当认定为刑法第二百二十四条之一规定的"情节严重"：

（一）组织、领导的参与传销活动人员累计达一百二十人以上的；

（二）直接或者间接收取参与传销活动人员缴纳的传销资金数额累计达二百五十万元以上的；

（三）曾因组织、领导传销活动受过刑事处罚，或者一年以内因组织、领导传销活动受过行政处罚，又直接或者间接发展参与传销活动人员累计达六十人以上的；

（四）造成参与传销活动人员精神失常、自杀等严重后果的；

（五）造成其他严重后果或者恶劣社会影响的。

4. 涉及"团队计酬"行为的定性

最高人民法院、最高人民检察院、公安部关于办理组织领导传销活动刑事案件适用法律若干问题的意见（2013年11月14日）

五、关于"团队计酬"行为的处理问题

传销活动的组织者或者领导者通过发展人员，要求传销活动的被发展人员发展其他人员加入，形成上下线关系，并以下线的销售业绩为依据计算和给付上线报酬，牟取非法利益的，是"团队计酬"式传销活动。

以销售商品为目的、以销售业绩为计酬依据的单纯的"团队计酬"式传销活动，不作为犯罪处理。形式上采取"团队计酬"方式，但实质上属于"以发展人员的数量作为计酬或者返利依据"的传销活动，应当依照刑法第二百二十四条之一的规定，以组织、领导传销活动罪定罪处罚。

5. 利用网络发展会员，组成层级关系，并以发展数量作为计酬依据的组织者构成组织、领导传销活动

最高人民检察院关于印发最高人民检察院第十批指导性案例的通知（2018年7月3日）

叶经生等组织、领导传销活动案（检例第41号）

【要旨】组织者或者经营者利用网络发展会员，要求被发展人员以缴纳或者变相缴纳"入门费"为条件，获得提成和发展下线的资格。通过发展人员组成层级关系，并以直接或者间接发展的人员数量作为计酬或者返利的依据，引诱被发展人员继续发展他人参加，骗取财物，扰乱经济社会秩序的，以组织、领导传销活动罪追究刑事责任。

6. 一罪与数罪

最高人民法院、最高人民检察院、公安部关于办理组织领导传销活动刑事案件适用法律若干问题的意见（2013年11月14日）

六、关于罪名的适用问题

以非法占有为目的，组织、领导传销活动，同时构成组织、领导传销活动罪和集资诈骗罪的，依照处罚较重的规定定罪处罚。

犯组织、领导传销活动罪，并实施故意伤害、非法拘禁、敲诈勒索、妨害公务、聚众扰乱社会秩序、聚众冲击国家机关、聚众扰乱公共场所秩序、交通秩序等行为，构成犯罪的，依照数罪并罚的规定处罚。

第二百二十五条 【非法经营罪】违反国家规定，有下列非法经营行为之一，扰乱市场秩序，情节严重的，处五年以下有期徒刑或者拘役，并处或者单处违法所得一倍以上五倍以下罚金；情节特别严重的，处五年以上有期徒刑，并处违法所得一倍以上五倍以下罚金或者没收财产：

（一）未经许可经营法律、行政法规规定的专营、专卖物品或者其他限制买卖的物品的；

（二）买卖进出口许可证、进出口原产地证明以及其他法律、行政法规规定的经营许可证或者批准文件的；

（三）未经国家有关主管部门批准非法经营证券、期货、保险业务的，或者非法从事资金支付结算业务的；

（四）其他严重扰乱市场秩序的非法经营行为。

● **关联法条**

第九十六条、第二百三十一条

● **立案追诉标准**

最高人民检察院、公安部关于公安机关管辖的刑事案件立案追诉标准的规定（二）（2010年5月7日）

第七十九条　[非法经营案（刑法第二百二十五条）]违反国家规定，进行非法经营活动，扰乱市场秩序，涉嫌下列情形之一的，应予立案追诉：

（一）违反国家有关盐业管理规定，非法生产、储运、销售食盐，扰乱市场秩序，具有下列情形之一的：

1. 非法经营食盐数量在二十吨以上的；

2. 曾因非法经营食盐行为受过二次以上行政处罚又非法经营食盐，数量在十吨以上的。

（二）违反国家烟草专卖管理法律法规，未经烟草专卖行政主管部门许可，无烟草专卖生产企业许可证、烟草专卖批发企业许可证、特种烟草专卖经营企业许可证、烟草专卖零售许可证等许可证明，非法经营烟草专卖品，具有下列情形之一的：

1. 非法经营数额在五万元以上，或者违法所得数额在二万元以上的；
2. 非法经营卷烟二十万支以上的；
3. 曾因非法经营烟草专卖品三年内受过二次以上行政处罚，又非法经营烟草专卖品且数额在三万元以上的。

（三）未经国家有关主管部门批准，非法经营证券、期货、保险业务，或者非法从事资金支付结算业务，具有下列情形之一的：

1. 非法经营证券、期货、保险业务，数额在三十万元以上的；
2. 非法从事资金支付结算业务，数额在二百万元以上的；
3. 违反国家规定，使用销售点终端机具（POS机）等方法，以虚构交易、虚开价格、现金退货等方式向信用卡持卡人直接支付现金，数额在一百万元以上的，或者造成金融机构资金二十万元以上逾期未还的，或者造成金融机构经济损失十万元以上的；
4. 违法所得数额在五万元以上的。

（四）非法经营外汇，具有下列情形之一的：

2. 公司、企业或者其他单位违反有关外贸代理业务的规定，采用非法手段，或者明知是伪造、变造的凭证、商业单据，为他人向外汇指定银行骗购外汇，数额在五百万美元以上或者违法所得数额在五十万元以上的；
3. 居间介绍骗购外汇，数额在一百万美元以上或者违法所得数额在十万元以上的。

（五）出版、印刷、复制、发行严重危害社会秩序和扰乱市场秩序的非法出版物，具有下列情形之一的：

1. 个人非法经营数额在五万元以上的，单位非法经营数额在十五万元以上的；
2. 个人违法所得数额在二万元以上的，单位违法所得数额在五万元以上的；
3. 个人非法经营报纸五千份或者期刊五千本或者图书二千册或者音像制品、电子出版物五百张（盒）以上的，单位非法经营报纸一万五千份或者期刊一万五千本或者图书五千册或者音像制品、电子出版物一千五百张（盒）以上的；
4. 虽未达到上述数额标准，但具有下列情形之一的：

（1）两年内因出版、印刷、复制、发行非法出版物受过行政处罚二次以上的，又出版、印刷、复制、发行非法出版物的；

（2）因出版、印刷、复制、发行非法出版物造成恶劣社会影响或者其他严重后果的。

（六）非法从事出版物的出版、印刷、复制、发行业务，严重扰乱市场秩序，具有下列情形之一的：

1. 个人非法经营数额在十五万元以上的，单位非法经营数额在五十万元以上的；

2. 个人违法所得数额在五万元以上的，单位违法所得数额在十五万元以上的；

3. 个人非法经营报纸一万五千份或者期刊一万五千本或者图书五千册或者音像制品、电子出版物一千五百张（盒）以上的，单位非法经营报纸五万份或者期刊五万本或者图书一万五千册或者音像制品、电子出版物五千张（盒）以上的；

4. 虽未达到上述数额标准，两年内因非法从事出版物的出版、印刷、复制、发行业务受过行政处罚二次以上的，又非法从事出版物的出版、印刷、复制、发行业务的。

（七）采取租用国际专线、私设转接设备或者其他方法，擅自经营国际电信业务或者涉港澳台电信业务进行营利活动，扰乱电信市场管理秩序，具有下列情形之一的：

1. 经营去话业务数额在一百万元以上的；

2. 经营来话业务造成电信资费损失数额在一百万元以上的；

3. 虽未达到上述数额标准，但具有下列情形之一的：

（1）两年内因非法经营国际电信业务或者涉港澳台电信业务行为受过行政处罚二次以上，又非法经营国际电信业务或者涉港澳台电信业务的；

（2）因非法经营国际电信业务或者涉港澳台电信业务行为造成其他严重后果的。

（八）从事其他非法经营活动，具有下列情形之一的：

1. 个人非法经营数额在五万元以上，或者违法所得数额在一万元以上的；

2. 单位非法经营数额在五十万元以上，或者违法所得数额在十万元以上的；

3. 虽未达到上述数额标准，但两年内因同种非法经营行为受过二次以上行政处罚，又进行同种非法经营行为的；

4. 其他情节严重的情形。

第九十条　本规定中的立案追诉标准，除法律、司法解释、本规定中另有规定的以外，适用于相应的单位犯罪。

第九十一条　本规定中的"以上"，包括本数。

● 定罪

1. "国家规定"的界定

最高人民法院关于准确理解和适用刑法中"国家规定"的有关问题的通知（2011年4月8日）

三、各级人民法院审理非法经营犯罪案件，要依法严格把握刑法第二百二十五条第（四）的适用范围。对被告人的行为是否属于刑法第二百二十五条第（四）规定的"其他严重扰乱市场秩序的非法经营行为"，有关司法解释未作明确规定的，应当作为法律适用问题，逐级向最高人民法院请示。

2. 第四项"其他严重扰乱市场秩序的非法经营行为"的认定

最高人民法院关于发布第19批指导性案例的通知（2018年12月19日）

王力军非法经营再审改判无罪案（指导案例97号）

裁判要点：1. 对于刑法第二百二十五条第四项规定的"其他严重扰乱市场秩序的非法经营行为"的适用，应当根据相关行为是否具有与刑法第二百二十五条前三项规定的非法经营行为相当的社会危害性、刑事违法性和刑事处罚必要性进行判断。

最高人民法院、最高人民检察院、公安部、司法部关于依法惩治妨害新型冠状病毒感染肺炎疫情防控违法犯罪的意见（2020年2月6日）

二、准确适用法律，依法严惩妨害疫情防控的各类违法犯罪

（九）依法严惩破坏野生动物资源犯罪……违反国家规定，非法经营非国家重点保护野生动物及其制品（包括开办交易场所、进行网络销售、加工食品出售等），扰乱市场秩序，情节严重的，依照刑法第二百二十五条第四项的规定，以非法经营罪定罪处罚……

3. 违反行政法规非法经营但未严重扰乱市场秩序的不构成非法经营罪

最高人民法院关于发布第19批指导性案例的通知（2018年12月19日）

王力军非法经营再审改判无罪案（指导案例97号）

裁判要点：2. 判断违反行政管理有关规定的经营行为是否构成非法经营罪，应当考虑该经营行为是否属于严重扰乱市场秩序。对于虽然违反行政管理有关规定，但尚未严重扰乱市场秩序的经营行为，不应当认定为非法经营罪。

4. 非法买卖外汇、从事资金结算行为的定性

最高人民法院、最高人民检察院关于办理非法从事资金支付结算业务、非法买卖外汇刑事案件适用法律若干问题的解释（2019年2月1日）

第一条 违反国家规定，具有下列情形之一的，属于刑法第二百二十五条第三项规定的"非法从事资金支付结算业务"：

（一）使用受理终端或者网络支付接口等方法，以虚构交易、虚开价格、交易退款等非法方式向指定付款方支付货币资金的；

（二）非法为他人提供单位银行结算账户套现或者单位银行结算账户转个人账户服务的；

（三）非法为他人提供支票套现服务的；

（四）其他非法从事资金支付结算业务的情形。

第二条 违反国家规定，实施倒买倒卖外汇或者变相买卖外汇等非法买卖外汇行为，扰乱金融市场秩序，情节严重的，依照刑法第二百二十五条第四项的规定，以非法经营罪定罪处罚。

第三条 非法从事资金支付结算业务或者非法买卖外汇，具有下列情形之一的，应当认定为非法经营行为"情节严重"：

（一）非法经营数额在五百万元以上的；

（二）违法所得数额在十万元以上的。

非法经营数额在二百五十万元以上，或者违法所得数额在五万元以上，且具有下列情形之一的，可以认定为非法经营行为"情节严重"：

（一）曾因非法从事资金支付结算业务或者非法买卖外汇犯罪行为受过刑事追究的；

（二）二年内因非法从事资金支付结算业务或者非法买卖外汇违法行为受过行政处罚的；

（三）拒不交代涉案资金去向或者拒不配合追缴工作，致使赃款无法追缴的；

（四）造成其他严重后果的。

第四条 非法从事资金支付结算业务或者非法买卖外汇，具有下列情形之一的，应当认定为非法经营行为"情节特别严重"：

（一）非法经营数额在二千五百万元以上的；

（二）违法所得数额在五十万元以上的。

非法经营数额在一千二百五十万元以上，或者违法所得数额在二十五万元

以上，且具有本解释第三条第二款规定的四种情形之一的，可以认定为非法经营行为"情节特别严重"。

第五条　非法从事资金支付结算业务或者非法买卖外汇，构成非法经营罪，同时又构成刑法第一百二十条之一规定的帮助恐怖活动罪或者第一百九十一条规定的洗钱罪的，依照处罚较重的规定定罪处罚。

第六条　二次以上非法从事资金支付结算业务或者非法买卖外汇，依法应予行政处理或者刑事处理而未经处理的，非法经营数额或者违法所得数额累计计算。

同一案件中，非法经营数额、违法所得数额分别构成情节严重、情节特别严重的，按照处罚较重的数额定罪处罚。

第七条　非法从事资金支付结算业务或者非法买卖外汇违法所得数额难以确定的，按非法经营数额的千分之一认定违法所得数额，依法并处或者单处违法所得一倍以上五倍以下罚金。

第八条　符合本解释第三条规定的标准，行为人如实供述犯罪事实，认罪悔罪，并积极配合调查，退缴违法所得的，可以从轻处罚；其中犯罪情节轻微的，可以依法不起诉或者免予刑事处罚。

符合刑事诉讼法规定的认罪认罚从宽适用范围和条件的，依照刑事诉讼法的规定处理。

第九条　单位实施本解释第一条、第二条规定的非法从事资金支付结算业务、非法买卖外汇行为的，依照本解释规定的定罪量刑标准，对单位判处罚金，并对其直接负责的主管人员和其他直接责任人员定罪处罚。

第十条　非法从事资金支付结算业务、非法买卖外汇刑事案件中的犯罪地，包括犯罪嫌疑人、被告人用于犯罪活动的账户开立地、资金接收地、资金过渡账户开立地、资金账户操作地，以及资金交易对手资金交付和汇出地等。

第十一条　涉及外汇的犯罪数额，按照案发当日中国外汇交易中心或者中国人民银行授权机构公布的人民币对该货币的中间价折合成人民币计算。中国外汇交易中心或者中国人民银行授权机构未公布汇率中间价的境外货币，按照案发当日境内银行人民币对该货币的中间价折算成人民币，或者该货币在境内银行、国际外汇市场对美元汇率，与人民币对美元汇率中间价进行套算。

全国人民代表大会常务委员会关于惩治骗购外汇、逃汇和非法买卖外汇犯罪的决定（1998年12月29日）

四、在国家规定的交易场所以外非法买卖外汇，扰乱市场秩序，情节严重的，依照刑法第二百二十五条的规定定罪处罚。

单位犯前款罪的，依照刑法第二百三十一条的规定处罚。

5. 出版、印刷、复制、发行、销售非法出版物行为的处罚

最高人民法院关于审理非法出版物刑事案件具体应用法律若干问题的解释
（1998 年 12 月 23 日）

第十一条 违反国家规定，出版、印刷、复制、发行本解释第一条至第十条规定以外的其他严重危害社会秩序和扰乱市场秩序的非法出版物，情节严重的，依照刑法第二百二十五条第（三）项①的规定，以非法经营罪定罪处罚。

第十二条 个人实施本解释第十一条规定的行为，具有下列情形之一的，属于非法经营行为"情节严重"：

（一）经营数额在五万元至十万元以上的；

（二）违法所得数额在二万元至三万元以上的；

（三）经营报纸五千份或者期刊五千本或者图书二千册或者音像制品、电子出版物五百张（盒）以上的。

具有下列情形之一的，属于非法经营行为"情节特别严重"：

（一）经营数额在十五万元至三十万元以上的；

（二）违法所得数额在五万元至十万元以上的；

（三）经营报纸一万五千份或者期刊一万五千本或者图书五千册或者音像制品、电子出版物一千五百张（盒）以上的。

第十三条 单位实施本解释第十一条规定的行为，具有下列情形之一的，属于非法经营行为"情节严重"：

（一）经营数额在十五万元至三十万元以上的；

（二）违法所得数额在五万元至十万元以上的；

（三）经营报纸一万五千份或者期刊一万五千本或者图书五千册或者音像制品、电子出版物一千五百张（盒）以上的。

具有下列情形之一的，属于非法经营行为"情节特别严重"：

（一）经营数额在五十万元至一百万元以上的；

（二）违法所得数额在十五万元至三十万元以上的；

（三）经营报纸五万份或者期刊五万本或者图书一万五千册或者音像制品、电子出版物五千张（盒）以上的。

第十四条 实施本解释第十一条规定的行为，经营数额、违法所得数额或

---

① 编者注：现行法第四项。

者经营数量接近非法经营行为"情节严重"、"情节特别严重"的数额、数量起点标准,并具有下列情形之一的,可以认定为非法经营行为"情节严重"、"情节特别严重":

(一)两年内因出版、印刷、复制、发行非法出版物受过行政处罚两次以上的;

(二)因出版、印刷、复制、发行非法出版物造成恶劣社会影响或者其他严重后果的。

第十五条 非法从事出版物的出版、印刷、复制、发行业务,严重扰乱市场秩序,情节特别严重,构成犯罪的,可以依照刑法第二百二十五条第(三)项①的规定,以非法经营罪定罪处罚。

第十六条 出版单位与他人事前通谋,向其出售、出租或者以其他形式转让该出版单位的名称、书号、刊号、版号,他人实施本解释第二条、第四条、第八条、第九条、第十条、第十一条规定的行为,构成犯罪的,对该出版单位应当以共犯论处。

第十七条 本解释所称"经营数额",是指以非法出版物的定价数额乘以行为人经营的非法出版物数量所得的数额。

本解释所称"违法所得数额",是指获利数额。

非法出版物没有定价或者以境外货币定价的,其单价数额应当按照行为人实际出售的价格认定。

6. 非法经营行为的界定

最高人民检察院法律政策研究室关于非法经营行为界定有关问题的复函(2002年10月25日)

二、关于非法经营行为的界定问题,同意你部的意见,即:只要行为人明知是违法音像制品而进行经营即属于非法经营行为,其是否具有音像制品合法经营资格并不影响非法经营行为的认定;非法经营行为包括一系列环节,经营者购进违法音像制品并存放于仓库等场所的行为属于经营行为的中间环节,对此也可以认定为是非法经营行为。

---

① 编者注:现行法第四项。

7. 骗购外汇行为的处罚

最高人民法院关于审理骗购外汇、非法买卖外汇刑事案件具体应用法律若干问题的解释（1998年9月1日）

第四条 公司、企业或者其他单位，违反有关外贸代理业务的规定，采用非法手段、或者明知是伪造、变造的凭证、商业单据，为他人向外汇指定银行骗购外汇，数额在五百万美元以上或者违法所得五十万元人民币以上的，按照刑法第二百二十五条第（三）项①的规定定罪处罚。

居间介绍骗购外汇一百万美元以上或者违法所得十万元人民币以上的，按照刑法第二百二十五条第（三）项②的规定定罪处罚。

第五条 海关、银行、外汇管理机关工作人员与骗购外汇的行为人通谋，为其提供购买外汇的有关凭证，或者明知是伪造、变造的凭证和商业单据而出售外汇，构成犯罪的，按照刑法的有关规定从重处罚。

第六条 实施本解释规定的行为，同时触犯二个以上罪名的，择一重罪从重处罚。

第七条 根据刑法第六十四条规定，骗购外汇、非法买卖外汇的，其违法所得予以追缴，用于骗购外汇、非法买卖外汇的资金予以没收，上缴国库。

第八条 骗购、非法买卖不同币种的外汇的，以案发时国家外汇管理机关制定的统一折算率折合后依照本解释处罚。

最高人民法院、最高人民检察院、公安部办理骗汇、逃汇犯罪案件联席会议纪要（1999年3月16日）

二、全国人大常委会《关于惩治骗购外汇、逃汇和非法买卖外汇犯罪的决定》（以下简称《决定》）公布施行后发生的犯罪行为，应当依照《决定》办理；对于《决定》公布施行前发生的公布后尚未处理或者正在处理的行为，依照修订后的刑法第十二条第一款规定的原则办理。

最高人民法院1998年8月28日发布的《关于审理骗购外汇、非法买卖外汇刑事案件具体应用法律若干问题的解释》（以下简称《解释》），是对具体应用修订后的刑法有关问题的司法解释，适用于依照修订后的刑法判处的案件。各

---

① 编者注：现行法第四项。
② 编者注：现行法第四项。

执法部门对于《解释》应当准确理解，严格执行。①

《解释》第四条规定："公司、企业或者其他单位，违反有关外贸代理业务的规定，采用非法手段，或者明知是伪造、变造的凭证、商业单据，为他人向外汇指定银行骗购外汇，数额在五百万美元以上或者违法所得五十万元人民币以上的，按照刑法第二百二十五条第（三）项的规定定罪处罚；居间介绍骗购外汇一百万美元以上或者违法所得十万元人民币以上的，按照刑法第二百二十五条第（三）项的规定定罪处罚。"上述所称"采用非法手段"，是指有国家批准的进出口经营权的外贸代理企业在经营代理进口业务时，不按国家经济主管部门有关规定履行职责，放任被代理方自带客户、自带货源、自带汇票、自行报关，在不见进口产品、不见供货货主、不见外商的情况下代垫进口业务，或者采取法律、行政法规和部门规章禁止的其他手段代理进口业务。

认定《解释》第四条所称的"明知"，要结合案件的具体情节予以综合考虑，不能仅仅因为行为人不供述就不予认定。报关行为先于签订外贸代理协议的，或者委托方提供的购汇凭证明显与真实凭证、商业单据不符的，应当认定为明知。

《解释》第四条所称"居间介绍骗购外汇"，是指收取他人人民币、以虚假购汇凭证委托外贸公司、企业骗购外汇，获取非法收益的行为。

四、公安机关侦查骗汇、逃汇犯罪案件，要及时全面收集和固定犯罪证据，抓紧缉捕犯罪分子。人民检察院和人民法院对正在办理的骗汇、逃汇犯罪案件，只要基本犯罪事实清楚，基本证据确实充分，应当及时依法起诉、审判。主犯在逃或者骗购外汇所需人民币资金的来源无法彻底查清，但证明在案的其他犯罪嫌疑人实施犯罪的基本证据确实充分的，为在法定时限内结案，可以对在案的其他犯罪嫌疑人先行处理。对于已收集到外汇指定银行汇出凭证和境外收汇银行收款凭证等证据，能够证明所骗购外汇确已汇至港澳台地区或国外的，应视为骗购外汇既遂。

五、坚持"惩办与宽大相结合"的政策。对骗购外汇共同犯罪的主犯，或者参与伪造、变造购汇凭证的骗汇人员，以及与骗购外汇的犯罪分子相勾结的国家工作人员，要从严惩处。对具有自首、立功或者其他法定从轻、减轻情节的，依法从轻、减轻处理。

---

① 编者注：即对于《解释》第四条中的行为，如果发生在《决定》公布之后，应按照《决定》第一条骗购外汇处理；如发生在《决定》公布之前，则应按照刑法第二百二十五条第（四）项非法经营罪处理；如发生在《决定》公布施行前发生、公布后尚未处理或者正在处理的，按照刑法第十二条第一款规定处理。

8. 擅自经营国际、港澳电信业务台行为的定性

最高人民法院关于审理扰乱电信市场管理秩序案件具体应用法律若干问题的解释（2000 年 5 月 24 日）

第一条 违反国家规定，采取租用国际专线、私设转接设备或者其他方法，擅自经营国际电信业务或者涉港澳台电信业务进行营利活动，扰乱电信市场管理秩序，情节严重的，依照刑法第二百二十五条第（四）项的规定，以非法经营罪定罪处罚。

第二条 实施本解释第一条规定的行为，具有下列情形之一的，属于非法经营行为"情节严重"：

（一）经营去话业务数额在一百万元以上的；

（二）经营来话业务造成电信资费损失数额在一百万元以上的。

具有下列情形之一的，属于非法经营行为"情节特别严重"：

（一）经营去话业务数额在五百万元以上的；

（二）经营来话业务造成电信资费损失数额在五百万元以上的。

第三条 实施本解释第一条规定的行为，经营数额或者造成电信资费损失数额接近非法经营行为"情节严重"、"情节特别严重"的数额起点标准，并具有下列情形之一的，可以分别认定为非法经营行为"情节严重"、"情节特别严重"：

（一）两年内因非法经营国际电信业务或者涉港澳台电信业务行为受过行政处罚两次以上的；

（二）因非法经营国际电信业务或者涉港澳台电信业务行为造成其他严重后果的。

第四条 单位实施本解释第一条规定的行为构成犯罪的，对单位判处罚金，并对其直接负责的主管人员和其他直接责任人员，依照本解释第二条、第三条的规定处罚。

第五条 违反国家规定，擅自设置、使用无线电台（站），或者擅自占用频率，非法经营国际电信业务或者涉港澳台电信业务进行营利活动，同时构成非法经营罪和刑法第二百八十八条规定的扰乱无线电通讯管理秩序罪的，依照处罚较重的规定定罪处罚。

第十条 本解释所称"经营去话业务数额"，是指以行为人非法经营国际电信业务或者涉港澳台电信业务的总时长（分钟数）乘以行为人每分钟收取的用户使用费所得的数额。

本解释所称"电信资费损失数额",是指以行为人非法经营国际电信业务或者涉港澳台电信业务的总时长(分钟数)乘以在合法电信业务中我国应当得到的每分钟国际结算价格所得的数额。

最高人民检察院关于非法经营国际或港澳台地区电信业务行为法律适用问题的批复(2002年2月11日)

违反《中华人民共和国电信条例》规定,采取租用电信国际专线、私设转接设备或者其他方法,擅自经营国际或者香港特别行政区、澳门特别行政区和台湾地区电信业务进行营利活动,扰乱电信市场管理秩序,情节严重的,应当依照《刑法》第二百二十五条第(四)项的规定,以非法经营罪追究刑事责任。

最高人民法院、最高人民检察院、公安部办理非法经营国际电信业务犯罪案件联席会议纪要(2003年4月22日)

二、《解释》[①]第一条规定:"违反国家规定,采取租用国际专线、私设转接设备或者其他方法,擅自经营国际电信业务或者涉港澳台电信业务进行营利活动,扰乱电信市场管理秩序,情节严重的,依照刑法第二百二十五条第(四)项的规定,以非法经营罪定罪处罚。"对于未取得国际电信业务(含涉港澳台电信业务,下同)经营许可证而经营,或被终止国际电信业务经营资格后继续经营,应认定为"擅自经营国际电信业务或者涉港澳台电信业务";情节严重的,应按上述规定以非法经营罪追究刑事责任。

《解释》第一条所称"其他方法",是指在边境地区私自架设跨境通信线路;利用互联网跨境传送IP话音并设立转接设备,将国际话务转接至我境内公用电话网或转接至其他国家或地区;在境内以租用、托管、代维等方式设立转接平台;私自设置国际通信出入口等方法。

三、获得国际电信业务经营许可的经营者(含涉港澳台电信业务经营者)明知他人非法从事国际电信业务,仍违反国家规定,采取出租、合作、授权等手段,为他人提供经营和技术条件,利用现有设备或另设国际话务转接设备并从中营利,情节严重的,应以非法经营罪的共犯追究刑事责任。

[①] 编者注:即《最高人民法院关于审理扰乱电信市场管理秩序案件具体应用法律若干问题的解释》(2000年5月24日)。

9. 非法生产、销售禁止在饲料、动物饮用水中使用的药品的行为的定性

最高人民法院、最高人民检察院关于办理非法生产、销售、使用禁止在饲料和动物饮用水中使用的药品等刑事案件具体应用法律若干问题的解释（2002年8月23日）

第一条 未取得药品生产、经营许可证件和批准文号，非法生产、销售盐酸克仑特罗等禁止在饲料和动物饮用水中使用的药品，扰乱药品市场秩序，情节严重的，依照刑法第二百二十五条第（一）项的规定，以非法经营罪追究刑事责任。

第二条 在生产、销售的饲料中添加盐酸克仑特罗等禁止在饲料和动物饮用水中使用的药品，或者销售明知是添加有该类药品的饲料，情节严重的，依照刑法第二百二十五条第（四）项的规定，以非法经营罪追究刑事责任。

10. 1998年4月18日前的传销、变相传销行为的定性

最高人民检察院法律政策研究室关于1998年4月18日以前的传销或者变相传销行为如何处理的答复（2003年3月21日）

对1998年4月18日国务院发布《关于禁止传销经营活动的通知》以前的传销或者变相传销行为，不宜以非法经营罪追究刑事责任。行为人在传销或者变相传销活动中实施销售假冒伪劣产品、诈骗、非法集资、虚报注册资本、偷税等行为，构成犯罪的，应当依照刑法的相关规定追究刑事责任。

11. 在灾害、疫情防控期间囤积居奇，哄抬物价行为的定性

最高人民法院、最高人民检察院关于办理妨害预防、控制突发传染病疫情等灾害的刑事案件具体应用法律若干问题的解释（2003年5月15日）

第六条 违反国家在预防、控制突发传染病疫情等灾害期间有关市场经营、价格管理等规定，哄抬物价、牟取暴利，严重扰乱市场秩序，违法所得数额较大或者有其他严重情节的，依照刑法第二百二十五条第（四）项的规定，以非法经营罪定罪，依法从重处罚。

第十七条 人民法院、人民检察院办理有关妨害预防、控制突发传染病疫情等灾害的刑事案件，对于有自首、立功等悔罪表现的，依法从轻、减轻、免除处罚或者依法作出不起诉决定。

最高人民法院、最高人民检察院、公安部、司法部关于依法惩治妨害新型冠状病毒感染肺炎疫情防控违法犯罪的意见（2020年2月6日）

二、准确适用法律，依法严惩妨害疫情防控的各类违法犯罪

（四）依法严惩哄抬物价犯罪。在疫情防控期间，违反国家有关市场经营、

价格管理等规定，囤积居奇，哄抬疫情防控急需的口罩、护目镜、防护服、消毒液等防护用品、药品或者其他涉及民生的物品价格，牟取暴利，违法所得数额较大或者有其他严重情节，严重扰乱市场秩序的，依照刑法第二百二十五条第四项的规定，以非法经营罪定罪处罚。

12. 非法经营烟草制品行为的定性

最高人民法院、最高人民检察院关于办理非法生产、销售烟草专卖品等刑事案件具体应用法律若干问题的解释（2010年3月26日）

第一条第五款 违反国家烟草专卖管理法律法规，未经烟草专卖行政主管部门许可，无烟草专卖生产企业许可证、烟草专卖批发企业许可证、特种烟草专卖经营企业许可证、烟草专卖零售许可证等许可证明，非法经营烟草专卖品，情节严重的，依照刑法第二百二十五条的规定，以非法经营罪定罪处罚。

第三条 非法经营烟草专卖品，具有下列情形之一的，应当认定为刑法第二百二十五条规定的"情节严重"：

（一）非法经营数额在五万元以上的，或者违法所得数额在二万元以上的；

（二）非法经营卷烟二十万支以上的；

（三）曾因非法经营烟草专卖品三年内受过二次以上行政处罚，又非法经营烟草专卖品且数额在三万元以上的。

具有下列情形之一的，应当认定为刑法第二百二十五条规定的"情节特别严重"：

（一）非法经营数额在二十五万元以上，或者违法所得数额在十万元以上的；

（二）非法经营卷烟一百万支以上的。

第四条 非法经营烟草专卖品，能够查清销售或者购买价格的，按照其销售或者购买的价格计算非法经营数额。无法查清销售或者购买价格的，按照下列方法计算非法经营数额：

（一）查获的卷烟、雪茄烟的价格，有品牌的，按照该品牌卷烟、雪茄烟的查获地省级烟草专卖行政主管部门出具的零售价格计算；无品牌的，按照查获地省级烟草专卖行政主管部门出具的上年度卷烟平均零售价格计算；

（二）查获的复烤烟叶、烟叶的价格按照查获地省级烟草专卖行政主管部门出具的上年度烤烟调拨平均基准价格计算；

（三）烟丝的价格按照第（二）项规定价格计算标准的一点五倍计算；

(四)卷烟辅料的价格,有品牌的,按照该品牌辅料的查获地省级烟草专卖行政主管部门出具的价格计算;无品牌的,按照查获地省级烟草专卖行政主管部门出具的上年度烟草行业生产卷烟所需该类卷烟辅料的平均价格计算;

(五)非法生产、销售、购买烟草专用机械的价格按照国务院烟草专卖行政主管部门下发的全国烟草专用机械产品指导价格目录进行计算;目录中没有该烟草专用机械的,按照省级以上烟草专卖行政主管部门出具的目录中同类烟草专用机械的平均价格计算。

第五条 行为人实施非法生产、销售烟草专卖品犯罪,同时构成生产、销售伪劣产品罪、侵犯知识产权犯罪、非法经营罪的,依照处罚较重的规定定罪处罚。

最高人民法院关于被告人李明华非法经营请示一案的批复(2011年5月6日)

被告人李明华持有烟草专卖零售许可证,但多次实施批发业务,而且从非指定烟草专卖部门进货的行为,属于超范围和地域经营的情形,不宜按照非法经营罪处理,应由相关主管部门进行处理。

13. 擅自设立上网服务营业场所或从事上网服务经营活动的定性

最高人民法院、最高人民检察院、公安部关于依法开展打击淫秽色情网站专项行动有关工作的通知(2004年7月16日)

二、……对于违反国家规定,擅自设立互联网上网服务营业场所,或者擅自从事互联网上网服务经营活动,情节严重,构成犯罪的,以非法经营罪追究刑事责任……

14. 擅自发行、销售彩票行为的定性

最高人民法院、最高人民检察院关于办理赌博刑事案件具体应用法律若干问题的解释(2005年5月13日)

第六条 未经国家批准擅自发行、销售彩票,构成犯罪的,依照刑法第二百二十五条第(四)项的规定,以非法经营罪定罪处罚。

15. 非法经营证券业务的定性

最高人民法院、最高人民检察院、公安部、中国证券监督管理委员会关于整治非法证券活动有关问题的通知(2008年1月2日)

二、明确法律政策界限,依法打击非法证券活动

(三)关于非法经营证券业务的责任追究。任何单位和个人经营证券业务,必须经证监会批准。未经批准的,属于非法经营证券业务,应予以取缔;涉嫌

犯罪的，依照《刑法》第二百二十五条之规定，以非法经营罪追究刑事责任。对于中介机构非法代理买卖非上市公司股票，涉嫌犯罪的，应当依照《刑法》第二百二十五条之规定，以非法经营罪追究刑事责任……

16. 擅自发行基金份额募集基金行为的定性

最高人民法院关于审理非法集资刑事案件具体应用法律若干问题的解释（2011年1月4日）

第七条 违反国家规定，未经依法核准擅自发行基金份额募集基金，情节严重的，依照刑法第二百二十五条的规定，以非法经营罪定罪处罚。

17. 非法进行信用卡套现的定性

最高人民法院、最高人民检察院关于办理妨害信用卡管理刑事案件具体应用法律若干问题的解释（2018年12月1日）

第十二条 违反国家规定，使用销售点终端机具（POS机）等方法，以虚构交易、虚开价格、现金退货等方式向信用卡持卡人直接支付现金，情节严重的，应当依据刑法第二百二十五条的规定，以非法经营罪定罪处罚。

实施前款行为，数额在一百万元以上的，或者造成金融机构资金二十万元以上逾期未还的，或者造成金融机构经济损失十万元以上的，应当认定为刑法第二百二十五条规定的"情节严重"；数额在五百万元以上的，或者造成金融机构资金一百万元以上逾期未还的，或者造成金融机构经济损失五十万元以上的，应当认定为刑法第二百二十五条规定的"情节特别严重"。

持卡人以非法占有为目的，采用上述方式恶意透支，应当追究刑事责任的，依照刑法第一百九十六条的规定，以信用卡诈骗罪定罪处罚。

18. 非法放贷行为的处理

最高人民法院、最高人民检察院、公安部、司法部关于办理非法放贷刑事案件若干问题的意见（2019年10月21日）

一、违反国家规定，未经监管部门批准，或者超越经营范围，以营利为目的，经常性地向社会不特定对象发放贷款，扰乱金融市场秩序，情节严重的，依照刑法第二百二十五条第（四）项的规定，以非法经营罪定罪处罚。

前款规定中的"经常性地向社会不特定对象发放贷款"，是指2年内向不特定多人（包括单位和个人）以借款或其他名义出借资金10次以上。

贷款到期后延长还款期限的，发放贷款次数按照1次计算。

二、以超过36%的实际年利率实施符合本意见第一条规定的非法放贷行为，具有下列情形之一的,属于刑法第二百二十五条规定的"情节严重",但单次非法放贷行为实际年利率未超过36%的,定罪量刑时不得计入:

(一)个人非法放贷数额累计在200万元以上的,单位非法放贷数额累计在1000万元以上的;

(二)个人违法所得数额累计在80万元以上的,单位违法所得数额累计在400万元以上的;

(三)个人非法放贷对象累计在50人以上的,单位非法放贷对象累计在150人以上的;

(四)造成借款人或者其近亲属自杀、死亡或者精神失常等严重后果的。

具有下列情形之一的,属于刑法第二百二十五条规定的"情节特别严重":

(一)个人非法放贷数额累计在1000万元以上的,单位非法放贷数额累计在5000万元以上的;

(二)个人违法所得数额累计在400万元以上的,单位违法所得数额累计在2000万元以上的;

(三)个人非法放贷对象累计在250人以上的,单位非法放贷对象累计在750人以上的;

(四)造成多名借款人或者其近亲属自杀、死亡或者精神失常等特别严重后果的。

三、非法放贷数额、违法所得数额、非法放贷对象数量接近本意见第二条规定的"情节严重""情节特别严重"的数额、数量起点标准,并具有下列情形之一的,可以分别认定为"情节严重""情节特别严重":

(一)2年内因实施非法放贷行为受过行政处罚2次以上的;

(二)以超过72%的实际年利率实施非法放贷行为10次以上的。

前款规定中的"接近",一般应当掌握在相应数额、数量标准的80%以上。

四、仅向亲友、单位内部人员等特定对象出借资金,不得适用本意见第一条的规定定罪处罚。但具有下列情形之一的,定罪量刑时应当与向不特定对象非法放贷的行为一并处理:

(一)通过亲友、单位内部人员等特定对象向不特定对象发放贷款的;

(二)以发放贷款为目的,将社会人员吸收为单位内部人员,并向其发放贷款的;

(三)向社会公开宣传,同时向不特定多人和亲友、单位内部人员等特定对象发放贷款的。

五、非法放贷数额应当以实际出借给借款人的本金金额认定。非法放贷行为人以介绍费、咨询费、管理费、逾期利息、违约金等名义和以从本金中预先扣除等方式收取利息的，相关数额在计算实际年利率时均应计入。

非法放贷行为人实际收取的除本金之外的全部财物，均应计入违法所得。

非法放贷行为未经处理的，非法放贷次数和数额、违法所得数额、非法放贷对象数量等应当累计计算。

六、为从事非法放贷活动，实施擅自设立金融机构、套取金融机构资金高利转贷、骗取贷款、非法吸收公众存款等行为，构成犯罪的，应当择一重罪处罚。

为强行索要因非法放贷而产生的债务，实施故意杀人、故意伤害、非法拘禁、故意毁坏财物、寻衅滋事等行为，构成犯罪的，应当数罪并罚。

纠集、指使、雇佣他人采用滋扰、纠缠、哄闹、聚众造势等手段强行索要债务，尚不单独构成犯罪，但实施非法放贷行为已构成非法经营罪的，应当按照非法经营罪的规定酌情从重处罚。

以上规定的情形，刑法、司法解释另有规定的除外。

七、有组织地非法放贷，同时又有其他违法犯罪活动，符合黑社会性质组织或者恶势力、恶势力犯罪集团认定标准的，应当分别按照黑社会性质组织或者恶势力、恶势力犯罪集团侦查、起诉、审判。

黑恶势力非法放贷的，据以认定"情节严重""情节特别严重"的非法放贷数额、违法所得数额、非法放贷对象数量起点标准，可以分别按照本意见第二条规定中相应数额、数量标准的50%确定；同时具有本意见第三条第一款规定情形的，可以分别按照相应数额、数量标准的40%确定。

八、本意见自2019年10月21日起施行。对于本意见施行前发生的非法放贷行为，依照最高人民法院《关于准确理解和适用刑法中"国家规定"的有关问题的通知》（法发〔2011〕155号）的规定办理。

19. 非法生产经营烟花爆竹行为的定性

（参见第一百四十条【定罪】6. 生产、经营烟花爆竹行为的定性）

20. 生产、销售禁用非食品原料、农药、兽药、饲料、饲料添加剂行为的定性

最高人民法院、最高人民检察院关于办理危害食品安全刑事案件适用法律若干问题的解释（2013年5月4日）

第十一条 以提供给他人生产、销售食品为目的，违反国家规定，生产、销售国家禁止用于食品生产、销售的非食品原料，情节严重的，依照刑法第二百二十五条的规定以非法经营罪定罪处罚。

违反国家规定，生产、销售国家禁止生产、销售、使用的农药、兽药，饲料、饲料添加剂，或者饲料原料、饲料添加剂原料，情节严重的，依照前款的规定定罪处罚。

实施前两款行为，同时又构成生产、销售伪劣产品罪，生产、销售伪劣农药、兽药罪等其他犯罪的，依照处罚较重的规定定罪处罚。

21. 私设生猪屠宰场行为的定性

最高人民法院、最高人民检察院关于办理危害食品安全刑事案件适用法律若干问题的解释（2013年5月4日）

第十二条 违反国家规定，私设生猪屠宰厂（场），从事生猪屠宰、销售等经营活动，情节严重的，依照刑法第二百二十五条的规定以非法经营罪定罪处罚。

实施前款行为，同时又构成生产、销售不符合安全标准的食品罪，生产、销售有毒、有害食品罪等其他犯罪的，依照处罚较重的规定定罪处罚。

22. 违规采挖、销售、收购麻黄草行为的定性

最高人民法院、最高人民检察院、公安部、农业部、食品药品监管总局关于进一步加强麻黄草管理严厉打击非法买卖麻黄草等违法犯罪活动的通知（2013年5月21日）

三、依法查处非法采挖、买卖麻黄草等犯罪行为

（四）违反国家规定采挖、销售、收购麻黄草，没有证据证明以制造毒品或者走私、非法买卖制毒物品为目的，依照刑法第二百二十五条的规定构成犯罪的，以非法经营罪定罪处罚。

23. 有偿删除信息、发布虚假信息行为的定性

最高人民法院、最高人民检察院关于办理利用信息网络实施诽谤等刑事案件适用法律若干问题的解释（2013年9月10日）

第七条 违反国家规定，以营利为目的，通过信息网络有偿提供删除信息服务，或者明知是虚假信息，通过信息网络有偿提供发布信息等服务，扰乱市场秩序，具有下列情形之一的，属于非法经营行为"情节严重"，依照刑法第二百二十五条第（四）项的规定，以非法经营罪定罪处罚：

（一）个人非法经营数额在五万元以上，或者违法所得数额在二万元以上的；

（二）单位非法经营数额在十五万元以上，或者违法所得数额在五万元以上的。

实施前款规定的行为,数额达到前款规定的数额五倍以上的,应当认定为刑法第二百二十五条规定的"情节特别严重"。

24. 生产、销售赌博机行为的定性

最高人民法院、最高人民检察院、公安部关于办理利用赌博机开设赌场案件适用法律若干问题的意见(2014年3月26日)

四、关于生产、销售赌博机的定罪量刑标准

以提供给他人开设赌场为目的,违反国家规定,非法生产、销售具有退币、退分、退钢珠等赌博功能的电子游戏设施设备或者其专用软件,情节严重的,依照刑法第二百二十五条的规定,以非法经营罪定罪处罚。

实施前款规定的行为,具有下列情形之一的,属于非法经营行为"情节严重":

(一)个人非法经营数额在五万元以上,或者违法所得数额在一万元以上的;

(二)单位非法经营数额在五十万元以上,或者违法所得数额在十万元以上的;

(三)虽未达到上述数额标准,但两年内因非法生产、销售赌博机行为受过二次以上行政处罚,又进行同种非法经营行为的;

(四)其他情节严重的情形。

具有下列情形之一的,属于非法经营行为"情节特别严重":

(一)个人非法经营数额在二十五万元以上,或者违法所得数额在五万元以上的;

(二)单位非法经营数额在二百五十万元以上,或者违法所得数额在五十万元以上的。

25. 非法生产、销售"伪基站"设备行为的处理

最高人民法院、最高人民检察院、公安部、国家安全部关于依法办理非法生产销售使用"伪基站"设备案件的意见(2014年3月14日)

……"伪基站"设备是未取得电信设备进网许可和无线电发射设备型号核准的非法无线电通信设备,具有搜取手机用户信息,强行向不特定用户手机发送短信息等功能,使用过程中会非法占用公众移动通信频率,局部阻断公众移动通信网络信号。非法生产、销售、使用"伪基站"设备,不仅破坏正常电信秩序,影响电信运营商正常经营活动,危害公共安全,扰乱市场秩序,而且严重影响用户手机使用,损害公民财产权益,侵犯公民隐私,社会危害性严重。为依法办理非法生产、销售、使用"伪基站"设备案件,保障国家正常电信

秩序，维护市场经济秩序，保护公民合法权益，根据有关法律规定，制定本意见。

一、准确认定行为性质

（一）非法生产、销售"伪基站"设备，具有以下情形之一的，依照《刑法》第二百二十五条的规定，以非法经营罪追究刑事责任：

……非法生产、销售"伪基站"设备，经鉴定为专用间谍器材的，依照《刑法》第二百八十三条的规定，以非法生产、销售间谍专用器材罪①追究刑事责任；同时构成非法经营罪的，以非法经营罪追究刑事责任。

（二）非法使用"伪基站"设备干扰公用电信网络信号，危害公共安全的，依照《刑法》第一百二十四条第一款的规定，以破坏公用电信设施罪追究刑事责任；同时构成虚假广告罪、非法获取公民个人信息罪、破坏计算机信息系统罪、扰乱无线电通讯管理秩序罪的，依照处罚较重的规定追究刑事责任。

除法律、司法解释另有规定外，利用"伪基站"设备实施诈骗等其他犯罪行为，同时构成破坏公用电信设施罪的，依照处罚较重的规定追究刑事责任。

（三）明知他人实施非法生产、销售"伪基站"设备，或者非法使用"伪基站"设备干扰公用电信网络信号等犯罪，为其提供资金、场所、技术、设备等帮助的，以共同犯罪论处。

（四）对于非法使用"伪基站"设备扰乱公共秩序，侵犯他人人身权利、财产权利，情节较轻，尚不构成犯罪，但构成违反治安管理行为的，依法予以治安管理处罚。

二、严格贯彻宽严相济刑事政策

对犯罪嫌疑人、被告人的处理，应当结合其主观恶性大小、行为危害程度以及在案件中所起的作用等因素，切实做到区别对待。对组织指挥、实施非法生产、销售、使用"伪基站"设备的首要分子、积极参加的犯罪分子，以及曾因非法生产、销售、使用"伪基站"设备受到行政处罚或者刑事处罚，又实施非法生产、销售、使用"伪基站"设备的犯罪分子，应当作为打击重点依法予以严惩；对具有自首、立功、从犯等法定情节的犯罪分子，可以依法从宽处理。对情节显著轻微、危害不大的，依法不作为犯罪处理。

三、合理确定管辖

（一）案件一般由犯罪地公安机关管辖，犯罪嫌疑人居住地公安机关管辖更

---

① 编者注：已变更为非法生产、销售专用间谍器材罪。

为适宜的,也可以由犯罪嫌疑人居住地公安机关管辖。对案件管辖有争议的,可以由共同的上级公安机关指定管辖;情况特殊的,上级公安机关可以指定其他公安机关管辖。

最高人民法院、最高人民检察院关于办理扰乱无线电通讯管理秩序等刑事案件适用法律若干问题的解释(2017年7月1日)

第四条 非法生产、销售"黑广播""伪基站"、无线电干扰器等无线电设备,具有下列情形之一的,应当认定为刑法第二百二十五条规定的"情节严重":

(一)非法生产、销售无线电设备三套以上的;

(二)非法经营数额五万元以上的;

(三)其他情节严重的情形。

实施前款规定的行为,数量或者数额达到前款第一项、第二项规定标准五倍以上,或者具有其他情节特别严重的情形的,应当认定为刑法第二百二十五条规定的"情节特别严重"。

在非法生产、销售无线电设备窝点查扣的零件,以组装完成的套数以及能够组装的套数认定;无法组装为成套设备的,每三套广播信号调制器(激励器)认定为一套"黑广播"设备,每三块主板认定为一套"伪基站"设备。

26. 利用"伪基站"经营广告短信群发业务行为的定性

最高人民法院研究室关于非法生产、销售、使用"伪基站"行为定性的研究意见(参见《司法研究与指导》总第5辑)

三、关于利用"伪基站"设备经营广告短信群发业务的定性。利用"伪基站"设备经营广告短信群发业务的行为,属于未经许可从事电信业务经营活动的行为,但根据《电信条例》第六十七条、第六十八条的规定,只有利用电信网络制作、复制、发布、传播第五十七条所列含有法律、行政法规禁止的内容的信息,实施第五十八条所列危害电信网络安全和信息安全的行为,以及实施第五十九条第二、三、四项所列扰乱电信市场秩序的行为,构成犯罪的,才能追究刑事责任。利用"伪基站"经营广告短信群发业务,不在上述范围内,故依法不能以非法经营罪论处。

27. 非法经营药品或不符合药用要求的非药品原料、辅料行为的定性

最高人民法院、最高人民检察院关于办理危害药品安全刑事案件适用法律若干问题的解释(2014年12月1日)

第七条 违反国家药品管理法律法规,未取得或者使用伪造、变造的药品

经营许可证,非法经营药品,情节严重的,依照刑法第二百二十五条的规定以非法经营罪定罪处罚。

以提供给他人生产、销售药品为目的,违反国家规定,生产、销售不符合药用要求的非药品原料、辅料,情节严重的,依照刑法第二百二十五条的规定以非法经营罪定罪处罚。

实施前两款行为,非法经营数额在十万元以上,或者违法所得数额在五万元以上的,应当认定为刑法第二百二十五条规定的"情节严重";非法经营数额在五十万元以上,或者违法所得数额在二十五万元以上的,应当认定为刑法第二百二十五条规定的"情节特别严重"。

实施本条第二款行为,同时又构成生产、销售伪劣产品罪、以危险方法危害公共安全罪等犯罪的,依照处罚较重的规定定罪处罚。

28. 为医疗目的,非法贩卖麻醉药品、精神药品行为的定性

最高人民法院全国法院毒品犯罪审判工作座谈会纪要(2015年5月18日)

二、关于毒品犯罪法律适用的若干具体问题

(七)非法贩卖麻醉药品、精神药品行为的定性问题

行为人向走私、贩卖毒品的犯罪分子或者吸食、注射毒品的人员贩卖国家规定管制的能够使人形成瘾癖的麻醉药品或者精神药品的,以贩卖毒品罪定罪处罚。

行为人出于医疗目的,违反有关药品管理的国家规定,非法贩卖上述麻醉药品或者精神药品,扰乱市场秩序,情节严重的,以非法经营罪定罪处罚。

29. 非法经营兴奋剂目录所列物质行为的定性

最高人民法院关于审理走私、非法经营、非法使用兴奋剂刑事案件适用法律若干问题的解释(2020年1月1日)

第二条 违反国家规定,未经许可经营兴奋剂目录所列物质,涉案物质属于法律、行政法规规定的限制买卖的物品,扰乱市场秩序,情节严重的,应当依照刑法第二百二十五条的规定,以非法经营罪定罪处罚。

第七条 实施本解释规定的行为,涉案物质属于毒品、制毒物品等,构成有关犯罪的,依照相应犯罪定罪处罚。

第八条 对于是否属于本解释规定的"兴奋剂""兴奋剂目录所列物质""体育运动""国内、国际重大体育竞赛"等专门性问题,应当依据《中华人民共和国体育法》《反兴奋剂条例》等法律法规,结合国务院体育主管部门出具的认定意见等证据材料作出认定。

30. 经营工业盐的行为不构成非法经营犯罪

最高人民法院关于被告人缪绿伟非法经营一案的批复（2008年11月28日）

《盐业管理条例》第二十条虽然规定盐的批发业务由各级盐业公司统一经营，但并无相应法律责任的规定。1995年国家计委、国家经贸委下发的《关于改进工业盐供销和价格管理办法的通知》明确取消了工业盐准运证和准运章制度，工业盐已不再属于国家限制买卖的物品。因此，被告人缪绿伟经营工业盐的行为不构成非法经营犯罪。

31. 高利放贷不构成非法经营罪

最高人民法院关于被告人何伟光、张勇泉等非法经营案的批复（2012年12月26日）

被告人何伟光、张勇泉等人发放高利贷的行为具有一定的社会危害性，但此类行为是否属于刑法第二百二十五条规定的"其他严重扰乱市场秩序的非法经营行为"，相关立法解释和司法解释尚无明确规定，故对何伟光、张勇泉等人的行为不宜以非法经营罪定罪处罚。

32. 非法电视网络接收设备违法犯罪活动的定性

最高人民法院、最高人民检察院、公安部、国家新闻出版广电总局关于依法严厉打击非法电视网络接收设备违法犯罪活动的通知（2015年9月18日）

二、……根据刑法和司法解释的规定，违反国家规定，从事生产、销售非法电视网络接收设备（含软件），以及为非法广播电视接收软件提供下载服务、为非法广播电视节目频道接收提供链接服务等营利性活动，扰乱市场秩序，个人非法经营数额在五万元以上或违法所得数额在一万元以上，单位非法经营数额在五十万元以上或违法所得数额在十万元以上，按照非法经营罪追究刑事责任。对于利用生产、销售、安装非法电视网络接收设备传播淫秽色情节目、实施危害国家安全等行为的，根据其行为的性质，依法追究刑事责任。对非法电视网络接收设备犯罪行为，涉及数个罪名的，按照相关原则，择一重罪处罚或数罪并罚。在追究犯罪分子刑事责任的同时，还要依法追缴违法所得，没收其犯罪所用的本人财物。对于实施上述行为尚不构成犯罪的，由新闻出版广电等相关行政主管部门依法给予行政处罚；构成违反治安管理行为的，依法给予治安管理处罚。

33. 非法经营资金支付结算行为的定性

最高人民检察院关于办理涉互联网金融犯罪案件有关问题座谈会纪要（2017年6月1日）

二、准确界定涉互联网金融行为法律性质

（三）非法经营资金支付结算行为的认定

18. 支付结算业务（也称支付业务）是商业银行或者支付机构在收付款人之间提供的货币资金转移服务。非银行机构从事支付结算业务，应当经中国人民银行批准取得《支付业务许可证》，成为支付机构。未取得支付业务许可从事该业务的行为，违反《非法金融机构和非法金融业务活动取缔办法》第四条第一款第（三）、（四）项的规定，破坏了支付结算业务许可制度，危害支付市场秩序和安全，情节严重的，适用刑法第二百二十五条第（三）项，以非法经营罪追究刑事责任。具体情形：

（1）未取得支付业务许可经营基于客户支付账户的网络支付业务。无证网络支付机构为客户非法开立支付账户，客户先把资金支付到该支付账户，再由无证机构根据订单信息从支付账户平台将资金结算到收款人银行账户。

（2）未取得支付业务许可经营多用途预付卡业务。无证发卡机构非法发行可跨地区、跨行业、跨法人使用的多用途预付卡，聚集大量的预付卡销售资金，并根据客户订单信息向商户划转结算资金。

19. 在具体办案时，要深入剖析相关行为是否具备资金支付结算的实质特征，准确区分支付工具的正常商业化流转与提供支付结算服务、区分单用途预付卡与多用途预付卡业务，充分考虑具体行为与"地下钱庄"等同类犯罪在社会危害方面的相当性以及刑事处罚的必要性，严格把握入罪和出罪标准。

34. 此罪与彼罪

最高人民法院研究室关于对既涉嫌非法经营又涉嫌偷税的经济犯罪案件如何适用法律问题的意见函（2001年3月14日）

行为人在实施非法经营犯罪过程中，又涉嫌偷税构成犯罪的，应以处罚较重的犯罪依法追究刑事责任，不实行数罪。

最高人民法院、最高人民检察院关于办理利用信息网络实施诽谤等刑事案件适用法律若干问题的解释（2013年9月10日）

第九条　利用信息网络实施诽谤、寻衅滋事、敲诈勒索、非法经营犯罪，同时又构成刑法第二百二十一条规定的损害商业信誉、商品声誉罪，第二百七十八条规定的煽动暴力抗拒法律实施罪，第二百九十一条之一规定的编造、故意传播虚假恐怖信息罪等犯罪的，依照处罚较重的规定定罪处罚。

> **第二百二十六条** 【强迫交易罪】以暴力、威胁手段，实施下列行为之一，情节严重的，处三年以下有期徒刑或者拘役，并处或者单处罚金；情节特别严重的，处三年以上七年以下有期徒刑，并处罚金。
> （一）强买强卖商品的；
> （二）强迫他人提供或者接受服务的；
> （三）强迫他人参与或者退出投标、拍卖的；
> （四）强迫他人转让或者收购公司、企业的股份、债券或者其他资产的；
> （五）强迫他人参与或者退出特定的经营活动的。

● 关联法条

第二百三十一条

● 立案追诉标准

最高人民检察院、公安部关于公安机关管辖的刑事案件立案追诉标准的规定（一）的补充规定（2017年4月27日）

五、将《立案追诉标准（一）》第28条修改为：[强迫交易案（刑法第226条）] 以暴力、威胁手段强买强卖商品，强迫他人提供服务或者接受服务，涉嫌下列情形之一的，应予立案追诉：
（一）造成被害人轻微伤的；
（二）造成直接经济损失2千元以上的；
（三）强迫交易3次以上或者强迫3人以上交易的；
（四）强迫交易数额1万元以上，或者违法所得数额2千元以上的；
（五）强迫他人购买伪劣商品数额5千元以上，或者违法所得数额1千元以上的；
（六）其他情节严重的情形。

以暴力、威胁手段强迫他人参与或者退出投标、拍卖，强迫他人转让或者收购公司、企业的股份、债券或者其他资产，强迫他人参与或者退出特定的经营活动，具有多次实施、手段恶劣、造成严重后果或者恶劣社会影响等情形之一的，应予立案追诉。

● 定罪

1. "威胁"的认定

最高人民法院、最高人民检察院、公安部、司法部关于办理实施"软暴力"的刑事案件若干问题的意见（2019年4月9日）

一、"软暴力"是指行为人为谋取不法利益或形成非法影响，对他人或者在有关场所进行滋扰、纠缠、哄闹、聚众造势等，足以使他人产生恐惧、恐慌进而形成心理强制，或者足以影响、限制人身自由、危及人身财产安全，影响正常生活、工作、生产、经营的违法犯罪手段。

二、"软暴力"违法犯罪手段通常的表现形式有：

（一）侵犯人身权利、民主权利、财产权利的手段，包括但不限于跟踪贴靠、扬言传播疾病、揭发隐私、恶意举报、诬告陷害、破坏、霸占财物等；

（二）扰乱正常生活、工作、生产、经营秩序的手段，包括但不限于非法侵入他人住宅、破坏生活设施、设置生活障碍、贴报喷字、拉挂横幅、燃放鞭炮、播放哀乐、摆放花圈、泼洒污物、断水断电、堵门阻工，以及通过驱赶从业人员、派驻人员据守等方式直接或间接地控制厂房、办公区、经营场所等；

（三）扰乱社会秩序的手段，包括但不限于摆场架势示威、聚众哄闹滋扰、拦路闹事等；

（四）其他符合本意见第一条规定的"软暴力"手段。

通过信息网络或者通讯工具实施，符合本意见第一条规定的违法犯罪手段，应当认定为"软暴力"。

三、行为人实施"软暴力"，具有下列情形之一，可以认定为足以使他人产生恐惧、恐慌进而形成心理强制或者足以影响、限制人身自由、危及人身财产安全或者影响正常生活、工作、生产、经营：

（一）黑恶势力实施的；

（二）以黑恶势力名义实施的；

（三）曾因组织、领导、参加黑社会性质组织、恶势力犯罪集团、恶势力以及因强迫交易、非法拘禁、敲诈勒索、聚众斗殴、寻衅滋事等犯罪受过刑事处罚后又实施的；

（四）携带凶器实施的；

（五）有组织地实施的或者足以使他人认为暴力、威胁具有现实可能性的；

（六）其他足以使他人产生恐惧、恐慌进而形成心理强制或者足以影响、限制人身自由、危及人身财产安全或者影响正常生活、工作、生产、经营的情形。

由多人实施的，编造或明示暴力违法犯罪经历进行恐吓的，或者以自报组织、头目名号、统一着装、显露纹身、特殊标识以及其他明示、暗示方式，足以使他人感知相关行为的有组织性的，应当认定为"以黑恶势力名义实施"。

由多人实施的，只要有部分行为人符合本条第一款第（一）项至第（四）项所列情形的，该项即成立。

虽然具体实施"软暴力"的行为人不符合本条第一款第（一）项、第（三）项所列情形，但雇佣者、指使者或者纠集者符合的，该项成立。

五、采用"软暴力"手段，使他人产生心理恐惧或者形成心理强制，分别属于《刑法》第二百二十六条规定的"威胁"、《刑法》第二百九十三条第一款第（二）项规定的"恐吓"，同时符合其他犯罪构成要件的，应当分别以强迫交易罪、寻衅滋事罪定罪处罚……

九、采用"软暴力"手段，同时构成两种以上犯罪的，依法按照处罚较重的犯罪定罪处罚，法律另有规定的除外。

十、根据本意见第五条、第八条规定，对已受行政处罚的行为追究刑事责任的，行为人先前所受的行政拘留处罚应当折抵刑期，罚款应当抵扣罚金。

十一、雇佣、指使他人采用"软暴力"手段强迫交易、敲诈勒索，构成强迫交易罪、敲诈勒索罪的，对雇佣者、指使者，一般应当以共同犯罪中的主犯论处……

2. 以暴力、胁迫手段索取超出正常交易价钱、费用的钱财的行为的定性

最高人民法院关于审理抢劫、抢夺刑事案件适用法律若干问题的意见
（2005年6月8日）

九、关于抢劫罪与相似犯罪的界限

2. 以暴力、胁迫手段索取超出正常交易价钱、费用的钱财的行为定性

从事正常商品买卖、交易或者劳动服务的人，以暴力、胁迫手段迫使他人交出与合理价钱、费用相差不大钱物，情节严重的，以强迫交易罪定罪处罚；以非法占有为目的，以买卖、交易、服务为幌子采用暴力、胁迫手段迫使他人

交出与合理价钱、费用相差悬殊的钱物的，以抢劫罪定罪处刑。在具体认定时，既要考虑超出合理价钱、费用的绝对数额，还要考虑超出合理价钱、费用的比例，加以综合判断。

3. 强迫借贷行为的定性

最高人民检察院关于强迫借贷行为适用法律问题的批复（2014年4月17日）

以暴力、胁迫手段强迫他人借贷，属于刑法第二百二十六条第二项规定的"强迫他人提供或者接受服务"，情节严重的，以强迫交易罪追究刑事责任；同时构成故意伤害罪等其他犯罪的，依照处罚较重的规定定罪处罚。以非法占有为目的，以借贷为名采用暴力、胁迫手段获取他人财物，符合刑法第二百六十三条或者第二百七十四条规定的，以抢劫罪或者敲诈勒索罪追究刑事责任。

4. 利用信息网络强迫交易行为的定性

最高人民法院、最高人民检察院、公安部、司法部关于办理利用信息网络实施黑恶势力犯罪刑事案件若干问题的意见（2019年10月21日）

二、依法严惩利用信息网络实施的黑恶势力犯罪

5. 利用信息网络威胁他人，强迫交易，情节严重的，依照刑法第二百二十六条的规定，以强迫交易罪定罪处罚。

8. 侦办利用信息网络实施的强迫交易、敲诈勒索等非法敛财类案件，确因被害人人数众多等客观条件的限制，无法逐一收集被害人陈述的，可以结合已收集的被害人陈述，以及经查证属实的银行账户交易记录、第三方支付结算账户交易记录、通话记录、电子数据等证据，综合认定被害人人数以及涉案资金数额等。

第二百二十七条　【伪造、倒卖伪造的有价票证罪】 伪造或者倒卖伪造的车票、船票、邮票或者其他有价票证，数额较大的，处二年以下有期徒刑、拘役或者管制，并处或者单处票证价额一倍以上五倍以下罚金；数额巨大的，处二年以上七年以下有期徒刑，并处票证价额一倍以上五倍以下罚金。

【倒卖车票、船票罪】 倒卖车票、船票，情节严重的，处三年以下有期徒刑、拘役或者管制，并处或者单处票证价额一倍以上五倍以下罚金。

● 关联法条

第二百三十一条

● 立案追诉标准

最高人民检察院、公安部关于公安机关管辖的刑事案件立案追诉标准的规定（一）（2008年6月25日）

第二十九条 [伪造、倒卖伪造的有价票证案（刑法第二百二十七条第一款）] 伪造或者倒卖伪造的车票、船票、邮票或者其他有价票证，涉嫌下列情形之一的，应予立案追诉：

（一）车票、船票票面数额累计二千元以上，或者数量累计五十张以上的；

（二）邮票票面数额累计五千元以上，或者数量累计一千枚以上的；

（三）其他有价票证价额累计五千元以上，或者数量累计一百张以上的；

（四）非法获利累计一千元以上的；

（五）其他数额较大的情形。

第三十条 [倒卖车票、船票案（刑法第二百二十七条第二款）] 倒卖车票、船票或者倒卖车票坐席、卧铺签字号以及订购车票、船票凭证，涉嫌下列情形之一的，应予立案追诉：

（一）票面数额累计五千元以上的；

（二）非法获利累计二千元以上的；

（三）其他情节严重的情形。

第一百条 本规定中的立案追诉标准，除法律、司法解释、本规定中另有规定的以外，适用于相应的单位犯罪。

第一百零一条 本规定中的"以上"，包括本数。

● 定罪

1."倒卖车票情节严重"的认定

最高人民法院关于审理倒卖车票刑事案件有关问题的解释（1999年9月14日）

第一条 高价、变价、变相加价倒卖车票或者倒卖坐席、卧铺签字号及订购车票凭证,票面数额在五千元以上,或者非法获利数额在二千元以上的,构成刑法第二百二十七条第二款规定的"倒卖车票情节严重"。

2. 变造、倒卖变造邮票行为的定性

最高人民法院关于对变造、倒卖变造邮票行为如何适用法律问题的解释(2000年12月9日)

对变造或者倒卖变造的邮票数额较大的,应当依照刑法第二百二十七条第一款的规定定罪处罚。

3. 非法制作或者出售非法制作的IC电话卡的定性

最高人民检察院关于非法制作、出售、使用IC电话卡行为如何适用法律问题的答复(2003年4月2日)

非法制作或者出售非法制作的IC电话卡,数额较大的,应当依照刑法第二百二十七条第一款的规定,以伪造、倒卖伪造的有价票证罪追究刑事责任,犯罪数额可以根据销售数额认定;明知是非法制作的IC电话卡而使用或者购买并使用,造成电信资费损失数额较大的,应当依照刑法第二百六十四条的规定,以盗窃罪追究刑事责任。

● 量刑

从重处罚

最高人民法院关于审理倒卖车票刑事案件有关问题的解释(1999年9月14日)

第二条 对于铁路职工倒卖车票或者与其他人员勾结倒卖车票;组织倒卖车票的首要分子;曾因倒卖车票受过治安处罚两次以上或者被劳动教养一次以上,两年内又倒卖车票,构成倒卖车票罪的,依法从重处罚。

第二百二十八条 【非法转让、倒卖土地使用权罪】以牟利为目的,违反土地管理法规,非法转让、倒卖土地使用权,情节严重的,处三年以下有期徒刑或者拘役,并处或者单处非法转让、倒卖土地使用权价额百分之五以上百分之二十以下罚金;情节特别严重的,处三年以上七年以下有期徒刑,并处非法转让、倒卖土地使用权价额百分之五以上百分之二十以下罚金。

● **关联法条**

第二百三十一条

● **立案追诉标准**

最高人民检察院、公安部关于公安机关管辖的刑事案件立案追诉标准的规定（二）（2010年5月7日）

第八十条 ［非法转让、倒卖土地使用权案（刑法第二百二十八条）］以牟利为目的，违反土地管理法规，非法转让、倒卖土地使用权，涉嫌下列情形之一的，应予立案追诉：

（一）非法转让、倒卖基本农田五亩以上的；

（二）非法转让、倒卖基本农田以外的耕地十亩以上的；

（三）非法转让、倒卖其他土地二十亩以上的；

（四）违法所得数额在五十万元以上的；

（五）虽未达到上述数额标准，但因非法转让、倒卖土地使用权受过行政处罚，又非法转让、倒卖土地的；

（六）其他情节严重的情形。

第九十条 本规定中的立案追诉标准，除法律、司法解释、本规定中另有规定的以外，适用于相应的单位犯罪。

第九十一条 本规定中的"以上"，包括本数。

● **定罪**

1. "违反土地管理法规"的认定

全国人民代表大会常务委员会关于《中华人民共和国刑法》第二百二十八条、第三百四十二条、第四百一十条的解释（2009年8月27日）

刑法第二百二十八条、第三百四十二条、第四百一十条规定的"违反土地管理法规"，是指违反土地管理法、森林法、草原法等法律以及有关行政法规中关于土地管理的规定。

2. "情节严重"的认定

最高人民法院关于审理破坏土地资源刑事案件具体应用法律若干问题的解释（2000年6月22日）

第一条 以牟利为目的，违反土地管理法规，非法转让、倒卖土地使用权，具有下列情形之一的，属于非法转让、倒卖土地使用权"情节严重"，依照刑法第二百二十八条的规定，以非法转让、倒卖土地使用权罪定罪处罚：

（一）非法转让、倒卖基本农田五亩以上的；

（二）非法转让、倒卖基本农田以外的耕地十亩以上的；

（三）非法转让、倒卖其他土地二十亩以上的；

（四）非法获利五十万元以上的；

（五）非法转让、倒卖土地接近上述数量标准并具有其他恶劣情节的，如曾因非法转让、倒卖土地使用权受过行政处罚或者造成严重后果等。

3. "情节特别严重"的认定

最高人民法院关于审理破坏土地资源刑事案件具体应用法律若干问题的解释（2000年6月22日）

第二条 实施第一条规定的行为，具有下列情形之一的，属于非法转让、倒卖土地使用权"情节特别严重"：

（一）非法转让、倒卖基本农田十亩以上的；

（二）非法转让、倒卖基本农田以外的耕地二十亩以上的；

（三）非法转让、倒卖其他土地四十亩以上的；

（四）非法获利一百万元以上的；

（五）非法转让、倒卖土地接近上述数量标准并具有其他恶劣情节的，如造成严重后果等。

4. 单位犯罪

最高人民法院关于审理破坏土地资源刑事案件具体应用法律若干问题的解释（2000年6月22日）

第八条 单位犯非法转让、倒卖土地使用权罪、非法占有耕地罪[1]的定罪量刑标准，依照本解释第一条、第二条、第三条的规定执行。

---

[1] 编者注：应为非法占用耕地罪。

5. 犯罪数额的计算

最高人民法院关于审理破坏土地资源刑事案件具体应用法律若干问题的解释（2000年6月22日）

第九条 多次实施本解释规定的行为依法应当追诉的，或者一年内多次实施本解释规定的行为未经处理的，按照累计的数量、数额处罚。

第二百二十九条 【提供虚假证明文件罪】 承担资产评估、验资、验证、会计、审计、法律服务、保荐、安全评价、环境影响评价、环境监测等职责的中介组织的人员故意提供虚假证明文件，情节严重的，处五年以下有期徒刑或者拘役，并处罚金；有下列情形之一的，处五年以上十年以下有期徒刑，并处罚金：[1]

（一）提供与证券发行相关的虚假的资产评估、会计、审计、法律服务、保荐等证明文件，情节特别严重的；

（二）提供与重大资产交易相关的虚假的资产评估、会计、审计等证明文件，情节特别严重的；

（三）在涉及公共安全的重大工程、项目中提供虚假的安全评价、环境影响评价等证明文件，致使公共财产、国家和人民利益遭受特别重大损失的。

有前款行为，同时索取他人财物或者非法收受他人财物构成犯罪的，依照处罚较重的规定定罪处罚。

【出具证明文件重大失实罪】 第一款规定的人员，严重不负责任，出具的证明文件有重大失实，造成严重后果的，处三年以下有期徒刑或者拘役，并处或者单处罚金。

● 关联法条

第二百三十一条

---

[1] 编者注：《刑法修正案（十一）》扩大了"中介组织的人员"的范围，新设了加重犯（"五年以上十年以下有期徒刑，并处罚金"）及其具体情形，修订了提供虚假证明文件罪的罪数规则（第二款）。

● **立案追诉标准**

最高人民检察院、公安部关于公安机关管辖的刑事案件立案追诉标准的规定（二）（2010年5月7日）

第八十一条 ［提供虚假证明文件案（刑法第二百二十九条第一款、第二款）］承担资产评估、验资、验证、会计、审计、法律服务等职责的中介组织的人员故意提供虚假证明文件，涉嫌下列情形之一的，应予立案追诉：

（一）给国家、公众或者其他投资者造成直接经济损失数额在五十万元以上的；

（二）违法所得数额在十万元以上的；

（三）虚假证明文件虚构数额在一百万元且占实际数额百分之三十以上的；

（四）虽未达到上述数额标准，但具有下列情形之一的：

1. 在提供虚假证明文件过程中索取或者非法接受他人财物的；

2. 两年内因提供虚假证明文件，受过行政处罚二次以上，又提供虚假证明文件的。

（五）其他情节严重的情形。

第八十二条 ［出具证明文件重大失实案（刑法第二百二十九条第三款）］承担资产评估、验资、验证、会计、审计、法律服务等职责的中介组织的人员严重不负责任，出具的证明文件有重大失实，涉嫌下列情形之一的，应予立案追诉：

（一）给国家、公众或者其他投资者造成直接经济损失数额在一百万元以上的；

（二）其他造成严重后果的情形。

第九十条 本规定中的立案追诉标准，除法律、司法解释、本规定中另有规定的以外，适用于相应的单位犯罪。

第九十一条 本规定中的"以上"，包括本数。

● **定罪**

1. 公证员出具公证书重大失实行为的定性

最高人民检察院关于公证员出具公证书有重大失实行为如何适用法律问题的批复（2009年1月15日）

《中华人民共和国公证法》施行以后，公证员在履行公证职责过程中，严重不负责任，出具的公证书有重大失实，造成严重后果的，依照刑法第二百二十九条第三款的规定，以出具证明文件重大失实罪追究刑事责任。

2. 为信用卡申请人提供虚假资信证明材料行为的定性

最高人民法院、最高人民检察院关于办理妨害信用卡管理刑事案件具体应用法律若干问题的解释（2018 年 12 月 1 日）

第四条第二款 承担资产评估、验资、验证、会计、审计、法律服务等职责的中介组织或其人员，为信用卡申请人提供虚假的财产状况、收入、职务等资信证明材料，应当追究刑事责任的，依照刑法第二百二十九条的规定，分别以提供虚假证明文件罪和出具证明文件重大失实罪定罪处罚。

3. 提供虚假工程地质勘察报告等证明文件行为的定性

最高人民检察院关于地质工程勘测院和其他履行勘测职责的单位及其工作人员能否成为刑法第二百二十九条规定的有关犯罪主体的批复（2015 年 11 月 12 日）

地质工程勘测院和其他履行勘测职责的单位及其工作人员在履行勘察、勘查、测绘职责过程中，故意提供虚假工程地质勘察报告等证明文件，情节严重的，依照刑法第二百二十九条第一款和第二百三十一条的规定，以提供虚假证明文件罪追究刑事责任；地质工程勘测院和其他履行勘测职责的单位及其工作人员在履行勘察、勘查、测绘职责过程中，严重不负责任，出具的工程地质勘察报告等证明文件有重大失实，造成严重后果的，依照刑法第二百二十九条第三款和第二百三十一条的规定，以出具证明文件重大失实罪追究刑事责任。

4. 故意提供虚假环境影响评价文件行为的定性

最高人民法院、最高人民检察院关于办理环境污染刑事案件适用法律若干问题的解释（2017 年 1 月 1 日）

第九条 环境影响评价机构或其人员，故意提供虚假环境影响评价文件，情节严重的，或者严重不负责任，出具的环境影响评价文件存在重大失实，造成严重后果的，应当依照刑法第二百二十九条、第二百三十一条的规定，以提供虚假证明文件罪或者出具证明文件重大失实罪定罪处罚。

5. 故意提供虚假的药物非临床研究报告、药物临床试验报告及相关材料行为的定性

最高人民法院、最高人民检察院关于办理药品、医疗器械注册申请材料造假刑事案件适用法律若干问题的解释（2017 年 9 月 1 日）

第一条 药物非临床研究机构、药物临床试验机构、合同研究组织的工作人员，故意提供虚假的药物非临床研究报告、药物临床试验报告及相关材料的，

应当认定为刑法第二百二十九条规定的"故意提供虚假证明文件"。

实施前款规定的行为,具有下列情形之一的,应当认定为刑法第二百二十九条规定的"情节严重",以提供虚假证明文件罪处五年以下有期徒刑或者拘役,并处罚金:

(一)在药物非临床研究或者药物临床试验过程中故意使用虚假试验用药品的;

(二)瞒报与药物临床试验用药品相关的严重不良事件的;

(三)故意损毁原始药物非临床研究数据或者药物临床试验数据的;

(四)编造受试动物信息、受试者信息、主要试验过程记录、研究数据、检测数据等药物非临床研究数据或者药物临床试验数据,影响药品安全性、有效性评价结果的;

(五)曾因在申请药品、医疗器械注册过程中提供虚假证明材料受过刑事处罚或者二年内受过行政处罚,又提供虚假证明材料的;

(六)其他情节严重的情形。

第二条 实施本解释第一条规定的行为,索取或者非法收受他人财物的,应当依照刑法第二百二十九条第二款规定,以提供虚假证明文件罪处五年以上十年以下有期徒刑,并处罚金;同时构成提供虚假证明文件罪和受贿罪、非国家工作人员受贿罪的,依照处罚较重的规定定罪处罚。

第六条 单位犯本解释第一条至第五条规定之罪的,对单位判处罚金,并依照本解释规定的相应自然人犯罪的定罪量刑标准对直接负责的主管人员和其他直接责任人员定罪处罚。

第八条 对是否属于虚假的药物非临床研究报告、药物或者医疗器械临床试验报告及相关材料,是否影响药品或者医疗器械安全性、有效性评价结果,以及是否属于严重不良事件等专门性问题难以确定的,可以根据国家药品监督管理部门设置或者指定的药品、医疗器械审评等机构出具的意见,结合其他证据作出认定。

6. 故意提供、使用虚假的医疗器械临床试验报告等材料申请医疗器械注册行为的定性

最高人民法院、最高人民检察院关于办理药品、医疗器械注册申请材料造假刑事案件适用法律若干问题的解释(2017年9月1日)

第五条 在医疗器械注册申请中,故意提供、使用虚假的医疗器械临床试验报告及相关材料的,参照适用本解释第一条至第四条规定。

第六条 单位犯本解释第一条至第五条规定之罪的,对单位判处罚金,并

依照本解释规定的相应自然人犯罪的定罪量刑标准对直接负责的主管人员和其他直接责任人员定罪处罚。

第八条 对是否属于虚假的药物非临床研究报告、药物或者医疗器械临床试验报告及相关材料,是否影响药品或者医疗器械安全性、有效性评价结果,以及是否属于严重不良事件等专门性问题难以确定的,可以根据国家药品监督管理部门设置或者指定的药品、医疗器械审评等机构出具的意见,结合其他证据作出认定。

7. 共同犯罪

最高人民法院、最高人民检察院关于办理药品、医疗器械注册申请材料造假刑事案件适用法律若干问题的解释(2017年9月1日)

第四条 药品注册申请单位的工作人员指使药物非临床研究机构、药物临床试验机构、合同研究组织的工作人员提供本解释第一条第二款规定的虚假药物非临床研究报告、药物临床试验报告及相关材料的,以提供虚假证明文件罪的共同犯罪论处。

具有下列情形之一的,可以认定为前款规定的"指使",但有相反证据的除外:

(一)明知有关机构、组织不具备相应条件或者能力,仍委托其进行药物非临床研究、药物临床试验的;

(二)支付的价款明显异于正常费用的。

药品注册申请单位的工作人员和药物非临床研究机构、药物临床试验机构、合同研究组织的工作人员共同实施第一款规定的行为,骗取药品批准证明文件生产、销售药品,同时构成提供虚假证明文件罪和生产、销售假药罪的,依照处罚较重的规定定罪处罚。

● 量刑

从业限制

资产评估法(2016年12月1日)

第十一条 因故意犯罪或者在从事评估、财务、会计、审计活动中因过失犯罪而受刑事处罚,自刑罚执行完毕之日起不满五年的人员,不得从事评估业务。

第四十五条 评估专业人员违反本法规定,签署虚假评估报告的,由有关评估行政管理部门责令停止从业两年以上五年以下;有违法所得的,没收违法所得；情节严重的，责令停止从业五年以上十年以下；构成犯罪的，依法追究刑事责任，终身不得从事评估业务。

> **第二百三十条** 【逃避商检罪】违反进出口商品检验法的规定，逃避商品检验，将必须经商检机构检验的进口商品未报经检验而擅自销售、使用，或者将必须经商检机构检验的出口商品未报经检验合格而擅自出口，情节严重的，处三年以下有期徒刑或者拘役，并处或者单处罚金。

● 关联法条

第二百三十一条

● 立案追诉标准

最高人民检察院、公安部关于公安机关管辖的刑事案件立案追诉标准的规定（二）（2010年5月7日）

第八十三条 [逃避商检案（刑法第二百三十条）] 违反进出口商品检验法的规定，逃避商品检验，将必须经商检机构检验的进口商品未报经检验而擅自销售、使用，或者将必须经商检机构检验的出口商品未报经检验合格而擅自出口，涉嫌下列情形之一的，应予立案追诉：

（一）给国家、单位或者个人造成直接经济损失数额在五十万元以上的；

（二）逃避商检的进出口货物货值金额在三百万元以上的；

（三）导致病疫流行、灾害事故的；

（四）多次逃避商检的；

（五）引起国际经济贸易纠纷，严重影响国家对外贸易关系，或者严重损害国家声誉的；

（六）其他情节严重的情形。

第九十条 本规定中的立案追诉标准，除法律、司法解释、本规定中另有规定的以外，适用于相应的单位犯罪。

第九十一条 本规定中的"以上"，包括本数。

> 第二百三十一条 【单位犯扰乱市场秩序罪的处罚规定】单位犯本节第二百二十一条至第二百三十条规定之罪的,对单位判处罚金,并对其直接负责的主管人员和其他直接责任人员,依照本节各该条的规定处罚。

第四章 侵犯公民人身权利、民主权利罪

> 第二百三十二条 【故意杀人罪】故意杀人的,处死刑、无期徒刑或者十年以上有期徒刑;情节较轻的,处三年以上十年以下有期徒刑。

● 关联法条

第二百三十四条之一第二款、第二百三十八条、第二百四十七条、第二百四十八条、第二百八十九条、第二百九十二条第二款

● 定罪

1. 本罪定义

最高人民检察院关于印发部分罪案《审查逮捕证据参考标准(试行)》的通知(2003年11月27日)

三、故意杀人罪案审查逮捕证据参考标准

故意杀人罪,是指触犯《刑法》第232条的规定,故意非法剥夺他人生命权利的行为。其他以故意杀人罪定罪处罚的有:(1)非法拘禁使用暴力致人死亡的;(2)使用暴力刑讯逼供致人死亡的;(3)体罚虐待被监管人致人死亡的;(4)聚众斗殴致人死亡的;(5)聚众"打砸抢"致人死亡的;(6)组织和利用邪教组织制造、散布迷信邪说,指使、胁迫其成员或者其他人实施自杀行为的;(7)组织、策划、煽动、教唆、帮助邪教组织人员自杀的;(8)行为人实施抢

劫后，为灭口而故意杀人的；（9）行为人在交通肇事后为逃避法律追究，将被害人带离事故现场后隐藏或遗弃，致使被害人无法得到救助而死亡的。

2. "情节较轻"的认定

最高人民法院、最高人民检察院、公安部、司法部关于依法办理家庭暴力犯罪案件的意见（2015年3月2日）

三、定罪处罚

20. 充分考虑案件中的防卫因素和过错责任……对于因遭受严重家庭暴力，身体、精神受到重大损害而故意杀害施暴人；或者因不堪忍受长期家庭暴力而故意杀害施暴人，犯罪情节不是特别恶劣，手段不是特别残忍的，可以认定为刑法第二百三十二条规定的故意杀人"情节较轻"……

3. 限制行为能力人盗窃、诈骗、抢夺他人财物，故意伤害致人死亡行为的定性

最高人民法院关于审理未成年人刑事案件具体应用法律若干问题的解释（2006年1月23日）

第十条第一款 已满十四周岁不满十六周岁的人盗窃、诈骗、抢夺他人财物，为窝藏赃物、抗拒抓捕或者毁灭罪证，当场使用暴力，故意伤害致人重伤或者死亡，或者故意杀人的，应当分别以故意伤害罪或者故意杀人罪定罪处罚。

4. 抗税致人死亡行为的定性

最高人民法院关于审理偷税抗税刑事案件具体应用法律若干问题的解释（2002年11月7日）

第六条第一款 实施抗税行为致人重伤、死亡，构成故意伤害罪、故意杀人罪的，分别依照刑法第二百三十四条第二款、第二百三十二条的规定定罪处罚。

5. 组织、利用邪教组织，制造、散布迷信邪说，组织、策划、煽动、胁迫、教唆、帮助其成员或者他人实施自杀、自伤行为的定性

最高人民法院、最高人民检察院关于办理组织、利用邪教组织破坏法律实施等刑事案件适用法律若干问题的解释（2017年2月1日）

第十一条 组织、利用邪教组织，制造、散布迷信邪说，组织、策划、煽动、胁迫、教唆、帮助其成员或者他人实施自杀、自伤的，依照刑法第二百三十二条、第二百三十四条的规定，以故意杀人罪或者故意伤害罪定罪处罚。

6. 在医疗机构内故意杀害医务人员行为的定性

最高人民法院、最高人民检察院、公安部、司法部、国家卫生和计划生育委员会关于依法惩处涉医违法犯罪维护正常医疗秩序的意见（2014年4月22日）

二、严格依法惩处涉医违法犯罪

（一）在医疗机构内……故意杀害医务人员……构成故意杀人罪……的，依照刑法的有关规定定罪处罚。

7. 肇事后为逃避法律追究，将被害人带离后隐藏或遗弃，致使其无法得到救助而死亡行为的定性

最高人民法院关于审理交通肇事刑事案件具体应用法律若干问题的解释（2000年11月21日）

第六条 行为人在交通肇事后为逃避法律追究，将被害人带离事故现场后隐藏或者遗弃，致使被害人无法得到救助而死亡或者严重残疾的，应当分别依照刑法第二百三十二条、第二百三十四条第二款的规定，以故意杀人罪或者故意伤害罪定罪处罚。

8. 对未成年男性实施猥亵，造成轻伤以上后果行为的定性

最高人民法院、最高人民检察院、公安部、司法部关于依法惩治性侵害未成年人犯罪的意见（2013年10月23日）

22.……对已满十四周岁的未成年男性实施猥亵，造成被害人轻伤以上后果，符合刑法第二百三十四条或者第二百三十二条规定的，以故意伤害罪或者故意杀人罪定罪处罚。[①]

9. 安全事故发生后，领导人员故意阻挠抢救，致人重伤、重残行为的定性

最高人民法院、最高人民检察院关于办理危害生产安全刑事案件适用法律若干问题的解释（2015年12月16日）

第十条 在安全事故发生后，直接负责的主管人员和其他直接责任人员故意阻挠开展抢救，导致人员死亡或者重伤，或者为了逃避法律追究，对被害人进行隐藏、遗弃，致使被害人因无法得到救助而死亡或者重度残疾的，分别依照刑法第二百三十二条、第二百三十四条的规定，以故意杀人罪或者故意伤害

---

① 编者注：根据《刑法修正案（九）》第十三条，该情形构成强制猥亵罪与故意杀人罪的想象竞合犯，应从一重罪处理。

罪定罪处罚。

10. 袭警致使民警死亡行为的定性

最高人民法院、最高人民检察院、公安部关于依法惩治袭警违法犯罪行为的指导意见（2020年1月10日）

三、驾车冲撞、碾轧、拖拽、剐蹭民警，或者挤别、碰撞正在执行职务的警用车辆，危害公共安全或者民警生命、健康安全，符合刑法第一百一十四条、第一百一十五条、第二百三十二条、第二百三十四条规定的，应当以以危险方法危害公共安全罪、故意杀人罪或者故意伤害罪定罪，酌情从重处罚。

暴力袭警，致使民警重伤、死亡，符合刑法第二百三十四条、第二百三十二条规定的，应当以故意伤害罪、故意杀人罪定罪，酌情从重处罚。

六、在民警非执行职务期间，因其职务行为对其实施暴力袭击、拦截、恐吓等行为，符合刑法第二百三十四条、第二百三十二条、第二百九十三条等规定的，应当以故意伤害罪、故意杀人罪、寻衅滋事罪等定罪，并根据袭警的具体情节酌情从重处罚。

11. 明知会致人死亡而盗窃、破坏非公共场所窨井盖行为的定性

最高人民法院、最高人民检察院、公安部关于办理涉窨井盖相关刑事案件的指导意见（2020年3月16日）

一、盗窃、破坏正在使用中的社会机动车通行道路上的窨井盖，足以使汽车、电车发生倾覆、毁坏危险，尚未造成严重后果的，依照刑法第一百一十七条的规定，以破坏交通设施罪定罪处罚；造成严重后果的，依照刑法第一百一十九条第一款的规定处罚。

过失造成严重后果的，依照刑法第一百一十九条第二款的规定，以过失损坏交通设施罪定罪处罚。

二、盗窃、破坏人员密集往来的非机动车道、人行道以及车站、码头、公园、广场、学校、商业中心、厂区、社区、院落等生产生活、人员聚集场所的窨井盖，足以危害公共安全，尚未造成严重后果的，依照刑法第一百一十四条的规定，以以危险方法危害公共安全罪定罪处罚；致人重伤、死亡或者使公私财产遭受重大损失的，依照刑法第一百一十五条第一款的规定处罚。

过失致人重伤、死亡或者使公私财产遭受重大损失的，依照刑法第一百一十五条第二款的规定，以过失以危险方法危害公共安全罪定罪处罚。

三、对于本意见第一条、第二条规定以外的其他场所的窨井盖，明知会造

成人员伤亡后果而实施盗窃、破坏行为,致人受伤或者死亡的,依照刑法第二百三十四条、第二百三十二条的规定,分别以故意伤害罪、故意杀人罪定罪处罚。

过失致人重伤或者死亡的,依照刑法第二百三十五条、第二百三十三条的规定,分别以过失致人重伤罪、过失致人死亡罪定罪处罚。

十二、本意见所称的"窨井盖",包括城市、城乡结合部和乡村等地的窨井盖以及其他井盖。

12. 为实施"碰瓷"而故意杀害他人行为的定性

最高人民法院、最高人民检察院、公安部关于依法办理"碰瓷"违法犯罪案件的指导意见(2020年9月22日)

七、为实施"碰瓷"而故意杀害、伤害他人或者过失致人重伤、死亡,符合刑法第二百三十二条、第二百三十四条、第二百三十三条、第二百三十五条规定的,分别以故意杀人罪、故意伤害罪、过失致人死亡罪、过失致人重伤罪定罪处罚。

13. 一罪与数罪

最高人民法院关于对设置圈套诱骗他人参赌又向索还钱财的受骗者施以暴力或暴力威胁的行为应如何定罪问题的批复(1995年11月6日)

行为人设置圈套诱骗他人参赌获取钱财,属赌博行为,构成犯罪的,应当以赌博罪定罪处罚。参赌者识破骗局要求退还所输钱财,设赌者又使用暴力或者以暴力相威胁,拒绝退还的,应以赌博罪从重处罚;致参赌者伤害或者死亡的,应以赌博罪和故意伤害罪或者故意杀人罪,依法实行数罪并罚。

最高人民法院全国法院维护农村稳定刑事审判工作座谈会纪要(1999年10月27日)

二、(三)关于农村恶势力犯罪案件

……对于团伙成员相对固定,以暴力、威胁手段称霸一方,欺压百姓,采取收取"保护费"、代人强行收债、违规强行承包等手段,公然与政府对抗的,应按照黑社会性质组织犯罪处理;其中,又有故意杀人、故意伤害等犯罪行为的,按数罪并罚的规定处罚。

公安部关于妨害国(边)境管理犯罪案件立案标准及有关问题的通知(2000年3月31日)

一、立案标准……在组织、运送他人偷越国(边)境中,对被组织人、被运送人有杀害、伤害、强奸、拐卖等犯罪行为的,或者对检查人员有杀害、伤害等犯罪行为的,应当分别依照杀人、伤害、强奸、拐卖等案件一并立案侦查。

最高人民法院关于抢劫过程中故意杀人案件如何定罪问题的批复(2001年5月26日)

行为人为劫取财物而预谋故意杀人,或者劫取财物过程中,为制服被害人反抗而故意杀人的,以抢劫罪定罪处罚。

行为人实施抢劫后,为灭口而故意杀人的,以抢劫罪和故意杀人罪定罪,实行数罪并罚。

最高人民法院关于审理抢劫、抢夺刑事案件适用法律若干问题的意见(2005年6月8日)

八、关于抢劫罪数的认定

行为人实施伤害、强奸等犯罪行为,在被害人未失去知觉,利用被害人不能反抗、不敢反抗的处境,临时起意劫取他人财物的,应以此前所实施的具体犯罪与抢劫罪实行数罪并罚;在被害人失去知觉或者没有发觉的情形下,以及实施故意杀人犯罪行为之后,临时起意拿走他人财物的,应以此前所实施的具体犯罪与盗窃罪实行数罪并罚。

最高人民法院、最高人民检察院、公安部、司法部关于依法惩治拐卖妇女儿童犯罪的意见(2010年3月15日)

五、定性

20. 明知是被拐卖的妇女、儿童而收买,具有下列情形之一的,以收买被拐卖的妇女、儿童罪论处;同时构成其他犯罪的,依照数罪并罚的规定处罚:

(6)造成被收买妇女、儿童或者其亲属重伤、死亡以及其他严重后果的;

七、一罪与数罪

25. 拐卖妇女、儿童,又对被拐卖的妇女、儿童实施故意杀害、伤害、猥亵、侮辱等行为,构成其他犯罪的,依照数罪并罚的规定处罚。

最高人民法院、最高人民检察院关于办理寻衅滋事刑事案件适用法律若干问题的解释(2013年7月22日)

第七条 实施寻衅滋事行为,同时符合寻衅滋事罪和故意杀人罪、故意伤害罪、故意毁坏财物罪、敲诈勒索罪、抢夺罪、抢劫罪等罪的构成要件的,依照处罚较重的犯罪定罪处罚。

最高人民法院、最高人民检察院、公安部、司法部关于依法惩治性侵害未成年人犯罪的意见(2013年10月23日)

22. 实施猥亵儿童犯罪,造成儿童轻伤以上后果,同时符合刑法第二百三十四条或者第二百三十二条的规定，构成故意伤害罪、故意杀人罪的，依照处罚较重的规定定罪处罚。

最高人民法院、最高人民检察院、公安部、司法部关于依法办理家庭暴力犯罪案件的意见（2015年3月2日）

三、定罪处罚

16. 依法准确定罪处罚。对故意杀人、故意伤害、强奸、猥亵儿童、非法拘禁、侮辱、暴力干涉婚姻自由、虐待、遗弃等侵害公民人身权利的家庭暴力犯罪，应当根据犯罪的事实、犯罪的性质、情节和对社会的危害程度，严格依照刑法的有关规定判处。对于同一行为同时触犯多个罪名的，依照处罚较重的规定定罪处罚。

最高人民法院、最高人民检察院、公安部、司法部关于办理黑恶势力犯罪案件若干问题的指导意见（2018年1月16日）

五、依法打击非法放贷讨债的犯罪活动

19. 在民间借贷活动中，如有擅自设立金融机构、非法吸收公众存款、骗取贷款、套取金融机构资金发放高利贷以及为强索债务而实施故意杀人、故意伤害、非法拘禁、故意毁坏财物等行为的，应当按照具体犯罪侦查、起诉、审判。依法符合数罪并罚条件的，应当并罚。

最高人民法院、最高人民检察院、公安部、司法部关于办理恐怖活动和极端主义犯罪案件适用法律若干问题的意见（2018年3月16日）

一、准确认定犯罪

（一）……犯刑法第一百二十条规定的犯罪，又实施杀人、放火、爆炸、绑架、抢劫等犯罪的，依照数罪并罚的规定定罪处罚。

14. 此罪与彼罪

最高人民法院、最高人民检察院、公安部、司法部关于依法办理家庭暴力犯罪案件的意见（2015年3月2日）

三、定罪处罚

17. 依法惩处虐待犯罪。……准确区分虐待犯罪致人重伤、死亡与故意伤害、故意杀人犯罪致人重伤、死亡的界限，要根据被告人的主观故意、所实施的暴力手段与方式、是否立即或者直接造成被害人伤亡后果等进行综合判断。对于被告人主观上不具有侵害被害人健康或者剥夺被害人生命的故意，而是出于追求被害人肉体和精神上的痛苦，长期或者多次实施虐待行为，逐渐造成被害人身体损害，过失导致被害人重伤或者死亡的；或者因虐待致使被害人不堪忍受而自残、自杀，导致重伤或者死亡的,属于刑法第二百六十条第二款规定的虐待"致使被害人重伤、死亡",应当以虐待罪定罪处罚。对于被告人虽然实施家庭暴力呈现出经常性、持续性、反复性的特点,但其主观上具有希望或者放任被害人重伤或者死亡的故意,持凶器实施暴力,暴力手段残忍,暴力程度较强,直接或者立即造成被害人重伤或者死亡的,应当以故意伤害罪或者故意杀人罪定罪处罚。

准确区分遗弃罪与故意杀人罪的界限,要根据被告人的主观故意、所实施行为的时间与地点、是否立即造成被害人死亡,以及被害人对被告人的依赖程度等进行综合判断。对于只是为了逃避扶养义务,并不希望或者放任被害人死亡,将生活不能自理的被害人弃置在福利院、医院、派出所等单位或者广场、车站等行人较多的场所,希望被害人得到他人救助的,一般以遗弃罪定罪处罚。对于希望或者放任被害人死亡,不履行必要的扶养义务,致使被害人因缺乏生活照料而死亡,或者将生活不能自理的被害人带至荒山野岭等人迹罕至的场所扔弃,使被害人难以得到他人救助的,应当以故意杀人罪定罪处罚。

15. 混合过错责任原则的适用

最高人民法院研究室关于对参加聚众斗殴受重伤或者死亡的人及其家属提出的民事赔偿请求能否予以支持问题的答复(2004年11月11日)

根据《刑法》第二百九十二条第一款的规定,聚众斗殴的参加者,无论是否首要分子,均明知自己的行为有可能产生伤害他人以及自己被他人的行为伤害的后果,其仍然参加聚众斗殴的,应当自行承担相应的刑事和民事责任。根据《刑法》第二百九十二条第二款的规定,对于参加聚众斗殴,造成他人重伤或者死亡的,行为性质发生变化,应认定为故意伤害罪或者故意杀人罪。聚众斗殴中受重伤或者死亡的人,既是故意伤害罪或者故意杀人罪的受害人,又是聚众斗殴犯罪的行为人。对于参加聚众斗殴受重伤或者死亡的人或其家属提出的民事赔偿请求,依法应予支持,并适用混合过错责任原则。

● 量刑

1. 宽严相济刑事政策

最高人民法院关于贯彻宽严相济刑事政策的若干意见(2010年2月8日)

二、准确把握和正确适用依法从"严"的政策要求

7. 贯彻宽严相济刑事政策,必须毫不动摇地坚持依法严惩严重刑事犯罪的方

针。对于危害国家安全犯罪、恐怖组织犯罪、邪教组织犯罪、黑社会性质组织犯罪、恶势力犯罪、故意危害公共安全犯罪等严重危害国家政权稳固和社会治安的犯罪，故意杀人、故意伤害致人死亡、强奸、绑架、拐卖妇女儿童、抢劫、重大抢夺、重大盗窃等严重暴力犯罪和严重影响人民群众安全感的犯罪，走私、贩卖、运输、制造毒品等危害人民健康的犯罪，要作为严惩的重点，依法从重处罚。

最高人民法院刑三庭：在审理故意杀人、伤害及黑社会性质组织犯罪案件中切实贯彻宽严相济刑事政策（《人民法院报》2010年4月14日第6版）

2010年2月8日印发的《最高人民法院关于贯彻宽严相济刑事政策的若干意见》（以下简称《意见》），对于有效打击犯罪，增强人民群众安全感，减少社会对立面，促进社会和谐稳定，维护国家长治久安具有重要意义，是人民法院刑事审判工作的重要指南。现结合审判实践，就故意杀人、伤害及黑社会性质组织犯罪案件审判中如何贯彻《意见》的精神作简要阐释。

一、在三类案件中贯彻宽严相济刑事政策的总体要求

在故意杀人、伤害及黑社会性质组织犯罪案件的审判中贯彻宽严相济刑事政策，要落实《意见》第1条规定：根据犯罪的具体情况，实行区别对待，做到该宽则宽，当严则严，宽严相济，罚当其罪。落实这个总体要求，要注意把握以下几点：

1. 正确把握宽与严的对象。故意杀人和故意伤害犯罪的发案率高，社会危害大，是各级法院刑事审判工作的重点。黑社会性质组织犯罪在我国自二十世纪八十年代末出现以来，长时间保持快速发展势头，严厉打击黑社会性质组织犯罪，是法院刑事审判在当前乃至今后相当长一段时期内的重要任务。因此，对这三类犯罪总体上应坚持从严惩处的方针。但是在具体案件的处理上，也要分别案件的性质、情节和行为人的主观恶性、人身危险性等情况，把握宽严的范围。在确定从宽与从严的对象时，还应当注意审时度势，对经济社会的发展和治安形势的变化作出准确判断，为构建社会主义和谐社会的目标服务。

2. 坚持严格依法办案。三类案件的审判中，无论是从宽还是从严，都必须严格依照法律规定进行，做到宽严有据，罚当其罪，不能为追求打击效果，突破法律界限。比如在黑社会性质组织犯罪的审理中，黑社会性质组织的认定必须符合法律和立法解释规定的标准，既不能降格处理，也不能拔高认定。

3. 注重法律效果与社会效果的统一。严格依法办案，确保良好法律效果的同时，还应当充分考虑案件的处理是否有利于赢得人民群众的支持和社会稳定，是否有利于瓦解犯罪，化解矛盾，是否有利于罪犯的教育改造和回归社会，是否有利于减少社会对抗，促进社会和谐，争取更好的社会效果。比如在刑罚执

行过程中,对于故意杀人、伤害犯罪及黑社会性质组织犯罪的领导者、组织者和骨干成员就应当从严掌握减刑、假释的适用,其他主观恶性不深、人身危险性不大的罪犯则可以从宽把握。

二、故意杀人、伤害案件审判中宽严相济的把握

1. 注意区分两类不同性质的案件。故意杀人、故意伤害侵犯的是人的生命和身体健康,社会危害大,直接影响到人民群众的安全感,《意见》第7条将故意杀人、故意伤害致人死亡犯罪作为严惩的重点是十分必要的。但是,实践中的故意杀人、伤害案件复杂多样,处理时要注意分别案件的不同性质,做到区别对待。

实践中,故意杀人、伤害案件从性质上通常可分为两类:一类是严重危害社会治安、严重影响人民群众安全感的案件,如极端仇视国家和社会,以不特定人为行凶对象的;一类是因婚姻家庭、邻里纠纷等民间矛盾激化引发的案件。对于前者应当作为严惩的重点,依法判处被告人重刑直至判处死刑。对于后者处理时应注意体现从严的精神,在判处重刑尤其是适用死刑时应特别慎重,除犯罪情节特别恶劣、犯罪后果特别严重、人身危险性极大的被告人外,一般不应当判处死刑。对于被害人在起因上存在过错,或者是被告人案发后积极赔偿,真诚悔罪,取得被害人或其家属谅解的,应依法从宽处罚,对同时有法定从轻、减轻处罚情节的,应考虑在无期徒刑以下裁量刑罚。同时应重视此类案件中的附带民事调解工作,努力化解双方矛盾,实现积极的"案结了事",增进社会和谐,达成法律效果与社会效果的有机统一。《意见》第23条是对此审判经验的总结。

此外,实践中一些致人死亡的犯罪是故意杀人还是故意伤害往往难以区分,在认定时除从作案工具、打击的部位、力度等方面进行判断外,也要注意考虑犯罪的起因等因素。对于民间纠纷引发的案件,如果难以区分是故意杀人还是故意伤害时,一般可考虑定故意伤害罪。

2. 充分考虑各种犯罪情节。犯罪情节包括犯罪的动机、手段、对象、场所及造成的后果等,不同的犯罪情节反映不同的社会危害性。犯罪情节多属酌定量刑情节,法律往往未作明确的规定,但犯罪情节是适用刑罚的基础,是具体案件决定从严或从宽处罚的基本依据,需要在案件审理中进行仔细甄别,以准确判断犯罪的社会危害性。有的案件犯罪动机特别卑劣,比如为了铲除政治对手而雇凶杀人的,也有一些人犯罪是出于义愤,甚至是"大义灭亲"、"为民除害"的动机杀人。有的案件犯罪手段特别残忍,比如采取放火、泼硫酸等方法把人活活烧死的故意杀人行为。犯罪后果也可以分为一般、严重和特别严重几档。在实际中一般认为故意杀人、故意伤害一人死亡的为后果严重,致二人以

上死亡的为犯罪后果特别严重。特定的犯罪对象和场所也反映社会危害性的不同，如针对妇女、儿童等弱势群体或在公共场所实施的杀人、伤害，就具有较大的社会危害性。以上犯罪动机卑劣，或者犯罪手段残忍，或者犯罪后果严重，或者针对妇女、儿童等弱势群体作案等情节恶劣的，又无其他法定或酌定从轻情节应当依法从重判处。如果犯罪情节一般，被告人真诚悔罪，或有立功、自首等法定从轻情节的，一般应考虑从宽处罚。

实践中，故意杀人、伤害案件的被告人既有法定或酌定的从宽情节，又有法定或酌定从严情节的情形比较常见，此时，就应当根据《意见》第28条，在全面考察犯罪的事实、性质、情节和对社会危害程度的基础上，结合被告人的主观恶性、人身危险性、社会治安状况等因素，综合作出分析判断。

3. 充分考虑主观恶性和人身危险性。《意见》第10条、第16条明确了被告人的主观恶性和人身危险性是从严和从宽的重要依据，在适用刑罚时必须充分考虑。主观恶性是被告人对自己行为及社会危害性所抱的心理态度，在一定程度上反映了被告人的改造可能性。一般来说，经过精心策划的、有长时间计划的杀人、伤害，显示被告人的主观恶性深；激情犯罪，临时起意的犯罪，因被害人的过错行为引发的犯罪，显示的主观恶性较小。对主观恶性深的被告人要从严惩处，主观恶性较小的被告人则可考虑适用较轻的刑罚。

人身危险性即再犯可能性，可从被告人有无前科、平时表现及悔罪情况等方面综合判断。人身危险性大的被告人，要依法从重处罚。如累犯中前罪系暴力犯罪，或者曾因暴力犯罪被判重刑后又犯故意杀人、故意伤害致人死亡的；平时横行乡里，寻衅滋事杀人、伤害致人死亡的，应依法从重判处。人身危险性小的被告人，应依法体现从宽精神。如被告人平时表现较好，激情犯罪，系初犯、偶犯的；被告人杀人或伤人后有抢救被害人行为的，在量刑时应该酌情予以从宽处罚。

未成年人及老年人的故意杀人、伤害犯罪与一般人犯罪相比，主观恶性和人身危险性等方面有一定特殊性，在处理时应当依据《意见》的第20条、第21条考虑从宽。对犯故意杀人、伤害罪的未成年人，要坚持"教育为主，惩罚为辅"的原则和"教育、感化、挽救"的方针进行处罚。对于情节较轻、后果不重的伤害案件，可以依法适用缓刑、或者判处管制、单处罚金等非监禁刑。对于情节严重的未成年人，也应当从轻或减轻处罚。对于已满十四周岁不满十六周岁的未成年人，一般不判处无期徒刑。对于七十周岁以上的老年人犯故意杀人、伤害罪的，由于其已没有再犯罪的可能，在综合考虑其犯罪情节和主观恶性、人身危险性的基础上，一般也应酌情从宽处罚。

4. 严格控制和慎重适用死刑。故意杀人和故意伤害犯罪在判处死刑的案件中所占比例最高，审判中要按照《意见》第29条的规定，准确理解和严格执行"保留死刑，严格控制和慎重适用死刑"的死刑政策，坚持统一的死刑适用标准，确保死刑只适用于极少数罪行极其严重的犯罪分子；坚持严格的证据标准，确保把每一起判处死刑的案件都办成铁案。对于罪行极其严重，但只要有法定、酌定从轻情节，依法可不立即执行的，就不应当判处死刑立即执行。

对于自首的故意杀人、故意伤害致人死亡的被告人，除犯罪情节特别恶劣，犯罪后果特别严重的，一般不应考虑判处死刑立即执行。对亲属送被告人归案或协助抓获被告人的，也应视为自首，原则上应当从宽处罚。对具有立功表现的故意杀人、故意伤害致死的被告人，一般也应当体现从宽，可考虑不判处死刑立即执行。但如果犯罪情节特别恶劣，犯罪后果特别严重的，即使有立功情节，也可以不予从轻处罚。

共同犯罪中，多名被告人共同致死一名被害人的，原则上只判处一人死刑。处理时，根据案件的事实和证据能分清主从犯的，都应当认定主从犯；有多名主犯的，应当在主犯中进一步区分出罪行最为严重者和较为严重者，不能以分不清主次为由，简单地一律判处死刑。

2. 从严、从重处罚

最高人民法院、最高人民检察院关于办理妨害预防、控制突发传染病疫情等灾害的刑事案件具体应用法律若干问题的解释（2003年5月15日）

第九条 在预防、控制突发传染病疫情等灾害期间，聚众"打砸抢"，致人伤残、死亡的，依照刑法第二百八十九条、第二百三十四条、第二百三十二条的规定，以故意伤害罪或者故意杀人罪定罪，依法从重处罚。

最高人民法院、最高人民检察院、公安部、司法部关于依法惩治拐卖妇女儿童犯罪的意见（2010年3月15日）

八、刑罚适用

28. ……拐卖妇女、儿童，并对被拐卖的妇女、儿童实施故意杀害、伤害、猥亵、侮辱等行为，数罪并罚决定执行的刑罚应当依法体现从严。

最高人民检察院关于强制隔离戒毒所工作人员能否成为虐待被监管人罪主体问题的批复（2015年2月15日）

对于强制隔离戒毒所监管人员殴打或者体罚虐待戒毒人员，或者指使戒毒人员殴打、体罚虐待其他戒毒人员……造成戒毒人员伤残、死亡后果的，应当依照刑法第二百三十四条、第二百三十二条的规定，以故意伤害罪、故意杀人罪从重处罚。

3. 从宽处罚

最高人民法院、最高人民检察院、公安部、司法部关于依法办理家庭暴力犯罪案件的意见（2015年3月2日）

三、定罪处罚

20. 充分考虑案件中的防卫因素和过错责任。对于长期遭受家庭暴力后，在激愤、恐惧状态下为了防止再次遭受家庭暴力，或者为了摆脱家庭暴力而故意杀害、伤害施暴人，被告人的行为具有防卫因素，施暴人在案件起因上具有明显过错或者直接责任的，可以酌情从宽处罚……

4. 剥夺政治权利

最高人民法院关于对故意伤害、盗窃等严重破坏社会秩序的犯罪分子能否附加剥夺政治权利问题的批复（1998年1月13日）

根据刑法第五十六条规定，对于故意杀人、强奸放火、爆炸、投毒、抢劫等严重破坏社会秩序的犯罪分子，可以附加剥夺政治权利。对故意伤害、盗窃等其他严重破坏社会秩序的犯罪，犯罪分子主观恶性较深、犯罪情节恶劣、罪行严重的，也可以依法附加剥夺政治权利。

5. 减刑、假释

最高人民法院关于办理减刑、假释案件具体应用法律的规定（2017年1月1日）

第二十五条第一款 对累犯以及因故意杀人、强奸、抢劫、绑架、放火、爆炸、投放危险物质或者有组织的暴力性犯罪被判处十年以上有期徒刑、无期徒刑的罪犯，不得假释。

最高人民法院、最高人民检察院、公安部、司法部关于依法办理家庭暴力犯罪案件的意见（2015年3月2日）

三、定罪处罚

20. 充分考虑案件中的防卫因素和过错责任……在服刑期间确有悔改表现的，可以根据其家庭情况，依法放宽减刑的幅度，缩短减刑的起始时间与间隔时间；符合假释条件的，应当假释。被杀害施暴人的近亲属表示谅解的，在量刑、减刑、假释时应当予以充分考虑。

6. 死刑

最高人民法院关于审理故意杀人、故意伤害案件正确适用死刑问题的指导意见（2009年8月3日）

一、关于故意杀人、故意伤害犯罪死刑适用的基本要求故意杀人、故意伤害（指致人死亡或者以特别残忍的手段致人重伤造成严重残疾的）犯罪是非法剥夺他人生命和健康权利的严重犯罪。对罪行极其严重的故意杀人、故意伤害犯罪分子依法适用死刑，是贯彻执行"保留死刑，严格控制和慎重适用死刑"刑事政策的重要方面。

"保留死刑，严格控制和慎重适用死刑"是我国一贯的刑事政策，必须保证这一重要刑事政策适用的连续性和稳定性；要以最严格的标准和最审慎的态度，确保死刑只适用于极少数罪行极其严重的犯罪分子，保证更有力、更准确地依法惩治严重刑事犯罪。

要更加注重贯彻宽严相济的基本刑事政策。注意区分案件的不同情况，区别对待，做到当严则严，该宽则宽，宽严相济，罚当其罪。对于犯罪动机特别卑劣、犯罪情节特别恶劣、犯罪后果特别严重等严重危害社会治安和影响人民群众安全感的故意杀人、故意伤害案件，要依法从严惩处。对因婚姻家庭、邻里纠纷等民间矛盾引发的案件，要慎重适用死刑。

要严格依法量刑，注重办案效果。对故意杀人、故意伤害犯罪案件是否适用死刑，要严格依照法律规定，坚持罪刑法定、罪刑相适应等刑法基本原则，综合考虑案件的性质，犯罪的起因、动机、目的、手段等情节，犯罪的后果，被告人的主观恶性和人身危险性等因素，全面分析影响量刑的轻、重情节，根据被告人的罪责，并考虑涉案当地的社会治安状况和犯罪行为对人民群众安全感的影响，严格依法适用，确保死刑裁判法律效果和社会效果的有机统一。

二、关于故意杀人罪的死刑适用

对于故意杀人犯罪案件是否适用死刑，要综合分析，区别对待，依法慎重决定。

一是要注意区分案件性质。对下列严重危害社会治安和严重影响人民群众安全感的犯罪，应当体现从严惩处的原则，依法判处被告人重刑直至死刑立即执行。如：暴力恐怖犯罪、黑社会性质组织犯罪、恶势力犯罪以及其他严重暴力犯罪中故意杀人的首要分子；雇凶杀人的；冒充军警、执法人员杀人的，等等。但是，对于其中具有法定从轻处罚情节的，也要注意依法从宽处罚。

对于因婚姻家庭、邻里纠纷以及山林、水流、田地纠纷等民间矛盾激化引发的故意杀人案件，在适用死刑时要特别慎重。如：被害人一方有明显过错或者对矛盾激化负有直接责任的；被告人有法定从轻处罚情节的；被告人积极赔偿被害人经济损失、真诚悔罪的；被害方谅解的，等等，除犯罪情节特别恶劣、犯罪后果特别严重、人身危险性极大的被告人外，一般可考虑不判处死刑立即执行。

二是要注重区分犯罪情节。对于犯罪情节特别恶劣,又无从轻处罚情节的被告人,可以依法判处死刑立即执行。如:暴力抗法而杀害执法人员的;以特别残忍的手段杀人的;持枪杀人的;实施其他犯罪后杀人灭口的;杀人后为掩盖罪行或者出于其他卑劣动机分尸、碎尸、焚尸灭迹的,等等。

三是要注重区分犯罪后果。故意杀人罪的直接后果主要是致人死亡,但也要考虑对社会治安的影响等其他后果。对于被害人有明显过错,或者有其他从轻情节可以对被告人从宽处罚的,即使造成了死亡的后果,一般也可不判处死刑立即执行。故意杀人未遂的,一般不判处被告人死刑。对于防卫过当致人死亡的,应当减轻或者免除处罚。虽不构成防卫过当,但带有防卫性质的故意杀人,即使造成了被害人死亡的结果,也不判处被告人死刑。

四是注重区分被告人的主观恶性及人身危险性。要从被告人的犯罪动机、犯罪预谋、犯罪过程中的具体情节以及被害人的过错等方面综合判断被告人的主观恶性。在直接故意杀人与间接故意杀人案件中,被告人的主观恶性程度是不同的,在处刑上也应有所区别。

对于犯罪动机卑劣而预谋杀人的,或者性情残暴动辄肆意杀人的被告人,可以依法判处死刑立即执行。对于坦白主要犯罪事实并对定案证据的收集有重要作用的;犯罪后自动归案但尚不构成自首的;被告人亲属协助司法机关抓获被告人后,被告人对自己的罪行供认不讳的;被告人及其亲属积极赔偿被害方经济损失并取得被害方谅解的;刚满18周岁或已满70周岁以上的人犯罪且情节不是特别恶劣的,等等,一般可不判处死刑立即执行。

要从被告人有无前科及平时表现、犯罪后的悔罪情况等方面综合判断被告人的人身危险性。对于累犯中前罪系暴力犯罪,或者曾因暴力犯罪被判重刑后又犯故意杀人罪的;杀人后毫无悔罪表现的,等等,如果没有法定从轻处罚情节,一般可依法判处死刑立即执行。对于犯罪后积极抢救被害人、减轻危害后果或者防止危害后果扩大的;虽具有累犯等法定从重处罚情节,但前罪较轻,或者同时具有自首等法定、酌定从轻情节,经综合考虑不是必须判处死刑立即执行的,等等,一般可不判处被告人死刑立即执行。

二、关于故意伤害罪的死刑适用

相对于故意杀人犯罪而言,故意伤害犯罪的社会危害性和被告人的主观恶性程度不同,适用死刑应当比故意杀人犯罪更加慎重,标准更加严格。只有对于犯罪后果特别严重、手段特别残忍、情节特别恶劣的被告人,才可以适用死刑立即执行。

对故意伤害致人死亡的被告人决定是否适用死刑立即执行时,要将严重危害社会治安的案件与民间纠纷引发的案件有所区别;将手段特别残忍、情节特别恶劣的与手段、情节一般的有所区别;将预谋犯罪与激情犯罪有所区别,等等。

对于下列故意伤害致人死亡的被告人,如果没有从轻情节,可以适用死刑立即执行。如:暴力恐怖犯罪、黑社会性质组织犯罪、恶势力犯罪以及其他严重暴力犯罪中故意伤害他人的首要分子;起组织、策划作用或者为主实施伤害行为罪行最严重的主犯;聚众"打砸抢"伤害致人死亡的首要分子;动机卑劣而预谋伤害致人死亡的,等等。

对于故意伤害致人死亡的被告人,如果具有下列情形,一般不判处死刑立即执行。如:因婚姻家庭、邻里纠纷以及山林、水流、田地纠纷等民间矛盾激化引发的;被害人有过错,或者对引发案件负有直接责任的;犯罪手段、情节一般的;被告人犯罪后积极救治被害人,或者积极赔偿被害方经济损失并真诚悔罪的;被告人作案时刚满18周岁或已满70周岁以上,且情节不是特别恶劣的;其他经综合考虑所有量刑情节可不判处死刑立即执行的,等等。

以特别残忍手段致人重伤造成严重残疾的故意伤害案件,适用死刑时应当更加严格把握,并不是只要达到"严重残疾"的程度就必须判处被告人死刑。要根据致人"严重残疾"的具体情况,综合考虑犯罪情节和"严重残疾"的程度等情况,慎重决定。

故意伤害案件中"严重残疾"的标准,在有关司法解释出台前,可参照1996年国家技术监督局颁布的《职工工伤与职业病致残程度鉴定标准》确定残疾等级。即"严重残疾"是指下列情形之一:被害人身体器官大部缺损、器官明显畸形、身体器官有中等功能障碍、造成严重并发症等。残疾程度可以分为一般残疾(十至七级)、严重残疾(六至三级)、特别严重残疾(二至一级),六级以上为"严重残疾"。

对于以特别残忍手段造成被害人重伤致特别严重残疾的被告人,可以适用死刑立即执行。但对于那些使用硫酸等化学物质严重毁容,或者采取砍掉手脚等极其残忍手段致使被害人承受极度肉体、精神痛苦的,虽未达到特别严重残疾的程度,但犯罪情节特别恶劣,造成被害人四级以上严重残疾程度的,也可以适用死刑立即执行。

四、关于故意杀人、故意伤害共同犯罪的死刑适用

对于故意杀人、故意伤害共同犯罪案件的死刑适用,要充分考虑各被告人在共同犯罪中的地位和作用、犯罪后果、被告人的主观恶性和人身危险性等情况,正确认定各被告人的罪责并适用刑罚。一案中有多名主犯的,要在主犯中

区分出罪责最为严重者和较为严重者。

对于共同致一人死亡,依法应当判处被告人死刑立即执行的,原则上只判处一名被告人死刑立即执行。罪行极其严重的主犯因有立功、自首等法定从轻处罚情节而依法不判处死刑立即执行的,也不能对罪行相对较轻的主犯判处死刑立即执行。

对于被告人地位、作用相当,罪责相对分散,或者罪责确实难以分清的,一般不判处被告人死刑立即执行。确需判处被告人死刑立即执行的,要充分考虑被告人在主观恶性和人身危险性等方面的不同,审慎决定。

对于家庭成员共同犯罪案件,适用死刑要特别慎重,应尽量避免判处同一家庭两名以上成员死刑立即执行。

对于有同案犯在逃的案件,要分清罪责,慎重决定对在案的被告人判处死刑立即执行。

雇凶犯罪作为一种共同犯罪,其社会危害性比一般共同犯罪更大,应当依法从严惩处。雇凶者作为犯罪的"造意者",其对案件的发生负有直接和更主要的责任,只有依法严惩雇凶者,才能有效遏制犯罪。但在具体量刑时,也要根据案件的不同情况,区别对待。

对于雇凶者与受雇者共同直接实施故意杀人、故意伤害犯罪行为的,应认定雇凶者为罪行最严重的主犯;雇凶者没有直接实施故意杀人、故意伤害犯罪行为,但参与了共同犯罪的策划,实施了具体组织、指挥行为的,对雇凶者也应认定为罪行最严重的主犯;雇凶者只是笼统提出犯意,没有实施具体组织、指挥行为,积极实施犯罪行为的受雇者可认定为罪行最严重的主犯;雇凶者雇佣未成年人实施故意杀人、故意伤害犯罪的,雇凶者为罪行最严重的主犯;对于多名受雇者地位、作用相当,责任相对分散,或者责任难以分清的,雇凶者应对全案负责,应认定雇凶者为罪行最严重的主犯。

受雇者明显超出雇凶者授意范围,实施故意杀人、故意伤害犯罪,因行为过限,造成更严重危害后果的,应当以实际实施的行为承担刑事责任。

对于雇凶杀人、伤害只致一人死亡的案件,一般不宜同时判处雇凶者与受雇者死刑立即执行。对于案情特别重大,后果特别严重,确需判处两名以上被告人死刑立即执行的,要严格区分多名受雇者的地位、作用,根据其罪责和犯罪情节,一般可对雇凶者和其中罪行最严重的受雇者判处死刑立即执行。

五、关于被告人有自首、立功情节的死刑适用

自首和立功是刑法明确规定的、司法实践中适用较多的两种法定从轻或减轻处罚情节。对于具备这两种情节之一的,一般都应依法从轻处罚。对于具有自首、

立功情节，同时又有累犯、前科等法定、酌定从重处罚情节的，要综合分析从重因素和从轻因素哪方面更突出一些，依法体现宽严相济的基本刑事政策。

对于被告人未自首，但被告人亲属协助抓获被告人，或者提供被告人犯罪的主要证据对定案起到重要作用等情况的，应作为酌定从宽情节，予以充分考虑。

对于具有犯罪后果特别严重、犯罪动机特别卑劣或者被告人为规避法律而自首等情形的，对被告人是否从轻处罚，要从严掌握。

对于罪该判处死刑的被告人具有立功表现的，是否从轻处罚，应当以该立功是否足以抵罪为标准。被告人确有重大立功表现的，一般应当考虑从轻处罚；被告人有一般立功表现，经综合考虑足以从轻的，也可以考虑对被告人从轻处罚；被告人亲属为使被告人得到从轻处罚，检举、揭发他人犯罪或者协助司法机关抓捕其他犯罪嫌疑人的，虽不能视为被告人立功，也可以作为酌定从宽情节考虑。对于黑社会性质组织犯罪的首要分子、犯罪集团的首要分子等，犯罪主体的特殊性决定了其有可能掌握他人较多的犯罪线索，即使其检举揭发与其犯罪有关联的人或事构成重大立功的，从轻处罚也要从严掌握。如果被告人罪行极其严重，只有一般立功表现，经综合考虑不足以从轻的，可不予从轻处罚。

六、正确把握民事赔偿与死刑适用的关系

对于因婚姻家庭、邻里纠纷等民间矛盾激化引发、侵害对象特定的故意杀人、故意伤害案件，如果被告人积极履行赔偿义务，获得被害方的谅解或者没有强烈社会反响的，可以依法从宽判处。对于那些严重危害社会治安的故意杀人、故意伤害案件，被告人积极赔偿，得到被害方谅解的，依法从宽判处应当特别慎重。

要特别重视对故意杀人、故意伤害死刑案件的民事调解工作。一、二审法院要进一步加大调解力度，尽可能地促使当事人在一审达成调解协议。一审调解不成的，二审法院仍然要做更多更细致的工作，将调解工作贯穿案件审理始终，避免因民事部分没有妥善处理而影响量刑、出现上访闹访。对于依法可以不判处被告人死刑的案件，要最大限度地促成双方当事人达成赔偿协议，取得被害方谅解。对于具有法定从轻情节，被害人有明显过错等依法不应当判处被告人死刑的案件，也不能因为被害方不接受赔偿或达不成调解协议而判处被告人死刑。对于因具有赔偿好等情节而不判处死刑的，裁判文书中应注意从被告人积极认罪、真诚悔罪、获得被害方谅解等角度充分阐释裁判理由，争取更好的社会效果。

要注意依法保护被害方的合法权益。被告人的犯罪行为造成被害人经济损失的，要依法判决被告人承担民事赔偿责任，不能因为判处被告人死刑而该赔的不赔。对于那些因被告人没有赔偿能力而得不到赔偿的,要通过国家救助制度,解决被害方因被告人的犯罪行为造成的暂时的生活、医疗困难,安抚被害人及其亲属,促进社会和谐。

七、正确对待被害方的诉求

要正确对待和慎重处理被害方反映强烈的案件。有的案件,无论一、二审法院是否判处被告人死刑,都可能会有当事人及其亲属对裁判结果不满,并通过上访闹访等各种途径给法院施加压力,严重影响社会和谐稳定。各级法院对此要引起高度重视,着力化解矛盾,避免因工作上的失误造成当事人自伤自残的后果,甚至引发群体性事件。

被害方对犯罪的社会危害性体会最深刻、感受最具体,这种感受,体会也是犯罪社会危害性的重要反映。但是,由于被害方与案件有利害关系,他们表达的诉求和意愿往往带有一定的感情色彩和情绪化的因素。对被害方的意愿既要充分地理解、尊重和考虑,又不能简单地把被害方的意愿等同于民意,要注意区分情况,慎重处理。对于被害方合法合理的诉求,要依法保护;对于超出法律规定的要求,要注意做好说服解释工作,尤其是对于依法不应当判处死刑的,不能因为被害方反应激烈就判处死刑。要注意工作方法和策略,着力化解矛盾,引导被害方采取理性合法的形式表达诉求,以维护法律权威,确保社会稳定。

要充分依靠当地党委和政府,认真做好当事人及其亲属的工作,妥善处理上访事件。在严格依法独立公正办案的同时,要把案件处理与解决纠纷、化解矛盾结合起来。对于因判处死刑或者不判处死刑,或者因民事部分处理不当而引发的缠讼、上访和群体性事件,要依靠党委,争取政府和有关部门的支持,耐心细致地做好教育、疏导、制止工作,最大程度地实现"案结事了",最大程度地实现法律效果和社会效果的有机统一。

最高人民法院全国法院维护农村稳定刑事审判工作座谈会纪要(1999 年 10 月 27 日)

二、(一)关于故意杀人、故意伤害案件

要准确把握故意杀人犯罪适用死刑的标准。对故意杀人犯罪是否判处死刑,不仅要看是否造成了被害人死亡结果,还要综合考虑案件的全部情况。对于因婚姻家庭、邻里纠纷等民间矛盾激化引发的故意杀人犯罪,适用死刑一定要十分慎重,应当与发生在社会上的严重危害社会治安的其他故意杀人犯罪案件有所区别。对于被害人一方有明显过错或对矛盾激化负有直接责任,或者被告人有法定从轻罚情节的,一般不应判处死刑立即执行。

最高人民法院关于发布第一批指导性案例的通知（2011年12月20日）

王志才故意杀人案（指导案例4号）

裁判要点：因恋爱、婚姻矛盾激化引发的故意杀人案件，被告人犯罪手段残忍，论罪应当判处死刑，但被告人具有坦白悔罪、积极赔偿等从轻处罚情节，同时被害人亲属要求严惩的，人民法院根据案件性质、犯罪情节、危害后果和被告人的主观恶性及人身危险性，可以依法判处被告人死刑，缓期二年执行，同时决定限制减刑，以有效化解社会矛盾，促进社会和谐。

最高人民法院关于发布第三批指导性案例的通知（2012年9月18日）

李飞故意杀人案（指导案例12号）

裁判要点：对于因民间矛盾引发的故意杀人案件，被告人犯罪手段残忍，且系累犯，论罪应当判处死刑，但被告人亲属主动协助公安机关将其抓捕归案，并积极赔偿的，人民法院根据案件具体情节，从尽量化解社会矛盾角度考虑，可以依法判处被告人死刑，缓期二年执行，同时决定限制减刑。

第二百三十三条　【过失致人死亡罪】 过失致人死亡的，处三年以上七年以下有期徒刑；情节较轻的，处三年以下有期徒刑。本法另有规定的，依照规定。

● 定罪

1. 在公共交通管理的范围外，驾驶交通工具致人伤亡行为的定性

最高人民法院关于审理交通肇事刑事案件具体应用法律若干问题的解释（2000年11月21日）

第八条第二款　在公共交通管理的范围外，驾驶机动车辆或者使用其他交通工具致人伤亡或者致使公共财产或者他人财产遭受重大损失，构成犯罪的，分别依照刑法第一百三十四条、第一百三十五条、第二百三十三条等规定定罪处罚。

2. 过失高空坠物，致人伤亡行为的定性

最高人民法院关于依法妥善审理高空抛物、坠物案件的意见（2019年10月21日）

二、依法惩处构成犯罪的高空抛物、坠物行为，切实维护人民群众生命财产安全

7. 准确认定高空坠物犯罪。过失导致物品从高空坠落，致人死亡、重伤、

符合刑法第二百三十三条、第二百三十五条规定的，依照过失致人死亡罪、过失致人重伤罪定罪处罚。在生产、作业中违反有关安全管理规定，从高空坠落物品，发生重大伤亡事故或者造成其他严重后果的，依照刑法第一百三十四条第一款的规定，以重大责任事故罪定罪处罚。

3. 盗窃、破坏非公共场所窨井盖，过失致人死亡行为的定性

（参见第二百三十二条【定罪】11. 明知会致人死亡而盗窃、破坏非公共场所窨井盖行为的定性）

4. 对窨井盖负有一般管理职责的人员严重不负责任，导致人员坠井行为的定性

最高人民法院、最高人民检察院、公安部关于办理涉窨井盖相关刑事案件的指导意见（2020年3月16日）

十、对窨井盖负有管理职责的其他公司、企业、事业单位的工作人员，严重不负责任，导致人员坠井等事故，致人重伤或者死亡，符合刑法第二百三十五条、第二百三十三条规定的，分别以过失致人重伤罪、过失致人死亡罪定罪处罚。

5. 为实施"碰瓷"而过失致人重伤行为的定性

（参见第二百三十二条【定罪】12. 为实施"碰瓷"而故意杀害他人行为的定性）

第二百三十四条　【故意伤害罪】 故意伤害他人身体的，处三年以下有期徒刑、拘役或者管制。

犯前款罪，致人重伤的，处三年以上十年以下有期徒刑；致人死亡或者以特别残忍手段致人重伤造成严重残疾的，处十年以上有期徒刑、无期徒刑或者死刑。本法另有规定的，依照规定。

● 关联法条

第九十五条，第二百三十四条之一第二款，第二百三十八条，第二百四十一条第三、四款，第二百四十七条，第二百四十八条，第二百八十九条，第二百九十二条第二款，第三百三十三条第二款

● 定罪

1. 本罪定义

最高人民检察院关于印发部分罪案《审查逮捕证据参考标准（试行）》的通知（2003年11月27日）

四、故意伤害罪案审查逮捕证据参考标准

故意伤害罪，是指触犯《刑法》第234条的规定，非法故意损害他人身体健康的行为。其他以故意伤害罪定罪处罚的有：（1）非法拘禁使用暴力致人伤残的；（2）使用暴力刑讯逼供致人伤残的；（3）体罚虐待被监管人致人伤残的；（4）聚众斗殴致人重伤的；（5）聚众"打砸抢"致人伤残的；（6）组织和利用邪教组织制造、散布迷信邪说，指使、胁迫其成员或者其他人实施自伤行为的；（7）组织、策划、煽动、教唆、帮助邪教组织人员自残的；（8）行为人在交通肇事后为逃避法律追究，将被害人带离事故现场后隐藏或遗弃，致使被害人无法得到救助而严重残疾的。

2. 第二款"严重残疾"的认定

最高人民法院全国法院维护农村稳定刑事审判工作座谈会纪要（1999年10月27日）

二、（一）关于故意杀人、故意伤害案件

……要准确把握故意伤害致人重伤造成"严重残疾"的标准。参照1996年国家技术监督局颁布的《职工工伤与职业病致残程度鉴定标准》（以下简称"工伤标准"），刑法第二百三十四条第二款规定的"严重残疾"是指下列情形之一：被害人身体器官大部缺损、器官明显畸形、身体器官有中等功能障碍、造成严重并发症等。残疾程序可以分为一般残疾（十至七级）、严重残疾（六至三级）、特别严重残疾（二至一级），六级以上视为"严重残疾"。在有关司法解释出台前①，可统一参照"工伤标准"确定残疾等级。实践中，并不是只要达到"严重残疾"就判处死刑，还要根据伤害致人"严重残疾"的具体情况，综合考虑犯罪情节和危害后果来决定刑罚。故意伤害致重伤造成严重残疾，只有犯罪手段特别残忍，后果特别严重的，才能考虑适用死刑（包括死刑，缓期二年执行）。

---

① 编者注：人体损伤致残程度鉴定统一适用《人体损伤程度致残分级》（2017年1月1日）。

3. 肇事后为逃避法律追究，将被害人带离后隐藏或遗弃，致使其无法得到救助而严重残疾行为的定性

最高人民法院关于审理交通肇事刑事案件具体应用法律若干问题的解释（2000年11月21日）

第六条 行为人在交通肇事后为逃避法律追究，将被害人带离事故现场后隐藏或者遗弃，致使被害人无法得到救助而死亡或者严重残疾的，应当分别依照刑法第二百三十二条、第二百三十四条第二款的规定，以故意杀人罪或者故意伤害罪定罪处罚。

4. 抗税致人重伤行为的定性

最高人民法院关于审理偷税抗税刑事案件具体应用法律若干问题的解释（2002年11月7日）

第六条第一款 实施抗税行为致人重伤、死亡，构成故意伤害罪、故意杀人罪的，分别依照刑法第二百三十四条第二款、第二百三十二条的规定定罪处罚。

5. 组织、利用邪教组织，制造、散布迷信邪说，组织、策划、煽动、胁迫、教唆、帮助其成员或者他人实施自杀、自伤行为的定性

最高人民法院、最高人民检察院关于办理组织、利用邪教组织破坏法律实施等刑事案件适用法律若干问题的解释（2017年2月1日）

第十一条 组织、利用邪教组织，制造、散布迷信邪说，组织、策划、煽动、胁迫、教唆、帮助其成员或者他人实施自杀、自伤的，依照刑法第二百三十二条、第二百三十四条的规定，以故意杀人罪或者故意伤害罪定罪处罚。

6. 限制行为能力人盗窃、诈骗、抢夺他人财物，故意伤害致人重伤行为的定性

最高人民法院关于审理未成年人刑事案件具体应用法律若干问题的解释（2006年1月23日）

第十条第一款 已满十四周岁不满十六周岁的人盗窃、诈骗、抢夺他人财物，为窝藏赃物、抗拒抓捕或者毁灭罪证，当场使用暴力，故意伤害致人重伤或者死亡，或者故意杀人的，应当分别以故意伤害罪或者故意杀人罪定罪处罚。

7. 对未成年男性实施猥亵，造成轻伤以上后果行为的定性

最高人民法院、最高人民检察院、公安部、司法部关于依法惩治性侵害未成年人犯罪的意见（2013年10月23日）

三、准确适用法律

22.……对已满十四周岁的未成年男性实施猥亵，造成被害人轻伤以上后果，符合刑法第二百三十四条或者第二百三十二条规定的，以故意伤害罪或者故意杀人罪定罪处罚。①

8. 在医疗机构内故意伤害医务人员造成轻伤以上严重后果行为的定性

最高人民法院、最高人民检察院、公安部、司法部、国家卫生和计划生育委员会关于依法惩处涉医违法犯罪维护正常医疗秩序的意见（2014年4月22日）

二、严格依法惩处涉医违法犯罪

（一）在医疗机构内……故意伤害医务人员造成轻伤以上严重后果……构成……故意伤害罪……的，依照刑法的有关规定定罪处罚。

9. 在疫情防控期间，故意伤害医务人员行为的认定

最高人民法院、最高人民检察院、公安部、司法部关于依法惩治妨害新型冠状病毒感染肺炎疫情防控违法犯罪的意见（2020年2月6日）

二、准确适用法律，依法严惩妨害疫情防控的各类违法犯罪

（二）依法严惩暴力伤医犯罪。在疫情防控期间，故意伤害医务人员造成轻伤以上的严重后果，或者对医务人员实施撕扯防护装备、吐口水等行为，致使医务人员感染新型冠状病毒的，依照刑法第二百三十四条的规定，以故意伤害罪定罪处罚……

10. 安全事故发生后，故意阻挠抢救，致人重伤、重残行为的定性

最高人民法院、最高人民检察院关于办理危害生产安全刑事案件适用法律若干问题的解释（2015年12月16日）

第十条　在安全事故发生后，直接负责的主管人员和其他直接责任人员故意阻挠开展抢救，导致人员死亡或者重伤，或者为了逃避法律追究，对被害人进行隐藏、遗弃，致使被害人因无法得到救助而死亡或者重度残疾的，分别依照刑法第二百三十二条、第二百三十四条的规定，以故意杀人罪或者故意伤害罪定罪处罚。

---

① 编者注：根据《刑法修正案（九）》第十三条，该情形构成强制猥亵罪与故意杀人罪的想象竞合犯，应从一重罪处理。

11. 明知自己感染艾滋病病毒而卖淫、嫖娼的，或故意不采取防范措施而与他人发生性关系行为的定性

最高人民法院、最高人民检察院关于办理组织、强迫、引诱、容留、介绍卖淫刑事案件适用法律若干问题的解释（2017年7月25日）

第十二条第二款　具有下列情形之一，致使他人感染艾滋病病毒的，认定为刑法第九十五条第三项"其他对于人身健康有重大伤害"所指的"重伤"，依照刑法第二百三十四条第二款的规定，以故意伤害罪定罪处罚：

（一）明知自己感染艾滋病病毒而卖淫、嫖娼的；

（二）明知自己感染艾滋病病毒，故意不采取防范措施而与他人发生性关系的。

12. 袭警致使民警重伤行为的定性

（参见第二百三十二条【定罪】10. 袭警致使民警死亡行为的定性）

13. 明知患有艾滋病或者其他严重传染疾病，故意以撕咬、抓挠等方式伤害他人行为的定性

公安部关于公安机关处置信访活动中违法犯罪行为适用法律的指导意见（2013年7月19日）

三、对侵犯人身权利、财产权利违法犯罪行为的处理

1. 殴打他人或者故意伤害他人身体，符合《治安管理处罚法》第四十三条规定的，以殴打他人、故意伤害依法予以治安管理处罚；符合《刑法》第二百三十四条规定的，以故意伤害罪追究刑事责任。明知患有艾滋病或者其他严重传染疾病，故意以撕咬、抓挠等方式伤害他人，符合《刑法》第二百三十四条规定的，以故意伤害罪追究刑事责任。

14. 明知会致人受伤而盗窃、破坏非公共场所窨井盖行为的定性

（参见第二百三十二条【定罪】11. 明知会致人死亡而盗窃、破坏非公共场所窨井盖行为的定性）

15. 为实施"碰瓷"而故意伤害他人行为的定性

（参见第二百三十二条【定罪】12. 为实施"碰瓷"而故意杀害他人行为的定性）

16. 罪与非罪

公安部公安机关办理伤害案件规定（2006年2月1日）

第二十九条　根据《中华人民共和国刑法》第十三条及《中华人民共和国

刑事诉讼法》第十五条第一项规定，对故意伤害他人致轻伤，情节显著轻微、危害不大，不认为是犯罪的，以及被害人伤情达不到轻伤的，应当依法予以治安管理处罚。

17. 一罪与数罪

最高人民法院关于对设置圈套诱骗他人参赌又向索还钱财的受骗者施以暴力或暴力威胁的行为应如何定罪问题的批复（1995年11月6日）

行为人设置圈套诱骗他人参赌获取钱财……参赌者识破骗局要求退还所输钱财，设赌者又使用暴力或者以暴力相威胁，拒绝退还的……致参赌者伤害或者死亡的，应以赌博罪和故意伤害罪或者故意杀人罪，依法实行数罪并罚。

最高人民法院全国法院维护农村稳定刑事审判工作座谈会纪要（1999年10月27日）

二、（三）关于农村恶势力犯罪案件

……对于团伙成员相对固定，以暴力、威胁手段称霸一方，欺压百姓，采取收取"保护费"、代人强行收债、违规强行承包等手段，公然与政府对抗的，应按照黑社会性质组织犯罪处理；其中，又有故意杀人、故意伤害等犯罪行为的，按数罪并罚的规定处罚。

公安部关于妨害国（边）境管理犯罪案件立案标准及有关问题的通知（2000年3月31日）

一、立案标准

……在组织、运送他人偷越国（边）境中，对被组织人、被运送人有杀害、伤害、强奸、拐卖等犯罪行为，或者对检查人员有杀害、伤害等犯罪行为的，应当分别依照杀人、伤害、强奸、拐卖等案件一并立案侦查。

最高人民法院、最高人民检察院、公安部、司法部关于依法惩治拐卖妇女儿童犯罪的意见（2010年3月15日）

五、定性

20. 明知是被拐卖的妇女、儿童而收买，具有下列情形之一的，以收买被拐卖的妇女、儿童罪论处；同时构成其他犯罪的，依照数罪并罚的规定处罚：

（3）非法剥夺、限制被收买妇女、儿童的人身自由，情节严重，或者对被收买妇女、儿童有强奸、伤害、侮辱、虐待等行为的；

（6）造成被收买妇女、儿童或者其亲属重伤、死亡以及其他严重后果的；

七、一罪与数罪

25. 拐卖妇女、儿童，又对被拐卖的妇女、儿童实施故意杀害、伤害、猥亵、侮辱等行为，构成其他犯罪的，依照数罪并罚的规定处罚。

最高人民法院、最高人民检察院关于办理寻衅滋事刑事案件适用法律若干问题的解释（2013年7月22日）

第七条　实施寻衅滋事行为，同时符合寻衅滋事罪和故意杀人罪、故意伤害罪、故意毁坏财物罪、敲诈勒索罪、抢夺罪、抢劫罪等罪的构成要件的，依照处罚较重的犯罪定罪处罚。

最高人民法院、最高人民检察院、公安部、司法部关于依法惩治性侵害未成年人犯罪的意见（2013年10月23日）

三、准确适用法律

22. 实施猥亵儿童犯罪，造成儿童轻伤以上后果，同时符合刑法第二百三十四条或者第二百三十二条的规定，构成故意伤害罪、故意杀人罪的，依照处罚较重的规定定罪处罚。

最高人民法院、最高人民检察院、公安部关于办理组织领导传销活动刑事案件适用法律若干问题的意见（2013年11月14日）

六、关于罪名的适用问题

……犯组织、领导传销活动罪，并实施故意伤害、非法拘禁、敲诈勒索、妨害公务、聚众扰乱社会秩序、聚众冲击国家机关、聚众扰乱公共场所秩序、交通秩序等行为，构成犯罪的，依照数罪并罚的规定处罚。

最高人民检察院关于强迫借贷行为适用法律问题的批复（2014年4月17日）

以暴力、胁迫手段强迫他人借贷，属于刑法第二百二十六条第二项规定的"强迫他人提供或者接受服务"，情节严重的，以强迫交易罪追究刑事责任；同时构成故意伤害罪等其他犯罪的，依照处罚较重的规定定罪处罚……

最高人民法院、最高人民检察院、公安部、司法部关于依法办理家庭暴力犯罪案件的意见（2015年3月2日）

三、定罪处罚

16. 依法准确定罪处罚。对故意杀人、故意伤害、强奸、猥亵儿童、非法拘禁、侮辱、暴力干涉婚姻自由、虐待、遗弃等侵害公民人身权利的家庭暴力犯罪，应当根据犯罪的事实、犯罪的性质、情节和对社会的危害程度，严格依照刑法的有关规定判处。对于同一行为同时触犯多个罪名的，依照处罚较重的规定定罪处罚。

最高人民法院、最高人民检察院、公安部、司法部关于办理黑恶势力犯罪案件若干问题的指导意见（2018年1月16日）

五、依法打击非法放贷讨债的犯罪活动

19. 在民间借贷活动中，如有擅自设立金融机构、非法吸收公众存款、骗取贷款、套取金融机构资金发放高利贷以及为强索债务而实施故意杀人、故意伤害、非法拘禁、故意毁坏财物等行为的，应当按照具体犯罪侦查、起诉、审判。依法符合数罪并罚条件的，应当并罚。

最高人民法院、最高人民检察院、公安部、司法部关于办理恐怖活动和极端主义犯罪案件适用法律若干问题的意见（2018年3月16日）

一、准确认定犯罪

（一）……犯刑法第一百二十条规定的犯罪，又实施杀人、放火、爆炸、绑架、抢劫等犯罪的，依照数罪并罚的规定定罪处罚。

18. 此罪与彼罪

（1）故意伤害犯罪致人重伤、死亡与虐待犯罪致人重伤、死亡的界限

（参见第二百三十二条【定罪】14. 此罪与彼罪：最高人民法院、最高人民检察院、公安部、司法部关于依法办理家庭暴力犯罪案件的意见）

（2）故意伤害罪与抢劫罪的界限

最高人民法院关于审理抢劫、抢夺刑事案件适用法律若干问题的意见（2005年6月8日）

九、关于抢劫罪与相似犯罪的界限

5. 抢劫罪与故意伤害罪的界限

行为人为索取债务，使用暴力、暴力威胁等手段的，一般不以抢劫罪定罪处罚。构成故意伤害等其他犯罪的，依照刑法第二百三十四条等规定处罚。

19. 混合过错责任原则的适用

（参见第二百三十二条【定罪】15. 混合过错责任原则的适用）

20. 人体损伤程度的鉴定

最高人民法院关于执行《人体损伤程度鉴定标准》有关问题的通知（2014年1月2日）

《最高人民法院、最高人民检察院、公安部、国家安全部、司法部关于发布〈人体损伤程度鉴定标准〉的公告》已于2013年8月30日发布，《人体损伤程度鉴定标准》（以下简称《损伤标准》）自2014年1月1日起施行。《人体重伤鉴定标准》（司发〔1990〕070号）、《人体轻伤鉴定标准（试行）》（法（司）发〔1990〕6号）和《人体轻微伤的鉴定》（GA/T146－1996）同时废止。为正确适用《损伤标准》，做好涉人体损伤案件审判工作，现就执行《损伤标准》有关问题通知如下：

一、致人损伤的行为发生在 2014 年 1 月 1 日之前，尚未审判或者正在审判的案件，需要进行损伤程度鉴定的，适用原鉴定标准。但按照《损伤标准》不构成损伤或者损伤程度较轻的，适用《损伤标准》。

二、致人损伤的行为发生在 2014 年 1 月 1 日之后，需要进行损伤程度鉴定的，适用《损伤标准》。

三、2014 年 1 月 1 日前已发生法律效力的判决、裁定，按照当时的法律和司法解释，认定事实和适用法律没有错误的，不再变动。当事人及其法定代理人、近亲属以《损伤程度》的相关规定发生变更为由申请再审的，人民法院不予受理。

四、对于正在审理案件需要进行损伤程度鉴定的，司法技术部门应做好前期技术审核工作，在对外委托时应明确向鉴定机构提出适用标准。

五、各级人民法院应认真组织开展《损伤标准》学习培训，在执行过程中发现问题，应及时报告请示最高人民法院。

● 量刑

1. 量刑起点、基准刑的确定

最高人民法院关于常见犯罪的量刑指导意见（2017 年 4 月 1 日）

四、常见犯罪的量刑

（二）故意伤害罪

1. 构成故意伤害罪的，可以根据下列不同情形在相应的幅度内确定量刑起点：

（1）故意伤害致一人轻伤的，可以在二年以下有期徒刑、拘役幅度内确定量刑起点。

（2）故意伤害致一人重伤的，可以在三年至五年有期徒刑幅度内确定量刑起点。

（3）以特别残忍手段故意伤害致一人重伤，造成六级严重残疾的，可以在十年至十三年有期徒刑幅度内确定量刑起点。依法应当判处无期徒刑以上刑罚的除外。

2. 在量刑起点的基础上，可以根据伤害后果、伤残等级、手段残忍程度等其他影响犯罪构成的犯罪事实增加刑罚量，确定基准刑。

故意伤害致人轻伤的，伤残程度可在确定量刑起点时考虑，或者作为调节基准刑的量刑情节。

2. 从严、从重处罚

公安部、最高人民法院、最高人民检察院关于坚决取缔"牢头狱霸"维护看守所秩序的通知（1988年4月16日）

一、各地公安机关都要组织力量，集中一段时间对看守所是否存在人犯管人犯的情况进行认真的检查。对于发现的"牢头狱霸"，在查清其罪行，取得证据后，要予以严惩。其中，对于动手折磨殴打人犯，或指使他人折磨殴打人犯造成伤残、死亡的，均应以故意伤害罪从重处罚……

最高人民法院、最高人民检察院关于办理妨害预防、控制突发传染病疫情等灾害的刑事案件具体应用法律若干问题的解释（2003年5月15日）

第九条 在预防、控制突发传染病疫情等灾害期间，聚众"打砸抢"，致人伤残、死亡的，依照刑法第二百八十九条、第二百三十四条、第二百三十二条的规定，以故意伤害罪或者故意杀人罪定罪，依法从重处罚……

最高人民法院关于贯彻宽严相济刑事政策的若干意见（2010年2月8日）

二、准确把握和正确适用依法从"严"的政策要求

7. 贯彻宽严相济刑事政策，必须毫不动摇地坚持依法严惩严重刑事犯罪的方针。对于危害国家安全犯罪、恐怖组织犯罪、邪教组织犯罪、黑社会性质组织犯罪、恶势力犯罪、故意危害公共安全犯罪等严重危害国家政权稳固和社会治安的犯罪，故意杀人、故意伤害致人死亡、强奸、绑架、拐卖妇女儿童、抢劫、重大抢夺、重大盗窃等严重暴力犯罪和严重影响人民群众安全感的犯罪，走私、贩卖、运输、制造毒品等毒害人民健康的犯罪，要作为严惩的重点，依法从重处罚……

最高人民法院、最高人民检察院、公安部、司法部关于依法惩治拐卖妇女儿童犯罪的意见（2010年3月15日）

八、刑罚适用

28.……拐卖妇女、儿童，并对被拐卖的妇女、儿童实施故意杀害、伤害、猥亵、侮辱等行为，数罪并罚决定执行的刑罚应当依法体现从严。

最高人民检察院关于强制隔离戒毒所工作人员能否成为虐待被监管人罪主体问题的批复（2015年2月15日）

对于强制隔离戒毒所监管人员殴打或者体罚虐待戒毒人员，或者指使戒毒人员殴打、体罚虐待其他戒毒人员，情节严重的，应当适用刑法第二百四十八条的规定，以虐待被监管人罪追究刑事责任；造成戒毒人员伤残、死亡后果的，应当依照刑法第二百三十四条、第二百三十二条的规定，以故意伤害罪、故意杀人罪从重处罚。

3. 剥夺政治权利

最高人民法院关于对故意伤害、盗窃等严重破坏社会秩序的犯罪分子能否附加剥夺政治权利问题的批复（1998年1月13日）

根据刑法第五十六条规定，对于故意杀人、强奸、放火、爆炸、投毒、抢劫等严重破坏社会秩序的犯罪分子，可以附加剥夺政治权利。对故意伤害、盗窃等其他严重破坏社会秩序的犯罪，犯罪分子主观恶性较深、犯罪情节恶劣、罪行严重的，也可以依法附加剥夺政治权利。

4. 死刑

最高人民法院关于审理故意杀人、故意伤害案件正确适用死刑问题的指导意见（2009年8月3日）

（参见第二百三十二条【量刑】6. 死刑）

最高人民法院全国法院维护农村稳定刑事审判工作座谈会纪要（1999年10月27日）

二、（一）关于故意杀人、故意伤害案件

……要注意严格区分故意杀人罪与故意伤害罪的界限。在直接故意杀人与间接故意杀人案件中，犯罪人的主观恶性程度是不同的，在处刑上也应有所区别。间接故意杀人与故意伤害致人死亡，虽然都造成了死亡后果，但行为人故意的性质和内容是截然不同的。不注意区分犯罪的性质和故意的内容，只要有死亡后果就判处死刑的做法是错误的，这在今后的工作中，应当予以纠正。对于故意伤害致人死亡，手段特别残忍，情节特别恶劣的，才可以判处死刑……

第二百三十四条之一　**【组织出卖人体器官罪】**组织他人出卖人体器官的，处五年以下有期徒刑，并处罚金；情节严重的，处五年以上有期徒刑，并处罚金或者没收财产。

【故意伤害罪】【故意杀人罪】未经本人同意摘取其器官，或者摘取不满十八周岁的人的器官，或者强迫、欺骗他人捐献器官的，依照本法第二百三十四条、第二百三十二条的规定定罪处罚。

【盗窃、侮辱、故意毁坏尸体、尸骨、骨灰罪】违背本人生前意愿摘取其尸体器官，或者本人生前未表示同意，违反国家规定，违背其近亲属意愿摘取其尸体器官的，依照本法第三百零二条的规定定罪处罚。

> **第二百三十五条** 【过失致人重伤罪】过失伤害他人致人重伤的,处三年以下有期徒刑或者拘役。本法另有规定的,依照规定。

● 关联法条

第九十五条

● 定罪

1. 过失高空坠物,致人伤亡行为的定性

(参见第二百三十三条【定罪】2. 过失高空坠物,致人伤亡行为的定性)

2. 盗窃、破坏非公共场所窨井盖,过失致人重伤行为的定性

(参见第二百三十二条【定罪】11. 明知会致人死亡而盗窃、破坏非公共场所窨井盖行为的定性)

3. 对窨井盖负有一般管理职责的人员严重不负责任,导致人员坠井行为的定性

(参见第二百三十三条【定罪】4. 对窨井盖负有一般管理职责的人员严重不负责任,导致人员坠井行为的定性)

4. 为实施"碰瓷"而过失致人死亡行为的定性

(参见第二百三十二条【定罪】12. 为实施"碰瓷"而故意杀害他人行为的定性)

> **第二百三十六条**[①] 【强奸罪】以暴力、胁迫或者其他手段强奸妇女的,处三年以上十年以下有期徒刑。
> 奸淫不满十四周岁的幼女的,以强奸论,从重处罚。
> 强奸妇女、奸淫幼女,有下列情形之一的,处十年以上有期徒刑、无期徒刑或者死刑:

---

① 编者注:《刑法修正案(十一)》新设了第三款第(五)项,扩大了加重犯情形;与此相一致,增加了第三款第(三)项"奸淫幼女"的表述。

> （一）强奸妇女、奸淫幼女情节恶劣的；
> （二）强奸妇女、奸淫幼女多人的；
> （三）在公共场所当众强奸妇女、奸淫幼女的；
> （四）二人以上轮奸的；
> （五）奸淫不满十周岁的幼女或者造成幼女伤害的；
> （六）致使被害人重伤、死亡或者造成其他严重后果的。

● 关联法条

第九十五条，第二百四十一条第二、四款，第二百五十九条第二款，第三百条第三款

● 定罪

1. 本罪定义

最高人民检察院关于印发部分罪案《审查逮捕证据参考标准（试行）》的通知（2003年11月27日）

五、强奸罪案审查逮捕证据参考标准

强奸罪，是指触犯《刑法》第236条的规定，违背妇女意志，使用暴力、胁迫或者其他手段，强行与妇女性交的行为。其他以强奸罪定罪处罚的有：(1) 奸淫不满14周岁幼女的；(2) 收买被拐卖的妇女，强行与其发生性关系的；(3) 利用职权、从属关系，以胁迫手段奸淫现役军人的妻子的；(4) 明知被害人是精神病患者或者痴呆者（程度严重）而与其发生性关系的；(5) 组织和利用邪教组织，以迷信邪说引诱、胁迫、欺骗或者其他手段，奸淫妇女、幼女的。

2. 第三款第一项"情节恶劣"的认定

最高人民检察院关于印发最高人民检察院第十一批指导性案例的通知（2018年11月9日）

齐某强奸、猥亵儿童案（检例第42号）

【要旨】2. 奸淫幼女具有《最高人民法院、最高人民检察院、公安部、司法部关于依法惩治性侵害未成年人犯罪的意见》规定的从严处罚情节，社会危

害性与《刑法》第二百三十六条第三款第二至四项规定的情形相当的，可以认定为该款第一项规定的"情节恶劣"。

3. 第三款第三项"在公共场所当众"的认定

最高人民法院、最高人民检察院、公安部、司法部关于依法惩治性侵害未成年人犯罪的意见（2013年10月23日）

三、准确适用法律

23. 在校园、游泳馆、儿童游乐场等公共场所对未成年人实施强奸、猥亵犯罪，只要有其他多人在场，不论在场人员是否实际看到，均可以依照刑法第二百三十六条第三款、第二百三十七条的规定，认定为在公共场所"当众"强奸妇女、强制猥亵、侮辱妇女①、猥亵儿童。

最高人民检察院关于印发最高人民检察院第十一批指导性案例的通知（2018年11月9日）

齐某强奸、猥亵儿童案（检例第42号）

【要旨】3. 行为人在教室、集体宿舍等场所实施猥亵行为，只要当时有多人在场，即使在场人员未实际看到，也应当认定犯罪行为是在"公共场所当众"实施。

4. 奸淫幼女行为的认定

最高人民法院、最高人民检察院、公安部、司法部关于依法惩治性侵害未成年人犯罪的意见（2013年10月23日）

三、准确适用法律

19. 知道或者应当知道对方是不满十四周岁的幼女，而实施奸淫等性侵害行为的，应当认定行为人"明知"对方是幼女。

对于不满十二周岁的被害人实施奸淫等性侵害行为的，应当认定行为人"明知"对方是幼女。

对于已满十二周岁不满十四周岁的被害人，从其身体发育状况、言谈举止、衣着特征、生活作息规律等观察可能是幼女，而实施奸淫等性侵害行为的，应当认定行为人"明知"对方是幼女。

20. 以金钱财物等方式引诱幼女与自己发生性关系的；知道或者应当知道幼女被他人强迫卖淫而仍与其发生性关系的，均以强奸罪论处。

---

① 编者注：《刑法修正案（九）》已将"强制猥亵、侮辱妇女"修改为"强制猥亵他人或者侮辱妇女"。

21. 对幼女负有特殊职责的人员与幼女发生性关系的，以强奸罪论处。对已满十四周岁的未成年女性负有特殊职责的人员，利用其优势地位或者被害人孤立无援的境地，迫使未成年被害人就范，而与其发生性关系的，以强奸罪定罪处罚。

最高人民检察院关于印发最高人民检察院第十一批指导性案例的通知（2018年11月9日）

齐某强奸、猥亵儿童案（检例第42号）

【要旨】1. 性侵未成年人犯罪案件中，被害人陈述稳定自然，对于细节的描述符合正常记忆认知、表达能力，被告人辩解没有证据支持，结合生活经验对全案证据进行审查，能够形成完整证明体系的，可以认定案件事实。

5. 收买被拐卖、绑架的妇女，强行与其发生性关系行为的定性

全国人大常委会关于严惩拐卖、绑架妇女、儿童的犯罪分子的决定（2009年8月27日）

三、……收买被拐卖、绑架的妇女，强行与其发生性关系的，依照刑法关于强奸罪的规定处罚。

6. 拐卖妇女过程中强奸行为的认定

公安部关于打击拐卖妇女儿童犯罪适用法律和政策有关问题的意见（2000年3月24日）

二、关于拐卖妇女、儿童犯罪

（四）对拐卖过程中奸淫被拐卖妇女的……以拐卖妇女、儿童罪立案侦查。

三、关于收买被拐卖的妇女、儿童犯罪

（二）……1. 违背被拐卖妇女的意志，强行与其发生性关系的，以强奸罪立案侦查。

2. 明知收买的妇女是精神病患者（间歇性精神病患者在发病期间）或者痴呆者（程度严重的）而与其发生性关系的，以强奸罪立案侦查。

3. 与收买的不满十四周岁的幼女发生性关系的，不论被害人是否同意，均以奸淫幼女罪立案侦查。

7. 共同犯罪

公安部关于打击拐卖妇女儿童犯罪适用法律和政策有关问题的意见（2000年3月24日）

三、关于收买被拐卖的妇女、儿童犯罪

（四）凡是帮助买主实施强奸、伤害、非法拘禁被拐卖的妇女、儿童等犯罪

行为的,应当分别以强奸罪、伤害罪、非法拘禁罪等犯罪的共犯立案侦查。

最高人民法院、最高人民检察院、公安部、司法部关于依法惩治性侵害未成年人犯罪的意见(2013年10月23日)

三、准确适用法律

24. 介绍、帮助他人奸淫幼女、猥亵儿童的,以强奸罪、猥亵儿童罪的共犯论处。

8. 一罪与数罪

公安部关于妨害国(边)境管理犯罪案件立案标准及有关问题的通知(2000年3月31日)

一、立案标准

……在组织、运送他人偷越国(边)境中,对被组织人、被运送人有杀害、伤害、强奸、拐卖等犯罪行为,或者对检查人员有杀害、伤害等犯罪行为的,应当分别依照杀人、伤害、强奸、拐卖等案件一并立案侦查。

最高人民法院关于审理抢劫、抢夺刑事案件适用法律若干问题的意见(2005年6月8日)

八、关于抢劫罪数的认定

行为人实施伤害、强奸等犯罪行为,在被害人未失去知觉,利用被害人不能反抗、不敢反抗的处境,临时起意劫取他人财物的,应以此前所实施的具体犯罪与抢劫罪实行数罪并罚;在被害人失去知觉或者没有发觉的情形下,以及实施故意杀人犯罪行为之后,临时起意拿走他人财物的,应以此前所实施的具体犯罪与盗窃罪实行数罪并罚。

最高人民法院、最高人民检察院、公安部、司法部关于依法惩治拐卖妇女儿童犯罪的意见(2010年3月15日)

五、定性

20. 明知是被拐卖的妇女、儿童而收买,具有下列情形之一的,以收买被拐卖的妇女、儿童罪论处;同时构成其他犯罪的,依照数罪并罚的规定处罚:

(3) 非法剥夺、限制被收买妇女、儿童的人身自由,情节严重,或者对被收买妇女、儿童有强奸、伤害、侮辱、虐待等行为的。

最高人民法院、最高人民检察院、公安部、司法部关于依法办理家庭暴力犯罪案件的意见(2015年3月2日)

三、定罪处罚

16. 依法准确定罪处罚。对故意杀人、故意伤害、强奸、猥亵儿童、非法拘禁、侮辱、暴力干涉婚姻自由、虐待、遗弃等侵害公民人身权利的家庭暴力犯罪，应当根据犯罪的事实、犯罪的性质、情节和对社会的危害程度，严格依照刑法的有关规定判处。对于同一行为同时触犯多个罪名的，依照处罚较重的规定定罪处罚。

9. 罪与非罪

最高人民法院关于审理未成年人刑事案件具体应用法律若干问题的解释（2006年1月23日）

第六条 已满十四周岁不满十六周岁的人偶尔与幼女发生性行为，情节轻微、未造成严重后果的，不认为是犯罪。

最高人民法院、最高人民检察院、公安部、司法部关于依法惩治性侵害未成年人犯罪的意见（2013年10月23日）

三、准确适用法律

27. 已满十四周岁不满十六周岁的人偶尔与幼女发生性关系，情节轻微、未造成严重后果的，不认为是犯罪。

● 量刑

1. 量刑起点、基准刑的确定

最高人民法院关于常见犯罪的量刑指导意见（2017年4月1日）

三、常见量刑情节的适用

9. 对于积极赔偿被害人经济损失并取得谅解的，综合考虑犯罪性质、赔偿数额、赔偿能力以及认罪、悔罪程度等情况，可以减少基准刑的40%以下；积极赔偿但没有取得谅解的，可以减少基准刑的30%以下；尽管没有赔偿，但取得谅解的，可以减少基准刑的20%以下。其中抢劫、强奸等严重危害社会治安犯罪的应从严掌握。

四、常见犯罪的量刑

（三）强奸罪

1. 构成强奸罪的，可以根据下列不同情形在相应的幅度内确定量刑起点：

（1）强奸妇女一人的，可以在三年至六年有期徒刑幅度内确定量刑起点。奸淫幼女一人的，可以在四年至七年有期徒刑幅度内确定量刑起点。

（2）有下列情形之一的，可以在十年至十三年有期徒刑幅度内确定量刑起点：强奸妇女、奸淫幼女情节恶劣的；强奸妇女、奸淫幼女三人的；在公共场所当众强奸妇女的;二人以上轮奸妇女的;强奸致被害人重伤或者造成其他严重后果的。依法应当判处无期徒刑以上刑罚的除外。

2. 在量刑起点的基础上,可以根据强奸妇女、奸淫幼女情节恶劣程度、强奸人数、致人伤害后果等其他影响犯罪构成的犯罪事实增加刑罚量,确定基准刑。

强奸多人多次的,以强奸人数作为增加刑罚量的事实,强奸次数作为调节基准刑的量刑情节。

2. 从严、从重处罚

最高人民法院关于贯彻宽严相济刑事政策的若干意见(2010年2月8日)

二、准确把握和正确适用依法从"严"的政策要求

7. 贯彻宽严相济刑事政策,必须毫不动摇地坚持依法严惩严重刑事犯罪的方针。对于危害国家安全犯罪、恐怖组织犯罪、邪教组织犯罪、黑社会性质组织犯罪、恶势力犯罪、故意危害公共安全犯罪等严重危害国家政权稳固和社会治安的犯罪,故意杀人、故意伤害致人死亡、强奸、绑架、拐卖妇女儿童、抢劫、重大抢夺、重大盗窃等严重暴力犯罪和严重影响人民群众安全感的犯罪,走私、贩卖、运输、制造毒品等毒害人民健康的犯罪,要作为严惩的重点,依法从重处罚。

最高人民法院、最高人民检察院、公安部、司法部关于依法惩治性侵害未成年人犯罪的意见(2013年10月23日)

一、基本要求

1. 本意见所称性侵害未成年人犯罪,包括刑法第二百三十六条、第二百三十七条、第三百五十八条、第三百五十九条、第三百六十条第二款规定的针对未成年人实施的强奸罪、强制猥亵、侮辱妇女罪、猥亵儿童罪、组织卖淫罪、强迫卖淫罪、引诱、容留、介绍卖淫罪、引诱幼女卖淫罪、嫖宿幼女罪等。

2. 对于性侵害未成年人犯罪,应当依法从严惩治。

3. 办理性侵害未成年人犯罪案件,应当充分考虑未成年被害人身心发育尚未成熟、易受伤害等特点,贯彻特殊、优先保护原则,切实保障未成年人的合法权益。

4. 对于未成年人实施性侵害未成年人犯罪的,应当坚持双向保护原则,在依法保护未成年被害人的合法权益时,也要依法保护未成年犯罪嫌疑人、未成年被告人的合法权益。

5. 办理性侵害未成年人犯罪案件,对于涉及未成年被害人、未成年犯罪嫌疑人和未成年被告人的身份信息及可能推断出其身份信息的资料和涉及性侵害的细节等内容,审判人员、检察人员、侦查人员、律师及其他诉讼参与人应当

予以保密。

对外公开的诉讼文书,不得披露未成年被害人的身份信息及可能推断出其身份信息的其他资料,对性侵害的事实注意以适当的方式叙述。

6. 性侵害未成年人犯罪案件,应当由熟悉未成年人身心特点的审判人员、检察人员、侦查人员办理,未成年被害人系女性的,应当有女性工作人员参与。

人民法院、人民检察院、公安机关设有办理未成年人刑事案件专门工作机构或者专门工作小组的,可以优先由专门工作机构或者专门工作小组办理性侵害未成年人犯罪案件。

三、准确适用法律

25. 针对未成年人实施强奸、猥亵犯罪的,应当从重处罚,具有下列情形之一的,更要依法从严惩处:

(1) 对未成年人负有特殊职责的人员、与未成年人有共同家庭生活关系的人员、国家工作人员或者冒充国家工作人员,实施强奸、猥亵犯罪的;

(2) 进入未成年人住所、学生集体宿舍实施强奸、猥亵犯罪的;

(3) 采取暴力、胁迫、麻醉等强制手段实施奸淫幼女、猥亵儿童犯罪的;

(4) 对不满十二周岁的儿童、农村留守儿童、严重残疾或者精神智力发育迟滞的未成年人,实施强奸、猥亵犯罪的;

(5) 猥亵多名未成年人,或者多次实施强奸、猥亵犯罪的;

(6) 造成未成年被害人轻伤、怀孕、感染性病等后果的;

(7) 有强奸、猥亵犯罪前科劣迹的。

3. 刑罚适用

最高人民法院关于对故意伤害、盗窃等严重破坏社会秩序的犯罪分子能否附加剥夺政治权利问题的批复(1998年1月13日)

根据刑法第五十六条规定,对于故意杀人、强奸放火、爆炸、投毒、抢劫等严重破坏社会秩序的犯罪分子,可以附加剥夺政治权利。对故意伤害、盗窃等其他严重破坏社会秩序的犯罪,犯罪分子主观恶性较深、犯罪情节恶劣、罪行严重的,也可以依法附加剥夺政治权利。

最高人民法院关于办理减刑、假释案件具体应用法律的规定(2017年1月1日)

第二十五条第一款 对累犯以及因故意杀人、强奸、抢劫、绑架、放火、爆炸、投放危险物质或者有组织的暴力性犯罪被判处十年以上有期徒刑、无期徒刑的罪犯,不得假释。

最高人民法院、最高人民检察院、公安部、司法部关于依法惩治性侵害未成年人犯罪的意见（2013年10月23日）

四、其他事项

28. 对于强奸未成年人的成年犯罪分子判处刑罚时，一般不适用缓刑。

对于性侵害未成年人的犯罪分子确定是否适用缓刑，人民法院、人民检察院可以委托犯罪分子居住地的社区矫正机构，就对其宣告缓刑对所居住社区是否有重大不良影响进行调查。受委托的社区矫正机构应当及时组织调查，在规定的期限内将调查评估意见提交委托机关。

对于判处刑罚同时宣告缓刑的，可以根据犯罪情况，同时宣告禁止令，禁止犯罪分子在缓刑考验期内从事与未成年人有关的工作、活动，禁止其进入中小学校区、幼儿园园区及其他未成年人集中的场所，确因本人就学、居住等原因，经执行机关批准的除外。

29. 外国人在我国领域内实施强奸、猥亵未成年人等犯罪的，应当依法判处，在判处刑罚时，可以独立适用或者附加适用驱逐出境。对于尚不构成犯罪但构成违反治安管理行为的，或者因实施性侵害未成年人犯罪不适宜在中国境内继续停留居留的，公安机关可以依法适用限期出境或者驱逐出境。

4. 其他规定

最高人民法院、最高人民检察院、公安部、司法部关于依法惩治性侵害未成年人犯罪的意见（2013年10月23日）

四、其他事项

30. 对于判决已生效的强奸、猥亵未成年人犯罪案件，人民法院在依法保护被害人隐私的前提下，可以在互联网公布相关裁判文书，未成年人犯罪的除外。

31. 对于未成年人因被性侵害而造成的人身损害，为进行康复治疗所支付的医疗费、护理费、交通费、误工费等合理费用，未成年被害人及其法定代理人、近亲属提出赔偿请求的，人民法院依法予以支持。

32. 未成年人在幼儿园、学校或者其他教育机构学习、生活期间被性侵害而造成人身损害，被害人及其法定代理人、近亲属据此向人民法院起诉要求上述单位承担赔偿责任的，人民法院依法予以支持。

33. 未成年人受到监护人性侵害，其他具有监护资格的人员、民政部门等有关单位和组织向人民法院提出申请，要求撤销监护人资格，另行指定监护人的，人民法院依法予以支持。

34. 对未成年被害人因性侵害犯罪而造成人身损害,不能及时获得有效赔偿,生活困难的,各级人民法院、人民检察院、公安机关可会同有关部门,优先考虑予以司法救助。

第二百三十六条之一① 【负有照护职责人员性侵罪】对已满十四周岁不满十六周岁的未成年女性负有监护、收养、看护、教育、医疗等特殊职责的人员,与该未成年女性发生性关系的,处三年以下有期徒刑;情节恶劣的,处三年以上十年以下有期徒刑。

有前款行为,同时又构成本法第二百三十六条规定之罪的,依照处罚较重的规定定罪处罚。

第二百三十七条 【强制猥亵、侮辱罪】以暴力、胁迫或者其他方法强制猥亵他人或者侮辱妇女的,处五年以下有期徒刑或者拘役。

聚众或者在公共场所当众犯前款罪的,或者有其他恶劣情节的,处五年以上有期徒刑。

【猥亵儿童罪】猥亵儿童的,处五年以下有期徒刑;有下列情形之一的,处五年以上有期徒刑:②

(一)猥亵儿童多人或者多次的;

(二)聚众猥亵儿童的,或者在公共场所当众猥亵儿童,情节恶劣的;

(三)造成儿童伤害或者其他严重后果的;

(四)猥亵手段恶劣或者有其他恶劣情节的。

---

① 编者注:本条为《刑法修正案(十一)》新设。
② 编者注:本条第二款第(一)(二)(三)(四)项均为《刑法修正案(十一)》新设,猥亵儿童罪的加重犯情节具体化。

● 定罪

1. 第二款"在公共场所当众"的认定

最高人民法院、最高人民检察院、公安部、司法部关于依法惩治性侵害未成年人犯罪的意见（2013年10月23日）

三、准确适用法律

23. 在校园、游泳馆、儿童游乐场等公共场所对未成年人实施强奸、猥亵犯罪，只要有其他多人在场，不论在场人员是否实际看到，均可以依照刑法第二百三十六条第三款、第二百三十七条的规定，认定为在公共场所"当众"强奸妇女、强制猥亵、侮辱妇女、猥亵儿童。

2. 性侵未成年人案件事实的认定

最高人民检察院关于印发最高人民检察院第十一批指导性案例的通知（2018年11月9日）

齐某强奸、猥亵儿童案（检例第42号）

【要旨】1. 性侵未成年人犯罪案件中，被害人陈述稳定自然，对于细节的描述符合正常记忆认知、表达能力，被告人辩解没有证据支持，结合生活经验对全案证据进行审查，能够形成完整证明体系的，可以认定案件事实。

3. 诱骗、强迫或者其他方法要求儿童拍摄裸体、敏感部位照片、视频行为的定性

最高人民检察院关于印发最高人民检察院第十一批指导性案例的通知（2018年11月9日）

骆某猥亵儿童案（检例第43号）

【要旨】行为人以满足性刺激为目的，以诱骗、强迫或者其他方法要求儿童拍摄裸体、敏感部位照片、视频等供其观看，严重侵害儿童人格尊严和心理健康的，构成猥亵儿童罪。

4. 共同犯罪

最高人民法院、最高人民检察院、公安部、司法部关于依法惩治性侵害未成年人犯罪的意见（2013年10月23日）

三、准确适用法律

24. 介绍、帮助他人奸淫幼女、猥亵儿童的，以强奸罪、猥亵儿童罪的共

犯论处。

5. 一罪与数罪

公安部关于打击拐卖妇女儿童犯罪适用法律和政策有关问题的意见（2000年3月24日）

三、关于收买被拐卖的妇女、儿童犯罪

（二）收买被拐卖的妇女、儿童，并有下列犯罪行为的，同时以收买被拐卖的妇女、儿童罪和下列罪名立案侦查：

4. 非法剥夺、限制被拐卖的妇女、儿童人身自由的，或者对其实施伤害、侮辱、猥亵等犯罪行为的，以非法拘禁罪，或者伤害罪、侮辱罪、强制猥亵妇女罪、猥亵儿童罪等犯罪立案侦查。

最高人民法院、最高人民检察院、公安部、司法部关于依法惩治拐卖妇女儿童犯罪的意见（2010年3月15日）

五、定性

20. 明知是被拐卖的妇女、儿童而收买，具有下列情形之一的，以收买被拐卖的妇女、儿童罪论处；同时构成其他犯罪的，依照数罪并罚的规定处罚：

（3）非法剥夺、限制被收买妇女、儿童的人身自由，情节严重，或者对被收买妇女、儿童有强奸、伤害、侮辱、虐待等行为的；

七、一罪与数罪

25. 拐卖妇女、儿童，又对被拐卖的妇女、儿童实施故意杀害、伤害、猥亵、侮辱等行为，构成其他犯罪的，依照数罪并罚的规定处罚。

最高人民法院、最高人民检察院、公安部、司法部关于依法惩治性侵害未成年人犯罪的意见（2013年10月23日）

三、准确适用法律

22. 实施猥亵儿童犯罪，造成儿童轻伤以上后果，同时符合刑法第二百三十四条或者第二百三十二条的规定，构成故意伤害罪、故意杀人罪的，依照处罚较重的规定定罪处罚。

对已满十四周岁的未成年男性实施猥亵，造成被害人轻伤以上后果，符合刑法第二百三十四条或者第二百三十二条规定的，以故意伤害罪或者故意杀人罪定罪处罚①。

---

① 编者注：根据《刑法修正案（九）》第十三条，该情形构成强制猥亵罪与故意杀人罪的想象竞合犯，应从一重罪处理。

最高人民法院、最高人民检察院、公安部、司法部关于依法办理家庭暴力犯罪案件的意见（2015年3月2日）

三、定罪处罚

16. 依法准确定罪处罚。对故意杀人、故意伤害、强奸、猥亵儿童、非法拘禁、侮辱、暴力干涉婚姻自由、虐待、遗弃等侵害公民人身权利的家庭暴力犯罪，应当根据犯罪的事实、犯罪的性质、情节和对社会的危害程度，严格依照刑法的有关规定判处。对于同一行为同时触犯多个罪名的，依照处罚较重的规定定罪处罚。

● 量刑

从重处罚

最高人民法院、最高人民检察院、公安部、司法部关于依法惩治性侵害未成年人犯罪的意见（2013年10月23日）

三、准确适用法律

25. 针对未成年人实施强奸、猥亵犯罪的，应当从重处罚，具有下列情形之一的，更要依法从严惩处：

（1）对未成年人负有特殊职责的人员、与未成年人有共同家庭生活关系的人员、国家工作人员或者冒充国家工作人员，实施强奸、猥亵犯罪的；

（2）进入未成年人住所、学生集体宿舍实施强奸、猥亵犯罪的；

（3）采取暴力、胁迫、麻醉等强制手段实施奸淫幼女、猥亵儿童犯罪的；

（4）对不满十二周岁的儿童、农村留守儿童、严重残疾或者精神智力发育迟滞的未成年人，实施强奸、猥亵犯罪的；

（5）猥亵多名未成年人，或者多次实施强奸、猥亵犯罪的；

（6）造成未成年被害人轻伤、怀孕、感染性病等后果的；

（7）有强奸、猥亵犯罪前科劣迹的。

最高人民法院、最高人民检察院、公安部、司法部关于依法惩治拐卖妇女儿童犯罪的意见（2010年3月15日）

八、刑罚适用

28. ……拐卖妇女、儿童，并对被拐卖的妇女、儿童实施故意杀害、伤害、猥亵、侮辱等行为，数罪并罚决定执行的刑罚应当依法体现从严。

第二百三十八条 【非法拘禁罪】非法拘禁他人或者以其他方法非法剥夺他人人身自由的，处三年以下有期徒刑、拘役、管制或者剥夺政治权利。具有殴打、侮辱情节的，从重处罚。

犯前款罪，致人重伤的，处三年以上十年以下有期徒刑；致人死亡的，处十年以上有期徒刑。使用暴力致人伤残、死亡的，依照本法第二百三十四条、第二百三十二条的规定定罪处罚。

为索取债务非法扣押、拘禁他人的，依照前两款的规定处罚。

国家机关工作人员利用职权犯前三款罪的，依照前三款的规定从重处罚。

● 关联法条

第九十五条，第二百四十一条第三、四款

● 立案追诉标准

最高人民检察院关于渎职侵权犯罪案件立案标准的规定（2006年7月26日）

二、国家机关工作人员利用职权实施的侵犯公民人身权利、民主权利犯罪案件

（一）国家机关工作人员利用职权实施的非法拘禁案（第二百三十八条）

……国家机关工作人员利用职权非法拘禁，涉嫌下列情形之一的，应予立案：

1. 非法剥夺他人人身自由24小时以上的；

2. 非法剥夺他人人身自由，并使用械具或者捆绑等恶劣手段，或者实施殴打、侮辱、虐待行为的；

3. 非法拘禁，造成被拘禁人轻伤、重伤、死亡的；

4. 非法拘禁，情节严重，导致被拘禁人自杀、自残造成重伤、死亡，或者精神失常的；

5. 非法拘禁3人次以上的；

6. 司法工作人员对明知是没有违法犯罪事实的人而非法拘禁的；

7. 其他非法拘禁应予追究刑事责任的情形。

三、附则

（二）本规定所称"以上"包括本数；有关犯罪数额"不满"，是指已达到

该数额百分之八十以上的。

（三）本规定中的"国家机关工作人员"，是指在国家机关中从事公务的人员，包括在各级国家权力机关、行政机关、司法机关和军事机关中从事公务的人员。在依照法律、法规规定行使国家行政管理职权的组织中从事公务的人员，或者在受国家机关委托代表国家行使职权的组织中从事公务的人员，或者虽未列入国家机关人员编制但在国家机关中从事公务的人员，在代表国家机关行使职权时，视为国家机关工作人员。在乡（镇）以上中国共产党机关、人民政协机关中从事公务的人员，视为国家机关工作人员。

最高人民检察院人民检察院直接受理立案侦查的渎职侵权重特大案件标准（试行）（2002年1月1日）

三十四、国家机关工作人员利用职权实施的非法拘禁案

（一）重大案件

1. 致人重伤或者精神失常的；
2. 明知是人大代表而非法拘禁的，或者明知是无辜的人而非法拘禁的；
3. 非法拘禁持续时间超过一个月，或者一次非法拘禁十人以上的。

（二）特大案件

非法拘禁致人死亡的。

● 定罪

1. 本罪定义

最高人民检察院关于印发部分罪案《审查逮捕证据参考标准（试行）》的通知（2003年11月27日）

七、非法拘禁罪案审查逮捕证据参考标准

非法拘禁罪，是指触犯（刑法）第238条的规定，以拘禁或者其他强制方法，非法剥夺他人人身自由的行为。其他以非法拘禁罪定罪处罚的有：收买被拐卖的妇女、儿童，非法剥夺、限制其人身自由的。

最高人民检察院关于渎职侵权犯罪案件立案标准的规定（2006年7月26日）

二、国家机关工作人员利用职权实施的侵犯公民人身权利、民主权利犯罪案件

（一）国家机关工作人员利用职权实施的非法拘禁案（第二百三十八条）

非法拘禁罪是指以拘禁或者其他方法非法剥夺他人人身自由的行为。

2. 第一款中"以其他方法非法剥夺他人人身自由"的认定

最高人民法院、最高人民检察院、公安部、司法部关于办理黑恶势力犯罪案件若干问题的指导意见（2018年1月16日）

四、依法惩处利用"软暴力"实施的犯罪

18. 黑恶势力有组织地多次短时间非法拘禁他人的，应当认定为《刑法》第二百三十八条规定的"以其他方法非法剥夺他人人身自由"。非法拘禁他人三次以上、每次持续时间在四小时以上，或者非法拘禁他人累计时间在十二小时以上的，应以非法拘禁罪定罪处罚。

最高人民法院、最高人民检察院、公安部、司法部关于办理实施"软暴力"的刑事案件若干问题的意见（2019年4月9日）

一、"软暴力"是指行为人为谋取不法利益或形成非法影响，对他人或者在有关场所进行滋扰、纠缠、哄闹、聚众造势等，足以使他人产生恐惧、恐慌进而形成心理强制，或者足以影响、限制人身自由、危及人身财产安全，影响正常生活、工作、生产、经营的违法犯罪手段。

二、"软暴力"违法犯罪手段通常的表现形式有：

（一）侵犯人身权利、民主权利、财产权利的手段，包括但不限于跟踪贴靠、扬言传播疾病、揭发隐私、恶意举报、诬告陷害、破坏、霸占财物等；

（二）扰乱正常生活、工作、生产、经营秩序的手段，包括但不限于非法侵入他人住宅、破坏生活设施、设置生活障碍、贴报喷字、拉挂横幅、燃放鞭炮、播放哀乐、摆放花圈、泼洒污物、断水断电、堵门阻工，以及通过驱赶从业人员、派驻人员据守等方式直接或间接地控制厂房、办公区、经营场所等；

（三）扰乱社会秩序的手段，包括但不限于摆场架势示威、聚众哄闹滋扰、拦路闹事等；

（四）其他符合本意见第一条规定的"软暴力"手段。

通过信息网络或者通讯工具实施，符合本意见第一条规定的违法犯罪手段，应当认定为"软暴力"。

三、行为人实施"软暴力"，具有下列情形之一，可以认定为足以使他人产生恐惧、恐慌进而形成心理强制或者足以影响、限制人身自由、危及人身财产安全或者影响正常生活、工作、生产、经营：

（一）黑恶势力实施的；

（二）以黑恶势力名义实施的；

（三）曾因组织、领导、参加黑社会性质组织、恶势力犯罪集团、恶势力以及因强迫交易、非法拘禁、敲诈勒索、聚众斗殴、寻衅滋事等犯罪受过刑事处罚后又实施的；

（四）携带凶器实施的；

（五）有组织地实施的或者足以使他人认为暴力、威胁具有现实可能性的；

（六）其他足以使他人产生恐惧、恐慌进而形成心理强制或者足以影响、限制人身自由、危及人身财产安全或者影响正常生活、工作、生产、经营的情形。

由多人实施的，编造或明示暴力违法犯罪经历进行恐吓的，或者以自报组织、头目名号、统一着装、显露纹身、特殊标识以及其他明示、暗示方式，足以使他人感知相关行为的有组织性的，应当认定为"以黑恶势力名义实施"。

由多人实施的，只要有部分行为人符合本条第一款第（一）项至第（四）项所列情形的，该项即成立。

虽然具体实施"软暴力"的行为人不符合本条第一款第（一）项、第（三）项所列情形，但雇佣者、指使者或者纠集者符合的，该项成立。

六、有组织地多次短时间非法拘禁他人的，应当认定为《刑法》第二百三十八条规定的"以其他方法非法剥夺他人人身自由"。非法拘禁他人三次以上、每次持续时间在四小时以上，或者非法拘禁他人累计时间在十二小时以上的，应当以非法拘禁罪定罪处罚。

九、采用"软暴力"手段，同时构成两种以上犯罪的，依法按照处罚较重的犯罪定罪处罚，法律另有规定的除外。

十一、……为强索不受法律保护的债务或者因其他非法目的，雇佣、指使他人采用"软暴力"手段非法剥夺他人人身自由构成非法拘禁罪，或者非法侵入他人住宅、寻衅滋事，构成非法侵入住宅罪、寻衅滋事罪的，对雇佣者、指使者，一般应当以共同犯罪中的主犯论处；因本人及近亲属合法债务、婚恋、家庭、邻里纠纷等民间矛盾而雇佣、指使，没有造成严重后果的，一般不作为犯罪处理，但经有关部门批评制止或者处理处罚后仍继续实施的除外。

3. 以不准离开工作场所等方式非法限制医务人员人身自由行为的定性

最高人民法院、最高人民检察院、公安部、司法部、国家卫生和计划生育委员会关于依法惩处涉医违法犯罪维护正常医疗秩序的意见的通知（2014年4月22日）

二、严格依法惩处涉医违法犯罪

（三）以不准离开工作场所等方式非法限制医务人员人身自由的，依照治安管理处罚法第四十条的规定处罚；构成非法拘禁罪的，依照刑法的有关规定定罪处罚。

最高人民法院、最高人民检察院、公安部、司法部关于依法惩治妨害新型冠状病毒感染肺炎疫情防控违法犯罪的意见（2020年2月6日）

二、准确适用法律，依法严惩妨害疫情防控的各类违法犯罪

（二）……以不准离开工作场所等方式非法限制医务人员人身自由，符合刑法第二百三十八条规定的，以非法拘禁罪定罪处罚。

4. **为索取高利贷、赌债非法拘禁他人行为的定性**

最高人民法院关于对为索取法律不予保护的债务非法拘禁他人行为如何定罪问题的解释（2000年7月19日）

行为人为索取高利贷、赌债等法律不予保护的债务，非法扣押、拘禁他人的，依照刑法第二百三十八条的规定定罪处罚。

5. **实施"碰瓷"索取财物，非法剥夺他人人身自由行为的定性**

最高人民法院、最高人民检察院、公安部关于依法办理"碰瓷"违法犯罪案件的指导意见（2020年9月22日）

八、实施"碰瓷"，为索取财物，采取非法拘禁等方法非法剥夺他人人身自由或者非法搜查他人身体，符合刑法第二百三十八条、第二百四十五条规定的，分别以非法拘禁罪、非法搜查罪定罪处罚。

6. **共同犯罪**

公安部关于打击拐卖妇女儿童犯罪适用法律和政策有关问题的意见（2000年3月24日）

三、关于收买被拐卖的妇女、儿童犯罪

（四）凡是帮助买主实施强奸、伤害、非法拘禁被拐卖的妇女、儿童等犯罪行为的，应当分别以强奸罪、伤害罪、非法拘禁罪等犯罪的共犯立案侦查。

最高人民法院、最高人民检察院、公安部、司法部关于办理实施"软暴力"的刑事案件若干问题的意见（2019年4月9日）

十一、……为强索不受法律保护的债务或者因其他非法目的，雇佣、指使他人采用"软暴力"手段非法剥夺他人人身自由构成非法拘禁罪……对雇佣者、指使者，一般应当以共同犯罪中的主犯论处……

7. 罪与非罪

最高人民法院、最高人民检察院、公安部、司法部关于办理实施"软暴力"的刑事案件若干问题的意见（2019年4月9日）

十一、……为强索不受法律保护的债务或者因其他非法目的，雇佣、指使他人采用"软暴力"手段非法剥夺他人人身自由构成非法拘禁罪……因本人及近亲属合法债务、婚恋、家庭、邻里纠纷等民间矛盾而雇佣、指使，没有造成严重后果的，一般不作为犯罪处理，但经有关部门批评制止或者处理处罚后仍继续实施的除外。

8. 一罪与数罪

全国人民代表大会常务委员会关于严惩拐卖、绑架妇女、儿童的犯罪分子的决定（2009年8月27日）

三、严禁收买被拐卖、绑架的妇女、儿童。收买被拐卖、绑架的妇女、儿童的，处三年以下有期徒刑、拘役或者管制。

……收买被拐卖、绑架的妇女、儿童，非法剥夺、限制其人身自由或者有伤害、侮辱、虐待等犯罪行为的，依照刑法的有关规定处罚。

收买被拐卖、绑架的妇女、儿童，并有本条第二款、第三款规定的犯罪行为的，依照刑法关于数罪并罚的规定处罚。

最高人民法院、最高人民检察院、公安部关于办理组织领导传销活动刑事案件适用法律若干问题的意见（2013年11月14日）

六、关于罪名的适用问题

……犯组织、领导传销活动罪，并实施故意伤害、非法拘禁、敲诈勒索、妨害公务、聚众扰乱社会秩序、聚众冲击国家机关、聚众扰乱公共场所秩序、交通秩序等行为，构成犯罪的，依照数罪并罚的规定处罚。

最高人民法院、最高人民检察院、公安部、司法部关于依法办理家庭暴力犯罪案件的意见（2015年3月2日）

三、定罪处罚

16. 依法准确定罪处罚。对故意杀人、故意伤害、强奸、猥亵儿童、非法拘禁、侮辱、暴力干涉婚姻自由、虐待、遗弃等侵害公民人身权利的家庭暴力犯罪，应当根据犯罪的事实、犯罪的性质、情节和对社会的危害程度，严格依照刑法的有关规定判处。对于同一行为同时触犯多个罪名的，依照处罚较重的规定定罪处罚。

最高人民法院、最高人民检察院、公安部、司法部关于办理黑恶势力犯罪案件若干问题的指导意见（2018年1月16日）

五、依法打击非法放贷讨债的犯罪活动

19. 在民间借贷活动中，如有擅自设立金融机构、非法吸收公众存款、骗取贷款、套取金融机构资金发放高利贷以及为强索债务而实施故意杀人、故意伤害、非法拘禁、故意毁坏财物等行为的，应当按照具体犯罪侦查、起诉、审判。依法符合数罪并罚条件的，应当并罚。

最高人民法院、最高人民检察院、公安部、司法部关于办理"套路贷"刑事案件若干问题的意见（2019年4月9日）

二、依法严惩"套路贷"犯罪

4.……对于在实施"套路贷"过程中多种手段并用，构成诈骗、敲诈勒索、非法拘禁、虚假诉讼、寻衅滋事、强迫交易、抢劫、绑架等多种犯罪的，应当根据具体案件事实，区分不同情况，依照刑法及有关司法解释的规定数罪并罚或者择一重处。

● 量刑

量刑起点、基准刑的确定

最高人民法院关于常见犯罪的量刑指导意见（2017年4月1日）

四、常见犯罪的量刑

（四）非法拘禁罪

1. 构成非法拘禁罪的，可以根据下列不同情形在相应的幅度内确定量刑起点：

（1）犯罪情节一般的，可以在一年以下有期徒刑、拘役幅度内确定量刑起点。

（2）致一人重伤的，可以在三年至五年有期徒刑幅度内确定量刑起点。

（3）致一人死亡的，可以在十年至十三年有期徒刑幅度内确定量刑起点。

2. 在量刑起点的基础上，可以根据非法拘禁人数、拘禁时间、致人伤亡后果等其他影响犯罪构成的犯罪事实增加刑罚量，确定基准刑。

非法拘禁多人多次的，以非法拘禁人数作为增加刑罚量的事实，非法拘禁次数作为调节基准刑的量刑情节。

3. 有下列情节之一的，可以增加基准刑的10%-20%：

（1）具有殴打、侮辱情节的；

（2）国家机关工作人员利用职权非法扣押、拘禁他人的。

> **第二百三十九条** 【绑架罪】以勒索财物为目的绑架他人的，或者绑架他人作为人质的，处十年以上有期徒刑或者无期徒刑，并处罚金或者没收财产；情节较轻的，处五年以上十年以下有期徒刑，并处罚金。
>
> 犯前款罪，杀害被绑架人的，或者故意伤害被绑架人，致人重伤、死亡的，处无期徒刑或者死刑，并处没收财产。
>
> 以勒索财物为目的偷盗婴幼儿的，依照前两款的规定处罚。

● 定罪

1. 拐卖妇女、儿童过程中绑架行为的定性

最高人民法院、最高人民检察院、公安部、民政部、司法部、全国妇联关于打击拐卖妇女儿童犯罪有关问题的通知（2000年3月20日）

四、正确适用法律，依法严厉打击拐卖妇女、儿童的犯罪活动……凡是拐卖妇女、儿童的，不论是哪个环节，只要是以出卖为目的，有拐骗、绑架、收买、贩卖、接送、中转、窝藏妇女、儿童的行为之一的，不论拐卖人数多少，是否获利，均应以拐卖妇女、儿童罪追究刑事责任……

公安部关于打击拐卖妇女儿童犯罪适用法律和政策有关问题的意见（2000年3月24日）

二、关于拐卖妇女、儿童犯罪

（九）以勒索财物为目的，偷盗婴幼儿的，以绑架罪立案侦查。

2. 限制行为能力人构成本罪的认定

全国人民代表大会常务委员会法制工作委员会关于已满十四周岁不满十六周岁的人承担刑事责任范围问题的答复意见（2002年7月24日）

刑法第十七条第二款规定的八种犯罪，是指具体犯罪行为而不是具体罪名。对于刑法第十七条中规定的"犯故意杀人、故意伤害致人重伤或者死亡"，是指只要故意实施了杀人、伤害行为并且造成了致人重伤、死亡后果的，都应负刑事责任。而不是指只有犯故意杀人罪、故意伤害罪的，才负刑事责任，绑架撕票的，不负刑事责任。对司法实践中出现的已满十四周岁不满十六周岁的人绑架人质后杀害被绑架人、拐卖妇女、儿童而故意造成被拐卖妇女、儿童重伤或死亡的行为，依据刑法是应当追究其刑事责任的。

最高人民检察院法律政策研究室关于相对刑事责任年龄的人承担刑事责任范围有关问题的答复（2003 年 4 月 18 日）

一、相对刑事责任年龄的人实施了刑法第十七条第二款规定的行为，应当追究刑事责任的，其罪名应当根据所触犯的刑法分则具体条文认定。对于绑架后杀害被绑架人的，其罪名应认定为绑架罪。

3. 一罪与数罪

最高人民法院研究室关于对在绑架勒索犯罪过程中对同一受害人又有抢劫行为应如何定罪问题的答复（1995 年 5 月 30 日）

行为人在绑架勒索犯罪过程中，又抢劫同一人被害人财物的，应以绑架勒索罪定罪，从重处罚；同时又抢劫他人财物的，应分别以绑架勒索罪、抢劫罪定罪，实行数罪并罚。

最高人民法院关于对在绑架过程中以暴力、胁迫等手段当场劫取被害人财物的行为如何适用法律问题的答复（2001 年 11 月 8 日）

行为人在绑架过程中，又以暴力、胁迫等手段当场劫取被害人财物，构成犯罪的，择一重罪处罚。

最高人民法院关于审理抢劫、抢夺刑事案件适用法律若干问题的意见（2005 年 6 月 8 日）

九、关于抢劫罪与相似犯罪的界限

3. 抢劫罪与绑架罪的界限

……绑架过程中又当场劫取被害人随身携带财物的，同时触犯绑架罪和抢劫罪两罪名，应择一重罪定罪处罚。

最高人民法院、最高人民检察院、公安部、司法部关于办理恐怖活动和极端主义犯罪案件适用法律若干问题的意见（2018 年 3 月 16 日）

一、准确认定犯罪

（一）……犯刑法第一百二十条规定的犯罪，又实施杀人、放火、爆炸、绑架、抢劫等犯罪的，依照数罪并罚的规定定罪处罚。

最高人民法院、最高人民检察院、公安部、司法部关于办理"套路贷"刑事案件若干问题的意见（2019 年 4 月 9 日）

二、依法严惩"套路贷"犯罪

4.……对于在实施"套路贷"过程中多种手段并用，构成诈骗、敲诈勒索、非法拘禁、虚假诉讼、寻衅滋事、强迫交易、抢劫、绑架等多种犯罪的，应当根据具体案件事实，区分不同情况，依照刑法及有关司法解释的规定数罪并罚或者择一重处。

4. 此罪与彼罪

最高人民法院关于审理抢劫、抢夺刑事案件适用法律若干问题的意见（2005年6月8日）

九、关于抢劫罪与相似犯罪的界限

3. 抢劫罪与绑架罪的界限

绑架罪是侵害他人人身自由权利的犯罪，其与抢劫罪的区别在于：第一，主观方面不尽相同。抢劫罪中，行为人一般出于非法占有他人财物的故意实施抢劫行为，绑架罪中，行为人既可能为勒索他人财物而实施绑架行为，也可能出于其他非经济目的实施绑架行为；第二，行为手段不尽相同。抢劫罪表现为行为人劫取财物一般应在同一时间、同一地点，具有"当场性"；绑架罪表现为行为人以杀害、伤害等方式向被绑架人的亲属或其他人或单位发出威胁，索取赎金或提出其他非法要求，劫取财物一般不具有"当场性"。

绑架过程中又当场劫取被害人随身携带财物的，同时触犯绑架罪和抢劫罪两罪名，应择一重罪定罪处罚。

● 量刑

从重处罚

最高人民法院关于贯彻宽严相济刑事政策的若干意见（2010年2月8日）

二、准确把握和正确适用依法从"严"的政策要求

7. 贯彻宽严相济刑事政策，必须毫不动摇地坚持依法严惩严重刑事犯罪的方针。对于危害国家安全犯罪、恐怖组织犯罪、邪教组织犯罪、黑社会性质组织犯罪、恶势力犯罪、故意危害公共安全犯罪等严重危害国家政权稳固和社会治安的犯罪，故意杀人、故意伤害致人死亡、强奸、绑架、拐卖妇女儿童、抢劫、重大抢夺、重大盗窃等严重暴力犯罪和严重影响人民群众安全感的犯罪，走私、贩卖、运输、制造毒品等毒害人民健康的犯罪，要作为严惩的重点，依法从重处罚。

第二百四十条　【拐卖妇女、儿童罪】 拐卖妇女、儿童的，处五年以上十年以下有期徒刑，并处罚金；有下列情形之一的，处十年以上有期徒刑或者无期徒刑，并处罚金或者没收财产；情节特别严重的，处死刑，并处没收财产：

（一）拐卖妇女、儿童集团的首要分子；
（二）拐卖妇女、儿童三人以上的；
（三）奸淫被拐卖的妇女的；
（四）诱骗、强迫被拐卖的妇女卖淫或者将被拐卖的妇女卖给他人迫使其卖淫的；
（五）以出卖为目的，使用暴力、胁迫或者麻醉方法绑架妇女、儿童的；
（六）以出卖为目的，偷盗婴幼儿的；
（七）造成被拐卖的妇女、儿童或者其亲属重伤、死亡或者其他严重后果的；
（八）将妇女、儿童卖往境外的。

拐卖妇女、儿童是指以出卖为目的，有拐骗、绑架、收买、贩卖、接送、中转妇女、儿童的行为之一的。

● 关联法条

第九十五条、第二百四十一条第五款

● 定罪

1. 本罪定义

全国人民代表大会常务委员会关于严惩拐卖、绑架妇女、儿童的犯罪分子的决定（2009 年 8 月 27 日）

一、……拐卖妇女、儿童是指以出卖为目的，有拐骗、收买、贩卖、接送、中转妇女、儿童的行为之一的。

2. "妇女"的认定

最高人民法院关于审理拐卖妇女案件适用法律有关问题的解释（2000 年 1 月 25 日）

第一条 刑法第二百四十条规定的拐卖妇女罪中的"妇女"，既包括具有中国国籍的妇女，也包括具有外国国籍和无国籍的妇女。被拐卖的外国妇女没有身份证明的，不影响对犯罪分子的定罪处罚。

公安部关于打击拐卖妇女儿童犯罪适用法律和政策有关问题的意见（2000年3月24日）

八、关于办理涉外案件

（二）拐卖妇女犯罪中的"妇女"，既包括具有中国国籍的妇女，也包括具有外国国籍和无国籍的妇女。被拐卖的外国妇女没有身份证明的，不影响对犯罪分子的立案侦查。

3. "儿童""婴儿""幼儿"的界定

最高人民法院关于审理拐卖妇女儿童犯罪案件具体应用法律若干问题的解释（2017年1月1日）

第九条　刑法第二百四十条、第二百四十一条规定的儿童，是指不满十四周岁的人。其中，不满一周岁的为婴儿，一周岁以上不满六周岁的为幼儿。

4. "偷盗婴幼儿"的认定

最高人民法院关于审理拐卖妇女儿童犯罪案件具体应用法律若干问题的解释（2017年1月1日）

第一条　对婴幼儿采取欺骗、利诱等手段使其脱离监护人或者看护人的，视为刑法第二百四十条第一款第（六）项规定的"偷盗婴幼儿"。

5. 以介绍婚姻为名拐卖妇女行为的认定

最高人民法院关于审理拐卖妇女儿童犯罪案件具体应用法律若干问题的解释（2017年1月1日）

第三条　以介绍婚姻为名，采取非法扣押身份证件、限制人身自由等方式，或者利用妇女人地生疏、语言不通、孤立无援等境况，违背妇女意志，将其出卖给他人的，应当以拐卖妇女罪追究刑事责任。

以介绍婚姻为名，与被介绍妇女串通骗取他人钱财，数额较大的，应当以诈骗罪追究刑事责任。

6. 以出卖为目的，倒卖外国妇女行为的定性

最高人民检察院法律政策研究室关于以出卖为目的的倒卖外国妇女的行为是否构成拐卖妇女罪的答复（1998年12月24日）

刑法第二百四十条明确规定："拐卖妇女、儿童是以出卖为目的，有拐骗、绑架、收买、贩卖、接送、中转妇女、儿童的行为之一的。"其中作为"收买"对象的妇女、儿童并不要求必须是"被拐骗、绑架的妇女、儿童"。因此，以出卖为目的，收买、贩卖外国妇女，从中牟取非法利益的，应以拐卖妇女罪追究刑事

责任。但确属为他人介绍婚姻收取介绍费,而非以出卖为目的的,不能追究刑事责任。

7. 外国人拐卖外国妇女、儿童到我国境内被查获行为的处理

最高人民法院关于审理拐卖妇女案件适用法律有关问题的解释(2000年1月25日)

第二条 外国人或者无国籍人拐卖外国妇女到我国境内被查获的,应当根据刑法第六条的规定,适用我国刑法定罪处罚。

第三条 对于外国籍被告人身份无法查明或者其国籍国拒绝提供有关身份证明,人民检察院根据刑事诉讼法第一百二十八条第二款的规定起诉的案件,人民法院应当依法受理。

公安部关于打击拐卖妇女儿童犯罪适用法律和政策有关问题的意见(2000年3月24日)

八、关于办理涉外案件

(一)外国人或者无国籍人拐卖外国妇女、儿童到我国境内被查获的,应当适用我国刑法,以拐卖妇女、儿童罪立案侦查。

8. 以出卖为目的强抢儿童,或捡拾后予以出卖行为的定性

最高人民法院、最高人民检察院、公安部、民政部、司法部、全国妇联关于打击拐卖妇女儿童犯罪有关问题的通知(2000年3月20日)

四、正确适用法律,依法严厉打击拐卖妇女、儿童的犯罪活动……以营利为目的,出卖不满十四周岁子女,情节恶劣的,借收养名义拐卖儿童的,以及出卖捡拾的儿童的,均应以拐卖儿童罪追究刑事责任。

公安部关于打击拐卖妇女儿童犯罪适用法律和政策有关问题的意见(2000年3月24日)

二、关于拐卖妇女、儿童犯罪

(八)借收养名义拐卖儿童的,出卖捡拾的儿童的,均以拐卖儿童罪立案侦查。

最高人民法院、最高人民检察院、公安部、司法部关于依法惩治拐卖妇女儿童犯罪的意见(2010年3月15日)

五、定性

15. 以出卖为目的强抢儿童,或者捡拾儿童后予以出卖,符合刑法第二百四十条第二款规定的,应当以拐卖儿童罪论处。

9. 以抚养为目的偷盗或拐骗后出卖行为的定性

最高人民法院、最高人民检察院、公安部、司法部关于依法惩治拐卖妇女儿童犯罪的意见（2010年3月15日）

五、定性

15.……以抚养为目的偷盗婴幼儿或者拐骗儿童，之后予以出卖的，以拐卖儿童罪论处。

10. 出卖女性亲属、亲生子女行为的定性

最高人民法院、最高人民检察院、公安部、民政部、司法部、全国妇联关于打击拐卖妇女儿童犯罪有关问题的通知（2000年3月20日）

四、正确适用法律，依法严厉打击拐卖妇女、儿童的犯罪活动……出卖亲生子女的，由公安机关依法没收非法所得，并处以罚款；以营利为目的，出卖不满十四周岁子女，情节恶劣的……均应以拐卖儿童罪追究刑事责任。出卖十四周岁以上女性亲属或者其他不满十四周岁亲属的，以拐卖妇女、儿童罪追究刑事责任。

公安部关于打击拐卖妇女儿童犯罪适用法律和政策有关问题的意见（2000年3月24日）

二、关于拐卖妇女、儿童犯罪

（六）出卖亲生子女的，由公安机关依法没收非法所得，并处以罚款；以营利为目的，出卖不满十四周岁子女，情节恶劣的，以拐卖儿童罪立案侦查。

（七）出卖十四周岁以上女性亲属或者其他不满十四周岁亲属的，以拐卖妇女、儿童罪立案侦查。

最高人民法院、最高人民检察院、公安部、司法部关于依法惩治拐卖妇女儿童犯罪的意见（2010年3月15日）

五、定性

16.以非法获利为目的，出卖亲生子女的，应当以拐卖妇女、儿童罪论处。

11. 将妇女拐卖给有关场所，致使其被迫从事色情服务行为的定性

最高人民法院、最高人民检察院、公安部、司法部关于依法惩治拐卖妇女儿童犯罪的意见（2010年3月15日）

五、定性

18.将妇女拐卖给有关场所，致使被拐卖的妇女被迫卖淫或者从事其他色情服务的，以拐卖妇女罪论处。

12. 以非法获利为目的，医疗机构、社会福利机构等单位的工作人员将所诊疗、护理、抚养的儿童贩卖给他人行为的定性

最高人民法院、最高人民检察院、公安部、司法部关于依法惩治拐卖妇女儿童犯罪的意见（2010年3月15日）

五、定性

19. 医疗机构、社会福利机构等单位的工作人员以非法获利为目的，将所诊疗、护理、抚养的儿童贩卖给他人的，以拐卖儿童罪论处。

最高人民法院关于审理拐卖妇女儿童犯罪案件具体应用法律若干问题的解释（2017年1月1日）

第二条 医疗机构、社会福利机构等单位的工作人员以非法获利为目的，将所诊疗、护理、抚养的儿童出卖给他人的，以拐卖儿童罪论处。

13. 限制行为能力人构成本罪的认定

全国人民代表大会常务委员会法制工作委员会关于已满十四周岁不满十六周岁的人承担刑事责任范围问题的答复意见（2002年7月24日）

刑法第十七条第二款规定的八种犯罪，是指具体犯罪行为而不是具体罪名。对于刑法第十七条中规定的"犯故意杀人、故意伤害致人重伤或者死亡"，是指只要故意实施了杀人、伤害行为并且造成了致人重伤、死亡后果的，都应负刑事责任。而不是指只有犯故意杀人罪、故意伤害罪的，才负刑事责任，绑架撕票的，不负刑事责任。对司法实践中出现的已满十四周岁不满十六周岁的人绑架人质后杀害被绑架人、拐卖妇女、儿童而故意造成被拐卖妇女、儿童重伤或死亡的行为，依据刑法是应当追究其刑事责任的。

14. 共同犯罪

公安部关于打击拐卖妇女儿童犯罪适用法律和政策有关问题的意见（2000年3月24日）

二、关于拐卖妇女、儿童犯罪

（三）明知是拐卖妇女、儿童的犯罪分子而事先通谋，为其拐卖行为提供资助或者其他便利条件的，应当以拐卖妇女、儿童罪的共犯立案侦查。

（五）教唆他人实施拐卖妇女、儿童犯罪的，以拐卖妇女、儿童罪的共犯立案侦查。向他人传授拐卖妇女、儿童的犯罪方法的，以传授犯罪方法罪立案侦查。明知是拐卖妇女、儿童的犯罪分子，而在其实施犯罪后为其提供隐藏处所、财物，帮助其逃匿或者作假证明包庇的，以窝藏、包庇罪立案侦查。

最高人民法院、最高人民检察院、公安部、司法部关于依法惩治拐卖妇女儿童犯罪的意见（2010年3月15日）

六、共同犯罪

21. 明知他人拐卖妇女、儿童，仍然向其提供被拐卖妇女、儿童的健康证明、出生证明或者其他帮助的，以拐卖妇女、儿童罪的共犯论处。

明知他人收买被拐卖的妇女、儿童，仍然向其提供被收买妇女、儿童的户籍证明、出生证明或者其他帮助的，以收买被拐卖的妇女、儿童罪的共犯论处，但是，收买人未被追究刑事责任的除外。

认定是否"明知"，应当根据证人证言、犯罪嫌疑人、被告人及其同案人供述和辩解，结合提供帮助的人次，以及是否明显违反相关规章制度、工作流程等，予以综合判断。

22. 明知他人系拐卖儿童的"人贩子"，仍然利用从事诊疗、福利救助等工作的便利或者了解被拐卖方情况的条件，居间介绍的，以拐卖儿童罪的共犯论处。

23. 对于拐卖妇女、儿童犯罪的共犯，应当根据各被告人在共同犯罪中的分工、地位、作用，参与拐卖的人数、次数，以及分赃数额等，准确区分主从犯。

对于组织、领导、指挥拐卖妇女、儿童的某一个或者某几个犯罪环节，或者积极参与实施拐骗、绑架、收买、贩卖、接送、中转妇女、儿童等犯罪行为，起主要作用的，应当认定为主犯。

对于仅提供被拐卖妇女、儿童信息或者相关证明文件，或者进行居间介绍，起辅助或者次要作用，没有获利或者获利较少的，一般可认定为从犯。

对于各被告人在共同犯罪中的地位、作用区别不明显的，可以不区分主从犯。

15. 一罪与数罪

最高人民法院、最高人民检察院、公安部、民政部、司法部、全国妇联关于打击拐卖妇女儿童犯罪有关问题的通知（2000年3月20日）

四、正确适用法律，依法严厉打击拐卖妇女、儿童的犯罪活动……凡是拐卖妇女、儿童的，不论是哪个环节，只要是以出卖为目的，有拐骗、绑架、收买、贩卖、接送、中转、窝藏妇女、儿童的行为之一的，不论拐卖人数多少，是否获利，均应以拐卖妇女、儿童罪追究刑事责任……

公安部关于打击拐卖妇女儿童犯罪适用法律和政策有关问题的意见（2000年3月24日）

二、关于拐卖妇女、儿童犯罪

（一）要正确认定拐卖妇女、儿童罪。凡是拐卖妇女、儿童的，不论是哪个环节，只要是以出卖为目的，有拐骗、绑架、收买、贩卖、接送、中转妇女、儿童的行为之一的，均以拐卖妇女、儿童罪立案侦查。

（二）在办理拐卖妇女、儿童案件中，不论拐卖人数多少，是否获利，只要实施拐卖妇女、儿童行为的，均应当以拐卖妇女、儿童罪立案侦查。

（四）对拐卖过程中奸淫被拐卖妇女的；诱骗、强迫被拐卖的妇女卖淫或者将被拐卖的妇女卖给他人迫使其卖淫的；以出卖为目的使用暴力、胁迫、麻醉等方法绑架妇女、儿童的；以出卖为目的，偷盗婴幼儿的；造成被拐卖的妇女、儿童或者其亲属重伤、死亡或者其他严重后果的，均以拐卖妇女、儿童罪立案侦查。

（十）犯组织他人偷越国（边）境罪，对被组织的妇女、儿童有拐卖犯罪行为的，以组织他人偷越国（边）境罪和拐卖妇女、儿童罪立案侦查。

公安部关于妨害国（边）境管理犯罪案件立案标准及有关问题的通知（2000年3月31日）

一、立案标准

……在组织、运送他人偷越国（边）境中，对被组织人、被运送人有杀害、伤害、强奸、拐卖等犯罪行为，或者对检查人员有杀害、伤害等犯罪行为的，应当分别依照杀人、伤害、强奸、拐卖等案件一并立案侦查。

最高人民法院、最高人民检察院、公安部、司法部关于依法惩治拐卖妇女儿童犯罪的意见（2010年3月15日）

五、定性

18. 将妇女拐卖给有关场所，致使被拐卖的妇女被迫卖淫或者从事其他色情服务的，以拐卖妇女罪论处。

有关场所的经营管理人员事前与拐卖妇女的犯罪人通谋的，对该经营管理人员以拐卖妇女罪的共犯论处；同时构成拐卖妇女罪和组织卖淫罪的，择一重罪论处。

七、一罪与数罪

24. 拐卖妇女、儿童，又奸淫被拐卖的妇女、儿童，或者诱骗、强迫被拐卖的妇女、儿童卖淫的，以拐卖妇女、儿童罪处罚。

25. 拐卖妇女、儿童，又对被拐卖的妇女、儿童实施故意杀害、伤害、猥亵、侮辱等行为，构成其他犯罪的，依照数罪并罚的规定处罚。

26. 拐卖妇女、儿童或者收买被拐卖的妇女、儿童，又组织、教唆被拐卖、收买的妇女、儿童进行犯罪的，以拐卖妇女、儿童罪或者收买被拐卖的妇女、儿童罪与其所组织、教唆的罪数罪并罚。

27. 拐卖妇女、儿童或者收买被拐卖的妇女、儿童，又组织、教唆被拐卖、收买的未成年妇女、儿童进行盗窃、诈骗、抢夺、敲诈勒索等违反治安管理活动的,以拐卖妇女、儿童罪或者收买被拐卖的妇女、儿童罪与组织未成年人进行违反治安管理活动罪数罪并罚。

16. 罪与非罪

最高人民法院、最高人民检察院、公安部、民政部、司法部、全国妇联关于坚决打击拐卖妇女儿童犯罪活动的通知(1986年11月27日)

三、……要注意区分罪与非罪的界限。把在青年男女双方自愿基础上介绍婚姻,收受部分钱物的牵线人,与拐卖妇女的犯罪分子严格加以区别。

最高人民法院全国法院维护农村稳定刑事审判工作座谈会纪要(1999年10月27日)

二、(六)关于拐卖妇女、儿童犯罪案件

……要严格把握此类案件罪与非罪的界限。对于买卖至亲的案件,要区别对待:以贩卖牟利为目的"收养"子女的,应以拐卖儿童罪处理;对那些迫于生活困难、受重男轻女思想影响而出卖亲生子女或收养子女的,可不作为犯罪处理;对于出卖子女确属情节恶劣的,可按遗弃罪处罚;对于那些确属介绍婚姻,且被介绍的男女双方相互了解对方的基本情况,或者确属介绍收养,并经被收养人父母同意的,尽管介绍的人数较多,从中收取财物较多,也不应作犯罪处理。

公安部关于打击拐卖妇女儿童犯罪适用法律和政策有关问题的意见(2000年3月24日)

二、关于拐卖妇女、儿童犯罪

……办案中,要正确区分罪与非罪、罪与罪的界限,特别是拐卖妇女罪与介绍婚姻收取钱物行为、拐卖儿童罪与收养中介行为、拐卖儿童罪与拐骗儿童罪,以及绑架儿童罪与拐卖儿童罪的界限,防止扩大打击面或者放纵犯罪。

最高人民法院、最高人民检察院、公安部、司法部关于依法惩治拐卖妇女儿童犯罪的意见(2010年3月15日)

五、定性

17. 要严格区分借送养之名出卖亲生子女与民间送养行为的界限。区分的关键在于行为人是否具有非法获利的目的。应当通过审查将子女"送"人的背景和原因、有无收取钱财及收取钱财的多少、对方是否具有抚养目的及有无抚养能力等事实,综合判断行为人是否具有非法获利的目的。

具有下列情形之一的,可以认定属于出卖亲生子女,应当以拐卖妇女、儿童罪论处:

（1）将生育作为非法获利手段，生育后即出卖子女的；
（2）明知对方不具有抚养目的，或者根本不考虑对方是否具有抚养目的，为收取钱财将子女"送"给他人的；
（3）为收取明显不属于"营养费"、"感谢费"的巨额钱财将子女"送"给他人的；
（4）其他足以反映行为人具有非法获利目的的"送养"行为的。

不是出于非法获利目的，而是迫于生活困难，或者受重男轻女思想影响，私自将没有独立生活能力的子女送给他人抚养，包括收取少量"营养费"、"感谢费"的，属于民间送养行为，不能以拐卖妇女、儿童罪论处。对私自送养导致子女身心健康受到严重损害，或者具有其他恶劣情节，符合遗弃罪特征的，可以遗弃罪论处；情节显著轻微危害不大的，可由公安机关依法予以行政处罚。

17. 解救、善后安置

最高人民法院、最高人民检察院、公安部、民政部、司法部、全国妇联关于打击拐卖妇女儿童犯罪有关问题的通知（2000年3月20日）

六、切实做好解救和善后安置工作，保护被拐卖妇女、儿童的合法权益。解救被拐卖的妇女、儿童，是人民政府和政法机关的重要职责。公安、司法行政、民政、妇联等有关部门和组织要明确责任，各司其职，相互配合，通力合作。解救工作要充分依靠当地党委、政府的支持，做好对基层干部和群众的说服教育工作，注意方式、方法，慎用警械、武器，避免激化矛盾，防止出现围攻执法人员、聚众阻碍解救等突发事件。

对于被拐卖的未成年女性、现役军人配偶、遭受摧残虐待、被强迫卖淫或者从事其他色情服务的妇女，以及本人要求解救的妇女，要立即解救。对于自愿继续留在现住地生活的成年女性，应尊重本人意愿，愿在现住地结婚且符合法定结婚条件的，应当依法办理结婚登记手续。被拐卖妇女与买主所生子女的抚养问题，可由双方协商解决或由人民法院裁决。对于遭受摧残虐待的、被强迫乞讨或从事违法犯罪活动的，以及本人要求解救的被拐卖儿童，应当立即解救。对于解救的被拐卖儿童，由其父母或者其他监护人户口所在地公安机关负责接回。

公安、民政、妇联等有关部门和组织应当密切配合，做好被解救妇女、儿童的善后安置工作。任何单位和个人不得歧视被拐卖的妇女、儿童。对被解救回的未成年人，其父母及其他监护人应当接收并认真履行抚养义务。拒绝接收、拒不履行抚养义务，构成犯罪的，以遗弃罪追究刑事责任。

18. 涉外犯罪

最高人民法院、最高人民检察院、公安部、司法部关于依法惩治拐卖妇女儿童犯罪的意见（2010年3月15日）

九、涉外犯罪

34. 要进一步加大对跨国、跨境拐卖妇女、儿童犯罪的打击力度。加强双边或者多边"反拐"国际交流与合作，加强对被跨国、跨境拐卖的妇女、儿童的救助工作。依照我国缔结或者参加的国际条约的规定，积极行使所享有的权利，履行所承担的义务，及时请求或者提供各项司法协助，有效遏制跨国、跨境拐卖妇女、儿童犯罪。

最高人民检察院法律政策研究室关于以出卖为目的的倒卖外国妇女的行为是否构成拐卖妇女罪的答复（1998年12月24日）

刑法第二百四十条明确规定："拐卖妇女、儿童是以出卖为目的，有拐骗、绑架、收买、贩卖、接送、中转妇女、儿童的行为之一的。"其中作为"收买"对象的妇女、儿童并不要求必须是"被拐骗、绑架的妇女、儿童"。因此，以出卖为目的，收买、贩卖外国妇女，从中牟取非法利益的，应以拐卖妇女罪追究刑事责任。但确属为他人介绍婚姻收取介绍费，而非以出卖为目的的，不能追究刑事责任。

公安部关于打击拐卖妇女儿童犯罪适用法律和政策有关问题的意见（2000年3月24日）

八、关于办理涉外案件

（一）外国人或者无国籍人拐卖外国妇女、儿童到我国境内被查获的，应当适用我国刑法，以拐卖妇女、儿童罪立案侦查。

（二）拐卖妇女犯罪中的"妇女"，既包括具有中国国籍的妇女，也包括具有外国国籍和无国籍的妇女。被拐卖的外国妇女没有身份证明的，不影响对犯罪分子的立案侦查。

（三）对外国人依法作出取保候审、监视居住决定或者执行拘留、逮捕后，由有关省、自治区、直辖市公安厅、局在规定的期限内，将外国人的有关情况、涉嫌犯罪的主要事实、已采取的强制措施及其法律依据，通知该外国人所属国家的驻华使、领馆，同时报告公安部。

（四）对于外国籍犯罪嫌疑人身份无法查明或者其国籍国拒绝提供有关身份证明的，也可以按其自报的姓名依法提请人民检察院批准逮捕、移送审查起诉。

（五）对非法入出我国国境、非法居留的外国人，应当依照《中华人民共和国外国人入境出境管理法》及其实施细则进行处罚；情节严重，构成犯罪的，依法追究刑事责任。

● 量刑

1. 从严处罚、从重处罚

最高人民法院、最高人民检察院、公安部、民政部、司法部、全国妇联关于坚决打击拐卖妇女儿童犯罪活动的通知（1986年11月27日）

三、……对构成拐卖人口罪的，不管是直接拐卖、间接拐卖……都要坚决打击。对其中的惯犯、累犯、犯罪集团的主犯，对用劫持、绑架等手段拐卖妇女、儿童，摧残、虐待被拐卖妇女、儿童的犯罪分子，必须依法从重从快惩处。

全国人民代表大会常务委员会关于严惩拐卖、绑架妇女、儿童的犯罪分子的决定（2009年8月27日）

一、拐卖妇女、儿童的，处五年以上十年以下有期徒刑，并处一万元以下罚金；有下列情形之一的，处十年以上有期徒刑或者无期徒刑，并处一万元以下罚金或者没收财产；情节特别严重的，处死刑，并处没收财产：

（一）拐卖妇女、儿童集团的首要分子；

（二）拐卖妇女、儿童三人以上的；

（三）奸淫被拐卖的妇女的；

（四）诱骗、强迫被拐卖的妇女卖淫或者将被拐卖的妇女卖给他人迫使其卖淫的；

（五）造成被拐卖的妇女、儿童或者其亲属重伤、死亡或者其他严重后果的；

（六）将妇女、儿童卖往境外的。

……

二、以出卖为目的，使用暴力、胁迫或者麻醉方法绑架妇女、儿童的，处十年以上有期徒刑或者无期徒刑，并处一万元以下罚金或者没收财产；情节特别严重的，处死刑，并处没收财产。

以出卖或者勒索财物为目的，偷盗婴幼儿的，依照本条第一款的规定处罚。

以勒索财物为目的绑架他人的，依照本条第一款的规定处罚。

三、严禁收买被拐卖、绑架的妇女、儿童。收买被拐卖、绑架的妇女、儿童的，处三年以下有期徒刑、拘役或者管制。

收买被拐卖、绑架的妇女，强行与其发生性关系的，依照刑法关于强奸罪的规定处罚。

收买被拐卖、绑架的妇女、儿童，非法剥夺、限制其人身自由或者有伤害、侮辱、虐待等犯罪行为的，依照刑法的有关规定处罚。

收买被拐卖、绑架的妇女、儿童,并有本条第二款、第三款规定的犯罪行为的,依照刑法关于数罪并罚的规定处罚。

收买被拐卖、绑架的妇女、儿童又出卖的,依照本决定第一条的规定处罚。

收买被拐卖、绑架的妇女、儿童,按照被买妇女的意愿,不阻碍其返回原居住地的,对被买儿童没有虐待行为,不阻碍对其进行解救的,可以不追究刑事责任。

最高人民法院全国法院维护农村稳定刑事审判工作座谈会纪要(1999年10月27日)

二、(六)关于拐卖妇女、儿童犯罪案件

要从严惩处拐卖妇女、儿童犯罪团伙的首要分子和以拐卖妇女、儿童为常业的"人贩子"。

最高人民法院关于贯彻宽严相济刑事政策的若干意见(2010年2月8日)

二、准确把握和正确适用依法从"严"的政策要求

7. 贯彻宽严相济刑事政策,必须毫不动摇地坚持依法严惩严重刑事犯罪的方针。对于危害国家安全犯罪、恐怖组织犯罪、邪教组织犯罪、黑社会性质组织犯罪、恶势力犯罪、故意危害公共安全犯罪等严重危害国家政权稳固和社会治安的犯罪,故意杀人、故意伤害致人死亡、强奸、绑架、拐卖妇女儿童、抢劫、重大抢夺、重大盗窃等严重暴力犯罪和严重影响人民群众安全感的犯罪,走私、贩卖、运输、制造毒品等毒害人民健康的犯罪,要作为严惩的重点,依法从重处罚。尤其对于极端仇视国家和社会,以不特定人为侵害对象,所犯罪行特别严重的犯罪分子,该重判的要坚决依法重判,该判处死刑的要坚决依法判处死刑。

最高人民法院、最高人民检察院、公安部、司法部关于依法惩治拐卖妇女儿童犯罪的意见(2010年3月15日)

八、刑罚适用

28. 对于拐卖妇女、儿童犯罪集团的首要分子,情节严重的主犯,累犯,偷盗婴幼儿、强抢儿童情节严重,将妇女、儿童卖往境外情节严重,拐卖妇女、儿童多人多次、造成伤亡后果,或者具有其他严重情节的,依法从重处罚;情节特别严重的,依法判处死刑。

拐卖妇女、儿童,并对被拐卖的妇女、儿童实施故意杀害、伤害、猥亵、侮辱等行为,数罪并罚决定执行的刑罚应当依法体现从严。

29. 对于拐卖妇女、儿童的犯罪分子,应当注重依法适用财产刑,并切实加大执行力度,以强化刑罚的特殊预防与一般预防效果。

2. 从轻、减轻、免予处罚

最高人民法院、最高人民检察院、公安部、司法部关于依法惩治拐卖妇女儿童犯罪的意见（2010年3月15日）

八、刑罚适用

31. 多名家庭成员或者亲友共同参与出卖亲生子女，或者"买人为妻"、"买人为子"构成收买被拐卖的妇女、儿童罪的，一般应当在综合考察犯意提起、各行为人在犯罪中所起作用等情节的基础上，依法追究其中罪责较重者的刑事责任。对于其他情节显著轻微危害不大，不认为是犯罪的，依法不追究刑事责任；必要时可以由公安机关予以行政处罚。

32. 具有从犯、自首、立功等法定从宽处罚情节的，依法从轻、减轻或者免除处罚。

对被拐卖的妇女、儿童没有实施摧残、虐待等违法犯罪行为，或者能够协助解救被拐卖的妇女、儿童，或者具有其他酌定从宽处罚情节的，可以依法酌情从轻处罚。

33. 同时具有从严和从宽处罚情节的，要在综合考察拐卖妇女、儿童的手段、拐卖妇女、儿童或者收买被拐卖妇女、儿童的人次、危害后果以及被告人主观恶性、人身危险性等因素的基础上，结合当地此类犯罪发案情况和社会治安状况，决定对被告人总体从严或者从宽处罚。

3. 自首、立功

最高人民法院、最高人民检察院、公安部、司法部关于限令拐卖妇女儿童犯罪人员投案自首的通告（2011年1月1日）

一、限令实施或者参与拐卖妇女、儿童，收买被拐卖的妇女、儿童，聚众阻碍解救被拐卖的妇女、儿童的犯罪人员，自2011年1月1日起至2011年3月31日到公安机关等有关单位、组织投案自首。

二、亲友应当积极规劝犯罪人员尽快投案自首，经亲友规劝、陪同投案的，或者亲友主动报案后将犯罪人员送去投案的，均视为自动投案。

三、在限令期限内自动投案的犯罪人员，如实供述自己罪行的，依法可以从轻或者减轻处罚；犯罪情节较轻的，可以免除处罚。被采取强制措施或正在服刑期间，如实供述司法机关尚未掌握的拐卖犯罪行为的，如果该罪行与司法机关已掌握的或者判决确定的罪行属不同种罪行的，以自首论；如果该罪行系司法机关尚未掌握的同种拐卖犯罪的，一般应当从轻处罚。

被追诉前主动向公安机关报案或者向有关单位反映，愿意让被收买妇女返回原居住地,或者将被收买儿童送回其家庭,或者将被收买妇女、儿童交给公安、民政、妇联等机关、组织,没有其他严重情节的,可以依法免予刑事处罚。

四、犯罪人员有检举、揭发他人拐卖妇女、儿童犯罪行为,经查证属实的,以及提供重要线索,从而得以侦破其他犯罪案件等立功表现的,或者协助司法机关抓获其他犯罪嫌疑人的,可以依法从轻或者减轻处罚;有重大立功表现的,可以依法减轻或者免除处罚。

犯罪后自首又有重大立功表现的,应当依法减轻或者免除处罚。

五、逾期拒不投案自首的,或者转移、藏匿被收买的妇女、儿童,阻碍其返回原居住地或者阻碍解救的,经查实,依法从严惩处。

六、鼓励广大人民群众积极举报、控告拐卖妇女、儿童犯罪。司法机关对举报人、控告人依法予以保护。对威胁、报复举报人、控告人的,应当依法追究刑事责任。

七、窝藏、包庇犯罪分子,帮助犯罪分子毁灭、伪造证据的,应当依法追究刑事责任。

第二百四十一条 【收买被拐卖的妇女、儿童罪】收买被拐卖的妇女、儿童的,处三年以下有期徒刑、拘役或者管制。

收买被拐卖的妇女,强行与其发生性关系的,依照本法第二百三十六条的规定定罪处罚。

收买被拐卖的妇女、儿童,非法剥夺、限制其人身自由或者有伤害、侮辱等犯罪行为的,依照本法的有关规定定罪处罚。

收买被拐卖的妇女、儿童,并有第二款、第三款规定的犯罪行为的,依照数罪并罚的规定处罚。

收买被拐卖的妇女、儿童又出卖的,依照本法第二百四十条的规定定罪处罚。

收买被拐卖的妇女、儿童,对被买儿童没有虐待行为,不阻碍对其进行解救的,可以从轻处罚;按照被买妇女的意愿,不阻碍其返回原居住地的,可以从轻或者减轻处罚。

● 定罪

1. "阻碍对其进行解救"的认定

最高人民法院关于审理拐卖妇女儿童犯罪案件具体应用法律若干问题的解释（2017年1月1日）

第四条 在国家机关工作人员排查来历不明儿童或者进行解救时，将所收买的儿童藏匿、转移或者实施其他妨碍解救行为，经说服教育仍不配合的，属于刑法第二百四十一条第六款规定的"阻碍对其进行解救"。

2. "按照被买妇女的意愿，不阻碍其返回原居住地"的认定

最高人民法院关于审理拐卖妇女儿童犯罪案件具体应用法律若干问题的解释（2017年1月1日）

第五条 收买被拐卖的妇女，业已形成稳定的婚姻家庭关系，解救时被买妇女自愿继续留在当地共同生活的，可以视为"按照被买妇女的意愿，不阻碍其返回原居住地"。

3. 共同犯罪

公安部关于打击拐卖妇女儿童犯罪适用法律和政策有关问题的意见（2000年3月24日）

二、关于收买被拐卖的妇女、儿童犯罪

（四）凡是帮助买主实施强奸、伤害、非法拘禁被拐卖的妇女、儿童等犯罪行为的，应当分别以强奸罪、伤害罪、非法拘禁罪等犯罪的共犯立案侦查。

最高人民法院、最高人民检察院、公安部、司法部关于依法惩治拐卖妇女儿童犯罪的意见（2010年3月15日）

六、共同犯罪

21. ……明知他人收买被拐卖的妇女、儿童，仍然向其提供被收买妇女、儿童的户籍证明、出生证明或者其他帮助的，以收买被拐卖的妇女、儿童罪的共犯论处，但是，收买人未被追究刑事责任的除外。

认定是否"明知"，应当根据证人证言、犯罪嫌疑人、被告人及其同案人供述和辩解，结合提供帮助的人次，以及是否明显违反相关规章制度、工作流程等，予以综合判断。

最高人民法院关于审理拐卖妇女儿童犯罪案件具体应用法律若干问题的解释（2017年1月1日）

第八条 出于结婚目的收买被拐卖的妇女，或者出于抚养目的收买被拐卖

的儿童，涉及多名家庭成员、亲友参与的，对其中起主要作用的人员应当依法追究刑事责任。

4. 一罪与数罪

公安部关于打击拐卖妇女儿童犯罪适用法律和政策有关问题的意见（2000年3月24日）

三、关于收买被拐卖的妇女、儿童犯罪

（一）收买被拐卖的妇女、儿童的，以收买被拐卖的妇女、儿童罪立案侦查。

（二）收买被拐卖的妇女、儿童，并有下列犯罪行为的，同时以收买被拐卖的妇女、儿童罪和下列罪名立案侦查：

1. 违背被拐卖妇女的意志，强行与其发生性关系的，以强奸罪立案侦查。

2. 明知收买的妇女是精神病患者（间歇性精神病患者在发病期间）或者痴呆者（程度严重的）而与其发生性关系的，以强奸罪立案侦查。

3. 与收买的不满十四周岁的幼女发生性关系的，不论被害人是否同意，均以奸淫幼女罪立案侦查。

4. 非法剥夺、限制被拐卖的妇女、儿童人身自由的，或者对其实施伤害、侮辱、猥亵等犯罪行为的，以非法拘禁罪，或者伤害罪、侮辱罪、强制猥亵妇女罪、猥亵儿童罪等犯罪立案侦查。

5. 明知被拐卖的妇女是现役军人的妻子而与之同居或者结婚的，以破坏军婚罪立案侦查。

最高人民法院、最高人民检察院、公安部、司法部关于依法惩治拐卖妇女儿童犯罪的意见（2010年3月15日）

五、定性

20. 明知是被拐卖的妇女、儿童而收买，具有下列情形之一的，以收买被拐卖的妇女、儿童罪论处；同时构成其他犯罪的，依照数罪并罚的规定处罚：

（1）收买被拐卖的妇女后，违背被收买妇女的意愿，阻碍其返回原居住地的；

（2）阻碍对被收买妇女、儿童进行解救的；

（3）非法剥夺、限制被收买妇女、儿童的人身自由，情节严重，或者对被收买妇女、儿童有强奸、伤害、侮辱、虐待等行为的；

（4）所收买的妇女、儿童被解救后又再次收买，或者收买多名被拐卖的妇女、儿童的；

（5）组织、诱骗、强迫被收买的妇女、儿童从事乞讨、苦役，或者盗窃、传销、卖淫等违法犯罪活动的；

（6）造成被收买妇女、儿童或者其亲属重伤、死亡以及其他严重后果的；

（7）具有其他严重情节的。

七、一罪与数罪

26. 拐卖妇女、儿童或者收买被拐卖的妇女、儿童，又组织、教唆被拐卖、收买的妇女、儿童进行犯罪的，以拐卖妇女、儿童罪或者收买被拐卖的妇女、儿童罪与其所组织、教唆的罪数罪并罚。

27. 拐卖妇女、儿童或者收买被拐卖的妇女、儿童，又组织、教唆被拐卖、收买的未成年妇女、儿童进行盗窃、诈骗、抢夺、敲诈勒索等违反治安管理活动的，以拐卖妇女、儿童罪或者收买被拐卖的妇女、儿童罪与组织未成年人进行违反治安管理活动罪数罪并罚。

最高人民法院关于审理拐卖妇女儿童犯罪案件具体应用法律若干问题的解释（2017年1月1日）

第六条 收买被拐卖的妇女、儿童后又组织、强迫卖淫或者组织乞讨、进行违反治安管理活动等构成其他犯罪的，依照数罪并罚的规定处罚。

第七条 收买被拐卖的妇女、儿童，又以暴力、威胁方法阻碍国家机关工作人员解救被收买的妇女、儿童，或者聚众阻碍国家机关工作人员解救被收买的妇女、儿童，构成妨害公务罪、聚众阻碍解救被收买的妇女、儿童罪的，依照数罪并罚的规定处罚。

● 量刑

1. 刑罚适用

最高人民法院、最高人民检察院、公安部、司法部关于依法惩治拐卖妇女儿童犯罪的意见（2010年3月15日）

八、刑罚适用

30. 犯收买被拐卖的妇女、儿童罪，对被收买妇女、儿童实施违法犯罪活动或者将其作为牟利工具的，处罚时应当依法体现从严。

收买被拐卖的妇女、儿童，对被收买妇女、儿童没有实施摧残、虐待行为或者与其已形成稳定的婚姻家庭关系，但仍应依法追究刑事责任的，一般应当从轻处罚；符合缓刑条件的，可以依法适用缓刑。

33. 同时具有从严和从宽处罚情节的，要在综合考察拐卖妇女、儿童的手段、拐卖妇女、儿童或者收买被拐卖妇女、儿童的人次、危害后果以及被告人主观恶性、人身危险性等因素的基础上，结合当地此类犯罪发案情况和社会治安状况，决定对被告人总体从严或者从宽处罚。

2. 免予处罚

最高人民法院、最高人民检察院、公安部、司法部关于依法惩治拐卖妇女儿童犯罪的意见（2010年3月15日）

八、刑罚适用

30. ……收买被拐卖的妇女、儿童，犯罪情节轻微的，可以依法免予刑事处罚。

31. 多名家庭成员或者亲友共同参与出卖亲生子女，或者"买人为妻"、"买人为子"构成收买被拐卖的妇女、儿童罪的，一般应当在综合考察犯意提起、各行为人在犯罪中所起作用等情节的基础上，依法追究其中罪责较重者的刑事责任。对于其他情节显著轻微危害不大，不认为是犯罪的，依法不追究刑事责任；必要时可以由公安机关予以行政处罚。

最高人民法院、最高人民检察院、公安部、司法部关于限令拐卖妇女儿童犯罪人员投案自首的通告（2011年1月1日）

（参见第二百四十条【量刑】3. 自首、立功）

第二百四十二条 【妨害公务罪】以暴力、威胁方法阻碍国家机关工作人员解救被收买的妇女、儿童的，依照本法第二百七十七条的规定定罪处罚。

【聚众阻碍解救被收买的妇女、儿童罪】聚众阻碍国家机关工作人员解救被收买的妇女、儿童的首要分子，处五年以下有期徒刑或者拘役；其他参与者使用暴力、威胁方法的，依照前款的规定处罚。

● 定罪

1. 阻挠解救被害妇女、儿童工作，围攻、殴打前来解救的工作人员或亲属行为的定性

最高人民法院、最高人民检察院、公安部、民政部、司法部、全国妇联关于坚决打击拐卖妇女儿童犯罪活动的通知（1986年11月27日）

三、坚决打击拐卖妇女、儿童的犯罪分子……对阻挠解救被害妇女、儿童工作，围攻、殴打前来解救的工作人员或亲属的，经教育无效，要依照治安管

理处罚条例有关规定给予处罚；情节严重，构成妨害公务罪或者故意伤害罪的，依法追究刑事责任。

2. 一罪与数罪

公安部关于打击拐卖妇女儿童犯罪适用法律和政策有关问题的意见（2000年3月24日）

五、关于解救工作

（二）……以暴力、威胁方法阻碍国家机关工作人员解救被收买的妇女、儿童的，以妨害公务罪立案侦查。对聚众阻碍国家机关工作人员解救被收买的妇女、儿童的首要分子，以聚众阻碍解救被收买的妇女、儿童罪立案侦查。其他使用暴力、威胁方法的参与者，以妨害公务罪立案侦查……

最高人民法院、最高人民检察院、公安部、司法部关于依法惩治拐卖妇女儿童犯罪的意见（2010年3月15日）

五、定性

20. 明知是被拐卖的妇女、儿童而收买，具有下列情形之一的，以收买被拐卖的妇女、儿童罪论处；同时构成其他犯罪的，依照数罪并罚的规定处罚：

（2）阻碍对被收买妇女、儿童进行解救的。

第二百四十三条　【诬告陷害罪】捏造事实诬告陷害他人，意图使他人受刑事追究，情节严重的，处三年以下有期徒刑、拘役或者管制；造成严重后果的，处三年以上十年以下有期徒刑。

国家机关工作人员犯前款罪的，从重处罚。

不是有意诬陷，而是错告，或者检举失实的，不适用前两款的规定。

● 定罪

信访活动中诬告陷害行为的处理

公安部关于公安机关处置信访活动中违法犯罪行为适用法律的指导意见（2013年7月19日）

三、对侵犯人身权利、财产权利违法犯罪行为的处理

5. 捏造、歪曲事实诬告陷害他人，企图使他人受到刑事追究或者受到治安

管理处罚,符合《治安管理处罚法》第四十二条第三项规定的,以诬告陷害依法予以治安管理处罚;符合《刑法》第二百四十三条规定的,以诬告陷害罪追究刑事责任。

> **第二百四十四条** 【强迫劳动罪】以暴力、威胁或者限制人身自由的方法强迫他人劳动的,处三年以下有期徒刑或者拘役,并处罚金;情节严重的,处三年以上十年以下有期徒刑,并处罚金。
>
> 明知他人实施前款行为,为其招募、运送人员或者有其他协助强迫他人劳动行为的,依照前款的规定处罚。
>
> 单位犯前两款罪的,对单位判处罚金,并对其直接负责的主管人员和其他直接责任人员,依照第一款的规定处罚。

● 立案追诉标准

最高人民检察院、公安部关于公安机关管辖的刑事案件立案追诉标准的规定(一)的补充规定(2017年4月27日)

六、将《立案追诉标准(一)》第31条修改为:[强迫劳动案(刑法第244条)]以暴力、威胁或者限制人身自由的方法强迫他人劳动的,应予立案追诉。

明知他人以暴力、威胁或者限制人身自由的方法强迫他人劳动,为其招募、运送人员或者有其他协助强迫他人劳动行为的,应予立案追诉。

> **第二百四十四条之一** 【雇用童工从事危重劳动罪】违反劳动管理法规,雇用未满十六周岁的未成年人从事超强度体力劳动的,或者从事高空、井下作业的,或者在爆炸性、易燃性、放射性、毒害性等危险环境下从事劳动,情节严重的,对直接责任人员,处三年以下有期徒刑或者拘役,并处罚金;情节特别严重的,处三年以上七年以下有期徒刑,并处罚金。
>
> 有前款行为,造成事故,又构成其他犯罪的,依照数罪并罚的规定处罚。

分则 | 第四章 侵犯公民人身权利、民主权利罪 ▶ 633

● 立案追诉标准

最高人民检察院、公安部关于公安机关管辖的刑事案件立案追诉标准的规定（一）（2008年6月25日）

第三十二条 ［雇用童工从事危重劳动案（刑法第二百四十四条之一）］违反劳动管理法规，雇用未满十六周岁的未成年人从事国家规定的第四级体力劳动强度的劳动，或者从事高空、井下劳动，或者在爆炸性、易燃性、放射性、毒害性等危险环境下从事劳动，涉嫌下列情形之一的，应予立案追诉：

（一）造成未满十六周岁的未成年人伤亡或者对其身体健康造成严重危害的；

（二）雇用未满十六周岁的未成年人三人以上的；

（三）以强迫、欺骗等手段雇用未满十六周岁的未成年人从事危重劳动的；

（四）其他情节严重的情形。

第二百四十五条 【非法搜查罪】【非法侵入住宅罪】 非法搜查他人身体、住宅，或者非法侵入他人住宅的，处三年以下有期徒刑或者拘役。

司法工作人员滥用职权，犯前款罪的，从重处罚。

● 关联法条

第九十四条

● 立案追诉标准

最高人民检察院关于渎职侵权犯罪案件立案标准的规定（2006年7月26日）

二、国家机关工作人员利用职权实施的侵犯公民人身权利、民主权利犯罪案件

（二）国家机关工作人员利用职权实施的非法搜查案（第二百四十五条）

非法搜查罪是指非法搜查他人身体、住宅的行为。

国家机关工作人员利用职权非法搜查，涉嫌下列情形之一的，应予立案：

1. 非法搜查他人身体、住宅，并实施殴打、侮辱等行为的；

2. 非法搜查，情节严重，导致被搜查人或者其近亲属自杀、自残造成重伤、死亡，或者精神失常的；

3. 非法搜查，造成财物严重损坏的；

4. 非法搜查3人（户）次以上的；

5. 司法工作人员对明知是与涉嫌犯罪无关的人身、住宅非法搜查的；

6. 其他非法搜查应予追究刑事责任的情形。

三、附则

（二）本规定所称"以上"包括本数；有关犯罪数额"不满"，是指已达到该数额百分之八十以上的。

（三）本规定中的"国家机关工作人员"，是指在国家机关中从事公务的人员，包括在各级国家权力机关、行政机关、司法机关和军事机关中从事公务的人员。在依照法律、法规规定行使国家行政管理职权的组织中从事公务的人员，或者在受国家机关委托代表国家行使职权的组织中从事公务的人员，或者虽未列入国家机关人员编制但在国家机关中从事公务的人员，在代表国家机关行使职权时，视为国家机关工作人员。在乡（镇）以上中国共产党机关、人民政协机关中从事公务的人员，视为国家机关工作人员。

最高人民检察院人民检察院直接受理立案侦查的渎职侵权重特大案件标准（试行）（2002年1月1日）

三十五、国家机关工作人员利用职权实施的非法搜查案

（一）重大案件

1. 五次以上或者一次对五人（户）以上非法搜查的；

2. 引起被搜查人精神失常的。

（二）特大案件

1. 七次以上或者一次对七人（户）以上非法搜查的；

2. 引起被搜查人自杀的。

● 定罪

1. 以"软暴力"手段非法进入或滞留他人住宅行为的定性

最高人民法院、最高人民检察院、公安部、司法部关于办理实施"软暴力"的刑事案件若干问题的意见（2019年4月9日）

一、"软暴力"是指行为人为谋取不法利益或形成非法影响，对他人或者在

有关场所进行滋扰、纠缠、哄闹、聚众造势等，足以使他人产生恐惧、恐慌进而形成心理强制，或者足以影响、限制人身自由、危及人身财产安全，影响正常生活、工作、生产、经营的违法犯罪手段。

二、"软暴力"违法犯罪手段通常的表现形式有：

（一）侵犯人身权利、民主权利、财产权利的手段，包括但不限于跟踪贴靠、扬言传播疾病、揭发隐私、恶意举报、诬告陷害、破坏、霸占财物等；

（二）扰乱正常生活、工作、生产、经营秩序的手段，包括但不限于非法侵入他人住宅、破坏生活设施、设置生活障碍、贴报喷字、拉挂横幅、燃放鞭炮、播放哀乐、摆放花圈、泼洒污物、断水断电、堵门阻工，以及通过驱赶从业人员、派驻人员据守等方式直接或间接地控制厂房、办公区、经营场所等；

（三）扰乱社会秩序的手段，包括但不限于摆场架势示威、聚众哄闹滋扰、拦路闹事等；

（四）其他符合本意见第一条规定的"软暴力"手段。

通过信息网络或者通讯工具实施，符合本意见第一条规定的违法犯罪手段，应当认定为"软暴力"。

三、行为人实施"软暴力"，具有下列情形之一，可以认定为足以使他人产生恐惧、恐慌进而形成心理强制或者足以影响、限制人身自由、危及人身财产安全或者影响正常生活、工作、生产、经营：

（一）黑恶势力实施的；

（二）以黑恶势力名义实施的；

（三）曾因组织、领导、参加黑社会性质组织、恶势力犯罪集团、恶势力以及因强迫交易、非法拘禁、敲诈勒索、聚众斗殴、寻衅滋事等犯罪受过刑事处罚后又实施的；

（四）携带凶器实施的；

（五）有组织地实施的或者足以使他人认为暴力、威胁具有现实可能性的；

（六）其他足以使他人产生恐惧、恐慌进而形成心理强制或者足以影响、限制人身自由、危及人身财产安全或者影响正常生活、工作、生产、经营的情形。

由多人实施的，编造或明示暴力违法犯罪经历进行恐吓的，或者以自报组织、头目名号、统一着装、显露纹身、特殊标识以及其他明示、暗示方式，足以使他人感知相关行为的有组织性的，应当认定为"以黑恶势力名义实施"。

由多人实施的，只要有部分行为人符合本条第一款第（一）项至第（四）

项所列情形的,该项即成立。

虽然具体实施"软暴力"的行为人不符合本条第一款第(一)项、第(三)项所列情形,但雇佣者、指使者或者纠集者符合的,该项成立。

七、以"软暴力"手段非法进入或者滞留他人住宅的,应当认定为《刑法》第二百四十五条规定的"非法侵入他人住宅",同时符合其他犯罪构成要件的,应当以非法侵入住宅罪定罪处罚。

十一、……为强索不受法律保护的债务或者因其他非法目的,雇佣、指使他人采用"软暴力"手段非法剥夺他人人身自由构成非法拘禁罪,或者非法侵入他人住宅、寻衅滋事,构成非法侵入住宅罪、寻衅滋事罪的,对雇佣者、指使者,一般应当以共同犯罪中的主犯论处;因本人及近亲属合法债务、婚恋、家庭、邻里纠纷等民间矛盾而雇佣、指使,没有造成严重后果的,一般不作为犯罪处理,但经有关部门批评制止或者处理处罚后仍继续实施的除外。

2. 实施"碰瓷"索取财物,非法搜查他人身体行为的定性

最高人民法院、最高人民检察院、公安部关于依法办理"碰瓷"违法犯罪案件的指导意见(2020年9月22日)

八、实施"碰瓷",为索取财物,采取非法拘禁等方法非法剥夺他人人身自由或者非法搜查他人身体,符合刑法第二百三十八条、第二百四十五条规定的,分别以非法拘禁罪、非法搜查罪定罪处罚。

3. 共同犯罪

最高人民法院、最高人民检察院、公安部、司法部关于办理实施"软暴力"的刑事案件若干问题的意见(2019年4月9日)

十一、……为强索不受法律保护的债务或者因其他非法目的,雇佣、指使他人采用"软暴力"手段……或者非法侵入他人住宅……构成非法侵入住宅罪……对雇佣者、指使者,一般应当以共同犯罪中的主犯论处……

4. 罪与非罪

最高人民法院、最高人民检察院、公安部、司法部关于办理实施"软暴力"的刑事案件若干问题的意见(2019年4月9日)

十一、……为强索不受法律保护的债务或者因其他非法目的,雇佣、指使他人采用"软暴力"手段……或者非法侵入他人住宅……因本人及近亲属合法债务、婚恋、家庭、邻里纠纷等民间矛盾而雇佣、指使,没有造成严重后果的,一般不作为犯罪处理,但经有关部门批评制止或者处理处罚后仍继续实施的除外。

第二百四十六条　【侮辱罪】【诽谤罪】以暴力或者其他方法公然侮辱他人或者捏造事实诽谤他人，情节严重的，处三年以下有期徒刑、拘役、管制或者剥夺政治权利。

前款罪，告诉的才处理，但是严重危害社会秩序和国家利益的除外。

通过信息网络实施第一款规定的行为，被害人向人民法院告诉，但提供证据确有困难的，人民法院可以要求公安机关提供协助。

● 定罪

1. 第一款"捏造事实诽谤他人""情节严重"的认定

最高人民法院、最高人民检察院关于办理利用信息网络实施诽谤等刑事案件适用法律若干问题的解释（2013年9月10日）

第一条　具有下列情形之一的，应当认定为刑法第二百四十六条第一款规定的"捏造事实诽谤他人"：

（一）捏造损害他人名誉的事实，在信息网络上散布，或者组织、指使人员在信息网络上散布的；

（二）将信息网络上涉及他人的原始信息内容篡改为损害他人名誉的事实，在信息网络上散布，或者组织、指使人员在信息网络上散布的。

明知是捏造的损害他人名誉的事实，在信息网络上散布，情节恶劣的，以"捏造事实诽谤他人"论。

第二条　利用信息网络诽谤他人，具有下列情形之一的，应当认定为刑法第二百四十六条第一款规定的"情节严重"：

（一）同一诽谤信息实际被点击、浏览次数达到五千次以上，或者被转发次数达到五百次以上的；

（二）造成被害人或者其近亲属精神失常、自残、自杀等严重后果的；

（三）二年内曾因诽谤受过行政处罚，又诽谤他人的；

（四）其他情节严重的情形。

2. 第二款"严重危害社会秩序和国家利益"的认定

公安部关于严格依法办理侮辱诽谤案件的通知（2009年4月3日）

二、准确把握侮辱、诽谤公诉案件的管辖范围及基本要件。根据《刑法》第二百四十六条的规定，侮辱、诽谤案件一般属于自诉案件，应当由公民个人自行向人民法院提起诉讼，只有在侮辱、诽谤行为"严重危害社会秩序和国家利益"时，公安机关才能按照公诉程序立案侦查……对于具有下列情形之一的侮辱、诽谤行为，应当认定为"严重危害社会秩序和国家利益"，以侮辱罪、诽谤罪立案侦查，作为公诉案件办理：（一）因侮辱、诽谤行为导致群体性事件，严重影响社会秩序的；（二）因侮辱、诽谤外交使节、来访的外国国家元首、政府首脑等人员，造成恶劣国际影响的；（三）因侮辱、诽谤行为给国家利益造成严重危害的其他情形。

最高人民法院、最高人民检察院关于办理利用信息网络实施诽谤等刑事案件适用法律若干问题的解释（2013年9月10日）

第三条 利用信息网络诽谤他人，具有下列情形之一的，应当认定为刑法第二百四十六条第二款规定的"严重危害社会秩序和国家利益"：

（一）引发群体性事件的；

（二）引发公共秩序混乱的；

（三）引发民族、宗教冲突的；

（四）诽谤多人，造成恶劣社会影响的；

（五）损害国家形象，严重危害国家利益的；

（六）造成恶劣国际影响的；

（七）其他严重危害社会秩序和国家利益的情形。

3. "信息网络"范围的认定

最高人民法院、最高人民检察院关于办理利用信息网络实施诽谤等刑事案件适用法律若干问题的解释（2013年9月10日）

第十条 本解释所称信息网络，包括以计算机、电视机、固定电话机、移动电话机等电子设备为终端的计算机互联网、广播电视网、固定通信网、移动通信网等信息网络，以及向公众开放的局域网络。

4. 在出版物中公然侮辱或捏造事实诽谤他人行为的定性

最高人民法院关于审理非法出版物刑事案件具体应用法律若干问题的解释（1998年12月23日）

第六条 在出版物中公然侮辱他人或者捏造事实诽谤他人，情节严重的，依照刑法第二百四十六条的规定，分别以侮辱罪或者诽谤罪定罪处罚。

5. 利用互联网侮辱或捏造事实诽谤他人行为的定性

全国人民代表大会常务委员会关于维护互联网安全的决定（2009年8月27日）

四、为了保护个人、法人和其他组织的人身、财产等合法权利，对有下列行为之一，构成犯罪的，依照刑法有关规定追究刑事责任：

（一）利用互联网侮辱他人或者捏造事实诽谤他人；

……

6. 以暴力或者其他方法公然侮辱、恐吓医务人员情节严重行为的定性

最高人民法院、最高人民检察院、公安部、司法部、国家卫生和计划生育委员会关于依法惩处涉医违法犯罪维护正常医疗秩序的意见（2014年4月22日）

二、严格依法惩处涉医违法犯罪

（四）公然侮辱、恐吓医务人员的，依照治安管理处罚法第四十二条的规定处罚；采取暴力或者其他方法公然侮辱、恐吓医务人员情节严重（恶劣），构成侮辱罪、寻衅滋事罪的，依照刑法的有关规定定罪处罚。

最高人民法院、最高人民检察院、公安部、司法部关于依法惩治妨害新型冠状病毒感染肺炎疫情防控违法犯罪的意见（2020年2月6日）

二、准确适用法律，依法严惩妨害疫情防控的各类违法犯罪

（二）……采取暴力或者其他方法公然侮辱、恐吓医务人员，符合刑法第二百四十六条、第二百九十三条规定的，以侮辱罪或者寻衅滋事罪定罪处罚……

7. 数额累计计算

最高人民法院、最高人民检察院关于办理利用信息网络实施诽谤等刑事案件适用法律若干问题的解释（2013年9月10日）

第四条　一年内多次实施利用信息网络诽谤他人行为未经处理，诽谤信息实际被点击、浏览、转发次数累计计算构成犯罪的，应当依法定罪处罚。

8. 共同犯罪

最高人民法院、最高人民检察院关于办理利用信息网络实施诽谤等刑事案件适用法律若干问题的解释（2013年9月10日）

第八条　明知他人利用信息网络实施诽谤、寻衅滋事、敲诈勒索、非法经营等犯罪，为其提供资金、场所、技术支持等帮助的，以共同犯罪论处。

9. 一罪与数罪

最高人民法院、最高人民检察院、公安部、司法部关于依法惩治拐卖妇女儿童犯罪的意见（2010年3月15日）

五、定性

20. 明知是被拐卖的妇女、儿童而收买，具有下列情形之一的，以收买被拐卖的妇女、儿童罪论处；同时构成其他犯罪的，依照数罪并罚的规定处罚：

（3）非法剥夺、限制被收买妇女、儿童的人身自由，情节严重，或者对被收买妇女、儿童有强奸、伤害、侮辱、虐待等行为的。

七、一罪与数罪

25. 拐卖妇女、儿童，又对被拐卖的妇女、儿童实施故意杀害、伤害、猥亵、侮辱等行为，构成其他犯罪的，依照数罪并罚的规定处罚。

最高人民法院、最高人民检察院关于办理利用信息网络实施诽谤等刑事案件适用法律若干问题的解释（2013年9月10日）

第九条 利用信息网络实施诽谤、寻衅滋事、敲诈勒索、非法经营犯罪，同时又构成刑法第二百二十一条规定的损害商业信誉、商品声誉罪，第二百七十八条规定的煽动暴力抗拒法律实施罪，第二百九十一条之一规定的编造、故意传播虚假恐怖信息罪等犯罪的，依照处罚较重的规定定罪处罚。

最高人民法院、最高人民检察院、公安部、司法部关于依法办理家庭暴力犯罪案件的意见（2015年3月2日）

三、定罪处罚

16. 依法准确定罪处罚。对故意杀人、故意伤害、强奸、猥亵儿童、非法拘禁、侮辱、暴力干涉婚姻自由、虐待、遗弃等侵害公民人身权利的家庭暴力犯罪，应当根据犯罪的事实、犯罪的性质、情节和对社会的危害程度，严格依照刑法的有关规定判处。对于同一行为同时触犯多个罪名的，依照处罚较重的规定定罪处罚。

最高人民法院、最高人民检察院关于办理组织、利用邪教组织破坏法律实施等刑事案件适用法律若干问题的解释（2017年2月1日）

第十条 组织、利用邪教组织破坏国家法律、行政法规实施过程中，又有煽动分裂国家、煽动颠覆国家政权或者侮辱、诽谤他人等犯罪行为的，依照数罪并罚的规定定罪处罚。

10. 溯及力

最高人民法院关于《中华人民共和国刑法修正案（九）》时间效力问题的解释（2015年11月1日）

第四条　对于2015年10月31日以前通过信息网络实施的刑法第二百四十六条第一款规定的侮辱、诽谤行为，被害人向人民法院告诉，但提供证据确有困难的，适用修正后刑法第二百四十六条第三款的规定。

● 量刑

从严处罚

最高人民法院、最高人民检察院、公安部、司法部关于依法惩治拐卖妇女儿童犯罪的意见（2010年3月15日）

八、刑罚适用

28. ……拐卖妇女、儿童，并对被拐卖的妇女、儿童实施故意杀害、伤害、猥亵、侮辱等行为，数罪并罚决定执行的刑罚应当依法体现从严。

第二百四十七条　【刑讯逼供罪】【暴力取证罪】司法工作人员对犯罪嫌疑人、被告人实行刑讯逼供或者使用暴力逼取证人证言的，处三年以下有期徒刑或者拘役。致人伤残、死亡的，依照本法第二百三十四条、第二百三十二条的规定定罪从重处罚。

● 关联法条

第九十四条

● 立案追诉标准

最高人民检察院关于渎职侵权犯罪案件立案标准的规定（2006年7月26日）

二、国家机关工作人员利用职权实施的侵犯公民人身权利、民主权利犯罪案件

（三）刑讯逼供案（第二百四十七条）

刑讯逼供罪是指司法工作人员对犯罪嫌疑人、被告人使用肉刑或者变相肉

刑逼取口供的行为。

涉嫌下列情形之一的，应予立案：

1. 以殴打、捆绑、违法使用械具等恶劣手段逼取口供的；

2. 以较长时间冻、饿、晒、烤等手段逼取口供，严重损害犯罪嫌疑人、被告人身体健康的；

3. 刑讯逼供造成犯罪嫌疑人、被告人轻伤、重伤、死亡的；

4. 刑讯逼供，情节严重，导致犯罪嫌疑人、被告人自杀、自残造成重伤、死亡，或者精神失常的；

5. 刑讯逼供，造成错案的；

6. 刑讯逼供3人次以上的；

7. 纵容、授意、指使、强迫他人刑讯逼供，具有上述情形之一的；

8. 其他刑讯逼供应予追究刑事责任的情形。

（四）暴力取证案（第二百四十七条）

暴力取证罪是指司法工作人员以暴力逼取证人证言的行为。

涉嫌下列情形之一的，应予立案：

1. 以殴打、捆绑、违法使用械具等恶劣手段逼取证人证言的；

2. 暴力取证造成证人轻伤、重伤、死亡的；

3. 暴力取证，情节严重，导致证人自杀、自残造成重伤、死亡，或者精神失常的；

4. 暴力取证，造成错案的；

5. 暴力取证3人次以上的；

6. 纵容、授意、指使、强迫他人暴力取证，具有上述情形之一的；

7. 其他暴力取证应予追究刑事责任的情形。

三、附则

（二）本规定所称"以上"包括本数；有关犯罪数额"不满"，是指已达到该数额百分之八十以上的。

最高人民检察院人民检察院直接受理立案侦查的渎职侵权重特大案件标准（试行）（2002年1月1日）

三十六、刑讯逼供案

（一）重大案件

1. 致人重伤或者精神失常的；

2. 五次以上或者对五人以上刑讯逼供的；

3. 造成冤、假、错案的。

（二）特大案件

1. 致人死亡的；

2. 七次以上或者对七人以上刑讯逼供的；

3. 致使无辜的人被判处十年以上有期徒刑、无期徒刑、死刑的。

三十七、暴力取证案

（一）重大案件

1. 致人重伤或者精神失常的；

2. 五次以上或者对五人以上暴力取证的。

（二）特大案件

1. 致人死亡的；

2. 七次以上或者对七人以上暴力取证的。

● 定罪

犯罪主体的认定

最高人民检察院关于企业事业单位的公安机构在机构改革过程中其工作人员能否构成渎职侵权犯罪主体问题的批复（2002年4月24日）

企业事业单位的公安机构在机构改革过程中虽尚未列入公安机关建制，其工作人员在行使侦查职责时，实施渎职侵权行为的，可以成为渎职侵权犯罪的主体。

第二百四十八条　【虐待被监管人罪】 监狱、拘留所、看守所等监管机构的监管人员对被监管人进行殴打或者体罚虐待，情节严重的，处三年以下有期徒刑或者拘役；情节特别严重的，处三年以上十年以下有期徒刑。致人伤残、死亡的，依照本法第二百三十四条、第二百三十二条的规定定罪从重处罚。

监管人员指使被监管人殴打或者体罚虐待其他被监管人的，依照前款的规定处罚。

● 立案追诉标准

最高人民检察院关于渎职侵权犯罪案件立案标准的规定（2006年7月26日）

二、国家机关工作人员利用职权实施的侵犯公民人身权利、民主权利犯罪案件

（五）虐待被监管人案（第二百四十八条）

虐待被监管人罪是指监狱、拘留所、看守所、拘役所、劳教所等监管机构的监管人员对被监管人进行殴打或者体罚虐待，情节严重的行为。

涉嫌下列情形之一的，应予立案：

1. 以殴打、捆绑、违法使用械具等恶劣手段虐待被监管人的；
2. 以较长时间冻、饿、晒、烤等手段虐待被监管人，严重损害其身体健康的；
3. 虐待造成被监管人轻伤、重伤、死亡的；
4. 虐待被监管人，情节严重，导致被监管人自杀、自残造成重伤、死亡，或者精神失常的；
5. 殴打或者体罚虐待3人次以上的；
6. 指使被监管人殴打、体罚虐待其他被监管人，具有上述情形之一的；
7. 其他情节严重的情形。

三、附则

（二）本规定所称"以上"包括本数；有关犯罪数额"不满"，是指已达到该数额百分之八十以上的。

最高人民检察院人民检察院直接受理立案侦查的渎职侵权重特大案件标准（试行）（2002年1月1日）

三十八、虐待被监管人案

（一）重大案件

1. 致使被监管人重伤或者精神失常的；
2. 对被监管人五人以上或五次以上实施虐待的。

（二）特大案件

1. 致使被监管人死亡的；
2. 对被监管人七人以上或七次以上实施虐待的。

● 定罪

强制隔离戒毒所工作人员殴打或体罚虐待戒毒人员行为的定性

最高人民检察院关于强制隔离戒毒所工作人员能否成为虐待被监管人罪主体问题的批复（2015年2月15日）

根据有关法律规定，强制隔离戒毒所是对符合特定条件的吸毒成瘾人员限

制人身自由，进行强制隔离戒毒的监管机构，其履行监管职责的工作人员属于刑法第二百四十八条规定的监管人员。

对于强制隔离戒毒所监管人员殴打或者体罚虐待戒毒人员，或者指使戒毒人员殴打、体罚虐待其他戒毒人员，情节严重的，应当适用刑法第二百四十八条的规定，以虐待被监管人罪追究刑事责任；造成戒毒人员伤残、死亡后果的，应当依照刑法第二百三十四条、第二百三十二条的规定，以故意伤害罪、故意杀人罪从重处罚。

> **第二百四十九条** 【煽动民族仇恨、民族歧视罪】煽动民族仇恨、民族歧视，情节严重的，处三年以下有期徒刑、拘役、管制或者剥夺政治权利；情节特别严重的，处三年以上十年以下有期徒刑。

● 定罪

1. 利用互联网煽动民族仇恨、民族歧视行为的定性

   全国人民代表大会常务委员会关于维护互联网安全的决定（2009年8月27日）

   二、为了维护国家安全和社会稳定，对有下列行为之一，构成犯罪的，依照刑法有关规定追究刑事责任：

   ……

   （三）利用互联网煽动民族仇恨、民族歧视，破坏民族团结；

   ……

2. 一罪与数罪

   最高人民法院关于审理破坏广播电视设施等刑事案件具体应用法律若干问题的解释（2011年6月13日）

   第七条 实施破坏广播电视设施犯罪，并利用广播电视设施实施煽动分裂国家、煽动颠覆国家政权、煽动民族仇恨、民族歧视或者宣扬邪教等行为，同时构成其他犯罪的，依照处罚较重的规定定罪处罚。

> **第二百五十条** 【出版歧视、侮辱少数民族作品罪】在出版物中刊载歧视、侮辱少数民族的内容，情节恶劣，造成严重后果的，对直接责任人员，处三年以下有期徒刑、拘役或者管制。

● 定罪

出版刊载歧视、侮辱少数民族内容的作品行为的定性

最高人民法院关于审理非法出版物刑事案件具体应用法律若干问题的解释（1998年12月23日）

第七条 出版刊载歧视、侮辱少数民族内容的作品，情节恶劣，造成严重后果的，依照刑法第二百五十条的规定，以出版歧视、侮辱少数民族作品罪定罪处罚。

第二百五十一条 【非法剥夺公民宗教信仰自由罪】【侵犯少数民族风俗习惯罪】 国家机关工作人员非法剥夺公民的宗教信仰自由和侵犯少数民族风俗习惯，情节严重的，处二年以下有期徒刑或者拘役。

第二百五十二条 【侵犯通信自由罪】 隐匿、毁弃或者非法开拆他人信件，侵犯公民通信自由权利，情节严重的，处一年以下有期徒刑或者拘役。

● 定罪

非法截获、篡改、删除他人电子邮件或其他数据资料行为的定性

全国人民代表大会常务委员会关于维护互联网安全的决定（2009年8月27日）

四、为了保护个人、法人和其他组织的人身、财产等合法权利，对有下列行为之一，构成犯罪的，依照刑法有关规定追究刑事责任：

……

（二）非法截获、篡改、删除他人电子邮件或者其他数据资料，侵犯公民通信自由和通信秘密；

……

第二百五十三条 【私自开拆、隐匿、毁弃邮件、电报罪】邮政工作人员私自开拆或者隐匿、毁弃邮件、电报的，处二年以下有期徒刑或者拘役。

犯前款罪而窃取财物的，依照本法第二百六十四条的规定定罪从重处罚。

● 定罪

犯罪情节的把握

最高人民法院、最高人民检察院、公安部、邮电部关于加强查处破坏邮政通信案件工作的通知（1983年11月17日）

二、关于查处破坏邮政通信案件工作中需要注意的几个问题

1. 私拆、隐匿、毁弃邮件、电报等破坏邮政通信的案件，是违法犯罪行为。因此，对这种案件的定性、处理或量刑，必须重视对邮政通信的破坏所造成的社会危害后果，不能仅以数量多少处理。

第二百五十三条之一 【侵犯公民个人信息罪】违反国家有关规定，向他人出售或者提供公民个人信息，情节严重的，处三年以下有期徒刑或者拘役，并处或者单处罚金；情节特别严重的，处三年以上七年以下有期徒刑，并处罚金。

违反国家有关规定，将在履行职责或者提供服务过程中获得的公民个人信息，出售或者提供给他人的，依照前款的规定从重处罚。

窃取或者以其他方法非法获取公民个人信息的，依照第一款的规定处罚。

单位犯前三款罪的，对单位判处罚金，并对其直接负责的主管人员和其他直接责任人员，依照各该款的规定处罚。

● 定罪

1. "公民个人信息"的认定

最高人民法院、最高人民检察院、公安部关于依法惩处侵害公民个人信息犯罪活动的通知（2013年4月23日）

二、正确适用法律，实现法律效果与社会效果的有机统一……公民个人信息包括公民的姓名、年龄、有效证件号码、婚姻状况、工作单位、学历、履历、家庭住址、电话号码等能够识别公民个人身份或者涉及公民个人隐私的信息、数据资料……

网络安全法（2017年6月1日）

第七十六条 （五）个人信息，是指以电子或者其他方式记录的能够单独或者与其他信息结合识别自然人个人身份的各种信息，包括但不限于自然人的姓名、出生日期、身份证件号码、个人生物识别信息、住址、电话号码等。

最高人民法院、最高人民检察院关于办理侵犯公民个人信息刑事案件适用法律若干问题的解释（2017年6月1日）

第一条 刑法第二百五十三条之一规定的"公民个人信息"，是指以电子或者其他方式记录的能够单独或者与其他信息结合识别特定自然人身份或者反映特定自然人活动情况的各种信息，包括姓名、身份证件号码、通信通讯联系方式、住址、账号密码、财产状况、行踪轨迹等。

2. "违反国家有关规定"的认定

最高人民法院、最高人民检察院关于办理侵犯公民个人信息刑事案件适用法律若干问题的解释（2017年6月1日）

第二条 违反法律、行政法规、部门规章有关公民个人信息保护的规定的，应当认定为刑法第二百五十三条之一规定的"违反国家有关规定"。

3. "提供公民个人信息"的认定

最高人民法院、最高人民检察院关于办理侵犯公民个人信息刑事案件适用法律若干问题的解释（2017年6月1日）

第三条 向特定人提供公民个人信息，以及通过信息网络或者其他途径发布公民个人信息的，应当认定为刑法第二百五十三条之一规定的"提供公民个人信息"。

未经被收集者同意，将合法收集的公民个人信息向他人提供的，属于刑法第二百五十三条之一规定的"提供公民个人信息"，但是经过处理无法识别特定个人且不能复原的除外。

4. "情节严重""情节特别严重"的认定

最高人民法院、最高人民检察院关于办理侵犯公民个人信息刑事案件适用法律若干问题的解释（2017 年 6 月 1 日）

第五条 非法获取、出售或者提供公民个人信息，具有下列情形之一的，应当认定为刑法第二百五十三条之一规定的"情节严重"：

（一）出售或者提供行踪轨迹信息，被他人用于犯罪的；

（二）知道或者应当知道他人利用公民个人信息实施犯罪，向其出售或者提供的；

（三）非法获取、出售或者提供行踪轨迹信息、通信内容、征信信息、财产信息五十条以上的；

（四）非法获取、出售或者提供住宿信息、通信记录、健康生理信息、交易信息等其他可能影响人身、财产安全的公民个人信息五百条以上的；

（五）非法获取、出售或者提供第三项、第四项规定以外的公民个人信息五千条以上的；

（六）数量未达到第三项至第五项规定标准，但是按相应比例合计达到有关数量标准的；

（七）违法所得五千元以上的；

（八）将在履行职责或者提供服务过程中获得的公民个人信息出售或者提供给他人，数量或者数额达到第三项至第七项规定标准一半以上的；

（九）曾因侵犯公民个人信息受过刑事处罚或者二年内受过行政处罚，又非法获取、出售或者提供公民个人信息的；

（十）其他情节严重的情形。

实施前款规定的行为，具有下列情形之一的，应当认定为刑法第二百五十二条之一第一款规定的"情节特别严重"：

（一）造成被害人死亡、重伤、精神失常或者被绑架等严重后果的；

（二）造成重大经济损失或者恶劣社会影响的；

（三）数量或者数额达到前款第三项至第八项规定标准十倍以上的；

（四）其他情节特别严重的情形。

第六条 为合法经营活动而非法购买、收受本解释第五条第一款第三项、

第四项规定以外的公民个人信息,具有下列情形之一的,应当认定为刑法第二百五十三条之一规定的"情节严重":

(一)利用非法购买、收受的公民个人信息获利五万元以上的;

(二)曾因侵犯公民个人信息受过刑事处罚或者二年内受过行政处罚,又非法购买、收受公民个人信息的;

(三)其他情节严重的情形。

实施前款规定的行为,将购买、收受的公民个人信息非法出售或者提供的,定罪量刑标准适用本解释第五条的规定。

5. "以其他方法非法获取公民个人信息"的认定

最高人民法院、最高人民检察院关于办理侵犯公民个人信息刑事案件适用法律若干问题的解释(2017年6月1日)

第四条 违反国家有关规定,通过购买、收受、交换等方式获取公民个人信息,或者在履行职责、提供服务过程中收集公民个人信息的,属于刑法第二百五十三条之一第三款规定的"以其他方法非法获取公民个人信息"。

6. 犯罪主体的认定

最高人民法院、最高人民检察院、公安部关于依法惩处侵害公民个人信息犯罪活动的通知(2013年4月23日)

二、正确适用法律,实现法律效果与社会效果的有机统一……出售、非法提供公民个人信息罪的犯罪主体,除国家机关或金融、电信、交通、教育、医疗单位的工作人员之外,还包括在履行职责或者提供服务过程中获得公民个人信息的商业、房地产业等服务业中其他企事业单位的工作人员……

7. 公民个人信息条数的计算

最高人民法院、最高人民检察院关于办理侵犯公民个人信息刑事案件适用法律若干问题的解释(2017年6月1日)

第十一条 非法获取公民个人信息后又出售或者提供的,公民个人信息的条数不重复计算。

向不同单位或者个人分别出售、提供同一公民个人信息的,公民个人信息的条数累计计算。

对批量公民个人信息的条数,根据查获的数量直接认定,但是有证据证明信息不真实或者重复的除外。

8. 将获得的公民个人信息出售或非法提供给他人，被他人用以实施犯罪行为的定性

最高人民法院、最高人民检察院、公安部关于依法惩处侵害公民个人信息犯罪活动的通知（2013年4月23日）

二、正确适用法律，实现法律效果与社会效果的有机统一……对于在履行职责或者提供服务过程中，将获得的公民个人信息出售或者非法提供给他人，被他人用以实施犯罪，造成受害人人身伤害或者死亡，或者造成重大经济损失、恶劣社会影响的，或者出售、非法提供公民个人信息数量较大，或者违法所得数额较大的，均应当依法以出售、非法提供公民个人信息罪追究刑事责任……

9. 窃取或非法获取公民个人行为的定性

最高人民法院、最高人民检察院、公安部关于依法惩处侵害公民个人信息犯罪活动的通知（2013年4月23日）

二、正确适用法律，实现法律效果与社会效果的有机统一……对于窃取或者以购买等方法非法获取公民个人信息数量较大，或者违法所得数额较大，或者造成其他严重后果的，应当依法以非法获取公民个人信息罪追究刑事责任……

10. 偷窥、偷拍、窃听、散布他人隐私行为的定性

公安部关于公安机关处置信访活动中违法犯罪行为适用法律的指导意见（2013年7月19日）

三、对侵犯人身权利、财产权利违法犯罪行为的处理

4. 偷窥、偷拍、窃听、散布他人隐私，符合《治安管理处罚法》第四十二条第六项规定的，以侵犯隐私依法予以治安管理处罚；情节严重，符合《刑法》第二百五十三条之一第二款规定的，以非法获取公民个人信息罪追究刑事责任。

11. 一罪与数罪

最高人民法院、最高人民检察院、公安部关于依法惩处侵害公民个人信息犯罪活动的通知（2013年4月23日）

二、正确适用法律，实现法律效果与社会效果的有机统一……对使用非法获取的个人信息，实施其他犯罪行为，构成数罪的，应当依法予以并罚。

最高人民法院、最高人民检察院、公安部、国家安全部关于依法办理非法生产销售使用"伪基站"设备案件的意见（2014年3月14日）

一、准确认定行为性质

（二）非法使用"伪基站"设备干扰公用电信网络信号，危害公共安全

的，依照《刑法》第一百二十四条第一款的规定，以破坏公用电信设施罪追究刑事责任；同时构成虚假广告罪、非法获取公民个人信息罪、破坏计算机信息系统罪、扰乱无线电通讯管理秩序罪的，依照处罚较重的规定追究刑事责任。

最高人民法院、最高人民检察院、公安部关于办理电信网络诈骗等刑事案件适用法律若干问题的意见（2016年12月20日）

三、全面惩处关联犯罪

（二）违反国家有关规定，向他人出售或者提供公民个人信息，窃取或者以其他方法非法获取公民个人信息，符合刑法第二百五十三条之一规定的，以侵犯公民个人信息罪追究刑事责任。

使用非法获取的公民个人信息，实施电信网络诈骗犯罪行为，构成数罪的，应当依法予以并罚。

最高人民法院、最高人民检察院关于办理侵犯公民个人信息刑事案件适用法律若干问题的解释（2017年6月1日）

第八条　设立用于实施非法获取、出售或者提供公民个人信息违法犯罪活动的网站、通讯群组，情节严重的，应当依照刑法第二百八十七条之一的规定，以非法利用信息网络罪定罪处罚；同时构成侵犯公民个人信息罪的，依照侵犯公民个人信息罪定罪处罚。

12. 单位犯罪

最高人民法院、最高人民检察院、公安部关于依法惩处侵害公民个人信息犯罪活动的通知（2013年4月23日）

二、正确适用法律，实现法律效果与社会效果的有机统一……单位实施侵害公民个人信息犯罪的，应当追究直接负责的主管人员和其他直接责任人员的刑事责任……

13. 管辖问题

最高人民法院、最高人民检察院、公安部关于依法惩处侵害公民个人信息犯罪活动的通知（2013年4月23日）

三、加强协作配合，确保执法司法及时高效。侵害公民个人信息犯罪网络覆盖面大，关系错综复杂。犯罪行为发生地、犯罪结果发生地、犯罪分子所在地等往往不在一地。同时，由于犯罪行为大多依托互联网、移动电子设备，通过即时通讯工具、电子邮件等多种方式实施，调查取证难度很大，各级公安机关、人民检察院、人民法院要在分工负责、依法高效履行职责的基础上,进一步加强沟通协调,通力配合,密切协作,保证立案、侦查、批捕、审查起诉、审判等各个环节顺利进行。对查获的及时立案侦查,及时移送审查起诉。对于几个公安机关都有权管辖的案件,由最初受理的公安机关管辖。必要时,可以由主要犯罪地的公安机关管辖。对管辖不明确或者有争议的刑事案件,可以由公安机关协商。协商不成的,由共同上级公安机关指定管辖。对于指定管辖的案件,需要逮捕犯罪嫌疑人的,由被指定管辖的公安机关提请同级人民检察院审查批准;需要提起公诉的,由该公安机关移送同级人民检察院审查决定;认为应当由上级人民检察院或者同级其他人民检察院起诉的,应当将案件移交有管辖权的人民检察院;人民检察院认为需要依照刑事诉讼法的规定指定审判管辖的,应当协商同级人民法院办理指定管辖有关事宜。在办理侵害公民个人信息犯罪案件的过程中,对于疑难、复杂案件,人民检察院可以适时派员会同公安机关共同就证据收集等方面进行研究和沟通协调。人民检察院对于公安机关提请批准逮捕、移送审查起诉的相关案件,符合批捕、起诉条件的,要依法尽快予以批捕、起诉;对于确需补充侦查的,要制作具体、详细的补充侦查提纲。人民法院要加强审判力量,准确定性,依法快审快结。

量刑

1. 从宽处罚

最高人民法院、最高人民检察院关于办理侵犯公民个人信息刑事案件适用法律若干问题的解释(2017年6月1日)

第十条 实施侵犯公民个人信息犯罪,不属于"情节特别严重",行为人系初犯,全部退赃,并确有悔罪表现的,可以认定为情节轻微,不起诉或者免予刑事处罚;确有必要判处刑罚的,应当从宽处罚。

2. 罚金的适用

最高人民法院、最高人民检察院、公安部关于依法惩处侵害公民个人信息犯罪活动的通知(2013年4月23日)

二、正确适用法律,实现法律效果与社会效果的有机统一……要依法加大对财产刑的适用力度,剥夺犯罪分子非法获利和再次犯罪的资本。

最高人民法院、最高人民检察院关于办理侵犯公民个人信息刑事案件适用法律若干问题的解释（2017年6月1日）

第七条　单位犯刑法第二百五十三条之一规定之罪的，依照本解释规定的相应自然人犯罪的定罪量刑标准，对直接负责的主管人员和其他直接责任人员定罪处罚，并对单位判处罚金。

第十二条　对于侵犯公民个人信息犯罪，应当综合考虑犯罪的危害程度、犯罪的违法所得数额以及被告人的前科情况、认罪悔罪态度等，依法判处罚金。罚金数额一般在违法所得的一倍以上五倍以下。

第二百五十四条　【报复陷害罪】国家机关工作人员滥用职权、假公济私，对控告人、申诉人、批评人、举报人实行报复陷害的，处二年以下有期徒刑或者拘役；情节严重的，处二年以上七年以下有期徒刑。

● 立案追诉标准

最高人民检察院关于渎职侵权犯罪案件立案标准的规定（2006年7月26日）

二、国家机关工作人员利用职权实施的侵犯公民人身权利、民主权利犯罪案件

（六）报复陷害案（第二百五十四条）

报复陷害罪是指国家机关工作人员滥用职权、假公济私，对控告人、申诉人、批评人、举报人实行报复陷害的行为。

涉嫌下列情形之一的，应予立案：

1. 报复陷害，情节严重，导致控告人、申诉人、批评人、举报人或者其近亲属自杀、自残造成重伤、死亡，或者精神失常的；

2. 致使控告人、申诉人、批评人、举报人或者其近亲属的其他合法权利受到严重损害的；

3. 其他报复陷害应予追究刑事责任的情形。

三、附则

（三）本规定中的"国家机关工作人员"，是指在国家机关中从事公务的人员，包括在各级国家权力机关、行政机关、司法机关和军事机关中从事公务的人员。在依照法律、法规规定行使国家行政管理职权的组织中从事公务的人员，或者在受国家机关委托代表国家行使职权的组织中从事公务的人员，或者虽未

分则 | 第四章 侵犯公民人身权利、民主权利罪 ▶ 655

列入国家机关人员编制但在国家机关中从事公务的人员，在代表国家机关行使职权时，视为国家机关工作人员。在乡（镇）以上中国共产党机关、人民政协机关中从事公务的人员，视为国家机关工作人员。

> **第二百五十五条** 【打击报复会计、统计人员罪】公司、企业、事业单位、机关、团体的领导人，对依法履行职责、抵制违反会计法、统计法行为的会计、统计人员实行打击报复，情节恶劣的，处三年以下有期徒刑或者拘役。

> **第二百五十六条** 【破坏选举罪】在选举各级人民代表大会代表和国家机关领导人员时，以暴力、威胁、欺骗、贿赂、伪造选举文件、虚报选举票数等手段破坏选举或者妨害选民和代表自由行使选举权和被选举权，情节严重的，处三年以下有期徒刑、拘役或者剥夺政治权利。

● 立案追诉标准

最高人民检察院关于渎职侵权犯罪案件立案标准的规定（2006 年 7 月 26 日）

二、国家机关工作人员利用职权实施的侵犯公民人身权利、民主权利犯罪案件

（七）国家机关工作人员利用职权实施的破坏选举案（第二百五十六条）

破坏选举罪是指在选举各级人民代表大会代表和国家机关领导人员时，以暴力、威胁、欺骗、贿赂、伪造选举文件、虚报选举票数或者编造选举结果等手段破坏选举或者妨害选民和代表自由行使选举权和被选举权，情节严重的行为。

国家机关工作人员利用职权破坏选举，涉嫌下列情形之一的，应予立案：

1. 以暴力、威胁、欺骗、贿赂等手段，妨害选民、各级人民代表大会代表自由行使选举权和被选举权，致使选举无法正常进行，或者选举无效，或者选举结果不真实的；

2. 以暴力破坏选举场所或者选举设备，致使选举无法正常进行的；

3. 伪造选民证、选票等选举文件，虚报选举票数，产生不真实的选举结果或者强行宣布合法选举无效、非法选举有效的；

4. 聚众冲击选举场所或者故意扰乱选举场所秩序，使选举工作无法进行的；

5. 其他情节严重的情形。

三、附则

（三）本规定中的"国家机关工作人员"，是指在国家机关中从事公务的人员，包括在各级国家权力机关、行政机关、司法机关和军事机关中从事公务的人员。在依照法律、法规规定行使国家行政管理职权的组织中从事公务的人员，或者在受国家机关委托代表国家行使职权的组织中从事公务的人员，或者虽未列入国家机关人员编制但在国家机关中从事公务的人员，在代表国家机关行使职权时，视为国家机关工作人员。在乡（镇）以上中国共产党机关、人民政协机关中从事公务的人员，视为国家机关工作人员。

> **第二百五十七条** 【暴力干涉婚姻自由罪】以暴力干涉他人婚姻自由的，处二年以下有期徒刑或者拘役。
> 犯前款罪，致使被害人死亡的，处二年以上七年以下有期徒刑。
> 第一款罪，告诉的才处理。

● 定罪

一罪与数罪

最高人民法院、最高人民检察院、公安部、司法部关于依法办理家庭暴力犯罪案件的意见（2015年3月2日）

三、定罪处罚

16. 依法准确定罪处罚。对故意杀人、故意伤害、强奸、猥亵儿童、非法拘禁、侮辱、暴力干涉婚姻自由、虐待、遗弃等侵害公民人身权利的家庭暴力犯罪，应当根据犯罪的事实、犯罪的性质、情节和对社会的危害程度，严格依照刑法的有关规定判处。对于同一行为同时触犯多个罪名的，依照处罚较重的规定定罪处罚。

> **第二百五十八条** 【重婚罪】有配偶而重婚的，或者明知他人有配偶而与之结婚的，处二年以下有期徒刑或者拘役。

● 定罪

1. 重婚案件中受骗的一方当事人能否作为被害人向法院提起诉讼的把握

最高人民法院研究室关于重婚案件中受骗的一方当事人能否作为被害人向法院提起诉讼问题的电话答复（1992年11月7日）

重婚案件中的被害人，既包括重婚者在原合法婚姻关系中的配偶，也包括后来受欺骗而与重婚者结婚的人。鉴于受骗一方当事人在主观上不具有重婚的故意，因此，根据你院《请示》中介绍的案情，陈若容可以作为本案的被害人。根据最高人民法院、最高人民检察院1983年7月26日《关于重婚案件管辖问题的通知》中关于"由被害人提出控告的重婚案件……由人民法院直接受理"的规定，陈若容可以作为自诉人，直接向人民法院提起诉讼。

2. 重婚案件的被告人长期外逃，法院是否受追诉时效限制的把握

最高人民法院研究室关于重婚案件的被告人长期外逃法院能否中止审理和是否受追诉时效限制问题的电话答复（1989年8月16日）

胡应亭诉焦有枝、赵炳信重婚一案，在人民法院对焦有枝采取取保候审的强制措施后，焦有枝潜逃并和赵炳信一直在外流窜，下落不明的情况下，可参照最高人民法院法（研）复〔1988〕29号《关于刑事案件取保候审的被告人在法院审理期间潜逃应宣告中止审理的批复》的规定，中止审理，俟被告人追捕归案后，再恢复审理。关于追诉时效问题，根据刑法第七十七条的规定，对焦有枝追究刑事责任不受追诉期限的限制。对于赵炳信，只要他同焦有枝的非法婚姻关系不解除，他们的重婚犯罪行为就处于一种继续状态，根据刑法第七十八条的规定，人民法院随时都可以对他追究刑事责任。此外，如果公安机关已对赵炳信发布了通缉令，也可以根据刑法第七十七条的规定，对他追究刑事责任，不受追诉期限的限制。

第二百五十九条 【破坏军婚罪】明知是现役军人的配偶而与之同居或者结婚的，处三年以下有期徒刑或者拘役。

利用职权、从属关系，以胁迫手段奸淫现役军人的妻子的，依照本法第二百三十六条的规定定罪处罚。

● 定罪

明知被拐卖的妇女是现役军人的妻子而与之同居或结婚行为的定性

公安部关于打击拐卖妇女儿童犯罪适用法律和政策有关问题的意见（2000年3月24日）

三、关于收买被拐卖的妇女、儿童犯罪

（二）收买被拐卖的妇女、儿童，并有下列犯罪行为的，同时以收买被拐卖的妇女、儿童罪和下列罪名立案侦查：

5. 明知被拐卖的妇女是现役军人的妻子而与之同居或者结婚的，以破坏军婚罪立案侦查。

第二百六十条　【虐待罪】虐待家庭成员，情节恶劣的，处二年以下有期徒刑、拘役或者管制。

犯前款罪，致使被害人重伤、死亡的，处二年以上七年以下有期徒刑。

第一款罪，告诉的才处理，但被害人没有能力告诉，或者因受到强制、威吓无法告诉的除外。

● 关联法条

第九十五条

● 定罪

1. **"被害人没有能力告诉"的认定**

最高人民检察院关于印发最高人民检察院第十一批指导性案例的通知（2018年11月9日）

于某虐待案（检例第44号）

【要旨】1. 被虐待的未成年人，因年幼无法行使告诉权利的，属于刑法第二百六十条第三款规定的"被害人没有能力告诉"的情形，应当按照公诉案件处理，由检察机关提起公诉，并可以依法提出适用禁止令的建议。

2. 抚养人对未成年人未尽抚养义务，实施虐待或者其他严重侵害未成年人合法权益的行为,不适宜继续担任抚养人的,检察机关可以支持未成年人或者其他监护人向人民法院提起变更抚养权诉讼。

2. 一罪与数罪

最高人民法院、最高人民检察院、公安部、司法部关于依法办理家庭暴力犯罪案件的意见(2015年3月2日)

三、定罪处罚

16. 依法准确定罪处罚。对故意杀人、故意伤害、强奸、猥亵儿童、非法拘禁、侮辱、暴力干涉婚姻自由、虐待、遗弃等侵害公民人身权利的家庭暴力犯罪,应当根据犯罪的事实、犯罪的性质、情节和对社会的危害程度,严格依照刑法的有关规定判处。对于同一行为同时触犯多个罪名的,依照处罚较重的规定定罪处罚。

17. 依法惩处虐待犯罪。采取殴打、冻饿、强迫过度劳动、限制人身自由、恐吓、侮辱、谩骂等手段,对家庭成员的身体和精神进行摧残、折磨,是实践中较为多发的虐待性质的家庭暴力。根据司法实践,具有虐待持续时间较长、次数较多;虐待手段残忍;虐待造成被害人轻微伤或者患较严重疾病;对未成年人、老年人、残疾人、孕妇、哺乳期妇女、重病患者实施较为严重的虐待行为等情形,属于刑法第二百六十条第一款规定的虐待"情节恶劣",应当依法以虐待罪定罪处罚。

最高人民法院、最高人民检察院、公安部、司法部关于依法惩治拐卖妇女儿童犯罪的意见(2010年3月15日)

五、定性

20. 明知是被拐卖的妇女、儿童而收买,具有下列情形之一的,以收买被拐卖的妇女、儿童罪论处;同时构成其他犯罪的,依照数罪并罚的规定处罚:

(3) 非法剥夺、限制被收买妇女、儿童的人身自由,情节严重,或者对被收买妇女、儿童有强奸、伤害、侮辱、虐待等行为的。

七、一罪与数罪

25. 拐卖妇女、儿童,又对被拐卖的妇女、儿童实施故意杀害、伤害、猥亵、侮辱等行为的,构成其他犯罪的,依照数罪并罚的规定处罚。

3. 此罪与彼罪

最高人民法院、最高人民检察院、公安部、司法部关于依法办理家庭暴力犯罪案件的意见(2015年3月2日)

三、定罪处罚

17. ……准确区分虐待犯罪致人重伤、死亡与故意伤害、故意杀人犯罪致人重伤、死亡的界限,要根据被告人的主观故意、所实施的暴力手段与方式、是否立即或者直接造成被害人伤亡后果等进行综合判断。对于被告人主观上不具有侵害被害人健康或者剥夺被害人生命的故意，而是出于追求被害人肉体和精神上的痛苦，长期或者多次实施虐待行为，逐渐造成被害人身体损害，过失导致被害人重伤或者死亡的；或者因虐待致使被害人不堪忍受而自残、自杀，导致重伤或者死亡的，属于刑法第二百六十条第二款规定的虐待"致使被害人重伤、死亡"，应当以虐待罪定罪处罚。对于被告人虽然实施家庭暴力呈现出经常性、持续性、反复性的特点，但其主观上具有希望或者放任被害人重伤或者死亡的故意，持凶器实施暴力，暴力手段残忍，暴力程度较强，直接或者立即造成被害人重伤或者死亡的，应当以故意伤害罪或者故意杀人罪定罪处罚。

4. 溯及力

最高人民法院关于《中华人民共和国刑法修正案（九）》时间效力问题的解释（2015年11月1日）

第五条 对于2015年10月31日以前实施的刑法第二百六十条第一款规定的虐待行为，被害人没有能力告诉，或者因受到强制、威吓无法告诉的，适用修正后刑法第二百六十条第三款的规定。

5. 撤销案件、不起诉，或者宣告无罪

最高人民法院、最高人民检察院、公安部、司法部关于依法办理家庭暴力犯罪案件的意见（2015年3月2日）

三、定罪处罚

18.……对于实施家庭暴力情节显著轻微危害不大不构成犯罪的，应当撤销案件、不起诉，或者宣告无罪。

人民法院、人民检察院、公安机关应当充分运用训诫，责令施暴人保证不再实施家庭暴力，或者向被害人赔礼道歉、赔偿损失等非刑罚处罚措施，加强对施暴人的教育与惩戒。

● 量刑

1. 从严、从重处罚

最高人民法院、最高人民检察院、公安部、司法部关于依法惩治拐卖妇女儿童犯罪的意见（2010年3月15日）

八、刑罚适用

28. 对于拐卖妇女、儿童犯罪集团的首要分子，情节严重的主犯，累犯，偷

盗婴幼儿、强抢儿童情节严重，将妇女、儿童卖往境外情节严重，拐卖妇女、儿童多人多次、造成伤亡后果，或者具有其他严重情节的，依法从重处罚；情节特别严重的，依法判处死刑。

拐卖妇女、儿童，并对被拐卖的妇女、儿童实施故意杀害、伤害、猥亵、侮辱等行为，数罪并罚决定执行的刑罚应当依法体现从严。

最高人民法院、最高人民检察院、公安部、司法部关于依法办理家庭暴力犯罪案件的意见（2015年3月2日）

三、定罪处罚

18. 切实贯彻宽严相济刑事政策。对于实施家庭暴力构成犯罪的，应当根据罪刑法定、罪刑相适应原则，兼顾维护家庭稳定、尊重被害人意愿等因素综合考虑，宽严并用，区别对待。根据司法实践，对于实施家庭暴力手段残忍或者造成严重后果；出于恶意侵占财产等卑劣动机实施家庭暴力；因酗酒、吸毒、赌博等恶习而长期或者多次实施家庭暴力；曾因实施家庭暴力受到刑事处罚、行政处罚；或者具有其他恶劣情形的，可以酌情从重处罚……

2. 从轻、免予处罚

最高人民法院、最高人民检察院、公安部、司法部关于依法办理家庭暴力犯罪案件的意见（2015年3月2日）

三、定罪处罚

18. 切实贯彻宽严相济刑事政策。对于实施家庭暴力构成犯罪的，应当根据罪刑法定、罪刑相适应原则，兼顾维护家庭稳定、尊重被害人意愿等因素综合考虑，宽严并用，区别对待。根据司法实践……对于实施家庭暴力犯罪情节较轻，或者被告人真诚悔罪，获得被害人谅解，从轻处罚有利于被扶养人的，可以酌情从轻处罚；对于情节轻微不需要判处刑罚的，人民检察院可以不起诉，人民法院可以判处免予刑事处罚。

对于实施家庭暴力情节显著轻微危害不大不构成犯罪的，应当撤销案件、不起诉，或者宣告无罪。

人民法院、人民检察院、公安机关应当充分运用训诫、责令施暴人保证不再实施家庭暴力，或者向被害人赔礼道歉、赔偿损失等非刑罚处罚措施，加强对施暴人的教育与惩戒。

最高人民法院、最高人民检察院、公安部、司法部关于依法惩治拐卖妇女儿童犯罪的意见（2010年3月15日）

八、刑罚适用

32. 具有从犯、自首、立功等法定从宽处罚情节的，依法从轻、减轻或者免除处罚。

对被拐卖的妇女、儿童没有实施摧残、虐待等违法犯罪行为,或者能够协助解救被拐卖的妇女、儿童,或者具有其他酌定从宽处罚情节的,可以依法酌情从轻处罚。

3. 禁止令

最高人民法院、最高人民检察院、公安部、司法部关于依法办理家庭暴力犯罪案件的意见(2015年3月2日)

四、其他措施

21. 充分运用禁止令措施。人民法院对实施家庭暴力构成犯罪被判处管制或者宣告缓刑的犯罪分子,为了确保被害人及其子女和特定亲属的人身安全,可以依照刑法第三十八条第二款、第七十二条第二款的规定,同时禁止犯罪分子再次实施家庭暴力,侵扰被害人的生活、工作、学习,进行酗酒、赌博等活动;经被害人申请且有必要的,禁止接近被害人及其未成年子女。

第二百六十条之一 【虐待被监护、看护人罪】对未成年人、老年人、患病的人、残疾人等负有监护、看护职责的人虐待被监护、看护的人,情节恶劣的,处三年以下有期徒刑或者拘役。

单位犯前款罪的,对单位判处罚金,并对其直接负责的主管人员和其他直接责任人员,依照前款的规定处罚。

有第一款行为,同时构成其他犯罪的,依照处罚较重的规定定罪处罚。

● 定罪

组织未成年人、残疾人在体育运动中非法使用兴奋剂行为的定性

最高人民法院关于审理走私、非法经营、非法使用兴奋剂刑事案件适用法律若干问题的解释(2020年1月1日)

第三条 对未成年人、残疾人负有监护、看护职责的人组织未成年人、残疾人在体育运动中非法使用兴奋剂,具有下列情形之一的,应当认定为刑法第二百六十条之一规定的"情节恶劣",以虐待被监护、看护人罪定罪处罚:

(一)强迫未成年人、残疾人使用的;

（二）引诱、欺骗未成年人、残疾人长期使用的；
（三）其他严重损害未成年人、残疾人身心健康的情形。

第七条　实施本解释规定的行为，涉案物质属于毒品、制毒物品等，构成有关犯罪的，依照相应犯罪定罪处罚。

第八条　对于是否属于本解释规定的"兴奋剂""兴奋剂目录所列物质""体育运动""国内、国际重大体育竞赛"等专门性问题，应当依据《中华人民共和国体育法》《反兴奋剂条例》等法律法规，结合国务院体育主管部门出具的认定意见等证据材料作出认定。

> **第二百六十一条**　【遗弃罪】对于年老、年幼、患病或者其他没有独立生活能力的人，负有扶养义务而拒绝扶养，情节恶劣的，处五年以下有期徒刑、拘役或者管制。

● 定罪

1. "情节恶劣"的认定

最高人民法院、最高人民检察院、公安部、司法部关于依法办理家庭暴力犯罪案件的意见（2015年3月2日）

三、定罪处罚

17.……依法惩处遗弃犯罪。负有扶养义务且有扶养能力的人，拒绝扶养年幼、年老、患病或者其他没有独立生活能力的家庭成员，是危害严重的遗弃性质的家庭暴力。根据司法实践，具有对被害人长期不予照顾、不提供生活来源；驱赶、逼迫被害人离家，致使被害人流离失所或者生存困难；遗弃患严重疾病或者生活不能自理的被害人；遗弃致使被害人身体严重损害或者造成其他严重后果等情形，属于刑法第二百六十一条规定的遗弃"情节恶劣"，应当依法以遗弃罪定罪处罚。

2. 私自将没有独立生活能力的子女送给他人抚养导致子女身心健康受到严重损害行为的定性

最高人民法院、最高人民检察院、公安部、司法部关于依法惩治拐卖妇女儿童犯罪的意见（2010年3月15日）

五、定性

17.……不是出于非法获利目的，而是迫于生活困难，或者受重男轻女思想影响,私自将没有独立生活能力的子女送给他人抚养……对私自送养导致子女身心健康受到严重损害,或者具有其他恶劣情节,符合遗弃罪特征的,可以遗弃罪论处……

3. 对被解救回的未成年人,其父母及其他监护人拒绝接收,拒不履行抚养义务行为的定性

最高人民法院、最高人民检察院、公安部、民政部、司法部、全国妇联关于打击拐卖妇女儿童犯罪有关问题的通知(2000年3月20日)

六、……对被解救回的未成年人,其父母及其他监护人应当接收并认真履行抚养义务。拒绝接收,拒不履行抚养义务,构成犯罪的,以遗弃罪追究刑事责任。

4. 一罪与数罪

最高人民法院、最高人民检察院、公安部、司法部关于依法办理家庭暴力犯罪案件的意见(2015年3月2日)

三、定罪处罚

16. 依法准确定罪处罚。对故意杀人、故意伤害、强奸、猥亵儿童、非法拘禁、侮辱、暴力干涉婚姻自由、虐待、遗弃等侵害公民人身权利的家庭暴力犯罪,应当根据犯罪的事实、犯罪的性质、情节和对社会的危害程度,严格依照刑法的有关规定判处。对于同一行为同时触犯多个罪名的,依照处罚较重的规定定罪处罚。

5. 此罪与彼罪

最高人民法院、最高人民检察院、公安部、司法部关于依法办理家庭暴力犯罪案件的意见(2015年3月2日)

三、定罪处罚

17. 准确区分遗弃罪与故意杀人罪的界限,要根据被告人的主观故意、所实施行为的时间与地点、是否立即造成被害人死亡,以及被害人对被告人的依赖程度等进行综合判断。对于只是为了逃避扶养义务,并不希望或者放任被害人死亡,将生活不能自理的被害人弃置在福利院、医院、派出所等单位或者广场、车站等行人较多的场所,希望被害人得到他人救助的,一般以遗弃罪定罪处罚。对于希望或者放任被害人死亡,不履行必要的扶养义务,致使被害人因缺乏生活照料而死亡,或者将生活不能自理的被害人带至荒山野岭等人迹罕至的场所扔弃,使被害人难以得到他人救助的,应当以故意杀人罪定罪处罚。

● 量刑

最高人民法院、最高人民检察院、公安部、司法部关于依法办理家庭暴力犯罪案件的意见（2015年3月2日）

（参见第二百六十条【量刑】）

第二百六十二条　【拐骗儿童罪】拐骗不满十四周岁的未成年人，脱离家庭或者监护人的，处五年以下有期徒刑或者拘役。

● 立案追诉标准

公安部关于打击拐卖妇女儿童犯罪适用法律和政策有关问题的意见（2000年3月24日）

二、关于拐卖妇女、儿童犯罪

（十一）非以出卖为目的，拐骗不满十四周岁的未成年人脱离家庭或者监护人的，以拐骗儿童罪立案侦查。

第二百六十二条之一　【组织残疾人、儿童乞讨罪】以暴力、胁迫手段组织残疾人或者不满十四周岁的未成年人乞讨的，处三年以下有期徒刑或者拘役，并处罚金；情节严重的，处三年以上七年以下有期徒刑，并处罚金。

● 定罪

一罪与数罪

最高人民法院、最高人民检察院、公安部、司法部关于依法惩治拐卖妇女儿童犯罪的意见（2010年3月15日）

五、定性

20. 明知是被拐卖的妇女、儿童而收买，具有下列情形之一的，以收买被拐卖的妇女、儿童罪论处；同时构成其他犯罪的，依照数罪并罚的规定处罚：

（5）组织、诱骗、强迫被收买的妇女、儿童从事乞讨、苦役，或者盗窃、传销、卖淫等违法犯罪活动的。

> **第二百六十二条之二** 【组织未成年人进行违反治安管理活动罪】组织未成年人进行盗窃、诈骗、抢夺、敲诈勒索等违反治安管理活动的,处三年以下有期徒刑或者拘役,并处罚金;情节严重的,处三年以上七年以下有期徒刑,并处罚金。

● 定罪

一罪与数罪

最高人民法院、最高人民检察院、公安部、司法部关于依法惩治拐卖妇女儿童犯罪的意见(2010年3月15日)

五、定性

20. 明知是被拐卖的妇女、儿童而收买,具有下列情形之一的,以收买被拐卖的妇女、儿童罪论处;同时构成其他犯罪的,依照数罪并罚的规定处罚:

(5)组织、诱骗、强迫被收买的妇女、儿童从事乞讨、苦役,或者盗窃、传销、卖淫等违法犯罪活动的;

七、一罪与数罪

27. 拐卖妇女、儿童或者收买被拐卖的妇女、儿童,又组织、教唆被拐卖、收买的未成年妇女、儿童进行盗窃、诈骗、抢夺、敲诈勒索等违反治安管理活动的,以拐卖妇女、儿童罪或者收买被拐卖的妇女、儿童罪与组织未成年人进行违反治安管理活动罪数罪并罚。

第五章 侵犯财产罪

> **第二百六十三条** 【抢劫罪】以暴力、胁迫或者其他方法抢劫公私财物的,处三年以上十年以下有期徒刑,并处罚金;有下列情形之一的,处十年以上有期徒刑、无期徒刑或者死刑,并处罚金或者没收财产:
>
> (一)入户抢劫的;

（二）在公共交通工具上抢劫的；
（三）抢劫银行或者其他金融机构的；
（四）多次抢劫或者抢劫数额巨大的；
（五）抢劫致人重伤、死亡的；
（六）冒充军警人员抢劫的；
（七）持枪抢劫的；
（八）抢劫军用物资或者抢险、救灾、救济物资的。

关联法条

第九十五条、第二百六十七条第二款、第二百六十九条、第二百八十九条

立案追诉标准

国家林业局、公安部关于森林和陆生野生动物刑事案件管辖及立案标准（2001年5月9日）

一、森林公安机关管辖在其辖区内发生的刑法规定的下列森林和陆生野生动物刑事案件

（十七）抢劫案件中，抢劫国家重点保护陆生野生动物或其制品的案件（第二百六十三条）；

二、森林和陆生野生动物刑事案件的立案标准

（十二）盗窃、抢夺、抢劫案、窝藏、转移、收购、销售赃物案、破坏生产经营案、聚众哄抢案、非法经营案、伪造变造买卖国家机关公文、证件案，执行相应的立案标准。

定罪

1. 本罪定义

最高人民检察院关于印发部分罪案《审查逮捕证据参考标准（试行）》的通知（2003年11月27日）

六、抢劫罪案审查逮捕证据参考标准

抢劫罪，是指触犯《刑法》第263条的规定，以非法占有为目的，当场使

用暴力、胁迫或者其他方法强行夺取公私财物的行为。其他以抢劫罪定罪处罚的有：（1）携带凶器抢夺的；（2）犯盗窃、诈骗、抢夺罪，为窝藏赃物、抗拒抓捕或者毁灭罪证而当场使用暴力或者以暴力相威胁的；（3）聚众打砸抢，毁坏或抢走公私财物的首要分子。

2. "入户抢劫"的认定

最高人民法院关于审理抢劫案件具体应用法律若干问题的解释（2000年11月28日）

第一条 刑法第二百六十三条第（一）项规定的"入户抢劫"，是指为实施抢劫行为而进入他人生活的与外界相对隔离的住所，包括封闭的院落、牧民的帐篷、渔民作为家庭生活场所的渔船、为生活租用的房屋等进行抢劫的行为。

对于入户盗窃，因被发现而当场使用暴力或者暴力相威胁的行为，应当认定为入户抢劫。

最高人民法院关于审理抢劫、抢夺刑事案件适用法律若干问题的意见（2005年6月8日）

一、关于"入户抢劫"的认定

根据《抢劫解释》第一条规定，认定"入户抢劫"时，应当注意以下三个问题：一是"户"的范围。"户"在这里是指住所，其特征表现为供他人家庭生活和与外界相对隔离两个方面，前者为功能特征，后者为场所特征。一般情况下，集体宿舍、旅店宾馆、临时搭建工棚等不应认定为"户"，但在特定情况下，如果确实具有上述两个特征的，也可以认定为"户"。二是"入户"目的的非法性。进入他人住所须以实施抢劫等犯罪为目的。抢劫行为虽然发生在户内，但行为人不以实施抢劫等犯罪为目的进入他人住所，而是在户内临时起意实施抢劫的，不属于"入户抢劫"。三是暴力或者暴力胁迫行为必须发生在户内。入户实施盗窃被发现，行为人为窝藏赃物、抗拒抓捕或者毁灭罪证而当场使用暴力或者以暴力相威胁的，如果暴力或者暴力胁迫行为发生在户内，可以认定为"入户抢劫"；如果发生在户外，不能认定为"入户抢劫"。

最高人民检察院关于印发第五批指导性案例的通知（2014年9月10日）

陈邓昌抢劫、盗窃，付志强盗窃案（检例第17号）

【要旨】1. 对于入户盗窃，因被发现而当场使用暴力或者以暴力相威胁的行为，应当认定为"入户抢劫"。2. 在人民法院宣告判决前，人民检察院发现被告人有遗漏的罪行可以一并起诉和审理的，可以补充起诉。3. 人民检察院认为同级人民法院第一审判决重罪轻判，适用刑罚明显不当的，应当提出抗诉。

最高人民法院关于审理抢劫刑事案件适用法律若干问题的指导意见（2016年1月6日）

二、关于抢劫犯罪部分加重处罚情节的认定

1. 认定"入户抢劫",要注重审查行为人"入户"的目的,将"入户抢劫"与"在户内抢劫"区别开来。以侵害户内人员的人身、财产为目的,入户后实施抢劫,包括入户实施盗窃、诈骗等犯罪而转化为抢劫的,应当认定为"入户抢劫"。因访友办事等原因经户内人员允许入户后,临时起意实施抢劫,或者临时起意实施盗窃、诈骗等犯罪而转化为抢劫的,不应认定为"入户抢劫"。

对于部分时间从事经营、部分时间用于生活起居的场所,行为人在非营业时间强行入内抢劫或者以购物等为名骗开房门入内抢劫的,应认定为"入户抢劫"。对于部分用于经营、部分用于生活且之间有明确隔离的场所,行为人进入生活场所实施抢劫的,应认定为"入户抢劫";如场所之间没有明确隔离,行为人在营业时间入内实施抢劫的,不认定为"入户抢劫",但在非营业时间入内实施抢劫的,应认定为"入户抢劫"。

3. "在公共交通工具上抢劫"的认定

最高人民法院关于审理抢劫案件具体应用法律若干问题的解释（2000年11月28日）

第二条 刑法第二百六十三条第（二）项规定的"在公共交通工具上抢劫",既包括在从事旅客运输的各种公共汽车、大、中型出租车、火车、船只、飞机等正在运营中的机动公共交通工具上对旅客、司售、乘务人员实施的抢劫,也包括对运行途中的机动公共交通工具加以拦截后,对公共交通工具上的人员实施的抢劫。

最高人民法院关于审理抢劫、抢夺刑事案件适用法律若干问题的意见（2005年6月8日）

二、关于"在公共交通工具上抢劫"的认定

公共交通工具承载的旅客具有不特定多数人的特点。根据《抢劫解释》第二条规定,"在公共交通工具上抢劫"主要是指在从事旅客运输的各种公共汽车、大、中型出租车、火车、船只、飞机等正在运营中的机动公共交通工具上对旅客、司售、乘务人员实施的抢劫。在未运营中的大、中型公共交通工具上针对司售、乘务人员抢劫的,或者在小型出租车上抢劫的,不属于"在公共交通工具上抢劫"。

最高人民法院关于审理抢劫刑事案件适用法律若干问题的指导意见（2016年1月6日）

二、关于抢劫犯罪部分加重处罚情节的认定

2. "公共交通工具"，包括从事旅客运输的各种公共汽车，大、中型出租车，火车，地铁，轻轨，轮船，飞机等，不含小型出租车。对于虽不具有商业营运执照，但实际从事旅客运输的大、中型交通工具，可认定为"公共交通工具"。接送职工的单位班车、接送师生的校车等大、中型交通工具，视为"公共交通工具"。

"在公共交通工具上抢劫"，既包括在处于运营状态的公共交通工具上对旅客及司售、乘务人员实施抢劫，也包括拦截运营途中的公共交通工具对旅客及司售、乘务人员实施抢劫，但不包括在未运营的公共交通工具上针对司售、乘务人员实施抢劫。以暴力、胁迫或者麻醉等手段对公共交通工具上的特定人员实施抢劫的，一般应认定为"在公共交通工具上抢劫"。

4. "抢劫银行或者其他金融机构"的认定

最高人民法院关于审理抢劫案件具体应用法律若干问题的解释（2000年11月28日）

第三条 刑法第二百六十三条第（三）项规定的"抢劫银行或者其他金融机构"，是指抢劫银行或者其他金融机构的经营资金、有价证券和客户的资金等。

抢劫正在使用中的银行或者其他金融机构的运钞车的，视为"抢劫银行或者其他金融机构"。

5. "多次抢劫"的认定

最高人民法院关于审理抢劫、抢夺刑事案件适用法律若干问题的意见（2005年6月8日）

三、关于"多次抢劫"的认定

刑法第二百六十三条第（四）项中的"多次抢劫"是指抢劫三次以上。

对于"多次"的认定，应以行为人实施的每一次抢劫行为均已构成犯罪为前提，综合考虑犯罪故意的产生、犯罪行为实施的时间、地点等因素，客观分析、认定。对于行为人基于一个犯意实施犯罪的，如在同一地点同时对在场的多人实施抢劫的；或基于同一犯意在同一地点实施连续抢劫犯罪的，如在同一地点连续地对途经此地的多人进行抢劫的；或在一次犯罪中对一栋居民楼房中的几户居民连续实施入户抢劫的，一般应认定为一次犯罪。

6. "抢劫数额巨大"的认定

最高人民法院关于审理抢劫案件具体应用法律若干问题的解释（2000年11月28日）

第四条 刑法第二百六十三条第（四）项规定的"抢劫数额巨大"的认定标准，参照各地确定的盗窃罪数额巨大的认定标准执行。

最高人民法院关于审理抢劫刑事案件适用法律若干问题的指导意见（2016年1月6日）

二、关于抢劫罪部分加重处罚情节的认定

3. 认定"抢劫数额巨大"，参照各地认定盗窃罪数额巨大的标准执行。抢劫数额以实际抢劫到的财物数额为依据。对以数额巨大的财物为明确目标，由于意志以外的原因，未能抢到财物或实际抢得的财物数额不大的，应同时认定"抢劫数额巨大"和犯罪未遂的情节，根据刑法有关规定，结合未遂犯的处理原则量刑。

7. "冒充军警人员抢劫"的认定

最高人民法院关于审理抢劫刑事案件适用法律若干问题的指导意见（2016年1月6日）

二、关于抢劫罪部分加重处罚情节的认定

4. 认定"冒充军警人员抢劫"，要注重对行为人是否穿着军警制服、携带枪支、是否出示军警证件等情节进行综合审查，判断是否足以使他人误以为是军警人员。对于行为人仅穿着类似军警的服装或仅以言语宣称系军警人员但未携带枪支、也未出示军警证件而实施抢劫的，要结合抢劫地点、时间、暴力或威胁的具体情形，依照常人判断标准，确定是否认定为"冒充军警人员抢劫"。

军警人员利用自身的真实身份实施抢劫的，不认定为"冒充军警人员抢劫"，应依法从重处罚。

8. "持枪抢劫"的认定

最高人民法院关于审理抢劫案件具体应用法律若干问题的解释（2000年11月28日）

第五条 刑法第二百六十三条第（七）项规定的"持枪抢劫"，是指行为人使用枪支或者向被害人显示持有、佩带的枪支进行抢劫的行为。"枪支"的概念和范围，适用《中华人民共和国枪支管理法》的规定。

9. 抢劫数额的认定

最高人民法院关于审理抢劫、抢夺刑事案件适用法律若干问题的意见（2005年6月8日）

六、关于抢劫犯罪数额的计算

抢劫信用卡后使用、消费的，其实际使用、消费的数额为抢劫数额；抢劫信用卡后未实际使用、消费的，不计数额，根据情节轻重量刑。所抢信用卡数额巨大，但未实际使用、消费或者实际使用、消费的数额未达到巨大标准的，不适用"抢劫数额巨大"的法定刑。

为抢劫其他财物，劫取机动车辆当作犯罪工具或者逃跑工具使用的，被劫取机动车辆的价值计入抢劫数额；为实施抢劫以外的其他犯罪劫取机动车辆的，以抢劫罪和实施的其他犯罪实行数罪并罚。

最高人民法院全国部分法院审理毒品犯罪案件工作座谈会纪要（2008年12月1日）

一、毒品案件的罪名确定和数量认定问题

……盗窃、抢夺、抢劫毒品的，应当分别以盗窃罪、抢夺罪或者抢劫罪定罪，但不计犯罪数额，根据情节轻重予以定罪量刑。

最高人民法院关于审理抢劫刑事案件适用法律若干问题的指导意见（2016年1月6日）

二、关于抢劫犯罪部分加重处罚情节的认定

3.……根据《两抢意见》第六条第一款规定，抢劫信用卡后使用、消费的，以行为人实际使用、消费的数额为抢劫数额。由于行为人意志以外的原因无法实际使用、消费的部分，虽不计入抢劫数额，但应作为量刑情节考虑。通过银行转账或者电子支付、手机银行等支付平台获取抢劫财物的，以行为人实际获取的财物为抢劫数额。

10. 抢劫特定财物行为的定性

最高人民法院关于审理抢劫、抢夺刑事案件适用法律若干问题的意见（2005年6月8日）

七、关于抢劫特定财物行为的定性

以毒品、假币、淫秽物品等违禁品为对象，实施抢劫的，以抢劫罪定罪；抢劫的违禁品数量作为量刑情节予以考虑。抢劫违禁品后又以违禁品实施其他犯罪的，应以抢劫罪与具体实施的其他犯罪实行数罪并罚。

抢劫赌资、犯罪所得的赃款赃物的，以抢劫罪定罪，但行为人仅以其所输赌资或所赢赌债为抢劫对象,一般不以抢劫罪定罪处罚。构成其他犯罪的,依照刑法的相关规定处罚。

为个人使用,以暴力、胁迫等手段取得家庭成员或近亲属财产的,一般不以抢劫罪定罪处罚,构成其他犯罪的,依照刑法的相关规定处理;教唆或者伙同他人采取暴力、胁迫等手段劫取家庭成员或近亲属财产的,可以抢劫罪定罪处罚。

最高人民法院关于审理掩饰、隐瞒犯罪所得、犯罪所得收益刑事案件适用法律若干问题的解释(2015年6月1日)

第六条 对犯罪所得及其产生的收益实施盗窃、抢劫、诈骗、抢夺等行为,构成犯罪的,分别以盗窃罪、抢劫罪、诈骗罪、抢夺罪等定罪处罚。

11. 涉及机动车抢劫行为的定性

最高人民法院、最高人民检察院、公安部、国家工商行政管理局关于依法查处盗窃、抢劫机动车案件的规定(1998年5月8日)

二、明知是盗窃、抢劫所得机动车而予以窝藏、转移、收购或者代为销售的,依照《刑法》第三百一十二条的规定处罚。

对明知是盗窃、抢劫所得机动车而予以拆解、改装、拼装、典当、倒卖的,视为窝藏、转移、收购或者代为销售,依照《刑法》第三百一十二条的规定处罚。

三、国家指定的车辆交易市场、机动车经营企业(含典当、拍卖行)以及从事机动车修理、零部件销售企业的主管人员或者其他直接责任人员,明知是盗窃、抢劫的机动车而予以窝藏、转移、拆解、拼装、收购或者代为销售的,依照《刑法》第三百一十二条的规定处罚。单位组织实施上述行为的,由工商行政管理机关予以处罚。

四、本规定第二条和第三条中的行为人事先与盗窃、抢劫机动车辆的犯罪分子通谋的,分别以盗窃、抢劫犯罪的共犯论处。

最高人民法院关于审理抢劫、抢夺刑事案件适用法律若干问题的意见(2005年6月8日)

十一、驾驶机动车、非机动车夺取他人财物行为的定性

对于驾驶机动车、非机动车(以下简称"驾驶车辆")夺取他人财物的,一般以抢夺罪从重处罚。但具有下列情形之一,应当以抢劫罪定罪处罚:

(1)驾驶车辆,逼挤、撞击或强行逼倒他人以排除他人反抗,乘机夺取财物的;

(2)驾驶车辆强抢财物时,因被害人不放手而采取强拉硬拽方法劫取财物的;

（3）行为人明知其驾驶车辆强行夺取他人财物的手段会造成他人伤亡的后果，仍然强行夺取并放任造成财物持有人轻伤以上后果的。

最高人民法院、最高人民检察院关于办理抢夺刑事案件适用法律若干问题的解释（2013年11月18日）

第六条　驾驶机动车、非机动车夺取他人财物，具有下列情形之一的，应当以抢劫罪定罪处罚：

（一）夺取他人财物时因被害人不放手而强行夺取的；

（二）驾驶车辆逼挤、撞击或者强行逼倒他人夺取财物的；

（三）明知会致人伤亡仍然强行夺取并放任造成财物持有人轻伤以上后果的。

12. 以借贷为名采用暴力手段获取他人财物行为的定性

最高人民检察院关于强迫借贷行为适用法律问题的批复（2014年4月17日）

……以非法占有为目的，以借贷为名采用暴力、胁迫手段获取他人财物，符合刑法第二百六十三条或者第二百七十四条规定的，以抢劫罪或者敲诈勒索罪追究刑事责任。

最高人民法院、最高人民检察院、公安部、司法部关于办理黑恶势力犯罪案件若干问题的指导意见（2018年1月16日）

五、依法打击非法放贷讨债的犯罪活动

20. 对于以非法占有为目的，假借民间借贷之名，通过"虚增债务""签订虚假借款协议""制造资金走账流水""肆意认定违约""转单平账""虚假诉讼"等手段非法占有他人财产，或者使用暴力、威胁手段强立债权、强行索债，应当根据案件具体事实，以诈骗、强迫交易、敲诈勒索、抢劫、虚假诉讼等罪名侦查、起诉、审判。对于非法占有的被害人实际所得借款以外的虚高"债务"和以"保证金""中介费""服务费"等各种名目扣除或收取的额外费用，均应计入违法所得。对于名义上为被害人所得、但在案证据能够证明实际上却为犯罪嫌疑人、被告人实施后续犯罪所使用的"借款"，应予以没收。

13. 非法占有强迫他人卖血所得款物行为的定性

最高人民法院研究室关于对非法占有强迫他人卖血所得款物案件如何定性问题的意见函（1995年10月23日）

被告人以非法占有为目的，强迫被害人卖血后占有卖血所得款物的行为，构成抢劫罪；其间实施的非法剥夺被害人人身自由的行为，应作为抢劫罪从重处罚的情节予以考虑。

14. 非法侵吞、占有他人股份行为的定性

全国人民代表大会常务委员会法制工作委员会对关于公司人员利用职务上的便利采取欺骗等手段非法占有股东股权的行为如何定性处理的批复的意见（2005年12月1日）

据刑法第九十二条的规定，股份属于财产。采用各种非法手段侵吞、占有他人依法享有的股份，构成犯罪的，适用刑法有关非法侵犯他人财产的犯罪规定。

15. 实施"碰瓷"，当场劫取他人财物行为的定性

最高人民法院、最高人民检察院、公安部关于依法办理"碰瓷"违法犯罪案件的指导意见（2020年9月22日）

三、实施"碰瓷"，当场使用暴力、胁迫或者其他方法，当场劫取他人财物，符合刑法第二百六十三条规定的，以抢劫罪定罪处罚。

16. 既遂与未遂

最高人民法院关于审理抢劫、抢夺刑事案件适用法律若干问题的意见（2005年6月8日）

十、抢劫罪的既遂、未遂的认定

抢劫罪侵犯的是复杂客体，既侵犯财产权利又侵犯人身权利，具备劫取财物或者造成他人轻伤以上后果两者之一的，均属抢劫既遂；既未劫取财物，又未造成他人人身伤害后果的，属抢劫未遂。据此，刑法第二百六十三条规定的八种处罚情节中除"抢劫致人重伤、死亡的"这一结果加重情节之外，其余七种处罚情节同样存在既遂、未遂问题，其中属抢劫未遂的，应当根据刑法关于加重情节的法定刑规定，结合未遂犯的处理原则量刑。

最高人民法院关于审理抢劫刑事案件适用法律若干问题的指导意见（2016年1月6日）

二、关于抢劫犯罪部分加重处罚情节的认定

3. 认定"抢劫数额巨大"，参照各地认定盗窃罪数额巨大的标准执行。抢劫数额以实际抢劫到的财物数额为依据。对以数额巨大的财物为明确目标，由于意志以外的原因，未能抢到财物或实际抢得的财物数额不大的，应同时认定"抢劫数额巨大"和犯罪未遂的情节，根据刑法有关规定，结合未遂犯的处理原则量刑。

17. 共同犯罪

最高人民法院、最高人民检察院关于办理与盗窃、抢劫、诈骗、抢夺机动车相关刑事案件具体应用法律若干问题的解释（2007年5月11日）

第一条 明知是盗窃、抢劫、诈骗、抢夺的机动车，实施下列行为之一的，依照刑法第三百一十二条的规定，以掩饰、隐瞒犯罪所得、犯罪所得收益罪定罪，处三年以下有期徒刑、拘役或者管制，并处或者单处罚金：

（一）买卖、介绍买卖、典当、拍卖、抵押或者用其抵债的；

（二）拆解、拼装或者组装的；

（三）修改发动机号、车辆识别代号的；

（四）更改车身颜色或者车辆外形的；

（五）提供或者出售机动车来历凭证、整车合格证、号牌以及有关机动车的其他证明和凭证的；

（六）提供或者出售伪造、变造的机动车来历凭证、整车合格证、号牌以及有关机动车的其他证明和凭证的。

实施第一款规定的行为涉及盗窃、抢劫、诈骗、抢夺的机动车五辆以上或者价值总额达到五十万元以上的，属于刑法第三百一十二条规定的"情节严重"，处三年以上七年以下有期徒刑，并处罚金。

第二条 伪造、变造、买卖机动车行驶证、登记证书，累计三本以上的，依照刑法第二百八十条第一款的规定，以伪造、变造、买卖国家机关证件罪定罪，处三年以下有期徒刑、拘役、管制或者剥夺政治权利。

伪造、变造、买卖机动车行驶证、登记证书，累计达到第一款规定数量标准五倍以上的，属于刑法第二百八十条第一款规定中的"情节严重"，处三年以上十年以下有期徒刑。

第三条第一款 国家机关工作人员滥用职权，有下列情形之一，致使盗窃、抢劫、诈骗、抢夺的机动车被办理登记手续，数量达到三辆以上或者价值总额达到三十万元以上的，依照刑法第三百九十七条第一款的规定，以滥用职权罪定罪，处三年以下有期徒刑或者拘役：

（一）明知是登记手续不全或者不符合规定的机动车而办理登记手续的；

（二）指使他人为明知是登记手续不全或者不符合规定的机动车办理登记手续的；

（三）违规或者指使他人违规更改、调换车辆档案的；

（四）其他滥用职权的行为。

第三款 国家机关工作人员实施前两款规定的行为,致使盗窃、抢劫、诈骗、抢夺的机动车被办理登记手续,分别达到前两款规定数量、数额标准五倍以上的,或者明知是盗窃、抢劫、诈骗、抢夺的机动车而办理登记手续的,属于刑法第三百九十七条第一款规定的"情节特别严重",处三年以上七年以下有期徒刑。

第四条 实施本解释第一条、第二条、第三条第一款或者第三款规定的行为,事前与盗窃、抢劫、诈骗、抢夺机动车的犯罪分子通谋的,以盗窃罪、抢劫罪、诈骗罪、抢夺罪的共犯论处。

最高人民法院关于审理抢劫刑事案件适用法律若干问题的指导意见(2016年1月6日)

三、关于转化型抢劫犯罪的认定

……两人以上共同实施盗窃、诈骗、抢夺犯罪,其中部分行为人为窝藏赃物、抗拒抓捕或者毁灭罪证当场使用暴力或者以暴力相威胁的,对于其余行为人是否以抢劫罪共犯论处,主要看其对实施暴力或者以暴力相威胁的行为人是否形成共同犯意、提供帮助。基于一定意思联络,对实施暴力或者以暴力相威胁的行为人提供帮助或实际成为帮凶的,可以抢劫共犯论处。

18. 一罪与数罪

最高人民法院研究室关于对在绑架勒索犯罪过程中对同一受害人又有抢劫行为应如何定罪问题的答复(1995年5月30日)

行为人在绑架勒索犯罪过程中,又抢劫同一人被害人财物的,应以绑架勒索罪定罪,从重处罚;同时又抢劫他人财物的,应分别以绑架勒索罪、抢劫罪定罪,实行数罪并罚。

最高人民法院关于抢劫过程中故意杀人案件如何定罪问题的批复(2001年5月26日)

行为人为劫取财物而预谋故意杀人,或者在劫取财物过程中,为制服被害人反抗而故意杀人的,以抢劫罪定罪处罚。

行为人实施抢劫后,为灭口而故意杀人的,以抢劫罪和故意杀人罪定罪,实行数罪并罚。

最高人民法院关于对在绑架过程中以暴力、胁迫等手段当场劫取被害人财物的行为如何适用法律问题的答复(2001年11月8日)

行为人在绑架过程中,又以暴力、胁迫等手段当场劫取被害人财物,构成犯罪的,择一重罪处罚。

最高人民法院关于审理抢劫、抢夺刑事案件适用法律若干问题的意见（2005年6月8日）

八、关于抢劫罪数的认定

行为人实施伤害、强奸等犯罪行为，在被害人未失去知觉，利用被害人不能反抗、不敢反抗的处境，临时起意劫取他人财物的，应以此前所实施的具体犯罪与抢劫罪实行数罪并罚；在被害人失去知觉或者没有发觉的情形下，以及实施故意杀人犯罪行为之后，临时起意拿走他人财物的，应以此前所实施的具体犯罪与盗窃罪实行数罪并罚。

最高人民法院全国部分法院审理毒品犯罪案件工作座谈会纪要（2008年12月1日）

一、毒品案件的罪名确定和数量认定问题

……盗窃、抢夺、抢劫毒品后又实施其他毒品犯罪的，对盗窃罪、抢夺罪、抢劫罪和所犯的具体毒品犯罪分别定罪，依法数罪并罚。

最高人民法院、最高人民检察院、公安部、司法部关于办理"套路贷"刑事案件若干问题的意见（2019年4月9日）

二、依法严惩"套路贷"犯罪

4.……对于在实施"套路贷"过程中多种手段并用，构成诈骗、敲诈勒索、非法拘禁、虚假诉讼、寻衅滋事、强迫交易、抢劫、绑架等多种犯罪的，应当根据具体案件事实，区分不同情况，依照刑法及有关司法解释的规定数罪并罚或者择一重处。

19. 此罪与彼罪

最高人民法院关于审理抢劫、抢夺刑事案件适用法律若干问题的意见（2005年6月8日）

九、关于抢劫罪与相似犯罪的界限

1.冒充正在执行公务的人民警察、联防人员，以抓卖淫嫖娼、赌博等违法行为为名非法占有财物的行为定性

行为人冒充正在执行公务的人民警察"抓赌"、"抓嫖"，没收赌资或者罚款的行为，构成犯罪的，以招摇撞骗罪从重处罚；在实施上述行为中使用暴力或者暴力威胁的，以抢劫罪定罪处罚。行为人冒充治安联防队员"抓赌"、"抓嫖"、没收赌资或者罚款的行为，构成犯罪的，以敲诈勒索罪定罪处罚；在实施上述行为中使用暴力或者暴力威胁的，以抢劫罪定罪处罚。

2. 以暴力、胁迫手段索取超出正常交易价钱、费用的钱财的行为定性

从事正常商品买卖、交易或者劳动服务的人，以暴力、胁迫手段迫使他人交出与合理价钱、费用相差不大钱物，情节严重的，以强迫交易罪定罪处罚；以非法占有为目的，以买卖、交易、服务为幌子采用暴力、胁迫手段迫使他人交出与合理价钱、费用相差悬殊的钱物的，以抢劫罪定罪处刑。在具体认定时，既要考虑超出合理价钱、费用的绝对数额，还要考虑超出合理价钱、费用的比例，加以综合判断。

3. 抢劫罪与绑架罪的界限

绑架罪是侵害他人人身自由权利的犯罪，其与抢劫罪的区别在于：第一，主观方面不尽相同。抢劫罪中，行为人一般出于非法占有他人财物的故意实施抢劫行为，绑架罪中，行为人既可能为勒索他人财物而实施绑架行为，也可能出于其他非法亦即的实施绑架行为；第二，行为手段不尽相同。抢劫罪表现为行为人劫取财物一般应在同一时间、同一地点，具有"当场性"；绑架罪表现为行为人以杀害、伤害等方式向被绑架人的亲属或其他人或单位发出威胁，索取赎金或提出其他非法要求，劫取财物一般不具有"当场性"。

绑架过程中又当场劫取被害人随身携带财物的，同时触犯绑架罪和抢劫罪两罪名，应择一重罪定罪处罚。

4. 抢劫罪与寻衅滋事罪的界限

寻衅滋事罪是严重扰乱社会秩序的犯罪，行为人实施寻衅滋事的行为时，客观上也可能表现为强拿硬要公私财物的特征。这种强拿硬要的行为与抢劫罪的区别在于：前者行为人主观上还具有逞强好胜和通过强拿硬要来填补其精神空虚等目的，后者行为人一般只具有非法占有他人财物的目的；前者行为人客观上一般不以严重侵犯他人人身权利的方法强拿硬要财物，而后者行为人则以暴力、胁迫等方式作为劫取他人财物的手段。司法实践中，对于未成年人使用或威胁使用轻微暴力强抢少量财物的行为，一般不宜以抢劫罪定罪处罚。其行为符合寻衅滋事罪特征的，可以寻衅滋事罪定罪处罚。

5. 抢劫罪与故意伤害罪的界限

行为人为索取债务，使用暴力、暴力威胁等手段的，一般不以抢劫罪定罪处罚。构成故意伤害等其他犯罪的，依照刑法第二百三十四条等规定处罚。

20. 罪与非罪

最高人民法院关于审理未成年人刑事案件具体应用法律若干问题的解释
（2006年1月23日）

第七条 已满十四周岁不满十六周岁的人使用轻微暴力或者威胁，强行索

要其他未成年人随身携带的生活、学习用品或者钱财数量不大,且未造成被害人轻微伤以上或者不敢正常到校学习、生活等危害后果的,不认为是犯罪。

已满十六周岁不满十八周岁的人具有前款规定情形的,一般也不认为是犯罪。

21. 房产能否成为抢劫对象的问题

最高人民法院关于如何处理"反攻倒算"案件的答复(1991年7月12日)

四、你省的"请示"中,对抢占土改、镇反中被没收的房产,提出按"抢劫"定罪。这个问题因涉及对不动产能否按抢劫定罪的问题,刑法没有明确规定,请你们再作进一步研究,根据不同情况,具体案件具体处理。

● **量刑**

1. 量刑起点、基准刑的确定

最高人民法院关于常见犯罪的量刑指导意见(2017年4月1日)

四、常见犯罪的量刑

(五)抢劫罪

1. 构成抢劫罪的,可以根据下列不同情形在相应的幅度内确定量刑起点:

(1)抢劫一次的,可以在三年至六年有期徒刑幅度内确定量刑起点。

(2)有下列情形之一的,可以在十年至十三年有期徒刑幅度内确定量刑起点:入户抢劫的;在公共交通工具上抢劫的;抢劫银行或者其他金融机构的;抢劫三次或者抢劫数额达到数额巨大起点的;抢劫致一人重伤的;冒充军警人员抢劫的;持枪抢劫的;抢劫军用物资或者抢险、救灾、救济物资的。依法应当判处无期徒刑以上刑罚的除外。

2. 在量刑起点的基础上,可以根据抢劫情节严重程度、抢劫次数、数额、致人伤害后果等其他影响犯罪构成的犯罪事实增加刑罚量,确定基准刑。

2. 从重、从严处罚

最高人民法院、最高人民检察院关于办理妨害预防、控制突发传染病疫情等灾害的刑事案件具体应用法律若干问题的解释(2003年5月15日)

第九条 在预防、控制突发传染病疫情等灾害期间,聚众"打砸抢",致人伤残、死亡的,依照刑法第二百八十九条、第二百三十四条、第二百三十二条的规定,以故意伤害罪或者故意杀人罪定罪,依法从重处罚。对毁坏或者抢走公私财物的首要分子，依照刑法第二百八十九条、第二百六十三条的规定，以抢劫罪定罪，依法从重处罚。

最高人民法院关于审理抢劫刑事案件适用法律若干问题的指导意见（2016年1月6日）

一、关于审理抢劫刑事案件的基本要求

坚持贯彻宽严相济刑事政策。对于多次结伙抢劫，针对农村留守妇女、儿童及老人等弱势群体实施抢劫，在抢劫中实施强奸等暴力犯罪的，要在法律规定的量刑幅度内从重判处。

六、累犯等情节的适用

根据刑法第六十五条第一款的规定，对累犯应当从重处罚。抢劫犯罪被告人具有累犯情节的，适用刑罚时要综合考虑犯罪的情节和后果，所犯前后罪的性质、间隔时间及判刑轻重等情况，决定从重处罚的力度。对于前罪系抢劫等严重暴力犯罪的累犯，应当依法加大从重处罚的力度。对于虽不构成累犯，但具有抢劫犯罪前科的，一般不适用减轻处罚和缓刑。对可能判处死刑的罪犯具有累犯情节的也应慎重，不能只要是累犯就一律判处死刑立即执行；被告人同时具有累犯和法定从宽处罚情节的，判处死刑立即执行应当综合考虑，从严掌握。

最高人民法院关于常见犯罪的量刑指导意见（2017年4月1日）

三、常见量刑情节的适用

8. 对于退赃、退赔的，综合考虑犯罪性质，退赃、退赔行为对损害结果所能弥补的程度，退赃、退赔的数额及主动程度等情况，可以减少基准刑的30%以下。其中抢劫等严重危害社会治安犯罪的应从严掌握。

9. 对于积极赔偿被害人经济损失并取得谅解的，综合考虑犯罪性质、赔偿数额、赔偿能力以及认罪、悔罪程度等情况，可以减少基准刑的40%以下；积极赔偿但没有取得谅解的，可以减少基准刑的30%以下；尽管没有赔偿，但取得谅解的，可以减少基准刑的20%以下。其中抢劫、强奸等严重危害社会治安犯罪的应从严掌握。

3. 从宽处理

最高人民法院关于审理抢劫刑事案件适用法律若干问题的指导意见（2016年1月6日）

一、关于审理抢劫刑事案件的基本要求

……对于罪行严重或者具有累犯情节的抢劫犯罪分子，减刑、假释时应当从严掌握，严格控制减刑的幅度和频度。对因家庭成员就医等特定原因初次实施抢劫，主观恶性和犯罪情节相对较轻的，要与多次抢劫以及为了挥霍、赌博、吸毒等实施抢劫的案件在量刑上有所区分。对于犯罪情节较轻，或者具有法定、酌定从轻、减轻处罚情节的，坚持依法从宽处理。

4. 法定八种加重处罚情节的刑罚适用

最高人民法院关于审理抢劫刑事案件适用法律若干问题的指导意见（2016年1月6日）

四、具有法定八种加重处罚情节的刑罚适用

1. 根据刑法第二百六十三条的规定，具有"抢劫致人重伤、死亡"等八种法定加重处罚情节的，处十年以上有期徒刑、无期徒刑或者死刑，并处罚金或者没收财产。应当根据抢劫的次数及数额、抢劫对人身的损害、对社会治安的危害等情况，结合被告人的主观恶性及人身危险程度，并根据量刑规范化的有关规定，确定具体的刑罚。判处无期徒刑以上刑罚的，一般应并处没收财产。

2. 具有下列情形之一的，可以判处无期徒刑以上刑罚：
（1）抢劫致三人以上重伤，或者致人重伤造成严重残疾的；
（2）在抢劫过程中故意杀害他人，或者故意伤害他人，致人死亡的；
（3）具有除"抢劫致人重伤、死亡"外的两种以上加重处罚情节，或者抢劫次数特别多、抢劫数额特别巨大的。

3. 为劫取财物而预谋故意杀人，或者在劫取财物过程中为制服被害人反抗、抗拒抓捕而杀害被害人，且被告人无法定从宽处罚情节的，可依法判处死刑立即执行。对具有自首、立功等法定从轻处罚情节的，判处死刑立即执行应当慎重。对于采取故意杀人以外的其他手段实施抢劫并致人死亡的案件，要从犯罪的动机、预谋、实行行为等方面分析被告人主观恶性的大小，并从有无前科及平时表现、认罪悔罪情况等方面判断被告人的人身危险程度，不能不加区别，仅以出现被害人死亡的后果，一律判处死刑立即执行。

4. 抢劫致人重伤案件适用死刑，应当更加慎重、更加严格，除非具有采取极其残忍的手段造成被害人严重残疾等特别恶劣的情节或者造成特别严重后果的，一般不判处死刑立即执行。

5. 具有刑法第二百六十三条规定的"抢劫致人重伤、死亡"以外其他七种加重处罚情节，且犯罪情节特别恶劣、危害后果特别严重的，可依法判处死刑立即执行。认定"情节特别恶劣、危害后果特别严重"，应当从严掌握，适用死刑必须非常慎重、非常严格。

5. 抢劫共同犯罪的刑罚适用

最高人民法院关于审理抢劫刑事案件适用法律若干问题的指导意见（2016年1月6日）

五、抢劫共同犯罪的刑罚适用

1. 审理抢劫共同犯罪案件，应当充分考虑共同犯罪的情节及后果、共同犯罪人在抢劫中的作用以及被告人的主观恶性、人身危险性等情节，做到准确认定主从犯，分清罪责，以责定刑，罚当其罪。一案中有两名以上主犯的，要从犯罪提意、预谋、准备、行为实施、赃物处理等方面区分出罪责最大者和较大者；有两名以上从犯的，要在从犯中区分出罪责相对更轻者和较轻者。对从犯的处罚，要根据案件的具体事实、从犯的罪责，确定从轻还是减轻处罚。对具有自首、立功或者未成年人且初次抢劫等情节的从犯，可以依法免除处罚。

2. 对于共同抢劫致一人死亡的案件，依法应当判处死刑的，除犯罪手段特别残忍、情节及后果特别严重、社会影响特别恶劣、严重危害社会治安的外，一般只对共同抢劫犯罪中作用最突出、罪行最严重的那名主犯判处死刑立即执行。罪行最严重的主犯如因系未成年人而不适用死刑，或者因具有自首、立功等法定从宽处罚情节而不判处死刑立即执行的，不能不加区别地对其他主犯判处死刑立即执行。

3. 在抢劫共同犯罪案件中，有同案犯在逃的，应当根据现有证据尽量分清在押犯与在逃犯的罪责，对在押犯应按其罪责处刑。罪责确实难以分清，或者不排除在押犯的罪责可能轻于在逃犯的，对在押犯适用刑罚应当留有余地，判处死刑立即执行要格外慎重。

6. 死刑的适用

最高人民法院关于审理抢劫刑事案件适用法律若干问题的指导意见（2016年1月6日）

一、关于审理抢劫刑事案件的基本要求

……确保案件审判质量。审理抢劫刑事案件，要严格遵守证据裁判原则，确保事实清楚，证据确实、充分。特别是对因抢劫可能判处死刑的案件，更要切实贯彻执行刑事诉讼法及相关司法解释、司法文件，严格依法审查判断和运用证据，坚决防止冤错案件的发生。

对抢劫刑事案件适用死刑，应当坚持"保留死刑，严格控制和慎重适用死刑"的刑事政策，以最严格的标准和最审慎的态度，确保死刑只适用于极少数罪行极其严重的犯罪分子。对被判处死刑缓期二年执行的抢劫犯罪分子，根据犯罪情节等情况，可以同时决定对其限制减刑。

7. 抢劫案件附带民事赔偿的处理原则

最高人民法院关于审理抢劫刑事案件适用法律若干问题的指导意见（2016年1月6日）

七、关于抢劫案件附带民事赔偿的处理原则

要妥善处理抢劫案件附带民事赔偿工作。审理抢劫刑事案件，一般情况下人民法院不主动开展附带民事调解工作。但是，对于犯罪情节不是特别恶劣或者被害方生活、医疗陷入困境，被告人与被害方自行达成民事赔偿和解协议的，民事赔偿情况可作为评价被告人悔罪态度的依据之一，在量刑上酌情予以考虑。

第二百六十四条 【盗窃罪】盗窃公私财物，数额较大的，或者多次盗窃、入户盗窃、携带凶器盗窃、扒窃的，处三年以下有期徒刑、拘役或者管制，并处或者单处罚金；数额巨大或者有其他严重情节的，处三年以上十年以下有期徒刑，并处罚金；数额特别巨大或者有其他特别严重情节的，处十年以上有期徒刑或者无期徒刑，并处罚金或者没收财产。

关联法条

第一百九十六条第三款、第二百一十条第一款、第二百五十三条第二款、第二百六十五条、第二百八十七条

立案追诉标准

国家林业局、公安部关于森林和陆生野生动物刑事案件管辖及立案标准（2001年5月9日）

一、森林公安机关管辖在其辖区内发生的刑法规定的下列森林和陆生野生动物刑事案件：

（十六）盗窃案件中，盗窃国家、集体、他人所有并已经伐倒的树木、偷砍

他人房前屋后、自留地种植的零星树木、以谋取经济利益为目的非法实施采种、采脂、挖笋、掘根、剥树皮等以及盗窃国家重点保护陆生野生动物或其制品的案件（第二百六十四条）；

二、森林和陆生野生动物刑事案件的立案标准

（十二）盗窃、抢夺、抢劫案、窝藏、转移、收购、销售赃物案、破坏生产经营案、聚众哄抢案、非法经营案、伪造变造买卖国家机关公文、证件案，执行相应的立案标准。

● 定罪

1. 本罪定义

最高人民检察院关于印发部分罪案《审查逮捕证据参考标准（试行）》的通知（2003年11月27日）

二、盗窃罪案审查逮捕证据参考标准

盗窃罪，是指触犯《刑法》第264条的规定，以非法占有为目的，秘密窃取公私财物，数额较大或者多次盗窃公私财物的行为。其他以盗窃罪定罪处罚的有：（1）盗窃信用卡并使用的；（2）盗窃增值税专用发票或者可以用于骗取出口退税、抵扣税款的其他发票的；（3）以牟利为目的，盗接他人通信线路、复制他人电信码号或者明知是盗接、复制的电信设备、设施而使用的；（4）邮政工作人员私自开拆邮件、电报，盗窃财物的；（5）利用计算机盗窃的；（6）单位有关人员为谋取单位利益组织实施盗窃行为，情节严重的；（7）将电信卡非法充值后使用，造成电信资费损失数额较大的，盗用他人密码上网，造成他人电信资费损失数额较大的。

2. "数额较大""数额巨大""数额特别巨大"的认定

最高人民法院、最高人民检察院关于办理盗窃刑事案件适用法律若干问题的解释（2013年4月4日）

第一条 盗窃公私财物价值一千元至三千元以上、三万元至十万元以上、三十万元至五十万元以上的，应当分别认定为刑法第二百六十四条规定的"数额较大"、"数额巨大"、"数额特别巨大"。

各省、自治区、直辖市高级人民法院、人民检察院可以根据本地区经济发展状况，并考虑社会治安状况，在前款规定的数额幅度内，确定本地区执行的具体数额标准，报最高人民法院、最高人民检察院批准。

在跨地区运行的公共交通工具上盗窃,盗窃地点无法查证的,盗窃数额是否达到"数额较大""数额巨大""数额特别巨大",应当根据受理案件所在地省、自治区、直辖市高级人民法院、人民检察院确定的有关数额标准认定。

盗窃毒品等违禁品,应当按照盗窃罪处理的,根据情节轻重量刑。

第二条 盗窃公私财物,具有下列情形之一的,"数额较大"的标准可以按照前条规定标准的百分之五十确定:

(一)曾因盗窃受过刑事处罚的;
(二)一年内曾因盗窃受过行政处罚的;
(三)组织、控制未成年人盗窃的;
(四)自然灾害、事故灾害、社会安全事件等突发事件期间,在事件发生地盗窃的;
(五)盗窃残疾人、孤寡老人、丧失劳动能力人的财物的;
(六)在医院盗窃病人或者其亲友财物的;
(七)盗窃救灾、抢险、防汛、优抚、扶贫、移民、救济款物的;
(八)因盗窃造成严重后果的。

最高人民法院、最高人民检察院关于办理妨害文物管理等刑事案件适用法律若干问题的解释(2016年1月1日)

第二条 盗窃一般文物、三级文物、二级以上文物的,应当分别认定为刑法第二百六十四条规定的"数额较大""数额巨大""数额特别巨大"。

盗窃文物,无法确定文物等级,或者按照文物等级定罪量刑明显过轻或者过重的,按照盗窃的文物价值定罪量刑。

3. "多次盗窃""入户盗窃""携带凶器盗窃""扒窃"的认定

最高人民法院、最高人民检察院关于办理盗窃刑事案件适用法律若干问题的解释(2013年4月4日)

第三条 二年内盗窃三次以上的,应当认定为"多次盗窃"。

非法进入供他人家庭生活,与外界相对隔离的住所盗窃的,应当认定为"入户盗窃"。

携带枪支、爆炸物、管制刀具等国家禁止个人携带的器械盗窃,或者为了实施违法犯罪携带其他足以危害他人人身安全的器械盗窃的,应当认定为"携带凶器盗窃"。

在公共场所或者公共交通工具上盗窃他人随身携带的财物的,应当认定为"扒窃"。

4. 多次盗窃中"次"的认定

最高人民检察院法律政策研究室关于关于多次盗窃中"次"如何认定的法律适用请示的答复意见（2016年3月18日）

多次盗窃中"次"的判断，可以参照2005年最高人民法院《关于审理抢劫、抢夺刑事案件适用法律若干问题的意见》中多次抢劫的规定认定。但多次盗窃与多次抢劫必定有所不同，实践中应结合具体案件的具体情况，从主观方面考量行为人是基于一个盗窃的故意，还是多个盗窃的故意；同时，更需要结合客观方面的行为方式，实施行为的条件，以及行为所造成的后果等来综合判断。

5. "其他严重情节""其他特别严重情节"的认定

最高人民法院、最高人民检察院关于办理盗窃刑事案件适用法律若干问题的解释（2013年4月4日）

第六条　盗窃公私财物，具有本解释第二条第三项至第八项规定情形之一，或者入户盗窃、携带凶器盗窃，数额达到本解释第一条规定的"数额巨大"、"数额特别巨大"百分之五十的，可以分别认定为刑法第二百六十四条规定的"其他严重情节"或者"其他特别严重情节"。

6. 盗窃数额的认定

最高人民法院、最高人民检察院关于办理盗窃刑事案件适用法律若干问题的解释（2013年4月4日）

第四条　盗窃的数额，按照下列方法认定：

（一）被盗财物有有效价格证明的，根据有效价格证明认定；无有效价格证明，或者根据价格证明认定盗窃数额明显不合理的，应当按照有关规定委托估价机构估价；

（二）盗窃外币的，按照盗窃时中国外汇交易中心或者中国人民银行授权机构公布的人民币对该货币的中间价折合成人民币计算；中国外汇交易中心或者中国人民银行授权机构未公布汇率中间价的外币，按照盗窃时境内银行人民币对该货币的中间价折算成人民币，或者该货币在境内银行、国际外汇市场对美元汇率，与人民币对美元汇率中间价进行套算；

（三）盗窃电力、燃气、自来水等财物，盗窃数量能够查实的，按照查实的数量计算盗窃数额；盗窃数量无法查实的，以盗窃前六个月月均正常用量减去盗窃后计量仪表显示的月均用量推算盗窃数额；盗窃前正常使用不足六个月的，按照正常使用期间的月均用量减去盗窃后计量仪表显示的月均用量推算盗窃数额；

（四）明知是盗接他人通信线路、复制他人电信码号的电信设备、设施而使用的，按照合法用户为其支付的费用认定盗窃数额；无法直接确认的，以合法用户的电信设备、设施被盗接、复制后的月缴费额减去被盗接、复制前六个月的月均电话费推算盗窃数额；合法用户使用电信设备、设施不足六个月的，按照实际使用的月均电话费推算盗窃数额；

（五）盗接他人通信线路、复制他人电信码号出售的，按照销赃数额认定盗窃数额。

盗窃行为给失主造成的损失大于盗窃数额的，损失数额可以作为量刑情节考虑。

第五条 盗窃有价支付凭证、有价证券、有价票证的，按照下列方法认定盗窃数额：

（一）盗窃不记名、不挂失的有价支付凭证、有价证券、有价票证的，应当按票面数额和盗窃时应得的孳息、奖金或者奖品等可得收益一并计算盗窃数额；

（二）盗窃记名的有价支付凭证、有价证券、有价票证，已经兑现的，按照兑现部分的财物价值计算盗窃数额；没有兑现，但失主无法通过挂失、补领、补办手续等方式避免损失的，按照给失主造成的实际损失计算盗窃数额。

国家发展改革委价格认证中心被盗财物价格认定规则（2020年）（2021年1月1日）

第一条 为规范被盗财物价格认定工作，统一操作方法和标准，保证价格认定结论客观、公正、合理，保障司法活动的顺利进行，维护社会公共利益和当事人合法权益，根据国家有关法律法规和规范性文件，结合工作实际，制定本规则。

第二条 各级价格认定机构对被盗财物进行价格认定，适用本规则。国家法律、法规另有规定的，从其规定。

第三条 本规则所称被盗财物价格认定，是指价格认定机构对公安机关、人民检察院、人民法院（以下简称"提出机关"）办理的涉嫌盗窃罪案件中无被盗财物有效价格证明或者根据价格认定盗窃数额明显不合理时，进行价格确认的行为。

第四条 价格认定机构应当要求提出机关提供必要、完整、准确的价格认定委托书、协助书和价格认定必需的相关材料。提出机关对上述文书、材料的真实性、合法性负责。

价格认定委托书、协助书上应当载明价格认定机构名称，价格认定目的，被盗财物名称、数量、规格型号、真伪质量检测证明，价格内涵（被盗财物所处不同环节、区域及其他特定情况的价格限定）、价格认定基准日、提出机关名称、联系人、联系方式、提供材料名称和份数，其他需要说明的事项等内容。如，农产品的价格内涵包括生长周期（芽、花、果等）、生命周期（种、芽、苗、初果、盛果、衰老、死亡等）、流通环节（产品收购、储运、批发、零售等）等环节的价格；工业品的价格内涵包括生产过程（在产品、产成品等）、流通过程（出厂、储运、总经销、分销、批发、零售）、回收过程等环节的价格。

第五条　被盗财物具有下列情形之一的，可以按照灭失状况进行价格认定：

（一）实物因挥霍、丢弃、隐匿、毁坏、发回等原因导致提出机关无法提供的；

（二）查验日或者勘验日实物状况和基准日相比发生重大变化，无法确定基准日实物状况的；

（三）无法确定基准日实物状况的其他情形。

第六条　被盗财物灭失的，除本规则第四条的规定外，还应当要求提出机关在价格认定委托书、协助书中明确被盗财物具体购置时间（启用时间）、购置价格；在基准日的实物状况，包括新旧程度、使用情况（使用强度、使用环境、是否正常使用）、维护保养情况、鲜活程度等；成分、含量、保质期限、质量等级、是否符合产品质量标准等影响价格的因素并提供相关材料。

第七条　有下列情形之一的，价格认定机构可以不予受理：

（一）被盗财物为人民币、外币、有价支付凭证、有价证券、有价票证以及其他提出机关可以直接确认价格的财物；

（二）被盗财物为国有馆藏文物、珍贵、濒危动物及其制品、珍稀植物及其制品，毒品、淫秽物品、枪支、弹药、管制刀具、核材料等不以价格数额作为定罪量刑标准的物品；

（三）被盗财物已经灭失，且不能通过文字、照片等材料全面准确反映其名称、数量、规格型号、真伪质量、实物状况等影响价格重要因素的。

第八条　价格认定人员应当根据价格认定委托书、协助书内容进行实物查验或者勘验。

（一）被盗财物为工业品的，应当对品名、规格型号、制造厂家、出厂日期、购置日期、技术指标、质量等级、保质期限、外形尺寸、数量（重量）等进行查验或者勘验，并确认其基准日的状态；应当根据磨损程度、损坏程度、维护保养状况、物理形状变化、操控性能、配置状况、功能适用状况等因素，确定成新率；

（二）被盗财物为农产品的，属于种植产品，应当对立地条件、栽培面积、品种、生长势、生长周期具体时段、生长发育阶段、正常产量、品质、成品率等进行查验或者勘验；属于养殖产品，应当对种类、品系、养殖条件、面积、规模、用途、出栏率、产品周期、生长时间、生长发育阶段、主产品和副产品正常产量、仔畜死亡率等进行查验或者勘验；

（三）被盗财物为书画、文物、珠宝玉石等需要进行真伪、质量等检测的，应当结合提出机关提供的真伪、质量检测证明，对作者、创作年代、作品质量、历史价值、规格尺寸、品相以及品牌、重量、材质、颜色、净度等级、工艺水平和配件等进行查验或者勘验。

（四）进行查验或者勘验时，应当注意区别查验日或者勘验日与价格认定基准日时实物状况可能存在的差异。

第九条 被盗财物已经灭失，无法进行实物查验或者勘验时，对于该财物属于某设备（设施）的组成部分的，可对设备（设施）剩余部分进行查验或者勘验，结合查验或者勘验情况确定被盗财物状况。

第十条 遇有下列情形之一的，应当及时告知提出机关，由其修改价格认定委托书、协助书、补充材料或者对相关情况予以书面确认。必要时，可以按照相关规定中止或者终止价格认定。

（一）查验或者勘验的实物与提出机关提供材料不符的；

（二）被盗财物已经灭失，以及查验或者勘验日实物状态与价格认定基准日相比发生重大变化，提出机关不能确定价格认定基准日实物状态的；

（三）提出机关应当提供真实有效的质量、技术、真伪等检测报告或者鉴定意见而未提供的；

（四）提出机关提供的材料不完整，不能达到价格认定基本要求的。

第十一条 被盗财物价格认定一般采取市场法、成本法、专家咨询法等方法。

根据价格认定目的、被盗财物类别、状态、价格内涵、可以采集的数据和信息资料情况等因素，选择一种或者几种价格认定方法。采用多种认定方法时，应当综合考虑不同方法的测算思路和参数来源，分析每种方法对应结果的合理性，最终确定价格认定结论。

第十二条 具备充分发育的交易市场，能够搜集相关交易实例和正常价格信息的，应当优先选用市场法。

在价格认定过程中，应当选择可以修正调整的、相同或者近似的实例作为参照；相关因素调整时，单项因素修正一般不应超过20%，综合修正一般不应超过30%。

第十三条　具备可以采用的成本资料，能够取得被盗财物重置价格和实体性、功能性、经济性贬值或者成新率等指标的，可以采用成本法。

查验或者勘验确定的成新率与通过年限测算的成新率有差异时，应当综合分析确定成新率。接近经济使用年限上限，或者虽然超过经济使用年限但尚能正常使用的，成新率应当结合实际情况确定。

第十四条　被盗财物属性特殊、专业性强，难以采用市场法和成本法进行价格认定时，可以采用专家咨询法。

在运用市场法和成本法过程中咨询有关专家的，不属于专家咨询法。

第十五条　被盗财物价格认定一般按照市场价值标准，根据价格认定委托书、协助书内容和调查掌握的资料情况进行测算：

（一）生产领域的产品，产成品按照出厂价计算；在产品按完工程度比照产品的出厂价格折算；自制生产资料按照生产企业的合理生产成本测算；

（二）流通领域的商品，按照价格认定委托书、协助书载明的价格内涵，按照相同或者近似的同类商品的中等价格测算。其中：

1. 专供外销商品，国内无销售的，按照离岸价测算；

2. 进口商品，国内市场可以采集到同类物品相应价格的，按照该价格计算；无法采集国内市场价格但是可以采集到国外市场相应价格的，按照国外价格考虑基准日汇率及各项进口税费测算；国内外均无法采集同类物品相应价格的，可以通过比较质量、功能、性能和品牌等因素综合推算。

（三）农产品，根据价格认定委托书、协助书载明的价格内涵，按照同类同等级产品的中等价格测算；

（四）珠宝玉石和贵金属制品，根据工艺、品质、品牌等，按照与其相当的经销商店或者专业市场的中等价格测算；无销售的，可以采用成本法或者专家咨询法测算，不考虑新旧因素；

（五）民间收藏的文物，按照国有文物商店、文物市场的中等价格或者文物拍卖企业的拍卖价格，结合专家咨询意见测算；

（六）邮票、纪念币等收藏品、纪念品，按照市场销售价格测算；无销售的，根据原始销售金额、发行数量、发行年代、品相和近似的收藏品、纪念品市场行情，结合专家咨询意见测算；

（七）特殊用途的专用物品，根据相关机构、部门、行业协会或者专家提供的同类物品价格进行测算；

（八）残次品，有使用价值的，比照合格品价格折算；废品或者不具备原有使用价值但是可以回收利用的物品，可以按照废弃资源和废旧材料回收加工业的收购价格测算；既无残值又无使用价值、无法回收利用的，认定其价格为零；

（九）达到国家强制报废标准的被盗财物，按照规定的报废价格计算。

（十）被盗财物是伪劣商品或者侵犯知识产权商品时，按照其实际价值认定。

第十六条　抢劫罪、抢夺罪、诈骗罪、聚众哄抢公私财物罪、侵占罪、职务侵占罪、挪用特定款物罪、敲诈勒索罪等侵犯财产罪案件涉案财物价格认定，可以参照本规则执行。

第十七条　本规则由国家发展改革委价格认证中心负责解释。

第十八条　本规则自2021年1月1日起执行，《被盗财物价格认定规则（试行）》（发改价证办〔2014〕235号）同时废止。

7. 将电信卡非法充值后使用、盗用他人上网密码账号行为的定性

最高人民法院关于审理扰乱电信市场管理秩序案件具体应用法律若干问题的解释（2000年5月24日）

第七条　将电信卡非法充值后使用，造成电信资费损失数额较大的，依照刑法第二百六十四条的规定，以盗窃罪定罪处罚。

第八条　盗用他人公共信息网络上网账号、密码上网，造成他人电信资费损失数额较大的，依照刑法第二百六十四条的规定，以盗窃罪定罪处罚。

8. 偷开机动车过程中盗窃行为的定性

最高人民法院、最高人民检察院关于办理盗窃刑事案件适用法律若干问题的解释（2013年4月4日）

第十条　偷开他人机动车的，按照下列规定处理：

（一）偷开机动车，导致车辆丢失的，以盗窃罪定罪处罚；

（二）为盗窃其他财物，偷开机动车作为犯罪工具使用后非法占有车辆，或者将车辆遗弃导致丢失的，被盗车辆的价值计入盗窃数额；

（三）为实施其他犯罪，偷开机动车作为犯罪工具使用后非法占有车辆，或者将车辆遗弃导致丢失的，以盗窃罪和其他犯罪数罪并罚；将车辆送回未造成丢失的，按照其所实施的其他犯罪从重处罚。

9. 明知是非法制作的IC电话卡而使用或购买并使用行为的定性

最高人民检察院关于非法制作、出售、使用IC电话卡行为如何适用法律问题的答复（2003年4月2日）

非法制作或者出售非法制作的IC电话卡，数额较大的，应当依照刑法第二

百二十七条第一款的规定，以伪造、倒卖伪造的有价票证罪追究刑事责任，犯罪数额可以根据销售数额认定；明知是非法制作的 IC 电话卡而使用或者购买并使用，造成电信资费损失数额较大的，应当依照刑法第二百六十四条的规定，以盗窃罪追究刑事责任。

10. 盗窃油气或正在使用的油气设备行为的定性

最高人民法院、最高人民检察院关于办理盗窃油气、破坏油气设备等刑事案件具体应用法律若干问题的解释（2007 年 1 月 19 日）

第三条第一款　盗窃油气或者正在使用的油气设备，构成犯罪，但未危害公共安全的，依照刑法第二百六十四条的规定，以盗窃罪定罪处罚。

第八条　本解释所称的"油气"，是指石油、天然气。其中，石油包括原油、成品油；天然气包括煤层气。

本解释所称"油气设备"，是指用于石油、天然气生产、储存、运输等易燃易爆设备。

11. 盗窃毒品行为的定性

最高人民法院全国部分法院审理毒品犯罪案件工作座谈会纪要（2008 年 12 月 1 日）

一、毒品案件的罪名确定和数量认定问题

盗窃、抢夺、抢劫毒品的，应当分别以盗窃罪、抢夺罪或者抢劫罪定罪，但不计犯罪数额，根据情节轻重予以定罪量刑。

12. 对犯罪所得及其收益实施盗窃行为的定性

最高人民法院关于审理掩饰、隐瞒犯罪所得、犯罪所得收益刑事案件适用法律若干问题的解释（2015 年 6 月 1 日）

第六条　对犯罪所得及其产生的收益实施盗窃、抢劫、诈骗、抢夺等行为，构成犯罪的，分别以盗窃罪、抢劫罪、诈骗罪、抢夺罪等定罪处罚。

13. 将他人已伐倒的树木窃为己有或偷砍他人树木行为的定性

最高人民法院关于审理破坏森林资源刑事案件具体应用法律若干问题的解释（2000 年 12 月 11 日）

第九条　将国家、集体、他人所有并已经伐倒的树木窃为己有，以及偷砍他人房前屋后、自留地种植的零星树木，数额较大的，依照刑法第二百六十四条的规定，以盗窃罪定罪处罚。

14. 非法实施采种、掘根等破坏森林资源行为的定性

最高人民法院关于审理破坏森林资源刑事案件具体应用法律若干问题的解释（2000年12月11日）

第十五条　非法实施采种、采脂、挖笋、掘根、剥树皮等行为，牟取经济利益数额较大的，依照刑法第二百六十四条的规定，以盗窃罪定罪处罚。同时构成其他犯罪的，依照处罚较重的规定定罪处罚。

15. 盗用他人电话拨打境外色情电话行为的定性

公安部关于对拨打境外色情电话定性处理的批复（1996年2月14日）

对盗用他人或单位电话打境外色情电话的以盗窃论处，构成犯罪的，依照1992年12月11日最高人民法院、最高人民检察院《关于办理盗窃案件具体应用法律的若干问题的解释》第一条第四项的规定按盗窃罪追究刑事责任……

16. 盗窃文物行为的定性

全国人民代表大会常务委员会关于《中华人民共和国刑法》有关文物的规定适用于具有科学价值的古脊椎动物化石、古人类化石的解释（2005年12月29日）

刑法有关文物的规定，适用于具有科学价值的古脊椎动物化石、古人类化石。

最高人民法院、最高人民检察院关于办理妨害文物管理等刑事案件适用法律若干问题的解释（2016年1月1日）

第二条第二款　盗窃文物，无法确定文物等级，或者按照文物等级定罪量刑明显过轻或者过重的，按照盗窃的文物价值定罪量刑。

第八条第三款　采用破坏性手段盗窃古文化遗址、古墓葬以外的古建筑、石窟寺、石刻、壁画、近代现代重要史迹和代表性建筑等其他不可移动文物的，依照刑法第二百六十四条的规定，以盗窃罪追究刑事责任。

第十二条　针对不可移动文物整体实施走私、盗窃、倒卖等行为的，根据所属不可移动文物的等级，依照本解释第一条、第二条、第六条的规定定罪量刑：

（一）尚未被确定为文物保护单位的不可移动文物，适用一般文物的定罪量刑标准；

（二）市、县级文物保护单位，适用三级文物的定罪量刑标准；

（三）全国重点文物保护单位、省级文物保护单位，适用二级以上文物的定罪量刑标准。

针对不可移动文物中的建筑构件、壁画、雕塑、石刻等实施走私、盗窃、倒卖等行为的，根据建筑构件、壁画、雕塑、石刻等文物本身的等级或者价值，

依照本解释第一条、第二条、第六条的规定定罪量刑。建筑构件、壁画、雕塑、石刻等所属不可移动文物的等级，应当作为量刑情节予以考虑。

第十三条　案件涉及不同等级的文物的，按照高级别文物的量刑幅度量刑；有多件同级文物的，五件同级文物视为一件高一级文物，但是价值明显不相当的除外。

第十四条　依照文物价值定罪量刑的，根据涉案文物的有效价格证明认定文物价值；无有效价格证明，或者根据价格证明认定明显不合理的，根据销赃数额认定，或者结合本解释第十五条规定的鉴定意见、报告认定。

第十五条　在行为人实施有关行为前，文物行政部门已对涉案文物及其等级作出认定的，可以直接对有关案件事实作出认定。

对案件涉及的有关文物鉴定、价值认定等专门性问题难以确定的，由司法鉴定机构出具鉴定意见，或者由国务院文物行政部门指定的机构出具报告。其中，对于文物价值，也可以由有关价格认证机构作出价格认证并出具报告。

第十七条　走私、盗窃、损毁、倒卖、盗掘或者非法转让具有科学价值的古脊椎动物化石、古人类化石的，依照刑法和本解释的有关规定定罪量刑。

17. 盗窃发票行为的处理

最高人民法院关于适用《全国人民代表大会常务委员会关于惩治虚开、伪造和非法出售增值税专用发票犯罪的决定》的若干问题的解释（1996年10月17日）

七、盗窃增值税专用发票或者可以用于骗取出口退税、抵扣税款的其他发票25份以上，或者其他发票50份以上的……依照刑法第一百五十一条的规定处罚。

盗窃增值税专用发票或者可以用于骗取出口退税、抵扣税款的其他发票250份以上，或者其他发票500份以上的……依照刑法第一百五十二条的规定处罚。

……盗窃、诈骗增值税专用发票或者其他发票后，又实施《决定》规定的虚开、出售等犯罪的，按照其中的重罪定罪处罚，不实行数罪并罚。

18. 利用信息网络，诱骗他人点击虚假链接而实际通过预先植入的计算机程序窃取财物行为的定性

全国人民代表大会常务委员会关于维护互联网安全的决定（2009年8月27日）

四、为了保护个人、法人和其他组织的人身、财产等合法权利，对有下列行为之一，构成犯罪的，依照刑法有关规定追究刑事责任：

......

（三）利用互联网进行盗窃、诈骗、敲诈勒索。

最高人民法院关于发布第七批指导性案例的通知（2014年6月26日）

臧进泉等盗窃、诈骗案（指导案例27号）

裁判要点：行为人利用信息网络，诱骗他人点击虚假链接而实际通过预先植入的计算机程序窃取财物构成犯罪的，以盗窃罪定罪处罚；虚构可供交易的商品或者服务，欺骗他人点击付款链接而骗取财物构成犯罪的，以诈骗罪定罪处罚。

19. 盗窃网络域名行为的定性

最高人民检察院关于印发最高人民检察院第九批指导性案例的通知（2017年10月12日）

张四毛盗窃案（检例第37号）

【要旨】网络域名具备法律意义上的财产属性，盗窃网络域名可以认定为盗窃行为。

【指导意义】……对于网络域名的价值，当前可综合考虑网络域名的购入价、销赃价、域名升值潜力、市场热度等综合认定。

20. 非法侵吞、占有他人股份行为的定性

全国人民代表大会常务委员会法制工作委员会对关于公司人员利用职务上的便利采取欺骗等手段非法占有股东股权的行为如何定性处理的批复的意见（2005年12月1日）

据刑法第九十二条的规定，股份属于财产。采用各种非法手段侵吞、占有他人依法享有的股份，构成犯罪的，适用刑法有关非法侵犯他人财产的犯罪规定。

21. 盗窃非公共场所窨井盖行为的定性

最高人民法院、最高人民检察院、公安部关于办理涉窨井盖相关刑事案件的指导意见（2020年3月16日）

一、盗窃、破坏正在使用中的社会机动车通行道路上的窨井盖，足以使汽车、电车发生倾覆、毁坏危险，尚未造成严重后果的，依照刑法第一百一十七条的规定，以破坏交通设施罪定罪处罚；造成严重后果的，依照刑法第一百一十九条第一款的规定处罚。

过失造成严重后果的，依照刑法第一百一十九条第二款的规定，以过失损坏交通设施罪定罪处罚。

二、盗窃、破坏人员密集往来的非机动车道、人行道以及车站、码头、公园、广场、学校、商业中心、厂区、社区、院落等生产生活、人员聚集场所的窨井盖，足以危害公共安全，尚未造成严重后果的，依照刑法第一百一十四条的规定，以以危险方法危害公共安全罪定罪处罚；致人重伤、死亡或者使公私财产遭受重大损失的，依照刑法第一百一十五条第一款的规定处罚。过失致人重伤、死亡或者使公私财产遭受重大损失的，依照刑法第一百一十五条第二款的规定，以过失以危险方法危害公共安全罪定罪处罚。

三、对于本意见第一条、第二条规定以外的其他场所的窨井盖，明知会造成人员伤亡后果而实施盗窃、破坏行为，致人受伤或者死亡的，依照刑法第二百三十四条、第二百三十二条的规定，分别以故意伤害罪、故意杀人罪定罪处罚。

过失致人重伤或者死亡的，依照刑法第二百三十五条、第二百三十三条的规定，分别以过失致人重伤罪、过失致人死亡罪定罪处罚。

四、盗窃本意见第一条、第二条规定以外的其他场所的窨井盖，且不属于本意见第三条规定的情形，数额较大，或者多次盗窃的，依照刑法第二百六十四条的规定，以盗窃罪定罪处罚。

故意毁坏本意见第一条、第二条规定以外的其他场所的窨井盖，且不属于本意见第三条规定的情形，数额较大或者有其他严重情节的，依照刑法第二百七十五条的规定，以故意毁坏财物罪定罪处罚。

十二、本意见所称的"窨井盖"，包括城市、城乡结合部和乡村等地的窨井盖以及其他井盖。

22. 实施"碰瓷"，窃取他人财物行为的定性

最高人民法院、最高人民检察院、公安部关于依法办理"碰瓷"违法犯罪案件的指导意见（2020年9月22日）

四、实施"碰瓷"，采取转移注意力、趁人不备等方式，窃取、夺取他人财物，符合刑法第二百六十四条、第二百六十七条规定的，分别以盗窃罪、抢夺罪定罪处罚。

23. 既遂与未遂

最高人民法院、最高人民检察院关于办理盗窃油气、破坏油气设备等刑事案件具体应用法律若干问题的解释（2007年1月19日）

第三条第二款 盗窃油气，数额巨大但尚未运离现场的，以盗窃未遂定罪处罚。

最高人民法院、最高人民检察院关于办理盗窃刑事案件适用法律若干问题的解释（2013年4月4日）

第十二条 盗窃未遂，具有下列情形之一的，应当依法追究刑事责任：

（一）以数额巨大的财物为盗窃目标的；

（二）以珍贵文物为盗窃目标的；

（三）其他情节严重的情形。

盗窃既有既遂，又有未遂，分别达到不同量刑幅度的，依照处罚较重的规定处罚；达到同一量刑幅度的，以盗窃罪既遂处罚。

最高人民法院、最高人民检察院、公安部关于办理盗窃油气、破坏油气设备等刑事案件适用法律若干问题的意见（2018年9月28日）

二、关于盗窃油气未遂的刑事责任

着手实施盗窃油气行为，由于意志以外的原因未得逞，具有下列情形之一的，以盗窃罪（未遂）追究刑事责任：

（一）以数额巨大的油气为盗窃目标的；

（二）已将油气装入包装物或者运输工具，达到"数额较大"标准三倍以上的；

（三）携带盗油卡子、手摇钻、电钻、电焊枪等切割、打孔、撬砸、拆卸工具的；

（四）其他情节严重的情形。

24. 共同犯罪

最高人民法院、最高人民检察院、公安部、国家工商行政管理局关于依法查处盗窃、抢劫机动车案件的规定（1998年5月8日）

二、明知是盗窃、抢劫所得机动车而予以窝藏、转移、收购或者代为销售的，依照《刑法》第三百一十二条的规定处罚。

对明知是盗窃、抢劫所得机动车而予以拆解、改装、拼装、典当、倒卖的，视为窝藏、转移、收购或者代为销售，依照《刑法》第三百一十二条的规定处罚。

三、国家指定的车辆交易市场、机动车经营企业（含典当、拍卖行）以及从事机动车修理、零部件销售企业的主管人员或者其他直接责任人员，明知是盗窃、抢劫的机动车而予以窝藏、转移、拆解、拼装、收购或者代为销售的，依照《刑法》第三百一十二条的规定处罚。单位组织实施上述行为的，由工商行政管理机关予以处罚。

四、本规定第二条和第三条中的行为人事先与盗窃、抢劫机动车辆的犯罪分子通谋的,分别以盗窃、抢劫犯罪的共犯论处。

十七、本规定所称的"明知",是指知道或者应当知道。有下列情形之一的,可视为应当知道,但有证据证明属被蒙骗的除外:

(一)在非法的机动车交易场所和销售单位购买的;

(二)机动车证件手续不全或者明显违反规定的;

(三)机动车发动机号或者车架号有更改痕迹,没有合法证明的;

(四)以明显低于市场价格购买机动车的。

公安部关于打击拐卖妇女儿童犯罪适用法律和政策有关问题的意见(2000年3月24日)

二、关于拐卖妇女、儿童犯罪

(十二)教唆被拐卖、拐骗、收买的未成年人实施盗窃、诈骗等犯罪行为的,应当以盗窃罪、诈骗罪等犯罪的共犯立案侦查。

最高人民法院关于审理破坏公用电信设施刑事案件具体应用法律若干问题的解释(2005年1月11日)

第四条 指使、组织、教唆他人实施本解释规定的故意犯罪行为的,按照共犯定罪处罚。

最高人民法院、最高人民检察院关于办理盗窃油气、破坏油气设备等刑事案件具体应用法律若干问题的解释(2007年1月19日)

第三条第三款 为他人盗窃油气而偷开油气井、油气管道等油气设备阀门排放油气或者提供其他帮助的,以盗窃罪的共犯定罪处罚。

第五条 明知是盗窃犯罪所得的油气或者油气设备,而予以窝藏、转移、收购、加工、代为销售或者以其他方法掩饰、隐瞒的,依照刑法第三百一十二条的规定定罪处罚。

实施前款规定的犯罪行为,事前通谋的,以盗窃犯罪的共犯定罪处罚。

最高人民法院、最高人民检察院关于办理与盗窃、抢劫、诈骗、抢夺机动车相关刑事案件具体应用法律若干问题的解释(2007年5月11日)

第一条 明知是盗窃、抢劫、诈骗、抢夺的机动车,实施下列行为之一的,依照刑法第三百一十二条的规定,以掩饰、隐瞒犯罪所得、犯罪所得收益罪定罪,处三年以下有期徒刑、拘役或者管制,并处或者单处罚金:

(一)买卖、介绍买卖、典当、拍卖、抵押或者用其抵债的;

(二)拆解、拼装或者组装的;

(三)修改发动机号、车辆识别代号的;

（四）更改车身颜色或者车辆外形的；

（五）提供或者出售机动车来历凭证、整车合格证、号牌以及有关机动车的其他证明和凭证的；

（六）提供或者出售伪造、变造的机动车来历凭证、整车合格证、号牌以及有关机动车的其他证明和凭证的。

实施第一款规定的行为涉及盗窃、抢劫、诈骗、抢夺的机动车五辆以上或者价值总额达到五十万元以上的，属于刑法第三百一十二条规定的"情节严重"，处三年以上七年以下有期徒刑，并处罚金。

第二条 伪造、变造、买卖机动车行驶证、登记证书，累计三本以上的，依照刑法第二百八十条第一款的规定，以伪造、变造、买卖国家机关证件罪定罪，处三年以下有期徒刑、拘役、管制或者剥夺政治权利。

伪造、变造、买卖机动车行驶证、登记证书，累计达到第一款规定数量标准五倍以上的，属于刑法第二百八十条第一款规定中的"情节严重"，处三年以上十年以下有期徒刑。

第三条第一款 国家机关工作人员滥用职权，有下列情形之一，致使盗窃、抢劫、诈骗、抢夺的机动车被办理登记手续，数量达到三辆以上或者价值总额达到三十万元以上的，依照刑法第三百九十七条第一款的规定，以滥用职权罪定罪，处三年以下有期徒刑或者拘役：

（一）明知是登记手续不全或者不符合规定的机动车而办理登记手续的；

（二）指使他人为明知是登记手续不全或者不符合规定的机动车办理登记手续的；

（三）违规或者指使他人违规更改、调换车辆档案的；

（四）其他滥用职权的行为。

第三款 国家机关工作人员实施前两款规定的行为，致使盗窃、抢劫、诈骗、抢夺的机动车被办理登记手续，分别达到前两款规定数量、数额标准五倍以上的，或者明知是盗窃、抢劫、诈骗、抢夺的机动车而办理登记手续的，属于刑法第三百九十七条第一款规定的"情节特别严重"，处三年以上七年以下有期徒刑。

第四条 实施本解释第一条、第二条、第三条第一款或者第三款规定的行为，事前与盗窃、抢劫、诈骗、抢夺机动车的犯罪分子通谋的，以盗窃罪、抢劫罪、诈骗罪、抢夺罪的共犯论处。

最高人民法院关于审理掩饰、隐瞒犯罪所得、犯罪所得收益刑事案件适用法律若干问题的解释（2015年6月1日）

第五条 事前与盗窃、抢劫、诈骗、抢夺等犯罪分子通谋，掩饰、隐瞒犯罪所得及其产生的收益的，以盗窃、抢劫、诈骗、抢夺等犯罪的共犯论处。

最高人民法院、最高人民检察院、公安部关于办理盗窃油气、破坏油气设备等刑事案件适用法律若干问题的意见（2018年9月28日）

三、关于共犯的认定

在共同盗窃油气、破坏油气设备等犯罪中，实际控制、为主出资或者组织、策划、纠集、雇佣、指使他人参与犯罪的，应当依法认定为主犯；对于其他人员，在共同犯罪中起主要作用的，也应当依法认定为主犯。

在输油输气管道投入使用前擅自安装阀门，在管道投入使用后将该阀门提供给他人盗窃油气的，以盗窃罪、破坏易燃易爆设备罪等有关犯罪的共同犯罪论处。

四、关于内外勾结盗窃油气行为的处理

行为人与油气企业人员勾结共同盗窃油气，没有利用油气企业人员职务便利，仅仅是利用其易于接近油气设备、熟悉环境等方便条件的，以盗窃罪的共同犯罪论处。

实施上述行为，同时构成破坏易燃易爆设备罪的，依照处罚较重的规定定罪处罚。

五、关于窝藏、转移、收购、加工、代为销售被盗油气行为的处理

明知是犯罪所得的油气而予以窝藏、转移、收购、加工、代为销售或者以其他方式掩饰、隐瞒……事前通谋的，以盗窃罪、破坏易燃易爆设备罪等有关犯罪的共同犯罪论处。

25. 一罪与数罪

最高人民法院关于审理破坏公用电信设施刑事案件具体应用法律若干问题的解释（2005年1月11日）

第三条第二款 盗窃公用电信设施价值数额不大，但是构成危害公共安全犯罪的，依照刑法第一百二十四条的规定定罪处罚；盗窃公用电信设施同时构成盗窃罪和破坏公用电信设施罪的，依照处罚较重的规定定罪处罚。

最高人民法院、最高人民检察院关于办理盗窃油气、破坏油气设备等刑事案件具体应用法律若干问题的解释（2007年1月19日）

第四条 盗窃油气同时构成盗窃罪和破坏易燃易爆设备罪的，依照刑法处罚较重的规定定罪处罚。

最高人民法院关于审理危害军事通信刑事案件具体应用法律若干问题的解释（2007年6月29日）

第六条第二款 盗窃军事通信线路、设备，不构成盗窃罪，但破坏军事通

信的,依照刑法第三百六十九条第一款的规定定罪处罚;同时构成刑法第一百二十四条、第二百六十四条和第三百六十九条第一款规定的犯罪的,依照处罚较重的规定定罪处罚。

最高人民法院关于审理破坏电力设备刑事案件具体应用法律若干问题的解释(2007年8月21日)

第三条 盗窃电力设备,危害公共安全,但不构成盗窃罪的,以破坏电力设备罪定罪处罚;同时构成盗窃罪和破坏电力设备罪的,依照刑法处罚较重的规定定罪处罚。

盗窃电力设备,没有危及公共安全,但应当追究刑事责任的,可以根据案件的不同情况,按照盗窃罪等犯罪处理。

第四条 本解释所称电力设备,是指处于运行、应急等使用中的电力设备;已经通电使用,只是由于枯水季节或电力不足等原因暂停使用的电力设备;已经交付使用但尚未通电的电力设备。不包括尚未安装完毕,或者已经安装完毕但尚未交付使用的电力设备。

本解释中直接经济损失的计算范围,包括电量损失金额,被毁损设备材料的购置、更换、修复费用,以及因停电给用户造成的直接经济损失等。

最高人民法院全国部分法院审理毒品犯罪案件工作座谈会纪要(2008年12月1日)

一、毒品案件的罪名确定和数量认定问题

……盗窃、抢夺、抢劫毒品后又实施其他毒品犯罪的,对盗窃罪、抢夺罪、抢劫罪和所犯的具体毒品犯罪分别定罪,依法数罪并罚……

最高人民法院、最高人民检察院、公安部、司法部关于依法惩治拐卖妇女儿童犯罪的意见(2010年3月15日)

五、定性

20. 明知是被拐卖的妇女、儿童而收买,具有下列情形之一的,以收买被拐卖的妇女、儿童罪论处;同时构成其他犯罪的,依照数罪并罚的规定处罚:

(5)组织、诱骗、强迫被收买的妇女、儿童从事乞讨、苦役,或者盗窃、传销、卖淫等违法犯罪活动的。

最高人民法院关于审理破坏广播电视设施等刑事案件具体应用法律若干问题的解释(2011年6月13日)

第五条 盗窃正在使用的广播电视设施,尚未构成盗窃罪,但具有本解释第一条、第二条规定情形的,以破坏广播电视设施罪定罪处罚;同时构成盗窃罪和破坏广播电视设施罪的,依照处罚较重的规定定罪处罚。

最高人民法院、最高人民检察院关于办理盗窃刑事案件适用法律若干问题的解释（2013年4月4日）

第十一条　盗窃公私财物并造成财物损毁的，按照下列规定处理：

（一）采用破坏性手段盗窃公私财物，造成其他财物损毁的，以盗窃罪从重处罚；同时构成盗窃罪和其他犯罪的，择一重罪从重处罚；

（二）实施盗窃犯罪后，为掩盖罪行或者报复等，故意毁坏其他财物构成犯罪的，以盗窃罪和构成的其他犯罪数罪并罚；

（三）盗窃行为未构成犯罪，但损毁财物构成其他犯罪的，以其他犯罪定罪处罚。

26. 罪与非罪

最高人民法院关于审理未成年人刑事案件具体应用法律若干问题的解释（2006年1月23日）

第九条　已满十六周岁不满十八周岁的人实施盗窃行为未超过三次，盗窃数额虽已达到"数额较大"标准，但案发后能如实供述全部盗窃事实并积极退赃，且具有下列情形之一的，可以认定为"情节显著轻微危害不大"，不认为是犯罪：

（一）系又聋又哑的人或者盲人；

（二）在共同盗窃中起次要或者辅助作用，或者被胁迫；

（三）具有其他轻微情节的。

已满十六周岁不满十八周岁的人盗窃未遂或者中止的，可不认为是犯罪。

已满十六周岁不满十八周岁的人盗窃自己家庭或者近亲属财物，或者盗窃其他亲属财物但其他亲属要求不予追究的，可不按犯罪处理。

27. 单位盗窃的处理

最高人民检察院关于单位有关人员组织实施盗窃行为如何适用法律问题的批复（2002年8月13日）

单位有关人员为谋取单位利益组织实施盗窃行为，情节严重的，应当依照刑法第二百六十四条的规定以盗窃罪追究直接责任人员的刑事责任。

最高人民法院、最高人民检察院关于办理盗窃刑事案件适用法律若干问题的解释（2013年4月4日）

第十三条　单位组织、指使盗窃，符合刑法第二百六十四条及本解释有关规定的，以盗窃罪追究组织者、指使者、直接实施者的刑事责任。

最高人民法院、最高人民检察院关于办理妨害文物管理等刑事案件适用法律若干问题的解释（2016年1月1日）

第十一条第二款　公司、企业、事业单位、机关、团体等单位实施盗窃文物、故意损毁文物、名胜古迹、过失损毁文物、盗掘古文化遗址、古墓葬等行为的，依照本解释规定的相应定罪量刑标准，追究组织者、策划者、实施者的刑事责任。

量刑

1. 量刑起点、基准刑的确定

最高人民法院关于常见犯罪的量刑指导意见（2017年4月1日）

四、常见犯罪的量刑

（六）盗窃罪

1. 构成盗窃罪的，可以根据下列不同情形在相应的幅度内确定量刑起点：

（1）达到数额较大起点的，两年内三次盗窃的，入户盗窃的，携带凶器盗窃的，或者扒窃的，可以在一年以下有期徒刑、拘役幅度内确定量刑起点。

（2）达到数额巨大起点或者有其他严重情节的，可以在三年至四年有期徒刑幅度内确定量刑起点。

（3）达到数额特别巨大起点或者有其他特别严重情节的，可以在十年至十二年有期徒刑幅度内确定量刑起点。依法应当判处无期徒刑的除外。

2. 在量刑起点的基础上，可以根据盗窃数额、次数、手段等其他影响犯罪构成的犯罪事实增加刑罚量，确定基准刑。

多次盗窃，数额达到较大以上的，以盗窃数额确定量刑起点，盗窃次数可作为调节基准刑的量刑情节；数额未达到较大的，以盗窃次数确定量刑起点，超过三次的次数作为增加刑罚量的事实。

2. 从重处罚

最高人民法院全国法院维护农村稳定刑事审判工作座谈会纪要（1999年10月27日）

二、（二）关于盗窃案件

……对盗窃集团的首要分子、盗窃惯犯、累犯，盗窃活动造成特别严重后果的，要依法从严惩处。对于盗窃牛、马、骡、拖拉机等生产经营工具或者生产资料的，应当依法从重处罚……

最高人民法院关于贯彻宽严相济刑事政策的若干意见（2010年2月8日）

一、准确把握和正确适用依法从"严"的政策要求

7. 贯彻宽严相济刑事政策，必须毫不动摇地坚持依法严惩严重刑事犯罪的方针。对于危害国家安全犯罪、恐怖组织犯罪、邪教组织犯罪、黑社会性质组织犯罪、恶势力犯罪、故意危害公共安全犯罪等严重危害国家政权稳固和社会治安的犯罪，故意杀人、故意伤害致人死亡、强奸、绑架、拐卖妇女儿童、抢劫、重大抢夺、重大盗窃等严重暴力犯罪和严重影响人民群众安全感的犯罪，走私、贩卖、运输、制造毒品等毒害人民健康的犯罪，要作为严惩的重点，依法从重处罚……

3. 从轻处罚

最高人民法院全国法院维护农村稳定刑事审判工作座谈会纪要（1999年10月27日）

二、（二）关于盗窃案件

……对盗窃犯罪的初犯、未成年犯，或者确因生活困难而实施盗窃犯罪，或积极退赃、赔偿损失的，应当注意体现政策，酌情从轻处罚。其中，具备判处管制、单处罚金或者宣告缓刑条件的，应区分不同情况尽可能适用管制、罚金或者缓刑。

4. 免除处罚

最高人民法院关于贯彻宽严相济刑事政策的若干意见（2010年2月8日）

三、准确把握和正确适用依法从"宽"的政策要求

20. 对于未成年人犯罪，在具体考虑其实施犯罪的动机和目的、犯罪性质、情节和社会危害程度的同时，还要充分考虑其是否属于初犯，归案后是否悔罪，以及个人成长经历和一贯表现等因素，坚持"教育为主、惩罚为辅"的原则和"教育、感化、挽救"的方针进行处理。对于偶尔盗窃、抢夺、诈骗，数额刚达到较大的标准，案发后能如实交代并积极退赃的，可以认定为情节显著轻微，不作为犯罪处理。对于罪行较轻的，可以依法适当多适用缓刑或者判处管制、单处罚金等非监禁刑；依法可免予刑事处罚的，应当免除刑事处罚。对于犯罪情节严重的未成年人，也应当依照刑法第十七条第三款的规定予以从轻或者减轻处罚。对于已满十四周岁不满十六周岁的未成年犯罪人，一般不判处无期徒刑。

最高人民法院、最高人民检察院关于办理盗窃刑事案件适用法律若干问题的解释（2013年4月4日）

第七条 盗窃公私财物数额较大，行为人认罪、悔罪，退赃、退赔，且具有下列情形之一，情节轻微的，可以不起诉或者免予刑事处罚；必要时，由有关部门予以行政处罚：

（一）具有法定从宽处罚情节的；

（二）没有参与分赃或者获赃较少且不是主犯的；

（三）被害人谅解的；

（四）其他情节轻微、危害不大的。

第八条 偷拿家庭成员或者近亲属的财物，获得谅解的，一般可不认为是犯罪；追究刑事责任的，应当酌情从宽。

最高人民法院、最高人民检察院关于办理妨害文物管理等刑事案件适用法律若干问题的解释（2016年1月1日）

第十六条第一款 实施本解释第一条、第二条、第六条至第九条规定的行为，虽已达到应当追究刑事责任的标准，但行为人系初犯，积极退回或者协助追回文物，未造成文物损毁，并确有悔罪表现的，可以认定为犯罪情节轻微，不起诉或者免予刑事处罚。

5. 罚金

最高人民法院、最高人民检察院关于办理盗窃刑事案件适用法律若干问题的解释（2013年4月4日）

第十四条 因犯盗窃罪，依法判处罚金刑的，应当在一千元以上盗窃数额的二倍以下判处罚金；没有盗窃数额或者盗窃数额无法计算的，应当在一千元以上十万元以下判处罚金。

6. 可以附加剥夺政治权利

最高人民法院关于对故意伤害、盗窃等严重破坏社会秩序的犯罪分子能否附加剥夺政治权利问题的批复（1998年1月13日）

根据刑法第五十六条规定，对于故意杀人、强奸、放火、爆炸、投毒、抢劫等严重破坏社会秩序的犯罪分子，可以附加剥夺政治权利。对故意伤害、盗窃等其他严重破坏社会秩序的犯罪，犯罪分子主观恶性较深、犯罪情节恶劣、罪行严重的，也可以依法附加剥夺政治权利。

> 第二百六十五条 【盗窃罪】以牟利为目的，盗接他人通信线路、复制他人电信码号或者明知是盗接、复制的电信设备、设施而使用的，依照本法第二百六十四条的规定定罪处罚。

● 定罪

盗用他人长话帐号行为的定性

最高人民法院研究室关于盗用他人长话帐号如何定性问题的复函（1991年9月14日）

你司8月16日函询我们对盗用他人长话帐号行为的定性意见。经研究，我们认为，这类案件一般来说符合盗窃罪的特征。但是，由于这类案件情况比较复杂，是否都追究刑事责任，还要具体案件具体分析。

最高人民法院、最高人民检察院、公安部、邮电部、国家工商行政管理局关于打击盗用电话码号非法并机违法犯罪活动的通知（1995年10月27日）

二、加大打击力度……对于非法盗用长途电话帐号、码号偷打电话、偷接他人电话线路并机使用的，要依据1992年12月11日最高人民法院、最高人民检察院《关于办理盗窃案件具体应用法律的若干问题的解释》中"盗用他人长途电话帐号、码号造成损失，盗窃他人非法所得，数额较大的应当以盗窃罪定罪处罚"的规定，依法惩处。对于盗用他人移动电话码号，非法复制、倒卖、使用的，要依据1995年9月13日最高人民法院法复（1995）6号《关于对非法复制移动电话码号案件如何定性问题的批复》中"对非法复制窃取移动电话码号的行为，应当以盗窃罪从重处罚"，"对明知是他人非法复制的移动电话而倒卖的，应当以销赃罪追究刑事责任"，以及"对明知是非法复制的移动电话而使用，给他人造成损失的。应当以盗窃罪追究刑事责任"的规定，依法惩处。

> 第二百六十六条 【诈骗罪】诈骗公私财物，数额较大的，处三年以下有期徒刑、拘役或者管制，并处或者单处罚金；数额巨大或者有其他严重情节的，处三年以上十年以下有期徒刑，并处罚金；数额特别巨大或者有其他特别严重情节的，处十年以上有期徒刑或者无期徒刑，并处罚金或者没收财产。本法另有规定的，依照规定。

● **关联法条**

第二百一十条第二款、第三百条第三款

● **定罪**

1. "数额较大""数额巨大""数额特别巨大"的认定

最高人民法院、最高人民检察院关于办理诈骗刑事案件具体应用法律若干问题的解释（2011年4月8日）

第一条 诈骗公私财物价值三千元至一万元以上、三万元至十万元以上、五十万元以上的，应当分别认定为刑法第二百六十六条规定的"数额较大"、"数额巨大"、"数额特别巨大"。

各省、自治区、直辖市高级人民法院、人民检察院可以结合本地区经济社会发展状况，在前款规定的数额幅度内，共同研究确定本地区执行的具体数额标准，报最高人民法院、最高人民检察院备案。

最高人民法院、最高人民检察院、公安部关于办理电信网络诈骗等刑事案件适用法律若干问题的意见（2016年12月20日）

二、依法严惩电信网络诈骗犯罪

（一）根据《最高人民法院、最高人民检察院关于办理诈骗刑事案件具体应用法律若干问题的解释》第一条的规定，利用电信网络技术手段实施诈骗，诈骗公私财物价值三千元以上、三万元以上、五十万元以上的，应当分别认定为刑法第二百六十六条规定的"数额较大""数额巨大""数额特别巨大"。

二年内多次实施电信网络诈骗未经处理，诈骗数额累计计算构成犯罪的，应当依法定罪处罚。

2. "其他严重情节""其他特别严重情节"的认定

最高人民法院、最高人民检察院关于办理诈骗刑事案件具体应用法律若干问题的解释（2011年4月8日）

第二条 诈骗公私财物达到本解释第一条规定的数额标准，具有下列情形之一的，可以依照刑法第二百六十六条的规定酌情从严惩处：

（一）通过发送短信、拨打电话或者利用互联网、广播电视、报刊杂志等发布虚假信息，对不特定多数人实施诈骗的；

（二）诈骗救灾、抢险、防汛、优抚、扶贫、移民、救济、医疗款物的；

（三）以赈灾募捐名义实施诈骗的；

（四）诈骗残疾人、老年人或者丧失劳动能力人的财物的；

（五）造成被害人自杀、精神失常或者其他严重后果的。

诈骗数额接近本解释第一条规定的"数额巨大"、"数额特别巨大"的标准，并具有前款规定的情形之一或者属于诈骗集团首要分子的，应当分别认定为刑法第二百六十六条规定的"其他严重情节"、"其他特别严重情节"。

最高人民法院、最高人民检察院、公安部关于办理电信网络诈骗等刑事案件适用法律若干问题的意见（2016年12月20日）

二、依法严惩电信网络诈骗犯罪

（二）实施电信网络诈骗犯罪，达到相应数额标准，具有下列情形之一的，酌情从重处罚：

1. 造成被害人或其近亲属自杀、死亡或者精神失常等严重后果的；

2. 冒充司法机关等国家机关工作人员实施诈骗的；

3. 组织、指挥电信网络诈骗犯罪团伙的；

4. 在境外实施电信网络诈骗的；

5. 曾因电信网络诈骗犯罪受过刑事处罚或者二年内曾因电信网络诈骗受过行政处罚的；

6. 诈骗残疾人、老年人、未成年人、在校学生、丧失劳动能力人的财物，或者诈骗重病患者及其亲属财物的；

7. 诈骗救灾、抢险、防汛、优抚、扶贫、移民、救济、医疗等款物的；

8. 以赈灾、募捐等社会公益、慈善名义实施诈骗的；

9. 利用电话追呼系统等技术手段严重干扰公安机关等部门工作的；

10. 利用"钓鱼网站"链接、"木马"程序链接、网络渗透等隐蔽技术手段实施诈骗的。

（三）实施电信网络诈骗犯罪，诈骗数额接近"数额巨大""数额特别巨大"的标准，具有前述（二）条规定的情形之一的，应当分别认定为刑法第二百六十六条规定的"其他严重情节""其他特别严重情节"。

上述规定的"接近"，一般应掌握在相应数额标准的百分之八十以上。

3. 诈骗数额的认定

最高人民法院研究室关于申付强诈骗案如何认定诈骗数额问题的电话答复（1991年4月23日）

……在具体认定诈骗犯罪数额时，应把案发前已被追回的被骗款额扣除，按最后实际诈骗所得数额计算。但在处罚时,对于这种情况应当作为从重情节予以考虑。

最高人民法院、最高人民检察院、公安部、司法部关于办理"套路贷"刑事案件若干问题的意见(2019年4月9日)

二、依法严惩"套路贷"犯罪

在认定"套路贷"犯罪数额时,应当与民间借贷相区别,从整体上予以否定性评价,"虚高债务"和以"利息""保证金""中介费""服务费""违约金"等名目被犯罪嫌疑人、被告人非法占有的财物,均应计入犯罪数额。

犯罪嫌疑人、被告人实际给付被害人的本金数额,不计入犯罪数额。

4. 以欺骗手段骗取社会保险金或其他社会保障待遇行为的定性

全国人民代表大会常务委员会关于《中华人民共和国刑法》第二百六十六条的解释(2014年4月24日)

以欺诈、伪造证明材料或者其他手段骗取养老、医疗、工伤、失业、生育等社会保险金或者其他社会保障待遇的,属于刑法第二百六十六条规定的诈骗公私财物的行为。

5. 以虚假、冒用的身份证件办理入网造成电信资费损失行为的定性

最高人民法院关于审理扰乱电信市场管理秩序案件具体应用法律若干问题的解释(2000年5月24日)

第九条 以虚假、冒用的身份证件办理入网手续并使用移动电话,造成电信资费损失数额较大的,依照刑法第二百六十六条的规定,以诈骗罪定罪处罚。

6. 以使用为目的伪造停止流通的货币,或使用伪造的停止流通的货币行为的定性

最高人民法院关于审理伪造货币等案件具体应用法律若干问题的解释(二)(2010年11月3日)

第五条 以使用为目的,伪造停止流通的货币,或者使用伪造的停止流通的货币,依照刑法第二百六十六条的规定,以诈骗罪定罪处罚。

7. 诈骗发票行为的定性

最高人民法院关于适用《全国人民代表大会常务委员会关于惩治虚开、伪造和非法出售增值税专用发票犯罪的决定》的若干问题的解释(1996年10月17日)

七、……诈骗增值税专用发票或者可以用于骗取出口退税、抵扣税款的其

他发票 50 份以上，或者其他发票 100 份以上的，依照刑法第一百五十一条的规定处罚。

……诈骗增值税专用发票或者可以用于骗取出口退税、抵扣税款的其他发票 500 份以上，或者其他发票 1000 份以上的，依照刑法第一百五十二条的规定处罚。

……盗窃、诈骗增值税专用发票或者其他发票后，又实施《决定》规定的虚开、出售等犯罪的，按照其中的重罪定罪处罚，不实行数罪并罚。

8. 利用邪教组织以欺骗手段收取他人财物行为的定性

最高人民法院关于贯彻全国人大常委会《关于取缔邪教组织、防范和惩治邪教活动的决定》和"两院"司法解释的通知（1999 年 11 月 5 日）

二、……对于邪教组织以各种欺骗手段敛取钱财的，依照刑法第三百条第三款和第二百六十六条的规定，以诈骗罪定罪处罚……

9. 在传销、变相传销活动中实施诈骗行为的定性

最高人民检察院法律政策研究室关于 1998 年 4 月 18 日以前的传销或者变相传销行为如何处理的答复（2003 年 3 月 21 日）

对 1998 年 4 月 18 日国务院发布《关于禁止传销经营活动的通知》以前的传销或者变相传销行为，不宜以非法经营罪追究刑事责任。行为人在传销或者变相传销活动中实施销售假冒伪劣产品、诈骗、非法集资、虚报注册资本、偷税等行为，构成犯罪的，应当依照刑法的相关规定追究刑事责任。

10. 对犯罪所得及其产生的收益实施诈骗行为的定性

最高人民法院关于审理掩饰、隐瞒犯罪所得、犯罪所得收益刑事案件适用法律若干问题的解释（2015 年 6 月 1 日）

第六条　对犯罪所得及其产生的收益实施盗窃、抢劫、诈骗、抢夺等行为，构成犯罪的，分别以盗窃罪、抢劫罪、诈骗罪、抢夺罪等定罪处罚。

11. 使用伪造的学生证购买半价火车票行为的定性

公安部关于对伪造学生证及贩卖、使用伪造学生证的行为如何处理问题的批复（2002 年 6 月 26 日）

三、对使用伪造的学生证购买半价火车票，数额较大的，应当依照《中华人民共和国刑法》第 266 条的规定，以诈骗罪立案侦查。

12. 虚构可供交易的商品或服务，欺骗他人点击付款链接而骗取财物行为的定性

最高人民法院关于发布第七批指导性案例的通知（2014年6月26日）

臧进泉等盗窃、诈骗案（指导案例27号）

裁判要点：行为人利用信息网络，诱骗他人点击虚假链接而实际通过预先植入的计算机程序窃取财物构成犯罪的，以盗窃罪定罪处罚；虚构可供交易的商品或者服务，欺骗他人点击付款链接而骗取财物构成犯罪的，以诈骗罪定罪处罚。

全国人民代表大会常务委员会关于维护互联网安全的决定（2009年8月27日）

四、为了保护个人、法人和其他组织的人身、财产等合法权利，对有下列行为之一，构成犯罪的，依照刑法有关规定追究刑事责任：

……

（三）利用互联网进行盗窃、诈骗、敲诈勒索。

13. 虚构提供服务事实，骗取互联网公司垫付费用及订单补贴行为的定性

最高人民检察院关于印发最高人民检察院第九批指导性案例的通知（2017年10月12日）

董亮等四人诈骗案（检例第38号）

【要旨】以非法占有为目的，采用自我交易方式，虚构提供服务事实，骗取互联网公司垫付费用及订单补贴，数额较大的行为，应认定为诈骗罪。

14. 假借民间借贷之名非法占有他人财产行为的定性

最高人民法院、最高人民检察院、公安部、司法部关于办理黑恶势力犯罪案件若干问题的指导意见（2018年1月16日）

五、依法打击非法放贷讨债的犯罪活动

20. 对于以非法占有为目的，假借民间借贷之名，通过"虚增债务""签订虚假借款协议""制造资金走账流水""肆意认定违约""转单平账""虚假诉讼"等手段非法占有他人财产，或者使用暴力、威胁手段强立债权、强行索债的，应当根据案件具体事实，以诈骗、强迫交易、敲诈勒索、抢劫、虚假诉讼等罪名侦查、起诉、审判。对于非法占有的被害人实际所得借款以外的虚高"债务"和以"保证金""中介费""服务费"等各种名目扣除或收取的额外费用，均应计入违法所得。对于名义上为被害人所得、但在案证据能够证明实际上却为犯罪嫌疑人、被告人实施后续犯罪所使用的"借款"，应予以没收。

最高人民法院、最高人民检察院、公安部、司法部关于办理"套路贷"刑事案件若干问题的意见（2019年4月9日）

一、准确把握"套路贷"与民间借贷的区别

1. "套路贷"，是对以非法占有为目的，假借民间借贷之名，诱使或迫使被害人签订"借贷"或变相"借贷""抵押""担保"等相关协议，通过虚增借贷金额、恶意制造违约、肆意认定违约、毁匿还款证据等方式形成虚假债权债务，并借助诉讼、仲裁、公证或者采用暴力、威胁以及其他手段非法占有被害人财物的相关违法犯罪活动的概括性称谓。

2. "套路贷"与平等主体之间基于意思自治而形成的民事借贷关系存在本质区别，民间借贷的出借人是为了到期按照协议约定的内容收回本金并获取利息，不具有非法占有他人财物的目的，也不会在签订、履行借贷协议过程中实施虚增借贷金额、制造虚假给付痕迹、恶意制造违约、肆意认定违约、毁匿还款证据等行为。

司法实践中，应当注意非法讨债引发的案件与"套路贷"案件的区别，犯罪嫌疑人、被告人不具有非法占有目的，也未使用"套路"与借款人形成虚假债权债务，不应视为"套路贷"。因使用暴力、威胁以及其他手段强行索债构成犯罪的，应当根据具体案件事实定罪处罚。

3. 实践中，"套路贷"的常见犯罪手法和步骤包括但不限于以下情形：

（1）制造民间借贷假象。犯罪嫌疑人、被告人往往以"小额贷款公司""投资公司""咨询公司""担保公司""网络借贷平台"等名义对外宣传，以低息、无抵押、无担保、快速放款等为诱饵吸引被害人借款，继而以"保证金""行规"等虚假理由诱使被害人基于错误认识签订金额虚高的"借贷"协议或相关协议。有的犯罪嫌疑人、被告人还会以被害人先前借贷违约等理由，迫使对方签订金额虚高的"借贷"协议或相关协议。

（2）制造资金走账流水等虚假给付事实。犯罪嫌疑人、被告人按照虚高的"借贷"协议金额将资金转入被害人账户，制造已将全部借款交付被害人的银行流水痕迹，随后便采取各种手段将其中全部或者部分资金收回，被害人实际上并未取得或者完全取得"借贷"协议、银行流水上显示的钱款。

（3）故意制造违约或者肆意认定违约。犯罪嫌疑人、被告人往往会以设置违约陷阱、制造还款障碍等方式，故意造成被害人违约，或者通过肆意认定违约，强行要求被害人偿还虚假债务。

（4）恶意垒高借款金额。当被害人无力偿还时，有的犯罪嫌疑人、被告人会安排其所属公司或者指定的关联公司、关联人员为被害人偿还"借款"，继而与被害人签订金额更大的虚高"借贷"协议或相关协议,通过这种"转单平账""以贷还贷"的方式不断垒高"债务"。

(5)软硬兼施"索债"。在被害人未偿还虚高"借款"的情况下,犯罪嫌疑人、被告人借助诉讼、仲裁、公证或者采用暴力、威胁以及其他手段向被害人或者被害人的特定关系人索取"债务"。

15. 非法侵吞、占有他人股份行为的定性

全国人民代表大会常务委员会法制工作委员会对关于公司人员利用职务上的便利采取欺骗等手段非法占有股东股权的行为如何定性处理的批复的意见(2005年12月1日)

据刑法第九十二条的规定,股份属于财产。采用各种非法手段侵吞、占有他人依法享有的股份,构成犯罪的,适用刑法有关非法侵犯他人财产的犯罪规定。

16. 在疫情防控期间,假借研制、生产销售或募捐防控物资之名骗取公私财物行为的定性

最高人民法院、最高人民检察院、公安部、司法部关于依法惩治妨害新型冠状病毒感染肺炎疫情防控违法犯罪的意见(2020年2月6日)

二、准确适用法律,依法严惩妨害疫情防控的各类违法犯罪

(五)依法严惩诈骗、聚众哄抢犯罪。在疫情防控期间,假借研制、生产或者销售用于疫情防控的物品的名义骗取公私财物,或者捏造事实骗取公众捐赠款物,数额较大的,依照刑法第二百六十六条的规定,以诈骗罪定罪处罚……

17. 以帮助信访为名骗取他人公私财物行为的定性

公安部关于公安机关处置信访活动中违法犯罪行为适用法律的指导意见(2013年7月19日)

三、对侵犯人身权利、财产权利违法犯罪行为的处理

9. 以帮助信访为名骗取他人公私财物,符合《治安管理处罚法》第四十九条规定的,以诈骗依法予以治安管理处罚;符合《刑法》第二百六十六条规定的,以诈骗罪追究刑事责任。

18. 实施"碰瓷",骗取赔偿行为的定性

最高人民法院、最高人民检察院、公安部关于依法办理"碰瓷"违法犯罪案件的指导意见(2020年9月22日)

一、实施"碰瓷",虚构事实、隐瞒真相,骗取赔偿,符合刑法第二百六十

六条规定的,以诈骗罪定罪处罚;骗取保险金,符合刑法第一百九十八条规定的,以保险诈骗罪定罪处罚。

19. 既遂与未遂

最高人民法院、最高人民检察院关于办理诈骗刑事案件具体应用法律若干问题的解释(2011年4月8日)

第五条 诈骗未遂,以数额巨大的财物为诈骗目标的,或者具有其他严重情节的,应当定罪处罚。

利用发送短信、拨打电话、互联网等电信技术手段对不特定多数人实施诈骗,诈骗数额难以查证,但具有下列情形之一的,应当认定为刑法第二百六十六条规定的"其他严重情节",以诈骗罪(未遂)定罪处罚:

(一)发送诈骗信息五千条以上的;

(二)拨打诈骗电话五百人次以上的;

(三)诈骗手段恶劣、危害严重的。

实施前款规定行为,数量达到前款第(一)、(二)项规定标准十倍以上的,或者诈骗手段特别恶劣、危害特别严重的,应当认定为刑法第二百六十六条规定的"其他特别严重情节",以诈骗罪(未遂)定罪处罚。

最高人民法院、最高人民检察院、公安部关于办理电信网络诈骗等刑事案件适用法律若干问题的意见(2016年12月20日)

二、依法严惩电信网络诈骗犯罪

(四)实施电信网络诈骗犯罪,犯罪嫌疑人、被告人实际骗得财物的,以诈骗罪(既遂)定罪处罚。诈骗数额难以查证,但具有下列情形之一的,应当认定为刑法第二百六十六条规定的"其他严重情节",以诈骗罪(未遂)定罪处罚:

1. 发送诈骗信息五千条以上的,或者拨打诈骗电话五百人次以上的;

2. 在互联网上发布诈骗信息,页面浏览量累计五千次以上的。

具有上述情形,数量达到相应标准十倍以上的,应当认定为刑法第二百六十六条规定的"其他特别严重情节",以诈骗罪(未遂)定罪处罚。

上述"拨打诈骗电话",包括拨出诈骗电话和接听被害人回拨电话。反复拨打、接听同一电话号码,以及反复向同一被害人发送诈骗信息的,拨打、接听电话次数、发送信息条数累计计算。

因犯罪嫌疑人、被告人故意隐匿、毁灭证据等原因,致拨打电话次数、发送信息条数的证据难以收集的,可以根据经查证属实的日拨打人次数、日发送信息条数,结合犯罪嫌疑人、被告人实施犯罪的时间、犯罪嫌疑人、被告人的供述等相关证据，综合予以认定。

（五）电信网络诈骗既有既遂，又有未遂，分别达到不同量刑幅度的，依照处罚较重的规定处罚；达到同一量刑幅度的，以诈骗罪既遂处罚。

最高人民法院、最高人民检察院、公安部、司法部关于办理"套路贷"刑事案件若干问题的意见（2019年4月9日）

二、依法严惩"套路贷"犯罪

6.……已经着手实施"套路贷"，但因意志以外原因未得逞的，可以根据相关罪名所涉及的刑法、司法解释规定，按照已着手非法占有的财物数额认定犯罪未遂……

20. 共同犯罪

公安部关于打击拐卖妇女儿童犯罪适用法律和政策有关问题的意见（2000年3月24日）

二、关于拐卖妇女、儿童犯罪

（十二）教唆被拐卖、拐骗、收买的未成年人实施盗窃、诈骗等犯罪行为的，应当以盗窃罪、诈骗罪等犯罪的共犯立案侦查。

最高人民法院、最高人民检察院关于办理与盗窃、抢劫、诈骗、抢夺机动车相关刑事案件具体应用法律若干问题的解释（2007年5月11日）

第一条 明知是盗窃、抢劫、诈骗、抢夺的机动车，实施下列行为之一的，依照刑法第三百一十二条的规定，以掩饰、隐瞒犯罪所得、犯罪所得收益罪定罪，处三年以下有期徒刑、拘役或者管制，并处或者单处罚金：

（一）买卖、介绍买卖、典当、拍卖、抵押或者用其抵债的；

（二）拆解、拼装或者组装的；

（三）修改发动机号、车辆识别代号的；

（四）更改车身颜色或者车辆外形的；

（五）提供或者出售机动车来历凭证、整车合格证、号牌以及有关机动车的其他证明和凭证的；

（六）提供或者出售伪造、变造的机动车来历凭证、整车合格证、号牌以及有关机动车的其他证明和凭证的。

实施第一款规定的行为涉及盗窃、抢劫、诈骗、抢夺的机动车五辆以上或者价值总额达到五十万元以上的，属于刑法第三百一十二条规定的"情节严重"，处三年以上七年以下有期徒刑，并处罚金。

第二条 伪造、变造、买卖机动车行驶证、登记证书，累计三本以上的，依照刑法第二百八十条第一款的规定,以伪造、变造、买卖国家机关证件罪定罪,处三年以下有期徒刑、拘役、管制或者剥夺政治权利。

伪造、变造、买卖机动车行驶证、登记证书,累计达到第一款规定数量标准五倍以上的,属于刑法第二百八十条第一款规定中的"情节严重",处三年以上十年以下有期徒刑。

第三条第一款 国家机关工作人员滥用职权,有下列情形之一,致使盗窃、抢劫、诈骗、抢夺的机动车被办理登记手续,数量达到三辆以上或者价值总额达到三十万元以上的,依照刑法第三百九十七条第一款的规定,以滥用职权罪定罪,处三年以下有期徒刑或者拘役:

(一)明知是登记手续不全或者不符合规定的机动车而办理登记手续的;

(二)指使他人为明知是登记手续不全或者不符合规定的机动车办理登记手续的;

(三)违规或者指使他人违规更改、调换车辆档案的;

(四)其他滥用职权的行为。

第三款 国家机关工作人员实施前两款规定的行为,致使盗窃、抢劫、诈骗、抢夺的机动车被办理登记手续,分别达到前两款规定数量、数额标准五倍以上的,或者明知是盗窃、抢劫、诈骗、抢夺的机动车而办理登记手续的,属于刑法第三百九十七条第一款规定的"情节特别严重",处三年以上七年以下有期徒刑。

第四条 实施本解释第一条、第二条、第三条第一款或者第三款规定的行为,事前与盗窃、抢劫、诈骗、抢夺机动车的犯罪分子通谋的,以盗窃罪、抢劫罪、诈骗罪、抢夺罪的共犯论处。

最高人民法院、最高人民检察院关于办理诈骗刑事案件具体应用法律若干问题的解释(2011年4月8日)

第七条 明知他人实施诈骗犯罪,为其提供信用卡、手机卡、通讯工具、通讯传输通道、网络技术支持、费用结算等帮助的,以共同犯罪论处。

最高人民法院关于审理掩饰、隐瞒犯罪所得、犯罪所得收益刑事案件适用法律若干问题的解释(2015年6月1日)

第五条 事前与盗窃、抢劫、诈骗、抢夺等犯罪分子通谋,掩饰、隐瞒犯罪所得及其产生的收益的,以盗窃、抢劫、诈骗、抢夺等犯罪的共犯论处。

最高人民法院、最高人民检察院、公安部关于办理电信网络诈骗等刑事案件适用法律若干问题的意见(2016年12月20日)

四、准确认定共同犯罪与主观故意

(二)多人共同实施电信网络诈骗,犯罪嫌疑人、被告人应对其参与期间该诈骗团伙实施的全部诈骗行为承担责任。在其所参与的犯罪环节中起主要作用的，可以认定为主犯；起次要作用的，可以认定为从犯。

上述规定的"参与期间"，从犯罪嫌疑人、被告人着手实施诈骗行为开始起算。

（三）明知他人实施电信网络诈骗犯罪，具有下列情形之一的，以共同犯罪论处，但法律和司法解释另有规定的除外：

1. 提供信用卡、资金支付结算账户、手机卡、通讯工具的；
2. 非法获取、出售、提供公民个人信息的；
3. 制作、销售、提供"木马"程序和"钓鱼软件"等恶意程序的；
4. 提供"伪基站"设备或相关服务的；
5. 提供互联网接入、服务器托管、网络存储、通讯传输等技术支持，或者提供支付结算等帮助的；
6. 在提供改号软件、通话线路等技术服务时，发现主叫号码被修改为国内党政机关、司法机关、公共服务部门号码，或者境外用户改为境内号码，仍提供服务的；
7. 提供资金、场所、交通、生活保障等帮助的；
8. 帮助转移诈骗犯罪所得及其产生的收益，套现、取现的。

上述规定的"明知他人实施电信网络诈骗犯罪"，应当结合被告人的认知能力，既往经历，行为次数和手段，与他人关系，获利情况，是否曾因电信网络诈骗受过处罚，是否故意规避调查等主客观因素进行综合分析认定。

（四）负责招募他人实施电信网络诈骗犯罪活动，或者制作、提供诈骗方案、术语清单、语音包、信息等的，以诈骗共同犯罪论处。

（五）部分犯罪嫌疑人在逃，但不影响对已到案共同犯罪嫌疑人、被告人的犯罪事实认定的，可以依法先行追究已到案共同犯罪嫌疑人、被告人的刑事责任。

最高人民法院、最高人民检察院、公安部、司法部关于办理"套路贷"刑事案件若干问题的意见（2019年4月9日）

二、依法严惩"套路贷"犯罪

5. 多人共同实施"套路贷"犯罪，犯罪嫌疑人、被告人在所参与的犯罪中起主要作用的，应当认定为主犯，对其参与或组织、指挥的全部犯罪承担刑事责任；起次要或辅助作用的，应当认定为从犯。

明知他人实施"套路贷"犯罪，具有以下情形之一的，以相关犯罪的共犯论处，但刑法和司法解释等另有规定的除外：

（1）组织发送"贷款"信息、广告，吸引、介绍被害人"借款"的；

（2）提供资金、场所、银行卡、账号、交通工具等帮助的；
（3）出售、提供、帮助获取公民个人信息的；
（4）协助制造走账记录等虚假给付事实的；
（5）协助办理公证的；
（6）协助以虚假事实提起诉讼或者仲裁的；
（7）协助套现、取现、办理动产或不动产过户等，转移犯罪所得及其产生的收益的；
（8）其他符合共同犯罪规定的情形。

上述规定中的"明知他人实施'套路贷'犯罪"，应当结合行为人的认知能力、既往经历、行为次数和手段、与同案人、被害人的关系、获利情况、是否曾因"套路贷"受过处罚、是否故意规避查处等主客观因素综合分析认定。

10. 三人以上为实施"套路贷"而组成的较为固定的犯罪组织，应当认定为犯罪集团。对首要分子应按照集团所犯全部罪行处罚。

符合黑恶势力认定标准的，应当按照黑社会性质组织、恶势力或者恶势力犯罪集团侦查、起诉、审判。

21. 一罪与数罪

最高人民法院关于审理非法行医刑事案件具体应用法律若干问题的解释（2016年12月20日）

第五条 实施非法行医犯罪，同时构成生产、销售假药罪，生产、销售劣药罪，诈骗罪等其他犯罪的，依照刑法处罚较重的规定定罪处罚。

最高人民法院、最高人民检察院关于办理诈骗刑事案件具体应用法律若干问题的解释（2011年4月8日）

第八条 冒充国家机关工作人员进行诈骗，同时构成诈骗罪和招摇撞骗罪的，依照处罚较重的规定定罪处罚。

最高人民法院、最高人民检察院关于办理妨害武装部队制式服装、车辆号牌管理秩序等刑事案件具体应用法律若干问题的解释（2011年8月1日）

第六条 实施刑法第三百七十五条规定的犯罪行为，同时又构成逃税、诈骗、冒充军人招摇撞骗等犯罪的，依照处罚较重的规定定罪处罚。

最高人民法院、最高人民检察院、公安部、国家安全部关于依法办理非法生产销售使用"伪基站"设备案件的意见（2014年3月14日）

一、准确认定行为性质

（二）……除法律、司法解释另有规定外，利用"伪基站"设备实施诈骗等其他犯罪行为，同时构成破坏公用电信设施罪的，依照处罚较重的规定追究刑事责任。

最高人民法院、最高人民检察院、公安部关于办理电信网络诈骗等刑事案件适用法律若干问题的意见（2016年12月20日）

三、全面惩处关联犯罪

（一）在实施电信网络诈骗活动中，非法使用"伪基站""黑广播"，干扰无线电通讯秩序，符合刑法第二百八十八条规定的，以扰乱无线电通讯管理秩序罪追究刑事责任。同时构成诈骗罪的，依照处罚较重的规定定罪处罚。

（二）……使用非法获取的公民个人信息，实施电信网络诈骗犯罪行为，构成数罪的，应当依法予以并罚。

（三）冒充国家机关工作人员实施电信网络诈骗犯罪，同时构成诈骗罪和招摇撞骗罪的，依照处罚较重的规定定罪处罚。

（六）网络服务提供者不履行法律、行政法规规定的信息网络安全管理义务，经监管部门责令采取改正措施而拒不改正，致使诈骗信息大量传播，或者用户信息泄露造成严重后果的，依照刑法第二百八十六条之一的规定，以拒不履行信息网络安全管理义务罪追究刑事责任。同时构成诈骗罪的，依照处罚较重的规定定罪处罚。

（七）实施刑法第二百八十七条之一、第二百八十七条之二规定之行为，构成非法利用信息网络罪、帮助信息网络犯罪活动罪，同时构成诈骗罪的，依照处罚较重的规定定罪处罚。

最高人民法院、最高人民检察院、公安部、司法部关于办理"套路贷"刑事案件若干问题的意见（2019年4月9日）

二、依法严惩"套路贷"犯罪

4.实施"套路贷"过程中，未采用明显的暴力或者威胁手段，其行为特征从整体上表现为以非法占有为目的，通过虚构事实、隐瞒真相骗取被害人财物的，一般以诈骗罪定罪处罚；对于在实施"套路贷"过程中多种手段并用，构成诈骗、敲诈勒索、非法拘禁、虚假诉讼、寻衅滋事、强迫交易、抢劫、绑架等多种犯罪的，应当根据具体案件事实，区分不同情况，依照刑法及有关司法解释的规定数罪并罚或者择一重处。

22. 罪与非罪

最高人民检察院法律政策研究室关于通过伪造证据骗取法院民事裁判占有他人财物的行为如何适用法律问题的答复（2002年10月24日）

以非法占有为目的，通过伪造证据骗取法院民事裁判占有他人财物的行为所侵害的主要是人民法院正常的审判活动，可以由人民法院依照民事诉讼法的有关规定作出处理，不宜以诈骗罪追究行为人的刑事责任。如果行为人伪造证据时，实施了伪造公司、企业、事业单位、人民团体印章的行为，构成犯罪的，应当依照刑法第二百八十条第二款的规定，以伪造公司、企业、事业单位、人民团体印章罪追究刑事责任；如果行为人有指使他人作伪证行为，构成犯罪的应当依照刑法第三百零七条第一款的规定，以妨害作证罪追究刑事责任。

23. 诈骗财物的返还、追缴

最高人民法院、最高人民检察院关于办理诈骗刑事案件具体应用法律若干问题的解释（2011年4月8日）

第九条 案发后查封、扣押、冻结在案的诈骗财物及其孳息，权属明确的，应当发还被害人；权属不明确的，可按被骗款物占查封、扣押、冻结在案的财物及其孳息总额的比例发还被害人，但已获退赔的应予扣除。

第十条 行为人已将诈骗财物用于清偿债务或者转让给他人，具有下列情形之一的，应当依法追缴：

（一）对方明知是诈骗财物而收取的；

（二）对方无偿取得诈骗财物的；

（三）对方以明显低于市场的价格取得诈骗财物的；

（四）对方取得诈骗财物系源于非法债务或者违法犯罪活动的。

他人善意取得诈骗财物的，不予追缴。

最高人民法院、最高人民检察院、公安部关于办理电信网络诈骗等刑事案件适用法律若干问题的意见（2016年12月20日）

七、涉案财物的处理

（一）公安机关侦办电信网络诈骗案件，应当随案移送涉案赃款赃物，并附清单。人民检察院提起公诉时，应一并移交受理案件的人民法院，同时就涉案赃款赃物的处理提出意见。

（二）涉案银行账户或者涉案第三方支付账户内的款项，对权属明确的被害人的合法财产，应当及时返还。确因客观原因无法查实全部被害人，但有证据证明该账户系用于电信网络诈骗犯罪，且被告人无法说明款项合法来源的，根据刑法第六十四条的规定，应认定为违法所得，予以追缴。

（三）被告人已将诈骗财物用于清偿债务或者转让给他人，具有下列情形之一的，应当依法追缴：

1. 对方明知是诈骗财物而收取的；

2. 对方无偿取得诈骗财物的;

3. 对方以明显低于市场的价格取得诈骗财物的;

4. 对方取得诈骗财物系源于非法债务或者违法犯罪活动的。

他人善意取得诈骗财物的,不予追缴。

最高人民法院、最高人民检察院、公安部、司法部关于办理"套路贷"刑事案件若干问题的意见(2019年4月9日)

二、依法严惩"套路贷"犯罪

7. 犯罪嫌疑人、被告人实施"套路贷"违法所得的一切财物,应当予以追缴或者责令退赔;对被害人的合法财产,应当及时返还。有证据证明是犯罪嫌疑人、被告人为实施"套路贷"而交付给被害人的本金,赔偿被害人损失后如有剩余,应依法予以没收。

犯罪嫌疑人、被告人已将违法所得的财物用于清偿债务、转让或者设置其他权利负担,具有下列情形之一的,应当依法追缴:

(1)第三人明知是违法所得财物而接受的;

(2)第三人无偿取得或者以明显低于市场的价格取得违法所得财物的;

(3)第三人通过非法债务清偿或违法犯罪活动取得违法所得财物的;

(4)其他应当依法追缴的情形。

24. 电信诈骗案件的管辖及证据问题

最高人民法院、最高人民检察院、公安部关于办理电信网络诈骗等刑事案件适用法律若干问题的意见(2016年12月20日)

五、依法确定案件管辖

(一)电信网络诈骗犯罪案件一般由犯罪地公安机关立案侦查,如果由犯罪嫌疑人居住地公安机关立案侦查更为适宜的,可以由犯罪嫌疑人居住地公安机关立案侦查。犯罪地包括犯罪行为发生地和犯罪结果发生地。

"犯罪行为发生地"包括用于电信网络诈骗犯罪的网站服务器所在地,网站建立者、管理者所在地,被侵害的计算机信息系统或其管理者所在地,犯罪嫌疑人、被害人使用的计算机信息系统所在地,诈骗电话、短信息、电子邮件等的拨打地、发送地、到达地、接受地,以及诈骗行为持续发生的实施地、预备地、开始地、途经地、结束地。

"犯罪结果发生地"包括被害人被骗时所在地,以及诈骗所得财物的实际取得地、藏匿地、转移地、使用地、销售地等。

(二)电信网络诈骗最初发现地公安机关侦办的案件,诈骗数额当时未达到

"数额较大"标准,但后续累计达到"数额较大"标准,可由最初发现地公安机关立案侦查。

(三)具有下列情形之一的,有关公安机关可以在其职责范围内并案侦查:

1. 一人犯数罪的;
2. 共同犯罪的;
3. 共同犯罪的犯罪嫌疑人还实施其他犯罪的;
4. 多个犯罪嫌疑人实施的犯罪存在直接关联,并案处理有利于查明案件事实的。

(四)对因网络交易、技术支持、资金支付结算等关系形成多层级链条、跨区域的电信网络诈骗等犯罪案件,可由共同上级公安机关按照有利于查清犯罪事实、有利于诉讼的原则,指定有关公安机关立案侦查。

(五)多个公安机关都有权立案侦查的电信网络诈骗等犯罪案件,由最初受理的公安机关或者主要犯罪地公安机关立案侦查。有争议的,按照有利于查清犯罪事实、有利于诉讼的原则,协商解决。经协商无法达成一致的,由共同上级公安机关指定有关公安机关立案侦查。

(六)在境外实施的电信网络诈骗等犯罪案件,可由公安部按照有利于查清犯罪事实、有利于诉讼的原则,指定有关公安机关立案侦查。

(七)公安机关立案、并案侦查,或因有争议,由共同上级公安机关指定立案侦查的案件,需要提请批准逮捕、移送审查起诉、提起公诉的,由该公安机关所在地的人民检察院、人民法院受理。

对重大疑难复杂案件和境外案件,公安机关应在指定立案侦查前,向同级人民检察院、人民法院通报。

(八)已确定管辖的电信诈骗共同犯罪案件,在逃的犯罪嫌疑人归案后,一般由原管辖的公安机关、人民检察院、人民法院管辖。

六、证据的收集和审查判断

(一)办理电信网络诈骗案件,确因被害人人数众多等客观条件的限制,无法逐一收集被害人陈述的,可以结合已收集的被害人陈述,以及经查证属实的银行账户交易记录、第三方支付结算账户交易记录、通话记录、电子数据等证据,综合认定被害人人数及诈骗资金数额等犯罪事实。

(二)公安机关采取技术侦查措施收集的案件证明材料,作为证据使用的,应当随案移送批准采取技术侦查措施的法律文书和所收集的证据材料,并对其来源等作出书面说明。

(三)依照国际条约、刑事司法协助、互助协议或平等互助原则,请求证据材料所在地司法机关收集,或通过国际警务合作机制、国际刑警组织启动合作取证程序收集的境外证据材料，经查证属实，可以作为定案的依据。公安机关应对其来源、提取人、提取时间或者提供人、提供时间以及保管移交的过程等作出说明。

对其他来自境外的证据材料，应当对其来源、提供人、提供时间以及提取人、提取时间进行审查。能够证明案件事实且符合刑事诉讼法规定的，可以作为证据使用。

25. "套路贷"刑事案件管辖

最高人民法院、最高人民检察院、公安部、司法部关于办理"套路贷"刑事案件若干问题的意见（2019年4月9日）

三、依法确定"套路贷"刑事案件管辖

11. "套路贷"犯罪案件一般由犯罪地公安机关侦查，如果由犯罪嫌疑人居住地公安机关立案侦查更为适宜的，可以由犯罪嫌疑人居住地公安机关立案侦查。犯罪地包括犯罪行为发生地和犯罪结果发生地。

"犯罪行为发生地"包括为实施"套路贷"所设立的公司所在地、"借贷"协议或相关协议签订地、非法讨债行为实施地、为实施"套路贷"而进行诉讼、仲裁、公证的受案法院、仲裁委员会、公证机构所在地，以及"套路贷"行为的预备地、开始地、途经地、结束地等。

"犯罪结果发生地"包括违法所得财物的支付地、实际取得地、藏匿地、转移地、使用地、销售地等。

除犯罪地、犯罪嫌疑人居住地外，其他地方公安机关对于公民扭送、报案、控告、举报或者犯罪嫌疑人自首的"套路贷"犯罪案件，都应当立即受理，经审查认为有犯罪事实的，移送有管辖权的公安机关处理。

黑恶势力实施的"套路贷"犯罪案件，由侦办黑社会性质组织、恶势力或者恶势力犯罪集团案件的公安机关进行侦查。

12. 具有下列情形之一的，有关公安机关可以在其职责范围内并案侦查：

（1）一人犯数罪的；

（2）共同犯罪的；

（3）共同犯罪的犯罪嫌疑人还实施其他犯罪的；

（4）多个犯罪嫌疑人实施的犯罪存在直接关联，并案处理有利于查明案件事实的。

● 量刑

1. 量刑起点、基准刑的确定

最高人民法院关于常见犯罪的量刑指导意见（2017年4月1日）

四、常见犯罪的量刑

（七）诈骗罪

1. 构成诈骗罪的，可以根据下列不同情形在相应的幅度内确定量刑起点：

（1）达到数额较大起点的，可以在一年以下有期徒刑、拘役幅度内确定量刑起点。

（2）达到数额巨大起点或者有其他严重情节的，可以在三年至四年有期徒刑幅度内确定量刑起点。

（3）达到数额特别巨大起点或者有其他特别严重情节的，可以在十年至十二年有期徒刑幅度内确定量刑起点。依法应当判处无期徒刑的除外。

2. 在量刑起点的基础上，可以根据诈骗数额等其他影响犯罪构成的犯罪事实增加刑罚量，确定基准刑。

最高人民法院、最高人民检察院、公安部关于办理电信网络诈骗等刑事案件适用法律若干问题的意见（2016年12月20日）

二、依法严惩电信网络诈骗犯罪

（六）对实施电信网络诈骗犯罪的被告人裁量刑罚，在确定量刑起点、基准刑时，一般应就高选择。确定宣告刑时，应当综合全案事实情节，准确把握从重、从轻量刑情节的调节幅度，保证罪责刑相适应。

2. 从严处罚

最高人民法院、最高人民检察院关于办理诈骗刑事案件具体应用法律若干问题的解释（2011年4月8日）

（参见本条【定罪】2."其他严重情节""其他特别严重情节"的认定）

最高人民法院、最高人民检察院、公安部关于办理电信网络诈骗等刑事案件适用法律若干问题的意见（2016年12月20日）

四、准确认定共同犯罪与主观故意

（一）三人以上为实施电信网络诈骗犯罪而组成的较为固定的犯罪组织，应依法认定为诈骗犯罪集团。对组织、领导犯罪集团的首要分子，按照集团所犯的全部罪行处罚。对犯罪集团中组织、指挥、策划者和骨干分子依法从严惩处。

3. 从重处罚

最高人民法院、最高人民检察院关于办理妨害预防、控制突发传染病疫情等灾害的刑事案件具体应用法律若干问题的解释（2003年5月15日）

第七条 在预防、控制突发传染病疫情等灾害期间，假借研制、生产或者销售用于预防、控制突发传染病疫情等灾害用品的名义，诈骗公私财物数额较大的，依照刑法有关诈骗罪的规定定罪，依法从重处罚。

最高人民法院、最高人民检察院关于办理诈骗刑事案件具体应用法律若干问题的解释（2011年4月8日）

第六条 诈骗既有既遂，又有未遂，分别达到不同量刑幅度的，依照处罚较重的规定处罚；达到同一量刑幅度的，以诈骗罪既遂处罚。

最高人民法院、最高人民检察院、公安部关于办理电信网络诈骗等刑事案件适用法律若干问题的意见（2016年12月20日）

二、依法严惩电信网络诈骗犯罪

（二）实施电信网络诈骗犯罪，达到相应数额标准，具有下列情形之一的，酌情从重处罚：

1. 造成被害人或其近亲属自杀、死亡或者精神失常等严重后果的；
2. 冒充司法机关等国家机关工作人员实施诈骗的；
3. 组织、指挥电信网络诈骗犯罪团伙的；
4. 在境外实施电信网络诈骗的；
5. 曾因电信网络诈骗犯罪受过刑事处罚或者二年内曾因电信网络诈骗受过行政处罚的；
6. 诈骗残疾人、老年人、未成年人、在校学生、丧失劳动能力人的财物，或者诈骗重病患者及其亲属财物的；
7. 诈骗救灾、抢险、防汛、优抚、扶贫、移民、救济、医疗等款物的；
8. 以赈灾、募捐等社会公益、慈善名义实施诈骗的；
9. 利用电话追呼系统等技术手段严重干扰公安机关等部门工作的；
10. 利用"钓鱼网站"链接、"木马"程序链接、网络渗透等隐蔽技术手段实施诈骗的。

最高人民法院、最高人民检察院、公安部、司法部关于办理"套路贷"刑事案件若干问题的意见（2019年4月9日）

二、依法严惩"套路贷"犯罪

6.……已经着手实施"套路贷"……既有既遂，又有未遂，犯罪既遂部分与未遂部分分别对应不同法定刑幅度的,应当先决定对未遂部分是否减轻处罚,确定未遂部分对应的法定刑幅度,再与既遂部分对应的法定刑幅度进行比较,选择处罚较重的法定刑幅度,并酌情从重处罚;二者在同一量刑幅度的,以犯罪既遂酌情从重处罚。

8. 以老年人、未成年人、在校学生、丧失劳动能力的人为对象实施"套路贷",或者因实施"套路贷"造成被害人或其特定关系人自杀、死亡、精神失常、为偿还"债务"而实施犯罪活动的,除刑法、司法解释另有规定的外,应当酌情从重处罚。

4. 从轻或减轻处罚

最高人民法院、最高人民检察院、公安部关于办理电信网络诈骗等刑事案件适用法律若干问题的意见(2016年12月20日)

四、准确认定共同犯罪与主观故意

(一)……对犯罪集团中起次要、辅助作用的从犯,特别是在规定期限内投案自首、积极协助抓获主犯、积极协助追赃的,依法从轻或减轻处罚。

5. 不起诉、免予处罚、从宽处罚

最高人民法院、最高人民检察院关于办理诈骗刑事案件具体应用法律若干问题的解释(2011年4月8日)

第三条 诈骗公私财物虽已达到本解释第一条规定的"数额较大"的标准,但具有下列情形之一,且行为人认罪、悔罪的,可以根据刑法第三十七条、刑事诉讼法第一百四十二条的规定不起诉或者免予刑事处罚:

(一)具有法定从宽处罚情节的;

(二)一审宣判前全部退赃、退赔的;

(三)没有参与分赃或者获赃较少且不是主犯的;

(四)被害人谅解的;

(五)其他情节轻微、危害不大的。

第四条 诈骗近亲属的财物,近亲属谅解的,一般可不按犯罪处理。

诈骗近亲属的财物,确有追究刑事责任必要的,具体处理也应酌情从宽。

最高人民法院、最高人民检察院、公安部、司法部关于办理"套路贷"刑事案件若干问题的意见(2019年4月9日)

二、依法严惩"套路贷"犯罪

8. ……在坚持依法从严惩处的同时,对于认罪认罚、积极退赃、真诚悔罪

或者具有其他法定、酌定从轻处罚情节的被告人，可以依法从宽处罚。

6. 对犯罪集团首要分子以外的主犯的处罚

最高人民法院、最高人民检察院、公安部关于办理电信网络诈骗等刑事案件适用法律若干问题的意见（2016年12月20日）

四、准确认定共同犯罪与主观故意

（一）……对犯罪集团首要分子以外的主犯，应当按照其所参与的或者组织、指挥的全部犯罪处罚。全部犯罪包括能够查明具体诈骗数额的事实和能够查明发送诈骗信息条数、拨打诈骗电话人次数、诈骗信息网页浏览次数的事实。

7. 缓刑、财产刑、从业禁止

最高人民法院、最高人民检察院、公安部关于办理电信网络诈骗等刑事案件适用法律若干问题的意见（2016年12月20日）

二、依法严惩电信网络诈骗犯罪

（七）对实施电信网络诈骗犯罪的被告人，应当严格控制适用缓刑的范围，严格掌握适用缓刑的条件。

（八）对实施电信网络诈骗犯罪的被告人，应当更加注重依法适用财产刑，加大经济上的惩罚力度，最大限度剥夺被告人再犯的能力。

最高人民法院、最高人民检察院、公安部、司法部关于办理"套路贷"刑事案件若干问题的意见（2019年4月9日）

二、依法严惩"套路贷"犯罪

9. 对于"套路贷"犯罪分子，应当根据其所触犯的具体罪名，依法加大财产刑适用力度。符合刑法第三十七条之一规定的，可以依法禁止从事相关职业。

第二百六十七条　【抢夺罪】抢夺公私财物，数额较大的，或者多次抢夺的，处三年以下有期徒刑、拘役或者管制，并处或者单处罚金；数额巨大或者有其他严重情节的，处三年以上十年以下有期徒刑，并处罚金；数额特别巨大或者有其他特别严重情节的，处十年以上有期徒刑或者无期徒刑，并处罚金或者没收财产。

携带凶器抢夺的，依照本法第二百六十三条的规定定罪处罚。

● 立案追诉标准

国家林业局、公安部关于森林和陆生野生动物刑事案件管辖及立案标准（2001年5月9日）

一、森林公安机关管辖在其辖区内发生的刑法规定的下列森林和陆生野生动物刑事案件

（十八）抢夺案件中，抢夺国家重点保护陆生野生动物或其制品的案件（第二百六十七条）；

二、森林和陆生野生动物刑事案件的立案标准

（十二）盗窃、抢夺、抢劫案、窝藏、转移、收购、销售赃物案、破坏生产经营案、聚众哄抢案、非法经营案、伪造变造买卖国家机关公文、证件案，执行相应的立案标准。

● 定罪

1. "数额较大""数额巨大""数额特别巨大"的认定

最高人民法院、最高人民检察院关于办理抢夺刑事案件适用法律若干问题的解释（2013年11月18日）

第一条 抢夺公私财物价值一千元至三千元以上、三万元至八万元以上、二十万元至四十万元以上的，应当分别认定为刑法第二百六十七条规定的"数额较大""数额巨大""数额特别巨大"。

各省、自治区、直辖市高级人民法院、人民检察院可以根据本地区经济发展状况，并考虑社会治安状况，在前款规定的数额幅度内，确定本地区执行的具体数额标准，报最高人民法院、最高人民检察院批准。

第二条 抢夺公私财物，具有下列情形之一的，"数额较大"的标准按照前条规定标准的百分之五十确定：

（一）曾因抢劫、抢夺或者聚众哄抢受过刑事处罚的；

（二）一年内曾因抢夺或者哄抢受过行政处罚的；

（三）一年内抢夺三次以上的；

（四）驾驶机动车、非机动车抢夺的；

（五）组织、控制未成年人抢夺的；

（六）抢夺老年人、未成年人、孕妇、携带婴幼儿的人、残疾人、丧失劳动能力人的财物的；

（七）在医院抢夺病人或者其亲友财物的；

（八）抢夺救灾、抢险、防汛、优抚、扶贫、移民、救济款物的；

（九）自然灾害、事故灾害、社会安全事件等突发事件期间，在事件发生地抢夺的；

（十）导致他人轻伤或者精神失常等严重后果的。

2. "其他严重情节"的认定

最高人民法院、最高人民检察院关于办理抢夺刑事案件适用法律若干问题的解释（2013年11月18日）

第三条 抢夺公私财物，具有下列情形之一的，应当认定为刑法第二百六十七条规定的"其他严重情节"：

（一）导致他人重伤的；

（二）导致他人自杀的；

（三）具有本解释第二条第三项至第十项规定的情形之一，数额达到本解释第一条规定的"数额巨大"百分之五十的。

3. "其他特别严重情节"的认定

最高人民法院、最高人民检察院关于办理抢夺刑事案件适用法律若干问题的解释（2013年11月18日）

第四条 抢夺公私财物，具有下列情形之一的，应当认定为刑法第二百六十七条规定的"其他特别严重情节"：

（一）导致他人死亡的；

（二）具有本解释第二条第三项至第十项规定的情形之一，数额达到本解释第一条规定的"数额特别巨大"百分之五十的。

4. "携带凶器抢夺"的认定

最高人民法院关于审理抢劫案件具体应用法律若干问题的解释（2000年11月28日）

第六条 刑法第二百六十七条第二款规定的"携带凶器抢夺"，是指行为人随身携带枪支、爆炸物、管制刀具等国家禁止个人携带的器械进行抢夺或者为了实施犯罪而携带其他器械进行抢夺的行为。

最高人民法院关于审理抢劫、抢夺刑事案件适用法律若干问题的意见（2005年6月8日）

四、关于"携带凶器抢夺"的认定

《抢劫解释》第六条规定,"携带凶器抢夺",是指行为人随身携带枪支、爆炸物、管制刀具等国家禁止个人携带的器械进行抢夺或者为了实施犯罪而携带其他器械进行抢夺的行为。行为人随身携带国家禁止个人携带的器械以外的其他器械抢夺,但有证据证明该器械确实不是为了实施犯罪准备的,不以抢劫罪定罪;行为人将随身携带凶器有意加以显示、能为被害人察觉到的,直接适用刑法第二百六十三条的规定定罪处罚;行为人携带凶器抢夺后,在逃跑过程中为窝藏赃物、抗拒抓捕或者毁灭罪证而当场使用暴力或者以暴力相威胁的,适用刑法第二百六十七条第二款的规定定罪处罚。

5. 涉及机动车抢夺行为的定性

（参见第二百六十三条【定罪】11. 涉及机动车抢劫行为的定性）

6. 对犯罪所得及其收益实施抢夺行为的定性

最高人民法院关于审理掩饰、隐瞒犯罪所得、犯罪所得收益刑事案件适用法律若干问题的解释（2015年6月1日）

第六条 对犯罪所得及其产生的收益实施盗窃、抢劫、诈骗、抢夺等行为,构成犯罪的,分别以盗窃罪、抢劫罪、诈骗罪、抢夺罪等定罪处罚。

7. 实施"碰瓷",夺取他人财物行为的定性

最高人民法院、最高人民检察院、公安部关于依法办理"碰瓷"违法犯罪案件的指导意见（2020年9月22日）

四、实施"碰瓷",采取转移注意力、趁人不备等方式,窃取、夺取他人财物,符合刑法第二百六十四条、第二百六十七条规定的,分别以盗窃罪、抢夺罪定罪处罚。

8. 共同犯罪

最高人民法院、最高人民检察院关于办理与盗窃、抢劫、诈骗、抢夺机动车相关刑事案件具体应用法律若干问题的解释（2007年5月11日）

第一条 明知是盗窃、抢劫、诈骗、抢夺的机动车,实施下列行为之一的,依照刑法第三百一十二条的规定,以掩饰、隐瞒犯罪所得、犯罪所得收益罪定罪,处三年以下有期徒刑、拘役或者管制,并处或者单处罚金:

（一）买卖、介绍买卖、典当、拍卖、抵押或者用其抵债的；

（二）拆解、拼装或者组装的；

（三）修改发动机号、车辆识别代号的；

（四）更改车身颜色或者车辆外形的；

（五）提供或者出售机动车来历凭证、整车合格证、号牌以及有关机动车的其他证明和凭证的；

（六）提供或者出售伪造、变造的机动车来历凭证、整车合格证、号牌以及有关机动车的其他证明和凭证的。

实施第一款规定的行为涉及盗窃、抢劫、诈骗、抢夺的机动车五辆以上或者价值总额达到五十万元以上的，属于刑法第三百一十二条规定的"情节严重"，处三年以上七年以下有期徒刑，并处罚金。

第二条 伪造、变造、买卖机动车行驶证、登记证书，累计三本以上的，依照刑法第二百八十条第一款的规定，以伪造、变造、买卖国家机关证件罪定罪，处三年以下有期徒刑、拘役、管制或者剥夺政治权利。

伪造、变造、买卖机动车行驶证、登记证书，累计达到第一款规定数量标准五倍以上的，属于刑法第二百八十条第一款规定中的"情节严重"，处三年以上十年以下有期徒刑。

第三条第一款 国家机关工作人员滥用职权，有下列情形之一，致使盗窃、抢劫、诈骗、抢夺的机动车被办理登记手续，数量达到三辆以上或者价值总额达到三十万元以上的，依照刑法第三百九十七条第一款的规定，以滥用职权罪定罪，处三年以下有期徒刑或者拘役：

（一）明知是登记手续不全或者不符合规定的机动车而办理登记手续的；

（二）指使他人为明知是登记手续不全或者不符合规定的机动车办理登记手续的；

（三）违规或者指使他人违规更改、调换车辆档案的；

（四）其他滥用职权的行为。

第三款 国家机关工作人员实施前两款规定的行为，致使盗窃、抢劫、诈骗、抢夺的机动车被办理登记手续，分别达到前两款规定数量、数额标准五倍以上的，或者明知是盗窃、抢劫、诈骗、抢夺的机动车而办理登记手续的，属于刑法第三百九十七条第一款规定的"情节特别严重"，处三年以上七年以下有期徒刑。

第四条 实施本解释第一条、第二条、第三条第一款或者第三款规定的行为，事前与盗窃、抢劫、诈骗、抢夺机动车的犯罪分子通谋的，以盗窃罪、抢劫罪、诈骗罪、抢夺罪的共犯论处。

9. 一罪与数罪

最高人民法院全国部分法院审理毒品犯罪案件工作座谈会纪要（2008年12月1日）

一、毒品案件的罪名确定和数量认定问题

……盗窃、抢夺、抢劫毒品的，应当分别以盗窃罪、抢夺罪或者抢劫罪定罪，但不计犯罪数额，根据情节轻重予以定罪量刑。盗窃、抢夺、抢劫毒品后又实施其他毒品犯罪的，对盗窃罪、抢夺罪、抢劫罪和所犯的具体毒品犯罪分别定罪，依法数罪并罚……

最高人民法院、最高人民检察院关于办理寻衅滋事刑事案件适用法律若干问题的解释（2013年7月22日）

第七条 实施寻衅滋事行为，同时符合寻衅滋事罪和故意杀人罪、故意伤害罪、故意毁坏财物罪、敲诈勒索罪、抢夺罪、抢劫罪等罪的构成要件的，依照处罚较重的犯罪定罪处罚。

● 量刑

1. 量刑起点、基准刑的确定

最高人民法院关于常见犯罪的量刑指导意见（2017年4月1日）

四、常见犯罪的量刑

（八）抢夺罪

1. 构成抢夺罪的，可以根据下列不同情形在相应的幅度内确定量刑起点：

（1）达到数额较大起点或者两年内三次抢夺的，可以在一年以下有期徒刑、拘役幅度内确定量刑起点。

（2）达到数额巨大起点或者有其他严重情节的，可以在三年至五年有期徒刑幅度内确定量刑起点。

（3）达到数额特别巨大起点或者有其他特别严重情节的，可以在十年至十二年有期徒刑幅度内确定量刑起点。依法应当判处无期徒刑的除外。

2. 在量刑起点的基础上，可以根据抢夺数额、次数等其他影响犯罪构成的犯罪事实增加刑罚量，确定基准刑。

多次抢夺，数额达到较大以上的，以抢夺数额确定量刑起点，抢夺次数可作为调节基准刑的量刑情节；数额未达到较大的，以抢夺次数确定量刑起点，超过三次的次数作为增加刑罚量的事实。

2. 不起诉、免予处罚

最高人民法院、最高人民检察院关于办理抢夺刑事案件适用法律若干问题的解释（2013年11月18日）

第五条 抢夺公私财物数额较大，但未造成他人轻伤以上伤害，行为人系初犯，认罪、悔罪，退赃、退赔，且具有下列情形之一的，可以认定为犯罪情节轻微，不起诉或者免予刑事处罚；必要时，由有关部门依法予以行政处罚：

（一）具有法定从宽处罚情节的；
（二）没有参与分赃或者获赃较少，且不是主犯的；
（三）被害人谅解的；
（四）其他情节轻微、危害不大的。

第二百六十八条 【聚众哄抢罪】 聚众哄抢公私财物，数额较大或者有其他严重情节的，对首要分子和积极参加的，处三年以下有期徒刑、拘役或者管制，并处罚金；数额巨大或者有其他特别严重情节的，处三年以上十年以下有期徒刑，并处罚金。

● 立案追诉标准

国家林业局、公安部关于森林和陆生野生动物刑事案件管辖及立案标准（2001年5月9日）

一、森林公安机关管辖在其辖区内发生的刑法规定的下列森林和陆生野生动物刑事案件：

（八）聚众哄抢案件中，哄抢林木的案件（第二百六十八条）；

二、森林和陆生野生动物刑事案件的立案标准

（十二）盗窃、抢夺、抢劫案、窝藏、转移、收购、销售赃物案、破坏生产经营案、聚众哄抢案、非法经营案、伪造变造买卖国家机关公文、证件案，执行相应的立案标准。

● 定罪

1. 聚众哄抢林木行为的定性

最高人民法院关于审理破坏森林资源刑事案件具体应用法律若干问题的解释（2000年12月11日）

第十四条 聚众哄抢林木五立方米以上的，属于聚众哄抢"数额较大"；聚众哄抢林木二十立方米以上的，属于聚众哄抢"数额巨大"，对首要分子和积极参加的，依照刑法第二百六十八条的规定，以聚众哄抢罪定罪处罚。

2. 疫情防控期间聚众哄抢疫情防控和保障物资行为的定性

最高人民法院、最高人民检察院、公安部、司法部关于依法惩治妨害新型冠状病毒感染肺炎疫情防控违法犯罪的意见（2020年2月6日）

二、准确适用法律，依法严惩妨害疫情防控的各类违法犯罪

（五）……在疫情防控期间，聚众哄抢公私财物特别是疫情防控和保障物资，数额较大或者有其他严重情节的，对首要分子和积极参加者，依照刑法第二百六十八条的规定，以聚众哄抢罪定罪处罚。

第二百六十九条 【转化的抢劫罪】 犯盗窃、诈骗、抢夺罪，为窝藏赃物、抗拒抓捕或者毁灭罪证而当场使用暴力或者以暴力相威胁的，依照本法第二百六十三条的规定定罪处罚。

● 定罪

1. 转化型抢劫犯罪的认定

最高人民法院关于审理抢劫刑事案件适用法律若干问题的指导意见（2016年1月6日）

三、关于转化型抢劫犯罪的认定

根据刑法第二百六十九条的规定，"犯盗窃、诈骗、抢夺罪，为窝藏赃物、抗拒抓捕或者毁灭罪证而当场使用暴力或者以暴力相威胁的"，依照抢劫罪定罪处罚。"犯盗窃、诈骗、抢夺罪"，主要是指行为人已经着手实施盗窃、诈骗、抢夺行为，一般不考察盗窃、诈骗、抢夺行为是否既遂。但是所涉财物数额明显低于"数额较大"的标准，又不具有《两抢意见》第五条所列五种情节之一

的，不构成抢劫罪。"当场"是指在盗窃、诈骗、抢夺的现场以及行为人刚离开现场即被他人发现并抓捕的情形。

对于以摆脱的方式逃脱抓捕，暴力强度较小，未造成轻伤以上后果的，可不认定为"使用暴力"，不以抢劫罪论处。

入户或者在公共交通工具上盗窃、诈骗、抢夺后，为了窝藏赃物、抗拒抓捕或者毁灭罪证，在户内或者公共交通工具上当场使用暴力或者以暴力相威胁的，构成"入户抢劫"或者"在公共交通工具上抢劫"。

最高人民法院关于审理未成年人刑事案件具体应用法律若干问题的解释（2006年1月23日）

第十条 已满十四周岁不满十六周岁的人盗窃、诈骗、抢夺他人财物，为窝藏赃物、抗拒抓捕或者毁灭罪证，当场使用暴力，故意伤害致人重伤或者死亡，或者故意杀人的，应当分别以故意伤害罪或者故意杀人罪定罪处罚。

已满十六周岁不满十八周岁的人犯盗窃、诈骗、抢夺罪，为窝藏赃物、抗拒抓捕或者毁灭罪证而当场使用暴力或者以暴力相威胁的，应当依照刑法第二百六十九条的规定定罪处罚；情节轻微的，可不以抢劫罪定罪处罚。

最高人民法院关于审理抢劫、抢夺刑事案件适用法律若干问题的意见（2005年6月8日）

五、关于转化抢劫的认定

行为人实施盗窃、诈骗、抢夺行为，未达到"数额较大"，为窝藏赃物、抗拒抓捕或者毁灭罪证当场使用暴力或者以暴力相威胁，情节较轻、危害不大的，一般不以犯罪论处；但具有下列情节之一的，可依照刑法第二百六十九条的规定，以抢劫罪定罪处罚：

（1）盗窃、诈骗、抢夺接近"数额较大"标准的；

（2）入户或在公共交通工具上盗窃、诈骗、抢夺后在户外或交通工具外实施上述行为的；

（3）使用暴力致人轻微伤以上后果的；

（4）使用凶器或以凶器相威胁的；

（5）具有其他严重情节的。

最高人民检察院法律政策研究室关于相对刑事责任年龄的人承担刑事责任范围有关问题的答复（2003年4月18日）

二、相对刑事责任年龄的人实施了刑法第二百六十九条规定的行为的，应当依照刑法第二百六十三条的规定，以抢劫罪追究刑事责任。但对情节显著轻微，危害不大的，可根据刑法第十三条的规定，不予追究刑事责任。

2. 共同犯罪

最高人民法院关于审理抢劫刑事案件适用法律若干问题的指导意见（2016年1月6日）

三、关于转化型抢劫犯罪的认定

……两人以上共同实施盗窃、诈骗、抢夺犯罪，其中部分行为人为窝藏赃物、抗拒抓捕或者毁灭罪证而当场使用暴力或者以暴力相威胁的，对于其余行为人是否以抢劫罪共犯论处，主要看其对实施暴力或者以暴力相威胁的行为人是否形成共同犯意、提供帮助。基于一定意思联络，对实施暴力或者以暴力相威胁的行为人提供帮助或实际成为帮凶的，可以抢劫共犯论处。

第二百七十条 【侵占罪】将代为保管的他人财物非法占为己有，数额较大，拒不退还的，处二年以下有期徒刑、拘役或者罚金；数额巨大或者有其他严重情节的，处二年以上五年以下有期徒刑，并处罚金。

将他人的遗忘物或者埋藏物非法占为己有，数额较大，拒不交出的，依照前款的规定处罚。

本条罪，告诉的才处理。

第二百七十一条 【职务侵占罪】公司、企业或者其他单位的工作人员，利用职务上的便利，将本单位财物非法占为己有，数额较大的，处三年以下有期徒刑或者拘役，并处罚金；数额巨大的，处三年以上十年以下有期徒刑，并处罚金；数额特别巨大的，处十年以上有期徒刑或者无期徒刑，并处罚金。①

【贪污罪】国有公司、企业或者其他国有单位中从事公务的人员和国有公司、企业或者其他国有单位委派到非国有公司、企业以及其他单位从事公务的人员有前款行为的，依照本法第三百八十二条、第三百八十三条的规定定罪处罚。

---

① 编者注：《刑法修正案（十一）》调整了职务侵占罪的法定刑档次，将之前的"数额较大的，处五年以下有期徒刑或者拘役""数额巨大的，处五年以上有期徒刑，可以并处没收财产"两档调整为目前的三档。

● **关联法条**

第一百八十三条第一款

● **定罪**

1. "公司、企业或者其他单位"的认定

最高人民法院研究室关于对通过虚假验资骗取工商营业执照的"三无"企事业能否成为职务侵占罪客体问题征求意见的复函（2008年6月17日）

根据1999年7月3日施行的《最高人民法院关于审理单位犯罪案件具体应用法律若干问题的解释》第一条的规定，私营、独资等公司、企业、事业单位只有具有法人资格才属于我国刑法中所指单位，其财产权才能成为职务侵占罪的客体。也就是说，是否具有法人资格是私营、独资等公司、企业、事业单位成为我国刑法中"单位"的关键。行为人通过虚假验资骗取工商营业执照成立的企业，即便为"三无"企业，只要具有法人资格，并且不是为进行违法犯罪活动而设立的公司、企业、事业单位，或公司、企业、事业单位设立后，不是以实施犯罪为主要活动的，能够成为《刑法》第271条第1款规定的"公司、企业或者其他单位"。这些单位中的人员，利用职务上的便利，将单位财物非法占为己有，数额较大的，构成职务侵占罪。

最高人民法院研究室关于个人独资企业员工能否成为职务侵占罪主体问题的复函（2011年2月15日）

刑法第二百七十一条第一款规定中的"单位"，包括"个人独资企业"。

2. "本单位财物"的认定

最高人民检察院涉民营企业司法保护典型案例（2019年1月17日）
黄某、段某职务侵占案
三、指导意义

1. ……从侵害法益看，无论侵占本单位"所有"还是"持有"财物，实质上均侵犯了单位财产权，对其主客观行为特征和社会危害性程度均可作统一评价。参照刑法第九十一条第二款对"公共财产"的规定，对非公有制公司、企业管理、使用、运输中的财物应当以本单位财物论，对职务侵占罪和贪污罪掌握一致的追诉原则，以有力震慑职务侵占行为，对不同所有制企业财产权平等保护，切实维护民营企业正常生产经营活动。

3. 第一款"数额较大""数额巨大"的认定

最高人民法院、最高人民检察院关于办理贪污贿赂刑事案件适用法律若干问题的解释（2016年4月18日）

第一条第一款 贪污或者受贿数额在三万元以上不满二十万元的，应当认定为刑法第三百八十三条第一款规定的"数额较大"，依法判处三年以下有期徒刑或者拘役，并处罚金。

第二条第一款 贪污或者受贿数额在二十万元以上不满三百万元的，应当认定为刑法第三百八十三条第一款规定的"数额巨大"，依法判处三年以上十年以下有期徒刑，并处罚金或者没收财产。

第十一条第一款 刑法第一百六十三条规定的非国家工作人员受贿罪、第二百七十一条规定的职务侵占罪中的"数额较大""数额巨大"的数额起点，按照本解释关于受贿罪、贪污罪相对应的数额标准规定的二倍、五倍执行。

4. 侵占用于预防、控制突发传染病疫情等灾害款物行为的定性

最高人民法院、最高人民检察院关于办理妨害预防、控制突发传染病疫情等灾害的刑事案件具体应用法律若干问题的解释（2003年5月15日）

第十四条第一款 贪污、侵占用于预防、控制突发传染病疫情等灾害的款物或者挪用归个人使用，构成犯罪的，分别依照刑法第三百八十二条、第三百八十三条、第二百七十一条、第三百八十四条、第二百七十二条的规定，以贪污罪、职务侵占罪、挪用公款罪、挪用资金罪定罪，依法从重处罚。

最高人民法院、最高人民检察院、公安部、司法部关于依法惩治妨害新型冠状病毒感染肺炎疫情防控违法犯罪的意见（2020年2月6日）

二、准确适用法律，依法严惩妨害疫情防控的各类违法犯罪

（七）依法严惩疫情防控失职渎职、贪污挪用犯罪……国家工作人员，受委托管理国有财产的人员，公司、企业或者其他单位的人员，利用职务便利，侵吞、截留或者以其他手段非法占有用于防控新型冠状病毒感染肺炎的款物，或者挪用上述款物归个人使用，符合刑法第三百八十二条、第三百八十三条、第二百七十一条、第三百八十四条、第二百七十二条规定的，以贪污罪、职务侵占罪、挪用公款罪、挪用资金罪定罪处罚。挪用用于防控新型冠状病毒感染肺炎的救灾、优抚、救济等款物，符合刑法第二百七十三条规定的，对直接责任人员，以挪用特定款物罪定罪处罚。

5. 村民小组组长利用职务便利，将小组集体财产非法占为己有行为的定性

最高人民法院关于村民小组组长利用职务便利非法占有公共财物行为如何定性问题的批复（1999年7月3日）

对村民小组组长利用职务上的便利，将村民小组集体财产非法占为己有，数额较大的行为，应当依照刑法第二百七十一条第一款的规定，以职务侵占罪定罪处罚。

6. 在国有股份公司中从事管理人员利用职务便利非法占有本公司财物行为的定性

最高人民法院关于在国有资本控股、参股的股份有限公司中从事管理工作的人员利用职务便利非法占有本公司财物如何定罪问题的批复（2001年5月26日）

在国有资本控股、参股的股份有限公司中从事管理工作的人员，除受国家机关、国有公司、企业、事业单位委派从事公务的以外，不属于国家工作人员。对其利用职务上的便利，将本单位财物非法占为己有，数额较大的，应当依照刑法第二百七十一条第一款的规定，以职务侵占罪定罪处罚。

7. 国家出资企业中非国家工作人员在改制中隐匿企业财产转为个人持股的改制后企业所有行为的定性

最高人民法院、最高人民检察院关于办理国家出资企业中职务犯罪案件具体应用法律若干问题的意见（2010年11月26日）

一、关于国家出资企业工作人员在改制过程中隐匿公司、企业财产归个人持股的改制后公司、企业所有的行为的处理

第一款 国家工作人员或者受国家机关、国有公司、企业、事业单位、人民团体委托管理、经营国有财产的人员利用职务上的便利，在国家出资企业改制过程中故意通过低估资产、隐瞒债权、虚设债务、虚构产权交易等方式隐匿公司、企业财产，转为本人持有股份的改制后公司、企业所有，应依法追究刑事责任的，依照刑法第三百八十二条、第三百八十三条的规定，以贪污罪定罪处罚。贪污数额一般应当以所隐匿财产全额计算；改制后公司、企业仍有国有股份的，按股份比例扣除归于国有的部分。

第三款 第一款规定以外的人员实施该款行为的，依照刑法第二百七十一条的规定，以职务侵占罪定罪处罚；第一款规定以外的人员与第一款规定的人员共同实施该款行为的，以贪污罪的共犯论处。

8. 非法侵吞、占有他人股份行为的定性

全国人民代表大会常务委员会法制工作委员会对关于公司人员利用职务上的便利采取欺骗等手段非法占有股东股权的行为如何定性处理的批复的意见（2005年12月1日）

根据刑法第九十二条的规定，股份属于财产。采用各种非法手段侵吞、占有他人依法享有的股份，构成犯罪的，适用刑法有关非法侵犯他人财产的犯罪规定。

9. 以非法占有他人财物为目的，公司股东之间或被委托人利用职务便利，非法占有公司股东股权行为的定性

公安部经济犯罪侦查局关于对非法占有他人股权是否构成职务侵占罪问题的工作意见（2005年6月24日）

……对于公司股东之间或者被委托人利用职务便利，非法占有公司股东股权的行为，如果能够认定行为人主观上具有非法占有他人财物的目的，则可对其利用职务便利，非法占有公司管理中的股东股权的行为以职务侵占罪论处。

10. 宗教活动场所的管理人员利用职务之便，侵占或挪用宗教活动场所公共财产行为的定性

公安部经济犯罪侦查局关于宗教活动场所工作人员能否构成职务侵占或挪用资金犯罪主体的批复（2004年4月30日）

根据《宗教活动场所管理条例》（国务院令第145号令）等有关规定，宗教活动场所属于刑法第271条和第272条所规定的"其他单位"的范围。宗教活动场所的财产属于公共财产或信教公民共有财产，受法律保护，任何组织和个人不得侵占、哄抢、私分和非法处分宗教团体、宗教活动场所的合法财产。宗教活动场所的管理人员利用职务之便，侵占或挪用宗教活动场所公共财产的，可以构成职务侵占罪或挪用资金罪。

11. 共同犯罪

最高人民法院关于审理贪污、职务侵占案件如何认定共同犯罪几个问题的解释（2000年7月8日）

第二条　行为人与公司、企业或者其他单位的人员勾结，利用公司、企业或者其他单位人员的职务便利，共同将该单位财物非法占为己有，数额较大的，以职务侵占罪共犯论处。

第三条　公司、企业或者其他单位中，不具有国家工作人员身份的人与国

家工作人员勾结，分别利用各自的职务便利，共同将本单位财物非法占为己有的，按照主犯的犯罪性质定罪。

12. 一罪与数罪

最高人民法院、最高人民检察院、公安部关于开展集中打击赌博违法犯罪活动专项行动有关工作的通知（2005年1月10日）

二、突出打击重点，严格依照法律规定打击赌博违法犯罪活动

……对实施……职务侵占……等犯罪，并将犯罪所得的款物用于赌博的……同时构成赌博罪的，应依照刑法规定实行数罪并罚……

● 量刑

1. 量刑起点的确定

最高人民法院关于常见犯罪的量刑指导意见（2017年4月1日）

四、常见犯罪的量刑

（九）职务侵占罪

1. 构成职务侵占罪的，可以根据下列不同情形在相应的幅度内确定量刑起点：

（1）达到数额较大起点的，可以在二年以下有期徒刑、拘役幅度内确定量刑起点。

（2）达到数额巨大起点的，可以在五年至六年有期徒刑幅度内确定量刑起点。

2. 在量刑起点的基础上，可以根据职务侵占数额等其他影响犯罪构成的犯罪事实增加刑罚量，确定基准刑。

2. 从重处罚

最高人民法院、最高人民检察院、公安部关于开展集中打击赌博违法犯罪活动专项行动有关工作的通知（2005年1月10日）

二、突出打击重点，严格依照法律规定打击赌博违法犯罪活动

……对实施……职务侵占……等犯罪，并将犯罪所得的款物用于赌博的，分别依照刑法有关规定从重处罚……

第二百七十二条① 【挪用资金罪】公司、企业或者其他单位的工作人员，利用职务上的便利，挪用本单位资金归个人使用或者借贷给他人，数额较大、超过三个月未还的，或者虽未超过三个月，但数额较大、进行营利活动的，或者进行非法活动的，处三年以下有期徒刑或者拘役；挪用本单位资金数额巨大的，处三年以上七年以下有期徒刑；数额特别巨大的，处七年以上有期徒刑。

【挪用公款罪】国有公司、企业或者其他国有单位中从事公务的人员和国有公司、企业或者其他国有单位委派到非国有公司、企业以及其他单位从事公务的人员有前款行为的，依照本法第三百八十四条的规定定罪处罚。

有第一款行为，在提起公诉前将挪用的资金退还的，可以从轻或者减轻处罚。其中，犯罪较轻的，可以减轻或者免除处罚。

● 关联法条

第一百八十五条第一款

● 定罪

1. 第一款"挪用本单位资金归个人使用或者借贷给他人"的认定

最高人民法院关于如何理解刑法第二百七十二条规定的"挪用本单位资金归个人使用或者借贷给他人"问题的批复（2000年7月27日）

公司、企业或者其他单位的非国家工作人员，利用职务上的便利，挪用本单位资金归本人或者其他自然人使用，或者挪用人以个人名义将所挪用的资金借给其他自然人和单位，构成犯罪的，应当依照刑法第二百七十二条第一款的规定定罪处罚。

---

① 编者注：《刑法修正案（十一）》增设了"数额特别巨大"这一法定刑档；增设了从宽条款（第三款）。

公安部经济犯罪侦查局关于对挪用资金罪有关问题请示的答复（2002年12月24日）

对于在经济往来中所涉及的暂收、预收、暂存其他单位或个人的款项、物品，或者对方支付的货款、交付的货物等，如接收人已以单位名义履行接收手续的，所接收的财、物应视为该单位资产。

全国人民代表大会常务委员会法制工作委员会刑法室关于挪用资金罪有关问题的答复（2004年9月8日）

刑法第二百七十二条规定的挪用资金罪中的"归个人使用"与刑法第三百八十四条规定的挪用公款罪中的"归个人使用"的含义基本相同。97年修改刑法时，针对当时挪用资金中比较突出的情况，在规定"归个人使用时"的同时，进一步明确了"借贷给他人"属于挪用资金罪的一种表现形式。

2. 第一款"数额较大""数额巨大"的认定

最高人民法院、最高人民检察院关于办理贪污贿赂刑事案件适用法律若干问题的解释（2016年4月18日）

第十一条第二款 刑法第二百七十二条规定的挪用资金罪中的"数额较大""数额巨大"以及"进行非法活动"情形的数额起点，按照本解释关于挪用公款罪"数额较大""情节严重"以及"进行非法活动"的数额标准规定的二倍执行。

第五条 挪用公款归个人使用，进行非法活动，数额在三万元以上的，应当依照刑法第三百八十四条的规定以挪用公款罪追究刑事责任；数额在三百万元以上的，应当认定为刑法第三百八十四条第一款规定的"数额巨大"。具有下列情形之一的，应当认定为刑法第三百八十四条第一款规定的"情节严重"：

（一）挪用公款数额在一百万元以上的；

（二）挪用救灾、抢险、防汛、优抚、扶贫、移民、救济特定款物，数额在五十万元以上不满一百万元的；

（三）挪用公款不退还，数额在五十万元以上不满一百万元的；

（四）其他严重的情节。

第六条 挪用公款归个人使用，进行营利活动或者超过三个月未还，数额在五万元以上的，应当认定为刑法第三百八十四条第一款规定的"数额较大"；数额在五百万元以上的，应当认定为刑法第三百八十四条第一款规定的"数额巨大"。具有下列情形之一的，应当认定为刑法第三百八十四条第一款规定的"情节严重"：

（一）挪用公款数额在二百万元以上的；

（二）挪用救灾、抢险、防汛、优抚、扶贫、移民、救济特定款物，数额在一百万元以上不满二百万元的；

（三）挪用公款不退还，数额在一百万元以上不满二百万元的；

（四）其他严重的情节。

3. 在公司登记注册前，挪用筹建公司资金行为的定性

最高人民检察院关于挪用尚未注册成立公司资金的行为适用法律问题的批复（2000年10月9日）

筹建公司的工作人员在公司登记注册前，利用职务上的便利，挪用准备设立的公司在银行开设的临时账户上的资金，归个人使用或者借贷给他人，数额较大、超过三个月未还的，或者虽未超过三个月，但数额较大、进行营利活动的，或者进行非法活动的，应当根据刑法第二百七十二条的规定，追究刑事责任。

4. 受委托管理、经营国有财产的非国家工作人员挪用国有资金归个人使用行为的定性

最高人民法院关于对受委托管理、经营国有财产人员挪用国有资金行为如何定罪问题的批复（2000年2月24日）

对于受国家机关、国有公司、企业、事业单位、人民团体委托，管理、经营国有财产的非国家工作人员，利用职务上的便利，挪用国有资金归个人使用构成犯罪的，应当依照刑法第二百七十二条第一款的规定定罪处罚。

5. 利用职务上的便利，挪用客户资金归个人使用的，或向客户开具银行存单使其认为已存入银行而实际以个人名义借贷给他人行为的定性

最高人民法院全国法院审理金融犯罪案件工作座谈会纪要（2001年1月21日）

二、（二）关于破坏金融管理秩序罪

3. 用账外客户资金非法拆借、发放贷款行为的认定和处罚

……审理银行或者其他金融机构及其工作人员用账外客户资金非法拆借、发放贷款案件，要注意将用账外客户资金非法拆借、发放贷款的行为与挪用公款罪和挪用资金罪区别开来。对于利用职务上的便利，挪用已经记入金融机构法定存款账户的客户资金归个人使用的，或者吸收客户资金不入账，却给客户开具银行存单，客户也认为将款已存入银行，该款却被行为人以个人名义借贷给他人的，均应认定为挪用公款罪或者挪用资金罪。

6. 国家出资企业工作人员使用改制公司、企业的资金担保个人贷款，用于购买改制公司、企业股份的行为的定性

最高人民法院、最高人民检察院关于办理国家出资企业中职务犯罪案件具体应用法律若干问题的意见（2010年11月26日）

三、关于国家出资企业工作人员使用改制公司、企业的资金担保个人贷款，用于购买改制公司、企业股份的行为的处理

国家出资企业的工作人员在公司、企业改制过程中为购买公司、企业股份，利用职务上的便利，将公司、企业的资金或者金融凭证、有价证券等用于个人贷款担保的，依照刑法第二百七十二条或者第三百八十四条的规定，以挪用资金罪或者挪用公款罪定罪处罚。

行为人在改制前的国家出资企业持有股份的，不影响挪用数额的认定，但量刑时应当酌情考虑。

经有关主管部门批准或者按照有关政策规定，国家出资企业的工作人员为购买改制公司、企业股份实施前款行为的，可以视具体情况不作为犯罪处理。

7. 村民小组组长利用职务便利以本组资金为他人担保贷款行为的定性

公安部关于村民小组组长以本组资金为他人担保贷款如何定性处理问题的批复（2001年4月26日）

村民小组组长利用职务上的便利，擅自将村民小组的集体财产为他人担保贷款，并以集体财产承担担保责任的，属于挪用本单位资金归个人使用的行为。构成犯罪的，应当依照刑法第二百七十二条第一款的规定，以挪用资金罪追究行为人的刑事责任。

8. 宗教活动场所的管理人员利用职务之便，侵占或挪用宗教活动场所公共财产行为的定性

公安部经济犯罪侦查局关于宗教活动场所工作人员能否构成职务侵占或挪用资金犯罪主体的批复（2004年4月30日）

根据《宗教活动场所管理条例》（国务院令第145号令）等有关规定，宗教活动场所属于刑法第271条和第272条所规定的"其他单位"的范围。宗教活动场所的财产属于公共财产或信教公民共有财产，受法律保护，任何组织和个人不得侵占、哄抢、私分和非法处分宗教团体、宗教活动场所的合法财产。宗教活动场所的管理人员利用职务之便，侵占或挪用宗教活动场所公共财产的，可以构成职务侵占罪或挪用资金罪。

9. 挪用用于预防、控制突发传染病疫情等灾害资金行为的定性

（参见第二百七十一条【定罪】4. 侵占用于预防、控制突发传染病疫情等灾害款物行为的定性）

● 量刑

从重处罚

最高人民法院、最高人民检察院关于办理妨害预防、控制突发传染病疫情等灾害的刑事案件具体应用法律若干问题的解释（2003年5月15日）

第十四条第一款　贪污、侵占用于预防、控制突发传染病疫情等灾害的款物或者挪用归个人使用，构成犯罪的，分别依照刑法第三百八十二条、第三百八十三条、第二百七十一条、第三百八十四条、第二百七十二条的规定，以贪污罪、职务侵占罪、挪用公款罪、挪用资金罪定罪，依法从重处罚。

> **第二百七十三条**　【挪用特定款物罪】挪用用于救灾、抢险、防汛、优抚、扶贫、移民、救济款物，情节严重，致使国家和人民群众利益遭受重大损害的，对直接责任人员，处三年以下有期徒刑或者拘役；情节特别严重的，处三年以上七年以下有期徒刑。

● 立案追诉标准

最高人民检察院、公安部关于公安机关管辖的刑事案件立案追诉标准的规定（二）（2010年5月7日）

第八十六条　［挪用特定款物案（刑法第二百七十三条）］挪用用于救灾、抢险、防汛、优抚、扶贫、移民、救济款物，涉嫌下列情形之一的，应予立案追诉：

（一）挪用特定款物数额在五千元以上的；

（二）造成国家和人民群众直接经济损失数额在五万元以上的；

（三）虽未达到上述数额标准，但多次挪用特定款物的，或者造成人民群众的生产、生活严重困难的；

（四）严重损害国家声誉，或者造成恶劣社会影响的；

（五）其他致使国家和人民群众利益遭受重大损害的情形。

第八十七条　本规定中的"多次",是指三次以上。

第八十八条　本规定中的"虽未达到上述数额标准",是指接近上述数额标准且已达到该数额的百分之八十以上的。

第八十九条　对于预备犯、未遂犯、中止犯,需要追究刑事责任的,应予立案追诉。

第九十一条　本规定中的"以上",包括本数。

● 定罪

1. 挪用用于防控制突发传染病疫情等救灾、优抚、救济款物行为的定性

最高人民法院、最高人民检察院关于办理妨害预防、控制突发传染病疫情等灾害的刑事案件具体应用法律若干问题的解释（2003年5月15日）

第十四条第二款　挪用用于预防、控制突发传染病疫情等灾害的救灾、优抚、救济等款物,构成犯罪的,对直接责任人员,依照刑法第二百七十三条的规定,以挪用特定款物罪定罪处罚。

最高人民法院、最高人民检察院、公安部、司法部关于依法惩治妨害新型冠状病毒感染肺炎疫情防控违法犯罪的意见（2020年2月6日）

二、准确适用法律,依法严惩妨害疫情防控的各类违法犯罪

（七）依法严惩疫情防控失职渎职、贪污挪用犯罪……挪用用于防控新型冠状病毒感染肺炎的救灾、优抚、救济等款物,符合刑法第二百七十三条规定的,对直接责任人员,以挪用特定款物罪定罪处罚。

2. 挪用失业保险基金和下岗职工基本生活保障资金行为的定性

最高人民检察院关于挪用失业保险基金和下岗职工基本生活保障资金的行为适用法律问题的批复（2003年1月30日）

挪用失业保险基金和下岗职工基本生活保障资金属于挪用救济款物。挪用失业保险基金和下岗职工基本生活保障资金,情节严重,致使国家和人民群众利益遭受重大损害的,对直接责任人员,应当依照刑法第二百七十三条的规定,以挪用特定款物罪追究刑事责任;国家工作人员利用职务上的便利,挪用失业保险基金和下岗职工基本生活保障资金归个人使用,构成犯罪的,应当依照刑法第三百八十四条的规定,以挪用公款罪追究刑事责任。

3. 罪与非罪

最高人民法院研究室关于挪用民族贸易和民族用品生产贷款利息补贴行为如何定性问题的复函（2003年2月24日）

中国人民银行给予中国农业银行发放民族贸易和民族用品生产贷款的利息补贴，不属于刑法第二百七十三条规定的特定款物。

4. 此罪与彼罪

最高人民法院研究室关于挪用退休职工社会养老金行为如何适用法律问题的复函（2004年7月9日）

退休职工养老保险金不属于我国刑法中的救灾、抢险、防汛、优抚、扶贫、移民、救济等特定款物的任何一种。因此，对于挪用退休职工养老保险金的行为，构成犯罪时，不能以挪用特定款物罪追究刑事责任，而应当按照行为人身份的不同，分别以挪用资金罪或者挪用公款罪追究刑事责任。

第二百七十四条　【敲诈勒索罪】敲诈勒索公私财物，数额较大或者多次敲诈勒索的，处三年以下有期徒刑、拘役或者管制，并处或者单处罚金；数额巨大或者有其他严重情节的，处三年以上十年以下有期徒刑，并处罚金；数额特别巨大或者有其他特别严重情节的，处十年以上有期徒刑，并处罚金。

● 定罪

1. "数额较大""数额巨大""数额特别巨大"的认定

最高人民法院、最高人民检察院关于办理敲诈勒索刑事案件适用法律若干问题的解释（2013年4月27日）

第一条　敲诈勒索公私财物价值二千至五千元以上、三万元至十万元以上、三十万元至五十万元以上的，应当分别认定为刑法第二百七十四条规定的"数额较大"、"数额巨大"、"数额特别巨大"。

各省、自治区、直辖市高级人民法院、人民检察院可以根据本地区经济发展状况和社会治安状况，在前款规定的数额幅度内，共同研究确定本地区执行的具体数额标准，报最高人民法院、最高人民检察院批准。

第二条　敲诈勒索公私财物，具有下列情形之一的，"数额较大"的标准可以按照本解释第一条规定标准的百分之五十确定：

（一）曾因敲诈勒索受过刑事处罚的；

（二）一年内曾因敲诈勒索受过行政处罚的；

（三）对未成年人、残疾人、老年人或者丧失劳动能力人敲诈勒索的；

（四）以要实施放火、爆炸等危害公共安全犯罪或者故意杀人、绑架等严重侵犯公民人身权利犯罪相威胁敲诈勒索的；

（五）以黑恶势力名义敲诈勒索的；

（六）利用或者冒充国家机关工作人员、军人、新闻工作者等特殊身份敲诈勒索的；

（七）造成其他严重后果的。

2. "多次敲诈勒索"的认定

最高人民法院、最高人民检察院关于办理敲诈勒索刑事案件适用法律若干问题的解释（2013年4月27日）

第三条 二年内敲诈勒索三次以上的，应当认定为刑法第二百七十四条规定的"多次敲诈勒索"。

最高人民法院、最高人民检察院、公安部、司法部关于办理实施"软暴力"的刑事案件若干问题的意见（2019年4月9日）

八、……《关于办理敲诈勒索刑事案件适用法律若干问题的解释》第三条中"二年内敲诈勒索三次以上"，包括已受行政处罚的行为。

3. "其他严重情节""其他特别严重情节"的认定

最高人民法院、最高人民检察院关于办理敲诈勒索刑事案件适用法律若干问题的解释（2013年4月27日）

第四条 敲诈勒索公私财物，具有本解释第二条第三项至第七项规定的情形之一，数额达到本解释第一条规定的"数额巨大"、"数额特别巨大"百分之八十的，可以分别认定为刑法第二百七十四条规定的"其他严重情节"、"其他特别严重情节"。

4. 以发布、删除网络信息等为由，要挟他人索取财物行为的定性

最高人民法院、最高人民检察院关于办理利用信息网络实施诽谤等刑事案件适用法律若干问题的解释（2013年9月10日）

第六条 以在信息网络上发布、删除等方式处理网络信息为由，威胁、要挟他人，索取公私财物，数额较大，或者多次实施上述行为的，依照刑法第二

百七十四条的规定,以敲诈勒索罪定罪处罚。

第十条 本解释所称信息网络,包括以计算机、电视机、固定电话机、移动电话机等电子设备为终端的计算机互联网、广播电视网、固定通信网、移动通信网等信息网络,以及向公众开放的局域网络。

5. 冒充治安联防队员"抓赌"、"抓嫖"、没收赌资或罚款行为的定性

最高人民法院关于审理抢劫、抢夺刑事案件适用法律若干问题的意见(2005年6月8日)

九、关于抢劫罪与相似犯罪的界限

1. ……行为人冒充治安联防队员"抓赌"、"抓嫖"、没收赌资或者罚款的行为,构成犯罪的,以敲诈勒索罪定罪处罚……

6. 以非法占有为目的,以借贷为名、采用"软暴力"等手段非法占有他人财物行为的定性

最高人民检察院关于强迫借贷行为适用法律问题的批复(2014年4月17日)

以暴力、胁迫手段强迫他人借贷,属于刑法第二百二十六条第二项规定的"强迫他人提供或者接受服务",情节严重的,以强迫交易罪追究刑事责任;同时构成故意伤害罪等其他犯罪的,依照处罚较重的规定定罪处罚。以非法占有为目的,以借贷为名采用暴力、胁迫手段获取他人财物,符合刑法第二百六十三条或者第二百七十四条规定的,以抢劫罪或者敲诈勒索罪追究刑事责任。

最高人民法院、最高人民检察院、公安部、司法部关于办理黑恶势力犯罪案件若干问题的指导意见(2018年1月16日)

五、依法打击非法放贷讨债的犯罪活动

20. 对于以非法占有为目的,假借民间借贷之名,通过"虚增债务""签订虚假借款协议""制造资金走账流水""肆意认定违约""转单平账""虚假诉讼"等手段非法占有他人财产,或者使用暴力、威胁手段强立债权、强行索债的,应当根据案件具体事实,以诈骗、强迫交易、敲诈勒索、抢劫、虚假诉讼等罪名侦查、起诉、审判。对于非法占有的被害人实际所得借款以外的虚高"债务"和以"保证金""中介费""服务费"等各种名目扣除或收取的额外费用,均应计入违法所得。对于名义上为被害人所得、但在案证据能够证明实际上却为犯罪嫌疑人、被告人实施后续犯罪所使用的"借款",应予以没收。

最高人民法院、最高人民检察院、公安部、司法部关于办理实施"软暴力"的刑事案件若干问题的意见（2019年4月9日）

八、以非法占有为目的，采用"软暴力"手段强行索取公私财物，同时符合《刑法》第二百七十四条规定的其他犯罪构成要件的，应当以敲诈勒索罪定罪处罚。

7. 以受他人委托处理医疗纠纷为名实施敲诈勒索行为的定性

最高人民法院、最高人民检察院、公安部、司法部、国家卫生和计划生育委员会关于依法惩处涉医违法犯罪维护正常医疗秩序的意见（2014年4月22日）

二、严格依法惩处涉医违法犯罪

（六）对于故意扩大事态，教唆他人实施针对医疗机构或者医务人员的违法犯罪行为，或者以受他人委托处理医疗纠纷为名实施敲诈勒索、寻衅滋事等行为的，依照治安管理处罚法和刑法的有关规定从严惩处。

8. 利用互联网实施敲诈勒索行为的定性

全国人民代表大会常务委员会关于维护互联网安全的决定（2009年8月27日）

四、为了保护个人、法人和其他组织的人身、财产等合法权利，对有下列行为之一，构成犯罪的，依照刑法有关规定追究刑事责任：

……

（三）利用互联网进行盗窃、诈骗、敲诈勒索。

最高人民法院、最高人民检察院、公安部、司法部关于办理利用信息网络实施黑恶势力犯罪刑事案件若干问题的意见（2019年10月21日）

二、依法严惩利用信息网络实施的黑恶势力犯罪

6. 利用信息网络威胁、要挟他人，索取公私财物，数额较大，或者多次实施上述行为的，依照刑法第二百七十四条的规定，以敲诈勒索罪定罪处罚。

8. 侦办利用信息网络实施的强迫交易、敲诈勒索等非法敛财类案件，确因被害人人数众多等客观条件的限制，无法逐一收集被害人陈述的，可以结合已收集的被害人陈述，以及经查证属实的银行账户交易记录、第三方支付结算账户交易记录、通话记录、电子数据等证据，综合认定被害人人数以及涉案资金数额等。

9. "软暴力"型敲诈勒索行为的定性

最高人民法院、最高人民检察院、公安部、司法部关于办理实施"软暴力"的刑事案件若干问题的意见（2019年4月9日）

一、"软暴力"是指行为人为谋取不法利益或形成非法影响，对他人或者在

有关场所进行滋扰、纠缠、哄闹、聚众造势等，足以使他人产生恐惧、恐慌进而形成心理强制，或者足以影响、限制人身自由、危及人身财产安全，影响正常生活、工作、生产、经营的违法犯罪手段。

二、"软暴力"违法犯罪手段通常的表现形式有：

（一）侵犯人身权利、民主权利、财产权利的手段，包括但不限于跟踪贴靠、扬言传播疾病、揭发隐私、恶意举报、诬告陷害、破坏、霸占财物等；

（二）扰乱正常生活、工作、生产、经营秩序的手段，包括但不限于非法侵入他人住宅、破坏生活设施、设置生活障碍、贴报喷字、拉挂横幅、燃放鞭炮、播放哀乐、摆放花圈、泼洒污物、断水断电、堵门阻工，以及通过驱赶从业人员、派驻人员据守等方式直接或间接地控制厂房、办公区、经营场所等；

（三）扰乱社会秩序的手段，包括但不限于摆场架势示威、聚众哄闹滋扰、拦路闹事等；

（四）其他符合本意见第一条规定的"软暴力"手段。

通过信息网络或者通讯工具实施，符合本意见第一条规定的违法犯罪手段，应当认定为"软暴力"。

三、行为人实施"软暴力"，具有下列情形之一，可以认定为足以使他人产生恐惧、恐慌进而形成心理强制或者足以影响、限制人身自由、危及人身财产安全或者影响正常生活、工作、生产、经营：

（一）黑恶势力实施的；

（二）以黑恶势力名义实施的；

（三）曾因组织、领导、参加黑社会性质组织、恶势力犯罪集团、恶势力以及因强迫交易、非法拘禁、敲诈勒索、聚众斗殴、寻衅滋事等犯罪受过刑事处罚后又实施的；

（四）携带凶器实施的；

（五）有组织地实施的或者足以使他人认为暴力、威胁具有现实可能性的；

（六）其他足以使他人产生恐惧、恐慌进而形成心理强制或者足以影响、限制人身自由、危及人身财产安全或者影响正常生活、工作、生产、经营的情形。

由多人实施的，编造或明示暴力违法犯罪经历进行恐吓的，或者以自报组织、头目名号、统一着装、显露纹身、特殊标识以及其他明示、暗示方式，足以使他人感知相关行为的有组织性的，应当认定为"以黑恶势力名义实施"。

由多人实施的，只要有部分行为人符合本条第一款第（一）项至第（四）项所列情形的，该项即成立。

虽然具体实施"软暴力"的行为人不符合本条第一款第（一）项、第

（三）项所列情形，但雇佣者、指使者或者纠集者符合的，该项成立。

八、以非法占有为目的，采用"软暴力"手段强行索取公私财物，同时符合《刑法》第二百七十四条规定的其他犯罪构成要件的，应当以敲诈勒索罪定罪处罚……

九、采用"软暴力"手段，同时构成两种以上犯罪的，依法按照处罚较重的犯罪定罪处罚，法律另有规定的除外。

十、根据本意见第五条、第八条规定，对已受行政处罚的行为追究刑事责任的，行为人先前所受的行政拘留处罚应当折抵刑期，罚款应当抵扣罚金。

十一、雇佣、指使他人采用"软暴力"手段强迫交易、敲诈勒索，构成强迫交易罪、敲诈勒索罪的，对雇佣者、指使者，一般应当以共同犯罪中的主犯论处……

10. 非法侵吞、占有他人股份行为的定性

全国人民代表大会常务委员会法制工作委员会对关于公司人员利用职务上的便利采取欺骗等手段非法占有股东股权的行为如何定性处理的批复的意见（2005年12月1日）

据刑法第九十二条的规定，股份属于财产。采用各种非法手段侵吞、占有他人依法享有的股份，构成犯罪的，适用刑法有关非法侵犯他人财产的犯罪规定。

11. 以制造社会影响、采取极端闹访等威胁、要挟手段，敲诈勒索行为的定性

公安部关于公安机关处置信访活动中违法犯罪行为适用法律的指导意见（2013年7月19日）

三、对侵犯人身权利、财产权利违法犯罪行为的处理

8. 以制造社会影响、采取极端闹访行为、持续缠访闹访等威胁、要挟手段，敲诈勒索，符合《治安管理处罚法》第四十九条规定的，以敲诈勒索依法予以治安管理处罚；符合《刑法》第二百七十四条规定的，以敲诈勒索罪追究刑事责任。

12. 实施"碰瓷"，敲诈勒索他人财物行为的定性

最高人民法院、最高人民检察院、公安部关于依法办理"碰瓷"违法犯罪案件的指导意见（2020年9月22日）

二、实施"碰瓷"，具有下列行为之一，敲诈勒索他人财物，符合刑法第二百七十四条规定的，以敲诈勒索罪定罪处罚：

1. 实施撕扯、推搡等轻微暴力或者围困、阻拦、跟踪、贴靠、滋扰、纠缠、哄闹、聚众造势、扣留财物等软暴力行为的；

2. 故意制造交通事故，进而利用被害人违反道路通行规定或者其他违法违规行为相要挟的；

3. 以揭露现场掌握的当事人隐私相要挟的；

4. 扬言对被害人及其近亲属人身、财产实施侵害的。

13. 共同犯罪

最高人民法院、最高人民检察院关于办理敲诈勒索刑事案件适用法律若干问题的解释（2013 年 4 月 27 日）

第七条 明知他人实施敲诈勒索犯罪，为其提供信用卡、手机卡、通讯工具、通讯传输通道、网络技术支持等帮助的，以共同犯罪论处。

最高人民法院、最高人民检察院关于办理利用信息网络实施诽谤等刑事案件适用法律若干问题的解释（2013 年 9 月 10 日）

第八条 明知他人利用信息网络实施诽谤、寻衅滋事、敲诈勒索、非法经营等犯罪，为其提供资金、场所、技术支持等帮助的，以共同犯罪论处。

最高人民法院、最高人民检察院、公安部、司法部关于办理黑恶势力犯罪案件若干问题的指导意见（2018 年 1 月 16 日）

四、依法惩处利用"软暴力"实施的犯罪

17. 黑恶势力为谋取不法利益或形成非法影响，有组织地采用滋扰、纠缠、哄闹、聚众造势等手段侵犯人身权利、财产权利，破坏经济秩序、社会秩序，构成犯罪的，应当分别依照《刑法》相关规定处理：

……雇佣、指使他人有组织地采用上述手段强迫交易、敲诈勒索，构成强迫交易罪、敲诈勒索罪的，对雇佣者、指使者，一般应当以共同犯罪中的主犯论处。

最高人民法院、最高人民检察院、公安部、司法部关于办理实施"软暴力"的刑事案件若干问题的意见（2019 年 4 月 9 日）

十一、雇佣、指使他人采用"软暴力"手段强迫交易、敲诈勒索，构成强迫交易罪、敲诈勒索罪的，对雇佣者、指使者，一般应当以共同犯罪中的主犯论处……

14. 一罪与数罪

最高人民法院、最高人民检察院关于办理寻衅滋事刑事案件适用法律若干问题的解释（2013 年 7 月 22 日）

第七条 实施寻衅滋事行为，同时符合寻衅滋事罪和故意杀人罪、故意伤害罪、故意毁坏财物罪、敲诈勒索罪、抢夺罪、抢劫罪等罪的构成要件的，依照处罚较重的犯罪定罪处罚。

最高人民法院、最高人民检察院关于办理利用信息网络实施诽谤等刑事案件适用法律若干问题的解释（2013年9月10日）

第九条　利用信息网络实施诽谤、寻衅滋事、敲诈勒索、非法经营犯罪，同时又构成刑法第二百二十一条规定的损害商业信誉、商品声誉罪，第二百七十八条规定的煽动暴力抗拒法律实施罪，第二百九十一条之一规定的编造、故意传播虚假恐怖信息罪等犯罪的，依照处罚较重的规定定罪处罚。

最高人民法院、最高人民检察院、公安部关于办理组织领导传销活动刑事案件适用法律若干问题的意见（2013年11月14日）

六、关于罪名的适用问题

……犯组织、领导传销活动罪，并实施故意伤害、非法拘禁、敲诈勒索、妨害公务、聚众扰乱社会秩序、聚众冲击国家机关、聚众扰乱公共场所秩序、交通秩序等行为，构成犯罪的，依照数罪并罚的规定处罚。

最高人民法院、最高人民检察院、公安部、司法部关于办理黑恶势力犯罪案件若干问题的指导意见（2018年1月16日）

四、依法惩处利用"软暴力"实施的犯罪

17. 黑恶势力为谋取不法利益或形成非法影响，有组织地采用滋扰、纠缠、哄闹、聚众造势等手段侵犯人身权利、财产权利，破坏经济秩序、社会秩序，构成犯罪的，应当分别依照《刑法》相关规定处理：

（2）以非法占有为目的强行索取公私财物，有组织地采用滋扰、纠缠、哄闹、聚众造势等手段扰乱正常的工作、生活秩序，同时符合《刑法》第二百七十四条规定的其他犯罪构成条件的，应当以敲诈勒索罪定罪处罚。同时由多人实施或者以统一着装、显露纹身、特殊标识以及其他明示或者暗示方式，足以使对方感知相关行为的有组织性的，应当认定为《关于办理敲诈勒索刑事案件适用法律若干问题的解释》第二条第（五）项规定的"以黑恶势力名义敲诈勒索"。

采用上述手段，同时又构成其他犯罪的，应当依法按照处罚较重的规定定罪处罚。

最高人民法院、最高人民检察院、公安部、司法部关于办理"套路贷"刑事案件若干问题的意见（2019年4月9日）

二、依法严惩"套路贷"犯罪

4. ……对于在实施"套路贷"过程中多种手段并用，构成诈骗、敲诈勒索、非法拘禁、虚假诉讼、寻衅滋事、强迫交易、抢劫、绑架等多种犯罪的，应当根据具体案件事实，区分不同情况，依照刑法及有关司法解释的规定数罪并罚或者择一重处。

15. 此罪与彼罪

最高人民法院关于审理抢劫、抢夺刑事案件适用法律若干问题的意见（2005年6月8日）

九、关于抢劫罪与相似犯罪的界限

1. 冒充正在执行公务的人民警察、联防人员，以抓卖淫嫖娼、赌博等违法行为为名非法占有财物的行为定性

行为人冒充正在执行公务的人民警察"抓赌"、"抓嫖"，没收赌资或者罚款的行为，构成犯罪的，以招摇撞骗罪从重处罚；在实施上述行为中使用暴力或者暴力威胁的，以抢劫罪定罪处罚。行为人冒充治安联防队员"抓赌"、"抓嫖"、没收赌资或者罚款的行为，构成犯罪的，以敲诈勒索罪定罪处罚；在实施上述行为中使用暴力或者暴力威胁的，以抢劫罪定罪处罚。

● 量刑

1. 量刑起点、基准刑的确定

最高人民法院关于常见犯罪的量刑指导意见（2017年4月1日）

四、常见犯罪的量刑

（十）敲诈勒索罪

1. 构成敲诈勒索罪的，可以根据下列不同情形在相应的幅度内确定量刑起点：

（1）达到数额较大起点的，或者两年内三次敲诈勒索的，可以在一年以下有期徒刑、拘役幅度内确定量刑起点。

（2）达到数额巨大起点或者有其他严重情节的，可以在三年至五年有期徒刑幅度内确定量刑起点。

（3）达到数额特别巨大起点或者有其他特别严重情节的，可以在十年至十二年有期徒刑幅度内确定量刑起点。

2. 在量刑起点的基础上，可以根据敲诈勒索数额、次数、犯罪情节严重程度等其他影响犯罪构成的犯罪事实增加刑罚量，确定基准刑。

多次敲诈勒索，数额达到较大以上的，以敲诈勒索数额确定量刑起点，敲诈勒索次数可作为调节基准刑的量刑情节；数额未达到较大的，以敲诈勒索次数确定量刑起点，超过三次的次数作为增加刑罚量的事实。

2. 免予处罚

最高人民法院、最高人民检察院关于办理敲诈勒索刑事案件适用法律若干问题的解释（2013年4月27日）

第五条 敲诈勒索数额较大，行为人认罪、悔罪，退赃、退赔，并具有下列情形之一的，可以认定为犯罪情节轻微，不起诉或者免予刑事处罚，由有关部门依法予以行政处罚：

（一）具有法定从宽处罚情节的；

（二）没有参与分赃或者获赃较少且不是主犯的；

（三）被害人谅解的；

（四）其他情节轻微、危害不大的。

第六条 敲诈勒索近亲属的财物，获得谅解的，一般不认为是犯罪；认定为犯罪的，应当酌情从宽处理。

被害人对敲诈勒索的发生存在过错的，根据被害人过错程度和案件其他情况，可以对行为人酌情从宽处理；情节显著轻微危害不大的，不认为是犯罪。

3. 罚金刑

最高人民法院、最高人民检察院关于办理敲诈勒索刑事案件适用法律若干问题的解释（2013年4月27日）

第八条 对犯敲诈勒索罪的被告人，应当在二千元以上、敲诈勒索数额的二倍以下判处罚金；被告人没有获得财物的，应当在二千元以上十万元以下判处罚金。

第二百七十五条 【故意毁坏财物罪】 故意毁坏公私财物，数额较大或者有其他严重情节的，处三年以下有期徒刑、拘役或者罚金；数额巨大或者有其他特别严重情节的，处三年以上七年以下有期徒刑。

● 立案追诉标准

最高人民检察院、公安部关于公安机关管辖的刑事案件立案追诉标准的规定（一）（2008年6月25日）

第三十三条 ［故意毁坏财物案（刑法第二百七十五条）］故意毁坏公私财物，涉嫌下列情形之一的，应予立案追诉：

（一）造成公私财物损失五千元以上的；

（二）毁坏公私财物三次以上的；
（三）纠集三人以上公然毁坏公私财物的；
（四）其他情节严重的情形。

● 定罪

1. 破坏公用电信设施行为的定性

最高人民法院关于审理破坏公用电信设施刑事案件具体应用法律若干问题的解释（2005年1月11日）

第二条第一款　故意破坏正在使用的公用电信设施尚未危害公共安全，或者故意毁坏尚未投入使用的公用电信设施，造成财物损失，构成犯罪的，依照刑法第二百七十五条规定，以故意毁坏财物罪定罪处罚。

2. 破坏广播电视设施行为的定性

最高人民法院关于审理破坏广播电视设施等刑事案件具体应用法律若干问题的解释（2011年6月13日）

第六条　破坏正在使用的广播电视设施未危及公共安全，或者故意毁坏尚未投入使用的广播电视设施，造成财物损失数额较大或有其他严重情节的，以故意毁坏财物罪定罪处罚。

3. 在医疗机构内损毁公私财物行为的定性

最高人民法院、最高人民检察院、公安部、司法部、国家卫生和计划生育委员会关于依法惩处涉医违法犯罪维护正常医疗秩序的意见（2014年4月22日）

二、严格依法惩处涉医违法犯罪

（一）在医疗机构内……故意损毁公私财物，尚未造成严重后果的，分别依照治安管理处罚法第四十三条、第四十九条的规定处罚……任意损毁公私财物情节严重，构成……故意毁坏财物罪……的，依照刑法的有关规定定罪处罚。

4. 信访活动中故意毁坏财物行为的处理

公安部关于公安机关处置信访活动中违法犯罪行为适用法律的指导意见（2013年7月19日）

三、对侵犯人身权利、财产权利违法犯罪行为的处理

7. 故意损毁公私财物，符合《治安管理处罚法》第四十九条规定的，以故

意损毁财物依法予以治安管理处罚；符合《刑法》第二百七十五条规定的，以故意毁坏财物罪追究刑事责任。

5. 故意毁坏非公共场所窨井盖行为的定性

（参见第二百六十四条【定罪】21. 盗窃非公共场所窨井盖行为的定性）

6. 实施"碰瓷"故意毁坏他人财物行为的定性

最高人民法院、最高人民检察院、公安部关于依法办理"碰瓷"违法犯罪案件的指导意见（2020年9月22日）

五、实施"碰瓷"，故意造成他人财物毁坏，符合刑法第二百七十五条规定的，以故意毁坏财物罪定罪处罚。

7. 一罪与数罪

最高人民法院、最高人民检察院关于办理盗窃刑事案件适用法律若干问题的解释（2013年4月4日）

第十一条 盗窃公私财物并造成财物损毁的，按照下列规定处理：

（一）采用破坏性手段盗窃公私财物，造成其他财物损毁的，以盗窃罪从重处罚；同时构成盗窃罪和其他犯罪的，择一重罪从重处罚；

（二）实施盗窃犯罪后，为掩盖罪行或者报复等，故意毁坏其他财物构成犯罪的，以盗窃罪和构成的其他犯罪数罪并罚；

（三）盗窃行为未构成犯罪，但损毁财物构成其他犯罪的，以其他犯罪定罪处罚。

最高人民法院、最高人民检察院关于办理寻衅滋事刑事案件适用法律若干问题的解释（2013年7月22日）

第七条 实施寻衅滋事行为，同时符合寻衅滋事罪和故意杀人罪、故意伤害罪、故意毁坏财物罪、敲诈勒索罪、抢夺罪、抢劫罪等罪的构成要件的，依照处罚较重的犯罪定罪处罚。

最高人民法院、最高人民检察院、公安部、司法部关于办理黑恶势力犯罪案件若干问题的指导意见（2018年1月16日）

五、依法打击非法放贷讨债的犯罪活动

19. 在民间借贷活动中，如有擅自设立金融机构、非法吸收公众存款、骗取贷款、套取金融机构资金发放高利贷以及为索要债务而实施故意杀人、故意伤害、非法拘禁、故意毁坏财物等行为的，应当按照具体犯罪侦查、起诉、审判。依法符合数罪并罚条件的，应当并罚。

第二百七十六条 【破坏生产经营罪】 由于泄愤报复或者其他个人目的，毁坏机器设备、残害耕畜或者以其他方法破坏生产经营的，处三年以下有期徒刑、拘役或者管制；情节严重的，处三年以上七年以下有期徒刑。

● 立案追诉标准

最高人民检察院、公安部关于公安机关管辖的刑事案件立案追诉标准的规定（一）（2008年6月25日）

第三十四条 ［破坏生产经营案（刑法第二百七十六条）］由于泄愤报复或者其他个人目的，毁坏机器设备、残害耕畜或者以其他方法破坏生产经营，涉嫌下列情形之一的，应予立案追诉：

（一）造成公私财物损失五千元以上的；

（二）破坏生产经营三次以上的；

（三）纠集三人以上公然破坏生产经营的；

（四）其他破坏生产经营应予追究刑事责任的情形。

国家林业局、公安部关于森林和陆生野生动物刑事案件管辖及立案标准（2001年5月9日）

一、森林公安机关管辖在其辖区内发生的刑法规定的下列森林和陆生野生动物刑事案件

（九）破坏生产经营案件中，故意毁坏用于造林、育林、护林和木材生产的机械设备或者以其他方法破坏林业生产经营的案件（第二百七十六条）；

二、森林和陆生野生动物刑事案件的立案标准

（十二）盗窃、抢夺、抢劫案、窝藏、转移、收购、销售赃物案、破坏生产经营案、聚众哄抢案、非法经营案、伪造变造买卖国家机关公文、证件案，执行相应的立案标准。

第二百七十六条之一 【拒不支付劳动报酬罪】 以转移财产、逃匿等方法逃避支付劳动者的劳动报酬或者有能力支付而不支付劳动者的劳动报酬，数额较大，经政府有关部门责令支付仍不支付的，处三年以下有期徒刑或者拘役，并处或者单处罚金；造成严重后果的，处三年以上七年以下有期徒刑，并处罚金。

> 单位犯前款罪的，对单位判处罚金，并对其直接负责的主管人员和其他直接责任人员，依照前款的规定处罚。
>
> 有前两款行为，尚未造成严重后果，在提起公诉前支付劳动者的劳动报酬，并依法承担相应赔偿责任的，可以减轻或者免除处罚。

● 立案追诉标准

最高人民检察院、公安部关于公安机关管辖的刑事案件立案追诉标准的规定（一）的补充规定（2017年4月27日）

七、在《立案追诉标准（一）》第34条后增加一条，作为第34条之一：[拒不支付劳动报酬案（刑法第二百七十六条之一）] 以转移财产、逃匿等方法逃避支付劳动者的劳动报酬或者有能力支付而不支付劳动者的劳动报酬，经政府有关部门责令支付仍不支付，涉嫌下列情形之一的，应予立案追诉：

（一）拒不支付1名劳动者3个月以上的劳动报酬且数额在5千元至2万元以上的；

（二）拒不支付10名以上劳动者的劳动报酬且数额累计在3万元至10万元以上的。

不支付劳动者的劳动报酬，尚未造成严重后果，在刑事立案前支付劳动者的劳动报酬，并依法承担相应赔偿责任的，可以不予立案追诉。

● 定罪

1. 第一款"以转移财产、逃匿等方法逃避支付劳动者的劳动报酬"的认定

最高人民法院关于审理拒不支付劳动报酬刑事案件适用法律若干问题的解释（2013年1月23日）

第二条 以逃避支付劳动者的劳动报酬为目的，具有下列情形之一的，应当认定为刑法第二百七十六条之一第一款规定的"以转移财产、逃匿等方法逃避支付劳动者的劳动报酬"：

（一）隐匿财产、恶意清偿、虚构债务、虚假破产、虚假倒闭或者以其他方法转移、处分财产的；

（二）逃跑、藏匿的；

（三）隐匿、销毁或者篡改账目、职工名册、工资支付记录、考勤记录等与劳动报酬相关的材料的；

（四）以其他方法逃避支付劳动报酬的。

最高人民法院、最高人民检察院、人力资源和社会保障部、公安部关于加强涉嫌拒不支付劳动报酬犯罪案件查处衔接工作的通知（2014年12月23日）

一、切实加强涉嫌拒不支付劳动报酬违法犯罪案件查处工作

（二）行为人拖欠劳动者劳动报酬后，人力资源社会保障部门通过书面、电话、短信等能够确认其收悉的方式，通知其在指定的时间内到指定的地点配合解决问题，但其在指定的时间内未到指定的地点配合解决问题或明确表示拒不支付劳动报酬的，视为刑法第二百七十六条之一第一款规定的"以逃匿方法逃避支付劳动者的劳动报酬"。但是，行为人有证据证明因自然灾害、突发重大疾病等非人力所能抗拒的原因造成其无法在指定的时间内到指定的地点配合解决问题的除外。

2. 第一款"劳动者的劳动报酬"的认定

最高人民法院关于审理拒不支付劳动报酬刑事案件适用法律若干问题的解释（2013年1月23日）

第一条 劳动者依照《中华人民共和国劳动法》和《中华人民共和国劳动合同法》等法律的规定应得的劳动报酬，包括工资、奖金、津贴、补贴、延长工作时间的工资报酬及特殊情况下支付的工资等，应当认定为刑法第二百七十六条之一第一款规定的"劳动者的劳动报酬"。

3. 第一款"数额较大"的认定

最高人民法院关于审理拒不支付劳动报酬刑事案件适用法律若干问题的解释（2013年1月23日）

第三条 具有下列情形之一的，应当认定为刑法第二百七十六条之一第一款规定的"数额较大"：

（一）拒不支付一名劳动者三个月以上的劳动报酬且数额在五千元至二万元以上的；

（二）拒不支付十名以上劳动者的劳动报酬且数额累计在三万元至十万元以上的。

各省、自治区、直辖市高级人民法院可以根据本地区经济社会发展状况，在前款规定的数额幅度内，研究确定本地区执行的具体数额标准，报最高人民法院备案。

4. 第一款"经政府有关部门责令支付仍不支付"的认定

最高人民法院关于审理拒不支付劳动报酬刑事案件适用法律若干问题的解释（2013年1月23日）

第四条 经人力资源社会保障部门或者政府其他有关部门依法以限期整改指令书、行政处理决定书等文书责令支付劳动者的劳动报酬后，在指定的期限内仍不支付的，应当认定为刑法第二百七十六条之一第一款规定的"经政府有关部门责令支付仍不支付"，但有证据证明行为人有正当理由未知悉责令支付或者未及时支付劳动报酬的除外。

行为人逃匿，无法将责令支付文书送交其本人、同住成年家属或者所在单位负责收件的人的，如果有关部门已通过在行为人的住所地、生产经营场所等地张贴责令支付文书等方式责令支付，并采用拍照、录像等方式记录的，应当视为"经政府有关部门责令支付"。

5. 第一款"造成严重后果"的认定

最高人民法院关于审理拒不支付劳动报酬刑事案件适用法律若干问题的解释（2013年1月23日）

第五条 拒不支付劳动者的劳动报酬，符合本解释第三条的规定，并具有下列情形之一的，应当认定为刑法第二百七十六条之一第一款规定的"造成严重后果"：

（一）造成劳动者或者其被赡养人、被扶养人、被抚养人的基本生活受到严重影响、重大疾病无法及时医治或者失学的；

（二）对要求支付劳动报酬的劳动者使用暴力或者进行暴力威胁的；

（三）造成其他严重后果的。

6. 不具备用工主体资格，违法用工且拒不支付劳动者的劳动报酬行为的定性

最高人民法院关于审理拒不支付劳动报酬刑事案件适用法律若干问题的解释（2013年1月23日）

第七条 不具备用工主体资格的单位或者个人，违法用工且拒不支付劳动者的劳动报酬，数额较大，经政府有关部门责令支付仍不支付的，应当依照刑法第二百七十六条之一的规定，以拒不支付劳动报酬罪追究刑事责任。

最高人民法院关于发布第七批指导性案例的通知（2014年6月26日）
胡克金拒不支付劳动报酬案（指导案例28号）
裁判要点：1. 不具备用工主体资格的单位或者个人（包工头），违法用工且

拒不支付劳动者报酬,数额较大,经政府有关部门责令支付仍不支付的,应当以拒不支付劳动报酬罪追究刑事责任。

2. 不具备用工主体资格的单位或者个人（包工头）拒不支付劳动报酬,即使其他单位或者个人在刑事立案前为其垫付了劳动报酬的,也不影响追究该用工单位或者个人（包工头）拒不支付劳动报酬罪的刑事责任。

7. 用人单位实际控制人拒不支付劳动报酬行为的定性

最高人民法院关于审理拒不支付劳动报酬刑事案件适用法律若干问题的解释（2013年1月23日）

第八条　用人单位的实际控制人实施拒不支付劳动报酬行为,构成犯罪的,应当依照刑法第二百七十六条之一的规定追究刑事责任。

8. 单位犯罪的认定

最高人民法院关于审理拒不支付劳动报酬刑事案件适用法律若干问题的解释（2013年1月23日）

第九条　单位拒不支付劳动报酬,构成犯罪的,依照本解释规定的相应个人犯罪的定罪量刑标准,对直接负责的主管人员和其他直接责任人员定罪处罚,并对单位判处罚金。

● 量刑

从轻、减轻或免除处罚

最高人民法院关于审理拒不支付劳动报酬刑事案件适用法律若干问题的解释（2013年1月23日）

第六条　拒不支付劳动者的劳动报酬,尚未造成严重后果,在刑事立案前支付劳动者的劳动报酬,并依法承担相应赔偿责任的,可以认定为情节显著轻微危害不大,不认为是犯罪;在提起公诉前支付劳动者的劳动报酬,并依法承担相应赔偿责任的,可以减轻或者免除刑事处罚;在一审宣判前支付劳动者的劳动报酬,并依法承担相应赔偿责任的,可以从轻处罚。

对于免除刑事处罚的,可以根据案件的不同情况,予以训诫、责令具结悔过或者赔礼道歉。

拒不支付劳动者的劳动报酬,造成严重后果,但在宣判前支付劳动者的劳动报酬,并依法承担相应赔偿责任的,可以酌情从宽处罚。

最高人民检察院发布首批涉民营企业司法保护典型案例（2019年1月17日）

上海A国际贸易有限公司、刘某拒不支付劳动报酬案

——在办案中坚持依法保护劳动者合法权益与促进民营企业守法经营有机结合

三、指导意义

2. 要准确把握宽严相济刑事政策的要求，切实考虑被欠薪劳动者的切身利益。对于多次欠薪、被行政处罚后仍然欠薪，影响恶劣的企业及其负责人，应当依法追究刑事责任。对于真诚认罪悔罪、知错改正，在提起公诉前支付劳动报酬，危害后果减轻或者消除，被损坏的法律关系修复的，依法从宽处理。在办案中，既要努力维护劳动者的合法权益，又要尽可能维护民营企业正常生产经营活动。

第六章　妨害社会管理秩序罪

第一节　扰乱公共秩序罪

第二百七十七条　【妨害公务罪】以暴力、威胁方法阻碍国家机关工作人员依法执行职务的，处三年以下有期徒刑、拘役、管制或者罚金。

以暴力、威胁方法阻碍全国人民代表大会和地方各级人民代表大会代表依法执行代表职务的，依照前款的规定处罚。

在自然灾害和突发事件中，以暴力、威胁方法阻碍红十字会工作人员依法履行职责的，依照第一款的规定处罚。

故意阻碍国家安全机关、公安机关依法执行国家安全工作任务，未使用暴力、威胁方法，造成严重后果的，依照第一款的规定处罚。

【袭警罪】暴力袭击正在依法执行职务的人民警察的，处三年以下有期徒刑、拘役或者管制；使用枪支、管制刀具，或者以驾驶机

动车撞击等手段，严重危及其人身安全的，处三年以上七年以下有期徒刑。①

● 关联法条

第二百四十二条

● 定罪

1. "执行职务"的认定

最高人民法院、最高人民检察院、公安部关于依法惩治袭警违法犯罪行为的指导意见（2020年1月10日）

五、民警在非工作时间，依照《中华人民共和国人民警察法》等法律履行职责的，应当视为执行职务。

2. 第五款"暴力袭击正在依法执行职务的人民警察"的认定

最高人民法院、最高人民检察院、公安部关于依法惩治袭警违法犯罪行为的指导意见（2020年1月10日）

人民警察代表国家行使执法权，肩负着打击违法犯罪、维护社会稳定、维持司法秩序、执行生效裁判等重要职责。在依法履职过程中，人民警察遭受违法犯罪分子暴力侵害、打击报复的事件时有发生，一些犯罪分子气焰嚣张、手段残忍，甚至出现预谋性、聚众性袭警案件，不仅危害民警人身安全，更严重损害国家法律权威、破坏国家正常管理秩序。为切实维护国家法律尊严，维护民警执法权威，保障民警人身安全，依法惩治袭警违法犯罪行为，根据有关法律法规，经最高人民法院、最高人民检察院、公安部共同研究决定，制定本意见。

一、对此在依法执行职务的民警实施下列行为的，属于刑法第二百七十七条第五款规定的"暴力袭击正在依法执行职务的人民警察"，应当以妨害公务罪定罪从重处罚：

---

① 编者注："暴力袭击正在依法执行职务的人民警察"原本只是妨害公务罪的从重处罚情节，但《刑法修正案（十一）》改变了这种做法，为其创设了崭新的刑罚表述。

1. 实施撕咬、踢打、抱摔、投掷等，对民警人身进行攻击的；

2. 实施打砸、毁坏、抢夺民警正在使用的警用车辆、警械等警用装备，对民警人身进行攻击的；

对正在依法执行职务的民警虽未实施暴力袭击，但以实施暴力相威胁，符合刑法第二百七十七条第一款规定的，以妨害公务罪定罪处罚。

醉酒的人实施袭警犯罪行为，应当负刑事责任。

教唆、煽动他人实施袭警犯罪行为或者为他人实施袭警犯罪行为提供工具、帮助的，以共同犯罪论处。

对袭警情节轻微或者辱骂民警，尚不构成犯罪，但构成违反治安管理行为的，应当依法从重给予治安管理处罚。

3. 以暴力、威胁方法阻碍司法工作人员依法办案行为的定性

最高人民法院、最高人民检察院、公安部、国家工商行政管理局关于依法查处盗窃、抢劫机动车案件的规定（1998年5月8日）

一、司法机关依法查处盗窃、抢劫机动车案件，任何单位和个人都应当予以协助。以暴力、威胁方法阻碍司法工作人员依法办案的，依照《刑法》第二百七十七条第一款的规定处罚。

4. 以暴力、威胁方法阻碍事业编制人员行政执法行为的定性

最高人民检察院关于以暴力威胁方法阻碍事业编制人员依法执行行政执法职务是否可对侵害人以妨害公务罪论处的批复（2000年4月24日）

对于以暴力、威胁方法阻碍国有事业单位人员依照法律、行政法规的规定执行行政执法职务的，或者以暴力、威胁方法阻碍国家机关中受委托从事行政执法活动的事业编制人员执行行政执法职务的，可以对侵害人以妨害公务罪追究刑事责任。

5. 妨害国家机关工作人员、红十字会工作人员为防治突发传染病疫情等灾害而采取防控措施行为的定性

最高人民法院、最高人民检察院关于办理妨害预防、控制突发传染病疫情等灾害的刑事案件具体应用法律若干问题的解释（2003年5月15日）

第八条 以暴力、威胁方法阻碍国家机关工作人员、红十字会工作人员依法履行为防治突发传染病疫情等灾害而采取的防疫、检疫、强制隔离、隔离治疗等预防、控制措施的，依照刑法第二百七十七条第一款、第三款的规定，以妨害公务罪定罪处罚。

6. 以暴力、威胁方法阻碍烟草专卖执法人员执行职务行为的定性

最高人民法院、最高人民检察院关于办理非法生产、销售烟草专卖品等刑事案件具体应用法律若干问题的解释（2010年3月26日）

第八条第一款　以暴力、威胁方法阻碍烟草专卖执法人员依法执行职务，构成犯罪的，以妨害公务罪追究刑事责任。

7. 以暴力、威胁方法阻碍草原监督检查人员执行职务行为的定性

最高人民法院关于审理破坏草原资源刑事案件应用法律若干问题的解释（2012年11月22日）

第四条第一款　以暴力、威胁方法阻碍草原监督检查人员依法执行职务，构成犯罪的，依照刑法第二百七十七条的规定，以妨害公务罪追究刑事责任。

8. 以暴力、威胁方法阻碍国家机关工作人员依法采取防控措施行为的定性

最高人民法院、最高人民检察院、公安部、司法部关于依法惩治妨害新型冠状病毒感染肺炎疫情防控违法犯罪的意见（2020年2月6日）

二、准确适用法律，依法严惩妨害疫情防控的各类违法犯罪

（一）……以暴力、威胁方法阻碍国家机关工作人员（含在依照法律、法规规定行使国家有关疫情防控行政管理职权的组织中从事公务的人员，在受国家机关委托代表国家机关行使疫情防控职权的组织中从事公务的人员，虽未列入国家机关人员编制但在国家机关中从事疫情防控公务的人员）依法履行为防控疫情而采取的防疫、检疫、强制隔离、隔离治疗等措施的，依照刑法第二百七十七条第一款、第三款的规定，以妨害公务罪定罪处罚。暴力袭击正在依法执行职务的人民警察的，以妨害公务罪定罪，从重处罚。

（十）依法严惩妨害疫情防控的违法行为。实施上述（一）至（九）规定的行为，不构成犯罪的，由公安机关根据治安管理处罚法有关虚构事实扰乱公共秩序，扰乱单位秩序、公共场所秩序、寻衅滋事，拒不执行紧急状态下的决定、命令，阻碍执行职务，冲闯警戒带、警戒区，殴打他人，故意伤害，侮辱他人，诈骗，在铁路沿线非法挖掘坑穴、采石取沙，盗窃、损毁路面公共设施，损毁铁路设施设备，故意损毁财物、哄抢公私财物等规定，予以治安管理处罚，或者由有关部门予以其他行政处罚。

对于在疫情防控期间实施有关违法犯罪的，要作为从重情节予以考量，依法体现从严的政策要求，有力惩治震慑违法犯罪，维护法律权威，维护社会秩序，维护人民群众生命安全和身体健康。

9. 信访活动中妨害公务行为的定性

公安部关于公安机关处置信访活动中违法犯罪行为适用法律的指导意见（2013年7月19日）

四、对妨害社会管理秩序违法犯罪行为的处理

9. 阻碍国家机关工作人员依法执行职务，强行冲闯公安机关设置的警戒带、警戒区，或者阻碍执行紧急任务的消防车、救护车、工程抢险车、警车等车辆通行，符合《治安管理处罚法》第五十条第一款第二项、第三项、第四项规定的，以阻碍执行职务、阻碍特种车辆通行、冲闯警戒带、警戒区依法予以治安管理处罚；阻碍人民警察依法执行职务的，从重处罚；使用暴力、威胁方法阻碍国家机关工作人员依法执行职务，符合《刑法》第二百七十七条规定的，以妨害公务罪追究刑事责任。

最高人民法院、最高人民检察院、公安部关于依法处理信访活动中违法犯罪行为的指导意见（2019年2月28日）

一、依法打击违法犯罪行为，明确法律底线

（四）阻碍执行职务。在信访活动中或者以信访为名，以暴力、威胁方法阻碍国家机关工作人员依法执行职务的，依照刑法第二百七十七条的规定，以妨害公务罪定罪处罚；暴力袭击正在依法执行职务的人民警察的，依法从重处罚。

10. 一罪与数罪

最高人民法院关于审理发生在我国管辖海域相关案件若干问题的规定（二）（2016年8月2日）

第八条第二款 有破坏海洋资源犯罪行为，又实施走私、妨害公务等犯罪的，依照数罪并罚的规定处理。

● 量刑

1. 量刑起点、基准刑的确定

最高人民法院关于常见犯罪的量刑指导意见（2017年4月1日）

四、常见犯罪的量刑

（十一）妨害公务罪

1. 构成妨害公务罪的，可以在二年以下有期徒刑、拘役幅度内确定量刑起点。

2. 在量刑起点的基础上，可以根据妨害公务造成的后果、犯罪情节严重程度等其他影响犯罪构成的犯罪事实增加刑罚量，确定基准刑。

3. 暴力袭击正在依法执行职务的人民警察的，可以增加基准刑的10%－30%。

2. 在从重处罚的基础上酌情从重处罚

最高人民法院、最高人民检察院、公安部关于依法惩治袭警违法犯罪行为的指导意见（2020年1月10日）

二、实施暴力袭警行为，具有下列情形之一的，在第一条规定的基础上酌情从重处罚：

1. 使用凶器或者危险物品袭警、驾驶机动车袭警的；
2. 造成民警轻微伤或者警用装备严重毁损的；
3. 妨害民警依法执行职务，造成他人伤亡、公私财产损失或者造成犯罪嫌疑人脱逃、毁灭证据等严重后果的；
4. 造成多人围观、交通堵塞等恶劣社会影响的；
5. 纠集多人袭警或者袭击民警二人以上的；
6. 曾因袭警受过处罚，再次袭警的；
7. 实施其他严重袭警行为的。

实施上述行为，构成犯罪的，一般不得适用缓刑。

3. 对第五款关于暴力袭警从重处罚的科学理解

最高人民法院、最高人民检察院、公安部关于依法惩治袭警违法犯罪行为的指导意见（2020年1月10日）

……二要依法适用从重处罚。暴力袭警是刑法第二百七十七条规定的从重处罚情形。人民法院、人民检察院和公安机关在办理此类案件时，要准确认识袭警行为对于国家法律秩序的严重危害，不能将袭警行为等同于一般的故意伤害行为，不能仅以造成民警身体伤害作为构成犯罪的标准，要综合考虑袭警行为的手段、方式以及对执行职务的影响程度等因素，准确认定犯罪性质，从严追究刑事责任。对袭警违法犯罪行为，依法不适用刑事和解和治安调解。对于构成犯罪，但具有初犯、偶犯、给予民事赔偿并取得被害人谅解等情节的，在酌情从宽时，应当从严把握从宽幅度。对犯罪性质和危害后果特别严重、犯罪手段特别残忍、社会影响特别恶劣的犯罪分子，虽具有上述酌定从宽情节但不足以从轻处罚的，依法不予从宽处罚……

> 第二百七十八条 【煽动暴力抗拒法律实施罪】煽动群众暴力抗拒国家法律、行政法规实施的，处三年以下有期徒刑、拘役、管制或者剥夺政治权利；造成严重后果的，处三年以上七年以下有期徒刑。

● 定罪

1. 煽动群众暴力抗拒烟草专卖法律实施行为的定性

最高人民法院、最高人民检察院关于办理非法生产、销售烟草专卖品等刑事案件具体应用法律若干问题的解释（2010年3月26日）

第八条第二款 煽动群众暴力抗拒烟草专卖法律实施，构成犯罪的，以煽动暴力抗拒法律实施罪追究刑事责任。

2. 煽动群众暴力抗拒草原法律实施行为的定性

最高人民法院关于审理破坏草原资源刑事案件应用法律若干问题的解释（2012年11月22日）

第四条第二款 煽动群众暴力抗拒草原法律、行政法规实施，构成犯罪的，依照刑法第二百七十八条的规定，以煽动暴力抗拒法律实施罪追究刑事责任。

3. 信访活动中煽动群众暴力抗拒国家法律、行政法规实施行为的定性

公安部关于公安机关处置信访活动中违法犯罪行为适用法律的指导意见（2013年7月19日）

四、对妨害社会管理秩序违法犯罪行为的处理

11. 煽动群众暴力抗拒国家法律、行政法规实施，符合《刑法》第二百七十八条规定的，以煽动暴力抗拒法律实施罪追究刑事责任。

4. 一罪与数罪

最高人民法院、最高人民检察院关于办理利用信息网络实施诽谤等刑事案件适用法律若干问题的解释（2013年9月10日）

第九条 利用信息网络实施诽谤、寻衅滋事、敲诈勒索、非法经营犯罪，同时又构成刑法第二百二十一条规定的损害商业信誉、商品声誉罪，第二百七十八条规定的煽动暴力抗拒法律实施罪，第二百九十一条之一规定的编造、故意传播虚假恐怖信息罪等犯罪的，依照处罚较重的规定定罪处罚。

> **第二百七十九条 【招摇撞骗罪】**冒充国家机关工作人员招摇撞骗的，处三年以下有期徒刑、拘役、管制或者剥夺政治权利；情节严重的，处三年以上十年以下有期徒刑。
>
> 冒充人民警察招摇撞骗的，依照前款的规定从重处罚。

● 定罪

1. 冒充警察"抓赌""抓嫖"行为的定性

最高人民法院关于审理抢劫、抢夺刑事案件适用法律若干问题的意见（2005年6月8日）

九、关于抢劫罪与相似犯罪的界限

1. 冒充正在执行公务的人民警察、联防人员，以抓卖淫嫖娼、赌博等违法行为为名非法占有财物的行为定性

行为人冒充正在执行公务的人民警察"抓赌"、"抓嫖"，没收赌资或者罚款的行为，构成犯罪的，以招摇撞骗罪从重处罚；在实施上述行为中使用暴力或者暴力威胁，以抢劫罪定罪处罚。行为人冒充治安联防队员"抓赌"、"抓嫖"、没收赌资或者罚款的行为，构成犯罪的，以敲诈勒索罪定罪处罚；在实施上述行为中使用暴力或者暴力威胁的，以抢劫罪定罪处罚。

2. 一罪与数罪

最高人民法院、最高人民检察院关于办理诈骗刑事案件具体应用法律若干问题的解释（2011年4月8日）

第八条 冒充国家机关工作人员进行诈骗，同时构成诈骗罪和招摇撞骗罪的，依照处罚较重的规定定罪处罚。

最高人民法院、最高人民检察院、公安部关于办理电信网络诈骗等刑事案件适用法律若干问题的意见（2016年12月20日）

三、全面惩处关联犯罪

（三）冒充国家机关工作人员实施电信网络诈骗犯罪，同时构成诈骗罪和招摇撞骗罪的，依照处罚较重的规定定罪处罚。

> **第二百八十条 【伪造、变造、买卖国家机关公文、证件、印章罪】【盗窃、抢夺、毁灭国家机关公文、证件、印章罪】** 伪造、变造、买卖或者盗窃、抢夺、毁灭国家机关的公文、证件、印章的,处三年以下有期徒刑、拘役、管制或者剥夺政治权利,并处罚金;情节严重的,处三年以上十年以下有期徒刑,并处罚金。
>
> **【伪造公司、企业、事业单位、人民团体印章罪】** 伪造公司、企业、事业单位、人民团体的印章的,处三年以下有期徒刑、拘役、管制或者剥夺政治权利,并处罚金。
>
> **【伪造、变造、买卖身份证件罪】** 伪造、变造、买卖居民身份证、护照、社会保障卡、驾驶证等依法可以用于证明身份的证件的,处三年以下有期徒刑、拘役、管制或者剥夺政治权利,并处罚金;情节严重的,处三年以上七年以下有期徒刑,并处罚金。

● 定罪

1. 买卖伪造、变造的报关单、外汇管理部门核准件等凭据行为的定性

最高人民法院关于审理骗购外汇、非法买卖外汇刑事案件具体应用法律若干问题的解释(1998年9月1日)

第二条 伪造、变造、买卖海关签发的报关单、进口证明、外汇管理机关的核准件等凭证或者购买伪造、变造的上述凭证的,按照刑法第二百八十条第一款的规定定罪处罚。

全国人民代表大会常务委员会关于惩治骗购外汇、逃汇和非法买卖外汇犯罪的决定(1998年12月29日)

二、买卖伪造、变造的海关签发的报关单、进口证明、外汇管理部门核准件等凭证和单据或者国家机关的其他公文、证件、印章的,依照刑法第二百八十条的规定定罪处罚。

2. 伪造、变造、买卖机动车牌证及入户、过户、验证文件行为的定性

最高人民法院、最高人民检察院、公安部、国家工商行政管理局关于依法查处盗窃、抢劫机动车案件的规定(1998年5月8日)

七、伪造、变造、买卖机动车牌证及机动车入户、过户、验证的有关证明文件的，依照《刑法》第二百八十条第一款的规定处罚。

最高人民法院、最高人民检察院关于办理与盗窃、抢劫、诈骗、抢夺机动车相关刑事案件具体应用法律若干问题的解释（2007年5月11日）

第二条 伪造、变造、买卖机动车行驶证、登记证书，累计三本以上的，依照刑法第二百八十条第一款的规定，以伪造、变造、买卖国家机关证件罪定罪，处三年以下有期徒刑、拘役、管制或者剥夺政治权利。

伪造、变造、买卖机动车行驶证、登记证书，累计达到第一款规定数量标准五倍以上的，属于刑法第二百八十条第一款规定中的"情节严重"，处三年以上十年以下有期徒刑。

第四条 实施本解释第一条、第二条、第三条第一款或者第三款规定的行为，事前与盗窃、抢劫、诈骗、抢夺机动车的犯罪分子通谋的，以盗窃罪、抢劫罪、诈骗罪、抢夺罪的共犯论处。

最高人民检察院法律政策研究室关于《关于伪造机动车登记证书如何适用法律的请示》的答复意见（2016年3月18日）

一、2007年两高《关于办理盗窃、抢劫、诈骗、抢夺机动车相关刑事案件具体应用法律若干问题的解释》第二条关于伪造、变造、买卖机动车行驶证、登记证书行为的定罪量刑标准，主要适用于与盗窃、抢劫、诈骗、抢夺机动车相关的刑事案件。

二、2007年两高《关于办理盗窃、抢劫、诈骗、抢夺机动车相关刑事案件具体应用法律若干问题的解释》规定情形以外的刑法第280条入罪标准应当根据案件具体情况处理，注意把握行政处罚与刑事处罚的衔接，注意把握行为的社会危害性。

三、对于刑法第280条入罪标准问题，我们将进一步研究，适时通过司法解释予以明确。

3. 买卖伪造的国家机关证件行为的定性

最高人民检察院法律政策研究室关于买卖伪造的国家机关证件行为是否构成犯罪的问题的答复（1999年6月21日）

对于买卖伪造的国家机关证件的行为，依法应当追究刑事责任的，可适用刑法第二百八十条第一款的规定以买卖国家机关证件罪追究刑事责任。

4. 伪造、变造、买卖政府临时行政管理机构公文、证件、印章行为的定性

最高人民检察院法律政策研究室关于伪造、变造、买卖政府设立的临时性机构的公文、证件、印章行为如何适用法律问题的答复（2003年6月3日）

伪造、变造、买卖各级人民政府设立的行使行政管理权的临时性机构的公文、证件、印章行为，构成犯罪的，应当依照刑法第二百八十条第一款的规定，以伪造、变造、买卖国家机关公文、证件、印章罪追究刑事责任。

5. 伪造高等院校印章制作学历证、学位证行为的定性

最高人民法院、最高人民检察院关于办理伪造、贩卖伪造的高等院校学历、学位证明刑事案件如何适用法律问题的解释（2001年7月5日）

对于伪造高等院校印章制作学历、学位证明的行为，应当依照刑法第二百八十条第二款的规定，以伪造事业单位印章罪定罪处罚。

明知是伪造高等院校印章制作的学历、学位证明而贩卖的，以伪造事业单位印章罪的共犯论处。

公安部关于对伪造学生证及贩卖、使用伪造学生证的行为如何处理问题的批复（2002年6月26日）

一、对伪造高等院校印章制作学生证的行为，应当依照《中华人民共和国刑法》第280条第2款的规定，以伪造事业单位印章罪立案侦查。

二、对明知是伪造高等院校印章制作的学生证而贩卖的，应当以伪造事业单位印章罪的共犯立案侦查；对贩卖伪造的学生证，尚不够刑事处罚的，应当就其明知是伪造的学生证而购买的行为，依照《中华人民共和国治安管理处罚条例》第24条第（一）项的规定，以明知是赃物而购买处罚。

6. 伪造、变造、买卖林业证件行为的定性

最高人民法院关于审理破坏森林资源刑事案件具体应用法律若干问题的解释（2000年12月11日）

第十三条　对于伪造、变造、买卖林木采伐许可证、木材运输证件，森林、林木、林地权属证书，占用或者征用林地审核同意书、育林基金等缴费收据以及其他国家机关批准的林业证件构成犯罪的，依照刑法第二百八十条第一款的规定，以伪造、变造、买卖国家机关公文、证件罪定罪处罚。

对于买卖允许进出口证明书等经营许可证明，同时触犯刑法第二百二十五条、第二百八十条规定之罪的，依照处罚较重的规定定罪处罚。

7. 伪造、变造、买卖野生动物允许进出口证明书、狩猎证、驯养繁殖许可证行为的定性

最高人民法院关于审理破坏野生动物资源刑事案件具体应用法律若干问题的解释（2000 年 12 月 11 日）

第九条 伪造、变造、买卖国家机关颁发的野生动物允许进出口证明书、特许猎捕证、狩猎证、驯养繁殖许可证等公文、证件构成犯罪的，依照刑法第二百八十条第一款的规定以伪造、变造、买卖国家机关公文、证件罪定罪处罚。

实施上述行为构成犯罪，同时构成刑法第二百二十五条第二项规定的非法经营罪的，依照处罚较重的规定定罪处罚。

8. 为给信用卡申请人提供虚假资信证明而伪造、变造、买卖国家机关公文、证件、印章行为的定性

最高人民法院、最高人民检察院关于办理妨害信用卡管理刑事案件具体应用法律若干问题的解释（2018 年 12 月 1 日）

第四条第一款 为信用卡申请人制作、提供虚假的财产状况、收入、职务等资信证明材料，涉及伪造、变造、买卖国家机关公文、证件、印章，或者涉及伪造公司、企业、事业单位、人民团体印章，应当追究刑事责任的，依照刑法第二百八十条的规定，分别以伪造、变造、买卖国家机关公文、证件、印章罪和伪造公司、企业、事业单位、人民团体印章罪定罪处罚。

9. 不能将机动车号牌认定为国家机关证件

最高人民法院研究室《关于伪造、变造、买卖民用机动车号牌行为能否以伪造、变造、买卖国家机关证件罪定罪处罚问题的请示》的答复（2009 年 1 月 1 日）

最近，广东省委政法委要求我院就伪造、变造、买卖民用机动车号牌的行为能否以伪造、变造、买卖国家机关证件罪定罪处罚的问题提出处理意见。我院审判委员会研究时有两种不同意见。多数意见认为不应以伪造、变造、买卖国家机关证件罪定罪处罚。少数意见认为机动车号牌属于国家机关证件，对于伪造、变造、买卖民用机动车号牌且情节严重的行为，可以伪造、变造、买卖国家机关证件罪追究刑事责任。经请示，最高法院研究室作出答复，同意我院审委会多数人意见，伪造、变造、买卖民用机动车号牌行为不能以伪造、变造、买卖国家机关证件罪定罪处罚。最高法院研究室答复全文如下："你院粤高法〔2009〕108 号《关于伪造、变造、买卖民用机动车号牌行为能否以伪造、变造、买卖国家机关证件罪定罪处罚问题的请示》收悉。经研究，答复如下：

同意你院审委会讨论中的多数人意见，伪造、变造、买卖民用机动车号牌行为不能以伪造、变造、买卖国家机关证件罪定罪处罚。你院所请示问题的关键在于能否将机动车号牌认定为国家机关证件，从当前我国刑法的规定看，不能将机动车号牌认定为国家机关证件。理由在于：

一、刑法第280条第1款规定了伪造、变造、买卖国家机关公文、证件、印章罪，第281条规定了非法生产、买卖警用装备罪，将警用车辆号牌归属于警察专用标志，属于警用装备的范围。从这一点分析，证件与车辆号牌不具有同一性。如果具有同一性，刑法第280条中的证件就包括了警用车辆号牌，也就没有必要在第281条中单独明确列举警用车辆号牌了。同样的道理适用于刑法第375条的规定（刑法第375条第1款规定了伪造、变造、买卖武装部队公文、证件、印章罪，盗窃、抢夺武装部队公文、证件、印章罪，第2款规定了非法生产、买卖军用标志罪，而军用标志包括武装部队车辆号牌）。刑法规定非法生产、买卖警用装备罪和非法生产、买卖军用标志罪，明确对警用车辆号牌和军用车辆号牌进行保护，目的在于维护警用、军用标志性物品的专用权，而不是将警用和军用车辆号牌作为国家机关证件来保护。如果将机动车号牌认定为证件，那么非法买卖警用机动车号牌的行为，是认定为非法买卖国家机关证件罪还是非法买卖警用装备罪？这会导致刑法适用的混乱。

二、从刑罚处罚上看，如果将机动车号牌认定为国家机关证件，那么非法买卖的机动车号牌如果分别属于人民警察车辆号牌、武装部队车辆号牌、普通机动车号牌，同样一个行为就会得到不同的处理结果：对于前两者，根据刑法第281条、第375条第2款的规定，情节严重的，分别构成非法买卖警用装备罪、非法买卖军用标志罪，法定刑为三年以下有期徒刑、拘役或者管制，并处或者单处罚金。对于非法买卖民用机动车号牌，根据刑法第280条第1款的规定，不论情节是否严重，均构成买卖国家机关证件罪，情节一般的，处三年以下有期徒刑、拘役、管制或者剥夺政治权利；情节严重的，处三年以上十年以下有期徒刑。可见，将机动车号牌认定为证件，将使对非法买卖普通机动车号牌的刑罚处罚重于对非法买卖人民警察、武装部队车辆号牌的刑罚处罚，这显失公平，也有悖立法本意。"

10. 通过伪造证据骗取法院民事裁判占有他人财物行为的定性

最高人民检察院法律政策研究室关于通过伪造证据骗取法院民事裁判占有他人财物的行为如何适用法律问题的答复（2002年10月24日）

以非法占有为目的，通过伪造证据骗取法院民事裁判占有他人财物的行为所侵害的主要是人民法院正常的审判活动可以由人民法院依照民事诉讼法的有关规定作出处理，不宜以诈骗罪追究行为人的刑事责任。如果行为人伪造证据时，实施了伪造公司、企业、事业单位、人民团体印章的行为，构成犯罪的，应当依照刑法第二百八十条第二款的规定，以伪造公司、企业、事业单位、人民团体印章罪追究刑事责任；如果行为人有指使他人作伪证行为，构成犯罪的，应当依照刑法第三百零七条第一款的规定，以妨害作证罪追究刑事责任。

11. 空白护照属于公家机关的证件、出入境证件

公安部关于盗窃空白因私护照有关问题的批复（2000年5月16日）

一、李博日韦、万明亮等人所盗取的空白护照属于出入境证件。护照不同于一般的身份证件，它是公民国际旅行的身份证件和国籍证明。在我国，公民因私护照的设计、研制、印刷统一由公安部出入境管理局负责。护照上设计了多项防伪措施，每本护照（包括空白护照）都有一个统一编号，空白护照是签发护照的重要构成因素，对空白护照的发放、使用有严格的管理程序。空白护照丢失，与已签发的护照一样，也由公安部出入境管理局宣布作废，空白护照是作为出入境证件加以管理的。因此，空白护照既是国家机关的证件，也是出入境证件。

二、李博日韦、万明亮等人所盗护照不同于一般商品，在认定其盗窃情节时，不能简单依照护照本身的研制、印刷费用计算盗窃数额，而应依照所盗护照的本数计算。一次盗窃2000本护照，在建国以来是第一次，所造成的影响极其恶劣。应当认定为"情节严重"，不是一般的盗窃，而应按照刑法第280条规定处理。

三、李博日韦、万明亮等人将盗窃的护照出售，其出售护照的行为也妨害国（边）境管理秩序，触犯刑法第320条，涉嫌构成出售出入境证件罪。

12. 伪造征税专用章后制造税收通用完税证、车辆购置税完税证对外出售行为的定性

最高人民法院研究室关于税收通用完税证和车辆购置税完税证是否属于发票问题的回函（2010年8月17日）

对伪造税务机关征税专用章，非法制造税收通用完税证和车辆购置税完税证对外出售的，视情可以伪造国家机关印章罪论处；对非法购买上述两种伪造的完税证，逃避缴纳税款的，视情可以逃税罪论处。

第二百八十条之一　【使用虚假身份证件、盗用身份证件罪】在依照国家规定应当提供身份证明的活动中，使用伪造、变造的或者盗用他人的居民身份证、护照、社会保障卡、驾驶证等依法可以用于证明身份的证件，情节严重的，处拘役或者管制，并处或者单处罚金。

有前款行为，同时构成其他犯罪的，依照处罚较重的规定定罪处罚。

第二百八十条之二①　**【冒名顶替罪】**盗用、冒用他人身份，顶替他人取得的高等学历教育入学资格、公务员录用资格、就业安置待遇的，处三年以下有期徒刑、拘役或者管制，并处罚金。

组织、指使他人实施前款行为的，依照前款的规定从重处罚。

国家工作人员有前两款行为，又构成其他犯罪的，依照数罪并罚的规定处罚。

第二百八十一条　【非法生产、买卖警用装备罪】非法生产、买卖人民警察制式服装、车辆号牌等专用标志、警械，情节严重的，处三年以下有期徒刑、拘役或者管制，并处或者单处罚金。

单位犯前款罪的，对单位判处罚金，并对其直接负责的主管人员和其他直接责任人员，依照前款的规定处罚。

● 立案追诉标准

最高人民检察院、公安部关于公安机关管辖的刑事案件立案追诉标准的规定（一）（2008年6月25日）

第三十五条　[非法生产、买卖警用装备案（刑法第二百八十一条）]非法生产、买卖人民警察制式服装、车辆号牌等专用标志、警械，涉嫌下列情形之一的，应予立案追诉：

（一）成套制式服装三十套以上，或者非成套制式服装一百件以上的；

---

① 编者注：本条为《刑法修正案（十一）》新设。

（二）手铐、脚镣、警用抓捕网、警用催泪喷射器、警灯、警报器单种或者合计十件以上的；

（三）警棍五十根以上的；

（四）警衔、警号、胸章、臂章、帽徽等警用标志单种或者合计一百件以上的；

（五）警车号牌、省级以上公安机关专段民用车辆号牌一副以上，或者其他公安机关专段民用车辆号牌三副以上的；

（六）非法经营数额五千元以上，或者非法获利一千元以上的；

（七）被他人利用进行违法犯罪活动的；

（八）其他情节严重的情形。

第一百条　本规定中的立案追诉标准，除法律、司法解释另有规定的以外，适用于相关的单位犯罪。

第二百八十二条　【非法获取国家秘密罪】以窃取、刺探、收买方法，非法获取国家秘密的，处三年以下有期徒刑、拘役、管制或者剥夺政治权利；情节严重的，处三年以上七年以下有期徒刑。

【非法持有国家绝密、机密文件、资料、物品罪】非法持有属于国家绝密、机密的文件、资料或者其他物品，拒不说明来源与用途的，处三年以下有期徒刑、拘役或者管制。

● **关联法条**

第二百八十七条

第二百八十三条　【非法生产、销售专用间谍器材、窃听、窃照专用器材罪】非法生产、销售专用间谍器材或者窃听、窃照专用器材的，处三年以下有期徒刑、拘役或者管制，并处或者单处罚金；情节严重的，处三年以上七年以下有期徒刑，并处罚金。

单位犯前款罪的，对单位判处罚金，并对其直接负责的主管人员和其他直接责任人员，依照前款的规定处罚。

● 定罪

非法生产销售间谍器材型"伪基站"行为的定性

最高人民法院、最高人民检察院、公安部、国家安全部关于依法办理非法生产销售使用"伪基站"设备案件的意见（2014年3月14日）

一、准确认定行为性质

（一）非法生产、销售"伪基站"设备，经鉴定为专用间谍器材的，依照《刑法》第二百八十三条的规定，以非法生产、销售间谍专用器材罪[①]追究刑事责任；同时构成非法经营罪的，以非法经营罪追究刑事责任。

最高人民法院研究室关于非法生产、销售、使用"伪基站"行为定性的研究意见（参见《司法研究与指导》总第5辑）

一、关于生产、销售"伪基站"设备行为的定性。如果"伪基站"设备经有关部门依法认定为"窃听、窃照等专用间谍器材"的，对于未经许可生产、销售"伪基站"设备行为，可以认定为刑法第二百八十三条规定的"非法生产、销售窃听、窃照等专用间谍器材"。

> **第二百八十四条** 【非法使用窃听、窃照专用器材罪】非法使用窃听、窃照专用器材，造成严重后果的，处二年以下有期徒刑、拘役或者管制。

> **第二百八十四条之一** 【组织考试作弊罪】在法律规定的国家考试中，组织作弊的，处三年以下有期徒刑或者拘役，并处或者单处罚金；情节严重的，处三年以上七年以下有期徒刑，并处罚金。
>
> 为他人实施前款犯罪提供作弊器材或者其他帮助的，依照前款的规定处罚。
>
> 【非法出售、提供试题、答案罪】为实施考试作弊行为，向他人非法出售或者提供第一款规定的考试的试题、答案的，依照第一款的规定处罚。

---

① 编者注：现已更名为非法生产、销售专用间谍器材罪。

> **【代替考试罪】**代替他人或者让他人代替自己参加第一款规定的考试的，处拘役或者管制，并处或者单处罚金。

● 定罪

1. 第一款"法律规定的国家考试"的认定

最高人民法院、最高人民检察院关于办理组织考试作弊等刑事案件适用法律若干问题的解释（2019年9月4日）

第一条 刑法第二百八十四条之一规定的"法律规定的国家考试"，仅限于全国人民代表大会及其常务委员会制定的法律所规定的考试。

根据有关法律规定，下列考试属于"法律规定的国家考试"：

（一）普通高等学校招生考试、研究生招生考试、高等教育自学考试、成人高等学校招生考试等国家教育考试；

（二）中央和地方公务员录用考试；

（三）国家统一法律职业资格考试、国家教师资格考试、注册会计师全国统一考试、会计专业技术资格考试、资产评估师资格考试、医师资格考试、执业药师职业资格考试、注册建筑师考试、建造师执业资格考试等专业技术资格考试；

（四）其他依照法律由中央或者地方主管部门以及行业组织的国家考试。

前款规定的考试涉及的特殊类型招生、特殊技能测试、面试等考试，属于"法律规定的国家考试"。

2. 第一款"情节严重"的认定

最高人民法院、最高人民检察院关于办理组织考试作弊等刑事案件适用法律若干问题的解释（2019年9月4日）

第二条 在法律规定的国家考试中，组织作弊，具有下列情形之一的，应当认定为刑法第二百八十四条之一第一款规定的"情节严重"：

（一）在普通高等学校招生考试、研究生招生考试、公务员录用考试中组织考试作弊的；

（二）导致考试推迟、取消或者启用备用试题的；

（三）考试工作人员组织考试作弊的；

（四）组织考生跨省、自治区、直辖市作弊的；

（五）多次组织考试作弊的；

（六）组织三十人次以上作弊的；

（七）提供作弊器材五十件以上的；

（八）违法所得三十万元以上的；

（九）其他情节严重的情形。

3. 第二款"作弊器材"的认定

最高人民法院、最高人民检察院关于办理组织考试作弊等刑事案件适用法律若干问题的解释（2019年9月4日）

第三条　具有避开或者突破考场防范作弊的安全管理措施，获取、记录、传递、接收、存储考试试题、答案等功能的程序、工具，以及专门设计用于作弊的程序、工具，应当认定为刑法第二百八十四条之一第二款规定的"作弊器材"。

对于是否属于刑法第二百八十四条之一第二款规定的"作弊器材"难以确定的，依据省级以上公安机关或者考试主管部门出具的报告，结合其他证据作出认定；涉及专用间谍器材、窃听、窃照专用器材、"伪基站"等器材的，依照相关规定作出认定。

4. 第三款"情节严重"的认定

最高人民法院、最高人民检察院关于办理组织考试作弊等刑事案件适用法律若干问题的解释（2019年9月4日）

第五条　为实施考试作弊行为，非法出售或者提供法律规定的国家考试的试题、答案，具有下列情形之一的，应当认定为刑法第二百八十四条之一第三款规定的"情节严重"：

（一）非法出售或者提供普通高等学校招生考试、研究生招生考试、公务员录用考试的试题、答案的；

（二）导致考试推迟、取消或者启用备用试题的；

（三）考试工作人员非法出售或者提供试题、答案的；

（四）多次非法出售或者提供试题、答案的；

（五）向三十人次以上非法出售或者提供试题、答案的；

（六）违法所得三十万元以上的；

（七）其他情节严重的情形。

5. 在法定国家考试涉及的体育运动中组织考生使用兴奋剂行为的定性

最高人民法院关于审理走私、非法经营、非法使用兴奋剂刑事案件适用法律若干问题的解释（2020年1月1日）

第四条　在普通高等学校招生、公务员录用等法律规定的国家考试涉及的体育、体能测试等体育运动中，组织考生非法使用兴奋剂的，应当依照刑法第二百八十四条之一的规定，以组织考试作弊罪定罪处罚。

明知他人实施前款犯罪而为其提供兴奋剂的，依照前款的规定定罪处罚。

第七条 实施本解释规定的行为，涉案物质属于毒品、制毒物品等，构成有关犯罪的，依照相应犯罪定罪处罚。

第八条 对于是否属于本解释规定的"兴奋剂""兴奋剂目录所列物质""体育运动""国内、国际重大体育竞赛"等专门性问题，应当依据《中华人民共和国体育法》《反兴奋剂条例》等法律法规，结合国务院体育主管部门出具的认定意见等证据材料作出认定。

6. 单位犯罪

最高人民法院、最高人民检察院关于办理组织考试作弊等刑事案件适用法律若干问题的解释（2019年9月4日）

第八条 单位实施组织考试作弊、非法出售、提供试题、答案等行为的，依照本解释规定的相应定罪量刑标准，追究组织者、策划者、实施者的刑事责任。

7. 既遂与未遂

最高人民法院、最高人民检察院关于办理组织考试作弊等刑事案件适用法律若干问题的解释（2019年9月4日）

第四条 组织考试作弊，在考试开始之前被查获，但已经非法获取考试试题、答案或者具有其他严重扰乱考试秩序情形的，应当认定为组织考试作弊罪既遂。

第六条 为实施考试作弊行为，向他人非法出售或者提供法律规定的国家考试的试题、答案，试题不完整或者答案与标准答案不完全一致的，不影响非法出售、提供试题、答案罪的认定。

8. 一罪与数罪

最高人民法院、最高人民检察院关于办理组织考试作弊等刑事案件适用法律若干问题的解释（2019年9月4日）

第九条 以窃取、刺探、收买方法非法获取法律规定的国家考试的试题、答案，又组织考试作弊或者非法出售、提供试题、答案，分别符合刑法第二百八十二条和刑法第二百八十四条之一规定的，以非法获取国家秘密罪和组织考试作弊罪或者非法出售、提供试题、答案罪数罪并罚。

第十一条 设立用于实施考试作弊的网站、通讯群组或者发布有关考试作弊的信息，情节严重的，应当依照刑法第二百八十七条之一的规定，以非法利用信息网络罪定罪处罚；同时构成组织考试作弊罪、非法出售、提供试题、答案罪、非法获取国家秘密罪等其他犯罪的，依照处罚较重的规定定罪处罚。

9. 此罪与彼罪

最高人民法院、最高人民检察院关于办理组织考试作弊等刑事案件适用法律若干问题的解释（2019年9月4日）

第十条 在法律规定的国家考试以外的其他考试中，组织作弊，为他人组织作弊提供作弊器材或者其他帮助，或者非法出售、提供试题、答案，符合非法获取国家秘密罪、非法生产、销售窃听、窃照专用器材罪、非法使用窃听、窃照专用器材罪、非法利用信息网络罪、扰乱无线电通讯管理秩序罪等犯罪构成要件的，依法追究刑事责任。

10. 时间效力问题

最高人民法院关于《中华人民共和国刑法修正案（九）》时间效力问题的解释（2015年11月1日）

第六条 对于2015年10月31日以前组织考试作弊，为他人组织考试作弊提供作弊器材或者其他帮助，以及非法向他人出售或者提供考试试题、答案，根据修正前刑法应当以非法获取国家秘密罪、非法生产、销售间谍专用器材罪或者故意泄露国家秘密罪等追究刑事责任的，适用修正前刑法的有关规定。但是，根据修正后刑法第二百八十四条之一的规定处刑较轻的，适用修正后刑法的有关规定。

● 量刑

1. 职业禁止、禁止令的适用

最高人民法院、最高人民检察院关于办理组织考试作弊等刑事案件适用法律若干问题的解释（2019年9月4日）

第十二条 对于实施本解释规定的犯罪被判处刑罚的，可以根据犯罪情况和预防再犯罪的需要，依法宣告职业禁止；被判处管制、宣告缓刑的，可以根据犯罪情况，依法宣告禁止令。

2. 罚金的确定

最高人民法院、最高人民检察院关于办理组织考试作弊等刑事案件适用法律若干问题的解释（2019年9月4日）

第十三条 对于实施本解释规定的行为构成犯罪的，应当综合考虑犯罪的危害程度、违法所得数额以及被告人的前科情况、认罪悔罪态度等,依法判处罚金。

3. 缓刑、不起诉或免予刑事处罚、不以犯罪论处

最高人民法院、最高人民检察院关于办理组织考试作弊等刑事案件适用法律若干问题的解释(2019年9月4日)

第七条 代替他人或者让他人代替自己参加法律规定的国家考试的,应当依照刑法第二百八十四条之一第四款的规定,以代替考试罪定罪处罚。

对于行为人犯罪情节较轻,确有悔罪表现,综合考虑行为人替考情况以及考试类型等因素,认为符合缓刑适用条件的,可以宣告缓刑;犯罪情节轻微的,可以不起诉或者免予刑事处罚,情节显著轻微危害不大的,不以犯罪论处。

第二百八十五条 【非法侵入计算机信息系统罪】违反国家规定,侵入国家事务、国防建设、尖端科学技术领域的计算机信息系统的,处三年以下有期徒刑或者拘役。

【非法获取计算机信息系统数据、非法控制计算机信息系统罪】违反国家规定,侵入前款规定以外的计算机信息系统或者采用其他技术手段,获取该计算机信息系统中存储、处理或者传输的数据,或者对该计算机信息系统实施非法控制,情节严重的,处三年以下有期徒刑或者拘役,并处或者单处罚金;情节特别严重的,处三年以上七年以下有期徒刑,并处罚金。

【提供侵入、非法控制计算机信息系统程序、工具罪】提供专门用于侵入、非法控制计算机信息系统的程序、工具,或者明知他人实施侵入、非法控制计算机信息系统的违法犯罪行为而为其提供程序、工具,情节严重的,依照前款的规定处罚。

单位犯前三款罪的,对单位判处罚金,并对其直接负责的主管人员和其他直接责任人员,依照各该款的规定处罚。

● **关联法条**

第九十六条

● 定罪

1. 第二款"情节严重""情节特别严重"的认定

最高人民法院、最高人民检察院关于办理危害计算机信息系统安全刑事案件应用法律若干问题的解释（2011年9月1日）

第一条 非法获取计算机信息系统数据或者非法控制计算机信息系统，具有下列情形之一的，应当认定为刑法第二百八十五条第二款规定的"情节严重"：

（一）获取支付结算、证券交易、期货交易等网络金融服务的身份认证信息十组以上的；

（二）获取第（一）项以外的身份认证信息五百组以上的；

（三）非法控制计算机信息系统二十台以上的；

（四）违法所得五千元以上或者造成经济损失一万元以上的；

（五）其他情节严重的情形。

实施前款规定行为，具有下列情形之一的，应当认定为刑法第二百八十五条第二款规定的"情节特别严重"：

（一）数量或者数额达到前款第（一）项至第（四）项规定标准五倍以上的；

（二）其他情节特别严重的情形。

明知是他人非法控制的计算机信息系统，而对该计算机信息系统的控制权加以利用的，依照前两款的规定定罪处罚。

第十一条 本解释所称"计算机信息系统"和"计算机系统"，是指具备自动处理数据功能的系统，包括计算机、网络设备、通信设备、自动化控制设备等。

本解释所称"身份认证信息"，是指用于确认用户在计算机信息系统上操作权限的数据，包括账号、口令、密码、数字证书等。

本解释所称"经济损失"，包括危害计算机信息系统犯罪行为给用户直接造成的经济损失，以及用户为恢复数据、功能而支出的必要费用。

2. 第二款"采用其他技术手段"的认定

最高人民法院关于发布第26批指导性案例的通知（2020年12月31日）
张竣杰等非法控制计算机信息系统案（指导案例145号）

裁判要点：1. 通过植入木马程序的方式，非法获取网站服务器的控制权限，进而通过修改、增加计算机信息系统数据,向相关计算机信息系统上传网页链接代码的,应当认定为刑法第二百八十五条第二款"采用其他技术手段"非法控制计算机信息系统的行为。

2. 通过修改、增加计算机信息系统数据,对该计算机信息系统实施非法控制,但未造成系统功能实质性破坏或者不能正常运行的,不应当认定为破坏计算机信息系统罪,符合刑法第二百八十五条第二款规定的,应当认定为非法控制计算机信息系统罪。

3. 第三款"专门用于侵入、非法控制计算机信息系统的程序、工具"的认定

最高人民法院、最高人民检察院关于办理危害计算机信息系统安全刑事案件应用法律若干问题的解释(2011年9月1日)

第二条 具有下列情形之一的程序、工具,应当认定为刑法第二百八十五条第三款规定的"专门用于侵入、非法控制计算机信息系统的程序、工具":

(一)具有避开或者突破计算机信息系统安全保护措施,未经授权或者超越授权获取计算机信息系统数据的功能的;

(二)具有避开或者突破计算机信息系统安全保护措施,未经授权或者超越授权对计算机信息系统实施控制的功能的;

(三)其他专门设计用于侵入、非法控制计算机信息系统、非法获取计算机信息系统数据的程序、工具。

第十一条第一款 本解释所称"计算机信息系统"和"计算机系统",是指具备自动处理数据功能的系统,包括计算机、网络设备、通信设备、自动化控制设备等。

4. 第三款"情节严重""情节特别严重"的认定

最高人民法院、最高人民检察院关于办理危害计算机信息系统安全刑事案件应用法律若干问题的解释(2011年9月1日)

第三条 提供侵入、非法控制计算机信息系统的程序、工具,具有下列情形之一的,应当认定为刑法第二百八十五条第三款规定的"情节严重":

(一)提供能够用于非法获取支付结算、证券交易、期货交易等网络金融服务身份认证信息的专门性程序、工具五人次以上的;

(二)提供第(一)项以外的专门用于侵入、非法控制计算机信息系统的程序、工具二十人次以上的;

(三)明知他人实施非法获取支付结算、证券交易、期货交易等网络金融服

务身份认证信息的违法犯罪行为而为其提供程序、工具五人次以上的;

（四）明知他人实施第（三）项以外的侵入、非法控制计算机信息系统的违法犯罪行为而为其提供程序、工具二十人次以上的;

（五）违法所得五千元以上或者造成经济损失一万元以上的;

（六）其他情节严重的情形。

实施前款规定行为，具有下列情形之一的，应当认定为提供侵入、非法控制计算机信息系统的程序、工具"情节特别严重"：

（一）数量或者数额达到前款第（一）项至第（五）项规定标准五倍以上的;

（二）其他情节特别严重的情形。

第十一条 本解释所称"计算机信息系统"和"计算机系统"，是指具备自动处理数据功能的系统，包括计算机、网络设备、通信设备、自动化控制设备等。

本解释所称"身份认证信息"，是指用于确认用户在计算机信息系统上操作权限的数据，包括账号、口令、密码、数字证书等。

本解释所称"经济损失"，包括危害计算机信息系统犯罪行为给用户直接造成的经济损失，以及用户为恢复数据、功能而支出的必要费用。

5. "国家事务、国防建设、尖端科学技术领域的计算机信息系统""专门用于侵入、非法控制计算机信息系统的程序、工具"的认定

最高人民法院、最高人民检察院关于办理危害计算机信息系统安全刑事案件应用法律若干问题的解释（2011年9月1日）

第十条 对于是否属于刑法第二百八十五条、第二百八十六条规定的"国家事务、国防建设、尖端科学技术领域的计算机信息系统"、"专门用于侵入、非法控制计算机信息系统的程序、工具"、"计算机病毒等破坏性程序"难以确定的，应当委托省级以上负责计算机信息系统安全保护管理工作的部门检验。司法机关根据检验结论，并结合案件具体情况认定。

6. 网络侵入国家事务、国防建设、尖端科技领域计算机信息系统行为的定性

全国人民代表大会常务委员会关于维护互联网安全的决定（2009年8月27日）

一、为了保障互联网的运行安全，对有下列行为之一，构成犯罪的，依照刑法有关规定追究刑事责任：

（一）侵入国家事务、国防建设、尖端科学技术领域的计算机信息系统;

……

7. 超出授权范围登录计算机信息系统后下载储存数据行为的定性

最高人民检察院关于印发最高人民检察院第九批指导性案例的通知（2017年10月12日）

卫梦龙、龚旭、薛东东非法获取计算机信息系统数据案（检例第36号）

【要旨】超出授权范围使用账号、密码登录计算机信息系统，属于侵入计算机信息系统的行为；侵入计算机信息系统后下载其储存的数据，可以认定为非法获取计算机信息系统数据。

8. 以单位名义、形式实施危害计算机信息系统安全犯罪行为的处罚

最高人民法院、最高人民检察院关于办理危害计算机信息系统安全刑事案件应用法律若干问题的解释（2011年9月1日）

第八条 以单位名义或者单位形式实施危害计算机信息系统安全犯罪，达到本解释规定的定罪量刑标准的，应当依照刑法第二百八十五条、第二百八十六条的规定追究直接负责的主管人员和其他直接责任人员的刑事责任。

第十一条第一款 本解释所称"计算机信息系统"和"计算机系统"，是指具备自动处理数据功能的系统，包括计算机、网络设备、通信设备、自动化控制设备等。

9. 窃取他人游戏币非法销售获利行为的定性

最高人民法院研究室关于利用计算机窃取他人游戏币非法销售获利如何定性问题的研究意见（参见《司法研究与指导》2012年第2辑）

利用计算机窃取他人游戏币非法销售获利行为目前宜以非法获取计算机信息系统数据罪定罪处罚。

10. 共同犯罪

最高人民法院、最高人民检察院关于办理危害计算机信息系统安全刑事案件应用法律若干问题的解释（2011年9月1日）

第九条 明知他人实施刑法第二百八十五条、第二百八十六条规定的行为，具有下列情形之一的，应当认定为共同犯罪，依照刑法第二百八十五条、第二百八十六条的规定处罚：

（一）为其提供用于破坏计算机信息系统功能、数据或者应用程序的程序、工具，违法所得五千元以上或者提供十人次以上的；

（二）为其提供互联网接入、服务器托管、网络存储空间、通讯传输通道、费用结算、交易服务、广告服务、技术培训、技术支持等帮助，违法所得五千

元以上的；

（三）通过委托推广软件、投放广告等方式向其提供资金五千元以上的。

实施前款规定行为，数量或者数额达到前款规定标准五倍以上的，应当认定为刑法第二百八十五条、第二百八十六条规定的"情节特别严重"或者"后果特别严重"。

第十一条第一款　本解释所称"计算机信息系统"和"计算机系统"，是指具备自动处理数据功能的系统，包括计算机、网络设备、通信设备、自动化控制设备等。

11. 一罪与数罪

最高人民法院关于审理危害军事通信刑事案件具体应用法律若干问题的解释（2007年6月29日）

第六条第三款　违反国家规定，侵入国防建设、尖端科学技术领域的军事通信计算机信息系统，尚未对军事通信造成破坏的，依照刑法第二百八十五条的规定定罪处罚；对军事通信造成破坏，同时构成刑法第二百八十五条、第二百八十六条、第三百六十九条第一款规定的犯罪的，依照处罚较重的规定定罪处罚。

● 量刑

从业禁止的规定

网络安全法（2017年6月1日）

第六十三条第三款　违反本法第二十七条规定，受到治安管理处罚的人员，五年内不得从事网络安全管理和网络运营关键岗位的工作；受到刑事处罚的人员，终身不得从事网络安全管理和网络运营关键岗位的工作。

第二十七条　任何个人和组织不得从事非法侵入他人网络、干扰他人网络正常功能、窃取网络数据等危害网络安全的活动；不得提供专门用于从事侵入网络、干扰网络正常功能及防护措施、窃取网络数据等危害网络安全活动的程序、工具；明知他人从事危害网络安全的活动的，不得为其提供技术支持、广告推广、支付结算等帮助。

> 第二百八十六条 　【破坏计算机信息系统罪】违反国家规定，对计算机信息系统功能进行删除、修改、增加、干扰，造成计算机信息系统不能正常运行，后果严重的，处五年以下有期徒刑或者拘役；后果特别严重的，处五年以上有期徒刑。
> 　　违反国家规定，对计算机信息系统中存储、处理或者传输的数据和应用程序进行删除、修改、增加的操作，后果严重的，依照前款的规定处罚。
> 　　故意制作、传播计算机病毒等破坏性程序，影响计算机系统正常运行，后果严重的，依照第一款的规定处罚。
> 　　单位犯前三款罪的，对单位判处罚金，并对其直接负责的主管人员和其他直接责任人员，依照第一款的规定处罚。

● 关联法条

第九十六条

● 定罪

1. "违反国家规定"的认定

公安部关于对破坏未联网的微型计算机信息系统是否适用《刑法》第286条的请示的批复（1998年11月25日）

《刑法》第286条中的"违反国家规定"是指包括《中华人民共和国计算机信息系统安全保护条例》（以下简称《条例》）在内的有关行政法规、部门规章的规定。《条例》第5条第2款规定的"未联网的微型计算机的安全保护办法，另行规定"，主要是考虑到未联入网络的单台微型计算机系统所处环境和使用情况比较复杂，且基本无安全功能，需针对这些特点另外制定相应的安全管理措施。然而，未联网的计算机信息系统也属计算机信息系统，《条例》第2、3、7条的安全保护原则、规定，对未联网的微型计算机系统完全适用。因此破坏未联网的微型计算机信息系统适用《刑法》第286条。

2. 第一款、第二款"后果严重""后果特别严重"的认定

最高人民法院、最高人民检察院关于办理危害计算机信息系统安全刑事案件应用法律若干问题的解释（2011年9月1日）

第四条 破坏计算机信息系统功能、数据或者应用程序，具有下列情形之一的，应当认定为刑法第二百八十六条第一款和第二款规定的"后果严重"：

（一）造成十台以上计算机信息系统的主要软件或者硬件不能正常运行的；

（二）对二十台以上计算机信息系统中存储、处理或者传输的数据进行删除、修改、增加操作的；

（三）违法所得五千元以上或者造成经济损失一万元以上的；

（四）造成为一百台以上计算机信息系统提供域名解析、身份认证、计费等基础服务或者为一万以上用户提供服务的计算机信息系统不能正常运行累计一小时以上的；

（五）造成其他严重后果的。

实施前款规定行为，具有下列情形之一的，应当认定为破坏计算机信息系统"后果特别严重"：

（一）数量或者数额达到前款第（一）项至第（三）项规定标准五倍以上的；

（二）造成为五百台以上计算机信息系统提供域名解析、身份认证、计费等基础服务或者为五万以上用户提供服务的计算机信息系统不能正常运行累计一小时以上的；

（三）破坏国家机关或者金融、电信、交通、教育、医疗、能源等领域提供公共服务的计算机信息系统的功能、数据或者应用程序，致使生产、生活受到严重影响或者造成恶劣社会影响的；

（四）造成其他特别严重后果的。

第十一条 本解释所称"计算机信息系统"和"计算机系统"，是指具备自动处理数据功能的系统，包括计算机、网络设备、通信设备、自动化控制设备等。

本解释所称"身份认证信息"，是指用于确认用户在计算机信息系统上操作权限的数据，包括账号、口令、密码、数字证书等。

本解释所称"经济损失"，包括危害计算机信息系统犯罪行为给用户直接造成的经济损失，以及用户为恢复数据、功能而支出的必要费用。

3. 第三款"计算机病毒等破坏性程序"的认定

最高人民法院、最高人民检察院关于办理危害计算机信息系统安全刑事案件应用法律若干问题的解释（2011年9月1日）

第五条 具有下列情形之一的程序，应当认定为刑法第二百八十六条第三款规定的"计算机病毒等破坏性程序"：

（一）能够通过网络、存储介质、文件等媒介，将自身的部分、全部或者变种进行复制、传播，并破坏计算机系统功能、数据或者应用程序的；

（二）能够在预先设定条件下自动触发，并破坏计算机系统功能、数据或者应用程序的；

（三）其他专门设计用于破坏计算机系统功能、数据或者应用程序的程序。

第十一条第一款 本解释所称"计算机信息系统"和"计算机系统"，是指具备自动处理数据功能的系统，包括计算机、网络设备、通信设备、自动化控制设备等。

4. 第三款"后果严重""后果特别严重"的认定

最高人民法院、最高人民检察院关于办理危害计算机信息系统安全刑事案件应用法律若干问题的解释（2011年9月1日）

第六条 故意制作、传播计算机病毒等破坏性程序，影响计算机系统正常运行，具有下列情形之一的，应当认定为刑法第二百八十六条第三款规定的"后果严重"：

（一）制作、提供、传输第五条第（一）项规定的程序，导致该程序通过网络、存储介质、文件等媒介传播的；

（二）造成二十台以上计算机系统被植入第五条第（二）、（三）项规定的程序的；

（三）提供计算机病毒等破坏性程序十人次以上的；

（四）违法所得五千元以上或者造成经济损失一万元以上的；

（五）造成其他严重后果的。

实施前款规定行为，具有下列情形之一的，应当认定为破坏计算机信息系统"后果特别严重"：

（一）制作、提供、传输第五条第（一）项规定的程序，导致该程序通过网络、存储介质、文件等媒介传播，致使生产、生活受到严重影响或者造成恶劣社会影响的；

（二）数量或者数额达到前款第（二）项至第（四）项规定标准五倍以上的；

（三）造成其他特别严重后果的。

第十条 对于是否属于刑法第二百八十五条、第二百八十六条规定的"国家事务、国防建设、尖端科学技术领域的计算机信息系统"、"专门用于侵入、非法控制计算机信息系统的程序、工具"、"计算机病毒等破坏性程序"难以确定的，应当委托省级以上负责计算机信息系统安全保护管理工作的部门检验。司法机关根据检验结论，并结合案件具体情况认定。

第十一条 本解释所称"计算机信息系统"和"计算机系统"，是指具备自动处理数据功能的系统，包括计算机、网络设备、通信设备、自动化控制设备等。

本解释所称"身份认证信息"，是指用于确认用户在计算机信息系统上操作权限的数据，包括账号、口令、密码、数字证书等。

本解释所称"经济损失"，包括危害计算机信息系统犯罪行为给用户直接造成的经济损失，以及用户为恢复数据、功能而支出的必要费用。

5. 故意删除交通违章信息行为的定性

最高人民法院研究室关于对交警部门计算机信息系统中存储的交通违章信息进行删除行为如何定性的研究意见（参见《司法研究与指导》2012年第2辑（总第2辑））

违反国家规定，对交警部门计算机信息系统中存储的交通违章信息进行删除，收取违章人员的好处，应当认定为刑法第二百八十六条第二款规定的对计算机信息系统中存储、处理、传输的数据进行删除的操作，以破坏计算机信息系统罪定罪处罚。

6. 破坏环境质量计算机信息监测系统行为的处罚

最高人民法院、最高人民检察院关于办理环境污染刑事案件适用法律若干问题的解释（2017年1月1日）

第十条 违反国家规定，针对环境质量监测系统实施下列行为，或者强令、指使、授意他人实施下列行为的，应当依照刑法第二百八十六条的规定，以破坏计算机信息系统罪论处：

（一）修改参数或者监测数据的；

（二）干扰采样，致使监测数据严重失真的；

（三）其他破坏环境质量监测系统的行为。

重点排污单位篡改、伪造自动监测数据或者干扰自动监测设施，排放化学需氧量、氨氮、二氧化硫、氮氧化物等污染物，同时构成污染环境罪和破坏计算机信息系统罪的，依照处罚较重的规定定罪处罚。

从事环境监测设施维护、运营的人员实施或者参与实施篡改、伪造自动监测数据、干扰自动监测设施、破坏环境质量监测系统等行为的，应当从重处罚。

最高人民法院关于发布第 20 批指导性案例的通知（2018 年 12 月 25 日）

李森、何利民、张锋勃等人破坏计算机信息系统案（指导案例 104 号）

裁判要点：环境质量监测系统属于计算机信息系统。用棉纱等物品堵塞环境质量监测采样设备，干扰采样，致使监测数据严重失真的，构成破坏计算机信息系统罪。①

7. 智能手机终端、企业的机械远程监控系统属于计算机信息系统

最高人民检察院关于印发最高人民检察院第九批指导性案例的通知（2017 年 10 月 12 日）

曾兴亮、王玉生破坏计算机信息系统案（检例第 35 号）

【要旨】智能手机终端，应当认定为刑法保护的计算机信息系统。锁定智能手机导致不能使用的行为，可认定为破坏计算机信息系统。

最高人民法院关于发布第 20 批指导性案例的通知（2018 年 12 月 25 日）

徐强破坏计算机信息系统案（指导案例 103 号）

裁判要点：企业的机械远程监控系统属于计算机信息系统。违反国家规定，对企业的机械远程监控系统功能进行破坏，造成计算机信息系统不能正常运行，后果严重的，构成破坏计算机信息系统罪。

8. 以修改服务器指向方式劫持域名、"DNS 劫持"属于破坏计算机信息系统的行为

最高人民检察院关于印发最高人民检察院第九批指导性案例的通知（2017 年 10 月 12 日）

李丙龙破坏计算机信息系统案（检例第 33 号）

【要旨】以修改域名解析服务器指向的方式劫持域名，造成计算机信息系统不能正常运行，是破坏计算机信息系统的行为。

最高人民法院关于发布第 20 批指导性案例的通知（2018 年 12 月 25 日）

付宣豪、黄子超破坏计算机信息系统案（指导案例 102 号）

裁判要点：1. 通过修改路由器、浏览器设置、锁定主页或者弹出新窗口等技术手段，强制网络用户访问指定网站的"DNS 劫持"行为，属于破坏计算机

---

① 编者注：该要点适用时，应当注意与《刑法修正案（十一）》后的《刑法》第二百二十九条相适应。

信息系统，后果严重的，构成破坏计算机信息系统罪。

2. 对于"DNS 劫持"，应当根据造成不能正常运行的计算机信息系统数量、相关计算机信息系统不能正常运行的时间，以及所造成的损失或者影响等，认定其是"后果严重"还是"后果特别严重"。

9. 冒用买家进入网站内部评价系统删改购物评价行为的定性

最高人民检察院关于印发最高人民检察院第九批指导性案例的通知（2017 年 10 月 12 日）

李骏杰等破坏计算机信息系统案（检例第 34 号）

【要旨】冒用购物网站买家身份进入网站内部评价系统删改购物评价，属于对计算机信息系统内存储数据进行修改操作，应当认定为破坏计算机信息系统的行为。

10. 单位犯罪

最高人民法院、最高人民检察院关于办理危害计算机信息系统安全刑事案件应用法律若干问题的解释（2011 年 9 月 1 日）

第八条 以单位名义或者单位形式实施危害计算机信息系统安全犯罪，达到本解释规定的定罪量刑标准的，应当依照刑法第二百八十五条、第二百八十六条的规定追究直接负责的主管人员和其他直接责任人员的刑事责任。

第十一条第一款 本解释所称"计算机信息系统"和"计算机系统"，是指具备自动处理数据功能的系统，包括计算机、网络设备、通信设备、自动化控制设备等。

11. 共同犯罪

（参见第二百八十五条【定罪】10. 共同犯罪）

12. 一罪与数罪

（参见第二百八十五条【定罪】11. 一罪与数罪）

13. 其他法律规定

全国人民代表大会常务委员会关于维护互联网安全的决定（2009 年 8 月 27 日）

一、为了保障互联网的运行安全，对有下列行为之一，构成犯罪的，依照刑法有关规定追究刑事责任：

……

(二) 故意制作、传播计算机病毒等破坏性程序, 攻击计算机系统及通信网络, 致使计算机系统及通信网络遭受损害的;

(三) 违反国家规定, 擅自中断计算机网络或者通信服务, 造成计算机网络或者通信系统不能正常运行的。

> **第二百八十六条之一　【拒不履行信息网络安全管理义务罪】**
> 网络服务提供者不履行法律、行政法规规定的信息网络安全管理义务, 经监管部门责令采取改正措施而拒不改正, 有下列情形之一的, 处三年以下有期徒刑、拘役或者管制, 并处或者单处罚金:
> (一) 致使违法信息大量传播的;
> (二) 致使用户信息泄露, 造成严重后果的;
> (三) 致使刑事案件证据灭失, 情节严重的;
> (四) 有其他严重情节的。
> 单位犯前款罪的, 对单位判处罚金, 并对其直接负责的主管人员和其他直接责任人员, 依照前款的规定处罚。
> 有前两款行为, 同时构成其他犯罪的, 依照处罚较重的规定定罪处罚。

● 定罪

1. "网络服务提供者"的认定

最高人民法院、最高人民检察院关于办理非法利用信息网络、帮助信息网络犯罪活动等刑事案件适用法律若干问题的解释(2019年11月1日)

第一条　提供下列服务的单位和个人, 应当认定为刑法第二百八十六条之一第一款规定的"网络服务提供者":

(一) 网络接入、域名注册解析等信息网络接入、计算、存储、传输服务;

(二) 信息发布、搜索引擎、即时通讯、网络支付、网络预约、网络购物、网络游戏、网络直播、网站建设、安全防护、广告推广、应用商店等信息网络应用服务;

(三) 利用信息网络提供的电子政务、通信、能源、交通、水利、金融、教育、医疗等公共服务。

2. "经监管部门责令采取改正措施而拒不改正"的认定

最高人民法院、最高人民检察院关于办理非法利用信息网络、帮助信息网络犯罪活动等刑事案件适用法律若干问题的解释（2019年11月1日）

第二条 刑法第二百八十六条之一第一款规定的"监管部门责令采取改正措施"，是指网信、电信、公安等依照法律、行政法规的规定承担信息网络安全监管职责的部门，以责令整改通知书或者其他文书形式，责令网络服务提供者采取改正措施。

认定"经监管部门责令采取改正措施而拒不改正"，应当综合考虑监管部门责令改正是否具有法律、行政法规依据，改正措施及期限要求是否明确、合理，网络服务提供者是否具有按照要求采取改正措施的能力等因素进行判断。

3. 第一款第一项"致使违法信息大量传播"的认定

最高人民法院、最高人民检察院关于办理非法利用信息网络、帮助信息网络犯罪活动等刑事案件适用法律若干问题的解释（2019年11月1日）

第三条 拒不履行信息网络安全管理义务，具有下列情形之一的，应当认定为刑法第二百八十六条之一第一款第一项规定的"致使违法信息大量传播"：

（一）致使传播违法视频文件二百个以上的；

（二）致使传播违法视频文件以外的其他违法信息二千个以上的；

（三）致使传播违法信息，数量虽未达到第一项、第二项规定标准，但是按相应比例折算合计达到有关数量标准的；

（四）致使向二千个以上用户账号传播违法信息的；

（五）致使利用群组成员账号数累计三千以上的通讯群组或者关注人员账号数累计三万以上的社交网络传播违法信息的；

（六）致使违法信息实际被点击数达到五万以上的；

（七）其他致使违法信息大量传播的情形。

4. 第一款第二项"造成严重后果"的认定

最高人民法院、最高人民检察院关于办理非法利用信息网络、帮助信息网络犯罪活动等刑事案件适用法律若干问题的解释（2019年11月1日）

第四条 拒不履行信息网络安全管理义务，致使用户信息泄露，具有下列情形之一的，应当认定为刑法第二百八十六条之一第一款第二项规定的"造成严重后果"：

（一）致使泄露行踪轨迹信息、通信内容、征信信息、财产信息五百条以上的；

（二）致使泄露住宿信息、通信记录、健康生理信息、交易信息等其他可能影响人身、财产安全的用户信息五千条以上的；

（三）致使泄露第一项、第二项规定以外的用户信息五万条以上的；

（四）数量虽未达到第一项至第三项规定标准，但是按相应比例折算合计达到有关数量标准的；

（五）造成他人死亡、重伤、精神失常或者被绑架等严重后果的；

（六）造成重大经济损失的；

（七）严重扰乱社会秩序的；

（八）造成其他严重后果的。

5. 第一款第三项"情节严重"认定

最高人民法院、最高人民检察院关于办理非法利用信息网络、帮助信息网络犯罪活动等刑事案件适用法律若干问题的解释（2019年11月1日）

第五条　拒不履行信息网络安全管理义务，致使影响定罪量刑的刑事案件证据灭失，具有下列情形之一的，应当认定为刑法第二百八十六条之一第一款第三项规定的"情节严重"：

（一）造成危害国家安全犯罪、恐怖活动犯罪、黑社会性质组织犯罪、贪污贿赂犯罪案件的证据灭失的；

（二）造成可能判处五年有期徒刑以上刑罚犯罪案件的证据灭失的；

（三）多次造成刑事案件证据灭失的；

（四）致使刑事诉讼程序受到严重影响的；

（五）其他情节严重的情形。

6. 第一款第四项"有其他严重情节"的认定

最高人民法院、最高人民检察院关于办理非法利用信息网络、帮助信息网络犯罪活动等刑事案件适用法律若干问题的解释（2019年11月1日）

第六条　拒不履行信息网络安全管理义务，具有下列情形之一的，应当认定为刑法第二百八十六条之一第一款第四项规定的"有其他严重情节"：

（一）对绝大多数用户日志未留存或者未落实真实身份信息认证义务的；

（二）二年内经多次责令改正拒不改正的；

（三）致使信息网络服务被主要用于违法犯罪的；

（四）致使信息网络服务、网络设施被用于实施网络攻击，严重影响生产、生活的；

（五）致使信息网络服务被用于实施危害国家安全犯罪、恐怖活动犯罪、黑社会性质组织犯罪、贪污贿赂犯罪或者其他重大犯罪的；

（六）致使国家机关或者通信、能源、交通、水利、金融、教育、医疗等领域提供公共服务的信息网络受到破坏，严重影响生产、生活的；

（七）其他严重违反信息网络安全管理义务的情形。

7. 网络服务提供者拒不履行法定义务，经责令改正而拒不改正，致使用户个人信息泄露行为的定性

最高人民法院、最高人民检察院、公安部关于办理电信网络诈骗等刑事案件适用法律若干问题的意见（2016年12月20日）

三、全面惩处关联犯罪

（六）网络服务提供者不履行法律、行政法规规定的信息网络安全管理义务，经监管部门责令采取改正措施而拒不改正，致使诈骗信息大量传播，或者用户信息泄露造成严重后果的，依照刑法第二百八十六条之一的规定，以拒不履行信息网络安全管理义务罪追究刑事责任。同时构成诈骗罪的，依照处罚较重的规定定罪处罚。

最高人民法院、最高人民检察院关于办理侵犯公民个人信息刑事案件适用法律若干问题的解释（2017年6月1日）

第九条 网络服务提供者拒不履行法律、行政法规规定的信息网络安全管理义务，经监管部门责令采取改正措施而拒不改正，致使用户的公民个人信息泄露，造成严重后果的，应当依照刑法第二百八十六条之一的规定，以拒不履行信息网络安全管理义务罪定罪处罚。

8. 网络服务提供者拒不履行法定义务，经责令改正而拒不改正，致使虚假疫情信息或其他违法信息大量传播行为的定性

最高人民法院、最高人民检察院、公安部、司法部关于依法惩治妨害新型冠状病毒感染肺炎疫情防控违法犯罪的意见（2020年2月6日）

二、准确适用法律，依法严惩妨害疫情防控的各类违法犯罪

（六）依法严惩造谣传谣犯罪……网络服务提供者不履行法律、行政法规规定的信息网络安全管理义务，经监管部门责令采取改正措施而拒不改正，致使虚假疫情信息或者其他违法信息大量传播的，依照刑法第二百八十六条之一的规定，以拒不履行信息网络安全管理义务罪定罪处罚。

对虚假疫情信息案件，要依法、精准、恰当处置。对恶意编造虚假疫情信息、制造社会恐慌、挑动社会情绪、扰乱公共秩序，特别是恶意攻击党和政府，

借机煽动颠覆国家政权、推翻社会主义制度的,要依法严惩。对于因轻信而传播虚假信息,危害不大的,不以犯罪论处。

9. 信访活动中信息网络有关行为的定性

最高人民法院、最高人民检察院、公安部关于依法处理信访活动中违法犯罪行为的指导意见(2019年2月28日)

一、依法打击违法犯罪行为,明确法律底线

(六)信息网络有关行为。设立网站、通讯群组,用于在信访活动中或以信访为名实施违法犯罪活动,情节严重的,依照刑法第二百八十七条之一的规定,以非法利用信息网络罪定罪处罚;明知他人利用信息网络在信访活动中或者以信访为名实施犯罪行为,为其提供技术支持或者其他帮助,情节严重的,依照刑法第二百八十七条之二的规定,以帮助信息网络犯罪活动罪定罪处罚;网络服务提供者不履行法律、行政法规规定的信息网络安全管理义务,经监管部门责令采取改正措施而拒不改正,情节严重的,依照刑法第二百八十六条之一的规定,以拒不履行信息网络安全管理义务罪定罪处罚。

10. 犯罪数额的计算

最高人民法院、最高人民检察院关于办理非法利用信息网络、帮助信息网络犯罪活动等刑事案件适用法律若干问题的解释(2019年11月1日)

第十六条 多次拒不履行信息网络安全管理义务、非法利用信息网络、帮助信息网络犯罪活动构成犯罪,依法应当追诉的,或者二年内多次实施前述行为未经处理的,数量或者数额累计计算。

11. 单位罪犯

最高人民法院、最高人民检察院关于办理非法利用信息网络、帮助信息网络犯罪活动等刑事案件适用法律若干问题的解释(2019年11月1日)

第十四条 单位实施本解释规定的犯罪的,依照本解释规定的相应自然人犯罪的定罪量刑标准,对直接负责的主管人员和其他直接责任人员定罪处罚,并对单位判处罚金。

12. 不起诉或者免予刑事处罚、不以犯罪论处

最高人民法院、最高人民检察院关于办理非法利用信息网络、帮助信息网络犯罪活动等刑事案件适用法律若干问题的解释(2019年11月1日)

第十五条 综合考虑社会危害程度、认罪悔罪态度等情节,认为犯罪情节轻微的,可以不起诉或者免予刑事处罚;情节显著轻微危害不大的,不以犯罪论处。

● 量刑

1. 职业禁止、禁止令的适用

最高人民法院、最高人民检察院关于办理非法利用信息网络、帮助信息网络犯罪活动等刑事案件适用法律若干问题的解释（2019年11月1日）

第十七条　对于实施本解释规定的犯罪被判处刑罚的，可以根据犯罪情况和预防再犯罪的需要，依法宣告职业禁止；被判处管制、宣告缓刑的，可以根据犯罪情况，依法宣告禁止令。

2. 罚金的确定

最高人民法院、最高人民检察院关于办理非法利用信息网络、帮助信息网络犯罪活动等刑事案件适用法律若干问题的解释（2019年11月1日）

第十八条　对于实施本解释规定的犯罪的，应当综合考虑犯罪的危害程度、违法所得数额以及被告人的前科情况、认罪悔罪态度等，依法判处罚金。

第二百八十七条　【利用计算机实施其他犯罪】 利用计算机实施金融诈骗、盗窃、贪污、挪用公款、窃取国家秘密或者其他犯罪的，依照本法有关规定定罪处罚。

第二百八十七条之一　【非法利用信息网络罪】 利用信息网络实施下列行为之一，情节严重的，处三年以下有期徒刑或者拘役，并处或者单处罚金：

（一）设立用于实施诈骗、传授犯罪方法、制作或者销售违禁物品、管制物品等违法犯罪活动的网站、通讯群组的；

（二）发布有关制作或者销售毒品、枪支、淫秽物品等违禁物品、管制物品或者其他违法犯罪信息的；

（三）为实施诈骗等违法犯罪活动发布信息的。

单位犯前款罪的，对单位判处罚金，并对其直接负责的主管人员和其他直接责任人员，依照第一款的规定处罚。

有前两款行为，同时构成其他犯罪的，依照处罚较重的规定定罪处罚。

● 定罪

1. 第一款"情节严重"的认定

最高人民法院、最高人民检察院关于办理非法利用信息网络、帮助信息网络犯罪活动等刑事案件适用法律若干问题的解释（2019年11月1日）

第十条 非法利用信息网络，具有下列情形之一的，应当认定为刑法第二百八十七条之一第一款规定的"情节严重"：

（一）假冒国家机关、金融机构名义，设立用于实施违法犯罪活动的网站的；

（二）设立用于实施违法犯罪活动的网站，数量达到三个以上或者注册账号数累计达到二千以上的；

（三）设立用于实施违法犯罪活动的通讯群组，数量达到五个以上或者群组成员账号数累计达到一千以上的；

（四）发布有关违法犯罪的信息或者为实施违法犯罪活动发布信息，具有下列情形之一的：

1. 在网站上发布有关信息一百条以上的；
2. 向二千个以上用户账号发送有关信息的；
3. 向群组成员数累计达到三千以上的通讯群组发送有关信息的；
4. 利用关注人员账号数累计达到三万以上的社交网络传播有关信息的；

（五）违法所得一万元以上的；

（六）二年内曾因非法利用信息网络、帮助信息网络犯罪活动、危害计算机信息系统安全受过行政处罚，又非法利用信息网络的；

（七）其他情节严重的情形。

2. 第一款"违法犯罪""发布信息"的认定

最高人民法院、最高人民检察院关于办理非法利用信息网络、帮助信息网络犯罪活动等刑事案件适用法律若干问题的解释（2019年11月1日）

第七条 刑法第二百八十七条之一规定的"违法犯罪"，包括犯罪行为和属于刑法分则规定的行为类型但尚未构成犯罪的违法行为。

第九条 利用信息网络提供信息的链接、截屏、二维码、访问账号密码及其他指引访问服务的，应当认定为刑法第二百八十七条之一第一款第二项、第三项规定的"发布信息"。

3. 对第一款第一项的理解和认定

最高人民法院、最高人民检察院关于办理非法利用信息网络、帮助信息网络犯罪活动等刑事案件适用法律若干问题的解释（2019年11月1日）

第八条 以实施违法犯罪活动为目的而设立或者设立后主要用于实施违法犯罪活动的网站、通讯群组，应当认定为刑法第二百八十七条之一第一款第一项规定的"用于实施诈骗、传授犯罪方法、制作或者销售违禁物品、管制物品等违法犯罪活动的网站、通讯群组"。

4. 开设"涉毒"网站、通讯群组，或者网络发布"涉毒"信息，情节严重行为的定性

最高人民法院关于审理毒品犯罪案件适用法律若干问题的解释（2016年4月11日）

第十四条第一款 利用信息网络，设立用于实施传授制造毒品、非法生产制毒物品的方法，贩卖毒品，非法买卖制毒物品或者组织他人吸食、注射毒品等违法犯罪活动的网站、通讯群组，或者发布实施前述违法犯罪活动的信息，情节严重的，应当依照刑法第二百八十七条之一的规定，以非法利用信息网络罪定罪处罚。

5. 信访活动中信息网络有关行为的定性

最高人民法院、最高人民检察院、公安部关于依法处理信访活动中违法犯罪行为的指导意见（2019年2月28日）

（参见第二百八十六条之一【定罪】9. 信访活动中信息网络有关行为的定性）

6. 犯罪数额的计算

（参见第二百八十六条之一【定罪】10. 犯罪数额的计算）

7. 单位罪犯

（参见第二百八十六条之一【定罪】11. 单位罪犯）

8. 一罪与数罪

最高人民法院关于审理毒品犯罪案件适用法律若干问题的解释（2016年4月11日）

第十四条第二款 实施刑法第二百八十七条之一、第二百八十七条之二规定的行为，同时构成贩卖毒品罪、非法买卖制毒物品罪、传授犯罪方法罪等犯

罪的，依照处罚较重的规定定罪处罚。

最高人民法院、最高人民检察院关于办理侵犯公民个人信息刑事案件适用法律若干问题的解释（2017年6月1日）

第八条 设立用于实施非法获取、出售或者提供公民个人信息违法犯罪活动的网站、通讯群组，情节严重的，应当依照刑法第二百八十七条之一的规定，以非法利用信息网络罪定罪处罚；同时构成侵犯公民个人信息罪的，依照侵犯公民个人信息罪定罪处罚。

最高人民法院、最高人民检察院关于办理组织、强迫、引诱、容留、介绍卖淫刑事案件适用法律若干问题的解释（2017年7月25日）

第八条第二款 利用信息网络发布招嫖违法信息，情节严重的，依照刑法第二百八十七条之一的规定，以非法利用信息网络罪定罪处罚。同时构成介绍卖淫罪的，依照处罚较重的规定定罪处罚。

9. 不起诉或者免予刑事处罚、不以犯罪论处

（参见第二百八十六条之一【定罪】12. 不起诉或者免予刑事处罚、不以犯罪论处）

● 量刑

1. 职业禁止、禁止令的适用

（参见第二百八十六条之一【量刑】1. 职业禁止、禁止令的适用）

2. 罚金的确定

（参见第二百八十六条之一【量刑】2. 罚金的确定）

第二百八十七条之二 【帮助信息网络犯罪活动罪】明知他人利用信息网络实施犯罪，为其犯罪提供互联网接入、服务器托管、网络存储、通讯传输等技术支持，或者提供广告推广、支付结算等帮助，情节严重的，处三年以下有期徒刑或者拘役，并处或者单处罚金。

单位犯前款罪的，对单位判处罚金，并对其直接负责的主管人员和其他直接责任人员，依照第一款的规定处罚。

有前两款行为，同时构成其他犯罪的，依照处罚较重的规定定罪处罚。

● 定罪

1. 第一款"明知他人利用信息网络实施犯罪"的认定

最高人民法院、最高人民检察院关于办理非法利用信息网络、帮助信息网络犯罪活动等刑事案件适用法律若干问题的解释（2019年11月1日）

第十一条　为他人实施犯罪提供技术支持或者帮助，具有下列情形之一的，可以认定行为人明知他人利用信息网络实施犯罪，但是有相反证据的除外：

（一）经监管部门告知后仍然实施有关行为的；

（二）接到举报后不履行法定管理职责的；

（三）交易价格或者方式明显异常的；

（四）提供专门用于违法犯罪的程序、工具或者其他技术支持、帮助的；

（五）频繁采用隐蔽上网、加密通信、销毁数据等措施或者使用虚假身份，逃避监管或者规避调查的；

（六）为他人逃避监管或者规避调查提供技术支持、帮助的；

（七）其他足以认定行为人明知的情形。

2. 第一款"情节严重"的认定

最高人民法院、最高人民检察院关于办理非法利用信息网络、帮助信息网络犯罪活动等刑事案件适用法律若干问题的解释（2019年11月1日）

第十二条　明知他人利用信息网络实施犯罪，为其犯罪提供帮助，具有下列情形之一的，应当认定为刑法第二百八十七条之二第一款规定的"情节严重"：

（一）为三个以上对象提供帮助的；

（二）支付结算金额二十万元以上的；

（三）以投放广告等方式提供资金五万元以上的；

（四）违法所得一万元以上的；

（五）二年内曾因非法利用信息网络、帮助信息网络犯罪活动、危害计算机信息系统安全受过行政处罚，又帮助信息网络犯罪活动的；

（六）被帮助对象实施的犯罪造成严重后果的；

（七）其他情节严重的情形。

实施前款规定的行为，确因客观条件限制无法查证被帮助对象是否达到犯罪的程度，但相关数额总计达到前款第二项至第四项规定标准五倍以上，或者造成特别严重后果的，应当以帮助信息网络犯罪活动罪追究行为人的刑事责任。

3. 是否追究被帮助对象的刑事责任不影响对本罪的认定

最高人民法院、最高人民检察院关于办理非法利用信息网络、帮助信息网络犯罪活动等刑事案件适用法律若干问题的解释（2019年11月1日）

第十三条 被帮助对象实施的犯罪行为可以确认，但尚未到案、尚未依法裁判或者因未达到刑事责任年龄等原因依法未予追究刑事责任的，不影响帮助信息网络犯罪活动罪的认定。

4. 信访活动中信息网络有关行为的定性

最高人民法院、最高人民检察院、公安部关于依法处理信访活动中违法犯罪行为的指导意见（2019年2月28日）

（参见第二百八十六条之一【定罪】9. 信访活动中信息网络有关行为的定性）

5. 犯罪数额的计算

（参见第二百八十六条之一【定罪】10. 犯罪数额的计算）

6. 单位罪犯

（参见第二百八十六条之一【定罪】11. 单位罪犯）

7. 一罪与数罪

（参见第二百八十七条之一【定罪】8. 一罪与数罪）

8. 不起诉或者免予刑事处罚、不以犯罪论处

（参见第二百八十六条之一【定罪】12. 不起诉或者免予刑事处罚、不以犯罪论处）

● 量刑

1. 职业禁止、禁止令的适用

（参见第二百八十六条之一【量刑】1. 职业禁止、禁止令的适用）

2. 罚金的确定

（参见第二百八十六条之一【量刑】2. 罚金的确定）

> **第二百八十八条　【扰乱无线电通讯管理秩序罪】**违反国家规定，擅自设置、使用无线电台（站），或者擅自使用无线电频率，干扰无线电通讯秩序，情节严重的，处三年以下有期徒刑、拘役或者管制，并处或者单处罚金；情节特别严重的，处三年以上七年以下有期徒刑，并处罚金。
>
> 单位犯前款罪的，对单位判处罚金，并对其直接负责的主管人员和其他直接责任人员，依照前款的规定处罚。

● 关联法条

第九十六条

● 定罪

1. 第一款"擅自设置、使用无线电台（站），或者擅自使用无线电频率，干扰无线电通讯秩序"的认定

最高人民法院、最高人民检察院关于办理扰乱无线电通讯管理秩序等刑事案件适用法律若干问题的解释（2017年7月1日）

第一条　具有下列情形之一的，应当认定为刑法第二百八十八条第一款规定的"擅自设置、使用无线电台（站），或者擅自使用无线电频率，干扰无线电通讯秩序"：

（一）未经批准设置无线电广播电台（以下简称"黑广播"），非法使用广播电视专用频段的频率的；

（二）未经批准设置通信基站（以下简称"伪基站"），强行向不特定用户发送信息，非法使用公众移动通信频率的；

（三）未经批准使用卫星无线电频率的；

（四）非法设置、使用无线电干扰器的；

（五）其他擅自设置、使用无线电台（站），或者擅自使用无线电频率，干扰无线电通讯秩序的情形。

2. 第一款"情节严重""情节特别严重"的认定

最高人民法院、最高人民检察院关于办理扰乱无线电通讯管理秩序等刑事案件适用法律若干问题的解释（2017年7月1日）

第二条 违反国家规定，擅自设置、使用无线电台（站），或者擅自使用无线电频率，干扰无线电通讯秩序，具有下列情形之一的，应当认定为刑法第二百八十八条第一款规定的"情节严重"：

（一）影响航天器、航空器、铁路机车、船舶专用无线电导航、遇险救助和安全通信等涉及公共安全的无线电频率正常使用的；

（二）自然灾害、事故灾难、公共卫生事件、社会安全事件等突发事件期间，在事件发生地使用"黑广播""伪基站"的；

（三）举办国家或者省级重大活动期间，在活动场所及周边使用"黑广播""伪基站"的；

（四）同时使用三个以上"黑广播""伪基站"的；

（五）"黑广播"的实测发射功率五百瓦以上，或者覆盖范围十公里以上的；

（六）使用"伪基站"发送诈骗、赌博、招嫖、木马病毒、钓鱼网站链接等违法犯罪信息，数量在五千条以上，或者销毁发送数量等记录的；

（七）雇佣、指使未成年人、残疾人等特定人员使用"伪基站"的；

（八）违法所得三万元以上的；

（九）曾因扰乱无线电通讯管理秩序受过刑事处罚，或者二年内曾因扰乱无线电通讯管理秩序受过行政处罚，又实施刑法第二百八十八条规定的行为的；

（十）其他情节严重的情形。

第三条 违反国家规定，擅自设置、使用无线电台（站），或者擅自使用无线电频率，干扰无线电通讯秩序，具有下列情形之一的，应当认定为刑法第二百八十八条第一款规定的"情节特别严重"：

（一）影响航天器、航空器、铁路机车、船舶专用无线电导航、遇险救助和安全通信等涉及公共安全的无线电频率正常使用，危及公共安全的；

（二）造成公共秩序混乱等严重后果的；

（三）自然灾害、事故灾难、公共卫生事件和社会安全事件等突发事件期间，在事件发生地使用"黑广播""伪基站"，造成严重影响的；

（四）对国家或者省级重大活动造成严重影响的；

（五）同时使用十个以上"黑广播""伪基站"的；

（六）"黑广播"的实测发射功率三千瓦以上，或者覆盖范围二十公里以上的；

（七）违法所得十五万元以上的；

（八）其他情节特别严重的情形。

3. 单位犯罪的处罚

最高人民法院、最高人民检察院关于办理扰乱无线电通讯管理秩序等刑事案件适用法律若干问题的解释（2017年7月1日）

第五条 单位犯本解释规定之罪的，对单位判处罚金，并对直接负责的主管人员和其他直接责任人员，依照本解释规定的自然人犯罪的定罪量刑标准定罪处罚。

4. 鉴定问题

最高人民法院、最高人民检察院关于办理扰乱无线电通讯管理秩序等刑事案件适用法律若干问题的解释（2017年7月1日）

第九条 对案件所涉的有关专门性问题难以确定的，依据司法鉴定机构出具的鉴定意见，或者下列机构出具的报告，结合其他证据作出认定：

（一）省级以上无线电管理机构、省级无线电管理机构依法设立的派出机构、地市级以上广播电视主管部门就是否系"伪基站""黑广播"出具的报告；

（二）省级以上广播电视主管部门及其指定的检测机构就"黑广播"功率、覆盖范围出具的报告；

（三）省级以上航空、铁路、船舶等主管部门就是否干扰导航、通信等出具的报告。

对移动终端用户受影响的情况，可以依据相关通信运营商出具的证明，结合被告人供述、终端用户证言等证据作出认定。

5. 一罪与数罪

最高人民法院关于审理扰乱电信市场管理秩序案件具体应用法律若干问题的解释（2000年5月24日）

第五条 违反国家规定，擅自设置、使用无线电台（站），或者擅自占用频率，非法经营国际电信业务或者涉港澳台电信业务进行营利活动，同时构成非法经营罪和刑法第二百八十八条规定的扰乱无线电通讯管理秩序罪的，依照处罚较重的规定定罪处罚。

最高人民法院关于审理危害军事通信刑事案件具体应用法律若干问题的解释（2007年6月29日）

第六条第四款 违反国家规定，擅自设置、使用无线电台、站，或者擅自占用频率，经责令停止使用后拒不停止使用①，干扰无线电通讯正常进行，构成犯罪的，依照刑法第二百八十八条的规定定罪处罚；造成军事通信中断或者严重障碍，同时构成刑法第二百八十八条、第三百六十九条第一款规定的犯罪的，依照处罚较重的规定定罪处罚。

最高人民法院、最高人民检察院关于办理扰乱无线电通讯管理秩序等刑事案件适用法律若干问题的解释（2017年7月1日）

第六条 擅自设置、使用无线电台（站），或者擅自使用无线电频率，同时构成其他犯罪的，按照处罚较重的规定定罪处罚。

明知他人实施诈骗等犯罪，使用"黑广播""伪基站"等无线电设备为其发送信息或者提供其他帮助，同时构成其他犯罪的，按照处罚较重的规定定罪处罚。

最高人民法院、最高人民检察院、公安部关于办理电信网络诈骗等刑事案件适用法律若干问题的意见（2016年12月20）

三、全面惩处关联犯罪

（一）在实施电信网络诈骗活动中，非法使用"伪基站""黑广播"，干扰无线电通讯秩序，符合刑法第二百八十八条规定的，以扰乱无线电通讯管理秩序罪追究刑事责任。同时构成诈骗罪的，依照处罚较重的规定定罪处罚。

● 量刑

最高人民法院、最高人民检察院关于办理扰乱无线电通讯管理秩序等刑事案件适用法律若干问题的解释（2017年7月1日）

第八条 为合法经营活动，使用"黑广播""伪基站"或者实施其他扰乱无线电通讯管理秩序的行为，构成扰乱无线电通讯管理秩序罪，但不属于"情节特别严重"，行为人系初犯，并确有悔罪表现的，可以认定为情节轻微，不起诉或者免予刑事处罚；确有必要判处刑罚的，应当从宽处罚。

第二百八十九条 【故意伤害罪】【故意杀人罪】【抢劫罪】 聚众"打砸抢"，致人伤残、死亡的，依照本法第二百三十四条、第二百三十二条的规定定罪处罚。毁坏或者抢走公私财物的，除判令退赔外，对首要分子，依照本法第二百六十三条的规定定罪处罚。

---

① 编者注：《刑法修正案（九）》已经将"经责令停止使用后拒不停止使用"这一限定条件删除。

● 定罪

对防控突发传染病疫情等灾害期间"打砸抢"行为的处罚

最高人民法院、最高人民检察院关于办理妨害预防、控制突发传染病疫情等灾害的刑事案件具体应用法律若干问题的解释（2003年5月15日）

第九条 在预防、控制突发传染病疫情等灾害期间，聚众"打砸抢"，致人伤残、死亡的，依照刑法第二百八十九条、第二百三十四条、第二百三十二条的规定，以故意伤害罪或者故意杀人罪定罪，依法从重处罚。对毁坏或者抢走公私财物的首要分子，依照刑法第二百八十九条、第二百六十三条的规定，以抢劫罪定罪，依法从重处罚。

第二百九十条 【聚众扰乱社会秩序罪】聚众扰乱社会秩序，情节严重，致使工作、生产、营业和教学、科研、医疗无法进行，造成严重损失的，对首要分子，处三年以上七年以下有期徒刑；对其他积极参加的，处三年以下有期徒刑、拘役、管制或者剥夺政治权利。

【聚众冲击国家机关罪】聚众冲击国家机关，致使国家机关工作无法进行，造成严重损失的，对首要分子，处五年以上十年以下有期徒刑；对其他积极参加的，处五年以下有期徒刑、拘役、管制或者剥夺政治权利。

【扰乱国家机关工作秩序罪】多次扰乱国家机关工作秩序，经行政处罚后仍不改正，造成严重后果的，处三年以下有期徒刑、拘役或者管制。

【组织、资助非法聚集罪】多次组织、资助他人非法聚集，扰乱社会秩序，情节严重的，依照前款的规定处罚。

● 定罪

1. 在医疗机构设灵堂、挂横幅、堵大门、违规停尸等扰乱社会秩序行为的处理

最高人民法院、最高人民检察院、公安部、司法部、国家卫生和计划生育委员会关于依法惩处涉医违法犯罪维护正常医疗秩序的意见（2014年4月22日）

二、严格依法惩处涉医违法犯罪

（二）在医疗机构私设灵堂、摆放花圈、焚烧纸钱、悬挂横幅、堵塞大门或者以其他方式扰乱医疗秩序，尚未造成严重损失，经劝说、警告无效的，要依法驱散，对拒不服从的人员要依法带离现场，依照治安管理处罚法第二十三条的规定处罚；聚众实施的，对首要分子和其他积极参加者依法予以治安处罚；造成严重损失或者扰乱其他公共秩序情节严重，构成寻衅滋事罪、聚众扰乱社会秩序罪、聚众扰乱公共场所秩序、交通秩序罪的，依照刑法的有关规定定罪处罚。

在医疗机构的病房、抢救室、重症监护室等场所及医疗机构的公共开放区域违规停放尸体，影响医疗秩序，经劝说、警告无效的，依照治安管理处罚法第六十五条的规定处罚；严重扰乱医疗秩序或者其他公共秩序，构成犯罪的，依照前款的规定定罪处罚。

2. 信访活动中扰乱社会秩序、国家机关正常秩序、聚众冲击国家机关、组织资助非法聚集行为的定性

公安部关于公安机关处置信访活动中违法犯罪行为适用法律的指导意见（2013年7月19日）

一、对扰乱信访工作秩序违法犯罪行为的处理

6. 聚众扰乱信访工作秩序，情节严重，符合《刑法》第二百九十条第一款规定的，对首要分子和其他积极参加者以聚众扰乱社会秩序罪追究刑事责任。

四、对妨害社会管理秩序违法犯罪行为的处理

1. 在国家机关办公场所周围实施静坐、张贴、散发材料、呼喊口号、打横幅、穿着状衣、出示状纸、扬言自伤、自残、自杀等行为或者非法聚集，经有关国家机关工作人员劝阻、批评和教育无效的，依据《信访条例》第四十七条第二款规定，公安机关予以警告、训诫或者制止，收缴相关材料和横幅、状纸、状衣等物品；符合《治安管理处罚法》第二十三条第一款第一项、第二款规定的，以扰乱单位秩序、聚众扰乱单位秩序依法予以治安管理处罚；符合《刑法》

第二百九十条第一款规定的,对非法聚集的首要分子和其他积极参加者以聚众扰乱社会秩序罪追究刑事责任;聚集多人围堵、冲击国家机关,扰乱国家机关正常秩序,符合《刑法》第二百九十条第二款规定的,对首要分子和其他积极参加者以聚众冲击国家机关罪追究刑事责任。

4. 在外国使领馆区、国际组织驻华机构所在地实施静坐、张贴、散发材料、呼喊口号、打横幅、穿着状衣、出示状纸等行为或者非法聚集的,应当立即制止,根据《人民警察法》第八条规定,迅速带离现场,并收缴相关材料和横幅、状纸、状衣等物品;符合《治安管理处罚法》第二十三条第一款第一项、第二款规定的,以扰乱公共场所秩序、聚众扰乱公共场所秩序依法予以治安管理处罚;符合《刑法》第二百九十条第一款规定的,对首要分子和其他积极参加者以聚众扰乱社会秩序罪追究刑事责任。

最高人民法院、最高人民检察院、公安部关于依法处理信访活动中违法犯罪行为的指导意见(2019年2月28日)

一、依法打击违法犯罪行为,明确法律底线

(一)扰乱公共秩序。在信访活动中或者以信访为名,实施下列行为的,依照刑法有关规定定罪处罚:

1. 在各级党委、人大、政协、行政、监察、审判、检察、军事机关、厂矿、商场等企业单位,学校、医院、报社、电视台、科研院所等事业单位,工会、妇联等社会团体单位,机场、车站、码头等重要交通场站,或者在上述场所周边的其他公共场所,聚众实施统一着装、佩戴统一标识、静坐滞留、张贴散发材料、喊口号、打横幅、穿状衣等行为,或者实施跳楼、服毒等自杀、自伤行为以及扬言实施自杀、自伤行为,情节严重,致使工作、生产、营业和教学、科研、医疗活动无法进行,造成严重损失的,依照刑法第二百九十条第一款的规定,对首要分子和其他积极参加者,以聚众扰乱社会秩序罪定罪处罚;

2. 在各级党委、人大、政协、行政、监察、审判、检察、军事机关,聚众实施强行冲闯、围堵大门通道,围攻、辱骂工作人员,强占办公场所,投掷石块杂物等冲击国家机关行为,致使国家机关工作无法进行,造成严重损失的,依照刑法第二百九十条第二款的规定,对首要分子和其他积极参加者,以聚众冲击国家机关罪定罪处罚;

4. 个人多次扰乱国家机关的工作秩序,经行政处罚后仍不改正,造成严重后果的,依照刑法第二百九十条第三款的规定,以扰乱国家机关工作秩序罪定罪处罚。

（二）组织、资助非法聚集。多次组织、资助他人到各级党委、人大、政协、行政、监察、审判、检察、军事机关，厂矿、商场等企业单位，学校、医院、报社、电视台、科研院所等事业单位，工会、妇联等社会团体单位，机场、车站、码头等重要交通场站，或者到上述场所周边的其他公共场所，非法聚集、扰乱社会秩序，情节严重的，依照刑法第二百九十条第四款的规定，以组织、资助非法聚集罪定罪处罚。

第二百九十一条 【聚众扰乱公共场所秩序、交通秩序罪】 聚众扰乱车站、码头、民用航空站、商场、公园、影剧院、展览会、运动场或者其他公共场所秩序，聚众堵塞交通或者破坏交通秩序，抗拒、阻碍国家治安管理工作人员依法执行职务，情节严重的，对首要分子，处五年以下有期徒刑、拘役或者管制。

● 定罪

1. 在医疗机构设灵堂、挂横幅、堵大门、违规停尸等扰乱公共场所秩序、交通秩序行为的处理

（参见第二百九十条【定罪】1. 在医疗机构设灵堂、挂横幅、堵大门、违规停尸等扰乱社会秩序行为的处理）

2. 信访活动中聚众扰乱公共场所秩序、交通秩序行为的认定

公安部关于公安机关处置信访活动中违法犯罪行为适用法律的指导意见（2013年7月19日）

四、对妨害社会管理秩序违法犯罪行为的处理

2. 在车站、码头、商场、公园、广场等公共场所张贴、散发材料，呼喊口号，打横幅，穿着状衣、出示状纸，或者非法聚集，以及在举办文化、体育等大型群众性活动或者国内、国际重大会议期间，在场馆周围、活动区域或者场内实施前述行为，经劝阻、批评和教育无效的，依据《信访条例》第四十七条第二款规定，公安机关予以警告、训诫或者制止，收缴相关材料和横幅、状纸、状衣等物品；符合《治安管理处罚法》第二十三条第一款第二项、第二款或者第二十四条第一款第一项、第三项、第五项规定的，以扰乱公共场所秩序、聚众扰乱公共场所秩序或者强行进入大型活动场所内、在大型活动场所内展示侮

辱性物品、向大型活动场所内投掷杂物依法予以治安管理处罚；聚众扰乱公共场所秩序，抗拒、阻碍国家治安管理工作人员依法执行职务，情节严重，符合《刑法》第二百九十一条规定的，对首要分子以聚众扰乱公共场所秩序罪追究刑事责任。

3. 在信访接待场所、其他国家机关门前或者交通通道上堵塞、阻断交通或者非法聚集，影响交通工具正常行驶，符合《治安管理处罚法》第二十三条第一款第四项、第二款规定的，以妨碍交通工具正常行驶、聚众妨碍交通工具正常行驶依法予以治安管理处罚；符合《刑法》第二百九十一条规定的，对首要分子以聚众扰乱交通秩序罪追究刑事责任。

6. 实施跳河、跳楼、跳桥、攀爬建筑物、铁塔、烟囱、树木，或者其他自伤、自残、自杀行为，制造社会影响的，应当积极组织解救；符合《治安管理处罚法》第二十三条第一款第一项、第二项规定的，以扰乱单位秩序、扰乱公共场所秩序依法予以治安管理处罚；符合《刑法》第二百九十条第一款规定的，对首要分子和其他积极参加者以聚众扰乱社会秩序罪追究刑事责任；符合《刑法》第二百九十一条规定的，对首要分子以聚众扰乱公共场所秩序罪追究刑事责任。

最高人民法院、最高人民检察院、公安部关于依法处理信访活动中违法犯罪行为的指导意见（2019年2月28日）

一、依法打击违法犯罪行为，明确法律底线

（一）扰乱公共秩序。在信访活动中或者以信访为名，实施下列行为的，依照刑法有关规定定罪处罚：

3. 聚众扰乱车站、码头、民用航空站、商场、公园、影剧院、展览会、运动场及周边公共场所或者其他公共场所秩序，聚众堵塞交通或者破坏交通秩序，抗拒、阻碍国家治安管理工作人员依法执行职务，情节严重的，依照刑法第二百九十一条的规定，对首要分子，以聚众扰乱公共场所秩序、交通秩序罪定罪处罚；

第二百九十一条之一　【投放虚假危险物质罪】【编造、故意传播虚假恐怖信息罪】投放虚假的爆炸性、毒害性、放射性、传染病病原体等物质，或者编造爆炸威胁、生化威胁、放射威胁等恐怖信息，或者明知是编造的恐怖信息而故意传播，严重扰乱社会秩序的，处五年以下有期徒刑、拘役或者管制；造成严重后果的，处五年以上有期徒刑。

> 【编造、故意传播虚假信息罪】编造虚假的险情、疫情、灾情、警情,在信息网络或者其他媒体上传播,或者明知是上述虚假信息,故意在信息网络或者其他媒体上传播,严重扰乱社会秩序的,处三年以下有期徒刑、拘役或者管制;造成严重后果的,处三年以上七年以下有期徒刑。

● 定罪

1. "严重扰乱社会秩序"的认定

最高人民法院关于审理编造、故意传播虚假恐怖信息刑事案件适用法律若干问题的解释(2013年9月30日)

第二条 编造、故意传播虚假恐怖信息,具有下列情形之一的,应当认定为刑法第二百九十一条之一的"严重扰乱社会秩序":

(一)致使机场、车站、码头、商场、影剧院、运动场馆等人员密集场所秩序混乱,或者采取紧急疏散措施的;

(二)影响航空器、列车、船舶等大型客运交通工具正常运行的;

(三)致使国家机关、学校、医院、厂矿企业等单位的工作、生产、经营、教学、科研等活动中断的;

(四)造成行政村或者社区居民生活秩序严重混乱的;

(五)致使公安、武警、消防、卫生检疫等职能部门采取紧急应对措施的;

(六)其他严重扰乱社会秩序的。

第六条 本解释所称的"虚假恐怖信息",是指以发生爆炸威胁、生化威胁、放射威胁、劫持航空器威胁、重大灾情、重大疫情等严重威胁公共安全的事件为内容,可能引起社会恐慌或者公共安全危机的不真实信息。

最高人民检察院关于印发第三批指导性案例的通知(2013年5月27日)

卫学臣编造虚假恐怖信息案(检例第10号)

【要旨】关于编造虚假恐怖信息造成"严重扰乱社会秩序"的认定,应当结合行为对正常的工作、生产、生活、经营、教学、科研等秩序的影响程度、对公众造成的恐慌程度以及处置情况等因素进行综合分析判断。对于编造、故意传播虚假恐怖信息威胁民航安全,引起公众恐慌,或者致使航班无法正常起降的,应当认定为"严重扰乱社会秩序"。

2. "造成严重后果"的认定

最高人民法院关于审理编造、故意传播虚假恐怖信息刑事案件适用法律若干问题的解释（2013年9月30日）

第四条 编造、故意传播虚假恐怖信息，严重扰乱社会秩序，具有下列情形之一的，应当认定为刑法第二百九十一条之一的"造成严重后果"，处五年以上有期徒刑：

（一）造成三人以上轻伤或者一人以上重伤的；
（二）造成直接经济损失五十万元以上的；
（三）造成县级以上区域范围居民生活秩序严重混乱的；
（四）妨碍国家重大活动进行的；
（五）造成其他严重后果的。

最高人民检察院关于印发第三批指导性案例的通知（2013年5月27日）

袁才彦编造虚假恐怖信息案（检例第11号）

【要旨】对于编造虚假恐怖信息造成有关部门实施人员疏散，引起公众极度恐慌的，或者致使相关单位无法正常营业，造成重大经济损失的，应当认定为"造成严重后果"。

以编造虚假恐怖信息的方式，实施敲诈勒索等其他犯罪的，应当根据案件事实和证据情况，择一重罪处断。

3. 编造并传播恐怖信息，或者故意传播虚假恐怖信息行为的定性

最高人民法院关于审理编造、故意传播虚假恐怖信息刑事案件适用法律若干问题的解释（2013年9月30日）

第一条 编造恐怖信息，传播或者放任传播，严重扰乱社会秩序的，依照刑法第二百九十一条之一的规定，应认定为编造虚假恐怖信息罪。

明知是他人编造的恐怖信息而故意传播，严重扰乱社会秩序的，依照刑法第二百九十一条之一的规定，应认定为故意传播虚假恐怖信息罪。

4. 编造突发传染病疫情类恐怖信息，或者明知是此类信息而故意传播行为的定性

最高人民法院、最高人民检察院关于办理妨害预防、控制突发传染病疫情等灾害的刑事案件具体应用法律若干问题的解释（2003年5月15日）

第十条第一款 编造与突发传染病疫情等灾害有关的恐怖信息，或者明知是编造的此类恐怖信息而故意传播，严重扰乱社会秩序的，依照刑法第二百九

十一条之一的规定，以编造、故意传播虚假恐怖信息罪定罪处罚。

最高人民法院、最高人民检察院、公安部、司法部关于依法惩治妨害新型冠状病毒感染肺炎疫情防控违法犯罪的意见（2020年2月6日）

二、准确适用法律，依法严惩妨害疫情防控的各类违法犯罪

（六）依法严惩造谣传谣犯罪。编造虚假的疫情信息，在信息网络或者其他媒体上传播，或者明知是虚假疫情信息，故意在信息网络或者其他媒体上传播，严重扰乱社会秩序的，依照刑法第二百九十一条之一第二款的规定，以编造、故意传播虚假信息罪定罪处罚。

……

对虚假疫情信息案件，要依法、精准、恰当处置。对恶意编造虚假疫情信息，制造社会恐慌，挑动社会情绪，扰乱公共秩序，特别是恶意攻击党和政府，借机煽动颠覆国家政权、推翻社会主义制度的，要依法严惩。对于因轻信而传播虚假信息，危害不大的，不以犯罪论处。

5. 编造、故意传播虚假恐怖信息妨害民航正常飞行行为的定性

最高人民检察院关于依法严厉打击编造、故意传播虚假恐怖信息威胁民航飞行安全犯罪活动的通知（2013年5月31日）

二、准确把握犯罪构成要件，确保从重打击。根据刑法第291条之一的有关规定，编造虚假恐怖信息并向特定对象散布，严重扰乱社会秩序的，即构成编造虚假恐怖信息罪。编造虚假恐怖信息以后向不特定对象散布，严重扰乱社会秩序的，构成编造、故意传播虚假恐怖信息罪。对于编造、故意传播虚假恐怖信息，引起公众恐慌，或者致使航班无法正常起降，破坏民航正常运输秩序的，应当认定为"严重扰乱社会秩序"。

6. 信访活动中投放虚假危险物质，或编造、故意传播虚假恐怖信息行为的定性

公安部关于公安机关处置信访活动中违法犯罪行为适用法律的指导意见（2013年7月19日）

四、对妨害社会管理秩序违法犯罪行为的处理

8. 散布谣言，谎报险情、疫情、警情，投放虚假的爆炸性、毒害性、放射性、腐蚀性物质或者传染病病原体等危险物质，扬言实施放火、爆炸、投放危险物质，制造社会影响、扰乱公共秩序，符合《治安管理处罚法》第二十五条规定的，以虚构事实扰乱公共秩序、投放虚假危险物质扰乱公共秩序、扬言实施放火、爆炸、投放危险物质扰乱公共秩序依法予以治安管理处罚；符合《刑

法》第二百九十一条之一规定的,以投放虚假危险物质罪、编造、故意传播虚假恐怖信息罪追究刑事责任。

7. 一罪与数罪

最高人民法院、最高人民检察院关于办理利用信息网络实施诽谤等刑事案件适用法律若干问题的解释(2013年9月10日)

第九条 利用信息网络实施诽谤、寻衅滋事、敲诈勒索、非法经营犯罪,同时又构成刑法第二百二十一条规定的损害商业信誉、商品声誉罪,第二百七十八条规定的煽动暴力抗拒法律实施罪,第二百九十一条之一规定的编造、故意传播虚假恐怖信息罪等犯罪的,依照处罚较重的规定定罪处罚。

最高人民法院关于审理编造、故意传播虚假恐怖信息刑事案件适用法律若干问题的解释(2013年9月30日)

第五条 编造、故意传播虚假恐怖信息,严重扰乱社会秩序,同时又构成其他犯罪的,择一重罪处罚。

8. 此罪与彼罪

最高人民检察院关于印发第三批指导性案例的通知(2013年5月27日)

李泽强编造、故意传播虚假恐怖信息案(检例第9号)

【要旨】编造、故意传播虚假恐怖信息罪是选择性罪名。编造恐怖信息以后向特定对象散布,严重扰乱社会秩序的,构成编造虚假恐怖信息罪。编造恐怖信息以后向不特定对象散布,严重扰乱社会秩序的,构成编造、故意传播虚假恐怖信息罪。

对于实施数个编造、故意传播虚假恐怖信息行为的,不实行数罪并罚,但应当将其作为量刑情节予以考虑。

● 量刑

酌情从重处罚

最高人民法院关于审理编造、故意传播虚假恐怖信息刑事案件适用法律若干问题的解释(2013年9月30日)

第三条 编造、故意传播虚假恐怖信息,严重扰乱社会秩序,具有下列情形之一的,应当依照刑法第二百九十一条之一的规定,在五年以下有期徒刑范围内酌情从重处罚:

(一)致使航班备降或返航;或者致使列车、船舶等大型客运交通工具中断运行的;

（二）多次编造、故意传播虚假恐怖信息的；
（三）造成直接经济损失 20 万元以上的；
（四）造成乡镇、街道区域范围居民生活秩序严重混乱的；
（五）具有其他酌情从重处罚情节的。

> 第二百九十一条之二① 【高空抛物罪】从建筑物或者其他高空抛掷物品，情节严重的，处一年以下有期徒刑、拘役或者管制，并处或者单处罚金。
>
> 有前款行为，同时构成其他犯罪的，依照处罚较重的规定定罪处罚。

> 第二百九十二条 【聚众斗殴罪】聚众斗殴的，对首要分子和其他积极参加的，处三年以下有期徒刑、拘役或者管制；有下列情形之一的，对首要分子和其他积极参加的，处三年以上十年以下有期徒刑：
>
> （一）多次聚众斗殴的；
> （二）聚众斗殴人数多，规模大，社会影响恶劣的；
> （三）在公共场所或者交通要道聚众斗殴，造成社会秩序严重混乱的；
> （四）持械聚众斗殴的。
>
> 聚众斗殴，致人重伤、死亡的，依照本法第二百三十四条、第二百三十二条的规定定罪处罚。

● 立案追诉标准

最高人民检察院、公安部关于公安机关管辖的刑事案件立案追诉标准的规定（一）（2008 年 6 月 25 日）

第三十六条 ［聚众斗殴案（刑法第二百九十二条第一款）］组织、策划、指挥或者积极参加聚众斗殴的，应予立案追诉。

---

① 编者注：本条为《刑法修正案（十一）》新设。

● 定罪

法律效果与社会效果的有机统一

最高人民检察院关于印发第一批指导性案例的通知（2010年12月31日）
施某某等17人聚众斗殴案（检例第1号）

【要旨】检察机关办理群体性事件引发的犯罪案件，要从促进社会矛盾化解的角度，深入了解案件背后的各种复杂因素，依法慎重处理，积极参与调处矛盾纠纷，以促进社会和谐，实现法律效果与社会效果的有机统一。

● 量刑

1. 量刑起点、基准刑的确定

最高人民法院关于常见犯罪的量刑指导意见（2017年4月1日）
四、常见犯罪的量刑
（十二）聚众斗殴罪
1. 构成聚众斗殴罪的，可以根据下列不同情形在相应的幅度内确定量刑起点：
（1）犯罪情节一般的，可以在二年以下有期徒刑、拘役幅度内确定量刑起点。
（2）有下列情形之一的，可以在三年至五年有期徒刑幅度内确定量刑起点：聚众斗殴三次的；聚众斗殴人数多，规模大，社会影响恶劣的；在公共场所或者交通要道聚众斗殴，造成社会秩序严重混乱的；持械聚众斗殴的。
2. 在量刑起点的基础上，可以根据聚众斗殴人数、次数、手段严重程度等其他影响犯罪构成的犯罪事实增加刑罚量，确定基准刑。

2. 应当依法支持参加聚众斗殴受伤亡的人或其家属提出的民事赔偿请求

最高人民法院研究室关于对参加聚众斗殴受重伤或者死亡的人及其家属提出的民事赔偿请求能否予以支持问题的答复（2004年11月11日）

根据《刑法》第二百九十二条第一款的规定，聚众斗殴的参加者，无论是否首要分子，均明知自己的行为有可能产生伤害他人以及自己被他人的行为伤害的后果，其仍然参加聚众斗殴的，应当自行承担相应的刑事和民事责任。根据《刑法》第二百九十二条第二款的规定，对于参加聚众斗殴，造成他人重伤或者死亡的，行为性质发生变化，应认定为故意伤害罪或者故意杀人罪。聚众斗殴中受重伤或者死亡的人，既是故意伤害罪或者故意杀人罪的受害人，又是聚众斗殴犯罪的行为人。对于参加聚众斗殴受重伤或者死亡的人或其家属提出的民事赔偿请求，依法应予支持，并适用混合过错责任原则。

> **第二百九十三条　【寻衅滋事罪】** 有下列寻衅滋事行为之一，破坏社会秩序的，处五年以下有期徒刑、拘役或者管制：
> 　　（一）随意殴打他人，情节恶劣的；
> 　　（二）追逐、拦截、辱骂、恐吓他人，情节恶劣的；
> 　　（三）强拿硬要或者任意损毁、占用公私财物，情节严重的；
> 　　（四）在公共场所起哄闹事，造成公共场所秩序严重混乱的。
> 　　纠集他人多次实施前款行为，严重破坏社会秩序的，处五年以上十年以下有期徒刑，可以并处罚金。

● 立案追诉标准

最高人民检察院、公安部关于公安机关管辖的刑事案件立案追诉标准的规定（一）的补充规定（2017年4月27日）

八、将《立案追诉标准（一）》第37条修改为：［寻衅滋事案（刑法第293条）］随意殴打他人，破坏社会秩序，涉嫌下列情形之一的，应予立案追诉：

（一）致1人以上轻伤或者2人以上轻微伤的；
（二）引起他人精神失常、自杀等严重后果的；
（三）多次随意殴打他人的；
（四）持凶器随意殴打他人的；
（五）随意殴打精神病人、残疾人、流浪乞讨人员、老年人、孕妇、未成年人，造成恶劣社会影响的；
（六）在公共场所随意殴打他人，造成公共场所秩序严重混乱的；
（七）其他情节恶劣的情形。

追逐、拦截、辱骂、恐吓他人，破坏社会秩序，涉嫌下列情形之一的，应予立案追诉：

（一）多次追逐、拦截、辱骂、恐吓他人，造成恶劣社会影响的；
（二）持凶器追逐、拦截、辱骂、恐吓他人的；
（三）追逐、拦截、辱骂、恐吓精神病人、残疾人、流浪乞讨人员、老年

人、孕妇、未成年人,造成恶劣社会影响的;

(四)引起他人精神失常、自杀等严重后果的;

(五)严重影响他人的工作、生活、生产、经营的;

(六)其他情节恶劣的情形。

强拿硬要或者任意损毁、占用公私财物,破坏社会秩序,涉嫌下列情形之一的,应予立案追诉:

(一)强拿硬要公私财物价值1千元以上,或者任意损毁、占用公私财物价值2千元以上的;

(二)多次强拿硬要或者任意损毁、占用公私财物,造成恶劣社会影响的;

(三)强拿硬要或者任意损毁、占用精神病人、残疾人、流浪乞讨人员、老年人、孕妇、未成年人的财物,造成恶劣社会影响的;

(四)引起他人精神失常、自杀等严重后果的;

(五)严重影响他人的工作、生活、生产、经营的;

(六)其他情节严重的情形。

在车站、码头、机场、医院、商场、公园、影剧院、展览会、运动场或者其他公共场所起哄闹事,应当根据公共场所的性质、公共活动的重要程度、公共场所的人数、起哄闹事的时间、公共场所受影响的范围与程度等因素,综合判断是否造成公共场所秩序严重混乱。

● 定罪

1. 第一款中"寻衅滋事"的认定

最高人民法院、最高人民检察院关于办理寻衅滋事刑事案件适用法律若干问题的解释(2013年7月22日)

第一条 行为人为寻求刺激、发泄情绪、逞强耍横等,无事生非,实施刑法第二百九十三条规定的行为的,应当认定为"寻衅滋事"。

行为人因日常生活中的偶发矛盾纠纷,借故生非,实施刑法第二百九十三条规定的行为的,应当认定为"寻衅滋事",但矛盾系由被害人故意引发或者被害人对矛盾激化负有主要责任的除外。

行为人因婚恋、家庭、邻里、债务等纠纷,实施殴打、辱骂、恐吓他人或者损毁、占用他人财物等行为的,一般不认定为"寻衅滋事",但经有关部门批评制止或者处理处罚后,继续实施前列行为,破坏社会秩序的除外。

2. 第一款第一项"情节恶劣"的认定

最高人民法院、最高人民检察院关于办理寻衅滋事刑事案件适用法律若干问题的解释（2013年7月22日）

第二条 随意殴打他人，破坏社会秩序，具有下列情形之一的，应当认定为刑法第二百九十三条第一款第一项规定的"情节恶劣"：

（一）致一人以上轻伤或者二人以上轻微伤的；
（二）引起他人精神失常、自杀等严重后果的；
（三）多次随意殴打他人的；
（四）持凶器随意殴打他人的；
（五）随意殴打精神病人、残疾人、流浪乞讨人员、老年人、孕妇、未成年人，造成恶劣社会影响的；
（六）在公共场所随意殴打他人，造成公共场所秩序严重混乱的；
（七）其他情节恶劣的情形。

最高人民法院、最高人民检察院、公安部、司法部关于办理实施"软暴力"的刑事案件若干问题的意见（2019年4月9日）

五、……《关于办理寻衅滋事刑事案件适用法律若干问题的解释》第二条至第四条中的"多次"一般应当理解为二年内实施寻衅滋事行为三次以上。三次以上寻衅滋事行为既包括同一类别的行为，也包括不同类别的行为；既包括未受行政处罚的行为，也包括已受行政处罚的行为。

最高人民法院、最高人民检察院、公安部、司法部关于办理黑恶势力犯罪案件若干问题的指导意见（2018年1月16日）

四、依法惩处利用"软暴力"实施的犯罪

17. 黑恶势力为谋取不法利益或形成非法影响，有组织地采用滋扰、纠缠、哄闹、聚众造势等手段侵犯人身权利、财产权利，破坏经济秩序、社会秩序，构成犯罪的，应当分别依照《刑法》相关规定处理：

（1）……《关于办理寻衅滋事刑事案件适用法律若干问题的解释》第二条至第四条中的"多次"一般应当理解为二年内实施寻衅滋事行为三次以上。二年内多次实施不同种类寻衅滋事行为的，应当追究刑事责任。

最高人民法院、最高人民检察院、公安部、司法部关于办理实施"软暴力"的刑事案件若干问题的意见（2019年4月9日）

五、采用"软暴力"手段，使他人产生心理恐惧或者形成心理强制，分别属于《刑法》第二百二十六条规定的"威胁"、《刑法》第二百九十三条第一款第（二）项规定的"恐吓"，同时符合其他犯罪构成要件的，应当分别以强迫交易罪、寻衅滋事罪定罪处罚。

《关于办理寻衅滋事刑事案件适用法律若干问题的解释》第二条至第四条中的"多次"一般应当理解为二年内实施寻衅滋事行为三次以上。三次以上寻衅滋事行为既包括同一类别的行为，也包括不同类别的行为；既包括未受行政处罚的行为，也包括已受行政处罚的行为。

3. 第一款第二项"恐吓""情节恶劣"的认定

最高人民法院、最高人民检察院、公安部、司法部关于办理黑恶势力犯罪案件若干问题的指导意见（2018年1月16日）

四、依法惩处利用"软暴力"实施的犯罪

17. 黑恶势力为谋取不法利益或形成非法影响，有组织地采用滋扰、纠缠、哄闹、聚众造势等手段侵犯人身权利、财产权利，破坏经济秩序、社会秩序，构成犯罪的，应当分别依照《刑法》相关规定处理：

（1）有组织地采用滋扰、纠缠、哄闹、聚众造势等手段扰乱正常的工作、生活秩序，使他人产生心理恐惧或者形成心理强制，分别属于《刑法》第二百九十三条第一款第（二）项规定的"恐吓"、《刑法》第二百二十六规定的"威胁"，同时符合其他犯罪构成条件的，应分别以寻衅滋事罪、强迫交易罪定罪处罚……

最高人民法院、最高人民检察院关于办理寻衅滋事刑事案件适用法律若干问题的解释（2013年7月22日）

第三条　追逐、拦截、辱骂、恐吓他人，破坏社会秩序，具有下列情形之一的，应当认定为刑法第二百九十三条第一款第二项规定的"情节恶劣"：

（一）多次追逐、拦截、辱骂、恐吓他人，造成恶劣社会影响的；

（二）持凶器追逐、拦截、辱骂、恐吓他人的；

（三）追逐、拦截、辱骂、恐吓精神病人、残疾人、流浪乞讨人员、老年人、孕妇、未成年人，造成恶劣社会影响的；

（四）引起他人精神失常、自杀等严重后果的；

（五）严重影响他人的工作、生活、生产、经营的；

（六）其他情节恶劣的情形。

最高人民法院、最高人民检察院、公安部、司法部关于办理实施"软暴力"的刑事案件若干问题的意见（2019年4月9日）

一、"软暴力"是指行为人为谋取不法利益或形成非法影响，对他人或者在

有关场所进行滋扰、纠缠、哄闹、聚众造势等，足以使他人产生恐惧、恐慌进而形成心理强制，或者足以影响、限制人身自由、危及人身财产安全，影响正常生活、工作、生产、经营的违法犯罪手段。

二、"软暴力"违法犯罪手段通常的表现形式有：

（一）侵犯人身权利、民主权利、财产权利的手段，包括但不限于跟踪贴靠、扬言传播疾病、揭发隐私、恶意举报、诬告陷害、破坏、霸占财物等；

（二）扰乱正常生活、工作、生产、经营秩序的手段，包括但不限于非法侵入他人住宅、破坏生活设施、设置生活障碍、贴报喷字、拉挂横幅、燃放鞭炮、播放哀乐、摆放花圈、泼洒污物、断水断电、堵门阻工，以及通过驱赶从业人员、派驻人员据守等方式直接或间接地控制厂房、办公区、经营场所等；

（三）扰乱社会秩序的手段，包括但不限于摆场架势示威、聚众哄闹滋扰、拦路闹事等；

（四）其他符合本意见第一条规定的"软暴力"手段。

通过信息网络或者通讯工具实施，符合本意见第一条规定的违法犯罪手段，应当认定为"软暴力"。

三、行为人实施"软暴力"，具有下列情形之一，可以认定为足以使他人产生恐惧、恐慌进而形成心理强制或者足以影响、限制人身自由、危及人身财产安全或者影响正常生活、工作、生产、经营的：

（一）黑恶势力实施的；

（二）以黑恶势力名义实施的；

（三）曾因组织、领导、参加黑社会性质组织、恶势力犯罪集团、恶势力以及因强迫交易、非法拘禁、敲诈勒索、聚众斗殴、寻衅滋事等犯罪受过刑事处罚后又实施的；

（四）携带凶器实施的；

（五）有组织地实施的或者足以使他人认为暴力、威胁具有现实可能性的；

（六）其他足以使他人产生恐惧、恐慌进而形成心理强制或者足以影响、限制人身自由、危及人身财产安全或者影响正常生活、工作、生产、经营的情形。

由多人实施的，编造或明示暴力违法犯罪经历进行恐吓的，或者以自报组织、头目名号、统一着装、显露纹身、特殊标识以及其他明示、暗示方式，足以使他人感知相关行为的有组织性的，应当认定为"以黑恶势力名义实施"。

由多人实施的，只要有部分行为人符合本条第一款第（一）项至第（四）项所列情形的，该项即成立。

虽然具体实施"软暴力"的行为人不符合本条第一款第（一）项、第

(三) 项所列情形，但雇佣者、指使者或者纠集者符合的，该项成立。

五、采用"软暴力"手段，使他人产生心理恐惧或者形成心理强制，分别属于《刑法》第二百二十六条规定的"威胁"、《刑法》第二百九十三条第一款第(二)项规定的"恐吓"，同时符合其他犯罪构成要件的，应当分别以强迫交易罪、寻衅滋事罪定罪处罚。

《关于办理寻衅滋事刑事案件适用法律若干问题的解释》第二条至第四条中的"多次"一般应当理解为二年内实施寻衅滋事行为三次以上。三次以上寻衅滋事行为既包括同一类别的行为，也包括不同类别的行为；既包括未受行政处罚的行为，也包括已受行政处罚的行为。

十一、……为强索不受法律保护的债务或者因其他非法目的，雇佣、指使他人采用"软暴力"手段非法剥夺他人人身自由构成非法拘禁罪，或者非法侵入他人住宅、寻衅滋事，构成非法侵入住宅罪、寻衅滋事罪的，对雇佣者、指使者，一般应当以共同犯罪中的主犯论处；因本人及近亲属合法债务、婚恋、家庭、邻里纠纷等民间矛盾而雇佣、指使，没有造成严重后果的，一般不作为犯罪处理，但经有关部门批评制止或者处理处罚后仍继续实施的除外。

4. 第一款第三项"情节严重"的认定

最高人民法院、最高人民检察院关于办理寻衅滋事刑事案件适用法律若干问题的解释（2013年7月22日）

第四条　强拿硬要或者任意损毁、占用公私财物，破坏社会秩序，具有下列情形之一的，应当认定为刑法第二百九十三条第一款第三项规定的"情节严重"：

（一）强拿硬要公私财物价值一千元以上，或者任意损毁、占用公私财物价值二千元以上的；

（二）多次强拿硬要或者任意损毁、占用公私财物，造成恶劣社会影响的；

（三）强拿硬要或者任意损毁、占用精神病人、残疾人、流浪乞讨人员、老年人、孕妇、未成年人的财物，造成恶劣社会影响的；

（四）引起他人精神失常、自杀等严重后果的；

（五）严重影响他人的工作、生活、生产、经营的；

（六）其他情节严重的情形。

最高人民法院、最高人民检察院、公安部、司法部关于办理实施"软暴力"的刑事案件若干问题的意见（2019年4月9日）

五、……《关于办理寻衅滋事刑事案件适用法律若干问题的解释》第二条至第四条中的"多次"一般应当理解为二年内实施寻衅滋事行为三次以上。三次以上寻衅滋事行为既包括同一类别的行为，也包括不同类别的行为；既包括未受行政处罚的行为，也包括已受行政处罚的行为。

5. 第一款第四项"造成公共场所秩序严重混乱"的判断方法

最高人民法院、最高人民检察院关于办理寻衅滋事刑事案件适用法律若干问题的解释（2013年7月22日）

第五条　在车站、码头、机场、医院、商场、公园、影剧院、展览会、运动场或者其他公共场所起哄闹事，应当根据公共场所的性质、公共活动的重要程度、公共场所的人数、起哄闹事的时间、公共场所受影响的范围与程度等因素，综合判断是否"造成公共场所秩序严重混乱"。

6. 利用信息网络寻衅滋事的判定

最高人民法院、最高人民检察院关于办理利用信息网络实施诽谤等刑事案件适用法律若干问题的解释（2013年9月10日）

第五条　利用信息网络辱骂、恐吓他人，情节恶劣，破坏社会秩序的，依照刑法第二百九十三条第一款第（二）项的规定，以寻衅滋事罪定罪处罚。

编造虚假信息，或者明知是编造的虚假信息，在信息网络上散布，或者组织、指使人员在信息网络上散布，起哄闹事，造成公共秩序严重混乱的，依照刑法第二百九十三条第一款第（四）项的规定，以寻衅滋事罪定罪处罚。

第十条　本解释所称信息网络，包括以计算机、电视机、固定电话机、移动电话机等电子设备为终端的计算机互联网、广播电视网、固定通信网、移动通信网等信息网络，以及向公众开放的局域网络。

最高人民法院、最高人民检察院、公安部、司法部关于办理利用信息网络实施黑恶势力犯罪刑事案件若干问题的意见（2019年10月21日）

二、依法严惩利用信息网络实施的黑恶势力犯罪

7. 利用信息网络辱骂、恐吓他人，情节恶劣，破坏社会秩序的，依照刑法第二百九十三条第一款第二项的规定，以寻衅滋事罪定罪处罚。

编造虚假信息，或者明知是编造的虚假信息，在信息网络上散布，或者组织、指使人员在信息网络上散布，起哄闹事，造成公共秩序严重混乱的，依照刑法第二百九十三条第一款第四项的规定，以寻衅滋事罪定罪处罚。

最高人民法院、最高人民检察院、公安部、司法部关于依法惩治妨害新型冠状病毒感染肺炎疫情防控违法犯罪的意见（2020年2月6日）

二、准确适用法律，依法严惩妨害疫情防控的各类违法犯罪

(六)依法严惩造谣传谣犯罪……编造虚假信息,或者明知是编造的虚假信息,在信息网络上散布,或者组织、指使人员在信息网络上散布,起哄闹事,造成公共秩序严重混乱的,依照刑法第二百九十三条第一款第四项的规定,以寻衅滋事罪定罪处罚。

7. 纠集他人三次以上寻衅滋事,但未经处理的处罚

最高人民法院、最高人民检察院关于办理寻衅滋事刑事案件适用法律若干问题的解释(2013年7月22日)

第六条 纠集他人三次以上实施寻衅滋事犯罪,未经处理的,应当依照刑法第二百九十三条第二款的规定处罚。

8. 涉医类寻衅滋事违法犯罪行为的定罪处罚

最高人民法院、最高人民检察院、公安部、司法部、国家卫生和计划生育委员会关于依法惩处涉医违法犯罪维护正常医疗秩序的意见(2014年4月22日)

二、严格依法惩处涉医违法犯罪

(一)在医疗机构内殴打医务人员或者故意伤害医务人员身体、故意损毁公私财物,尚未造成严重后果的,分别依照治安管理处罚法第四十三条、第四十九条的规定处罚;故意杀害医务人员,或者故意伤害医务人员造成轻伤以上严重后果,或者随意殴打医务人员情节恶劣、任意损毁公私财物情节严重,构成故意杀人罪、故意伤害罪、故意毁坏财物罪、寻衅滋事罪的,依照刑法的有关规定定罪处罚。

(二)在医疗机构私设灵堂、摆放花圈、焚烧纸钱、悬挂横幅、堵塞大门或者以其他方式扰乱医疗秩序,尚未造成严重损失,经劝说、警告无效的,要依法驱散,对拒不服从的人员要依法带离现场,依照治安管理处罚法第二十三条的规定处罚;聚众实施的,对首要分子和其他积极参加者依法予以治安处罚;造成严重损失或者扰乱其他公共秩序情节严重,构成寻衅滋事罪、聚众扰乱社会秩序罪、聚众扰乱公共场所秩序、交通秩序罪的,依照刑法的有关规定定罪处罚。

在医疗机构的病房、抢救室、重症监护室等场所及医疗机构的公共开放区域违规停放尸体,影响医疗秩序,经劝说、警告无效的,依照治安管理处罚法第六十五条的规定处罚;严重扰乱医疗秩序或者其他公共秩序,构成犯罪的,依照前款的规定定罪处罚。

(四)公然侮辱、恐吓医务人员的,依照治安管理处罚法第四十二条的规定

处罚；采取暴力或者其他方法公然侮辱、恐吓医务人员情节严重（恶劣），构成侮辱罪、寻衅滋事罪的，依照刑法的有关规定定罪处罚。

（六）对于故意扩大事态，教唆他人实施针对医疗机构或者医务人员的违法犯罪行为，或者以受他人委托处理医疗纠纷为名实施敲诈勒索、寻衅滋事等行为的，依照治安管理处罚法和刑法的有关规定从严惩处。

最高人民法院、最高人民检察院、公安部、司法部关于依法惩治妨害新型冠状病毒感染肺炎疫情防控违法犯罪的意见（2020年2月6日）

二、准确适用法律，依法严惩妨害疫情防控的各类违法犯罪

（二）……随意殴打医务人员，情节恶劣的，依照刑法第二百九十三条的规定，以寻衅滋事罪定罪处罚。

采取暴力或者其他方法公然侮辱、恐吓医务人员，符合刑法第二百四十六条、第二百九十三条规定的，以侮辱罪或者寻衅滋事罪定罪处罚。

9. 未成年人以大欺小、随意殴打他人或强拿硬要，扰乱学校秩序行为的定性

最高人民法院关于审理未成年人刑事案件具体应用法律若干问题的解释（2006年1月23日）

第八条 已满十六周岁不满十八周岁的人出于以大欺小、以强凌弱或者寻求精神刺激，随意殴打其他未成年人、多次对其他未成年人强拿硬要或者任意损毁公私财物，扰乱学校及其他公共场所秩序，情节严重的，以寻衅滋事罪定罪处罚。

10. 任意损毁、占用信访接待场所、国家机关或者他人财物行为的定性

公安部关于公安机关处置信访活动中违法犯罪行为适用法律的指导意见（2013年7月19日）

四、对妨害社会管理秩序违法犯罪行为的处理

10. 任意损毁、占用信访接待场所、国家机关或者他人财物，符合《治安管理处罚法》第二十六条第三项规定的，以寻衅滋事依法予以治安管理处罚；符合《刑法》第二百九十二条规定的，以寻衅滋事罪追究刑事责任。

11. 信访活动中寻衅滋事行为的认定

最高人民法院、最高人民检察院、公安部关于依法处理信访活动中违法犯罪行为的指导意见（2019年2月28日）

一、依法打击违法犯罪行为，明确法律底线

（三）寻衅滋事。在信访活动中或者以信访为名，为制造影响或者发泄不

满，实施下列行为之一的，依照刑法第二百九十三条的规定，以寻衅滋事罪定罪处罚：

1. 在各级党委、人大、政协、行政、监察、审判、检察、军事机关、厂矿、商场等企业单位，学校、医院、报社、电视台、科研院所等事业单位，工会、妇联等社会团体单位，机场、车站、码头等重要交通场站，或者在上述场所周边的其他公共场所，实施自杀、自伤、打横幅、撒传单、拦车辆、统一着装、佩戴统一标识等行为，起哄闹事，造成公共场所秩序严重混乱的；

2. 追逐、拦截、辱骂、恐吓、随意殴打他人，情节恶劣的，或者强拿硬要、任意损毁、占用公私财物，情节严重的；

3. 编造虚假信息，或者明知是编造的虚假信息，在信息网络上散布，或者组织、指使人员在信息网络上散布，起哄闹事，造成公共秩序严重混乱的。

实施寻衅滋事行为，同时符合寻衅滋事罪、故意杀人罪、故意伤害罪、故意毁坏财物罪、敲诈勒索罪、抢夺罪、抢劫罪等犯罪的构成要件的，依照处罚较重的犯罪定罪处罚。

12. 共同犯罪

最高人民法院、最高人民检察院关于办理利用信息网络实施诽谤等刑事案件适用法律若干问题的解释（2013年9月10日）

第八条 明知他人利用信息网络实施诽谤、寻衅滋事、敲诈勒索、非法经营等犯罪，为其提供资金、场所、技术支持等帮助的，以共同犯罪论处。

13. 一罪与数罪

最高人民法院、最高人民检察院关于办理寻衅滋事刑事案件适用法律若干问题的解释（2013年7月22日）

第七条 实施寻衅滋事行为，同时符合寻衅滋事罪和故意杀人罪、故意伤害罪、故意毁坏财物罪、敲诈勒索罪、抢夺罪、抢劫罪等罪的构成要件的，依照处罚较重的犯罪定罪处罚。

最高人民法院、最高人民检察院关于办理利用信息网络实施诽谤等刑事案件适用法律若干问题的解释（2013年9月10日）

第九条 利用信息网络实施诽谤、寻衅滋事、敲诈勒索、非法经营犯罪，同时又构成刑法第二百二十一条规定的损害商业信誉、商品声誉罪，第二百七十八条规定的煽动暴力抗拒法律实施罪，第二百九十一条之一规定的编造、故意传播虚假恐怖信息罪等犯罪的，依照处罚较重的规定定罪处罚。

14 此罪与彼罪

最高人民法院关于审理抢劫、抢夺刑事案件适用法律若干问题的意见（2005年6月8日）

九、关于抢劫罪与相似犯罪的界限

4. 抢劫罪与寻衅滋事罪的界限

寻衅滋事罪是严重扰乱社会秩序的犯罪，行为人实施寻衅滋事的行为时，客观上也可能表现为强拿硬要公私财物的特征。这种强拿硬要的行为与抢劫罪的区别在于：前者行为人主观上还具有逞强好胜和通过强拿硬要来填补其精神空虚等目的，后者行为人一般只具有非法占有他人财物的目的；前者行为人客观上一般不以严重侵犯他人人身权利的方法强拿硬要财物，而后者行为人则以暴力、胁迫等方式作为劫取他人财物的手段。司法实践中，对于未成年人使用或威胁使用轻微暴力强抢少量财物的行为，一般不宜以抢劫罪定罪处罚。其行为符合寻衅滋事罪特征的，可以寻衅滋事罪定罪处罚。

● 量刑

1. 量刑起点、基准刑的确定

最高人民法院关于常见犯罪的量刑指导意见（2017年4月1日）

四、常见犯罪的量刑

（十三）寻衅滋事罪

1. 构成寻衅滋事罪的，可以根据下列不同情形在相应的幅度内确定量刑起点：

（1）寻衅滋事一次的，可以在三年以下有期徒刑、拘役幅度内确定量刑起点。

（2）纠集他人三次寻衅滋事（每次都构成犯罪），严重破坏社会秩序的，可以在五年至七年有期徒刑幅度内确定量刑起点。

2. 在量刑起点的基础上，可以根据寻衅滋事次数、伤害后果、强拿硬要他人财物或任意损毁、占用公私财物数额等其他影响犯罪构成的犯罪事实增加刑罚量，确定基准刑。

2. 从重处罚

最高人民法院、最高人民检察院关于办理妨害预防、控制突发传染病疫情等灾害的刑事案件具体应用法律若干问题的解释（2003年5月15日）

第十一条 在预防、控制突发传染病疫情等灾害期间，强拿硬要或者任意损毁、占用公私财物情节严重，或者在公共场所起哄闹事，造成公共场所秩序严重混乱的，依照刑法第二百九十三条的规定，以寻衅滋事罪定罪，依法从重处罚。

3. 从轻处罚、不起诉或免予刑事处罚

最高人民法院、最高人民检察院关于办理寻衅滋事刑事案件适用法律若干问题的解释（2013年7月22日）

第八条 行为人认罪、悔罪，积极赔偿被害人损失或者取得被害人谅解的，可以从轻处罚；犯罪情节轻微的，可以不起诉或者免予刑事处罚。

4. 量刑建议

最高人民检察院关于全面履行检察职能为推进健康中国建设提供有力司法保障的意见（2016年9月29日）

四、加大对涉医犯罪的打击力度，保障正常医疗秩序和医务人员人身安全

8.……重点打击、从严惩处在医疗机构进行寻衅滋事、敲诈勒索、扰乱医疗秩序等犯罪行为的职业"医闹"，专门捏造、寻找、介入他人医患矛盾，故意扩大事态，挑动、教唆他人实施违法犯罪的首要分子和积极参加者，从事非法行医、组织出卖人体器官、非法采供血液违法犯罪活动的游医、假医、"黑诊所""血头"，以及具有幕后组织、网络策划、涉黑涉恶、内外勾结等恶劣情节的犯罪分子或者团伙。对上述重点打击对象，应当依法提出从严处理、不适用缓刑、适用禁止令等量刑建议。

第二百九十三条之一① 【催收非法债务罪】有下列情形之一，催收高利放贷等产生的非法债务，情节严重的，处三年以下有期徒刑、拘役或者管制，并处或者单处罚金：

（一）使用暴力、胁迫方法的；

（二）限制他人人身自由或者侵入他人住宅的；

（三）恐吓、跟踪、骚扰他人的。

---

① 编者注：本条为《刑法修正案（十一）》新设。

第二百九十四条 【组织、领导、参加黑社会性质组织罪】组织、领导黑社会性质的组织的,处七年以上有期徒刑,并处没收财产;积极参加的,处三年以上七年以下有期徒刑,可以并处罚金或者没收财产;其他参加的,处三年以下有期徒刑、拘役、管制或者剥夺政治权利,可以并处罚金。

【入境发展黑社会组织罪】境外的黑社会组织的人员到中华人民共和国境内发展组织成员的,处三年以上十年以下有期徒刑。

【包庇、纵容黑社会性质组织罪】国家机关工作人员包庇黑社会性质的组织,或者纵容黑社会性质的组织进行违法犯罪活动的,处五年以下有期徒刑;情节严重的,处五年以上有期徒刑。

犯前三款罪又有其他犯罪行为的,依照数罪并罚的规定处罚。

黑社会性质的组织应当同时具备以下特征:

(一)形成较稳定的犯罪组织,人数较多,有明确的组织者、领导者,骨干成员基本固定;

(二)有组织地通过违法犯罪活动或者其他手段获取经济利益,具有一定的经济实力,以支持该组织的活动;

(三)以暴力、威胁或者其他手段,有组织地多次进行违法犯罪活动,为非作恶,欺压、残害群众;

(四)通过实施违法犯罪活动,或者利用国家工作人员的包庇或者纵容,称霸一方,在一定区域或者行业内,形成非法控制或者重大影响,严重破坏经济、社会生活秩序。

● **关联法条**

第九十二条

● **定罪**

1. 第二款"发展组织成员"的认定

最高人民法院关于审理黑社会性质组织犯罪的案件具体应用法律若干问题的解释(2000年12月10日)

第二条 刑法第二百九十四条第二款规定的"发展组织成员",是指将境内、外人员吸收为该社会组织成员的行为。对黑社会组织成员进行内部调整等行为,可视为"发展组织成员"。

港、澳、台黑社会组织到内地发展组织成员的,适用刑法第二百九十四条第二款的规定定罪处罚。

2. 第三款"包庇""纵容"的认定

最高人民法院关于审理黑社会性质组织犯罪的案件具体应用法律若干问题的解释(2000年12月10日)

第五条 刑法第二百九十四条第四款规定的"包庇",是指国家机关工作人员为使黑社会性质组织及其成员逃避查禁,而通风报信,隐匿、毁灭、伪造证据,阻止他人作证、检举揭发,指使他人作伪证,帮助逃匿,或者阻挠其他国家机关工作人员依法查禁等行为。

刑法第二百九十四条第四款规定的"纵容",是指国家机关工作人员不依法履行职责,放纵黑社会性质组织进行违法犯罪活动的行为。

3. 第三款"情节严重"的认定

最高人民法院关于审理黑社会性质组织犯罪的案件具体应用法律若干问题的解释(2000年12月10日)

第六条 国家机关工作人员包庇、纵容黑社会性质的组织,有下列情形之一的,属于刑法第二百九十四条第四款规定的"情节严重":

(一)包庇、纵容黑社会性质组织跨境实施违法犯罪活动的;

(二)包庇、纵容境外黑社会组织在境内实施违法犯罪活动的;

(三)多次实施包庇、纵容行为的;

(四)致使某一区域或者行业的经济、社会生活秩序遭受黑社会性质组织特别严重破坏的;

(五)致使黑社会性质组织的组织者、领导者逃匿,或者致使对黑社会性质组织的查禁工作严重受阻的;

(六)具有其他严重情节的。

4. 第五款第三项"黑社会性质组织行为特征"的认定

最高人民法院、最高人民检察院、公安部、司法部关于办理实施"软暴力"的刑事案件若干问题的意见(2019年4月9日)

一、"软暴力"是指行为人为谋取不法利益或形成非法影响,对他人或者在有关场所进行滋扰、纠缠、哄闹、聚众造势等，足以使他人产生恐惧、恐慌进而形成心理强制，或者足以影响、限制人身自由、危及人身财产安全，影响正常生活、工作、生产、经营的违法犯罪手段。

二、"软暴力"违法犯罪手段通常的表现形式有：

（一）侵犯人身权利、民主权利、财产权利的手段，包括但不限于跟踪贴靠、扬言传播疾病、揭发隐私、恶意举报、诬告陷害、破坏、霸占财物等；

（二）扰乱正常生活、工作、生产、经营秩序的手段，包括但不限于非法侵入他人住宅、破坏生活设施、设置生活障碍、贴报喷字、拉挂横幅、燃放鞭炮、播放哀乐、摆放花圈、泼洒污物、断水断电、堵门阻工，以及通过驱赶从业人员、派驻人员据守等方式直接或间接地控制厂房、办公区、经营场所等；

（三）扰乱社会秩序的手段，包括但不限于摆场架势示威、聚众哄闹滋扰、拦路闹事等；

（四）其他符合本意见第一条规定的"软暴力"手段。

通过信息网络或者通讯工具实施，符合本意见第一条规定的违法犯罪手段，应当认定为"软暴力"。

三、行为人实施"软暴力"，具有下列情形之一，可以认定为足以使他人产生恐惧、恐慌进而形成心理强制或者足以影响、限制人身自由、危及人身财产安全或者影响正常生活、工作、生产、经营：

（一）黑恶势力实施的；

（二）以黑恶势力名义实施的；

（三）曾因组织、领导、参加黑社会性质组织、恶势力犯罪集团、恶势力以及因强迫交易、非法拘禁、敲诈勒索、聚众斗殴、寻衅滋事等犯罪受过刑事处罚后又实施的；

（四）携带凶器实施的；

（五）有组织地实施的或者足以使他人认为暴力、威胁具有现实可能性的；

（六）其他足以使他人产生恐惧、恐慌进而形成心理强制或者足以影响、限制人身自由、危及人身财产安全或者影响正常生活、工作、生产、经营的情形。

由多人实施的，编造或明示暴力违法犯罪经历进行恐吓的，或者以自报组织、头目名号、统一着装、显露纹身、特殊标识以及其他明示、暗示方式，足以使他人感知相关行为的有组织性的，应当认定为"以黑恶势力名义实施"。

由多人实施的，只要有部分行为人符合本条第一款第（一）项至第（四）项所列情形的，该项即成立。

虽然具体实施"软暴力"的行为人不符合本条第一款第（一）项、第

(三) 项所列情形,但雇佣者、指使者或者纠集者符合的,该项成立。

四、"软暴力"手段属于《刑法》第二百九十四条第五款第(三)项"黑社会性质组织行为特征"以及《指导意见》第14条"恶势力"概念中的"其他手段"。

5. 是否存在国家机关充当"保护伞"不影响对黑社会性质组织的认定

最高人民检察院关于认真贯彻执行全国人大常委会《关于刑法第二百九十四条第一款的解释》和《关于刑法第三百八十四条第一款的解释》的通知(2002年5月13日)

二、……黑社会性质组织是否有国家工作人员充当"保护伞",即是否要有国家工作人员参与犯罪或者为犯罪活动提供非法保护,不影响黑社会性质组织的认定,对于同时具备《解释》规定的黑社会性质组织四个特征的案件,应依法予以严惩,以体现"打早打小"的立法精神。

6. 黑社会性质组织犯罪的认定

最高人民法院、最高人民检察院、公安部办理黑社会性质组织犯罪案件座谈会纪要(2009年12月9日)

二、会议认为,自1997年刑法增设黑社会性质组织犯罪的规定以来,全国人大常委会、最高人民法院分别作出了《关于〈中华人民共和国刑法〉第二百九十四条第一款的解释》(以下简称《立法解释》)、《关于审理黑社会性质组织犯罪的案件具体应用法律若干问题的解释》(以下简称《司法解释》),对于指导司法实践发挥了重要作用。但由于黑社会性质组织犯罪的构成要件和所涉及的法律关系较为复杂,在办案过程中对法律规定的理解还不尽相同。为了进一步统一司法标准,会议就实践中争议较大的问题进行了深入研讨,并取得了一致意见:

(一)关于黑社会性质组织的认定。黑社会性质组织必须同时具备《立法解释》中规定的"组织特征"、"经济特征"、"行为特征"和"危害性特征"。由于实践中许多黑社会性质组织并非这"四个特征"都很明显,因此,在具体认定时,应根据立法本意,认真审查、分析黑社会性质组织"四个特征"相互间的内在联系,准确评价涉案犯罪组织所造成的社会危害,确保不枉不纵。

1. 关于组织特征。黑社会性质组织不仅有明确的组织者、领导者,骨干成员基本固定,而且组织结构较为稳定,并有比较明确的层级和职责分工。

当前,一些黑社会性质组织为了增强隐蔽性,往往采取各种手段制造"人员频繁更替、组织结构松散"的假象。因此,在办案时,要特别注意审查组织者、领导者,以及对组织运行、活动起着突出作用的积极参加者等骨干成员是否基本固定、联系是否紧密,不要被其组织形式的表象所左右。

关于组织者、领导者、积极参加者和其他参加者的认定。组织者、领导者,是指黑社会性质组织的发起者、创建者,或者在组织中实际处于领导地位,对整个组织及其运行、活动起着决策、指挥、协调、管理作用的犯罪分子,既包括通过一定形式产生的有明确职务、称谓的组织者、领导者,也包括在黑社会性质组织中被公认的事实上的组织者、领导者;积极参加者,是指接受黑社会性质组织的领导和管理,多次积极参与黑社会性质组织的违法犯罪活动,或者积极参与较严重的黑社会性质组织的犯罪活动且作用突出,以及其他在组织中起重要作用的犯罪分子,如具体主管黑社会性质组织的财务、人员管理等事项的犯罪分子;其他参加者,是指除上述组织成员之外,其他接受黑社会性质组织的领导和管理的犯罪分子。根据《司法解释》第三条第二款的规定,对于参加黑社会性质的组织,没有实施其他违法犯罪活动的,或者受蒙蔽、胁迫参加黑社会性质的组织,情节轻微的,可以不作为犯罪处理。

关于黑社会性质组织成员的主观明知问题。在认定黑社会性质组织的成员时,并不要求其主观上认为自己参加的是黑社会性质组织,只要其知道或者应当知道该组织具有一定规模,且是以实施违法犯罪为主要活动的,即可认定。

对于黑社会性质组织存在时间、成员人数及组织纪律等问题的把握。黑社会性质组织一般在短时间内难以形成,而且成员人数较多,但鉴于普通犯罪集团、"恶势力"团伙向黑社会性质组织发展是一个渐进的过程,没有明显的性质转变的节点,故对黑社会性质组织存在时间、成员人数问题不宜作出"一刀切"的规定。对于那些已存在一定时间,且成员人数较多的犯罪组织,在定性时要根据其是否已具备一定的经济实力,是否已在一定区域或行业内形成非法控制或重大影响等情况综合分析判断。此外在通常情况下,黑社会性质组织为了维护自身的安全和稳定,一般会有一些约定俗成的纪律、规约,有些甚至还有明确的规定。因此,具有一定的组织纪律、活动规约,也是认定黑社会性质组织特征时的重要参考依据。

2. 关于经济特征。一定的经济实力是黑社会性质组织坐大成势,称霸一方的基础。由于不同地区的经济发展水平、不同行业的利润空间均存在很大差异,加之黑社会性质组织存在、发展的时间也各有不同,因此,在办案时不能一般性地要求黑社会性质组织所具有的经济实力必须达到特定规模或特定数额。此外,黑社会性质组织的敛财方式也具有多样性。实践中,黑社会性质组织不仅会通过实施赌博、敲诈、贩毒等违法犯罪活动攫取经济利益，而且还往往会通过开办公司、企业等方式"以商养黑"、"以黑护商"。因此，无论其财产是通过非法手段聚敛，还是通过合法的方式获取，只要将其中部分或全部用于违法犯罪活动或者维系犯罪组织的生存、发展即可。

"用于违法犯罪活动或者维系犯罪组织的生存、发展"，一般是指购买作案工具、提供作案经费，为受伤、死亡的组织成员提供医疗费、丧葬费，为组织成员及其家属提供工资、奖励、福利、生活费用，为组织寻求非法保护以及其他与实施有组织的违法犯罪活动有关的费用支出等。

3. 关于行为特征。暴力性、胁迫性和有组织性是黑社会性质组织行为方式的主要特征，但有时也会采取一些"其他手段"。

根据司法实践经验，《立法解释》中规定的"其他手段"主要包括：以暴力、威胁为基础，在利用组织势力和影响已对他人形成心理强制或威慑的情况下，进行所谓的"谈判"、"协商"、"调解"；滋扰、哄闹、聚众等其他干扰、破坏正常经济、社会生活秩序的非暴力手段。

"黑社会性质组织实施的违法犯罪活动"主要包括以下情形：由组织者、领导者直接组织、策划、指挥参与实施的违法犯罪活动；由组织成员以组织名义实施，并得到组织者、领导者认可或者默许的违法犯罪活动；多名组织成员为逞强争霸、插手纠纷、报复他人、替人行凶、非法敛财而共同实施，并得到组织者、领导者认可或者默许的违法犯罪活动；组织成员为组织争夺势力范围、排除竞争对手、确立强势地位、谋取经济利益、维护非法权威或者按照组织的纪律、惯例、共同遵守的约定而实施的违法犯罪活动；由黑社会性质组织实施的其他违法犯罪活动。

会议认为，在办案时还应准确理解《立法解释》中关于"多次进行违法犯罪活动"的规定。黑社会性质组织实施犯罪活动过程中，往往伴随着大量的违法活动，对此均应作为黑社会性质组织的违法犯罪事实予以认定。但如果仅实施了违法活动，而没有实施犯罪活动的，则不能认定为黑社会性质组织。此外，"多次进行违法犯罪活动"只是认定黑社会性质组织的必要条件之一，最终能否认定为黑社会性质组织，还要结合危害性特征来加以判断。即使有些案件中的违法犯罪活动已符合"多次"的标准，但根据其性质和严重程度，尚不足以形成非法控制或者重大影响的，也不能认定为黑社会性质组织。

4. 关于危害性特征。称霸一方，在一定区域或者行业内，形成非法控制或者重大影响，从而严重破坏经济、社会生活秩序，是黑社会性质组织的本质特征，也是黑社会性质组织区别于一般犯罪集团的关键所在。

对于"一定区域"的理解和把握。区域的大小具有相对性,且黑社会性质组织非法控制和影响的对象并不是区域本身,而是在一定区域中生活的人,以及该区域内的经济、社会生活秩序。因此,不能简单地要求"一定区域"必须达到某一特定的空间范围,而应当根据具体案情,并结合黑社会性质组织对经济、社会生活秩序的危害程度加以综合分析判断。

对于"一定行业"的理解和把握。黑社会性质组织所控制和影响的行业,既包括合法行业,也包括黄、赌、毒等非法行业。这些行业一般涉及生产、流通、交换、消费等一个或多个市场环节。

通过实施违法犯罪活动,或者利用国家工作人员的包庇、纵容,称霸一方,并具有以下情形之一的,可认定为"在一定区域或者行业内,形成非法控制或者重大影响,严重破坏经济、社会生活秩序":对在一定区域内生活或者在一定行业内从事生产、经营的群众形成心理强制、威慑,致使合法利益受损的群众不敢举报、控告的;对一定行业的生产、经营形成垄断,或者对涉及一定行业的准入、经营、竞争等经济活动形成重要影响的;插手民间纠纷、经济纠纷,在相关区域或者行业内造成严重影响的;干扰、破坏他人正常生产、经营、生活,并在相关区域或者行业内造成严重影响的;干扰、破坏公司、企业、事业单位及社会团体的正常生产、经营、工作秩序,在相关区域、行业内造成严重影响,或者致使其不能正常生产、经营、工作的;多次干扰、破坏国家机关、行业管理部门以及村委会、居委会等基层群众自治组织的工作秩序,或者致使上述单位、组织的职能不能正常行使的;利用组织的势力、影响,使组织成员获取政治地位,或者在党政机关、基层群众自治组织中担任一定职务的;其他形成非法控制或者重大影响,严重破坏经济、社会生活秩序的情形。

最高人民法院刑三庭:在审理故意杀人、伤害及黑社会性质组织犯罪案件中切实贯彻宽严相济刑事政策(《人民法院报》2010年4月14日第6版)

三、黑社会性质组织犯罪案件审判中宽严相济的把握

1. 准确认定黑社会性质组织。黑社会性质组织犯罪由于其严重的社会危害性,在打击处理上不能等其坐大后进行,要坚持"严打"的方针,坚持"打早打小"的策略。但黑社会性质组织的认定,必须严格依照刑法和《全国人民代表大会常务委员会关于〈中华人民共和国刑法〉第二百九十四条第一款的解释》的规定,从组织特征、经济特征、行为特征和非法控制特征四个方面进行分析。认定黑社会性质组织犯罪四个特征必须同时具备。当然,实践中许多黑社会性质组织并不是四个特征都很明显,在具体认定时,应根据立法本意,认真审查、分析黑社会性质组织四个特征相互间的内在联系,准确评价涉案犯罪组织所造

成的社会危害。既要防止将已具备黑社会性质组织四个特征的案件"降格"处理，也不能因为强调严厉打击将不具备四个特征的犯罪团伙"拔高"认定为黑社会性质组织。在黑社会性质组织犯罪的审判中贯彻宽严相济刑事政策，要始终坚持严格依法办案，坚持法定标准，这是《意见》的基本要求。

最高人民法院全国部分法院审理黑社会性质组织犯罪案件工作座谈会纪要
（2015年10月13日）

二、关于黑社会性质组织的认定

（一）认定组织特征的问题

黑社会性质组织存续时间的起点，可以根据涉案犯罪组织举行成立仪式或者进行类似活动的时间来认定。没有前述活动的，可以根据足以反映其初步形成核心利益或强势地位的重大事件发生时间进行审查判断。没有明显标志性事件的，也可以根据涉案犯罪组织为维护、扩大组织势力、实力、影响、经济基础或按照组织惯例、纪律、活动规约而首次实施有组织的犯罪活动的时间进行审查判断。存在、发展时间明显过短、犯罪活动尚不突出的，一般不应认定为黑社会性质组织。

黑社会性质组织应当具有一定规模，人数较多，组织成员一般在10人以上。其中，既包括已有充分证据证明但尚未归案的组织成员，也包括虽有参加黑社会性质组织的行为但因尚未达到刑事责任年龄或因其他法定情形而未被起诉，或者根据具体情节不作为犯罪处理的组织成员。

黑社会性质组织应有明确的组织者、领导者，骨干成员基本固定，并有比较明确的层级和职责分工，一般有三种类型的组织成员，即：组织者、领导者与积极参加者、一般参加者（也即"其他参加者"）。骨干成员，是指直接听命于组织者、领导者，并多次指挥或积极参与实施有组织的违法犯罪活动或者其他长时间在犯罪组织中起重要作用的犯罪分子，属于积极参加者的一部分。

对于黑社会性质组织的组织纪律、活动规约，应当结合制定、形成相关纪律、规约的目的与意图来进行审查判断。凡是为了增强实施违法犯罪活动的组织性、隐蔽性而制定或者自发形成，并用以明确组织内部人员管理、职责分工、行为规范、利益分配、行动准则等事项的成文或不成文的规定、约定，均可认定为黑社会性质组织的组织纪律、活动规约。

对于参加黑社会性质组织，没有实施其他违法犯罪活动，或者受蒙蔽、胁迫参加黑社会性质组织，情节轻微的，可以不作为犯罪处理。对于参加黑社会性质组织后仅参与少量情节轻微的违法活动的，也可以不作为犯罪处理。

以下人员不属于黑社会性质组织的成员：1. 主观上没有加入黑社会性质组织的意愿，受雇到黑社会性质组织开办的公司、企业、社团工作，未参与或者仅参与少量黑社会性质组织的违法犯罪活动的人员；2. 因临时被纠集、雇佣或受蒙蔽为黑社会性质组织实施违法犯罪活动或者提供帮助、支持、服务的人员；3. 为维护或扩大自身利益而临时雇佣、收买、利用黑社会性质组织实施违法犯罪活动的人员。上述人员构成其他犯罪的，按照具体犯罪处理。

对于被起诉的组织成员主要为未成年人的案件，定性时应当结合"四个特征"审慎把握。

（二）认定经济特征的问题

"一定的经济实力"，是指黑社会性质组织在形成、发展过程中获取的，足以支持该组织运行、发展以及实施违法犯罪活动的经济利益。包括：1. 有组织地通过违法犯罪活动或其他不正当手段聚敛的资产；2. 有组织地通过合法的生产、经营活动获取的资产；3. 组织成员以及其他单位、个人资助黑社会性质组织的资产。通过上述方式获取的经济利益，即使是由部分组织成员个人掌控，也应计入黑社会性质组织的"经济实力"。

各高级人民法院可以根据本地区的实际情况，对黑社会性质组织所应具有的"经济实力"在20-50万元幅度内，自行划定一般掌握的最低数额标准。

是否将所获经济利益全部或部分用于违法犯罪活动或者维系犯罪组织的生存、发展，是认定经济特征的重要依据。无论获利后的分配与使用形式如何变化，只要在客观上能够起到豢养组织成员、维护组织稳定、壮大组织势力的作用即可认定。

（三）认定行为特征的问题

涉案犯罪组织仅触犯少量具体罪名的，是否应认定为黑社会性质组织要结合组织特征、经济特征和非法控制特征（危害性特征）综合判断，严格把握。

黑社会性质组织实施的违法犯罪活动包括非暴力性的违法犯罪活动，但暴力或以暴力相威胁始终是黑社会性质组织实施违法犯罪活动的基本手段，并随时可能付诸实施。因此，在黑社会性质组织所实施的违法犯罪活动中，一般应有一部分能够较明显地体现出暴力或以暴力相威胁的基本特征。否则，定性时应当特别慎重。

属于2009年《座谈会纪要》规定的五种情形之一的，一般应当认定为黑社会性质组织实施的违法犯罪活动，但确与维护和扩大组织势力、实力、影响、经济基础无任何关联，亦不是按照组织惯例、纪律、活动规约而实施，则应作为组织成员个人的违法犯罪活动处理。组织者、领导者明知组织成员曾多次实施起因、性质类似的违法犯罪活动，但并未明确予以禁止的，如果该类行为对扩大组织影响起到一定作用，可以视为是按照组织惯例实施的违法犯罪活动。

（四）认定非法控制特征（危害性特征）的问题

黑社会性质组织所控制和影响的"一定区域"，应当具备一定空间范围，并承载一定的社会功能。既包括一定数量的自然人共同居住、生活的区域，如乡镇、街道、较大的村庄等，也包括承载一定生产、经营或社会公共服务功能的区域，如矿山、工地、市场、车站、码头等。对此，应当结合一定地域范围内的人口数量、流量、经济规模等因素综合评判。如果涉案犯罪组织的控制和影响仅存在于一座酒店、一处娱乐会所等空间范围有限的场所或者人口数量、流量、经济规模较小的其他区域，则一般不能视为是对"一定区域"的控制和影响。

黑社会性质组织所控制和影响的"一定行业"，是指在一定区域内存在的同类生产、经营活动。黑社会性质组织通过多次有组织地实施违法犯罪活动，对黄、赌、毒等非法行业形成非法控制或重大影响的，同样符合非法控制特征（危害性特征）的要求。

2009年《座谈会纪要》明确了可以认定为"在一定区域或者行业内，形成非法控制或者重大影响，严重破坏经济、社会生活秩序"的八种情形，适用时应当注意以下问题：第1种情形中的"致使合法利益受损的群众不敢举报、控告的"，是指致使多名合法利益遭受犯罪或者严重违法活动侵害的群众不敢通过正当途径维护权益；第2种情形中的"形成垄断"，是指可以操控、左右、决定与一定行业相关的准入、退出、经营、竞争等经济活动。"形成重要影响"，是指对与一定行业相关的准入、退出、经营、竞争等经济活动具有较大的干预和影响能力，或者具有在该行业内占有较大市场份额、通过违法犯罪活动或以其他不正当手段在该行业内敛财数额巨大（最低数额标准由各高院根据本地情况在20－50万元的幅度内自行划定）、给该行业内从事生产、经营活动的其他单位、组织、个人造成直接经济损失100万元以上等情节之一；第3、4、5种情形中的"造成严重影响"，是指具有致人重伤或致多人轻伤、通过违法犯罪活动或以其他不正当手段敛财数额巨大（数额标准同上）、造成直接经济损失100万元以上、多次引发群体性事件或引发大规模群体性事件等情节之一；第6种情形中的"多次干扰、破坏国家机关、行业管理部门以及村委会、居委会等基层群众自治组织的工作秩序"，包括以拉拢、收买、威胁等手段多次得到国家机关工作人员包庇或纵容，或者多次对前述单位、组织中正常履行职务的工作人员进行打击、报复的情形；第7种情形中的"获取政治地位"，是指当选各级人大代表、政协委员。"担任一定职务"，是指在各级党政机关及其职能部门、基层群众自治组织中担任具有组织、领导、监督、管理职权的职务。

根据实践经验，在黑社会性质组织犯罪案件中，2009 年《座谈会纪要》规定的八种情形一般不会单独存在，往往是两种以上的情形同时并存、相互交织，从而严重破坏经济、社会生活秩序。审判时，应当充分认识这一特点，准确认定该特征。

"四个特征"中其他构成要素均已具备，仅在成员人数、经济实力规模方面未达到本纪要提出的一般性要求，但已较为接近，且在非法控制特征（危害性特征）方面同时具有 2009 年《座谈会纪要》相关规定中的多种情形，其中至少有一种情形已明显超出认定标准的，也可以认定为黑社会性质组织。

最高人民法院、最高人民检察院、公安部、司法部关于办理黑恶势力犯罪案件若干问题的指导意见（2018 年 1 月 16 日）

二、依法认定和惩处黑社会性质组织犯罪

3. 黑社会性质组织应同时具备《刑法》第二百九十四条第五款中规定的"组织特征""经济特征""行为特征"和"危害性特征"。由于实践中许多黑社会性质组织并非这"四个特征"都很明显，在具体认定时，应根据立法本意，认真审查、分析黑社会性质组织"四个特征"相互间的内在联系，准确评价涉案犯罪组织所造成的社会危害，做到不枉不纵。

4. 发起、创建黑社会性质组织，或者对黑社会性质组织进行合并、分立、重组的行为，应当认定为"组织黑社会性质组织"；实际对整个组织的发展、运行、活动进行决策、指挥、协调、管理的行为，应当认定为"领导黑社会性质组织"。黑社会性质组织的组织者、领导者，既包括通过一定形式产生的有明确职务、称谓的组织者、领导者，也包括在黑社会性质组织中被公认的事实上的组织者、领导者。

5. 知道或者应当知道是以实施违法犯罪为基本活动内容的组织，仍加入并接受其领导和管理的行为，应当认定为"参加黑社会性质组织"。没有加入黑社会性质组织的意愿，受雇到黑社会性质组织开办的公司、企业、社团工作，未参与黑社会性质组织违法犯罪活动的，不应认定为"参加黑社会性质组织"。

参加黑社会性质组织并具有以下情形之一的，一般应当认定为"积极参加黑社会性质组织"：多次积极参与黑社会性质组织的违法犯罪活动，或者积极参与较严重的黑社会性质组织的犯罪活动且作用突出，以及其他在组织中起重要作用的情形，如具体主管黑社会性质组织的财务、人员管理等事项。

6. 组织形成后，在一定时期内持续存在，应当认定为"形成较稳定的犯罪组织"。

黑社会性质组织一般在短时间内难以形成，而且成员人数较多，但鉴于"恶势力"团伙和犯罪集团向黑社会性质组织发展是个渐进的过程，没有明显的性质转变的节点，故对黑社会性质组织存在时间、成员人数问题不宜作出"一刀切"的规定。

黑社会性质组织未举行成立仪式或者进行类似活动的，成立时间可以按照足以反映其初步形成非法影响的标志性事件的发生时间认定。没有明显标志性事件的，可以按照本意见中关于黑社会性质组织违法犯罪活动认定范围的规定，将组织者、领导者与其他组织成员首次共同实施该组织犯罪活动的时间认定为该组织的形成时间。该组织者、领导者因未到案或者因死亡等法定情形未被起诉的，不影响认定。

黑社会性质组织成员既包括已有充分证据证明但尚未归案的组织成员，也包括虽有参加黑社会性质组织的行为但因尚未达到刑事责任年龄或因其他法定情形而未被起诉，或者根据具体情节不作为犯罪处理的组织成员。

7. 在组织的形成、发展过程中通过以下方式获取经济利益的，应当认定为"有组织地通过违法犯罪活动或者其他手段获取经济利益"：

（1）有组织地通过违法犯罪活动或其他不正当手段聚敛；

（2）有组织地以投资、控股、参股、合伙等方式通过合法的生产、经营活动获取；

（3）由组织成员提供或通过其他单位、组织、个人资助取得。

8. 通过上述方式获得一定数量的经济利益，应当认定为"具有一定的经济实力"，同时也包括调动一定规模的经济资源用以支持该组织活动的能力。通过上述方式获取的经济利益，即使是由部分组织成员个人掌控，也应计入黑社会性质组织的"经济实力"。组织成员主动将个人或者家庭资产中的一部分用于支持该组织活动，其个人或者家庭资产可全部计入"一定的经济实力"，但数额明显较小或者仅提供动产、不动产使用权的除外。

由于不同地区的经济发展水平、不同行业的利润空间均存在很大差异，加之黑社会性质组织存在、发展的时间也各有不同，在办案时不能一般性地要求黑社会性质组织所具有的经济实力必须达到特定规模或特定数额。

9. 黑社会性质组织实施的违法犯罪活动包括非暴力性的违法犯罪活动，但暴力或以暴力相威胁始终是黑社会性质组织实施违法犯罪活动的基本手段，并随时可能付诸实施。暴力、威胁色彩虽不明显，但实际是以组织的势力、影响和犯罪能力为依托，以暴力、威胁的现实可能性为基础，足以使他人产生恐惧、恐慌进而形成心理强制或者足以影响、限制人身自由、危及人身财产安全或者影响正常生产、工作、生活的手段,属于《刑法》第二百九十四条第五款第(三)项中的"其他手段",包括但不限于所谓的"谈判""协商""调解"以及滋扰、纠缠、哄闹、聚众造势等手段。

10. 为确立、维护、扩大组织的势力、影响、利益或者按照纪律规约、组织惯例多次实施违法犯罪活动,侵犯不特定多人的人身权利、民主权利、财产权利,破坏经济秩序、社会秩序,应当认定为"有组织地多次进行违法犯罪活动,为非作恶,欺压、残害群众"。

符合以下情形之一的,应当认定为是黑社会性质组织实施的违法犯罪活动:

(1) 为该组织争夺势力范围、打击竞争对手、形成强势地位、谋取经济利益、树立非法权威、扩大非法影响、寻求非法保护、增强犯罪能力等实施的;

(2) 按照该组织的纪律规约、组织惯例实施的;

(3) 组织者、领导者直接组织、策划、指挥、参与实施的;

(4) 由组织成员以组织名义实施,并得到组织者、领导者认可或者默许的;

(5) 多名组织成员为逞强争霸、插手纠纷、报复他人、替人行凶、非法敛财而共同实施,并得到组织者、领导者认可或者默许的;

(6) 其他应当认定为黑社会性质组织实施的。

11. 鉴于黑社会性质组织非法控制和影响的"一定区域"的大小具有相对性,不能简单地要求"一定区域"必须达到某一特定的空间范围,而应当根据具体案情,并结合黑社会性质组织对经济、社会生活秩序的危害程度加以综合分析判断。

通过实施违法犯罪活动,或者利用国家工作人员的包庇或者不依法履行职责,放纵黑社会性质组织进行违法犯罪活动的行为,称霸一方,并具有以下情形之一的,可认定为"在一定区域或者行业内,形成非法控制或者重大影响,严重破坏经济、社会生活秩序":

(1) 致使在一定区域内生活或者在一定行业内从事生产、经营的多名群众,合法利益遭受犯罪或严重违法活动侵害后,不敢通过正当途径举报、控告的;

(2) 对一定行业的生产、经营形成垄断,或者对涉及一定行业的准入、经营、竞争等经济活动形成重要影响的;

(3) 插手民间纠纷、经济纠纷,在相关区域或者行业内造成严重影响的;

(4) 干扰、破坏他人正常生产、经营、生活,并在相关区域或者行业内造成严重影响的;

(5) 干扰、破坏公司、企业、事业单位及社会团体的正常生产、经营、工作秩序,在相关区域、行业内造成严重影响,或者致使其不能正常生产、经营、

工作的;

（6）多次干扰、破坏党和国家机关、行业管理部门以及村委会、居委会等基层群众自治组织的工作秩序，或者致使上述单位、组织的职能不能正常行使的;

（7）利用组织的势力、影响，帮助组织成员或他人获取政治地位，或者在党政机关、基层群众自治组织中担任一定职务的;

（8）其他形成非法控制或者重大影响，严重破坏经济、社会生活秩序的情形。

12. 对于组织者、领导者和因犯参加黑社会性质组织罪被判处五年以上有期徒刑的积极参加者，可以根据《刑法》第五十六条第一款的规定适用附加剥夺政治权利。对于符合《刑法》第三十七条之一规定的组织成员，应当依法禁止其从事相关职业。符合《刑法》第六十六条规定的组织成员，应当认定为累犯，依法从重处罚。

对于因有组织的暴力性犯罪被判处死刑缓期执行的黑社会性质组织犯罪分子，可以根据《刑法》第五十条第二款的规定同时决定对其限制减刑。对于因有组织的暴力性犯罪被判处十年以上有期徒刑、无期徒刑的黑社会性质组织犯罪分子，应当根据《刑法》第八十一条第二款规定，不得假释。

13. 对于组织者、领导者一般应当并处没收个人全部财产。对于确属骨干成员或者为该组织转移、隐匿资产的积极参加者，可以并处没收个人全部财产。对于其他组织成员，应当根据所参与实施违法犯罪活动的次数、性质、地位、作用、违法所得数额以及造成损失的数额等情节，依法决定财产刑的适用。

7. 黑社会性质组织成员刑事责任的认定

最高人民法院、最高人民检察院、公安部办理黑社会性质组织犯罪案件座谈会纪要（2009年12月9日）

二、（二）关于办理黑社会性质组织犯罪案件的其他问题

2. 关于黑社会性质组织成员的刑事责任。对黑社会性质组织的组织者、领导者，应根据法律规定和本纪要中关于"黑社会性质组织实施的违法犯罪活动"的规定，按照该组织所犯的全部罪行承担刑事责任。组织者、领导者对于具体犯罪所承担的刑事责任，应当根据其在该起犯罪中的具体地位、作用来确定。对黑社会性质组织中的积极参加者和其他参加者，应按照其所参与的犯罪，根据其在具体犯罪中的地位和作用，依照罪责刑相适应的原则，确定应承担的刑事责任。

最高人民法院刑三庭：在审理故意杀人、伤害及黑社会性质组织犯罪案件中切实贯彻宽严相济刑事政策（《人民法院报》2010年4月14日第6版）

三、黑社会性质组织犯罪案件审判中宽严相济的把握

2. 区别对待黑社会性质组织的不同成员。《意见》① 第30条明确了黑社会性质组织中不同成员的处理原则：分别情况，区别对待。对于组织者、领导者应依法从严惩处，其承担责任的犯罪不限于自己组织、策划、指挥和实施的犯罪，而应对组织所犯的全部罪行承担责任。实践中，一些黑社会性质组织的组织者、领导者，只是以其直接实施的犯罪起诉、审判，实际上是轻纵了他们的罪行。要在区分组织犯罪和组织成员犯罪的基础上，合理划定组织者、领导者的责任范围，做到不枉不纵。同时，还要注意责任范围和责任程度的区别，不能简单认为组织者、领导者就是具体犯罪中责任最重的主犯。对于组织成员实施的黑社会性质组织犯罪，组织者、领导者只是事后知晓，甚至根本不知晓，其就只应负有一般的责任，直接实施的成员无疑应负最重的责任。

对于积极参加者，应根据其在具体犯罪中的地位、作用，确定其应承担的刑事责任。确属黑社会性质组织骨干成员的，应依法从严处罚。对犯罪情节较轻的其他参加人员以及初犯、偶犯、未成年犯，则要依法从轻、减轻处罚。对于参加黑社会性质的组织，没有实施其他违法犯罪活动的，或者受蒙蔽、胁迫参加黑社会性质的组织，情节轻微的，则可以不作为犯罪处理。

8."恶势力"的认定及处理

最高人民法院、最高人民检察院、公安部办理黑社会性质组织犯罪案件座谈会纪要（2009年12月9日）

二、（二）关于办理黑社会性质组织犯罪案件的其他问题

6. 关于对"恶势力"团伙的认定和处理。"恶势力"是黑社会性质组织的雏形，有的最终发展成为了黑社会性质组织。因此，及时严惩"恶势力"团伙犯罪，是遏制黑社会性质组织滋生，防止违法犯罪活动造成更大社会危害的有效途径。

会议认为，"恶势力"是指经常纠集在一起，以暴力、威胁或其他手段，在一定区域或者行业内多次实施违法犯罪活动，为非作恶，扰乱经济、社会生活秩序，造成较为恶劣的社会影响，但尚未形成黑社会性质组织的犯罪团伙。"恶势力"一般为三人以上，纠集者、骨干成员相对固定，违法犯罪活动一般表现

---

① 编者注：即《最高人民法院关于贯彻宽严相济刑事政策的若干意见》（2010年2月8日）。

为敲诈勒索、强迫交易、欺行霸市、聚众斗殴、寻衅滋事、非法拘禁、故意伤害、抢劫、抢夺或者黄、赌、毒等。各级人民法院、人民检察院和公安机关在办案时应根据本纪要的精神，结合组织化程度的高低、经济实力的强弱、有无追求和实现对社会的非法控制等特征，对黑社会性质组织与"恶势力"团伙加以正确区分。同时，还要本着实事求是的态度，正确理解和把握"打早打小"方针。在准确查明"恶势力"团伙具体违法犯罪事实的基础上，构成什么罪，就按什么罪处理，并充分运用刑法总则关于共同犯罪的规定，依法惩处。对符合犯罪集团特征的，要按照犯罪集团处理，以切实加大对"恶势力"团伙依法惩处的力度。

最高人民法院、最高人民检察院、公安部、司法部关于办理黑恶势力犯罪案件若干问题的指导意见（2018年1月16日）

三、依法惩处恶势力犯罪

14. 具有下列情形的组织，应当认定为"恶势力"：经常纠集在一起，以暴力、威胁或者其他手段，在一定区域或者行业内多次实施违法犯罪活动，为非作恶，欺压百姓，扰乱经济、社会生活秩序，造成较为恶劣的社会影响，但尚未形成黑社会性质组织的违法犯罪组织。恶势力一般为三人以上，纠集者相对固定，违法犯罪活动主要为强迫交易、故意伤害、非法拘禁、敲诈勒索、故意毁坏财物、聚众斗殴、寻衅滋事等，同时还可能伴随实施开设赌场、组织卖淫、强迫卖淫、贩卖毒品、运输毒品、制造毒品、抢劫、抢夺、聚众扰乱社会秩序、聚众扰乱公共场所秩序、交通秩序以及聚众"打砸抢"等。

在相关法律文书中的犯罪事实认定部分，可使用"恶势力"等表述加以描述。

15. 恶势力犯罪集团是符合犯罪集团法定条件的恶势力犯罪组织，其特征表现为：有三名以上的组织成员，有明显的首要分子，重要成员较为固定，组织成员经常纠集在一起，共同故意实施三次以上恶势力惯常实施的犯罪活动或者其他犯罪活动。

16. 公安机关、人民检察院、人民法院在办理恶势力犯罪案件时，应当依照上述规定，区别于普通刑事案件，充分运用《刑法》总则关于共同犯罪和犯罪集团的规定，依法从严惩处。

最高人民法院、最高人民检察院、公安部、司法部关于办理实施"软暴力"的刑事案件若干问题的意见（2019年4月9日）

四、"软暴力"手段属于《刑法》第二百九十四条第五款第（三）项"黑社会性质组织行为特征"以及《指导意见》第14条"恶势力"概念中的"其他手段"。

最高人民法院、最高人民检察院、公安部、司法部关于办理恶势力刑事案件若干问题的意见（2019年4月9日）

一、办理恶势力刑事案件的总体要求

1. 人民法院、人民检察院、公安机关和司法行政机关要深刻认识恶势力违法犯罪的严重社会危害，毫不动摇地坚持依法严惩方针，在侦查、起诉、审判、执行各阶段，运用多种法律手段全面体现依法从严惩处精神，有力震慑恶势力违法犯罪分子，有效打击和预防恶势力违法犯罪。

2. 人民法院、人民检察院、公安机关和司法行政机关要严格坚持依法办案，确保在案件事实清楚，证据确实、充分的基础上，准确认定恶势力和恶势力犯罪集团，坚决防止人为拔高或者降低认定标准。要坚持贯彻落实宽严相济刑事政策，根据犯罪嫌疑人、被告人的主观恶性、人身危险性、在恶势力、恶势力犯罪集团中的地位、作用以及在具体犯罪中的罪责，切实做到宽严有据，罚当其罪，实现政治效果、法律效果和社会效果的统一。

3. 人民法院、人民检察院、公安机关和司法行政机关要充分发挥各自职能，分工负责，互相配合，互相制约，坚持以审判为中心的刑事诉讼制度改革要求，严格执行"三项规程"，不断强化程序意识和证据意识，有效加强法律监督，确保严格执法、公正司法，充分保障当事人、诉讼参与人的各项诉讼权利。

二、恶势力、恶势力犯罪集团的认定标准

4. 恶势力，是指经常纠集在一起，以暴力、威胁或者其他手段，在一定区域或者行业内多次实施违法犯罪活动，为非作恶，欺压百姓，扰乱经济、社会生活秩序，造成较为恶劣的社会影响，但尚未形成黑社会性质组织的违法犯罪组织。

5. 单纯为牟取不法经济利益而实施的"黄、赌、毒、盗、抢、骗"等违法犯罪活动，不具有为非作恶、欺压百姓特征的，或者因本人及近亲属的婚恋纠纷、家庭纠纷、邻里纠纷、劳动纠纷、合法债务纠纷而引发以及其他确属事出有因的违法犯罪活动，不应作为恶势力案件处理。

6. 恶势力一般为3人以上，纠集者相对固定。纠集者，是指在恶势力实施的违法犯罪活动中起组织、策划、指挥作用的违法犯罪分子。成员较为固定且符合恶势力其他认定条件，但多次实施违法犯罪活动是由不同的成员组织、策划、指挥，也可以认定为恶势力，有前述行为的成员均可以认定为纠集者。

恶势力的其他成员，是指知道或应当知道与他人经常纠集在一起是为了共同实施违法犯罪，仍按照纠集者的组织、策划、指挥参与违法犯罪活动的违法犯罪分子，包括已有充分证据证明但尚未归案的人员，以及因法定情形不予追究法律责任，或者因参与实施恶势力违法犯罪活动已受到行政或刑事处罚的人员。仅因临时雇佣或被雇佣、利用或被利用以及受蒙蔽参与少量恶势力违法犯罪活动的，一般不应认定为恶势力成员。

7. "经常纠集在一起，以暴力、威胁或者其他手段，在一定区域或者行业内多次实施违法犯罪活动"，是指犯罪嫌疑人、被告人于2年之内，以暴力、威胁或者其他手段，在一定区域或者行业内多次实施违法犯罪活动，且包括纠集者在内，至少应有2名相同的成员多次参与实施违法犯罪活动。对于"纠集在一起"时间明显较短，实施违法犯罪活动刚刚达到"多次"标准，且尚不足以造成较为恶劣影响的，一般不应认定为恶势力。

8. 恶势力实施的违法犯罪活动，主要为强迫交易、故意伤害、非法拘禁、敲诈勒索、故意毁坏财物、聚众斗殴、寻衅滋事，但也包括具有为非作恶、欺压百姓特征，主要以暴力、威胁为手段的其他违法犯罪活动。

恶势力还可能伴随实施开设赌场、组织卖淫、强迫卖淫、贩卖毒品、运输毒品、制造毒品、抢劫、抢夺、聚众扰乱社会秩序、聚众扰乱公共场所秩序、交通秩序以及聚众"打砸抢"等违法犯罪活动，但仅有前述伴随实施的违法犯罪活动，且不能认定具有为非作恶、欺压百姓特征的，一般不应认定为恶势力。

9. 办理恶势力刑事案件，"多次实施违法犯罪活动"至少应包括1次犯罪活动。对于反复实施强迫交易、非法拘禁、敲诈勒索、寻衅滋事等单一性质的违法行为，单次情节、数额尚不构成犯罪，但按照刑法或者有关司法解释、规范性文件的规定累加后应作为犯罪处理的，在认定是否属于"多次实施违法犯罪活动"时，可将已用于累加的违法行为计为1次犯罪活动，其他违法行为单独计算违法活动的次数。

已被处理或者已作为民间纠纷调处，后经查证确属恶势力违法犯罪活动的，均可以作为认定恶势力的事实依据，但不符合法定情形的，不得重新追究法律责任。

10. 认定"扰乱经济、社会生活秩序，造成较为恶劣的社会影响"，应当结合侵害对象及其数量、违法犯罪次数、手段、规模、人身损害后果、经济损失数额、违法所得数额、引起社会秩序混乱的程度以及对人民群众安全感的影响程度等因素综合把握。

11. 恶势力犯罪集团，是指符合恶势力全部认定条件，同时又符合犯罪集团法定条件的犯罪组织。

恶势力犯罪集团的首要分子，是指在恶势力犯罪集团中起组织、策划、指挥作用的犯罪分子。恶势力犯罪集团的其他成员，是指知道或者应当知道是为共同实施犯罪而组成的较为固定的犯罪组织,仍按受首要分子领导、管理、指挥,并参与该组织犯罪活动的犯罪分子。

恶势力犯罪集团应当有组织地实施多次犯罪活动,同时还可能伴随实施违法活动。恶势力犯罪集团所实施的违法犯罪活动,参照《指导意见》第十条第二款的规定认定。

12. 全部成员或者首要分子、纠集者以及其他重要成员均为未成年人、老年人、残疾人的,认定恶势力、恶势力犯罪集团时应当特别慎重。

三、正确运用宽严相济刑事政策的有关要求

13. 对于恶势力的纠集者、恶势力犯罪集团的首要分子、重要成员以及恶势力、恶势力犯罪集团共同犯罪中罪责严重的主犯,要正确运用法律规定加大惩处力度,对依法应当判处重刑或死刑的,坚决判处重刑或死刑。同时要严格掌握取保候审,严格掌握不起诉,严格掌握缓刑、减刑、假释,严格掌握保外就医适用条件,充分利用资格刑、财产刑等法律手段全方位从严惩处。对于符合刑法第三十七条之一规定的,可以依法禁止其从事相关职业。

对于恶势力、恶势力犯罪集团的其他成员,在共同犯罪中罪责相对较小、人身危险性、主观恶性相对不大的,具有自首、立功、坦白、初犯等法定或酌定从宽处罚情节的,可以依法从轻、减轻或免除处罚。认罪认罚或者仅参与实施少量的犯罪活动且只起次要、辅助作用,符合缓刑条件的,可以适用缓刑。

14. 恶势力犯罪集团的首要分子检举揭发与该犯罪集团及其违法犯罪活动有关联的其他犯罪线索,如果在认定立功的问题上存在事实、证据或法律适用方面的争议,应当严格把握。依法应认定为立功或者重大立功的,在决定是否从宽处罚、如何从宽处罚时,应当根据罪责刑相一致原则从严掌握。可能导致全案量刑明显失衡的,不予从宽处罚。

恶势力犯罪集团的其他成员如果能够配合司法机关查办案件,有提供线索、帮助收集证据或者其他协助行为,并在侦破恶势力犯罪集团案件、查处"保护伞"等方面起到较大作用的,即使依法不能认定立功,一般也应酌情对其从轻处罚。

15. 犯罪嫌疑人、被告人同时具有法定、酌定从严和法定、酌定从宽处罚情节的,量刑时要根据所犯具体罪行的严重程度,结合被告人在恶势力、恶势力犯罪集团中的地位、作用、主观恶性、人身危险性等因素整体把握。对于恶势力的纠集者、恶势力犯罪集团的首要分子、重要成员,量刑时要体现总体从严。对于在共同犯罪中罪责相对较小、人身危险性、主观恶性相对不大,且能够真诚认罪悔罪的其他成员,量刑时要体现总体从宽。

16. 恶势力刑事案件的犯罪嫌疑人、被告人自愿如实供述自己的罪行,承认指控的犯罪事实,愿意接受处罚的,可以依法从宽处理,并适用认罪认罚从宽制度。对于犯罪性质恶劣、犯罪手段残忍、社会危害严重的犯罪嫌疑人、被告人,虽然认罪认罚,但不足以从轻处罚的,不适用该制度。

四、办理恶势力刑事案件的其他问题

17. 人民法院、人民检察院、公安机关经审查认为案件符合恶势力认定标准的,应当在起诉意见书、起诉书、判决书、裁定书等法律文书中的案件事实部分明确表述,列明恶势力的纠集者、其他成员、违法犯罪事实以及据以认定的证据;符合恶势力犯罪集团认定标准的,应当在上述法律文书中明确定性,列明首要分子、其他成员、违法犯罪事实以及据以认定的证据,并引用刑法总则关于犯罪集团的相关规定。被告人及其辩护人对恶势力定性提出辩解和辩护意见,人民法院可以在裁判文书中予以评析回应。

恶势力刑事案件的起诉意见书、起诉书、判决书、裁定书等法律文书,可以在案件事实部分先概述恶势力、恶势力犯罪集团的概括事实,再分述具体的恶势力违法犯罪事实。

18. 对于公安机关未在起诉意见书中明确认定,人民检察院在审查起诉期间发现构成恶势力或者恶势力犯罪集团,且相关违法犯罪事实已经查清,证据确实、充分,依法应追究刑事责任的,应当作出起诉决定,根据查明的事实向人民法院提起公诉,并在起诉书中明确认定为恶势力或者恶势力犯罪集团。人民检察院认为恶势力相关违法犯罪事实不清、证据不足,或者存在遗漏恶势力违法犯罪事实、遗漏同案犯罪嫌疑人等情形需要补充侦查的,应当提出具体的书面意见,连同案卷材料一并退回公安机关补充侦查;人民检察院也可以自行侦查,必要时可以要求公安机关提供协助。

对于人民检察院未在起诉书中明确认定,人民法院在审判期间发现构成恶势力或恶势力犯罪集团的,可以建议人民检察院补充或者变更起诉;人民检察院不同意或者在七日内未回复意见的,人民法院不应主动认定,可仅就起诉指控的犯罪事实依照相关规定作出判决、裁定。

审理被告人或者被告人的法定代理人、辩护人、近亲属上诉的案件时,一审判决认定黑社会性质组织有误的,二审法院应当纠正,符合恶势力、恶势力犯罪集团认定标准,应当作出相应认定;一审判决认定恶势力或恶势力犯罪集团有误的,应当纠正,但不得升格认定;一审判决未认定恶势力或恶势力犯罪集团的,不得增加认定。

19. 公安机关、人民检察院、人民法院应当分别以起诉意见书、起诉书、裁判文书所明确的恶势力、恶势力犯罪集团,作为相关数据的统计依据。

9. 利用信息网络实施黑恶势力犯罪案件的处理

最高人民法院、最高人民检察院、公安部、司法部关于办理利用信息网络实施黑恶势力犯罪刑事案件若干问题的意见（2019年10月21日）

一、总体要求

1. 各级人民法院、人民检察院、公安机关及司法行政机关应当统一执法思想、提高执法效能，坚持"打早打小"，坚决依法严厉惩处利用信息网络实施的黑恶势力犯罪，有效维护网络安全和经济、社会生活秩序。

2. 各级人民法院、人民检察院、公安机关及司法行政机关应当正确运用法律，严格依法办案，坚持"打准打实"，认真贯彻落实宽严相济刑事政策，切实做到宽严有据、罚当其罪，实现政治效果、法律效果和社会效果的统一。

3. 各级人民法院、人民检察院、公安机关及司法行政机关应当分工负责、互相配合、互相制约，切实加强与相关行政管理部门的协作，健全完善风险防控机制，积极营造线上线下社会综合治理新格局。

二、依法严惩利用信息网络实施的黑恶势力犯罪

4. 对通过发布、删除负面或虚假信息，发送侮辱性信息、图片，以及利用信息、电话骚扰等方式，威胁、要挟、恐吓、滋扰他人，实施黑恶势力违法犯罪的，应当准确认定，依法严惩。

8. 侦办利用信息网络实施的强迫交易、敲诈勒索等非法敛财类案件，确因被害人人数众多等客观条件的限制，无法逐一收集被害人陈述的，可以结合已收集的被害人陈述，以及经查证属实的银行账户交易记录、第三方支付结算账户交易记录、通话记录、电子数据等证据，综合认定被害人人数以及涉案资金数额等。

三、准确认定利用信息网络实施犯罪的黑恶势力

9. 利用信息网络实施违法犯罪活动，符合刑法、《指导意见》以及最高人民法院、最高人民检察院、公安部、司法部《关于办理恶势力刑事案件若干问题的意见》等规定的恶势力、恶势力犯罪集团、黑社会性质组织特征和认定标准的，应当依法认定为恶势力、恶势力犯罪集团、黑社会性质组织。

认定利用信息网络实施违法犯罪活动的黑社会性质组织时，应当依照刑法第二百九十四条第五款规定的"四个特征"进行综合审查判断，分析"四个特征"相互间的内在联系，根据在网络空间和现实社会中实施违法犯罪活动对公民人身、财产、民主权利和经济、社会生活秩序所造成的危害，准确评价，依法予以认定。

10. 认定利用信息网络实施违法犯罪的黑恶势力组织特征，要从违法犯罪的

起因、目的,以及组织、策划、指挥、参与人员是否相对固定,组织形成后是否持续进行犯罪活动、是否有明确的职责分工、行为规范、利益分配机制等方面综合判断。利用信息网络实施违法犯罪的黑恶势力组织成员之间一般通过即时通讯工具、通讯群组、电子邮件、网盘等信息网络方式联络,对部分组织成员通过信息网络方式联络实施黑恶势力违法犯罪活动,即使相互未见面、彼此不熟识,不影响对组织特征的认定。

11. 利用信息网络有组织地通过实施违法犯罪活动或者其他手段获取一定数量的经济利益,用于违法犯罪活动或者支持该组织生存、发展的,应当认定为符合刑法第二百九十四条第五款第二项规定的黑社会性质组织经济特征。

12. 通过线上线下相结合的方式,有组织地多次利用信息网络实施违法犯罪活动,侵犯不特定多人的人身权利、民主权利、财产权利,破坏经济秩序、社会秩序的,应当认定为符合刑法第二百九十四条第五款第三项规定的黑社会性质组织行为特征。单纯通过线上方式实施的违法犯罪活动,且不具有为非作恶、欺压残害群众特征的,一般不应作为黑社会性质组织行为特征的认定依据。

13. 对利用信息网络实施黑恶势力犯罪非法控制和影响的"一定区域或者行业",应当结合危害行为发生地或者危害行业的相对集中程度,以及犯罪嫌疑人、被告人在网络空间和现实社会中的控制和影响程度综合判断。虽然危害行为发生地、危害的行业比较分散,但涉案犯罪组织利用信息网络多次实施强迫交易、寻衅滋事、敲诈勒索等违法犯罪活动,在网络空间和现实社会造成重大影响,严重破坏经济、社会生活秩序的,应当认定为"在一定区域或者行业内,形成非法控制或者重大影响"。

四、利用信息网络实施黑恶势力犯罪案件管辖

14. 利用信息网络实施的黑恶势力犯罪案件管辖依照《关于办理黑社会性质组织犯罪案件若干问题的规定》和《关于办理网络犯罪案件适用刑事诉讼程序若干问题的意见》的有关规定确定,坚持以犯罪地管辖为主、被告人居住地管辖为辅的原则。

15. 公安机关可以依法对利用信息网络实施的黑恶势力犯罪相关案件并案侦查或者指定下级公安机关管辖,并案侦查或者由上级公安机关指定管辖的公安机关应当全面调查收集能够证明黑恶势力犯罪事实的证据,各涉案地公安机关应当积极配合。并案侦查或者由上级公安机关指定管辖的案件,需要提请批准逮捕、移送审查起诉、提起公诉的,由立案侦查的公安机关所在地的人民检察院、人民法院受理。

16. 人民检察院对于公安机关提请批准逮捕、移送审查起诉的利用信息网络

实施的黑恶势力犯罪案件,人民法院对于已进入审判程序的利用信息网络实施的黑恶势力犯罪案件,被告人及其辩护人提出的管辖异议成立,或者办案单位发现没有管辖权的,受案人民检察院、人民法院经审查,可以依法报请与有管辖权的人民检察院、人民法院共同的上级人民检察院、人民法院指定管辖,不再自行移交。对于在审查批准逮捕阶段,上级检察机关已经指定管辖的案件,审查起诉工作由同一人民检察院受理。人民检察院、人民法院认为应当分案起诉、审理的,可以依法分案处理。

17. 公安机关指定下级公安机关办理利用信息网络实施的黑恶势力犯罪案件的,应当同时抄送同级人民检察院、人民法院。人民检察院认为需要依法指定审判管辖的,应当协商同级人民法院办理指定管辖有关事宜。

10. 包庇、纵容黑社会性质组织罪主观要件的认定

最高人民法院、最高人民检察院、公安部办理黑社会性质组织犯罪案件座谈会纪要(2009年12月9日)

二、(二) 关于办理黑社会性质组织犯罪案件的其他问题

1. 关于包庇、纵容黑社会性质组织罪主观要件的认定。本罪主观方面要求必须是出于故意,过失不能构成本罪。会议认为,只要行为人知道或者应当知道是从事违法犯罪活动的组织,仍对该组织及其成员予以包庇,或者纵容其实施违法犯罪活动,即可认定本罪。至于行为人是否明知该组织系黑社会性质组织,不影响本罪的成立。

11. 黑恶势力刑事案件中犯罪财物及其收益的认定和处置

最高人民法院、最高人民检察院、公安部办理黑社会性质组织犯罪案件座谈会纪要(2009年12月9日)

二、(二) 关于办理黑社会性质组织犯罪案件的其他问题

3. 关于涉黑犯罪财物及其收益的认定和处置。在办案时,要依法运用查封、扣押、冻结、追缴、没收等手段,彻底摧毁黑社会性质组织的经济基础,防止其死灰复燃。对于涉黑犯罪财物及其收益以及犯罪工具,均应按照刑法第六十四条和《司法解释》第七条的规定予以追缴、没收。黑社会性质组织及其成员通过犯罪活动聚敛的财物及其收益,是指在黑社会性质组织的形成、发展过程中,该组织及组织成员通过违法犯罪活动或其他不正当手段聚敛的全部财物、财产性权益及其孳息、收益。在办案工作中,应认真审查涉案财产的来源、性质,对被告人及其他单位、个人的合法财产应依法予以保护。

最高人民法院、最高人民检察院、公安部、司法部关于办理黑恶势力刑事案件中财产处置若干问题的意见（2019年4月9日）

一、总体工作要求

1. 公安机关、人民检察院、人民法院在办理黑恶势力犯罪案件时，在查明黑恶势力组织违法犯罪事实并对黑恶势力成员依法定罪量刑的同时，要全面调查黑恶势力组织及其成员的财产状况，依法对涉案财产采取查询、查封、扣押、冻结等措施，并根据查明的情况，依法作出处理。

前款所称处理既包括对涉案财产中犯罪分子违法所得、违禁品、供犯罪所用的本人财物以及其他等值财产等依法追缴、没收，也包括对被害人的合法财产等依法返还。

2. 对涉案财产采取措施，应当严格依照法定条件和程序进行。严禁在立案之前查封、扣押、冻结财物。凡查封、扣押、冻结的财物，都应当及时进行审查，防止因程序违法、工作瑕疵等影响案件审理以及涉案财产处置。

3. 对涉案财产采取措施，应当为犯罪嫌疑人、被告人及其所扶养的亲属保留必需的生活费用和物品。

根据案件具体情况，在保证诉讼活动正常进行的同时，可以允许有关人员继续合理使用有关涉案财产，并采取必要的保值保管措施，以减少案件办理对正常办公和合法生产经营的影响。

4. 要彻底摧毁黑社会性质组织的经济基础，防止其死灰复燃。对于组织者、领导者一般应当并处没收个人全部财产。对于确属骨干成员或者为该组织转移、隐匿资产的积极参加者，可以并处没收个人全部财产。对于其他组织成员，应当根据所参与实施违法犯罪活动的次数、性质、地位、作用、违法所得数额以及造成损失的数额等情节，依法决定财产刑的适用。

5. 要深挖细查并依法打击黑恶势力组织进行的洗钱以及掩饰、隐瞒犯罪所得、犯罪所得收益等转变涉案财产性质的关联犯罪。

二、依法采取措施全面收集证据

6. 公安机关侦查期间，要根据《公安机关办理刑事案件适用查封、冻结措施相关规定》（公通字〔2013〕30号）等有关规定，会同有关部门全面调查黑恶势力及其成员的财产状况，并可以根据诉讼需要，先行依法对下列财产采取查询、查封、扣押、冻结等措施：

（1）黑恶势力组织的财产；

（2）犯罪嫌疑人个人所有的财产；

（3）犯罪嫌疑人实际控制的财产；

（4）犯罪嫌疑人出资购买的财产；

（5）犯罪嫌疑人转移至他人名下的财产；

（6）犯罪嫌疑人涉嫌洗钱以及掩饰、隐瞒犯罪所得、犯罪所得收益等犯罪涉及的财产；

（7）其他与黑恶势力组织及其违法犯罪活动有关的财产。

7. 查封、扣押、冻结已登记的不动产、特定动产及其他财产，应当通知有关登记机关，在查封、扣押、冻结期间禁止被查封、扣押、冻结的财产流转，不得办理被查封、扣押、冻结财产权属变更、抵押等手续。必要时可以提取有关产权证照。

8. 公安机关对于采取措施的涉案财产，应当全面收集证明其来源、性质、用途、权属及价值的有关证据，审查判断是否应当依法追缴、没收。

证明涉案财产来源、性质、用途、权属及价值的有关证据一般包括：

（1）犯罪嫌疑人、被告人关于财产来源、性质、用途、权属、价值的供述；

（2）被害人、证人关于财产来源、性质、用途、权属、价值的陈述、证言；

（3）财产购买凭证、银行往来凭证、资金注入凭证、权属证明等书证；

（4）财产价格鉴定、评估意见；

（5）可以证明财产来源、性质、用途、权属、价值的其他证据。

9. 公安机关对应当依法追缴、没收的财产中黑恶势力组织及其成员聚敛的财产及其孳息、收益的数额，可以委托专门机构评估；确实无法准确计算的，可以根据有关法律规定及查明的事实、证据合理估算。

人民检察院、人民法院对于公安机关委托评估、估算的数额有不同意见的，可以重新委托评估、估算。

10. 人民检察院、人民法院根据案件诉讼的需要，可以依法采取上述相关措施。

三、准确处置涉案财产

11. 公安机关、人民检察院应当加强对在案财产审查甄别。在移送审查起诉、提起公诉时，一般应当对采取措施的涉案财产提出处理意见建议，并将采取措施的涉案财产及其清单随案移送。

人民检察院经审查，除对随案移送的涉案财产提出处理意见外，还需要对继续追缴的尚未被足额查封、扣押的其他违法所得提出处理意见建议。

涉案财产不宜随案移送的，应当按照相关法律、司法解释的规定，提供相应的清单、照片、录像、封存手续、存放地点说明、鉴定、评估意见、变价处理凭证等材料。

12. 对于不宜查封、扣押、冻结的经营性财产，公安机关、人民检察院、人民法院可以申请当地政府指定有关部门或者委托有关机构代管或者托管。

对易损毁、灭失、变质等不宜长期保存的物品，易贬值的汽车、船艇等物品，或者市场价格波动大的债券、股票、基金等财产，有效期即将届满的汇票、本票、支票等，经权利人同意或者申请，并经县级以上公安机关、人民检察院或人民法院主要负责人批准，可以依法出售、变现或者先行变卖、拍卖，所得价款由扣押、冻结机关保管，并及时告知当事人或者其近亲属。

13. 人民检察院在法庭审理时应当对证明黑恶势力犯罪涉案财产情况进行举证质证，对于既能证明具体个罪又能证明经济特征的涉案财产情况相关证据在具体个罪中出示后，在经济特征中可以简要说明，不再重复出示。

14. 人民法院作出的判决，除应当对随案移送的涉案财产作出处理外，还应当在判决书中写明需要继续追缴尚未被足额查封、扣押的其他违法所得；对随案移送财产进行处理时，应当列明相关财产的具体名称、数量、金额、处置情况等。涉案财产或者有关当事人人数较多，不宜在判决书正文中详细列明的，可以概括叙述并另附清单。

15. 涉案财产符合下列情形之一的，应当依法追缴、没收：

（1）黑恶势力组织及其成员通过违法犯罪活动或者其他不正当手段聚敛的财产及其孳息、收益；

（2）黑恶势力组织成员通过个人实施违法犯罪活动聚敛的财产及其孳息、收益；

（3）其他单位、组织、个人为支持该黑恶势力组织活动资助或者主动提供的财产；

（4）黑恶势力组织及其成员通过合法的生产、经营活动获取的财产或者组织成员个人、家庭合法财产中，实际用于支持该组织活动的部分；

（5）黑恶势力组织成员非法持有的违禁品以及供犯罪所用的本人财物；

（6）其他单位、组织、个人利用黑恶势力组织及其成员违法犯罪活动获取的财产及其孳息、收益；

（7）其他应当追缴、没收的财产。

16. 应当追缴、没收的财产已用于清偿债务或者转让、或者设置其他权利负担，具有下列情形之一的，应当依法追缴：

（1）第三人明知是违法犯罪所得而接受的；

（2）第三人无偿或者以明显低于市场的价格取得涉案财物的；

（3）第三人通过非法债务清偿或者违法犯罪活动取得涉案财物的；

（4）第三人通过其他方式恶意取得涉案财物的。

17. 涉案财产符合下列情形之一的，应当依法返还：

（1）有证据证明确属被害人合法财产；

（2）有证据证明确与黑恶势力及其违法犯罪活动无关。

18. 有关违法犯罪事实查证属实后，对于有证据证明权属明确且无争议的被害人、善意第三人或者其他人员合法财产及其孳息，凡返还不损害其他利害关系人的利益，不影响案件正常办理的，应当在登记、拍照或者录像后，依法及时返还。

四、依法追缴、没收其他等值财产

19. 有证据证明依法应当追缴、没收的涉案财产无法找到、被他人善意取得、价值灭失或者与其他合法财产混合且不可分割的，可以追缴、没收其他等值财产。

对于证明前款各种情形的证据，公安机关或者人民检察院应当及时调取。

20. 本意见第19条所称"财产无法找到"，是指有证据证明存在依法应当追缴、没收的财产，但无法查证财产去向、下落的。被告人有不同意见的，应当出示相关证据。

21. 追缴、没收的其他等值财产的数额，应当与无法直接追缴、没收的具体财产的数额相对应。

五、其他

22. 本意见所称孳息，包括天然孳息和法定孳息。

本意见所称收益，包括但不限于以下情形：

（1）聚敛、获取的财产直接产生的收益，如使用聚敛、获取的财产购买彩票中奖所得收益等；

（2）聚敛、获取的财产用于违法犯罪活动产生的收益，如使用聚敛、获取的财产赌博赢利所得收益、非法放贷所得收益、购买并贩卖毒品所得收益等；

（3）聚敛、获取的财产投资、置业形成的财产及其收益；

（4）聚敛、获取的财产和其他合法财产共同投资或者置业形成的财产中，与聚敛、获取的财产对应的份额及其收益；

（5）应当认定为收益的其他情形。

23. 本意见未规定的黑恶势力刑事案件财产处置工作其他事宜，根据相关法律法规、司法解释等规定办理。

12. "套路贷"刑事案件的处理

最高人民法院、最高人民检察院、公安部、司法部关于办理"套路贷"刑事案件若干问题的意见（2019年4月9日）

一、准确把握"套路贷"与民间借贷的区别

1."套路贷"，是对以非法占有为目的，假借民间借贷之名，诱使或迫使被害人签订"借贷"或变相"借贷""抵押""担保"等相关协议，通过虚增借贷金额、恶意制造违约、肆意认定违约、毁匿还款证据等方式形成虚假债权债务，并借助诉讼、仲裁、公证或者采用暴力、威胁以及其他手段非法占有被害人财物的相关违法犯罪活动的概括性称谓。

2."套路贷"与平等主体之间基于意思自治而形成的民事借贷关系存在本质区别，民间借贷的出借人是为了到期按照协议约定的内容收回本金并获取利息，不具有非法占有他人财物的目的，也不会在签订、履行借贷协议过程中实施虚增借贷金额、制造虚假给付痕迹、恶意制造违约、肆意认定违约、毁匿还款证据等行为。

司法实践中，应当注意非法讨债引发的案件与"套路贷"案件的区别，犯罪嫌疑人、被告人不具有非法占有目的，也未使用"套路"与借款人形成虚假债权债务，不应视为"套路贷"。因使用暴力、威胁以及其他手段强行索债构成犯罪的，应当根据具体案件事实定罪处罚。

3.实践中，"套路贷"的常见犯罪手法和步骤包括但不限于以下情形：

（1）制造民间借贷假象。犯罪嫌疑人、被告人往往以"小额贷款公司""投资公司""咨询公司""担保公司""网络借贷平台"等名义对外宣传，以低息、无抵押、无担保、快速放款等为诱饵吸引被害人借款，继而以"保证金""行规"等虚假理由诱使被害人基于错误认识签订金额虚高的"借贷"协议或相关协议。有的犯罪嫌疑人、被告人还会以被害人先前借贷违约等理由，迫使对方签订金额虚高的"借贷"协议或相关协议。

（2）制造资金走账流水等虚假给付事实。犯罪嫌疑人、被告人按照虚高的"借贷"协议金额将资金转入被害人账户，制造已将全部借款交付被害人的银行流水痕迹，随后便采取各种手段将其中全部或者部分资金收回，被害人实际上并未取得或者完全取得"借贷"协议、银行流水上显示的钱款。

（3）故意制造违约或者肆意认定违约。犯罪嫌疑人、被告人往往会以设置违约陷阱、制造还款障碍等方式，故意造成被害人违约，或者通过肆意认定违约，强行要求被害人偿还虚假债务。

（4）恶意垒高借款金额。当被害人无力偿还时，有的犯罪嫌疑人、被告人会安排其所属公司或者指定的关联公司、关联人员为被害人偿还"借款"，继而与被害人签订金额更大的虚高"借贷"协议或相关协议，通过这种"转单平账""以贷还贷"的方式不断垒高"债务"。

（5）软硬兼施"索债"。在被害人未偿还虚高"借款"的情况下，犯罪嫌疑人、被告人借助诉讼、仲裁、公证或者采用暴力、威胁以及其他手段向被害人或者被害人的特定关系人索取"债务"。

二、依法严惩"套路贷"犯罪

4. 实施"套路贷"过程中，未采用明显的暴力或者威胁手段，其行为特征从整体上表现为以非法占有为目的，通过虚构事实、隐瞒真相骗取被害人财物的，一般以诈骗罪定罪处罚；对于在实施"套路贷"过程中多种手段并用，构成诈骗、敲诈勒索、非法拘禁、虚假诉讼、寻衅滋事、强迫交易、抢劫、绑架等多种犯罪的，应当根据具体案件事实，区分不同情况，依照刑法及有关司法解释的规定数罪并罚或者择一重处。

5. 多人共同实施"套路贷"犯罪，犯罪嫌疑人、被告人在所参与的犯罪中起主要作用的，应当认定为主犯，对其参与或组织、指挥的全部犯罪承担刑事责任；起次要或辅助作用的，应当认定为从犯。

明知他人实施"套路贷"犯罪，具有以下情形之一的，以相关犯罪的共犯论处，但刑法和司法解释等另有规定的除外：

（1）组织发送"贷款"信息、广告，吸引、介绍被害人"借款"的；

（2）提供资金、场所、银行卡、账号、交通工具等帮助的；

（3）出售、提供、帮助获取公民个人信息的；

（4）协助制造走账记录等虚假给付事实的；

（5）协助办理公证的；

（6）协助以虚假事实提起诉讼或者仲裁的；

（7）协助套现、取现、办理动产或不动产过户等，转移犯罪所得及其产生的收益的；

（8）其他符合共同犯罪规定的情形。

上述规定中的"明知他人实施'套路贷'犯罪"，应当结合行为人的认知能力、既往经历、行为次数和手段、与同案人、被害人的关系、获利情况、是否曾因"套路贷"受过处罚、是否故意规避查处等主客观因素综合分析认定。

6. 在认定"套路贷"犯罪数额时，应当与民间借贷相区别，从整体上予以否定性评价，"虚高债务"和以"利息""保证金""中介费""服务费""违约金"等名目被犯罪嫌疑人、被告人非法占有的财物,均应计入犯罪数额。

犯罪嫌疑人、被告人实际给付被害人的本金数额,不计入犯罪数额。

已经着手实施"套路贷",但因意志以外原因未得逞的,可以根据相关罪名所涉及的刑法、司法解释规定,按照已着手非法占有的财物数额认定犯罪未遂。既有既遂,又有未遂,犯罪既遂部分与未遂部分分别对应不同法定刑幅度的,应当先决定对未遂部分是否减轻处罚,确定未遂部分对应的法定刑幅度,再与既遂部分对应的法定刑幅度进行比较,选择处罚较重的法定刑幅度,并酌情从重处罚;二者在同一量刑幅度的,以犯罪既遂酌情从重处罚。

7. 犯罪嫌疑人、被告人实施"套路贷"违法所得的一切财物,应当予以追缴或者责令退赔;对被害人的合法财产,应当及时返还。有证据证明是犯罪嫌疑人、被告人为实施"套路贷"而交付给被害人的本金,赔偿被害人损失后如有剩余,应依法予以没收。

犯罪嫌疑人、被告人已将违法所得的财物用于清偿债务、转让或者设置其他权利负担,具有下列情形之一的,应当依法追缴:

(1) 第三人明知是违法所得财物而接受的;

(2) 第三人无偿取得或者以明显低于市场的价格取得违法所得财物的;

(3) 第三人通过非法债务清偿或者违法犯罪活动取得违法所得财物的;

(4) 其他应当依法追缴的情形。

8. 以老年人、未成年人、在校学生、丧失劳动能力的人为对象实施"套路贷",或者因实施"套路贷"造成被害人或其特定关系人自杀、死亡、精神失常、为偿还"债务"而实施犯罪活动的,除刑法、司法解释另有规定的外,应当酌情从重处罚。

在坚持依法从严惩处的同时,对于认罪认罚、积极退赃、真诚悔罪或者具有其他法定、酌定从轻处罚情节的被告人,可以依法从宽处罚。

9. 对于"套路贷"犯罪分子,应当根据其所触犯的具体罪名,依法加大财产刑适用力度。符合刑法第三十七条之一规定的,可以依法禁止从事相关职业。

10. 三人以上为实施"套路贷"而组成的较为固定的犯罪组织,应当认定为犯罪集团。对首要分子应按照集团所犯全部罪行处罚。

符合黑恶势力认定标准的,应当按照黑社会性质组织、恶势力或者恶势力犯罪集团侦查、起诉、审判。

三、依法确定"套路贷"刑事案件管辖

11. "套路贷"犯罪案件一般由犯罪地公安机关侦查,如果由犯罪嫌疑人居住地公安机关立案侦查更为适宜的,可以由犯罪嫌疑人居住地公安机关立案侦查。犯罪地包括犯罪行为发生地和犯罪结果发生地。

"犯罪行为发生地"包括为实施"套路贷"所设立的公司所在地、"借贷"协议或相关协议签订地、非法讨债行为实施地、为实施"套路贷"而进行诉讼、仲裁、公证的受案法院、仲裁委员会、公证机构所在地,以及"套路贷"行为的预备地、开始地、途经地、结束地等。

"犯罪结果发生地"包括违法所得财物的支付地、实际取得地、藏匿地、转移地、使用地、销售地等。

除犯罪地、犯罪嫌疑人居住地外,其他地方公安机关对于公民扭送、报案、控告、举报或者犯罪嫌疑人自首的"套路贷"犯罪案件,都应当立即受理,经审查认为有犯罪事实的,移送有管辖权的公安机关处理。

黑恶势力实施的"套路贷"犯罪案件,由侦办黑社会性质组织、恶势力或者恶势力犯罪集团案件的公安机关进行侦查。

12.具有下列情形之一的,有关公安机关可以在其职责范围内并案侦查:

(1)一人犯数罪的;

(2)共同犯罪的;

(3)共同犯罪的犯罪嫌疑人还实施其他犯罪的;

(4)多个犯罪嫌疑人实施的犯罪存在直接关联,并案处理有利于查明案件事实的。

13. 严惩公职人员涉黑涉恶违法犯罪

国家监察委员会、最高人民法院、最高人民检察院、公安部、司法部关于在扫黑除恶专项斗争中分工负责、互相配合、互相制约严惩公职人员涉黑涉恶违法犯罪问题的通知(2019年10月20日)

为认真贯彻党中央关于开展扫黑除恶专项斗争的重大决策部署,全面落实习近平总书记关于扫黑除恶与反腐败结合起来,与基层"拍蝇"结合起来的重要批示指示精神,进一步规范和加强各级监察机关、人民法院、人民检察院、公安机关、司法行政机关在惩治公职人员涉黑涉恶违法犯罪中的协作配合,推动扫黑除恶专项斗争取得更大成效,根据刑法、刑事诉讼法、监察法及最高人民法院、最高人民检察院、公安部、司法部《关于办理黑恶势力犯罪若干问题的指导意见》的规定,现就有关问题通知如下:

一、总体要求

1.进一步提升政治站位。坚持以习近平新时代中国特色社会主义思想为指导,从增强"四个意识"、坚定"四个自信"、做到"两个维护"的政治高度,立足党和国家工作大局，深刻认识和把握开展扫黑除恶专项斗争的重大意义。深挖黑恶势力滋生根源，铲除黑恶势力生存根基，严惩公职人员涉黑涉恶违法犯罪，除恶务尽，切实维护群众利益，进一步净化基层政治生态，推动扫黑除恶专项斗争不断向纵深发展，推进全面从严治党不断向基层延伸。

2. 坚持实事求是。坚持以事实为依据，以法律为准绳，综合考虑行为人的主观故意、客观行为、具体情节和危害后果，以及相关黑恶势力的犯罪事实、犯罪性质、犯罪情节和对社会的危害程度，准确认定问题性质，做到不偏不倚、不枉不纵。坚持惩前毖后、治病救人方针，严格区分罪与非罪的界限，区别对待、宽严相济。

3. 坚持问题导向。找准扫黑除恶与反腐"拍蝇"工作的结合点，聚焦涉黑涉恶问题突出、群众反映强烈的重点地区、行业和领域，紧盯农村和城乡结合部，紧盯建筑工程、交通运输、矿产资源、商贸集市、渔业捕捞、集资放贷等涉黑涉恶问题易发多发的行业和领域，紧盯村"两委"、乡镇基层站所及其工作人员，严肃查处公职人员涉黑涉恶违法犯罪行为。

二、严格查办公职人员涉黑涉恶违法犯罪案件

4. 各级监察机关、人民法院、人民检察院、公安机关应聚焦黑恶势力违法犯罪案件及坐大成势的过程，严格查办公职人员涉黑涉恶违法犯罪案件。重点查办以下案件：公职人员直接组织、领导、参与黑恶势力违法犯罪活动的案件；公职人员包庇、纵容、支持黑恶势力犯罪及其他严重刑事犯罪的案件；公职人员收受贿赂、滥用职权，帮助黑恶势力人员获取公职或政治荣誉，侵占国家和集体资金、资源、资产，破坏公平竞争秩序，或为黑恶势力提供政策、项目、资金、金融信贷等支持帮助的案件；负有查禁监管职责的国家机关工作人员滥用职权、玩忽职守帮助犯罪分子逃避处罚的案件；司法工作人员徇私枉法、民事枉法裁判、执行判决裁定失职或滥用职权、私放在押人员以及徇私舞弊减刑、假释、暂予监外执行的案件；在扫黑除恶专项斗争中发生的公职人员滥用职权、徇私舞弊，包庇、阻碍查处黑恶势力犯罪的案件，以及泄露国家秘密、商业秘密、工作秘密，为犯罪分子通风报信的案件；公职人员利用职权打击报复办案人员的案件。

公职人员的范围，根据《中华人民共和国监察法》第十五条的规定认定。

5. 以上情形，由有关机关依规依纪依法调查处置，涉嫌犯罪的，依法追究刑事责任。

三、准确适用法律

6. 国家机关工作人员包庇黑社会性质的组织，或者纵容黑社会性质的组织

进行违法犯罪活动的,以包庇、纵容黑社会性质组织罪定罪处罚。

国家机关工作人员既组织、领导、参加黑社会性质组织,又对该组织进行包庇、纵容的,应当以组织、领导、参加黑社会性质组织罪从重处罚。

国家机关工作人员包庇、纵容黑社会性质组织,该包庇、纵容行为同时还构成包庇罪、伪证罪、妨害作证罪、徇私枉法罪、滥用职权罪、帮助犯罪分子逃避处罚罪、徇私舞弊不移交刑事案件罪,以及徇私舞弊减刑、假释、暂予监外执行罪等其他犯罪的,应当择一重罪处罚。

7. 非国家机关工作人员与国家机关工作人员共同包庇、纵容黑社会性质组织,且不属于该组织成员的,以包庇、纵容黑社会性质组织罪的共犯论处。非国家机关工作人员的行为同时还构成其他犯罪的,应当择一重罪处罚。

8. 公职人员利用职权或职务便利实施包庇、纵容黑恶势力、伪证、妨害作证、帮助毁灭、伪造证据,以及窝藏、包庇等犯罪行为的,应酌情从重处罚。事先有通谋而实施支持帮助、包庇纵容等保护行为的,以具体犯罪的共犯论处。

四、形成打击公职人员涉黑涉恶违法犯罪的监督制约、配合衔接机制

9. 监察机关、公安机关、人民检察院、人民法院在查处、办理公职人员涉黑涉恶违法犯罪案件过程中,应当分工负责,互相配合,互相制约,通过对办理的黑恶势力犯罪案件逐案筛查、循线深挖等方法,保证准确有效地执行法律,彻查公职人员涉黑涉恶违法犯罪。

10. 监察机关、公安机关、人民检察院、人民法院要建立完善查处公职人员涉黑涉恶违法犯罪重大疑难案件研判分析、案件通报等工作机制,进一步加强监察机关、政法机关之间的配合,共同研究和解决案件查处、办理过程中遇到的疑难问题,相互及时通报案件进展情况,进一步增强工作整体性、协同性。

11. 监察机关、公安机关、人民检察院、人民法院、司法行政机关要建立公职人员涉黑涉恶违法犯罪线索移送制度,对工作中收到、发现的不属于本单位管辖的公职人员涉黑涉恶违法犯罪线索,应当及时移送有管辖权的单位处置。

移送公职人员涉黑涉恶违法犯罪线索,按照以下规定执行:

(1) 公安机关、人民检察院、人民法院、司法行政机关在工作中发现公职人员涉黑涉恶违法犯罪中的涉嫌贪污贿赂、失职渎职等职务违法和职务犯罪等应由监察机关管辖的问题线索,应当移送监察机关。

(2) 监察机关在信访举报、监督检查、审查调查等工作中发现公职人员涉黑涉恶违法犯罪线索的,应当将其中涉嫌包庇、纵容黑社会性质组织犯罪等由公安机关管辖的案件线索移送公安机关处理。

(3) 监察机关、公安机关、人民检察院、人民法院、司法行政机关在工作

中发现司法工作人员涉嫌利用职权实施的侵犯公民权利、损害司法公正案件线索的，根据有关规定，经沟通后协商确定管辖机关。

12. 监察机关、公安机关、人民检察院接到移送的公职人员涉黑涉恶违法犯罪线索，应当按各自职责及时处置、核查，依法依规作出处理，并做好沟通反馈工作；必要时，可以与相关线索或案件并案处理。

对于重大疑难复杂的公职人员涉黑涉恶违法犯罪案件，监察机关、公安机关、人民检察院可以同步立案、同步查处，根据案件办理需要，相互移送相关证据，加强沟通配合，做到协同推进。

13. 公职人员涉黑涉恶违法犯罪案件中，既涉嫌贪污贿赂、失职渎职等严重职务违法或职务犯罪，又涉嫌公安机关、人民检察院管辖的违法犯罪的，一般应当以监察机关为主调查，公安机关、人民检察院予以协助。监察机关和公安机关、人民检察院分别立案调查（侦查）的，由监察机关协调调查和侦查工作。犯罪行为仅涉及公安机关、人民检察院管辖的，由有关机关依法按照管辖职能进行侦查。

14. 公安机关、人民检察院、人民法院对公职人员涉黑涉恶违法犯罪移送审查起诉、提起公诉、作出裁判，必要时听取监察机关的意见。

15. 公职人员涉黑涉恶违法犯罪案件开庭审理时，人民法院应当通知监察机关派员旁听，也可以通知涉罪公职人员所在单位、部门、行业以及案件涉及的单位、部门、行业等派员旁听。

14. 一罪与数罪

最高人民法院关于审理黑社会性质组织犯罪的案件具体应用法律若干问题的解释（2000年12月10日）

第三条 组织、领导、参加黑社会性质的组织又有其他犯罪行为的，根据刑法第二百九十四条第三款的规定，依照数罪并罚的规定处罚；对于黑社会性质组织的组织者、领导者，应当按照其所组织、领导的黑社会性质组织所犯的全部罪行处罚；对于黑社会性质组织的参加者，应当按照其所参与的犯罪处罚。

对于参加黑社会性质的组织，没有实施其他违法犯罪活动的，或者受蒙蔽、胁迫参加黑社会性质的组织，情节轻微的，可以不作为犯罪处理。

最高人民法院、最高人民检察院、公安部、司法部关于办理黑恶势力犯罪案件若干问题的指导意见（2018年1月16日）

四、依法惩处利用"软暴力"实施的犯罪

17. 黑恶势力为谋取不法利益或形成非法影响，有组织地采用滋扰、纠缠、哄闹、聚众造势等手段侵犯人身权利、财产权利，破坏经济秩序、社会秩序，构成犯罪的，应当分别依照《刑法》相关规定处理：

（1）有组织地采用滋扰、纠缠、哄闹、聚众造势等手段扰乱正常的工作、生活秩序，使他人产生心理恐惧或者形成心理强制，分别属于《刑法》第二百九十三条第一款第（二）项规定的"恐吓"、《刑法》第二百二十六条规定的"威胁"，同时符合其他犯罪构成条件的应分别以寻衅滋事罪、强迫交易罪定罪处罚。

《关于办理寻衅滋事刑事案件适用法律若干问题的解释》第二条至第四条中的"多次"一般应当理解为二年内实施寻衅滋事行为三次以上。二年内多次实施不同种类寻衅滋事行为的，应当追究刑事责任。

（2）以非法占有为目的强行索取公私财物，有组织地采用滋扰、纠缠、哄闹、聚众造势等手段扰乱正常的工作、生活秩序，同时符合《刑法》第二百七十四条规定的其他犯罪构成条件的，应当以敲诈勒索罪定罪处罚，同时由多人实施或者以统一着装、显露纹身、特殊标识以及其他明示或者暗示方式，足以使对方感知相关行为的有组织性的，应当认定为《关于办理敲诈勒索刑事案件适用法律若干问题的解释》第二条第（五）项规定的"以黑恶势力名义敲诈勒索"。

采用上述手段，同时又构成其他犯罪的，应当依法按照处罚较重的规定定罪处罚。

雇佣、指使他人有组织地采用上述手段强迫交易、敲诈勒索构成强迫交易罪、敲诈勒索罪的，对雇佣者、指使者，一般应当以共同犯罪中的主犯论处。为强索不受法律保护的债务或者因其他非法目的，雇佣、指使他人有组织地采用上述手段寻衅滋事，构成寻衅滋事罪的，对雇佣者、指使者，一般应当以共同犯罪中的主犯论处①；为追讨合法债务或者因婚恋、家庭、邻里纠纷等民间矛盾而雇佣、指使，没有造成严重后果的，一般不作为犯罪处理，但经有关部门批评制止或者处理处罚后仍继续实施的除外。

18. 黑恶势力有组织地多次短时间非法拘禁他人的，应当认定为《刑法》第二百三十八条规定的"以其他方法非法剥夺他人人身自由"。非法拘禁他人三次以上、每次持续时间在四小时以上，或者非法拘禁他人累计时间在十二小时以上的，应以非法拘禁罪定罪处罚。

---

① 编者注：理解适用时，应当注意与《刑法修正案（十一）》增加的第二百九十三条之一相适应。

五、依法打击非法放贷讨债的犯罪活动

19. 在民间借贷活动中,如有擅自设立金融机构、非法吸收公众存款、骗取贷款、套取金融机构资金发放高利贷以及为强索债务而实施故意杀人、故意伤害、非法拘禁、故意毁坏财物等行为的,应当按照具体犯罪侦查、起诉、审判。依法符合数罪并罚条件的,应当并罚。

20. 对于以非法占有为目的,假借民间借贷之名,通过"虚增债务""签订虚假借款协议""制造资金走账流水""肆意认定违约""转单平账""虚假诉讼"等手段非法占有他人财产,或者使用暴力、威胁手段强立债权、强行索债,应当根据案件具体事实,以诈骗、强迫交易、敲诈勒索、抢劫、虚假诉讼等罪名侦查、起诉、审判。对于非法占有的被害人实际所得借款以外的虚高"债务"和以"保证金""中介费""服务费"等各种名目扣除或收取的额外费用,均应计入违法所得。对于名义上为被害人所得、但在案证据能够证明实际上却为犯罪嫌疑人、被告人实施后续犯罪所使用的"借款",应予以没收。

21. 对采用讨债公司、"地下执法队"等各种形式有组织地进行上述活动,符合黑社会性质组织、犯罪集团认定标准的,应当按照组织、领导、参加黑社会性质组织罪或者犯罪集团侦查、起诉、审判。

15. 认定黑社会性质组织犯罪的证据要求

最高人民法院、最高人民检察院、公安部办理黑社会性质组织犯罪案件座谈会纪要(2009年12月9日)

二、(二)关于办理黑社会性质组织犯罪案件的其他问题

4. 关于认定黑社会性质组织犯罪的证据要求。办理涉黑案件同样应当坚持案件"事实清楚,证据确实、充分"的法定证明标准。但应当注意的是,"事实清楚"是指能够对定罪量刑产生影响的事实必须清楚,而不是指整个案件的所有事实和情节都要一一查证属实;"证据确实、充分"是指能够据以定罪量刑的证据确实、充分,而不是指案件中所涉全部问题的证据都要达到确实、充分的程度。对此,一定要准确理解和把握,不要纠缠那些不影响定罪量刑的枝节问题。比如,在可以认定某犯罪组织已将所获经济利益部分用于组织活动的情况下,即使此部分款项的具体数额难以全部查实,也不影响定案。

● 量刑

1. 综合规定

最高人民法院、最高人民检察院、公安部、司法部关于办理黑恶势力犯罪案件若干问题的指导意见（2018年1月16日）

为贯彻落实《中共中央、国务院关于开展扫黑除恶专项斗争的通知》精神，统一执法思想，提高执法效能，依法、准确、有力惩处黑恶势力犯罪，严厉打击"村霸"、宗族恶势力、"保护伞"以及"软暴力"等犯罪，根据《刑法》、《刑事诉讼法》及有关司法解释等规定，针对实践中遇到的新情况、新问题，现就办理黑恶势力犯罪案件若干问题制定如下指导意见：

一、总体要求

1. 各级人民法院、人民检察院、公安机关和司法行政机关应充分发挥职能作用，密切配合，相互支持，相互制约，形成打击合力，加强预防惩治黑恶势力犯罪长效机制建设。正确运用法律规定加大对黑恶势力违法犯罪以及"保护伞"惩处力度，在侦查、起诉、审判、执行各阶段体现依法从严惩处精神，严格掌握取保候审，严格掌握不起诉，严格掌握缓刑、减刑、假释，严格掌握保外就医适用条件，充分运用《刑法》总则关于共同犯罪和犯罪集团的规定加大惩处力度，充分利用资格刑、财产刑降低再犯可能性。对黑恶势力犯罪，注意串并研判、深挖彻查，防止就案办案，依法加快办理。坚持依法办案，坚持法定标准、坚持以审判为中心，加强法律监督，强化程序意识和证据意识，正确把握"打早打小"与"打准打实"的关系，贯彻落实宽严相济刑事政策，切实做到宽严有据，罚当其罪，实现政治效果、法律效果和社会效果的统一。

2. 各级人民法院、人民检察院、公安机关和司法行政机关应聚焦黑恶势力犯罪突出的重点地区、重点行业和重点领域，重点打击威胁政治安全特别是政权安全、制度安全以及向政治领域渗透的黑恶势力；把持基层政权、操纵破坏基层换届选举、垄断农村资源、侵吞集体资产的黑恶势力；利用家族、宗族势力横行乡里、称霸一方、欺压残害百姓的"村霸"等黑恶势力；在征地、租地、拆迁、工程项目建设等过程中煽动闹事的黑恶势力；在建筑工程、交通运输、矿产资源、渔业捕捞等行业、领域，强揽工程、恶意竞标、非法占地、滥开滥采的黑恶势力；在商贸集市、批发市场、车站码头、旅游景区等场所欺行霸市、强买强卖、收保护费的市霸、行霸等黑恶势力；操纵、经营"黄赌毒"等违法犯罪活动的黑恶势力；非法高利放贷、暴力讨债的黑恶势力；插手民间纠纷，充当"地下执法队"的黑恶势力；组织或雇佣网络"水军"在网上威胁、恐吓、侮辱、诽谤、滋扰的黑恶势力；境外黑社会入境发展渗透以及跨国跨境的黑恶势力。同时，坚决深挖黑恶势力"保护伞"。

六、依法严惩"保护伞"

22.《刑法》第二百九十四条第三款中规定的"包庇"行为，不要求相关国家机关工作人员利用职务便利。利用职务便利包庇黑社会性质组织的，酌情从重处罚。包庇、纵容黑社会性质组织，事先有通谋的，以具体犯罪的共犯论处。

23. 公安机关、人民检察院、人民法院对办理黑恶势力犯罪案件中发现的涉嫌包庇、纵容黑社会性质组织犯罪、收受贿赂、渎职侵权等违法违纪线索，应当及时移送有关主管部门和其他相关部门，坚决依法严惩充当黑恶势力"保护伞"的职务犯罪。

24. 依法严惩农村"两委"等人员在涉农惠农补贴申领与发放、农村基础设施建设、征地拆迁补偿、救灾扶贫优抚、生态环境保护等过程中，利用职权恃强凌弱、吃拿卡要、侵吞挪用国家专项资金的犯罪，以及放纵、包庇"村霸"和宗族恶势力，致使其坐大成患，或者收受贿赂、徇私舞弊，为"村霸"和宗族恶势力充当"保护伞"的犯罪。

25. 公安机关在侦办恶势力犯罪案件中，应当注意及时深挖其背后的腐败问题，对于涉嫌特别重大贿赂犯罪案件的犯罪嫌疑人，及时会同有关机关执行《刑事诉讼法》第三十七条的相关规定，辩护律师在侦查期间会见在押犯罪嫌疑人的，应当经相关侦查机关许可。

八、其他

32. 司法行政机关应当加强对律师办理黑社会性质组织犯罪案件辩护代理工作的指导监督，指导律师事务所建立健全律师办理黑社会性质组织犯罪案件的请示报告、集体研究和检查督导制度。办案机关应当依法保障律师各项诉讼权利，为律师履行辩护代理职责提供便利，防止因妨碍辩护律师依法履行职责，对案件办理带来影响。

对黑恶势力犯罪案件开庭审理时，人民法院应当通知对辩护律师所属事务所具有监督管理权限的司法行政机关派员旁听。

对于律师违反会见规定的；以串联结团、联署签名、发表公开信、组织网上聚集、声援等方式或者借个案研讨之名，制造舆论压力，攻击、诋毁司法机关和司法制度，干扰诉讼活动正常进行的；煽动、教唆和组织当事人或者其他人员到司法机关或者其他国家机关静坐、举牌、打横幅、喊口号等，扰乱公共秩序、危害公共安全的；违反规定披露、散布不公开审理案件的信息、材料，或者本人、其他律师在办案过程中获悉的有关案件重要信息、证据材料的，司法行政机关应当依照有关规定予以处罚，构成犯罪的，依法追究刑事责任。对于律师辩护、代理活动中的违法违规行为，相关办案机关要注意收集固定证据，提出司法建议。

33. 监狱应当从严管理组织、领导、参加黑社会性质组织的罪犯，严格罪犯会见、减刑、假释、暂予监外执行等执法活动。对于判处十年以上有期徒刑、无期徒刑，判处死刑缓期二年执行减为有期徒刑、无期徒刑的黑社会性质组织的组织者、领导者，实行跨省、自治区、直辖市异地关押。积极开展黑恶势力犯罪线索排查，教育引导服刑人员检举揭发。社区矫正机构对拟适用社区矫正的黑恶势力犯罪案件的犯罪嫌疑人、被告人，应当认真开展调查评估，为准确适用非监禁刑提供参考，社区矫正机构对组织、领导、参加黑社会性质组织的社区服刑人员要严格监管教育。公安机关、人民检察院、人民法院、司法行政机关要加强协调联动，完善应急处置工作机制，妥善处理社区服刑人员脱管漏管和重新违法犯罪等情形。

34. 办理黑恶势力犯罪案件，要依法建立完善重大疑难案件会商、案件通报等工作机制，进一步加强政法机关之间的配合，形成打击合力；对群众关注度高、社会影响力大的黑恶势力犯罪案件，依法采取挂牌督办、上提一级、异地管辖、指定管辖以及现场联合督导等措施，确保案件质量。根据办理黑恶势力犯罪案件的实际情况，及时汇总问题，归纳经验，适时出台有关证据标准，切实保障有力打击。

35. 公安机关、人民检察院、人民法院办理黑社会性质组织犯罪案件，应当按照《刑事诉讼法》《关于办理黑社会性质组织犯罪案件若干问题的规定》《公安机关办理刑事案件证人保护工作规定》的有关规定，对证人、报案人、控告人、举报人、鉴定人、被害人采取保护措施。

犯罪嫌疑人、被告人，积极配合侦查、起诉、审判工作，在查明黑社会性质组织的组织结构和组织者、领导者的地位作用，组织实施的重大犯罪事实，追缴、没收赃款赃物，打击"保护伞"等方面提供重要线索和证据，经查证属实的，可以根据案件具体情况，依法从轻、减轻或者免除处罚，并对其参照证人保护的有关规定采取保护措施。前述规定，对于确属组织者、领导者的犯罪嫌疑人、被告人应当严格掌握。

对于确有重大立功或者对于认定重大犯罪事实或追缴、没收涉黑财产具有重要作用的组织成员，确有必要通过分案审理予以保护的，公安机关可以与人民检察院、人民法院在充分沟通的基础上作出另案处理的决定。

对于办理黑社会性质组织犯罪案件的政法干警及其近亲属，需要采取保护措施的，可以参照《刑事诉讼法》等关于证人保护的有关规定，采取禁止特定的人员接触、对人身和住宅予以专门性保护等必要的措施，以确保办理案件的司法工作人员及其近亲属的人身安全。

36. 本意见颁布实施后，最高人民法院、最高人民检察院、公安部、司法部联合发布或者单独制定的其他相关规范性文件，内容如与本意见中有关规定不一致的，应当按照本意见执行。

最高人民法院全国部分法院审理黑社会性质组织犯罪案件工作座谈会纪要
（2015年10月13日）

一、准确把握形势、任务，坚定不移地在法治轨道上深入推进打黑除恶专项斗争

（一）毫不动摇地贯彻依法严惩方针

会议认为，受国内国际多种因素影响，我国黑社会性质组织犯罪活跃、多发的基本态势在短期内不会改变。此类犯罪组织化程度较高，又与各种社会治安问题相互交织，破坏力成倍增加，严重威胁人民群众的生命、财产安全。而且，黑社会性质组织还具有极强的向经济领域、政治领域渗透的能力，严重侵蚀维系社会和谐稳定的根基。各级人民法院必须切实增强政治意识、大局意识、忧患意识和责任意识，进一步提高思想认识，充分发挥审判职能作用，继续深入推进打黑除恶专项斗争，在严格把握黑社会性质组织认定标准的基础上始终保持对于此类犯罪的严惩高压态势。对于黑社会性质组织犯罪分子要依法加大资格刑、财产刑的适用力度，有效运用刑法中关于禁止令的规定，严格把握减刑、假释适用条件，全方位、全过程地体现从严惩处的精神。

（二）认真贯彻落实宽严相济刑事政策

审理黑社会性质组织犯罪案件应当认真贯彻落实宽严相济刑事政策。要依照法律规定，根据具体的犯罪事实、情节以及人身危险性、主观恶性、认罪悔罪态度等因素充分体现刑罚的个别化。同时要防止片面强调从宽或者从严，切实做到区别对待，宽严有据，罚当其罪。对于黑社会性质组织的组织者、领导者、骨干成员及其"保护伞"，要依法从严惩处。根据所犯具体罪行的严重程度，依法应当判处重刑的要坚决判处重刑。确属罪行极其严重，依法应当判处死刑的，也必须坚决判处。对于不属于骨干成员的积极参加者以及一般参加者，

确有自首、立功等法定情节的,要依法从轻、减轻或免除处罚;具有初犯、偶犯等酌定情节的,要依法酌情从宽处理。对于一般参加者,虽然参与实施了少量的违法犯罪活动,但系未成年人或是只起次要、辅助作用的,应当依法从宽处理。符合缓刑条件的,可以适用缓刑。

(三)正确把握"打早打小"与"打准打实"的关系

"打早打小",是指各级政法机关必须依照法律规定对有可能发展成为黑社会性质组织的犯罪集团、"恶势力"团伙及早打击,绝不能允许其坐大成势,而不应被理解为对尚处于低级形态的犯罪组织可以不加区分地一律按照黑社会性质组织处理。"打准打实",就是要求审判时应当本着实事求是的态度,在准确查明事实的基础上,构成什么罪,就按什么罪判处刑罚。对于不符合黑社会性质组织认定标准的,应当根据案件事实依照刑法中的相关条款处理,从而把法律规定落到实处。由于黑社会性质组织的形成、发展一般都会经历一个从小到大、由"恶"到"黑"的渐进过程,因此,"打早打小"不仅是政法机关依法惩治黑恶势力犯罪的一贯方针,而且是将黑社会性质组织及时消灭于雏形或萌芽状态,防止其社会危害进一步扩大的有效手段。而"打准打实"既是刑事审判维护公平正义的必然要求,也是确保打黑除恶工作实现预期目标的基本前提。只有打得准,才能有效摧毁黑社会性质组织;只有打得实,才能最大限度地体现惩治力度。"打早打小"和"打准打实"是分别从惩治策略、审判原则的角度对打黑除恶工作提出的要求,各级人民法院对于二者关系的理解不能简单化、片面化,要严格坚持依法办案原则,准确认定黑社会性质组织,既不能"降格",也不能"拔高",切实防止以"打早打小"替代"打准打实"。

(四)依法加大惩处"保护伞"的力度

个别国家机关工作人员的包庇、纵容,不仅会对黑社会性质组织的滋生、蔓延起到推波助澜的作用,而且会使此类犯罪的社会危害进一步加大。各级人民法院应当充分认识"保护伞"的严重危害,将依法惩处"保护伞"作为深化打黑除恶工作的重点环节和深入开展反腐败斗争的重要内容,正确运用刑法的有关规定,有效加大对于"保护伞"的惩处力度。同时,各级人民法院还应当全面发挥职能作用,对于审判工作中发现的涉及"保护伞"的线索,应当及时转往有关部门查处,确保实现"除恶务尽"的目标。

(五)严格依照法律履行审判职能

《中华人民共和国刑法修正案(八)》的颁布实施以及刑事诉讼法的再次修正,不仅进一步完善了惩处黑恶势力犯罪的相关法律规定,同时也对办理黑社会性质组织犯罪案件提出了更为严格的要求。面对新的形势和任务，各级人民法院应当以审判为中心，进一步增强程序意识和权利保障意识，严格按照法定程序独立行使审判职权，并要坚持罪刑法定、疑罪从无、证据裁判原则，依法排除非法证据，通过充分发挥庭审功能和有效运用证据审查判断规则，切实把好事实、证据与法律适用关，以令人信服的裁判说理来实现审判工作法律效果与社会效果的有机统一。同时，还应当继续加强、完善与公安、检察等机关的配合协作，保证各项长效工作机制运行更为顺畅。

三、关于刑事责任和刑罚适用

（一）已退出或者新接任的组织者、领导者的刑事责任问题

对于在黑社会性质组织形成、发展过程中已经退出的组织者、领导者，或者在加入黑社会性质组织之后逐步发展成为组织者、领导者的犯罪分子，应对其本人参与及其实际担任组织者、领导者期间该组织所犯的全部罪行承担刑事责任。

（二）量刑情节的运用问题

黑社会性质组织的成员虽不具有自首情节，但到案后能够如实供述自己罪行，并具有以下情形之一的，一般应当适用《刑法》第六十七条第三款的规定予以从轻处罚：1. 如实交代大部分尚未被掌握的同种犯罪事实；2. 如实交代尚未被掌握的较重的同种犯罪事实；3. 如实交代犯罪事实，并对收集定案证据、查明案件事实有重要作用的。

积极参加者、一般参加者配合司法机关查办案件，有提供线索、帮助收集证据或者其他协助行为，并在侦破黑社会性质组织犯罪案件、认定黑社会性质组织及其主要成员、追缴黑社会性质组织违法所得、查处"保护伞"等方面起到较大作用的，即使依法不能认定立功，一般也应酌情对其从轻处罚。组织者、领导者、骨干成员以及"保护伞"协助抓获同案中其他重要的组织成员，或者骨干成员能够检举揭发其他犯罪案件中罪行同样严重的犯罪分子，原则上依法应予从轻或者减轻处罚。组织者、领导者检举揭发与该黑社会性质组织及其违法犯罪活动有关联的其他犯罪线索，如果在是否认定立功的问题上存在事实、证据或法律适用方面的争议，应当严格把握。依法应认定为立功或者重大立功的，在决定是否从宽处罚、如何从宽处罚时，应当根据罪责刑相一致原则从严掌握。可能导致全案量刑明显失衡的，不予从宽处罚。

审理黑社会性质组织犯罪案件，应当通过判处和执行民事赔偿以及积极开展司法救助来最大限度地弥补被害人及其亲属的损失。被害人及其亲属确有特殊困难，需要接受被认定为黑社会性质组织成员的被告人赔偿并因此表示谅解

的，量刑时应当特别慎重。不仅应当查明谅解是否确属真实意思表示以及赔偿款项与黑社会性质组织违法所得有无关联，而且在决定是否从宽处罚、如何从宽处罚时，也应当从严掌握。可能导致全案量刑明显失衡的，不予从宽处罚。

（三）附加剥夺政治权利的适用问题

对于黑社会性质组织的组织者、领导者，可以适用《刑法》第五十六条第一款的规定附加剥夺政治权利。对于因犯参加黑社会性质组织罪被判处5年以上有期徒刑的积极参加者，也可以适用该规定附加剥夺政治权利。

（四）财产刑的适用问题

对于黑社会性质组织的组织者、领导者，依法应当并处没收财产。黑社会性质组织敛财数额特别巨大，但因犯罪分子转移、隐匿、毁灭证据或者拒不交代涉案财产来源、性质，导致违法所得以及其他应当追缴的财产难以准确查清和追缴的，对于组织者、领导者以及为该组织转移、隐匿资产的积极参加者可以并处没收个人全部财产。

对于确属骨干成员的积极参加者一般应当并处罚金或者没收财产。对于其他积极参加者和一般参加者，应当根据所参与实施违法犯罪活动的次数、性质、地位、作用、违法所得数额以及造成损失的数额等情节，依法决定财产刑的适用。

四、关于审判程序和证据审查

（一）分案审理问题

为便宜诉讼，提高审判效率，防止因法庭审理过于拖延而损害当事人的合法权益，对于被告人人数众多，合并审理难以保证庭审质量和庭审效率的黑社会性质组织犯罪案件，可分案进行审理。分案应当遵循有利于案件顺利审判、有利于查明案件事实、有利于公正定罪量刑的基本原则，确保有效质证、事实统一、准确定罪、均衡量刑。对于被作为组织者、领导者、积极参加者起诉的被告人，以及黑社会性质组织重大犯罪的共同作案人，分案审理影响庭审调查的，一般不宜分案审理。

（二）证明标准和证据运用问题

办理黑社会性质组织犯罪案件应当坚持"事实清楚，证据确实、充分"的法定证明标准。黑社会性质组织犯罪案件侦查取证难度大，"四个特征"往往难以通过实物证据来加以证明。审判时，应当严格依照刑事诉讼法及有关司法解释的规定对相关证据进行审查与认定。在确保被告人供述、证人证言、被害人陈述等言词证据取证合法、内容真实，且综合全案证据，已排除合理怀疑的情况下，同样可以认定案件事实。

（三）法庭举证、质证问题

审理黑社会性质组织犯罪案件时，合议庭应当按照刑事诉讼法及有关司法解释的规定有效引导控辩双方举证、质证。不得因为案件事实复杂、证据繁多，而不当限制控辩双方就证据问题进行交叉询问、相互辩论的权利。庭审时，应当根据案件事实繁简、被告人认罪态度等采取适当的举证、质证方式，突出重点；对黑社会性质组织的"四个特征"应单独举证、质证。为减少重复举证、质证，提高审判效率，庭审中可以先就认定具体违法犯罪事实的证据进行举证、质证。对认定黑社会性质组织行为特征的证据进行举证、质证时，之前已经宣读、出示过的证据，可以在归纳、概括之后简要征询控辩双方意见。对于认定组织特征、经济特征、非法控制特征（危害性特征）的证据，举证、质证时一般不宜采取前述方式。

（四）对出庭证人、鉴定人、被害人的保护问题

人民法院受理黑社会性质组织犯罪案件后，应当及时了解在侦查、审查起诉阶段有无对证人、鉴定人、被害人采取保护措施的情况，确保相关保护措施在审判阶段能够紧密衔接。开庭审理时，证人、鉴定人、被害人因出庭作证，本人或其近亲属的人身安全面临危险的，应当采取不暴露外貌、真实声音等出庭作证措施。必要时，可以进行物理隔离，以音频、视频传送的方式作证，并对声音、图像进行技术处理。有必要禁止特定人员接触证人、鉴定人、被害人及其近亲属的，以及需要对证人、鉴定人、被害人及其近亲属的人身和住宅采取专门性保护措施的，应当及时与检察机关、公安机关协调，确保保护措施及时执行到位。依法决定不公开证人、鉴定人、被害人真实姓名、住址和工作单位等个人信息的，应当在开庭前核实其身份。证人、鉴定人签署的如实作证保证书应当列入审判副卷，不得对外公开。

五、关于黑社会性质组织犯罪案件审判工作相关问题

（二）发挥庭审功能问题

黑社会性质组织犯罪案件开庭前，应当按照重大案件的审判要求做好从物质保障到人员配备等各方面的庭审准备，并制定详细的庭审预案和庭审提纲。同时，还要充分发挥庭前会议了解情况、听取意见的应有作用，提前了解控辩双方的主要意见，及时解决可能影响庭审顺利进行的程序性问题。对于庭前会议中出示的证据材料，控辩双方无异议的，庭审举证、质证时可以简化。庭审过程中，合议庭应当针对争议焦点和关键的事实、证据问题，有效引导控辩双方进行法庭调查与法庭辩论。庭审时，还应当全程录音录像，相关音视频资料应当存卷备查。

2. 从重处罚

最高人民法院关于审理黑社会性质组织犯罪的案件具体应用法律若干问题的解释（2000年12月10日）

第四条 国家机关工作人员组织、领导、参加黑社会性质组织的，从重处罚。

最高人民法院、最高人民检察院、公安部、司法部关于依法严惩利用未成年人实施黑恶势力犯罪的意见（2020年3月23日）

扫黑除恶专项斗争开展以来，各级人民法院、人民检察院、公安机关和司法行政机关坚决贯彻落实中央部署，严格依法办理涉黑涉恶案件，取得了显著成效。近期，不少地方在办理黑恶势力犯罪案件时，发现一些未成年人被胁迫、利诱参与、实施黑恶势力犯罪，严重损害了未成年人健康成长，严重危害社会和谐稳定。为保护未成年人合法权益，依法从严惩治胁迫、教唆、引诱、欺骗等利用未成年人实施黑恶势力犯罪的行为，根据有关法律规定，制定本意见。

一、突出打击重点，依法严惩利用未成年人实施黑恶势力犯罪的行为

（一）黑社会性质组织、恶势力犯罪集团、恶势力，实施下列行为之一的，应当认定为"利用未成年人实施黑恶势力犯罪"：

1. 胁迫、教唆未成年人参加黑社会性质组织、恶势力犯罪集团、恶势力，或者实施黑恶势力违法犯罪活动的；

2. 拉拢、引诱、欺骗未成年人参加黑社会性质组织、恶势力犯罪集团、恶势力，或者实施黑恶势力违法犯罪活动的；

3. 招募、吸收、介绍未成年人参加黑社会性质组织、恶势力犯罪集团、恶势力，或者实施黑恶势力违法犯罪活动的；

4. 雇佣未成年人实施黑恶势力违法犯罪活动的；

5. 其他利用未成年人实施黑恶势力犯罪的情形。

黑社会性质组织、恶势力犯罪集团、恶势力，根据刑法和《最高人民法院、最高人民检察院、公安部、司法部关于办理黑恶势力犯罪案件若干问题的指导意见》《最高人民法院、最高人民检察院、公安部、司法部关于办理恶势力刑事案件若干问题的意见》等法律、司法解释性质文件的规定认定。

（二）利用未成年人实施黑恶势力犯罪，具有下列情形之一的，应当从重处罚：

1. 组织、指挥未成年人实施故意杀人、故意伤害致人重伤或者死亡、强奸、绑架、抢劫等严重暴力犯罪的；

2. 向未成年人传授实施黑恶势力犯罪的方法、技能、经验的；

3. 利用未达到刑事责任年龄的未成年人实施黑恶势力犯罪的;

4. 为逃避法律追究,让未成年人自首、做虚假供述顶罪的;

5. 利用留守儿童、在校学生实施犯罪的;

6. 利用多人或者多次利用未成年人实施犯罪的;

7. 针对未成年人实施违法犯罪的;

8. 对未成年人负有监护、教育、照料等特殊职责的人员利用未成年人实施黑恶势力违法犯罪活动的;

9. 其他利用未成年人违法犯罪应当从重处罚的情形。

(三)黑社会性质组织、恶势力犯罪集团利用未成年人实施犯罪的,对犯罪集团首要分子,按照集团所犯的全部罪行,从重处罚。对犯罪集团的骨干成员,按照其组织、指挥的犯罪,从重处罚。

恶势力利用未成年人实施犯罪的,对起组织、策划、指挥作用的纠集者,恶势力共同犯罪中罪责严重的主犯,从重处罚。

黑社会性质组织、恶势力犯罪集团、恶势力成员直接利用未成年人实施黑恶势力犯罪的,从重处罚。

(四)有胁迫、教唆、引诱等利用未成年人参加黑社会性质组织、恶势力犯罪集团、恶势力,或者实施黑恶势力犯罪的行为,虽然未成年人并没有加入黑社会性质组织、恶势力犯罪集团、恶势力,或者没有实际参与实施黑恶势力违法犯罪活动,对黑社会性质组织、恶势力犯罪集团、恶势力的首要分子、骨干成员、纠集者、主犯和直接利用的成员,即便有自首、立功、坦白等从轻减轻情节的,一般也不予从轻或者减轻处罚。

(五)被黑社会性质组织、恶势力犯罪集团、恶势力利用,偶尔参与黑恶势力犯罪活动的未成年人,按其所实施的具体犯罪行为定性,一般不认定为黑恶势力犯罪组织成员。

二、严格依法办案,形成打击合力

(一)人民法院、人民检察院、公安机关和司法行政机关要加强协作配合,对利用未成年人实施黑恶势力犯罪的,在侦查、起诉、审判、执行各阶段,要全面体现依法从严惩处精神,及时查明利用未成年人的犯罪事实,避免纠缠细枝末节。要加强对下指导,对利用未成年人实施黑恶势力犯罪的重特大案件,可以单独或者联合挂牌督办。对于重大疑难复杂和社会影响较大的案件,办案部门应当及时层报上级人民法院、人民检察院、公安机关和司法行政机关。

(二)公安机关要注意发现涉黑涉恶案件中利用未成年人犯罪的线索,落实以审判为中心的刑事诉讼制度改革要求,强化程序意识和证据意识,依法收集、固定和运用证据,并可以就案件性质、收集证据和适用法律等听取人民检察院意见建议。从严掌握取保候审、监视居住的适用,对利用未成年人实施黑恶势力犯罪的首要分子、骨干成员、纠集者、主犯和直接利用的成员,应当依法提请人民检察院批准逮捕。

(三)人民检察院要加强对利用未成年人实施黑恶势力犯罪案件的立案监督,发现应当立案而不立案的,应当要求公安机关说明理由,认为理由不能成立的,应当依法通知公安机关立案。对于利用未成年人实施黑恶势力犯罪的案件,人民检察院可以对案件性质、收集证据和适用法律等提出意见建议。对于符合逮捕条件的依法坚决批准逮捕,符合起诉条件的依法坚决起诉。不批准逮捕要求公安机关补充侦查、审查起诉阶段退回补充侦查的,应当分别制作详细的补充侦查提纲,写明需要补充侦查的事项、理由、侦查方向、需要补充收集的证据及其证明作用等,送交公安机关开展相关侦查补证活动。

(四)办理利用未成年人实施黑恶势力犯罪案件要将依法严惩与认罪认罚从宽有机结合起来。对利用未成年人实施黑恶势力犯罪的,人民检察院要考虑其利用未成年人的情节,向人民法院提出从严处罚的量刑建议。对于虽然认罪,但利用未成年人实施黑恶势力犯罪,犯罪性质恶劣、犯罪手段残忍、严重损害未成年人身心健康,不足以从宽处罚的,在提出量刑建议时要依法从严从重。对被黑恶势力利用实施犯罪的未成年人,自愿如实认罪、真诚悔罪、愿意接受处罚的,应当依法提出从宽处理的量刑建议。

(五)人民法院要对利用未成年人实施黑恶势力犯罪案件及时审判,从严处罚。严格掌握缓刑、减刑、假释的适用,严格掌握暂予监外执行的适用条件。依法运用财产刑、资格刑,最大限度铲除黑恶势力"经济基础"。对于符合刑法第三十七条之一规定的,应当依法禁止其从事相关职业。

三、积极参与社会治理,实现标本兼治

(一)认真落实边打边治边建要求,积极参与社会治理。深挖黑恶势力犯罪分子利用未成年人实施犯罪的根源,剖析重点行业领域监管漏洞,及时预警预判,及时通报相关部门、提出加强监管和行政执法的建议,从源头遏制黑恶势力向未成年人群体侵蚀蔓延。对被黑恶势力利用尚未实施犯罪的未成年人,要配合有关部门及早发现、及时挽救。对实施黑恶势力犯罪但未达到刑事责任年龄的未成年人,要通过落实家庭监护、强化学校教育管理、送入专门学校矫治、开展社会化帮教等措施做好教育挽救和犯罪预防工作。

(二)加强各职能部门协调联动,有效预防未成年人被黑恶势力利用。建立与共青团、妇联、教育等部门的协作配合工作机制,开展针对未成年人监护人的家庭教育指导、针对教职工的法治教育培训，教育引导未成年人远离违法犯罪。推动建立未成年人涉黑涉恶预警机制，及时阻断未成年人与黑恶势力的联系，防止未成年人被黑恶势力诱导利用。推动网信部门开展专项治理，加强未成年人网络保护。加强与街道、社区等基层组织的联系，重视和发挥基层组织在预防未成年人涉黑涉恶犯罪中的重要作用，进一步推进社区矫正机构对未成年社区矫正对象采取有针对性的矫正措施。

（三）开展法治宣传教育，为严惩利用未成年人实施黑恶势力犯罪营造良好社会环境。充分发挥典型案例的宣示、警醒、引领、示范作用，通过以案释法，选择典型案件召开新闻发布会，向社会公布严惩利用未成年人实施黑恶势力犯罪的经验和做法，揭露利用未成年人实施黑恶势力犯罪的严重危害性。加强重点青少年群体的法治教育，在黑恶势力犯罪案件多发的地区、街道、社区等，强化未成年人对黑恶势力违法犯罪行为的认识，提高未成年人防范意识和法治观念，远离黑恶势力及其违法犯罪。

3. 黑社会性质组织成员的立功问题

最高人民法院、最高人民检察院、公安部办理黑社会性质组织犯罪案件座谈会纪要（2009年12月9日）

二、（二）关于办理黑社会性质组织犯罪案件的其他问题

5. 关于黑社会性质组织成员的立功问题。积极参加者、其他参加者配合司法机关查办案件，有提供线索、帮助收集证据或者其他协助行为，并对侦破黑社会性质组织犯罪案件起到一定作用的，即使依法不能认定立功，一般也应酌情对其从轻处罚。组织者、领导者检举揭发与该黑社会性质组织及其违法犯罪活动有关联的其他犯罪线索，即使依法构成立功或者重大立功，在量刑时也应从严掌握。

最高人民法院刑三庭：在审理故意杀人、伤害及黑社会性质组织犯罪案件中切实贯彻宽严相济刑事政策（《人民法院报》2010年4月14日第6版）

三、黑社会性质组织犯罪案件审判中宽严相济的把握

2.……在处理黑社会性质组织成员间的检举、揭发问题上，既要考虑线索本身的价值，也要考虑检举、揭发者在黑社会性质组织犯罪中的地位、作用，防止出现全案量刑失衡的现象。组织者、领导者检举揭发与该黑社会性质组织及其违法犯罪活动有关联的其他犯罪线索，即使依法构成立功或者重大立功，在考虑是否从轻量刑时也应从严予以掌握。积极参加者、其他参加者配合司法机关查办案件，有提供线索、帮助收集证据或者其他协助行为，并对侦破黑社

会性质组织犯罪案件起到一定作用的,即使依法不能认定立功,一般也应酌情对其从轻处罚。

4. 跨省异地执行刑罚的黑恶势力罪犯坦白检举构成自首立功

最高人民法院、最高人民检察院、公安部、司法部关于跨省异地执行刑罚的黑恶势力罪犯坦白检举构成自首立功若干问题的意见(2019年10月21日)

为认真贯彻落实中央开展扫黑除恶专项斗争的部署要求,根据刑法、刑事诉讼法和有关司法解释、规范性文件的规定,现对办理跨省异地执行刑罚的黑恶势力罪犯坦白交代本人犯罪和检举揭发他人犯罪案件提出如下意见:

一、总体工作要求

1. 人民法院、人民检察院、公安机关、监狱要充分认识黑恶势力犯罪的严重社会危害,在办理案件中加强沟通协调,促使黑恶势力罪犯坦白交代本人犯罪和检举揭发他人犯罪,进一步巩固和扩大扫黑除恶专项斗争成果。

2. 人民法院、人民检察院、公安机关、监狱在办理跨省异地执行刑罚的黑恶势力罪犯坦白、检举构成自首、立功案件中,应当贯彻宽严相济刑事政策,充分发挥职能作用,坚持依法办案,快办快结,保持密切配合,形成合力,实现政治效果、法律效果和社会效果的统一。

二、排查和移送案件线索

3. 监狱应当依法从严管理跨省异地执行刑罚的黑恶势力罪犯,积极开展黑恶势力犯罪线索排查,加大政策宣讲力度,教育引导罪犯坦白交代司法机关还未掌握的本人其他犯罪行为,鼓励罪犯检举揭发他人犯罪行为。

4. 跨省异地执行刑罚的黑恶势力罪犯检举揭发他人犯罪行为、提供重要线索,或者协助司法机关抓捕其他犯罪嫌疑人的,各部门在办案中应当采取必要措施,保护罪犯及其近亲属人身和财产安全。

5. 跨省异地执行刑罚的黑恶势力罪犯坦白、检举的,监狱应当就基本犯罪事实、涉案人员和作案时间、地点等情况对罪犯进行询问,形成书面材料后报省级监狱管理机关。省级监狱管理机关根据案件性质移送原办案侦查机关所在地省级公安机关、人民检察院或者其他省级主管部门。

6. 原办案侦查机关所在地省级公安机关、人民检察院收到监狱管理机关移送的案件线索材料后,应当进行初步审查。经审查认为属于公安机关或者人民检察院管辖的,应当按照有关管辖的规定处理。经审查认为不属于公安机关或者人民检察院管辖的,应当及时退回移送的省级监狱管理机关,并书面说明理由。

三、办理案件程序

7. 办案侦查机关收到罪犯坦白、检举案件线索或者材料后，应当及时进行核实。依法不予立案的，应当说明理由，并将不予立案通知书送达罪犯服刑监狱。依法决定立案的，应当在立案后十日内，将立案情况书面告知罪犯服刑监狱。依法决定撤销案件的，应当将案件撤销情况书面告知罪犯服刑监狱。

8. 人民检察院审查起诉跨省异地执行刑罚的黑恶势力罪犯坦白、检举案件，依法决定不起诉的，应当在作出不起诉决定后十日内将有关情况书面告知罪犯服刑监狱。

9. 人民法院审理跨省异地执行刑罚的黑恶势力罪犯坦白案件，可以依法适用简易程序、速裁程序。有条件的地区，可以通过远程视频方式开庭审理。判决生效后十日内，人民法院应当向办案侦查机关和罪犯服刑监狱发出裁判文书。

10. 跨省异地执行刑罚的黑恶势力罪犯在服刑期间，检举揭发他人犯罪、提供重要线索，或者协助司法机关抓捕其他犯罪嫌疑人的，办案侦查机关应当在人民法院判决生效后十日内根据人民法院判决对罪犯是否构成立功或重大立功提出书面意见，与案件相关材料一并送交监狱。

11. 跨省异地执行刑罚的黑恶势力罪犯在原审判决生效前，检举揭发他人犯罪活动、提供重要线索，或者协助司法机关抓捕其他犯罪嫌疑人的，在原审判决生效后才被查证属实的，参照本意见第10条情形办理。

12. 跨省异地执行刑罚的黑恶势力罪犯检举揭发他人犯罪，构成立功或者重大立功的，监狱依法向人民法院提请减刑。对于检举他人犯罪行为基本属实，但未构成立功或者重大立功的，监狱可以根据有关规定给予日常考核奖励或者物质奖励。

13. 公安机关、人民检察院、人民法院认为需要提审跨省异地执行刑罚的黑恶势力罪犯的，提审人员应当持工作证等有效证件和县级以上公安机关、人民检察院、人民法院出具的介绍信等证明材料到罪犯服刑监狱进行提审。

14. 公安机关、人民检察院、人民法院认为需要将异地执行刑罚的黑恶势力罪犯跨省解回侦查、起诉、审判的，办案地省级公安机关、人民检察院、人民法院应当先将解回公函及相关材料送监狱所在地省级公安机关、人民检察院、人民法院审核。经审核确认无误的，监狱所在地省级公安机关、人民检察院、人民法院应当出具确认公函，与解回公函及材料一并转送监狱所在地级监狱管理机关审批。监狱所在地省级监狱管理机关应当在收到上述材料后三日内作出是否批准的书面决定。批准将罪犯解回侦查、起诉、审判的，办案地公安机关、人民检察院、人民法院应当派员到监狱办理罪犯离监手续。案件办理结束后，除将罪犯依法执行死刑外，应当将罪犯押解回原服刑监狱继续服刑。

15. 本意见所称"办案侦查机关"，是指依法对案件行使侦查权的公安机关、人民检察院。

5. 从轻、减轻或免除处罚

最高人民法院、最高人民检察院、公安部、司法部关于办理黑恶势力犯罪案件若干问题的指导意见（2018年1月16日）

八、其他

35. ……犯罪嫌疑人、被告人，积极配合侦查、起诉、审判工作，在查明黑社会性质组织的组织结构和组织者、领导者的地位作用，组织实施的重大犯罪事实，追缴、没收赃款赃物，打击"保护伞"等方面提供重要线索和证据，经查证属实的，可以根据案件具体情况，依法从轻、减轻或者免除处罚，并对其参照证人保护的有关规定采取保护措施。前述规定，对于确属组织者、领导者的犯罪嫌疑人、被告人应当严格掌握。

最高人民法院、最高人民检察院、公安部、司法部关于依法严厉打击黑恶势力违法犯罪的通告（2018年2月2日）

二、黑恶势力犯罪人员的亲友应当积极规劝其尽快投案自首，经亲友规劝、陪同投案的，或者亲友主动报案后将犯罪人员送去投案的，视为自动投案。窝藏、包庇黑恶势力犯罪人员或者帮助洗钱、毁灭、伪造证据以及掩饰、隐瞒犯罪所得、犯罪所得收益的，将依法追究刑事责任。黑恶势力犯罪人员到案后有检举、揭发他人犯罪并经查证属实，以及提供侦破其他案件的重要线索并经查证属实，或者协助司法机关抓获其他犯罪嫌疑人的，可以依法从轻或者减轻处罚；有重大立功表现的，可以依法减轻或者免除处罚。黑恶势力犯罪人员积极配合侦查、起诉、审判工作，在查明黑社会性质组织的组织结构和组织者、领导者的地位作用，组织实施的重大犯罪事实，追缴、没收赃款赃物，打击"保护伞"等方面提供重要线索和证据，经查证属实的，可以根据案件具体情况，依法从轻、减轻或者免除处罚。

6. 涉案款物的追缴、没收和返还

最高人民法院关于审理黑社会性质组织犯罪的案件具体应用法律若干问题的解释（2000年12月10日）

第七条 对黑社会性质组织和组织、领导、参加黑社会性质组织的犯罪分子聚敛的财物及其收益，以及用于犯罪的工具等，应当依法追缴、没收。

最高人民法院全国部分法院审理黑社会性质组织犯罪案件工作座谈会纪要
（2015年10月13日）

五、关于黑社会性质组织犯罪案件审判工作相关问题

（一）涉案财产的处置问题

审理黑社会性质组织犯罪案件时，对于依法查封、冻结、扣押的涉案财产，应当全面审查证明财产来源、性质、用途、权属及价值大小的有关证据，调查财产的权属情况以及是否属于违法所得或者依法应当追缴的其他财物。属于下列情形的，依法应当予以追缴、没收：1. 黑社会性质组织形成、发展过程中，该组织及其组织成员通过违法犯罪活动或其他不正当手段聚敛的财产及其孳息、收益，以及合法获取的财产中实际用于支持该组织存在、发展和实施违法犯罪活动的部分；2. 其他单位、个人为支持黑社会性质组织存在、发展以及实施违法犯罪活动而资助或提供的财产；3. 组织成员通过个人实施的违法犯罪活动所聚敛的财产及其孳息、收益，以及供个人犯罪所用的本人财物；4. 黑社会性质组织及组织成员个人非法持有的违禁品；5. 依法应当追缴的其他涉案财物。

最高人民法院、最高人民检察院、公安部、司法部关于办理黑恶势力犯罪案件若干问题的指导意见（2018年1月16日）

七、依法处置涉案财产

26. 公安机关、人民检察院、人民法院根据黑社会性质组织犯罪案件的诉讼需要，应当依法查询、查封、扣押、冻结全部涉案财产。公安机关侦查期间，要会同工商、税务、国土、住建、审计、人民银行等部门全面调查涉黑组织及其成员的财产状况。

对于不宜查封、扣押、冻结的经营性资产，可以申请当地政府指定有关部门或者委托有关机构代管或者托管。

对黑社会性质组织及其成员聚敛的财产及其孳息、收益的数额，办案单位可以委托专门机构评估；确实无法准确计算的，可以根据有关法律规定及查明的事实、证据合理估算。

27. 对于依法查封、冻结、扣押的黑社会性质组织涉案财产，应当全面收集、审查证明其来源、性质、用途、权属及价值大小的有关证据。符合下列情形之一的，应当依法追缴、没收：

（1）组织及其成员通过违法犯罪活动或其他不正当手段聚敛的财产及其孳息、收益；

（2）组织成员通过个人实施违法犯罪活动聚敛的财产及其孳息、收益；

（3）其他单位、组织、个人为支持该组织活动资助或主动提供的财产；

（4）通过合法的生产、经营活动获取的财产或者组织成员个人、家庭合法资产中，实际用于支持该组织活动的部分；

（5）组织成员非法持有的违禁品以及供犯罪所用的本人财物；

（6）其他单位、组织、个人利用黑社会性质组织违法犯罪活动获取的财产及其孳息；

（7）其他应当追缴、没收的财产。

28. 违法所得已用于清偿债务或者转让给他人，具有下列情形之一的，应当依法追缴：

（1）对方明知是通过违法犯罪活动或者其他不正当手段聚敛的财产及其孳息、收益的；

（2）对方无偿或者以明显低于市场价格取得的；

（3）对方是因非法债务或者违法犯罪活动而取得的；

（4）通过其他方式恶意取得的。

29. 依法应当追缴、没收的财产无法找到、被他人善意取得、价值灭失或者与其他合法财产混合且不可分割的，可以追缴、没收其他等值财产。

30. 黑社会性质组织犯罪嫌疑人、被告人逃匿，在通缉一年后不能到案，或者犯罪嫌疑人、被告人死亡的，应当依照法定程序没收其违法所得。

31. 对于依法查封、扣押、冻结的涉案财产，有证据证明确属被害人合法财产，或者确与黑社会性质组织及其违法犯罪活动无关的，应当予以返还。

第二百九十五条　【传授犯罪方法罪】传授犯罪方法的，处五年以下有期徒刑、拘役或者管制；情节严重的，处五年以上十年以下有期徒刑；情节特别严重的，处十年以上有期徒刑或者无期徒刑。

第二百九十六条　【非法集会、游行、示威罪】举行集会、游行、示威，未依照法律规定申请或者申请未获许可，或者未按照主管机关许可的起止时间、地点、路线进行，又拒不服从解散命令，严重破坏社会秩序的，对集会、游行、示威的负责人和直接责任人员，处五年以下有期徒刑、拘役、管制或者剥夺政治权利。

● 立案追诉标准

最高人民检察院、公安部关于公安机关管辖的刑事案件立案追诉标准的规定（一）（2008年6月25日）

第三十八条 [非法集会、游行、示威案（刑法第二百九十六条）]举行集会、游行、示威，未依照法律规定申请或者申请未获许可，或者未按照主管机关许可的起止时间、地点、路线进行，又拒不服从解散命令，严重破坏社会秩序的，应予立案追诉。

● 定罪

信访活动中非法集会、游行、示威行为的认定

公安部关于公安机关处置信访活动中违法犯罪行为适用法律的指导意见（2013年7月19日）

四、对妨害社会管理秩序违法犯罪行为的处理

5. 煽动、策划非法集会、游行、示威，不听劝阻，符合《治安管理处罚法》第五十五条规定的，以煽动、策划非法集会、游行、示威依法予以治安管理处罚；举行集会、游行、示威活动未经主管机关许可，未按照主管机关许可的目的、方式、标语、口号、起止时间、地点、路线进行，或者在进行中出现危害公共安全、破坏社会秩序情形的，根据《集会游行示威法》第二十七条规定予以制止、命令解散；不听制止，拒不解散的，依法强行驱散、强行带离现场或者立即予以拘留；符合《集会游行示威法》第二十八条规定的，对其负责人和直接责任人员依法予以警告或者拘留；拒不服从解散命令，符合《刑法》第二百九十六条规定的，对负责人和直接责任人员，以非法集会、游行、示威罪追究刑事责任。集会游行示威过程中实施其他违法犯罪行为的，依法追究法律责任。

第二百九十七条 【非法携带武器、管制刀具、爆炸物参加集会、游行、示威罪】违反法律规定，携带武器、管制刀具或者爆炸物参加集会、游行、示威的，处三年以下有期徒刑、拘役、管制或者剥夺政治权利。

● 立案追诉标准

最高人民检察院、公安部关于公安机关管辖的刑事案件立案追诉标准的规定（一）（2008年6月25日）

第三十九条 ［非法携带武器、管制刀具、爆炸物参加集会、游行、示威案（刑法第二百九十七条）］违反法律规定，携带武器、管制刀具或者爆炸物参加集会、游行、示威的，应予立案追诉。

第二百九十八条 【破坏集会、游行、示威罪】扰乱、冲击或者以其他方法破坏依法举行的集会、游行、示威，造成公共秩序混乱的，处五年以下有期徒刑、拘役、管制或者剥夺政治权利。

● 立案追诉标准

最高人民检察院、公安部关于公安机关管辖的刑事案件立案追诉标准的规定（一）（2008年6月25日）

第四十条 ［破坏集会、游行、示威案（刑法第二百九十八条）］扰乱、冲击或者以其他方法破坏依法举行的集会、游行、示威，造成公共秩序混乱的，应予立案追诉。

第二百九十九条 【侮辱国旗、国徽、国歌罪】在公共场合，故意以焚烧、毁损、涂划、玷污、践踏等方式侮辱中华人民共和国国旗、国徽的，处三年以下有期徒刑、拘役、管制或者剥夺政治权利。

【侮辱国歌罪】 在公共场合，故意篡改中华人民共和国国歌歌词、曲谱，以歪曲、贬损方式奏唱国歌，或者以其他方式侮辱国歌，情节严重的，依照前款的规定处罚。

> **第二百九十九条之一**① 【侵害英雄烈士名誉、荣誉罪】侮辱、诽谤或者以其他方式侵害英雄烈士的名誉、荣誉，损害社会公共利益，情节严重的，处三年以下有期徒刑、拘役、管制或者剥夺政治权利。

> **第三百条** 【组织、利用会道门、邪教组织、利用迷信破坏法律实施罪】组织、利用会道门、邪教组织或者利用迷信破坏国家法律、行政法规实施的，处三年以上七年以下有期徒刑，并处罚金；情节特别严重的，处七年以上有期徒刑或者无期徒刑，并处罚金或者没收财产；情节较轻的，处三年以下有期徒刑、拘役、管制或者剥夺政治权利，并处或者单处罚金。
>
> 【组织、利用会道门、邪教组织、利用迷信致人重伤、死亡罪】组织、利用会道门、邪教组织或者利用迷信蒙骗他人，致人重伤、死亡的，依照前款的规定处罚。
>
> 犯第一款罪又有奸淫妇女、诈骗财物等犯罪行为的，依照数罪并罚的规定处罚。

● 定罪

1. "邪教组织"的认定

最高人民法院、最高人民检察院关于办理组织、利用邪教组织破坏法律实施等刑事案件适用法律若干问题的解释（2017年2月1日）

第一条 冒用宗教、气功或者以其他名义建立，神化、鼓吹首要分子，利用制造、散布迷信邪说等手段蛊惑、蒙骗他人，发展、控制成员，危害社会的非法组织，应当认定为刑法第三百条规定的"邪教组织"。

---

① 编者注：本条为《刑法修正案（十一）》新设。

2. 组织、利用会道门、邪教组织、利用迷信破坏法律实施罪的入罪数额或情节

最高人民法院、最高人民检察院关于办理组织、利用邪教组织破坏法律实施等刑事案件适用法律若干问题的解释（2017年2月1日）

第二条 组织、利用邪教组织，破坏国家法律、行政法规实施，具有下列情形之一的，应当依照刑法第三百条第一款的规定，处三年以上七年以下有期徒刑，并处罚金：

（一）建立邪教组织，或者邪教组织被取缔后又恢复、另行建立邪教组织的；

（二）聚众包围、冲击、强占、哄闹国家机关、企业事业单位或者公共场所、宗教活动场所，扰乱社会秩序的；

（三）非法举行集会、游行、示威，扰乱社会秩序的；

（四）使用暴力、胁迫或者以其他方法强迫他人加入或者阻止他人退出邪教组织的；

（五）组织、煽动、蒙骗成员或者他人不履行法定义务的；

（六）使用"伪基站""黑广播"等无线电台（站）或者无线电频率宣扬邪教的；

（七）曾因从事邪教活动被追究刑事责任或者二年内受过行政处罚，又从事邪教活动的；

（八）发展邪教组织成员五十人以上的；

（九）敛取钱财或者造成经济损失一百万元以上的；

（十）以货币为载体宣扬邪教，数量在五百张（枚）以上的；

（十一）制作、传播邪教宣传品，达到下列数量标准之一的：

1. 传单、喷图、图片、标语、报纸一千份（张）以上的；
2. 书籍、刊物二百五十册以上的；
3. 录音带、录像带等音像制品二百五十盒（张）以上的；
4. 标识、标志物二百五十件以上的；
5. 光盘、U盘、储存卡、移动硬盘等移动存储介质一百个以上的；
6. 横幅、条幅五十条（个）以上的。

（十二）利用通讯信息网络宣扬邪教，具有下列情形之一的：

1. 制作、传播宣扬邪教的电子图片、文章二百张（篇）以上，电子书籍、刊物、音视频五十册（个）以上，或者电子文档五百万字符以上、电子音视频二百五十分钟以上的；
2. 编发信息、拨打电话一千条（次）以上的；

3. 利用在线人数累计达到一千以上的聊天室,或者利用群组成员、关注人员等账号数累计一千以上的通讯群组、微信、微博等社交网络宣扬邪教的;

4. 邪教信息实际被点击、浏览数达到五千次以上的。

(十三) 其他情节严重的情形。

3. 第一款中"情节特别严重""情节较轻"的认定

最高人民法院、最高人民检察院关于办理组织、利用邪教组织破坏法律实施等刑事案件适用法律若干问题的解释(2017年2月1日)

第三条 组织、利用邪教组织,破坏国家法律、行政法规实施,具有下列情形之一的,应当认定为刑法第三百条第一款规定的"情节特别严重",处七年以上有期徒刑或者无期徒刑,并处罚金或者没收财产:

(一) 实施本解释第二条第一项至第七项规定的行为,社会危害特别严重的;

(二) 实施本解释第二条第八项至第十二项规定的行为,数量或者数额达到第二条规定相应标准五倍以上的;

(三) 其他情节特别严重的情形。

第四条 组织、利用邪教组织,破坏国家法律、行政法规实施,具有下列情形之一的,应当认定为刑法第三百条第一款规定的"情节较轻",处三年以下有期徒刑、拘役、管制或者剥夺政治权利,并处或者单处罚金:

(一) 实施本解释第二条第一项至第七项规定的行为,社会危害较轻的;

(二) 实施本解释第二条第八项至第十二项规定的行为,数量或者数额达到相应标准五分之一以上的;

(三) 其他情节较轻的情形。

4. 犯罪预备、未遂和既遂的认定

最高人民法院、最高人民检察院关于办理组织、利用邪教组织破坏法律实施等刑事案件适用法律若干问题的解释(2017年2月1日)

第五条 为了传播而持有、携带,或者传播过程中被当场查获,邪教宣传品数量达到本解释第二条至第四条规定的有关标准的,按照下列情形分别处理:

(一) 邪教宣传品是行为人制作的,以犯罪既遂处理;

(二) 邪教宣传品不是行为人制作,尚未传播的,以犯罪预备处理;

(三) 邪教宣传品不是行为人制作,传播过程中被查获的,以犯罪未遂处理;

(四) 邪教宣传品不是行为人制作,部分已经传播出去的,以犯罪既遂处理,对于没有传播的部分,可以在量刑时酌情考虑。

5. 犯罪数量或数额的计算

最高人民法院、最高人民检察院关于办理组织、利用邪教组织破坏法律实施等刑事案件适用法律若干问题的解释（2017 年 2 月 1 日）

第六条 多次制作、传播邪教宣传品或者利用通讯信息网络宣扬邪教，未经处理的，数量或者数额累计计算。

制作、传播邪教宣传品，或者利用通讯信息网络宣扬邪教，涉及不同种类或者形式的，可以根据本解释规定的不同数量标准的相应比例折算后累计计算。

6. 第二款中"蒙骗他人，致人重伤、死亡"的认定和处理

最高人民法院、最高人民检察院关于办理组织、利用邪教组织破坏法律实施等刑事案件适用法律若干问题的解释（2017 年 2 月 1 日）

第七条 组织、利用邪教组织，制造、散布迷信邪说，蒙骗成员或者他人绝食、自虐等，或者蒙骗病人不接受正常治疗，致人重伤、死亡的，应当认定为刑法第三百条第二款规定的组织、利用邪教组织"蒙骗他人，致人重伤、死亡"。

组织、利用邪教组织蒙骗他人，致一人以上死亡或者三人以上重伤的，处三年以上七年以下有期徒刑，并处罚金。

组织、利用邪教组织蒙骗他人，具有下列情形之一的，处七年以上有期徒刑或者无期徒刑，并处罚金或者没收财产：

（一）造成三人以上死亡的；
（二）造成九人以上重伤的；
（三）其他情节特别严重的情形。

组织、利用邪教组织蒙骗他人，致人重伤的，处三年以下有期徒刑、拘役、管制或者剥夺政治权利，并处或者单处罚金。

7. 利用互联网破坏法律实施行为的定性

全国人民代表大会常务委员会关于维护互联网安全的决定（2009 年 8 月 27 日）

二、为了维护国家安全和社会稳定，对有下列行为之一，构成犯罪的，依照刑法有关规定追究刑事责任：

……

（四）利用互联网组织邪教组织、联络邪教组织成员，破坏国家法律、行政法规实施。

8. 共同犯罪

最高人民法院、最高人民检察院关于办理组织、利用邪教组织破坏法律实施等刑事案件适用法律若干问题的解释（2017年2月1日）

第十三条 明知他人组织、利用邪教组织实施犯罪，而为其提供经费、场地、技术、工具、食宿、接送等便利条件或者帮助的，以共同犯罪论处。

9. 一罪与数罪

最高人民法院、最高人民检察院关于办理组织、利用邪教组织破坏法律实施等刑事案件适用法律若干问题的解释（2017年2月1日）

第十条 组织、利用邪教组织破坏国家法律、行政法规实施过程中，又有煽动分裂国家、煽动颠覆国家政权或者侮辱、诽谤他人等犯罪行为的，依照数罪并罚的规定定罪处罚。

10. 此罪与彼罪

最高人民法院、最高人民检察院关于办理组织、利用邪教组织破坏法律实施等刑事案件适用法律若干问题的解释（2017年2月1日）

第十一条 组织、利用邪教组织，制造、散布迷信邪说，组织、策划、煽动、胁迫、教唆、帮助其成员或者他人实施自杀、自伤的，依照刑法第二百三十二条、第二百三十四条的规定，以故意杀人罪或者故意伤害罪定罪处罚。

第十二条 邪教组织人员以自焚、自爆或者其他危险方法危害公共安全的，依照刑法第一百一十四条、第一百一十五条的规定，以放火罪、爆炸罪、以危险方法危害公共安全罪等定罪处罚。

最高人民法院关于贯彻全国人大常委会《关于取缔邪教组织、防范和惩治邪教活动的决定》和"两院"司法解释的通知（1999年11月5日）

二、依法审理组织和利用邪教组织犯罪案件，明确打击重点。各级人民法院要认真贯彻执行《决定》，按照《解释》的规定要求，严格依法办案，正确适用法律，坚决依法打击"法轮功"等邪教组织的犯罪活动。对于组织和利用邪教组织聚众围攻、冲击国家机关、企事业单位，扰乱国家机关、企事业单位的工作、生产、经营、教学和科研等秩序；非法举行集会、游行、示威，煽动、欺骗、组织其成员或者其他人聚众围攻、冲击、强占、哄闹公共场所及宗教活动场所，扰乱社会秩序；出版、印刷、复制、发行宣扬邪教内容的出版物、印制邪教组织标识的，坚决依照刑法第三百条第一款的规定，以组织、利用邪教组织破坏法律实施罪定罪处罚。对于组织和利用邪教组织制造、散布迷信邪说，蒙骗其成员或者其他人实施绝食、自残、自虐等行为，或者阻止病人进行正常治疗，致人死亡的，坚决依照刑法第三百条第二款的规定，以组织、利用邪教组织致人死亡罪定罪处罚，对造成特别严重后果的，依法从重处罚。对于邪教组织以各种欺骗手段敛取钱财的，依照刑法第三百条第三款和第二百六十六条的规定，以诈骗罪定罪处罚。对于邪教组织和组织、利用邪教组织破坏法律实施的犯罪分子，以各种手段非法聚敛的财物，用于犯罪的工具、宣传品的，应当依法追缴、没收。

11. 公安机关的认定意见

最高人民法院、最高人民检察院关于办理组织、利用邪教组织破坏法律实施等刑事案件适用法律若干问题的解释（2017年2月1日）

第十五条　对涉案物品是否属于邪教宣传品难以确定的，可以委托地市级以上公安机关出具认定意见。

量刑

1. 从重处罚

最高人民法院、最高人民检察院关于办理组织、利用邪教组织破坏法律实施等刑事案件适用法律若干问题的解释（2017年2月1日）

第八条　实施本解释第二条至第五条规定的行为，具有下列情形之一的，从重处罚：

（一）与境外机构、组织、人员勾结，从事邪教活动的；

（二）跨省、自治区、直辖市建立邪教组织机构、发展成员或者组织邪教活动的；

（三）在重要公共场所、监管场所或者国家重大节日、重大活动期间聚集滋事，公开进行邪教活动的；

（四）邪教组织被取缔后，或者被认定为邪教组织后，仍然聚集滋事，公开进行邪教活动的；

（五）国家工作人员从事邪教活动的；

（六）向未成年人宣扬邪教的；

（七）在学校或者其他教育培训机构宣扬邪教的。

2. 从宽处罚、不起诉或不作为犯罪处理

最高人民法院、最高人民检察院关于办理组织、利用邪教组织破坏法律实施等刑事案件适用法律若干问题的解释（2017年2月1日）

第九条 组织、利用邪教组织破坏国家法律、行政法规实施，符合本解释第四条规定情形，但行为人能够真诚悔罪，明确表示退出邪教组织、不再从事邪教活动的，可以不起诉或者免予刑事处罚。其中，行为人系受蒙蔽、胁迫参加邪教组织的，可以不作为犯罪处理。

组织、利用邪教组织破坏国家法律、行政法规实施，行为人在一审判决前能够真诚悔罪，明确表示退出邪教组织、不再从事邪教活动的，分别依照下列规定处理：

（一）符合本解释第二条规定情形的，可以认定为刑法第三百条第一款规定的"情节较轻"；

（二）符合本解释第三条规定情形的，可以不认定为刑法第三百条第一款规定的"情节特别严重"，处三年以上七年以下有期徒刑，并处罚金。

全国人民代表大会常务委员会关于取缔邪教组织、防范和惩治邪教活动的决定（1999年10月30日）

二、坚持教育与惩罚相结合，团结、教育绝大多数被蒙骗的群众，依法严惩极少数犯罪分子。在依法处理邪教组织的工作中，要把不明真相参与邪教活动人员同组织和利用邪教组织进行非法活动、蓄意破坏社会稳定的犯罪分子区别开来。对受蒙骗的群众不予追究。对构成犯罪的组织者、策划者、指挥者和骨干分子，坚决依法追究刑事责任；对于自首或者有立功表现的，可以依法从轻、减轻或者免除处罚。

最高人民法院关于贯彻全国人大常委会《关于取缔邪教组织、防范和惩治邪教活动的决定》和"两院"司法解释的通知（1999年11月5日）

三、……重点打击组织和利用邪教组织进行犯罪活动的组织、策划、指挥者和屡教不改的骨干分子。对有自首、立功表现的，可以依法从轻、减轻或者免除处罚；对于受蒙蔽、胁迫参加邪教组织并已退出和不再参加邪教组织活动的人员，不作为犯罪处理。

3. 附加剥夺政治权利

最高人民法院、最高人民检察院关于办理组织、利用邪教组织破坏法律实施等刑事案件适用法律若干问题的解释（2017年2月1日）

第十四条 对于犯组织、利用邪教组织破坏法律实施罪、组织、利用邪教

组织致人重伤、死亡罪,严重破坏社会秩序的犯罪分子,根据刑法第五十六条的规定,可以附加剥夺政治权利。

> **第三百零一条** 【聚众淫乱罪】聚众进行淫乱活动的,对首要分子或者多次参加的,处五年以下有期徒刑、拘役或者管制。
> 【引诱未成年人聚众淫乱罪】引诱未成年人参加聚众淫乱活动的,依照前款的规定从重处罚。

● 立案追诉标准

最高人民检察院、公安部关于公安机关管辖的刑事案件立案追诉标准的规定(一)(2008年6月25日)

第四十一条 [聚众淫乱案(刑法第三百零一条第一款)]组织、策划、指挥三人以上进行聚众淫乱活动或者参加聚众淫乱活动三次以上的,应予立案追诉。

第四十二条 [引诱未成年人聚众淫乱案(刑法第三百零一条第二款)]引诱未成年人参加聚众淫乱活动的,应予立案追诉。

> **第三百零二条** 【盗窃、侮辱、故意毁坏尸体、尸骨、骨灰罪】盗窃、侮辱、故意毁坏尸体、尸骨、骨灰的,处三年以下有期徒刑、拘役或者管制。

> **第三百零三条**① 【赌博罪】以营利为目的,聚众赌博或者以赌博为业的,处三年以下有期徒刑、拘役或者管制,并处罚金。
> 【开设赌场罪】开设赌场的,处五年以下有期徒刑、拘役或者管制,并处罚金;情节严重的,处五年以上十年以下有期徒刑,并处罚金。
> 【组织参与国(境)外赌博罪】组织中华人民共和国公民参与国(境)外赌博,数额巨大或者有其他严重情节的,依照前款的规定处罚。

---

① 编者注:《刑法修正案(十一)》将开设赌场罪的法定最低刑由三年调高为五年,新设了第三款。

● 立案追诉标准

最高人民检察院、公安部关于公安机关管辖的刑事案件立案追诉标准的规定（一）（2008年6月25日）

第四十三条 [赌博案（刑法第三百零三条第一款）] 以营利为目的，聚众赌博，涉嫌下列情形之一的，应予立案追诉：

（一）组织三人以上赌博，抽头渔利数额累计五千元以上的；

（二）组织三人以上赌博，赌资数额累计五万元以上的；

（三）组织三人以上赌博，参赌人数累计二十人以上的；

（四）组织中华人民共和国公民十人以上赴境外赌博，从中收取回扣、介绍费的；

（五）其他聚众赌博应予追究刑事责任的情形。

以营利为目的，以赌博为业的，应予立案追诉。

赌博犯罪中用作赌注的款物、换取筹码的款物和通过赌博赢取的款物属于赌资。通过计算机网络实施赌博犯罪的，赌资数额可以按照在计算机网络上投注或者赢取的点数乘以每一点实际代表的金额认定。

第四十四条 [开设赌场案（刑法第三百零三条第二款）] 开设赌场的，应予立案追诉。

在计算机网络上建立赌博网站，或者为赌博网站担任代理，接受投注的，属于本条规定的"开设赌场"。

● 定罪

1. 第一款"聚众赌博"的认定

最高人民法院、最高人民检察院关于办理赌博刑事案件具体应用法律若干问题的解释（2005年5月13日）

第一条 以营利为目的，有下列情形之一的，属于刑法第三百零三条规定的"聚众赌博"：

（一）组织3人以上赌博，抽头渔利数额累计达到5000元以上的；

（二）组织3人以上赌博，赌资数额累计达到5万元以上的；

（三）组织3人以上赌博，参赌人数累计达到20人以上的；

（四）组织中华人民共和国公民10人以上赴境外赌博，从中收取回扣、介绍费的。

最高人民法院、最高人民检察院、公安部办理跨境赌博犯罪案件若干问题的意见（2020 年 10 月 16 日）

二、关于跨境赌博犯罪的认定

（三）组织、招揽中华人民共和国公民赴境外赌博，从参赌人员中获取费用或者其他利益的，属于刑法第三百零三条第一款规定的"聚众赌博"。

2. 第二款"开设赌场"的认定

最高人民法院、最高人民检察院关于办理赌博刑事案件具体应用法律若干问题的解释（2005 年 5 月 13 日）

第二条 以营利为目的，在计算机网络上建立赌博网站，或者为赌博网站担任代理，接受投注的，属于刑法第三百零三条规定的"开设赌场"。

最高人民法院、最高人民检察院、公安部关于办理网络赌博犯罪案件适用法律若干问题的意见（2010 年 8 月 31 日）

一、关于网上开设赌场犯罪的定罪量刑标准

利用互联网、移动通讯终端等传输赌博视频、数据，组织赌博活动，具有下列情形之一的，属于刑法第三百零三条第二款规定的"开设赌场"行为：

（一）建立赌博网站并接受投注的；

（二）建立赌博网站并提供给他人组织赌博的；

（三）为赌博网站担任代理并接受投注的；

（四）参与赌博网站利润分成的。

实施前款规定的行为，具有下列情形之一的，应当认定为刑法第三百零三条第二款规定的"情节严重"：

（一）抽头渔利数额累计达到 3 万元以上的；

（二）赌资数额累计达到 30 万元以上的；

（三）参赌人数累计达到 120 人以上的；

（四）建立赌博网站后通过提供给他人组织赌博，违法所得数额在 3 万元以上的；

（五）参与赌博网站利润分成，违法所得数额在 3 万元以上的；

（六）为赌博网站招募下级代理，由下级代理接受投注的；

（七）招揽未成年人参与网络赌博的；

（八）其他情节严重的情形。

三、关于网络赌博犯罪的参赌人数、赌资数额和网站代理的认定

赌博网站的会员账号数可以认定为参赌人数，如果查实一个账号多人使用

或者多个账号一人使用的,应当按照实际使用的人数计算参赌人数。

赌资数额可以按照在网络上投注或者赢取的点数乘以每一点实际代表的金额认定。

对于将资金直接或间接兑换为虚拟货币、游戏道具等虚拟物品,并用其作为筹码投注的,赌资数额按照购买该虚拟物品所需资金数额或者实际支付资金数额认定。

对于开设赌场犯罪中用于接收、流转赌资的银行账户内的资金,犯罪嫌疑人、被告人不能说明合法来源的,可以认定为赌资。向该银行账户转入、转出资金的银行账户数量可以认定为参赌人数。如果查实一个账户多人使用或多个账户一人使用的,应当按照实际使用的人数计算参赌人数。

有证据证明犯罪嫌疑人在赌博网站上的账号设置有下级账号的,应当认定其为赌博网站的代理。

四、关于网络赌博犯罪案件的管辖

网络赌博犯罪案件的地域管辖,应当坚持以犯罪地管辖为主、被告人居住地管辖为辅的原则。

"犯罪地"包括赌博网站服务器所在地、网络接入地、赌博网站建立者、管理者所在地,以及赌博网站代理人、参赌人实施网络赌博行为地等。

公安机关对侦办跨区域网络赌博犯罪案件的管辖权有争议的,应本着有利于查清犯罪事实、有利于诉讼的原则,认真协商解决。经协商无法达成一致的,报共同的上级公安机关指定管辖。对即将侦查终结的跨省(自治区、直辖市)重大网络赌博案件,必要时可由公安部商最高人民法院和最高人民检察院指定管辖。

为保证及时结案、避免超期羁押,人民检察院对于公安机关提请审查逮捕、移送审查起诉的案件,人民法院对于已进入审判程序的案件,犯罪嫌疑人、被告人及其辩护人提出管辖异议或者办案单位发现没有管辖权的,受案人民检察院、人民法院经审查可以依法报请上级人民检察院、人民法院指定管辖,不再自行移送有管辖权的人民检察院、人民法院。

最高人民法院、最高人民检察院、公安部办理跨境赌博犯罪案件若干问题的意见(2020年10月16日)

二、关于跨境赌博犯罪的认定

(一)以营利为目的,有下列情形之一的,属于刑法第三百零三条第二款规定的"开设赌场":

1. 境外赌场经营人、实际控制人、投资人,组织、招揽中华人民共和国公

民赴境外赌博的;

2. 境外赌场管理人员,组织、招揽中华人民共和国公民赴境外赌博的;

3. 受境外赌场指派、雇佣,组织、招揽中华人民共和国公民赴境外赌博,或者组织、招揽中华人民共和国公民赴境外赌博,从赌场获取费用、其他利益的;

4. 在境外赌场包租赌厅、赌台,组织、招揽中华人民共和国公民赴境外赌博的;

5. 其他在境外以提供赌博场所、提供赌资、设定赌博方式等,组织、招揽中华人民共和国公民赴境外赌博的。

在境外赌场通过开设账户、洗码等方式,为中华人民共和国公民赴境外赌博提供资金担保服务的,以"开设赌场"论处。

(二) 以营利为目的,利用信息网络、通讯终端等传输赌博视频、数据,组织中华人民共和国公民跨境赌博活动,有下列情形之一的,属于刑法第三百零三条第二款规定的"开设赌场":

1. 建立赌博网站、应用程序并接受投注的;

2. 建立赌博网站、应用程序并提供给他人组织赌博的;

3. 购买或者租用赌博网站、应用程序,组织他人赌博的;

4. 参与赌博网站、应用程序利润分成的;

5. 担任赌博网站、应用程序代理并接受投注的;

6. 其他利用信息网络、通讯终端等传输赌博视频、数据,组织跨境赌博活动的。

(四) 跨境开设赌场犯罪定罪处罚的数量或者数额标准,参照适用《关于办理赌博刑事案件具体应用法律若干问题的解释》《关于办理利用赌博机开设赌场案件适用法律若干问题的意见》和《关于办理网络赌博犯罪案件适用法律若干问题的意见》的有关规定。

最高人民法院关于发布第20批指导性案例的通知(2018年12月25日)
洪小强、洪礼沃、洪清泉、李志荣开设赌场案(指导案例105号)

裁判要点:以营利为目的,通过邀请人员加入微信群的方式招揽赌客,根据竞猜游戏网站的开奖结果等方式进行赌博,设定赌博规则,利用微信群进行控制管理,在一段时间内持续组织网络赌博活动的,属于刑法第三百零三条第二款规定的"开设赌场"。

最高人民法院关于发布第20批指导性案例的通知(2018年12月25日)
谢检军、高垒、高尔樵、杨泽彬开设赌场案(指导案例106号)

裁判要点:以营利为目的,通过邀请人员加入微信群,利用微信群进行控制管理,以抢红包方式进行赌博,在一段时间内持续组织赌博活动的行为,属于刑法第三百零三条第二款规定的"开设赌场"。

3. 利用赌博机开设赌场行为的定罪处罚

最高人民法院、最高人民检察院、公安部关于办理利用赌博机开设赌场案件适用法律若干问题的意见(2014年3月26日)

一、关于利用赌博机组织赌博的性质认定

设置具有退币、退分、退钢珠等赌博功能的电子游戏设施设备,并以现金、有价证券等贵重款物作为奖品,或者以回购奖品方式给他人现金、有价证券等贵重款物(以下简称设置赌博机)组织赌博活动的,应当认定为刑法第三百零三条第二款规定的"开设赌场"行为。

二、关于利用赌博机开设赌场的定罪处罚标准

设置赌博机组织赌博活动,具有下列情形之一的,应当按照刑法第三百零三条第二款规定的开设赌场罪定罪处罚:

(一)设置赌博机10台以上的;

(二)设置赌博机2台以上,容留未成年人赌博的;

(三)在中小学校附近设置赌博机2台以上的;

(四)违法所得累计达到5000元以上的;

(五)赌资数额累计达到5万元以上的;

(六)参赌人数累计达到20人以上的;

(七)因设置赌博机被行政处罚后,两年内再设置赌博机5台以上的;

(八)因赌博、开设赌场犯罪被刑事处罚后,五年内再设置赌博机5台以上的;

(九)其他应当追究刑事责任的情形。

设置赌博机组织赌博活动,具有下列情形之一的,应当认定为刑法第三百零三条第二款规定的"情节严重":

(一)数量或者数额达到第二条第一款第一项至第六项规定标准六倍以上的;

(二)因设置赌博机被行政处罚后,两年内再设置赌博机30台以上的;

(三)因赌博、开设赌场犯罪被刑事处罚后,五年内再设置赌博机30台以上的;

(四)其他情节严重的情形。

可同时供多人使用的赌博机,台数按照能够独立供一人进行赌博活动的操作基本单元的数量认定。

在两个以上地点设置赌博机，赌博机的数量、违法所得、赌资数额、参赌人数等均合并计算。

五、关于赌资的认定

本意见所称赌资包括：

（一）当场查获的用于赌博的款物；

（二）代币、有价证券、赌博积分等实际代表的金额；

（三）在赌博机上投注或赢取的点数实际代表的金额。

六、关于赌博机的认定

对于涉案的赌博机，公安机关应当采取拍照、摄像等方式及时固定证据，并予以认定。对于是否属于赌博机难以确定的，司法机关可以委托地市级以上公安机关出具检验报告。司法机关根据检验报告，并结合案件具体情况作出认定。必要时，人民法院可以依法通知检验人员出庭作出说明。

4. 赌资的认定

公安部关于办理赌博违法案件适用法律若干问题的通知（2005年5月25日）

五、赌博活动中用作赌注的款物、换取筹码的款物和通过赌博赢取的款物属于赌资。

在利用计算机网络进行的赌博活动中，分赌场、下级庄家或者赌博参与者在组织或者参与赌博前向赌博组织者、上级庄家或者赌博公司交付的押金，应当视为赌资。

六、赌博现场没有赌资，而是以筹码或者事先约定事后交割等方式代替的，赌资数额经调查属实后予以认定。个人投注的财物数额无法确定时，按照参赌财物的价值总额除以参赌人数的平均值计算。

通过计算机网络实施赌博活动的赌资数额，可以按照在计算机网络上投注或者赢取的总点数乘以每个点数实际代表的金额认定。赌博的次数，可以按照在计算机网络上投注的总次数认定。

七、对查获的赌资、赌博违法所得应当依法没收，上缴国库，并按照规定出具法律手续。对查缴的赌具和销售的具有赌博功能的游戏机，一律依法予以销毁。严禁截留、私分或者以其他方式侵吞赌资、赌具、赌博违法所得以及违法行为人的其他财物。违者，对相关责任人员依法予以行政处分；构成犯罪的，依法追究刑事责任。

对参与赌博人员使用的交通、通讯工具未作为赌注的，不得没收。在以营利为目的，聚众赌博、开设赌场，或者采取不报经国家批准，擅自发行、销售彩票的方式为赌博提供条件，尚不够刑事处罚的案件中，违法行为人本人所有的用于纠集、联络、运送参赌人员以及用于望风护赌的交通、通讯工具，应当依法没收。

公安部法制局关于办理赌博违法案件有关法律适用问题的电话答复（2005年9月5日）

一、行为人诱使他人参与赌博，约定由行为人本人直接参赌，他人与其共同承担输赢责任，在行为人故意输给其他参赌人后，要求被诱骗人承担还款责任，骗取钱款数额巨大的，应以诈骗罪追究行为人的刑事责任。

二、赌博违法活动中既有赌资又有欠条的，"打欠条"属于《通知》第六条规定的"事先约定事后交割"方式，欠条所载金额经调查属实后可以认定为赌资。

最高人民法院、最高人民检察院、公安部办理跨境赌博犯罪案件若干问题的意见（2020年10月16日）

五、关于跨境赌博犯罪赌资数额的认定及处理

赌博犯罪中用作赌注的款物、换取筹码的款物和通过赌博赢取的款物属于赌资。

通过网络实施开设赌场犯罪的，赌资数额可以依照开设赌场行为人在其实际控制账户内的投注金额，结合其他证据认定；如无法统计，可以按照查证属实的参赌人员实际参赌的资金额认定。

对于将资金直接或者间接兑换为虚拟货币、游戏道具等虚拟物品，并用其作为筹码投注的，赌资数额按照购买该虚拟物品所需资金数额或者实际支付资金数额认定。

对于开设赌场犯罪中主要用于接收、流转赌资的银行账户内的资金，犯罪嫌疑人、被告人不能说明合法来源的，可以认定为赌资。

公安机关、人民检察院已查封、扣押、冻结的赌资、赌博用具等涉案财物及孳息，应当制作清单。人民法院对随案移送的涉案财物，依法予以处理。赌资应当依法予以追缴。赌博违法所得、赌博用具以及赌博犯罪分子所有的专门用于赌博的财物等，应当依法予以追缴、没收。

5. 管辖问题

最高人民法院、最高人民检察院关于办理赌博刑事案件具体应用法律若干问题的解释（2005年5月13日）

第三条 中华人民共和国公民在我国领域外周边地区聚众赌博、开设赌场，

以吸引中华人民共和国公民为主要客源，构成赌博罪的，可以依照刑法规定追究刑事责任。

最高人民法院、最高人民检察院、公安部办理跨境赌博犯罪案件若干问题的意见（2020年10月16日）

六、关于跨境赌博犯罪案件的管辖

（一）跨境赌博犯罪案件一般由犯罪地公安机关立案侦查，由犯罪嫌疑人居住地公安机关立案侦查更为适宜的，可以由犯罪嫌疑人居住地公安机关立案侦查。犯罪地包括犯罪行为发生地和犯罪结果发生地。

跨境网络赌博犯罪地包括用于实施赌博犯罪行为的网络服务使用的服务器所在地，网络服务提供者所在地，犯罪嫌疑人、参赌人员使用的网络信息系统所在地，犯罪嫌疑人为网络赌博犯罪提供帮助的犯罪地等。

（二）多个公安机关都有权立案侦查的跨境赌博犯罪案件，由最初受理的公安机关或者主要犯罪地公安机关立案侦查。有争议的，应当按照有利于查清犯罪事实、有利于诉讼的原则，协商解决。经协商无法达成一致的，由共同上级公安机关指定有关公安机关立案侦查。

在境外实施的跨境赌博犯罪案件，由公安部、最高人民检察院和最高人民法院指定管辖。

（三）具有下列情形之一的，有关公安机关可以在其职责范围内并案侦查：

1. 一人犯数罪的；
2. 共同犯罪的；
3. 共同犯罪的犯罪嫌疑人实施其他犯罪的；
4. 多个犯罪嫌疑人实施的犯罪存在直接关联，并案处理有利于查明案件事实的。

（四）部分犯罪嫌疑人在逃，但不影响对已到案共同犯罪嫌疑人、被告人的犯罪事实认定的，可以依法先行追究已到案共同犯罪嫌疑人、被告人的刑事责任。

已确定管辖的跨境赌博共同犯罪案件，在逃的犯罪嫌疑人、被告人归案后，一般由原管辖的公安机关、人民检察院、人民法院管辖。

6. 设置圈套诱骗他人参赌后，又以暴力拒绝退还钱财行为的定性

最高人民法院关于对设置圈套诱骗他人参赌又向索还钱财的受骗者施以暴力或暴力威胁的行为应如何定罪问题的批复（1995年11月6日）

行为人设置圈套诱骗他人参赌获取钱财，属赌博行为，构成犯罪的，应当以赌博罪定罪处罚。参赌者识破骗局要求退还所输钱财，设赌者又使用暴力或

者以暴力相威胁，拒绝退还的，应以赌博罪从重处罚；致参赌者伤害或者死亡的，应以赌博罪和故意伤害罪或者故意杀人罪，依法实行数罪并罚。

7. 以"二元期权"交易名义赌博行为的定性

最高人民法院关于发布第 26 批指导性案例的通知（2020 年 12 月 31 日）

陈庆豪、陈淑娟、赵延海开设赌场案（指导案例 146 号）

裁判要点：以"二元期权"交易的名义，在法定期货交易场所之外利用互联网招揽"投资者"，以未来某段时间外汇品种的价格走势为交易对象，按照"买涨""买跌"确定盈亏，买对涨跌方向的"投资者"得利，买错的本金归网站（庄家）所有，盈亏结果不与价格实际涨跌幅度挂钩的，本质是"押大小、赌输赢"，是披着期权交易外衣的赌博行为。对相关网站应当认定为赌博网站。

8. 共同犯罪

最高人民法院、最高人民检察院关于办理赌博刑事案件具体应用法律若干问题的解释（2005 年 5 月 13 日）

第四条　明知他人实施赌博犯罪活动，而为其提供资金、计算机网络、通讯、费用结算等直接帮助的，以赌博罪的共犯论处。

最高人民法院、最高人民检察院、公安部关于办理网络赌博犯罪案件适用法律若干问题的意见（2010 年 8 月 31 日）

二、关于网上开设赌场共同犯罪的认定和处罚

明知是赌博网站，而为其提供下列服务或者帮助的，属于开设赌场罪的共同犯罪，依照刑法第三百零三条第二款的规定处罚：

（一）为赌博网站提供互联网接入、服务器托管、网络存储空间、通讯传输通道、投放广告、发展会员、软件开发、技术支持等服务，收取服务费数额在 2 万元以上的；

（二）为赌博网站提供资金支付结算服务，收取服务费数额在 1 万元以上或者帮助收取赌资 20 万元以上的；

（三）为 10 个以上赌博网站投放与网址、赔率等信息有关的广告或者为赌博网站投放广告累计 100 条以上的。

实施前款规定的行为，数量或者数额达到前款规定标准 5 倍以上的，应当认定为刑法第三百零三条第二款规定的"情节严重"。

实施本条第一款规定的行为，具有下列情形之一的，应当认定行为人"明

知"，但是有证据证明确实不知道的除外：
（一）收到行政主管机关书面等方式的告知后，仍然实施上述行为的；
（二）为赌博网站提供互联网接入、服务器托管、网络存储空间、通讯传输通道、投放广告、软件开发、技术支持、资金支付结算等服务，收取服务费明显异常的；
（三）在执法人员调查时，通过销毁、修改数据、账本等方式故意规避调查或者向犯罪嫌疑人通风报信的；
（四）其他有证据证明行为人明知的。
如果有开设赌场的犯罪嫌疑人尚未到案，但是不影响对已到案共同犯罪嫌疑人、被告人的犯罪事实认定的，可以依法对已到案者定罪处罚。

最高人民法院、最高人民检察院、公安部关于办理利用赌博机开设赌场案件适用法律若干问题的意见（2014年3月26日）

三、关于共犯的认定

明知他人利用赌博机开设赌场，具有下列情形之一的，以开设赌场罪的共犯论处：

（一）提供赌博机、资金、场地、技术支持、资金结算服务的；
（二）受雇参与赌场经营管理并分成的；
（三）为开设赌场者组织客源，收取回扣、手续费的；
（四）参与赌场管理并领取高额固定工资的；
（五）提供其他直接帮助的。

最高人民法院、最高人民检察院、公安部办理跨境赌博犯罪案件若干问题的意见（2020年10月16日）

三、关于跨境赌博共同犯罪的认定

（一）三人以上为实施开设赌场犯罪而组成的较为固定的犯罪组织，应当依法认定为赌博犯罪集团。对组织、领导犯罪集团的首要分子，按照集团所犯的全部罪行处罚。对犯罪集团中组织、指挥、策划者和骨干分子，应当依法从严惩处。

（二）明知他人实施开设赌场犯罪，为其提供场地、技术支持、资金、资金结算等服务的，以开设赌场罪的共犯论处。

（三）明知是赌博网站、应用程序，有下列情形之一的，以开设赌场罪的共犯论处：

1. 为赌博网站、应用程序提供软件开发、技术支持、互联网接入、服务器托管、网络存储空间、通讯传输通道、广告投放、会员发展、资金支付结算等服务的；

2. 为赌博网站、应用程序担任代理并发展玩家、会员、下线的。

为同一赌博网站、应用程序担任代理，既无上下级关系，又无犯意联络的，不构成共同犯罪。

（四）对受雇佣为赌场从事接送参赌人员、望风看场、发牌坐庄、兑换筹码、发送宣传广告等活动的人员及赌博网站、应用程序中与组织赌博活动无直接关联的一般工作人员，除参与赌场、赌博网站、应用程序利润分成或者领取高额固定工资的外，可以不追究刑事责任，由公安机关依法给予治安管理处罚。

9. 此罪与彼罪

最高人民法院、最高人民检察院关于办理赌博刑事案件具体应用法律若干问题的解释（2005年5月13日）

第六条 未经国家批准擅自发行、销售彩票，构成犯罪的，依照刑法第二百二十五条第（四）项的规定，以非法经营罪定罪处罚。

第七条 通过赌博或者为国家工作人员赌博提供资金的形式实施行贿、受贿行为，构成犯罪的，依照刑法关于贿赂犯罪的规定定罪处罚。

最高人民法院、最高人民检察院、公安部关于办理利用赌博机开设赌场案件适用法律若干问题的意见（2014年3月26日）

八、关于国家机关工作人员渎职犯罪的处理

负有查禁赌博活动职责的国家机关工作人员，徇私枉法，包庇、放纵开设赌场违法犯罪活动，或者为违法犯罪分子通风报信、提供便利、帮助犯罪分子逃避处罚，构成犯罪的，依法追究刑事责任……

最高人民法院、最高人民检察院、公安部办理跨境赌博犯罪案件若干问题的意见（2020年10月16日）

四、关于跨境赌博关联犯罪的认定

（一）使用专门工具、设备或者其他手段诱使他人参赌，人为控制赌局输赢，构成犯罪的，依照刑法关于诈骗犯罪的规定定罪处罚。

网上开设赌场，人为控制赌局输赢，或者无法实现提现，构成犯罪的，依照刑法关于诈骗犯罪的规定定罪处罚。部分参赌者赢利、提现不影响诈骗犯罪的认定。

（二）通过开设赌场或者为国家工作人员参与赌博提供资金的形式实施行贿、受贿行为，构成犯罪的，依照刑法关于贿赂犯罪的规定定罪处罚。同时构成赌博犯罪的，应当依法与贿赂犯罪数罪并罚。

（三）实施跨境赌博犯罪，同时构成组织他人偷越国（边）境、运送他人偷越国（边）境、偷越国（边）境罪等罪的，应当依法数罪并罚。

（四）实施赌博犯罪，为强行索要赌债，实施故意杀人、故意伤害、非法拘禁、故意毁坏财物、寻衅滋事等行为，构成犯罪的，应当依法数罪并罚。

（五）为赌博犯罪提供资金、信用卡、资金结算等服务，构成赌博犯罪共犯，同时构成非法经营罪、妨害信用卡管理罪、窃取、收买、非法提供信用卡信息罪、掩饰、隐瞒犯罪所得、犯罪收益罪等罪的，依照处罚较重的规定定罪处罚。

为网络赌博犯罪提供互联网接入、服务器托管、网络存储、通讯传输等技术支持，或者提供广告推广、支付结算等帮助，构成赌博犯罪共犯，同时构成非法利用信息网络罪、帮助信息网络犯罪活动罪等罪的，依照处罚较重的规定定罪处罚。

为实施赌博犯罪，非法获取公民个人信息，或者向实施赌博犯罪者出售、提供公民个人信息，构成赌博犯罪共犯，同时构成侵犯公民个人信息罪的，依照处罚较重的规定定罪处罚。

10. 罪与非罪

最高人民法院、最高人民检察院、公安部关于开展集中打击赌博违法犯罪活动专项行动有关工作的通知（2005年1月10日）

二、突出打击重点，严格依照法律规定打击赌博违法犯罪活动

要严格区分赌博违法犯罪活动与群众正常文娱活动的界限，对不以营利为目的，进行带有少量财物输赢的娱乐活动，以及提供棋牌室等娱乐场所并只收取固定的场所和服务费用的经营行为等，不得以赌博论处。对参赌且赌资较大的，可由公安机关依法给予治安处罚；符合劳动教养条件的，依法给予劳动教养；违反党纪政纪的，由主管机关予以纪律处分。要严格依法办案，对构成犯罪的，决不姑息手软，严禁以罚代刑，降格处理；对不构成犯罪或者不应当给予行政处理的，不得打击、处理，不得以禁赌为名干扰群众的正常文娱活动。

最高人民法院、最高人民检察院关于办理赌博刑事案件具体应用法律若干问题的解释（2005年5月13日）

第九条 不以营利为目的，进行带有少量财物输赢的娱乐活动，以及提供棋牌室等娱乐场所只收取正常的场所和服务费用的经营行为等，不以赌博论处。

最高人民法院、最高人民检察院、公安部关于办理利用赌博机开设赌场案件适用法律若干问题的意见（2014年3月26日）

七、关于宽严相济刑事政策的把握

办理利用赌博机开设赌场的案件，应当贯彻宽严相济刑事政策，重点打击赌场的出资者、经营者。对受雇佣为赌场从事接送参赌人员、望风看场、发牌坐庄、兑换筹码等活动的人员，除参与赌场利润分成或者领取高额固定工资的以外，一般不追究刑事责任，可由公安机关依法给予治安管理处罚。对设置游戏机，单次换取少量奖品的娱乐活动，不以违法犯罪论处。

最高人民检察院研究室对《关于〈关于办理利用赌博机开设赌场案件适用法律若干问题的意见〉第七条是否适用于其他开设赌场案件的请示》的答复意见（2014年12月22日）

办理利用赌博机开设赌场以外的其他开设赌场案件，应当参照适用"两高"、公安部《关于办理利用赌博机开设赌场案件适用法律若干问题的意见》（公通字〔2014〕17号）第七条"关于宽严相济刑事政策的把握"的有关规定。

11. 综合规范

最高人民法院、最高人民检察院、公安部关于开展集中打击赌博违法犯罪活动专项行动有关工作的通知（2005年1月10日）

二、突出打击重点，严格依照法律规定打击赌博违法犯罪活动

在专项行动中，要按照刑法和有关司法解释的规定，严格依法办案，准确认定赌博犯罪行为，保证办案质量。对以营利为目的聚众赌博、开设赌场的，无论其是否参与赌博，均应以赌博罪追究刑事责任；对以营利为目的以赌博为业的，无论其是否实际营利，也应以赌博罪追究刑事责任。对通过在中国领域内设立办事处、代表处或者散发广告等形式，招揽、组织中国公民赴境外赌博，构成犯罪的，以赌博罪定罪处罚。对具有教唆他人赌博、组织未成年人聚众赌博或者开设赌场吸引未成年人参与赌博以及国家工作人员犯赌博罪等情形的，应当依法从严处理。对实施贪污、挪用公款、职务侵占、挪用单位资金、挪用特定款物、受贿等犯罪，并将犯罪所得的款物用于赌博的，分别依照刑法有关规定从重处罚；同时构成赌博罪的，应依照刑法规定实行数罪并罚。要充分运用没收财产、罚金等财产刑，以及追缴违法所得、没收用于赌博的本人财物和犯罪工具等措施，从经济上制裁犯罪分子，铲除赌博犯罪行为的经济基础。要坚持惩办与宽大相结合的刑事政策，区别对待，宽严相济，最大限度地分化瓦解犯罪分子。对主动投案自首或者有检举、揭发赌博违法犯罪活动等立功表现的，可依法从宽处罚。

最高人民法院、最高人民检察院、公安部办理跨境赌博犯罪案件若干问题的意见（2020年10月16日）

七、关于跨境赌博犯罪案件证据的收集和审查判断

（一）公安机关、人民检察院、人民法院在办理跨境赌博犯罪案件中应当注意对电子证据的收集、审查判断。公安机关应当遵守法定程序，遵循有关技术标准，全面、客观、及时收集、提取电子证据；人民检察院、人民法院应当围绕真实性、合法性、关联性审查判断电子证据。

公安机关、人民检察院、人民法院收集、提取、固定、移送、展示、审查、判断电子证据应当严格依照《最高人民法院、最高人民检察院、公安部关于办理刑事案件收集提取和审查判断电子数据若干问题的规定》《最高人民法院、最高人民检察院、公安部关于办理网络犯罪案件适用刑事诉讼程序若干问题的意见》的规定进行。

（二）公安机关采取技术侦查措施收集的证据材料，能够证明案件事实的，应当随案移送，并移送批准采取技术侦查措施的法律文书。

（三）依照国际条约、刑事司法协助、互助协议或者平等互助原则，请求证据材料所在地司法机关收集，或者通过国际警务合作机制、国际刑警组织启动合作取证程序收集的境外证据材料，公安机关应当对其来源、提取人、提取时间或者提供人、提供时间以及保管移交的过程等作出说明。

当事人及其辩护人、诉讼代理人提供的来自境外的证据材料，该证据材料应当经所在国公证机关证明，所在国中央外交主管机关或者其授权机关认证，并经我国驻该国使、领馆认证。未经证明、认证的，不能作为证据使用。

来自境外的证据材料，能够证明案件事实且符合刑事诉讼法及相关规定的，经查证属实，可以作为定案的根据。

● 量刑

1. 从重处罚

最高人民法院、最高人民检察院关于办理赌博刑事案件具体应用法律若干问题的解释（2005年5月13日）

第五条 实施赌博犯罪，有下列情形之一的，依照刑法第三百零三条的规定从重处罚：

（一）具有国家工作人员身份的；

（二）组织国家工作人员赴境外赌博的；

（三）组织未成年人参与赌博，或者开设赌场吸引未成年人参与赌博的。

最高人民法院、最高人民检察院、公安部关于办理利用赌博机开设赌场案件适用法律若干问题的意见（2014年3月26日）

八、关于国家机关工作人员渎职犯罪的处理

……国家机关工作人员参与利用赌博机开设赌场犯罪的，从重处罚。

最高人民法院、最高人民检察院、公安部办理跨境赌博犯罪案件若干问题的意见（2020年10月16日）

八、关于跨境赌博犯罪案件宽严相济刑事政策的运用

人民法院、人民检察院、公安机关要深刻认识跨境赌博犯罪的严重社会危害性，正确贯彻宽严相济刑事政策，运用认罪认罚从宽制度，充分发挥刑罚的惩治和预防功能。对实施跨境赌博犯罪活动的被告人，应当在全面把握犯罪事实和量刑情节的基础上，依法从严惩处，并注重适用财产刑和追缴、没收等财产处置手段，最大限度剥夺被告人再犯的能力。

（一）实施跨境赌博犯罪，有下列情形之一的，酌情从重处罚：

1. 具有国家工作人员身份的；

2. 组织国家工作人员赴境外赌博的；

3. 组织、胁迫、引诱、教唆、容留未成年人参与赌博的；

4. 组织、招揽、雇佣未成年人参与实施跨境赌博犯罪的；

5. 采用限制人身自由等手段强迫他人赌博或者结算赌资，尚不构成其他犯罪的；

6. 因赌博活动致1人以上死亡、重伤或者3人以上轻伤，或者引发其他严重后果，尚不构成其他犯罪的；

7. 组织、招揽中华人民共和国公民赴境外多个国家、地区赌博的；

8. 因赌博、开设赌场曾被追究刑事责任或者二年内曾被行政处罚的。

（二）对于具有赌资数额大、共同犯罪的主犯、曾因赌博犯罪行为被追究刑事责任、悔罪表现不好等情形的犯罪嫌疑人、被告人，一般不适用不起诉、免予刑事处罚、缓刑。

2. 从宽处理

最高人民法院、最高人民检察院、公安部办理跨境赌博犯罪案件若干问题的意见（2020年10月16日）

八、关于跨境赌博犯罪案件宽严相济刑事政策的运用

（四）犯罪嫌疑人、被告人提供重要证据，对侦破、查明重大跨境赌博犯罪案件起关键作用，经查证属实的，可以根据案件具体情况，依法从宽处理。

3. 罚金数额的确定

最高人民法院、最高人民检察院、公安部办理跨境赌博犯罪案件若干问题的意见（2020 年 10 月 16 日）

八、关于跨境赌博犯罪案件宽严相济刑事政策的运用

（三）对实施赌博犯罪的被告人，应当加大财产刑的适用。对被告人并处罚金时，应当根据其在赌博犯罪中的地位作用、赌资、违法所得数额等情节决定罚金数额。

4. 赃款赃物及犯罪工具的追缴、没收

最高人民法院、最高人民检察院关于办理赌博刑事案件具体应用法律若干问题的解释（2005 年 5 月 13 日）

第八条　赌博犯罪中用作赌注的款物、换取筹码的款物和通过赌博赢取的款物属于赌资。通过计算机网络实施赌博犯罪的，赌资数额可以按照在计算机网络上投注或者赢取的点数乘以每一点实际代表的金额认定。

赌资应当依法予以追缴；赌博用具、赌博违法所得以及赌博犯罪分子所有的专门用于赌博的资金、交通工具、通讯工具等，应当依法予以没收。

第三百零四条　【故意延误投递邮件罪】 邮政工作人员严重不负责任，故意延误投递邮件，致使公共财产、国家和人民利益遭受重大损失的，处二年以下有期徒刑或者拘役。

● 立案追诉标准

最高人民检察院、公安部关于公安机关管辖的刑事案件立案追诉标准的规定（一）（2008 年 6 月 25 日）

第四十五条　［故意延误投递邮件案（刑法第三百零四条）］邮政工作人员严重不负责任，故意延误投递邮件，涉嫌下列情形之一的，应予立案追诉：

（一）造成直接经济损失二万元以上的；

（二）延误高校录取通知书或者其他重要邮件投递，致使他人失去高校录取资格或者造成其他无法挽回的重大损失的；

（三）严重损害国家声誉或者造成恶劣社会影响的；

（四）其他致使公共财产、国家和人民利益遭受重大损失的情形。

第二节　妨害司法罪

> **第三百零五条**　【伪证罪】在刑事诉讼中，证人、鉴定人、记录人、翻译人对与案件有重要关系的情节，故意作虚假证明、鉴定、记录、翻译，意图陷害他人或者隐匿罪证的，处三年以下有期徒刑或者拘役；情节严重的，处三年以上七年以下有期徒刑。

● 定罪

1. 本罪定义

最高人民检察院侦查监督厅关于印发部分罪案《审查逮捕证据参考标准（试行）》的通知（2003年11月27日）

十一、伪证罪案审查逮捕证据参考标准

伪证罪，是指触犯《刑法》第305条的规定，在刑事诉讼中，证人、鉴定人、记录人、翻译人对与案件有关的重要情节，故意作虚假证明、鉴定、记录、翻译，意图陷害他人或隐匿罪证的行为。

2. 一罪与数罪

国家监察委员会、最高人民法院、最高人民检察院、公安部、司法部关于在扫黑除恶专项斗争中分工负责、互相配合、互相制约严惩公职人员涉黑涉恶违法犯罪问题的通知（2019年10月20日）

三、准确适用法律

6.……国家机关工作人员包庇、纵容黑社会性质组织，该包庇、纵容行为同时还构成包庇罪、伪证罪、妨害作证罪、徇私枉法罪、滥用职权罪、帮助犯罪分子逃避处罚罪、徇私舞弊不移交刑事案件罪，以及徇私舞弊减刑、假释、暂予监外执行罪等其他犯罪的，应当择一重罪处罚。

8. 公职人员利用职权或职务便利实施包庇、纵容黑恶势力、伪证、妨害作证，帮助毁灭、伪造证据，以及窝藏、包庇等犯罪行为的，应酌情从重处罚。事先有通谋而实施支持帮助、包庇纵容等保护行为的，以具体犯罪的共犯论处。

> **第三百零六条 【辩护人、诉讼代理人毁灭证据、伪造证据、妨害作证罪】** 在刑事诉讼中，辩护人、诉讼代理人毁灭、伪造证据，帮助当事人毁灭、伪造证据，威胁、引诱证人违背事实改变证言或者作伪证的，处三年以下有期徒刑或者拘役；情节严重的，处三年以上七年以下有期徒刑。
>
> 辩护人、诉讼代理人提供、出示、引用的证人证言或者其他证据失实，不是有意伪造的，不属于伪造证据。

> **第三百零七条 【妨害作证罪】** 以暴力、威胁、贿买等方法阻止证人作证或者指使他人作伪证的，处三年以下有期徒刑或者拘役；情节严重的，处三年以上七年以下有期徒刑。
>
> **【帮助毁灭、伪造证据罪】** 帮助当事人毁灭、伪造证据，情节严重的，处三年以下有期徒刑或者拘役。
>
> 司法工作人员犯前两款罪的，从重处罚。

● 关联法条

第九十四条

● 定罪

1. **此罪与彼罪**

最高人民检察院法律政策研究室关于通过伪造证据骗取法院民事裁判占有他人财物的行为如何适用法律问题的答复（2002年10月24日）

以非法占有为目的，通过伪造证据骗取法院民事裁判占有他人财物的行为所侵害的主要是人民法院正常的审判活动可以由人民法院依照民事诉讼法的有关规定作出处理，不宜以诈骗罪追究行为人的刑事责任。如果行为人伪造证据时，实施了伪造公司、企业、事业单位、人民团体印章的行为，构成犯罪的，应当依照刑法第二百八十条第二款的规定，以伪造公司、企业、事业单位、人民团体印章罪追究刑事责任；如果行为人有指使他人作伪证行为，构成犯罪的，应当依照刑法第三百零七条第一款的规定，以妨害作证罪追究刑事责任。

2. 一罪与数罪

国家监察委员会、最高人民法院、最高人民检察院、公安部、司法部关于在扫黑除恶专项斗争中分工负责、互相配合、互相制约严惩公职人员涉黑涉恶违法犯罪问题的通知（2019年10月20日）

三、准确适用法律

6.……国家机关工作人员包庇、纵容黑社会性质组织，该包庇、纵容行为同时还构成包庇罪、伪证罪、妨害作证罪、徇私枉法罪、滥用职权罪、帮助犯罪分子逃避处罚罪、徇私舞弊不移交刑事案件罪，以及徇私舞弊减刑、假释、暂予监外执行罪等其他犯罪的，应当择一重罪处罚。

8. 公职人员利用职权或职务便利实施包庇、纵容黑恶势力、伪证、妨害作证，帮助毁灭、伪造证据，以及窝藏、包庇等犯罪行为的，应酌情从重处罚。事先有通谋而实施支持帮助、包庇纵容等保护行为的，以具体犯罪的共犯论处。

第三百零七条之一　【虚假诉讼罪】 以捏造的事实提起民事诉讼，妨害司法秩序或者严重侵害他人合法权益的，处三年以下有期徒刑、拘役或者管制，并处或者单处罚金；情节严重的，处三年以上七年以下有期徒刑，并处罚金。

单位犯前款罪的，对单位判处罚金，并对其直接负责的主管人员和其他直接责任人员，依照前款的规定处罚。

有第一款行为，非法占有他人财产或者逃避合法债务，又构成其他犯罪的，依照处罚较重的规定定罪从重处罚。

司法工作人员利用职权，与他人共同实施前三款行为的，从重处罚；同时构成其他犯罪的，依照处罚较重的规定定罪从重处罚。

● 定罪

1. 第一款中"以捏造的事实提起民事诉讼""妨害司法秩序或者严重侵害他人合法权益""情节严重"的认定

最高人民法院、最高人民检察院关于办理虚假诉讼刑事案件适用法律若干问题的解释（2018年10月1日）

第一条　采取伪造证据、虚假陈述等手段，实施下列行为之一，捏造民事法律关系,虚构民事纠纷,向人民法院提起民事诉讼的,应当认定为刑法第三百零七条之一第一款规定的"以捏造的事实提起民事诉讼":

(一)与夫妻一方恶意串通,捏造夫妻共同债务的;

(二)与他人恶意串通,捏造债权债务关系和以物抵债协议的;

(三)与公司、企业的法定代表人、董事、监事、经理或者其他管理人员恶意串通,捏造公司、企业债务或者担保义务的;

(四)捏造知识产权侵权关系或者不正当竞争关系的;

(五)在破产案件审理过程中申报捏造的债权的;

(六)与被执行人恶意串通,捏造债权或者对查封、扣押、冻结财产的优先权、担保物权的;

(七)单方或者与他人恶意串通,捏造身份、合同、侵权、继承等民事法律关系的其他行为。

隐瞒债务已经全部清偿的事实,向人民法院提起民事诉讼,要求他人履行债务的,以"以捏造的事实提起民事诉讼"论。

向人民法院申请执行基于捏造的事实作出的仲裁裁决、公证债权文书,或者在民事执行过程中以捏造的事实对执行标的提出异议、申请参与执行财产分配的,属于刑法第三百零七条之一第一款规定的"以捏造的事实提起民事诉讼"。

第二条 以捏造的事实提起民事诉讼,有下列情形之一的,应当认定为刑法第三百零七条之一第一款规定的"妨害司法秩序或者严重侵害他人合法权益":

(一)致使人民法院基于捏造的事实采取财产保全或者行为保全措施的;

(二)致使人民法院开庭审理,干扰正常司法活动的;

(三)致使人民法院基于捏造的事实作出裁判文书、制作财产分配方案,或者立案执行基于捏造的事实作出的仲裁裁决、公证债权文书的;

(四)多次以捏造的事实提起民事诉讼的;

(五)曾因以捏造的事实提起民事诉讼被采取民事诉讼强制措施或者受过刑事追究的;

(六)其他妨害司法秩序或者严重侵害他人合法权益的情形。

第三条 以捏造的事实提起民事诉讼,有下列情形之一的,应当认定为刑法第三百零七条之一第一款规定的"情节严重":

(一)有本解释第二条第一项情形,造成他人经济损失一百万元以上的;

(二)有本解释第二条第二项至第四项情形之一,严重干扰正常司法活动或者严重损害司法公信力的;

(三)致使义务人自动履行生效裁判文书确定的财产给付义务或者人民法院

强制执行财产权益,数额达到一百万元以上的;

(四)致使他人债权无法实现,数额达到一百万元以上的;

(五)非法占有他人财产,数额达到十万元以上的;

(六)致使他人因为不执行人民法院基于捏造的事实作出的判决、裁定,被采取刑事拘留、逮捕措施或者受到刑事追究的;

(七)其他情节严重的情形。

第十一条 本解释所称裁判文书,是指人民法院依照民事诉讼法、企业破产法等民事法律作出的判决、裁定、调解书、支付令等文书。

2. 虚假诉讼的认定

最高人民法院关于防范和制裁虚假诉讼的指导意见(2016年6月20日)

1. 虚假诉讼一般包含以下要素:(1)以规避法律、法规或国家政策谋取非法利益为目的;(2)双方当事人存在恶意串通;(3)虚构事实;(4)借用合法的民事程序;(5)侵害国家利益、社会公共利益或者案外人的合法权益。

2. 实践中,要特别注意以下情形:(1)当事人为夫妻、朋友等亲近关系或者关联企业等共同利益关系;(2)原告诉请司法保护的标的额与其自身经济状况严重不符;(3)原告起诉所依据的事实和理由明显不符合常理;(4)当事人双方无实质性民事权益争议;(5)案件证据不足,但双方仍然主动迅速达成调解协议,并请求人民法院出具调解书。

3. 实施"碰瓷",捏造事实提起民事诉讼行为的定性

最高人民法院、最高人民检察院、公安部关于依法办理"碰瓷"违法犯罪案件的指导意见(2020年9月22日)

一、……实施"碰瓷",捏造人身、财产权益受到侵害的事实,虚构民事纠纷,提起民事诉讼,符合刑法第三百零七条之一规定的,以虚假诉讼罪定罪处罚;同时构成其他犯罪的,依照处罚较重的规定定罪从重处罚。

4. 单位犯罪

最高人民法院、最高人民检察院关于办理虚假诉讼刑事案件适用法律若干问题的解释(2018年10月1日)

第八条 单位实施刑法第三百零七条之一第一款行为的,依照本解释规定的定罪量刑标准,对其直接负责的主管人员和其他直接责任人员定罪处罚,并对单位判处罚金。

5. 罪数与共犯问题

最高人民法院、最高人民检察院关于办理虚假诉讼刑事案件适用法律若干问题的解释（2018年10月1日）

第四条　实施刑法第三百零七条之一第一款行为，非法占有他人财产或者逃避合法债务，又构成诈骗罪，职务侵占罪，拒不执行判决、裁定罪，贪污罪等犯罪的，依照处罚较重的规定定罪从重处罚。

第五条　司法工作人员利用职权，与他人共同实施刑法第三百零七条之一前三款行为的，从重处罚；同时构成滥用职权罪，民事枉法裁判罪，执行判决、裁定滥用职权罪等犯罪的，依照处罚较重的规定定罪从重处罚。

第六条　诉讼代理人、证人、鉴定人等诉讼参与人与他人通谋，代理提起虚假民事诉讼，故意作虚假证言或者出具虚假鉴定意见，共同实施刑法第三百零七条之一前三款行为的，依照共同犯罪的规定定罪处罚；同时构成妨害作证罪，帮助毁灭、伪造证据罪等犯罪的，依照处罚较重的规定定罪从重处罚。

第七条　采取伪造证据等手段篡改案件事实，骗取人民法院裁判文书，构成犯罪的，依照刑法第二百八十条、第三百零七条等规定追究刑事责任。

6. 管辖

最高人民法院、最高人民检察院关于办理虚假诉讼刑事案件适用法律若干问题的解释（2018年10月1日）

第十条　虚假诉讼刑事案件由虚假民事诉讼案件的受理法院所在地或者执行法院所在地人民法院管辖。有刑法第三百零七条之一第四款情形的，上级人民法院可以指定下级人民法院将案件移送其他人民法院审判。

7. 溯及力

最高人民法院关于《中华人民共和国刑法修正案（九）》时间效力问题的解释（2015年11月1日）

第七条　对于2015年10月31日以前以捏造的事实提起民事诉讼，妨害司法秩序或者严重侵害他人合法权益，根据修正前刑法应当以伪造公司、企业、事业单位、人民团体印章罪或者妨害作证罪等追究刑事责任的，适用修正前刑法的有关规定。但是，根据修正后刑法第三百零七条之一的规定处刑较轻的，适用修正后刑法的有关规定。

实施第一款行为，非法占有他人财产或者逃避合法债务，根据修正前刑法应当以诈骗罪、职务侵占罪或者贪污罪等追究刑事责任的，适用修正前刑法的有关规定。

● 量刑

不起诉、免予刑事处罚、从宽处罚

最高人民法院、最高人民检察院关于办理虚假诉讼刑事案件适用法律若干问题的解释（2018年10月1日）

第九条　实施刑法第三百零七条之一第一款行为，未达到情节严重的标准，行为人系初犯，在民事诉讼过程中自愿具结悔过，接受人民法院处理决定，积极退赃、退赔的，可以认定为犯罪情节轻微，不起诉或者免予刑事处罚；确有必要判处刑罚的，可以从宽处罚。

司法工作人员利用职权，与他人共同实施刑法第三百零七条之一第一款行为的，对司法工作人员不适用本条第一款规定。

第三百零八条　【打击报复证人罪】对证人进行打击报复的，处三年以下有期徒刑或者拘役；情节严重的，处三年以上七年以下有期徒刑。

第三百零八条之一　【泄露不应公开的案件信息罪】司法工作人员、辩护人、诉讼代理人或者其他诉讼参与人，泄露依法不公开审理的案件中不应当公开的信息，造成信息公开传播或者其他严重后果的，处三年以下有期徒刑、拘役或者管制，并处或者单处罚金。

有前款行为，泄露国家秘密的，依照本法第三百九十八条的规定定罪处罚。

【披露、报道不应公开的案件信息罪】公开披露、报道第一款规定的案件信息，情节严重的，依照第一款的规定处罚。

单位犯前款罪的，对单位判处罚金，并对其直接负责的主管人员和其他直接责任人员，依照第一款的规定处罚。

● 关联法条

第九十四条

第三百零九条 【扰乱法庭秩序罪】有下列扰乱法庭秩序情形之一的,处三年以下有期徒刑、拘役、管制或者罚金:

(一)聚众哄闹、冲击法庭的;

(二)殴打司法工作人员或者诉讼参与人的;

(三)侮辱、诽谤、威胁司法工作人员或者诉讼参与人,不听法庭制止,严重扰乱法庭秩序的;

(四)有毁坏法庭设施,抢夺、损毁诉讼文书、证据等扰乱法庭秩序行为,情节严重的。

● 关联法条

第九十四条

第三百一十条 【窝藏、包庇罪】明知是犯罪的人而为其提供隐藏处所、财物,帮助其逃匿或者作假证明包庇的,处三年以下有期徒刑、拘役或者管制;情节严重的,处三年以上十年以下有期徒刑。

犯前款罪,事前通谋的,以共同犯罪论处。

● 关联法条

第三百六十二条

● 定罪

一罪与数罪

国家监察委员会、最高人民法院、最高人民检察院、公安部、司法部关于在扫黑除恶专项斗争中分工负责、互相配合、互相制约严惩公职人员涉黑涉恶违法犯罪问题的通知(2019年10月20日)

三、准确适用法律

6.……国家机关工作人员包庇、纵容黑社会性质组织,该包庇、纵容行为同时还构成包庇罪、伪证罪、妨害作证罪、徇私枉法罪、滥用职权罪、帮助犯罪分子逃避处罚罪、徇私舞弊不移交刑事案件罪，以及徇私舞弊减刑、假释、暂予监外执行罪等其他犯罪的，应当择一重罪处罚。

8. 公职人员利用职权或职务便利实施包庇、纵容黑恶势力、伪证、妨害作证，帮助毁灭、伪造证据，以及窝藏、包庇等犯罪行为的，应酌情从重处罚。事先有通谋而实施支持帮助、包庇纵容等保护行为的，以具体犯罪的共犯论处。

> **第三百一十一条** 【拒绝提供间谍犯罪、恐怖主义犯罪、极端主义犯罪证据罪】明知他人有间谍犯罪或者恐怖主义、极端主义犯罪行为，在司法机关向其调查有关情况、收集有关证据时，拒绝提供，情节严重的，处三年以下有期徒刑、拘役或者管制。

> **第三百一十二条** 【掩饰、隐瞒犯罪所得、犯罪所得收益罪】明知是犯罪所得及其产生的收益而予以窝藏、转移、收购、代为销售或者以其他方法掩饰、隐瞒的，处三年以下有期徒刑、拘役或者管制，并处或者单处罚金；情节严重的，处三年以上七年以下有期徒刑，并处罚金。
>
> 单位犯前款罪的，对单位判处罚金，并对其直接负责的主管人员和其他直接责任人员，依照前款的规定处罚。

● 定罪

1. 入罪数额

最高人民法院关于审理掩饰、隐瞒犯罪所得、犯罪所得收益刑事案件适用法律若干问题的解释（2015年6月1日）

第一条 明知是犯罪所得及其产生的收益而予以窝藏、转移、收购、代为销售或者以其他方法掩饰、隐瞒，具有下列情形之一的，应当依照刑法第三百一十二条第一款的规定，以掩饰、隐瞒犯罪所得、犯罪所得收益罪定罪处罚：

（一）掩饰、隐瞒犯罪所得及其产生的收益价值三千元至一万元以上的；

（二）一年内曾因掩饰、隐瞒犯罪所得及其产生的收益行为受过行政处罚，又实施掩饰、隐瞒犯罪所得及其产生的收益行为的；

（三）掩饰、隐瞒的犯罪所得系电力设备、交通设施、广播电视设施、公用电信设施、军事设施或者救灾、抢险、防汛、优抚、扶贫、移民、救济款物的；

（四）掩饰、隐瞒行为致使上游犯罪无法及时查处，并造成公私财物损失无法挽回的；

（五）实施其他掩饰、隐瞒犯罪所得及其产生的收益行为，妨害司法机关对上游犯罪进行追究的。

各省、自治区、直辖市高级人民法院可以根据本地区经济社会发展状况，并考虑社会治安状况，在本条第一款第（一）项规定的数额幅度内，确定本地执行的具体数额标准，报最高人民法院备案。

司法解释对掩饰、隐瞒涉及计算机信息系统数据、计算机信息系统控制权的犯罪所得及其产生的收益行为构成犯罪另有规定的，审理此类案件依照该规定。

依照全国人民代表大会常务委员会《关于〈中华人民共和国刑法〉第三百四十一条、第三百一十二条的解释》，明知是非法狩猎的野生动物而收购，数量达到五十只以上的，以掩饰、隐瞒犯罪所得罪定罪处罚。

2. "明知"的认定

最高人民法院关于审理洗钱等刑事案件具体应用法律若干问题的解释（2009年11月11日）

第一条第一款 刑法第一百九十一条、第三百一十二条规定的"明知"，应当结合被告人的认知能力，接触他人犯罪所得及其收益的情况，犯罪所得及其收益的种类、数额，犯罪所得及其收益的转换、转移方式以及被告人的供述等主、客观因素进行认定。

第二款 具有下列情形之一的，可以认定被告人明知系犯罪所得及其收益，但有证据证明确实不知道的除外：

（一）知道他人从事犯罪活动，协助转换或者转移财物的；

（二）没有正当理由，通过非法途径协助转换或者转移财物的；

（三）没有正当理由，以明显低于市场的价格收购财物的；

（四）没有正当理由，协助转换或者转移财物，收取明显高于市场的"手续费"的；

（五）没有正当理由，协助他人将巨额现金散存于多个银行账户或者在不同银行账户之间频繁划转的；

（六）协助近亲属或者其他关系密切的人转换或者转移与其职业或者财产状

况明显不符的财物的；

（七）其他可以认定行为人明知的情形。

3. "犯罪所得""犯罪所得产生的收益""其他方法"的认定

最高人民法院关于审理掩饰、隐瞒犯罪所得、犯罪所得收益刑事案件适用法律若干问题的解释（2015年6月1日）

第十条 通过犯罪直接得到的赃款、赃物，应当认定为刑法第三百一十二条规定的"犯罪所得"。上游犯罪的行为人对犯罪所得进行处理后得到的孳息、租金等，应当认定为刑法第三百一十二条规定的"犯罪所得产生的收益"。

明知是犯罪所得及其产生的收益而采取窝藏、转移、收购、代为销售以外的方法，如居间介绍买卖，收受，持有，使用，加工，提供资金账户，协助将财物转换为现金、金融票据、有价证券，协助将资金转移、汇往境外等，应当认定为刑法第三百一十二条规定的"其他方法"。

4. "情节严重"的认定

最高人民法院关于审理掩饰、隐瞒犯罪所得、犯罪所得收益刑事案件适用法律若干问题的解释（2015年6月1日）

第三条 掩饰、隐瞒犯罪所得及其产生的收益，具有下列情形之一的，应当认定为刑法第三百一十二条第一款规定的"情节严重"：

（一）掩饰、隐瞒犯罪所得及其产生的收益价值总额达到十万元以上的；

（二）掩饰、隐瞒犯罪所得及其产生的收益十次以上，或者三次以上且价值总额达到五万元以上的；

（三）掩饰、隐瞒的犯罪所得系电力设备、交通设施、广播电视设施、公用电信设施、军事设施或者救灾、抢险、防汛、优抚、扶贫、移民、救济款物，价值总额达到五万元以上的；

（四）掩饰、隐瞒行为致使上游犯罪无法及时查处，并造成公私财物重大损失无法挽回或其他严重后果的；

（五）实施其他掩饰、隐瞒犯罪所得及其产生的收益行为，严重妨害司法机关对上游犯罪予以追究的。

司法解释对掩饰、隐瞒涉及机动车、计算机信息系统数据、计算机信息系统控制权的犯罪所得及其产生的收益行为认定"情节严重"已有规定的，审理此类案件依照该规定。

5. 明知是盗抢骗夺的机动车而予以窝藏、转移、改装或代为销售等行为的定性

最高人民法院、最高人民检察院、公安部、国家工商行政管理局关于依法查处盗窃、抢劫机动车案件的规定（1998年5月8日）

二、明知是盗窃、抢劫所得机动车而予以窝藏、转移、收购或者代为销售的，依照《刑法》第三百一十二条的规定处罚。

对明知是盗窃、抢劫所得机动车而予以拆解、改装、拼装、典当、倒卖的，视为窝藏、转移、收购或者代为销售，依照《刑法》第三百一十二条的规定处罚。

三、国家指定的车辆交易市场、机动车经营企业（含典当、拍卖行）以及从事机动车修理、零部件销售企业的主管人员或者其他直接责任人员，明知是盗窃、抢劫的机动车而予以窝藏、转移、拆解、收购或者代为销售的，依照《刑法》第三百一十二条的规定处罚。单位组织实施上述行为的，由工商行政管理机关予以处罚。

十七、本规定所称的"明知"，是指知道或者应当知道。有下列情形之一的，可视为应当知道，但有证据证明属被蒙骗的除外：

（一）在非法的机动车交易场所和销售单位购买的；

（二）机动车证件手续不全或者明显违反规定的；

（三）机动车发动机号或者车架号有更改痕迹，没有合法证明的；

（四）以明显低于市场价格购买机动车的。

最高人民法院、最高人民检察院关于办理与盗窃、抢劫、诈骗、抢夺机动车相关刑事案件具体应用法律若干问题的解释（2007年5月11日）

第一条　明知是盗窃、抢劫、诈骗、抢夺的机动车，实施下列行为之一的，依照刑法第三百一十二条的规定，以掩饰、隐瞒犯罪所得、犯罪所得收益罪定罪，处三年以下有期徒刑、拘役或者管制，并处或者单处罚金：

（一）买卖、介绍买卖、典当、拍卖、抵押或者用其抵债的；

（二）拆解、拼装或者组装的；

（三）修改发动机号、车辆识别代号的；

（四）更改车身颜色或者车辆外形的；

（五）提供或者出售机动车来历凭证、整车合格证、号牌以及有关机动车的其他证明和凭证的；

（六）提供或者出售伪造、变造的机动车来历凭证、整车合格证、号牌以及有关机动车的其他证明和凭证的。

实施第一款规定的行为涉及盗窃、抢劫、诈骗、抢夺的机动车五辆以上或者价值总额达到五十万元以上的,属于刑法第三百一十二条规定的"情节严重",处三年以上七年以下有期徒刑,并处罚金。

第六条　行为人实施本解释第一条、第三条第三款规定的行为,涉及的机动车有下列情形之一的,应当认定行为人主观上属于上述条款所称"明知":

(一)没有合法有效的来历凭证;

(二)发动机号、车辆识别代号有明显更改痕迹,没有合法证明的。

最高人民法院研究室关于《最高人民法院、最高人民检察院关于办理与盗窃、抢劫、诈骗、抢夺机动车相关刑事案件具体应用法律若干问题的解释》有关规定如何适用问题的答复(2014年7月29日)

根据罪责刑相适应刑法基本原则,《最高人民法院、最高人民检察院关于办理与盗窃、抢劫、诈骗、抢夺机动车相关刑事案件具体应用法律若干问题的解释》第一条第二款中规定的"机动车五辆以上",应当是指机动车数量在五辆以上,且价值总额接近五十万元。

6. 明知是盗窃所得的油气或油气设备,而予以掩饰隐瞒行为的定性

最高人民法院、最高人民检察院关于办理盗窃油气、破坏油气设备等刑事案件具体应用法律若干问题的解释(2007年1月19日)

第五条　明知是盗窃犯罪所得的油气或者油气设备,而予以窝藏、转移、收购、加工、代为销售或者以其他方法掩饰、隐瞒的,依照刑法第三百一十二条的规定定罪处罚。

实施前款规定的犯罪行为,事前通谋的,以盗窃犯罪的共犯定罪处罚。

第八条　本解释所称的"油气",是指石油、天然气。其中,石油包括原油、成品油;天然气包括煤层气。

本解释所称"油气设备",是指用于石油、天然气生产、储存、运输等易燃易爆设备。

最高人民法院、最高人民检察院、公安部关于办理盗窃油气、破坏油气设备等刑事案件适用法律若干问题的意见(2018年9月28日)

五、关于窝藏、转移、收购、加工、代为销售被盗油气行为的处理

明知是犯罪所得的油气而予以窝藏、转移、收购、加工、代为销售或者以其他方式掩饰、隐瞒,符合刑法第三百一十二条规定的,以掩饰、隐瞒犯罪所得罪追究刑事责任。

"明知"的认定,应当结合行为人的认知能力、所得报酬、运输工具、运

输路线、收购价格、收购形式、加工方式、销售地点、仓储条件等因素综合考虑。

实施第一款规定的犯罪行为，事前通谋的，以盗窃罪、破坏易燃易爆设备罪等有关犯罪的共同犯罪论处。

7. 明知是非法获取的电子数据或计算机信息系统控制权而予以掩饰、隐瞒行为的定性

最高人民法院、最高人民检察院关于办理危害计算机信息系统安全刑事案件应用法律若干问题的解释（2011年9月1日）

第七条　明知是非法获取计算机信息系统数据犯罪所获取的数据、非法控制计算机信息系统犯罪所获取的计算机信息系统控制权，而予以转移、收购、代为销售或者以其他方法掩饰、隐瞒，违法所得五千以上的，应当依照刑法第三百一十二条第一款的规定，以掩饰、隐瞒犯罪所得罪定罪处罚。

实施前款规定行为，违法所得五万元以上的，应当认定为刑法第三百一十二条第一款规定的"情节严重"。

单位实施第一款规定行为的，定罪量刑标准依照第一款、第二款的规定执行。

8. 明知是非法狩猎的野生动物而购买行为的定性

全国人民代表大会常务委员会关于《中华人民共和国刑法》第三百四十一条、第三百一十二条的解释（2014年4月24日）

知道或者应当知道是刑法第三百四十一条第二款规定的非法狩猎的野生动物而购买的，属于刑法第三百一十二条第一款规定的明知是犯罪所得而收购的行为。

最高人民法院关于审理掩饰、隐瞒犯罪所得、犯罪所得收益刑事案件适用法律若干问题的解释（2015年6月1日）

第一条第四款　依照全国人民代表大会常务委员会《关于〈中华人民共和国刑法〉第三百四十一条、第三百一十二条的解释》，明知是非法狩猎的野生动物而收购，数量达到五十只以上的，以掩饰、隐瞒犯罪所得罪定罪处罚。

最高人民法院、最高人民检察院、公安部、司法部关于依法惩治妨害新型冠状病毒感染肺炎疫情防控违法犯罪的意见（2020年2月6日）

二、准确适用法律，依法严惩妨害疫情防控的各类违法犯罪

（九）依法严惩破坏野生动物资源犯罪……知道或者应当知道是非法狩猎的野生动物而购买，符合刑法第三百一十二条规定的，以掩饰、隐瞒犯罪所得罪定罪处罚。

9. 掩饰隐瞒通过盗窃、盗墓所得的三级以上文物行为的定性

最高人民法院、最高人民检察院关于办理妨害文物管理等刑事案件适用法律若干问题的解释（2016年1月1日）

第九条　明知是盗窃文物、盗掘古文化遗址、古墓葬等犯罪所获取的三级以上文物，而予以窝藏、转移、收购、加工、代为销售或者以其他方法掩饰、隐瞒的，依照刑法第三百一十二条的规定，以掩饰、隐瞒犯罪所得罪追究刑事责任。

实施前款规定的行为，事先通谋的，以共同犯罪论处。

10. 明知是电信网络诈骗犯罪所得及其产生的收益而予以转账、套现、取现行为的定性

最高人民法院、最高人民检察院、公安部关于办理电信网络诈骗等刑事案件适用法律若干问题的意见（2016年12月20日）

三、全面惩处关联犯罪

（五）明知是电信网络诈骗犯罪所得及其产生的收益，以下列方式之一予以转账、套现、取现的，依照刑法第三百一十二条第一款的规定，以掩饰、隐瞒犯罪所得、犯罪所得收益罪追究刑事责任。但有证据证明确实不知道的除外：

1. 通过使用销售点终端机具（POS机）刷卡套现等非法途径，协助转换或者转移财物的；

2. 帮助他人将巨额现金散存于多个银行账户，或在不同银行账户之间频繁划转的；

3. 多次使用或者使用多个非本人身份证明开设的信用卡、资金支付结算账户或者多次采用遮蔽摄像头、伪装等异常手段，帮助他人转账、套现、取现的；

4. 为他人提供非本人身份证明开设的信用卡、资金支付结算账户后，又帮助他人转账、套现、取现的；

5. 以明显异于市场的价格，通过手机充值、交易游戏点卡等方式套现的。

实施上述行为，事前通谋的，以共同犯罪论处。

实施上述行为，电信网络诈骗犯罪嫌疑人尚未到案或案件尚未依法裁判，但现有证据足以证明该犯罪行为确实存在的，不影响掩饰、隐瞒犯罪所得、犯罪所得收益罪的认定。

实施上述行为，同时构成其他犯罪的，依照处罚较重的规定定罪处罚。法律和司法解释另有规定的除外。

11. 明知是盗窃所得的窨井盖及其产生的收益而予以窝藏、转移、收购、代为销售或以其他方法掩饰、隐瞒行为的定性

最高人民法院、最高人民检察院、公安部关于办理涉窨井盖相关刑事案件的指导意见（2020年3月16日）

七、知道或者应当知道是盗窃所得的窨井盖及其产生的收益而予以窝藏、转移、收购、代为销售或者以其他方法掩饰、隐瞒的，依照刑法第三百一十二条和《最高人民法院关于审理掩饰、隐瞒犯罪所得、犯罪所得收益刑事案件适用法律若干问题的解释》的规定，以掩饰、隐瞒犯罪所得、犯罪所得收益罪定罪处罚。

十二、本意见所称的"窨井盖"，包括城市、城乡结合部和乡村等地的窨井盖以及其他井盖。

12. 明知是在长江流域重点水域非法捕捞犯罪所得的水产品而收购、贩卖行为的定性

最高人民法院、最高人民检察院、公安部、农业农村部依法惩治长江流域非法捕捞等违法犯罪的意见（2020年12月17日）

二、准确适用法律，依法严惩非法捕捞等危害水生生物资源的各类违法犯罪

（三）依法严惩非法渔获物交易犯罪。明知是在长江流域重点水域非法捕捞犯罪所得的水产品而收购、贩卖，价值一万元以上的，应当依照刑法第三百一十二条的规定，以掩饰、隐瞒犯罪所得罪定罪处罚……

（四）依法严惩危害水生生物资源的单位犯罪。水产品交易公司、餐饮公司等单位实施本意见规定的行为，构成单位犯罪的，依照本意见规定的定罪量刑标准，对直接负责的主管人员和其他直接责任人员定罪处罚，并对单位判处罚金。

（七）贯彻落实宽严相济刑事政策。多次实施本意见规定的行为构成犯罪，依法应当追诉的，或者二年内二次以上实施本意见规定的行为未经处理的，数量数额累计计算。

实施本意见规定的犯罪，具有下列情形之一的，从重处罚：（1）暴力抗拒、阻碍国家机关工作人员依法履行职务，尚未构成妨害公务罪的；（2）二年内曾因实施本意见规定的行为受过处罚的；（3）对长江生物资源或水域生态造成严重损害的；（4）具有造成重大社会影响等恶劣情节。具有上述情形的，一般不适用不起诉、缓刑、免予刑事处罚……

13. 犯罪数额的计算

最高人民法院关于审理掩饰、隐瞒犯罪所得、犯罪所得收益刑事案件适用法律若干问题的解释（2015年6月1日）

第四条　掩饰、隐瞒犯罪所得及其产生的收益的数额，应当以实施掩饰、隐瞒行为时为准。收购或者代为销售财物的价格高于其实际价值的，以收购或者代为销售的价格计算。

多次实施掩饰、隐瞒犯罪所得及其产生的收益行为，未经行政处罚，依法应当追诉的，犯罪所得、犯罪所得收益的数额应当累计计算。

14. 与上游犯罪的关系

最高人民法院关于审理洗钱等刑事案件具体应用法律若干问题的解释（2009年11月11日）

第四条　刑法第一百九十一条、第三百一十二条、第三百四十九条规定的犯罪，应当以上游犯罪事实成立为认定前提。上游犯罪尚未依法裁判，但查证属实的，不影响刑法第一百九十一条、第三百一十二条、第三百四十九条规定的犯罪的审判。

上游犯罪事实可以确认，因行为人死亡等原因依法不予追究刑事责任的，不影响刑法第一百九十一条、第三百一十二条、第三百四十九条规定的犯罪的认定。

上游犯罪事实可以确认，依法以其他罪名定罪处罚的，不影响刑法第一百九十一条、第三百一十二条、第三百四十九条规定的犯罪的认定。

本条所称"上游犯罪"，是指产生刑法第一百九十一条、第三百一十二条、第三百四十九条规定的犯罪所得及其收益的各种犯罪行为。

最高人民法院关于审理掩饰、隐瞒犯罪所得、犯罪所得收益刑事案件适用法律若干问题的解释（2015年6月1日）

第八条　认定掩饰、隐瞒犯罪所得、犯罪所得收益罪，以上游犯罪事实成立为前提。上游犯罪尚未依法裁判，但查证属实的，不影响掩饰、隐瞒犯罪所得、犯罪所得收益罪的认定。

上游犯罪事实经查证属实，但因行为人未达到刑事责任年龄等原因依法不予追究刑事责任的，不影响掩饰、隐瞒犯罪所得、犯罪所得收益罪的认定。

15. 名为单位犯罪，实为自然人犯罪的处罚

最高人民法院关于审理掩饰、隐瞒犯罪所得、犯罪所得收益刑事案件适用法律若干问题的解释（2015 年 6 月 1 日）

第九条　盗用单位名义实施掩饰、隐瞒犯罪所得及其产生的收益行为，违法所得由行为人私分的，依照刑法和司法解释有关自然人犯罪的规定定罪处罚。

16. 选择性罪名的具体适用

最高人民法院关于审理掩饰、隐瞒犯罪所得、犯罪所得收益刑事案件适用法律若干问题的解释（2015 年 6 月 1 日）

第十一条　掩饰、隐瞒犯罪所得、犯罪所得收益罪是选择性罪名，审理此类案件，应当根据具体犯罪行为及其指向的对象，确定适用的罪名。

17. 共同犯罪

最高人民法院、最高人民检察院、公安部、国家工商行政管理局关于依法查处盗窃、抢劫机动车案件的规定（1998 年 5 月 8 日）

二、明知是盗窃、抢劫所得机动车而予以窝藏、转移、收购或者代为销售的，依照《刑法》第三百一十二条的规定处罚。

对明知是盗窃、抢劫所得机动车而予以拆解、改装、拼装、典当、倒卖的，视为窝藏、转移、收购或者代为销售，依照《刑法》第三百一十二条的规定处罚。

三、国家指定的车辆交易市场、机动车经营企业（含典当、拍卖行）以及从事机动车修理、零部件销售企业的主管人员或者其他直接责任人员，明知是盗窃、抢劫的机动车而予以窝藏、转移、拆解、拼装、收购或者代为销售的，依照《刑法》第三百一十二条的规定处罚。单位组织实施上述行为的，由工商行政管理机关予以处罚。

四、本规定第二条和第三条中的行为人事先与盗窃、抢劫机动车辆的犯罪分子通谋的，分别以盗窃、抢劫罪的共犯论处。

最高人民法院关于审理掩饰、隐瞒犯罪所得、犯罪所得收益刑事案件适用法律若干问题的解释（2015 年 6 月 1 日）

第五条　事前与盗窃、抢劫、诈骗、抢夺等犯罪分子通谋，掩饰、隐瞒犯罪所得及其产生的收益的，以盗窃、抢劫、诈骗、抢夺等犯罪的共犯论处。

18. 一罪与数罪

最高人民法院关于审理洗钱等刑事案件具体应用法律若干问题的解释（2009 年 11 月 11 日）

第三条　明知是犯罪所得及其产生的收益而予以掩饰、隐瞒，构成刑法第

三百一十二条规定的犯罪，同时又构成刑法第一百九十一条或者第三百四十九条规定的犯罪的，依照处罚较重的规定定罪处罚。

最高人民法院关于审理掩饰、隐瞒犯罪所得、犯罪所得收益刑事案件适用法律若干问题的解释（2015年6月1日）

第七条 明知是犯罪所得及其产生的收益而予以掩饰、隐瞒，构成刑法第三百一十二条规定的犯罪，同时构成其他犯罪的，依照处罚较重的规定定罪处罚。

19. 此罪与彼罪

最高人民法院、最高人民检察院、公安部、国家工商行政管理局关于依法查处盗窃、抢劫机动车案件的规定（1998年5月8日）

五、机动车交易必须在国家指定的交易市场或合法经营企业进行，其交易凭证经工商行政管理机关验证盖章后办理登记或过户手续，私下交易机动车辆属于违法行为，由工商行政管理机关依法处理。

明知是赃车而购买，以收购赃物罪定罪处罚。单位的主管人员或者其他直接责任人员明知是赃车购买的，以收购赃物罪定罪处罚。

明知是赃车而介绍买卖的，以收购、销售赃物罪的共犯论处。

十二、对明知是赃车而购买的，应将车辆无偿追缴；对违反国家规定购买车辆，经查证是赃车的，公安机关可以根据《刑事诉讼法》第一百一十条和第一百一十四条规定进行追缴和扣押。对不明知是赃车而购买的，结案后予以退还买主。

十三、对购买赃车后使用非法提供的入户、过户手续或者使用伪造、变造的入户、过户手续为赃车入户、过户的，应当吊销牌证，并将车辆无偿追缴；已将入户、过户车辆变卖的，追缴变卖所得并责令赔偿经济损失。

十四、对直接从犯罪分子处追缴的被盗窃、抢劫的机动车辆，经检验鉴定，查证属实后，可依法先行返还失主，移送案件时附清单、照片及其他证据。在返还失主前，按照赃物管理规定管理，任何单位和个人都不得挪用、损毁或者自行处理。

最高人民法院关于审理掩饰、隐瞒犯罪所得、犯罪所得收益刑事案件适用法律若干问题的解释（2015年6月1日）

第六条 对犯罪所得及其产生的收益实施盗窃、抢劫、诈骗、抢夺等行为，构成犯罪的，分别以盗窃罪、抢劫罪、诈骗罪、抢夺罪等定罪处罚。

20. 管辖的确定

最高人民法院、最高人民检察院关于办理与盗窃、抢劫、诈骗、抢夺机动车相关刑事案件具体应用法律若干问题的解释（2007年5月11日）

第五条　对跨地区实施的涉及同一机动车的盗窃、抢劫、诈骗、抢夺以及掩饰、隐瞒犯罪所得、犯罪所得收益行为，有关公安机关可以依照法律和有关规定一并立案侦查，需要提请批准逮捕、移送审查起诉、提起公诉的，由该公安机关所在地的同级人民检察院、人民法院受理。

● 量刑

1. 量刑起点、基准刑的确定

最高人民法院关于常见犯罪的量刑指导意见（2017年4月1日）

四、常见犯罪的量刑

（十四）掩饰、隐瞒犯罪所得、犯罪所得收益罪

1. 构成掩饰、隐瞒犯罪所得、犯罪所得收益罪的，可以根据下列不同情形在相应的幅度内确定量刑起点：

（1）犯罪情节一般的，可以在一年以下有期徒刑、拘役幅度内确定量刑起点。

（2）情节严重的，可以在三年至四年有期徒刑幅度内确定量刑起点。

2. 在量刑起点的基础上，可以根据犯罪数额等其他影响犯罪构成的犯罪事实增加刑罚量，确定基准刑。

2. 免予刑事处罚、不认为是犯罪或酌情从宽

最高人民法院关于审理掩饰、隐瞒犯罪所得、犯罪所得收益刑事案件适用法律若干问题的解释（2015年6月1日）

第二条　掩饰、隐瞒犯罪所得及其产生的收益行为符合本解释第一条的规定，认罪、悔罪并退赃、退赔，且具有下列情形之一的，可以认定为犯罪情节轻微，免予刑事处罚：

（一）具有法定从宽处罚情节的；

（二）为近亲属掩饰、隐瞒犯罪所得及其产生的收益，且系初犯、偶犯的；

（三）有其他情节轻微情形的。

行为人为自用而掩饰、隐瞒犯罪所得，财物价值刚达到本解释第一条第一款第（一）项规定的标准，认罪、悔罪并退赃、退赔的，一般可不认为是犯罪；依法追究刑事责任的，应当酌情从宽。

> **第三百一十三条** 【拒不执行判决、裁定罪】对人民法院的判决、裁定有能力执行而拒不执行，情节严重的，处三年以下有期徒刑、拘役或者罚金；情节特别严重的，处三年以上七年以下有期徒刑，并处罚金。
>
> 单位犯前款罪的，对单位判处罚金，并对其直接负责的主管人员和其他直接责任人员，依照前款的规定处罚。

● 定罪

1. 入罪情节

最高人民法院、最高人民检察院、公安部关于依法严肃查处拒不执行判决、裁定和暴力抗拒法院执行犯罪行为有关问题的通知（2007年8月30日）

一、对下列拒不执行判决、裁定的行为，依照刑法第三百一十三条的规定，以拒不执行判决、裁定罪论处：

（一）被执行人隐藏、转移、故意毁损财产或者无偿转让财产、以明显不合理的低价转让财产，致使判决、裁定无法执行的；

（二）担保人或者被执行人隐藏、转移、故意毁损或者转让已向人民法院提供担保的财产，致使判决、裁定无法执行的；

（三）协助执行义务人接到人民法院协助执行通知书后，拒不协助执行，致使判决、裁定无法执行的；

（四）被执行人、担保人、协助执行义务人与国家机关工作人员通谋，利用国家机关工作人员的职权妨害执行，致使判决、裁定无法执行的；

（五）其他有能力执行而拒不执行，情节严重的情形。

2. "人民法院的判决、裁定"的认定

最高人民法院研究室关于拒不执行人民法院调解书的行为是否构成拒不执行判决、裁定罪的答复（2000年12月14日）

刑法第三百一十三条规定的"判决、裁定"，不包括人民法院的调解书。对于行为人拒不执行人民法院调解书的行为，不能依照刑法第三百一十三条的规定定罪处罚。

全国人民代表大会常务委员会关于《中华人民共和国刑法》第三百一十三条的解释（2002年8月29日）

刑法第三百一十三条规定的"人民法院的判决、裁定"，是指人民法院依法作出的具有执行内容并已发生法律效力的判决、裁定。人民法院为依法执行支付令、生效的调解书、仲裁裁决、公证债权文书等所作的裁定属于该条规定的裁定。

3. "有能力执行而拒不执行，情节严重"的认定

全国人民代表大会常务委员会关于《中华人民共和国刑法》第三百一十三条的解释（2002年8月29日）

下列情形属于刑法第三百一十三条规定的"有能力执行而拒不执行，情节严重"的情形：

（一）被执行人隐藏、转移、故意毁损财产或者无偿转让财产，以明显不合理的低价转让财产，致使判决、裁定无法执行的；

（二）担保人或者被执行人隐藏、转移、故意毁损或者转让已向人民法院提供担保的财产，致使判决、裁定无法执行的；

（三）协助执行义务人接到人民法院协助执行通知书后，拒不协助执行，致使判决、裁定无法执行的；

（四）被执行人、担保人、协助执行义务人与国家机关工作人员通谋，利用国家机关工作人员的职权妨害执行，致使判决、裁定无法执行的；

（五）其他有能力执行而拒不执行，情节严重的情形。

国家机关工作人员有上述第四项行为的，以拒不执行判决、裁定罪的共犯追究刑事责任。国家机关工作人员收受贿赂或者滥用职权，有上述第四项行为的，同时又构成刑法第三百八十五条、第三百九十七条规定之罪的，依照处罚较重的规定定罪处罚。

最高人民法院关于审理拒不执行判决、裁定刑事案件适用法律若干问题的解释（2015年7月22日）

第二条　负有执行义务的人有能力执行而实施下列行为之一的，应当认定为全国人民代表大会常务委员会关于刑法第三百一十三条的解释中规定的"其他有能力执行而拒不执行，情节严重的情形"：

（一）具有拒绝报告或者虚假报告财产情况、违反人民法院限制高消费及有关消费令等拒不执行行为，经采取罚款或者拘留等强制措施后仍拒不执行的；

（二）伪造、毁灭有关被执行人履行能力的重要证据，以暴力、威胁、贿买方法阻止他人作证或者指使、贿买、胁迫他人作伪证，妨碍人民法院查明被执

行人财产情况，致使判决、裁定无法执行的；

（三）拒不交付法律文书指定交付的财物、票证或者拒不迁出房屋、退出土地，致使判决、裁定无法执行的；

（四）与他人串通，通过虚假诉讼、虚假仲裁、虚假和解等方式妨害执行，致使判决、裁定无法执行的；

（五）以暴力、威胁方法阻碍执行人员进入执行现场或者聚众哄闹、冲击执行现场，致使执行工作无法进行的；

（六）对执行人员进行侮辱、围攻、扣押、殴打，致使执行工作无法进行的；

（七）毁损、抢夺执行案件材料、执行公务车辆和其他执行器械、执行人员服装以及执行公务证件，致使执行工作无法进行的；

（八）拒不执行法院判决、裁定，致使债权人遭受重大损失的。

最高人民法院关于发布第15批指导性案例的通知（2016年12月28日）

（指导案例71号：毛建文拒不执行判决、裁定案）

裁判要点：有能力执行而拒不执行判决、裁定的时间从判决、裁定发生法律效力时起算。具有执行内容的判决、裁定发生法律效力后，负有执行义务的人有隐藏、转移、故意毁损财产等拒不执行行为，致使判决、裁定无法执行，情节严重的，应当以拒不执行判决、裁定罪定罪处罚。

4. 负有执行义务的人有能力执行而拒不执行判决、裁定行为的定性

最高人民法院关于审理拒不执行判决、裁定刑事案件适用法律若干问题的解释（2015年7月22日）

第一条 被执行人、协助执行义务人、担保人等负有执行义务的人对人民法院的判决、裁定有能力执行而拒不执行，情节严重的，应当依照刑法第三百一十三条的规定，以拒不执行判决、裁定罪处罚。

5. 有义务协助执行的单位拒不协助，予以罚款后又拒不执行行为的定性

最高人民法院研究室关于对有义务协助执行单位拒不协助予以罚款后又拒不执行应如何处理问题的答复（1993年9月27日）

根据《中华人民共和国民事诉讼法》第一百零三条第一款第（二）项和第二款的规定，人民法院依据生效判决、裁定，通知有关银行协助执行划拨被告在银行的存款，而银行拒不划拨的，人民法院可对该银行或者其主要负责人或者直接责任人员予以罚款，并可向同级政府的监察机关或者有关机关提出给予

纪律处分的司法建议。被处罚人拒不履行罚款决定的，人民法院可以根据民事诉讼法第二百三十一条的规定，予以强制执行。执行中，被处罚人如以暴力、威胁或者其他方法阻碍司法工作人员执行职务的，依照民事诉讼法第一百零二条第一款第（五）项、第二款规定，人民法院可对被处罚人或对上述行为的被处罚单位的主要负责人或者直接责任人员予以罚款、拘留，构成犯罪的，依照刑法第一百五十七条的规定追究刑事责任。

人民法院在具体执行过程中，应首先注意向有关单位和人员宣传民事诉讼法的有关规定，多做说服教育工作，坚持文明执法、严肃执法。

6. 以更换企业名称、隐瞒到期收入等方式妨害执行行为的定性

最高人民检察院关于印发最高人民检察院第二十四批指导性案例的通知（2020年12月21日）

上海甲建筑装饰有限公司、吕某拒不执行判决立案监督案（检例第92号）

【要旨】负有执行义务的单位和个人以更换企业名称、隐瞒到期收入等方式妨害执行，致使已经发生法律效力的判决、裁定无法执行，情节严重的，应当以拒不执行判决、裁定罪予以追诉。申请执行人认为公安机关对拒不执行判决、裁定的行为应当立案侦查而不立案侦查，向检察机关提出监督申请的，检察机关应当要求公安机关说明不立案的理由。经调查核实，认为公安机关不立案理由不能成立的，应当通知公安机关立案。对于通知立案的涉企业犯罪案件，应当依法适用认罪认罚从宽制度。

7. 单位犯罪

最高人民法院、最高人民检察院、公安部关于依法严肃查处拒不执行判决、裁定和暴力抗拒法院执行犯罪行为有关问题的通知（2007年8月30日）

三、负有执行人民法院判决、裁定义务的单位直接负责的主管人员和其他直接责任人员，为了本单位的利益实施本《通知》第一条、第二条①所列行为之一的，对该主管人员和其他直接责任人员，依照刑法第三百一十三条和第二百七十七条的规定，分别以拒不执行判决、裁定罪和妨害公务罪论处。

---

① 编者注：《通知》第二条与最高人民法院《关于审理拒不执行判决、裁定刑事案件适用法律若干问题的解释》（2015年7月20日）第二条不一致，应以最新规定为准。

8. 共同犯罪

最高人民法院、最高人民检察院、公安部关于依法严肃查处拒不执行判决、裁定和暴力抗拒法院执行犯罪行为有关问题的通知（2007年8月30日）

一、对下列拒不执行判决、裁定的行为，依照刑法第三百一十三条的规定，以拒不执行判决、裁定罪论处。

（四）被执行人、担保人、协助执行义务人与国家机关工作人员通谋，利用国家机关工作人员的职权妨害执行，致使判决、裁定无法执行的；

四、国家机关工作人员有本《通知》第一条第四项行为的，以拒不执行判决、裁定罪的共犯追究刑事责任。

国家机关工作人员收受贿赂或者滥用职权，有本《通知》第一条第四项行为的，同时又构成刑法第三百八十五条、第三百九十七条规定罪的，依照处罚较重的规定定罪处罚。

9. 自诉的范围

最高人民法院关于审理拒不执行判决、裁定刑事案件适用法律若干问题的解释（2021年1月1日）

第三条 申请执行人有证据证明同时具有下列情形，人民法院认为符合刑事诉讼法第二百一十条第三项规定的，以自诉案件立案审理：

（一）负有执行义务的人拒不执行判决、裁定，侵犯了申请执行人的人身、财产权利，应当依法追究刑事责任的；

（二）申请执行人曾经提出控告，而公安机关或者人民检察院对负有执行义务的人不予追究刑事责任的。

第四条 本解释第三条规定的自诉案件，依照刑事诉讼法第二百一十二条的规定，自诉人在宣告判决前，可以同被告人自行和解或者撤回自诉。

最高人民法院关于拒不执行判决、裁定罪自诉案件受理工作有关问题的通知（2018年6月5日）

一、申请执行人向公安机关控告负有执行义务的人涉嫌拒不执行判决、裁定罪，公安机关不予接受控告材料或者在接受控告材料后60日内不予书面答复，申请执行人有证据证明该拒不执行判决、裁定行为侵犯了其人身、财产权利，应当依法追究刑事责任的，人民法院可以以自诉案件立案审理。

二、人民法院向公安机关移送拒不执行判决、裁定罪线索，公安机关决定不予立案或者在接受案件线索后60日内不予书面答复，或者人民检察院决定不起诉的，人民法院可以向申请执行人释明；申请执行人有证据证明负有执行义务的人拒不执行判决、裁定侵犯了其人身、财产权利，应当依法追究刑事责任的，人民法院可以以自诉案件立案审理。

三、公安机关接受申请执行人的控告材料或者人民法院移送的拒不执行判决、裁定罪线索，经过60日之后又决定立案的，对于申请执行人的自诉，人民法院未受理的，裁定不予受理；已经受理的，可以向自诉人释明让其撤回起诉或者裁定终止审理。此后再出现公安机关或者人民检察院不予追究情形的，申请执行人可以依法重新提起自诉。

10. 案件管辖

最高人民法院、最高人民检察院、公安部关于依法严肃查处拒不执行判决、裁定和暴力抗拒法院执行犯罪行为有关问题的通知（2007年8月30日）

七、人民法院在执行判决、裁定过程中，对拒不执行判决、裁定情节严重的人，可以先行司法拘留；拒不执行判决、裁定的行为人涉嫌犯罪的，应当将案件依法移送有管辖权的公安机关立案侦查。

最高人民法院关于审理拒不执行判决、裁定刑事案件适用法律若干问题的解释（2015年7月22日）

第五条 拒不执行判决、裁定刑事案件，一般由执行法院所在地人民法院管辖。

● 量刑

可以酌情从宽或从重处罚

最高人民法院关于审理拒不执行判决、裁定刑事案件适用法律若干问题的解释（2015年7月22日）

第六条 拒不执行判决、裁定的被告人在一审宣告判决前，履行全部或部分执行义务的，可以酌情从宽处罚。

第七条 拒不执行支付赡养费、扶养费、抚育费、抚恤金、医疗费用、劳动报酬等判决、裁定的，可以酌情从重处罚。

第三百一十四条 【非法处置查封、扣押、冻结的财产罪】 隐藏、转移、变卖、故意毁损已被司法机关查封、扣押、冻结的财产，情节严重的，处三年以下有期徒刑、拘役或者罚金。

> **第三百一十五条 【破坏监管秩序罪】** 依法被关押的罪犯，有下列破坏监管秩序行为之一，情节严重的，处三年以下有期徒刑：
> （一）殴打监管人员的；
> （二）组织其他被监管人破坏监管秩序的；
> （三）聚众闹事，扰乱正常监管秩序的；
> （四）殴打、体罚或者指使他人殴打、体罚其他被监管人的。

> **第三百一十六条 【脱逃罪】** 依法被关押的罪犯、被告人、犯罪嫌疑人脱逃的，处五年以下有期徒刑或者拘役。
> **【劫夺被押解人员罪】** 劫夺押解途中的罪犯、被告人、犯罪嫌疑人的，处三年以上七年以下有期徒刑；情节严重的，处七年以上有期徒刑。

● 定罪

1. 因错判在服刑期间"脱逃"行为的定性

最高人民法院研究室关于因错判在服刑期"脱逃"后确有犯罪其错判服刑期限可否与后判刑期折抵问题的电话答复（1983年8月31日）

对被错判徒刑的在服刑期间"脱逃"的行为，可不以脱逃论罪判刑；但在脱逃期间犯罪的，应依法定罪判刑；对被错判已服刑的日期与后来犯罪所判处的刑期不宜折抵，可在量刑时酌情考虑从轻或减轻处罚。

2. 军人在临时看管期间逃跑行为的定性

中国人民解放军军事法院关于审理军人违反职责罪案件中几个具体问题的处理意见（1988年10月19日）

五、关于军人在临时看管期间逃跑的，能否以脱逃罪论处问题

脱逃罪是指被依法逮捕、关押的犯罪分子，从羁押、改造场所或者在押解途中逃走的行为。军队的临时看管仅是一项行政防范措施。因此，军人在此期间逃跑的，不构成脱逃罪。但在查明他确有犯罪行为后，他的逃跑行为可以作为情节在处刑时予以考虑。

3. 在押罪犯脱逃的管辖

最高人民法院、最高人民检察院、公安部、司法部关于监狱办理刑事案件有关问题的规定（2014年8月11日）

四、在押罪犯脱逃后未实施其他犯罪的，由监狱立案侦查，公安机关抓获后通知原监狱押回，监狱所在地人民检察院审查起诉。罪犯脱逃期间又实施其他犯罪，在捕回监狱前发现的，由新罪犯罪地公安机关侦查新罪，并通知监狱；监狱对脱逃罪侦查终结后移送管辖新罪的公安机关，由公安机关一并移送当地人民检察院审查起诉，人民法院判决后，送当地监狱服刑，罪犯服刑的原监狱应当配合。

第三百一十七条 【组织越狱罪】组织越狱的首要分子和积极参加的，处五年以上有期徒刑；其他参加的，处五年以下有期徒刑或者拘役。

【暴动越狱罪】【聚众持械劫狱罪】暴动越狱或者聚众持械劫狱的首要分子和积极参加的，处十年以上有期徒刑或者无期徒刑；情节特别严重的，处死刑；其他参加的，处三年以上十年以下有期徒刑。

第三节 妨害国（边）境管理罪

本节罪名定罪问题的总体规定

1. "偷越国（边）境"的认定

最高人民法院、最高人民检察院关于办理妨害国（边）境管理刑事案件应用法律若干问题的解释（2012年12月20日）

第六条 具有下列情形之一的，应当认定为刑法第六章第三节规定的"偷越国（边）境"行为：

（一）没有出入境证件出入国（边）境或者逃避接受边防检查的；

（二）使用伪造、变造、无效的出入境证件出入国（边）境的；

（三）使用他人出入境证件出入国（边）境的；

（四）使用以虚假的出入境事由、隐瞒真实身份、冒用他人身份证件等方式骗取的出入境证件出入国（边）境的；

（五）采用其他方式非法出入国（边）境的。

2. 一罪与数罪

最高人民法院、最高人民检察院关于办理妨害国（边）境管理刑事案件应用法律若干问题的解释（2012年12月20日）

第八条　实施组织他人偷越国（边）境犯罪，同时构成骗取出境证件罪、提供伪造、变造的出入境证件罪、出售出入境证件罪、运送他人偷越国（边）境罪的，依照处罚较重的规定定罪处罚。

最高人民法院关于审理发生在我国管辖海域相关案件若干问题的规定（二）（2016年8月2日）

第八条第一款　实施破坏海洋资源犯罪行为，同时构成非法捕捞罪①、非法猎捕、杀害珍贵、濒危野生动物罪、组织他人偷越国（边）境罪、偷越国（边）境罪等犯罪的，依照处罚较重的规定定罪处罚。

3. 并案处理

最高人民法院、最高人民检察院关于办理妨害国（边）境管理刑事案件应用法律若干问题的解释（2012年12月20日）

第九条　对跨地区实施的不同妨害国（边）境管理犯罪，符合并案处理要求，有关地方公安机关依照法律和相关规定一并立案侦查，需要提请批准逮捕、移送审查起诉、提起公诉的，由该公安机关所在地的同级人民检察院、人民法院依法受理。

第三百一十八条　【组织他人偷越国（边）境罪】组织他人偷越国（边）境的，处二年以上七年以下有期徒刑，并处罚金；有下列情形之一的，处七年以上有期徒刑或者无期徒刑，并处罚金或者没收财产：

（一）组织他人偷越国（边）境集团的首要分子；

（二）多次组织他人偷越国（边）境或者组织他人偷越国（边）境人数众多的；

---

① 编者注：现已更名为"非法捕捞水产品罪"。

（三）造成被组织人重伤、死亡的；
（四）剥夺或者限制被组织人人身自由的；
（五）以暴力、威胁方法抗拒检查的；
（六）违法所得数额巨大的；
（七）有其他特别严重情节的。

犯前款罪，对被组织人有杀害、伤害、强奸、拐卖等犯罪行为，或者对检查人员有杀害、伤害等犯罪行为的，依照数罪并罚的规定处罚。

● 关联法条

第九十五条

● 定罪

1. 参见【本节罪名定罪问题的总体规定】
2. "组织他人偷越国（边）境""人数众多""违法所得数额巨大"的认定

最高人民法院、最高人民检察院关于办理妨害国（边）境管理刑事案件应用法律若干问题的解释（2012年12月20日）

第一条第一款　领导、策划、指挥他人偷越国（边）境或者在首要分子指挥下，实施拉拢、引诱、介绍他人偷越国（边）境等行为的，应当认定为刑法第三百一十八条规定的"组织他人偷越国（边）境"。

第二款　组织他人偷越国（边）境人数在十人以上的，应当认定为刑法第三百一十八条第一款第（二）项规定的"人数众多"；违法所得数额在二十万元以上的，应当认定为刑法第三百一十八条第一款第（六）项规定的"违法所得数额巨大"。

3. 以营利为目的，组织、运送他人越境去台行为的定性

最高人民法院、最高人民检察院、公安部关于对非法越境去台人员的处理意见（1982年6月30日）

三、凡是未经办理签证手续，擅自非法越境去台、澎、金、马、敌占岛屿的，应当区别不同情况，分别处理：

（2）非法越境逃台，情节严重的，或者以营利为目的，组织、运送他人越境逃台的，应当根据刑法第一百七十六条、第一百七十七条的规定惩处。如果尚有走私、贩毒等其他犯罪行为的，应根据刑法的规定，数罪并罚。

4. 以单位名义、形式实施的犯罪行为的处理

最高人民法院、最高人民检察院关于办理妨害国（边）境管理刑事案件应用法律若干问题的解释（2012年12月20日）

第七条 以单位名义或者单位形式组织他人偷越国（边）境、为他人提供伪造、变造的出入境证件或者运送他人偷越国（边）境的，应当依照刑法第三百一十八条、第三百二十条、第三百二十一条的规定追究直接负责的主管人员和其他直接责任人员的刑事责任。

5. 犯罪未遂

最高人民法院、最高人民检察院关于办理妨害国（边）境管理刑事案件应用法律若干问题的解释（2012年12月20日）

第一条第三款 以组织他人偷越国（边）境为目的，招募、拉拢、引诱、介绍、培训偷越国（边）境人员，策划、安排偷越国（边）境行为，在他人偷越国（边）境之前或者偷越国（边）境过程中被查获的，应当以组织他人偷越国（边）境罪（未遂）论处；具有刑法第三百一十八条第一款规定的情形之一的，应当在相应的法定刑幅度基础上，结合未遂犯的处罚原则量刑。

第三百一十九条　【骗取出境证件罪】 以劳务输出、经贸往来或者其他名义，弄虚作假，骗取护照、签证等出境证件，为组织他人偷越国（边）境使用的，处三年以下有期徒刑，并处罚金；情节严重的，处三年以上十年以下有期徒刑，并处罚金。

单位犯前款罪的，对单位判处罚金，并对其直接负责的主管人员和其他直接责任人员，依照前款的规定处罚。

● 定罪

1. 参见【本节罪名定罪问题的总体规定】

2. "弄虚作假""出境证件""情节严重"的认定

最高人民法院、最高人民检察院关于办理妨害国（边）境管理刑事案件应用法律若干问题的解释（2012年12月20日）

第二条 为组织他人偷越国（边）境，编造出境事由、身份信息或者相关的境外关系证明的，应当认定为刑法第三百一十九条第一款规定的"弄虚作假"。

刑法第三百一十九条第一款规定的"出境证件"，包括护照或者代替护照使用的国际旅行证件，中华人民共和国海员证，中华人民共和国出入境通行证，中华人民共和国旅行证，中国公民往来香港、澳门、台湾地区证件，边境地区出入境通行证，签证、签注，出国（境）证明、名单，以及其他出境时需要查验的资料。

具有下列情形之一的，应当认定为刑法第三百一十九条第一款规定的"情节严重"：

（一）骗取出境证件五份以上的；

（二）非法收取费用三十万元以上的；

（三）明知是国家规定的不准出境的人员而为其骗取出境证件的；

（四）其他情节严重的情形。

> 第三百二十条 【提供伪造、变造的出入境证件罪】【出售出入境证件罪】为他人提供伪造、变造的护照、签证等出入境证件，或者出售护照、签证等出入境证件的，处五年以下有期徒刑，并处罚金；情节严重的，处五年以上有期徒刑，并处罚金。

● 定罪

1. 参见【本节罪名定罪问题的总体规定】

2. "出入境证件"的认定

最高人民法院、最高人民检察院关于办理妨害国（边）境管理刑事案件应用法律若干问题的解释（2012年12月20日）

第二条第二款 刑法第三百一十九条第一款规定的"出境证件"，包括护照或者代替护照使用的国际旅行证件，中华人民共和国海员证，中华人民共和国出入境通行证，中华人民共和国旅行证，中国公民往来香港、澳门、台湾地区证件，边境地区出入境通行证，签证、签注，出国（境）证明、名单，以及其他出境时需要查验的资料。

第三条第一款 刑法第三百二十条规定的"出入境证件"，包括本解释第二条第二款所列的证件以及其他入境时需要查验的资料。

3. 将盗窃的他人因私护照出售行为定性

公安部关于盗窃空白因私护照有关问题的批复（2000 年 5 月 16 日）

三、李博日韦、万明亮等人将盗窃的护照出售，其出售护照的行为也妨害国（边）境管理秩序，触犯刑法第 320 条，涉嫌构成出售出入境证件罪。

4. 以单位名义、形式实施的犯罪行为的处理

（参见第三百一十八条【定罪】4. 以单位名义、形式实施的犯罪行为的处理）

● 量刑

"情节严重"的认定

最高人民法院、最高人民检察院关于办理妨害国（边）境管理刑事案件应用法律若干问题的解释（2012 年 12 月 20 日）

第三条第二款 具有下列情形之一的，应当认定为刑法第三百二十条规定的"情节严重"：

（一）为他人提供伪造、变造的出入境证件或者出售出入境证件五份以上的；

（二）非法收取费用三十万元以上的；

（三）明知是国家规定的不准出入境的人员而为其提供伪造、变造的出入境证件或者向其出售出入境证件的；

（四）其他情节严重的情形。

第三百二十一条 【运送他人偷越国（边）境罪】 运送他人偷越国（边）境的，处五年以下有期徒刑、拘役或者管制，并处罚金；有下列情形之一的，处五年以上十年以下有期徒刑，并处罚金：

（一）多次实施运送行为或者运送人数众多的；

（二）所使用的船只、车辆等交通工具不具备必要的安全条件，足以造成严重后果的；；

（三）违法所得数额巨大的；

（四）有其他特别严重情节的。

在运送他人偷越国（边）境中造成被运送人重伤、死亡，或者以暴力、威胁方法抗拒检查的，处七年以上有期徒刑，并处罚金。

犯前两款罪，对被运送人有杀害、伤害、强奸、拐卖等犯罪行为，或者对检查人员有杀害、伤害等犯罪行为的，依照数罪并罚的规定处罚。

关联法条

第九十五条

定罪

1. **参见【本节罪名定罪问题的总体规定】**
2. **"人数众多""违法所得数额巨大"的认定**

最高人民法院、最高人民检察院关于办理妨害国（边）境管理刑事案件应用法律若干问题的解释（2012年12月20日）

第四条　运送他人偷越国（边）境人数在十人以上的，应当认定为刑法第三百二十一条第一款第（一）项规定的"人数众多"；违法所得数额在二十万元以上的，应当认定为刑法第三百二十一条第一款第（三）项规定的"违法所得数额巨大"。

3. **以单位名义、形式实施的犯罪行为的处理**

（参见第三百一十八条【定罪】4 以单位名义、形式实施的犯罪行为的处理）

第三百二十二条　【偷越国（边）境罪】违反国（边）境管理法规，偷越国（边）境，情节严重的，处一年以下有期徒刑、拘役或者管制，并处罚金；为参加恐怖活动组织、接受恐怖活动培训或者实施恐怖活动，偷越国（边）境的，处一年以上三年以下有期徒刑，并处罚金。

● 定罪

1. 参见【本节罪名定罪问题的总体规定】
2. "情节严重"的认定

最高人民法院、最高人民检察院关于办理妨害国（边）境管理刑事案件应用法律若干问题的解释（2012年12月20日）

第五条 偷越国（边）境，具有下列情形之一的，应当认定为刑法第三百二十二条规定的"情节严重"：

（一）在境外实施损害国家利益行为的；

（二）偷越国（边）境三次以上或者三人以上结伙偷越国（边）境的；

（三）拉拢、引诱他人一起偷越国（边）境的；

（四）勾结境外组织、人员偷越国（边）境的；

（五）因偷越国（边）境被行政处罚后一年内又偷越国（边）境的；

（六）其他情节严重的情形。

最高人民法院关于审理发生在我国管辖海域相关案件若干问题的规定（二）（2016年8月2日）

第三条 违反我国国（边）境管理法规，非法进入我国领海，具有下列情形之一的，应当认定为刑法第三百二十二条规定的"情节严重"：

（一）经驱赶拒不离开的；

（二）被驱离后又非法进入我国领海的；

（三）因非法进入我国领海被行政处罚或者被刑事处罚后，一年内又非法进入我国领海的；

（四）非法进入我国领海从事捕捞水产品等活动，尚不构成非法捕捞水产品等犯罪的；

（五）其他情节严重的情形。

第三百二十三条 【破坏界碑、界桩罪】【破坏永久性测量标志罪】 故意破坏国家边境的界碑、界桩或者永久性测量标志的，处三年以下有期徒刑或者拘役。

● 立案追诉标准

公安部关于妨害国（边）境管理犯罪案件立案标准及有关问题的通知
（2000年3月31日）

一、立案标准

（七）破坏界碑、界桩案

1. 采取盗取、毁坏、拆除、掩埋、移动等手段破坏国家边境的界碑、界桩的，应当立案侦查。

2. 破坏3个以上界碑、界桩的，或者造成严重后果的，应当立为重大案件。

● 定罪

参见【本节罪名定罪问题的总体规定】

第四节　妨害文物管理罪

本节罪名定罪问题的总体规定

1. 文物的外延（种类）

文物保护法（2017年11月5日）

第二条　在中华人民共和国境内，下列文物受国家保护：

（一）具有历史、艺术、科学价值的古文化遗址、古墓葬、古建筑、石窟寺和石刻、壁画；

（二）与重大历史事件、革命运动或者著名人物有关的以及具有重要纪念意义、教育意义或者史料价值的近代现代重要史迹、实物、代表性建筑；

（三）历史上各时代珍贵的艺术品、工艺美术品；

（四）历史上各时代重要的文献资料以及具有历史、艺术、科学价值的手稿和图书资料等；

（五）反映历史上各时代、各民族社会制度、社会生产、社会生活的代表性实物。

文物认定的标准和办法由国务院文物行政部门制定，并报国务院批准。

具有科学价值的古脊椎动物化石和古人类化石同文物一样受国家保护。

2. 文物包含具有科学价值的古脊椎动物化石、古人类化石

最高人民法院、最高人民检察院关于办理妨害文物管理等刑事案件适用法律若干问题的解释（2016年1月1日）

第十七条 走私、盗窃、损毁、倒卖、盗掘或者非法转让具有科学价值的古脊椎动物化石、古人类化石的，依照刑法和本解释的有关规定定罪量刑。

全国人民代表大会常务委员会关于《中华人民共和国刑法》有关文物的规定适用于具有科学价值的古脊椎动物化石、古人类化石的解释（2005年12月29日）

全国人民代表大会常务委员会根据司法实践中遇到的情况，讨论了关于走私、盗窃、损毁、倒卖或者非法转让具有科学价值的古脊椎动物化石、古人类化石的行为适用刑法有关规定的问题，解释如下：

刑法有关文物的规定，适用于具有科学价值的古脊椎动物化石、古人类化石。

3. 文物价值的确定

最高人民法院、最高人民检察院关于办理妨害文物管理等刑事案件适用法律若干问题的解释（2016年1月1日）

第十四条 依照文物价值定罪量刑的，根据涉案文物的有效价格证明认定文物价值；无有效价格证明，或者根据价格证明认定明显不合理的，根据销赃数额认定，或者结合本解释第十五条规定的鉴定意见、报告认定。

第十五条 在行为人实施有关行为前，文物行政部门已对涉案文物及其等级作出认定的，可以直接对有关案件事实作出认定。

对案件涉及的有关文物鉴定、价值认定等专门性问题难以确定的，由司法鉴定机构出具鉴定意见，或者由国务院文物行政部门指定的机构出具报告。其中，对于文物价值，也可以由有关价格认证机构作出价格认证并出具报告。

本节罪名量刑问题的总体规定

1. 不起诉或者免予刑事处罚

最高人民法院、最高人民检察院关于办理妨害文物管理等刑事案件适用法律若干问题的解释（2016年1月1日）

第十六条 实施本解释第一条、第二条、第六条至第九条规定的行为，虽

已达到应当追究刑事责任的标准,但行为人系初犯,积极退回或者协助追回文物,未造成文物损毁,并确有悔罪表现的,可以认定为犯罪情节轻微,不起诉或者免予刑事处罚。

实施本解释第三条至第五条规定的行为,虽已达到应当追究刑事责任的标准,但行为人系初犯,积极赔偿损失,并确有悔罪表现的,可以认定为犯罪情节轻微,不起诉或者免予刑事处罚。

2. 同一案件涉及不同级别文物时的量刑

最高人民法院、最高人民检察院关于办理妨害文物管理等刑事案件适用法律若干问题的解释(2016年1月1日)

第十三条 案件涉及不同等级的文物的,按照高级别文物的量刑幅度量刑;有多件同级文物的,五件同级文物视为一件高一级文物,但是价值明显不相当的除外。

第三百二十四条 【故意损毁文物罪】故意损毁国家保护的珍贵文物或者被确定为全国重点文物保护单位、省级文物保护单位的文物的,处三年以下有期徒刑或者拘役,并处或者单处罚金;情节严重的,处三年以上十年以下有期徒刑,并处罚金。

【故意损毁名胜古迹罪】故意损毁国家保护的名胜古迹,情节严重的,处五年以下有期徒刑或者拘役,并处或者单处罚金。

【过失损毁文物罪】过失损毁国家保护的珍贵文物或者被确定为全国重点文物保护单位、省级文物保护单位的文物,造成严重后果的,处三年以下有期徒刑或者拘役。

● 立案追诉标准

最高人民检察院、公安部关于公安机关管辖的刑事案件立案追诉标准的规定(一)(2008年6月25日)

第四十六条 [故意损毁文物案(刑法第三百二十四条第一款)] 故意损毁国家保护的珍贵文物或者被确定为全国重点文物保护单位、省级文物保护单位的文物的,应予立案追诉。

第四十七条 [故意损毁名胜古迹案(刑法第三百二十四条第二款)] 故意损毁国家保护的名胜古迹,涉嫌下列情形之一的,应予立案追诉:

（一）造成国家保护的名胜古迹严重损毁的；

（二）损毁国家保护的名胜古迹三次以上或者三处以上，尚未造成严重毁损后果的；

（三）损毁手段特别恶劣的；

（四）其他情节严重的情形。

第四十八条　[过失损毁文物案（刑法第三百二十四条第三款）]过失损毁国家保护的珍贵文物或者被确定为全国重点文物保护单位、省级文物保护单位的文物，涉嫌下列情形之一的，应予立案追诉：

（一）造成珍贵文物严重损毁的；

（二）造成被确定为全国重点文物保护单位、省级文物保护单位的文物严重损毁的；

（三）造成珍贵文物损毁三件以上的；

（四）其他造成严重后果的情形。

● 定罪

1. 参见【本节罪名定罪问题的总体规定】
2. 第一款"被确定为全国重点文物保护单位、省级文物保护单位的文物""情节严重"的认定

最高人民法院、最高人民检察院关于办理妨害文物管理等刑事案件适用法律若干问题的解释（2016年1月1日）

第三条　全国重点文物保护单位、省级文物保护单位的本体，应当认定为刑法第三百二十四条第一款规定的"被确定为全国重点文物保护单位、省级文物保护单位的文物"。

故意损毁国家保护的珍贵文物或者被确定为全国重点文物保护单位、省级文物保护单位的文物，具有下列情形之一的，应当认定为刑法第三百二十四条第一款规定的"情节严重"：

（一）造成五件以上三级文物损毁的；

（二）造成二级以上文物损毁的；

（三）致使全国重点文物保护单位、省级文物保护单位的本体严重损毁或者灭失的；

（四）多次损毁或者损毁多处全国重点文物保护单位、省级文物保护单位的本体的；

（五）其他情节严重的情形。

实施前款规定的行为，拒不执行国家行政主管部门作出的停止侵害文物的行政决定或者命令的，酌情从重处罚。

3. 第二款"国家保护的名胜古迹""情节严重"的认定

最高人民法院、最高人民检察院关于办理妨害文物管理等刑事案件适用法律若干问题的解释（2016年1月1日）

第四条 风景名胜区的核心景区以及未被确定为全国重点文物保护单位、省级文物保护单位的古文化遗址、古墓葬、古建筑、石窟寺、石刻、壁画、近代现代重要史迹和代表性建筑等不可移动文物的本体，应当认定为刑法第三百二十四条第二款规定的"国家保护的名胜古迹"。

故意损毁国家保护的名胜古迹，具有下列情形之一的，应当认定为刑法第三百二十四条第二款规定的"情节严重"：

（一）致使名胜古迹严重损毁或者灭失的；

（二）多次损毁或者损毁多处名胜古迹的；

（三）其他情节严重的情形。

实施前款规定的行为，拒不执行国家行政主管部门作出的停止侵害文物的行政决定或者命令的，酌情从重处罚。

故意损毁风景名胜区内被确定为全国重点文物保护单位、省级文物保护单位的文物，依照刑法第三百二十四条第一款和本解释第三条的规定定罪量刑。

最高人民法院关于发布第26批指导性案例的通知（2020年12月31日）

张永明、毛伟明、张鹭故意损毁名胜古迹案（指导案例147号）

裁判要点：1. 风景名胜区的核心景区属于刑法第三百二十四条第二款规定的"国家保护的名胜古迹"。对核心景区内的世界自然遗产实施打岩钉等破坏活动，严重破坏自然遗产的自然性、原始性、完整性和稳定性的，综合考虑有关地质遗迹的特点、损坏程度等，可以认定为故意损毁国家保护的名胜古迹"情节严重"。

2. 对刑事案件中的专门性问题需要鉴定，但没有鉴定机构的，可以指派、聘请有专门知识的人就案件的专门性问题出具报告，相关报告在刑事诉讼中可以作为证据使用。

4. 第三款"造成严重后果"的认定

最高人民法院、最高人民检察院关于办理妨害文物管理等刑事案件适用法律若干问题的解释（2016年1月1日）

第五条 过失损毁国家保护的珍贵文物或者被确定为全国重点文物保护单位、省级文物保护单位的文物，具有本解释第三条第二款第一项至第三项规定情形之一的，应当认定为刑法第三百二十四条第三款规定的"造成严重后果"。

● 量刑

1. 参见【本节罪名量刑问题的总体规定】
2. 单位犯罪的处罚

最高人民法院、最高人民检察院关于办理妨害文物管理等刑事案件适用法律若干问题的解释（2016年1月1日）

第十一条第二款 公司、企业、事业单位、机关、团体等单位实施盗窃文物，故意损毁文物、名胜古迹，过失损毁文物，盗掘古文化遗址、古墓葬等行为的，依照本解释规定的相应定罪量刑标准，追究组织者、策划者、实施者的刑事责任。

第三百二十五条 【非法向外国人出售、赠送珍贵文物罪】违反文物保护法规，将收藏的国家禁止出口的珍贵文物私自出售或者私自赠送给外国人的，处五年以下有期徒刑或者拘役，可以并处罚金。

单位犯前款罪的，对单位判处罚金，并对其直接负责的主管人员和其他直接责任人员，依照前款的规定处罚。

● 定罪

参见【本节罪名定罪问题的总体规定】

● 量刑

参见【本节罪名量刑问题的总体规定】

> **第三百二十六条 【倒卖文物罪】** 以牟利为目的，倒卖国家禁止经营的文物，情节严重的，处五年以下有期徒刑或者拘役，并处罚金；情节特别严重的，处五年以上十年以下有期徒刑，并处罚金。
>
> 单位犯前款罪的，对单位判处罚金，并对其直接负责的主管人员和其他直接责任人员，依照前款的规定处罚。

● 定罪

1. 参见【本节罪名定罪问题的总体规定】
2. "倒卖国家禁止经营的文物""情节严重""情节特别严重"的认定

最高人民法院、最高人民检察院关于办理妨害文物管理等刑事案件适用法律若干问题的解释（2016年1月1日）

第六条 出售或者为出售而收购、运输、储存《中华人民共和国文物保护法》规定的"国家禁止买卖的文物"的，应当认定为刑法第三百二十六条规定的"倒卖国家禁止经营的文物"。

倒卖国家禁止经营的文物，具有下列情形之一的，应当认定为刑法第三百二十六条规定的"情节严重"：

（一）倒卖三级文物的；

（二）交易数额在五万元以上的；

（三）其他情节严重的情形。

实施前款规定的行为，具有下列情形之一的，应当认定为刑法第三百二十六条规定的"情节特别严重"：

（一）倒卖二级以上文物的；

（二）倒卖三级文物五件以上的；

（三）交易数额在二十五万元以上的；

（四）其他情节特别严重的情形。

3. 对于将不可移动的文物进行整体倒卖的处理

最高人民法院、最高人民检察院关于办理妨害文物管理等刑事案件适用法律若干问题的解释（2016年1月1日）

第十二条 针对不可移动文物整体实施走私、盗窃、倒卖等行为的，根据所属不可移动文物的等级，依照本解释第一条、第二条、第六条的规定定罪量刑：

（一）尚未被确定为文物保护单位的不可移动文物，适用一般文物的定罪量刑标准；

（二）市、县级文物保护单位，适用三级文物的定罪量刑标准；

（三）全国重点文物保护单位、省级文物保护单位，适用二级以上文物的定罪量刑标准。

针对不可移动文物中的建筑构件、壁画、雕塑、石刻等实施走私、盗窃、倒卖等行为的，根据建筑构件、壁画、雕塑、石刻等文物本身的等级或者价值，依照本解释第一条、第二条、第六条的规定定罪量刑。建筑构件、壁画、雕塑、石刻等所属不可移动文物的等级，应当作为量刑情节予以考虑。

4. 单位犯罪

最高人民法院、最高人民检察院关于办理妨害文物管理等刑事案件适用法律若干问题的解释（2016年1月1日）

第十一条第一款　单位实施走私文物、倒卖文物等行为，构成犯罪的，依照本解释规定的相应自然人犯罪的定罪量刑标准，对直接负责的主管人员和其他直接责任人员定罪处罚，并对单位判处罚金。

● 量刑

参见【本节罪名量刑问题的总体规定】

> 第三百二十七条　【非法出售、私赠文物藏品罪】违反文物保护法规，国有博物馆、图书馆等单位将国家保护的文物藏品出售或者私自送给非国有单位或者个人的，对单位判处罚金，并对其直接负责的主管人员和其他直接责任人员，处三年以下有期徒刑或者拘役。

● 定罪

1. 参见【本节罪名定罪问题的总体规定】

2. 国有单位违法向非国有单位或个人出售、私赠藏品行为的定性

最高人民法院、最高人民检察院关于办理妨害文物管理等刑事案件适用法律若干问题的解释（2016年1月1日）

第七条 国有博物馆、图书馆以及其他国有单位，违反文物保护法规，将收藏或者管理的国家保护的文物藏品出售或者私自送给非国有单位或者个人的，依照刑法第三百二十七条的规定，以非法出售、私赠文物藏品罪追究刑事责任。

● 量刑

参见【本节罪名量刑问题的总体规定】

> 第三百二十八条 【盗掘古文化遗址、古墓葬罪】盗掘具有历史、艺术、科学价值的古文化遗址、古墓葬的，处三年以上十年以下有期徒刑，并处罚金；情节较轻的，处三年以下有期徒刑、拘役或者管制，并处罚金；有下列情形之一的，处十年以上有期徒刑或者无期徒刑，并处罚金或者没收财产：
>
> （一）盗掘确定为全国重点文物保护单位和省级文物保护单位的古文化遗址、古墓葬的；
>
> （二）盗掘古文化遗址、古墓葬集团的首要分子；
>
> （三）多次盗掘古文化遗址、古墓葬的；
>
> （四）盗掘古文化遗址、古墓葬，并盗窃珍贵文物或者造成珍贵文物严重破坏的。
>
> 【盗掘古人类化石、古脊椎动物化石罪】盗掘国家保护的具有科学价值的古人类化石和古脊椎动物化石的，依照前款的规定处罚。

● 定罪

1. **参见【本节罪名定罪问题的总体规定】**

2. "古文化遗址、古墓葬"的理解

最高人民法院、最高人民检察院关于办理妨害文物管理等刑事案件适用法律若干问题的解释（2016年1月1日）

第八条第一款 刑法第三百二十八条第一款规定的"古文化遗址、古墓葬"包括水下古文化遗址、古墓葬。"古文化遗址、古墓葬"不以公布为不可移动文物的古文化遗址、古墓葬为限。

3. 犯罪既遂

最高人民法院、最高人民检察院关于办理妨害文物管理等刑事案件适用法律若干问题的解释（2016年1月1日）

第八条第二款 实施盗掘行为，已损害古文化遗址、古墓葬的历史、艺术、科学价值的，应当认定为盗掘古文化遗址、古墓葬罪既遂。

4. 此罪与彼罪

最高人民法院、最高人民检察院关于办理妨害文物管理等刑事案件适用法律若干问题的解释（2016年1月1日）

第八条第三款 采用破坏性手段盗掘古文化遗址、古墓葬以外的古建筑、石窟寺、石刻、壁画、近代现代重要史迹和代表性建筑等其他不可移动文物的，依照刑法第二百六十四条的规定，以盗窃罪追究刑事责任。

5. 单位犯罪

最高人民法院、最高人民检察院关于办理妨害文物管理等刑事案件适用法律若干问题的解释（2016年1月1日）

第十一条第二款 公司、企业、事业单位、机关、团体等单位实施盗窃文物，故意损毁文物、名胜古迹，过失损毁文物，盗掘古文化遗址、古墓葬等行为的，依照本解释规定的相应定罪量刑标准，追究组织者、策划者、实施者的刑事责任。

● 量刑

参见【本节罪名量刑问题的总体规定】

第三百二十九条 【抢夺、窃取国有档案罪】抢夺、窃取国家所有的档案的,处五年以下有期徒刑或者拘役。

【擅自出卖、转让国有档案罪】违反档案法的规定,擅自出卖、转让国家所有的档案,情节严重的,处三年以下有期徒刑或者拘役。

有前两款行为,同时又构成本法规定的其他犯罪的,依照处罚较重的规定定罪处罚。

第五节 危害公共卫生罪

第三百三十条 【妨害传染病防治罪】违反传染病防治法的规定,有下列情形之一,引起甲类传染病以及依法确定采取甲类传染病预防、控制措施的传染病传播或者有传播严重危险的,处三年以下有期徒刑或者拘役;后果特别严重的,处三年以上七年以下有期徒刑:①

(一)供水单位供应的饮用水不符合国家规定的卫生标准的;

(二)拒绝按照疾病预防控制机构提出的卫生要求,对传染病病原体污染的污水、污物、场所和物品进行消毒处理的;

(三)准许或者纵容传染病病人、病原携带者和疑似传染病病人从事国务院卫生行政部门规定禁止从事的易使该传染病扩散的工作的;

(四)出售、运输疫区中被传染病病原体污染或者可能被传染病病原体污染的物品,未进行消毒处理的;

(五)拒绝执行县级以上人民政府、疾病预防控制机构依照传染病防治法提出的预防、控制措施的。

---

① 编者注:《刑法修正案(十一)》增加了"依法确定采取甲类传染病预防、控制措施的传染病"的表述;增设了第一款第(四)项;将原来的"卫生防疫机构"修正为"疾病预防控制机构"等。

> 单位犯前款罪的，对单位判处罚金，并对其直接负责的主管人员和其他直接责任人员，依照前款的规定处罚。
>
> 甲类传染病的范围，依照《中华人民共和国传染病防治法》和国务院有关规定确定。

● 立案追诉标准

最高人民检察院、公安部关于公安机关管辖的刑事案件立案追诉标准的规定（一）（2008年6月25日）

第四十九条 ［妨害传染病防治案（刑法第三百三十条）］违反传染病防治法的规定，引起甲类或者按甲类管理的传染病传播或者有传播严重危险，涉嫌下列情形之一的，应予立案追诉：

（一）供水单位供应的饮用水不符合国家规定的卫生标准的；

（二）拒绝按照疾病预防控制机构提出的卫生要求，对传染病病原体污染的污水、污物、粪便进行消毒处理的；

（三）准许或者纵容传染病病人、病原携带者和疑似传染病病人从事国务院卫生行政部门规定禁止从事的易使该传染病扩散的工作的；

（四）拒绝执行疾病预防控制机构依照传染病防治法提出的预防、控制措施的。

本条和本规定第五十条规定的"甲类传染病"，是指鼠疫、霍乱；"按甲类管理的传染病"，是指乙类传染病中传染性非典型肺炎、炭疽中的肺炭疽、人感染高致病性禽流感以及国务院卫生行政部门根据需要报经国务院批准公布实施的其他需要按甲类管理的乙类传染病和突发原因不明的传染病。

第一百条 本规定中的立案追诉标准，除法律、司法解释另有规定的以外，适用于相关的单位犯罪。

● 定罪

拒绝执行防控措施，引起新型冠状病毒传播或有传播严重危险行为的定性

最高人民法院、最高人民检察院、公安部、司法部关于依法惩治妨害新型冠状病毒感染肺炎疫情防控违法犯罪的意见（2020年2月6日）

二、准确适用法律，依法严惩妨害疫情防控的各类违法犯罪

（一）依法严惩抗拒疫情防控措施犯罪。故意传播新型冠状病毒感染肺炎病

原体，具有下列情形之一，危害公共安全的，依照刑法第一百一十四条、第一百一十五条第一款的规定，以以危险方法危害公共安全罪定罪处罚：

1. 已经确诊的新型冠状病毒感染肺炎病人、病原携带者，拒绝隔离治疗或者隔离期未满擅自脱离隔离治疗，并进入公共场所或者公共交通工具的；

2. 新型冠状病毒感染肺炎疑似病人拒绝隔离治疗或者隔离期未满擅自脱离隔离治疗，并进入公共场所或者公共交通工具，造成新型冠状病毒传播的。

其他拒绝执行卫生防疫机构依照传染病防治法提出的防控措施，引起新型冠状病毒传播或者有传播严重危险的，依照刑法第二百二十条的规定，以妨害传染病防治罪定罪处罚。

（十）依法严惩妨害疫情防控的违法行为。实施上述（一）至（九）规定的行为，不构成犯罪的，由公安机关根据治安管理处罚法有关虚构事实扰乱公共秩序、扰乱单位秩序、公共场所秩序、寻衅滋事、拒不执行紧急状态下的决定、命令、阻碍执行职务、冲闯警戒带、警戒区、殴打他人、故意伤害、侮辱他人、诈骗、在铁路沿线非法挖掘坑穴、采石取沙、盗窃、损毁路面公共设施、损毁铁路设施设备、故意损毁财物、哄抢公私财物等规定，予以治安管理处罚，或者由有关部门予以其他行政处罚。

对于在疫情防控期间实施有关违法犯罪的，要作为从重情节予以考量，依法体现从严的政策要求，有力惩治震慑违法犯罪，维护法律权威，维护社会秩序，维护人民群众生命安全和身体健康。

第三百三十一条　【传染病菌种、毒种扩散罪】 从事实验、保藏、携带、运输传染病菌种、毒种的人员，违反国务院卫生行政部门的有关规定，造成传染病菌种、毒种扩散，后果严重的，处三年以下有期徒刑或者拘役；后果特别严重的，处三年以上七年以下有期徒刑。

● 立案追诉标准

最高人民检察院、公安部关于公安机关管辖的刑事案件立案追诉标准的规定（一）（2008年6月25日）

第五十条　[传染病菌种、毒种扩散案（刑法第三百三十一条）] 从事实验、保藏、携带、运输传染病菌种、毒种的人员，违反国务院卫生行政部门的有关规定，造成传染病菌种、毒种扩散，涉嫌下列情形之一的，应予立案追诉：

（一）导致甲类和按甲类管理的传染病传播的；
（二）导致乙类、丙类传染病流行、暴发的；
（三）造成人员重伤或者死亡的；
（四）严重影响正常的生产、生活秩序的；
（五）其他造成严重后果的情形。

● 定罪

从事实验、保藏、携带、运输传染病菌种、毒种的人员，违规造成新型冠状病毒毒种扩散行为的定性

最高人民法院、最高人民检察院、公安部、司法部关于依法惩治妨害新型冠状病毒感染肺炎疫情防控违法犯罪的意见（2020年2月6日）

二、准确适用法律，依法严惩妨害疫情防控的各类违法犯罪

（七）依法严惩疫情防控失职渎职、贪污挪用犯罪……从事实验、保藏、携带、运输传染病菌种、毒种的人员，违反国务院卫生行政部门的有关规定，造成新型冠状病毒毒种扩散，后果严重的，依照刑法第三百三十一条的规定，以传染病毒种扩散罪定罪处罚。

第三百三十二条　【妨害国境卫生检疫罪】违反国境卫生检疫规定，引起检疫传染病传播或者有传播严重危险的，处三年以下有期徒刑或者拘役，并处或者单处罚金。

单位犯前款罪的，对单位判处罚金，并对其直接负责的主管人员和其他直接责任人员，依照前款的规定处罚。

● 立案追诉标准

最高人民检察院、公安部关于公安机关管辖的刑事案件立案追诉标准的规定（一）（2008年6月25日）

第五十一条　［妨害国境卫生检疫案（刑法第三百三十二条）］违反国境卫生检疫规定，引起检疫传染病传播或者有传播严重危险的，应予立案追诉。

本条规定的"检疫传染病"，是指鼠疫、霍乱、黄热病以及国务院确定和公布的其他传染病。

第一百条　本规定中的立案追诉标准，除法律、司法解释另有规定的以外，适用于相关的单位犯罪。

第三百三十三条　【非法组织卖血罪】【强迫卖血罪】 非法组织他人出卖血液的，处五年以下有期徒刑，并处罚金；以暴力、威胁方法强迫他人出卖血液的，处五年以上十年以下有期徒刑，并处罚金。

有前款行为，对他人造成伤害的，依照本法第二百三十四条的规定定罪处罚。

● 立案追诉标准

最高人民检察院、公安部关于公安机关管辖的刑事案件立案追诉标准的规定（一）（2008年6月25日）

第五十二条　[非法组织卖血案（刑法第三百三十三条第一款）] 非法组织他人出卖血液，涉嫌下列情形之一的，应予立案追诉：

（一）组织卖血三人次以上的；

（二）组织卖血非法获利累计二千元以上的；

（三）组织未成年人卖血的；

（四）被组织卖血的人的血液含有艾滋病病毒、乙型肝炎病毒、丙型肝炎病毒、梅毒螺旋体等病原微生物的；

（五）其他非法组织卖血应予追究刑事责任的情形。

第五十三条　[强迫卖血案（刑法第三百三十三条第一款）] 以暴力、威胁方法强迫他人出卖血液的，应予立案追诉。

第三百三十四条　【非法采集、供应血液、制作、供应血液制品罪】 非法采集、供应血液或者制作、供应血液制品，不符合国家规定的标准，足以危害人体健康的，处五年以下有期徒刑或者拘役，并处罚金；对人体健康造成严重危害的，处五年以上十年以下有期徒刑，并处罚金；造成特别严重后果的，处十年以上有期徒刑或者无期徒刑，并处罚金或者没收财产。

> 【采集、供应血液、制作、供应血液制品事故罪】经国家主管部门批准采集、供应血液或者制作、供应血液制品的部门,不依照规定进行检测或者违背其他操作规定,造成危害他人身体健康后果的,对单位判处罚金,并对其直接负责的主管人员和其他直接责任人员,处五年以下有期徒刑或者拘役。

● 立案追诉标准

最高人民检察院、公安部关于公安机关管辖的刑事案件立案追诉标准的规定(一)(2008年6月25日)

第五十四条 [非法采集、供应血液、制作、供应血液制品案(刑法第三百三十四条第一款)]非法采集、供应血液或者制作、供应血液制品,涉嫌下列情形之一的,应予立案追诉:

(一)采集、供应的血液含有艾滋病病毒、乙型肝炎病毒、丙型肝炎病毒、梅毒螺旋体等病原微生物的;

(二)制作、供应的血液制品含有艾滋病病毒、乙型肝炎病毒、丙型肝炎病毒、梅毒螺旋体等病原微生物,或者将含有上述病原微生物的血液用于制作血液制品的;

(三)使用不符合国家规定的药品、诊断试剂、卫生器材,或者重复使用一次性采血器材采集血液,造成传染病传播危险的;

(四)违反规定对献血者、供血浆者超量、频繁采集血液、血浆,足以危害人体健康的;

(五)其他不符合国家有关采集、供应血液或者制作、供应血液制品的规定,足以危害人体健康或者对人体健康造成严重危害的情形。

未经国家主管部门批准或者超过批准的业务范围,采集、供应血液或者制作、供应血液制品的,属于本条规定的"非法采集、供应血液或者制作、供应血液制品"。

本条和本规定第五十二条、第五十三条、第五十五条规定的"血液",是指全血、成分血和特殊血液成分。

本条和本规定第五十五条规定的"血液制品",是指各种人血浆蛋白制品。

第五十五条 [采集、供应血液、制作、供应血液制品事故案(刑法第三百三十四条第二款)]经国家主管部门批准采集、供应血液或者制作、供应血液制品的部门，不依照规定进行检测或者违背其他操作规定，涉嫌下列情形之一的，应予立案追诉：

（一）造成献血者、供血浆者、受血者感染艾滋病病毒、乙型肝炎病毒、丙型肝炎病毒、梅毒螺旋体或者其他经血液传播的病原微生物的；

（二）造成献血者、供血浆者、受血者重度贫血、造血功能障碍或者其他器官组织损伤导致功能障碍等身体严重危害的；

（三）其他造成危害他人身体健康后果的情形。

经国家主管部门批准的采供血机构和血液制品生产经营单位，属于本条规定的"经国家主管部门批准采集、供应血液或者制作、供应血液制品的部门"。采供血机构包括血液中心、中心血站、脐带血造血干细胞库和国家卫生行政主管部门根据医学发展需要批准、设置的其他类型血库、单采血浆站。

具有下列情形之一的，属于本条规定的"不依照规定进行检测或者违背其他操作规定"：

（一）血站未用两个企业生产的试剂对艾滋病病毒抗体、乙型肝炎病毒表面抗原、丙型肝炎病毒抗体、梅毒抗体进行两次检测的；

（二）单采血浆站不依照规定对艾滋病病毒抗体、乙型肝炎病毒表面抗原、丙型肝炎病毒抗体、梅毒抗体进行检测的；

（三）血液制品生产企业在投料生产前未用主管部门批准和检定合格的试剂进行复检的；

（四）血站、单采血浆站和血液制品生产企业使用的诊断试剂没有生产单位名称、生产批准文号或者经检定不合格的；

（五）采供血机构在采集检验标本、采集血液和成分血分离时，使用没有生产单位名称、生产批准文号或者超过有效期的一次性注射器等采血器材的；

（六）不依照国家规定的标准和要求包装、储存、运输血液、原料血浆的；

（七）对国家规定检测项目结果呈阳性的血液未及时按照规定予以清除的；

（八）不具备相应资格的医务人员进行采血、检验操作的；

（九）对献血者、供血浆者超量、频繁采集血液、血浆的；

（十）采供血机构采集血液、血浆前，未对献血者或者供血浆者进行身份识别，采集冒名顶替者、健康检查不合格者血液、血浆的；

（十一）血站擅自采集原料血浆，单采血浆站擅自采集临床用血或者向医疗机构供应原料血浆的；

（十二）重复使用一次性采血器材的；

（十三）其他不依照规定进行检测或者违背操作规定的。

● 定罪

1. 第一款"非法采集、供应血液或者制作、供应血液制品"的认定

最高人民法院、最高人民检察院关于办理非法采供血液等刑事案件具体应用法律若干问题的解释（2008年9月23日）

第一条 对未经国家主管部门批准或者超过批准的业务范围,采集、供应血液或者制作、供应血液制品的,应认定为刑法第三百三十四条第一款规定的"非法采集、供应血液或者制作、供应血液制品"。

第八条第一款 本解释所称"血液",是指全血、成分血和特殊血液成分。

第二款 本解释所称"血液制品",是指各种人血浆蛋白制品。

2. 第一款"不符合国家规定的标准,足以危害人体健康"的认定

最高人民法院、最高人民检察院关于办理非法采供血液等刑事案件具体应用法律若干问题的解释（2008年9月23日）

第二条 对非法采集、供应血液或者制作、供应血液制品,具有下列情形之一的,应认定为刑法第三百三十四条第一款规定的"不符合国家规定的标准,足以危害人体健康",处五年以下有期徒刑或者拘役,并处罚金:

(一) 采集、供应的血液含有艾滋病病毒、乙型肝炎病毒、丙型肝炎病毒、梅毒螺旋体等病原微生物的;

(二) 制作、供应的血液制品含有艾滋病病毒、乙型肝炎病毒、丙型肝炎病毒、梅毒螺旋体等病原微生物,或者将含有上述病原微生物的血液用于制作血液制品的;

(三) 使用不符合国家规定的药品、诊断试剂、卫生器材,或者重复使用一次性采血器材采集血液,造成传染病传播危险的;

(四) 违反规定对献血者、供血浆者超量、频繁采集血液、血浆,足以危害人体健康的;

(五) 其他不符合国家有关采集、供应血液或者制作、供应血液制品的规定标准,足以危害人体健康的。

3. 第一款"对人体健康造成严重危害"的认定

最高人民法院、最高人民检察院关于办理非法采供血液等刑事案件具体应用法律若干问题的解释（2008年9月23日）

第三条 对非法采集、供应血液或者制作、供应血液制品,具有下列情形之一的，应认定为刑法第三百三十四条第一款规定的"对人体健康造成严重危害"，处五年以上十年以下有期徒刑，并处罚金：

（一）造成献血者、供血浆者、受血者感染乙型肝炎病毒、丙型肝炎病毒、梅毒螺旋体或者其他经血液传播的病原微生物的；

（二）造成献血者、供血浆者、受血者重度贫血、造血功能障碍或者其他器官组织损伤导致功能障碍等身体严重危害的；

（三）对人体健康造成其他严重危害的。

4. 第一款"造成特别严重后果"的认定

最高人民法院、最高人民检察院关于办理非法采供血液等刑事案件具体应用法律若干问题的解释（2008年9月23日）

第四条　对非法采集、供应血液或者制作、供应血液制品，具有下列情形之一的，应认定为刑法第三百三十四条第一款规定的"造成特别严重后果"，处十年以上有期徒刑或者无期徒刑，并处罚金或者没收财产：

（一）因血液传播疾病导致人员死亡或者感染艾滋病病毒的；

（二）造成五人以上感染乙型肝炎病毒、丙型肝炎病毒、梅毒螺旋体或者其他经血液传播的病原微生物的；

（三）造成五人以上重度贫血、造血功能障碍或者其他器官组织损伤导致功能障碍等身体严重危害的；

（四）造成其他特别严重后果的。

5. 第二款"经国家主管部门批准采集、供应血液或者制作、供应血液制品的部门"的认定

最高人民法院、最高人民检察院关于办理非法采供血液等刑事案件具体应用法律若干问题的解释（2008年9月23日）

第七条　经国家主管部门批准的采供血机构和血液制品生产经营单位，应认定为刑法第三百三十四条第二款规定的"经国家主管部门批准采集、供应血液或者制作、供应血液制品的部门"。

6. 第二款"不依照规定进行检测或者违背其他操作规定"的认定

最高人民法院、最高人民检察院关于办理非法采供血液等刑事案件具体应用法律若干问题的解释（2008年9月23日）

第五条　对经国家主管部门批准采集、供应血液或者制作、供应血液制品的部门，具有下列情形之一的，应认定为刑法第三百三十四条第二款规定的"不

依照规定进行检测或者违背其他操作规定":

（一）血站未用两个企业生产的试剂对艾滋病病毒抗体、乙型肝炎病毒表面抗原、丙型肝炎病毒抗体、梅毒抗体进行两次检测的；

（二）单采血浆站不依照规定对艾滋病病毒抗体、乙型肝炎病毒表面抗原、丙型肝炎病毒抗体、梅毒抗体进行检测的；

（三）血液制品生产企业在投料生产前未用主管部门批准和检定合格的试剂进行复检的；

（四）血站、单采血浆站和血液制品生产企业使用的诊断试剂没有生产单位名称、生产批准文号或者经检定不合格的；

（五）采供血机构在采集检验标本、采集血液和成分血分离时，使用没有生产单位名称、生产批准文号或者超过有效期的一次性注射器等采血器材的；

（六）不依照国家规定的标准和要求包装、储存、运输血液、原料血浆的；

（七）对国家规定检测项目结果呈阳性的血液未及时按照规定予以清除的；

（八）不具备相应资格的医务人员进行采血、检验操作的；

（九）对献血者、供血浆者超量、频繁采集血液、血浆的；

（十）采供血机构采集血液、血浆前，未对献血者或供血浆者进行身份识别，采集冒名顶替者、健康检查不合格者血液、血浆的；

（十一）血站擅自采集原料血浆，单采血浆站擅自采集临床用血或者向医疗机构供应原料血浆的；

（十二）重复使用一次性采血器材的；

（十三）其他不依照规定进行检测或者违背操作规定的。

第八条 本解释所称"血液"，是指全血、成分血和特殊血液成分。

本解释所称"血液制品"，是指各种人血浆蛋白制品。

本解释所称"采供血机构"，包括血液中心、中心血站、中心血库、脐带血造血干细胞库和国家卫生行政主管部门根据医学发展需要批准、设置的其他类型血库、单采血浆站。

7. 第二款"造成危害他人身体健康后果"的认定

最高人民法院、最高人民检察院关于办理非法采供血液等刑事案件具体应用法律若干问题的解释（2008年9月23日）

第六条 对经国家主管部门批准采集、供应血液或者制作、供应血液制品的部门，不依照规定进行检测或者违背其他操作规定，具有下列情形之一的，应认定为刑法第三百三十四条第二款规定的"造成危害他人身体健康后果"，对单位判处罚金，并对其直接负责的主管人员和其他直接责任人员，处五年以下有期徒刑或者拘役：

（一）造成献血者、供血浆者、受血者感染艾滋病病毒、乙型肝炎病毒、丙型肝炎病毒、梅毒螺旋体或者其他经血液传播的病原微生物的；

（二）造成献血者、供血浆者、受血者重度贫血、造血功能障碍或者其他器官组织损伤导致功能障碍等身体严重危害的；

（三）造成其他危害他人身体健康后果的。

8. 一罪与数罪

最高人民法院、最高人民检察院关于办理危害药品安全刑事案件适用法律若干问题的解释（2014年12月1日）

第十条　实施生产、销售假药、劣药犯罪，同时构成生产、销售伪劣产品、侵犯知识产权、非法经营、非法行医、非法采供血等犯罪的，依照处罚较重的规定定罪处罚。

第三百三十四条之一①　【非法采集人类遗传资源、走私人类遗传资源材料罪】违反国家有关规定，非法采集我国人类遗传资源或者非法运送、邮寄、携带我国人类遗传资源材料出境，危害公众健康或者社会公共利益，情节严重的，处三年以下有期徒刑、拘役或者管制，并处或者单处罚金；情节特别严重的，处三年以上七年以下有期徒刑，并处罚金。

第三百三十五条　【医疗事故罪】医务人员由于严重不负责任，造成就诊人死亡或者严重损害就诊人身体健康的，处三年以下有期徒刑或者拘役。

● 立案追诉标准

最高人民检察院、公安部关于公安机关管辖的刑事案件立案追诉标准的规定（一）（2008年6月25日）

第五十六条　[医疗事故案（刑法第三百三十五条）]医务人员由于严重不

---

①　编者注：本条为《刑法修正案（十一）》新设。

负责任，造成就诊人死亡或者严重损害就诊人身体健康的，应予立案追诉。

具有下列情形之一的，属于本条规定的"严重不负责任"：

（一）擅离职守的；

（二）无正当理由拒绝对危急就诊人实行必要的医疗救治的；

（三）未经批准擅自开展试验性医疗的；

（四）严重违反查对、复核制度的；

（五）使用未经批准使用的药品、消毒药剂、医疗器械的；

（六）严重违反国家法律法规及有明确规定的诊疗技术规范、常规的；

（七）其他严重不负责任的情形。

本条规定的"严重损害就诊人身体健康"，是指造成就诊人严重残疾、重伤、感染艾滋病、病毒性肝炎等难以治愈的疾病或者其他严重损害就诊人身体健康的后果。

第三百三十六条　【非法行医罪】未取得医生执业资格的人非法行医，情节严重的，处三年以下有期徒刑、拘役或者管制，并处或者单处罚金；严重损害就诊人身体健康的，处三年以上十年以下有期徒刑，并处罚金；造成就诊人死亡的，处十年以上有期徒刑，并处罚金。

【非法进行节育手术罪】未取得医生执业资格的人擅自为他人进行节育复通手术、假节育手术、终止妊娠手术或者摘取宫内节育器，情节严重的，处三年以下有期徒刑、拘役或者管制，并处或者单处罚金；严重损害就诊人身体健康的，处三年以上十年以下有期徒刑，并处罚金；造成就诊人死亡的，处十年以上有期徒刑，并处罚金。

● 立案追诉标准

最高人民检察院、公安部关于公安机关管辖的刑事案件立案追诉标准的规定（一）（2008年6月25日）

第五十七条　［非法行医案（刑法第三百三十六条第一款）］未取得医生执业资格的人非法行医，涉嫌下列情形之一的，应予立案追诉：

（一）造成就诊人轻度残疾、器官组织损伤导致一般功能障碍，或者中度以上残疾、器官组织损伤导致严重功能障碍，或者死亡的；

（二）造成甲类传染病传播、流行或者有传播、流行危险的；

（三）使用假药、劣药或不符合国家规定标准的卫生材料、医疗器械，足以严重危害人体健康的；

（四）非法行医被卫生行政部门行政处罚两次以后，再次非法行医的；

（五）其他情节严重的情形。

具有下列情形之一的，属于本条规定的"未取得医生执业资格的人非法行医"：

（一）未取得或者以非法手段取得医师资格从事医疗活动的；

（二）个人未取得《医疗机构执业许可证》开办医疗机构的①；

（三）被依法吊销医师执业证书期间从事医疗活动的；

（四）未取得乡村医生执业证书，从事乡村医疗活动的；

（五）家庭接生员实施家庭接生以外的医疗活动的。

本条规定的"轻度残疾、器官组织损伤导致一般功能障碍"、"中度以上残疾、器官组织损伤导致严重功能障碍"，参照卫生部《医疗事故分级标准（试行）》认定。

第五十八条　[非法进行节育手术案（刑法第三百三十六条第二款）]　未取得医生执业资格的人擅自为他人进行节育复通手术、假节育手术、终止妊娠手术或者摘取宫内节育器，涉嫌下列情形之一的，应予立案追诉：

（一）造成就诊人轻伤、重伤、死亡或者感染艾滋病、病毒性肝炎等难以治愈的疾病的；

（二）非法进行节育复通手术、假节育手术、终止妊娠手术或者摘取宫内节育器五人次以上的；

（三）致使他人超计划生育的；

（四）非法进行选择性别的终止妊娠手术的；

（五）非法获利累计五千元以上的；

（六）其他情节严重的情形。

---

①　编者注：该项规定应不再适用。《最高人民法院关于修改〈关于审理非法行医刑事案件具体应用法律若干问题的解释〉的决定》（2016年12月20日）第一条删除了该项情形以往也属于"未取得医生执业资格的人非法行医"的规定。

● 定罪

1. 第一款"未取得医生执业资格的人非法行医"的认定

最高人民法院关于非法行医罪犯罪主体条件征询意见函（2001年4月29日）

中华人民共和国卫生部：

非法行医罪是一种严重危害社会医疗卫生秩序，危害群众身体健康和生命安全的犯罪行为，应当依法严惩。但是，由于在审判实践中对刑法规定该罪主体条件的医务专业术语如何理解有争议，影响对该类案件依法进行处理。

《中华人民共和国刑法》第三百三十六条第一款规定："未取得医生执业资格的人非法行医，情节严重的，处三年以下有期徒刑拘役或者管制，并处或者单处罚金；严重损害就诊人身体健康的，处三年以上十年以下有期徒刑，并处罚金；造成就诊人死亡的，处十年以上有期徒刑，并处罚金。"前述法律规定中，是否取得"医生执业资格"是非法行医罪的主体条件。审判实践中的疑问是：（1）医生资格和医生执业资格是不是同一概念？如果不是同一概念，二者的内涵是什么？（2）1997年10月1日《中华人民共和国刑法》施行以后至1999年5月1日《中华人民共和国执业医师法》施行以前，对"未取得医生执业资格的人"应当如何理解？是否包括具有医生资格，并被医院或者其他卫生单位聘为医生，但在未被批准行医的场所行医的人？为了正确适用法律，以及依法惩处非法行医犯罪行为，特征求你部对上述问题的意见，请将你们的意见以及相关的依据函告我院。

卫生部关于对非法行医罪犯罪条件征询意见函的复函（2001年8月8日）

最高人民法院：

你院《关于非法行医罪犯罪主体条件征询意见函》（法函〔2001〕23号）收悉。经研究，现答复如下：

一、关于非法行医罪犯罪主体的概念

1998年6月26日第九届全国人民代表大会常务委员会第三次会议通过《执业医师法》，根据该法规定，医师是取得执业医师资格，经注册在医疗、预防、保健机构中执业的医学专业人员。医师分为执业医师和执业助理医师，《刑法》中的"医生执业资格的人"应当是按照《执业医师法》的规定，取得执业医师资格并经卫生行政部门注册的医学专业人员。

二、关于《执业医师法》颁布以前医师资格认定问题

《执业医师法》第四十三条规定:"本法颁布之日前按照国家有关规定取得医学专业技术职称和医学专业技术职务的人员,由所在机构报请县级以上人民政府卫生行政部门认定,取得相应的医师资格。"

卫生部、人事部下发了《具有医学专业技术职务任职资格人员认定医师资格及执业注册办法》。目前各级卫生行政部门正在对《执业医师法》颁布之前,按照国家有关规定已取得医学专业技术职务任职资格的人员认定医师资格,并为仍在医疗、预防、保健机构执业的医师办理执业注册。

三、关于在"未被批准行医的场所"行医问题

具有医生执业资格的人在"未被批准行医的场所"行医属非法行医。其中,"未被批准行医的场所"是指没有卫生行政部门核发的《医疗机构执业许可证》的场所。但是,下列情况不属于非法行医:

(一)随急救车出诊或随采血车出车采血的;

(二)对病人实施现场急救的;

(三)经医疗、预防、保健机构批准的家庭病床、卫生支农、出诊、承担政府交办的任务和卫生行政部门批准的义诊等。

四、关于乡村医生及家庭接生员的问题

《执业医师法》规定,不具备《执业医师法》规定的执业医师资格或者执业助理医师资格的乡村医生,由国务院另行制定管理办法。经过卫生行政部门审核的乡村医生应当在注册的村卫生室执业。除第三条所列情况外,其他凡超出其申请执业地点的,应视为非法行医。

根据《母婴保健法》的规定"不能住院分娩的孕妇应当经过培训合格的接生人员实行消毒接生","从事家庭接生的人员,必须经过县级以上地方人民政府卫生行政部门的考核,并取得相应的合格证书"。取得合法资格的家庭接生人员为不能住院分娩的孕妇接生,不属于非法行医。

最高人民法院关于审理非法行医刑事案件具体应用法律若干问题的解释

(2016年12月20日)

第一条 具有下列情形之一的,应认定为刑法第三百三十六条第一款规定的"未取得医生执业资格的人非法行医":

(一)未取得或者以非法手段取得医师资格从事医疗活动的;

(二)被依法吊销医师执业证书期间从事医疗活动的;

(三)未取得乡村医生执业证书,从事乡村医疗活动的;

(四)家庭接生员实施家庭接生以外的医疗行为的。

第六条第一款　本解释所称"医疗活动""医疗行为",参照《医疗机构管理条例实施细则》中的"诊疗活动""医疗美容"认定。

2. 第一款"情节严重"的认定

最高人民法院关于审理非法行医刑事案件具体应用法律若干问题的解释
（2016年12月20日）

第二条　具有下列情形之一的,应认定为刑法第三百三十六条第一款规定的"情节严重":

（一）造成就诊人轻度残疾、器官组织损伤导致一般功能障碍的;

（二）造成甲类传染病传播、流行或者有传播、流行危险的;

（三）使用假药、劣药或不符合国家规定标准的卫生材料、医疗器械,足以严重危害人体健康的;

（四）非法行医被卫生行政部门行政处罚两次以后,再次非法行医的;

（五）其他情节严重的情形。

第六条第二款　本解释所称"轻度残疾、器官组织损伤导致一般功能障碍"、"中度以上残疾、器官组织损伤导致严重功能障碍",参照卫生部《医疗事故分级标准（试行）》认定。

3. 第一款"严重损害就诊人身体健康"的认定

最高人民法院关于审理非法行医刑事案件具体应用法律若干问题的解释
（2016年12月20日）

第三条　具有下列情形之一的,应认定为刑法第三百三十六条第一款规定的"严重损害就诊人身体健康":

（一）造成就诊人中度以上残疾、器官组织损伤导致严重功能障碍的;

（二）造成三名以上就诊人轻度残疾、器官组织损伤导致一般功能障碍的。

4. 第一款"造成就诊人死亡"的认定

最高人民法院关于审理非法行医刑事案件具体应用法律若干问题的解释
（2016年12月20日）

第四条　非法行医行为系造成就诊人死亡的直接、主要原因的,应认定为刑法第三百三十六条第一款规定的"造成就诊人死亡"。

非法行医行为并非造成就诊人死亡的直接、主要原因的,可不认定为刑法第三百三十六条第一款规定的"造成就诊人死亡"。但是,根据案件情况,可以认定为刑法第三百三十六条第一款规定的"情节严重"。

5. 一罪与数罪

最高人民法院关于审理非法行医刑事案件具体应用法律若干问题的解释（2016 年 12 月 20 日）

第五条 实施非法行医犯罪，同时构成生产、销售假药罪，生产、销售劣药罪，诈骗罪等其他犯罪的，依照刑法处罚较重的规定定罪处罚。

最高人民法院、最高人民检察院关于办理危害药品安全刑事案件适用法律若干问题的解释（2014 年 12 月 1 日）

第十条 实施生产、销售假药、劣药犯罪，同时构成生产、销售伪劣产品、侵犯知识产权、非法经营、非法行医、非法采供血等犯罪的，依照处罚较重的规定定罪处罚。

● 量刑

从重处罚

最高人民法院、最高人民检察院关于办理妨害预防、控制突发传染病疫情等灾害的刑事案件具体应用法律若干问题的解释（2003 年 5 月 15 日）

第十二条 未取得医师执业资格非法行医，具有造成突发传染病病人、病原携带者、疑似突发传染病病人贻误诊治或者造成交叉感染等严重情节的，依照刑法第三百三十六条第一款的规定，以非法行医罪定罪，依法从重处罚。

第三百三十六条之一① 【非法植入基因编辑、克隆胚胎罪】将基因编辑、克隆的人类胚胎植入人体或者动物体内，或者将基因编辑、克隆的动物胚胎植入人体内，情节严重的，处三年以下有期徒刑或者拘役，并处罚金；情节特别严重的，处三年以上七年以下有期徒刑，并处罚金。

---

① 编者注：本条为《刑法修正案（十一）》新设。

> **第三百三十七条　【妨害动植物防疫、检疫罪】**违反有关动植物防疫、检疫的国家规定，引起重大动植物疫情的，或者有引起重大动植物疫情危险，情节严重的，处三年以下有期徒刑或者拘役，并处或者单处罚金。
>
> 单位犯前款罪的，对单位判处罚金，并对其直接负责的主管人员和其他直接责任人员，依照前款的规定处罚。

● 立案追诉标准

最高人民检察院、公安部关于公安机关管辖的刑事案件立案追诉标准的规定（一）的补充规定（2017年4月27日）

九、将《立案追诉标准（一）》第59条修改为：[妨害动植物防疫、检疫案（刑法第337条）] 违反有关动植物防疫、检疫的国家规定，引起重大动植物疫情的，应予立案追诉。

违反有关动植物防疫、检疫的国家规定，有引起重大动植物疫情危险，涉嫌下列情形之一的，应予立案追诉：

（一）非法处置疫区内易感动物或者其产品，货值金额五万元以上的；

（二）非法处置因动植物防疫、检疫需要被依法处理的动植物或者其产品，货值金额2万元以上的；

（三）非法调运、生产、经营感染重大植物检疫性有害生物的林木种子、苗木等繁殖材料或者森林植物产品的；

（四）输入《中华人民共和国进出境动植物检疫法》规定的禁止进境物逃避检疫，或者对特许进境的禁止进境物未有效控制与处置，导致其逃逸、扩散的；

（五）进境动植物及其产品检出有引起重大动植物疫情危险的动物疫病或者植物有害生物后，非法处置导致进境动植物及其产品流失的；

（六）一年内携带或者寄递《中华人民共和国禁止携带、邮寄进境的动植物及其产品名录》所列物品进境逃避检疫2次以上，或者窃取、抢夺、损毁、抛洒动植物检疫机关截留的《中华人民共和国禁止携带、邮寄进境的动植物及其产品名录》所列物品的；

（七）其他情节严重的情形。

本条规定的"重大动植物疫情"，按照国家行政主管部门的有关规定认定。

最高人民检察院、公安部关于公安机关管辖的刑事案件立案追诉标准的规定（一）（2008年6月25日）

第一百条 本规定中的立案追诉标准，除法律、司法解释另有规定的以外，适用于相关的单位犯罪。

第六节 破坏环境资源保护罪

第三百三十八条① 【污染环境罪】违反国家规定，排放、倾倒或者处置有放射性的废物、含传染病病原体的废物、有毒物质或者其他有害物质，严重污染环境的，处三年以下有期徒刑或者拘役，并处或者单处罚金；情节严重的，处三年以上七年以下有期徒刑，并处罚金；有下列情形之一的，处七年以上有期徒刑，并处罚金：

（一）在饮用水水源保护区、自然保护地核心保护区等依法确定的重点保护区域排放、倾倒、处置有放射性的废物、含传染病病原体的废物、有毒物质，情节特别严重的；

（二）向国家确定的重要江河、湖泊水域排放、倾倒、处置有放射性的废物、含传染病病原体的废物、有毒物质，情节特别严重的；

（三）致使大量永久基本农田基本功能丧失或者遭受永久性破坏的；

（四）致使多人重伤、严重疾病，或者致人严重残疾、死亡的。

有前款行为，同时构成其他犯罪的，依照处罚较重的规定定罪处罚。

---

① 编者注：《刑法修正案（十一）》增设了加重犯（"七年以上有期徒刑，并处罚金"）及其具体情节。

● 关联法条

第九十六条、第三百四十六条

● 立案追诉标准

最高人民检察院、公安部关于公安机关管辖的刑事案件立案追诉标准的规定（一）的补充规定（2017年4月27日）

十、将《立案追诉标准（一）》第60条修改为：[污染环境案（刑法第338条）]违反国家规定，排放、倾倒或者处置有放射性的废物、含传染病病原体的废物、有毒物质或者其他有害物质，涉嫌下列情形之一的，应予立案追诉：

（一）在饮用水水源一级保护区、自然保护区核心区排放、倾倒、处置有放射性的废物、含传染病病原体的废物、有毒物质的；

（二）非法排放、倾倒、处置危险废物三吨以上的；

（三）排放、倾倒、处置含铅、汞、镉、铬、砷、铊、锑的污染物，超过国家或者地方污染物排放标准3倍以上的；

（四）排放、倾倒、处置含镍、铜、锌、银、钒、锰、钴的污染物，超过国家或者地方污染物排放标准10倍以上的；

（五）通过暗管、渗井、渗坑、裂隙、溶洞、灌注等逃避监管的方式排放、倾倒、处置有放射性的废物、含传染病病原体的废物、有毒物质的；

（六）二年内曾因违反国家规定，排放、倾倒、处置有放射性的废物、含传染病病原体的废物、有毒物质受过2次以上行政处罚，又实施前列行为的；

（七）重点排污单位篡改、伪造自动监测数据或者干扰自动监测设施，排放化学需氧量、氨氮、二氧化硫、氮氧化物等污染物的；

（八）违法减少防治污染设施运行支出100万元以上的；

（九）违法所得或者致使公私财产损失30万元以上的；

（十）造成生态环境严重损害的；

（十一）致使乡镇以上集中式饮用水水源取水中断12小时以上的；

（十二）致使基本农田、防护林地、特种用途林地5亩以上，其他农用地10亩以上，其他土地20亩以上基本功能丧失或者遭受永久性破坏的；

（十三）致使森林或者其他林木死亡50立方米以上，或者幼树死亡2500百株以上的；

（十四）致使疏散、转移群众 5 千人以上的；

（十五）致使 30 人以上中毒的；

（十六）致使 3 人以上轻伤、轻度残疾或者器官组织损伤导致一般功能障碍的；

（十七）致使 1 人以上重伤、中度残疾或者器官组织损伤导致严重功能障碍的；

（十八）其他严重污染环境的情形。

本条规定的"有毒物质"，包括列入国家危险废物名录或者根据国家规定的危险废物鉴别标准和鉴别方法认定的具有危险特性的废物，《关于持久性有机污染物的斯德哥尔摩公约》附件所列物质，含重金属的污染物，以及其他具有毒性可能污染环境的物质。

本条规定的"非法处置危险废物"，包括无危险废物经营许可证，以营利为目的，从危险废物中提取物质作为原材料或者燃料，并具有超标排放污染物、非法倾倒污染物或者其他违法造成环境污染情形的行为。

本条规定的"重点排污单位"，是指设区的市级以上人民政府环境保护主管部门依法确定的应当安装、使用污染物排放自动监测设备的重点监控企业及其他单位。

本条规定的"公私财产损失"，包括直接造成财产损毁、减少的实际价值，为防止污染扩大、消除污染而采取必要合理措施所产生的费用，以及处置突发环境事件的应急监测费用。

本条规定的"生态环境损害"，包括生态环境修复费用，生态环境修复期间服务功能的损失和生态环境功能永久性损害造成的损失，以及其他必要合理费用。

本条规定的"无危险废物经营许可证"，是指未取得危险废物经营许可证，或者超出危险废物经营许可证的经营范围。

● 定罪

1. 主观过错的认定

最高人民法院、最高人民检察院、公安部、司法部、生态环境部关于办理环境污染刑事案件有关问题座谈会纪要（2019 年 2 月 20 日）

二、3. 关于主观过错的认定

会议针对当前办理环境污染犯罪案件中，如何准确认定犯罪嫌疑人、被告人主观过错的问题进行了讨论。会议认为，判断犯罪嫌疑人、被告人是否具有环境污染犯罪的故意，应当依据犯罪嫌疑人、被告人的任职情况、职业经历、专业背景、培训经历、本人因同类行为受到行政处罚或者刑事追究情况以及污染物种类、污染方式、资金流向等证据，结合其供述，进行综合分析判断。

　　实践中，具有下列情形之一，犯罪嫌疑人、被告人不能作出合理解释的，可以认定其故意实施环境污染犯罪，但有证据证明确系不知情的除外：(1) 企业没有依法通过环境影响评价，或者未依法取得排污许可证，排放污染物，或者已经通过环境影响评价并且防治污染设施验收合格后，擅自更改工艺流程、原辅材料，导致产生新的污染物质的；(2) 不使用验收合格的防治污染设施或者不按规范要求使用的；(3) 防治污染设施发生故障，发现后不及时排除，继续生产放任污染物排放的；(4) 生态环境部门责令限制生产、停产整治或者予以行政处罚后，继续生产放任污染物排放的；(5) 将危险废物委托第三方处置，没有尽到查验经营许可的义务，或者委托处置费用明显低于市场价格或者处置成本的；(6) 通过暗管、渗井、渗坑、裂隙、溶洞、灌注等逃避监管的方式排放污染物的；(7) 通过篡改、伪造监测数据的方式排放污染物的；(8) 其他足以认定的情形。

2. "排放、倾倒、处置"的认定

　　最高人民法院、最高人民检察院、公安部、司法部、生态环境部关于办理环境污染刑事案件有关问题座谈会纪要（2019年2月20日）

　　二、8. 关于非法排放、倾倒、处置行为的认定

　　会议针对如何准确认定环境污染犯罪中非法排放、倾倒、处置行为进行了讨论。会议认为，司法实践中认定非法排放、倾倒、处置行为时，应当根据《固体废物污染环境防治法》和《环境解释》的有关规定精神，从其行为方式是否违反国家规定或者行业操作规范、污染物是否与外环境接触、是否造成环境污染的危险或者危害等方面进行综合分析判断。对名为运输、贮存、利用，实为排放、倾倒、处置的行为应当认定为非法排放、倾倒、处置行为，可以依法追究刑事责任。比如，未采取相应防范措施将没有利用价值的危险废物长期贮存、搁置，放任危险废物或者其有毒有害成分大量扬散、流失、泄漏、挥发，污染环境的。

3. "有毒物质""其他有害物质"的认定

　　最高人民法院、最高人民检察院关于办理环境污染刑事案件适用法律若干问题的解释（2017年1月1日）

　　第十三条　对国家危险废物名录所列的废物，可以依据涉案物质的来源、

产生过程、被告人供述、证人证言以及经批准或者备案的环境影响评价文件等证据，结合环境保护主管部门、公安机关等出具的书面意见作出认定。

对于危险废物的数量，可以综合被告人供述、涉案企业的生产工艺、物耗、能耗情况，以及经批准或者备案的环境影响评价文件等证据作出认定。

第十五条　下列物质应当认定为刑法第三百三十八条规定的"有毒物质"：

（一）危险废物，是指列入国家危险废物名录，或者根据国家规定的危险废物鉴别标准和鉴别方法认定的，具有危险特性的废物；

（二）《关于持久性有机污染物的斯德哥尔摩公约》附件所列物质；

（三）含重金属的污染物；

（四）其他具有毒性，可能污染环境的物质。

最高人民法院、最高人民检察院、公安部、司法部、生态环境部关于办理环境污染刑事案件有关问题座谈会纪要（2019年2月20日）

二、9. 关于有害物质的认定

会议针对如何准确认定刑法第三百三十八条规定的"其他有害物质"的问题进行了讨论。会议认为，办理非法排放、倾倒、处置其他有害物质的案件，应当坚持主客观相一致原则，从行为人的主观恶性、污染行为恶劣程度、有害物质危险性毒害性等方面进行综合分析判断，准确认定其行为的社会危害性。实践中，常见的有害物质主要有：工业危险废物以外的其他工业固体废物；未经处理的生活垃圾；有害大气污染物、受控消耗臭氧层物质和有害水污染物；在利用和处置过程中必然产生有毒有害物质的其他物质；国务院生态环境保护主管部门会同国务院卫生主管部门公布的有毒有害污染物名录中的有关物质等。

三、13. 关于危险废物的认定

会议针对危险废物如何认定以及是否需要鉴定的问题进行了讨论。会议认为，根据《环境解释》的规定精神，对于列入《国家危险废物名录》的，如果来源和相应特征明确，司法人员根据自身专业技术知识和工作经验认定难度不大的，司法机关可以依据名录直接认定。对于来源和相应特征不明确的，由生态环境部门、公安机关等出具书面意见，司法机关可以依据涉案物质的来源、产生过程、被告人供述、证人证言以及经批准或者备案的环境影响评价文件等证据，结合上述书面意见作出是否属于危险废物的认定。对于需要生态环境部门、公安机关等出具书面认定意见的，区分下列情况分别处理：（1）对已确认固体废物产生单位，且产废单位环评文件中明确为危险废物的，根据产废单位建设项目环评文件和审批、验收意见、案件笔录等材料，可对照《国家危险废物名录》等出具认定意见。（2）对已确认固体废物产生单位，但产废单位环评文件中未明确为危险废物的，应进一步分析废物产生工艺，对照判断其是否列入《国家危险废物名录》。列入名录的可以直接出具认定意见；未列入名录的，应根据原辅材料、产生工艺等进一步分析其是否具有危险特性，不可能具有危险特性的，不属于危险废物；可能具有危险特性的，抽取典型样品进行检测，并根据典型样品检测指标浓度，对照《危险废物鉴别标准》(GB5085.1-7) 出具认定意见。(3) 对固体废物产生单位无法确定的，应抽取典型样品进行检测，根据典型样品检测指标浓度，对照《危险废物鉴别标准》(GB5085.1-7) 出具认定意见。对确需进一步委托有相关资质的检测鉴定机构进行检测鉴定的，生态环境部门或者公安机关按照有关规定开展检测鉴定工作。

4. "严重污染环境""后果特别严重"的认定

最高人民法院、最高人民检察院关于办理环境污染刑事案件适用法律若干问题的解释（2017年1月1日）

第一条 实施刑法第三百三十八条规定的行为，具有下列情形之一的，应当认定为"严重污染环境"：

（一）在饮用水水源一级保护区、自然保护区核心区排放、倾倒、处置有放射性的废物、含传染病病原体的废物、有毒物质的；

（二）非法排放、倾倒、处置危险废物三吨以上的；

（三）排放、倾倒、处置含铅、汞、镉、铬、砷、铊、锑的污染物，超过国家或者地方污染物排放标准三倍以上的；

（四）排放、倾倒、处置含镍、铜、锌、银、钒、锰、钴的污染物，超过国家或者地方污染物排放标准十倍以上的；

（五）通过暗管、渗井、渗坑、裂隙、溶洞、灌注等逃避监管的方式排放、倾倒、处置有放射性的废物、含传染病病原体的废物、有毒物质的；

（六）二年内曾因违反国家规定，排放、倾倒、处置有放射性的废物、含传染病病原体的废物、有毒物质受过两次以上行政处罚，又实施前列行为的；

（七）重点排污单位篡改、伪造自动监测数据或者干扰自动监测设施，排放化学需氧量、氨氮、二氧化硫、氮氧化物等污染物的；

（八）违法减少防治污染设施运行支出一百万元以上的；

（九）违法所得或者致使公私财产损失三十万元以上的；

（十）造成生态环境严重损害的；

（十一）致使乡镇以上集中式饮用水水源取水中断十二小时以上的；

（十二）致使基本农田、防护林地、特种用途林地五亩以上，其他农用地十亩以上，其他土地二十亩以上基本功能丧失或者遭受永久性破坏的；

（十三）致使森林或者其他林木死亡五十立方米以上，或者幼树死亡二千五百株以上的；

（十四）致使疏散、转移群众五千人以上的；

（十五）致使三十人以上中毒的；

（十六）致使三人以上轻伤、轻度残疾或者器官组织损伤导致一般功能障碍的；

（十七）致使一人以上重伤、中度残疾或者器官组织损伤导致严重功能障碍的；

（十八）其他严重污染环境的情形。

第三条 实施刑法第三百三十八条、第三百三十九条规定的行为，具有下列情形之一的，应当认定为"后果特别严重"：

（一）致使县级以上城区集中式饮用水水源取水中断十二小时以上的；

（二）非法排放、倾倒、处置危险废物一百吨以上的；

（三）致使基本农田、防护林地、特种用途林地十五亩以上，其他农用地三十亩以上，其他土地六十亩以上基本功能丧失或者遭受永久性破坏的；

（四）致使森林或者其他林木死亡一百五十立方米以上，或者幼树死亡七千五百株以上的；

（五）致使公私财产损失一百万元以上的；

（六）造成生态环境特别严重损害的；

（七）致使疏散、转移群众一万五千人以上的；

（八）致使一百人以上中毒的；

（九）致使十人以上轻伤、轻度残疾或者器官组织损伤导致一般功能障碍的；

（十）致使三人以上重伤、中度残疾或者器官组织损伤导致严重功能障碍的；

（十一）致使一人以上重伤、中度残疾或者器官组织损伤导致严重功能障碍，并致使五人以上轻伤、轻度残疾或者器官组织损伤导致一般功能障碍的；

（十二）致使一人以上死亡或者重度残疾的；

（十三）其他后果特别严重的情形。

第十六条 无危险废物经营许可证，以营利为目的，从危险废物中提取物质作为原材料或者燃料，并具有超标排放污染物、非法倾倒污染物或者其他违法造成环境污染的情形的行为，应当认定为"非法处置危险废物"。

第十七条第一款 本解释所称"二年内"，以第一次违法行为受到行政处罚的生效之日与又实施相应行为之日的时间间隔计算确定。

第二款　本解释所称"重点排污单位"，是指设区的市级以上人民政府环境保护主管部门依法确定的应当安装、使用污染物排放自动监测设备的重点监控企业及其他单位。

第三款　本解释所称"违法所得"，是指实施刑法第三百三十八条、第三百三十九条规定的行为所得和可得的全部违法收入。

第四款　本解释所称"公私财产损失"，包括实施刑法第三百三十八条、第三百三十九条规定的行为直接造成财产损毁、减少的实际价值，为防止污染扩大、消除污染而采取必要合理措施所产生的费用，以及处置突发环境事件的应急监测费用。

第五款　本解释所称"生态环境损害"，包括生态环境修复费用，生态环境修复期间服务功能的损失和生态环境功能永久性损害造成的损失，以及其他必要合理费用。

最高人民法院、最高人民检察院、公安部、司法部、生态环境部关于办理环境污染刑事案件有关问题座谈会纪要（2019年2月20日）

二、4. 关于生态环境损害标准的认定

会议针对如何适用《环境解释》第一条、第三条规定的"造成生态环境严重损害的""造成生态环境特别严重损害的"定罪量刑标准进行了讨论。会议指出，生态环境损害赔偿制度是生态文明制度体系的重要组成部分。党中央、国务院高度重视生态环境损害赔偿工作，党的十八届三中全会明确提出对造成生态环境损害的责任者严格实行赔偿制度。2015年，中央办公厅、国务院办公厅印发《生态环境损害赔偿制度改革试点方案》（中办发〔2015〕57号），在吉林等7个省市部署开展改革试点，取得明显成效。2017年，中央办公厅、国务院办公厅印发《生态环境损害赔偿制度改革方案》（中办发〔2017〕68号），在全国范围内试行生态环境损害赔偿制度。

会议指出，《环境解释》将造成生态环境损害规定为污染环境罪的定罪量刑标准之一，是为了与生态环境损害赔偿制度实现衔接配套，考虑到该制度尚在试行过程中，《环境解释》作了较原则的规定。司法实践中，一些省市结合本地区工作实际制定了具体标准。会议认为，在生态环境损害赔偿制度试行阶段，全国各省（自治区、直辖市）可以结合本地实际情况，因地制宜，因时制宜，根据案件具体情况准确认定"造成生态环境严重损害"和"造成生态环境特别严重损害"。

7. 关于涉大气污染环境犯罪的处理

会议针对涉大气污染环境犯罪的打击处理问题进行了讨论。会议强调，打赢蓝天保卫战是打好污染防治攻坚战的重中之重。各级人民法院、人民检察院、公安机关、生态环境部门要认真分析研究全国人大常委会大气污染防治法执法检查发现的问题和提出的建议，不断加大对涉大气污染环境犯罪的打击力度，毫不动摇地以法律武器治理污染，用法治力量保卫蓝天，推动解决人民群众关注的突出大气环境问题。

会议认为，司法实践中打击涉大气污染环境犯罪，要抓住关键问题，紧盯薄弱环节，突出打击重点。对重污染天气预警期间，违反国家规定，超标排放二氧化硫、氮氧化物，受过行政处罚后又实施上述行为或者具有其他严重情节的，可以适用《环境解释》第一条第十八项规定的"其他严重污染环境的情形"追究刑事责任。

5. 违反传染病防治法，造成重大环境污染事故行为的定性

最高人民法院、最高人民检察院关于办理妨害预防、控制突发传染病疫情等灾害的刑事案件具体应用法律若干问题的解释（2003年5月15日）

第十三条 违反传染病防治法等国家有关规定，向土地、水体、大气排放、倾倒或者处置含传染病病原体的废物、有毒物质或者其他危险废物，造成突发传染病传播等重大环境污染事故，致使公私财产遭受重大损失或者人身伤亡的严重后果的，依照刑法第三百三十八条的规定，以重大环境污染事故罪①定罪处罚。

6. 单位犯罪

最高人民法院、最高人民检察院关于办理环境污染刑事案件适用法律若干问题的解释（2017年1月1日）

第十一条 单位实施本解释规定的犯罪的，依照本解释规定的定罪量刑标准，对直接负责的主管人员和其他直接责任人员定罪处罚，并对单位判处罚金。

最高人民法院、最高人民检察院、公安部、司法部、生态环境部关于办理环境污染刑事案件有关问题座谈会纪要（2019年2月20日）

二、1. 关于单位犯罪的认定

会议针对一些地方存在追究自然人犯罪多，追究单位犯罪少，单位犯罪认定难的情况和问题进行了讨论。会议认为，办理环境污染犯罪案件，认定单位犯罪时，应当依法合理把握追究刑事责任的范围，贯彻宽严相济刑事政策，重点打击出资者、经营者和主要获利者，既要防止不当缩小追究刑事责任的人员

---

① 编者注：现已更名为"污染环境罪"。

范围，又要防止打击面过大。

为了单位利益，实施环境污染行为，并具有下列情形之一的，应当认定为单位犯罪：(1) 经单位决策机构按照决策程序决定的；(2) 经单位实际控制人、主要负责人或者授权的分管负责人决定、同意的；(3) 单位实际控制人、主要负责人或者授权的分管负责人得知单位成员个人实施环境污染犯罪行为，并未加以制止或者及时采取措施，而是予以追认、纵容或者默许的；(4) 使用单位营业执照、合同书、公章、印鉴等对外开展活动，并调用单位车辆、船舶、生产设备、原辅材料等实施环境污染犯罪行为的。

单位犯罪中的"直接负责的主管人员"，一般是指对单位犯罪起决定、批准、组织、策划、指挥、授意、纵容等作用的主管人员，包括单位实际控制人、主要负责人或者授权的分管负责人、高级管理人员等；"其他直接责任人员"，一般是指在直接负责的主管人员的指挥、授意下积极参与实施单位犯罪或者对具体实施单位犯罪起较大作用的人员。

对于应当认定为单位犯罪的环境污染犯罪案件，公安机关未作为单位犯罪移送审查起诉的，人民检察院应当退回公安机关补充侦查。对于应当认定为单位犯罪的环境污染犯罪案件，人民检察院只作为自然人犯罪起诉的，人民法院应当建议人民检察院对犯罪单位补充起诉。

7. 共同犯罪

最高人民法院、最高人民检察院关于办理环境污染刑事案件适用法律若干问题的解释（2017年1月1日）

第七条 明知他人无危险废物经营许可证，向其提供或者委托其收集、贮存、利用、处置危险废物，严重污染环境的，以共同犯罪①论处。

第十七条第六款 本解释所称"无危险废物经营许可证"，是指未取得危险废物经营许可证，或者超出危险废物经营许可证的经营范围。

8. 一罪与数罪

最高人民法院关于进一步加强危害生产安全刑事案件审判工作的意见（2011年12月30日）

四、准确适用法律

10. 第二款 违反安全生产管理规定，非法采矿、破坏性采矿或排放、倾

---

① 编者注：未必是污染环境罪的共同犯罪，也可能是非法经营罪的共同犯罪。

倒、处置有害物质严重污染环境，造成重大伤亡事故或者其他严重后果，同时构成危害生产安全犯罪和破坏环境资源保护犯罪的，依照数罪并罚的规定处罚。

最高人民法院关于审理发生在我国管辖海域相关案件若干问题的规定（二）（2016年8月2日）

第八条 实施破坏海洋资源犯罪行为，同时构成非法捕捞罪、非法猎捕、杀害珍贵、濒危野生动物罪、组织他人偷越国（边）境罪、偷越国（边）境罪等犯罪的，依照处罚较重的规定定罪处罚。

有破坏海洋资源犯罪行为，又实施走私、妨害公务等犯罪的，依照数罪并罚的规定处理。

最高人民法院、最高人民检察院关于办理环境污染刑事案件适用法律若干问题的解释（2017年1月1日）

第六条 无危险废物经营许可证从事收集、贮存、利用、处置危险废物经营活动，严重污染环境的，按照污染环境罪定罪处罚；同时构成非法经营罪的，依照处罚较重的规定定罪处罚。

实施前款规定的行为，不具有超标排放污染物、非法倾倒污染物或者其他违法造成环境污染的情形的，可以认定为非法经营情节显著轻微危害不大，不认为是犯罪；构成生产、销售伪劣产品等其他犯罪的，以其他犯罪论处。

第八条 违反国家规定，排放、倾倒、处置含有毒害性、放射性、传染病病原体等物质的污染物，同时构成污染环境罪、非法处置进口的固体废物罪、投放危险物质罪等犯罪的，依照处罚较重的规定定罪处罚。

第十七条第六款 本解释所称"无危险废物经营许可证"，是指未取得危险废物经营许可证，或者超出危险废物经营许可证的经营范围。

最高人民法院、最高人民检察院、公安部、司法部、生态环境部关于办理环境污染刑事案件有关问题座谈会纪要（2019年2月20日）

二、5. 关于非法经营罪的适用

会议针对如何把握非法经营罪与污染环境罪的关系以及如何具体适用非法经营罪的问题进行了讨论。会议强调，要高度重视非法经营危险废物案件的办理，坚持全链条、全环节、全流程对非法排放、倾倒、处置、经营危险废物的产业链进行刑事打击，查清犯罪网络，深挖犯罪源头，斩断利益链条，不断挤压和铲除此类犯罪滋生蔓延的空间。

会议认为，准确理解和适用《环境解释》第六条的规定应当注意把握两个原则：一要坚持实质判断原则，对行为人非法经营危险废物行为的社会危害性作实质性判断。比如，一些单位或者个人虽未依法取得危险废物经营许可证，但其收集、贮存、利用、处置危险废物经营活动，没有超标排放污染物、非法倾倒污染物或者其他违法造成环境污染情形的，则不宜以非法经营罪论处。二要坚持综合判断原则，对行为人非法经营危险废物行为根据其在犯罪链条中的地位、作用综合判断其社会危害性。比如，有证据证明单位或者个人的无证经营危险废物行为属于危险废物非法经营产业链的一部分，并且已经形成了分工负责、利益均沾、相对固定的犯罪链条，如果行为人或者与其联系紧密的上游或者下游环节具有排放、倾倒、处置危险废物违法造成环境污染的情形，且交易价格明显异常的，对行为人可以根据案件具体情况在污染环境罪和非法经营罪中，择一重罪处断。

6. 关于投放危险物质罪的适用

会议强调，目前我国一些地方环境违法犯罪活动高发多发，刑事处罚威慑力不强的问题仍然突出，现阶段在办理环境污染犯罪案件时必须坚决贯彻落实中央领导同志关于重典治理污染的指示精神，把刑法和《环境解释》的规定用足用好，形成对环境污染违法犯罪的强大震慑。

会议认为，司法实践中对环境污染行为适用投放危险物质罪追究刑事责任时，应当重点审查判断行为人的主观恶性、污染行为恶劣程度、污染物的毒害性危险性、污染持续时间、污染结果是否可逆、是否对公共安全造成现实、具体、明确的危险或者危害等各方面因素。对于行为人明知其排放、倾倒、处置的污染物含有毒害性、放射性、传染病病原体等危险物质，仍实施环境污染行为放任其危害公共安全，造成重大人员伤亡、重大公私财产损失等严重后果，以污染环境罪论处明显不足以罚当其罪的，可以按投放危险物质罪定罪量刑。实践中，此类情形主要是向饮用水水源保护区，饮用水供水单位取水口和出水口，南水北调水库、干渠、涵洞等配套工程，重要渔业水体以及自然保护区核心区等特殊保护区域，排放、倾倒、处置毒害性极强的污染物，危害公共安全并造成严重后果的情形。

9. 犯罪未遂

最高人民法院、最高人民检察院、公安部、司法部、生态环境部关于办理环境污染刑事案件有关问题座谈会纪要（2019年2月20日）

二、2. 关于犯罪未遂的认定

会议针对当前办理环境污染犯罪案件中，能否认定污染环境罪（未遂）的问题进行了讨论。会议认为，当前环境执法工作形势比较严峻，一些行为人拒不配合执法检查、接受检查时弄虚作假、故意逃避法律追究的情形时有发生，因此对于行为人已经着手实施非法排放、倾倒、处置有毒有害污染物的行为，由于有关部门查处或者其他意志以外的原因未得逞的情形，可以污染环境罪（未遂）追究刑事责任。

10. 管辖问题

最高人民法院、最高人民检察院、公安部、司法部、生态环境部关于办理环境污染刑事案件有关问题座谈会纪要（2019年2月20日）

三、12. 关于管辖的问题

会议针对环境污染犯罪案件的管辖问题进行了讨论。会议认为，实践中一些环境污染犯罪案件属于典型的跨区域刑事案件，容易存在管辖不明或者有争议的情况，各级人民法院、人民检察院、公安机关要加强沟通协调，共同研究解决。

会议提出，跨区域环境污染犯罪案件由犯罪地的公安机关管辖。如果由犯罪嫌疑人居住地的公安机关管辖更为适宜的，可以由犯罪嫌疑人居住地的公安机关管辖。犯罪地包括环境污染行为发生地和结果发生地。"环境污染行为发生地"包括环境污染行为的实施地以及预备地、开始地、途经地、结束地以及排放、倾倒污染物的车船停靠地、始发地、途经地、到达地等地点；环境污染行为有连续、持续或者继续状态的，相关地方都属于环境污染行为发生地。"环境污染结果发生地"包括污染物排放地、倾倒地、堆放地、污染发生地等。

多个公安机关都有权立案侦查的，由最初受理的或者主要犯罪地的公安机关立案侦查，管辖有争议的，按照有利于查清犯罪事实、有利于诉讼的原则，由共同的上级公安机关协调确定的公安机关立案侦查，需要提请批准逮捕、移送审查起诉、提起公诉的，由该公安机关所在地的人民检察院、人民法院受理。

11. 鉴定及监测数据证据资格问题

最高人民法院、最高人民检察院关于办理环境污染刑事案件适用法律若干问题的解释（2017年1月1日）

第十二条 环境保护主管部门及其所属监测机构在行政执法过程中收集的监测数据，在刑事诉讼中可以作为证据使用。

公安机关单独或者会同环境保护主管部门，提取污染物样品进行检测获取的数据，在刑事诉讼中可以作为证据使用。

第十四条 对案件所涉的环境污染专门性问题难以确定的，依据司法鉴定机构出具的鉴定意见，或者国务院环境保护主管部门、公安部门指定的机构出具的报告，结合其他证据作出认定。

最高人民法院、最高人民检察院、公安部、司法部、生态环境部关于办理环境污染刑事案件有关问题座谈会纪要（2019年2月20日）

三、14. 关于鉴定的问题

会议指出，针对当前办理环境污染犯罪案件中存在的司法鉴定有关问题，司法部将会同生态环境部，加快准入一批诉讼急需、社会关注的环境损害司法鉴定机构，加快对环境损害司法鉴定相关技术规范和标准的制定、修改和认定工作，规范鉴定程序，指导各地司法行政机关会同价格主管部门制定出台环境损害司法鉴定收费标准，加强与办案机关的沟通衔接，更好地满足办案机关需求。

会议要求，司法部应当根据《关于严格准入严格监管提高司法鉴定质量和公信力的意见》（司发〔2017〕11号）的要求，会同生态环境部加强对环境损害司法鉴定机构的事中事后监管，加强司法鉴定社会信用体系建设，建立黑名单制度，完善退出机制，及时向社会公开违法违规的环境损害司法鉴定机构和鉴定人行政处罚、行业惩戒等监管信息，对弄虚作假造成环境损害鉴定评估结论严重失实或者违规收取高额费用、情节严重的，依法撤销登记。鼓励有关单位或者个人向司法部、生态环境部举报环境损害司法鉴定机构的违法违规行为。

会议认为，根据《环境解释》的规定精神，对涉及案件定罪量刑的核心或者关键专门性问题难以确定的，由司法鉴定机构出具鉴定意见。实践中，这类核心或者关键专门性问题主要是案件具体适用的定罪量刑标准涉及的专门性问题，比如公私财产损失数额、超过排放标准倍数、污染物性质判断等。对案件的其他非核心或者关键专门性问题，或者可鉴定也可不鉴定的专门性问题，一般不委托鉴定。比如，适用《环境解释》第一条第二项"非法排放、倾倒、处置危险废物三吨以上"的规定对当事人追究刑事责任的，除可能适用公私财产损失第二档定罪量刑标准的以外，则不应再对公私财产损失数额或者超过排放标准倍数进行鉴定。涉及案件定罪量刑的核心或者关键专门性问题难以鉴定或者鉴定费用明显过高的，司法机关可以结合案件其他证据，并参考生态环境部门意见、专家意见等作出认定。

15. 关于监测数据的证据资格问题

会议针对实践中地方生态环境部门及其所属监测机构委托第三方监测机构出具报告的证据资格问题进行了讨论。会议认为，地方生态环境部门及其所属监测机构委托第三方监测机构出具的监测报告，地方生态环境部门及其所属监测机构在行政执法过程中予以采用的，其实质属于《环境解释》第十二条规定的"环境保护主管部门及其所属监测机构在行政执法过程中收集的监测数据"，在刑事诉讼中可以作为证据使用。

● 量刑

1. 从重处罚

最高人民法院、最高人民检察院关于办理环境污染刑事案件适用法律若干问题的解释（2017年1月1日）

第四条 实施刑法第三百三十八条、第三百三十九条规定的犯罪行为，具有下列情形之一的，应当从重处罚：

（一）阻挠环境监督检查或者突发环境事件调查，尚不构成妨害公务等犯罪的；

（二）在医院、学校、居民区等人口集中地区及其附近，违反国家规定排放、倾倒、处置有放射性的废物、含传染病病原体的废物、有毒物质或者其他有害物质的；

（三）在重污染天气预警期间、突发环境事件处置期间或者被责令限期整改期间，违反国家规定排放、倾倒、处置有放射性的废物、含传染病病原体的废物、有毒物质或者其他有害物质的；

（四）具有危险废物经营许可证的企业违反国家规定排放、倾倒、处置有放射性的废物、含传染病病原体的废物、有毒物质或者其他有害物质的。

最高人民法院、最高人民检察院、公安部、司法部、生态环境部关于办理环境污染刑事案件有关问题座谈会纪要（2019年2月20日）

二、10. 关于从重处罚情形的认定

会议强调，要坚决贯彻党中央推动长江经济带发展的重大决策，为长江经济带共抓大保护、不搞大开发提供有力的司法保障。实践中，对于发生在长江经济带十一省（直辖市）的下列环境污染犯罪行为，可以从重处罚：（1）跨省（直辖市）排放、倾倒、处置有放射性的废物、含传染病病原体的废物、有毒物质或者其他有害物质的；（2）向国家确定的重要江河、湖泊或者其他跨省（直辖市）江河、湖泊排放、倾倒、处置有放射性的废物、含传染病病原体的废物、有毒物质或者其他有害物质的。

2. 情节轻微，不起诉或者免予刑事处罚，或者从宽处罚

最高人民法院、最高人民检察院关于办理环境污染刑事案件适用法律若干问题的解释（2017年1月1日）

第五条 实施刑法第三百三十八条、第三百三十九条规定的行为，刚达到应当追究刑事责任的标准，但行为人及时采取措施，防止损失扩大、消除污染，全部赔偿损失，积极修复生态环境，且系初犯，确有悔罪表现的，可以认定为情节轻微，不起诉或者免予刑事处罚；确有必要判处刑罚的，应当从宽处罚。

最高人民检察院关于全面履行检察职能为推进健康中国建设提供有力司法保障的意见（2016年9月29日）

三、依法惩治破坏生态环境等犯罪，打造绿色安全健康环境

6. 依法惩治破坏环境资源和危害生态安全的犯罪，守护好绿水青山。依法惩治偷排偷放有毒有害污染物、非法排放严重超标污染物、篡改伪造环境监测数据、无证为他人处置危险废物、故意提供虚假环境影响评价意见等环境污染犯罪……办案中应当贯彻恢复性司法理念，根据案件情况可以要求行为人修复环境、赔偿损失，降低环境污染的损害程度。行为人主动采取补救措施，消除污染，积极赔偿，防止损失扩大的，依法从宽处理。

最高人民法院、最高人民检察院、公安部、司法部、生态环境部关于办理环境污染刑事案件有关问题座谈会纪要（2019年2月20日）

二、11. 关于严格适用不起诉、缓刑、免予刑事处罚

会议针对当前办理环境污染犯罪案件中如何严格适用不起诉、缓刑、免予刑事处罚的问题进行了讨论。会议强调，环境污染犯罪案件的刑罚适用直接关系加强生态环境保护打好污染防治攻坚战的实际效果。各级人民法院、人民检察院要深刻认识环境污染犯罪的严重社会危害性，正确贯彻宽严相济刑事政策，充分发挥刑罚的惩治和预防功能。要在全面把握犯罪事实和量刑情节的基础上严格依照刑法和刑事诉讼法规定的条件适用不起诉、缓刑、免予刑事处罚，既要考虑从宽情节，又要考虑从严情节；既要做到刑罚与犯罪相当，又要做到刑罚执行方式与犯罪相当，切实避免不起诉、缓刑、免予刑事处罚不当适用造成的消极影响。

会议认为，具有下列情形之一的，一般不适用不起诉、缓刑或者免予刑事处罚：（1）不如实供述罪行的；（2）属于共同犯罪中情节严重的主犯的；（3）犯有数个环境污染犯罪依法实行并罚或者以一罪处理的；（4）曾因环境污染违法犯罪行为受过行政处罚或者刑事处罚的；（5）其他不宜适用不起诉、缓刑、免予刑事处罚的情形。

会议要求，人民法院审理环境污染犯罪案件拟适用缓刑或者免予刑事处罚的，应当分析案发前后的社会影响和反映，注意听取控辩双方提出的意见。对于情节恶劣、社会反映强烈的环境污染犯罪，不得适用缓刑、免予刑事处罚。人民法院对判处缓刑的被告人，一般应当同时宣告禁止令，禁止其在缓刑考验期内从事与排污或者处置危险废物有关的经营活动。生态环境部门根据禁止令，

对上述人员担任实际控制人、主要负责人或者高级管理人员的单位,依法不得发放排污许可证或者危险废物经营许可证。

> **第三百三十九条 【非法处置进口的固体废物罪】** 违反国家规定,将境外的固体废物进境倾倒、堆放、处置的,处五年以下有期徒刑或者拘役,并处罚金;造成重大环境污染事故,致使公私财产遭受重大损失或者严重危害人体健康的,处五年以上十年以下有期徒刑,并处罚金;后果特别严重的,处十年以上有期徒刑,并处罚金。
>
> **【擅自进口固体废物罪】** 未经国务院有关主管部门许可,擅自进口固体废物用作原料,造成重大环境污染事故,致使公私财产遭受重大损失或者严重危害人体健康的,处五年以下有期徒刑或者拘役,并处罚金;后果特别严重的,处五年以上十年以下有期徒刑,并处罚金。
>
> 以原料利用为名,进口不能用作原料的固体废物、液态废物和气态废物的,依照本法第一百五十二条第二款、第三款的规定定罪处罚。

● 关联法条

第九十六条、第三百四十六条

● 立案追诉标准

最高人民检察院、公安部关于公安机关管辖的刑事案件立案追诉标准的规定(一)(2008年6月25日)

第六十一条 [非法处置进口的固体废物案(刑法第三百三十九条第一款)]违反国家规定,将境外的固体废物进境倾倒、堆放、处置的,应予立案追诉。

第六十二条 [擅自进口固体废物案(刑法第三百三十九条第二款)]未经国务院有关主管部门许可,擅自进口固体废物用作原料,造成重大环境污染事故，涉嫌下列情形之一的，应予立案追诉：

（一）致使公私财产损失三十万元以上的；

（二）致使基本农田、防护林地、特种用途林地五亩以上，其他农用地十亩以上，其他土地二十亩以上基本功能丧失或者遭受永久性破坏的；

（三）致使森林或者其他林木死亡五十立方米以上，或者幼树死亡二千五百株以上的；

（四）致使一人以上死亡、三人以上重伤、十人以上轻伤，或者一人以上重伤并且五人以上轻伤的；①

（五）致使传染病发生、流行或者人员中毒达到《国家突发公共卫生事件应急预案》中突发公共卫生事件分级Ⅲ级以上情形，严重危害人体健康的；

（六）其他致使公私财产遭受重大损失或者严重危害人体健康的情形。

● 定罪

1. 第一款"后果特别严重"的认定

（参见第三百三十八条【定罪】4."严重污染环境""后果特别严重"的认定）

2. "致使公私财产遭受重大损失或者严重危害人体健康"的认定

最高人民法院、最高人民检察院关于办理环境污染刑事案件适用法律若干问题的解释（2017年1月1日）

第一条 实施刑法第三百三十八条规定的行为，具有下列情形之一的，应当认定为"严重污染环境"：

（十）造成生态环境严重损害的；

（十一）致使乡镇以上集中式饮用水水源取水中断十二小时以上的；

（十二）致使基本农田、防护林地、特种用途林地五亩以上，其他农用地十亩以上，其他土地二十亩以上基本功能丧失或者遭受永久性破坏的；

（十三）致使森林或者其他林木死亡五十立方米以上，或者幼树死亡二千五百株以上的；

（十四）致使疏散、转移群众五千人以上的；

---

① 编者注：本项与《最高人民法院、最高人民检察院关于办理环境污染刑事案件适用法律若干问题的解释》（2017年1月1日）第一条不一致，应以后者为准。

（十五）致使三十人以上中毒的；

（十六）致使三人以上轻伤、轻度残疾或者器官组织损伤导致一般功能障碍的；

（十七）致使一人以上重伤、中度残疾或者器官组织损伤导致严重功能障碍的；

（十八）其他严重污染环境的情形。

第二条　实施刑法第三百三十九条、第四百零八条规定的行为，致使公私财产损失三十万元以上，或者具有本解释第一条第十项至第十七项规定情形之一的，应当认定为"致使公私财产遭受重大损失或者严重危害人体健康"或者"致使公私财产遭受重大损失或者造成人身伤亡的严重后果"。

第十七条第四款　本解释所称"公私财产损失"，包括实施刑法第三百三十八条、第三百三十九条规定的行为直接造成财产损毁、减少的实际价值，为防止污染扩大、消除污染而采取必要合理措施所产生的费用，以及处置突发环境事件的应急监测费用。

3. 单位犯罪

（参见第三百三十八条【定罪】6. 单位犯罪）

4. 一罪与数罪

最高人民法院、最高人民检察院关于办理环境污染刑事案件适用法律若干问题的解释（2017年1月1日）

第八条　违反国家规定，排放、倾倒、处置含有毒害性、放射性、传染病病原体等物质的污染物，同时构成污染环境罪、非法处置进口的固体废物罪、投放危险物质罪等犯罪的，依照处罚较重的规定定罪处罚。

● 量刑

1. 从重处罚

（参见第三百三十八条【量刑】1. 从重处罚）

2. 情节轻微，不起诉或者免予刑事处罚，或者从宽处罚

（参见第三百三十八条【量刑】2. 情节轻微，不起诉或者免予刑事处罚，或者从宽处罚）

> **第三百四十条** 【非法捕捞水产品罪】违反保护水产资源法规，在禁渔区、禁渔期或者使用禁用的工具、方法捕捞水产品，情节严重的，处三年以下有期徒刑、拘役、管制或者罚金。

● 关联法条

第三百四十六条

● 定罪

1. "情节严重"的认定

最高人民法院关于审理发生在我国管辖海域相关案件若干问题的规定（二）（2016年8月2日）

第四条 违反保护水产资源法规，在海洋水域，在禁渔区、禁渔期或者使用禁用的工具、方法捕捞水产品，具有下列情形之一的，应当认定为刑法第三百四十条规定的"情节严重"：

（一）非法捕捞水产品一万公斤以上或者价值十万元以上的；

（二）非法捕捞有重要经济价值的水生动物苗种、怀卵亲体二千公斤以上或者价值二万元以上的；

（三）在水产种质资源保护区内捕捞水产品二千公斤以上或者价值二万元以上的；

（四）在禁渔区内使用禁用的工具或者方法捕捞的；

（五）在禁渔期内使用禁用的工具或者方法捕捞的；

（六）在公海使用禁用渔具从事捕捞作业，造成严重影响的；

（七）其他情节严重的情形。

2. 违规在长江流域重点水域非法捕捞水产品行为的定性

最高人民法院、最高人民检察院、公安部、农业农村部依法惩治长江流域非法捕捞等违法犯罪的意见（2020年12月17日）

二、准确适用法律，依法严惩非法捕捞等危害水生生物资源的各类违法犯罪

（一）依法严惩非法捕捞犯罪。违反保护水产资源法规，在长江流域重点水

域非法捕捞水产品,具有下列情形之一的,依照刑法第二百四十条的规定,以非法捕捞水产品罪定罪处罚:

1. 非法捕捞水产品五百公斤以上或者一万元以上的;
2. 非法捕捞具有重要经济价值的水生动物苗种、怀卵亲体或者在水产种质资源保护区内捕捞水产品五十公斤以上或者一千元以上的;
3. 在禁捕区域使用电鱼、毒鱼、炸鱼等严重破坏渔业资源的禁用方法捕捞的;
4. 在禁捕区域使用农业农村部规定的禁用工具捕捞的;
5. 其他情节严重的情形。

(七)贯彻落实宽严相济刑事政策。多次实施本意见规定的行为构成犯罪,依法应当追诉的,或者二年内一次以上实施本意见规定的行为未经处理的,数量数额累计计算。

实施本意见规定的犯罪,具有下列情形之一的,从重处罚:(1)暴力抗拒、阻碍国家机关工作人员依法履行职务,尚未构成妨害公务罪的;(2)二年内曾因实施本意见规定的行为受过处罚的;(3)对长江生物资源或水域生态造成严重损害的;(4)具有造成重大社会影响等恶劣情节的。具有上述情形的,一般不适用不起诉、缓刑、免予刑事处罚。

非法捕捞水产品,根据渔获物的数量、价值和捕捞方法、工具等情节,认为对水生生物资源危害明显较轻的,可以认定为犯罪情节轻微,依法不起诉或者免予刑事处罚,但是曾因破坏水产资源受过处罚的除外……

二、健全完善工作机制,保障相关案件的办案效果

(四)准确认定相关专门性问题。对于长江流域重点水域禁捕范围(禁捕区域和时间),依据农业农村部关于长江流域重点水域禁捕范围和时间的有关通告确定。涉案渔获物系国家重点保护的珍贵、濒危水生野生动物的,动物及其制品的价值可以根据国务院野生动物保护主管部门综合考虑野生动物的生态、科学、社会价值制定的评估标准和方法核算。其他渔获物的价值,根据销赃数额认定;无销赃数额、销赃数额难以查证或者根据销赃数额认定明显偏低的,根据市场价格核算;仍无法认定的,由农业农村(渔政)部门认定或者由有关价格认证机构作出认证并出具报告。对于涉案的禁捕区域、禁捕时间、禁用方法、禁用工具、渔获物品种以及对水生生物资源的危害程度等专门性问题,由农业农村(渔政)部门于二个工作日以内出具认定意见;难以确定的,由司法鉴定机构出具鉴定意见,或者由农业农村部指定的机构出具报告。

3. 违规在禁渔区、禁渔期或使用禁用的工具、方法捕捞水产品行为的定性

最高人民法院、最高人民检察院、公安部、司法部关于依法惩治非法野生动物交易犯罪的指导意见（2020年12月18日）

一、依法严厉打击非法猎捕、杀害野生动物的犯罪行为，从源头上防控非法野生动物交易。

……违反保护水产资源法规，在禁渔区、禁渔期或者使用禁用的工具、方法捕捞水产品，情节严重，符合刑法第三百四十条规定的，以非法捕捞水产品罪定罪处罚。

四、二次以上实施本意见第一条至第三条规定的行为构成犯罪，依法应当追诉的，或者二年内二次以上实施本意见第一条至第三条规定的行为未经处理的，数量、数额累计计算。

4. 一罪与数罪

最高人民法院关于审理发生在我国管辖海域相关案件若干问题的规定（二）（2016年8月2日）

第八条 实施破坏海洋资源犯罪行为，同时构成非法捕捞罪、非法猎捕、杀害珍贵、濒危野生动物罪、组织他人偷越国（边）境罪、偷越国（边）境罪等犯罪的，依照处罚较重的规定定罪处罚。

有破坏海洋资源犯罪行为，又实施走私、妨害公务等犯罪的，依照数罪并罚的规定处理。

第三百四十一条 【危害珍贵、濒危野生动物罪】非法猎捕、杀害国家重点保护的珍贵、濒危野生动物的，或者非法收购、运输、出售国家重点保护的珍贵、濒危野生动物及其制品的，处五年以下有期徒刑或者拘役，并处罚金；情节严重的，处五年以上十年以下有期徒刑，并处罚金；情节特别严重的，处十年以上有期徒刑，并处罚金或者没收财产。

【非法狩猎罪】违反狩猎法规，在禁猎区、禁猎期或者使用禁用的工具、方法进行狩猎，破坏野生动物资源，情节严重的，处三年以下有期徒刑、拘役、管制或者罚金。

【非法猎捕、收购、运输、出售陆生野生动物罪】违反野生动物保护管理法规，以食用为目的非法猎捕、收购、运输、出售第一款

规定以外的在野外环境自然生长繁殖的陆生野生动物，情节严重的，依照前款的规定处罚。①

● **关联法条**

第三百四十六条

● **立案追诉标准**

最高人民检察院、公安部关于公安机关管辖的刑事案件立案追诉标准的规定（一）（2008年6月25日）

第六十四条　[非法猎捕、杀害珍贵、濒危野生动物案（刑法第三百四十一条第一款）]非法猎捕、杀害国家重点保护的珍贵、濒危野生动物的，应予立案追诉。

本条和本规定第六十五条规定的"珍贵、濒危野生动物"，包括列入《国家重点保护野生动物名录》的国家一、二级保护野生动物、列入《濒危野生动植物种国际贸易公约》附录一、附录二的野生动物以及驯养繁殖的上述物种。

第六十五条　[非法收购、运输、出售珍贵、濒危野生动物、珍贵、濒危野生动物制品案（刑法第三百四十一条第一款）]非法收购、运输、出售国家重点保护的珍贵、濒危野生动物及其制品的，应予立案追诉。

本条规定的"收购"，包括以营利、自用等为目的的购买行为；"运输"，包括采用携带、邮寄、利用他人、使用交通工具等方法进行运送的行为；"出售"，包括出卖和以营利为目的的加工利用行为。

第六十六条　[非法狩猎案（刑法第三百四十一条第二款）]违反狩猎法规，在禁猎区、禁猎期或者使用禁用的工具、方法进行狩猎，破坏野生动物资源，涉嫌下列情形之一的，应予立案追诉：

（一）非法狩猎野生动物二十只以上的；

（二）在禁猎区内使用禁用的工具或者禁用的方法狩猎的；

（三）在禁猎期内使用禁用的工具或者禁用的方法狩猎的；

（四）其他情节严重的情形。

---

① 编者注：本款为《刑法修正案（十一）》新设。

第一百条 本规定中的立案追诉标准,除法律、司法解释另有规定的以外,适用于相关的单位犯罪。

● 定罪

1. 管辖

最高人民法院关于审理发生在我国管辖海域相关案件若干问题的规定(一)(2016年8月2日)

第三条 中国公民或者外国人在我国管辖海域实施非法猎捕、杀害珍贵濒危野生动物或者非法捕捞水产品等犯罪的,依照我国刑法追究刑事责任。

2. 第一款"珍贵、濒危野生动物"的认定

最高人民法院关于审理破坏野生动物资源刑事案件具体应用法律若干问题的解释(2000年12月11日)

第一条 刑法第三百四十一条第一款规定的"珍贵、濒危野生动物",包括列入国家重点保护野生动物名录的国家一、二级保护野生动物、列入《濒危野生动植物种国际贸易公约》附录一、附录二的野生动物以及驯养繁殖的上述物种。

3. 第一款"收购""运输""出售"的认定

最高人民法院关于审理破坏野生动物资源刑事案件具体应用法律若干问题的解释(2000年12月11日)

第二条 刑法第三百四十一条第一款规定的"收购",包括以营利、自用等为目的的购买行为;"运输",包括采用携带、邮寄、利用他人、使用交通工具等方法进行运送的行为;"出售",包括出卖和以营利为目的的加工利用行为。

4. 第一款"情节严重""情节特别严重"的认定

最高人民法院关于审理破坏野生动物资源刑事案件具体应用法律若干问题的解释(2000年12月11日)

第三条 非法猎捕、杀害、收购、运输、出售珍贵、濒危野生动物具有下列情形之一的,属于"情节严重":

(一)达到本解释附表所列相应数量标准的;

(二)非法猎捕、杀害、收购、运输、出售不同种类的珍贵、濒危野生动物,其中两种以上分别达到附表所列"情节严重"数量标准一半以上的。

非法猎捕、杀害、收购、运输、出售珍贵、濒危野生动物具有下列情形之

一的,属于"情节特别严重":

(一)达到本解释附表所列相应数量标准的;

(二)非法猎捕、杀害、收购、运输、出售不同种类的珍贵、濒危野生动物,其中两种以上分别达到附表所列"情节特别严重"数量标准一半以上的。

第四条 非法猎捕、杀害、收购、运输、出售珍贵、濒危野生动物构成犯罪,具有下列情形之一的,可以认定为"情节严重";非法猎捕、杀害、收购、运输、出售珍贵、濒危野生动物符合本解释第三条第一款的规定,并具有下列情形之一的,可以认定为"情节特别严重":

(一)犯罪集团的首要分子;

(二)严重影响对野生动物的科研、养殖等工作顺利进行的;

(三)以武装掩护方法实施犯罪的;

(四)使用特种车、军用车等交通工具实施犯罪的;

(五)造成其他重大损失的。

第五条 非法收购、运输、出售珍贵、濒危野生动物制品具有下列情形之一的,属于"情节严重":

(一)价值在十万元以上的;

(二)非法获利五万元以上的;

(三)具有其他严重情节的。

非法收购、运输、出售珍贵、濒危野生动物制品具有下列情形之一的,属于"情节特别严重":

(一)价值在二十万元以上的;

(二)非法获利十万元以上的;

(三)具有其他特别严重情节的。

第十条 非法猎捕、杀害、收购、运输、出售《濒危野生动植物种国际贸易公约》附录一、附录二所列的非原产于我国的野生动物"情节严重"、"情节特别严重"的认定标准,参照本解释第三条、第四条以及附表所列与其同属的国家一、二级保护野生动物的认定标准执行;没有与其同属的国家一、二级保护野生动物的,参照与其同科的国家一、二级保护野生动物的认定标准执行。

最高人民法院关于审理发生在我国管辖海域相关案件若干问题的规定(二)

(2016年8月2日)

第五条 非法采捕珊瑚、砗磲或者其他珍贵、濒危水生野生动物,具有下列情形之一的,应当认定为刑法第三百四十一条第一款规定的"情节严重":

（一）价值在五十万元以上的；
（二）非法获利二十万元以上的；
（三）造成海域生态环境严重破坏的；
（四）造成严重国际影响的；
（五）其他情节严重的情形。

实施前款规定的行为，具有下列情形之一的，应当认定为刑法第三百四十一条第一款规定的"情节特别严重"：
（一）价值或者非法获利达到本条第一款规定标准五倍以上的；
（二）价值或者非法获利达到本条第一款规定的标准，造成海域生态环境严重破坏的；
（三）造成海域生态环境特别严重破坏的；
（四）造成特别严重国际影响的；
（五）其他情节特别严重的情形。

第六条　非法收购、运输、出售珊瑚、砗磲或者其他珍贵、濒危水生野生动物及其制品，具有下列情形之一的，应当认定为刑法第三百四十一条第一款规定的"情节严重"：
（一）价值在五十万元以上的；
（二）非法获利在二十万元以上的；
（三）具有其他严重情节的。

非法收购、运输、出售珊瑚、砗磲或者其他珍贵、濒危水生野生动物及其制品，具有下列情形之一的，应当认定为刑法第三百四十一条第一款规定的"情节特别严重"：
（一）价值在二百五十万元以上的；
（二）非法获利在一百万元以上的；
（三）具有其他特别严重情节的。

第七条第三款　本解释所称珊瑚、砗磲，是指列入《国家重点保护野生动物名录》中国家一、二级保护的，以及列入《濒危野生动植物种国际贸易公约》附录一、附录二中的珊瑚、砗磲的所有种，包括活体和死体。

5. 第二款"情节严重""情节特别严重"的认定

最高人民法院关于审理破坏野生动物资源刑事案件具体应用法律若干问题的解释（2000年12月11日）

第六条　违反狩猎法规，在禁猎区、禁猎期或者使用禁用的工具、方法狩猎，具有下列情形之一的，属于非法狩猎"情节严重"：

（一）非法狩猎野生动物二十只以上的；

（二）违反狩猎法规，在禁猎区或者禁猎期使用禁用的工具、方法狩猎的；

（三）具有其他严重情节的。

6. 非法猎杀国家重点保护的珍危野生动物，或者非法收售、运输、购买国家重点保护的珍危野生动物及其制品行为的定性

全国人民代表大会常务委员会关于《中华人民共和国刑法》第三百四十一条、第三百一十二条的解释（2014年4月24日）

知道或者应当知道是国家重点保护的珍贵、濒危野生动物及其制品，为食用或者其他目的而非法购买的，属于刑法第三百四十一条第一款规定的非法收购国家重点保护的珍贵、濒危野生动物及其制品的行为。

最高人民法院、最高人民检察院、公安部、司法部关于依法惩治妨害新型冠状病毒感染肺炎疫情防控违法犯罪的意见（2020年2月6日）

二、准确适用法律，依法严惩妨害疫情防控的各类违法犯罪

（九）依法严惩破坏野生动物资源犯罪。非法猎捕、杀害国家重点保护的珍贵、濒危野生动物的，或者非法收购、运输、出售国家重点保护的珍贵、濒危野生动物及其制品的，依照刑法第三百四十一条第一款的规定，以非法猎捕、杀害珍贵、濒危野生动物罪或者非法收购、运输、出售珍贵、濒危野生动物、珍贵、濒危野生动物制品罪定罪处罚……知道或者应当知道是国家重点保护的珍贵、濒危野生动物及其制品，为食用或者其他目的而非法购买，符合刑法第三百四十一条第一款规定的，以非法收购珍贵、濒危野生动物、珍贵、濒危野生动物制品罪定罪处罚……

最高人民法院、最高人民检察院、公安部、司法部关于依法惩治非法野生动物交易犯罪的指导意见（2020年12月18日）

一、依法严厉打击非法猎捕、杀害野生动物的犯罪行为，从源头上防控非法野生动物交易。

非法猎捕、杀害国家重点保护的珍贵、濒危野生动物，符合刑法第三百四十一条第一款规定的，以非法猎捕、杀害珍贵、濒危野生动物罪定罪处罚。

违反狩猎法规，在禁猎区、禁猎期或者使用禁用的工具、方法进行狩猎，破坏野生动物资源，情节严重，符合刑法第三百四十一条第二款规定的，以非法狩猎罪定罪处罚……

二、依法严厉打击非法收购、运输、出售、进出口野生动物及其制品的犯

罪行为，切断非法野生动物交易的利益链条。

非法收购、运输、出售国家重点保护的珍贵、濒危野生动物及其制品，符合刑法第三百四十一条第一款规定的，以非法收购、运输、出售珍贵、濒危野生动物、珍贵、濒危野生动物制品罪定罪处罚……

三、依法严厉打击以食用或者其他目的非法购买野生动物的犯罪行为，坚决革除滥食野生动物的陋习。

知道或者应当知道是国家重点保护的珍贵、濒危野生动物及其制品，为食用或者其他目的而非法购买，符合刑法第三百四十一条第一款规定的，以非法收购珍贵、濒危野生动物、珍贵、濒危野生动物制品罪定罪处罚。

四、二次以上实施本意见第一条至第三条规定的行为构成犯罪，依法应当追诉的，或者二年内二次以上实施本意见第一条至第三条规定的行为未经处理的，数量、数额累计计算。

7. 违规在禁猎区、禁猎期或者使用禁用的工具、方法狩猎行为的定性

最高人民法院、最高人民检察院、公安部、司法部关于依法惩治妨害新型冠状病毒感染肺炎疫情防控违法犯罪的意见（2020年2月6日）

二、准确适用法律，依法严惩妨害疫情防控的各类违法犯罪

（九）依法严惩破坏野生动物资源犯罪……违反狩猎法规，在禁猎区、禁猎期或者使用禁用的工具、方法进行狩猎，破坏野生动物资源，情节严重的，依照刑法第三百四十一条第二款的规定，以非法狩猎罪定罪处罚……

8. 野生动物及其制品价值的认定

最高人民法院关于审理破坏野生动物资源刑事案件具体应用法律若干问题的解释（2000年12月11日）

第十一条 珍贵、濒危野生动物制品的价值，依照国家野生动物保护主管部门的规定核定；核定价值低于实际交易价格的，以实际交易价格认定。

最高人民法院、最高人民检察院、国家林业局、公安部、海关总署关于破坏野生动物资源刑事案件中涉及的CITES附录Ⅰ和附录Ⅱ所列陆生野生动物制品价值核定问题的通知（2012年9月17日）

我国是《濒危野生动植物种国际贸易公约》（CITES）缔约国，非原产我国的CITES附录Ⅰ和附录Ⅱ所列陆生野生动物已依法被分别核准为国家一级、二级保护野生动物。近年来，各地严格按照CITES和我国野生动物保护法律法规的规定，查获了大量非法收购、运输、出售和走私CITES附录Ⅰ、附录Ⅱ所列

陆生野生动物及其制品案件。为确保依法办理上述案件,依据《陆生野生动物保护实施条例》第二十四条、《最高人民法院关于审理走私刑事案件具体应用法律若干问题的解释》①〔法释〔2000〕30号〕第四条,以及《最高人民法院关于审理破坏野生动物资源刑事案件具体应用法律若干问题的解释》(法释〔2000〕37号)第十条和第十一条的有关规定,结合《林业部关于在野生动物案件中如何确定国家重点保护野生动物及其产品价值标准的通知》(林策通字〔1996〕8号),现将破坏野生动物资源案件中涉及的CITES附录Ⅰ和附录Ⅱ所列陆生野生动物制品的价值标准规定如下:

一、CITES附录Ⅰ、附录Ⅱ所列陆生野生动物制品的价值,参照与其同属的国家重点保护陆生野生动物的同类制品价值标准核定;没有与其同属的国家重点保护陆生野生动物的,参照与其同科的国家重点保护陆生野生动物的同类制品价值标准核定;没有与其同科的国家重点保护陆生野生动物的,参照与其同目的国家重点保护陆生野生动物的同类制品价值标准核定;没有与其同目的国家重点保护陆生野生动物的,参照与其同纲或者同门的国家重点保护陆生野生动物的同类制品价值标准核定。

二、同属、同科、同目、同纲或者同门中,如果存在多种不同保护级别的国家重点保护陆生野生动物的,应当参照该分类单元中相同保护级别的国家重点保护陆生野生动物的同类制品价值标准核定;如果存在多种相同保护级别的国家重点保护陆生野生动物的,应当参照该分类单元中价值标准最低的国家重点保护陆生野生动物的同类制品价值标准核定;如果CITES附录Ⅰ和附录Ⅱ所列陆生野生动物所处分类单元有多种国家重点保护陆生野生动物,但保护级别不同的,应当参照该分类单元中价值标准最低的国家重点保护陆生野生动物的同类制品价值标准核定;如果仅有一种国家重点保护陆生野生动物的,应当参照该种国家重点保护陆生野生动物的同类制品价值标准核定。

三、同一案件中缴获的同一动物个体的不同部分的价值总和,不得超过该种动物个体的价值。

四、核定价值低于非法贸易实际交易价格的,以非法贸易实际交易价格认定。

五、犀牛角、象牙等野生动物制品的价值,继续依照《国家林业局关于发布破坏野生动物资源刑事案中涉及走私的象牙及其制品价值标准的通知》(林濒

---

① 编者注:本解释已废止。

发〔2001〕234号），以及《国家林业局关于发布破坏野生动物资源刑事案件中涉及犀牛角价值标准的通知》（林护发〔2002〕130号）的规定核定。

人民法院、人民检察院、公安、海关等办案单位可以依据上述价值标准，核定破坏野生动物资源刑事案件中涉及的CITES附录Ⅰ和附录Ⅱ所列陆生野生动物制品的价值。核定有困难的，县级以上林业主管部门、国家濒危物种进出口管理机构或其指定的鉴定单位应该协助。

最高人民法院关于审理发生在我国管辖海域相关案件若干问题的规定（二）（2016年8月2日）

第七条第一款 对案件涉及的珍贵、濒危水生野生动物的种属难以确定的，由司法鉴定机构出具鉴定意见，或者由国务院渔业行政主管部门指定的机构出具报告。

第二款 珍贵、濒危水生野生动物或者其制品的价值，依照国务院渔业行政主管部门的规定核定。核定价值低于实际交易价格的，以实际交易价格认定。

最高人民法院、最高人民检察院、公安部、司法部关于依法惩治非法野生动物交易犯罪的指导意见（2020年12月18日）

六、对涉案野生动物及其制品价值，可以根据国务院野生动物保护主管部门制定的价值评估标准和方法核算。对野生动物制品，根据实际情况予以核算，但核算总额不能超过该种野生动物的整体价值。具有特殊利用价值或者导致动物死亡的主要部分，核算方法不明确的，其价值标准最高可以按照该种动物整体价值标准的80%予以折算，其他部分价值标准最高可以按整体价值标准的20%予以折算，但是按照上述方法核算的价值明显不当的，应当根据实际情况妥当予以核算。核算价值低于实际交易价格的，以实际交易价格认定。

根据前款规定难以确定涉案野生动物及其制品价值的，依据下列机构出具的报告，结合其他证据作出认定：

（一）价格认证机构出具的报告；

（二）国务院野生动物保护主管部门、国家濒危物种进出口管理机构、海关总署等指定的机构出具的报告；

（三）地、市级以上人民政府野生动物保护主管部门、国家濒危物种进出口管理机构的派出机构、直属海关等出具的报告。

七、对野生动物及其制品种属类别，非法捕捞、狩猎的工具、方法，以及对野生动物资源的损害程度、食用涉案野生动物对人体健康的危害程度等专门性问题，可以由野生动物保护主管部门、侦查机关或者有专门知识的人依据现场勘验、检查笔录等出具认定意见。难以确定的，依据司法鉴定机构出具的鉴定意见，或者本意见第六条第二款所列机构出具的报告，结合其他证据作出认定。

九、实施本意见规定的行为，在认定是否构成犯罪以及裁量刑罚时，应当考虑涉案动物是否系人工繁育、物种的濒危程度、野外存活状况、人工繁育情况、是否列入国务院野生动物保护主管部门制定的人工繁育国家重点保护野生动物名录，以及行为手段、对野生动物资源的损害程度、食用涉案野生动物对人体健康的危害程度等情节，综合评估社会危害性，确保罪责刑相适应。相关定罪量刑标准明显不适宜的，可以根据案件的事实、情节和社会危害程度，依法作出妥当处理。

9. 关于收购、运输、出售人工驯养繁殖技术成熟的野生动物问题

最高人民法院研究室关于收购、运输、出售部分人工驯养繁殖技术成熟的野生动物适用法律问题的复函（2016年3月2日）

国家林业局森林公安局：

贵局《关于商请对非法收购、运输、出售部分人工驯养繁殖的珍贵濒危野生动物适用法律问题予以答复的函》（林公刑便字〔2015〕49号）收悉。经研究并征求我院相关业务庭意见，我室认为：

我院《关于被告人郑喜和非法收购珍贵、濒危野生动物、珍贵、濒危野生动物制品罪请示一案的批复》（〔2011〕刑他字第86号，以下简称《批复》）是根据贵局《关于发布商业性经营利用驯养繁殖技术成熟的梅花鹿等54种陆生野生动物名单的通知》（林护发〔2003〕121号，以下简称《通知》）的精神作出的。虽然《通知》于2012年被废止，但从实践看，《批复》的内容仍符合当前野生动物保护与资源利用实际，即：由于驯养繁殖技术的成熟，对有的珍贵、濒危野生动物的驯养繁殖、商业利用在某些地区已成规模，有关野生动物的数量极大增加，收购、运输、出售这些人工驯养繁殖的野生动物实际已无社会危害性。

来函建议对我院2000年《关于审理破坏野生动物资源刑事案件具体应用法律若干问题的解释》进行修改，提高收购、运输、出售有关人工驯养繁殖的野生动物的定罪量刑标准。此一思路虽能将一些行为出罪，但不能完全解决问题。如将运输人工驯养繁殖梅花鹿行为的入罪标准规定为20只以上后，还会有相当数量的案件符合定罪乃至判处重刑的条件。按此思路修订解释、对相关案件作出判决后，恐仍难保障案件处理的法律与社会效果。

鉴此，我室认为，彻底解决当前困境的办法，或者是尽快启动国家重点保

护野生动物名录的修订工作,将一些实际已不再处于濒危状态的动物从名录中及时调整出去,同时将有的已处于濒危状态的动物增列进来;或者是在修订后司法解释中明确,对某些经人工驯养繁殖、数量已大大增多的野生动物,附表所列的定罪量刑数量标准,仅适用于真正意义上的野生动物,而不包括驯养繁殖的。

以上意见供参考。

10. 在长江流域重点水域非法捕杀国家重点保护的珍贵濒危水生野生动物行为的定性

最高人民法院、最高人民检察院、公安部、农业农村部依法惩治长江流域非法捕捞等违法犯罪的意见(2020年12月17日)

二、准确适用法律,依法严惩非法捕捞等危害水生生物资源的各类违法犯罪

(二)依法严惩危害珍贵、濒危水生野生动物资源犯罪。在长江流域重点水域非法猎捕、杀害中华鲟、长江鲟、长江江豚或者其他国家重点保护的珍贵、濒危水生野生动物,价值二万元以上不满二十万元的,应当依照刑法第三百四十一条的规定,以非法猎捕、杀害珍贵、濒危野生动物罪,处五年以下有期徒刑或者拘役,并处罚金;价值二十万元以上不满二百万元的,应当认定为"情节严重",处五年以上十年以下有期徒刑,并处罚金;价值二百万元以上的,应当认定为"情节特别严重",处十年以上有期徒刑,并处罚金或者没收财产。

11. 非法收购、运输、出售在长江流域重点水域非法捕杀的国家重点保护的珍贵、濒危水生野生动物及其制品行为的定性

最高人民法院、最高人民检察院、公安部、农业农村部依法惩治长江流域非法捕捞等违法犯罪的意见(2020年12月17日)

二、准确适用法律,依法严惩非法捕捞等危害水生生物资源的各类违法犯罪

(三)……非法收购、运输、出售在长江流域重点水域非法猎捕、杀害的中华鲟、长江鲟、长江江豚或者其他国家重点保护的珍贵、濒危水生野生动物及其制品,价值二万元以上不满二十万元的,应当依照刑法第三百四十一条的规定,以非法收购、运输、出售珍贵、濒危野生动物、珍贵、濒危野生动物制品罪,处五年以下有期徒刑或者拘役,并处罚金;价值二十万元以上不满二百万元的,应当认定为"情节严重",处五年以上十年以下有期徒刑,并处罚金;价

值二百万元以上的，应当认定为"情节特别严重"，处十年以上有期徒刑，并处罚金或者没收财产。

（七）贯彻落实宽严相济刑事政策。多次实施本意见规定的行为构成犯罪，依法应当追诉的，或者二年内二次以上实施本意见规定的行为未经处理的，数量数额累计计算。

实施本意见规定的犯罪，具有下列情形之一的，从重处罚：（1）暴力抗拒、阻碍国家机关工作人员依法履行职务，尚未构成妨害公务罪的；（2）二年内曾因实施本意见规定的行为受过处罚的；（3）对长江生物资源或水域生态造成严重损害的；（4）具有造成重大社会影响等恶劣情节。具有上述情形的，一般不适用不起诉、缓刑、免予刑事处罚。

……非法猎捕、收购、运输、出售珍贵、濒危水生野生动物，尚未造成动物死亡，综合考虑行为手段、主观罪过、犯罪动机、获利数额、涉案水生生物的濒危程度、数量价值以及行为人的认罪悔罪态度、修复生态环境情况等情节，认为适用本意见规定的定罪量刑标准明显过重的，可以结合具体案件的实际情况依法作出妥当处理，确保罪责刑相适应。

三、健全完善工作机制，保障相关案件的办案效果

（四）准确认定相关专门性问题。对于长江流域重点水域禁捕范围（禁捕区域和时间），依据农业农村部关于长江流域重点水域禁捕范围和时间的有关通告确定。涉案渔获物系国家重点保护的珍贵、濒危水生野生动物的，动物及其制品的价值可以根据国务院野生动物保护主管部门综合考虑野生动物的生态、科学、社会价值制定的评估标准和方法核算。其他渔获物的价值，根据销赃数额认定；无销赃数额、销赃数额难以查证或者根据销赃数额认定明显偏低的，根据市场价格核算；仍无法认定的，由农业农村（渔政）部门认定或者由有关价格认证机构作出认证并出具报告。对于涉案的禁捕区域、禁捕时间、禁用方法、禁用工具、渔获物品种以及对水生生物资源的危害程度等专门性问题，由农业农村（渔政）部门于二个工作日以内出具认定意见；难以确定的，由司法鉴定机构出具鉴定意见，或者由农业农村部指定的机构出具报告。

12. 单位犯罪

最高人民法院关于审理破坏野生动物资源刑事案件具体应用法律若干问题的解释（2000年12月11日）

第十二条 单位犯刑法第三百四十一条规定之罪，定罪量刑标准依照本解释的有关规定执行。

13. 共同犯罪

最高人民法院、最高人民检察院、公安部、司法部关于依法惩治非法野生动物交易犯罪的指导意见（2020年12月18日）

五、明知他人实施非法野生动物交易行为，有下列情形之一的，以共同犯罪论处：

（一）提供贷款、资金、账号、车辆、设备、技术、许可证件的；

（二）提供生产、经营场所或者运输、仓储、保管、快递、邮寄、网络信息交互等便利条件或者其他服务的；

（三）提供广告宣传等帮助行为的。

14. 一罪与数罪

最高人民法院关于审理破坏野生动物资源刑事案件具体应用法律若干问题的解释（2000年12月11日）

第七条 使用爆炸、投毒、设置电网等危险方法破坏野生动物资源，构成非法猎捕、杀害珍贵、濒危野生动物罪或者非法狩猎罪，同时构成刑法第一百一十四条或者第一百一十五条规定之罪的，依照处罚较重的规定定罪处罚。

第八条 实施刑法第三百四十一条规定的犯罪，又以暴力、威胁方法抗拒查处，构成其他犯罪的，依照数罪并罚的规定处罚。

第九条 伪造、变造、买卖国家机关颁发的野生动物允许进出口证明书、特许猎捕证、狩猎证、驯养繁殖许可证等公文、证件构成犯罪的，依照刑法第二百八十条第一款的规定以伪造、变造、买卖国家机关公文、证件罪定罪处罚。

实施上述行为构成犯罪，同时构成刑法第二百二十五条第二项规定的非法经营罪的，依照处罚较重的规定定罪处罚。

最高人民法院关于审理发生在我国管辖海域相关案件若干问题的规定（二）（2016年8月2日）

第八条 实施破坏海洋资源犯罪行为，同时构成非法捕捞罪、非法猎捕、杀害珍贵、濒危野生动物罪、组织他人偷越国（边）境罪、偷越国（边）境罪等犯罪的，依照处罚较重的规定定罪处罚。

有破坏海洋资源犯罪行为，又实施走私、妨害公务等犯罪的，依照数罪并罚的规定处理。

> **第三百四十二条 【非法占用农用地罪】**违反土地管理法规，非法占用耕地、林地等农用地，改变被占用土地用途，数量较大，造成耕地、林地等农用地大量毁坏的，处五年以下有期徒刑或者拘役，并处或者单处罚金。

● 关联法条

第三百四十六条

● 立案追诉标准

最高人民检察院、公安部关于公安机关管辖的刑事案件立案追诉标准的规定（一）（2008年6月25日）

第六十七条 ［非法占用农用地案（刑法第三百四十二条）］违反土地管理法规，非法占用耕地、林地等农用地，改变被占用土地用途，造成耕地、林地等农用地大量毁坏，涉嫌下列情形之一的，应予立案追诉：

（一）非法占用基本农田五亩以上或者基本农田以外的耕地十亩以上的；

（二）非法占用防护林地或者特种用途林地数量单种或者合计五亩以上的；

（三）非法占用其他林地数量十亩以上的；

（四）非法占用本款第（二）项、第（三）项规定的林地，其中一项数量达到相应规定的数量标准的百分之五十以上，且两项数量合计达到该项规定的数量标准的；

（五）非法占用其他农用地数量较大的情形。

违反土地管理法规，非法占用耕地建窑、建坟、建房、挖沙、采石、采矿、取土、堆放固体废弃物或者进行其他非农业建设，造成耕地种植条件严重毁坏或者严重污染，被毁坏耕地数量达到以上规定的，属于本条规定的"造成耕地大量毁坏"。

违反土地管理法规，非法占用林地，改变被占用林地用途，在非法占用的林地上实施建窑、建坟、建房、挖沙、采石、采矿、取土、种植农作物、堆放或者排泄废弃物等行为或者进行其他非林业生产、建设，造成林地的原有植被或者林业种植条件严重毁坏或者严重污染，被毁坏林地数量达到以上规定的，属于本条规定的"造成林地大量毁坏"。

第一百条 本规定中的立案追诉标准,除法律、司法解释另有规定的以外,适用于相关的单位犯罪。

● 定罪

1. "违反土地管理法规"的认定

全国人民代表大会常务委员会关于《中华人民共和国刑法》第二百二十八条、第三百四十二条、第四百一十条的解释(2009年8月27日)

刑法第二百二十八条、第三百四十二条、第四百一十条规定的"违反土地管理法规"是指违反土地管理法、森林法、草原法等法律以及有关行政法规中关于土地管理的规定。

2. "数量较大""造成耕地大量毁坏"的认定

最高人民法院关于审理破坏土地资源刑事案件具体应用法律若干问题的解释(2000年6月22日)

第三条 违反土地管理法规,非法占用耕地改作他用,数量较大,造成耕地大量毁坏的,依照刑法第三百四十二条的规定,以非法占用耕地罪定罪处罚:

(一)非法占用耕地"数量较大",是指非法占用基本农田五亩以上或者非法占用基本农田以外的耕地十亩以上。

(二)非法占用耕地"造成耕地大量毁坏",是指行为人非法占用耕地建窑、建坟、建房、挖沙、采石、采矿、取土、堆放固体废弃物或者进行其他非农业建设,造成基本农田五亩以上或者基本农田以外的耕地十亩以上种植条件严重毁坏或者严重污染。

第八条 单位犯非法转让、倒卖土地使用权罪、非法占有耕地罪的定罪量刑标准,依照本解释第一条、第二条、第三条的规定执行。

3. "数量较大,造成林地大量毁坏"的认定

最高人民法院关于审理破坏林地资源刑事案件具体应用法律若干问题的解释(2005年12月30日)

第一条 违反土地管理法规,非法占用林地,改变被占用林地用途,在非法占用的林地上实施建窑、建坟、建房、挖沙、采石、采矿、取土、种植农作物、堆放或排泄废弃物等行为或者进行其他非林业生产、建设,造成林地的原有植被或林业种植条件严重毁坏或者严重污染,并具有下列情形之一的,属于

《中华人民共和国刑法修正案（二）》规定的"数量较大，造成林地大量毁坏"，应当以非法占用农用地罪判处五年以下有期徒刑或者拘役，并处或者单处罚金：

（一）非法占用并毁坏防护林地、特种用途林地数量分别或者合计达到五亩以上；

（二）非法占用并毁坏其他林地数量达到十亩以上；

（三）非法占用并毁坏本条第（一）项、第（二）项规定的林地，数量分别达到相应规定的数量标准的百分之五十以上；

（四）非法占用并毁坏本条第（一）项、第（二）项规定的林地，其中一项数量达到相应规定的数量标准的百分之五十以上，且两项数量合计达到该项规定的数量标准。

第六条　单位实施破坏林地资源犯罪的，依照本解释规定的相关定罪量刑标准执行。

4. 非法占用草原，改变被占用草原用途行为的定性

最高人民法院关于审理破坏草原资源刑事案件应用法律若干问题的解释（2012年11月22日）

第一条　违反草原法等土地管理法规，非法占用草原，改变被占用草原用途，数量较大，造成草原大量毁坏的，依照刑法第三百四十二条的规定，以非法占用农用地罪定罪处罚。

第二条　非法占用草原，改变被占用草原用途，数量在二十亩以上的，或者曾因非法占用草原受过行政处罚，在三年内又非法占用草原，改变被占用草原用途，数量在十亩以上的，应当认定为刑法第三百四十二条规定的"数量较大"。

非法占用草原，改变被占用草原用途，数量较大，具有下列情形之一的，应当认定为刑法第三百四十二条规定的"造成耕地、林地等农用地大量毁坏"：

（一）开垦草原种植粮食作物、经济作物、林木的；

（二）在草原上建窑、建房、修路、挖砂、采石、采矿、取土、剥取草皮的；

（三）在草原上堆放或者排放废弃物，造成草原的原有植被严重毁坏或者严重污染的；

（四）违反草原保护、建设、利用规划种植牧草和饲料作物，造成草原沙化或者水土严重流失的；

（五）其他造成草原严重毁坏的情形。

第七条 本解释所称"草原",是指天然草原和人工草地,天然草原包括草地、草山和草坡,人工草地包括改良草地和退耕还草地,不包括城镇草地。

5. 在耕地、农村宅基地、责任田上违法建房行为的处理

最高人民法院关于个人违法建房出售行为如何适用法律问题的答复(2010年11月1日)

贵州省高级人民法院:

一、你院请示的在农村宅基地、责任田上违法建房出售如何处理的问题,涉及面广,法律、政策性强。据了解,有关部门正在研究制定政策意见和处理办法,在相关文件出台前,不宜以犯罪追究有关人员的刑事责任。

二、从来函反映的情况看,此类案件在你省部分地区发案较多。案件处理更应当十分慎重。要积极争取在党委统一领导下,有效协调有关方面,切实做好案件处理的善后工作,确保法律效果与社会效果的有机统一。

三、办理案件中,发现负有监管职责的国家机关工作人员有渎职、受贿等涉嫌违法犯罪的,要依法移交相关部门处理;发现有关部门在履行监管职责方面存在问题的,要结合案件处理,提出司法建议,促进完善社会管理。

最高人民检察院关于印发最高人民检察院第十六批指导性案例的通知(2019年12月20日)

刘强非法占用农用地案(检例第60号)

【要旨】行为人违反土地管理法规,在耕地上建设"大棚房""生态园""休闲农庄"等,非法占用耕地数量较大,造成耕地等农用地大量毁坏的,应当以非法占用农用地罪追究实际建设者、经营者的刑事责任。

6. 犯罪数额的计算

最高人民法院关于审理破坏土地资源刑事案件具体应用法律若干问题的解释(2000年6月22日)

第九条 多次实施本解释规定的行为依法应当追诉的,或者一年内多次实施本解释规定的行为未经处理的,按照累计的数量、数额处罚。

最高人民法院关于审理破坏林地资源刑事案件具体应用法律若干问题的解释(2005年12月30日)

第七条 多次实施本解释规定的行为依法应当追诉且未经处理的,应当按照累计的数量、数额处罚。

最高人民法院关于审理破坏草原资源刑事案件应用法律若干问题的解释
（2012 年 11 月 22 日）

第六条 多次实施破坏草原资源的违法犯罪行为，未经处理，应当依法追究刑事责任的，按照累计的数量、数额定罪处罚。

7. 单位犯罪

最高人民法院关于审理破坏草原资源刑事案件应用法律若干问题的解释
（2012 年 11 月 22 日）

第五条 单位实施刑法第三百四十二条规定的行为，对单位判处罚金，并对其直接负责的主管人员和其他直接责任人员，依照本解释规定的定罪量刑标准定罪处罚。

第三百四十二条之一① 【破坏自然保护地罪】违反自然保护地管理法规，在国家公园、国家级自然保护区进行开垦、开发活动或者修建建筑物，造成严重后果或者有其他恶劣情节的，处五年以下有期徒刑或者拘役，并处或者单处罚金。

有前款行为，同时构成其他犯罪的，依照处罚较重的规定定罪处罚。

第三百四十三条 【非法采矿罪】违反矿产资源法的规定，未取得采矿许可证擅自采矿，擅自进入国家规划矿区、对国民经济具有重要价值的矿区和他人矿区范围采矿，或者擅自开采国家规定实行保护性开采的特定矿种，情节严重的，处三年以下有期徒刑、拘役或者管制，并处或者单处罚金；情节特别严重的，处三年以上七年以下有期徒刑，并处罚金。

【破坏性采矿罪】违反矿产资源法的规定，采取破坏性的开采方法开采矿产资源，造成矿产资源严重破坏的，处五年以下有期徒刑或者拘役，并处罚金。

---

① 编者注：本条为《刑法修正案（十一）》新设。

● 关联法条

第三百四十六条

● 立案追诉标准

最高人民检察院、公安部关于公安机关管辖的刑事案件立案追诉标准的规定（一）（2008年6月25日）

第六十九条 [破坏性采矿案（刑法第三百四十三条第二款）]违反矿产资源法的规定，采取破坏性的开采方法开采矿产资源，造成矿产资源严重破坏，价值在三十万元至五十万元以上的，应予立案追诉。

本条规定的"采取破坏性的开采方法开采矿产资源"，是指行为人违反地质矿产主管部门审查批准的矿产资源开发利用方案开采矿产资源，并造成矿产资源严重破坏的行为。

破坏性的开采方法以及造成矿产资源严重破坏的价值数额，由省级以上地质矿产主管部门出具鉴定结论，经查证属实后予以认定。

第一百条 本规定中的立案追诉标准，除法律、司法解释另有规定的以外，适用于相关的单位犯罪。

最高人民检察院、公安部关于公安机关管辖的刑事案件立案追诉标准的规定（一）的补充规定（2017年4月27日）

十一、将《立案追诉标准（一）》第68条修改为：[非法采矿案（刑法第343条第一款）]违反矿产资源法的规定，未取得采矿许可证擅自采矿，或者擅自进入国家规划矿区、对国民经济具有重要价值的矿区和他人矿区范围采矿，或者擅自开采国家规定实行保护性开采的特定矿种，涉嫌下列情形之一的，应予立案追诉：

（一）开采的矿产品价值或者造成矿产资源破坏的价值在10万元至30万元以上的；

（二）在国家规划矿区、对国民经济具有重要价值的矿区采矿，开采国家规定实行保护性开采的特定矿种，或者在禁采区、禁采期内采矿，开采的矿产品价值或者造成矿产资源破坏的价值在5万元至15万元以上的；

（三）二年内曾因非法采矿受过两次以上行政处罚，又实施非法采矿行为的；

（四）造成生态环境严重损害的；

（五）其他情节严重的情形。

在河道管理范围内采砂，依据相关规定应当办理河道采砂许可证而未取得河道采砂许可证，或者应当办理河道采砂许可证和采矿许可证，既未取得河道采砂许可证又未取得采矿许可证，具有本条第一款规定的情形之一，或者严重影响河势稳定危害防洪安全的，应予立案追诉。

采挖海砂，未取得海砂开采海域使用权证且未取得采矿许可证，具有本条第一款规定的情形之一，或者造成海岸线严重破坏的，应予立案追诉。

具有下列情形之一的，属于本条规定的"未取得采矿许可证"：

（一）无许可证的；
（二）许可证被注销、吊销、撤销的；
（三）超越许可证规定的矿区范围或者开采范围的；
（四）超出许可证规定的矿种的（共生、伴生矿种除外）；
（五）其他未取得许可证的情形。

多次非法采矿构成犯罪，依法应当追诉的，或者二年内多次非法采矿未经处理的，价值数额累计计算。

非法开采的矿产品价值，根据销赃数额认定；无销赃数额，销赃数额难以查证，或者根据销赃数额认定明显不合理的，根据矿产品价格和数量认定。

矿产品价值难以确定的，依据价格认证机构，省级以上人民政府国土资源、水行政、海洋等主管部门，或者国务院水行政主管部门在国家确定的重要江河、湖泊设立的流域管理机构出具的报告，结合其他证据作出认定。

定罪

1. "违反矿产资源法的规定"的认定

最高人民法院、最高人民检察院关于办理非法采矿、破坏性采矿刑事案件适用法律若干问题的解释（2016年12月1日）

第一条 违反《中华人民共和国矿产资源法》《中华人民共和国水法》等法律、行政法规有关矿产资源开发、利用、保护和管理的规定的，应当认定为刑法第三百四十三条规定的"违反矿产资源法的规定"。

2. 第一款"未取得采矿许可证擅自采矿"的认定

最高人民法院、最高人民检察院关于办理非法采矿、破坏性采矿刑事案件适用法律若干问题的解释（2016年12月1日）

第二条 具有下列情形之一的，应当认定为刑法第三百四十三条第一款规

定的"未取得采矿许可证":

（一）无许可证的；

（二）许可证被注销、吊销、撤销的；

（三）超越许可证规定的矿区范围或者开采范围的；

（四）超出许可证规定的矿种的（共生、伴生矿种除外）；

（五）其他未取得许可证的情形。

3. 第一款"情节严重""情节特别严重"的认定

最高人民法院、最高人民检察院关于办理非法采矿、破坏性采矿刑事案件适用法律若干问题的解释（2016年12月1日）

第三条 实施非法采矿行为，具有下列情形之一的，应当认定为刑法第三百四十三条第一款规定的"情节严重"：

（一）开采的矿产品价值或者造成矿产资源破坏的价值在十万元至三十万元以上的；

（二）在国家规划矿区、对国民经济具有重要价值的矿区采矿，开采国家规定实行保护性开采的特定矿种，或者在禁采区、禁采期内采矿，开采的矿产品价值或者造成矿产资源破坏的价值在五万元至十五万元以上的；

（三）二年内曾因非法采矿受过两次以上行政处罚，又实施非法采矿行为的；

（四）造成生态环境严重损害的；

（五）其他情节严重的情形。

实施非法采矿行为，具有下列情形之一的，应当认定为刑法第三百四十三条第一款规定的"情节特别严重"：

（一）数额达到前款第一项、第二项规定标准五倍以上的；

（二）造成生态环境特别严重损害的；

（三）其他情节特别严重的情形。

4. 非法采挖河砂、海砂行为的定性

最高人民法院、最高人民检察院关于办理非法采矿、破坏性采矿刑事案件适用法律若干问题的解释（2016年12月1日）

第四条 在河道管理范围内采砂，具有下列情形之一，符合刑法第三百四十三条第一款和本解释第二条、第三条规定的，以非法采矿罪定罪处罚：

（一）依据相关规定应当办理河道采砂许可证，未取得河道采砂许可证的；

(二)依据相关规定应当办理河道采砂许可证和采矿许可证,既未取得河道采砂许可证,又未取得采矿许可证的。

实施前款规定行为,虽不具有本解释第三条第一款规定的情形,但严重影响河势稳定,危害防洪安全的,应当认定为刑法第三百四十三条第一款规定的"情节严重"。

第五条　未取得海砂开采海域使用权证,且未取得采矿许可证,采挖海砂,符合刑法第三百四十三条第一款和本解释第二条、第三条规定的,以非法采矿罪定罪处罚。

实施前款规定行为,虽不具有本解释第三条第一款规定的情形,但造成海岸线严重破坏的,应当认定为刑法第三百四十三条第一款规定的"情节严重"。

5. 第二款"造成矿产资源严重破坏"的认定

最高人民法院、最高人民检察院关于办理非法采矿、破坏性采矿刑事案件适用法律若干问题的解释(2016年12月1日)

第六条　造成矿产资源破坏的价值在五十万元至一百万元以上,或者造成国家规划矿区、对国民经济具有重要价值的矿区和国家规定实行保护性开采的特定矿种资源破坏的价值在二十五万元至五十万元以上的,应当认定为刑法第三百四十三条第二款规定的"造成矿产资源严重破坏"。

6. 非法开采或者破坏性开采石油、天然气资源行为的定性

最高人民法院、最高人民检察院关于办理盗窃油气、破坏油气设备等刑事案件具体应用法律若干问题的解释(2007年1月19日)

第六条　违反矿产资源法的规定,非法开采或者破坏性开采石油、天然气资源的,依照刑法第三百四十三条以及《最高人民法院关于审理非法采矿、破坏性采矿刑事案件具体应用法律若干问题的解释》①的规定追究刑事责任。

7. 共同犯罪

最高人民法院、最高人民检察院关于办理非法采矿、破坏性采矿刑事案件适用法律若干问题的解释(2016年12月1日)

第七条　明知是犯罪所得的矿产品及其产生的收益,而予以窝藏、转移、收购、代为销售或者以其他方法掩饰、隐瞒的,依照刑法第三百一十二条的规

---

① 编者注:该解释被《最高人民法院、最高人民检察院关于办理非法采矿、破坏性采矿刑事案件适用法律若干问题的解释》替代。

定,以掩饰、隐瞒犯罪所得、犯罪所得收益罪定罪处罚。

实施前款规定的犯罪行为,事前通谋的,以共同犯罪论处。

8. 矿产品价值数额的计算

最高人民法院、最高人民检察院关于办理非法采矿、破坏性采矿刑事案件适用法律若干问题的解释(2016年12月1日)

第八条 多次非法采矿、破坏性采矿构成犯罪,依法应当追诉的,或者二年内多次非法采矿、破坏性采矿未经处理的,价值数额累计计算。

第十三条 非法开采的矿产品价值,根据销赃数额认定;无销赃数额,销赃数额难以查证,或者根据销赃数额认定明显不合理的,根据矿产品价格和数量认定。

矿产品价值难以确定的,依据下列机构出具的报告,结合其他证据作出认定:

(一)价格认证机构出具的报告;

(二)省级以上人民政府国土资源、水行政、海洋等主管部门出具的报告;

(三)国务院水行政主管部门在国家确定的重要江河、湖泊设立的流域管理机构出具的报告。

第十四条 对案件所涉的有关专门性问题难以确定的,依据下列机构出具的鉴定意见或者报告,结合其他证据作出认定:

(一)司法鉴定机构就生态环境损害出具的鉴定意见;

(二)省级以上人民政府国土资源主管部门就造成矿产资源破坏的价值、是否属于破坏性开采方法出具的报告;

(三)省级以上人民政府水行政主管部门或者国务院水行政主管部门在国家确定的重要江河、湖泊设立的流域管理机构就是否危害防洪安全出具的报告;

(四)省级以上人民政府海洋主管部门就是否造成海岸线严重破坏出具的报告。

9. 一罪与数罪

最高人民法院关于进一步加强危害生产安全刑事案件审判工作的意见(2011年12月30日)

四、准确适用法律

10.……违反安全生产管理规定,非法采矿、破坏性采矿或排放、倾倒、处置有害物质严重污染环境,造成重大伤亡事故或者其他严重后果,同时构成危害生产安全犯罪和破坏环境资源保护犯罪的,依照数罪并罚的规定处罚。

● 量刑

1. 从宽处罚、不以犯罪论处

最高人民法院、最高人民检察院关于办理非法采矿、破坏性采矿刑事案件适用法律若干问题的解释（2016年12月1日）

第十条　实施非法采矿犯罪，不属于"情节特别严重"，或者实施破坏性采矿犯罪，行为人系初犯，全部退赃退赔，积极修复环境，并确有悔改表现的，可以认定为犯罪情节轻微，不起诉或者免予刑事处罚。

第十一条　对受雇佣为非法采矿、破坏性采矿犯罪提供劳务的人员，除参与利润分成或者领取高额固定工资的以外，一般不以犯罪论处，但曾因非法采矿、破坏性采矿受过处罚的除外。

2. 单位犯罪的处罚

最高人民法院、最高人民检察院关于办理非法采矿、破坏性采矿刑事案件适用法律若干问题的解释（2016年12月1日）

第九条　单位犯刑法第三百四十三条规定之罪的，依照本解释规定的相应自然人犯罪的定罪量刑标准，对直接负责的主管人员和其他直接责任人员定罪处罚，并对单位判处罚金。

3. 责令退赔、依法没收

最高人民法院、最高人民检察院关于办理非法采矿、破坏性采矿刑事案件适用法律若干问题的解释（2016年12月1日）

第十二条　对非法采矿、破坏性采矿犯罪的违法所得及其收益，应当依法追缴或者责令退赔。

对用于非法采矿、破坏性采矿犯罪的专门工具和供犯罪所用的本人财物，应当依法没收。

第三百四十四条　【危害国家重点保护植物罪】违反国家规定，非法采伐、毁坏珍贵树木或者国家重点保护的其他植物的，或者非法收购、运输、加工、出售珍贵树木或者国家重点保护的其他植物及其制品的，处三年以下有期徒刑、拘役或者管制，并处罚金；情节严重的，处三年以上七年以下有期徒刑，并处罚金。

● **关联法条**

第九十六条、第三百四十六条

● **立案追诉标准**

最高人民检察院、公安部关于公安机关管辖的刑事案件立案追诉标准的规定（一）（2008年6月25日）

第七十条 ［非法采伐、毁坏国家重点保护植物案（刑法第三百四十四条）］违反国家规定，非法采伐、毁坏珍贵树木或者国家重点保护的其他植物的，应予立案追诉。

本条和本规定第七十一条规定的"珍贵树木或者国家重点保护的其他植物"，包括由省级以上林业主管部门或者其他部门确定的具有重大历史纪念意义、科学研究价值或者年代久远的古树名木，国家禁止、限制出口的珍贵树木以及列入《国家重点保护野生植物名录》的树木或者其他植物。

第七十一条 ［非法收购、运输、加工、出售国家重点保护植物、国家重点保护植物制品案（刑法第三百四十四条）］违反国家规定，非法收购、运输、加工、出售珍贵树木或者国家重点保护的其他植物及其制品的，应予立案追诉。

第一百条 本规定中的立案追诉标准，除法律、司法解释另有规定的以外，适用于相关的单位犯罪。

国家林业局、公安部关于森林和陆生野生动物刑事案件管辖及立案标准（2001年5月9日）

一、森林公安机关管辖在其辖区内发生的刑法规定的下列森林和陆生野生动物刑事案件

（四）非法采伐、毁坏珍贵树木案件（第三百四十四条）；

二、森林和陆生野生动物刑事案件的立案标准

（四）非法采伐、毁坏珍贵树木案

非法采伐、毁坏珍贵树木的应当立案；采伐珍贵树木2株、2立方米以上或者毁坏珍贵树木致死3株以上的，为重大案件；采伐珍贵树木10株、10立方米以上或者毁坏珍贵树木致死15株以上的，为特别重大案件。

● 定罪

1. "珍贵树木或者国家重点保护的其他植物"的认定

最高人民法院关于审理破坏森林资源刑事案件具体应用法律若干问题的解释（2000年12月11日）

第一条 刑法第三百四十四条规定的"珍贵树木"，包括由省级以上林业主管部门或者其他部门确定的具有重大历史纪念意义、科学研究价值或者年代久远的古树名木，国家禁止、限制出口的珍贵树木以及列入国家重点保护野生植物名录的树木。

最高人民法院、最高人民检察院关于适用《中华人民共和国刑法》第三百四十四条有关问题的批复（2020年3月21日）

一、古树名木以及列入《国家重点保护野生植物名录》的野生植物，属于刑法第三百四十四条规定的"珍贵树木或者国家重点保护的其他植物"。

二、根据《中华人民共和国野生植物保护条例》的规定，野生植物限于原生地天然生长的植物。人工培育的植物，除古树名木外，不属于刑法第三百四十四条规定的"珍贵树木或者国家重点保护的其他植物"。非法采伐、毁坏或者非法收购、运输人工培育的植物（古树名木除外），构成盗伐林木罪、滥伐林木罪、非法收购、运输盗伐、滥伐的林木罪等犯罪的，依照相关规定追究刑事责任。

2. "情节严重"的认定

最高人民法院关于审理破坏森林资源刑事案件具体应用法律若干问题的解释（2000年12月11日）

第二条 具有下列情形之一的，属于非法采伐、毁坏珍贵树木行为"情节严重"：

（一）非法采伐珍贵树木二株以上或者毁坏珍贵树木致使珍贵树木死亡三株以上的；

（二）非法采伐珍贵树木二立方米以上的；

（三）为首组织、策划、指挥非法采伐或者毁坏珍贵树木的；

（四）其他情节严重的情形。

第十七条 本解释规定的林木数量以立木蓄积计算，计算方法为：原木材积除以该树种的出材率。

本解释所称"幼树",是指胸径五厘米以下的树木。

滥伐林木的数量,应在伐区调查设计允许的误差额以上计算。

3. 非法移栽珍贵树木或者国家重点保护的其他植物行为的定性

最高人民法院、最高人民检察院关于适用《中华人民共和国刑法》第三百四十四条有关问题的批复(2020年3月21日)

三、对于非法移栽珍贵树木或者国家重点保护的其他植物,依法应当追究刑事责任的,依照刑法第三百四十四条的规定,以非法采伐国家重点保护植物罪定罪处罚。

鉴于移栽在社会危害程度上与砍伐存在一定差异,对非法移栽珍贵树木或者国家重点保护的其他植物的行为,在认定是否构成犯罪以及裁量刑罚时,应当考虑植物的珍贵程度、移栽目的、移栽手段、移栽数量、对生态环境的损害程度等情节,综合评估社会危害性,确保罪责刑相适应。

4. 单位犯罪

最高人民法院关于审理破坏森林资源刑事案件具体应用法律若干问题的解释(2000年12月11日)

第十六条 单位犯刑法第三百四十四条、第三百四十五条规定之罪,定罪量刑标准按照本解释的规定执行。

5. 一罪与数罪

最高人民法院关于审理破坏森林资源刑事案件具体应用法律若干问题的解释(2000年12月11日)

第八条 盗伐、滥伐珍贵树木,同时触犯刑法第三百四十四条、第三百四十五条规定的,依照处罚较重的规定定罪处罚。

第三百四十四条之一[1] 【非法引进、释放、丢弃外来入侵物种罪】违反国家规定,非法引进、释放或者丢弃外来入侵物种,情节严重的,处三年以下有期徒刑或者拘役,并处或者单处罚金。

---

[1] 编者注:本条为《刑法修正案(十一)》新设。

第三百四十五条 【盗伐林木罪】盗伐森林或者其他林木,数量较大的,处三年以下有期徒刑、拘役或者管制,并处或者单处罚金;数量巨大的,处三年以上七年以下有期徒刑,并处罚金;数量特别巨大的,处七年以上有期徒刑,并处罚金。

【滥伐林木罪】违反森林法的规定,滥伐森林或者其他林木,数量较大的,处三年以下有期徒刑、拘役或者管制,并处或者单处罚金;数量巨大的,处三年以上七年以下有期徒刑,并处罚金。

【非法收购、运输盗伐、滥伐的林木罪】非法收购、运输明知是盗伐、滥伐的林木,情节严重的,处三年以下有期徒刑、拘役或者管制,并处或者单处罚金;情节特别严重的,处三年以上七年以下有期徒刑,并处罚金。

盗伐、滥伐国家级自然保护区内的森林或者其他林木的,从重处罚。

● 关联法条

第三百四十六条

● 立案追诉标准

最高人民检察院、公安部关于公安机关管辖的刑事案件立案追诉标准的规定（一）（2008年6月25日）

第七十二条 [盗伐林木案（刑法第三百四十五条第一款）] 盗伐森林或者其他林木,涉嫌下列情形之一的,应予立案追诉:

（一）盗伐二至五立方米以上的;

（二）盗伐幼树一百至二百株以上的。

以非法占有为目的,具有下列情形之一的,属于本条规定的"盗伐森林或者其他林木":

（一）擅自砍伐国家、集体、他人所有或者他人承包经营管理的森林或者其他林木的;

（二）擅自砍伐本单位或者本人承包经营管理的森林或者其他林木的;

（三）在林木采伐许可证规定的地点以外采伐国家、集体、他人所有或者他人承包经营管理的森林或者其他林木的。

本条和本规定第七十三条、第七十四条规定的林木数量以立木蓄积计算，计算方法为：原木材积除以该树种的出材率；"幼树"，是指胸径五厘米以下的树木。

第七十三条　[滥伐林木案（刑法第三百四十五条第二款）]违反森林法的规定，滥伐森林或者其他林木，涉嫌下列情形之一的，应予立案追诉：

（一）滥伐十至二十立方米以上的；

（二）滥伐幼树五百至一千株以上的。

违反森林法的规定，具有下列情形之一的，属于本条规定的"滥伐森林或者其他林木"：

（一）未经林业行政主管部门及法律规定的其他主管部门批准并核发林木采伐许可证，或者虽持有林木采伐许可证，但违反林木采伐许可证规定的时间、数量、树种或者方式，任意采伐本单位所有或者本人所有的森林或者其他林木的；

（二）超过林木采伐许可证规定的数量采伐他人所有的森林或者其他林木的。

违反森林法的规定，在林木采伐许可证规定的地点以外，采伐本单位或者本人所有的森林或者其他林木的，除农村居民采伐自留地和房前屋后个人所有的零星林木以外，属于本条第二款第（一）项"未经林业行政主管部门及法律规定的其他主管部门批准并核发林木采伐许可证"规定的情形。

林木权属争议一方在林木权属确权之前，擅自砍伐森林或者其他林木的，属于本条规定的"滥伐森林或者其他林木"。

滥伐林木的数量，应在伐区调查设计允许的误差额以上计算。

第七十四条　[非法收购、运输盗伐、滥伐的林木案（刑法第三百四十五条第三款）]非法收购、运输明知是盗伐、滥伐的林木，涉嫌下列情形之一的，应予立案追诉：

（一）非法收购、运输盗伐、滥伐的林木二十立方米以上或者幼树一千株以上的；

（二）其他情节严重的情形。

本条规定的"非法收购"的"明知"，是指知道或者应当知道。具有下列情形之一的，可以视为应当知道，但是有证据证明确属被蒙骗的除外：

（一）在非法的木材交易场所或者销售单位收购木材的；

（二）收购以明显低于市场价格出售的木材的；

（三）收购违反规定出售的木材的。

第一百条 本规定中的立案追诉标准，除法律、司法解释另有规定的以外，适用于相关的单位犯罪。

国家林业局、公安部关于森林和陆生野生动物刑事案件管辖及立案标准（2001年5月9日）

二、森林和陆生野生动物刑事案件的立案标准

（一）盗伐林木案

盗伐森林或者其他林木，立案起点为2立方米至5立方米或者幼树100至200株；盗伐林木20立方米至50立方米或者幼树1000株至2000株，为重大案件立案起点；盗伐林木100立方米至200立方米或者幼树5000株至10000株，为特别重大案件立案起点。

（二）滥伐林木案

滥伐森林或者其他林木，立案起点为10立方米至20立方米或者幼树500至1000株；滥伐林木50立方米以上或者幼树2500株以上，为重大案件；滥伐林木100立方米以上或者幼树5000株以上，为特别重大案件。

（三）非法收购盗伐、滥伐的林木案

以牟利为目的，在林区非法收购明知是盗伐、滥伐的林木在20立方米或者幼树1000株以上的，以及非法收购盗伐、滥伐的珍贵树木2立方米以上或者5株以上的应当立案；非法收购林木100立方米或者幼树5000株以上的，以及非法收购盗伐、滥伐的珍贵树木5立方米以上或者10株以上的为重大案件；非法收购林木200立方米或者幼树1000株以上的，以及非法收购盗伐、滥伐的珍贵树木10立方米以上或者20株以上的为特别重大案件。

● 定罪

1. 第一款"数量较大""数量巨大""数量特别巨大"的计算

最高人民法院关于审理破坏森林资源刑事案件具体应用法律若干问题的解释（2000年12月11日）

第三条 以非法占有为目的，具有下列情形之一，数量较大的，依照刑法第三百四十五条第一款的规定，以盗伐林木罪定罪处罚：

（一）擅自砍伐国家、集体、他人所有或者他人承包经营管理的森林或者其他林木的；

（二）擅自砍伐本单位或者本人承包经营管理的森林或者其他林木的；

（三）在林木采伐许可证规定的地点以外采伐国家、集体、他人所有或者他人承包经营管理的森林或者其他林木的。

第四条 盗伐林木"数量较大"，以二至五立方米或者幼树一百至二百株为起点；盗伐林木"数量巨大"，以二十至五十立方米或者幼树一千至二千株为起点；盗伐林木"数量特别巨大"，以一百至二百立方米或者幼树五千至一万株为起点。

第十七条 本解释规定的林木数量以立木蓄积计算，计算方法为：原木材积除以该树种的出材率。

本解释所称"幼树"，是指胸径五厘米以下的树木。

滥伐林木的数量，应在伐区调查设计允许的误差额以上计算。

2. 第二款"数量较大""数量巨大"的计算

最高人民法院关于审理破坏森林资源刑事案件具体应用法律若干问题的解释（2000年12月11日）

第五条 违反森林法的规定，具有下列情形之一，数量较大的，依照刑法第三百四十五条第二款的规定，以滥伐林木罪定罪处罚：

（一）未经林业行政主管部门及法律规定的其他主管部门批准并核发林木采伐许可证，或者虽持有林木采伐许可证，但违反林木采伐许可证规定的时间、数量、树种或者方式，任意采伐本单位所有或者本人所有的森林或者其他林木的；

（二）超过林木采伐许可证规定的数量采伐他人所有的森林或者其他林木的。

林木权属争议一方在林木权属确权之前，擅自砍伐森林或者其他林木，数量较大的，以滥伐林木罪论处。

第六条 滥伐林木"数量较大"，以十至二十立方米或者幼树五百至一千株为起点；滥伐林木"数量巨大"，以五十至一百立方米或者幼树二千五百至五千株为起点。

3. 第三款"明知"的认定

最高人民法院关于审理破坏森林资源刑事案件具体应用法律若干问题的解释（2000年12月11日）

第十条 刑法第三百四十五条规定的"非法收购明知是盗伐、滥伐的林木"中的"明知"，是指知道或者应当知道。具有下列情形之一的，可以视为应当知道，但是有证据证明确属被蒙骗的除外：

（一）在非法的木材交易场所或者销售单位收购木材的；

（二）收购以明显低于市场价格出售的木材的；

（三）收购违反规定出售的木材的。

4. 第三款在林区非法收购盗伐、滥伐林木"情节严重"的认定

最高人民法院关于审理破坏森林资源刑事案件具体应用法律若干问题的解释（2000年12月11日）

第十一条 具有下列情形之一的，属于在林区非法收购盗伐、滥伐的林木"情节严重"：

（一）非法收购盗伐、滥伐的林木二十立方米以上或者幼树一千株以上的；

（二）非法收购盗伐、滥伐的珍贵树木二立方米以上或者五株以上的；

（三）其他情节严重的情形。

具有下列情形之一的，属于在林区非法收购盗伐、滥伐的林木"情节特别严重"：

（一）非法收购盗伐、滥伐的林木一百立方米以上或者幼树五千株以上的；

（二）非法收购盗伐、滥伐的珍贵树木五立方米以上或者十株以上的；

（三）其他情节特别严重的情形。

5. 滥伐自己林木行为的处理

最高人民法院关于滥伐自己所有权的林木其林木应如何处理的问题的批复（1993年7月24日）

属于个人所有的林木，也是国家森林资源的一部分。被告人滥伐属于自己所有权的林木，构成滥伐林木罪的，其行为已违反国家保护森林法规，破坏了国家的森林资源，所滥伐的林木即不再是个人的合法财产，而应当作为犯罪分子违法所得的财物，依照刑法第六十条①的规定予以追缴。

最高人民法院关于在林木采伐许可证规定的地点以外采伐本单位或者本人所有的森林或者其他林木的行为如何适用法律问题的批复（2004年4月1日）

违反森林法的规定，在林木采伐许可证规定的地点以外，采伐本单位或者本人所有的森林或者其他林木的，除农村居民采伐自留地和房前屋后个人所有的零星林木以外，属于《最高人民法院关于审理破坏森林资源刑事案件具体应用法律若干问题的解释》第五条第一款第（一）项"未经林业行政主管部门及法律规定的其他主管部门批准并核发林木采伐许可证"规定的情形，数量

---

① 编者注：指1979年《刑法》条文。

较大的，应当依照刑法第三百四十五条第二款的规定，以滥伐林木罪定罪处罚。

6. 将他人已伐倒的树木窃为己有，或偷砍他人零星树木行为的定性

最高人民法院关于审理破坏森林资源刑事案件具体应用法律若干问题的解释（2000年12月11日）

第九条 将国家、集体、他人所有并已经伐倒的树木窃为己有，以及偷砍他人房前屋后、自留地种植的零星树木，数额较大的，依照刑法第二百六十四条的规定，以盗窃罪定罪处罚。

7. 非法采伐、毁坏或者非法收购、运输人工培育的植物（古树名木除外）行为的定性

最高人民法院、最高人民检察院关于适用《中华人民共和国刑法》第三百四十四条有关问题的批复（2020年3月21日）

二、根据《中华人民共和国野生植物保护条例》的规定，野生植物限于原生地天然生长的植物。人工培育的植物，除古树名木外，不属于刑法第三百四十四条规定的"珍贵树木或者国家重点保护的其他植物"。非法采伐、毁坏或者非法收购、运输人工培育的植物（古树名木除外），构成盗伐林木罪、滥伐林木罪、非法收购、运输盗伐、滥伐的林木罪等犯罪的，依照相关规定追究刑事责任。

8. 关于非法运输盗伐、滥伐林木罪的定罪量刑标准

最高人民法院研究室关于对《关于非法运输盗伐滥伐林木罪定罪量刑标准的请示》的答复（2007年12月12日）

国家林业局森林公安局：

你局林公刑〔2007〕58号《关于非法运输盗伐滥伐林木罪定罪量刑标准的请示》收悉。经研究，同意你局来函中所提意见，即：对于非法运输盗伐、滥伐的林木的行为，应当适用《最高人民法院关于审理破坏森林资源刑事案件具体应用法律若干问题的解释》第十一条规定的非法收购盗伐、滥伐林木罪的定罪量刑标准执行。

9. 林木数量、价值的计算

最高人民法院关于审理破坏森林资源刑事案件具体应用法律若干问题的解释（2000年12月11日）

第七条 对于一年内多次盗伐、滥伐少量林木未经处罚的，累计其盗伐、

滥伐林木的数量，构成犯罪的，依法追究刑事责任。

国家林业局、公安部关于森林和陆生野生动物刑事案件管辖及立案标准（2001年5月9日）

三、其他规定

（一）林区与非林区的划分，执行各省、自治区、直辖市人民政府的规定。

（二）林木的数量，以立木蓄积计算。

（三）对于一年内多次盗伐、滥伐少量林木未经处罚的，累计其盗伐林木、滥伐林木的数量。

（四）被盗伐、滥伐林木的价值，有国家规定价格的，按国家规定价格计算；没有国家规定价格的，按主管部门规定的价格计算；没有国家或者主管部门规定价格的，按市场价格计算；进入流通领域的，按实际销售价格计算；实际销售价格低于国家或者主管部门规定价格的，按国家或者主管部门规定的价格计算；实际销售价格低于市场价格，又没有国家或者主管部门规定价格的，按市场价格计算，不能按低价销赃的价格计算。

10. 单位犯罪

最高人民法院关于审理破坏森林资源刑事案件具体应用法律若干问题的解释（2000年12月11日）

第十六条 单位犯刑法第三百四十四条、第三百四十五条规定之罪，定罪量刑标准按照本解释的规定执行。

11. 一罪与数罪

最高人民法院关于审理破坏森林资源刑事案件具体应用法律若干问题的解释（2000年12月11日）

第八条 盗伐、滥伐珍贵树木，同时触犯刑法第三百四十四条、第三百四十五条规定的，依照处罚较重的规定定罪处罚。

第三百四十六条 【单位犯破坏环境资源保护罪的处罚规定】
单位犯本节第三百三十八条至第三百四十五条规定之罪的，对单位判处罚金，并对其直接负责的主管人员和其他直接责任人员，依照本节各该条的规定处罚。

第七节　走私、贩卖、运输、制造毒品罪

本节罪名定罪问题的总体规定

1. 管辖问题

最高人民法院、最高人民检察院、公安部办理毒品犯罪案件适用法律若干问题的意见（2007年12月18日）

一、关于毒品犯罪案件的管辖问题

根据刑事诉讼法的规定，毒品犯罪案件的地域管辖，应当坚持以犯罪地管辖为主、被告人居住地管辖为辅的原则。

"犯罪地"包括犯罪预谋地，毒资筹集地，交易进行地，毒品生产地，毒资、毒赃和毒品的藏匿地、转移地，走私或者贩运毒品的目的地以及犯罪嫌疑人被抓获地等。

"被告人居住地"包括被告人常住地、户籍地及其临时居住地。

对怀孕、哺乳期妇女走私、贩卖、运输毒品案件，查获地公安机关认为移交其居住地管辖更有利于采取强制措施和查清犯罪事实的，可以报请共同的上级公安机关批准，移送犯罪嫌疑人居住地公安机关办理，查获地公安机关应继续配合。

公安机关对侦办跨区域毒品犯罪案件的管辖权有争议的，应本着有利于查清犯罪事实，有利于诉讼，有利于保障案件侦查安全的原则，认真协商解决。经协商无法达成一致的，报共同的上级公安机关指定管辖。对即将侦查终结的跨省（自治区、直辖市）重大毒品案件，必要时可由公安部商最高人民法院和最高人民检察院指定管辖。

为保证及时结案，避免超期羁押，人民检察院对于公安机关移送审查起诉的案件，人民法院对于已进入审判程序的案件，被告人及其辩护人提出管辖异议或者办案单位发现没有管辖权的，受案人民检察院、人民法院经审可以依法报请上级人民检察院、人民法院指定管辖，不再自行移送有管辖权的人民检察院、人民法院。

最高人民法院全国部分法院审理毒品犯罪案件工作座谈会纪要（2008年12月1日）

十一、毒品案件的管辖问题

毒品犯罪的地域管辖，应当依照刑事诉讼法的有关规定，实行以犯罪地管辖为主、被告人居住地管辖为辅的原则。考虑到毒品犯罪的特殊性和毒品犯罪侦查体制，"犯罪地"不仅可以包括犯罪预谋地、毒资筹集地、交易进行地、运输途经地以及毒品生产地，也包括毒资、毒赃和毒品藏匿地、转移地、走私或者贩运毒品目的地等。"被告人居住地"，不仅包括被告人常住地和户籍所在地，也包括其临时居住地。

对于已进入审判程序的案件，被告人及其辩护人提出管辖异议，经审查异议成立的，或者受案法院发现没有管辖权，而案件由本院管辖更适宜的，受案法院应当报请与有管辖权的法院共同的上级法院依法指定本院管辖。

2. 主观明知的认定

最高人民法院、最高人民检察院、公安部办理毒品犯罪案件适用法律若干问题的意见（2007年12月18日）

二、关于毒品犯罪嫌疑人、被告人主观明知的认定问题

走私、贩卖、运输、非法持有毒品主观故意中的"明知"，是指行为人知道或者应当知道所实施的行为是走私、贩卖、运输、非法持有毒品行为。具有下列情形之一，并且犯罪嫌疑人、被告人不能做出合理解释的，可以认定其"应当知道"，但有证据证明确属被蒙骗的除外：

（一）执法人员在口岸、机场、车站、港口和其他检查站检查时，要求行为人申报为他人携带的物品和其他疑似毒品物，并告知其法律责任，而行为人未如实申报，在其所携带的物品内查获毒品的；

（二）以伪报、藏匿、伪装等蒙蔽手段逃避海关、边防等检查，在其携带、运输、邮寄的物品中查获毒品的；

（三）执法人员检查时，有逃跑、丢弃携带物品或逃避、抗拒检查等行为，在其携带或丢弃的物品中查获毒品的；

（四）体内藏匿毒品的；

（五）为获取不同寻常的高额或不等值的报酬而携带、运输毒品的；

（六）采用高度隐蔽的方式携带、运输毒品的；

（七）采用高度隐蔽的方式交接毒品，明显违背合法物品惯常交接方式的；

（八）其他有证据足以证明行为人应当知道的。

最高人民法院全国部分法院审理毒品犯罪案件工作座谈会纪要（2008年12月1日）

十、主观明知的认定问题

毒品犯罪中，判断被告人对涉案毒品是否明知，不能仅凭被告人供述，而应当依据被告人实施毒品犯罪行为的过程、方式、毒品被查获时的情形等证据，结合被告人的年龄、阅历、智力等情况，进行综合分析判断。

具有下列情形之一，被告人不能做出合理解释的，可以认定其"明知"是毒品，但有证据证明确属被蒙骗的除外：（1）执法人员在口岸、机场、车站、港口和其他检查站点检查时，要求行为人申报为他人携带的物品和其他疑似毒品物，并告知其法律责任，而行为人未如实申报，在其携带的物品中查获毒品的；（2）以伪报、藏匿、伪装等蒙蔽手段，逃避海关、边防等检查，在其携带、运输、邮寄的物品中查获毒品的；（3）执法人员检查时，有逃跑、丢弃携带物品或者逃避、抗拒检查等行为，在其携带或者丢弃的物品中查获毒品的；（4）体内或者贴身隐秘处藏匿毒品的；（5）为获取不同寻常的高额、不等值报酬为他人携带、运输物品，从中查获毒品的；（6）采用高度隐蔽的方式携带、运输物品，从中查获毒品的；（7）采用高度隐蔽的方式交接物品，明显违背合法物品惯常交接方式，从中查获毒品的；（8）行程路线故意绕开检查站点，在其携带、运输的物品中查获毒品的；（9）以虚假身份或者地址办理托运手续，在其托运的物品中查获毒品的；（10）有其他证据足以认定行为人应当知道的。

3. 罪名确定、数量认定

最高人民法院全国部分法院审理毒品犯罪案件工作座谈会纪要（2008年12月1日）

一、毒品案件的罪名确定和数量认定问题

刑法第三百四十七条规定的走私、贩卖、运输、制造毒品罪是选择性罪名，对同一宗毒品实施了两种以上犯罪行为并有相应确凿证据的，应当按照所实施的犯罪行为的性质并列确定罪名，毒品数量不重复计算，不实行数罪并罚。对同一宗毒品可能实施了两种以上犯罪行为，但相应证据只能认定其中一种或者几种行为，认定其他行为的证据不够确实充分的，则只按照依法能够认定的行为的性质定罪。如涉嫌为贩卖而运输毒品，认定贩卖的证据不够确实充分的，则只定运输毒品罪。对不同宗毒品分别实施了不同种犯罪行为的，应对不同行为并列确定罪名，累计毒品数量，不实行数罪并罚。对被告人一人走私、贩卖、运输、制造两种以上毒品的，不实行数罪并罚，量刑时可综合考虑毒品的种类、数量及危害，依法处理。

罪名不以行为实施的先后、毒品数量或者危害大小排列，一律以刑法条文规定的顺序表述。如对同一宗毒品制造后又走私的，以走私、制造毒品罪定罪。下级法院在判决中确定罪名不准确的，上级法院可以减少选择性罪名中的部分罪名或者改动罪名顺序，在不加重原判刑罚的情况下，也可以改变罪名，但不得增加罪名。

对于吸毒者实施的毒品犯罪，在认定犯罪事实和确定罪名时要慎重。吸毒者在购买、运输、存储毒品过程中被查获的，如没有证据证明其是为了实施贩卖等其他毒品犯罪行为，毒品数量未超过刑法第三百四十八条规定的最低数量标准的，一般不定罪处罚；查获毒品数量达到较大以上的，应以其实际实施的毒品犯罪行为定罪处罚。

对于以贩养吸的被告人，其被查获的毒品数量应认定为其犯罪的数量，但量刑时应考虑被告人吸食毒品的情节，酌情处理；被告人购买了一定数量的毒品后，部分已被其吸食的，应当按能够证明的贩卖数量及查获的毒品数量认定其贩毒的数量，已被吸食部分不计入在内。

有证据证明行为人不以牟利为目的，为他人代购仅用于吸食的毒品，毒品数量超过刑法第三百四十八条规定的最低数量标准的，对托购者、代购者应以非法持有毒品罪定罪。代购者从中牟利，变相加价贩卖毒品的，对代购者应以贩卖毒品罪定罪。明知他人实施毒品犯罪而为其居间介绍、代购代卖的，无论是否牟利，都应以相关毒品犯罪的共犯论处。

盗窃、抢夺、抢劫毒品的，应当分别以盗窃罪、抢夺罪或者抢劫罪定罪，但不计犯罪数额，根据情节轻重予以定罪量刑。盗窃、抢夺、抢劫毒品后又实施其他毒品犯罪的，对盗窃罪、抢夺罪、抢劫罪和所犯的具体毒品犯罪分别定罪，依法数罪并罚。走私毒品，又走私其他物品构成犯罪的，以走私毒品罪和其所犯的其他走私罪分别定罪，依法数罪并罚。

最高人民法院全国法院毒品犯罪审判工作座谈会纪要（2015年5月18日）

二、关于毒品犯罪法律适用的若干具体问题

（一）罪名认定问题

贩毒人员被抓获后，对于从其住所、车辆等处查获的毒品，一般均应认定为其贩卖的毒品。确有证据证明查获的毒品并非贩毒人员用于贩卖，其行为另构成非法持有毒品罪、窝藏毒品罪等其他犯罪的，依法定罪处罚。

吸毒者在购买、存储毒品过程中被查获，没有证据证明其是为了实施贩卖毒品等其他犯罪，毒品数量达到刑法第三百四十八条规定的最低数量标准的，以非法持有毒品罪定罪处罚。吸毒者在运输毒品过程中被查获，没有证据证明其是为了实施贩卖毒品等其他犯罪，毒品数量达到较大以上的，以运输毒品罪定罪处罚。

行为人为吸毒者代购毒品，在运输过程中被查获，没有证据证明托购者、代购者是为了实施贩卖毒品等其他犯罪，毒品数量达到较大以上的，对托购者、代购者以运输毒品罪的共犯论处。行为人为他人代购仅用于吸食的毒品，在交通、食宿等必要开销之外收取"介绍费"、"劳务费"，或者以贩卖为目的收取部分毒品作为酬劳，应视为从中牟利，属于变相加价贩卖毒品，以贩卖毒品罪定罪处罚。

购毒者接收贩毒者通过物流寄递方式交付的毒品，没有证据证明其是为了实施贩卖毒品等其他犯罪，毒品数量达到刑法第三百四十八条规定的最低数量标准的，一般以非法持有毒品罪定罪处罚。代收者明知是物流寄递的毒品而代购毒者接收，没有证据证明其与购毒者有实施贩卖、运输毒品等犯罪的共同故意，毒品数量达到刑法第三百四十八条规定的最低数量标准的，对代收者以非法持有毒品罪定罪处罚。

行为人利用信息网络贩卖毒品、在境内非法买卖用于制造毒品的原料或者配剂、传授制造毒品等犯罪的方法，构成贩卖毒品罪、非法买卖制毒物品罪、传授犯罪方法罪等犯罪的，依法定罪处罚。行为人开设网站、利用网络聊天室等组织他人共同吸毒，构成引诱、教唆、欺骗他人吸毒罪等犯罪的，依法定罪处罚。

（三）毒品数量认定问题

走私、贩卖、运输、制造、非法持有两种以上毒品的，可以将不同种类的毒品分别折算为海洛因的数量，以折算后累加的毒品总量作为量刑的根据。对于刑法、司法解释或者其他规范性文件明确规定了定罪量刑数量标准的毒品，应当按照该毒品与海洛因定罪量刑数量标准的比例进行折算后累加。对于刑法、司法解释及其他规范性文件没有规定定罪量刑数量标准，但《非法药物折算表》规定了与海洛因的折算比例的毒品，可以按照《非法药物折算表》折算为海洛因后进行累加。对于既未规定定罪量刑数量标准，又不具备折算条件的毒品，综合考虑其致瘾癖性、社会危害性、数量、纯度等因素依法量刑。在裁判文书中，应当客观表述涉案毒品的种类和数量，并综合认定为数量大、数量较大或者少量毒品等，不明确表述将不同种类毒品进行折算后累加的毒品总量。

对于未查获实物的甲基苯丙胺片剂（俗称"麻古"等）、MDMA 片剂（俗称"摇头丸"）等混合型毒品，可以根据在案证据证明的毒品粒数，参见本案或者本地区查获的同类毒品的平均重量计算出毒品数量。在裁判文书中，应当客观表述根据在案证据认定的毒品粒数。

对于有吸毒情节的贩毒人员，一般应当按照其购买的毒品数量认定其贩卖毒品的数量，量刑时酌情考虑其吸食毒品的情节；购买的毒品数量无法查明的，按照能够证明的贩卖数量及查获的毒品数量认定其贩毒数量；确有证据证明其购买的部分毒品并非用于贩卖的，不应计入其贩毒数量。

办理毒品犯罪案件，无论毒品纯度高低，一般均应将查证属实的毒品数量认定为毒品犯罪的数量，并据此确定适用的法定刑幅度，但司法解释另有规定或者为了隐蔽运输而临时改变毒品常规形态的除外。涉案毒品纯度明显低于同类毒品的正常纯度的，量刑时可以酌情考虑。

制造毒品案件中，毒品成品、半成品的数量应当全部认定为制造毒品的数量，对于无法再加工出成品、半成品的废液、废料则不应计入制造毒品的数量。对于废液、废料的认定，可以根据其毒品成分的含量、外观形态，结合被告人对制毒过程的供述等证据进行分析判断，必要时可以听取鉴定机构的意见。

4. 毒品含量鉴定和混合型、新类型毒品案件处理

最高人民法院、最高人民检察院、公安部办理毒品犯罪案件适用法律若干问题的意见（2007 年 12 月 18 日）

四、关于死刑案件的毒品含量鉴定问题

可能判处死刑的毒品犯罪案件，毒品鉴定结论中应有含量鉴定的结论。

最高人民法院全国部分法院审理毒品犯罪案件工作座谈会纪要（2008 年 12 月 1 日）

五、毒品含量鉴定和混合型、新类型毒品案件处理问题

鉴于大量掺假毒品和成分复杂的新类型毒品不断出现，为做到罪刑相当、罚当其罪，保证毒品案件的审判质量，并考虑目前毒品鉴定的条件和现状，对可能判处被告人死刑的毒品犯罪案件，应当根据最高人民法院、最高人民检察院、公安部 2007 年 12 月颁布的《办理毒品犯罪案件适用法律若干问题的意见》，作出毒品含量鉴定；对涉案毒品可能大量掺假或者系成分复杂的新类型毒品的，亦应当作出毒品含量鉴定。

对于含有二种以上毒品成分的毒品混合物，应进一步作成分鉴定，确定所含的不同毒品成分及比例。对于毒品中含有海洛因、甲基苯丙胺的，应以海洛因、甲基苯丙胺分别确定其毒品种类；不含海洛因、甲基苯丙胺的，应以其中毒性较大的毒品成分确定其毒品种类；如果毒性相当或者难以确定毒性大小的，

以其中比例较大的毒品成分确定其毒品种类,并在量刑时综合考虑其他毒品成分、含量和全案所涉毒品数量。对于刑法、司法解释等已规定了量刑数量标准的毒品,按照刑法、司法解释等规定适用刑罚;对于刑法、司法解释等没有规定量刑数量标准的毒品,有条件折算为海洛因的,参照国家食品药品监督管理局制定的《非法药物折算表》,折算成海洛因的数量后适用刑罚。

对于国家管制的精神药品和麻醉药品,刑法、司法解释等尚未明确规定量刑数量标准,也不具备折算条件的,应由有关专业部门确定涉案毒品毒效的大小、有毒成分的多少、吸毒者对该毒品的依赖程度,综合考虑其致瘾癖性、戒断性、社会危害性等依法量刑。因条件限制不能确定的,可以参见涉案毒品非法交易的价格因素等,决定对被告人适用的刑罚,但一般不宜判处死刑立即执行。

最高人民法院、最高人民检察院、公安部办理毒品犯罪案件毒品提取、扣押、称量、取样和送检程序若干问题的规定(2016年7月1日)

第三十三条 具有下列情形之一的,公安机关应当委托鉴定机构对查获的毒品进行含量鉴定:

(一)犯罪嫌疑人、被告人可能被判处死刑的;

(二)查获的毒品系液态、固液混合物或者系毒品半成品的;

(三)查获的毒品可能大量掺假的;

(四)查获的毒品系成分复杂的新类型毒品,且犯罪嫌疑人、被告人可能被判处七年以上有期徒刑的;

(五)人民检察院、人民法院认为含量鉴定对定罪量刑有重大影响而书面要求进行含量鉴定的。

进行含量鉴定的检材应当与进行成分鉴定的检材来源一致,且一一对应。

5. 毒品名称的规范表述

最高人民法院、最高人民检察院、公安部关于规范毒品名称表述若干问题的意见(2014年8月20日)

为进一步规范毒品犯罪案件办理工作,现对毒品犯罪案件起诉意见书、起诉书、刑事判决书、刑事裁定书中的毒品名称表述问题提出如下规范意见。

一、规范毒品名称表述的基本原则

(一)毒品名称表述应当以毒品的化学名称为依据,并与刑法、司法解释及相关规范性文件中的毒品名称保持一致。刑法、司法解释等没有规定的,可以参照《麻醉药品品种目录》《精神药品品种目录》中的毒品名称进行表述。

（二）对于含有二种以上毒品成分的混合型毒品，应当根据其主要毒品成分和具体形态认定毒品种类、确定名称。混合型毒品中含有海洛因、甲基苯丙胺的，一般应当以海洛因、甲基苯丙胺确定其毒品种类；不含海洛因、甲基苯丙胺，或者海洛因、甲基苯丙胺的含量极低的，可以根据其中定罪量刑数量标准较低且所占比例较大的毒品成分确定其毒品种类。混合型毒品成分复杂的，可以用括号注明其中所含的一至二种其他毒品成分。

（三）为体现与犯罪嫌疑人、被告人供述的对应性，对于犯罪嫌疑人、被告人供述的毒品常见俗称，可以在文书中第一次表述该类毒品时用括号注明。

二、几类毒品的名称表述

（一）含甲基苯丙胺成分的毒品

1. 对于含甲基苯丙胺成分的晶体状毒品，应当统一表述为甲基苯丙胺（冰毒），在下文中再次出现时可以直接表述为甲基苯丙胺。

2. 对于以甲基苯丙胺为主要毒品成分的片剂状毒品，应当统一表述为甲基苯丙胺片剂。如果犯罪嫌疑人、被告人供述为"麻古""麻果"或者其他俗称的，可以在文书中第一次表述该类毒品时用括号注明，如表述为甲基苯丙胺片剂（俗称"麻古"）等。

3. 对于含甲基苯丙胺成分的液体、固液混合物、粉末等，应当根据其毒品成分和具体形态进行表述，如表述为含甲基苯丙胺成分的液体、含甲基苯丙胺成分的粉末等。

（二）含氯胺酮成分的毒品

1. 对于含氯胺酮成分的粉末状毒品，应当统一表述为氯胺酮。如果犯罪嫌疑人、被告人供述为"K粉"等俗称的，可以在文书中第一次表述该类毒品时用括号注明，如表述为氯胺酮（俗称"K粉"）等。

2. 对于以氯胺酮为主要毒品成分的片剂状毒品，应当统一表述为氯胺酮片剂。

3. 对于含氯胺酮成分的液体、固液混合物等，应当根据其毒品成分和具体形态进行表述，如表述为含氯胺酮成分的液体、含氯胺酮成分的固液混合物等。

（三）含MDMA等成分的毒品

对于以MDMA、MDA、MDEA等致幻性苯丙胺类兴奋剂为主要毒品成分的丸状、片剂状毒品，应当根据其主要毒品成分的中文化学名称和具体形态进行表述，并在文书中第一次表述该类毒品时用括号注明下文中使用的英文缩写简称，如表述为3,4-亚甲二氧基甲基苯丙胺片剂（以下简称MDMA片剂）、3,4-亚甲二氧基苯丙胺片剂（以下简称MDA片剂）、3,4-亚甲二氧基乙基苯丙胺片剂（以下简称 MDEA 片剂）等。如果犯罪嫌疑人、被告人供述为"摇头丸"等俗称的，可以在文书中第一次表述该类毒品时用括号注明，如表述为3,4-亚甲二氧基甲基苯丙胺片剂（以下简称 MDMA 片剂，俗称"摇头丸"）等。

（四）"神仙水"类毒品

对于俗称"神仙水"的液体状毒品，应当根据其主要毒品成分和具体形态进行表述。毒品成分复杂的，可以用括号注明其中所含的一至二种其他毒品成分，如表述为含氯胺酮（咖啡因、地西泮等）成分的液体等。如果犯罪嫌疑人、被告人供述为"神仙水"等俗称的，可以在文书中第一次表述该类毒品时用括号注明，如表述为含氯胺酮（咖啡因、地西泮等）成分的液体（俗称"神仙水"）等。

（五）大麻类毒品

对于含四氢大麻酚、大麻二酚、大麻酚等天然大麻素类成分的毒品，应当根据其外形特征分别表述为大麻叶、大麻脂、大麻油或者大麻烟等。

6. 共同犯罪

最高人民法院全国部分法院审理毒品犯罪案件工作座谈会纪要（2008年12月1日）

九、毒品案件的共同犯罪问题

毒品犯罪中，部分共同犯罪人未到案，如现有证据能够认定已到案被告人为共同犯罪，或者能够认定为主犯或者从犯的，应当依法认定。没有实施毒品犯罪的共同故意，仅在客观上为相互关联的毒品犯罪上下家，不构成共同犯罪，但为了诉讼便利可并案审理。审理毒品共同犯罪案件应当注意以下几个方面的问题：

一是要正确区分主犯和从犯。区分主犯和从犯，应当以各共同犯罪人在毒品共同犯罪中的地位和作用为根据。要从犯意提起、具体行为分工、出资和实际分得毒赃多少以及共犯之间相互关系等方面，比较各个共同犯罪人在共同犯罪中的地位和作用。在毒品共同犯罪中，为主出资者、毒品所有者或者起意、策划、纠集、组织、雇佣、指使他人参与犯罪以及其他起主要作用的是主犯；起次要或者辅助作用的是从犯。受雇佣、受指使实施毒品犯罪的，应根据其在犯罪中实际发挥的作用具体认定为主犯或者从犯。对于确有证据证明在共同犯罪中起次要或者辅助作用的，不能因为其他共同犯罪人未到案而不认定为从犯，甚至将其认定为主犯或者按主犯处罚。只要认定为从犯，无论主犯是否到案，均应依照刑法关于从犯的规定从轻、减轻或者免除处罚。

二是要正确认定共同犯罪案件中主犯和从犯的毒品犯罪数量。对于毒品犯罪集团的首要分子，应按集团毒品犯罪的总数量处罚；对一般共同犯罪的主犯，应按其所参与的或者组织、指挥的毒品犯罪数量处罚；对于从犯，应当按照其所参与的毒品犯罪的数量处罚。

三是要根据行为人在共同犯罪中的作用和罪责大小确定刑罚。不同案件不能简单类比，一个案件的从犯参与犯罪的毒品数量可能比另一案件的主犯参与犯罪的毒品数量大，但对这一案件从犯的处罚不是必然重于另一案件的主犯。共同犯罪中能分清主从犯的，不能因为涉案的毒品数量特别巨大，就不分主从犯而一律将被告人认定为主犯或者实际上都按主犯处罚，一律判处重刑甚至死刑。对于共同犯罪中有多个主犯或者共同犯罪人的，处罚上也应做到区别对待。应当全面考察各主犯或者共同犯罪人在共同犯罪中实际发挥作用的差别，主观恶性和人身危险性方面的差异，对罪责或者人身危险性更大的主犯或者共同犯罪人依法判处更重的刑罚。

最高人民法院全国法院毒品犯罪审判工作座谈会纪要（2015年5月18日）
二、关于毒品犯罪法律适用的若干具体问题
（二）共同犯罪认定问题

办理贩卖毒品案件，应当准确认定居间介绍买卖毒品行为，并与居中倒卖毒品行为相区别。居间介绍者在毒品交易中处于中间人地位，发挥介绍联络作用，通常与交易一方构成共同犯罪，但不以牟利为要件；居中倒卖者属于毒品交易主体，与前后环节的交易对象是上下家关系，直接参与毒品交易并从中获利。居间介绍者受贩毒者委托，为其介绍联络购毒者的，与贩毒者构成贩卖毒品罪的共同犯罪；明知购毒者以贩卖为目的购买毒品，受委托为其介绍联络贩毒者的，与购毒者构成贩卖毒品罪的共同犯罪；受以吸食为目的的购毒者委托，为其介绍联络贩毒者，毒品数量达到刑法第三百四十八条规定的最低数量标准的，一般与购毒者构成非法持有毒品罪的共同犯罪；同时与贩毒者、购毒者共谋，联络促成双方交易的，通常认定与贩毒者构成贩卖毒品罪的共同犯罪。居间介绍者实施为毒品交易主体提供交易信息、介绍交易对象等帮助行为，对促成交易起次要、辅助作用的，应当认定为从犯；对于以居间介绍者的身份介入毒品交易，但在交易中超出居间介绍者的地位，对交易的发起和达成起重要作用的被告人，可以认定为主犯。

两人以上同行运输毒品的，应当从是否明知他人带有毒品，有无共同运输毒品的意思联络，有无实施配合、掩护他人运输毒品的行为等方面综合审查认定是否构成共同犯罪。受雇于同一雇主同行运输毒品，但受雇者之间没有共同犯罪故意,或者虽然明知他人受雇运输毒品,但各自的运输行为相对独立,既没有实施配合、掩护他人运输毒品的行为,又分别按照各自运输的毒品数量领取报酬的,不应认定为共同犯罪。受雇于同一雇主分段运输同一宗毒品,但受雇者之间没有犯罪共谋的,也不应认定为共同犯罪。雇用他人运输毒品的雇主,及其他对受雇者起到一定组织、指挥作用的人员,与各受雇者分别构成运输毒品罪的共同犯罪,对运输的全部毒品数量承担刑事责任。

7. 从严惩处毒品犯罪

最高人民法院全国法院毒品犯罪审判工作座谈会纪要(2015年5月18日)

一、关于进一步加强人民法院禁毒工作的总体要求

一是毫不动摇地坚持依法从严惩处毒品犯罪。充分发挥审判职能作用,依法运用刑罚惩治毒品犯罪,是治理毒品问题的重要手段,也是人民法院参与禁毒斗争的主要方式。面对严峻的毒品犯罪形势,各级人民法院要继续坚持依法从严惩处毒品犯罪的指导思想。要继续依法严惩走私、制造毒品和大宗贩卖毒品等源头性犯罪,严厉打击毒枭、职业毒犯、累犯、毒品再犯等主观恶性深、人身危险性大的毒品犯罪分子,该判处重刑和死刑的坚决依法判处。要加大对制毒物品犯罪、多次零包贩卖毒品、引诱、教唆、欺骗、强迫他人吸毒及非法持有毒品等犯罪的惩处力度,严惩向农村地区贩卖毒品及国家工作人员实施的毒品犯罪。要更加注重从经济上制裁毒品犯罪,依法追缴犯罪分子违法所得,充分适用罚金刑、没收财产刑并加大执行力度,依法从严惩处涉毒洗钱犯罪和为毒品犯罪提供资金的犯罪。要严厉打击因吸毒诱发的杀人、伤害、抢劫、以危险方法危害公共安全等次生犯罪。要规范和限制毒品犯罪的缓刑适用,从严把握毒品罪犯减刑条件,严格限制严重毒品罪犯假释,确保刑罚执行效果。同时,为全面发挥刑罚功能,也要贯彻宽严相济刑事政策,突出打击重点,体现区别对待。对于罪行较轻,或者具有从犯、自首、立功、初犯等法定、酌定从宽处罚情节的毒品犯罪分子,根据罪刑相适应原则,依法给予从宽处罚,以分化瓦解毒品犯罪分子,预防和减少毒品犯罪。要牢牢把握案件质量这条生命线,既要考虑到毒品犯罪隐蔽性强、侦查取证难度大的现实情况,也要严格贯彻证据裁判原则,引导取证、举证工作围绕审判工作的要求展开,切实发挥每一级审判程序的职能作用,确保案件办理质量。对于拟判处被告人死刑的毒品犯罪案件,在证据质量上要始终坚持最高的标准和最严的要求。

8. 网络毒品犯罪的定罪

中央宣传部、中央网信办、最高人民法院、最高人民检察院、公安部、工业和信息化部、国家工商行政管理总局、国家邮政局、国家禁毒委办公室关于加强互联网禁毒工作的意见（2015年4月14日）

四、坚决依法打击

15. 严厉打击网络毒品犯罪。对涉毒违法犯罪线索进行落地侦查取证、深挖扩线和打击处理，深入搜集固定证据，查清组织策划人员，开展打击行动，集中力量侦破一批网络涉毒违法犯罪案件，抓捕一批为首分子和骨干人员，摧毁毒品违法犯罪团伙网络。集中打击整治一批为网络涉毒违法犯罪活动"输血供电"的互联网及寄递企业。对于利用互联网贩卖毒品，或者在境内非法买卖用于制造毒品的原料、配剂构成犯罪的，分别以贩卖毒品罪、非法买卖制毒物品罪定罪处罚；对于利用互联网发布、传播制造毒品等犯罪的方法、技术、工艺的，以传授犯罪方法罪定罪处罚，被传授者是否接受或者是否以此方法实施了制造毒品等犯罪不影响对本罪的认定；对于开设网站、利用网络通讯群组等形式组织他人共同吸毒，构成引诱、教唆、欺骗他人吸毒罪等犯罪的，依法定罪处罚。

本节罪名量刑问题的总体规定

1. 立功问题

最高人民法院全国部分法院审理毒品犯罪案件工作座谈会纪要（2008年12月1日）

七、毒品案件的立功问题

共同犯罪中同案犯的基本情况，包括同案犯姓名、住址、体貌特征、联络方式等信息，属于被告人应当供述的范围。公安机关根据被告人供述抓获同案犯的，不应认定其有立功表现。被告人在公安机关抓获同案犯过程中确实起到协助作用的，例如，经被告人现场指认、辨认抓获了同案犯；被告人带领公安人员抓获了同案犯；被告人提供了不为有关机关掌握或者有关机关按照正常工作程序无法掌握的同案犯藏匿的线索，有关机关据此抓获了同案犯；被告人交代了与同案犯的联系方式，又按要求与对方联络，积极协助公安机关抓获了同案犯等，属于协助司法机关抓获同案犯，应认定为立功。

关于立功从宽处罚的把握，应以功是否足以抵罪为标准。在毒品共同犯罪案件中，毒枭、毒品犯罪集团首要分子、共同犯罪的主犯、职业毒犯、毒品惯犯等，由于掌握同案犯、从犯、马仔的犯罪情况和个人信息，被抓获后往往能协助抓捕同案犯，获得立功或者重大立功。对其是否从宽处罚以及从宽幅度的大小，应当主要看功是否足以抵罪，即应结合被告人罪行的严重程度、立功大小综合考虑。要充分注意毒品共同犯罪人以及上、下家之间的量刑平衡。对于毒枭等严重毒品犯罪分子立功的，从轻或者减轻处罚应当从严掌握。如果其罪行极其严重，只有一般立功表现，功不足以抵罪的，可不予从轻处罚；如果其检举、揭发的是其他犯罪案件中罪行同样严重的犯罪分子，或者协助抓获的是同案中的其他首要分子、主犯，功足以抵罪的，原则上可以从轻或者减轻处罚；如果协助抓获的只是同案中的从犯或者马仔，功不足以抵罪，或者从轻处罚后全案处刑明显失衡的，不予从轻处罚。相反，对于从犯、马仔立功，特别是协助抓获毒枭、首要分子、主犯的，应当从轻处罚，直至依法减轻或者免除处罚。

被告人亲属为了使被告人得到从轻处罚，检举、揭发他人犯罪或者协助司法机关抓捕其他犯罪人的，不能视为被告人立功。同监犯将本人或者他人尚未被司法机关掌握的犯罪事实告知被告人，由被告人检举揭发的，如经查证属实，虽可认定被告人立功，但是否从宽处罚、从宽幅度大小，应与通常的立功有所区别。通过非法手段或者非法途径获取他人犯罪信息，如从国家工作人员处贿买他人犯罪信息，通过律师、看守人员等非法途径获取他人犯罪信息，由被告人检举揭发的，不能认定为立功，也不能作为酌情从轻处罚情节。

2. 累犯、毒品再犯

最高人民法院全国部分法院审理毒品犯罪案件工作座谈会纪要（2008年12月1日）

八、毒品再犯问题

根据刑法第三百五十六条规定，只要因走私、贩卖、运输、制造、非法持有毒品罪被判过刑，不论是在刑罚执行完毕后，还是在缓刑、假释或者暂予监外执行期间，又犯刑法分则第六章第七节规定的犯罪的，都是毒品再犯，应当从重处罚。

因走私、贩卖、运输、制造、非法持有毒品罪被判刑的犯罪分子，在缓刑、假释或者暂予监外执行期间又犯刑法分则第六章第七节规定的犯罪的，应当在对其所犯新的毒品犯罪适用刑法第三百五十六条从重处罚的规定确定刑罚后，再依法数罪并罚。

对同时构成累犯和毒品再犯的被告人，应当同时引用刑法关于累犯和毒品再犯的条款从重处罚。

最高人民法院关于贯彻宽严相济刑事政策的若干意见（2010年2月8日）

二、准确把握和正确适用依法从"严"的政策要求

11. 要依法从严惩处累犯和毒品再犯。凡是依法构成累犯和毒品再犯的，即使犯罪情节较轻，也要体现从严惩处的精神。尤其是对于前罪为暴力犯罪或被判处重刑的累犯，更要依法从严惩处。

最高人民法院全国法院毒品犯罪审判工作座谈会纪要（2015年5月18日）

二、关于毒品犯罪法律适用的若干具体问题

（六）累犯、毒品再犯问题

累犯、毒品再犯是法定从重处罚情节，即使本次毒品犯罪情节较轻，也要体现从严惩处的精神。尤其对于曾因实施严重暴力犯罪被判刑的累犯、刑满释放后短期内又实施毒品犯罪的再犯，以及在缓刑、假释、暂予监外执行期间又实施毒品犯罪的再犯，应当严格体现从重处罚。

对于因同一毒品犯罪前科同时构成累犯和毒品再犯的被告人，在裁判文书中应当同时引用刑法关于累犯和毒品再犯的条款，但在量刑时不得重复予以从重处罚。对于因不同犯罪前科同时构成累犯和毒品再犯的被告人，量刑时的从重处罚幅度一般应大于前述情形。

3. 死刑适用

最高人民法院全国部分法院审理毒品犯罪案件工作座谈会纪要（2008年12月1日）

二、毒品犯罪的死刑适用问题

审理毒品犯罪案件，应当切实贯彻宽严相济的刑事政策，突出毒品犯罪的打击重点。必须依法严惩毒枭、职业毒犯、再犯、累犯、惯犯、主犯等主观恶性深、人身危险性大、危害严重的毒品犯罪分子，以及具有将毒品走私入境、多次、大量或者向多人贩卖、诱使多人吸毒、武装掩护、暴力抗拒检查、拘留或者逮捕，或者参与有组织的国际贩毒活动等情节的毒品犯罪分子。对其中罪行极其严重依法应当判处死刑的，必须坚决依法判处死刑。

毒品数量是毒品犯罪案件量刑的重要情节，但不是唯一情节。对被告人量刑时，特别是在考虑是否适用死刑时，应当综合考虑毒品数量、犯罪情节、危害后果、被告人的主观恶性、人身危险性以及当地禁毒形势等各种因素，做到区别对待。近期，审理毒品犯罪案件掌握的死刑数量标准，应当结合本地毒品犯罪的实际情况和依法惩治、预防毒品犯罪的需要，并参照最高人民法院复核的毒品死刑案件的典型案例，恰当把握。量刑既不能只片面考虑毒品数量，不

考虑犯罪的其他情节,也不能只片面考虑其他情节,而忽视毒品数量。

对虽然已达到实际掌握的判处死刑的毒品数量标准,但是具有法定、酌定从宽处罚情节的被告人,可以不判处死刑;反之,对毒品数量接近实际掌握的判处死刑的数量标准,但具有从重处罚情节的被告人,也可以判处死刑。毒品数量达到实际掌握的死刑数量标准,既有从重处罚情节,又有从宽处罚情节的,应当综合考虑各方面因素决定刑罚,判处死刑立即执行应当慎重。

具有下列情形之一的,可以判处被告人死刑:(1)具有毒品犯罪集团首要分子、武装掩护毒品犯罪、暴力抗拒检查、拘留或者逮捕、参与有组织的国际贩毒活动等严重情节的;(2)毒品数量达到实际掌握的死刑数量标准,并具有毒品再犯、累犯、利用、教唆未成年人走私、贩卖、运输、制造毒品,或者向未成年人出售毒品等法定从重处罚情节的;(3)毒品数量达到实际掌握的死刑数量标准,并具有多次走私、贩卖、运输、制造毒品,向多人贩毒,在毒品犯罪中使,容留多人吸毒,在戒毒监管场所贩毒,国家工作人员利用职务便利实施毒品犯罪,或者职业犯、惯犯、主犯等情节的;(4)毒品数量达到实际掌握的死刑数量标准,并具有其他从重处罚情节的;(5)毒品数量超过实际掌握的死刑数量标准,且没有法定、酌定从轻处罚情节的。

毒品数量达到实际掌握的死刑数量标准,具有下列情形之一的,可以不判处被告人死刑立即执行:(1)具有自首、立功等法定从宽处罚情节的;(2)已查获的毒品数量未达到实际掌握的死刑数量标准,到案后坦白尚未被司法机关掌握的其他毒品犯罪,累计数量超过实际掌握的死刑数量标准的;(3)经鉴定毒品含量极低,掺假之后的数量才达到实际掌握的死刑数量标准的,或者有证据表明可能大量掺假但因故不能鉴定的;(4)因特情引诱毒品数量才达到实际掌握的死刑数量标准的;(5)以贩养吸的被告人,被查获的毒品数量刚达到实际掌握的死刑数量标准的;(6)毒品数量刚达到实际掌握的死刑数量标准,确属初次犯罪即被查获,未造成严重危害后果的;(7)共同犯罪毒品数量刚达到实际掌握的死刑数量标准,但各共同犯罪人作用相当,或者责任大小难以区分的;(8)家庭成员共同实施毒品犯罪,其中起主要作用的被告人已被判处死刑立即执行,其他被告人罪行相对较轻的;(9)其他不是必须判处死刑立即执行的。

有些毒品犯罪案件,往往由于毒品、毒资等证据已不存在,导致审查证据和认定事实困难。在处理这类案件时,只有被告人的口供与同案其他被告人供述吻合,并且完全排除诱供、逼供、串供等情形,被告人的口供与同案被告人的供述才可以作为定案的证据。仅有被告人口供与同案被告人供述作为定案证据的,对被告人判处死刑立即执行要特别慎重。

最高人民法院全国法院毒品犯罪审判工作座谈会纪要（2015年5月18日）

二、关于毒品犯罪法律适用的若干具体问题

（四）死刑适用问题

当前，我国毒品犯罪形势严峻，审判工作中应当继续坚持依法从严惩处毒品犯罪的指导思想，充分发挥死刑对于预防和惩治毒品犯罪的重要作用。要继续按照《大连会议纪要》的要求，突出打击重点，对罪行极其严重、依法应当判处死刑的被告人，坚决依法判处。同时，应当全面、准确贯彻宽严相济刑事政策，体现区别对待，做到罚当其罪，量刑时综合考虑毒品数量、犯罪性质、情节、危害后果、被告人的主观恶性、人身危险性及当地的禁毒形势等因素，严格审慎地决定死刑适用，确保死刑只适用于极少数罪行极其严重的犯罪分子。

2. 毒品共同犯罪、上下家犯罪的死刑适用

毒品共同犯罪案件的死刑适用应当与该案的毒品数量、社会危害及被告人的犯罪情节、主观恶性、人身危险性相适应。涉案毒品数量刚超过实际掌握的死刑数量标准，依法应当适用死刑的，要尽量区分主犯间的罪责大小，一般只对其中罪责最大的一名主犯判处死刑；各共同犯罪人地位作用相当，或者罪责大小难以区分的，可以不判处被告人死刑；二名主犯的罪责均很突出，且均具有法定从重处罚情节的，也要尽可能比较其主观恶性、人身危险性方面的差异，判处二人死刑要特别慎重。涉案毒品数量达到巨大以上，二名以上主犯的罪责均很突出，或者罪责稍次的主犯具有法定、重大酌定从重处罚情节，判处二人以上死刑符合罪刑相适应原则，并有利于全案量刑平衡的，可以依法判处。

对于部分共同犯罪人未到案的案件，在案被告人与未到案共同犯罪人均属罪行极其严重，即使共同犯罪人到案也不影响对在案被告人适用死刑的，可以依法判处在案被告人死刑；在案被告人的罪行不足以判处死刑，或者共同犯罪人归案后全案只宜判处其一人死刑的，不能因为共同犯罪人未到案而对在案被告人适用死刑；在案被告人与未到案共同犯罪人的罪责大小难以准确认定，进而影响准确适用死刑的，不应对在案被告人判处死刑。

对于贩卖毒品案件中的上下家，要结合其贩毒数量、次数及对象范围，犯罪的主动性，对促成交易所发挥的作用，犯罪行为的危害后果等因素，综合考虑其主观恶性和人身危险性，慎重、稳妥地决定死刑适用。对于买卖同宗毒品的上下家，涉案毒品数量刚超过实际掌握的死刑数量标准的，一般不能同时判处死刑；上家主动联络销售毒品，积极促成毒品交易的，通常可以判处上家死刑；下家积极筹资，主动向上家约购毒品，对促成毒品交易起更大作用的，可以考虑判处下家死刑。涉案毒品数量达到巨大以上的，也要综合上述因素决定

死刑适用,同时判处上下家死刑符合罪刑相适应原则,并有利于全案量刑平衡的,可以依法判处。

一案中有多名共同犯罪人、上下家针对同宗毒品实施犯罪的,可以综合运用上述毒品共同犯罪、上下家犯罪的死刑适用原则予以处理。

办理毒品犯罪案件,应当尽量将共同犯罪案件或者密切关联的上下游案件进行并案审理;因客观原因造成分案处理的,办案时应当及时了解关联案件的审理进展和处理结果,注重量刑平衡。

3. 新类型、混合型毒品犯罪的死刑适用

甲基苯丙胺片剂(俗称"麻古"等)是以甲基苯丙胺为主要毒品成分的混合型毒品,其甲基苯丙胺含量相对较低,危害性亦有所不同。为体现罚当其罪,甲基苯丙胺片剂的死刑数量标准一般可以按照甲基苯丙胺(冰毒)的2倍左右掌握,具体可以根据当地的毒品犯罪形势和涉案毒品含量等因素确定。

涉案毒品为氯胺酮(俗称"K粉")的,结合毒品数量、犯罪性质、情节及危害后果等因素,对符合死刑适用条件的被告人可以依法判处死刑。综合考虑氯胺酮的致瘾癖性、滥用范围和危害性等因素,其死刑数量标准一般可以按照海洛因的10倍掌握。

涉案毒品为其他滥用范围和危害性相对较小的新类型、混合型毒品的,一般不宜判处被告人死刑。但对于司法解释、规范性文件明确规定了定罪量刑数量标准,且涉案毒品数量特别巨大,社会危害大,不判处死刑难以体现罚当其罪的,必要时可以判处被告人死刑。

4. 缓刑、财产刑适用及减刑、假释

最高人民法院全国部分法院审理毒品犯罪案件工作座谈会纪要(2008年12月1日)

十三、毒品案件财产刑的适用和执行问题

刑法对毒品犯罪规定了并处罚金或者没收财产刑,司法实践中应当依法充分适用。不仅要依法追缴被告人的违法所得及其收益,还要严格依法判处被告人罚金刑或者没收财产刑,不能因为被告人没有财产,或者其财产难以查清、难以分割或者难以执行,就不依法判处财产刑。

要采取有力措施,加大财产刑执行力度。要加强与公安机关、检察机关的协作,对毒品犯罪分子来源不明的巨额财产,依法及时采取查封、扣押、冻结等措施,防止犯罪分子及其亲属转移、隐匿、变卖或者洗钱,逃避依法追缴。要加强不同地区法院之间的相互协作配合。毒品犯罪分子的财产在异地的,第

一审人民法院可以委托财产所在地人民法院代为执行。要落实和运用有关国际禁毒公约规定，充分利用国际刑警组织等渠道，最大限度地做好境外追赃工作。

最高人民法院全国法院毒品犯罪审判工作座谈会纪要（2015年5月18日）

二、关于毒品犯罪法律适用的若干具体问题

（五）缓刑、财产刑适用及减刑、假释问题

对于毒品犯罪应当从严掌握缓刑适用条件。对于毒品再犯，一般不得适用缓刑。对于不能排除多次贩毒嫌疑的零包贩毒被告人，因认定构成贩卖毒品等犯罪的证据不足而认定为非法持有毒品罪的被告人，实施引诱、教唆、欺骗、强迫他人吸毒犯罪及制毒物品犯罪的被告人，应当严格限制缓刑适用。

办理毒品犯罪案件，应当依法追缴犯罪分子的违法所得，充分发挥财产刑的作用，切实加大对犯罪分子的经济制裁力度。对查封、扣押、冻结的涉案财物及其孳息，经查确属违法所得或者依法应当追缴的其他涉案财物的，如购毒款、供犯罪所用的本人财物、毒品犯罪所得的财物及其收益等，应当判决没收，但法律另有规定的除外。判处罚金刑时，应当结合毒品犯罪的性质、情节、危害后果及被告人的获利情况、经济状况等因素合理确定罚金数额。对于决定并处没收财产的毒品犯罪，判处被告人有期徒刑的，应当按照上述确定罚金数额的原则确定没收个人部分财产的数额；判处无期徒刑的，可以并处没收个人全部财产；判处死缓或者死刑的，应当并处没收个人全部财产。

对于具有毒枭、职业毒犯、累犯、毒品再犯等情节的毒品罪犯，应当从严掌握减刑条件，适当延长减刑起始时间、间隔时间，严格控制减刑幅度，延长实际执行刑期。对于刑法未禁止假释的前述毒品罪犯，应当严格掌握假释条件。

5. 特情介入问题

最高人民法院全国部分法院审理毒品犯罪案件工作座谈会纪要（2008年12月1日）

六、特情介入案件的处理问题

运用特情侦破毒品案件，是依法打击毒品犯罪的有效手段。对特情介入侦破的毒品案件，要区别不同情形予以分别处理。

对已持有毒品待售或者有证据证明已准备实施大宗毒品犯罪者，采取特情贴靠、接洽而破获的案件，不存在犯罪引诱，应当依法处理。

行为人本没有实施毒品犯罪的主观意图，而是在特情诱惑和促成下形成犯意，进而实施毒品犯罪的，属于"犯意引诱"。对因"犯意引诱"实施毒品犯罪的被告人，根据罪刑相适应原则，应当依法从轻处罚，无论涉案毒品数量多大，都不应判处死刑立即执行。行为人在特情既为其安排上线，又提供下线的双重引诱，即"双套引诱"下实施毒品犯罪的，处刑时可予以更大幅度的从宽处罚或者依法免予刑事处罚。

行为人本来只有实施数量较小的毒品犯罪的故意，在特情引诱下实施了数量较大甚至达到实际掌握的死刑数量标准的毒品犯罪的，属于"数量引诱"。对因"数量引诱"实施毒品犯罪的被告人，应当依法从轻处罚，即使毒品数量超过实际掌握的死刑数量标准，一般也不判处死刑立即执行。

对不能排除"犯意引诱"和"数量引诱"的案件，在考虑是否对被告人判处死刑立即执行时，要留有余地。

对被告人受特情间接引诱实施毒品犯罪的，参照上述原则依法处理。

6. 特定人员参与毒品犯罪问题

最高人民法院全国部分法院审理毒品犯罪案件工作座谈会纪要（2008年12月1日）

十二、特定人员参与毒品犯罪问题

近年来，一些毒品犯罪分子为了逃避打击，雇佣孕妇、哺乳期妇女、急性传染病人、残疾人或者未成年人等特定人员进行毒品犯罪活动，成为影响我国禁毒工作成效的突出问题。对利用、教唆特定人员进行毒品犯罪活动的组织、策划、指挥和教唆者，要依法严厉打击，该判处重刑直至死刑的，坚决依法判处重刑直至死刑。对于被利用、被诱骗参与毒品犯罪的特定人员，可以从宽处理。

要积极与检察机关、公安机关沟通协调，妥善解决涉及特定人员的案件管辖、强制措施、刑罚执行等问题。对因特殊情况依法不予羁押的，可以依法采取取保候审、监视居住等强制措施，并根据被告人具体情况和案情变化及时变更强制措施；对于被判处有期徒刑或者拘役的罪犯，符合刑事诉讼法第二百一十四条规定情形的，可以暂予监外执行。

第三百四十七条　【走私、贩卖、运输、制造毒品罪】走私、贩卖、运输、制造毒品，无论数量多少，都应当追究刑事责任，予以刑事处罚。

走私、贩卖、运输、制造毒品，有下列情形之一的，处十五年有期徒刑、无期徒刑或者死刑，并处没收财产：

（一）走私、贩卖、运输、制造鸦片一千克以上、海洛因或者甲基苯丙胺五十克以上或者其他毒品数量大的；
（二）走私、贩卖、运输、制造毒品集团的首要分子；
（三）武装掩护走私、贩卖、运输、制造毒品的；
（四）以暴力抗拒检查、拘留、逮捕，情节严重的；
（五）参与有组织的国际贩毒活动的。

走私、贩卖、运输、制造鸦片二百克以上不满一千克、海洛因或者甲基苯丙胺十克以上不满五十克或者其他毒品数量较大的，处七年以上有期徒刑，并处罚金。

走私、贩卖、运输、制造鸦片不满二百克、海洛因或者甲基苯丙胺不满十克或者其他少量毒品的，处三年以下有期徒刑、拘役或者管制，并处罚金；情节严重的，处三年以上七年以下有期徒刑，并处罚金。

单位犯第二款、第三款、第四款罪的，对单位判处罚金，并对其直接负责的主管人员和其他直接责任人员，依照各该款的规定处罚。

利用、教唆未成年人走私、贩卖、运输、制造毒品，或者向未成年人出售毒品的，从重处罚。

对多次走私、贩卖、运输、制造毒品，未经处理的，毒品数量累计计算。

● 关联法条

第三百四十九条、第三百五十条、第三百五十五条、第三百五十六条、第三百五十七条

● 立案追诉标准

最高人民检察院、公安部关于公安机关管辖的刑事案件立案追诉标准的规定（三）（2012年5月16日）

第一条 ［走私、贩卖、运输、制造毒品案（刑法第三百四十七条）］走

私、贩卖、运输、制造毒品，无论数量多少，都应予立案追诉。

本条规定的"走私"是指明知是毒品而非法将其运输、携带、寄递进出国（边）境的行为。直接向走私人非法收购走私进口的毒品，或者在内海、领海、界河、界湖运输、收购、贩卖毒品的，以走私毒品罪立案追诉。

本条规定的"贩卖"是指明知是毒品而非法销售或者以贩卖为目的而非法收买的行为。

有证据证明行为人以牟利为目的，为他人代购仅用于吸食、注射的毒品，对代购者以贩卖毒品罪立案追诉。不以牟利为目的，为他人代购仅用于吸食、注射的毒品，毒品数量达到本规定第二条规定的数量标准的，对托购者和代购者以非法持有毒品罪立案追诉。明知他人实施毒品犯罪而为其居间介绍、代购代卖的，无论是否牟利，都应以相关毒品犯罪的共犯立案追诉。

本条规定的"运输"是指明知是毒品而采用携带、寄递、托运、利用他人或者使用交通工具等方法非法运送毒品的行为。

本条规定的"制造"是指非法利用毒品原植物直接提炼或者用化学方法加工、配制毒品，或者以改变毒品成分和效用为目的，用混合等物理方法加工、配制毒品的行为。为了便于隐蔽运输、销售、使用、欺骗购买者，或者为了增重，对毒品掺杂使假，添加或者去除其他非毒品物质，不属于制造毒品的行为。

为了制造毒品而采用生产、加工、提炼等方法非法制造易制毒化学品的，以制造毒品罪（预备）立案追诉。购进制造毒品的设备和原材料，开始着手制造毒品，尚未制造出毒品或者半成品的，以制造毒品罪（未遂）立案追诉。明知他人制造毒品而为其生产、加工、提炼、提供醋酸酐、乙醚、三氯甲烷等制毒物品的，以制造毒品罪的共犯立案追诉。

走私、贩卖、运输毒品主观故意中的"明知"，是指行为人知道或者应当知道所实施的是走私、贩卖、运输毒品行为。具有下列情形之一，结合行为人的供述和其他证据综合审查判断，可以认定其"应当知道"，但有证据证明确属被蒙骗的除外：

（一）执法人员在口岸、机场、车站、港口、邮局和其他检查站点检查时，要求行为人申报携带、运输、寄递的物品和其他疑似毒品物，并告知其法律责任，而行为人未如实申报，在其携带、运输、寄递的物品中查获毒品的；

（二）以伪报、藏匿、伪装等蒙蔽手段逃避海关、边防等检查，在其携带、运输、寄递的物品中查获毒品的；

（三）执法人员检查时，有逃跑、丢弃携带物品或者逃避、抗拒检查等行为，在其携带、藏匿或者丢弃的物品中查获毒品的；

（四）体内或者贴身隐秘处藏匿毒品的；

（五）为获取不同寻常的高额或者不等值的报酬为他人携带、运输、寄递、收取物品，从中查获毒品的；

（六）采用高度隐蔽的方式携带、运输物品，从中查获毒品的；

（七）采用高度隐蔽的方式交接物品，明显违背合法物品惯常交接方式，从中查获毒品的；

（八）行程路线故意绕开检查站点，在其携带、运输的物品中查获毒品的；

（九）以虚假身份、地址或者其他虚假方式办理托运、寄递手续，在托运、寄递的物品中查获毒品的；

（十）有其他证据足以证明行为人应当知道的。

制造毒品主观故意中的"明知"，是指行为人知道或者应当知道所实施的是制造毒品行为。有下列情形之一，结合行为人的供述和其他证据综合审查判断，可以认定其"应当知道"，但有证据证明确属被蒙骗的除外：

（一）购置了专门用于制造毒品的设备、工具、制毒物品或者配制方案的；

（二）为获取不同寻常的高额或不等值的报酬为他人制造物品，经检验是毒品的；

（三）在偏远、隐蔽场所制造，或者采取对制造设备进行伪装等方式制造物品，经检验是毒品的；

（四）制造人员在执法人员检查时，有逃跑、抗拒检查等行为，在现场查获制造出的物品，经检验是毒品的；

（五）有其他证据足以证明行为人应当知道的。

走私、贩卖、运输、制造毒品罪是选择性罪名，对同一宗毒品实施了两种以上犯罪行为，并有相应确凿证据的，应当按照所实施的犯罪行为的性质并列适用罪名，毒品数量不重复计算。对同一宗毒品可能实施了两种以上犯罪行为，但相应证据只能认定其中一种或者几种行为，认定其他行为的证据不够确实充分的，只按照依法能够认定的行为的性质适用罪名。对不同宗毒品分别实施了不同种犯罪行为的，应对不同行为并列适用罪名，累计计算毒品数量。

第十二条 本规定中的毒品是指鸦片、海洛因、甲基苯丙胺（冰毒）、吗啡、大麻、可卡因以及国家规定管制的其他能够使人形成瘾癖的麻醉药品和精神药品。具体品种以国家食品药品监督管理局、公安部、卫生部发布的《麻醉药品品种目录》、《精神药品品种目录》为依据。

本规定中的"制毒物品"是指刑法第三百五十条第一款规定的醋酸酐、乙醚、三氯甲烷或者其他用于制造毒品的原料或者配剂，具体品种范围按照国家关于易制毒化学品管理的规定确定。

第十四条 本规定中未明确立案追诉标准的毒品，有条件折算为海洛因的，参照有关麻醉药品和精神药品折算标准进行折算。

第十五条 本规定中的立案追诉标准，除法律、司法解释另有规定的以外，适用于相关的单位犯罪。

第十六条 本规定中的"以上"，包括本数。

● 定罪

1. 参见【本节罪名定罪问题的总体规定】
2. 第二款第一项"其他毒品数量大"的认定

最高人民法院关于审理毒品犯罪案件适用法律若干问题的解释（2016年4月11日）

第一条 走私、贩卖、运输、制造、非法持有下列毒品，应当认定为刑法第三百四十七条第二款第一项、第三百四十八条规定的"其他毒品数量大"：

（一）可卡因五十克以上；

（二）3，4-亚甲二氧基甲基苯丙胺（MDMA）等苯丙胺类毒品（甲基苯丙胺除外）、吗啡一百克以上；

（三）芬太尼一百二十五克以上；

（四）甲卡西酮二百克以上；

（五）二氢埃托啡十毫克以上；

（六）哌替啶（度冷丁）二百五十克以上；

（七）氯胺酮五百克以上；

（八）美沙酮一千克以上；

（九）曲马多、γ-羟丁酸二千克以上；

（十）大麻油五千克、大麻脂十千克、大麻叶及大麻烟一百五十千克以上；

（十一）可待因、丁丙诺啡五千克以上；

（十二）三唑仑、安眠酮五十千克以上；

（十三）阿普唑仑、恰特草一百千克以上；

（十四）咖啡因、罂粟壳二百千克以上；

（十五）巴比妥、苯巴比妥、安钠咖、尼美西泮二百五十千克以上；

（十六）氯氮卓、艾司唑仑、地西泮、溴西泮五百千克以上；

（十七）上述毒品以外的其他毒品数量大的。

国家定点生产企业按照标准规格生产的麻醉药品或者精神药品被用于毒品犯罪的，根据药品中毒品成分的含量认定涉案毒品数量。

3. 第二款第一项中"海洛因"的认定

公安部关于认定海洛因有关问题的批复（2002 年 6 月 28 日）

一、海洛因是以"二乙酰吗啡"或"盐酸二乙酰吗啡"为主要成分的化学合成的精制鸦片类毒品，"单乙酰吗啡"和"单乙酰可待因"是只有在化学合成海洛因过程中才会衍生的化学物质，属于同一种类的精制鸦片类毒品。海洛因在运输、贮存过程中，因湿度、光照等因素的影响，会出现"二乙酰吗啡"自然降解为"单乙酰吗啡"的现象，即"二乙酰吗啡"含量呈下降趋势，"单乙酰吗啡"含量呈上升趋势，甚至出现只检出"单乙酰吗啡"成分而未检出"二乙酰吗啡"成分的检验结果。因此，不论是否检出"二乙酰吗啡"成分，只要检出"单乙酰吗啡"或"单乙酰吗啡和单乙酰可待因"的，根据化验部门出具的检验报告，均应当认定送检样品为海洛因。

二、根据海洛因的毒理作用，海洛因进入吸毒者的体内代谢后，很快由"二乙酰吗啡"转化为"单乙酰吗啡"，然后再代谢为吗啡。在海洛因滥用者或中毒者的尿液或其他检材检验中，只能检出少量"单乙酰吗啡"及吗啡成分，无法检出"二乙酰吗啡"成分。因此，在尿液及其他检材中，只要检验出"单乙酰吗啡"，即证明涉嫌人员服用了海洛因。

4. 第二款第三项"武装掩护走私、贩卖、运输、制造毒品"、第四项"以暴力抗拒检查、拘留、逮捕，情节严重"的认定

最高人民法院关于审理毒品犯罪案件适用法律若干问题的解释（2016 年 4 月 11 日）

第三条 在实施走私、贩卖、运输、制造毒品犯罪的过程中，携带枪支、弹药或者爆炸物用于掩护的，应当认定为刑法第三百四十七条第二款第三项规定的"武装掩护走私、贩卖、运输、制造毒品"。枪支、弹药、爆炸物种类的认定，依照相关司法解释的规定执行。

在实施走私、贩卖、运输、制造毒品犯罪的过程中，以暴力抗拒检查、拘留、逮捕，造成执法人员死亡、重伤、多人轻伤或者具有其他严重情节的，应当认定为刑法第三百四十七条第二款第四项规定的"以暴力抗拒检查、拘留、逮捕，情节严重"。

5. 第三款"其他毒品数量较大"的认定

最高人民法院关于审理毒品犯罪案件适用法律若干问题的解释（2016 年 4 月 11 日）

第二条 走私、贩卖、运输、制造、非法持有下列毒品，应当认定为刑法第三百四十七条第三款、第三百四十八条规定的"其他毒品数量较大"：

（一）可卡因十克以上不满五十克；

（二）3,4-亚甲二氧基甲基苯丙胺（MDMA）等苯丙胺类毒品（甲基苯丙胺除外）、吗啡二十克以上不满一百克；

（三）芬太尼二十五克以上不满一百二十五克；

（四）甲卡西酮四十克以上不满二百克；

（五）二氢埃托啡二毫克以上不满十毫克；

（六）哌替啶（度冷丁）五十克以上不满二百五十克；

（七）氯胺酮一百克以上不满五百克；

（八）美沙酮二百克以上不满一千克；

（九）曲马多、γ-羟丁酸四百克以上不满二千克；

（十）大麻油一千克以上不满五千克、大麻脂二千克以上不满十千克、大麻叶及大麻烟三十千克以上不满一百五十千克；

（十一）可待因、丁丙诺啡一千克以上不满五千克；

（十二）三唑仑、安眠酮十千克以上不满五十千克；

（十三）阿普唑仑、恰特草二十千克以上不满一百千克；

（十四）咖啡因、罂粟壳四十千克以上不满二百千克；

（十五）巴比妥、苯巴比妥、安钠咖、尼美西泮五十千克以上不满二百五十千克；

（十六）氯氮卓、艾司唑仑、地西泮、溴西泮一百千克以上不满五百千克；

（十七）上述毒品以外的其他毒品数量较大的。

6. 第四款"其他少量毒品"的认定

最高人民法院、最高人民检察院、公安部办理毒品犯罪案件适用法律若干问题的意见（2007 年 12 月 18 日）

三、关于办理氯胺酮等毒品案件定罪量刑标准问题

（三）走私、贩卖、运输、制造下列毒品，应当认定为刑法第三百四十七条第四款规定的"其他少量毒品"：

1. 二亚甲基双氧安非他明（MDMA）等苯丙胺类毒品（甲基苯丙胺除外）

不满 20 克的；

2. 氯胺酮、美沙酮不满 200 克的①；
3. 三唑仑、安眠酮不满 10 千克的；
4. 氯氮䓬、艾司唑仑、地西泮、溴西泮不满 100 千克的；
5. 上述毒品以外的其他少量毒品的。

（四）上述毒品品种包括其盐和制剂。毒品鉴定结论中毒品品名的认定应当以国家食品药品监督管理局、公安部、卫生部最新发布的《麻醉药品品种目录》、《精神药品品种目录》为依据。

7. 第四款"情节严重"的认定

最高人民法院关于审理毒品犯罪案件适用法律若干问题的解释（2016 年 4 月 11 日）

第四条 走私、贩卖、运输、制造毒品，具有下列情形之一的，应当认定为刑法第三百四十七条第四款规定的"情节严重"：

（一）向多人贩卖毒品或者多次走私、贩卖、运输、制造毒品的；
（二）在戒毒场所、监管场所贩卖毒品的；
（三）向在校学生贩卖毒品的；
（四）组织、利用残疾人、严重疾病患者、怀孕或者正在哺乳自己婴儿的妇女走私、贩卖、运输、制造毒品的；
（五）国家工作人员走私、贩卖、运输、制造毒品的；
（六）其他情节严重的情形。

8. 制造毒品的认定、处罚

最高人民法院全国部分法院审理毒品犯罪案件工作座谈会纪要（2008 年 12 月 1 日）

四、制造毒品的认定与处罚问题

鉴于毒品犯罪分子制造毒品的手段复杂多样、不断翻新，采用物理方法加工、配制毒品的情况大量出现，有必要进一步准确界定制造毒品的行为、方法。制造毒品不仅包括非法用毒品原植物直接提炼和用化学方法加工、配制毒品的行为，也包括以改变毒品成分和效用为目的，用混合等物理方法加工、配制毒

---

① 编者注：由最高人民法院《关于审理毒品犯罪案件适用法律若干问题的解释》（2016 年 4 月 11 日）第一条、第二条推论，本项规定已经部分失效。走私、贩卖、运输、制造氯胺酮不满 100 克的，才属于"其他少量毒品"。

品的行为，如将甲基苯丙胺或者其他苯丙胺类毒品与其他毒品混合成麻古或者摇头丸。为便于隐蔽运输、销售、使用、欺骗购买者，或者为了增重，对毒品掺杂使假，添加或者去除其他非毒品物质，不属于制造毒品的行为。

已经制成毒品，达到实际掌握的死刑数量标准的，可以判处死刑；数量特别巨大的，应当判处死刑。已经制造出粗制毒品或者半成品的，以制造毒品罪的既遂论处。购进制造毒品的设备和原材料，开始着手制造毒品，但尚未制造出粗制毒品或者半成品的，以制造毒品罪的未遂论处。

9. 非法贩卖麻醉药品、精神药品行为的定性

最高人民法院全国法院毒品犯罪审判工作座谈会纪要（2015年5月18日）

二、关于毒品犯罪法律适用的若干具体问题

（七）非法贩卖麻醉药品、精神药品行为的定性问题

行为人向走私、贩卖毒品的犯罪分子或者吸食、注射毒品的人员贩卖国家规定管制的能够使人形成瘾癖的麻醉药品或者精神药品的，以贩卖毒品罪定罪处罚。

行为人出于医疗目的，违反有关药品管理的国家规定，非法贩卖上述麻醉药品或者精神药品，扰乱市场秩序，情节严重的，以非法经营罪定罪处罚。

10. 为制造毒品，利用麻黄碱类复方制剂提炼、加工制毒物品行为的处理

最高人民法院、最高人民检察院、公安部关于办理走私、非法买卖麻黄碱类复方制剂等刑事案件适用法律若干问题的意见（2012年6月18日）

一、关于走私、非法买卖麻黄碱类复方制剂等行为的定性

第一款 以加工、提炼制毒物品制造毒品为目的，购买麻黄碱类复方制剂，或者运输、携带、寄递麻黄碱类复方制剂进出境的，依照刑法第三百四十七条的规定，以制造毒品罪定罪处罚。

第四款 非法买卖麻黄碱类复方制剂或者运输、携带、寄递麻黄碱类复方制剂进出境，没有证据证明系用于制造毒品或者走私、非法买卖制毒物品，或者未达到走私制毒物品罪、非法买卖制毒物品罪的定罪数量标准，构成非法经营罪、走私普通货物、物品罪等其他犯罪的，依法定罪处罚。

第五款 实施第一款、第二款规定的行为，同时构成其他犯罪的，依照处罚较重的规定定罪处罚。

二、关于利用麻黄碱类复方制剂加工、提炼制毒物品行为的定性

第一款 以制造毒品为目的，利用麻黄碱类复方制剂加工、提炼制毒物品

的，依照刑法第三百四十七条的规定，以制造毒品罪定罪处罚。

三、关于共同犯罪的认定

第一款 明知他人利用麻黄碱类制毒物品制造毒品，向其提供麻黄碱类复方制剂，为其利用麻黄碱类复方制剂加工、提炼制毒物品，或者为其获取、利用麻黄碱类复方制剂提供其他帮助的，以制造毒品罪的共犯论处。

四、关于犯罪预备、未遂的认定

实施本意见规定的行为，符合犯罪预备或者未遂情形的，依照法律规定处罚。

五、关于犯罪嫌疑人、被告人主观目的与明知的认定

对于本意见规定的犯罪嫌疑人、被告人的主观目的与明知，应当根据物证、书证、证人证言以及犯罪嫌疑人、被告人供述和辩解等在案证据，结合犯罪嫌疑人、被告人的行为表现，重点考虑以下因素综合予以认定：

1. 购买、销售麻黄碱类复方制剂的价格是否明显高于市场交易价格；

2. 是否采用虚假信息、隐蔽手段运输、寄递、存储麻黄碱类复方制剂；

3. 是否采用伪报、伪装、藏匿或者绕行进出境等手段逃避海关、边防等检查；

4. 提供相关帮助行为获得的报酬是否合理；

5. 此前是否实施过同类违法犯罪行为；

6. 其他相关因素。

六、关于制毒物品数量的认定

第二款 实施本意见规定的行为，以制造毒品罪定罪处罚的，应当将涉案麻黄碱类复方制剂所含的麻黄碱类物质可以制成的毒品数量作为量刑情节考虑。

第三款 多次实施本意见规定的行为未经处理的，涉案制毒物品的数量累计计算。

七、关于定罪量刑的数量标准

第二款 实施本意见规定的行为，以制造毒品罪定罪处罚的，无论涉案麻黄碱类复方制剂所含的麻黄碱类物质数量多少，都应当追究刑事责任。

八、关于麻黄碱类复方制剂的范围

本意见所称麻黄碱类复方制剂是指含有《易制毒化学品管理条例》（国务院令第445号）品种目录所列的麻黄碱（麻黄素）、伪麻黄碱（伪麻黄素）、消旋麻黄碱（消旋麻黄素）、去甲麻黄碱（去甲麻黄素）、甲基麻黄碱（甲基麻黄素）及其盐类，或者麻黄浸膏、麻黄浸膏粉等麻黄碱类物质的药品复方制剂。

最高人民法院、最高人民检察院、公安部、农业部、食品药品监管总局关于进一步加强麻黄草管理严厉打击非法买卖麻黄草等违法犯罪活动的通知（2013年5月21日）

三、依法查处非法采挖、买卖麻黄草等犯罪行为

各地人民法院、人民检察院、公安机关要依法查处非法采挖、买卖麻黄草等犯罪行为，区别情形予以处罚：

（一）以制造毒品为目的，采挖、收购麻黄草的，依照刑法第三百四十七条的规定，以制造毒品罪定罪处罚。

（二）以提取麻黄碱类制毒物品后进行走私或者非法贩卖为目的，采挖、收购麻黄草，涉案麻黄草所含的麻黄碱类制毒物品达到相应定罪数量标准的，依照刑法第三百五十条第一款、第三款的规定，分别以走私制毒物品罪、非法买卖制毒物品罪定罪处罚。

（三）明知他人制造毒品或者走私、非法买卖制毒物品，向其提供麻黄草或者提供运输、储存麻黄草等帮助的，分别以制造毒品罪、走私制毒物品罪、非法买卖制毒物品罪的共犯论处。

（四）违反国家规定采挖、销售、收购麻黄草，没有证据证明以制造毒品或者走私、非法买卖制毒物品为目的，依照刑法第二百二十五条的规定构成犯罪的，以非法经营罪定罪处罚。

（五）实施以上行为，以制造毒品罪、走私制毒物品罪、非法买卖制毒物品罪定罪处罚的，涉案制毒物品的数量按照三百千克麻黄草折合一千克麻黄碱计算；以制造毒品罪定罪处罚的，无论涉案麻黄草数量多少，均应追究刑事责任。

11. 贩卖、运输经过取汁的罂粟壳废渣行为的定性

最高人民法院研究室关于贩卖、运输经过取汁的罂粟壳废渣是否构成贩卖、运输毒品罪的答复（2010年9月27日）

最高人民法院研究室认为，根据你院①提供的情况，对本案被告人不宜以贩卖、运输毒品罪论处。主要考虑：

（1）被告人贩卖、运输的是经过取汁的罂粟壳废渣，吗啡含量只有0.01%，含量极低，从技术和成本看，基本不可能用于提取吗啡；

（2）国家对经过取汁的罂粟壳并无明文规定予以管制，实践中有关药厂也

---

① 编者注：指四川省高级人民法院。

未按照管制药品对其进行相应处理;

(3) 无证据证明被告人购买、加工经过取汁的罂粟壳废渣是为了将其当作毒品出售,具有贩卖、运输毒品的故意。如果查明行为人有将罂粟壳废渣作为制售毒品原料予以利用的故意,可建议由公安机关予以治安处罚。

12. 在成品药中非法添加阿普唑仑、曲马多进行销售行为的定性

公安部关于在成品药中非法添加阿普唑仑和曲马多进行销售能否认定为制造贩卖毒品有关问题的批复(2009年3月19日)

一、阿普唑仑和曲马多为国家管制的二类精神药品。根据《中华人民共和国刑法》第三百五十五条的规定,如果行为人具有生产、管理、使用阿普唑仑和曲马多的资质,却将其掺加在其他药品中,违反国家规定向吸食、注射毒品的人提供的,构成非法提供精神药品罪;向走私、贩卖毒品的犯罪分子或以牟利为目的向吸食、注射毒品的人提供的,构成走私、贩卖毒品罪。根据《中华人民共和国刑法》第三百四十七条的规定,如果行为人没有生产、管理、使用阿普唑仑和曲马多的资质,而将其掺加在其他药品中予以贩卖,构成贩卖、制造毒品罪。

二、在办案中应当注意区别为治疗、戒毒依法合理使用的行为与上述犯罪行为的界限。只有违反国家规定,明知是走私、贩卖毒品的人员而向其提供阿普唑仑和曲马多,或者明知是吸毒人员而向其贩卖或超出规定的次数、数量向其提供阿普唑仑和曲马多的,才可以认定为犯罪。

13. 非法制造、贩卖安钠咖行为的定性

公安部禁毒局关于非法制造贩卖安钠咖立案问题的答复(2002年11月5日)

安钠咖属于《刑法》规定的毒品。根据《刑法》第三百四十七条第一款的规定,贩卖、制造毒品,无论数量多少,都应当追究刑事责任,予以刑事处罚。因此,对于非法制造、贩卖安钠咖的,不论查获的数量多少,公安机关都应当按照非法制造、贩卖毒品罪立案侦查。

……饭店经营者直接向顾客(主要是过往就餐的汽车司机)推销毒品,犯罪情节恶劣,严重危害社会治安,不仅可以致使顾客吸毒成瘾,而就餐的司机吸食安钠咖后驾驶汽车,其吸毒后产生的不良反应将给交通安全带来很大隐患,随时可能导致严重后果,危及人民生命财产。因此,公安机关应当依法严厉打击此类毒品犯罪活动。

14. 一罪与数罪

最高人民法院关于审理毒品犯罪案件适用法律若干问题的解释（2016年4月11日）

第十二条第二款　向他人贩卖毒品后又容留其吸食、注射毒品，或者容留他人吸食、注射毒品并向其贩卖毒品，符合前款规定的容留他人吸毒罪的定罪条件的，以贩卖毒品罪和容留他人吸毒罪数罪并罚。

第十四条　利用信息网络，设立用于实施传授制造毒品、非法生产制毒物品的方法，贩卖毒品，非法买卖制毒物品或者组织他人吸食、注射毒品等违法犯罪活动的网站、通讯群组，或者发布实施前述违法犯罪活动的信息，情节严重的，应当依照刑法第二百八十七条之一的规定，以非法利用信息网络罪定罪处罚。

实施刑法第二百八十七条之一、第二百八十七条之二规定的行为，同时构成贩卖毒品罪、非法买卖制毒物品罪、传授犯罪方法罪等犯罪的，依照处罚较重的规定定罪处罚。

● 量刑

1. 参见【本节罪名量刑问题的总体规定】
2. 量刑起点、基准刑的确定

最高人民法院关于常见犯罪的量刑指导意见（2017年4月1日）

四、常见犯罪的量刑

（十五）走私、贩卖、运输、制造毒品罪

1. 构成走私、贩卖、运输、制造毒品罪的，可以根据下列不同情形在相应的幅度内确定量刑起点：

（1）走私、贩卖、运输、制造鸦片一千克，海洛因、甲基苯丙胺五十克或者其他毒品数量达到数量大起点的，量刑起点为十五年有期徒刑。依法应当判处无期徒刑以上刑罚的除外。

（2）走私、贩卖、运输、制造鸦片二百克，海洛因、甲基苯丙胺十克或者其他毒品数量达到数量较大起点的，可以在七年至八年有期徒刑幅度内确定量刑起点。

（3）走私、贩卖、运输、制造鸦片不满二百克，海洛因、甲基苯丙胺不满十克或者其他少量毒品的，可以在三年以下有期徒刑、拘役幅度内确定量刑起点；情节严重的，可以在三年至四年有期徒刑幅度内确定量刑起点。

2. 在量刑起点的基础上，可以根据毒品犯罪次数、人次、毒品数量等其他影响犯罪构成的犯罪事实增加刑罚量，确定基准刑。

3. 有下列情节之一的，可以增加基准刑的 10%－30%：

(1) 利用、教唆未成年人走私、贩卖、运输、制造毒品的；

(2) 向未成年人出售毒品的；

(3) 毒品再犯。

4. 有下列情节之一的，可以减少基准刑的 30% 以下：

(1) 受雇运输毒品的；

(2) 毒品含量明显偏低的；

(3) 存在数量引诱情形的。

3. 运输毒品罪的刑罚适用

最高人民法院全国部分法院审理毒品犯罪案件工作座谈会纪要（2008 年 12 月 1 日）

三、运输毒品罪的刑罚适用问题

对于运输毒品犯罪，要注意重点打击指使、雇佣他人运输毒品的犯罪分子和接应、接货的毒品所有者、买家或者卖家。对于运输毒品犯罪集团首要分子，组织、指使、雇佣他人运输毒品的主犯或者毒枭、职业毒犯、毒品再犯，以及具有武装掩护、暴力抗拒检查、拘留或者逮捕、参与有组织的国际毒品犯罪、以运输毒品为业、多次运输毒品或者其他严重情节的，应当按照刑法、有关司法解释和司法实践实际掌握的数量标准，从严惩处，依法应判处死刑的必须坚决判处死刑。

毒品犯罪中，单纯的运输毒品行为具有从属性、辅助性特点，且情况复杂多样。部分涉案人员系受指使、雇佣的贫民、边民或者无业人员，只是为了赚取少量运费而为他人运输毒品，他们不是毒品的所有者、买家或者卖家，与幕后的组织、指使、雇佣者相比，在整个毒品犯罪环节中处于从属、辅助和被支配地位，所起作用和主观恶性相对较小，社会危害性也相对较小。因此，对于运输毒品犯罪中的这部分人员，在量刑标准的把握上，应当与走私、贩卖、制造毒品和前述具有严重情节的运输毒品犯罪分子有所区别，不应单纯以涉案毒品数量的大小决定刑罚适用的轻重。

对有证据证明被告人确属受人指使、雇佣参与运输毒品犯罪，又系初犯、偶犯的，可以从轻处罚，即使毒品数量超过实际掌握的死刑数量标准，也可以不判处死刑立即执行。

毒品数量超过实际掌握的死刑数量标准，不能证明被告人系受人指使、雇佣参与运输毒品犯罪的，可以依法判处重刑直至死刑。

涉嫌为贩卖而自行运输毒品，由于认定贩卖毒品的证据不足，因而认定为运输毒品罪的，不同于单纯的受指使为他人运输毒品行为，其量刑标准应当与单纯的运输毒品行为有所区别。

4. 运输毒品犯罪的死刑适用

最高人民法院全国法院毒品犯罪审判工作座谈会纪要（2015年5月18日）
二、关于毒品犯罪法律适用的若干具体问题
（四）死刑适用问题
1. 运输毒品犯罪的死刑适用

对于运输毒品犯罪，应当继续按照《大连会议纪要》的有关精神，重点打击运输毒品犯罪集团首要分子，组织、指使、雇用他人运输毒品的主犯或者毒枭、职业毒犯、毒品再犯，以及具有武装掩护运输毒品、以运输毒品为业、多次运输毒品等严重情节的被告人，对其中依法应当判处死刑的，坚决依法判处。

对于受人指使、雇用参与运输毒品的被告人，应当综合考虑毒品数量、犯罪次数、犯罪的主动性和独立性、在共同犯罪中的地位作用、获利程度和方式及其主观恶性、人身危险性等因素，予以区别对待，慎重适用死刑。对于有证据证明确属受人指使、雇用运输毒品，又系初犯、偶犯的被告人，即使毒品数量超过实际掌握的死刑数量标准，也可以不判处死刑；尤其对于其中被动参与犯罪，从属性、辅助性较强，获利程度较低的被告人，一般不应当判处死刑。对于不能排除受人指使、雇用初次运输毒品的被告人，毒品数量超过实际掌握的死刑数量标准，但尚不属数量巨大的，一般也可以不判处死刑。

一案中有多人受雇运输毒品的，在决定死刑适用时，除各被告人运输毒品的数量外，还应结合其具体犯罪情节、参与犯罪程度、与雇用者关系的紧密性及其主观恶性、人身危险性等因素综合考虑，同时判处二人以上死刑要特别慎重。

5. 针对不同种毒品实施同一犯罪行为时的量刑

最高人民法院研究室关于被告人对不同种毒品实施同一犯罪行为是否按比例折算成一种毒品予以累加后量刑的答复（2009年8月17日）

根据《全国部分法院审理毒品犯罪案件工作座谈会纪要》的规定，对被告人一人走私、贩卖、运输、制造两种以上毒品的，不实行数罪并罚，量刑时可综合考虑毒品的种类、数量及危害，依法处理。故同意你院处理意见①。

> **第三百四十八条　【非法持有毒品罪】**非法持有鸦片一千克以上、海洛因或者甲基苯丙胺五十克以上或者其他毒品数量大的，处七年以上有期徒刑或者无期徒刑，并处罚金；非法持有鸦片二百克以上不满一千克、海洛因或者甲基苯丙胺十克以上不满五十克或者其他毒品数量较大的，处三年以下有期徒刑、拘役或者管制，并处罚金；情节严重的，处三年以上七年以下有期徒刑，并处罚金。

● 关联法条

第三百五十六条、第三百五十七条

● 立案追诉标准

最高人民检察院、公安部关于公安机关管辖的刑事案件立案追诉标准的规定（三）（2012年5月16日）

第二条　[非法持有毒品案（刑法第三百四十八条）]明知是毒品而非法持有，涉嫌下列情形之一的，应予立案追诉：

（一）鸦片二百克以上、海洛因、可卡因或者甲基苯丙胺十克以上；

（二）二亚甲基双氧安非他明（MDMA）等苯丙胺类毒品（甲基苯丙胺除外）、吗啡二十克以上；

（三）度冷丁（杜冷丁）五十克以上（针剂100mg/支规格的五百支以上，

---

① 四川省高级人民法院《关于被告人对不同种毒品实施同一犯罪行为是否按比例折算成一种毒品予以累加后量刑的请示》（2009年7月27日）："最高人民法院：我省成都铁路运输法院在审理毒品案件中，就被告人对不同种毒品实施同一犯罪行为的情形如何量刑，是否可以将不同种毒品按比例折算成一种毒品予以累加后量刑，形成了不同意见，特向我院请示。我院审判委员会讨论后一致认为，处理该类案件应当将案件涉及的不同种毒品按一定比例折算后予以累加进行量刑。鉴于该请示涉及的问题在刑事审判领域具有普遍性，其处理意见已超出省法院答复范围，特向你院请示，请予批复。"

50mg/支规格的一千支以上；片剂 25mg/片规格的二千片以上，50mg/片规格的一千片以上）；

（四）盐酸二氢埃托啡二毫克以上（针剂或者片剂 20mg/支、片规格的一百支、片以上）；

（五）氯胺酮、美沙酮二百克以上；

（六）三唑仑、安眠酮十千克以上；

（七）咖啡因五十千克以上；

（八）氯氮卓、艾司唑仑、地西泮、溴西泮一百千克以上；

（九）大麻油一千克以上，大麻脂二千克以上，大麻叶及大麻烟三十千克以上；

（十）罂粟壳五十千克以上；

（十一）上述毒品以外的其他毒品数量较大的①。

非法持有两种以上毒品，每种毒品均没有达到本条第一款规定的数量标准，但按前款规定的立案追诉数量比例折算成海洛因后累计相加达到十克以上的，应予立案追诉。

本条规定的"非法持有"，是指违反国家法律和国家主管部门的规定，占有、携带、藏有或者以其他方式持有毒品。

非法持有毒品主观故意中的"明知"，依照本规定第一条第八款的有关规定予以认定。

第十三条第一款　本规定中的毒品是指鸦片、海洛因、甲基苯丙胺（冰毒）、吗啡、大麻、可卡因以及国家规定管制的其他能够使人形成瘾癖的麻醉药品和精神药品。具体品种以国家食品药品监督管理局、公安部、卫生部发布的《麻醉药品品种目录》、《精神药品品种目录》为依据。

第十四条　本规定中未明确立案追诉标准的毒品，有条件折算为海洛因的，参照有关麻醉药品和精神药品折算标准进行折算。

第十六条　本规定中的"以上"，包括本数。

---

① 编者注：上述涉及氯胺酮、咖啡因、罂粟壳的追诉标准与《最高人民法院关于审理毒品犯罪案件适用法律若干问题的解释》（2016 年 4 月 11 日）第二条不一致，应以后者为准。

● 定罪

1. 参见【本节罪名定罪问题的总体规定】
2. "其他毒品数量大""其他毒品数量较大"的认定

（参见第三百四十七条【定罪】2. 第二款第一项"其他毒品数量大"的认定，5. 第三款"其他毒品数量较大"的认定）

3. "情节严重"的认定

最高人民法院关于审理毒品犯罪案件适用法律若干问题的解释（2016 年 4 月 11 日）

第五条 非法持有毒品达到刑法第三百四十八条或者本解释第二条规定的"数量较大"标准，且具有下列情形之一的，应当认定为刑法第三百四十八条规定的"情节严重"：

（一）在戒毒场所、监管场所非法持有毒品的；

（二）利用、教唆未成年人非法持有毒品的；

（三）国家工作人员非法持有毒品的；

（四）其他情节严重的情形。

● 量刑

参见【本节罪名量刑问题的总体规定】

> **第三百四十九条** 【包庇毒品犯罪分子罪】【窝藏、转移、隐瞒毒品、毒赃罪】包庇走私、贩卖、运输、制造毒品的犯罪分子的，为犯罪分子窝藏、转移、隐瞒毒品或者犯罪所得的财物的，处三年以下有期徒刑、拘役或者管制；情节严重的，处三年以上十年以下有期徒刑。
>
> 缉毒人员或者其他国家机关工作人员掩护、包庇走私、贩卖、运输、制造毒品的犯罪分子的，依照前款的规定从重处罚。
>
> 犯前两款罪，事先通谋的，以走私、贩卖、运输、制造毒品罪的共犯论处。

● 关联法条

第三百五十六条、第三百五十七条

● 立案追诉标准

最高人民检察院、公安部关于公安机关管辖的刑事案件立案追诉标准的规定（三）（2012年5月16日）

第三条　[包庇毒品犯罪分子案（刑法第三百四十九条）]包庇走私、贩卖、运输、制造毒品的犯罪分子，涉嫌下列情形之一的，应予立案追诉：
（一）作虚假证明，帮助掩盖罪行的；
（二）帮助隐藏、转移或者毁灭证据的；
（三）帮助取得虚假身份或者身份证件的；
（四）以其他方式包庇犯罪分子的。
实施前款规定的行为，事先通谋的，以走私、贩卖、运输、制造毒品罪的共犯立案追诉。

第四条　[窝藏、转移、隐瞒毒品、毒赃案（刑法第三百四十九条）]为走私、贩卖、运输、制造毒品的犯罪分子窝藏、转移、隐瞒毒品或者犯罪所得的财物的，应予立案追诉。
实施前款规定的行为，事先通谋的，以走私、贩卖、运输、制造毒品罪的共犯立案追诉。

第十三条第一款　本规定中的毒品是指鸦片、海洛因、甲基苯丙胺（冰毒）、吗啡、大麻、可卡因以及国家规定管制的其他能够使人形成瘾癖的麻醉药品和精神药品。具体品种以国家食品药品监督管理局、公安部、卫生部发布的《麻醉药品品种目录》、《精神药品品种目录》为依据。

第十六条　本规定中的"以上"，包括本数。

● 定罪

1. 参见【本节罪名定罪问题的总体规定】

2. "情节严重"的认定

最高人民法院关于审理毒品犯罪案件适用法律若干问题的解释（2016年4月11日）

第六条 包庇走私、贩卖、运输、制造毒品的犯罪分子，具有下列情形之一的，应当认定为刑法第三百四十九条第一款规定的"情节严重"：

（一）被包庇的犯罪分子依法应当判处十五年有期徒刑以上刑罚的；

（二）包庇多名或者多次包庇走私、贩卖、运输、制造毒品的犯罪分子的；

（三）严重妨害司法机关对被包庇的犯罪分子实施的毒品犯罪进行追究的；

（四）其他情节严重的情形。

为走私、贩卖、运输、制造毒品的犯罪分子窝藏、转移、隐瞒毒品或者毒品犯罪所得的财物，具有下列情形之一的，应当认定为刑法第三百四十九条第一款规定的"情节严重"：

（一）为犯罪分子窝藏、转移、隐瞒毒品达到刑法第三百四十七条第二款第一项或者本解释第一条第一款规定的"数量大"标准的；

（二）为犯罪分子窝藏、转移、隐瞒毒品犯罪所得的财物价值达到五万元以上的；

（三）为多人或者多次为他人窝藏、转移、隐瞒毒品或者毒品犯罪所得的财物的；

（四）严重妨害司法机关对该犯罪分子实施的毒品犯罪进行追究的；

（五）其他情节严重的情形。

包庇走私、贩卖、运输、制造毒品的近亲属，或者为其窝藏、转移、隐瞒毒品或者毒品犯罪所得的财物，不具有本条前两款规定的"情节严重"情形，归案后认罪、悔罪、积极退赃，且系初犯、偶犯，犯罪情节轻微不需要判处刑罚的，可以免予刑事处罚。

3. 一罪与数罪

最高人民法院关于审理洗钱等刑事案件具体应用法律若干问题的解释（2009年11月11日）

第三条 明知是犯罪所得及其产生的收益而予以掩饰、隐瞒，构成刑法第三百一十二条规定的犯罪，同时又构成刑法第一百九十一条或者第三百四十九条规定的犯罪的，依照处罚较重的规定定罪处罚。

第四条 刑法第一百九十一条、第三百一十二条、第三百四十九条规定的犯罪，应当以上游犯罪事实成立为认定前提。上游犯罪尚未依法裁判，但查证属实的，不影响刑法第一百九十一条、第三百一十二条、第三百四十九条规定的犯罪的审判。

上游犯罪事实可以确认，因行为人死亡等原因依法不予追究刑事责任的，不影响刑法第一百九十一条、第三百一十二条、第三百四十九条规定的犯罪的认定。

上游犯罪事实可以确认，依法以其他罪名定罪处罚的，不影响刑法第一百九十一条、第三百一十二条、第三百四十九条规定的犯罪的认定。

本条所称"上游犯罪"，是指产生刑法第一百九十一条、第三百一十二条、第三百四十九条规定的犯罪所得及其收益的各种犯罪行为。

● 量刑

参见【本节罪名量刑问题的总体规定】

> 第三百五十条　【非法生产、买卖、运输制毒物品、走私制毒物品罪】违反国家规定，非法生产、买卖、运输醋酸酐、乙醚、三氯甲烷或者其他用于制造毒品的原料、配剂，或者携带上述物品进出境，情节较重的，处三年以下有期徒刑、拘役或者管制，并处罚金；情节严重的，处三年以上七年以下有期徒刑，并处罚金；情节特别严重的，处七年以上有期徒刑，并处罚金或者没收财产。
>
> 明知他人制造毒品而为其生产、买卖、运输前款规定的物品的，以制造毒品罪的共犯论处。
>
> 单位犯前两款罪的，对单位判处罚金，并对其直接负责的主管人员和其他直接责任人员，依照前两款的规定处罚。

● 关联法条

第九十六条、第三百五十六条、第三百五十七条

● 立案追诉标准

最高人民检察院、公安部关于公安机关管辖的刑事案件立案追诉标准的规定（三）（2012年5月16日）

第五条 ［走私制毒物品案（刑法第三百五十条）］

第二款 非法运输、携带两种以上制毒物品进出国（边）境，每种制毒物品均没有达到本条第一款规定的数量标准，但按前款规定的立案追诉数量比例折算成一种制毒物品后累计相加达到上述数量标准的，应予立案追诉。

第三款 为了走私制毒物品而采用生产、加工、提炼等方法非法制造易制毒化学品的，以走私制毒物品罪（预备）立案追诉。

第四款 实施走私制毒物品行为，有下列情形之一，且查获了易制毒化学品，结合行为人的供述和其他证据综合审查判断，可以认定其"明知"是制毒物品而走私或者非法买卖，但有证据证明确属被蒙骗的除外：

（一）改变产品形状、包装或者使用虚假标签、商标等产品标志的；

（二）以藏匿、夹带、伪装或者其他隐蔽方式运输、携带易制毒化学品逃避检查的；

（三）抗拒检查或者在检查时丢弃货物逃跑的；

（四）以伪报、藏匿、伪装等蒙蔽手段逃避海关、边防等检查的；

（五）选择不设海关或者边防检查站的路段绕行出入境的；

（六）以虚假身份、地址或者其他虚假方式办理托运、寄递手续的；

（七）以其他方法隐瞒真相，逃避对易制毒化学品依法监管的。

第五款 明知他人实施走私制毒物品犯罪，而为其运输、储存、代理进出口或者以其他方式提供便利的，以走私制毒物品罪的共犯立案追诉。

第六条 ［非法买卖制毒物品案（刑法第三百五十条）］

第二款 非法买卖两种以上制毒物品，每种制毒物品均没有达到本条第一款规定的数量标准，但按前款规定的立案追诉数量比例折算成一种制毒物品后累计相加达到上述数量标准的，应予立案追诉。

第三款 违反国家规定，实施下列行为之一的，认定为本条规定的非法买卖制毒物品行为：

（一）未经许可或者备案，擅自购买、销售易制毒化学品的；

（二）超出许可证明或者备案证明的品种、数量范围购买、销售易制毒化学品的；

（三）使用他人的或者伪造、变造、失效的许可证明或者备案证明购买、销售易制毒化学品的；

（四）经营单位违反规定，向无购买许可证明、备案证明的单位、个人销售易制毒化学品的，或者明知购买者使用他人的或者伪造、变造、失效的许可证明或者备案证明，向其销售易制毒化学品的；

（五）以其他方式非法买卖易制毒化学品的。易制毒化学品生产、经营、使用单位或者个人未办理许可证明或者备案证明，购买、销售易制毒化学品，如果有证据证明确实用于合法生产、生活需要，依法能够办理只是未及时办理许可证明或者备案证明，且未造成严重社会危害的，可不以非法买卖制毒物品罪立案追诉。

第五款　为了非法买卖制毒物品而采用生产、加工、提炼等方法非法制造易制毒化学品的，以非法买卖制毒物品罪（预备）立案追诉。

第六款　非法买卖制毒物品主观故意中的"明知"，依照本规定第五条第四款的有关规定予以认定。

第七款　明知他人实施非法买卖制毒物品犯罪，而为其运输、储存、代理进出口或者以其他方式提供便利的，以非法买卖制毒物品罪的共犯立案追诉。

第十三条第二款　本规定中的"制毒物品"是指刑法第三百五十条第一款规定的醋酸酐、乙醚、三氯甲烷或者其他用于制造毒品的原料或者配剂，具体品种范围按照国家关于易制毒化学品管理的规定确定。

第十五条　本规定中的立案追诉标准，除法律、司法解释另有规定的以外，适用于相关的单位犯罪。

● 定罪

1. 参见【本节罪名定罪问题的总体规定】
2. "情节较重""情节严重""情节特别严重"的认定

最高人民法院关于审理毒品犯罪案件适用法律若干问题的解释（2016年4月11日）

第七条　违反国家规定，非法生产、买卖、运输制毒物品、走私制毒物品，达到下列数量标准的，应当认定为刑法第三百五十条第一款规定的"情节较重"：

（一）麻黄碱（麻黄素）、伪麻黄碱（伪麻黄素）、消旋麻黄碱（消旋麻黄素）一千克以上不满五千克；

（二）1-苯基-2-丙酮、1-苯基-2-溴-1-丙酮、3，4-亚甲基二氧苯基-2-丙酮、羟亚胺二千克以上不满十千克；

（三）3-氧-2-苯基丁腈、邻氯苯基环戊酮、去甲麻黄碱（去甲麻黄素）、甲基麻黄碱（甲基麻黄素）四千克以上不满二十千克；

（四）醋酸酐十千克以上不满五十千克；

（五）麻黄浸膏、麻黄浸膏粉、胡椒醛、黄樟素、黄樟油、异黄樟素、麦角酸、麦角胺、麦角新碱、苯乙酸二十千克以上不满一百千克；

（六）N-乙酰邻氨基苯酸、邻氨基苯甲酸、三氯甲烷、乙醚、哌啶五十千克以上不满二百五十千克；

（七）甲苯、丙酮、甲基乙基酮、高锰酸钾、硫酸、盐酸一百千克以上不满五百千克；

（八）其他制毒物品数量相当的。

违反国家规定，非法生产、买卖、运输制毒物品、走私制毒物品，达到前款规定的数量标准最低值的百分之五十，且具有下列情形之一的，应当认定为刑法第三百五十条第一款规定的"情节较重"：

（一）曾因非法生产、买卖、运输制毒物品、走私制毒物品受过刑事处罚的；

（二）二年内曾因非法生产、买卖、运输制毒物品、走私制毒物品受过行政处罚的；

（三）一次组织五人以上或者多次非法生产、买卖、运输制毒物品、走私制毒物品，或者在多个地点非法生产制毒物品的；

（四）利用、教唆未成年人非法生产、买卖、运输制毒物品、走私制毒物品的；

（五）国家工作人员非法生产、买卖、运输制毒物品、走私制毒物品的；

（六）严重影响群众正常生产、生活秩序的；

（七）其他情节较重的情形。

易制毒化学品生产、经营、购买、运输单位或者个人未办理许可证明或者备案证明，生产、销售、购买、运输易制毒化学品，确实用于合法生产、生活需要的，不以制毒物品犯罪论处。

第八条　违反国家规定，非法生产、买卖、运输制毒物品、走私制毒物品，具有下列情形之一的，应当认定为刑法第三百五十条第一款规定的"情节严重"：

（一）制毒物品数量在本解释第七条第一款规定的最高数量标准以上，不满最高数量标准五倍的；

（二）达到本解释第七条第一款规定的数量标准，且具有本解释第七条第二款第三项至第六项规定的情形之一的；

（三）其他情节严重的情形。

违反国家规定，非法生产、买卖、运输制毒物品、走私制毒物品，具有下列情形之一的，应当认定为刑法第三百五十条第一款规定的"情节特别严重"：

（一）制毒物品数量在本解释第七条第一款规定的最高数量标准五倍以上的；

（二）达到前款第一项规定的数量标准，且具有本解释第七条第二款第三项至第六项规定的情形之一的；

（三）其他情节特别严重的情形。

3. 非法买卖制毒物品行为的认定

最高人民法院、最高人民检察院、公安部关于办理制毒物品犯罪案件适用法律若干问题的意见（2009年6月23日）

一、关于制毒物品犯罪的认定

（一）本意见中的"制毒物品"，是指刑法第三百五十条第一款规定的醋酸酐、乙醚、三氯甲烷或者其他用于制造毒品的原料或者配剂，具体品种范围按照国家关于易制毒化学品管理的规定确定。

（二）违反国家规定，实施下列行为之一的，认定为刑法第三百五十条规定的非法买卖制毒物品行为：

1. 未经许可或者备案，擅自购买、销售易制毒化学品的；

2. 超出许可证明或者备案证明的品种、数量范围购买、销售易制毒化学品的；

3. 使用他人的或者伪造、变造、失效的许可证明或者备案证明购买、销售易制毒化学品的；

4. 经营单位违反规定，向无购买许可证明、备案证明的单位、个人销售易制毒化学品的，或者明知购买者使用他人的或者伪造、变造、失效的购买许可证明、备案证明，向其销售易制毒化学品的；

5. 以其他方式非法买卖易制毒化学品的。

（三）易制毒化学品生产、经营、使用单位或者个人未办理许可证明或者备案证明，购买、销售易制毒化学品，如果有证据证明确实用于合法生产、生活需要，依法能够办理只是未及时办理许可证明或者备案证明，且未造成严重社会危害的，可不以非法买卖制毒物品罪论处。

（四）为了制造毒品或者走私、非法买卖制毒物品犯罪而采用生产、加工、提炼等方法非法制造易制毒化学品的，根据刑法第二十二条的规定，按照其制造易制毒化学品的不同目的，分别以制造毒品、走私制毒物品、非法买卖制毒物品的预备行为论处。

（五）明知他人实施走私或者非法买卖制毒物品犯罪，而为其运输、储存、代理进出口或者以其他方式提供便利的，以走私或者非法买卖制毒物品罪的共犯论处。

（六）走私、非法买卖制毒物品行为同时构成其他犯罪的，依照处罚较重的规定定罪处罚。

4. 制毒物品犯罪嫌疑人、被告人主观明知的认定

最高人民法院、最高人民检察院、公安部关于办理制毒物品犯罪案件适用法律若干问题的意见（2009年6月23日）

二、关于制毒物品犯罪嫌疑人、被告人主观明知的认定

对于走私或者非法买卖制毒物品行为，有下列情形之一，且查获了易制毒化学品，结合犯罪嫌疑人、被告人的供述和其他证据，经综合审查判断，可以认定其"明知"是制毒物品而走私或者非法买卖，但有证据证明确属被蒙骗的除外：

1. 改变产品形状、包装或者使用虚假标签、商标等产品标志的；
2. 以藏匿、夹带或者其他隐蔽方式运输、携带易制毒化学品逃避检查的；
3. 抗拒检查或者在检查时丢弃货物逃跑的；
4. 以伪报、藏匿、伪装等蒙蔽手段逃避海关、边防等检查的；
5. 选择不设海关或者边防检查站的路段绕行出入境的；
6. 以虚假身份、地址办理托运、邮寄手续的；
7. 以其他方法隐瞒真相，逃避对易制毒化学品依法监管的。

5. 为了走私或非法买卖，利用麻黄碱类复方制剂加工、提炼制毒物品行为的定性

最高人民法院、最高人民检察院、公安部关于办理走私、非法买卖麻黄碱类复方制剂等刑事案件适用法律若干问题的意见（2012年6月18日）

一、关于走私、非法买卖麻黄碱类复方制剂等行为的定性

第二款 以加工、提炼制毒物品为目的，购买麻黄碱类复方制剂，或者运输、携带、寄递麻黄碱类复方制剂进出境的，依照刑法第三百五十条第一款、第三款的规定，分别以非法买卖制毒物品罪、走私制毒物品罪定罪处罚。

第三款 将麻黄碱类复方制剂拆除包装、改变形态后进行走私或者非法买卖，或者明知是已拆除包装、改变形态的麻黄碱类复方制剂而进行走私或者非

法买卖的,依照刑法第三百五十条第一款、第三款的规定,分别以走私制毒物品罪、非法买卖制毒物品罪定罪处罚。

第四款 非法买卖麻黄碱类复方制剂或者运输、携带、寄递麻黄碱类复方制剂进出境,没有证据证明系用于制造毒品或者走私、非法买卖制毒物品,或者未达到走私制毒物品罪、非法买卖制毒物品罪的定罪数量标准,构成非法经营罪、走私普通货物、物品罪等其他犯罪的,依法定罪处罚。

第五款 实施第一款、第二款规定的行为,同时构成其他犯罪的,依照处罚较重的规定定罪处罚。

二、关于利用麻黄碱类复方制剂加工、提炼制毒物品行为的定性

第二款 以走私或者非法买卖为目的,利用麻黄碱类复方制剂加工、提炼制毒物品的,依照刑法第三百五十条第一款、第三款的规定,分别以走私制毒物品罪、非法买卖制毒物品罪定罪处罚。

三、关于共同犯罪的认定

明知他人利用麻黄碱类制毒物品制造毒品,向其提供麻黄碱类复方制剂,为其利用麻黄碱类复方制剂加工、提炼制毒物品,或者为其获取、利用麻黄碱类复方制剂提供其他帮助的,以制造毒品罪的共犯论处。

明知他人走私或者非法买卖麻黄碱类制毒物品,向其提供麻黄碱类复方制剂,为其利用麻黄碱类复方制剂加工、提炼制毒物品,或者为其获取、利用麻黄碱类复方制剂提供其他帮助的,分别以走私制毒物品罪、非法买卖制毒物品罪的共犯论处。

四、关于犯罪预备、未遂的认定

实施本意见规定的行为,符合犯罪预备或者未遂情形的,依照法律规定处罚。

五、关于犯罪嫌疑人、被告人主观目的与明知的认定

对于本意见规定的犯罪嫌疑人、被告人的主观目的与明知,应当根据物证、书证、证人证言以及犯罪嫌疑人、被告人供述和辩解等在案证据,结合犯罪嫌疑人、被告人的行为表现,重点考虑以下因素综合予以认定:

1. 购买、销售麻黄碱类复方制剂的价格是否明显高于市场交易价格;
2. 是否采用虚假信息、隐蔽手段运输、寄递、存储麻黄碱类复方制剂;
3. 是否采用伪报、伪装、藏匿或者绕行进出境等手段逃避海关、边防等检查;
4. 提供相关帮助行为获得的报酬是否合理;
5. 此前是否实施过同类违法犯罪行为;

6. 其他相关因素。

六、关于制毒物品数量的认定

第一款 实施本意见规定的行为,以走私制毒物品罪、非法买卖制毒物品罪定罪处罚的,应当以涉案麻黄碱类复方制剂中麻黄碱类物质的含量作为涉案制毒物品的数量。

第三款 多次实施本意见规定的行为未经处理的,涉案制毒物品的数量累计计算。

八、关于麻黄碱类复方制剂的范围

本意见所称麻黄碱类复方制剂是指含有《易制毒化学品管理条例》(国务院令第445号)品种目录所列的麻黄碱(麻黄素)、伪麻黄碱(伪麻黄素)、消旋麻黄碱(消旋麻黄素)、去甲麻黄碱(去甲麻黄素)、甲基麻黄碱(甲基麻黄素)及其盐类,或者麻黄浸膏、麻黄浸膏粉等麻黄碱类物质的药品复方制剂。

最高人民法院、最高人民检察院、公安部、农业部、食品药品监管总局关于进一步加强麻黄草管理严厉打击非法买卖麻黄草等违法犯罪活动的通知(2013年5月21日)

三、依法查处非法采挖、买卖麻黄草等犯罪行为

各地人民法院、人民检察院、公安机关要依法查处非法采挖、买卖麻黄草等犯罪行为,区别情形予以处罚:

(二)以提取麻黄碱类制毒物品后进行走私或者非法贩卖为目的,采挖、收购麻黄草,涉案麻黄草所含的麻黄碱类制毒物品达到相应定罪数量标准的,依照刑法第三百五十条第一款、第三款的规定,分别以走私制毒物品罪、非法买卖制毒物品罪定罪处罚。

(三)明知他人制造毒品或者走私、非法买卖制毒物品,向其提供麻黄草或者提供运输、储存麻黄草等帮助的,分别以制造毒品罪、走私制毒物品罪、非法买卖制毒物品罪的共犯论处。

(五)实施以上行为,以制造毒品罪、走私制毒物品罪、非法买卖制毒物品罪定罪处罚的,涉案制毒物品的数量按照三百千克麻黄草折合一千克麻黄碱计算;以制造毒品罪定罪处罚的,无论涉案麻黄草数量多少,均应追究刑事责任。

● 量刑

参见【本节罪名量刑问题的总体规定】

> **第三百五十一条**　【非法种植毒品原植物罪】非法种植罂粟、大麻等毒品原植物的，一律强制铲除。有下列情形之一的，处五年以下有期徒刑、拘役或者管制，并处罚金：
> （一）种植罂粟五百株以上不满三千株或者其他毒品原植物数量较大的；
> （二）经公安机关处理后又种植的；
> （三）抗拒铲除的。
> 非法种植罂粟三千株以上或者其他毒品原植物数量大的，处五年以上有期徒刑，并处罚金或者没收财产。
> 非法种植罂粟或者其他毒品原植物，在收获前自动铲除的，可以免除处罚。

● 关联法条

第三百五十六条、第三百五十七条

● 立案追诉标准

最高人民检察院、公安部关于公安机关管辖的刑事案件立案追诉标准的规定（三）（2012年5月16日）

第七条　[非法种植毒品原植物案（刑法第三百五十一条）] 非法种植罂粟、大麻等毒品原植物，涉嫌下列情形之一的，应予立案追诉：

（一）非法种植罂粟五百株以上的；

（二）非法种植大麻五千株以上的；

（三）非法种植其他毒品原植物数量较大的；

（四）非法种植罂粟二百平方米以上、大麻二千平方米以上或者其他毒品原植物面积较大，尚未出苗的；

（五）经公安机关处理后又种植的；

（六）抗拒铲除的。

本条所规定的"种植"，是指播种、育苗、移栽、插苗、施肥、灌溉、割取津液或者收取种子等行为。非法种植毒品原植物的株数一般应以实际查获的数量为准。因种植面积较大，难以逐株清点数目的，可以抽样测算每平方米平均株数后按实际种植面积测算出种植总株数。

非法种植罂粟或者其他毒品原植物，在收获前自动铲除的，可以不予立案追诉。

第十六条 本规定中的"以上"，包括本数。

● 定罪

1. 参见【本节罪名定罪问题的总体规定】

2. 第一款第一项"数量较大"、第二款"数量大"的认定

最高人民法院关于审理毒品犯罪案件适用法律若干问题的解释（2016年4月11日）

第九条 非法种植毒品原植物，具有下列情形之一的，应当认定为刑法第三百五十一条第一款第一项规定的"数量较大"：

（一）非法种植大麻五千株以上不满三万株的；

（二）非法种植罂粟二百平方米以上不满一千二百平方米、大麻二千平方米以上不满一万二千平方米，尚未出苗的；

（三）非法种植其他毒品原植物数量较大的。

非法种植毒品原植物，达到前款规定的最高数量标准的，应当认定为刑法第三百五十一条第二款规定的"数量大"。

3. 鉴定问题

最高人民法院、最高人民检察院、公安部办理毒品犯罪案件毒品提取、扣押、称量、取样和送检程序若干问题的规定（2016年7月1日）

第五章 送检

第三十四条 对毒品原植物及其种子、幼苗，应当委托具备相应资质的鉴定机构进行鉴定。当地没有具备相应资质的鉴定机构的，可以委托侦办案件的公安机关所在地的县级以上农牧、林业行政主管部门，或者设立农林相关专业的普通高等学校、科研院所出具检验报告。

● 量刑

参见【本节罪名量刑问题的总体规定】

> **第三百五十二条** 【非法买卖、运输、携带、持有毒品原植物种子、幼苗罪】非法买卖、运输、携带、持有未经灭活的罂粟等毒品原植物种子或者幼苗，数量较大的，处三年以下有期徒刑、拘役或者管制，并处或者单处罚金。

● 关联法条

第三百五十六条、第三百五十七条

● 立案追诉标准

最高人民检察院、公安部关于公安机关管辖的刑事案件立案追诉标准的规定（三）（2012年5月16日）

第八条 ［非法买卖、运输、携带、持有毒品原植物种子、幼苗案（刑法第三百五十二条）］非法买卖、运输、携带、持有未经灭活的罂粟等毒品原植物种子或者幼苗，涉嫌下列情形之一的，应予立案追诉：

（一）罂粟种子五十克以上、罂粟幼苗五千株以上；

（二）大麻种子五十千克以上、大麻幼苗五万株以上；

（三）其他毒品原植物种子、幼苗数量较大的。

第十六条 本规定中的"以上"，包括本数。

● 定罪

1. 参见【本节罪名定罪问题的总体规定】
2. "数量较大"的认定

最高人民法院关于审理毒品犯罪案件适用法律若干问题的解释（2016年4月11日）

第十条 非法买卖、运输、携带、持有未经灭活的毒品原植物种子或者幼苗，具有下列情形之一的，应当认定为刑法第三百五十二条规定的"数量较大"：

（一）罂粟种子五十克以上、罂粟幼苗五千株以上的；

（二）大麻种子五十千克以上、大麻幼苗五万株以上的；

（三）其他毒品原植物种子或者幼苗数量较大的。

分则 | 第六章　妨害社会管理秩序罪

● 量刑

参见【本节罪名量刑问题的总体规定】

> 第三百五十三条　【引诱、教唆、欺骗他人吸毒罪】引诱、教唆、欺骗他人吸食、注射毒品的，处三年以下有期徒刑、拘役或者管制，并处罚金；情节严重的，处三年以上七年以下有期徒刑，并处罚金。
>
> 【强迫他人吸毒罪】强迫他人吸食、注射毒品的，处三年以上十年以下有期徒刑，并处罚金。
>
> 引诱、教唆、欺骗或者强迫未成年人吸食、注射毒品的，从重处罚。

● 关联法条

第三百五十六条、第三百五十七条

● 立案追诉标准

最高人民检察院、公安部关于公安机关管辖的刑事案件立案追诉标准的规定（三）（2012年5月16日）

第九条　[引诱、教唆、欺骗他人吸毒案（刑法第三百五十三条）]引诱、教唆、欺骗他人吸食、注射毒品的，应予立案追诉。

第十条　[强迫他人吸毒案（刑法第三百五十三条）]违背他人意志，以暴力、胁迫或者其他强制手段，迫使他人吸食、注射毒品的，应予立案追诉。

第十三条第一款　本规定中的毒品是指鸦片、海洛因、甲基苯丙胺（冰毒）、吗啡、大麻、可卡因以及国家规定管制的其他能够使人形成瘾癖的麻醉药品和精神药品。具体品种以国家食品药品监督管理局、公安部、卫生部发布的《麻醉药品品种目录》、《精神药品品种目录》为依据。

● 定罪

1. 参见【本节罪名定罪问题的总体规定】
2. "情节严重"的认定

最高人民法院关于审理毒品犯罪案件适用法律若干问题的解释（2016年4月11日）

第十一条 引诱、教唆、欺骗他人吸食、注射毒品，具有下列情形之一的，应当认定为刑法第三百五十三条第一款规定的"情节严重"：

（一）引诱、教唆、欺骗多人或者多次引诱、教唆、欺骗他人吸食、注射毒品的；

（二）对他人身体健康造成严重危害的；

（三）导致他人实施故意杀人、故意伤害、交通肇事等犯罪行为的；

（四）国家工作人员引诱、教唆、欺骗他人吸食、注射毒品的；

（五）其他情节严重的情形。

● 量刑

参见【本节罪名量刑问题的总体规定】

> 第三百五十四条 【容留他人吸毒罪】容留他人吸食、注射毒品的，处三年以下有期徒刑、拘役或者管制，并处罚金。

● 关联法条

第三百五十六条、第三百五十七条

● 定罪

1. 参见【本节罪名定罪问题的总体规定】

2. 入罪数额

最高人民法院关于审理毒品犯罪案件适用法律若干问题的解释（2016 年 4 月 11 日）

第十二条第一款 容留他人吸食、注射毒品，具有下列情形之一的，应当依照刑法第三百五十四条的规定，以容留他人吸毒罪定罪处罚：

（一）一次容留多人吸食、注射毒品的；

（二）二年内多次容留他人吸食、注射毒品的；

（三）二年内曾因容留他人吸食、注射毒品受过行政处罚的；

（四）容留未成年人吸食、注射毒品的；

（五）以牟利为目的容留他人吸食、注射毒品的；

（六）容留他人吸食、注射毒品造成严重后果的；

（七）其他应当追究刑事责任的情形。

第十六条 本规定中的"以上"，包括本数。

3. 数罪并罚

最高人民法院关于审理毒品犯罪案件适用法律若干问题的解释（2016 年 4 月 11 日）

第十二条第二款 向他人贩卖毒品后又容留其吸食、注射毒品，或者容留他人吸食、注射毒品并向其贩卖毒品，符合前款规定的容留他人吸毒罪的定罪条件的，以贩卖毒品罪和容留他人吸毒罪数罪并罚。

● 量刑

1. 参见【本节罪名量刑问题的总体规定】

2. 不作为犯罪、酌情从宽处罚

最高人民法院关于审理毒品犯罪案件适用法律若干问题的解释（2016 年 4 月 11 日）

第十二条第三款 容留近亲属吸食、注射毒品，情节显著轻微危害不大的，不作为犯罪处理；需要追究刑事责任的，可以酌情从宽处罚。

> **第三百五十五条** 【非法提供麻醉药品、精神药品罪】依法从事生产、运输、管理、使用国家管制的麻醉药品、精神药品的人员，违反国家规定，向吸食、注射毒品的人提供国家规定管制的能够使人形成瘾癖的麻醉药品、精神药品的，处三年以下有期徒刑或者拘役，并处罚金；情节严重的，处三年以上七年以下有期徒刑，并处罚金。向走私、贩卖毒品的犯罪分子或者以牟利为目的，向吸食、注射毒品的人提供国家规定管制的能够使人形成瘾癖的麻醉药品、精神药品的，依照本法第三百四十七条的规定定罪处罚。
>
> 单位犯前款罪的，对单位判处罚金，并对其直接负责的主管人员和其他直接责任人员，依照前款的规定处罚。

● 关联法条

第九十六条、第三百五十六条、第三百五十七条

● 定罪

1. 参见【本节罪名定罪问题的总体规定】
2. 入罪标准、"情节严重"的认定

最高人民法院关于审理毒品犯罪案件适用法律若干问题的解释（2016年4月11日）

第十三条 依法从事生产、运输、管理、使用国家管制的麻醉药品、精神药品的人员，违反国家规定，向吸食、注射毒品的人提供国家规定管制的能够使人形成瘾癖的麻醉药品、精神药品，具有下列情形之一的，应当依照刑法第三百五十五条第一款的规定，以非法提供麻醉药品、精神药品罪定罪处罚：

（一）非法提供麻醉药品、精神药品达到刑法第三百四十七条第三款或者本解释第二条规定的"数量较大"标准最低值的百分之五十，不满"数量较大"标准的；

（二）二年内曾因非法提供麻醉药品、精神药品受过行政处罚的；
（三）向多人或者多次非法提供麻醉药品、精神药品的；
（四）向吸食、注射毒品的未成年人非法提供麻醉药品、精神药品的；
（五）非法提供麻醉药品、精神药品造成严重后果的；
（六）其他应当追究刑事责任的情形。

具有下列情形之一的，应当认定为刑法第三百五十五条第一款规定的"情节严重"：

（一）非法提供麻醉药品、精神药品达到刑法第三百四十七条第三款或者本解释第二条规定的"数量较大"标准的；
（二）非法提供麻醉药品、精神药品达到前款第一项规定的数量标准，且具有前款第三项至第五项规定的情形之一的；
（三）其他情节严重的情形。

3. 安定注射液属于精神药品

最高人民检察院法律政策研究室关于安定注射液是否属于刑法第三百五十五条规定的精神药品问题的答复（2002年10月24日）

根据《精神药品管理办法》等国家有关规定，"能够使人形成瘾癖"的精神药品，是指使用后能使人的中枢神经系统兴奋或者抑制连续使用能使人产生依赖性的药品。安定注射液属于刑法第三百五十五条第一款规定的"国家规定管制的能够使人形成瘾癖的"精神药品。鉴于安定注射液属于《精神药品管理办法》规定的第二类精神药品，医疗实践中使用较多，在处理此类案件时，应当慎重掌握罪与非罪的界限。对于明知他人是吸毒人员而多次向其出售安定注射液，或者贩卖安定注射液数量较大的，可以依法追究行为人的刑事责任。

4. 在成品药中非法添加阿普唑仑、曲马多进行销售行为的定性

（参见第三百四十七条【定罪】12. 在成品药中非法添加阿普唑仑、曲马多进行销售行为的定性）

● 量刑

参见【本节罪名量刑问题的总体规定】

> **第三百五十五条之一**① 　【妨害兴奋剂管理罪】引诱、教唆、欺骗运动员使用兴奋剂参加国内、国际重大体育竞赛，或者明知运动员参加上述竞赛而向其提供兴奋剂，情节严重的，处三年以下有期徒刑或者拘役，并处罚金。
>
> 　　组织、强迫运动员使用兴奋剂参加国内、国际重大体育竞赛的，依照前款的规定从重处罚。

> **第三百五十六条**　【毒品犯罪的再犯】因走私、贩卖、运输、制造、非法持有毒品罪被判过刑，又犯本节规定之罪的，从重处罚。

● 量刑

1. 参见【本节罪名量刑问题的总体规定】
2. 累犯、毒品再犯

> **第三百五十七条**　【毒品定义及毒品数量的计算】本法所称的毒品，是指鸦片、海洛因、甲基苯丙胺（冰毒）、吗啡、大麻、可卡因以及国家规定管制的其他能够使人形成瘾癖的麻醉药品和精神药品。
>
> 　　毒品的数量以查证属实的走私、贩卖、运输、制造、非法持有毒品的数量计算，不以纯度折算。

● 定罪

毒品的范围和数量计算

　　最高人民检察院、公安部关于公安机关管辖的刑事案件立案追诉标准的规定（三）（2012年5月28日）

　　第十三条　本规定中的毒品是指鸦片、海洛因、甲基苯丙胺（冰毒）、吗啡、大麻、可卡因以及国家规定管制的其他能够使人形成瘾癖的麻醉药品和精神药品。具体品种以国家食品药品监督管理局、公安部、卫生部发布的《麻醉

---

① 编者注：本条为《刑法修正案（十一）》新设。

药品品种目录》、《精神药品品种目录》为依据。

本规定中的"制毒物品"是指刑法第三百五十条第一款规定的醋酸酐、乙醚、三氯甲烷或者其他用于制造毒品的原料或者配剂，具体品种范围按照国家关于易制毒化学品管理的规定确定。

第十四条 本规定中未明确立案追诉标准的毒品，有条件折算为海洛因的，参照有关麻醉药品和精神药品折算标准进行折算。

公安部、国家食品药品监督管理总局、国家卫生和计划生育委员会关于将卡芬太尼等四种芬太尼类物质列入非药用类麻醉药品和精神药品管制品种增补目录的公告（2017年3月1日）

根据《麻醉药品和精神药品管理条例》《非药用类麻醉药品和精神药品列管办法》的有关规定，公安部、国家食品药品监督管理总局和国家卫生和计划生育委员会决定将卡芬太尼、呋喃芬太尼、丙烯酰芬太尼、戊酰芬太尼四种物质列入非药用类麻醉药品和精神药品管制品种增补目录。

最高人民检察院关于《非药用类麻醉药品和精神药品管制品种增补目录》能否作为认定毒品依据的批复（2019年4月30日）

根据《中华人民共和国刑法》第三百五十七条和《中华人民共和国禁毒法》第二条的规定，毒品是指鸦片、海洛因、甲基苯丙胺（冰毒）、吗啡、大麻、可卡因以及国家规定管制的其他能够使人形成瘾癖的麻醉药品和精神药品。

2015年10月1日起施行的公安部、国家食品药品监督管理总局、国家卫生和计划生育委员会、国家禁毒委员会办公室《非药用类麻醉药品和精神药品列管办法》及其附表《非药用类麻醉药品和精神药品管制品种增补目录》，是根据国务院《麻醉药品和精神药品管理条例》第三条第二款授权制定的，《非药用类麻醉药品和精神药品管制品种增补目录》可以作为认定毒品的依据。

第八节 组织、强迫、引诱、容留、介绍卖淫罪

第三百五十八条 【组织卖淫罪】【强迫卖淫罪】 组织、强迫他人卖淫的，处五年以上十年以下有期徒刑，并处罚金；情节严重的，处十年以上有期徒刑或者无期徒刑，并处罚金或者没收财产。

组织、强迫未成年人卖淫的，依照前款的规定从重处罚。

> 犯前两款罪，并有杀害、伤害、强奸、绑架等犯罪行为的，依照数罪并罚的规定处罚。
>
> 【协助组织卖淫罪】为组织卖淫的人招募、运送人员或者有其他协助组织他人卖淫行为的，处五年以下有期徒刑，并处罚金；情节严重的，处五年以上十年以下有期徒刑，并处罚金。

● 关联法条

第三百六十一条

● 定罪

1. 卖淫嫖娼的认定

公安部关于以钱财为媒介尚未发生性行为或发生性行为尚未给付钱财如何定性问题的批复（2003年9月24日）

卖淫嫖娼是指不特定的异性之间或同性之间以金钱、财物为媒介发生性关系的行为。行为主体之间主观上已经就卖淫嫖娼达成一致，已经谈好价格或者已经给付金钱、财物，并且已经着手实施，但由于其本人主观意志以外的原因，尚未发生性关系的；或者已经发生性关系，但尚未给付金钱、财物的，都可以按卖淫嫖娼行为依法处理。对前一种行为，应当从轻处罚。

2. "组织他人卖淫"的认定

最高人民法院、最高人民检察院关于办理组织、强迫、引诱、容留、介绍卖淫刑事案件适用法律若干问题的解释（2017年7月25日）

第一条 以招募、雇佣、纠集等手段，管理或者控制他人卖淫，卖淫人员在三人以上的，应当认定为刑法第三百五十八条规定的"组织他人卖淫"。

组织卖淫者是否设置固定的卖淫场所、组织卖淫者人数多少、规模大小，不影响组织卖淫行为的认定。

3. 第一款中"情节严重"的认定

最高人民法院、最高人民检察院关于办理组织、强迫、引诱、容留、介绍卖淫刑事案件适用法律若干问题的解释（2017年7月25日）

第二条 组织他人卖淫，具有下列情形之一的，应当认定为刑法第三百五

十八条第一款规定的"情节严重":

（一）卖淫人员累计达十人以上的；

（二）卖淫人员中未成年人、孕妇、智障人员、患有严重性病的人累计达五人以上的；

（三）组织境外人员在境内卖淫或者组织境内人员出境卖淫的；

（四）非法获利人民币一百万元以上的；

（五）造成被组织卖淫的人自残、自杀或者其他严重后果的；

（六）其他情节严重的情形。

第六条　强迫他人卖淫，具有下列情形之一的，应当认定为刑法第三百五十八条第一款规定的"情节严重"：

（一）卖淫人员累计达五人以上的；

（二）卖淫人员中未成年人、孕妇、智障人员、患有严重性病的人累计达三人以上的；

（三）强迫不满十四周岁的幼女卖淫的；

（四）造成被强迫卖淫的人自残、自杀或者其他严重后果的；

（五）其他情节严重的情形。

行为人既有组织卖淫犯罪行为，又有强迫卖淫犯罪行为，且具有下列情形之一的，以组织、强迫卖淫"情节严重"论处：

（一）组织卖淫、强迫卖淫行为中具有本解释第二条、本条前款规定的"情节严重"情形之一的；

（二）卖淫人员累计达到本解释第二条第一、二项规定的组织卖淫"情节严重"人数标准的；

（三）非法获利数额相加达到本解释第二条第四项规定的组织卖淫"情节严重"数额标准的。

4. 第四款中"情节严重"的认定

最高人民法院、最高人民检察院关于办理组织、强迫、引诱、容留、介绍卖淫刑事案件适用法律若干问题的解释（2017年7月25日）

第五条　协助组织他人卖淫，具有下列情形之一的，应当认定为刑法第三百五十八条第四款规定的"情节严重"：

（一）招募、运送卖淫人员累计达十人以上的；

（二）招募、运送的卖淫人员中未成年人、孕妇、智障人员、患有严重性病的人累计达五人以上的；

（三）协助组织境外人员在境内卖淫或者协助组织境内人员出境卖淫的；
　　（四）非法获利人民币五十万元以上的；
　　（五）造成被招募、运送或者被组织卖淫的人自残、自杀或者其他严重后果的；
　　（六）其他情节严重的情形。

5. 对性侵未成年人行为的惩治

最高人民法院、最高人民检察院、公安部、司法部关于依法惩治性侵害未成年人犯罪的意见（2013年10月23日）

　　一、基本要求

　　1. 本意见所称性侵害未成年人犯罪，包括刑法第二百三十六条、第二百三十七条、第三百五十八条、第三百五十九条、第三百六十条第二款规定的针对未成年人实施的强奸罪，强制猥亵、侮辱妇女罪，猥亵儿童罪，组织卖淫罪，强迫卖淫罪，引诱、容留、介绍卖淫罪，引诱幼女卖淫罪，嫖宿幼女罪[①]等。

　　三、准确适用法律

　　19. 知道或者应当知道对方是不满十四周岁的幼女，而实施奸淫等性侵害行为的，应当认定行为人"明知"对方是幼女。

　　对于不满十二周岁的被害人实施奸淫等性侵害行为的，应当认定行为人"明知"对方是幼女。

　　对于已满十二周岁不满十四周岁的被害人，从其身体发育状况、言谈举止、衣着特征、生活作息规律等观察可能是幼女，而实施奸淫等性侵害行为的，应当认定行为人"明知"对方是幼女。

　　26. 组织、强迫、引诱、容留、介绍未成年人卖淫构成犯罪的，应当从重处罚。强迫幼女卖淫、引诱幼女卖淫的，应当分别按照刑法第三百五十八条第一款第（二）项[②]、第三百五十九条第二款的规定定罪处罚。

　　对未成年人负有特殊职责的人员、与未成年人有共同家庭生活关系的人员、国家工作人员，实施组织、强迫、引诱、容留、介绍未成年人卖淫等性侵害犯罪的，更要依法从严惩处。

　　[①] 编者注：该罪名已被《刑法修正案九》删除。
　　[②] 编者注：该项已被《刑法修正案九》删除，应当按照刑法第二百三十六条强奸罪的相关规定处理。

6. 共同犯罪

最高人民法院、最高人民检察院关于办理组织、强迫、引诱、容留、介绍卖淫刑事案件适用法律若干问题的解释（2017 年 7 月 25 日）

第四条　明知他人实施组织卖淫犯罪活动而为其招募、运送人员或者充当保镖、打手、管账人等的，依照刑法第三百五十八条第四款的规定，以协助组织卖淫罪定罪处罚，不以组织卖淫罪的从犯论处。

在具有营业执照的会所、洗浴中心等经营场所担任保洁员、收银员、保安员等，从事一般服务性、劳务性工作，仅领取正常薪酬，且无前款所列协助组织卖淫行为的，不认定为协助组织卖淫罪。

第七条第一款　根据刑法第三百五十八条第三款的规定，犯组织、强迫卖淫罪，并有杀害、伤害、强奸、绑架等犯罪行为的，依照数罪并罚的规定处罚。协助组织卖淫行为人参与实施上述行为的，以共同犯罪论处。

7. 一罪与数罪

最高人民法院、最高人民检察院、公安部、司法部关于依法惩治拐卖妇女儿童犯罪的意见（2010 年 3 月 15 日）

五、定性

18. ……有关场所的经营管理人员事前与拐卖妇女的犯罪人通谋的，对该经营管理人员以拐卖妇女罪的共犯论处；同时构成拐卖妇女罪和组织卖淫罪的，择一重罪论处。

20. ……明知是被拐卖的妇女、儿童而收买，具有下列情形之一的，以收买被拐卖的妇女、儿童罪论处；同时构成其他犯罪的，依照数罪并罚的规定处罚：

……

（5）组织、诱骗、强迫被收买的妇女、儿童从事乞讨、苦役，或者盗窃、传销、卖淫等违法犯罪活动的；

……

最高人民法院、最高人民检察院关于办理组织、强迫、引诱、容留、介绍卖淫刑事案件适用法律若干问题的解释（2017 年 7 月 25 日）

第三条　在组织卖淫犯罪活动中，对被组织卖淫的人有引诱、容留、介绍卖淫行为的，依照处罚较重的规定定罪处罚。但是，对被组织卖淫的人以外的其他人有引诱、容留、介绍卖淫行为的，应当分别定罪，实行数罪并罚。

● 量刑

1. 从重处罚

最高人民法院、最高人民检察院关于办理组织、强迫、引诱、容留、介绍卖淫刑事案件适用法律若干问题的解释（2017年7月25日）

第七条第二款　根据刑法第三百五十八条第二款的规定，组织、强迫未成年人卖淫的，应当从重处罚。

2. 罚金和没收财产

最高人民法院、最高人民检察院关于办理组织、强迫、引诱、容留、介绍卖淫刑事案件适用法律若干问题的解释（2017年7月25日）

第十三条　犯组织、强迫、引诱、容留、介绍卖淫罪的，应当依法判处犯罪所得二倍以上的罚金。共同犯罪的，对各共同犯罪人合计判处的罚金应当在犯罪所得的二倍以上。

对犯组织、强迫卖淫罪被判处无期徒刑的，应当并处没收财产。

3. 酌定量刑情节

最高人民法院、最高人民检察院关于办理组织、强迫、引诱、容留、介绍卖淫刑事案件适用法律若干问题的解释（2017年7月25日）

第十条　组织、强迫、引诱、容留、介绍他人卖淫的次数，作为酌定情节在量刑时考虑。

第三百五十九条　【引诱、容留、介绍卖淫罪】引诱、容留、介绍他人卖淫的，处五年以下有期徒刑、拘役或者管制，并处罚金；情节严重的，处五年以上有期徒刑，并处罚金。

【引诱幼女卖淫罪】引诱不满十四周岁的幼女卖淫的，处五年以上有期徒刑，并处罚金。

● 关联法条

第三百六十一条

● 定罪

1. 对性侵未成年人的惩治

（参见第三百五十八条【定罪】5. 对性侵未成年人行为的惩治）

2. 引诱、容留、介绍他人卖淫行为的认定

最高人民法院、最高人民检察院关于办理组织、强迫、引诱、容留、介绍卖淫刑事案件适用法律若干问题的解释（2017年7月25日）

第八条第一款　引诱、容留、介绍他人卖淫，具有下列情形之一的，应当依照刑法第三百五十九条第一款的规定定罪处罚：

（一）引诱他人卖淫的；

（二）容留、介绍二人以上卖淫的；

（三）容留、介绍未成年人、孕妇、智障人员、患有严重性病的人卖淫的；

（四）一年内曾因引诱、容留、介绍卖淫行为被行政处罚，又实施容留、介绍卖淫行为的；

（五）非法获利人民币一万元以上的。

第三款　引诱、容留、介绍他人卖淫是否以营利为目的，不影响犯罪的成立。

3. 第一款"情节严重"的认定

最高人民法院、最高人民检察院关于办理组织、强迫、引诱、容留、介绍卖淫刑事案件适用法律若干问题的解释（2017年7月25日）

第九条　引诱、容留、介绍他人卖淫，具有下列情形之一的，应当认定为刑法第三百五十九条第一款规定的"情节严重"：

（一）引诱五人以上或者引诱、容留、介绍十人以上卖淫的；

（二）引诱三人以上的未成年人、孕妇、智障人员、患有严重性病的人卖淫，或者引诱、容留、介绍五人以上该类人员卖淫的；

（三）非法获利人民币五万元以上的；

（四）其他情节严重的情形。

4. 一罪与数罪

最高人民法院、最高人民检察院关于办理组织、强迫、引诱、容留、介绍卖淫刑事案件适用法律若干问题的解释（2017年7月25日）

第八条第二款　利用信息网络发布招嫖违法信息，情节严重的，依照刑法

第二百八十七条之一的规定,以非法利用信息网络罪定罪处罚。同时构成介绍卖淫罪的,依照处罚较重的规定定罪处罚。

第四款 引诱不满十四周岁的幼女卖淫的,依照刑法第三百五十九条第二款的规定,以引诱幼女卖淫罪定罪处罚。

第五款 被引诱卖淫的人员中既有不满十四周岁的幼女,又有其他人员的,分别以引诱幼女卖淫罪和引诱卖淫罪定罪,实行并罚。

● 量刑

1. **罚金和没收财产**

(参见第三百五十八条【量型】2. 罚金和没收财产)

2. **酌定量刑情节**

(参见第三百五十八条【量型】3. 酌定量刑情节)

第三百六十条 【传播性病罪】明知自己患有梅毒、淋病等严重性病卖淫、嫖娼的,处五年以下有期徒刑、拘役或者管制,并处罚金。

● 定罪

1. **"明知""严重性病"的认定**

最高人民法院、最高人民检察院关于办理组织、强迫、引诱、容留、介绍卖淫刑事案件适用法律若干问题的解释(2017年7月25日)

第十一条 具有下列情形之一的,应当认定为刑法第三百六十条规定的"明知":

(一)有证据证明曾到医院或者其他医疗机构就医或者检查,被诊断为患有严重性病的;

(二)根据本人的知识和经验,能够知道自己患有严重性病的;

(三)通过其他方法能够证明行为人是"明知"的。

传播性病行为是否实际造成他人患上严重性病的后果,不影响本罪的成立。

刑法第三百六十条规定所称的"严重性病",包括梅毒、淋病等。其它性病是否认定为"严重性病",应当根据《中华人民共和国传染病防治法》《性病防治管理办法》的规定,在国家卫生与计划生育委员会规定实行性病监测的性病范围内,依照其危害、特点与梅毒、淋病相当的原则,从严掌握。

2. 此罪与彼罪

最高人民法院、最高人民检察院关于办理组织、强迫、引诱、容留、介绍卖淫刑事案件适用法律若干问题的解释(2017年7月25日)

第十二条第二款　具有下列情形之一,致使他人感染艾滋病病毒的,认定为刑法第九十五条第三项"其他对于人身健康有重大伤害"所指的"重伤",依照刑法第二百三十四条第二款的规定,以故意伤害罪定罪处罚:

(一)明知自己感染艾滋病病毒而卖淫、嫖娼的;

(二)明知自己感染艾滋病病毒,故意不采取防范措施而与他人发生性关系的。

● 量刑

从重处罚

最高人民法院、最高人民检察院关于办理组织、强迫、引诱、容留、介绍卖淫刑事案件适用法律若干问题的解释(2017年7月25日)

第十二条第一款　明知自己患有艾滋病或者感染艾滋病病毒而卖淫、嫖娼的,依照刑法第三百六十条的规定,以传播性病罪定罪,从重处罚。

第三百六十一条　【特定单位人员组织、强迫、引诱、容留、介绍他人卖淫行为的处理】旅馆业、饮食服务业、文化娱乐业、出租汽车业等单位的人员,利用本单位的条件,组织、强迫、引诱、容留、介绍他人卖淫的,依照本法第三百五十八条、第三百五十九条的规定定罪处罚。

前款所列单位的主要负责人,犯前款罪的,从重处罚。

第三百六十二条　【包庇罪】旅馆业、饮食服务业、文化娱乐业、出租汽车业等单位的人员,在公安机关查处卖淫、嫖娼活动时,为违法犯罪分子通风报信,情节严重的,依照本法第三百一十条的规定定罪处罚。

● 定罪

"情节严重"的认定

最高人民法院、最高人民检察院关于办理组织、强迫、引诱、容留、介绍卖淫刑事案件适用法律若干问题的解释（2017年7月25日）

第十四条 根据刑法第三百六十二条、第三百一十条的规定，旅馆业、饮食服务业、文化娱乐业、出租汽车业等单位的人员，在公安机关查处卖淫、嫖娼活动时，为违法犯罪分子通风报信，情节严重的，以包庇罪定罪处罚。事前与犯罪分子通谋的，以共同犯罪论处。

具有下列情形之一的，应当认定为刑法第三百六十二条规定的"情节严重"：

（一）向组织、强迫卖淫犯罪集团通风报信的；

（二）二年内通风报信三次以上的；

（三）一年内因通风报信被行政处罚，又实施通风报信行为的；

（四）致使犯罪集团的首要分子或者其他共同犯罪的主犯未能及时归案的；

（五）造成卖淫嫖娼人员逃跑，致使公安机关查处犯罪行为因取证困难而撤销刑事案件的；

（六）非法获利人民币一万元以上的；

（七）其他情节严重的情形。

第九节 制作、贩卖、传播淫秽物品罪

第三百六十三条 【制作、复制、出版、贩卖、传播淫秽物品牟利罪】以牟利为目的，制作、复制、出版、贩卖、传播淫秽物品的，处三年以下有期徒刑、拘役或者管制，并处罚金；情节严重的，处三年以上十年以下有期徒刑，并处罚金；情节特别严重的，处十年以上有期徒刑或者无期徒刑，并处罚金或者没收财产。

【为他人提供书号出版淫秽书刊罪】为他人提供书号，出版淫秽书刊的，处三年以下有期徒刑、拘役或者管制，并处或者单处罚金；明知他人用于出版淫秽书刊而提供书号的，依照前款的规定处罚。

● **关联法条**

第三百六十六条、第三百六十七条

● **立案追诉标准**

最高人民检察院、公安部关于公安机关管辖的刑事案件立案追诉标准的规定（一）（2008年6月25日）

第八十二条 ［制作、复制、出版、贩卖、传播淫秽物品牟利案（刑法第三百六十三条第一款、第二款）］以牟利为目的，制作、复制、出版、贩卖、传播淫秽物品，涉嫌下列情形之一的，应予立案追诉：

（一）制作、复制、出版淫秽影碟、软件、录像带五十至一百张（盒）以上，淫秽音碟、录音带一百至二百张（盒）以上，淫秽扑克、书刊、画册一百至二百副（册）以上，淫秽照片、画片五百至一千张以上的；

（二）贩卖淫秽影碟、软件、录像带一百至二百张（盒）以上，淫秽音碟、录音带二百至四百张（盒）以上，淫秽扑克、书刊、画册二百至四百副（册）以上，淫秽照片、画片一千至二千张以上的；

（三）向他人传播淫秽物品达二百至五百人次以上，或者组织播放淫秽影像达十至二十场次以上的；

（四）制作、复制、出版、贩卖、传播淫秽物品，获利五千至一万元以上的。

以牟利为目的，利用互联网、移动通讯终端制作、复制、出版、贩卖、传播淫秽电子信息，涉嫌下列情形之一的，应予立案追诉：

（一）制作、复制、出版、贩卖、传播淫秽电影、表演、动画等视频文件二十个以上的；

（二）制作、复制、出版、贩卖、传播淫秽音频文件一百个以上的；

（三）制作、复制、出版、贩卖、传播淫秽电子刊物、图片、文章、短信息等二百件以上的；

（四）制作、复制、出版、贩卖、传播的淫秽电子信息，实际被点击数达到一万次以上的；

（五）以会员制方式出版、贩卖、传播淫秽电子信息，注册会员达二百人以上的；

（六）利用淫秽电子信息收取广告费、会员注册费或者其他费用，违法所得一万元以上的；

（七）数量或者数额虽未达到本款第（一）项至第（六）项规定标准，但分别达到其中两项以上标准的百分之五十以上的；

（八）造成严重后果的。

利用聊天室、论坛、即时通信软件、电子邮件等方式，实施本条第二款规定行为的，应予立案追诉。

以牟利为目的，通过声讯台传播淫秽语音信息，涉嫌下列情形之一的，应予立案追诉：

（一）向一百人次以上传播的；

（二）违法所得一万元以上的；

（三）造成严重后果的。

明知他人用于出版淫秽书刊而提供书号、刊号的，应予立案追诉。

第八十三条　[为他人提供书号出版淫秽书刊案（刑法第三百六十三条第二款）]　为他人提供书号、刊号出版淫秽书刊，或者为他人提供版号出版淫秽音像制品的，应予立案追诉。

第一百条　本规定中的立案追诉标准，除法律、司法解释另有规定的以外，适用于相关的单位犯罪。

● 定罪

1. 第一款入罪数额、"情节严重""情节特别严重"的认定

最高人民法院关于审理非法出版物刑事案件具体应用法律若干问题的解释（1998年12月23日）

第八条　以牟利为目的，实施刑法第三百六十三条第一款规定的行为，具有下列情形之一的，以制作、复制、出版、贩卖、传播淫秽物品牟利罪定罪处罚：

（一）制作、复制、出版淫秽影碟、软件、录像带五十至一百张（盒）以上，淫秽音碟、录音带一百至二百张（盒）以上，淫秽扑克、书刊、画册一百至二百副（册）以上，淫秽照片、画片五百至一千张以上的；

（二）贩卖淫秽影碟、软件、录像带一百至二百张（盒）以上，淫秽音碟、录音带二百至四百张（盒）以上，淫秽扑克、书刊、画册二百至四百副（册）以上，淫秽照片、画片一千至二千张以上的；

（三）向他人传播淫秽物品达二百至五百人次以上，或者组织播放淫秽影、像达十至二十场次以上的；

（四）制作、复制、出版、贩卖、传播淫秽物品，获利五千至一万元以上的。

以牟利为目的，实施刑法第三百六十三条第一款规定的行为，具有下列情形之一的，应当认定为制作、复制、出版、贩卖、传播淫秽物品牟利罪"情节严重"：

（一）制作、复制、出版淫秽影碟、软件、录像带二百五十至五百张（盒）以上，淫秽音碟、录音带五百至一千张（盒）以上，淫秽扑克、书刊、画册五百至一千副（册）以上，淫秽照片、画片二千五百至五千张以上的；

（二）贩卖淫秽影碟、软件、录像带五百至一千张（盒）以上，淫秽音碟、录音带一千至二千张（盒）以上，淫秽扑克、书刊、画册一千至二千副（册）以上，淫秽照片、画片五千至一万张以上的；

（三）向他人传播淫秽物品达一千至二千人次以上，或者组织播放淫秽影、像达五十至一百场次以上的；

（四）制作、复制、出版、贩卖、传播淫秽物品，获利三万至五万元以上的。

以牟利为目的，实施刑法第三百六十三条第一款规定的行为，其数量（数额）达到前款规定的数量（数额）五倍以上的，应当认定为制作、复制、出版、贩卖、传播淫秽物品牟利罪"情节特别严重"。

最高人民法院、最高人民检察院关于办理利用互联网、移动通讯终端、声讯台制作、复制、出版、贩卖、传播淫秽电子信息刑事案件具体应用法律若干问题的解释（一）（2004年9月6日）

第一条 以牟利为目的，利用互联网、移动通讯终端制作、复制、出版、贩卖、传播淫秽电子信息，具有下列情形之一的，依照刑法第三百六十三条第一款的规定，以制作、复制、出版、贩卖、传播淫秽物品牟利罪定罪处罚：

（一）制作、复制、出版、贩卖、传播淫秽电影、表演、动画等视频文件二十个以上的；

（二）制作、复制、出版、贩卖、传播淫秽音频文件一百个以上的；

（三）制作、复制、出版、贩卖、传播淫秽电子刊物、图片、文章、短信息等二百件以上的；

（四）制作、复制、出版、贩卖、传播的淫秽电子信息，实际被点击数达到一万次以上的；

（五）以会员制方式出版、贩卖、传播淫秽电子信息，注册会员达二百人以上的；

（六）利用淫秽电子信息收取广告费、会员注册费或者其他费用，违法所得一万元以上的；

（七）数量或者数额虽未达到第（一）项至第（六）项规定标准，但分别

达到其中两项以上标准一半以上的;

(八)造成严重后果的。

利用聊天室、论坛、即时通信软件、电子邮件等方式,实施第一款规定行为的,依照刑法第三百六十三条第一款的规定,以制作、复制、出版、贩卖、传播淫秽物品牟利罪定罪处罚。

第二条 实施第一条规定的行为,数量或者数额达到第一条第一款第(一)项至第(六)项规定标准五倍以上的,应当认定为刑法第三百六十三条第一款规定的"情节严重";达到规定标准二十五倍以上的,应当认定为"情节特别严重"。

第五条 以牟利为目的,通过声讯台传播淫秽语音信息,具有下列情形之一的,依照刑法第三百六十三条第一款的规定,对直接负责的主管人员和其他直接责任人员以传播淫秽物品牟利罪定罪处罚:

(一)向一百人次以上传播的;

(二)违法所得一万元以上的;

(三)造成严重后果的。

实施前款规定行为,数量或者数额达到前款第(一)项至第(二)项规定标准五倍以上的,应当认定为刑法第三百六十三条第一款规定的"情节严重";达到规定标准二十五倍以上的,应当认定为"情节特别严重"。

最高人民法院、最高人民检察院关于办理利用互联网、移动通讯终端、声讯台制作、复制、出版、贩卖、传播淫秽电子信息刑事案件具体应用法律若干问题的解释(二)(2010年2月4日)

第一条 以牟利为目的,利用互联网、移动通讯终端制作、复制、出版、贩卖、传播淫秽电子信息的,依照《最高人民法院、最高人民检察院关于办理利用互联网、移动通讯终端、声讯台制作、复制、出版、贩卖、传播淫秽电子信息刑事案件具体应用法律若干问题的解释》第一条、第二条的规定定罪处罚。

以牟利为目的,利用互联网、移动通讯终端制作、复制、出版、贩卖、传播内容含有不满十四周岁未成年人的淫秽电子信息,具有下列情形之一的,依照刑法第三百六十三条第一款的规定,以制作、复制、出版、贩卖、传播淫秽物品牟利罪定罪处罚:

(一)制作、复制、出版、贩卖、传播淫秽电影、表演、动画等视频文件十个以上的;

(二)制作、复制、出版、贩卖、传播淫秽音频文件五十个以上的;

(三)制作、复制、出版、贩卖、传播淫秽电子刊物、图片、文章等一百件以上的;

（四）制作、复制、出版、贩卖、传播的淫秽电子信息，实际被点击数达到五千次以上的；

（五）以会员制方式出版、贩卖、传播淫秽电子信息，注册会员达一百人以上的；

（六）利用淫秽电子信息收取广告费、会员注册费或者其他费用，违法所得五千元以上的；

（七）数量或者数额虽未达到第（一）项至第（六）项规定标准，但分别达到其中两项以上标准一半以上的；

（八）造成严重后果的。

实施第二款规定的行为，数量或者数额达到第二款第（一）项至第（七）项规定标准五倍以上的，应当认定为刑法第三百六十三条第一款规定的"情节严重"；达到规定标准二十五倍以上的，应当认定为"情节特别严重"。

第四条　以牟利为目的，网站建立者、直接负责的管理者明知他人制作、复制、出版、贩卖、传播的是淫秽电子信息，允许或者放任他人在自己所有、管理的网站或者网页上发布，具有下列情形之一的，依照刑法第三百六十三条第一款的规定，以传播淫秽物品牟利罪定罪处罚：

（一）数量或者数额达到第一条第二款第（一）项至第（六）项规定标准五倍以上的；

（二）数量或者数额分别达到第一条第二款第（一）项至第（六）项两项以上标准二倍以上的；

（三）造成严重后果的。

实施前款规定的行为，数量或者数额达到第一条第二款第（一）项至第（七）项规定标准二十五倍以上的，应当认定为刑法第三百六十三条第一款规定的"情节严重"；达到规定标准一百倍以上的，应当认定为"情节特别严重"。

第六条　电信业务经营者、互联网信息服务提供者明知是淫秽网站，为其提供互联网接入、服务器托管、网络存储空间、通讯传输通道、代收费等服务，并收取服务费，具有下列情形之一的，对直接负责的主管人员和其他直接责任人员，依照刑法第三百六十三条第一款的规定，以传播淫秽物品牟利罪定罪处罚：

（一）为五个以上淫秽网站提供上述服务的；

（二）为淫秽网站提供互联网接入、服务器托管、网络存储空间、通讯传输通道等服务，收取服务费数额在二万元以上的；

（三）为淫秽网站提供代收费服务，收取服务费数额在五万元以上的；

（四）造成严重后果的。

实施前款规定的行为，数量或者数额达到前款第（一）项至第（三）项规定标准五倍以上的，应当认定为刑法第三百六十三条第一款规定的"情节严重"；达到规定标准二十五倍以上的，应当认定为"情节特别严重"。

第八条　实施第四条至第七条规定的行为，具有下列情形之一的，应当认定行为人"明知"，但是有证据证明确实不知道的除外：

（一）行政主管机关书面告知后仍然实施上述行为的；

（二）接到举报后不履行法定管理职责的；

（三）为淫秽网站提供互联网接入、服务器托管、网络存储空间、通讯传输通道、代收费、费用结算等服务，收取服务费明显高于市场价格的；

（四）向淫秽网站投放广告，广告点击率明显异常的；

（五）其他能够认定行为人明知的情形。

第十二条　《最高人民法院、最高人民检察院关于办理利用互联网、移动通讯终端、声讯台制作、复制、出版、贩卖、传播淫秽电子信息刑事案件具体应用法律若干问题的解释》和本解释所称网站，是指可以通过互联网域名、IP地址等方式访问的内容提供站点。

以制作、复制、出版、贩卖、传播淫秽电子信息为目的建立或者建立后主要从事制作、复制、出版、贩卖、传播淫秽电子信息活动的网站，为淫秽网站。

2. 明知他人用于出版淫秽书刊而提供书号、刊号行为的定性

最高人民法院关于审理非法出版物刑事案件具体应用法律若干问题的解释（1998年12月23日）

第九条　为他人提供书号、刊号，出版淫秽书刊的，依照刑法第三百六十三条第二款的规定，以为他人提供书号出版淫秽书刊罪定罪处罚。

为他人提供版号，出版淫秽音像制品的，依照前款规定定罪处罚。

明知他人用于出版淫秽书刊而提供书号、刊号的，依照刑法第三百六十三条第一款的规定，以出版淫秽物品牟利罪定罪处罚。

3. 利用网络或移动存储介质制作、复制、贩卖、传播淫秽物品行为的处理

全国人民代表大会常务委员会关于维护互联网安全的决定（2009年8月27日）

三、为了维护社会主义市场经济秩序和社会管理秩序，对有下列行为之一，构成犯罪的，依照刑法有关规定追究刑事责任：

……

（五）在互联网上建立淫秽网站、网页，提供淫秽站点链接服务，或者传播淫秽书刊、影片、音像、图片。

最高人民法院、最高人民检察院关于办理利用互联网、移动通讯终端、声讯台制作、复制、出版、贩卖、传播淫秽电子信息刑事案件具体应用法律若干问题的解释（一）（2004年9月6日）

第八条 利用互联网、移动通讯终端、声讯台贩卖、传播淫秽书刊、影片、录像带、录音带等以实物为载体的淫秽物品的，依照《最高人民法院关于审理非法出版物刑事案件具体应用法律若干问题的解释》的有关规定定罪处罚。

最高人民检察院法律政策研究室对北京市人民检察院《关于利用移动存储介质复制、贩卖淫秽视频电子信息牟利如何适用法律问题的请示》的答复意见（2015年4月7日）

以牟利为目的，利用手机存储卡、U盘等移动存储介质复制、贩卖淫秽电子信息的，依照刑法第三百六十三条第一款的规定定罪处罚。有关定罪量刑标准可以参考《最高人民法院关于审理非法出版物刑事案件具体应用法律若干问题的解释》第八条规定，同时综合考虑移动存储介质数量、传播人数、获利金额等情节。对于移动存储介质中淫秽视频电子信息的数量计算以电子视频文件的个数为单位，一个淫秽文件视为一张影碟、一个软件、一盘录像带；具体定罪量刑标准，可以参考制作、复制、贩卖淫秽影碟、软件、录像带的相关规定。

最高人民法院、最高人民检察院关于利用网络云盘制作、复制、贩卖、传播淫秽电子信息牟利行为定罪量刑问题的批复（2017年12月1日）

一、对于以牟利为目的，利用网络云盘制作、复制、贩卖、传播淫秽电子信息的行为，是否应当追究刑事责任，适用刑法和《最高人民法院、最高人民检察院关于办理利用互联网、移动通讯终端、声讯台制作、复制、出版、贩卖、传播淫秽电子信息刑事案件具体应用法律若干问题的解释》（法释〔2004〕11号）、《最高人民法院、最高人民检察院关于办理利用互联网、移动通讯终端、声讯台制作、复制、出版、贩卖、传播淫秽电子信息刑事案件具体应用法律若干问题的解释（二）》（法释〔2010〕3号）的有关规定。

二、对于以牟利为目的，利用网络云盘制作、复制、贩卖、传播淫秽电子信息的行为，在追究刑事责任时，鉴于网络云盘的特点，不应单纯考虑制作、复制、贩卖、传播淫秽电子信息的数量，还应充分考虑传播范围、违法所得、行为人一贯表现以及淫秽电子信息、传播对象是否涉及未成年人等情节，综合评估社会危害性，恰当裁量刑罚，确保罪责刑相适应。

4. 合法出售带有淫秽内容的文物行为的定性

公安部关于对出售带有淫秽内容的文物的行为可否予以治安管理处罚问题的批复（2010年5月22日）

公安机关查获的带有淫秽内容的物品可能是文物的，应当依照《中华人民共和国文物保护法》等有关规定进行文物认定。经文物部门认定为文物的，不得对合法出售文物的行为予以治安管理处罚。

5. 在局域网内制作、复制、传播淫秽电子信息行为的处理

最高人民法院研究室关于在局域网内制作、复制、传播淫秽电子信息行为适用法律问题的研究意见（参见《司法研究与指导》2012年第1辑）

互联网是指直接进行国际联网的计算机信息网络。互联网上网服务营业场所内部局域网不属于互联网，在互联网上网服务营业场所内部局域网内制作、复制、传播淫秽电子信息的行为不适用《最高人民法院、最高人民检察院关于办理利用互联网、移动通讯终端、声讯台制作、复制、出版、贩卖、传播淫秽电子信息刑事案件具体应用法律若干问题的解释》的规定。

6. 淫秽视频个数的认定

最高人民法院研究室关于淫秽视频个数如何认定的研究意见（参见《司法研究与指导》2012年第1辑）

对淫秽视频以自然的个数计算认定，即不考虑各个视频的内容之间是否存在关联，只要行为人提供直接链接的视频是独立的视频文件，就认定为一个视频。

7. 单位犯罪

最高人民法院、最高人民检察院关于办理利用互联网、移动通讯终端、声讯台制作、复制、出版、贩卖、传播淫秽电子信息刑事案件具体应用法律若干问题的解释（二）（2010年2月4日）

第十条　单位实施制作、复制、出版、贩卖、传播淫秽电子信息犯罪的，依照《中华人民共和国刑法》、《最高人民法院、最高人民检察院关于办理利用互联网、移动通讯终端、声讯台制作、复制、出版、贩卖、传播淫秽电子信息刑事案件具体应用法律若干问题的解释》和本解释规定的相应个人犯罪的定罪量刑标准，对直接负责的主管人员和其他直接责任人员定罪处罚，并对单位判处罚金。

8. 共同犯罪

最高人民法院、最高人民检察院关于办理利用互联网、移动通讯终端、声讯台制作、复制、出版、贩卖、传播淫秽电子信息刑事案件具体应用法律若干问题的解释（一）（2004年9月6日）

第七条　明知他人实施制作、复制、出版、贩卖、传播淫秽电子信息犯罪，为其提供互联网接入、服务器托管、网络存储空间、通讯传输通道、费用结算等帮助的，对直接负责的主管人员和其他直接责任人员，以共同犯罪论处。①

最高人民法院关于审理非法出版物刑事案件具体应用法律若干问题的解释（1998年12月23日）

第十六条　出版单位与他人事前通谋，向其出售、出租或者以其他形式转让该出版单位的名称、书号、刊号、版号，他人实施本解释第二条、第四条、第八条、第九条、第十条、第十一条规定的行为，构成犯罪的，对该出版单位应当以共犯论处。

最高人民法院、最高人民检察院关于办理利用互联网、移动通讯终端、声讯台制作、复制、出版、贩卖、传播淫秽电子信息刑事案件具体应用法律若干问题的解释（二）（2010年2月4日）

第七条　明知是淫秽网站，以牟利为目的，通过投放广告等方式向其直接或者间接提供资金，或者提供费用结算服务，具有下列情形之一的，对直接负责的主管人员和其他直接责任人员，依照刑法第三百六十二条第一款的规定，以制作、复制、出版、贩卖、传播淫秽物品牟利罪的共同犯罪处罚：

（一）向十个以上淫秽网站投放广告或者以其他方式提供资金的；

（二）向淫秽网站投放广告二十条以上的；

（三）向十个以上淫秽网站提供费用结算服务的；

（四）以投放广告或者其他方式向淫秽网站提供资金数额在五万元以上的；

（五）为淫秽网站提供费用结算服务，收取服务费数额在二万元以上的；

---

① 编者注：《最高人民法院、最高人民检察院关于办理利用互联网、移动通讯终端、声讯台制作、复制、出版、贩卖、传播淫秽电子信息刑事案件具体应用法律若干问题的解释（二）》（2010年2月4日）第六条规定，电信业务经营者、互联网信息服务提供者明知是淫秽网站，为其提供互联网接入、服务器托管、网络存储空间、通讯传输通道、代收费等服务，并收取服务费，符合特定数量标准的，对直接负责的主管人员和其他直接责任人员，以传播淫秽物品牟利罪定罪处罚，不以共犯论处。

（六）造成严重后果的。

实施前款规定的行为，数量或者数额达到前款第（一）项至第（五）项规定标准五倍以上的，应当认定为刑法第三百六十三条第一款规定的"情节严重"；达到规定标准二十五倍以上的，应当认定为"情节特别严重"。

第八条 实施第四条至第七条规定的行为，具有下列情形之一的，应当认定行为人"明知"，但是有证据证明确实不知道的除外：

（一）行政主管机关书面告知后仍然实施上述行为的；

（二）接到举报后不履行法定管理职责的；

（三）为淫秽网站提供互联网接入、服务器托管、网络存储空间、通讯传输通道、代收费、费用结算等服务，收取服务费用明显高于市场价格的；

（四）向淫秽网站投放广告，广告点击率明显异常的；

（五）其他能够认定行为人明知的情形。

9. 数量或数额的计算

最高人民法院、最高人民检察院关于办理利用互联网、移动通讯终端、声讯台制作、复制、出版、贩卖、传播淫秽电子信息刑事案件具体应用法律若干问题的解释（一）（2004年9月6日）

第四条 明知是淫秽电子信息而在自己所有、管理或者使用的网站或者网页上提供直接链接的，其数量标准根据所链接的淫秽电子信息的种类计算。

最高人民法院、最高人民检察院关于办理利用互联网、移动通讯终端、声讯台制作、复制、出版、贩卖、传播淫秽电子信息刑事案件具体应用法律若干问题的解释（二）（2010年2月4日）

第九条 一年内多次实施制作、复制、出版、贩卖、传播淫秽电子信息行为未经处理，数量或者数额累计计算构成犯罪的，应当依法定罪处罚。

10. 公安部光盘生产源鉴定中心具有行政、司法鉴定权

最高人民法院、最高人民检察院、公安部、司法部、新闻出版署关于公安部光盘生产源鉴定中心行使行政、司法鉴定权有关问题的通知（2000年3月9日）

为适应"扫黄"、"打非"、保护知识产权工作的需要，解决目前各地办案过程中遇到的光盘生产源无法识别的问题，经中央机构编制委员会办公室批准，公安部组建了光盘生产源鉴定中心（设在广东省深圳市，以下简称鉴定中心）。目前，鉴定中心的各项筹备工作已完毕，所开发研制的光盘生产源识别方法已通过了由最高人民法院、最高人民检察院、公安部、司法部和国家新闻出版署

派员组成的专家委员会的评审鉴定,具备了行政、司法鉴定能力。现将有关问题通知如下:

一、鉴定范围和内容

鉴定中心负责对各地人民法院、人民检察院、公安机关、司法行政机关、新闻出版行政机关、音像行政管理部门和其他行政执法机关在办理制黄贩黄、侵权盗版案件中所查获的光盘及母盘进行鉴定,确定送检光盘及母盘的生产企业。

企事业单位因业务工作需要,提出鉴定申请的,鉴定中心也可以进行上述鉴定。

二、鉴定程序

办案单位认为需要进行行政、司法鉴定的,应持有本单位所在地县级以上人民法院、人民检察院、公安机关、司法行政机关或其他行政执法机关出具的公函;新闻出版行政机关、音像行政管理部门办案需要鉴定的,由当地省级以上新闻出版机关、音像行政管理部门出具委托鉴定公函。企事业单位需要鉴定的,由本单位向鉴定中心出具委托鉴定公函。鉴定中心在接受鉴定委托后,应立即组织2名以上专业技术人员进行鉴定,在30天以内出具《中华人民共和国公安部光盘生产源鉴定书》(见附件),并报公安部治安管理局备案。

委托鉴定可通过寄递方式提出。

三、鉴定费用

鉴定中心接受人民法院、人民检察院、公安机关、司法行政机关、新闻出版行政机关、音像行政管理部门或其他行政执法机关委托鉴定的,不收取鉴定费用。

鉴定中心接受企事业单位委托鉴定的,按照国家有关规定收取鉴定费用。

四、鉴定的法律效力

鉴定中心出具的鉴定书可以作为定案依据。

● 量刑

1. 从重处罚

最高人民法院、最高人民检察院关于办理利用互联网、移动通讯终端、声讯台制作、复制、出版、贩卖、传播淫秽电子信息刑事案件具体应用法律若干问题的解释(一)(2004年9月6日)

第六条 实施本解释前五条规定的犯罪,具有下列情形之一的,依照刑法第三百六十三条第一款、第三百六十四条第一款的规定从重处罚:

(一)制作、复制、出版、贩卖、传播具体描绘不满十八周岁未成年人性行

为的淫秽电子信息的;①

（二）明知是具体描绘不满十八周岁的未成年人性行为的淫秽电子信息而在自己所有、管理或者使用的网站或者网页上提供直接链接的；

（三）向不满十八周岁的未成年人贩卖、传播淫秽电子信息和语音信息的；

（四）通过使用破坏性程序、恶意代码修改用户计算机设置等方法，强制用户访问、下载淫秽电子信息的。

2. 罚金、没收财产

最高人民法院、最高人民检察院关于办理利用互联网、移动通讯终端、声讯台制作、复制、出版、贩卖、传播淫秽电子信息刑事案件具体应用法律若干问题的解释（二）（2010年2月4日）

第十一条 对于以牟利为目的，实施制作、复制、出版、贩卖、传播淫秽电子信息犯罪的，人民法院应当综合考虑犯罪的违法所得、社会危害性等情节，依法判处罚金或者没收财产。罚金数额一般在违法所得的一倍以上五倍以下。

第三百六十四条 【传播淫秽物品罪】传播淫秽的书刊、影片、音像、图片或者其他淫秽物品，情节严重的，处二年以下有期徒刑、拘役或者管制。

【组织播放淫秽音像制品罪】组织播放淫秽的电影、录像等音像制品的，处三年以下有期徒刑、拘役或者管制，并处罚金；情节严重的，处三年以上十年以下有期徒刑，并处罚金。

制作、复制淫秽的电影、录像等音像制品组织播放的，依照第二款的规定从重处罚。

向不满十八周岁的未成年人传播淫秽物品的，从重处罚。

● **关联法条**

第三百六十六条、第三百六十七条

---

① 编者注：本项应结合《最高人民法院、最高人民检察院关于办理利用互联网、移动通讯终端、声讯台制作、复制、出版、贩卖、传播淫秽电子信息刑事案件具体应用法律若干问题的解释（二）》（2010年2月4日）第一条第二款的规定理解、适用。

● 立案追诉标准

最高人民检察院、公安部关于公安机关管辖的刑事案件立案追诉标准的规定（一）（2008年6月25日）

第八十四条 ［传播淫秽物品案（刑法第三百六十四条第一款）］传播淫秽的书刊、影片、音像、图片或者其他淫秽物品，涉嫌下列情形之一的，应予立案追诉：

（一）向他人传播三百至六百人次以上的；

（二）造成恶劣社会影响的。

不以牟利为目的，利用互联网、移动通讯终端传播淫秽电子信息，涉嫌下列情形之一的，应予立案追诉：

（一）数量达到本规定第八十二条第二款第（一）项至第（五）项规定标准二倍以上的；

（二）数量分别达到本规定第八十二条第二款第（一）项至第（五）项两项以上标准的；

（三）造成严重后果的。

利用聊天室、论坛、即时通信软件、电子邮件等方式，实施本条第二款规定行为的，应予立案追诉。

第八十五条 ［组织播放淫秽音像制品案（刑法第三百六十四条第二款）］组织播放淫秽的电影、录像等音像制品，涉嫌下列情形之一的，应予立案追诉：

（一）组织播放十五至三十场次以上的；

（二）造成恶劣社会影响的。

第一百条 本规定中的立案追诉标准，除法律、司法解释另有规定的以外，适用于相关的单位犯罪。

● 定罪

1. 入罪数额、入罪情节

最高人民法院关于审理非法出版物刑事案件具体应用法律若干问题的解释（1998年12月23日）

第十条 向他人传播淫秽的书刊、影片、音像、图片等出版物达三百至六百人次以上或者造成恶劣社会影响的，属于"情节严重"，依照刑法第三百六十四条第一款的规定,以传播淫秽物品罪定罪处罚。

组织播放淫秽的电影、录像等音像制品达十五至三十场次以上或者造成恶劣社会影响的,依照刑法第三百六十四条第二款的规定,以组织播放淫秽音像制品罪定罪处罚。

最高人民法院、最高人民检察院关于办理利用互联网、移动通讯终端、声讯台制作、复制、出版、贩卖、传播淫秽电子信息刑事案件具体应用法律若干问题的解释(2004年9月6日)

第三条 不以牟利为目的,利用互联网或者转移通讯终端传播淫秽电子信息,具有下列情形之一的,依照刑法第三百六十四条第一款的规定,以传播淫秽物品罪定罪处罚:

(一)数量达到第一条第一款第(一)项至第(五)项规定标准二倍以上的;

(二)数量分别达到第一条第一款第(一)项至第(五)项两项以上标准的;

(三)造成严重后果的。

利用聊天室、论坛、即时通信软件、电子邮件等方式,实施第一款规定行为的,依照刑法第三百六十四条第一款的规定,以传播淫秽物品罪定罪处罚。

最高人民法院、最高人民检察院关于办理利用互联网、移动通讯终端、声讯台制作、复制、出版、贩卖、传播淫秽电子信息刑事案件具体应用法律若干问题的解释(二)(2010年2月4日)

第二条 利用互联网、移动通讯终端传播淫秽电子信息的,依照《最高人民法院、最高人民检察院关于办理利用互联网、移动通讯终端、声讯台制作、复制、出版、贩卖、传播淫秽电子信息刑事案件具体应用法律若干问题的解释》第三条的规定定罪处罚。

利用互联网、移动通讯终端传播内容含有不满十四周岁未成年人的淫秽电子信息,具有下列情形之一的,依照刑法第三百六十四条第一款的规定,以传播淫秽物品罪定罪处罚:

(一)数量达到第一条第二款第(一)项至第(五)项规定标准二倍以上的;

(二)数量分别达到第一条第二款第(一)项至第(五)项两项以上标准的;

(三)造成严重后果的。

第三条 利用互联网建立主要用于传播淫秽电子信息的群组,成员达三十人以上或者造成严重后果的，对建立者、管理者和主要传播者，依照刑法第三百六十四条第一款的规定，以传播淫秽物品罪定罪处罚。

第五条 网站建立者、直接负责的管理者明知他人制作、复制、出版、贩卖、传播的是淫秽电子信息，允许或者放任他人在自己所有、管理的网站或者网页上发布，具有下列情形之一的，依照刑法第三百六十四条第一款的规定，以传播淫秽物品罪定罪处罚：

（一）数量达到第一条第二款第（一）项至第（五）项规定标准十倍以上的；

（二）数量分别达到第一条第二款第（一）项至第（五）项两项以上标准五倍以上的；

（三）造成严重后果的。

第十二条 《最高人民法院、最高人民检察院关于办理利用互联网、移动通讯终端、声讯台制作、复制、出版、贩卖、传播淫秽电子信息刑事案件具体应用法律若干问题的解释》和本解释所称网站，是指可以通过互联网域名、IP地址等方式访问的内容提供站点。

以制作、复制、出版、贩卖、传播淫秽电子信息为目的建立或者建立后主要从事制作、复制、出版、贩卖、传播淫秽电子信息活动的网站，为淫秽网站。

2. 利用互联网传播淫秽物品的处罚

全国人民代表大会常务委员会关于维护互联网安全的决定（2009年8月27日）

三、为了维护社会主义市场经济秩序和社会管理秩序，对有下列行为之一，构成犯罪的，依照刑法有关规定追究刑事责任：

……

（五）在互联网上建立淫秽网站、网页，提供淫秽站点链接服务，或者传播淫秽书刊、影片、音像、图片。

3. 携带、藏匿淫秽 VCD 行为的定性

公安部关于携带、藏匿淫秽 VCD 是否属于传播淫秽物品问题的批复（1998年11月9日）

1990年7月6日最高人民法院、最高人民检察院《关于办理淫秽物品刑事案件具体应用法律的规定》，已于1994年8月29日被废止，不再执行。对于携带、藏匿淫秽 VCD 的行为，不能简单地视为"传播"，而应注意广泛搜集证据，

根据主客观相统一的原则,来判断是否构成"传播"行为。如果行为人主观上没有"传播"故意,只是为了自己观看,不能认定为"传播淫秽物品",但应当没收淫秽VCD,并对当事人进行必要的法制教育。此外,还应注意扩大线索,挖掘来源,及时查获有关违法犯罪活动。

4. 单位犯罪

最高人民法院、最高人民检察院关于办理利用互联网、移动通讯终端、声讯台制作、复制、出版、贩卖、传播淫秽电子信息刑事案件具体应用法律若干问题的解释(二)(2010年2月4日)

第十条 单位实施制作、复制、出版、贩卖、传播淫秽电子信息犯罪的,依照《中华人民共和国刑法》、《最高人民法院、最高人民检察院关于办理利用互联网、移动通讯终端、声讯台制作、复制、出版、贩卖、传播淫秽电子信息刑事案件具体应用法律若干问题的解释》和本解释规定的相应个人犯罪的定罪量刑标准,对直接负责的主管人员和其他直接责任人员定罪处罚,并对单位判处罚金。

5. 共同犯罪

最高人民法院关于审理非法出版物刑事案件具体应用法律若干问题的解释(1998年12月23日)

第十六条 出版单位与他人事前通谋,向其出售、出租或者以其他形式转让该出版单位的名称、书号、刊号、版号,他人实施本解释第二条、第四条、第八条、第九条、第十条、第十一条规定的行为,构成犯罪的,对该出版单位应当以共犯论处。

最高人民法院、最高人民检察院关于办理利用互联网、移动通讯终端、声讯台制作、复制、出版、贩卖、传播淫秽电子信息刑事案件具体应用法律若干问题的解释(2004年9月6日)

第七条 明知他人实施制作、复制、出版、贩卖、传播淫秽电子信息犯罪,为其提供互联网接入、服务器托管、网络存储空间、通讯传输通道、费用结算等帮助的,对直接负责的主管人员和其他直接责任人员,以共同犯罪论处。

6. 数量或数额的计算

(参见第三百六十三条【定罪】9. 数量或数额的计算)

● 量刑

1. 罚金、没收财产

最高人民法院、最高人民检察院关于办理利用互联网、移动通讯终端、声讯台制作、复制、出版、贩卖、传播淫秽电子信息刑事案件具体应用法律若干问题的解释（二）（2010年2月4日）

第十一条 对于以牟利为目的，实施制作、复制、出版、贩卖、传播淫秽电子信息犯罪的，人民法院应当综合考虑犯罪的违法所得、社会危害性等情节，依法判处罚金或者没收财产。罚金数额一般在违法所得的一倍以上五倍以下。

2. 从重处罚

最高人民法院、最高人民检察院关于办理利用互联网、移动通讯终端、声讯台制作、复制、出版、贩卖、传播淫秽电子信息刑事案件具体应用法律若干问题的解释（2004年9月6日）

第六条 实施本解释前五条规定的犯罪，具有下列情形之一的，依照刑法第三百六十三条第一款、第三百六十四条第一款的规定从重处罚：

（一）制作、复制、出版、贩卖、传播具体描绘不满十八周岁未成年人性行为的淫秽电子信息的；

（二）明知是具体描绘不满十八周岁的未成年人性行为的淫秽电子信息而在自己所有、管理或者使用的网站或者网页上提供直接链接的；

（三）向不满十八周岁的未成年人贩卖、传播淫秽电子信息和语音信息的；

（四）通过使用破坏性程序、恶意代码修改用户计算机设置等方法，强制用户访问、下载淫秽电子信息的。

第三百六十五条 【组织淫秽表演罪】组织进行淫秽表演的，处三年以下有期徒刑、拘役或者管制，并处罚金；情节严重的，处三年以上十年以下有期徒刑，并处罚金。

● 关联法条

第三百六十六条

● **立案追诉标准**

最高人民检察院、公安部关于公安机关管辖的刑事案件立案追诉标准的规定（一）（2008年6月25日）

第八十六条　[组织淫秽表演案（刑法第三百六十五条）]以策划、招募、强迫、雇用、引诱、提供场地、提供资金等手段，组织进行淫秽表演，涉嫌下列情形之一的，应予立案追诉：

（一）组织表演者进行裸体表演的；

（二）组织表演者利用性器官进行诲淫性表演的；

（三）组织表演者半裸体或者变相裸体表演并通过语言、动作具体描绘性行为的；

（四）其他组织进行淫秽表演应予追究刑事责任的情形。

第一百条　本规定中的立案追诉标准，除法律、司法解释另有规定的以外，适用于相关的单位犯罪。

第三百六十六条　【单位犯本节罪的处罚】单位犯本节第三百六十三条、第三百六十四条、第三百六十五条规定之罪的，对单位判处罚金，并对其直接负责的主管人员和其他直接责任人员，依照各该条的规定处罚。

第三百六十七条　【淫秽物品的界定】本法所称淫秽物品，是指具体描绘性行为或者露骨宣扬色情的诲淫性的书刊、影片、录像带、录音带、图片及其他淫秽物品。

有关人体生理、医学知识的科学著作不是淫秽物品。

包含有色情内容的有艺术价值的文学、艺术作品不视为淫秽物品。

● 定罪

"其他淫秽物品"的认定

最高人民法院、最高人民检察院关于办理利用互联网、移动通讯终端、声讯台制作、复制、出版、贩卖、传播淫秽电子信息刑事案件具体应用法律若干问题的解释（2004年9月6日）

第八条 利用互联网、移动通讯终端、声讯台贩卖、传播淫秽书刊、影片、录像带、录音带等以实物为载体的淫秽物品的，依照《最高人民法院关于审理非法出版物刑事案件具体应用法律若干问题的解释》的有关规定定罪处罚。

第九条 刑法第三百六十七条第一款规定的"其他淫秽物品"，包括具体描绘性行为或者露骨宣扬色情的诲淫性的视频文件、音频文件、电子刊物、图片、文章、短信息等互联网、移动通讯终端电子信息和声讯台语音信息。

有关人体生理、医学知识的电子信息和声讯台语音信息不是淫秽物品。包含色情内容的有艺术价值的电子文学、艺术作品不视为淫秽物品。

第七章 危害国防利益罪

第三百六十八条 【阻碍军人执行职务罪】以暴力、威胁方法阻碍军人依法执行职务的，处三年以下有期徒刑、拘役、管制或者罚金。

【阻碍军事行动罪】故意阻碍武装部队军事行动，造成严重后果的，处五年以下有期徒刑或者拘役。

第三百六十九条 【破坏武器装备、军事设施、军事通信罪】破坏武器装备、军事设施、军事通信的，处三年以下有期徒刑、拘役或者管制；破坏重要武器装备、军事设施、军事通信的，处三年以上十年以下有期徒刑；情节特别严重的，处十年以上有期徒刑、无期徒刑或者死刑。

> 【过失损坏武器装备、军事设施、军事通信罪】过失犯前款罪，造成严重后果的，处三年以下有期徒刑或者拘役；造成特别严重后果的，处三年以上七年以下有期徒刑。
>
> 战时犯前两款罪的，从重处罚。

● 定罪

1. 第一款"情节特别严重"的认定

最高人民法院关于审理危害军事通信刑事案件具体应用法律若干问题的解释（2007 年 6 月 29 日）

第二条 实施破坏军事通信行为，具有下列情形之一的，属于刑法第三百六十九条第一款规定的"情节特别严重"，以破坏军事通信罪定罪，处十年以上有期徒刑、无期徒刑或者死刑：

（一）造成重要军事通信中断或者严重障碍，严重影响部队完成作战任务或者致使部队在作战中遭受损失的；

（二）造成部队执行抢险救灾、军事演习或者处置突发性事件等任务的通信中断或者严重障碍，并因此贻误部队行动，致使死亡 3 人以上、重伤 10 人以上或者财产损失 100 万元以上的；

（三）破坏重要军事通信三次以上的；

（四）其他情节特别严重的情形。

2. "造成严重后果""造成特别严重后果"的认定

最高人民法院关于审理危害军事通信刑事案件具体应用法律若干问题的解释（2007 年 6 月 29 日）

第三条 过失损坏军事通信，造成重要军事通信中断或者严重障碍的，属于刑法第三百六十九条第二款规定的"造成严重后果"，以过失损坏军事通信罪定罪，处三年以下有期徒刑或者拘役。

第四条 过失损坏军事通信，具有下列情形之一的，属于刑法第三百六十九条第二款规定的"造成特别严重后果"，以过失损坏军事通信罪定罪，处三年以上七年以下有期徒刑：

（一）造成重要军事通信中断或者严重障碍，严重影响部队完成作战任务或者致使部队在作战中遭受损失的；

（二）造成部队执行抢险救灾、军事演习或者处置突发性事件等任务的通信中断或者严重障碍，并因此贻误部队行动，致使死亡3人以上、重伤10人以上或者财产损失100万元以上的；

（三）其他后果特别严重的情形。

3. 故意破坏军事通信线路、计算机系统，侵扰军事通信电磁频谱行为的定性

最高人民法院关于审理危害军事通信刑事案件具体应用法律若干问题的解释（2007年6月29日）

第一条 故意实施损毁军事通信线路、设备，破坏军事通信计算机信息系统，干扰、侵占军事通信电磁频谱等行为的，依照刑法第三百六十九条第一款的规定，以破坏军事通信罪定罪，处三年以下有期徒刑、拘役或者管制；破坏重要军事通信的，处三年以上十年以下有期徒刑。

第七条 本解释所称"重要军事通信"，是指军事首脑机关及重要指挥中心的通信，部队作战中的通信，等级战备通信，飞行航行训练、抢险救灾、军事演习或者处置突发性事件中的通信，以及执行试飞试航、武器装备科研试验或者远洋航行等重要军事任务中的通信。

本解释所称军事通信的具体范围、通信中断和严重障碍的标准，参照中国人民解放军通信主管部门的有关规定确定。

4. 建设、施工单位的管理人员破坏、过失损坏军事通信行为的认定

最高人民法院关于审理危害军事通信刑事案件具体应用法律若干问题的解释（2007年6月29日）

第五条 建设、施工单位直接负责的主管人员、施工管理人员，明知是军事通信线路、设备而指使、强令、纵容他人予以损毁的，或者不听管护人员劝阻，指使、强令、纵容他人违章作业，造成军事通信线路、设备损毁的，以破坏军事通信罪定罪处罚。

建设、施工单位直接负责的主管人员、施工管理人员，忽视军事通信线路、设备保护标志，指使、纵容他人违章作业，致使军事通信线路、设备损毁，构成犯罪的，以过失损坏军事通信罪定罪处罚。

5. 一罪与数罪

最高人民法院关于审理危害军事通信刑事案件具体应用法律若干问题的解释（2007年6月29日）

第六条 破坏、过失损坏军事通信，并造成公用电信设施损毁，危害公共

安全，同时构成刑法第一百二十四条和第三百六十九条规定的犯罪的，依照处罚较重的规定定罪处罚。

盗窃军事通信线路、设备，不构成盗窃罪，但破坏军事通信的，依照刑法第三百六十九条第一款的规定定罪处罚；同时构成刑法第一百二十四条、第二百六十四条和第三百六十九条第一款规定的犯罪的，依照处罚较重的规定定罪处罚。

违反国家规定，侵入国防建设、尖端科学技术领域的军事通信计算机信息系统，尚未对军事通信造成破坏的，依照刑法第二百八十五条的规定定罪处罚；对军事通信造成破坏，同时构成刑法第二百八十五条、第二百八十六条、第三百六十九条第一款规定的犯罪的，依照处罚较重的规定定罪处罚。

违反国家规定，擅自设置、使用无线电台、站，或者擅自占用频率，经责令停止使用后拒不停止使用①，干扰无线电通讯正常进行，构成犯罪的，依照刑法第二百八十八条的规定定罪处罚；造成军事通信中断或者严重障碍，同时构成刑法第二百八十八条、第三百六十九条第一款规定的犯罪的，依照处罚较重的规定定罪处罚。

第三百七十条 【故意提供不合格武器装备、军事设施罪】明知是不合格的武器装备、军事设施而提供给武装部队的，处五年以下有期徒刑或者拘役；情节严重的，处五年以上十年以下有期徒刑；情节特别严重的，处十年以上有期徒刑、无期徒刑或者死刑。

【过失提供不合格武器装备、军事设施罪】过失犯前款罪，造成严重后果的，处三年以下有期徒刑或者拘役；造成特别严重后果的，处三年以上七年以下有期徒刑。

单位犯第一款罪的，对单位判处罚金，并对其直接负责的主管人员和其他直接责任人员，依照第一款的规定处罚。

---

① 编者注：《刑法修正案（九）》已删除"经责令停止使用后拒不停止使用"的要求。

● 立案追诉标准

最高人民检察院、公安部关于公安机关管辖的刑事案件立案追诉标准的规定（一）（2008年6月25日）

第八十七条　[故意提供不合格武器装备、军事设施案（刑法第三百七十条第一款）]明知是不合格的武器装备、军事设施而提供给武装部队，涉嫌下列情形之一的，应予立案追诉：

（一）造成人员轻伤以上的；

（二）造成直接经济损失十万元以上的；

（三）提供不合格的枪支三支以上、子弹一百发以上、雷管五百枚以上、炸药五千克以上或者其他重要武器装备、军事设施的；

（四）影响作战、演习、抢险救灾等重大任务完成的；

（五）发生在战时的；

（六）其他故意提供不合格武器装备、军事设施应予追究刑事责任的情形。

第八十八条　[过失提供不合格武器装备、军事设施案（刑法第三百七十条第二款）]过失提供不合格武器装备、军事设施给武装部队，涉嫌下列情形之一的，应予立案追诉：

（一）造成死亡一人或者重伤三人以上的；

（二）造成直接经济损失三十万元以上的；

（三）严重影响作战、演习、抢险救灾等重大任务完成的；

（四）其他造成严重后果的情形。

第三百七十一条　【聚众冲击军事禁区罪】聚众冲击军事禁区，严重扰乱军事禁区秩序的，对首要分子，处五年以上十年以下有期徒刑；对其他积极参加的，处五年以下有期徒刑、拘役、管制或者剥夺政治权利。

【聚众扰乱军事管理区秩序罪】聚众扰乱军事管理区秩序，情节严重，致使军事管理区工作无法进行，造成严重损失的，对首要分子，处三年以上七年以下有期徒刑；对其他积极参加的，处三年以下有期徒刑、拘役、管制或者剥夺政治权利。

● 立案追诉标准

最高人民检察院、公安部关于公安机关管辖的刑事案件立案追诉标准的规定（一）（2008年6月25日）

第八十九条 ［聚众冲击军事禁区案（刑法第三百七十一条第一款）］组织、策划、指挥聚众冲击军事禁区或者积极参加聚众冲击军事禁区，严重扰乱军事禁区秩序，涉嫌下列情形之一的，应予立案追诉：

（一）冲击三次以上或者一次冲击持续时间较长的；

（二）持械或者采取暴力手段冲击的；

（三）冲击重要军事禁区的；

（四）发生在战时的；

（五）其他严重扰乱军事禁区秩序应予追究刑事责任的情形。

第九十条 ［聚众扰乱军事管理区秩序案（刑法第三百七十一条第二款）］组织、策划、指挥聚众扰乱军事管理区秩序或者积极参加聚众扰乱军事管理区秩序，致使军事管理区工作无法进行，造成严重损失，涉嫌下列情形之一的，应予立案追诉：

（一）造成人员轻伤以上的；

（二）扰乱三次以上或者一次扰乱持续时间较长的；

（三）造成直接经济损失五万元以上的；

（四）持械或者采取暴力手段的；

（五）扰乱重要军事管理区秩序的；

（六）发生在战时的；

（七）其他聚众扰乱军事管理区秩序应予追究刑事责任的情形。

第三百七十二条 【冒充军人招摇撞骗罪】 冒充军人招摇撞骗的，处三年以下有期徒刑、拘役、管制或者剥夺政治权利；情节严重的，处三年以上十年以下有期徒刑。

● 定罪

一罪与数罪

最高人民法院、最高人民检察院关于办理妨害武装部队制式服装、车辆号牌管理秩序等刑事案件具体应用法律若干问题的解释（2011年8月1日）

第六条 实施刑法第三百七十五条规定的犯罪行为，同时又构成逃税、诈骗、冒充军人招摇撞骗等犯罪的，依照处罚较重的规定定罪处罚。

第三百七十三条 【煽动军人逃离部队罪】【雇用逃离部队军人罪】煽动军人逃离部队或者明知是逃离部队的军人而雇用，情节严重的，处三年以下有期徒刑、拘役或者管制。

● 立案追诉标准

最高人民检察院、公安部关于公安机关管辖的刑事案件立案追诉标准的规定（一）（2008年6月25日）

第九十一条 ［煽动军人逃离部队案（刑法第三百七十三条）］煽动军人逃离部队，涉嫌下列情形之一的，应予立案追诉：

（一）煽动三人以上逃离部队的；

（二）煽动指挥人员、值班执勤人员或者其他负有重要职责人员逃离部队的；

（三）影响重要军事任务完成的；

（四）发生在战时的；

（五）其他情节严重的情形。

第九十二条 ［雇用逃离部队军人案（刑法第三百七十三条）］明知是逃离部队的军人而雇用，涉嫌下列情形之一的，应予立案追诉：

（一）雇用一人六个月以上的；

（二）雇用三人以上的；

（三）明知是逃离部队的指挥人员、值班执勤人员或者其他负有重要职责人员而雇用的；

（四）阻碍部队将被雇用军人带回的；

（五）其他情节严重的情形。

第三百七十四条 【接送不合格兵员罪】在征兵工作中徇私舞弊，接送不合格兵员，情节严重的，处三年以下有期徒刑或者拘役；造成特别严重后果的，处三年以上七年以下有期徒刑。

● 立案追诉标准

最高人民检察院、公安部关于公安机关管辖的刑事案件立案追诉标准的规定（一）（2008年6月25日）

第九十三条 ［接送不合格兵员案（刑法第三百七十四条）］在征兵工作中徇私舞弊，接送不合格兵员，涉嫌下列情形之一的，应予立案追诉：

（一）接送不合格特种条件兵员一名以上或者普通兵员三名以上的；
（二）发生在战时的；
（三）造成严重后果的；
（四）其他情节严重的情形。

第三百七十五条 【伪造、变造、买卖武装部队公文、证件、印章罪】【盗窃、抢夺武装部队公文、证件、印章罪】伪造、变造、买卖或者盗窃、抢夺武装部队公文、证件、印章的，处三年以下有期徒刑、拘役、管制或者剥夺政治权利；情节严重的，处三年以上十年以下有期徒刑。

【非法生产、买卖武装部队制式服装罪】非法生产、买卖武装部队制式服装，情节严重的，处三年以下有期徒刑、拘役或者管制，并处或者单处罚金。

【伪造、盗窃、买卖、非法提供、非法使用武装部队专用标志罪】伪造、盗窃、买卖或者非法提供、使用武装部队车辆号牌等专用标志，情节严重的，处三年以下有期徒刑、拘役或者管制，并处或者单处罚金；情节特别严重的，处三年以上七年以下有期徒刑，并处罚金。

单位犯第二款、第三款罪的，对单位判处罚金，并对其直接负责的主管人员和其他直接责任人员，依照各该款的规定处罚。

● 立案追诉标准

最高人民检察院、公安部关于公安机关管辖的刑事案件立案追诉标准的规定（一）的补充规定（2017年4月27日）

十四、将《立案追诉标准（一）》第94条修改为：［非法生产、买卖武装部队制式服装案（刑法第375条第二款）］非法生产、买卖武装部队制式服装，涉嫌下列情形之一的，应予立案追诉：

（一）非法生产、买卖成套制式服装30套以上，或者非成套制式服装100件以上的；

（二）非法生产、买卖帽徽、领花、臂章等标志服饰合计100件（副）以上的；

（三）非法经营数额2万元以上的；

（四）违法所得数额5千元以上的；

（五）其他情节严重的情形。

买卖仿制的现行装备的武装部队制式服装，情节严重的，应予立案追诉。

十五、在《立案追诉标准（一）》第94条后增加一条，作为第94条之一：［伪造、盗窃、买卖、非法提供、非法使用武装部队专用标志案（刑法第375条第三款）］伪造、盗窃、买卖或者非法提供、使用武装部队车辆号牌等专用标志，涉嫌下列情形之一的，应予立案追诉：

（一）伪造、盗窃、买卖或者非法提供、使用武装部队军以上领导机关车辆号牌1副以上或者其他车辆号牌3副以上的；

（二）非法提供、使用军以上领导机关车辆号牌之外的其他车辆号牌累计6个月以上的；

（三）伪造、盗窃、买卖或者非法提供、使用军徽、军旗、军种符号或者其他军用标志合计100件（副）以上的；

（四）造成严重后果或者恶劣影响的。

盗窃、买卖、提供、使用伪造、变造的武装部队车辆号牌等专用标志，情节严重的，应予立案追诉。

● 定罪

1. 第一款的入罪数额及"情节严重"的认定

最高人民法院、最高人民检察院关于办理妨害武装部队制式服装、车辆号牌管理秩序等刑事案件具体应用法律若干问题的解释（2011年8月1日）

第一条 伪造、变造、买卖或者盗窃、抢夺武装部队公文、证件、印章，具有下列情形之一的，应当依照刑法第三百七十五条第一款的规定，以伪造、变造、买卖武装部队公文、证件、印章罪或者盗窃、抢夺武装部队公文、证件、印章罪定罪处罚：

（一）伪造、变造、买卖或者盗窃、抢夺武装部队公文一件以上的；

（二）伪造、变造、买卖或者盗窃、抢夺武装部队军官证、士兵证、车辆行驶证、车辆驾驶证或者其他证件二本以上的；

（三）伪造、变造、买卖或者盗窃、抢夺武装部队机关印章、车辆牌证印章或者其他印章一枚以上的。

实施前款规定的行为，数量达到第（一）至（三）项规定标准五倍以上或者造成严重后果的，应当认定为刑法第三百七十五条第一款规定的"情节严重"。

2. 第二款"情节严重"的认定

最高人民法院、最高人民检察院关于办理妨害武装部队制式服装、车辆号牌管理秩序等刑事案件具体应用法律若干问题的解释（2011年8月1日）

第二条 非法生产、买卖武装部队现行装备的制式服装，具有下列情形之一的，应当认定为刑法第三百七十五条第二款规定的"情节严重"，以非法生产、买卖武装部队制式服装罪定罪处罚：

（一）非法生产、买卖成套制式服装三十套以上，或者非成套制式服装一百件以上的；

（二）非法生产、买卖帽徽、领花、臂章等标志服饰合计一百件（副）以上的；

（三）非法经营数额二万元以上的；

（四）违法所得数额五千元以上的；

（五）具有其他严重情节的。

3. 第三款"情节严重"、"情节特别严重"的认定

最高人民法院、最高人民检察院关于办理妨害武装部队制式服装、车辆号牌管理秩序等刑事案件具体应用法律若干问题的解释（2011年8月1日）

第三条 伪造、盗窃、买卖或者非法提供、使用武装部队车辆号牌等专用标志，具有下列情形之一的，应当认定为刑法第三百七十五条第三款规定的"情节严重"，以伪造、盗窃、买卖、非法提供、非法使用武装部队专用标志罪定罪处罚：

（一）伪造、盗窃、买卖或者非法提供、使用武装部队军以上领导机关车辆号牌一副以上或者其他车辆号牌三副以上的；

（二）非法提供、使用军以上领导机关车辆号牌之外的其他车辆号牌累计六个月以上的；

（三）伪造、盗窃、买卖或者非法提供、使用军徽、军旗、军种符号或者其他军用标志合计一百件（副）以上的；

（四）造成严重后果或者恶劣影响的。

实施前款规定的行为，具有下列情形之一的，应当认定为刑法第三百七十五条第三款规定的"情节特别严重"：

（一）数量达到前款第（一）、（三）项规定标准五倍以上的；

（二）非法提供、使用军以上领导机关车辆号牌累计六个月以上或者其他车辆号牌累计一年以上的；

（三）造成特别严重后果或者特别恶劣影响的。

4. 买卖、盗抢伪变造的武装部队公文、证章、服装、车牌等行为的定性

最高人民法院、最高人民检察院关于办理妨害武装部队制式服装、车辆号牌管理秩序等刑事案件具体应用法律若干问题的解释（2011年8月1日）

第四条 买卖、盗窃、抢夺伪造、变造的武装部队公文、证件、印章的，买卖仿制的现行装备的武装部队制式服装情节严重的，盗窃、买卖、提供、使用伪造、变造的武装部队车辆号牌等专用标志情节严重的，应当追究刑事责任。定罪量刑标准适用本解释第一至第三条的规定。

5. 单位犯罪

最高人民法院、最高人民检察院关于办理妨害武装部队制式服装、车辆号牌管理秩序等刑事案件具体应用法律若干问题的解释（2011年8月1日）

第七条 单位实施刑法第三百七十五条第二款、第三款规定的犯罪行为，

对单位判处罚金，并对其直接负责的主管人员和其他直接责任人员，分别依照本解释的有关规定处罚。

6. 共同犯罪

最高人民法院、最高人民检察院关于办理妨害武装部队制式服装、车辆号牌管理秩序等刑事案件具体应用法律若干问题的解释（2011年8月1日）

第五条　明知他人实施刑法第三百七十五条规定的犯罪行为，而为其生产、提供专用材料或者提供资金、账号、技术、生产经营场所等帮助的，以共犯论处。

7. 一罪与数罪

最高人民法院、最高人民检察院关于办理妨害武装部队制式服装、车辆号牌管理秩序等刑事案件具体应用法律若干问题的解释（2011年8月1日）

第六条　实施刑法第三百七十五条规定的犯罪行为，同时又构成逃税、诈骗、冒充军人招摇撞骗等犯罪的，依照处罚较重的规定定罪处罚。

第三百七十六条　【战时拒绝、逃避征召、军事训练罪】预备役人员战时拒绝、逃避征召或者军事训练，情节严重的，处三年以下有期徒刑或者拘役。

【战时拒绝、逃避服役罪】公民战时拒绝、逃避服役，情节严重的，处二年以下有期徒刑或者拘役。

● 立案追诉标准

最高人民检察院、公安部关于公安机关管辖的刑事案件立案追诉标准的规定（一）（2008年6月25日）

第九十五条　[战时拒绝、逃避征召、军事训练案（刑法第三百七十六条第一款）] 预备役人员战时拒绝、逃避征召或者军事训练，涉嫌下列情形之一的，应予立案追诉：

（一）无正当理由经教育仍拒绝、逃避征召或者军事训练的；

（二）以暴力、威胁、欺骗等手段，或者采取自伤、自残等方式拒绝、逃避征召或者军事训练的；

（三）联络、煽动他人共同拒绝、逃避征召或者军事训练的；

（四）其他情节严重的情形。

第九十六条 ［战时拒绝、逃避服役案（刑法第三百七十六条第二款）］公民战时拒绝、逃避服役，涉嫌下列情形之一的，应予立案追诉：

（一）无正当理由经教育仍拒绝、逃避服役的；

（二）以暴力、威胁、欺骗等手段，或者采取自伤、自残等方式拒绝、逃避服役的；

（三）联络、煽动他人共同拒绝、逃避服役的；

（四）其他情节严重的情形。

第三百七十七条 【战时故意提供虚假敌情罪】战时故意向武装部队提供虚假敌情，造成严重后果的，处三年以上十年以下有期徒刑；造成特别严重后果的，处十年以上有期徒刑或者无期徒刑。

第三百七十八条 【战时造谣扰乱军心罪】战时造谣惑众，扰乱军心的，处三年以下有期徒刑、拘役或者管制；情节严重的，处三年以上十年以下有期徒刑。

第三百七十九条 【战时窝藏逃离部队军人罪】战时明知是逃离部队的军人而为其提供隐蔽处所、财物，情节严重的，处三年以下有期徒刑或者拘役。

● 立案追诉标准

最高人民检察院、公安部关于公安机关管辖的刑事案件立案追诉标准的规定（一）（2008年6月25日）

第九十七条 ［战时窝藏逃离部队军人案（刑法第三百七十九条）］战时明知是逃离部队的军人而为其提供隐蔽处所、财物，涉嫌下列情形之一的，应予立案追诉：

（一）窝藏三人次以上的；

（二）明知是指挥人员、值班执勤人员或者其他负有重要职责人员而窝藏的；

（三）有关部门查找时拒不交出的；

（四）其他情节严重的情形。

第三百八十条 【战时拒绝、故意延误军事订货罪】战时拒绝或者故意延误军事订货，情节严重的，对单位判处罚金，并对其直接负责的主管人员和其他直接责任人员，处五年以下有期徒刑或者拘役；造成严重后果的，处五年以上有期徒刑。

● 立案追诉标准

最高人民检察院、公安部关于公安机关管辖的刑事案件立案追诉标准的规定（一）（2008年6月25日）

第九十八条 [战时拒绝、故意延误军事订货案（刑法第三百八十条）] 战时拒绝或者故意延误军事订货，涉嫌下列情形之一的，应予立案追诉：

（一）拒绝或者故意延误军事订货3次以上的；
（二）联络、煽动他人共同拒绝或者故意延误军事订货的；
（三）拒绝或者故意延误重要军事订货，影响重要军事任务完成的；
（四）其他情节严重的情形。

第三百八十一条 【战时拒绝军事征收、征用罪】战时拒绝军事征收、征用，情节严重的，处三年以下有期徒刑或者拘役。

● 立案追诉标准

最高人民检察院、公安部关于公安机关管辖的刑事案件立案追诉标准的规定（一）的补充规定（2017年4月27日）

十六、将《立案追诉标准（一）》第99条修改为：[战时拒绝军事征收、征用案（刑法第381条）] 战时拒绝军事征收、征用，涉嫌下列情形之一的，应予立案追诉：

（一）无正当理由拒绝军事征收、征用3次以上的；
（二）采取暴力、威胁、欺骗等手段拒绝军事征收、征用的；
（三）联络、煽动他人共同拒绝军事征收、征用的；
（四）拒绝重要军事征收、征用，影响重要军事任务完成的；
（五）其他情节严重的情形。

第八章 贪污贿赂罪

本章罪名定罪问题的总体规定

1. 罪与非罪

最高人民检察院关于充分发挥检察职能依法保障和促进科技创新的意见（2016年7月7日）

三、准确把握法律政策界限，改进司法办案方式方法

7. 准确把握法律政策界限。充分考虑科技创新工作的体制机制和行业特点，认真研究科技创新融资、科研成果资本化产业化、科研成果转化收益中的新情况、新问题，保护科研人员凭自己的聪明才智和创新成果获取的合法收益。办案中要正确区分罪与非罪界限：对于身兼行政职务的科研人员特别是学术带头人，要区分其科研人员与公务人员的身份，特别是要区分科技创新活动与公务管理，正确把握科研人员以自身专业知识提供咨询等合法兼职获利的行为，与利用审批、管理等行政权力索贿受贿的界限；要区分科研人员合法的股权分红、知识产权收益、科技成果转化收益分配与贪污、受贿之间的界限；要区分科技创新探索失败、合理损耗与骗取科研立项、虚增科研经费投入的界限；要区分突破现有规章制度，按照科技创新需求使用科研经费与贪污、挪用、私分科研经费的界限；要区分风险投资、创业等造成的正常亏损与失职渎职的界限。坚持罪刑法定原则和刑法谦抑性原则，禁止以刑事手段插手民事经济纠纷。对于法律和司法解释规定不明确、法律政策界限不明、罪与非罪界限不清的，不作为犯罪处理；对于认定罪与非罪争议较大的案件，及时向上级检察机关请示报告。

2. 缺席审判

刑事诉讼法（2018年10月26日）

第二百九十一条 对于贪污贿赂犯罪案件，以及需要及时进行审判，经最高人民检察院核准的严重危害国家安全犯罪、恐怖活动犯罪案件，犯罪嫌疑人、被告人在境外，监察机关、公安机关移送起诉，人民检察院认为犯罪事实已经查清，证据确实、充分，依法应当追究刑事责任的，可以向人民法院提起公诉。

人民法院进行审查后，对于起诉书中有明确的指控犯罪事实，符合缺席审判程序适用条件的，应当决定开庭审判。

前款案件，由犯罪地、被告人离境前居住地或者最高人民法院指定的中级人民法院组成合议庭进行审理。

本章罪名量刑问题的总体规定

1. 减刑、假释问题

最高人民法院关于办理减刑、假释案件具体应用法律的规定（2017年1月1日）

第三条第二款　对职务犯罪、破坏金融管理秩序和金融诈骗犯罪、组织（领导、参加、包庇、纵容）黑社会性质组织犯罪等罪犯，不积极退赃、协助追缴赃款赃物、赔偿损失，或者服刑期间利用个人影响力和社会关系等不正当手段意图获得减刑、假释的，不认定其"确有悔改表现"。

第六条　被判处有期徒刑的罪犯减刑起始时间为：不满五年有期徒刑的，应当执行一年以上方可减刑；五年以上不满十年有期徒刑的，应当执行一年六个月以上方可减刑；十年以上有期徒刑的，应当执行二年以上方可减刑。有期徒刑减刑的起始时间自判决执行之日起计算。

确有悔改表现或者有立功表现的，一次减刑不超过九个月有期徒刑；确有悔改表现并有立功表现的，一次减刑不超过一年有期徒刑；有重大立功表现的，一次减刑不超过一年六个月有期徒刑；确有悔改表现并有重大立功表现的，一次减刑不超过二年有期徒刑。

被判处不满十年有期徒刑的罪犯，两次减刑间隔时间不得少于一年；被判处十年以上有期徒刑的罪犯，两次减刑间隔时间不得少于一年六个月。减刑间隔时间不得低于上次减刑减去的刑期。

罪犯有重大立功表现的，可以不受上述减刑起始时间和间隔时间的限制。

第七条　对符合减刑条件的职务犯罪罪犯，破坏金融管理秩序和金融诈骗犯罪罪犯，组织、领导、参加、包庇、纵容黑社会性质组织犯罪罪犯，危害国家安全犯罪罪犯，恐怖活动犯罪罪犯，毒品犯罪集团的首要分子及毒品再犯，累犯，确有履行能力而不履行或者不全部履行生效裁判中财产性判项的罪犯，被判处十年以下有期徒刑的，执行二年以上方可减刑，减刑幅度应当比照本规定第六条从严掌握，一次减刑不超过一年有期徒刑，两次减刑之间应当间隔一年以上。

对被判处十年以上有期徒刑的前款罪犯，以及因故意杀人、强奸、抢劫、绑架、放火、爆炸、投放危险物质或者有组织的暴力性犯罪被判处十年以上有期徒刑的罪犯,数罪并罚且其中两罪以上被判处十年以上有期徒刑的罪犯,执行二年以上方可减刑,减刑幅度应当比照本规定第六条从严掌握,一次减刑不超过一年有期徒刑,两次减刑之间应当间隔一年六个月以上。

罪犯有重大立功表现的,可以不受上述减刑起始时间和间隔时间的限制。

第十一条 对被判处死刑缓期执行的职务犯罪罪犯,破坏金融管理秩序和金融诈骗犯罪罪犯,组织、领导、参加、包庇、纵容黑社会性质组织犯罪罪犯,危害国家安全犯罪罪犯,恐怖活动犯罪罪犯,毒品犯罪集团的首要分子及毒品再犯,累犯以及因故意杀人、强奸、抢劫、绑架、放火、爆炸、投放危险物质或者有组织的暴力性犯罪的罪犯,确有履行能力而不履行或者不全部履行生效裁判中财产性判项的罪犯,数罪并罚被判处死刑缓期执行的罪犯,减为无期徒刑后,符合减刑条件的,执行三年以上方可减刑,一般减为二十五年有期徒刑,有立功表现或者重大立功表现的,可以比照本规定第十条减为二十三年以上二十五年以下有期徒刑;减为有期徒刑后再减刑时,减刑幅度比照本规定第六条从严掌握,一次不超过一年有期徒刑,两次减刑之间应当间隔二年以上。

最高人民法院关于办理减刑、假释案件具体应用法律的补充规定(2019年6月1日)

为准确把握宽严相济刑事政策,严格执行《最高人民法院关于办理减刑、假释案件具体应用法律的规定》,现对《中华人民共和国刑法修正案(九)》施行后,依照刑法分则第八章贪污贿赂罪判处刑罚的原具有国家工作人员身份的罪犯的减刑、假释补充规定如下:

第一条 对拒不认罪悔罪的,或者确有履行能力而不履行或者不全部履行生效裁判中财产性判项的,不予假释,一般不予减刑。

第二条 被判处十年以上有期徒刑,符合减刑条件的,执行三年以上方可减刑;被判处不满十年有期徒刑,符合减刑条件的,执行二年以上方可减刑。

确有悔改表现或者有立功表现的,一次减刑不超过六个月有期徒刑;确有悔改表现并有立功表现的,一次减刑不超过九个月有期徒刑;有重大立功表现的,一次减刑不超过一年有期徒刑。

被判处十年以上有期徒刑的,两次减刑之间应当间隔二年以上;被判处不满十年有期徒刑的,两次减刑之间应当间隔一年六个月以上。

第三条 被判处无期徒刑,符合减刑条件的,执行四年以上方可减刑。

确有悔改表现或者有立功表现的,可以减为二十三年有期徒刑;确有悔改表现并有立功表现的,可以减为二十二年以上二十三年以下有期徒刑;有重大立功表现的,可以减为二十一年以上二十二年以下有期徒刑。

无期徒刑减为有期徒刑后再减刑时，减刑幅度比照本规定第二条的规定执行。两次减刑之间应当间隔二年以上。

第四条　被判处死刑缓期执行的，减为无期徒刑后，符合减刑条件的，执行四年以上方可减刑。

确有悔改表现或者有立功表现的，可以减为二十五年有期徒刑；确有悔改表现并有立功表现的，可以减为二十四年六个月以上二十五年以下有期徒刑；有重大立功表现的，可以减为二十四年以上二十四年六个月以下有期徒刑。

减为有期徒刑后再减刑时，减刑幅度比照本规定第二条的规定执行。两次减刑之间应当间隔二年以上。

第五条　罪犯有重大立功表现的，减刑时可以不受上述起始时间和间隔时间的限制。

第六条　对本规定所指贪污贿赂罪犯适用假释时，应当从严掌握。

第七条　本规定自2019年6月1日起施行。此前发布的司法解释与本规定不一致的，以本规定为准。

2. 适用缓刑及免于刑事处罚的限制

最高人民法院刑二庭：宽严相济在经济犯罪和职务犯罪案件审判中的具体贯彻（《人民法院报》2010年4月7日第6版）

二、宽严相济刑事政策在职务犯罪案件审判中的具体贯彻

（四）关于缓刑等非监禁刑的适用。在依照《意见》第14条、第15条、第16条规定适用缓刑等非监禁刑时，应当充分考虑到当前职务犯罪案件缓刑等非监禁刑适用比例偏高的实际情况，以及职务犯罪案件适用非监禁刑所需要的社会民意基础和过多适用非监禁刑可能带来的社会负面影响。贪污、受贿犯罪分子具有下列情形之一的，一般不得适用缓刑：致使国家、集体和人民利益遭受重大损失或者影响恶劣的；不退赃或者退赃不积极，无悔罪表现的；犯罪动机、手段等情节恶劣，或者将赃款用于非法经营、走私、赌博、行贿等违法犯罪活动的；属于共同犯罪中情节严重的主犯，或者犯有数罪的；曾因职务、经济违法犯罪行为受过行政处分或者刑事处罚的；犯罪涉及的财物属于救灾、抢险、防汛、防疫、优抚、扶贫、移民、救济、捐助、社会保险、教育、征地、拆迁等专项款项和物资的。

最高人民法院、最高人民检察院关于办理职务犯罪案件严格适用缓刑、免予刑事处罚若干问题的意见（2012年8月8日）

为进一步规范贪污贿赂、渎职等职务犯罪案件缓刑、免予刑事处罚的适用，

确保办理职务犯罪案件的法律效果和社会效果,根据刑法有关规定并结合司法工作实际,就职务犯罪案件缓刑、免予刑事处罚的具体适用问题,提出以下意见:

一、严格掌握职务犯罪案件缓刑、免予刑事处罚的适用。职务犯罪案件的刑罚适用直接关系反腐败工作的实际效果。人民法院、人民检察院要深刻认识职务犯罪的严重社会危害性,正确贯彻宽严相济刑事政策,充分发挥刑罚的惩治和预防功能。要在全面把握犯罪事实和量刑情节的基础上严格依照刑法规定的条件适用缓刑、免予刑事处罚,既要考虑从宽情节,又要考虑从严情节;既要做到刑罚与犯罪相当,又要做到刑罚执行方式与犯罪相当,切实避免缓刑、免予刑事处罚不当适用造成的消极影响。

二、具有下列情形之一的职务犯罪分子,一般不适用缓刑或者免予刑事处罚:

(一)不如实供述罪行的;
(二)不予退缴赃款赃物或者将赃款赃物用于非法活动的;
(三)属于共同犯罪中情节严重的主犯的;
(四)犯有数个职务犯罪依法实行并罚或者以一罪处理的;
(五)曾因职务违纪违法行为受过行政处分的;
(六)犯罪涉及的财物属于救灾、抢险、防汛、优抚、扶贫、移民、救济、防疫等特定款物的;
(七)受贿犯罪中具有索贿情节的;
(八)渎职犯罪中徇私舞弊情节或者滥用职权情节恶劣的;
(九)其他不应适用缓刑、免予刑事处罚的情形。

三、不具有本意见第二条规定的情形,全部退缴赃款赃物,依法判处三年有期徒刑以下刑罚,符合刑法规定的缓刑适用条件的贪污、受贿犯罪分子,可以适用缓刑……

不具有本意见第二条所列情形,挪用公款进行营利活动或者超过三个月未还构成犯罪,一审宣判前已将公款归还,依法判处三年有期徒刑以下刑罚,符合刑法规定的缓刑适用条件的,可以适用缓刑;在案发前已归还,情节轻微,不需要判处刑罚的,可以免予刑事处罚。

四、人民法院审理职务犯罪案件时应当注意听取检察机关、被告人、辩护人提出的量刑意见,分析影响性案件案发前后的社会反映,必要时可以征求案件查办等机关的意见。对于情节恶劣、社会反映强烈的职务犯罪案件,不得适用缓刑、免予刑事处罚。

五、对于具有本意见第二条规定的情形之一，但根据全案事实和量刑情节，检察机关认为确有必要适用缓刑或者免予刑事处罚并据此提出量刑建议的，应经检察委员会讨论决定；审理法院认为确有必要适用缓刑或者免予刑事处罚的，应经审判委员会讨论决定。

3. 宽严相济刑事政策

最高人民检察院关于充分发挥检察职能依法保障和促进科技创新的意见（2016年7月7日）

三、准确把握法律政策界限，改进司法办案方式方法

8. 切实贯彻宽严相济刑事政策。对于锐意创新探索，但出现决策失误、偏差，造成一定损失的行为，要区分情况慎重对待。没有徇私舞弊、中饱私囊，或者没有造成严重后果的，不作为犯罪处理。在科研项目实施中突破现有制度，但有利于实现创新预期成果的，应当予以宽容。在创新过程中发生轻微犯罪、过失犯罪但完成重大科研创新任务的，应当依法从宽处理。对于科技创新中发生的共同犯罪案件，重点追究主犯的刑事责任，对于从犯和犯罪情节较轻的，依法从宽处理。对于以科技创新为名骗取、套取、挥霍国家科研项目投资，严重危害创新发展的犯罪，应当依法打击。

9. 注重改进司法办案方式方法……对于重点科研单位、重大科研项目关键岗位的涉案科研人员，尽量不使用拘留、逮捕等强制措施；必须采取拘留、逮捕等措施的，应当及时通报有关部门做好科研攻关的衔接工作，确有必要的，可以在不影响诉讼正常进行的前提下，为其指导科研攻关提供一定条件。对于被采取逮捕措施的涉案科研人员，检察机关应当依照有关规定对羁押必要性开展审查。对于科研单位用于科技创新、产品研发的设备、资金和技术资料，一般不予以查封、扣押、冻结；确实需要查封、扣押、冻结的，应当为其预留必要的流动资金、往来账户和关键设备资料，防止因办案造成科研项目中断、停滞，或者因处置不当造成科研成果流失。

第三百八十二条　【贪污罪】国家工作人员利用职务上的便利，侵吞、窃取、骗取或者以其他手段非法占有公共财物的，是贪污罪。

受国家机关、国有公司、企业、事业单位、人民团体委托管理、经营国有财产的人员，利用职务上的便利，侵吞、窃取、骗取或者以其他手段非法占有国有财物的，以贪污论。

与前两款所列人员勾结，伙同贪污的，以共犯论处。

● 关联法条

第九十三条、第一百八十三条第二款、第二百七十一条第二款、第三百八十三条、第三百九十四条

● 定罪

1. 参见【本章罪名定罪问题的总体规定】
2. 本罪定义

最高人民检察院关于人民检察院直接受理立案侦查案件立案标准的规定（试行）（1999年9月16日）

一、贪污贿赂犯罪案件

（一）贪污案（第382条，第383条，第183条第2款，第271条第2款，第394条）

贪污罪是指国家工作人员利用职务上的便利，侵吞、窃取、骗取或者以其他手段非法占有公共财物的行为。

3. 第一款"利用职务上的便利"的认定

最高人民检察院关于人民检察院直接受理立案侦查案件立案标准的规定（试行）（1999年9月16日）

一、贪污贿赂犯罪案件

（一）贪污案（第382条，第383条，第183条第2款，第271条第2款，第394条）

"利用职务上的便利"是指利用职务上主管、管理、经手公共财物的权力及方便条件。

受国家机关、国有公司、企业、事业单位、人民团体委托管理、经营国有财产的人员，利用职务上的便利，侵吞、窃取、骗取或者以其他手段非法占有国有财物的，以贪污罪追究其刑事责任。

国家工作人员在国内公务活动或者对外交往中接受礼物，依照国家规定应当交公而不交公，数额较大的，以贪污罪追究刑事责任。

最高人民法院关于发布第三批指导性案例的通知（2012年9月18日）

杨延虎等贪污案（指导案例11号）

1. 裁判要点：贪污罪中的"利用职务上的便利"，是指利用职务上主管、管理、经手公共财物的权力及方便条件，既包括利用本人职务上主管、管理公共财物的职务便利，也包括利用职务上有隶属关系的其他国家工作人员的职务便利。

2. 土地使用权具有财产性利益，属于刑法第三百八十二条第一款规定中的"公共财物"，可以成为贪污的对象。

4. 第二款"受委托管理、经营国有财产"的认定

最高人民检察院关于人民检察院直接受理立案侦查案件立案标准的规定（试行）（1999年9月16日）

一、贪污贿赂犯罪案件

（一）贪污案（第382条，第383条，第183条第2款，第271条第2款，第394条）

"受委托管理、经营国有财产"是指因承包、租赁、聘用等而管理、经营国有财产。

国有保险公司的工作人员和国有保险公司委派到非国有保险公司从事公务的人员利用职务上的便利，故意编造未曾发生的保险事故进行虚假理赔，骗取保险金归自己所有的，以贪污罪追究刑事责任。

国有公司、企业或者其他国有单位中从事公务的人员和国有公司、企业或者其他国有单位委派到非国有公司、企业以及其他非国有单位从事公务的人员，利用职务上的便利，将本单位财物非法占为己有的，以贪污罪追究刑事责任。

最高人民法院全国法院审理经济犯罪案件工作座谈会纪要（2003年11月13日）

二、关于贪污罪

（二）"受委托管理、经营国有财产"的认定

刑法第三百八十二条第二款规定的"受委托管理、经营国有财产"，是指因承包、租赁、临时聘用等管理、经营国有财产。

5. 挪用公款转化为贪污的认定

最高人民法院关于审理挪用公款案件具体应用法律若干问题的解释（1998年5月9日）

第六条 携带挪用的公款潜逃的，依照刑法第三百八十二条、第三百八十三条的规定定罪处罚。

最高人民法院全国法院审理经济犯罪案件工作座谈会纪要（2003 年 11 月 13 日）

四、关于挪用公款罪

（八）挪用公款转化为贪污的认定

挪用公款罪与贪污罪的主要区别在于行为人主观上是否具有非法占有公款的目的。挪用公款是否转化为贪污，应当按照主客观相一致的原则，具体判断和认定行为人主观上是否具有非法占有公款的目的。在司法实践中，具有以下情形之一的，可以认定行为人具有非法占有公款的目的：

1. 根据《最高人民法院关于审理挪用公款案件具体应用法律若干问题的解释》第六条的规定，行为人"携带挪用的公款潜逃的"，对其携带挪用的公款部分，以贪污罪定罪处罚。

2. 行为人挪用公款后采取虚假发票平帐、销毁有关帐目等手段，使所挪用的公款已难以在单位财务帐目上反映出来，且没有归还行为的，应当以贪污罪定罪处罚。

3. 行为人截取单位收入不入帐，非法占有，使所占有的公款难以在单位财务帐目上反映出来，且没有归还行为的，应当以贪污罪定罪处罚。

4. 有证据证明行为人有能力归还所挪用的公款而拒不归还，并隐瞒挪用的公款去向的，应当以贪污罪定罪处罚。

6. 赃款赃物用于公务或捐赠不影响案件定性

最高人民法院、最高人民检察院关于办理贪污贿赂刑事案件适用法律若干问题的解释（2016 年 4 月 18 日）

第十六条第一款 国家工作人员出于贪污、受贿的故意，非法占有公共财物、收受他人财物之后，将赃款赃物用于单位公务支出或者社会捐赠的，不影响贪污罪、受贿罪的认定，但量刑时可以酌情考虑。

7. 国家出资企业改制过程中贪污行为的处理

最高人民法院、最高人民检察院关于办理国家出资企业中职务犯罪案件具体应用法律若干问题的意见（2010 年 11 月 26 日）

一、关于国家出资企业工作人员在改制过程中隐匿公司、企业财产归个人持股的改制后公司、企业所有的行为的处理

国家工作人员或者受国家机关、国有公司、企业、事业单位、人民团体委托管理、经营国有财产的人员利用职务上的便利，在国家出资企业改制过程中故意通过低估资产、隐瞒债权、虚设债务、虚构产权交易等方式隐匿公司、企

业财产，转为本人持有股份的改制后公司、企业所有，应当依法追究刑事责任的，依照刑法第三百八十二条、第三百八十三条的规定，以贪污罪定罪处罚。贪污数额一般应当以所隐匿财产全额计算；改制后公司、企业仍有国有股份的，按股份比例扣除归于国有的部分。

所隐匿财产在改制过程中已为行为人实际控制，或者国家出资企业改制已经完成的，以犯罪既遂处理。

第一款规定以外的人员实施该款行为的，依照刑法第二百七十一条的规定，以职务侵占罪定罪处罚；第一款规定以外的人员与第一款规定的人员共同实施该款行为的，以贪污罪的共犯论处。

在企业改制过程中未采取低估资产、隐瞒债权、虚设债务、虚构产权交易等方式故意隐匿公司、企业财产的，一般不应当认定为贪污；造成国有资产重大损失，依法构成刑法第一百六十八条或者第一百六十九条规定的犯罪的，依照该规定定罪处罚。

二、关于国有公司、企业在改制过程中隐匿公司、企业财产归职工集体持股的改制后公司、企业所有的行为的处理

第二款 改制后的公司、企业中只有改制前公司、企业的管理人员或者少数职工持股，改制前公司、企业的多数职工未持股的，依照本意见第一条的规定，以贪污罪定罪处罚。

四、关于国家工作人员在企业改制过程中的渎职行为的处理

第三款 国家出资企业中的国家工作人员在公司、企业改制或者国有资产处置过程中徇私舞弊，将国有资产低价折股或者低价出售给特定关系人持有股份或者本人实际控制的公司、企业，致使国家利益遭受重大损失的，依照刑法第三百八十二条、第三百八十三条的规定，以贪污罪定罪处罚。贪污数额以国有资产的损失数额计算。

五、关于改制前后主体身份发生变化的犯罪的处理

国家工作人员在国家出资企业改制前利用职务上的便利实施犯罪，在其不再具有国家工作人员身份后又实施同种行为，依法构成不同犯罪的，应当分别定罪，实行数罪并罚。

国家工作人员利用职务上的便利，在国家出资企业改制过程中隐匿公司、企业财产，在其不再具有国家工作人员身份后将所隐匿财产据为己有的，依照刑法第三百八十二条、第三百八十三条的规定，以贪污罪定罪处罚。

国家工作人员在国家出资企业改制过程中利用职务上的便利为请托人谋取利益，事先约定在其不再具有国家工作人员身份后收受请托人财物，或者在身

份变化前后连续收受请托人财物的,依照刑法第三百八十五条、第三百八十六条的规定,以受贿罪定罪处罚。

六、关于国家出资企业中国家工作人员的认定

经国家机关、国有公司、企业、事业单位提名、推荐、任命、批准等,在国有控股、参股公司及其分支机构中从事公务的人员,应当认定为国家工作人员。具体的任命机构和程序,不影响国家工作人员的认定。

经国家出资企业中负有管理、监督国有资产职责的组织批准或者研究决定,代表其在国有控股、参股公司及其分支机构中从事组织、领导、监督、经营、管理工作的人员,应当认定为国家工作人员。

国家出资企业中的国家工作人员,在国家出资企业中持有个人股份或者同时接受非国有股东委托的,不影响其国家工作人员身份的认定。

七、关于国家出资企业的界定

本意见所称"国家出资企业",包括国家出资的国有独资公司、国有独资企业,以及国有资本控股公司、国有资本参股公司。

是否属于国家出资企业不清楚的,应遵循"谁投资、谁拥有产权"的原则进行界定。企业注册登记中的资金来源与实际出资不符的,应根据实际出资情况确定企业的性质。企业实际出资情况不清楚的,可以综合工商注册、分配形式、经营管理等因素确定企业的性质。

八、关于宽严相济刑事政策的具体贯彻

办理国家出资企业中的职务犯罪案件时,要综合考虑历史条件、企业发展、职工就业、社会稳定等因素,注意具体情况具体分析,严格把握犯罪与一般违规行为的区分界限。对于主观恶意明显、社会危害严重、群众反映强烈的严重犯罪,要坚决依法从严惩处;对于特定历史条件下、为了顺利完成企业改制而实施的违反国家政策法律规定的行为,行为人无主观恶意或者主观恶意不明显,情节较轻,危害不大的,可以不作为犯罪处理。

对于国家出资企业中的职务犯罪,要加大经济上的惩罚力度,充分重视财产刑的适用和执行,最大限度地挽回国家和人民利益遭受的损失。不能退赃的,在决定刑罚时,应当作为重要情节予以考虑。

8. 贪污用于防控突发传染病疫情等灾害款物行为的定性

最高人民法院、最高人民检察院关于办理妨害预防、控制突发传染病疫情等灾害的刑事案件具体应用法律若干问题的解释(2003年5月15日)

第十四条第一款 贪污、侵占用于预防、控制突发传染病疫情等灾害的款

物或者挪用归个人使用，构成犯罪的，分别依照刑法第三百八十二条、第三百八十三条、第二百七十一条、第三百八十四条、第二百七十二条的规定，以贪污罪、职务侵占罪、挪用公款罪、挪用资金罪定罪，依法从重处罚。

最高人民法院、最高人民检察院、公安部、司法部关于依法惩治妨害新型冠状病毒感染肺炎疫情防控违法犯罪的意见（2020年2月6日）

二、准确适用法律，依法严惩妨害疫情防控的各类违法犯罪

（七）依法严惩疫情防控失职渎职、贪污挪用犯罪……国家工作人员，受委托管理国有财产的人员，公司、企业或者其他单位的人员，利用职务便利，侵吞、截留或者以其他手段非法占有用于防控新型冠状病毒感染肺炎的款物，或者挪用上述款物归个人使用，符合刑法第三百八十二条、第三百八十三条、第二百七十一条、第三百八十四条、第二百七十二条规定的，以贪污罪、职务侵占罪、挪用公款罪、挪用资金罪定罪处罚。挪用用于防控新型冠状病毒感染肺炎的救灾、优抚、救济等款物，符合刑法第二百七十三条规定的，对直接责任人员，以挪用特定款物罪定罪处罚。

9. 共同犯罪

最高人民法院全国法院审理经济犯罪案件工作座谈会纪要（2003年11月13日）

二、关于贪污罪

（三）国家工作人员与非国家工作人员勾结共同非法占有单位财物行为的认定

对于国家工作人员与他人勾结，共同非法占有单位财物的行为，应当按照《最高人民法院关于审理贪污、职务侵占案件如何认定共同犯罪几个问题的解释》的规定定罪处罚。① 对于在公司、企业或者其他单位中，非国家工作人员与国家工作人员勾结，分别利用各自的职务便利，共同将本单位财物非法占有的，应当尽量区分主从犯，按照主犯的犯罪性质定罪。司法实践中，如果根据案件的实际情况，各共同犯罪人在共同犯罪中的地位、作用相当，难以区分主从犯的，可以贪污罪定罪处罚。

---

① 编者注：《最高人民法院关于审理贪污、职务侵占案件如何认定共同犯罪几个问题的解释》（2007年7月8日）第二条规定，行为人与公司、企业或者其他单位的人员勾结，利用公司、企业或者其他单位人员的职务便利，共同将该单位财物非法占为己有，数额较大的，以职务侵占罪共同论处。第三条规定，公司、企业或者其他单位中，不具有国家工作人员身份的人与国家工作人员勾结，分别利用各自的职务便利，共同将本单位财物非法占为己有的，按照主犯的犯罪性质定罪。

（四）共同贪污犯罪中"个人贪污数额"的认定

刑法第三百八十三条第一款规定的"个人贪污数额"，在共同贪污犯罪案件中应理解为个人所参与或者组织、指挥共同贪污的数额，不能只按个人实际分得的赃款数额来认定。对共同贪污犯罪中的从犯，应当按照其所参与的共同贪污的数额确定量刑幅度，并依照刑法第二十七条第二款的规定，从轻、减轻处罚或者免除处罚。

最高人民法院关于审理贪污、职务侵占案件如何认定共同犯罪几个问题的解释（2000年7月8日）

第一条　行为人与国家工作人员勾结，利用国家工作人员的职务便利，共同侵吞、窃取、骗取或者以其他手段非法占有公共财物的，以贪污罪共犯论处。

第二条　行为人与公司、企业或者其他单位的人员勾结，利用公司、企业或者其他单位人员的职务便利，共同将该单位财物非法占为己有，数额较大的，以职务侵占罪共犯论处。

第三条　公司、企业或者其他单位中，不具有国家工作人员身份的人与国家工作人员勾结，分别利用各自的职务便利，共同将本单位财物非法占为己有的，按照主犯的犯罪性质定罪。

10. 既遂与未遂

最高人民法院全国法院审理经济犯罪案件工作座谈会纪要（2003年11月13日）

二、关于贪污罪

（一）贪污罪既遂与未遂的认定

贪污罪是一种以非法占有为目的的财产性职务犯罪，与盗窃、诈骗、抢夺等侵犯财产罪一样，应当以行为人是否实际控制财物作为区分贪污罪既遂与未遂的标准。对于行为人利用职务上的便利，实施了虚假平账等贪污行为，但公共财物尚未实际转移，或者尚未被行为人控制就被查获的，应当认定为贪污未遂。行为人控制公共财物后，是否将财物据为己有，不影响贪污既遂的认定。

11. 一罪与数罪

最高人民法院、最高人民检察院关于办理妨害预防、控制突发传染病疫情等灾害的刑事案件具体应用法律若干问题的解释（2003年5月15日）

第十四条第一款　贪污、侵占用于预防、控制突发传染病疫情等灾害的款物或者挪用归个人使用，构成犯罪的，分别依照刑法第三百八十二条、第三百八十三条、第二百七十一条、第三百八十四条、第二百七十二条的规定，以贪污罪、职务侵占罪、挪用公款罪、挪用资金罪定罪，依法从重处罚。

最高人民法院研究室关于对行为人通过伪造国家机关公文、证件担任国家工作人员职务并利用职务上的便利侵占本单位财物、收受贿赂、挪用本单位资金等行为如何适用法律问题的答复（2004年3月30日）

行为人通过伪造国家机关公文、证件担任国家工作人员职务以后，又利用职务上的便利实施侵占本单位财物、收受贿赂、挪用本单位资金等行为，构成犯罪的，应当分别以伪造国家机关公文、证件罪和相应的贪污罪、受贿罪、挪用公款罪等追究刑事责任，实行数罪并罚。

最高人民法院、最高人民检察院关于办理危害生产安全刑事案件适用法律若干问题的解释（2015年12月16日）

第十四条 国家工作人员违反规定投资入股生产经营，构成本解释规定的有关犯罪的，或者国家工作人员的贪污、受贿犯罪行为与安全事故发生存在关联性的，从重处罚；同时构成贪污、受贿犯罪和危害生产安全犯罪的，依照数罪并罚的规定处罚。

第三百八十三条 【贪污罪的处罚】 对犯贪污罪的，根据情节轻重，分别依照下列规定处罚：

（一）贪污数额较大或者有其他较重情节的，处三年以下有期徒刑或者拘役，并处罚金。

（二）贪污数额巨大或者有其他严重情节的，处三年以上十年以下有期徒刑，并处罚金或者没收财产。

（三）贪污数额特别巨大或者有其他特别严重情节的，处十年以上有期徒刑或者无期徒刑，并处罚金或者没收财产；数额特别巨大，并使国家和人民利益遭受特别重大损失的，处无期徒刑或者死刑，并处没收财产。

对多次贪污未经处理的，按照累计贪污数额处罚。

犯第一款罪，在提起公诉前如实供述自己罪行、真诚悔罪、积极退赃，避免、减少损害结果的发生，有第一项规定情形的，可以从轻、减轻或者免除处罚；有第二项、第三项规定情形的，可以从轻处罚。

犯第一款罪，有第三项规定情形被判处死刑缓期执行的，人民法院根据犯罪情节等情况可以同时决定在其死刑缓期执行二年期满依法减为无期徒刑后，终身监禁，不得减刑、假释。

● 定罪

1. 参见【本章罪名定罪问题的总体规定】

2. 第一款第一项"数额较大""其他较重情节"的认定

最高人民法院、最高人民检察院关于办理贪污贿赂刑事案件适用法律若干问题的解释（2016年4月18日）

第一条第一款　贪污或者受贿数额在三万元以上不满二十万元的，应当认定为刑法第三百八十三条第一款规定的"数额较大"，依法判处三年以下有期徒刑或者拘役，并处罚金。

第二款　贪污数额在一万元以上不满三万元，具有下列情形之一的，应当认定为刑法第三百八十三条第一款规定的"其他较重情节"，依法判处三年以下有期徒刑或者拘役，并处罚金：

（一）贪污救灾、抢险、防汛、优抚、扶贫、移民、救济、防疫、社会捐助等特定款物的；

（二）曾因贪污、受贿、挪用公款受过党纪、行政处分的；

（三）曾因故意犯罪受过刑事追究的；

（四）赃款赃物用于非法活动的；

（五）拒不交待赃款赃物去向或者拒不配合追缴工作，致使无法追缴的；

（六）造成恶劣影响或者其他严重后果的。

最高人民检察院关于贪污养老、医疗等社会保险基金能否适用《最高人民法院、最高人民检察院关于办理贪污贿赂刑事案件适用法律若干问题的解释》第一条第二款第一项规定的批复（2017年8月7日）

养老、医疗、工伤、失业、生育等社会保险基金可以认定为《最高人民法院、最高人民检察院关于办理贪污贿赂刑事案件适用法律若干问题的解释》第一条第二款第一项规定的"特定款物"。

根据刑法和有关司法解释规定，贪污罪和挪用公款罪中的"特定款物"的范围有所不同，实践中应注意区分，依法适用。

3. 第一款第二项"数额巨大""其他严重情节"的认定

最高人民法院、最高人民检察院关于办理贪污贿赂刑事案件适用法律若干问题的解释（2016年4月18日）

第二条第一款　贪污或者受贿数额在二十万元以上不满三百万元的，应当认定为刑法第三百八十三条第一款规定的"数额巨大",依法判处三年以上十年以下有期徒刑,并处罚金或者没收财产。

第二款 贪污数额在十万元以上不满二十万元,具有本解释第一条第二款规定的情形之一的,应当认定为刑法第三百八十三条第一款规定的"其他严重情节",依法判处三年以上十年以下有期徒刑,并处罚金或者没收财产。

4. 第一款第三项"数额特别巨大""其他特别严重情节"的认定

最高人民法院、最高人民检察院关于办理贪污贿赂刑事案件适用法律若干问题的解释(2016年4月18日)

第三条第一款 贪污或者受贿数额在三百万元以上的,应当认定为刑法第三百八十三条第一款规定的"数额特别巨大",依法判处十年以上有期徒刑、无期徒刑或者死刑,并处罚金或者没收财产。

第二款 贪污数额在一百五十万元以上不满三百万元,具有本解释第一条第二款规定的情形之一的,应当认定为刑法第三百八十三条第一款规定的"其他特别严重情节",依法判处十年以上有期徒刑、无期徒刑或者死刑,并处罚金或者没收财产。

● 量刑

1. 参见【本章罪名量刑问题的总体规定】

2. 第四款的溯及力

最高人民法院关于《中华人民共和国刑法修正案(九)》时间效力问题的解释(2015年11月1日)

第八条 对于2015年10月31日以前实施贪污、受贿行为,罪行极其严重,根据修正前刑法判处死刑缓期执行不能体现罪刑相适应原则,而根据修正后刑法判处死刑缓期执行同时决定在其死刑缓期执行二年期满依法减为无期徒刑后,终身监禁,不得减刑、假释可以罚当其罪的,适用修正后刑法第三百八十三条第四款的规定。根据修正前刑法判处死刑缓期执行足以罚当其罪的,不适用修正后刑法第三百八十三条第四款的规定。

3. 死刑、终身监禁

最高人民法院、最高人民检察院关于办理贪污贿赂刑事案件适用法律若干问题的解释(2016年4月18日)

第四条 贪污、受贿数额特别巨大,犯罪情节特别严重、社会影响特别恶劣、给国家和人民利益造成特别重大损失的，可以判处死刑。

符合前款规定的情形，但具有自首、立功，如实供述自己罪行、真诚悔罪、积极退赃，或者避免、减少损害结果的发生等情节，不是必须立即执行的，可以判处死刑缓期二年执行。

符合第一款规定情形的，根据犯罪情节等情况可以判处死刑缓期二年执行，同时裁判决定在其死刑缓期执行二年期满依法减为无期徒刑后，终身监禁，不得减刑、假释。

4. 罚金、没收财产

最高人民法院、最高人民检察院关于办理贪污贿赂刑事案件适用法律若干问题的解释（2016年4月18日）

第十九条　对贪污罪、受贿罪判处三年以下有期徒刑或者拘役的，应当并处十万元以上五十万元以下的罚金；判处三年以上十年以下有期徒刑的，应当并处二十万元以上犯罪数额二倍以下的罚金或者没收财产；判处十年以上有期徒刑或者无期徒刑的，应当并处五十万元以上犯罪数额二倍以下的罚金或者没收财产。

对刑法规定并处罚金的其他贪污贿赂犯罪，应当在十万元以上犯罪数额二倍以下判处罚金。

5. 退赃挽损的，从轻处罚

最高人民法院、最高人民检察院关于办理职务犯罪案件认定自首、立功等量刑情节若干问题的意见（2009年3月20日）

四、关于赃款赃物追缴等情形的处理

贪污案件中赃款赃物全部或者大部分追缴的，一般应当考虑从轻处罚。

受贿案件中赃款赃物全部或者大部分追缴的，视具体情况可以酌定从轻处罚。

犯罪分子及其亲友主动退赃或者在办案机关追缴赃款赃物过程中积极配合的，在量刑时应当与办案机关查办案件过程中依职权追缴赃款赃物的有所区别。

职务犯罪案件立案后，犯罪分子及其亲友自行挽回的经济损失，司法机关或者犯罪分子所在单位及其上级主管部门挽回的经济损失，或者因客观原因减少的经济损失，不予扣减，但可以作为酌情从轻处罚的情节。

6. 违法所得的处理

最高人民法院、最高人民检察院关于办理贪污贿赂刑事案件适用法律若干问题的解释（2016年4月18日）

第十八条 贪污贿赂犯罪分子违法所得的一切财物，应当依照刑法第六十四条的规定予以追缴或者责令退赔，对被害人的合法财产应当及时返还。对尚未追缴到案或者尚未足额退赔的违法所得，应当继续追缴或者责令退赔。

第三百八十四条 【挪用公款罪】 国家工作人员利用职务上的便利，挪用公款归个人使用，进行非法活动的，或者挪用公款数额较大、进行营利活动的，或者挪用公款数额较大、超过三个月未还的，是挪用公款罪，处五年以下有期徒刑或者拘役；情节严重的，处五年以上有期徒刑。挪用公款数额巨大不退还的，处十年以上有期徒刑或者无期徒刑。

挪用用于救灾、抢险、防汛、优抚、扶贫、移民、救济款物归个人使用的，从重处罚。

● 关联法条

第九十三条、第一百八十五条第二款、第二百七十二条第二款

● 定罪

1. 参见【本章罪名定罪问题的总体规定】
2. 挪用公款转化为贪污的认定

（参见第三百八十二条【定罪】5.挪用公款转化为贪污的认定）

3. 本罪定义

最高人民检察院关于人民检察院直接受理立案侦查案件立案标准的规定（试行）（1999年9月16日）

一、贪污贿赂犯罪案件

（二）挪用公款案（第384条，第185条第2款，第272条第2款）

挪用公款罪是指国家工作人员利用职务上的便利，挪用公款归个人使用，

进行非法活动的,或者挪用公款数额较大、进行营利活动的,或者挪用公款数额较大、超过三个月未还的行为。

4. 挪用公款的三种情形

最高人民法院关于审理挪用公款案件具体应用法律若干问题的解释（1998年5月9日）

第二条 对挪用公款罪,应区分三种不同情况予以认定:

（一）挪用公款归个人使用,数额较大、超过三个月未还的,构成挪用公款罪。

挪用正在生息或者需要支付利息的公款归个人使用,数额较大,超过三个月但在案发前全部归还本金的,可以从轻处罚或者免除处罚。给国家、集体造成的利息损失应予追缴。挪用公款数额巨大,超过三个月,案发前全部归还的,可以酌情从轻处罚。

（二）挪用公款数额较大,归个人进行营利活动的,构成挪用公款罪,不受挪用时间和是否归还的限制。在案发前部分或者全部归还本息的,可以从轻处罚;情节轻微的,可以免除处罚。

挪用公款存入银行、用于集资、购买股票、国债等,属于挪用公款进行营利活动。所获取的利息、收益等违法所得,应当追缴,但不计入挪用公款的数额。

（三）挪用公款归个人使用,进行赌博、走私等非法活动的,构成挪用公款罪,不受"数额较大"和挪用时间的限制。①

挪用公款给他人使用,不知道使用人用公款进行营利活动或者用于非法活动,数额较大、超过三个月未还的,构成挪用公款罪;明知使用人用于营利活动或者非法活动的,应当认定为挪用人挪用公款进行营利活动或者非法活动。

5. "挪用公款归个人使用"的认定

最高人民法院关于审理挪用公款案件具体应用法律若干问题的解释（1998年5月9日）

第一条 刑法第三百八十四条规定的"挪用公款归个人使用",包括挪用者本人使用或者给他人使用。

挪用公款给私有公司、私有企业使用的,属于挪用公款归个人使用。

---

① 编者注：根据《最高人民法院、最高人民检察院关于办理贪污贿赂刑事案件适用法律若干问题的解释》（2016年4月18日）第五条的规定,本罪已有入罪数额的限制。

最高人民检察院关于人民检察院直接受理立案侦查案件立案标准的规定（试行）（1999年9月16日）

一、贪污贿赂犯罪案件

（二）挪用公款案（第384条，第185条第2款，第272条第2款）

"挪用公款归个人使用"，既包括挪用者本人使用，也包括给他人使用。

全国人民代表大会常务委员会关于《中华人民共和国刑法》第三百八十四条第一款的解释（2002年4月28日）

全国人民代表大会常务委员会讨论了刑法第三百八十四条第一款规定的国家工作人员利用职务上的便利，挪用公款"归个人使用"的含义问题，解释如下：

有下列情形之一的，属于挪用公款"归个人使用"：

（一）将公款供本人、亲友或者其他自然人使用的；

（二）以个人名义将公款供其他单位使用的；

（三）个人决定以单位名义将公款供其他单位使用，谋取个人利益的。

最高人民检察院关于认真贯彻执行全国人大常委会《关于刑法第二百九十四条第一款的解释》和《关于刑法第三百八十四条第一款的解释》的通知（2002年5月13日）

二、要正确适用法律，积极发挥检察职能作用……对于国家工作人员利用职务上的便利，实施《解释》规定的挪用公款"归个人使用"的三种情形之一的，无论使用公款的是个人还是单位以及单位的性质如何，均应认定为挪用公款归个人使用，构成犯罪的，应依法严肃查处。

最高人民法院全国法院审理经济犯罪案件工作座谈会纪要（2003年11月13日）

四、关于挪用公款罪

（二）挪用公款供其他单位使用行为的认定

根据全国人大常委会《关于〈中华人民共和国刑法〉第三百八十四条第一款的解释》的规定，"以个人名义将公款供其他单位使用的"、"个人决定以单位名义将公款供其他单位使用，谋取个人利益的"，属于挪用公款"归个人使用"。在司法实践中，对于将公款供其他单位使用的，认定是否属于"以个人名义"，不能只看形式，要从实质上把握。对于行为人逃避财务监管，或者与使用人约定以个人名义进行，或者借款、还款都以个人名义进行，将公款给其他单位使用的，应认定为"以个人名义"。"个人决定"既包括行为人在职权范围内决定，也包括超越职权范围决定。"谋取个人利益"，既包括行为人与使用人事先约定谋取个人利益实际尚未获取的情况，也包括虽未事先约定但实际已获取了个人利益的情况。其中

"个人利益",既包括不正当利益,也包括正当利益;既包括财产性利益,也包括非财产性利益,但这种非财产性利益应当是具体的实际利益,如升学、就业等。

6. 挪用公款进行非法活动,入罪数额、"数额巨大"、"情节严重"的认定

最高人民检察院关于人民检察院直接受理立案侦查案件立案标准的规定(试行)(1999年9月16日)

四、附则

(四)本规定中有关挪用公款罪案中的"非法活动",既包括犯罪活动,也包括其他违法活动。

最高人民法院、最高人民检察院关于办理贪污贿赂刑事案件适用法律若干问题的解释(2016年4月18日)

第五条 挪用公款归个人使用,进行非法活动,数额在三万元以上的,应当依照刑法第三百八十四条的规定以挪用公款罪追究刑事责任;数额在三百万元以上的,应当认定为刑法第三百八十四条第一款规定的"数额巨大"。具有下列情形之一的,应当认定为刑法第三百八十四条第一款规定的"情节严重":

(一)挪用公款数额在一百万元以上的;

(二)挪用救灾、抢险、防汛、优抚、扶贫、移民、救济特定款物,数额在五十万元以上不满一百万元的;

(三)挪用公款不退还,数额在五十万元以上不满一百万元的;

(四)其他严重的情节。

7. 挪用公款个人进行营利活动或超过三个月未还,"数额较大""数额巨大""情节严重"的认定

最高人民法院、最高人民检察院关于办理贪污贿赂刑事案件适用法律若干问题的解释(2016年4月18日)

第六条 挪用公款归个人使用,进行营利活动或者超过三个月未还,数额在五万元以上的,应当认定为刑法第三百八十四条第一款规定的"数额较大";数额在五百万元以上的,应当认定为刑法第三百八十四条第一款规定的"数额巨大"。具有下列情形之一的,应当认定为刑法第三百八十四条第一款规定的"情节严重":

(一)挪用公款数额在二百万元以上的;

(二)挪用救灾、抢险、防汛、优抚、扶贫、移民、救济特定款物,数额在一百万元以上不满二百万元的;

（三）挪用公款不退还，数额在一百万元以上不满二百万元的；

（四）其他严重的情节。

8. "挪用公款数额巨大不退还的"认定

最高人民法院关于审理挪用公款案件具体应用法律若干问题的解释（1998年5月9日）

第五条 "挪用公款数额巨大不退还的"，是指挪用公款数额巨大，因客观原因在一审宣判前不能退还的。

9. 挪用公款归还个人欠款、注册公司行为的定性

最高人民法院全国法院审理经济犯罪案件工作座谈会纪要（2003年11月13日）

四、关于挪用公款罪

（五）挪用公款归还个人欠款行为性质的认定

挪用公款归还个人欠款的，应当根据产生欠款的原因，分别认定属于挪用公款的何种情形。归还个人进行非法活动或者进行营利活动产生的欠款，应当认定为挪用公款进行非法活动或者进行营利活动。

（六）挪用公款用于注册公司、企业行为性质的认定

申报注册资本是为进行生产经营活动作准备，属于成立公司、企业进行营利活动的组成部分。因此，挪用公款个人用于公司、企业注册资本验资证明的，应当认定为挪用公款进行营利活动。

10. 挪用国库券行为的定性

最高人民检察院关于挪用国库券如何定性问题的批复（1997年10月13日）

国家工作人员利用职务上的便利，挪用公有或本单位的国库券的行为以挪用公款论；符合刑法第384条、第272条第2款规定的情形构成犯罪的，按挪用公款罪追究刑事责任。

11. 挪用非特定公物归个人使用行为的定性

最高人民检察院关于国家工作人员挪用非特定公物能否定罪的请示的批复（2000年3月6日）

刑法第384条规定的挪用公款罪中未包括挪用非特定公物归个人使用的行为，对该行为不以挪用公款罪论处。如构成其他犯罪的，依照刑法的相关规定定罪处罚。

12. 挪用失业保险基金、下岗职工基本生活保障资金行为的定性

最高人民检察院关于挪用失业保险基金和下岗职工基本生活保障资金的行为适用法律问题的批复（2003年1月30日）

挪用失业保险基金和下岗职工基本生活保障资金属于挪用救济款物。挪用失业保险基金和下岗职工基本生活保障资金，情节严重，致使国家和人民群众利益遭受重大损害的，对直接责任人员，应当依照刑法第二百七十三条的规定，以挪用特定款物罪追究刑事责任；国家工作人员利用职务上的便利，挪用失业保险基金和下岗职工基本生活保障资金归个人使用，构成犯罪的，应当依照刑法第三百八十四条的规定，以挪用公款罪追究刑事责任。

13. 挪用公款后尚未投入实际使用行为的定性

最高人民法院全国法院审理经济犯罪案件工作座谈会纪要（2003年11月13日）

四、关于挪用公款罪

（七）挪用公款后尚未投入实际使用的行为性质的认定

挪用公款后尚未投入实际使用的，只要同时具备"数额较大"和"超过三个月未还"的构成要件，应当认定为挪用公款罪，但可以酌情从轻处罚。

14. 被委派到非国有单位人员挪用资金行为的定性

最高人民检察院关于人民检察院直接受理立案侦查案件立案标准的规定（试行）（1999年9月16日）

一、贪污贿赂犯罪案件

（二）挪用公款案（第384条，第185条第2款，第272条第2款）

国有金融机构工作人员和国有金融机构委派到非国有金融机构从事公务的人员，利用职务上的便利，挪用本单位或者客户资金的，以挪用公款罪追究刑事责任。

国有公司、企业或者其他国有单位中从事公务的人员和国有公司、企业或者其他国有单位委派到非国有公司、企业以及其他单位从事公务的人员，利用职务上的便利，挪用本单位资金归个人使用或者借贷给他人，数额较大、超过三个月未还的，或者虽未超过三个月，但数额较大，进行营利活动的，或者进行非法活动的，以挪用公款罪追究刑事责任。

15. 国家出资企业改制过程中挪用资金担保贷款行为的处理

最高人民法院、最高人民检察院关于办理国家出资企业中职务犯罪案件具体应用法律若干问题的意见（2010年11月26日）

三、关于国家出资企业工作人员使用改制公司、企业的资金担保个人贷款，用于购买改制公司、企业股份的行为的处理

国家出资企业的工作人员在公司、企业改制过程中为购买公司、企业股份，利用职务上的便利，将公司、企业的资金或者金融凭证、有价证券等用于个人贷款担保的，依照刑法第二百七十二条或者第三百八十四条的规定，以挪用资金罪或者挪用公款罪定罪处罚。

行为人在改制前的国家出资企业持有股份的，不影响挪用数额的认定，但量刑时应当酌情考虑。

经有关主管部门批准或者按照有关政策规定，国家出资企业的工作人员为购买改制公司、企业股份实施前款行为的，可以视具体情况不作为犯罪处理。

16. 国有单位上级领导向下级单位借款私用行为的定性

最高人民法院全国法院审理经济犯罪案件工作座谈会纪要（2003年11月13日）

四、关于挪用公款罪

（三）国有单位领导向其主管的具有法人资格的下级单位借公款归个人使用的认定

国有单位领导利用职务上的便利指令具有法人资格的下级单位将公款供个人使用的，属于挪用公款行为，构成犯罪的，应以挪用公款罪定罪处罚。

17. 挪用有价证券、金融凭证用于质押行为的定性

最高人民法院全国法院审理经济犯罪案件工作座谈会纪要（2003年11月13日）

四、关于挪用公款罪

（四）挪用有价证券、金融凭证用于质押行为性质的认定

挪用金融凭证、有价证券用于质押，使公款处于风险之中，与挪用公款为他人提供担保没有实质的区别，符合刑法关于挪用公款罪规定的，以挪用公款罪定罪处罚，挪用公款数额以实际或者可能承担的风险数额认定。

18. 挪用用于防控突发传染病疫情等灾害款项归个人使用行为的定性

（参见第三百八十二条【定罪】8. 贪污用于防控突发传染病疫情等灾害款物行为的定性）

19. 犯罪数额的计算

最高人民法院关于审理挪用公款案件具体应用法律若干问题的解释（1998年5月9日）

第四条 多次挪用公款不还，挪用公款数额累计计算；多次挪用公款，并以后次挪用的公款归还前次挪用的公款，挪用公款数额以案发时未还的实际数额认定。

最高人民检察院关于人民检察院直接受理立案侦查案件立案标准的规定（试行）（1999年9月16日）

一、贪污贿赂犯罪案件

（二）挪用公款案（第384条，第185条第2款，第272条第2款）

多次挪用公款不还的，挪用公款数额累计计算，多次挪用公款并以后次挪用的公款归还前次挪用的公款，挪用公款数额以案发时未还的数额认定。

20. 共同犯罪

最高人民法院关于审理挪用公款案件具体应用法律若干问题的解释（1998年5月9日）

第八条 挪用公款给他人使用，使用人与挪用人共谋，指使或者参与策划取得挪用款的，以挪用公款罪的共犯定罪处罚。

最高人民检察院关于人民检察院直接受理立案侦查案件立案标准的规定（试行）（1999年9月16日）

一、贪污贿赂犯罪案件

（二）挪用公款案（第384条，第185条第2款，第272条第2款）

挪用公款给其他个人使用的案件，使用人与挪用人共谋，指使或者参与策划取得挪用款的，对使用人以挪用公款罪的共犯追究刑事责任。

21. 一罪与数罪

最高人民法院关于审理挪用公款案件具体应用法律若干问题的解释（1998年5月9日）

第七条 因挪用公款索取、收受贿赂构成犯罪的，依照数罪并罚的规定处罚。

挪用公款进行非法活动构成其他犯罪的，依照数罪并罚的规定处罚。

最高人民法院、最高人民检察院关于办理妨害预防、控制突发传染病疫情等灾害的刑事案件具体应用法律若干问题的解释（2003年5月15日）

第十四条 贪污、侵占用于预防、控制突发传染病疫情等灾害的款物或者挪用归个人使用，构成犯罪的，分别依照刑法第三百八十二条、第三百八十三条、第二百七十一条、第三百八十四条、第二百七十二条的规定，以贪污罪、职务侵占罪、挪用公款罪、挪用资金罪定罪，依法从重处罚。

挪用于预防、控制突发传染病疫情等灾害的救灾、优抚、救济等款物，构成犯罪的，对直接责任人员，依照刑法第二百七十三条的规定，以挪用特定款物罪定罪处罚。

最高人民法院研究室关于对行为人通过伪造国家机关公文、证件担任国家工作人员职务并利用职务上的便利侵占本单位财物、收受贿赂、挪用本单位资金等行为如何适用法律问题的答复（2004年3月20日）

行为人通过伪造国家机关公文、证件担任国家工作人员职务以后，又利用职务上的便利实施侵占本单位财物、收受贿赂、挪用本单位资金等行为，构成犯罪的，应当分别以伪造国家机关公文、证件罪和相应的贪污罪、受贿罪、挪用公款罪等追究刑事责任，实行数罪并罚。

22. 罪与非罪

最高人民法院全国法院审理经济犯罪案件工作座谈会纪要（2003年11月13日）

四、关于挪用公款罪

（一）单位决定将公款给个人使用行为的认定

经单位领导集体研究决定将公款给个人使用，或者单位负责人为了单位的利益，决定将公款给个人使用的，不以挪用公款罪定罪处罚。上述行为致使单位遭受重大损失，构成其他犯罪的，依照刑法的有关规定对责任人员定罪处罚。

23. 追诉时效

最高人民法院关于挪用公款犯罪如何计算追诉期限问题的批复（2003年10月10日）

根据刑法第八十九条、第三百八十四条的规定，挪用公款归个人使用，进行非法活动的，或者挪用公款数额较大、进行营利活动的，犯罪的追诉期限从挪用行为实施完毕之日起计算；挪用公款数额较大、超过三个月未还的，犯罪的追诉期限从挪用公款罪成立之日起计算。挪用公款行为有连续状态的，犯罪的追诉期限应当从最后一次挪用行为实施完毕之日或者犯罪成立之日起计算。

最高人民法院关于被告人林少钦受贿请示一案的答复（2017年2月13日）

追诉时效是依照法律规定对犯罪分子追究刑事责任的期限，在追诉时效期限内，司法机关应当依法追究犯罪分子刑事责任。对于法院正在审理的贪污贿赂案件，应当依据司法机关立案侦查时的法律规定认定追诉时效。依据立案侦查时的法律规定未过时效，且已经进入诉讼程序的案件，在新的法律规定生效后应当继续审理。

● 量刑

参见【本章罪名量刑问题的总体规定】

> **第三百八十五条 【受贿罪】**国家工作人员利用职务上的便利，索取他人财物的，或者非法收受他人财物，为他人谋取利益的，是受贿罪。
>
> 国家工作人员在经济往来中，违反国家规定，收受各种名义的回扣、手续费，归个人所有的，以受贿论处。

● 关联法条

第九十三条、第九十六条、第三百八十六条、第三百八十八条、第一百六十三条第三款、第一百八十四条第二款

● 定罪

1. **参见【本章罪名定罪问题的总体规定】**
2. **本罪定义**

最高人民检察院关于人民检察院直接受理立案侦查案件立案标准的规定（试行）（1999年9月16日）

一、贪污贿赂犯罪案件

（三）受贿案（第385条、第386条、第388条、第163条第3款、第184条第2款）

受贿罪是指国家工作人员利用职务上的便利，索取他人财物的，或者非法收受他人财物，为他人谋取利益的行为。

3. "利用职务上的便利"的认定

最高人民检察院关于人民检察院直接受理立案侦查案件立案标准的规定（试行）（1999年9月16日）

一、贪污贿赂犯罪案件

（三）受贿案（第385条、第386条、第388条、第163条第3款、第184条第2款）

"利用职务上的便利"，是指利用本人职务范围内的权力，即自己职务上主管、负责或者承办某项公共事务的职权及其所形成的便利条件。

最高人民法院全国法院审理经济犯罪案件工作座谈会纪要（2003年11月13日）

三、关于受贿罪

（一）关于"利用职务上的便利"的认定

刑法第三百八十五条第一款规定的"利用职务上的便利"，既包括利用本人职务上主管、负责、承办某项公共事务的职权，也包括利用职务上有隶属、制约关系的其他国家工作人员的职权。担任单位领导职务的国家工作人员通过不属自己主管的下级部门的国家工作人员的职务为他人谋取利益的，应当认定为"利用职务上的便利"为他人谋取利益。

4. "财物"的认定

最高人民法院、最高人民检察院关于办理贪污贿赂刑事案件适用法律若干问题的解释（2016年4月18日）

第十二条　贿赂犯罪中的"财物"，包括货币、物品和财产性利益。财产性利益包括可以折算为货币的物质利益如房屋装修、债务免除等，以及需要支付货币的其他利益如会员服务、旅游等。后者的犯罪数额，以实际支付或者应当支付的数额计算。

5. "为他人谋取利益"的认定

最高人民检察院关于人民检察院直接受理立案侦查案件立案标准的规定（试行）（1999年9月16日）

一、贪污贿赂犯罪案件

（三）受贿案（第385条、第386条、第388条、第163条第3款、第184条第2款）

索取他人财物的，不论是否"为他人谋取利益"，均可构成受贿罪。非法收受他人财物的，必须同时具备"为他人谋取利益"的条件，才能构成受贿罪。但是为他人谋取的利益是否正当，为他人谋取的利益是否实现，不影响受贿罪的认定。

四、附则

（五）本规定中有关贿赂罪案中的"谋取不正当利益"，是指谋取违反法律、法规、国家政策和国务院各部门规章规定的利益，以及谋取违反法律、法规、国家政策和国务院各部门规章规定的帮助或者方便条件。

最高人民法院全国法院审理经济犯罪案件工作座谈会纪要（2003年11月13日）

三、关于受贿罪

（二）"为他人谋取利益"的认定

为他人谋取利益包括承诺、实施和实现三个阶段的行为。只要具有其中一个阶段的行为，如国家工作人员收受他人财物时，根据他人提出的具体请托事项，承诺为他人谋取利益的，就具备了为他人谋取利益的要件。明知他人有具体请托事项而收受其财物的，视为承诺为他人谋取利益。

最高人民法院关于发布第一批指导性案例的通知（2011年12月20日）

潘玉梅、陈宁受贿案（指导案例3号）

裁判要点：2. 国家工作人员明知他人有请托事项而收受其财物，视为承诺"为他人谋取利益"，是否已实际为他人谋取利益或谋取到利益，不影响受贿的认定。

最高人民法院、最高人民检察院关于办理贪污贿赂刑事案件适用法律若干问题的解释（2016年4月18日）

第十三条　具有下列情形之一的，应当认定为"为他人谋取利益"，构成犯罪的，应当依照刑法关于受贿犯罪的规定定罪处罚：

（一）实际或者承诺为他人谋取利益的；

（二）明知他人有具体请托事项的；

（三）履职时未被请托，但事后基于该履职事由收受他人财物的。

国家工作人员索取、收受具有上下级关系的下属或者具有行政管理关系的被管理人员的财物价值三万元以上，可能影响职权行使的，视为承诺为他人谋取利益。

6. 刑法第三百八十八条"利用职权或地位形成的便利条件"的认定

最高人民法院全国法院审理经济犯罪案件工作座谈会纪要（2003年11月13日）

三、关于受贿罪

（三）"利用职权或地位形成的便利条件"的认定

刑法第三百八十八条规定的"利用本人职权或者地位形成的便利条件"，是指行为人与被其利用的国家工作人员之间在职务上虽然没有隶属、制约关系，但是行为人利用了本人职权或者地位产生的影响和一定的工作联系,如单位内不同部门的国家工作人员之间、上下级单位没有职务上隶属、制约关系的国家工作人员之间、有工作联系的不同单位的国家工作人员之间等。

最高人民检察院关于人民检察院直接受理立案侦查案件立案标准的规定(试行)(1999年9月16日)

一、贪污贿赂犯罪案件

(三)受贿案(第385条、第386条、第388条、第163条第3款、第184条第2款)

国家工作人员利用本人职权或者地位形成的便利条件,通过其他国家工作人员职务上的行为,为请托人谋取不正当利益,索取请托人财物或者收受请托人财物的,以受贿罪追究刑事责任。

7. "回扣、手续费"型受贿行为

最高人民检察院关于人民检察院直接受理立案侦查案件立案标准的规定(试行)(1999年9月16日)

一、贪污贿赂犯罪案件

(三)受贿案(第385条、第386条、第388条、第163条第3款、第184条第2款)

国家工作人员在经济往来中,违反国家规定,收受各种名义的回扣、手续费,归个人所有的,以受贿罪追究刑事责任。

国有公司、企业中从事公务的人员和国有公司、企业委派到非国有公司、企业从事公务的人员利用职务上的便利,索取他人财物或者非法收受他人财物,为他人谋取利益,或者在经济往来中,违反国家规定,收受各种名义的回扣、手续费,归个人所有的,以受贿罪追究刑事责任。

国有金融机构工作人员和国有金融机构委派到非国有金融机构从事公务的人员在金融业务活动中索取他人财物或者非法收受他人财物,为他人谋取利益的,或者违反国家规定,收受各种名义的回扣、手续费归个人所有的,以受贿罪追究刑事责任。

8. "借款"型受贿行为

最高人民法院全国法院审理经济犯罪案件工作座谈会纪要(2003年11月13日)

三、关于受贿罪

(六)以借款为名索取或者非法收受财物行为的认定

国家工作人员利用职务上的便利,以借为名向他人索取财物,或者非法收

受财物为他人谋取利益的,应当认定为受贿。具体认定时,不能仅仅看是否有书面借款手续,应当根据以下因素综合判定:(1)有无正当、合理的借款事由;(2)款项的去向;(3)双方平时关系如何、有无经济往来;(4)出借方是否要求国家工作人员利用职务上的便利为其谋取利益;(5)借款后是否有归还的意思表示及行为;(6)是否有归还的能力;(7)未归还的原因;等等。

9. "股票"型受贿行为

最高人民法院全国法院审理经济犯罪案件工作座谈会纪要(2003年11月13日)

三、关于受贿罪

(七)涉及股票受贿案件的认定

在办理涉及股票的受贿案件时,应当注意:(1)国家工作人员利用职务上的便利,索取或非法收受股票,没有支付股本金,为他人谋取利益,构成受贿罪的,其受贿数额按照收受股票时的实际价格计算。(2)行为人支付股本金而购买较有可能升值的股票,由于不是无偿收受请托人财物,不以受贿罪论处。(3)股票已上市且已升值,行为人仅支付股本金,其"购买"股票时的实际价格与股本金的差价部分应认定为受贿。

10. "约定离职后收受财物"型受贿行为

最高人民法院关于国家工作人员利用职务上的便利为他人谋取利益离退休后收受财物行为如何处理问题的批复(2000年7月21日)

国家工作人员利用职务上的便利为请托人谋取利益,并与请托人事先约定,在其离退休后收受请托人财物,构成犯罪的,以受贿罪定罪处罚。

最高人民法院全国法院审理经济犯罪案件工作座谈会纪要(2003年11月13日)

三、关于受贿罪

(四)离职国家工作人员收受财物行为的处理

参照《最高人民法院关于国家工作人员利用职务上的便利为他人谋取利益离退休后收受财物行为如何处理问题的批复》规定的精神,国家工作人员利用职务上的便利为请托人谋取利益,并与请托人事先约定,在其离职后收受请托人财物,构成犯罪的,以受贿罪定罪处罚。

最高人民法院、最高人民检察院关于办理受贿刑事案件适用法律若干问题的意见(2007年7月8日)

十、关于在职时为请托人谋利,离职后收受财物问题

国家工作人员利用职务上的便利为请托人谋取利益之前或者之后,约定在

其离职后收受请托人财物，并在离职后收受的，以受贿论处。

国家工作人员利用职务上的便利为请托人谋取利益，离职前后连续收受请托人财物的，离职前后收受部分均应计入受贿数额。

11. "低价交易"型受贿行为

最高人民法院、最高人民检察院关于办理受贿刑事案件适用法律若干问题的意见（2007年7月8日）

一、关于以交易形式收受贿赂问题

国家工作人员利用职务上的便利为请托人谋取利益，以下列交易形式收受请托人财物的，以受贿论处：

（1）以明显低于市场的价格向请托人购买房屋、汽车等物品的；

（2）以明显高于市场的价格向请托人出售房屋、汽车等物品的；

（3）以其他交易形式非法收受请托人财物的。

受贿数额按照交易时当地市场价格与实际支付价格的差额计算。

前款所列市场价格包括商品经营者事先设定的不针对特定人的最低优惠价格。根据商品经营者事先设定的各种优惠交易条件，以优惠价格购买商品的，不属于受贿。

最高人民法院关于发布第一批指导性案例的通知（2011年12月20日）

潘玉梅、陈宁受贿案（指导案例3号）

裁判要点：3. 国家工作人员利用职务上的便利为请托人谋取利益，以明显低于市场的价格向请托人购买房屋等物品的，以受贿论处，受贿数额按照交易时当地市场价格与实际支付价格的差额计算。

12. "干股"型受贿行为

最高人民法院、最高人民检察院关于办理受贿刑事案件适用法律若干问题的意见（2007年7月8日）

二、关于收受干股问题

干股是指未出资而获得的股份。国家工作人员利用职务上的便利为请托人谋取利益，收受请托人提供的干股的，以受贿论处。进行了股权转让登记，或者相关证据证明股份发生了实际转让的，受贿数额按转让行为时股份价值计算，所分红利按受贿孳息处理。股份未实际转让，以股份分红名义获取利益的，实际获利数额应当认定为受贿数额。

三、关于以开办公司等合作投资名义收受贿赂问题国家工作人员利用职务上的便利为请托人谋取利益，由请托人出资，"合作"开办公司或者进行其他"合作"投资的，以受贿论处。受贿数额为请托人给国家工作人员的出资额。

国家工作人员利用职务上的便利为请托人谋取利益，以合作开办公司或者其他合作投资的名义获取"利润"，没有实际出资和参与管理、经营的，以受贿论处。

最高人民法院关于发布第一批指导性案例的通知（2011年12月20日）

潘玉梅、陈宁受贿案（指导案例3号）

裁判要点：1. 国家工作人员利用职务上的便利为请托人谋取利益，并与请托人以"合办"公司的名义获取"利润"，没有实际出资和参与经营管理的，以受贿论处。

13. "委托理财"型受贿行为

最高人民法院、最高人民检察院关于办理受贿刑事案件适用法律若干问题的意见（2007年7月8日）

四、关于以委托请托人投资证券、期货或者其他委托理财的名义收受贿赂问题

国家工作人员利用职务上的便利为请托人谋取利益，以委托请托人投资证券、期货或者其他委托理财的名义，未实际出资而获取"收益"，或者虽然实际出资，但获取"收益"明显高于出资应得收益的，以受贿论处。受贿数额，前一情形，以"收益"额计算；后一情形，以"收益"额与出资应得收益额的差额计算。

14. "赌博"型受贿行为

最高人民法院、最高人民检察院关于办理赌博刑事案件具体应用法律若干问题的解释（2005年5月13日）

第七条 通过赌博或者为国家工作人员赌博提供资金的形式实施行贿、受贿行为，构成犯罪的，依照刑法关于贿赂犯罪的规定定罪处罚。

最高人民法院、最高人民检察院关于办理受贿刑事案件适用法律若干问题的意见（2007年7月8日）

五、关于以赌博形式收受贿赂的认定问题

根据《最高人民法院、最高人民检察院关于办理赌博刑事案件具体应用法律若干问题的解释》第七条规定，国家工作人员利用职务上的便利为请托人谋取利益，通过赌博方式收受请托人财物的，构成受贿。

实践中应注意区分赌博与赌博活动、娱乐活动的界限。具体认定时，主要应当结合以下因素进行判断：（1）赌博的背景、场合、时间、次数；（2）赌资来源；（3）其他赌博参与者有无事先通谋；（4）输赢钱物的具体情况和金额大小。

15. 涉"特定关系人"型受贿行为

最高人民法院、最高人民检察院关于办理受贿刑事案件适用法律若干问题的意见（2007年7月8日）

六、关于特定关系人"挂名"领取薪酬问题

国家工作人员利用职务上的便利为请托人谋取利益，要求或者接受请托人以给特定关系人安排工作为名，使特定关系人不实际工作却获取所谓薪酬的，以受贿论处。

七、关于由特定关系人收受贿赂问题

国家工作人员利用职务上的便利为请托人谋取利益，授意请托人以本意见所列形式，将有关财物给予特定关系人的，以受贿论处。

十一、关于"特定关系人"的范围

本意见所称"特定关系人"，是指与国家工作人员有近亲属、情妇（夫）以及其他共同利益关系的人。

16. 退还、上交赃物行为对定罪的影响

最高人民法院、最高人民检察院关于办理受贿刑事案件适用法律若干问题的意见（2007年7月8日）

九、关于收受财物后退还或者上交问题

国家工作人员收受请托人财物后及时退还或者上交的，不是受贿。

国家工作人员受贿后，因自身或者与其受贿有关联的人、事被查处，为掩饰犯罪而退还或者上交的，不影响认定受贿罪。

最高人民法院关于发布第一批指导性案例的通知（2011年12月20日）

潘玉梅、陈宁受贿案（指导案例3号）

裁判要点：4. 国家工作人员收受财物后，因与其受贿有关联的人、事被查处，为掩饰犯罪而退还的，不影响认定受贿罪。

17. 赃款赃物用于公务或捐赠不影响案件定性

（参见第三百八十二条【定罪】6. 赃款赃物用于公务或捐赠不影响案件定性）

18. 未变更权属登记的"借用"型受贿行为

最高人民法院、最高人民检察院关于办理受贿刑事案件适用法律若干问题的意见（2007年7月8日）

八、关于收受贿赂物品未办理权属变更问题

国家工作人员利用职务上的便利为请托人谋取利益，收受请托人房屋、汽车等物品，未变更权属登记或者借用他人名义办理权属变更登记的，不影响受贿的认定。

认定以房屋、汽车等物品为对象的受贿，应注意与借用的区分。具体认定时，除双方交代或者书面协议之外，主要应当结合以下因素进行判断：（1）有无借用的合理事由；（2）是否实际使用；（3）借用时间的长短；（4）有无归还的条件；（5）有无归还的意思表示及行为。

19. 涉赃车入户、过户、验证中的受贿行为

最高人民法院、最高人民检察院、公安部、国家工商行政管理局关于依法查处盗窃、抢劫机动车案件的规定（1998年5月8日）

八、公安、工商行政管理人员利用职务上的便利，索取或者非法收受他人财物，为赃车入户、过户、验证构成犯罪的，依照《刑法》第三百八十五条、第三百八十六条的规定处罚。

20. 国家出资企业改制过程中的受贿行为

最高人民法院、最高人民检察院关于办理国家出资企业中职务犯罪案件具体应用法律若干问题的意见（2010年11月26日）

五、关于改制前后主体身份发生变化的犯罪的处理

国家工作人员在国家出资企业改制前利用职务上的便利实施犯罪，在其不再具有国家工作人员身份后又实施同种行为，依法构成不同犯罪的，应当分别定罪，实行数罪并罚。

……国家工作人员在国家出资企业改制过程中利用职务上的便利为请托人谋取利益，事先约定在其不再具有国家工作人员身份后收受请托人财物，或者在身份变化前后连续收受请托人财物的，依照刑法第三百八十五条、第三百八十六条的规定，以受贿罪定罪处罚。

21. 集体性质的乡镇卫生院院长可以成为本罪主体

最高人民检察院法律政策研究室关于集体性质的乡镇卫生院院长利用职务之便收受他人财物的行为如何适用法律问题的答复（2003年4月2日）

经过乡镇政府或者主管行政机关任命的乡镇卫生院院长，在依法从事本区域

卫生工作的管理与业务技术指导，承担医疗预防保健服务工作等公务活动时，属于刑法第九十三条第二款规定的其他依照法律从事公务的人员。对其利用职务上的便利，索取他人财物的，或者非法收受他人财物，为他人谋取利益的，应当依照刑法第三百八十五条、第三百八十六条的规定，以受贿罪追究刑事责任。

22. 佛教协会工作人员收受他人财物行为的定性

最高人民检察院法律政策研究室关于佛教协会工作人员能否构成受贿罪或者公司、企业人员受贿罪主体问题的答复（2003年1月13日）

佛教协会属于社会团体，其工作人员除符合刑法第九十三条第二款的规定属于受委托从事公务的人员外，既不属于国家工作人员，也不属于公司、企业人员。根据刑法的规定，对非受委托从事公务的佛教协会的工作人员利用职务之便收受他人财物，为他人谋取利益的行为，不能按受贿罪或者公司、企业人员受贿罪追究刑事责任。①

23. 医疗机构、学校、评标委员会中国家工作人员收受他人财物行为的定性

最高人民法院、最高人民检察院关于办理商业贿赂刑事案件适用法律若干问题的意见（2008年11月20日）

四、医疗机构中的国家工作人员，在药品、医疗器械、医用卫生材料等医药产品采购活动中，利用职务上的便利，索取销售方财物，或者非法收受销售方财物，为销售方谋取利益，构成犯罪的，依照刑法第三百八十五条的规定，以受贿罪定罪处罚。

五、学校及其他教育机构中的国家工作人员，在教材、教具、校服或者其他物品的采购等活动中，利用职务上的便利，索取销售方财物，或者非法收受销售方财物，为销售方谋取利益，构成犯罪的，依照刑法第三百八十五条的规定，以受贿罪定罪处罚。

六、依法组建的评标委员会、竞争性谈判采购中谈判小组、询价采购中询价小组的组成人员，在招标、政府采购等事项的评标或者采购活动中，索取他人财物或者非法收受他人财物，为他人谋取利益，数额较大的，依照刑法第一百六十三条的规定，以非国家工作人员受贿罪定罪处罚。

---

① 编者注：2006年6月29日《刑法修正案（六）》第八条将刑法第一百六十三条非国家工作人员受贿罪的犯罪主体扩展到"其他单位的工作人员"，据此，对非受委托从事公务的佛教协会的工作人员利用职务之便收受他人财物，为他人谋取利益的行为可以按非国家工作人员受贿罪处理。

依法组建的评标委员会、竞争性谈判采购中谈判小组、询价采购中询价小组中国家机关或者其他国有单位的代表有前款行为的,依照刑法第三百八十五条的规定,以受贿罪定罪处罚。

24. 受贿故意的推定

最高人民法院、最高人民检察院关于办理贪污贿赂刑事案件适用法律若干问题的解释(2016年4月18日)

第十六条第二款　特定关系人索取、收受他人财物,国家工作人员知道后未退还或者上交的,应当认定国家工作人员具有受贿故意。

25. 受贿数额的计算

最高人民法院、最高人民检察院关于办理商业贿赂刑事案件适用法律若干问题的意见(2008年11月20日)

七、商业贿赂中的财物,既包括金钱和实物,也包括可以用金钱计算数额的财产性利益,如提供房屋装修、含有金额的会员卡、代币卡(券)、旅游费用等。具体数额以实际支付的资费为准。

八、收受银行卡的,不论受贿人是否实际取出或者消费,卡内的存款数额一般应全额认定为受贿数额。使用银行卡透支的,如果由给予银行卡的一方承担还款责任,透支数额也应当认定为受贿数额。

最高人民法院、最高人民检察院关于办理贪污贿赂刑事案件适用法律若干问题的解释(2016年4月18日)

第十五条　对多次受贿未经处理的,累计计算受贿数额。

国家工作人员利用职务上的便利为请托人谋取利益前后多次收受请托人财物,受请托之前收受的财物数额在一万元以上的,应当一并计入受贿数额。

26. 共同犯罪

最高人民法院全国法院审理经济犯罪案件工作座谈会纪要(2003年11月13日)

(五)共同受贿犯罪的认定

根据刑法关于共同犯罪的规定,非国家工作人员与国家工作人员勾结,伙同受贿的,应当以受贿罪的共犯追究刑事责任。非国家工作人员是否构成受贿罪共犯,取决于双方有无共同受贿的故意和行为。国家工作人员的近亲属向国家工作人员代为转达请托事项,收受请托人财物并告知该国家工作人员,或者国家工作人员明知其近亲属收受了他人财物,仍按照近亲属的要求利用职权为他人谋取利益的,对该国家工作人员应认定为受贿罪,其近亲属以受贿罪共犯论处。近亲属以外的其他人与国家工作人员通谋，由国家工作人员利用职务上的便利为请托人谋取利益，收受请托人财物后双方共同占有的，构成受贿罪共犯。国家工作人员利用职务上的便利为他人谋取利益，并指定他人将财物送给其他人，构成犯罪的，应以受贿罪定罪处罚。

最高人民法院、最高人民检察院关于办理受贿刑事案件适用法律若干问题的意见（2007年7月8日）

七、关于由特定关系人收受贿赂问题

……特定关系人与国家工作人员通谋，共同实施前款行为的，对特定关系人以受贿罪的共犯论处。特定关系人以外的其他人与国家工作人员通谋，由国家工作人员利用职务上的便利为请托人谋取利益，收受请托人财物后双方共同占有的，以受贿罪的共犯论处。

最高人民法院、最高人民检察院关于办理商业贿赂刑事案件适用法律若干问题的意见（2008年11月20日）

十一、非国家工作人员与国家工作人员通谋，共同收受他人财物，构成共同犯罪的，根据双方利用职务便利的具体情形分别定罪追究刑事责任：

（1）利用国家工作人员的职务便利为他人谋取利益的，以受贿罪追究刑事责任。

（2）利用非国家工作人员的职务便利为他人谋取利益的，以非国家工作人员受贿罪追究刑事责任。

（3）分别利用各自的职务便利为他人谋取利益的，按照主犯的犯罪性质追究刑事责任，不能分清主从犯的，可以受贿罪追究刑事责任。

27. 一罪与数罪

最高人民法院、最高人民检察院、海关总署关于办理走私刑事案件适用法律若干问题的意见（2002年7月8日）

十六、关于放纵走私罪的认定问题

……海关工作人员收受贿赂又放纵走私的，应以受贿罪和放纵走私罪数罪并罚。

最高人民法院、最高人民检察院关于办理妨害预防、控制突发传染病疫情等灾害的刑事案件具体应用法律若干问题的解释（2003年5月15日）

第十四条第一款　贪污、侵占用于预防、控制突发传染病疫情等灾害的款物或者挪用归个人使用，构成犯罪的，分别依照刑法第三百八十二条、第三百八十三条、第二百七十一条、第三百八十四条、第二百七十二条的规定，以贪污罪、职务侵占罪、挪用公款罪、挪用资金罪定罪，依法从重处罚。

最高人民法院研究室关于对行为人通过伪造国家机关公文、证件担任国家工作人员职务并利用职务上的便利侵占本单位财物、收受贿赂、挪用本单位资金等行为如何适用法律问题的答复（2004年3月20日）

行为人通过伪造国家机关公文、证件担任国家工作人员职务以后，又利用职务上的便利实施侵占本单位财物、收受贿赂、挪用本单位资金等行为，构成犯罪的，应当分别以伪造国家机关公文、证件罪和相应的贪污罪、受贿罪、挪用公款罪等追究刑事责任，实行数罪并罚。

最高人民检察院关于印发第二批指导性案例的通知（2012年11月15日）

杨某玩忽职守、徇私枉法、受贿案（检例第8号）

【要旨】本案要旨有两点：……二是渎职犯罪同时受贿的处罚原则。对于国家机关工作人员实施渎职犯罪并收受贿赂，同时构成受贿罪的，除刑法第三百九十九条有特别规定的外，以渎职犯罪和受贿罪数罪并罚。

最高人民检察院关于印发第四批指导性案例的通知（2014年2月20日）

胡林贵等人生产、销售有毒、有害食品，行贿；骆梅等人销售伪劣产品；朱伟全等人生产、销售伪劣产品；黎达文等人受贿，食品监管渎职案（检例第15号）

【要旨】实施生产、销售有毒、有害食品犯罪，为逃避查处向负有食品安全监管职责的国家工作人员行贿的，应当以生产、销售有毒、有害食品罪和行贿罪实行数罪并罚。

负有食品安全监督管理职责的国家机关工作人员，滥用职权，向生产、销售有毒、有害食品的犯罪分子通风报信，帮助逃避处罚的，应当认定为食品监管渎职罪；在渎职过程中受贿的，应当以食品监管渎职罪和受贿罪实行数罪并罚。

最高人民检察院关于印发第四批指导性案例的通知（2014年2月20日）

赛跃、韩成武受贿、食品监管渎职案（检例第16号）

【要旨】负有食品安全监督管理职责的国家机关工作人员，滥用职权或玩忽职守，导致发生重大食品安全事故或者造成其他严重后果的，应当认定为食品监管渎职罪。在渎职过程中受贿的，应当以食品监管渎职罪和受贿罪实行数罪并罚。

最高人民法院、最高人民检察院关于办理危害生产安全刑事案件适用法律若干问题的解释（2015年12月16日）

第十四条　国家工作人员违反规定投资入股生产经营，构成本解释规定的有关犯罪的，或者国家工作人员的贪污、受贿犯罪行为与安全事故发生存在关联性的，从重处罚；同时构成贪污、受贿犯罪和危害生产安全犯罪的，依照数罪并罚的规定处罚。

最高人民法院、最高人民检察院关于办理贪污贿赂刑事案件适用法律若干问题的解释（2016年4月18日）

第十七条 国家工作人员利用职务上的便利，收受他人财物，为他人谋取利益，同时构成受贿罪和刑法分则第三章第三节、第九章规定的渎职犯罪的，除刑法另有规定外，以受贿罪和渎职犯罪数罪并罚。

最高人民法院、最高人民检察院、公安部关于办理涉窨井盖相关刑事案件的指导意见（2020年3月16日）

十一、国家机关工作人员利用职务上的便利，收受他人财物，为他人谋取与窨井盖相关利益，同时构成受贿罪和刑法分则第九章规定的渎职犯罪的，除刑法另有规定外，以受贿罪和渎职犯罪数罪并罚。

十二、本意见所称的"窨井盖"，包括城市、城乡结合部和乡村等地的窨井盖以及其他井盖。

28. 罪与非罪

最高人民法院、最高人民检察院关于办理商业贿赂刑事案件适用法律若干问题的意见（2008年11月20日）

十、办理商业贿赂犯罪案件，要注意区分贿赂与馈赠的界限。主要应当结合以下因素全面分析、综合判断：（1）发生财物往来的背景，如双方是否存在亲友关系及历史上交往的情形和程度；（2）往来财物的价值；（3）财物往来的缘由、时机和方式，提供财物方对于接受方有无职务上的请托；（4）接受方是否利用职务上的便利为提供方谋取利益。

29. 追缴、责令退赔违法所得

最高人民法院、最高人民检察院关于办理贪污贿赂刑事案件适用法律若干问题的解释（2016年4月18日）

第十八条 贪污贿赂犯罪分子违法所得的一切财物，应当依照刑法第六十四条的规定予以追缴或者责令退赔，对被害人的合法财产应当及时返还。对尚未追缴到案或者尚未足额退赔的违法所得，应当继续追缴或者责令退赔。

30. 追诉时效

最高人民法院关于被告人林少钦受贿请示一案的答复（2017年2月13日）

追诉时效是依照法律规定对犯罪分子追究刑事责任的期限，在追诉时效期限内，司法机关应当依法追究犯罪分子刑事责任。对于法院正在审理的贪污贿赂案件，应当依据司法机关立案侦查时的法律规定认定追诉时效。依据立案侦查时的法律规定未过时效,且已经进入诉讼程序的案件,在新的法律规定生效后应当继续审理。

> **第三百八十六条** 【受贿罪的处罚】对犯受贿罪的,根据受贿所得数额及情节,依照本法第三百八十三条的规定处罚。索贿的从重处罚。

● 关联法条

第三百八十三条

● 定罪

1. 参见【本章罪名定罪问题的总体规定】
2. 受贿行为"数额较大"、有"其他较重情节"的认定

最高人民法院、最高人民检察院关于办理贪污贿赂刑事案件适用法律若干问题的解释（2016年4月18日）

第一条 贪污或者受贿数额在三万元以上不满二十万元的,应当认定为刑法第三百八十三条第一款规定的"数额较大",依法判处三年以下有期徒刑或者拘役,并处罚金。

贪污数额在一万元以上不满三万元,具有下列情形之一的,应当认定为刑法第三百八十三条第一款规定的"其他较重情节",依法判处三年以下有期徒刑或者拘役,并处罚金:

（一）贪污救灾、抢险、防汛、优抚、扶贫、移民、救济、防疫、社会捐助等特定款物的;

（二）曾因贪污、受贿、挪用公款受过党纪、行政处分的;

（三）曾因故意犯罪受过刑事追究的;

（四）赃款赃物用于非法活动的;

（五）拒不交待赃款赃物去向或者拒不配合追缴工作,致使无法追缴的;

（六）造成恶劣影响或者其他严重后果的。

受贿数额在一万元以上不满三万元,具有前款第二项至第六项规定的情形之一,或者具有下列情形之一的,应当认定为刑法第三百八十三条第一款规定

的"其他较重情节",依法判处三年以下有期徒刑或者拘役,并处罚金:

(一)多次索贿的;

(二)为他人谋取不正当利益,致使公共财产、国家和人民利益遭受损失的;

(三)为他人谋取职务提拔、调整的。

3. 受贿行为"数额巨大"、有"其他严重情节"的认定

最高人民法院、最高人民检察院关于办理贪污贿赂刑事案件适用法律若干问题的解释(2016年4月18日)

第二条第一款 贪污或者受贿数额在二十万元以上不满三百万元的,应当认定为刑法第三百八十三条第一款规定的"数额巨大",依法判处三年以上十年以下有期徒刑,并处罚金或者没收财产。

第三款 受贿数额在十万元以上不满二十万元,具有本解释第一条第三款规定的情形之一的,应当认定为刑法第三百八十三条第一款规定的"其他严重情节",依法判处三年以上十年以下有期徒刑,并处罚金或者没收财产。

4. 受贿行为"数额特别巨大"、有"其他特别严重情节"的认定

最高人民法院、最高人民检察院关于办理贪污贿赂刑事案件适用法律若干问题的解释(2016年4月18日)

第三条第一款 贪污或者受贿数额在三百万元以上的,应当认定为刑法第三百八十三条第一款规定的"数额特别巨大",依法判处十年以上有期徒刑、无期徒刑或者死刑,并处罚金或者没收财产。

第三款 受贿数额在一百五十万元以上不满三百万元,具有本解释第一条第三款规定的情形之一的,应当认定为刑法第三百八十三条第一款规定的"其他特别严重情节",依法判处十年以上有期徒刑、无期徒刑或者死刑,并处罚金或者没收财产。

● 量刑

1. 参见【本章罪名量刑问题的总体规定】
2. 死刑、终身监禁

(参见第三百八十三条【量刑】3. 死刑、终身监禁)

3. 罚金、没收财产

（参见第三百八十三条【量刑】4. 罚金、没收财产）

4. 退赃挽损的，从轻处罚

（参见第三百八十三条【量刑】5. 退赃挽损的，从轻处罚）

5. 违法所得的处理

（参见第三百八十三条【量刑】6. 违法所得的处理）

6. 宽严相济刑事政策

最高人民法院、最高人民检察院关于办理受贿刑事案件适用法律若干问题的意见（2007年7月8日）

十二、关于正确贯彻宽严相济刑事政策的问题

依照本意见办理受贿刑事案件，要根据刑法关于受贿罪的有关规定和受贿罪权钱交易的本质特征，准确区分罪与非罪、此罪与彼罪的界限，惩处少数，教育多数。在从严惩处受贿犯罪的同时，对于具有自首、立功等情节的，依法从轻、减轻或者免除处罚。

最高人民法院刑二庭：宽严相济在经济犯罪和职务犯罪案件审判中的具体贯彻（《人民法院报》2010年4月7日第6版）

二、宽严相济刑事政策在职务犯罪案件审判中的具体贯彻

（二）关于政策法律界限。在坚持依法从严惩处职务犯罪的同时，同样需要根据《意见》第14条、第25条的规定，体现宽严"相济"，做到严中有宽、宽以济严。以贿赂犯罪为例说明如下：（1）对于收受财物后于案发前退还或上交所收财物的，应当区分情况做出不同处理：收受请托人财物后及时退还或者上交的，因其受贿故意不能确定，同时为了感化、教育潜在受贿犯罪分子，故不宜以受贿处理；受贿后因自身或者与其受贿有关联的人、事被查处，为掩饰犯罪而退还或者上交的，因受贿行为既已完毕，且无主动悔罪之意思，故不影响受贿罪的认定。（2）对于行业、领域内带有一定普遍性、涉案人员众多的案件，要注意区别对待，防止因打击面过宽导致不良的社会效果。特别是对于普通医生的商业贿赂犯罪问题，更要注意运用多种手段治理应对。对收受回扣数额大的；明知药品伪劣，但为收受回扣而要求医院予以采购的；为收受回扣而给病人大量开药或者使用不对症药品，造成严重后果的；收受回扣造成其他严重影响的等情形，应依法追究刑事责任。（3）对于性质恶劣、情节严重、涉案范围广、影响面大的商业贿赂犯罪案件，特别是对于顶风作案的，或者案发后隐瞒

犯罪事实、毁灭证据、订立攻守同盟、负案潜逃等企图逃避法律追究的,应当依照《意见》第8条第2款的规定依法从严惩处的同时,对于在自查自纠中主动向单位、行业主管(监管)部门讲清问题、积极退赃的,或者检举、揭发他人犯罪行为,有自首、立功情节的,应当依照《意见》有关规定依法从轻、减轻或者免予处罚。

第三百八十七条　【单位受贿罪】国家机关、国有公司、企业、事业单位、人民团体,索取、非法收受他人财物,为他人谋取利益,情节严重的,对单位判处罚金,并对其直接负责的主管人员和其他直接责任人员,处五年以下有期徒刑或者拘役。

　　前款所列单位,在经济往来中,在账外暗中收受各种名义的回扣、手续费的,以受贿论,依照前款的规定处罚。

● 立案追诉标准

最高人民检察院关于人民检察院直接受理立案侦查案件立案标准的规定(试行)(1999年9月16日)

一、贪污贿赂犯罪案件

(四)单位受贿案(第387条)

单位受贿罪是指国家机关、国有公司、企业、事业单位、人民团体,索取、非法收受他人财物,为他人谋取利益,情节严重的行为。

索取他人财物或者非法收受他人财物,必须同时具备为他人谋取利益的条件,且是情节严重的行为,才能构成单位受贿罪。

国家机关、国有公司、企业、事业单位、人民团体,在经济往来中,在账外暗中收受各种名义的回扣、手续费的,以单位受贿罪追究刑事责任。

涉嫌下列情形之一的,应予立案:

1. 单位受贿数额在10万元以上的;
2. 单位受贿数额不满10万元,但具有下列情形之一的:
(1)故意刁难、要挟有关单位、个人,造成恶劣影响的;
(2)强行索取财物的;
(3)致使国家或者社会利益遭受重大损失的。

● 定罪

1. 参见【本章罪名定罪问题的总体规定】
2. 国有单位内设机构可以成为本罪主体

最高人民检察院法律政策研究室关于国有单位的内设机构能否构成单位受贿罪主体问题的答复（2006年9月12日）

国有单位的内设机构利用其行使职权的便利，索取、非法收受他人财物并归该内设机构所有或者支配，为他人谋取利益，情节严重的，依照刑法第三百八十七条的规定以单位受贿罪追究刑事责任。

上述内设机构在经济往来中，在账外暗中收受各种名义的回扣、手续费的，以受贿论。

● 量刑

参见【本章罪名量刑问题的总体规定】

> 第三百八十八条 【受贿罪】国家工作人员利用本人职权或者地位形成的便利条件，通过其他国家工作人员职务上的行为，为请托人谋取不正当利益，索取请托人财物或者收受请托人财物的，以受贿论处。

> 第三百八十八条之一 【利用影响力受贿罪】国家工作人员的近亲属或者其他与该国家工作人员关系密切的人，通过该国家工作人员职务上的行为，或者利用该国家工作人员职权或者地位形成的便利条件，通过其他国家工作人员职务上的行为，为请托人谋取不正当利益，索取请托人财物或者收受请托人财物，数额较大或者有其他较重情节的，处三年以下有期徒刑或者拘役，并处罚金；数额巨大或者有其他严重情节的，处三年以上七年以下有期徒刑，并处罚金；数额特别巨大或者有其他特别严重情节的，处七年以上有期徒刑，并处罚金或者没收财产。

> 离职的国家工作人员或者其近亲属以及其他与其关系密切的人，利用该离职的国家工作人员原职权或者地位形成的便利条件实施前款行为的，依照前款的规定定罪处罚。

● **关联法条**

第九十三条

● **定罪量刑**

1. **参见【本章罪名定罪问题的总体规定】、【本章罪名量刑问题的总体规定】**
2. **定罪量刑适用标准**

最高人民法院、最高人民检察院关于办理贪污贿赂刑事案件适用法律若干问题的解释（2016年4月18日）

第十条第一款 刑法第三百八十八条之一规定的利用影响力受贿罪的定罪量刑适用标准，参照本解释关于受贿罪的规定执行。

> **第三百八十九条** 【行贿罪】为谋取不正当利益，给予国家工作人员以财物的，是行贿罪。
>
> 在经济往来中，违反国家规定，给予国家工作人员以财物，数额较大的，或者违反国家规定，给予国家工作人员以各种名义的回扣、手续费的，以行贿论处。
>
> 因被勒索给予国家工作人员以财物，没有获得不正当利益的，不是行贿。

● **关联法条**

第九十三条、第九十六条、第三百九十条

● 定罪

1. 本罪定义

最高人民检察院关于人民检察院直接受理立案侦查案件立案标准的规定（试行）（1999年9月16日）

一、贪污贿赂犯罪案件

（五）行贿案（第389条、第390条）①

行贿罪是指为谋取不正当利益，给予国家工作人员以财物的行为。

在经济往来中，违反国家规定，给予国家工作人员以财物，数额较大的，或者违反国家规定，给予国家工作人员以各种名义的回扣、手续费的，以行贿罪追究刑事责任。

2. 入罪数额、入罪情节

最高人民法院、最高人民检察院关于办理贪污贿赂刑事案件适用法律若干问题的解释（2016年4月18日）

第七条 为谋取不正当利益，向国家工作人员行贿，数额在三万元以上的，应当依照刑法第三百九十条的规定以行贿罪追究刑事责任。

行贿数额在一万元以上不满三万元，具有下列情形之一的，应当依照刑法第三百九十条的规定以行贿罪追究刑事责任：

（一）向三人以上行贿的；

（二）将违法所得用于行贿的；

（三）通过行贿谋取职务提拔、调整的；

（四）向负有食品、药品、安全生产、环境保护等监督管理职责的国家工作人员行贿，实施非法活动的；

（五）向司法工作人员行贿，影响司法公正的；

（六）造成经济损失数额在五十万元以上不满一百万元的。

---

① 编者注：《最高人民检察院关于行贿罪立案标准的规定》（2000年12月22日）"一、行贿案（刑法第三百八十九条、第三百九十条）"对本罪的定义、立案追诉标准作了完全相同的规定。

3. 行贿犯罪中"谋取不正当利益"的认定

最高人民法院、最高人民检察院关于在办理受贿犯罪大要案的同时要严肃查处严重行贿犯罪分子的通知（1999年3月4日）

二、对于为谋取不正当利益而行贿，构成行贿罪、向单位行贿罪、单位行贿罪的，必须依法追究刑事责任。"谋取不正当利益"是指谋取违反法律、法规、国家政策和国务院各部门规章规定的利益，以及要求国家工作人员或者有关单位提供违反法律、法规、国家政策和国务院各部门规章规定的帮助或者方便条件。

对于向国家工作人员介绍贿赂，构成犯罪的案件，也要依法查处。

最高人民检察院关于人民检察院直接受理立案侦查案件立案标准的规定（试行）（1999年9月16日）

四、附则

（五）本规定中有关贿赂罪案中的"谋取不正当利益"，是指谋取违反法律、法规、国家政策和国务院各部门规章规定的利益，以及谋取违反法律、法规、国家政策和国务院各部门规章规定的帮助或者方便条件。

最高人民法院、最高人民检察院关于办理商业贿赂刑事案件适用法律若干问题的意见（2008年11月20日）

九、在行贿犯罪中，"谋取不正当利益"，是指行贿人谋取违反法律、法规、规章或者政策规定的利益，或者要求对方违反法律、法规、规章、政策、行业规范的规定提供帮助或者方便条件。

在招标投标、政府采购等商业活动中，违背公平原则，给予相关人员财物以谋取竞争优势的，属于"谋取不正当利益"。

最高人民法院、最高人民检察院关于办理行贿刑事案件具体应用法律若干问题的解释（2013年1月1日）

第十二条 行贿犯罪中的"谋取不正当利益"，是指行贿人谋取的利益违反法律、法规、规章、政策规定，或者要求国家工作人员违反法律、法规、规章、政策、行业规范的规定，为自己提供帮助或者方便条件。

违背公平、公正原则，在经济、组织人事管理等活动中，谋取竞争优势的，应当认定为"谋取不正当利益"。

4. "财物"的认定

最高人民法院、最高人民检察院关于办理贪污贿赂刑事案件适用法律若干问题的解释（2016年4月18日）

第十二条 贿赂犯罪中的"财物"，包括货币、物品和财产性利益。财产性利益包括可以折算为货币的物质利益如房屋装修、债务免除等，以及需要支付货币的其他利益如会员服务、旅游等。后者的犯罪数额，以实际支付或者应当支付的数额计算。

5. 行贿数额的计算

最高人民法院、最高人民检察院关于办理行贿刑事案件具体应用法律若干问题的解释（2013年1月1日）

第五条　多次行贿未经处理的，按照累计行贿数额处罚。

6. 一罪与数罪

最高人民法院、最高人民检察院关于办理行贿刑事案件具体应用法律若干问题的解释（2013年1月1日）

第六条　行贿人谋取不正当利益的行为构成犯罪的，应当与行贿犯罪实行数罪并罚。

最高人民检察院关于印发第四批指导性案例的通知（2014年2月20日）

胡林贵等人生产、销售有毒、有害食品，行贿；骆梅等人销售伪劣产品；朱伟全等人生产、销售伪劣产品；黎达文等人受贿，食品监管渎职案（检例第15号）

【要旨】实施生产、销售有毒、有害食品犯罪，为逃避查处向负有食品安全监管职责的国家工作人员行贿的，应当以生产、销售有毒、有害食品罪和行贿罪实行数罪并罚。

负有食品安全监督管理职责的国家机关工作人员，滥用职权，向生产、销售有毒、有害食品的犯罪分子通风报信，帮助逃避处罚的，应当认定为食品监管渎职罪；在渎职过程中受贿的，应当以食品监管渎职罪和受贿罪实行数罪并罚。

最高人民法院、最高人民检察院关于办理危害生产安全刑事案件适用法律若干问题的解释（2015年12月16日）

第十二条　实施刑法第一百三十二条、第一百三十四条至第一百三十九条之一规定的犯罪行为，具有下列情形之一的，从重处罚：

（一）未依法取得安全许可证件或者安全许可证件过期、被暂扣、吊销、注销后从事生产经营活动的；

（二）关闭、破坏必要的安全监控和报警设备的；

（三）已经发现事故隐患，经有关部门或个人提出后，仍不采取措施的；

（四）一年内曾因危害生产安全违法犯罪活动受过行政处罚或者刑事处罚的；

（五）采取弄虚作假、行贿等手段，故意逃避、阻挠负有安全监督管理职责的部门实施监督检查的；

（六）安全事故发生后转移财产意图逃避承担责任的；

（七）其他从重处罚的情形。

实施前款第五项规定的行为，同时构成刑法第三百八十九条规定的犯罪的，依照数罪并罚的规定处罚。

7. 不正当利益的追缴、责令退赔或者返还被害人

最高人民法院、最高人民检察院关于办理行贿刑事案件具体应用法律若干问题的解释（2013年1月1日）

第十一条　行贿犯罪取得的不正当财产性利益应当依照刑法第六十四条的规定予以追缴、责令退赔或者返还被害人。

因行贿犯罪取得财产性利益以外的经营资格、资质或者职务晋升等其他不正当利益，建议有关部门依照相关规定予以处理。

最高人民法院、最高人民检察院关于办理贪污贿赂刑事案件适用法律若干问题的解释（2016年4月18日）

第十八条　贪污贿赂犯罪分子违法所得的一切财物，应当依照刑法第六十四条的规定予以追缴或者责令退赔，对被害人的合法财产应当及时返还。对尚未追缴到案或者尚未足额退赔的违法所得，应当继续追缴或者责令退赔。

● 量刑

参见【本章罪名量刑问题的总体规定】

第三百九十条　【行贿罪的处罚】对犯行贿罪的，处五年以下有期徒刑或者拘役，并处罚金；因行贿谋取不正当利益，情节严重的，或者使国家利益遭受重大损失的，处五年以上十年以下有期徒刑，并处罚金；情节特别严重的，或者使国家利益遭受特别重大损失的，处十年以上有期徒刑或者无期徒刑，并处罚金或者没收财产。

行贿人在被追诉前主动交待行贿行为的，可以从轻或者减轻处罚。其中，犯罪较轻的，对侦破重大案件起关键作用的，或者有重大立功表现的，可以减轻或者免除处罚。

● 定罪

1. 第一款"情节严重""使国家利益遭受重大损失"的认定

最高人民法院、最高人民检察院关于办理贪污贿赂刑事案件适用法律若干问题的解释（2016 年 4 月 18 日）

第八条 犯行贿罪，具有下列情形之一的，应当认定为刑法第三百九十条第一款规定的"情节严重"：

（一）行贿数额在一百万元以上不满五百万元的；

（二）行贿数额在五十万元以上不满一百万元，并具有本解释第七条第二款第一项至第五项规定的情形之一的；

（三）其他严重的情节。

为谋取不正当利益，向国家工作人员行贿，造成经济损失数额在一百万元以上不满五百万元的，应当认定为刑法第三百九十条第一款规定的"使国家利益遭受重大损失"。

2. 第一款"情节特别严重""使国家利益遭受特别重大损失"的认定

最高人民法院、最高人民检察院关于办理贪污贿赂刑事案件适用法律若干问题的解释（2016 年 4 月 18 日）

第九条 犯行贿罪，具有下列情形之一的，应当认定为刑法第三百九十条第一款规定的"情节特别严重"：

（一）行贿数额在五百万元以上的；

（二）行贿数额在二百五十万元以上不满五百万元，并具有本解释第七条第二款第一项至第五项规定的情形之一的；

（三）其他特别严重的情节。

为谋取不正当利益，向国家工作人员行贿，造成经济损失数额在五百万元以上的，应当认定为刑法第三百九十条第一款规定的"使国家利益遭受特别重大损失"。

3. 第二款"被追诉前"的认定

最高人民法院、最高人民检察院关于办理行贿刑事案件具体应用法律若干问题的解释（2013 年 1 月 1 日）

第十三条 刑法第三百九十条第二款规定的"被追诉前"，是指检察机关对行贿人的行贿行为刑事立案前。

4. 第二款"犯罪较轻""重大案件""对侦破重大案件起关键作用"的认定

最高人民法院、最高人民检察院关于办理贪污贿赂刑事案件适用法律若干问题的解释（2016年4月18日）

第十四条 根据行贿犯罪的事实、情节，可能被判处三年有期徒刑以下刑罚的，可以认定为刑法第三百九十条第二款规定的"犯罪较轻"。

根据犯罪的事实、情节，已经或者可能被判处十年有期徒刑以上刑罚的，或者案件在本省、自治区、直辖市或者全国范围内有较大影响的，可以认定为刑法第三百九十条第二款规定的"重大案件"。

具有下列情形之一的，可以认定为刑法第三百九十条第二款规定的"对侦破重大案件起关键作用"：

（一）主动交待办案机关未掌握的重大案件线索的；

（二）主动交待的犯罪线索不属于重大案件的线索，但该线索对于重大案件侦破有重要作用的；

（三）主动交待行贿事实，对于重大案件的证据收集有重要作用的；

（四）主动交待行贿事实，对于重大案件的追逃、追赃有重要作用的。

● 量刑

1. 参见【本章罪名量刑问题的总体规定】

2. 依法严肃惩处

最高人民法院、最高人民检察院关于在办理受贿犯罪大要案的同时要严肃查处严重行贿犯罪分子的通知（1999年3月4日）

三、当前要特别注意依法严肃惩处下列严重行贿犯罪行为：

1. 行贿数额巨大、多次行贿或者向多人行贿的；

2. 向党政干部和司法工作人员行贿的；

3. 为进行走私、偷税、骗税、骗汇、逃汇、非法买卖外汇等违法犯罪活动，向海关、工商、税务、外汇管理等行政执法机关工作人员行贿的；

4. 为非法办理金融、证券业务，向银行等金融机构、证券管理机构工作人员行贿，致使国家利益遭受重大损失的；

5. 为非法获取工程、项目的开发、承包、经营权，向有关主管部门及其主管领导行贿，致使公共财产、国家和人民利益遭受重大损失的；

6. 为制售假冒伪劣产品，向有关国家机关、国有单位及国家工作人员行贿，造成严重后果的；

7. 其他情节严重的行贿犯罪行为。

3. 从轻、减轻、免除处罚

最高人民法院、最高人民检察院关于在办理受贿犯罪大要案的同时要严肃查处严重行贿犯罪分子的通知（1999年3月4日）

四、在查处严重行贿、介绍贿赂犯罪案件中，既要坚持从严惩处的方针，又要注意体现政策。行贿人、介绍贿赂人具有刑法第三百九十条第二款、第三百九十二条第二款规定的在被追诉前主动交代行贿、介绍贿赂犯罪情节的，依法分别可以减轻或者免除处罚；行贿人、介绍贿赂人在被追诉后如实交待行贿、介绍贿赂行为的，也可以酌情从轻处罚。

最高人民法院、最高人民检察院关于办理行贿刑事案件具体应用法律若干问题的解释（2013年1月1日）

第七条 因行贿人在被追诉前主动交待行贿行为而破获相关受贿案件的，对行贿人不适用刑法第六十八条关于立功的规定，依照刑法第三百九十条第二款的规定，可以减轻或者免除处罚。

单位行贿的，在被追诉前，单位集体决定或者单位负责人决定主动交待单位行贿行为的，依照刑法第三百九十条第二款的规定，对单位及相关责任人员可以减轻处罚或者免除处罚；受委托直接办理单位行贿事项的直接责任人员在被追诉前主动交待自己知道的单位行贿行为的，对该直接责任人员可以依照刑法第三百九十条第二款的规定减轻处罚或者免除处罚。

第八条 行贿人被追诉后如实供述自己罪行的，依照刑法第六十七条第三款的规定，可以从轻处罚；因其如实供述自己罪行，避免特别严重后果发生的，可以减轻处罚。

第九条 行贿人揭发受贿人与其行贿无关的其他犯罪行为，查证属实的，依照刑法第六十八条关于立功的规定，可以从轻、减轻或者免除处罚。

4. 缓刑和免予刑事处罚适用的禁止

最高人民法院、最高人民检察院关于办理行贿刑事案件具体应用法律若干问题的解释（2013年1月1日）

第十条 实施行贿犯罪，具有下列情形之一的，一般不适用缓刑和免予刑事处罚：

（一）向三人以上行贿的；
（二）因行贿受过行政处罚或者刑事处罚的；
（三）为实施违法犯罪活动而行贿的；
（四）造成严重危害后果的；
（五）其他不适用缓刑和免予刑事处罚的情形。

具有刑法第三百九十条第二款规定的情形的，不受前款规定的限制。

第三百九十条之一 【对有影响力的人行贿罪】为谋取不正当利益，向国家工作人员的近亲属或者其他与该国家工作人员关系密切的人，或者向离职的国家工作人员或者其近亲属以及其他与其关系密切的人行贿的，处三年以下有期徒刑或者拘役，并处罚金；情节严重的，或者使国家利益遭受重大损失的，处三年以上七年以下有期徒刑，并处罚金；情节特别严重的，或者使国家利益遭受特别重大损失的，处七年以上十年以下有期徒刑，并处罚金。

单位犯前款罪的，对单位判处罚金，并对其直接负责的主管人员和其他直接责任人员，处三年以下有期徒刑或者拘役，并处罚金。

● **关联法条**

第九十三条

● **定罪**

入罪数额

最高人民法院、最高人民检察院关于办理贪污贿赂刑事案件适用法律若干问题的解释（2016年4月18日）

第十条第二款 刑法第三百九十条之一规定的对有影响力的人行贿罪的定罪量刑适用标准，参照本解释关于行贿罪的规定执行。

第三款 单位对有影响力的人行贿数额在二十万元以上的，应当依照刑法第三百九十条之一的规定以对有影响力的人行贿罪追究刑事责任。

量刑

参见【本章罪名量刑问题的总体规定】

> **第三百九十一条** 【对单位行贿罪】为谋取不正当利益,给予国家机关、国有公司、企业、事业单位、人民团体以财物的,或者在经济往来中,违反国家规定,给予各种名义的回扣、手续费的,处三年以下有期徒刑或者拘役,并处罚金。
>
> 单位犯前款罪的,对单位判处罚金,并对其直接负责的主管人员和其他直接责任人员,依照前款的规定处罚。

关联法条

第九十六条

立案追诉标准

最高人民检察院关于人民检察院直接受理立案侦查案件立案标准的规定(试行)(1999年9月16日)

一、贪污贿赂犯罪案件

(六)对单位行贿案(第391条)①

对单位行贿罪是指为谋取不正当利益,给予国家机关、国有公司、企业、事业单位、人民团体以财物,或者在经济往来中,违反国家规定,给予上述单位各种名义的回扣、手续费的行为。

涉嫌下列情形之一的,应予立案:

1. 个人行贿数额在10万元以上、单位行贿数额在20万元以上的;

2. 个人行贿数额不满10万元、单位行贿数额在10万元以上不满20万元,但具有下列情形之一的:

---

① 编者注:《最高人民检察院关于行贿罪立案标准的规定》(2000年12月22日)"二、对单位行贿案(刑法第三百九十一条)"对此作了完全相同的规定。

（1）为谋取非法利益而行贿的；
（2）向3个以上单位行贿的；
（3）向党政机关、司法机关、行政执法机关行贿的；
（4）致使国家或者社会利益遭受重大损失的。

● 量刑

参见【本章罪名量刑问题的总体规定】

> **第三百九十二条 【介绍贿赂罪】** 向国家工作人员介绍贿赂，情节严重的，处三年以下有期徒刑或者拘役，并处罚金。
>
> 介绍贿赂人在被追诉前主动交待介绍贿赂行为的，可以减轻处罚或者免除处罚。

● 关联法条

第九十三条

● 立案追诉标准

最高人民检察院关于人民检察院直接受理立案侦查案件立案标准的规定（试行）（1999年9月16日）

一、贪污贿赂犯罪案件

（七）介绍贿赂案（第392条）

介绍贿赂罪是指向国家工作人员介绍贿赂，情节严重的行为。

"介绍贿赂"是指在行贿人与受贿人之间沟通关系、撮合条件，使贿赂行为得以实现的行为。

涉嫌下列情形之一的，应予立案：

1. 介绍个人向国家工作人员行贿，数额在2万元以上的；介绍单位向国家工作人员行贿，数额在20万元以上的；

2. 介绍贿赂数额不满上述标准，但具有下列情形之一的：

（1）为使行贿人获取非法利益而介绍贿赂的；
（2）3次以上或者为3人以上介绍贿赂的；

（3）向党政领导、司法工作人员、行政执法人员介绍贿赂的；
（4）致使国家或者社会利益遭受重大损失的。

● 量刑

参见【本章罪名量刑问题的总体规定】

> **第三百九十三条** 【单位行贿罪】单位为谋取不正当利益而行贿，或者违反国家规定，给予国家工作人员以回扣、手续费，情节严重的，对单位判处罚金，并对其直接负责的主管人员和其他直接责任人员，处五年以下有期徒刑或者拘役，并处罚金。因行贿取得的违法所得归个人所有的，依照本法第三百八十九条、第三百九十条的规定定罪处罚。

● 关联法条

第九十三条、第九十六条

● 立案追诉标准

最高人民检察院关于人民检察院直接受理立案侦查案件立案标准的规定（试行）（1999年9月16日）

一、贪污贿赂犯罪案件

（八）单位行贿案（第393条）[1]

单位行贿罪是指公司、企业、事业单位、机关、团体为谋取不正当利益而行贿，或者违反国家规定，给予国家工作人员以回扣、手续费，情节严重的行为。

涉嫌下列情形之一的，应予立案：

1. 单位行贿数额在20万元以上的；
2. 单位为谋取不正当利益而行贿，数额在10万元以上不满20万元，但具

---

[1] 编者注：《最高人民检察院关于行贿罪立案标准的规定》（2000年12月22日）"三、单位行贿案（刑法第三百九十三条）"对此作了完全相同的规定。

有下列情形之一的：
(1) 为谋取非法利益而行贿的；
(2) 向 3 人以上行贿的；
(3) 向党政领导、司法工作人员、行政执法人员行贿的；
(4) 致使国家或者社会利益遭受重大损失的。

因行贿取得的违法所得归个人所有的，依照本规定关于个人行贿的规定立案，追究其刑事责任。

● 量刑

参见【本章罪名量刑问题的总体规定】

> **第三百九十四条　【贪污罪】**国家工作人员在国内公务活动或者对外交往中接受礼物，依照国家规定应当交公而不交公，数额较大的，依照本法第三百八十二条、第三百八十三条的规定定罪处罚。

● 定罪

最高人民检察院关于人民检察院直接受理立案侦查案件立案标准的规定（试行）（1999 年 9 月 16 日）

一、贪污贿赂犯罪案件

（一）贪污案（第 382 条，第 383 条，第 183 条第 2 款，第 271 条第 2 款，第 394 条）

国家工作人员在国内公务活动或者对外交往中接受礼物，依照国家规定应当交公而不交公，数额较大的，以贪污罪追究刑事责任。

> **第三百九十五条　【巨额财产来源不明罪】**国家工作人员的财产、支出明显超过合法收入，差额巨大的，可以责令该国家工作人说明来源，不能说明来源的，差额部分以非法所得论，处五年以下有期徒刑或者拘役；差额特别巨大的，处五年以上十年以下有期徒刑。财产的差额部分予以追缴。

> 【隐瞒境外存款罪】国家工作人员在境外的存款，应当依照国家规定申报。数额较大、隐瞒不报的，处二年以下有期徒刑或者拘役；情节较轻的，由其所在单位或者上级主管机关酌情给予行政处分。

● 关联法条

第九十三条

● 立案追诉标准

最高人民检察院关于人民检察院直接受理立案侦查案件立案标准的规定（试行）（1999年9月16日）

一、贪污贿赂犯罪案件

（九）巨额财产来源不明案（第395条第1款）

巨额财产来源不明罪是指国家工作人员的财产或者支出明显超出合法收入，差额巨大，而本人又不能说明其来源是合法的行为。

涉嫌巨额财产来源不明，数额在30万元以上的，应予立案。

（十）隐瞒境外存款案（第395条第2款）

隐瞒境外存款罪是指国家工作人员违反国家规定，故意隐瞒不报在境外的存款，数额较大的行为。

涉嫌隐瞒境外存款，折合人民币数额在30万元以上的，应予立案。

● 定罪

1. 参见【本章罪名定罪问题的总体规定】
2. 第一款"不能说明"的认定

最高人民法院全国法院审理经济犯罪案件工作座谈会纪要（2003年11月13日）

五、关于巨额财产来源不明罪

（一）行为人不能说明巨额财产来源合法的认定

刑法第三百九十五条第一款规定的"不能说明"，包括以下情况：（1）行为人拒不说明财产来源；（2）行为人无法说明财产的具体来源；（3）行为人所说的财产来源经司法机关查证并不属实；（4）行为人所说的财产来源因线索不具体等原因，司法机关无法查实，但能排除存在来源合法的可能性和合理性的。

3. "非法所得"数额的计算

最高人民法院全国法院审理经济犯罪案件工作座谈会纪要（2003年11月13日）

五、关于巨额财产来源不明罪

（二）"非法所得"的数额计算

刑法第三百九十五条规定的"非法所得"，一般是指行为人的全部财产与能够认定的所有支出的总和减去能够证实的有真实来源的所得。在具体计算时，应注意以下问题：

（1）应把国家工作人员个人财产和与其共同生活的家庭成员的财产、支出等一并计算，而且一并减去他们所有的合法收入以及确属与其共同生活的家庭成员个人的非法收入。

（2）行为人所有的财产包括房产、家具、生活用品、学习用品及股票、债券、存款等动产和不动产；行为人的支出包括合法支出和不合法的支出，包括日常生活、工作、学习费用、罚款及向他人行贿的财物等；行为人的合法收入包括工资、奖金、稿酬、继承等法律和政策允许的各种收入。

（3）为了便于计算犯罪数额，对于行为人的财产和合法收入，一般可以从行为人有比较确定的收入和财产时开始计算。

● 量刑

参见【本章罪名量刑问题的总体规定】

> **第三百九十六条 【私分国有资产罪】**国家机关、国有公司、企业、事业单位、人民团体，违反国家规定，以单位名义将国有资产集体私分给个人，数额较大的，对其直接负责的主管人员和其他直接责任人员，处三年以下有期徒刑或者拘役，并处或者单处罚金；数额巨大的，处三年以上七年以下有期徒刑，并处罚金。
>
> **【私分罚没财物罪】**司法机关、行政执法机关违反国家规定，将应当上缴国家的罚没财物，以单位名义集体私分给个人的，依照前款的规定处罚。

● 关联法条

第九十六条

● 立案追诉标准

最高人民检察院关于人民检察院直接受理立案侦查案件立案标准的规定（试行）（1999年9月16日）

一、贪污贿赂犯罪案件

（十一）私分国有资产案（第396条第1款）

私分国有资产罪是指国家机关、国有公司、企业、事业单位、人民团体，违反国家规定，以单位名义将国有资产集体私分给个人，数额较大的行为。

涉嫌私分国有资产，累计数额在10万元以上的，应予立案。

（十二）私分罚没财物案（第396条第2款）

私分罚没财物罪是指司法机关、行政执法机关违反国家规定，将应当上缴国家的罚没财物，以单位名义集体私分给个人的行为。

涉嫌私分罚没财物，累计数额在10万元以上，应予立案。

四、附则

（六）本规定中有关私分国有资产罪案中的"国有资产"，是指国家依法取得和认定的，或者国家以各种形式对企业投资和投资收益、国家向行政事业单位拨款等形成的资产。

● 定罪

1. **参见【本章罪名定罪问题的总体规定】**

2. **企业改制过程中私分国有资产行为的处理**

最高人民法院、最高人民检察院关于办理国家出资企业中职务犯罪案件具体应用法律若干问题的意见（2010年11月26日）

二、关于国有公司、企业在改制过程中隐匿公司、企业财产归职工集体持股的改制后公司、企业所有的行为的处理

国有公司、企业违反国家规定，在改制过程中隐匿公司、企业财产，转为职工集体持股的改制后公司、企业所有的，对其直接负责的主管人员和其他直接责

任人员，依照刑法第三百九十六条第一款的规定，以私分国有资产罪定罪处罚。

改制后的公司、企业中只有改制前公司、企业的管理人员或者少数职工持股，改制前公司、企业的多数职工未持股的，依照本意见第一条的规定，以贪污罪定罪处罚。

● 量刑

参见【本章罪名量刑问题的总体规定】

第九章 渎职罪

本章罪名定罪问题的总体规定

1. 渎职侵权犯罪主体的认定

最高人民检察院关于企业事业单位的公安机构在机构改革过程中其工作人员能否构成渎职侵权犯罪主体问题的批复（2002年4月29日）

企业事业单位的公安机构在机构改革过程中虽尚未列入公安机关建制，其工作人员在行使侦查职责时，实施渎职侵权行为的，可以成为渎职侵权犯罪的主体。

全国人民代表大会常务委员会关于《中华人民共和国刑法》第九章渎职罪主体适用问题的解释（2002年12月28日）

在依照法律、法规规定行使国家行政管理职权的组织中从事公务的人员，或者在受国家机关委托代表国家机关行使职权的组织中从事公务的人员，或者虽未列入国家机关人员编制但在国家机关中从事公务的人员，在代表国家机关行使职权时，有渎职行为，构成犯罪的，依照刑法关于渎职罪的规定追究刑事责任。

最高人民检察院关于印发第二批指导性案例的通知（2012年11月15日）

崔某环境监管失职案（检例第4号）

【要旨】实践中，一些国有公司、企业和事业单位经合法授权从事具体的管理市场经济和社会生活的工作，拥有一定管理公共事务和社会事务的职权，这些实际行使国家行政管理职权的公司、企业和事业单位工作人员，符合渎职罪主体要求；对其实施渎职行为构成犯罪的，应当依照刑法关于渎职罪的规定追究刑事责任。

最高人民法院、最高人民检察院关于办理渎职刑事案件适用法律若干问题的解释（一）（2013年1月9日）

第七条　依法或者受委托行使国家行政管理职权的公司、企业、事业单位的工作人员，在行使行政管理职权时滥用职权或者玩忽职守，构成犯罪的，应当依照《全国人民代表大会常务委员会关于〈中华人民共和国刑法〉第九章渎职罪主体适用问题的解释》的规定，适用渎职罪的规定追究刑事责任。

最高人民法院、最高人民检察院关于办理危害生产安全刑事案件适用法律若干问题的解释（2015年12月16日）

第十五条第二款　公司、企业、事业单位的工作人员在依法或者受委托行使安全监督管理职责时滥用职权或者玩忽职守，构成犯罪的，应当依照《全国人民代表大会常务委员会关于〈中华人民共和国刑法〉第九章渎职罪主体适用问题的解释》的规定，适用渎职罪的规定追究刑事责任。

2. 领导强令或者以"集体研究"形式渎职行为的处理

最高人民法院、最高人民检察院关于办理渎职刑事案件适用法律若干问题的解释（一）（2013年1月9日）

第五条　国家机关负责人员违法决定，或者指使、授意、强令其他国家机关工作人员违法履行职务或者不履行职务，构成刑法分则第九章规定的渎职犯罪的，应当依法追究刑事责任。

以"集体研究"形式实施的渎职犯罪，应当依照刑法分则第九章的规定追究国家机关负有责任的人员的刑事责任。对于具体执行人员，应当在综合认定其行为性质、是否提出反对意见、危害结果大小等情节的基础上决定是否追究刑事责任和应当判处的刑罚。

3. 因果关系的认定

最高人民检察院关于印发第二批指导性案例的通知（2012年11月15日）
杨某玩忽职守、徇私枉法、受贿案（检例第8号）
【要旨】本案要旨有两点：一是渎职犯罪因果关系的认定。如果负有监管职责的国家机关工作人员没有认真履行其监管职责，从而未能有效防止危害结果发生，那么，这些对危害结果具有"原因力"的渎职行为，应认定与危害结果之间具有刑法意义上的因果关系……

4. 公共财产重大损失的认定

最高人民法院全国法院审理经济犯罪案件工作座谈会纪要（2003年11月13日）

六、关于渎职罪

（一）渎职犯罪行为造成的公共财产重大损失的认定

根据刑法规定，玩忽职守、滥用职权等渎职犯罪是以致使公共财产、国家和人民利益遭受重大损失为构成要件的。其中，公共财产的重大损失，通常是指渎职行为已经造成的重大经济损失。在司法实践中，有以下情形之一的，虽然公共财产作为债权存在，但已无法实现债权的，可以认定为行为人的渎职行为造成了经济损失：（1）债务人已经法定程序被宣告破产；（2）债务人潜逃，去向不明；（3）因行为人责任，致使超过诉讼时效；（4）有证据证明债权无法实现的其他情况。

5. 一罪与数罪

最高人民检察院关于印发第二批指导性案例的通知（2012年11月15日）杨某玩忽职守、徇私枉法、受贿案（检例第8号）

【要旨】本案要旨有两点：……二是渎职犯罪同时受贿的处罚原则。对于国家机关工作人员实施渎职犯罪并收受贿赂，同时构成受贿罪的，除刑法第三百九十九条有特别规定的外，以渎职犯罪和受贿罪数罪并罚。

最高人民法院、最高人民检察院关于办理渎职刑事案件适用法律若干问题的解释（一）（2013年1月9日）

第三条　国家机关工作人员实施渎职犯罪并收受贿赂，同时构成受贿罪的，除刑法另有规定外，以渎职犯罪和受贿罪数罪并罚。

第四条　国家机关工作人员实施渎职行为，放纵他人犯罪或者帮助他人逃避刑事处罚，构成犯罪的，依照渎职罪的规定定罪处罚。

国家机关工作人员与他人共谋，利用其职务行为帮助他人实施其他犯罪行为，同时构成渎职犯罪和共谋实施的其他犯罪共犯的，依照处罚较重的规定定罪处罚。

国家机关工作人员与他人共谋，既利用其职务行为帮助他人实施其他犯罪，又以非职务行为与他人共同实施该其他犯罪行为，同时构成渎职犯罪和其他犯罪的共犯的，依照数罪并罚的规定定罪处罚。

最高人民法院、最高人民检察院关于办理贪污贿赂刑事案件适用法律若干问题的解释（2016年4月18日）

第十七条 国家工作人员利用职务上的便利，收受他人财物，为他人谋取利益，同时构成受贿罪和刑法分则第三章第三节、第九章规定的渎职犯罪的，除刑法另有规定外，以受贿罪和渎职犯罪数罪并罚。

最高人民法院、最高人民检察院、公安部关于办理涉窨井盖相关刑事案件的指导意见（2020年3月16日）

十一、国家机关工作人员利用职务上的便利，收受他人财物，为他人谋取与窨井盖相关利益，同时构成受贿罪和刑法分则第九章规定的渎职犯罪的，除刑法另有规定外，以受贿罪和渎职犯罪数罪并罚。

十二、本意见所称的"窨井盖"，包括城市、城乡结合部和乡村等地的窨井盖以及其他井盖。

6. 罪与非罪

最高人民检察院关于充分发挥检察职能依法保障和促进科技创新的意见（2016年7月7日）

三、准确把握法律政策界限，改进司法办案方式方法

7. 准确把握法律政策界限。充分考虑科技创新工作的体制机制和行业特点，认真研究科技创新融资、科研成果资本化产业化、科研成果转化收益中的新情况、新问题，保护科研人员凭自己的聪明才智和创新成果获取的合法收益。办案中要正确区分罪与非罪界限：对于身兼行政职务的科研人员特别是学术带头人，要区分其科研人员与公务人员的身份，特别是要区分科技创新活动与公务管理，正确把握科研人员以自身专业知识提供咨询等合法兼职获利的行为，与利用审批、管理等行政权力索贿受贿的界限；要区分科研人员合法的股权分红、知识产权收益、科技成果转化收益分配与贪污、受贿之间的界限；要区分科技创新探索失败、合理损耗与骗取科研立项、虚增科研经费投入的界限；要区分突破现有规章制度，按照科技创新需求使用科研经费与贪污、挪用、私分科研经费的界限；要区分风险投资、创业等造成的正常亏损与失职渎职的界限。坚持罪刑法定原则和刑法谦抑性原则，禁止以刑事手段插手民事经济纠纷。对于法律和司法解释规定不明确、法律政策界限不明、罪与非罪界限不清的，不作为犯罪处理；对于认定罪与非罪争议较大的案件，及时向上级检察机关请示报告。

7. 此罪与彼罪

最高人民法院、最高人民检察院关于办理渎职刑事案件适用法律若干问题的解释（一）（2013年1月9日）

第二条　国家机关工作人员实施滥用职权或者玩忽职守犯罪行为，触犯刑法分则第九章第三百九十八条至第四百一十九条规定的，依照该规定定罪处罚。

国家机关工作人员滥用职权或者玩忽职守，因不具备徇私舞弊等情形，不符合刑法分则第九章第三百九十八条至第四百一十九条的规定，但依法构成第三百九十七条规定的犯罪的，以滥用职权罪或者玩忽职守罪定罪处罚。

8. 诉讼时效、溯及力

最高人民法院全国法院审理经济犯罪案件工作座谈会纪要（2003年11月13日）

六、关于渎职罪

（三）国有公司、企业人员渎职犯罪的法律适用

对于1999年12月24日《中华人民共和国刑法修正案》实施以前发生的国有公司、企业人员渎职行为（不包括徇私舞弊行为），尚未处理或者正在处理的，不能按照刑法修正案追究刑事责任。

最高人民法院、最高人民检察院关于办理渎职刑事案件适用法律若干问题的解释（一）（2013年1月9日）

第六条　以危害结果为条件的渎职犯罪的追诉期限，从危害结果发生之日起计算；有数个危害结果的，从最后一个危害结果发生之日起计算。

本章罪名量刑问题的总体规定

1. "确有悔改表现"的排除

最高人民法院关于办理减刑、假释案件具体应用法律的规定（2017年1月1日）

第三条第二款　对职务犯罪、破坏金融管理秩序和金融诈骗犯罪、组织（领导、参加、包庇、纵容）黑社会性质组织犯罪等罪犯，不积极退赃、协助追缴赃款赃物、赔偿损失，或者服刑期间利用个人影响力和社会关系等不正当手段意图获得减刑、假释的，不认定其"确有悔改表现"。

2. 减刑的限制

最高人民法院关于办理减刑、假释案件具体应用法律的规定（2017年1月1日）

第六条　被判处有期徒刑的罪犯减刑起始时间为：不满五年有期徒刑的，应当执行一年以上方可减刑；五年以上不满十年有期徒刑的，应当执行一年六个月以上方可减刑；十年以上有期徒刑的，应当执行二年以上方可减刑。有期徒刑减刑的起始时间自判决执行之日起计算。

确有悔改表现或者有立功表现的，一次减刑不超过九个月有期徒刑；确有悔改表现并有立功表现的，一次减刑不超过一年有期徒刑；有重大立功表现的，一次减刑不超过一年六个月有期徒刑；确有悔改表现并有重大立功表现的，一次减刑不超过二年有期徒刑。

被判处不满十年有期徒刑的罪犯，两次减刑间隔时间不得少于一年；被判处十年以上有期徒刑的罪犯，两次减刑间隔时间不得少于一年六个月。减刑间隔时间不得低于上次减刑减去的刑期。

罪犯有重大立功表现的，可以不受上述减刑起始时间和间隔时间的限制。

第七条　对符合减刑条件的职务犯罪罪犯，破坏金融管理秩序和金融诈骗犯罪罪犯，组织、领导、参加、包庇、纵容黑社会性质组织犯罪罪犯，危害国家安全犯罪罪犯，恐怖活动犯罪罪犯，毒品犯罪集团的首要分子及毒品再犯，累犯，确有履行能力而不履行或者不全部履行生效裁判中财产性判项的罪犯，被判处十年以下有期徒刑的，执行二年以上方可减刑，减刑幅度应当比照本规定第六条从严掌握，一次减刑不超过一年有期徒刑，两次减刑之间应当间隔一年以上。

对被判处十年以上有期徒刑的前款罪犯，以及因故意杀人、强奸、抢劫、绑架、放火、爆炸、投放危险物质或者有组织的暴力性犯罪被判处十年以上有期徒刑的罪犯，数罪并罚且其中两罪以上被判处十年以上有期徒刑的罪犯，执行二年以上方可减刑，减刑幅度应当比照本规定第六条从严掌握，一次减刑不超过一年有期徒刑，两次减刑之间应当间隔一年六个月以上。

罪犯有重大立功表现的，可以不受上述减刑起始时间和间隔时间的限制。

第十一条　对被判处死刑缓期执行的职务犯罪罪犯，破坏金融管理秩序和金融诈骗犯罪罪犯，组织、领导、参加、包庇、纵容黑社会性质组织犯罪罪犯，危害国家安全犯罪罪犯，恐怖活动犯罪罪犯，毒品犯罪集团的首要分子及毒品再犯，累犯以及因故意杀人、强奸、抢劫、绑架、放火、爆炸、投放危险物质或者有组织的暴力性犯罪的罪犯，确有履行能力而不履行或者不全部履行生效裁判中财产性判项的罪犯，数罪并罚被判处死刑缓期执行的罪犯，减为无期徒刑后，符合减刑条件的，执行三年以上方可减刑，一般减为二十五年有期徒刑，有立功表现或者重大立功表现的，可以比照本规定第十条减为二十三年以上二十五年以下有期徒刑；减为有期徒刑后再减刑时，减刑幅度比照本规定第六条从严掌握，一次不超过一年有期徒刑，两次减刑之间应当间隔二年以上。

3. 缓刑的限制

最高人民法院刑二庭：宽严相济在经济犯罪和职务犯罪案件审判中的具体贯彻（《人民法院报》2010年4月7日第6版）

（四）……渎职犯罪分子具有下列情形之一的，一般不适用缓刑：（1）依法减轻处罚后判处三年有期徒刑以下刑罚的；（2）渎职犯罪造成特别恶劣影响的；（3）渎职行为同时构成其他犯罪，以渎职犯罪一罪处理或者实行数罪并罚的。

4. 宽严相济刑事政策

最高人民检察院关于充分发挥检察职能依法保障和促进科技创新的意见（2016年7月7日）

三、准确把握法律政策界限，改进司法办案方式方法

8. 切实贯彻宽严相济刑事政策。对于锐意创新探索，但出现决策失误、偏差，造成一定损失的行为，要区分情况慎重对待。没有徇私舞弊、中饱私囊，或者没有造成严重后果的，不作为犯罪处理。在科研项目实施中突破现有制度，但有利于实现创新预期成果的，应当予以宽容。在创新过程中发生轻微犯罪、过失犯罪但完成重大科研创新任务的，应当依法从宽处理。对于科技创新中发生的共同犯罪案件，重点追究主犯的刑事责任，对于从犯和犯罪情节较轻的，依法从宽处理。对于以科技创新为名骗取、套取、挥霍国家科研项目投资，严重危害创新发展的犯罪，应当依法打击。

9. 注重改进司法办案方式方法……对于重点科研单位、重大科研项目关键岗位的涉案科研人员，尽量不使用拘留、逮捕等强制措施；必须采取拘留、逮捕等措施的，应当及时通报有关部门做好科研攻关的衔接工作，确有必要的，可以在不影响诉讼正常进行的前提下，为其指导科研攻关提供一定条件。对于被采取逮捕措施的涉案科研人员，检察机关应当依照有关规定对羁押必要性开展审查。对于科研单位用于科技创新、产品研发的设备、资金和技术资料，一

般不予以查封、扣押、冻结；确实需要查封、扣押、冻结的，应当为其预留必要的流动资金、往来账户和关键设备资料，防止因办案造成科研项目中断、停滞，或者因处置不当造成科研成果流失。

5. 从严惩处

最高人民法院、最高人民检察院关于办理渎职刑事案件适用法律若干问题的解释（一）（2013年1月9日）

第九条 负有监督管理职责的国家机关工作人员滥用职权或者玩忽职守，致使不符合安全标准的食品、有毒有害食品、假药、劣药等流入社会，对人民群众生命、健康造成严重危害后果的，依照渎职罪的规定从严惩处。

6. 酌情从轻处罚

最高人民法院、最高人民检察院关于办理职务犯罪案件认定自首、立功等量刑情节若干问题的意见（2009年3月12日）

四、关于赃款赃物追缴等情形的处理

……职务犯罪案件立案后，犯罪分子及其亲友自行挽回的经济损失，司法机关或者犯罪分子所在单位及其上级主管部门挽回的经济损失，或者因客观原因减少的经济损失，不予扣减，但可以作为酌情从轻处罚的情节。

第三百九十七条　【滥用职权罪】【玩忽职守罪】国家机关工作人员滥用职权或者玩忽职守，致使公共财产、国家和人民利益遭受重大损失的，处三年以下有期徒刑或者拘役；情节特别严重的，处三年以上七年以下有期徒刑。本法另有规定的，依照规定。

国家机关工作人员徇私舞弊，犯前款罪的，处五年以下有期徒刑或者拘役；情节特别严重的，处五年以上十年以下有期徒刑。本法另有规定的，依照规定。

● **立案追诉标准**

最高人民检察院关于渎职侵权犯罪案件立案标准的规定（2006年7月26日）

一、渎职犯罪案件

（一）滥用职权案（第三百九十七条）

滥用职权罪是指国家机关工作人员超越职权，违法决定、处理其无权决定、处理的事项,或者违反规定处理公务,致使公共财产、国家和人民利益遭受重大损失的行为。

(二)玩忽职守案(第三百九十七条)

玩忽职守罪是指国家机关工作人员严重不负责任,不履行或者不认真履行职责,致使公共财产、国家和人民利益遭受重大损失的行为。

三、附则

(三)本规定中的"国家机关工作人员",是指在国家机关中从事公务的人员,包括在各级国家权力机关、行政机关、司法机关和军事机关中从事公务的人员。在依照法律、法规规定行使国家行政管理职权的组织中从事公务的人员,或者在受国家机关委托代表国家行使职权的组织中从事公务的人员,或者虽未列入国家机关人员编制但在国家机关中从事公务的人员,在代表国家机关行使职权时,视为国家机关工作人员。在乡(镇)以上中国共产党机关、人民政协机关中从事公务的人员,视为国家机关工作人员。

● 定罪

1. 参见【本章罪名定罪问题的总体规定】
2. "致使公共财产、国家和人民利益遭受重大损失""情节特别严重"的认定

最高人民检察院关于印发第二批指导性案例的通知(2012年11月15日)
罗甲、罗乙、朱某、罗丙滥用职权案(检例第6号)

【要旨】根据刑法规定,滥用职权罪是指国家机关工作人员滥用职权,致使"公共财产、国家和人民利益遭受重大损失"的行为。实践中,对滥用职权"造成恶劣社会影响的",应当依法认定为"致使公共财产、国家和人民利益遭受重大损失"。

最高人民法院、最高人民检察院关于办理渎职刑事案件适用法律若干问题的解释(一)(2013年1月9日)

第一条 国家机关工作人员滥用职权或者玩忽职守,具有下列情形之一的,应当认定为刑法第三百九十七条规定的"致使公共财产、国家和人民利益遭受重大损失":

(一)造成死亡1人以上,或者重伤3人以上,或者轻伤9人以上,或者重伤2人、轻伤3人以上,或者重伤1人、轻伤6人以上的;

(二)造成经济损失30万元以上的;

（三）造成恶劣社会影响的；

（四）其他致使公共财产、国家和人民利益遭受重大损失的情形。

具有下列情形之一的，应当认定为刑法第三百九十七条规定的"情节特别严重"：

（一）造成伤亡达到前款第（一）项规定人数3倍以上的；

（二）造成经济损失150万元以上的；

（三）造成前款规定的损失后果，不报、迟报、谎报或者授意、指使、强令他人不报、迟报、谎报事故情况，致使损失后果持续、扩大或者抢救工作延误的；

（四）造成特别恶劣社会影响的；

（五）其他特别严重的情节。

第八条 本解释规定的"经济损失"，是指渎职犯罪或者与渎职犯罪相关联的犯罪立案时已经实际造成的财产损失，包括为挽回渎职犯罪所造成损失而支付的各种开支、费用等。立案后至提起公诉前持续发生的经济损失，应一并计入渎职犯罪造成的经济损失。

债务人经法定程序被宣告破产，债务人潜逃、去向不明，或者因行为人的责任超过诉讼时效等，致使债权已经无法实现的，无法实现的债权部分应当认定为渎职犯罪的经济损失。

渎职犯罪或者与渎职犯罪相关联的犯罪立案后，犯罪分子及其亲友自行挽回的经济损失，司法机关或者犯罪分子所在单位及其上级主管部门挽回的经济损失，或者因客观原因减少的经济损失，不予扣减，但可以作为酌定从轻处罚的情节。

3. 渎职犯罪中"徇私"的理解

最高人民法院全国法院审理经济犯罪案件工作座谈会纪要（2003年11月13日）

六、关于渎职罪

（四）关于"徇私"的理解

徇私舞弊型渎职犯罪的"徇私"应理解为徇个人私情、私利。国家机关工作人员为了本单位的利益，实施滥用职权、玩忽职守行为，构成犯罪的，依照刑法第三百九十七条第一款的规定定罪处罚。

4. 在突发疫害防控工作中滥用职权、玩忽职守行为的处理

最高人民法院、最高人民检察院关于办理妨害预防、控制突发传染病疫情等灾害的刑事案件具体应用法律若干问题的解释（2003年5月15日）

第十五条 在预防、控制突发传染病疫情等灾害的工作中，负有组织、协调、指挥、灾害调查、控制、医疗救治、信息传递、交通运输、物资保障等职

责的国家机关工作人员，滥用职权或者玩忽职守，致使公共财产、国家和人民利益遭受重大损失的，依照刑法第三百九十七条的规定，以滥用职权罪或者玩忽职守罪定罪处罚。

最高人民法院、最高人民检察院、公安部、司法部关于依法惩治妨害新型冠状病毒感染肺炎疫情防控违法犯罪的意见（2020年2月6日）

二、准确适用法律，依法严惩妨害疫情防控的各类违法犯罪

（七）依法严惩疫情防控失职渎职、贪污挪用犯罪。在疫情防控工作中，负有组织、协调、指挥、灾害调查、控制、医疗救治、信息传递、交通运输、物资保障等职责的国家机关工作人员，滥用职权或者玩忽职守，致使公共财产、国家和人民利益遭受重大损失的，依照刑法第三百九十七条的规定，以滥用职权罪或者玩忽职守罪定罪处罚……

5. 对禁用剧毒化学品负有查处职责的行为人滥用职权、玩忽职守行为的处理

最高人民法院、最高人民检察院关于办理非法制造、买卖、运输、储存毒鼠强等禁用剧毒化学品刑事案件具体应用法律若干问题的解释（2003年10月1日）

第四条 对非法制造、买卖、运输、储存毒鼠强等禁用剧毒化学品行为负有查处职责的国家机关工作人员，滥用职权或者玩忽职守，致使公共财产、国家和人民利益遭受重大损失的，依照刑法第三百九十七条的规定，以滥用职权罪或者玩忽职守罪追究刑事责任。

6. 盗抢、骗夺的机动车被办理登记手续类渎职行为的处理

最高人民法院、最高人民检察院关于办理与盗窃、抢劫、诈骗、抢夺机动车相关刑事案件具体应用法律若干问题的解释（2007年5月9日）

第三条 国家机关工作人员滥用职权，有下列情形之一，致使盗窃、抢劫、诈骗、抢夺的机动车被办理登记手续，数量达到三辆以上或者价值总额达到三十万元以上的，依照刑法第三百九十七条第一款的规定，以滥用职权罪定罪，处三年以下有期徒刑或者拘役：

（一）明知是登记手续不全或者不符合规定的机动车而办理登记手续的；

（二）指使他人为明知是登记手续不全或者不符合规定的机动车办理登记手续的；

（三）违规或者指使他人违规更改、调换车辆档案的；

（四）其他滥用职权的行为。

国家机关工作人员疏于审查或者审查不严，致使盗窃、抢劫、诈骗、抢夺

的机动车被办理登记手续,数量达到五辆以上或者价值总额达到五十万元以上的,依照刑法第三百九十七条第一款的规定,以玩忽职守罪定罪,处三年以下有期徒刑或者拘役。

国家机关工作人员实施前两款规定的行为,致使盗窃、抢劫、诈骗、抢夺的机动车被办理登记手续,分别达到前两款规定数量、数额标准五倍以上的,或者明知是盗窃、抢劫、诈骗、抢夺的机动车而办理登记手续的,属于刑法第二百九十七条第一款规定的"情节特别严重",处三年以上七年以下有期徒刑。

国家机关工作人员徇私舞弊,实施上述行为,构成犯罪的,依照刑法第三百九十七条第二款的规定定罪处罚。

7. 国家机关工作人员买卖空白《边境证》行为的定性

最高人民检察院研究室关于买卖尚未加盖印章的空白《边境证》行为如何适用法律问题的答复(2002年9月25日)

对买卖尚未加盖发证机关的行政印章或者通行专用章印鉴的空白《中华人民共和国边境管理区通行证》的行为,不宜以买卖国家机关证件罪追究刑事责任。国家机关工作人员实施上述行为,构成犯罪的,可以按滥用职权等相关犯罪依法追究刑事责任。

8. 超期羁押犯罪嫌疑人、被告人行为的处理

最高人民法院、最高人民检察院、公安部关于严格执行刑事诉讼法,切实纠防超期羁押的通知(2003年11月12日)

五、严格执行超期羁押责任追究制度……本通知发布以后,凡违反刑事诉讼法和本通知的规定,造成犯罪嫌疑人、被告人超期羁押的,对于直接负责的主管人员和其他直接责任人员,由其所在单位或者上级主管机关依照有关规定予以行政或者纪律处分;造成犯罪嫌疑人、被告人超期羁押,情节严重的,对于直接负责的主管人员和其他直接责任人员,依照刑法第三百九十七条的规定,以玩忽职守罪或者滥用职权罪追究刑事责任。

9. 违规发放油气许可证、审批项目等过程中滥用职权、玩忽职守行为的认定

最高人民法院、最高人民检察院关于办理盗窃油气、破坏油气设备等刑事案件具体应用法律若干问题的解释(2007年1月19日)

第七条 国家机关工作人员滥用职权或者玩忽职守,实施下列行为之一,致使公共财产、国家和人民利益遭受重大损失的,依照刑法第三百九十七条的规定,以滥用职权罪或者玩忽职守罪定罪处罚:

（一）超越职权范围，批准发放石油、天然气勘查、开采、加工、经营等许可证的；

（二）违反国家规定，给不符合法定条件的单位、个人发放石油、天然气勘查、开采、加工、经营等许可证的；

（三）违反《石油天然气管道保护条例》等国家规定，在油气设备安全保护范围内批准建设项目的；

（四）对发现或者经举报查实的未经依法批准、许可擅自从事石油、天然气勘查、开采、加工、经营等违法活动不予查封、取缔的。

10. 安全监管人员滥用职权、玩忽职守行为的处理

最高人民法院、最高人民检察院关于办理危害生产安全刑事案件适用法律若干问题的解释（2015年12月16日）

第十五条 国家机关工作人员在履行安全监督管理职责时滥用职权、玩忽职守，致使公共财产、国家和人民利益遭受重大损失的，或者徇私舞弊，对发现的刑事案件依法应当移交司法机关追究刑事责任而不移交，情节严重的，分别依照刑法第三百九十七条、第四百零二条的规定，以滥用职权罪、玩忽职守罪或者徇私舞弊不移交刑事案件罪定罪处罚。

公司、企业、事业单位的工作人员在依法或者受委托行使安全监督管理职责时滥用职权或者玩忽职守，构成犯罪的，应当依照《全国人民代表大会常务委员会关于〈中华人民共和国刑法〉第九章渎职罪主体适用问题的解释》的规定，适用渎职罪的规定追究刑事责任。

11. 工人编制工商所长、合同制民警、财政所所长应"以国家机关工作人员论"

最高人民检察院关于属工人编制的乡（镇）工商所所长能否依照刑法第397条的规定追究刑事责任问题的批复（2000年10月31日）

根据刑法第93条第2款的规定，经人事部门任命，但为工人编制的乡（镇）工商所所长，依法履行工商行政管理职责时，属其他依照法律从事公务的人员，应以国家机关工作人员论。如果玩忽职守，致使公共财产、国家和人民利益遭受重大损失，可适用刑法第397条的规定，以玩忽职守罪追究刑事责任。

最高人民检察院关于合同制民警能否成为玩忽职守罪主体问题的批复（2000年10月9日）

根据刑法第九十三条第二款的规定，合同制民警在依法执行公务期间，属其他依照法律从事公务的人员，应以国家机关工作人员论。对合同制民警在依

法执行公务活动中的玩忽职守行为，符合刑法第三百九十七条规定的玩忽职守罪构成条件的，依法以玩忽职守罪追究刑事责任。

最高人民检察院关于镇财政所所长是否适用国家机关工作人员的批复（2000年5月4日）

对于属行政执法事业单位的镇财政所中按国家机关在编干部管理的工作人员，在履行政府行政公务活动中，滥用职权或玩忽职守构成犯罪的，应以国家机关工作人员论。

12. 村基层组织人员协助从事行政管理工作时滥用职权、玩忽职守的处理

最高人民检察院关于印发第二批指导性案例的通知（2012年11月15日）
陈某、林某、李甲滥用职权案（检例第5号）
【要旨】随着我国城镇建设和社会主义新农村建设逐步深入推进，村民委员会、居民委员会等基层组织协助人民政府管理社会发挥越来越重要的作用。实践中，对村民委员会、居民委员会等基层组织人员协助人民政府从事行政管理工作时，滥用职权、玩忽职守构成犯罪的，应当依照刑法关于渎职罪的规定追究刑事责任。

13. 林业主管部门工作人员滥用职权、玩忽职守的处理

最高人民检察院关于对林业主管部门工作人员在发放林木采伐许可证之外滥用职权玩忽职守致使森林遭受严重破坏的行为适用法律问题的批复（2007年5月16日）

林业主管部门工作人员违法发放林木采伐许可证，致使森林遭受严重破坏的，依照刑法第四百零七条的规定，以违法发放林木采伐许可证罪追究刑事责任；以其他方式滥用职权或者玩忽职守，致使森林遭受严重破坏的，依照刑法第三百九十七条的规定，以滥用职权罪或者玩忽职守罪追究刑事责任，立案标准依照《最高人民检察院关于渎职侵权犯罪案件立案标准的规定》第一部分渎职犯罪案件第十八条第三款的规定执行。

14. 海关、外汇管理部门工作人员滥用职权、玩忽职守的处理

全国人民代表大会常务委员会关于惩治骗购外汇、逃汇和非法买卖外汇犯罪的决定（1998年12月29日）

六、海关、外汇管理部门的工作人员严重不负责任，造成大量外汇被骗购或者逃汇，致使国家利益遭受重大损失的，依照刑法第三百九十七条的规定定罪处罚。

15. 海事局工作人员滥用职权、玩忽职守的处理

最高人民检察院法律政策研究室关于对海事局工作人员如何适用法律问题的答复（2003年1月13日）

根据国办发〔1999〕90号、中编办函〔2000〕184号等文件的规定，海事局负责行使国家水上安全监督和防止船舶污染及海上设施检验、航海保障的管理职权，是国家执法监督机构。海事局及其分支机构工作人员在从事上述公务活动中，滥用职权或者玩忽职守，致使公共财产、国家和人民利益遭受重大损失的，应当依照刑法第三百九十七条的规定，以滥用职权罪或者玩忽职守罪追究刑事责任。

16. 对负有无线电监督管理职责的国家机关工作人员滥用职权或者玩忽职守行为的认定

最高人民法院、最高人民检察院关于办理扰乱无线电通讯管理秩序等刑事案件适用法律若干问题的解释（2017年7月1日）

第七条第一款　负有无线电监督管理职责的国家机关工作人员滥用职权或者玩忽职守，致使公共财产、国家和人民利益遭受重大损失的，应当依照刑法第三百九十七条的规定，以滥用职权罪或者玩忽职守罪追究刑事责任。

17. 对负有药品、医疗器械注册申请核查职责的国家机关工作人员滥用职权或者玩忽职守行为的认定

最高人民法院、最高人民检察院关于办理药品、医疗器械注册申请材料造假刑事案件适用法律若干问题的解释（2017年9月1日）

第七条　对药品、医疗器械注册申请负有核查职责的国家机关工作人员，滥用职权或者玩忽职守，导致使用虚假证明材料的药品、医疗器械获得注册，致使公共财产、国家和人民利益遭受重大损失的，应当依照刑法第三百九十七条规定，以滥用职权罪或者玩忽职守罪追究刑事责任。

18. 危害土地资源渎职犯罪的处理

最高人民检察院关于加强查办危害土地资源渎职犯罪工作的指导意见①（2008年11月6日）

二、准确确定损失后果。在查办案件中，对损失后果的认定，既要考虑被

---

① 编者注：根据《最高人民检察院关于废止部分司法解释性质文件和规范性文件的决定》（2019年6月14日），该文件已废止，但仍具有一定参考价值。

破坏的土地资源的经济价值,按照有关部门做出的鉴定结论,以经济损失计算损失后果,也要充分考虑土地作为特殊资源,被破坏土地的性质、地理位置、实际用处等差异所产生的土地价值,受损后无法用经济价值数额衡量的特殊性,可以采取经济标准或者面积标准认定损失后果,准确适用《中华人民共和国刑法》第三百九十七条和第四百一十条的规定以及相关司法解释查处犯罪。

三、严格区分责任。在查办案件中,要分清渎职行为对危害后果所起的作用大小,正确区分主要责任人与次要责任人、直接责任人与间接责任人。对多因一果的有关责任人员,要分清主次,分别根据他们在造成危害土地资源损失结果发生过程中所起的作用,确定其罪责。

要正确区分决策者与实施人员、监管人员的责任。对于决策者滥用职权、玩忽职守、徇私舞弊违法决策,严重破坏土地资源的,或者强令、胁迫其他国家机关工作人员实施破坏土地资源行为的,或者阻挠监管人员执法,导致国家土地资源被严重破坏的,应当区分决策者和实施人员、监管人员的责任大小,重点查处决策者的渎职犯罪;实施人员、监管人员贪赃枉法、徇私舞弊,隐瞒事实真相,提供虚假信息,影响决策者的正确决策,造成危害后果发生的,要严肃追究实施人员和监管人员的责任;实施人员、监管人员明知决策者决策错误,而不提出反对意见,或者不进行纠正、制止、查处,造成国家土地资源被严重破坏的,应当视其情节追究渎职犯罪责任;对于决策者与具体实施人员、监管人员相互勾结,共同实施危害土地资源渎职犯罪的,要依法一并查处。

要严格区分集体行为和个人行为的责任。对集体研究做出的决定违反法律法规的,要具体案件具体分析。对于采取集体研究决策形式,实为个人滥用职权、玩忽职守、贪赃枉法、徇私舞弊等,构成危害土地资源渎职犯罪的,应当依法追究决策者的刑事责任。

四、正确把握法律政策界限。严格区分罪与非罪的界限。要正确把握相关的法律、行政法规及政策,准确把握工作失误与渎职犯罪的界限,坚持具体案件具体分析,严查擅权渎职、徇私舞弊型渎职犯罪案件,找准法律与政策的结合点,确保办案的法律效果、政治效果和社会效果的有机统一。对一时难以区分罪与非罪的,要放到具体时代背景、政策环境中去研究判断,对当时国家有关土地管理法律政策界限不清,以土地资源换取国家和集体经济发展的行为,要慎重对待,一般不作犯罪处理。

五、认真贯彻宽严相济刑事政策。在查办危害土地资源渎职犯罪案件中，要贯彻落实宽严相济刑事政策，对犯罪情节轻微、有悔罪表现的犯罪嫌疑人，要落实教育、感化、挽救方针，可以依法从轻处理；对毁灭、伪造证据，干扰作证，串供，可能存在案中案的犯罪嫌疑人，要依法采取羁押性强制措施，确保办案工作顺利进行。

19. 国家机关工作人员在行使反兴奋剂管理职权时滥用职权、玩忽职守行为的定性

最高人民法院关于审理走私、非法经营、非法使用兴奋剂刑事案件适用法律若干问题的解释（2020年1月1日）

第六条 国家机关工作人员在行使反兴奋剂管理职权时滥用职权或者玩忽职守，造成严重兴奋剂违规事件，严重损害国家声誉或者造成恶劣社会影响，符合刑法第三百九十七条规定的，以滥用职权罪、玩忽职守罪定罪处罚。

依法或者受委托行使反兴奋剂管理职权的单位的工作人员，在行使反兴奋剂管理职权时滥用职权或者玩忽职守的，依照前款规定定罪处罚。

20. 在窨井盖采购、施工、验收、使用、检查过程中，或者在行使窨井盖行政管理职权中，滥用职权、玩忽职守行为的定性

最高人民法院、最高人民检察院、公安部关于办理涉窨井盖相关刑事案件的指导意见（2020年3月16日）

八、在窨井盖采购、施工、验收、使用、检查过程中负有决定、管理、监督等职责的国家机关工作人员玩忽职守或者滥用职权，致使公共财产、国家和人民利益遭受重大损失的，依照刑法第三百九十七条的规定，分别以玩忽职守罪、滥用职权罪定罪处罚。

九、在依照法律、法规规定行使窨井盖行政管理职权的公司、企业、事业单位中从事公务的人员以及在受国家机关委托代表国家机关行使窨井盖行政管理职权的组织中从事公务的人员，玩忽职守或者滥用职权，致使公共财产、国家和人民利益遭受重大损失的，依照刑法第三百九十七条和《全国人民代表大会常务委员会关于〈中华人民共和国刑法〉第九章渎职罪主体适用问题的解释》的规定，分别以玩忽职守罪、滥用职权罪定罪处罚。

十二、本意见所称的"窨井盖"，包括城市、城乡结合部和乡村等地的窨井盖以及其他井盖。

21. 对长江流域重点水域水生生物资源保护负有特定职责国家机关工作人员滥用职权或玩忽职守行为的定性

最高人民法院、最高人民检察院、公安部、农业农村部依法惩治长江流域非法捕捞等违法犯罪的意见（2020年12月17日）

二、准确适用法律，依法严惩非法捕捞等危害水生生物资源的各类违法犯罪

（五）依法严惩危害水生生物资源的渎职犯罪。对长江流域重点水域水生生物资源保护负有监督管理、行政执法职责的国家机关工作人员，滥用职权或者玩忽职守，致使公共财产、国家和人民利益遭受重大损失的，应当依照刑法第三百九十七条的规定，以滥用职权罪或者玩忽职守罪定罪处罚……

22. 罪与非罪

最高人民法院、最高人民检察院、公安部、国家工商行政管理局关于依法查处盗窃、抢劫机动车案件的规定（1998年5月8日）

九、公安、工商行政管理人员或者其他国家机关工作人员滥用职权或者玩忽职守、徇私舞弊，致使赃车入户、过户、验证的，给予行政处分；致使公共财产、国家和人民利益遭受重大损失的，依照《刑法》第三百九十七条的规定处罚。

23. 一罪与数罪

国家监察委员会、最高人民法院、最高人民检察院、公安部、司法部关于在扫黑除恶专项斗争中分工负责、互相配合、互相制约严惩公职人员涉黑涉恶违法犯罪问题的通知（2019年10月20日）

三、准确适用法律

6.……国家机关工作人员包庇、纵容黑社会性质组织，该包庇、纵容行为同时还构成包庇罪、伪证罪、妨害作证罪、徇私枉法罪、滥用职权罪、帮助犯罪分子逃避处罚罪、徇私舞弊不移交刑事案件罪，以及徇私舞弊减刑、假释、暂予监外执行罪等其他犯罪的，应当择一重罪处罚。

24. 追诉时效

最高人民法院全国法院审理经济犯罪案件工作座谈会纪要（2003年11月13日）

六、关于渎职罪

（二）玩忽职守罪的追诉时效

玩忽职守行为造成的重大损失当时没有发生，而是玩忽职守行为之后一定时间发生的，应从危害结果发生之日起计算玩忽职守罪的追诉期限。

● 量刑

参见【本章罪名量刑问题的总体规定】

> **第三百九十八条** 【故意泄露国家秘密罪】【过失泄露国家秘密罪】国家机关工作人员违反保守国家秘密法的规定，故意或者过失泄露国家秘密，情节严重的，处三年以下有期徒刑或者拘役；情节特别严重的，处三年以上七年以下有期徒刑。
> 非国家机关工作人员犯前款罪的，依照前款的规定酌情处罚。

● 立案追诉标准

最高人民检察院关于渎职侵权犯罪案件立案标准的规定（2006年7月26日）
一、渎职犯罪案件
（三）故意泄露国家秘密案（第三百九十八条）
故意泄露国家秘密罪是指国家机关工作人员或者非国家机关工作人员违反保守国家秘密法，故意使国家秘密被不应知悉者知悉，或者故意使国家秘密超出了限定的接触范围，情节严重的行为。

涉嫌下列情形之一的，应予立案：
1. 泄露绝密级国家秘密1项（件）以上的；
2. 泄露机密级国家秘密2项（件）以上的；
3. 泄露秘密级国家秘密3项（件）以上的；
4. 向非境外机构、组织、人员泄露国家秘密，造成或者可能造成危害社会稳定、经济发展、国防安全或者其他严重危害后果的；
5. 通过口头、书面或者网络等方式向公众散布、传播国家秘密的；
6. 利用职权指使或者强迫他人违反国家保守秘密法的规定泄露国家秘密的；
7. 以牟取私利为目的泄露国家秘密的；
8. 其他情节严重的情形。

（四）过失泄露国家秘密案（第三百九十八条）
过失泄露国家秘密罪是指国家机关工作人员或者非国家机关工作人员违反保守国家秘密法，过失泄露国家秘密，或者遗失国家秘密载体，致使国家秘密被不应知悉者知悉或者超出了限定的接触范围，情节严重的行为。

涉嫌下列情形之一的，应予立案：

1. 泄露绝密级国家秘密 1 项（件）以上的；
2. 泄露机密级国家秘密 3 项（件）以上的；
3. 泄露秘密级国家秘密 4 项（件）以上的；
4. 违反保密规定，将涉及国家秘密的计算机或者计算机信息系统与互联网相连接，泄露国家秘密的；
5. 泄露国家秘密或者遗失国家秘密载体，隐瞒不报、不如实提供有关情况或者不采取补救措施的；
6. 其他情节严重的情形。

● 定罪

1. **参见【本章罪名定罪问题的总体规定】**
2. **"国家秘密"的认定**

   保守国家秘密法（2010 年 10 月 1 日）

   第二条　国家秘密是关系国家安全和利益，依照法定程序确定，在一定时间内只限一定范围的人员知悉的事项。

   第九条　下列涉及国家安全和利益的事项，泄露后可能损害国家在政治、经济、国防、外交等领域的安全和利益的，应当确定为国家秘密：

   （一）国家事务重大决策中的秘密事项；
   （二）国防建设和武装力量活动中的秘密事项；
   （三）外交和外事活动中的秘密事项以及对外承担保密义务的秘密事项；
   （四）国民经济和社会发展中的秘密事项；
   （五）科学技术中的秘密事项；
   （六）维护国家安全活动和追查刑事犯罪中的秘密事项；
   （七）经国家保密行政管理部门确定的其他秘密事项。

   政党的秘密事项中符合前款规定的，属于国家秘密。

3. **通过互联网发布国家秘密、情报行为的定性**

   最高人民法院关于审理为境外窃取、刺探、收买、非法提供国家秘密、情报案件具体应用法律若干问题的解释（2001 年 1 月 22 日）

   第六条　通过互联网将国家秘密或者情报非法发送给境外的机构、组织、个人的，依照刑法第一百一十一条的规定定罪处罚；将国家秘密通过互联网予以发布，情节严重的，依照刑法第三百九十八条的规定定罪处罚。

● 量刑

参见【本章罪名量刑问题的总体规定】

> 第三百九十九条 【徇私枉法罪】司法工作人员徇私枉法、徇情枉法，对明知是无罪的人而使他受追诉、对明知是有罪的人而故意包庇不使他受追诉，或者在刑事审判活动中故意违背事实和法律作枉法裁判的，处五年以下有期徒刑或者拘役；情节严重的，处五年以上十年以下有期徒刑；情节特别严重的，处十年以上有期徒刑。
>
> 【民事、行政枉法裁判罪】在民事、行政审判活动中故意违背事实和法律作枉法裁判，情节严重的，处五年以下有期徒刑或者拘役；情节特别严重的，处五年以上十年以下有期徒刑。
>
> 【执行判决、裁定失职罪】【执行判决、裁定滥用职权罪】在执行判决、裁定活动中，严重不负责任或者滥用职权，不依法采取诉讼保全措施、不履行法定执行职责，或者违法采取诉讼保全措施、强制执行措施，致使当事人或者其他人的利益遭受重大损失的，处五年以下有期徒刑或者拘役；致使当事人或者其他人的利益遭受特别重大损失的，处五年以上十年以下有期徒刑。
>
> 司法工作人员收受贿赂，有前三款行为的，同时又构成本法第三百八十五条规定之罪的，依照处罚较重的规定定罪处罚。

● 关联法条

第九十四条

立案追诉标准

最高人民检察院关于渎职侵权犯罪案件立案标准的规定（2006 年 7 月 26 日）

一、渎职犯罪案件

（五）徇私枉法案（第三百九十九条第一款）

徇私枉法罪是指司法工作人员徇私枉法、徇情枉法，对明知是无罪的人而使他受追诉、对明知是有罪的人而故意包庇不使他受追诉，或者在刑事审判活动中故意违背事实和法律作枉法裁判的行为。

涉嫌下列情形之一的，应予立案：

1. 对明知是没有犯罪事实或者其他依法不应当追究刑事责任的人，采取伪造、隐匿、毁灭证据或者其他隐瞒事实、违反法律的手段，以追究刑事责任为目的立案、侦查、起诉、审判的；

2. 对明知是有犯罪事实需要追究刑事责任的人，采取伪造、隐匿、毁灭证据或者其他隐瞒事实、违反法律的手段，故意包庇使其不受立案、侦查、起诉、审判的；

3. 采取伪造、隐匿、毁灭证据或者其他隐瞒事实、违反法律的手段，故意使罪重的人受较轻的追诉，或者使罪轻的人受较重的追诉的；

4. 在立案后，采取伪造、隐匿、毁灭证据或者其他隐瞒事实、违反法律的手段，应当采取强制措施而不采取强制措施，或者虽然采取强制措施，但中断侦查或者超过法定期限不采取任何措施，实际放任不管，以及违法撤销、变更强制措施，致使犯罪嫌疑人、被告人实际脱离司法机关侦控的；

5. 在刑事审判活动中故意违背事实和法律，作出枉法判决、裁定，即有罪判无罪、无罪判有罪，或者重罪轻判、轻罪重判的；

6. 其他徇私枉法应予追究刑事责任的情形。

（六）民事、行政枉法裁判案（第三百九十九条第二款）

民事、行政枉法裁判罪是指司法工作人员在民事、行政审判活动中，故意违背事实和法律作枉法裁判，情节严重的行为。

涉嫌下列情形之一的，应予立案：

1. 枉法裁判，致使当事人或者其近亲属自杀、自残造成重伤、死亡，或者精神失常的；

2. 枉法裁判，造成个人财产直接经济损失 10 万元以上，或者直接经济损失不满 10 万元，但间接经济损失 50 万元以上的；

3. 枉法裁判，造成法人或者其他组织财产直接经济损失20万元以上，或者直接经济损失不满20万元，但间接经济损失100万元以上的；

4. 伪造、变造有关材料、证据，制造假案枉法裁判的；

5. 串通当事人制造伪证、毁灭证据或者篡改庭审笔录而枉法裁判的；

6. 徇私情、私利，明知是伪造、变造的证据予以采信，或者故意对应当采信的证据不予采信，或者故意违反法定程序，或者故意错误适用法律而枉法裁判的；

7. 其他情节严重的情形。

（七）执行判决、裁定失职案（第三百九十九条第三款）

执行判决、裁定失职罪是指司法工作人员在执行判决、裁定活动中，严重不负责任，不依法采取诉讼保全措施、不履行法定执行职责，或者违法采取保全措施、强制执行措施，致使当事人或者其他人的利益遭受重大损失的行为。

涉嫌下列情形之一的，应予立案：

1. 致使当事人或者其近亲属自杀、自残造成重伤、死亡，或者精神失常的；

2. 造成个人财产直接经济损失15万元以上，或者直接经济损失不满15万元，但间接经济损失75万元以上的；

3. 造成法人或者其他组织财产直接经济损失30万元以上，或者直接经济损失不满30万元，但间接经济损失150万元以上的；

4. 造成公司、企业等单位停业、停产1年以上，或者破产的；

5. 其他致使当事人或者其他人的利益遭受重大损失的情形。

（八）执行判决、裁定滥用职权案（第三百九十九条第三款）

执行判决、裁定滥用职权罪是指司法工作人员在执行判决、裁定活动中，滥用职权，不依法采取诉讼保全措施、不履行法定执行职责，或者违法采取保全措施、强制执行措施，致使当事人或者其他人的利益遭受重大损失的行为。

涉嫌下列情形之一的，应予立案：

1. 致使当事人或者其近亲属自杀、自残造成重伤、死亡，或者精神失常的；

2. 造成个人财产直接经济损失10万元以上，或者直接经济损失不满10万元，但间接经济损失50万元以上的；

3. 造成法人或者其他组织财产直接经济损失20万元以上，或者直接经济损失不满20万元，但间接经济损失100万元以上的；

4. 造成公司、企业等单位停业、停产6个月以上，或者破产的；

5. 其他致使当事人或者其他人的利益遭受重大损失的情形。

三、附则

（四）本规定中的"直接经济损失"，是指与行为有直接因果关系而造成的财产损毁、减少的实际价值；"间接经济损失"，是指由直接经济损失引起和牵连的其他损失，包括失去的在正常情况下可以获得的利益和为恢复正常的管理活动或者挽回所造成的损失所支付的各种开支、费用等。

有下列情形之一的，虽然有债权存在，但已无法实现债权的，可以认定为已经造成了经济损失：(1) 债务人已经法定程序被宣告破产，且无法清偿债务；(2) 债务人潜逃，去向不明；(3) 因行为人责任，致使超过诉讼时效；(4) 有证据证明债权无法实现的其他情况。

直接经济损失和间接经济损失，是指立案时确已造成的经济损失。移送审查起诉前，犯罪嫌疑人及其亲友自行挽回的经济损失，以及由司法机关或者犯罪嫌疑人所在单位及其上级主管部门挽回的经济损失，不予扣减，但可作为对犯罪嫌疑人从轻处理的情节考虑。

● 定罪

1. 参见【本章罪名定罪问题的总体规定】

2. 共同犯罪

最高人民检察院法律政策研究室关于非司法工作人员是否可以构成徇私枉法罪共犯问题的答复（2003年4月16日）

非司法工作人员与司法工作人员勾结，共同实施徇私枉法行为，构成犯罪的，应当以徇私枉法罪的共犯追究刑事责任。

3. 一罪与数罪

国家监察委员会、最高人民法院、最高人民检察院、公安部、司法部关于在扫黑除恶专项斗争中分工负责、互相配合、互相制约严惩公职人员涉黑涉恶违法犯罪问题的通知（2019年10月20日）

三、准确适用法律

6.……国家机关工作人员包庇、纵容黑社会性质组织，该包庇、纵容行为同时还构成包庇罪、伪证罪、妨害作证罪、徇私枉法罪、滥用职权罪、帮助犯罪分子逃避处罚罪、徇私舞弊不移交刑事案件罪，以及徇私舞弊减刑、假释、暂予监外执行罪等其他犯罪的，应当择一重罪处罚。

● 量刑

参见【本章罪名量刑问题的总体规定】

> 第三百九十九条之一 【枉法仲裁罪】依法承担仲裁职责的人员，在仲裁活动中故意违背事实和法律作枉法裁决，情节严重的，处三年以下有期徒刑或者拘役；情节特别严重的，处三年以上七年以下有期徒刑。

> 第四百条 【私放在押人员罪】司法工作人员私放在押的犯罪嫌疑人、被告人或者罪犯的，处五年以下有期徒刑或者拘役；情节严重的，处五年以上十年以下有期徒刑；情节特别严重的，处十年以上有期徒刑。
> 【失职致使在押人员脱逃罪】司法工作人员由于严重不负责任，致使在押的犯罪嫌疑人、被告人或者罪犯脱逃，造成严重后果的，处三年以下有期徒刑或者拘役；造成特别严重后果的，处三年以上十年以下有期徒刑。

● 关联法条

第九十四条

● 立案追诉标准

最高人民检察院关于渎职侵权犯罪案件立案标准的规定（2006年7月26日）
一、渎职犯罪案件
（九）私放在押人员案（第四百条第一款）
私放在押人员罪是指司法工作人员私放在押（包括在羁押场所和押解途中）的犯罪嫌疑人、被告人或者罪犯的行为。
涉嫌下列情形之一的，应予立案：

1. 私自将在押的犯罪嫌疑人、被告人、罪犯放走,或者授意、指使、强迫他人将在押的犯罪嫌疑人、被告人、罪犯放走的;

2. 伪造、变造有关法律文书、证明材料,以使在押的犯罪嫌疑人、被告人、罪犯逃跑或者被释放的;

3. 为私放在押的犯罪嫌疑人、被告人、罪犯,故意向其通风报信、提供条件,致使该在押的犯罪嫌疑人、被告人、罪犯脱逃的;

4. 其他私放在押的犯罪嫌疑人、被告人、罪犯应予追究刑事责任的情形。

(十)失职致使在押人员脱逃案(第四百条第二款)

失职致使在押人员脱逃罪是指司法工作人员由于严重不负责任,不履行或者不认真履行职责,致使在押(包括在羁押场所和押解途中)的犯罪嫌疑人、被告人、罪犯脱逃,造成严重后果的行为。

涉嫌下列情形之一的,应予立案:

1. 致使依法可能判处或者已经判处10年以上有期徒刑、无期徒刑、死刑的犯罪嫌疑人、被告人、罪犯脱逃的;

2. 致使犯罪嫌疑人、被告人、罪犯脱逃3人次以上的;

3. 犯罪嫌疑人、被告人、罪犯脱逃以后,打击报复报案人、控告人、举报人、被害人、证人和司法工作人员等,或者继续犯罪的;

4. 其他致使在押的犯罪嫌疑人、被告人、罪犯脱逃,造成严重后果的情形。

● 定罪

1. **参见【本章罪名定罪问题的总体规定】**
2. **监管机关的非在编监管人员可成为本罪主体**

最高人民检察院关于工人等非监管机关在编监管人员私放在押人员行为和失职致使在押人员脱逃行为适用法律问题的解释(2001年3月2日)

为依法办理私放在押人员犯罪案件和失职致使在押人员脱逃犯罪案件,对工人等非监管机关在编监管人员私放在押人员行为和失职致使在押人员脱逃行为如何适用法律问题解释如下:

工人等非监管机关在编监管人员在被监管机关聘用受委托履行监管职责的过程中私放在押人员的,应当依照刑法第四百条第一款的规定,以私放在押人员罪追究刑事责任;由于严重不负责任,致使在押人员脱逃,造成严重后果的,应当依照刑法第四百条第二款的规定,以失职致使在押人员脱逃罪追究刑事责任。

● 量刑

参见【本章罪名量刑问题的总体规定】

> 第四百零一条 【徇私舞弊减刑、假释、暂予监外执行罪】司法工作人员徇私舞弊，对不符合减刑、假释、暂予监外执行条件的罪犯，予以减刑、假释或者暂予监外执行的，处三年以下有期徒刑或者拘役；情节严重的，处三年以上七年以下有期徒刑。

● 关联法条

第九十四条

● 立案追诉标准

最高人民检察院关于渎职侵权犯罪案件立案标准的规定（2006年7月26日）
一、渎职犯罪案件
（十一）徇私舞弊减刑、假释、暂予监外执行案（第四百零一条）
徇私舞弊减刑、假释、暂予监外执行罪是指司法工作人员徇私舞弊，对不符合减刑、假释、暂予监外执行条件的罪犯予以减刑、假释、暂予监外执行的行为。

涉嫌下列情形之一的，应予立案：
1. 刑罚执行机关的工作人员对不符合减刑、假释、暂予监外执行条件的罪犯，捏造事实，伪造材料，违法报请减刑、假释、暂予监外执行的；
2. 审判人员对不符合减刑、假释、暂予监外执行条件的罪犯，徇私舞弊，违法裁定减刑、假释或者违法决定暂予监外执行的；
3. 监狱管理机关、公安机关的工作人员对不符合暂予监外执行条件的罪犯，徇私舞弊，违法批准暂予监外执行的；
4. 不具有报请、裁定、决定或者批准减刑、假释、暂予监外执行权的司法工作人员利用职务上的便利，伪造有关材料，导致不符合减刑、假释、暂予监外执行条件的罪犯被减刑、假释、暂予监外执行的；
5. 其他徇私舞弊减刑、假释、暂予监外执行应予追究刑事责任的情形。

三、附则

（五）本规定中的"徇私舞弊"，是指国家机关工作人员为徇私情、私利，故意违背事实和法律，伪造材料，隐瞒情况，弄虚作假的行为。

● 定罪

1. 参见【本章罪名定罪问题的总体规定】

2. 此罪与彼罪

最高人民检察院关于印发第一批指导性案例的通知（2010年12月31日）
林志斌徇私舞弊暂予监外执行案（检例第3号）
【要旨】司法工作人员收受贿赂，对不符合减刑、假释、暂予监外执行条件的罪犯，予以减刑、假释或者暂予监外执行的，应根据案件的具体情况，依法追究刑事责任。

3. 一罪与数罪

国家监察委员会、最高人民法院、最高人民检察院、公安部、司法部关于在扫黑除恶专项斗争中分工负责、互相配合、互相制约严惩公职人员涉黑涉恶违法犯罪问题的通知（2019年10月20日）

三、准确适用法律

6.……国家机关工作人员包庇、纵容黑社会性质组织，该包庇、纵容行为同时还构成包庇罪、伪证罪、妨害作证罪、徇私枉法罪、滥用职权罪、帮助犯罪分子逃避处罚罪、徇私舞弊不移交刑事案件罪，以及徇私舞弊减刑、假释、暂予监外执行罪等其他犯罪的，应当择一重罪处罚。

● 量刑

参见【本章罪名量刑问题的总体规定】

> **第四百零二条**　【徇私舞弊不移交刑事案件罪】行政执法人员徇私舞弊，对依法应当移交司法机关追究刑事责任的不移交，情节严重的，处三年以下有期徒刑或者拘役；造成严重后果的，处三年以上七年以下有期徒刑。

● 立案追诉标准

最高人民检察院关于渎职侵权犯罪案件立案标准的规定（2006年7月26日）

一、渎职犯罪案件

（十二）徇私舞弊不移交刑事案件案（第四百零二条）

徇私舞弊不移交刑事案件罪是指工商行政管理、税务、监察等行政执法人员，徇私舞弊，对依法应当移交司法机关追究刑事责任的案件不移交，情节严重的行为。

涉嫌下列情形之一的，应予立案：

1. 对依法可能判处3年以上有期徒刑、无期徒刑、死刑的犯罪案件不移交的；
2. 不移交刑事案件涉及3人次以上的；
3. 司法机关提出意见后，无正当理由仍然不予移交的；
4. 以罚代刑，放纵犯罪嫌疑人，致使犯罪嫌疑人继续进行违法犯罪活动的；
5. 行政执法部门主管领导阻止移交的；
6. 隐瞒、毁灭证据，伪造材料，改变刑事案件性质的；
7. 直接负责的主管人员和其他直接责任人员为牟取本单位私利而不移交刑事案件，情节严重的；
8. 其他情节严重的情形。

三、附则

（五）本规定中的"徇私舞弊"，是指国家机关工作人员为徇私情、私利，故意违背事实和法律，伪造材料，隐瞒情况，弄虚作假的行为。

最高人民检察院人民检察院直接受理立案侦查的渎职侵权重特大案件标准（试行）（2002年1月1日）

十、徇私舞弊不移交刑事案件案

（一）重大案件

1. 对犯罪嫌疑人依法可能判处五年以上十年以下有期徒刑的重大刑事案件不移交的；
2. 五次以上不移交犯罪案件，或者一次不移交犯罪案件涉及五名以上犯罪嫌疑人的；
3. 以罚代刑，放纵犯罪嫌疑人，致使犯罪嫌疑人继续进行刑事犯罪的。

（二）特大案件

1. 对犯罪嫌疑人依法可能判处十年以上有期徒刑、无期徒刑、死刑的特别重大刑事案件不移交的；

2. 七次以上不移交犯罪案件，或者一次不移交犯罪案件涉及七名以上犯罪嫌疑人的；

3. 以罚代刑，放纵犯罪嫌疑人，致使犯罪嫌疑人继续进行严重刑事犯罪的。

● 定罪

1. 参见【本章罪名定罪问题的总体规定】
2. **安全监管领域徇私舞弊不移交刑事案件行为的处理**

　　最高人民法院、最高人民检察院关于办理危害生产安全刑事案件适用法律若干问题的解释（2015年12月16日）

　　第十五条　国家机关工作人员在履行安全监督管理职责时滥用职权、玩忽职守，致使公共财产、国家和人民利益遭受重大损失的，或者徇私舞弊，对发现的刑事案件依法应当移交司法机关追究刑事责任而不移交，情节严重的，分别依照刑法第三百九十七条、第四百零二条的规定，以滥用职权罪、玩忽职守罪或者徇私舞弊不移交刑事案件罪定罪处罚。

3. **行政执法人员徇私舞弊，不移交刑事案件的定性**

　　公安部关于打击拐卖妇女儿童犯罪适用法律和政策有关问题的意见（2000年3月24日）

　　六、关于不解救或者阻碍解救被拐卖的妇女、儿童等渎职犯罪

　　（二）行政执法人员徇私情、私利，伪造材料，隐瞒情况，弄虚作假，对依法应当移交司法机关追究刑事责任的拐卖妇女、儿童犯罪案件不移交司法机关处理，构成犯罪的，以徇私舞弊不移交刑事案件罪移送人民检察院追究刑事责任。

　　最高人民检察院关于印发第二批指导性案例的通知（2012年11月15日）
　　胡某、郑某徇私舞弊不移交刑事案件案（检例第7号）
　　【要旨】诉讼监督，是人民检察院依法履行法律监督的重要内容。实践中，检察机关和办案人员应当坚持办案与监督并重，建立健全行政执法与刑事司法有效衔接的工作机制，善于在办案中发现各种职务犯罪线索；对于行政执法人员徇私舞弊，不移送有关刑事案件构成犯罪的，应当依法追究刑事责任。

4. 一罪与数罪

国家监察委员会、最高人民法院、最高人民检察院、公安部、司法部关于在扫黑除恶专项斗争中分工负责、互相配合、互相制约严惩公职人员涉黑涉恶违法犯罪问题的通知（2019年10月20日）

三、准确适用法律

6.……国家机关工作人员包庇、纵容黑社会性质组织，该包庇、纵容行为同时还构成包庇罪、伪证罪、妨害作证罪、徇私枉法罪、滥用职权罪、帮助犯罪分子逃避处罚罪、徇私舞弊不移交刑事案件罪，以及徇私舞弊减刑、假释、暂予监外执行罪等其他犯罪的，应当择一重罪处罚。

● 量刑

参见【本章罪名量刑问题的总体规定】

> **第四百零三条　【滥用管理公司、证券职权罪】** 国家有关主管部门的国家机关工作人员，徇私舞弊，滥用职权，对不符合法律规定条件的公司设立、登记申请或者股票、债券发行、上市申请，予以批准或者登记，致使公共财产、国家和人民利益遭受重大损失的，处五年以下有期徒刑或者拘役。
>
> 上级部门强令登记机关及其工作人员实施前款行为的，对其直接负责的主管人员，依照前款的规定处罚。

● 立案追诉标准

最高人民检察院关于渎职侵权犯罪案件立案标准的规定（2006年7月26日）

一、渎职犯罪案件

（十三）滥用管理公司、证券职权案（第四百零三条）

滥用管理公司、证券职权罪是指工商行政管理、证券管理等国家有关主管部门的工作人员徇私舞弊，滥用职权，对不符合法律规定条件的公司设立、登记申请或者股票、债券发行、上市申请予以批准或者登记，致使公共财产、国家和人民利益遭受重大损失的行为，以及上级部门、当地政府强令登记机关及其工作人员实施上述行为的行为。

涉嫌下列情形之一的，应予立案：

1. 造成直接经济损失50万元以上的；

2. 工商行政管理部门的工作人员对不符合法律规定条件的公司设立、登记申请，违法予以批准、登记，严重扰乱市场秩序的；

3. 金融证券管理机构的工作人员对不符合法律规定条件的股票、债券发行、上市申请，违法予以批准，严重损害公众利益，或者严重扰乱金融秩序的；

4. 工商行政管理部门、金融证券管理机构的工作人员对不符合法律规定条件的公司设立、登记申请或者股票、债券发行、上市申请违法予以批准或者登记，致使犯罪行为得逞的；

5. 上级部门、当地政府直接负责的主管人员强令登记机关及其工作人员，对不符合法律规定条件的公司设立、登记申请或者股票、债券发行、上市申请予以批准或者登记，致使公共财产、国家或者人民利益遭受重大损失的；

6. 其他致使公共财产、国家和人民利益遭受重大损失的情形。

三、附则

（四）本规定中的"直接经济损失"，是指与行为有直接因果关系而造成的财产损毁、减少的实际价值；"间接经济损失"，是指由直接经济损失引起和牵连的其他损失，包括失去的在正常情况下可以获得的利益和为恢复正常的管理活动或者挽回所造成的损失所支付的各种开支、费用等。

有下列情形之一的，虽然有债权存在，但已无法实现债权的，可以认定为已经造成了经济损失：（1）债务人已经法定程序被宣告破产，且无法清偿债务；（2）债务人潜逃，去向不明；（3）因行为人责任，致使超过诉讼时效；（4）有证据证明债权无法实现的其他情况。

直接经济损失和间接经济损失，是指立案时确已造成的经济损失。移送审查起诉前，犯罪嫌疑人及其亲友自行挽回的经济损失，以及由司法机关或者犯罪嫌疑人所在单位及其上级主管部门挽回的经济损失，不予扣减，但可作为对犯罪嫌疑人从轻处理的情节考虑。

（五）本规定中的"徇私舞弊"，是指国家机关工作人员为徇私情、私利，故意违背事实和法律，伪造材料，隐瞒情况，弄虚作假的行为。

● 定罪

参见【本章罪名定罪问题的总体规定】

量刑

参见【本章罪名量刑问题的总体规定】

> **第四百零四条　【徇私舞弊不征、少征税款罪】** 税务机关的工作人员徇私舞弊，不征或者少征应征税款，致使国家税收遭受重大损失的，处五年以下有期徒刑或者拘役；造成特别重大损失的，处五年以上有期徒刑。

立案追诉标准

最高人民检察院关于渎职侵权犯罪案件立案标准的规定（2006年7月26日）
一、渎职犯罪案件
（十四）徇私舞弊不征、少征税款案（第四百零四条）
徇私舞弊不征、少征税款罪是指税务机关工作人员徇私舞弊，不征、少征应征税款，致使国家税收遭受重大损失的行为。
涉嫌下列情形之一的，应予立案：
1. 徇私舞弊不征、少征应征税款，致使国家税收损失累计达10万元以上的；
2. 上级主管部门工作人员指使税务机关工作人员徇私舞弊不征、少征应征税款，致使国家税收损失累计达10万元以上的；
3. 徇私舞弊不征、少征应征税款不满10万元，但具有索取或者收受贿赂或者其他恶劣情节的；
4. 其他致使国家税收遭受重大损失的情形。
三、附则
（五）本规定中的"徇私舞弊"，是指国家机关工作人员为徇私情、私利，故意违背事实和法律，伪造材料，隐瞒情况，弄虚作假的行为。

最高人民检察院人民检察院直接受理立案侦查的渎职侵权重特大案件标准（试行）（2002年1月1日）
十二、徇私舞弊不征、少征税款案
（一）重大案件
造成国家税收损失累计达三十万元以上的。

（二）特大案件

造成国家税收损失累计达五十万元以上的。

● 定罪

参见【本章罪名定罪问题的总体规定】

● 量刑

参见【本章罪名量刑问题的总体规定】

第四百零五条　【徇私舞弊发售发票、抵扣税款、出口退税罪】 税务机关的工作人员违反法律、行政法规的规定，在办理发售发票、抵扣税款、出口退税工作中，徇私舞弊，致使国家利益遭受重大损失的，处五年以下有期徒刑或者拘役；致使国家利益遭受特别重大损失的，处五年以上有期徒刑。

【违法提供出口退税凭证罪】 其他国家机关工作人员违反国家规定，在提供出口货物报关单、出口收汇核销单等出口退税凭证的工作中，徇私舞弊，致使国家利益遭受重大损失的，依照前款的规定处罚。

● 关联法条

第九十六条

● 立案追诉标准

最高人民检察院关于渎职侵权犯罪案件立案标准的规定（2006年7月26日）
一、渎职犯罪案件
（十五）徇私舞弊发售发票、抵扣税款、出口退税案（第四百零五条第一款）
徇私舞弊发售发票、抵扣税款、出口退税罪是指税务机关工作人员违反法律、行政法规的规定，在办理发售发票、抵扣税款、出口退税工作中徇私舞弊，致使国家利益遭受重大损失的行为。

涉嫌下列情形之一的，应予立案：

1. 徇私舞弊，致使国家税收损失累计达10万元以上的；

2. 徇私舞弊，致使国家税收损失累计不满10万元，但发售增值税专用发票25份以上或者其他发票50份以上或者增值税专用发票与其他发票合计50份以上，或者具有索取、收受贿赂或者其他恶劣情节的；

3. 其他致使国家利益遭受重大损失的情形。

（十六）违法提供出口退税凭证案（第四百零五条第二款）

违法提供出口退税凭证罪是指海关、外汇管理等国家机关工作人员违反国家规定，在提供出口货物报关单、出口收汇核销单等出口退税凭证的工作中徇私舞弊，致使国家利益遭受重大损失的行为。

涉嫌下列情形之一的，应予立案：

1. 徇私舞弊，致使国家税收损失累计达10万元以上的；

2. 徇私舞弊，致使国家税收损失累计不满10万元，但具有索取、收受贿赂或者其他恶劣情节的；

3. 其他致使国家利益遭受重大损失的情形。

三、附则

（五）本规定中的"徇私舞弊"，是指国家机关工作人员为徇私情、私利，故意违背事实和法律，伪造材料，隐瞒情况，弄虚作假的行为。

● 定罪

1. 参见【本章罪名定罪问题的总体规定】

2. 第一款"违反法律、行政法规的规定"的认定

最高人民法院研究室关于违反经行政法规授权制定的规范一般纳税人资格的文件应否认定为"违反法律、行政法规的规定"问题的答复（2012年5月3日）

国家税务总局《关于加强新办商贸企业增值税征收管理有关问题的紧急通知》（国税发明电〔2004〕37号）和《关于加强新办商贸企业增值税征收管理有关问题的补充通知》（国税发明电〔2004〕62号），是根据1993年制定的《中华人民共和国增值税暂行条例》的规定对一般纳税人资格认定的细化，且2008年修订后的《中华人民共和国增值税暂行条例》第十三条明确规定："小

规模纳税人以外的纳税人应当向主管税务机关申请资格认定。具体认定办法由国务院主管部门制定。"因此，违反上述两个通知关于一般纳税人资格的认定标准及相关规定，授予不合格单位一般纳税人资格的，相应违反了《中华人民共和国增值税暂行条例》的有关规定，应当认定为刑法第四百零五条第一款规定的"违反法律、行政法规的规定"。

● 量刑

参见【本章罪名量刑问题的总体规定】

> **第四百零六条 【国家机关工作人员签订、履行合同失职被骗罪】**国家机关工作人员在签订、履行合同过程中，因严重不负责任被诈骗，致使国家利益遭受重大损失的，处三年以下有期徒刑或者拘役；致使国家利益遭受特别重大损失的，处三年以上七年以下有期徒刑。

● 立案追诉标准

最高人民检察院关于渎职侵权犯罪案件立案标准的规定（2006年7月26日）
一、渎职犯罪案件
（十七）国家机关工作人员签订、履行合同失职被骗案（第四百零六条）

国家机关工作人员签订、履行合同失职被骗罪是指国家机关工作人员在签订、履行合同过程中，因严重不负责任，不履行或者不认真履行职责被诈骗，致使国家利益遭受重大损失的行为。

涉嫌下列情形之一的，应予立案：

1. 造成直接经济损失30万元以上，或者直接经济损失不满30万元，但间接经济损失150万元以上的；

2. 其他致使国家利益遭受重大损失的情形。

三、附则

（四）本规定中的"直接经济损失"，是指与行为有直接因果关系而造成的财产损毁、减少的实际价值；"间接经济损失"，是指由直接经济损失引起和牵连的其他损失，包括失去的在正常情况下可以获得的利益和为恢复正常的管理活动或者挽回所造成的损失所支付的各种开支、费用等。

有下列情形之一的，虽然有债权存在，但已无法实现债权的，可以认定为已经造成了经济损失：（1）债务人已经法定程序被宣告破产，且无法清偿债务；（2）债务人潜逃，去向不明；（3）因行为人责任，致使超过诉讼时效；（4）有证据证明债权无法实现的其他情况。

直接经济损失和间接经济损失，是指立案时确已造成的经济损失。移送审查起诉前，犯罪嫌疑人及其亲友自行挽回的经济损失，以及由司法机关或者犯罪嫌疑人所在单位及其上级主管部门挽回的经济损失，不予扣减，但可作为对犯罪嫌疑人从轻处理的情节考虑。

● 定罪

参见【本章罪名定罪问题的总体规定】

● 量刑

参见【本章罪名量刑问题的总体规定】

> **第四百零七条　【违法发放林木采伐许可证罪】** 林业主管部门的工作人员违反森林法的规定，超过批准的年采伐限额发放林木采伐许可证或者违反规定滥发林木采伐许可证，情节严重，致使森林遭受严重破坏的，处三年以下有期徒刑或者拘役。

● 立案追诉标准

最高人民检察院关于渎职侵权犯罪案件立案标准的规定（2006年7月26日）

一、渎职犯罪案件

（十八）违法发放林木采伐许可证案（第四百零七条）

违法发放林木采伐许可证罪是指林业主管部门的工作人员违反森林法的规定，超过批准的年采伐限额发放林木采伐许可证或者违反规定滥发林木采伐许可证，情节严重，致使森林遭受严重破坏的行为。

涉嫌下列情形之一的，应予立案：

1. 发放林木采伐许可证允许采伐数量累计超过批准的年采伐限额，导致林木被超限额采伐 10 立方米以上的；
2. 滥发林木采伐许可证，导致林木被滥伐 20 立方米以上，或者导致幼树被滥伐 1000 株以上的；
3. 滥发林木采伐许可证，导致防护林、特种用途林被滥伐 5 立方米以上，或者幼树被滥伐 200 株以上的；
4. 滥发林木采伐许可证，导致珍贵树木或者国家重点保护的其他树木被滥伐的；
5. 滥发林木采伐许可证，导致国家禁止采伐的林木被采伐的；
6. 其他情节严重，致使森林遭受严重破坏的情形。

林业主管部门工作人员之外的国家机关工作人员，违反森林法的规定，滥用职权或者玩忽职守，致使林木被滥伐 40 立方米以上或者幼树被滥伐 2000 株以上，或者致使防护林、特种用途林被滥伐 10 立方米以上或者幼树被滥伐 400 株以上，或者致使珍贵树木被采伐、毁坏 4 立方米或者 4 株以上，或者致使国家重点保护的其他植物被采伐、毁坏后果严重的，或者致使国家严禁采伐的林木被采伐、毁坏情节恶劣的，按照刑法第 397 条的规定以滥用职权罪或者玩忽职守罪追究刑事责任。

● 定罪

1. 【本章罪名定罪问题的总体规定】
2. "情节严重，致使森林遭受严重破坏"的认定

最高人民法院关于审理破坏森林资源刑事案件具体应用法律若干问题的解释（2000 年 12 月 11 日）

第十二条　林业主管部门的工作人员违反森林法的规定，超过批准的年采伐限额发放林木采伐许可证或者违反规定滥发林木采伐许可证，具有下列情形之一的，属于刑法第四百零七条规定的"情节严重，致使森林遭受严重破坏"，以违法发放林木采伐许可证罪定罪处罚：

（一）发放林木采伐许可证允许采伐数量累计超过批准的年采伐限额，导致林木被采伐数量在十立方米以上的；

（二）滥发林木采伐许可证，导致林木被滥伐二十立方米以上的；

（三）滥发林木采伐许可证，导致珍贵树木被滥伐的；

（四）批准采伐国家禁止采伐的林木，情节恶劣的；
（五）其他情节严重的情形。

3. 违法发放林木采伐许可证，致使森林遭受严重破坏行为的定性

最高人民检察院关于对林业主管部门工作人员在发放林木采伐许可证之外滥用职权玩忽职守致使森林遭受严重破坏的行为适用法律问题的批复（2007年5月16日）

林业主管部门工作人员违法发放林木采伐许可证，致使森林遭受严重破坏的，依照刑法第四百零七条的规定，以违法发放林木采伐许可证罪追究刑事责任……

● 量刑

参见【本章罪名量刑问题的总体规定】

> **第四百零八条** 【环境监管失职罪】负有环境保护监督管理职责的国家机关工作人员严重不负责任，导致发生重大环境污染事故，致使公私财产遭受重大损失或者造成人身伤亡的严重后果的，处三年以下有期徒刑或者拘役。

● 定罪

1. 参见【本章罪名定罪问题的总体规定】
2. 本罪定义

最高人民检察院关于渎职侵权犯罪案件立案标准的规定（2006年7月26日）
一、渎职犯罪案件
（十九）环境监管失职案（第四百零八条）
环境监管失职罪是指负有环境保护监督管理职责的国家机关工作人员严重不负责任，不履行或者不认真履行环境保护监管职责导致发生重大环境污染事故，致使公私财产遭受重大损失或者造成人身伤亡的严重后果的行为。

3. "致使公私财产遭受重大损失或者造成人身伤亡的严重后果"的认定

最高人民法院、最高人民检察院关于办理环境污染刑事案件适用法律若干问题的解释(2017年1月1日)

第一条 实施刑法第三百三十八条规定的行为,具有下列情形之一的,应当认定为"严重污染环境":

(十)造成生态环境严重损害的;

(十一)致使乡镇以上集中式饮用水水源取水中断十二小时以上的;

(十二)致使基本农田、防护林地、特种用途林地五亩以上,其他农用地十亩以上,其他土地二十亩以上基本功能丧失或者遭受永久性破坏的;

(十三)致使森林或者其他林木死亡五十立方米以上,或者幼树死亡二千五百株以上的;

(十四)致使疏散、转移群众五千人以上的;

(十五)致使三十人以上中毒的;

(十六)致使三人以上轻伤、轻度残疾或者器官组织损伤导致一般功能障碍的;

(十七)致使一人以上重伤、中度残疾或者器官组织损伤导致严重功能障碍的;

(十八)其他严重污染环境的情形。

第二条 实施刑法第三百三十九条、第四百零八条规定的行为,致使公私财产损失三十万元以上,或者具有本解释第一条第十项至第十七项规定情形之一的,应当认定为"致使公私财产遭受重大损失或者严重危害人体健康"或者"致使公私财产遭受重大损失或者造成人身伤亡的严重后果"。

第十七条第四款 本解释所称"公私财产损失",包括实施刑法第三百三十八条、第三百三十九条规定的行为直接造成财产损毁、减少的实际价值,为防止污染扩大、消除污染而采取必要合理措施所产生的费用,以及处置突发环境事件的应急监测费用。

● 量刑

参见【本章罪名量刑问题的总体规定】

> **第四百零八条之一**① 【食品、药品监管渎职罪】负有食品药品安全监督管理职责的国家机关工作人员，滥用职权或者玩忽职守，有下列情形之一，造成严重后果或者有其他严重情节的，处五年以下有期徒刑或者拘役；造成特别严重后果或者有其他特别严重情节的，处五年以上十年以下有期徒刑：
> （一）瞒报、谎报食品安全事故、药品安全事件的；
> （二）对发现的严重食品药品安全违法行为未按规定查处的；
> （三）在药品和特殊食品审批审评过程中，对不符合条件的申请准予许可的；
> （四）依法应当移交司法机关追究刑事责任不移交的；
> （五）有其他滥用职权或者玩忽职守行为的。
> 徇私舞弊犯前款罪的，从重处罚。

● 定罪

1. 参见【本章罪名定罪问题的总体规定】

2. 一罪与数罪

最高人民法院、最高人民检察院关于办理危害食品安全刑事案件适用法律若干问题的解释（2013年5月4日）

第十六条 负有食品安全监督管理职责的国家机关工作人员，滥用职权或者玩忽职守，导致发生重大食品安全事故或者造成其他严重后果，同时构成食品监管渎职罪和徇私舞弊不移交刑事案件罪、商检徇私舞弊罪、动植物检疫徇私舞弊罪、放纵制售伪劣商品犯罪行为罪等其他渎职犯罪的，依照处罚较重的规定定罪处罚。

负有食品安全监督管理职责的国家机关工作人员滥用职权或者玩忽职守，不构成食品监管渎职罪，但构成前款规定的其他渎职犯罪的，依照该其他犯罪定罪处罚。

---

① 编者注：《刑法修正案（十一）》增加了"或者有其他严重情节"的表述；明确了加重犯的具体情形，即新设了第一款第（一）至（五）项。

负有食品安全监督管理职责的国家机关工作人员与他人共谋，利用其职务行为帮助他人实施危害食品安全犯罪行为，同时构成渎职犯罪和危害食品安全犯罪共犯的，依照处罚较重的规定定罪处罚。

最高人民检察院关于印发第四批指导性案例的通知（2014年2月20日）

胡林贵等人生产、销售有毒、有害食品，行贿；骆梅等人销售伪劣产品；朱伟全等人生产、销售伪劣产品；黎达文等人受贿，食品监管渎职案（检例第15号）

【要旨】实施生产、销售有毒、有害食品犯罪，为逃避查处向负有食品安全监管职责的国家工作人员行贿的，应当以生产、销售有毒、有害食品罪和行贿罪实行数罪并罚。

负有食品安全监督管理职责的国家机关工作人员，滥用职权，向生产、销售有毒、有害食品的犯罪分子通风报信，帮助逃避处罚的，应当认定为食品监管渎职罪，在渎职过程中受贿的，应当以食品监管渎职罪和受贿罪实行数罪并罚。

最高人民检察院关于印发第四批指导性案例的通知（2014年2月20日）

赛跃、韩成武受贿、食品监管渎职案（检例第16号）

【要旨】负有食品安全监督管理职责的国家机关工作人员，滥用职权或玩忽职守，导致发生重大食品安全事故或者造成其他严重后果的，应当认定为食品监管渎职罪。在渎职过程中受贿的，应当以食品监管渎职罪和受贿罪实行数罪并罚。

3. 此罪与彼罪

最高人民法院关于进一步加大力度，依法严惩危害食品安全及相关职务犯罪的通知（2011年5月27日）

2011年4月30日以前实施食品安全监管渎职行为，依法构成滥用职权罪、玩忽职守罪或其他渎职犯罪，在5月1日以后审理的，适用修正前刑法的规定定罪处罚。5月1日以后实施食品安全监管渎职行为，未导致发生重大食品安全事故或者造成其他严重后果，不构成食品监管渎职罪，但符合其他渎职犯罪构成要件的，依照刑法相关规定对其定罪处罚。

● 量刑

参见【本章罪名量刑问题的总体规定】

第四百零九条 【传染病防治失职罪】 从事传染病防治的政府卫生行政部门的工作人员严重不负责任，导致传染病传播或者流行，情节严重的，处三年以下有期徒刑或者拘役。

● 立案追诉标准

最高人民检察院关于渎职侵权犯罪案件立案标准的规定（2006年7月26日）

一、渎职犯罪案件

（二十）传染病防治失职案（第四百零九条）

传染病防治失职罪是指从事传染病防治的政府卫生行政部门的工作人员严重不负责任，不履行或者不认真履行传染病防治监管职责，导致传染病传播或者流行，情节严重的行为。

涉嫌下列情形之一的，应予立案：

1. 导致甲类传染病传播的；

2. 导致乙类、丙类传染病流行的；

3. 因传染病传播或者流行，造成人员重伤或者死亡的；

4. 因传染病传播或者流行，严重影响正常的生产、生活秩序的；

5. 在国家对突发传染病疫情等灾害采取预防、控制措施后，对发生突发传染病疫情等灾害的地区或者突发传染病病人、病原携带者、疑似突发传染病病人，未按照预防、控制突发传染病疫情等灾害工作规范的要求做好防疫、检疫、隔离、防护、救治等工作，或者采取的预防、控制措施不当，造成传染范围扩大或者疫情、灾情加重的；

6. 在国家对突发传染病疫情等灾害采取预防、控制措施后，隐瞒、缓报、谎报或者授意、指使、强令他人隐瞒、缓报、谎报疫情、灾情，造成传染范围扩大或者疫情、灾情加重的；

7. 在国家对突发传染病疫情等灾害采取预防、控制措施后，拒不执行突发传染病疫情等灾害应急处理指挥机构的决定、命令，造成传染范围扩大或者疫情、灾情加重的；

8. 其他情节严重的情形。

● 定罪

1. **参见【本章罪名定罪问题的总体规定】**

2. **"情节严重"的认定**

最高人民法院、最高人民检察院关于办理妨害预防、控制突发传染病疫情等灾害的刑事案件具体应用法律若干问题的解释（2003年5月15日）

第十六条第一款 在国家对突发传染病疫情等灾害采取预防、控制措施后，具有下列情形之一的，属于刑法第四百零九条规定的"情节严重"：

（一）对发生突发传染病疫情等灾害的地区或者突发传染病病人、病原携带者、疑似突发传染病人，未按照预防、控制突发传染病疫情等灾害工作规范的要求做好防疫、检疫、隔离、防护、救治等工作，或者采取的预防、控制措施不当，造成传染范围扩大或者疫情、灾情加重的；

（二）隐瞒、缓报、谎报或者授意、指使、强令他人隐瞒、缓报、谎报疫情、灾情，造成传染范围扩大或者疫情、灾情加重的；

（三）拒不执行突发传染病疫情等灾害应急处理指挥机构的决定、命令，造成传染范围扩大或者疫情、灾情加重的；

（四）具有其他严重情节的。

第十八条 本解释所称"突发传染病疫情等灾害"，是指突然发生，造成或者可能造成社会公众健康严重损害的重大传染病疫情、群体性不明原因疾病以及其他严重影响公众健康的灾害。

3. **疫害防控期间，传染病防治失职主体范围的认定**

最高人民法院、最高人民检察院关于办理妨害预防、控制突发传染病疫情等灾害的刑事案件具体应用法律若干问题的解释（2003年5月15日）

第十六条第一款 在预防、控制突发传染病疫情等灾害期间，从事传染病防治的政府卫生行政部门的工作人员，或者在受政府卫生行政部门委托代表政府卫生行政部门行使职权的组织中从事公务的人员，或者虽未列入政府卫生行政部门人员编制但在政府卫生行政部门从事公务的人员，在代表政府卫生行政部门行使职权时，严重不负责任，导致传染病传播或者流行，情节严重的，依照刑法第四百零九条的规定，以传染病防治失职罪定罪处罚。

最高人民法院、最高人民检察院、公安部、司法部关于依法惩治妨害新型冠状病毒感染肺炎疫情防控违法犯罪的意见（2020年2月6日）

二、准确适用法律，依法严惩妨害疫情防控的各类违法犯罪

（七）依法严惩疫情防控失职渎职、贪污挪用犯罪……卫生行政部门的工作人员严重不负责任，不履行或者不认真履行防治监管职责，导致新型冠状病毒感染肺炎传播或者流行，情节严重的，依照刑法第四百零九条的规定，以传染病防治失职罪定罪处罚……

● 量刑

参见【本章罪名量刑问题的总体规定】

> **第四百一十条　【非法批准征收、征用、占用土地罪】【非法低价出让国有土地使用权罪】** 国家机关工作人员徇私舞弊，违反土地管理法规，滥用职权，非法批准征收、征用、占用土地，或者非法低价出让国有土地使用权，情节严重的，处三年以下有期徒刑或者拘役；致使国家或者集体利益遭受特别重大损失的，处三年以上七年以下有期徒刑。

● 立案追诉标准

最高人民检察院关于渎职侵权犯罪案件立案标准的规定（2006年7月26日）

一、渎职犯罪案件

（二十一）非法批准征用、占用土地案（第四百一十条）

非法批准征用、占用土地罪是指国家机关工作人员徇私舞弊，违反土地管理法、森林法、草原法等法律以及有关行政法规中关于土地管理的规定，滥用职权，非法批准征用、占用耕地、林地等农用地以及其他土地，情节严重的行为。

涉嫌下列情形之一的，应予立案：

1. 非法批准征用、占用基本农田10亩以上的；
2. 非法批准征用、占用基本农田以外的耕地30亩以上的；
3. 非法批准征用、占用其他土地50亩以上的；
4. 虽未达到上述数量标准，但造成有关单位、个人直接经济损失30万元以

上，或者造成耕地大量毁坏或者植被遭到严重破坏的；

5. 非法批准征用、占用土地，影响群众生产、生活，引起纠纷，造成恶劣影响或者其他严重后果的；

6. 非法批准征用、占用防护林地、特种用途林地分别或者合计 10 亩以上的；

7. 非法批准征用、占用其他林地 20 亩以上的；

8. 非法批准征用、占用林地造成直接经济损失 30 万元以上，或者造成防护林地、特种用途林地分别或者合计 5 亩以上或者其他林地 10 亩以上毁坏的；

9. 其他情节严重的情形。

(二十二) 非法低价出让国有土地使用权案 (第四百一十条)

非法低价出让国有土地使用权罪是指国家机关工作人员徇私舞弊，违反土地管理法、森林法、草原法等法律以及有关行政法规中关于土地管理的规定，滥用职权，非法低价出让国有土地使用权，情节严重的行为。

涉嫌下列情形之一的，应予立案：

1. 非法低价出让国有土地 30 亩以上，并且出让价额低于国家规定的最低价额标准的百分之六十的；

2. 造成国有土地资产流失价额 30 万元以上的；

3. 非法低价出让国有土地使用权，影响群众生产、生活，引起纠纷，造成恶劣影响或者其他严重后果的；

4. 非法低价出让林地合计 30 亩以上，并且出让价额低于国家规定的最低价额标准的百分之六十的；

5. 造成国有资产流失 30 万元以上的；

6. 其他情节严重的情形。

三、附则

(四) 本规定中的"直接经济损失"，是指与行为有直接因果关系而造成的财产毁损、减少的实际价值；"间接经济损失"，是指由直接经济损失引起和牵连的其他损失，包括失去的在正常情况下可以获得的利益和为恢复正常的管理活动或者挽回所造成的损失所支付的各种开支、费用等。

有下列情形之一的，虽然有债权存在，但已无法实现债权的，可以认定为已经造成了经济损失：(1) 债务人已经法定程序被宣告破产，且无法清偿债务；(2) 债务人潜逃，去向不明；(3) 因行为人责任，致使超过诉讼时效；(4) 有证据证明债权无法实现的其他情况。

直接经济损失和间接经济损失，是指立案时确已造成的经济损失。移送审查起诉前,犯罪嫌疑人及其亲友自行挽回的经济损失,以及由司法机关或者犯罪嫌疑人所在单位及其上级主管部门挽回的经济损失,不予扣减,但可作为对犯罪嫌疑人从轻处理的情节考虑。

(五)本规定中的"徇私舞弊",是指国家机关工作人员为徇私情、私利,故意违背事实和法律,伪造材料,隐瞒情况,弄虚作假的行为。

● 定罪

1. 参见【本章罪名定罪问题的总体规定】

2. "违反土地管理法规""非法批准征收、征用、占用土地"的认定

全国人民代表大会常务委员会关于《中华人民共和国刑法》第二百二十八条、第三百四十二条、第四百一十条的解释(2009年8月27日)

刑法第二百二十八条、第三百四十二条、第四百一十条规定的"违反土地管理法规",是指违反土地管理法、森林法、草原法等法律以及有关行政法规中关于土地管理的规定。

刑法第四百一十条规定的"非法批准征收、征用、占用土地",是指非法批准征收、征用、占用耕地、林地等农用地以及其他土地。

3. "情节严重"的认定

最高人民法院关于审理破坏土地资源刑事案件具体应用法律若干问题的解释(2000年6月22日)

第四条 国家机关工作人员徇私舞弊,违反土地管理法规,滥用职权,非法批准征用、占用土地,具有下列情形之一的,属于非法批准征用、占用土地"情节严重",依照刑法第四百一十条的规定,以非法批准征用、占用土地罪定罪处罚:

(一)非法批准征用、占用基本农田十亩以上的;

(二)非法批准征用、占用基本农田以外的耕地三十亩以上的;

(三)非法批准征用、占用其他土地五十亩以上的;

(四)虽未达到上述数量标准,但非法批准征用、占用土地造成直接经济损失三十万元以上;造成耕地大量毁坏等恶劣情节的。

第六条 国家机关工作人员徇私舞弊,违反土地管理法规,非法低价出让国有土地使用权,具有下列情形之一的,属于"情节严重",依照刑法第四百一

十条的规定，以非法低价出让国有土地使用权罪定罪处罚：

（一）出让国有土地使用权面积在三十亩以上，并且出让价额低于国家规定的最低价额标准的百分之六十的；

（二）造成国有土地资产流失价额在三十万元以上的。

最高人民法院关于审理破坏林地资源刑事案件具体应用法律若干问题的解释（2005年12月30日）

第二条 国家机关工作人员徇私舞弊，违反土地管理法规，滥用职权，非法批准征用、占用林地，具有下列情形之一的，属于刑法第四百一十条规定的"情节严重"，应当以非法批准征用、占用土地罪判处三年以下有期徒刑或者拘役：

（一）非法批准征用、占用防护林地、特种用途林地数量分别或者合计达到十亩以上；

（二）非法批准征用、占用其他林地数量达到二十亩以上；

（三）非法批准征用、占用林地造成直接经济损失数额达到三十万元以上，或者造成本条第（一）项规定的林地数量分别或者合计达到五亩以上或者本条第（二）项规定的林地数量达到十亩以上毁坏。

第四条 国家机关工作人员徇私舞弊，违反土地管理法规，非法低价出让国有林地使用权，具有下列情形之一的，属于刑法第四百一十条规定的"情节严重"，应当以非法低价出让国有土地使用权罪判处三年以下有期徒刑或者拘役：

（一）林地数量合计达到三十亩以上，并且出让价额低于国家规定的最低价额标准的百分之六十；

（二）造成国有资产流失价额达到三十万元以上。

最高人民法院关于审理破坏草原资源刑事案件应用法律若干问题的解释（2012年11月22日）

第三条第一款 国家机关工作人员徇私舞弊，违反草原法等土地管理法规，具有下列情形之一的，应当认定为刑法第四百一十条规定的"情节严重"：

（一）非法批准征收、征用、占用草原四十亩以上的；

（二）非法批准征收、征用、占用草原，造成二十亩以上草原被毁坏的；

（三）非法批准征收、征用、占用草原，造成直接经济损失三十万元以上，或者具有其他恶劣情节的。

4. "致使国家或者集体利益遭受特别重大损失"的认定

最高人民法院关于审理破坏土地资源刑事案件具体应用法律若干问题的解释（2000年6月22日）

第五条 实施第四条规定的行为，具有下列情形之一的，属于非法批准征用、占用土地"致使国家或者集体利益遭受特别重大损失"：

（一）非法批准征用、占用基本农田二十亩以上的；

（二）非法批准征用、占用基本农田以外的耕地六十亩以上的；

（三）非法批准征用、占用其他土地一百亩以上的；

（四）非法批准征用、占用土地，造成基本农田五亩以上，其他耕地十亩以上严重毁坏的；

（五）非法批准征用、占用土地造成直接经济损失五十万元以上等恶劣情节的。

第七条 实施第六条规定的行为，具有下列情形之一的，属于非法低价出让国有土地使用权，"致使国家和集体利益遭受特别重大损失"：

（一）非法低价出让国有土地使用权面积在六十亩以上，并且出让价额低于国家规定的最低价额标准的百分之四十的；

（二）造成国有土地资产流失价额在五十万元以上的。

最高人民法院关于审理破坏林地资源刑事案件具体应用法律若干问题的解释（2005年12月30日）

第三条 实施本解释第二条规定的行为，具有下列情形之一的，属于刑法第四百一十条规定的"致使国家或者集体利益遭受特别重大损失"，应当以非法批准征用、占用土地罪判处三年以上七年以下有期徒刑：

（一）非法批准征用、占用防护林地、特种用途林地数量分别或者合计达到二十亩以上；

（二）非法批准征用、占用其他林地数量达到四十亩以上；

（三）非法批准征用、占用林地造成直接经济损失数额达到六十万元以上，或者造成本条第（一）项规定的林地数量分别或者合计达到十亩以上或者本条第（二）项规定的林地数量达到二十亩以上毁坏的。

第五条 实施本解释第四条规定的行为，造成国有资产流失价额达到六十万元以上的，属于刑法第四百一十条规定的"致使国家和集体利益遭受特别重大损失"，应当以非法低价出让国有土地使用权罪判处三年以上七年以下有期徒刑。

最高人民法院关于审理破坏草原资源刑事案件应用法律若干问题的解释（2012年11月22日）

第三条第二款　具有下列情形之一，应当认定为刑法第四百一十条规定的"致使国家或者集体利益遭受特别重大损失"：

（一）非法批准征收、征用、占用草原八十亩以上的；

（二）非法批准征收、征用、占用草原，造成四十亩以上草原被毁坏的；

（三）非法批准征收、征用、占用草原，造成直接经济损失六十万元以上，或者具有其他特别恶劣情节的。

5. 犯罪数量、数额的计算

最高人民法院关于审理破坏土地资源刑事案件具体应用法律若干问题的解释（2000年6月22日）

第九条　多次实施本解释规定的行为依法应当追诉的，或者在一年内多次实施本解释规定的行为未经处理的，按照累计的数量、数额处罚。

最高人民法院关于审理破坏林地资源刑事案件具体应用法律若干问题的解释（2005年12月30日）

第七条　多次实施本解释规定的行为依法应当追诉且未经处理的，应当按照累计的数量、数额处罚。

最高人民法院关于审理破坏草原资源刑事案件应用法律若干问题的解释（2012年11月22日）

第六条　多次实施破坏草原资源的违法犯罪行为，未经处理，应当依法追究刑事责任的，按照累计的数量、数额定罪处罚。

● 量刑

参见【本章罪名量刑问题的总体规定】

> **第四百一十一条　【放纵走私罪】**海关工作人员徇私舞弊，放纵走私，情节严重的，处五年以下有期徒刑或者拘役；情节特别严重的，处五年以上有期徒刑。

● 立案追诉标准

最高人民检察院关于渎职侵权犯罪案件立案标准的规定（2006年7月26日）
一、渎职犯罪案件
（二十三）放纵走私案（第四百一十一条）
放纵走私罪是指海关工作人员徇私舞弊，放纵走私，情节严重的行为。
涉嫌下列情形之一的，应予立案：
1. 放纵走私犯罪的；
2. 因放纵走私致使国家应收税额损失累计达10万元以上的；
3. 放纵走私行为3起次以上的；
4. 放纵走私行为，具有索取或者收受贿赂情节的；
5. 其他情节严重的情形。
三、附则
（五）本规定中的"徇私舞弊"，是指国家机关工作人员为徇私情、私利，故意违背事实和法律，伪造材料，隐瞒情况，弄虚作假的行为。

● 定罪

1. 参见【本章罪名定罪问题的总体规定】
2. 共同犯罪、一罪与数罪

最高人民法院、最高人民检察院、海关总署关于办理走私刑事案件适用法律若干问题的意见（2002年7月8日）
十六、关于放纵走私罪的认定问题
依照刑法第四百一十一条的规定，负有特定监管义务的海关工作人员徇私舞弊，利用职权，放任、纵容走私犯罪行为，情节严重的，构成放纵走私罪。放纵走私行为，一般是消极的不作为。如果海关工作人员与走私分子通谋，在放纵走私过程中以积极的行为配合走私分子逃避海关监管或者在放纵走私之后分得赃款的，应以共同走私犯罪追究刑事责任。
海关工作人员收受贿赂又放纵走私的，应以受贿罪和放纵走私罪数罪并罚。

● 量刑

参见【本章罪名量刑问题的总体规定】

> 第四百一十二条 【商检徇私舞弊罪】国家商检部门、商检机构的工作人员徇私舞弊，伪造检验结果的，处五年以下有期徒刑或者拘役；造成严重后果的，处五年以上十年以下有期徒刑。
>
> 【商检失职罪】前款所列人员严重不负责任，对应当检验的物品不检验，或者延误检验出证、错误出证，致使国家利益遭受重大损失的，处三年以下有期徒刑或者拘役。

● 立案追诉标准

最高人民检察院关于渎职侵权犯罪案件立案标准的规定（2006年7月26日）
一、渎职犯罪案件
（二十四）商检徇私舞弊案（第四百一十二条第一款）
商检徇私舞弊罪是指出入境检验检疫机关、检验检疫机构工作人员徇私舞弊，伪造检验结果的行为。
涉嫌下列情形之一的，应予立案：
1. 采取伪造、变造的手段对报检的商品的单证、印章、标志、封识、质量认证标志等作假的证明或者出具不真实的证明结论的；
2. 将送检的合格商品检验为不合格，或者将不合格商品检验为合格的；
3. 对明知是不合格的商品，不检验而出具合格检验结果的；
4. 其他伪造检验结果应予追究刑事责任的情形。
（二十五）商检失职案（第四百一十二条第二款）
商检失职罪是指出入境检验检疫机关、检验检疫机构工作人员严重不负责任，对应当检验的物品不检验，或者延误检验出证、错误出证，致使国家利益遭受重大损失的行为。
涉嫌下列情形之一的，应予立案：
1. 致使不合格的食品、药品、医疗器械等商品出入境，严重危害生命健康的；

2. 造成个人财产直接经济损失 15 万元以上，或者直接经济损失不满 15 万元，但间接经济损失 75 万元以上的；

3. 造成公共财产、法人或者其他组织财产直接经济损失 30 万元以上，或者直接经济损失不满 30 万元，但间接经济损失 150 万元以上的；

4. 未经检验，出具合格检验结果，致使国家禁止进口的固体废物、液态废物和气态废物等进入境内的；

5. 不检验或者延误检验出证、错误出证，引起国际经济贸易纠纷，严重影响国家对外经贸关系，或者严重损害国家声誉的；

6. 其他致使国家利益遭受重大损失的情形。

三、附则

（四）本规定中的"直接经济损失"，是指与行为有直接因果关系而造成的财产损毁、减少的实际价值；"间接经济损失"，是指由直接经济损失引起和牵连的其他损失，包括失去的在正常情况下可以获得的利益和为恢复正常的管理活动或者挽回所造成的损失所支付的各种开支、费用等。

有下列情形之一的，虽然有债权存在，但已无法实现债权的，可以认定为已经造成了经济损失：（1）债务人已经法定程序被宣告破产，且无法清偿债务；（2）债务人潜逃，去向不明；（3）因行为人责任，致使超过诉讼时效；（4）有证据证明债权无法实现的其他情况。

直接经济损失和间接经济损失，是指立案时确已造成的经济损失。移送审查起诉前，犯罪嫌疑人及其亲友自行挽回的经济损失，以及由司法机关或者犯罪嫌疑人所在单位及其上级主管部门挽回的经济损失，不予扣减，但可作为对犯罪嫌疑人从轻处理的情节考虑。

（五）本规定中的"徇私舞弊"，是指国家机关工作人员为徇私情、私利，故意违背事实和法律，伪造材料，隐瞒情况，弄虚作假的行为。

● 定罪

参见【本章罪名定罪问题的总体规定】

● 量刑

参见【本章罪名量刑问题的总体规定】

第四百一十三条 【动植物检疫徇私舞弊罪】动植物检疫机关的检疫人员徇私舞弊，伪造检疫结果的，处五年以下有期徒刑或者拘役；造成严重后果的，处五年以上十年以下有期徒刑。

【动植物检疫失职罪】前款所列人员严重不负责任，对应当检疫的检疫物不检疫，或者延误检疫出证、错误出证，致使国家利益遭受重大损失的，处三年以下有期徒刑或者拘役。

● 立案追诉标准

最高人民检察院关于渎职侵权犯罪案件立案标准的规定（2006年7月26日）
一、渎职犯罪案件
（二十六）动植物检疫徇私舞弊案（第四百一十三条第一款）

动植物检疫徇私舞弊罪是指出入境检验检疫机关、检验检疫机构工作人员徇私舞弊，伪造检疫结果的行为。

涉嫌下列情形之一的，应予立案：

1. 采取伪造、变造的手段对检疫的单证、印章、标志、封识等作虚假的证明或者出具不真实的结论的；
2. 将送检的合格动植物检疫为不合格，或者将不合格动植物检疫为合格的；
3. 对明知是不合格的动植物，不检疫而出具合格检疫结果的；
4. 其他伪造检疫结果应予追究刑事责任的情形。

（二十七）动植物检疫失职案（第四百一十三条第二款）

动植物检疫失职罪是指出入境检验检疫机关、检验检疫机构工作人员严重不负责任，对应当检疫的检疫物不检疫，或者延误检疫出证、错误出证，致使国家利益遭受重大损失的行为。

涉嫌下列情形之一的，应予立案：

1. 导致疫情发生，造成人员重伤或者死亡的；
2. 导致重大疫情发生、传播或者流行的；
3. 造成个人财产直接经济损失15万元以上，或者直接经济损失不满15万元，但间接经济损失75万元以上的；
4. 造成公共财产或者法人、其他组织财产直接经济损失30万元以上，或者直接经济损失不满30万元，但间接经济损失150万元以上的；

5. 不检疫或者延误检疫出证、错误出证，引起国际经济贸易纠纷，严重影响国家对外经贸关系，或者严重损害国家声誉的；

6. 其他致使国家利益遭受重大损失的情形。

三、附则

（四）本规定中的"直接经济损失"，是指与行为有直接因果关系而造成的财产损毁、减少的实际价值；"间接经济损失"，是指由直接经济损失引起和牵连的其他损失，包括失去的在正常情况下可以获得的利益和为恢复正常的管理活动或者挽回所造成的损失所支付的各种开支、费用等。

有下列情形之一的，虽然有债权存在，但已无法实现债权的，可以认定为已经造成了经济损失：（1）债务人已经法定程序被宣告破产，且无法清偿债务；（2）债务人潜逃，去向不明；（3）因行为人责任，致使超过诉讼时效；（4）有证据证明债权无法实现的其他情况。

直接经济损失和间接经济损失，是指立案时确已造成的经济损失。移送审查起诉前，犯罪嫌疑人及其亲友自行挽回的经济损失，以及由司法机关或者犯罪嫌疑人所在单位及其上级主管部门挽回的经济损失，不予扣减，但可作为对犯罪嫌疑人从轻处理的情节考虑。

（五）本规定中的"徇私舞弊"，是指国家机关工作人员为徇私情、私利，故意违背事实和法律，伪造材料，隐瞒情况，弄虚作假的行为。

● 定罪

参见【本章罪名定罪问题的总体规定】

● 量刑

参见【本章罪名量刑问题的总体规定】

第四百一十四条 【放纵制售伪劣商品犯罪行为罪】 对生产、销售伪劣商品犯罪行为负有追究责任的国家机关工作人员，徇私舞弊，不履行法律规定的追究职责，情节严重的，处五年以下有期徒刑或者拘役。

● 立案追诉标准

最高人民检察院关于渎职侵权犯罪案件立案标准的规定(2006年7月26日)

一、渎职犯罪案件

(二十八)放纵制售伪劣商品犯罪行为案(第四百一十四条)

放纵制售伪劣商品犯罪行为罪是指对生产、销售伪劣商品犯罪行为负有追究责任的国家机关工作人员徇私舞弊,不履行法律规定的追究职责,情节严重的行为。

涉嫌下列情形之一的,应予立案:

1. 放纵生产、销售假药或者有毒、有害食品犯罪行为的;
2. 放纵生产、销售伪劣农药、兽药、化肥、种子犯罪行为的;
3. 放纵依法可能判处3年有期徒刑以上刑罚的生产、销售伪劣商品犯罪行为的;
4. 对生产、销售伪劣商品犯罪行为不履行追究职责,致使生产、销售伪劣商品犯罪行为得以继续的;
5. 3次以上不履行追究职责,或者对3个以上有生产、销售伪劣商品犯罪行为的单位或者个人不履行追究职责的;
6. 其他情节严重的情形。

三、附则

(五)本规定中的"徇私舞弊",是指国家机关工作人员为徇私情、私利,故意违背事实和法律,伪造材料,隐瞒情况,弄虚作假的行为。

● 定罪

1. 参见【本章罪名定罪问题的总体规定】

2. "情节严重"的认定

最高人民法院、最高人民检察院关于办理生产、销售伪劣商品刑事案件具体应用法律若干问题的解释(2001年4月10日)

第八条 国家机关工作人员徇私舞弊,对生产、销售伪劣商品犯罪不履行法律规定的查处职责,具有下列情形之一的,属于刑法第四百一十四条规定的"情节严重":

（一）放纵生产、销售假药或者有毒、有害食品犯罪行为的；

（二）放纵依法可能判处二年有期徒刑以上刑罚的生产、销售伪劣商品犯罪行为的；

（三）对三个以上有生产、销售伪劣商品犯罪行为的单位或者个人不履行追究职责的；

（四）致使国家和人民利益遭受重大损失或者造成恶劣影响的。

● 量刑

参见【本章罪名量刑问题的总体规定】

> 第四百一十五条　【办理偷越国（边）境人员出入境证件罪】【放行偷越国（边）境人员罪】负责办理护照、签证以及其他出入境证件的国家机关工作人员，对明知是企图偷越国（边）境的人员，予以办理出入境证件的，或者边防、海关等国家机关工作人员，对明知是偷越国（边）境的人员，予以放行的，处三年以下有期徒刑或者拘役；情节严重的，处三年以上七年以下有期徒刑。

● 立案追诉标准

最高人民检察院关于渎职侵权犯罪案件立案标准的规定（2006年7月26日）
一、渎职犯罪案件
（二十九）办理偷越国（边）境人员出入境证件案（第四百一十五条）

办理偷越国（边）境人员出入境证件罪是指负责办理护照、签证以及其他出入境证件的国家机关工作人员，对明知是企图偷越国（边）境的人员，予以办理出入境证件的行为。

负责办理护照、签证以及其他出入境证件的国家机关工作人员涉嫌在办理护照、签证以及其他出入境证件的过程中，对明知是企图偷越国（边）境的人员而予以办理出入境证件的，应予立案。

（三十）放行偷越国（边）境人员案（第四百一十五条）

放行偷越国（边）境人员罪是指边防、海关等国家机关工作人员，对明知是偷越国（边）境的人员予以放行的行为。

边防、海关等国家机关工作人员涉嫌在履行职务过程中，对明知是偷越国（边）境的人员而予以放行的，应予立案。

● 定罪

参见【本章罪名定罪问题的总体规定】

● 量刑

参见【本章罪名量刑问题的总体规定】

> 第四百一十六条 【不解救被拐卖、绑架妇女、儿童罪】对被拐卖、绑架的妇女、儿童负有解救职责的国家机关工作人员，接到被拐卖、绑架的妇女、儿童及其家属的解救要求或者接到其他人的举报，而对被拐卖、绑架的妇女、儿童不进行解救，造成严重后果的，处五年以下有期徒刑或者拘役。
>
> 【阻碍解救被拐卖、绑架妇女、儿童罪】负有解救职责的国家机关工作人员利用职务阻碍解救的，处二年以上七年以下有期徒刑；情节较轻的，处二年以下有期徒刑或者拘役。

● 立案追诉标准

最高人民检察院关于渎职侵权犯罪案件立案标准的规定（2006年7月26日）
一、渎职犯罪案件
（三十一）不解救被拐卖、绑架妇女、儿童案（第四百一十六条第一款）
不解救被拐卖、绑架妇女、儿童罪是指对被拐卖、绑架的妇女、儿童负有解救职责的公安、司法等国家机关工作人员接到被拐卖、绑架的妇女、儿童及其家属的解救要求或者接到其他人的举报，而对被拐卖、绑架的妇女、儿童不进行解救，造成严重后果的行为。

涉嫌下列情形之一的，应予立案：
1. 导致被拐卖、绑架的妇女、儿童或者其家属重伤、死亡或者精神失常的；

2. 导致被拐卖、绑架的妇女、儿童被转移、隐匿、转卖，不能及时进行解救的；

3. 对被拐卖、绑架的妇女、儿童不进行解救3人次以上的；

4. 对被拐卖、绑架的妇女、儿童不进行解救，造成恶劣社会影响的；

5. 其他造成严重后果的情形。

（三十二）阻碍解救被拐卖、绑架妇女、儿童案（第四百一十六条第二款）

阻碍解救被拐卖、绑架妇女、儿童罪是指对被拐卖、绑架的妇女、儿童负有解救职责的公安、司法等国家机关工作人员利用职务阻碍解救被拐卖、绑架的妇女、儿童的行为。

涉嫌下列情形之一的，应予立案：

1. 利用职权，禁止、阻止或者妨碍有关部门、人员解救被拐卖、绑架的妇女、儿童的；

2. 利用职务上的便利，向拐卖、绑架者或者收买者通风报信，妨碍解救工作正常进行的；

3. 其他利用职务阻碍解救被拐卖、绑架的妇女、儿童应予追究刑事责任的情形。

● 定罪

参见【本章罪名定罪问题的总体规定】

● 量刑

参见【本章罪名量刑问题的总体规定】

第四百一十七条 【帮助犯罪分子逃避处罚罪】有查禁犯罪活动职责的国家机关工作人员，向犯罪分子通风报信、提供便利，帮助犯罪分子逃避处罚的，处三年以下有期徒刑或者拘役；情节严重的，处三年以上十年以下有期徒刑。

● 立案追诉标准

最高人民检察院关于渎职侵权犯罪案件立案标准的规定（2006年7月26日）
一、渎职犯罪案件
（三十三）帮助犯罪分子逃避处罚案（第四百一十七条）
帮助犯罪分子逃避处罚罪是指有查禁犯罪活动职责的司法及公安、国家安全、海关、税务等国家机关工作人员，向犯罪分子通风报信、提供便利，帮助犯罪分子逃避处罚的行为。

涉嫌下列情形之一的，应予立案：
1. 向犯罪分子泄露有关部门查禁犯罪活动的部署、人员、措施、时间、地点等情况的；
2. 向犯罪分子提供钱物、交通工具、通讯设备、隐藏处所等便利条件的；
3. 向犯罪分子泄露案情的；
4. 帮助、示意犯罪分子隐匿、毁灭、伪造证据，或者串供、翻供的；
5. 其他帮助犯罪分子逃避处罚应予追究刑事责任的情形。

● 定罪

1. 参见【本章罪名定罪问题的总体规定】

2. 公安人员为盗抢车辆上牌可构成本罪

最高人民法院、最高人民检察院、公安部、国家工商行政管理局关于依法查处盗窃、抢劫机动车案件的规定（1998年5月8日）
十、公安人员对盗窃、抢劫的机动车辆，非法提供机动车牌证或者为其取得机动车牌证提供便利，帮助犯罪分子逃避处罚的，依照《刑法》第四百一十七条规定处罚。

3. 有查禁扰乱无线电管理秩序犯罪活动职责的国家机关工作人员帮助犯罪分子逃避处罚行为的处理

最高人民法院、最高人民检察院关于办理扰乱无线电通讯管理秩序等刑事案件适用法律若干问题的解释（2017年7月1日）
第七条第二款 有查禁扰乱无线电管理秩序犯罪活动职责的国家机关工作

人员，向犯罪分子通风报信、提供便利，帮助犯罪分子逃避处罚的，应当依照刑法第四百一十七条的规定，以帮助犯罪分子逃避处罚罪追究刑事责任；事先通谋的，以共同犯罪论处。

4. 负有查禁破坏水生生物资源犯罪活动职责的国家机关工作人员，帮助犯罪分子逃避处罚行为的定性

最高人民法院、最高人民检察院、公安部、农业农村部依法惩治长江流域非法捕捞等违法犯罪的意见（2020年12月17日）

二、准确适用法律，依法严惩非法捕捞等危害水生生物资源的各类违法犯罪

（五）依法严惩危害水生生物资源的渎职犯罪……负有查禁破坏水生生物资源犯罪活动职责的国家机关工作人员，向犯罪分子通风报信、提供便利，帮助犯罪分子逃避处罚的，应当依照刑法第四百一十七条的规定，以帮助犯罪分子逃避处罚罪定罪处罚。

5. 一罪与数罪

国家监察委员会、最高人民法院、最高人民检察院、公安部、司法部关于在扫黑除恶专项斗争中分工负责、互相配合、互相制约严惩公职人员涉黑涉恶违法犯罪问题的通知（2019年10月20日）

三、准确适用法律

6.……国家机关工作人员包庇、纵容黑社会性质组织，该包庇、纵容行为同时还构成包庇罪、伪证罪、妨害作证罪、徇私枉法罪、滥用职权罪、帮助犯罪分子逃避处罚罪、徇私舞弊不移交刑事案件罪，以及徇私舞弊减刑、假释、暂予监外执行罪等其他犯罪的，应当择一重罪处罚。

● 量刑

参见【本章罪名量刑问题的总体规定】

第四百一十八条 【招收公务员、学生徇私舞弊罪】 国家机关工作人员在招收公务员、学生工作中徇私舞弊，情节严重的，处三年以下有期徒刑或者拘役。

● 立案追诉标准

最高人民检察院关于渎职侵权犯罪案件立案标准的规定（2006年7月26日）
一、渎职犯罪案件
（三十四）招收公务员、学生徇私舞弊案（第四百一十八条）
招收公务员、学生徇私舞弊罪是指国家机关工作人员在招收公务员、省级以上教育行政部门组织招收的学生工作中徇私舞弊，情节严重的行为。

涉嫌下列情形之一的，应予立案：

1. 徇私舞弊，利用职务便利，伪造、变造人事、户口档案、考试成绩或者其他影响招收工作的有关资料，或者明知是伪造、变造的上述材料而予以认可的；

2. 徇私舞弊，利用职务便利，帮助5名以上考生作弊的；

3. 徇私舞弊招收不合格的公务员、学生3人次以上的；

4. 因徇私舞弊招收不合格的公务员、学生，导致被排挤的合格人员或者其近亲属自杀、自残造成重伤、死亡，或者精神失常的；

5. 因徇私舞弊招收公务员、学生，导致该项招收工作重新进行的；

6. 其他情节严重的情形。

三、附则

（五）本规定中的"徇私舞弊"，是指国家机关工作人员为徇私情、私利，故意违背事实和法律，伪造材料，隐瞒情况，弄虚作假的行为。

● 定罪

1. **参见【本章罪名定罪问题的总体规定】**
2. **教师不能成为本罪主体**

最高人民法院刑二庭审判长会议纪要（2001年4月，载《刑事审判参考》2001年第2辑）

关于教师能否成为招收学生徇私舞弊罪主体的问题，刑二庭审判长会议进行了讨论，纪要如下：

刑法第四百一十八条所规定的招收学生徇私舞弊的主体是国家机关工作人员，学校的教师属于文教事业单位人员，不属于国家机关工作人员，因此不能成为招收学生徇私舞弊的构成主体；教师接受委托或者聘请临时担任考试监考员等与招收学生相关职务的,并不具有国家机关工作人员身份,同样不能成为招收学生徇私舞弊罪的犯罪主体。

● 量刑

参见【本章罪名量刑问题的总体规定】

> **第四百一十九条 【失职造成珍贵文物损毁、流失罪】** 国家机关工作人员严重不负责任,造成珍贵文物损毁或者流失,后果严重的,处三年以下有期徒刑或者拘役。

● 立案追诉标准

最高人民检察院关于渎职侵权犯罪案件立案标准的规定（2006年7月26日）
一、渎职犯罪案件
（三十五）失职造成珍贵文物损毁、流失案（第四百一十九条）
失职造成珍贵文物损毁、流失罪是指文物行政部门、公安机关、工商行政管理部门、海关、城乡建设规划部门等国家机关工作人员严重不负责任,造成珍贵文物损毁或者流失,后果严重的行为。
涉嫌下列情形之一的,应予立案：
1. 导致国家一、二、三级珍贵文物损毁或者流失的；
2. 导致全国重点文物保护单位或者省、自治区、直辖市级文物保护单位损毁的；
3. 其他后果严重的情形。

● 定罪

1. **参见【本章罪名定罪问题的总体规定】**
2. **"后果严重"的认定**

最高人民法院、最高人民检察院关于办理妨害文物管理等刑事案件适用法律若干问题的解释（2016年1月1日）
第十条 国家机关工作人员严重不负责任,造成珍贵文物损毁或者流失,具有下列情形之一的，应当认定为刑法第四百一十九条规定的"后果严重"：

（一）导致二级以上文物或者五件以上三级文物损毁或者流失的；

（二）导致全国重点文物保护单位、省级文物保护单位的本体严重损毁或者灭失的；

（三）其他后果严重的情形。

● 量刑

参见【本章罪名量刑问题的总体规定】

第十章　军人违反职责罪

第四百二十条　【军人违反职责罪】军人违反职责，危害国家军事利益，依照法律应当受刑罚处罚的行为，是军人违反职责罪。

● 定罪

犯罪主体

最高人民检察院、解放军总政治部军人违反职责罪案件立案标准的规定（2013年3月28日）

第三十二条　本规定适用于中国人民解放军的现役军官、文职干部、士兵及具有军籍的学员和中国人民武装警察部队的现役警官、文职干部、士兵及具有军籍的学员以及执行军事任务的预备役人员和其他人员涉嫌军人违反职责犯罪的案件。

中国人民解放军军官军衔条例（1994年5月12日）

第二十八条　军官犯罪，被依法判处剥夺政治权利或者三年以上有期徒刑的，由法院判决剥夺其军衔。

退役军官犯罪的，依照前款规定剥夺其军衔。

军官犯罪被剥夺军衔,在服刑期满后,需要在军队中服役并授予军官军衔的,依照本条例第十六条的规定办理。

第四百二十一条 【战时违抗命令罪】战时违抗命令,对作战造成危害的,处三年以上十年以下有期徒刑;致使战斗、战役遭受重大损失的,处十年以上有期徒刑、无期徒刑或者死刑。

● **立案追诉标准**

最高人民检察院、解放军总政治部军人违反职责罪案件立案标准的规定(2013年3月28日)

第一条 战时违抗命令案(刑法第四百二十一条)

战时违抗命令罪是指战时违抗命令,对作战造成危害的行为。

违抗命令,是指主观上出于故意,客观上违背、抗拒首长、上级职权范围内的命令,包括拒绝接受命令、拒不执行命令,或者不按照命令的具体要求行动等。

战时涉嫌下列情形之一的,应予立案:

(一)扰乱作战部署或者贻误战机的;

(二)造成作战任务不能完成或者迟缓完成的;

(三)造成我方人员死亡一人以上,或者重伤二人以上,或者轻伤三人以上的;

(四)造成武器装备、军事设施、军用物资损毁,直接影响作战任务完成的;

(五)对作战造成其他危害的。

第三十三条 本规定所称"战时",是指国家宣布进入战争状态、部队受领作战任务或者遭敌突然袭击时。部队执行戒严任务或者处置突发性暴力事件时,以战时论。

第三十五条 本规定所称"以上",包括本数;有关犯罪数额"不满",是指已达到该数额百分之八十以上。

第三十七条 本规定中的"武器装备",是实施和保障军事行动的武器、武器系统和军事技术器材的统称。

第三十八条 本规定中的"军用物资",是除武器装备以外专供武装力量使用的各种物资的统称,包括装备器材、军需物资、医疗物资、油料物资、营房物资等。

第四百二十二条　【隐瞒、谎报军情罪】【拒传、假传军令罪】
故意隐瞒、谎报军情或者拒传、假传军令,对作战造成危害的,处三年以上十年以下有期徒刑;致使战斗、战役遭受重大损失的,处十年以上有期徒刑、无期徒刑或者死刑。

● 立案追诉标准

最高人民检察院、解放军总政治部军人违反职责罪案件立案标准的规定
(2013年3月28日)

第二条　隐瞒、谎报军情案(刑法第四百二十二条)

隐瞒、谎报军情罪是指故意隐瞒、谎报军情,对作战造成危害的行为。

涉嫌下列情形之一的,应予立案:

(一)造成首长、上级决策失误的;

(二)造成作战任务不能完成或者迟缓完成的;

(三)造成我方人员死亡一人以上,或者重伤二人以上,或者轻伤三人以上的;

(四)造成武器装备、军事设施、军用物资损毁,直接影响作战任务完成的;

(五)对作战造成其他危害的。

第三条　拒传、假传军令案(刑法第四百二十二条)

拒传军令罪是指负有传递军令职责的军人,明知是军令而故意拒绝传递或者拖延传递,对作战造成危害的行为。

假传军令罪是指故意伪造、篡改军令,或者明知是伪造、篡改的军令而予以传达或者发布,对作战造成危害的行为。

涉嫌下列情形之一的,应予立案:

(一)造成首长、上级决策失误的;

(二)造成作战任务不能完成或者迟缓完成的;

(三)造成我方人员死亡一人以上,或者重伤二人以上,或者轻伤三人以上的;

（四）造成武器装备、军事设施、军用物资损毁，直接影响作战任务完成的；

（五）对作战造成其他危害的。

第三十五条 本规定所称"以上"，包括本数；有关犯罪数额"不满"，是指已达到该数额百分之八十以上。

第三十七条 本规定中的"武器装备"，是实施和保障军事行动的武器、武器系统和军事技术器材的统称。

第三十八条 本规定中的"军用物资"，是除武器装备以外专供武装力量使用的各种物资的统称，包括装备器材、军需物资、医疗物资、油料物资、营房物资等。

第四百二十三条 【投降罪】在战场上贪生怕死，自动放下武器投降敌人的，处三年以上十年以下有期徒刑；情节严重的，处十年以上有期徒刑或者无期徒刑。

投降后为敌人效劳的，处十年以上有期徒刑、无期徒刑或者死刑。

● 立案追诉标准

最高人民检察院、解放军总政治部军人违反职责罪案件立案标准的规定（2013年3月28日）

第四条 投降案（刑法第四百二十三条）

投降罪是指在战场上贪生怕死，自动放下武器投降敌人的行为。

凡涉嫌投降敌人的，应予立案。

第四百二十四条 【战时临阵脱逃罪】战时临阵脱逃的，处三年以下有期徒刑；情节严重的，处三年以上十年以下有期徒刑；致使战斗、战役遭受重大损失的，处十年以上有期徒刑、无期徒刑或者死刑。

● 立案追诉标准

最高人民检察院、解放军总政治部军人违反职责罪案件立案标准的规定（2013 年 3 月 28 日）

第五条　战时临阵脱逃案（刑法第四百二十四条）

战时临阵脱逃罪是指在战斗中或者在接受作战任务后，逃离战斗岗位的行为。

凡战时涉嫌临阵脱逃的，应予立案。

第三十三条　本规定所称"战时"，是指国家宣布进入战争状态、部队受领作战任务或者遭敌突然袭击时。部队执行戒严任务或者处置突发性暴力事件时，以战时论。

第四百二十五条　【擅离、玩忽军事职守罪】 指挥人员和值班、值勤人员擅离职守或者玩忽职守，造成严重后果的，处三年以下有期徒刑或者拘役；造成特别严重后果的，处三年以上七年以下有期徒刑。

战时犯前款罪的，处五年以上有期徒刑。

● 立案追诉标准

最高人民检察院、解放军总政治部军人违反职责罪案件立案标准的规定（2013 年 3 月 28 日）

第六条　擅离、玩忽军事职守案（刑法第四百二十五条）

擅离、玩忽军事职守罪是指指挥人员和值班、值勤人员擅自离开正在履行职责的岗位，或者在履行职责的岗位上，严重不负责任，不履行或者不正确履行职责，造成严重后果的行为。

指挥人员，是指对部队或者部属负有组织、领导、管理职责的人员。专业主管人员在其业务管理范围内，视为指挥人员。

值班人员，是指军队各单位、各部门为保持指挥或者履行职责不间断而设立的、负责处理本单位、本部门特定事务的人员。

值勤人员，是指正在担任警卫、巡逻、观察、纠察、押运等勤务，或者作战勤务工作的人员。

涉嫌下列情形之一的,应予立案:

(一)造成重大任务不能完成或者迟缓完成的;

(二)造成死亡一人以上,或者重伤三人以上,或者重伤二人、轻伤四人以上,或者重伤一人、轻伤七人以上,或者轻伤十人以上的;

(三)造成枪支、手榴弹、爆炸装置或者子弹十发、雷管三十枚、导火索或者导爆索三十米、炸药一千克以上丢失、被盗,或者不满规定数量,但后果严重的,或者造成其他重要武器装备、器材丢失、被盗的;

(四)造成武器装备、军事设施、军用物资或者其他财产损毁,直接经济损失三十万元以上,或者直接经济损失、间接经济损失合计一百五十万元以上的;

(五)造成其他严重后果的。

第三十五条 本规定所称"以上",包括本数;有关犯罪数额"不满",是指已达到该数额百分之八十以上。

第三十六条 本规定中的"直接经济损失",是指与行为有直接因果关系而造成的财产损毁、减少的实际价值;"间接经济损失",是指由直接经济损失引起和牵连的其他损失,包括失去在正常情况下可能获得的利益和为恢复正常管理活动或者为挽回已经造成的损失所支付的各种费用等。

第三十七条 本规定中的"武器装备",是实施和保障军事行动的武器、武器系统和军事技术器材的统称。

第三十八条 本规定中的"军用物资",是除武器装备以外专供武装力量使用的各种物资的统称,包括装备器材、军需物资、医疗物资、油料物资、营房物资等。

第三十九条 本规定中财物价值和损失的确定,由部队驻地人民法院、人民检察院和公安机关指定的价格事务机构进行估价。武器装备、军事设施、军用物资的价值和损失,由部队军以上单位的主管部门确定;有条件的,也可以由部队驻地人民法院、人民检察院和公安机关指定的价格事务机构进行估价。

第四百二十六条 【阻碍执行军事职务罪】以暴力、威胁方法,阻碍指挥人员或者值班、值勤人员执行职务的,处五年以下有期徒刑或者拘役;情节严重的,处五年以上十年以下有期徒刑;情节特别严重的,处十年以上有期徒刑或者无期徒刑。战时从重处罚。

● 立案追诉标准

最高人民检察院、解放军总政治部军人违反职责罪案件立案标准的规定（2013年3月28日）

第七条 阻碍执行军事职务案（刑法第四百二十六条）

阻碍执行军事职务罪是指以暴力、威胁方法，阻碍指挥人员或者值班、值勤人员执行职务的行为。

凡涉嫌阻碍执行军事职务的，应予立案。

第四百二十七条 【指使部属违反职责罪】 滥用职权，指使部属进行违反职责的活动，造成严重后果的，处五年以下有期徒刑或者拘役；情节特别严重的，处五年以上十年以下有期徒刑。

● 立案追诉标准

最高人民检察院、解放军总政治部军人违反职责罪案件立案标准的规定（2013年3月28日）

第八条 指使部属违反职责案（刑法第四百二十七条）

指使部属违反职责罪是指指挥人员滥用职权，指使部属进行违反职责的活动，造成严重后果的行为。

涉嫌下列情形之一的，应予立案：

（一）造成重大任务不能完成或者迟缓完成的；

（二）造成死亡一人以上，或者重伤二人以上，或者重伤一人、轻伤三人以上，或者轻伤五人以上的；

（三）造成武器装备、军事设施、军用物资或者其他财产损毁，直接经济损失二十万元以上，或者直接经济损失、间接经济损失合计一百万元以上的；

（四）造成其他严重后果的。

第三十四条 本规定中的"违反职责"，是指违反国家法律、法规，军事法规、军事规章所规定的军人职责，包括军人的共同职责，士兵、军官和首长的一般职责，各类主管人员和其他从事专门工作的军人的专业职责等。

第三十五条 本规定所称"以上"，包括本数；有关犯罪数额"不满"，是指已达到该数额百分之八十以上。

第三十六条　本规定中的"直接经济损失",是指与行为有直接因果关系而造成的财产毁损、减少的实际价值;"间接经济损失",是指由直接经济损失引起和牵连的其他损失,包括失去在正常情况下可能获得的利益和为恢复正常管理活动或者为挽回已经造成的损失所支付的各种费用等。

第三十七条　本规定中的"武器装备",是实施和保障军事行动的武器、武器系统和军事技术器材的统称。

第三十八条　本规定中的"军用物资",是除武器装备以外专供武装力量使用的各种物资的统称,包括装备器材、军需物资、医疗物资、油料物资、营房物资等。

第三十九条　本规定中财物价值和损失的确定,由部队驻地人民法院、人民检察院和公安机关指定的价格事务机构进行估价。武器装备、军事设施、军用物资的价值和损失,由部队军以上单位的主管部门确定;有条件的,也可以由部队驻地人民法院、人民检察院和公安机关指定的价格事务机构进行估价。

第四百二十八条　【违令作战消极罪】指挥人员违抗命令,临阵畏缩,作战消极,造成严重后果的,处五年以下有期徒刑;致使战斗、战役遭受重大损失或者有其他特别严重情节的,处五年以上有期徒刑。

● 立案追诉标准

最高人民检察院、解放军总政治部军人违反职责罪案件立案标准的规定（2013年3月28日）

第九条　违令作战消极案（刑法第四百二十八条）

违令作战消极罪是指指挥人员违抗命令,临阵畏缩,作战消极,造成严重后果的行为。

违抗命令,临阵畏缩,作战消极,是指在作战中故意违背、抗拒执行首长、上级的命令,面临战斗任务而畏难怕险,怯战怠战,行动消极。

涉嫌下列情形之一的,应予立案:

（一）扰乱作战部署或者贻误战机的;

（二）造成作战任务不能完成或者迟缓完成的;

（三）造成我方人员死亡一人以上，或者重伤二人以上，或者轻伤三人以上的；

（四）造成武器装备、军事设施、军用物资或者其他财产损毁，直接经济损失二十万元以上，或者直接经济损失、间接经济损失合计一百万元以上的；

（五）造成其他严重后果的。

第三十五条　本规定所称"以上"，包括本数；有关犯罪数额"不满"，是指已达到该数额百分之八十以上。

第三十六条　本规定中的"直接经济损失"，是指与行为有直接因果关系而造成的财产损毁、减少的实际价值；"间接经济损失"，是指由直接经济损失引起和牵连的其他损失，包括失去在正常情况下可能获得的利益和为恢复正常管理活动或者为挽回已经造成的损失所支付的各种费用等。

第三十七条　本规定中的"武器装备"，是实施和保障军事行动的武器、武器系统和军事技术器材的统称。

第三十八条　本规定中的"军用物资"，是除武器装备以外专供武装力量使用的各种物资的统称，包括装备器材、军需物资、医疗物资、油料物资、营房物资等。

第三十九条　本规定中财物价值和损失的确定，由部队驻地人民法院、人民检察院和公安机关指定的价格事务机构进行估价。武器装备、军事设施、军用物资的价值和损失，由部队军以上单位的主管部门确定；有条件的，也可以由部队驻地人民法院、人民检察院和公安机关指定的价格事务机构进行估价。

第四百二十九条　【拒不救援友邻部队罪】 在战场上明知友邻部队处境危急请求救援，能救援而不救援，致使友邻部队遭受重大损失的，对指挥人员，处五年以下有期徒刑。

● 立案追诉标准

最高人民检察院、解放军总政治部军人违反职责罪案件立案标准的规定
（2013年3月28日）

第十条　拒不救援友邻部队案（刑法第四百二十九条）

拒不救援友邻部队罪是指指挥人员在战场上，明知友邻部队面临被敌人包围、追击或者阵地将被攻陷等危急情况请求救援，能救援而不救援，致使友邻部队遭受重大损失的行为。

能救援而不救援，是指根据当时自己部队（分队）所处的环境、作战能力及所担负的任务，有条件组织救援却没有组织救援。

涉嫌下列情形之一的，应予立案：

（一）造成战斗失利的；

（二）造成阵地失陷的；

（三）造成突围严重受挫的；

（四）造成我方人员死亡三人以上，或者重伤十人以上，或者轻伤十五人以上的；

（五）造成武器装备、军事设施、军用物资损毁，直接经济损失一百万元以上的；

（六）造成其他重大损失的。

第三十五条　本规定所称"以上"，包括本数；有关犯罪数额"不满"，是指已达到该数额百分之八十以上。

第三十六条　本规定中的"直接经济损失"，是指与行为有直接因果关系而造成的财产损毁、减少的实际价值；"间接经济损失"，是指由直接经济损失引起和牵连的其他损失，包括失去在正常情况下可能获得的利益和为恢复正常管理活动或者为挽回已经造成的损失所支付的各种费用等。

第三十七条　本规定中的"武器装备"，是实施和保障军事行动的武器、武器系统和军事技术器材的统称。

第三十九条　本规定中财物价值和损失的确定，由部队驻地人民法院、人民检察院和公安机关指定的价格事务机构进行估价。武器装备、军事设施、军用物资的价值和损失，由部队军以上单位的主管部门确定；有条件的，也可以由部队驻地人民法院、人民检察院和公安机关指定的价格事务机构进行估价。

第四百三十条　【军人叛逃罪】 在履行公务期间，擅离岗位，叛逃境外或者在境外叛逃，危害国家军事利益的，处五年以下有期徒刑或者拘役；情节严重的，处五年以上有期徒刑。

驾驶航空器、舰船叛逃的，或者有其他特别严重情节的，处十年以上有期徒刑、无期徒刑或者死刑。

● 立案追诉标准

最高人民检察院、解放军总政治部军人违反职责罪案件立案标准的规定
（2013 年 3 月 28 日）

第十一条 军人叛逃案（刑法第四百三十条）

军人叛逃罪是指军人在履行公务期间，擅离岗位，叛逃境外或者在境外叛逃，危害国家军事利益的行为。

涉嫌下列情形之一的，应予立案：

（一）因反对国家政权和社会主义制度而出逃的；
（二）掌握、携带军事秘密出境后滞留不归的；
（三）申请政治避难的；
（四）公开发表叛国言论的；
（五）投靠境外反动机构或者组织的；
（六）出逃至交战对方区域的；
（七）进行其他危害国家军事利益活动的。

> **第四百三十一条** 【非法获取军事秘密罪】以窃取、刺探、收买方法，非法获取军事秘密的，处五年以下有期徒刑；情节严重的，处五年以上十年以下有期徒刑；情节特别严重的，处十年以上有期徒刑。
>
> 【为境外窃取、刺探、收买、非法提供军事秘密罪】为境外的机构、组织、人员窃取、刺探、收买、非法提供军事秘密的，处五年以上十年以下有期徒刑；情节严重的，处十年以上有期徒刑、无期徒刑或者死刑。①

● 立案追诉标准

最高人民检察院、解放军总政治部军人违反职责罪案件立案标准的规定
（2013 年 3 月 28 日）

第十二条 非法获取军事秘密案（刑法第四百三十一条第一款）

---

① 编者注：《刑法修正案（十一）》将为境外窃取、刺探、收买、非法提供军事秘密罪的起刑点由十年降低为五年。

获取军事秘密罪是指违反国家和军队的保密规定，采取窃取、刺探、收买方法，非法获取军事秘密的行为。

军事秘密，是关系国防安全和军事利益，依照规定的权限和程序确定，在一定时间内只限一定范围的人员知悉的事项。内容包括：

（一）国防和武装力量建设规划及其实施情况；

（二）军事部署，作战、训练以及处置突发事件等军事行动中需要控制知悉范围的事项；

（三）军事情报及其来源，军事通信、信息对抗以及其他特种业务的手段、能力，密码以及有关资料；

（四）武装力量的组织编制，部队的任务、实力、状态等情况中需要控制知悉范围的事项，特殊单位以及师级以下部队的番号；

（五）国防动员计划及其实施情况；

（六）武器装备的研制、生产、配备情况和补充、维修能力，特种军事装备的战术技术性能；

（七）军事学术和国防科学技术研究的重要项目、成果及其应用情况中需要控制知悉范围的事项；

（八）军队政治工作中不宜公开的事项；

（九）国防费分配和使用的具体事项，军事物资的筹措、生产、供应和储备等情况中需要控制知悉范围的事项；

（十）军事设施及其保护情况中不宜公开的事项；

（十一）对外军事交流与合作中不宜公开的事项；

（十二）其他需要保密的事项。

凡涉嫌非法获取军事秘密的，应予立案。

第十三条　为境外窃取、刺探、收买、非法提供军事秘密案（刑法第四百三十一条第二款）

为境外窃取、刺探、收买、非法提供军事秘密罪是指违反国家和军队的保密规定，为境外的机构、组织、人员窃取、刺探、收买、非法提供军事秘密的行为。

凡涉嫌为境外窃取、刺探、收买、非法提供军事秘密的，应予立案。

第三十七条　本规定中的"武器装备"，是实施和保障军事行动的武器、武器系统和军事技术器材的统称。

第四百三十二条　【故意泄露军事秘密罪】【过失泄露军事秘密罪】 违反保守国家秘密法规，故意或者过失泄露军事秘密，情节严重的，处五年以下有期徒刑或者拘役；情节特别严重的，处五年以上十年以下有期徒刑。

战时犯前款罪的，处五年以上十年以下有期徒刑；情节特别严重的，处十年以上有期徒刑或者无期徒刑。

● 立案追诉标准

最高人民检察院、解放军总政治部军人违反职责罪案件立案标准的规定（2013 年 3 月 28 日）

第十四条　故意泄露军事秘密案（刑法第四百三十二条）

故意泄露军事秘密罪是指违反国家和军队的保密规定，故意使军事秘密被不应知悉者知悉或者超出了限定的接触范围，情节严重的行为。

涉嫌下列情形之一的，应予立案：

（一）泄露绝密级或者机密级军事秘密一项（件）以上的；

（二）泄露秘密级军事秘密三项（件）以上的；

（三）向公众散布、传播军事秘密的；

（四）泄露军事秘密造成严重危害后果的；

（五）利用职权指使或者强迫他人泄露军事秘密的；

（六）负有特殊保密义务的人员泄密的；

（七）以牟取私利为目的泄露军事秘密的；

（八）执行重大任务时泄密的；

（九）有其他情节严重行为的。

第十五条　过失泄露军事秘密案（刑法第四百三十二条）

过失泄露军事秘密罪是指违反国家和军队的保密规定，过失泄露军事秘密，致使军事秘密被不应知悉者知悉或者超出了限定的接触范围，情节严重的行为。

涉嫌下列情形之一的，应予立案：

（一）泄露绝密级军事秘密一项（件）以上的；

（二）泄露机密级军事秘密三项（件）以上的；

（三）泄露秘密级军事秘密四项（件）以上的；

（四）负有特殊保密义务的人员泄密的；

（五）泄露军事秘密或者遗失军事秘密载体，不按照规定报告，或者不如实提供有关情况，或者未及时采取补救措施的；

（六）有其他情节严重行为的。

第三十五条　本规定所称"以上"，包括本数；有关犯罪数额"不满"，是指已达到该数额百分之八十以上。

第四百三十三条　【战时造谣惑众罪】战时造谣惑众，动摇军心的，处三年以下有期徒刑；情节严重的，处三年以上十年以下有期徒刑；情节特别严重的，处十年以上有期徒刑或者无期徒刑。

● 立案追诉标准

最高人民检察院、解放军总政治部军人违反职责罪案件立案标准的规定（2013年3月28日）

第十六条　战时造谣惑众案（刑法第四百三十三条）

战时造谣惑众罪是指在战时造谣惑众，动摇军心的行为。

造谣惑众，动摇军心，是指故意编造、散布谣言，煽动怯战、厌战或者恐怖情绪，蛊惑官兵，造成或者足以造成部队情绪恐慌、士气不振、军心涣散的行为。

凡战时涉嫌造谣惑众，动摇军心的，应予立案。

第三十三条　本规定所称"战时"，是指国家宣布进入战争状态、部队受领作战任务或者遭敌突然袭击时。部队执行戒严任务或者处置突发性暴力事件时，以战时论。

第四百三十四条　【战时自伤罪】战时自伤身体，逃避军事义务的，处三年以下有期徒刑；情节严重的，处三年以上七年以下有期徒刑。

● 立案追诉标准

最高人民检察院、解放军总政治部军人违反职责罪案件立案标准的规定（2013年3月28日）

第十七条　战时自伤案（刑法第四百三十四条）

战时自伤罪是指在战时为了逃避军事义务，故意伤害自己身体的行为。

逃避军事义务，是指逃避临战准备、作战行动、战场勤务和其他作战保障任务等与作战有关的义务。

凡战时涉嫌自伤致使不能履行军事义务的，应予立案。

第三十三条　本规定所称"战时"，是指国家宣布进入战争状态、部队受领作战任务或者遭敌突然袭击时。部队执行戒严任务或者处置突发性暴力事件时，以战时论。

第四百三十五条　【逃离部队罪】 违反兵役法规，逃离部队，情节严重的，处三年以下有期徒刑或者拘役。

战时犯前款罪的，处三年以上七年以下有期徒刑。

● 立案追诉标准

最高人民检察院、解放军总政治部军人违反职责罪案件立案标准的规定（2013年3月28日）

第十八条　逃离部队案（刑法第四百三十五条）

逃离部队罪是指违反兵役法规，逃离部队，情节严重的行为。

违反兵役法规，是指违反国防法、兵役法和军队条令条例以及其他有关兵役方面的法律规定。

逃离部队，是指擅自离开部队或者经批准外出逾期拒不归队。

涉嫌下列情形之一的，应予立案：

（一）逃离部队持续时间达三个月以上或者三次以上或者累计时间达六个月以上的；

（二）担负重要职责的人员逃离部队的；

（三）策动三人以上或者胁迫他人逃离部队的；

（四）在执行重大任务期间逃离部队的；

（五）携带武器装备逃离部队的；

（六）有其他情节严重行为的。

第三十五条　本规定所称"以上"，包括本数；有关犯罪数额"不满"，是指已达到该数额百分之八十以上。

第三十七条　本规定中的"武器装备"，是实施和保障军事行动的武器、武器系统和军事技术器材的统称。

● 定罪

非战时逃离部队行为的处理

　　最高人民法院、最高人民检察院关于对军人非战时逃离部队的行为能否定罪处罚问题的批复（2000年12月8日）

　　军人违反兵役法规，在非战时逃离部队，情节严重的，应当依照刑法第四百三十五条第一款的规定定罪处罚。

> **第四百三十六条　【武器装备肇事罪】** 违反武器装备使用规定，情节严重，因而发生责任事故，致人重伤、死亡或者造成其他严重后果的，处三年以下有期徒刑或者拘役；后果特别严重的，处三年以上七年以下有期徒刑。

● 关联法条

第九十五条

● 立案追诉标准

　　最高人民检察院、解放军总政治部军人违反职责罪案件立案标准的规定（2013年3月28日）

　　第十九条　武器装备肇事案（刑法第四百三十六条）

　　武器装备肇事罪是指违反武器装备使用规定，情节严重，因而发生责任事故，致人重伤、死亡或者造成其他严重后果的行为。

　　情节严重，是指故意违反武器装备使用规定，或者在使用过程中严重不负责任。

　　涉嫌下列情形之一的，应予立案：

　　（一）影响重大任务完成的；

　　（二）造成死亡一人以上，或者重伤二人以上，或者轻伤三人以上的；

　　（三）造成武器装备、军事设施、军用物资或者其他财产损毁，直接经济损失三十万元以上，或者直接经济损失、间接经济损失合计一百五十万元以上的；

（四）严重损害国家和军队声誉，造成恶劣影响的；

（五）造成其他严重后果的。

第三十五条　本规定所称"以上"，包括本数；有关犯罪数额"不满"，是指已达到该数额百分之八十以上。

第三十六条　本规定中的"直接经济损失"，是指与行为有直接因果关系而造成的财产损毁、减少的实际价值；"间接经济损失"，是指由直接经济损失引起和牵连的其他损失，包括失去在正常情况下可能获得的利益和为恢复正常管理活动或者为挽回已经造成的损失所支付的各种费用等。

第三十七条　本规定中的"武器装备"，是实施和保障军事行动的武器、武器系统和军事技术器材的统称。

第二十八条　本规定中的"军用物资"，是除武器装备以外专供武装力量使用的各种物资的统称，包括装备器材、军需物资、医疗物资、油料物资、营房物资等。

第三十九条　本规定中财物价值和损失的确定，由部队驻地人民法院、人民检察院和公安机关指定的价格事务机构进行估价。武器装备、军事设施、军用物资的价值和损失，由部队军以上单位的主管部门确定；有条件的，也可以由部队驻地人民法院、人民检察院和公安机关指定的价格事务机构进行估价。

● 定罪

此罪与彼罪

中国人民解放军军事法院关于审理军人违反职责罪案件中几个具体问题的处理意见（1988年10月19日）

一、关于军职人员玩弄枪支、弹药走火或者爆炸，致人重伤、死亡或者造成其他严重后果的案件，是否一概以武器装备肇事罪论处的问题。

军职人员在执勤、训练、作战时使用、操作武器装备，或者在管理、维修、保养武器装备的过程中，违反武器装备使用规定和操作规程，情节严重，因而发生重大责任事故，致人重伤、死亡或者造成其他严重后果的，依照《条例》第三条的规定，以武器装备肇事罪论处；凡违反枪支、弹药管理使用规定，私自携带枪支、弹药外出，因玩弄而造成走火或者爆炸，致人重伤、死亡或者使公私财产遭受重大损失的，分别依照刑法第一百三十五条、第一百三十三条、第一百零六条的规定，以过失重伤罪、过失杀人罪或者过失爆炸罪论处。

四、关于军职人员驾驶军用装备车辆肇事的,是定交通肇事罪还是定武器装备肇事罪的问题。

军职人员驾驶军用装备车辆,违反武器装备使用规定和操作规程,情节严重,因而发生重大责任事故,致人重伤、死亡或者造成其他严重后果的,即使同时违反交通运输规章制度,也应当依照《条例》第三条的规定,以武器装备肇事罪论处;如果仅因违反交通运输规章制度而发生重大事故,致人重伤、死亡或者使公私财产遭受重大损失的,则依照刑法第一百一十三条的规定,以交通肇事罪论处。

> **第四百三十七条 【擅自改变武器装备编配用途罪】** 违反武器装备管理规定,擅自改变武器装备的编配用途,造成严重后果的,处三年以下有期徒刑或者拘役;造成特别严重后果的,处三年以上七年以下有期徒刑。

● 立案追诉标准

最高人民检察院、解放军总政治部军人违反职责罪案件立案标准的规定
(2013年3月28日)

第二十条 擅自改变武器装备编配用途案(刑法第四百三十七条)

擅自改变武器装备编配用途罪是指违反武器装备管理规定,未经有权机关批准,擅自将编配的武器装备改作其他用途,造成严重后果的行为。

涉嫌下列情形之一的,应予立案:

(一)造成重大任务不能完成或者迟缓完成的;

(二)造成死亡一人以上,或者重伤三人以上,或者重伤二人、轻伤四人以上,或者重伤一人、轻伤七人以上,或者轻伤十人以上的;

(三)造成武器装备、军事设施、军用物资或者其他财产损毁,直接经济损失三十万元以上,或者直接经济损失、间接经济损失合计一百五十万元以上的;

(四)造成其他严重后果的。

第三十五条 本规定所称"以上",包括本数;有关犯罪数额"不满",是指已达到该数额百分之八十以上。

第三十六条 本规定中的"直接经济损失",是指与行为有直接因果关系而造成的财产损毁、减少的实际价值;"间接经济损失",是指由直接经济损失引起和牵连的其他损失，包括失去在正常情况下可能获得的利益和为恢复正常管理活动或者为挽回已经造成的损失所支付的各种费用等。

第三十七条　本规定中的"武器装备"，是实施和保障军事行动的武器、武器系统和军事技术器材的统称。

第三十八条　本规定中的"军用物资"，是除武器装备以外专供武装力量使用的各种物资的统称，包括装备器材、军需物资、医疗物资、油料物资、营房物资等。

第三十九条　本规定中财物价值和损失的确定，由部队驻地人民法院、人民检察院和公安机关指定的价格事务机构进行估价。武器装备、军事设施、军用物资的价值和损失，由部队军以上单位的主管部门确定；有条件的，也可以由部队驻地人民法院、人民检察院和公安机关指定的价格事务机构进行估价。

第四百三十八条　【盗窃、抢夺武器装备、军用物资罪】 盗窃、抢夺武器装备或者军用物资的，处五年以下有期徒刑或者拘役；情节严重的，处五年以上十年以下有期徒刑；情节特别严重的，处十年以上有期徒刑、无期徒刑或者死刑。

盗窃、抢夺枪支、弹药、爆炸物的，依照本法第一百二十七条的规定处罚。

● 立案追诉标准

最高人民检察院、解放军总政治部军人违反职责罪案件立案标准的规定
（2013 年 3 月 28 日）

第二十一条　盗窃、抢夺武器装备、军用物资案（刑法第四百三十八条）

盗窃武器装备罪是指以非法占有为目的，秘密窃取武器装备的行为。

抢夺武器装备罪是指以非法占有为目的，乘人不备，公然夺取武器装备的行为。

凡涉嫌盗窃、抢夺武器装备的，应予立案。

盗窃军用物资罪是指以非法占有为目的，秘密窃取军用物资的行为。

抢夺军用物资罪是指以非法占有为目的，乘人不备，公然夺取军用物资的行为。

凡涉嫌盗窃、抢夺军用物资价值二千元以上，或者不满规定数额，但后果严重的，应予立案。

第三十五条　本规定所称"以上"，包括本数；有关犯罪数额"不满"，是指已达到该数额百分之八十以上。

第三十七条　本规定中的"武器装备"，是实施和保障军事行动的武器、武器系统和军事技术器材的统称。

第三十八条　本规定中的"军用物资"，是除武器装备以外专供武装力量使用的各种物资的统称，包括装备器材、军需物资、医疗物资、油料物资、营房物资等。

第四百三十九条　【非法出卖、转让武器装备罪】非法出卖、转让军队武器装备的，处三年以上十年以下有期徒刑；出卖、转让大量武器装备或者有其他特别严重情节的，处十年以上有期徒刑、无期徒刑或者死刑。

● 立案追诉标准

最高人民检察院、解放军总政治部军人违反职责罪案件立案标准的规定（2013年3月28日）

第二十二条　非法出卖、转让武器装备案（刑法第四百三十九条）

非法出卖、转让武器装备罪是指非法出卖、转让武器装备的行为。

出卖、转让，是指违反武器装备管理规定，未经有权机关批准，擅自用武器装备换取金钱、财物或者其他利益，或者将武器装备馈赠他人的行为。

涉嫌下列情形之一的，应予立案：

（一）非法出卖、转让枪支、手榴弹、爆炸装置的；

（二）非法出卖、转让子弹十发、雷管三十枚、导火索或者导爆索三十米、炸药一千克以上，或者不满规定数量，但后果严重的；

（三）非法出卖、转让武器装备零部件或者维修器材、设备，致使武器装备报废或者直接经济损失三十万元以上的；

（四）非法出卖、转让其他重要武器装备的。

第三十五条　本规定所称"以上"，包括本数；有关犯罪数额"不满"，是指已达到该数额百分之八十以上。

第三十六条　本规定中的"直接经济损失"，是指与行为有直接因果关系而造成的财产损毁、减少的实际价值；"间接经济损失"，是指由直接经济损失引起和牵连的其他损失，包括失去在正常情况下可能获得的利益和为恢复正常管理活动或者为挽回已经造成的损失所支付的各种费用等。

第三十七条　本规定中的"武器装备"，是实施和保障军事行动的武器、武器系统和军事技术器材的统称。

第三十九条　本规定中财物价值和损失的确定，由部队驻地人民法院、人民检察院和公安机关指定的价格事务机构进行估价。武器装备、军事设施、军用物资的价值和损失，由部队军以上单位的主管部门确定；有条件的，也可以由部队驻地人民法院、人民检察院和公安机关指定的价格事务机构进行估价。

第四百四十条　【遗弃武器装备罪】违抗命令，遗弃武器装备的，处五年以下有期徒刑或者拘役；遗弃重要或者大量武器装备的，或者有其他严重情节的，处五年以上有期徒刑。

● 立案追诉标准

最高人民检察院、解放军总政治部军人违反职责罪案件立案标准的规定（2013年3月28日）

第二十三条　遗弃武器装备案（刑法第四百四十条）

遗弃武器装备罪是指负有保管、使用武器装备义务的军人，违抗命令，故意遗弃武器装备的行为。

涉嫌下列情形之一的，应予立案：

（一）遗弃枪支、手榴弹、爆炸装置的；

（二）遗弃子弹十发、雷管三十枚、导火索或者导爆索三十米、炸药一千克以上，或者不满规定数量，但后果严重的；

（三）遗弃武器装备零部件或者维修器材、设备，致使武器装备报废或者直接经济损失三十万元以上的；

（四）遗弃其他重要武器装备的。

第三十五条　本规定所称"以上"，包括本数；有关犯罪数额"不满"，是指已达到该数额百分之八十以上。

第三十六条　本规定中的"直接经济损失"，是指与行为有直接因果关系而造成的财产毁损、减少的实际价值；"间接经济损失"，是指由直接经济损失引起和牵连的其他损失，包括失去在正常情况下可能获得的利益和为恢复正常管理活动或者为挽回已经造成的损失所支付的各种费用等。

第三十七条　本规定中的"武器装备",是实施和保障军事行动的武器、武器系统和军事技术器材的统称。

第三十九条　本规定中财物价值和损失的确定,由部队驻地人民法院、人民检察院和公安机关指定的价格事务机构进行估价。武器装备、军事设施、军用物资的价值和损失,由部队军以上单位的主管部门确定;有条件的,也可以由部队驻地人民法院、人民检察院和公安机关指定的价格事务机构进行估价。

第四百四十一条　【遗失武器装备罪】遗失武器装备,不及时报告或者有其他严重情节的,处三年以下有期徒刑或者拘役。

● 立案追诉标准

最高人民检察院、解放军总政治部军人违反职责罪案件立案标准的规定（2013年3月28日）

第二十四条　遗失武器装备案（刑法第四百四十一条）

遗失武器装备罪,是指遗失武器装备,不及时报告或者有其他严重情节的行为。

其他严重情节,是指遗失武器装备严重影响重大任务完成的;给人民群众生命财产安全造成严重危害的;遗失的武器装备被敌人或者境外的机构、组织和人员或者国内恐怖组织和人员利用,造成严重后果或者恶劣影响的;遗失的武器装备数量多、价值高的;战时遗失的,等等。

凡涉嫌遗失武器装备不及时报告或者有其他严重情节的,应予立案。

第三十三条　本规定所称"战时",是指国家宣布进入战争状态、部队受领作战任务或者遭敌突然袭击时。部队执行戒严任务或者处置突发性暴力事件时,以战时论。

第三十七条　本规定中的"武器装备",是实施和保障军事行动的武器、武器系统和军事技术器材的统称。

第四百四十二条　【擅自出卖、转让军队房地产罪】违反规定,擅自出卖、转让军队房地产,情节严重的,对直接责任人员,处三年以下有期徒刑或者拘役;情节特别严重的,处三年以上十年以下有期徒刑。

● 立案追诉标准

最高人民检察院、解放军总政治部军人违反职责罪案件立案标准的规定
（2013年3月28日）

第二十五条 擅自出卖、转让军队房地产案（刑法第四百四十二条）

擅自出卖、转让军队房地产罪是指违反军队房地产管理和使用规定，未经有权机关批准，擅自出卖、转让军队房地产，情节严重的行为。

军队房地产，是指依法由军队使用管理的土地及其地上地下用于营房保障的建筑物、构筑物、附属设施设备，以及其他附着物。

涉嫌下列情形之一的，应予立案：

（一）擅自出卖、转让军队房地产价值三十万元以上的；

（二）擅自出卖、转让军队房地产给境外的机构、组织、人员的；

（三）擅自出卖、转让军队房地产严重影响部队正常战备、训练、工作、生活和完成军事任务的；

（四）擅自出卖、转让军队房地产给军事设施安全造成严重危害的；

（五）有其他情节严重行为的。

第三十五条 本规定所称"以上"，包括本数；有关犯罪数额"不满"，是指已达到该数额百分之八十以上。

第四百四十三条 【虐待部属罪】 滥用职权，虐待部属，情节恶劣，致人重伤或者造成其他严重后果的，处五年以下有期徒刑或者拘役；致人死亡的，处五年以上有期徒刑。

● 关联法条

第九十五条

● 立案追诉标准

最高人民检察院、解放军总政治部军人违反职责罪案件立案标准的规定
（2013年3月28日）

第二十六条 虐待部属案（刑法第四百四十三条）

虐待部属罪是指滥用职权，虐待部属，情节恶劣，致人重伤、死亡或者造成其他严重后果的行为。

虐待部属，是指采取殴打、体罚、冻饿或者其他有损身心健康的手段，折磨、摧残部属的行为。

情节恶劣，是指虐待手段残酷的；虐待三人以上的；虐待部属三次以上的；虐待伤病残部属的，等等。

其他严重后果，是指部属不堪忍受虐待而自杀、自残造成重伤或者精神失常的；诱发其他案件、事故的；导致部属一人逃离部队三次以上，或者二人以上逃离部队的；造成恶劣影响的，等等。

凡涉嫌虐待部属，情节恶劣，致人重伤、死亡或者造成其他严重后果的，应予立案。

第三十五条　本规定所称"以上"，包括本数；有关犯罪数额"不满"，是指已达到该数额百分之八十以上。

第四百四十四条　【遗弃伤病军人罪】 在战场上故意遗弃伤病军人，情节恶劣的，对直接责任人员，处五年以下有期徒刑。

● 立案追诉标准

最高人民检察院、解放军总政治部军人违反职责罪案件立案标准的规定
（2013年3月28日）

第二十七条　遗弃伤病军人案（刑法第四百四十四条）

遗弃伤病军人罪是指在战场上故意遗弃我方伤病军人，情节恶劣的行为。

涉嫌下列情形之一的，应予立案：

（一）为挟嫌报复而遗弃伤病军人的；

（二）遗弃伤病军人三人以上的；

（三）导致伤病军人死亡、失踪、被俘的；

（四）有其他恶劣情节的。

第三十五条　本规定所称"以上"，包括本数；有关犯罪数额"不满"，是指已达到该数额百分之八十以上。

> **第四百四十五条 【战时拒不救治伤病军人罪】**战时在救护治疗职位上,有条件救治而拒不救治危重伤病军人的,处五年以下有期徒刑或者拘役;造成伤病军人重残、死亡或者有其他严重情节的,处五年以上十年以下有期徒刑。

● 立案追诉标准

最高人民检察院、解放军总政治部军人违反职责罪案件立案标准的规定(2013 年 3 月 28 日)

第二十八条 战时拒不救治伤病军人案(刑法第四百四十五条)

战时拒不救治伤病军人罪是指战时在救护治疗职位上,有条件救治而拒不救治危重伤病军人的行为。

有条件救治而拒不救治,是指根据伤病军人的伤情或者病情,结合救护人员的技术水平、医疗单位的医疗条件及当时的客观环境等因素,能够给予救治而拒绝抢救、治疗。

凡战时涉嫌拒不救治伤病军人的,应予立案。

第三十三条 本规定所称"战时",是指国家宣布进入战争状态、部队受领作战任务或者遭敌突然袭击时。部队执行戒严任务或者处置突发性暴力事件时,以战时论。

> **第四百四十六条 【战时残害居民、掠夺居民财物罪】**战时在军事行动地区,残害无辜居民或者掠夺无辜居民财物的,处五年以下有期徒刑;情节严重的,处五年以上十年以下有期徒刑;情节特别严重的,处十年以上有期徒刑、无期徒刑或者死刑。

● 立案追诉标准

最高人民检察院、解放军总政治部军人违反职责罪案件立案标准的规定(2013 年 3 月 28 日)

第二十九条 战时残害居民、掠夺居民财物案(刑法第四百四十六条)

战时残害居民罪是指战时在军事行动地区残害无辜居民的行为。

无辜居民,是指对我军无敌对行动的平民。

战时涉嫌下列情形之一的,应予立案:
(一)故意造成无辜居民死亡、重伤或者轻伤三人以上的;
(二)强奸无辜居民的;
(三)故意损毁无辜居民财物价值五千元以上,或者不满规定数额,但手段恶劣、后果严重的。

战时掠夺居民财物罪是指战时在军事行动地区抢劫、抢夺无辜居民财物的行为。

战时涉嫌下列情形之一的,应予立案:
(一)抢劫无辜居民财物的;
(二)抢夺无辜居民财物价值二千元以上,或者不满规定数额,但手段恶劣、后果严重的。

第三十三条 本规定所称"战时",是指国家宣布进入战争状态、部队受领作战任务或者遭敌突然袭击时。部队执行戒严任务或者处置突发性暴力事件时,以战时论。

第三十五条 本规定所称"以上",包括本数;有关犯罪数额"不满",是指已达到该数额百分之八十以上。

第三十九条 本规定中财物价值和损失的确定,由部队驻地人民法院、人民检察院和公安机关指定的价格事务机构进行估价。武器装备、军事设施、军用物资的价值和损失,由部队军以上单位的主管部门确定;有条件的,也可以由部队驻地人民法院、人民检察院和公安机关指定的价格事务机构进行估价。

第四百四十七条 【私放俘虏罪】 私放俘虏的,处五年以下有期徒刑;私放重要俘虏、私放俘虏多人或者有其他严重情节的,处五年以上有期徒刑。

● 立案追诉标准

最高人民检察院、解放军总政治部军人违反职责罪案件立案标准的规定
(2013年3月28日)

第三十条 私放俘虏案(刑法第四百四十七条)
私放俘虏罪是指擅自将俘虏放走的行为。
凡涉嫌私放俘虏的,应予立案。

> **第四百四十八条　【虐待俘虏罪】**虐待俘虏，情节恶劣的，处三年以下有期徒刑。

● 立案追诉标准

最高人民检察院、解放军总政治部军人违反职责罪案件立案标准的规定（2013年3月28日）

第三十一条　虐待俘虏案（刑法第四百四十八条）

虐待俘虏罪是指虐待俘虏，情节恶劣的行为。

涉嫌下列情形之一的，应予立案：

（一）指挥人员虐待俘虏的；

（二）虐待俘虏三人以上，或者虐待俘虏三次以上的；

（三）虐待俘虏手段特别残忍的；

（四）虐待伤病俘虏的；

（五）导致俘虏自杀、逃跑等严重后果的；

（六）造成恶劣影响的；

（七）有其他恶劣情节的。

第三十五条　本规定所称"以上"，包括本数；有关犯罪数额"不满"，是指已达到该数额百分之八十以上。

> **第四百四十九条　【战时缓刑】**在战时，对被判处三年以下有期徒刑没有现实危险宣告缓刑的犯罪军人，允许其戴罪立功，确有立功表现时，可以撤销原判刑罚，不以犯罪论处。

> **第四百五十条　【本章适用的主体范围】**本章适用于中国人民解放军的现役军官、文职干部、士兵及具有军籍的学员和中国人民武装警察部队的现役警官、文职干部、士兵及具有军籍的学员以及文职人员、执行军事任务的预备役人员和其他人员。[①]

---

① 编者注：《刑法修正案（十一）》增加了"文职人员"的表述。

第四百五十一条 【战时的概念】本章所称战时,是指国家宣布进入战争状态、部队受领作战任务或者遭敌突然袭击时。

部队执行戒严任务或者处置突发性暴力事件时,以战时论。

附 则

第四百五十二条 【施行日期】本法自 1997 年 10 月 1 日起施行。

列于本法附件一的全国人民代表大会常务委员会制定的条例、补充规定和决定,已纳入本法或者已不适用,自本法施行之日起,予以废止。

列于本法附件二的全国人民代表大会常务委员会制定的补充规定和决定予以保留。其中,有关行政处罚和行政措施的规定继续有效;有关刑事责任的规定已纳入本法,自本法施行之日起,适用本法规定。

附件一

全国人民代表大会常务委员会制定的下列条例、补充规定和决定,已纳入本法或者已不适用,自本法施行之日起,予以废止:①

1. 中华人民共和国惩治军人违反职责罪暂行条例
2. 关于严惩严重破坏经济的罪犯的决定
3. 关于严惩严重危害社会治安的犯罪分子的决定
4. 关于惩治走私罪的补充规定
5. 关于惩治贪污罪贿赂罪的补充规定②
6. 关于惩治泄露国家秘密犯罪的补充规定
7. 关于惩治捕杀国家重点保护的珍贵、濒危野生动物犯罪的补充规定
8. 关于惩治侮辱中华人民共和国国旗国徽罪的决定
9. 关于惩治盗掘古文化遗址古墓葬犯罪的补充规定
10. 关于惩治劫持航空器犯罪分子的决定
11. 关于惩治假冒注册商标犯罪的补充规定
12. 关于惩治生产、销售伪劣商品犯罪的决定
13. 关于惩治侵犯著作权的犯罪的决定
14. 关于惩治违反公司法的犯罪的决定
15. 关于处理逃跑或者重新犯罪的劳改犯和劳教人员的决定

---

① 编者注:在上述15件条例、补充规定和决定中,第1至第14件规定的内容被修改后纳入了修订后的刑法;第15件《关于处理逃跑或者重新犯罪的劳改犯和劳教人员的决定》不再适用,被直接废止。

② 编者注:《最高人民法院、最高人民检察院关于执行〈关于惩治贪污罪贿赂罪的补充规定〉若干问题的解答》(1989年11月6日)在2013年1月4日发布的《最高人民法院、最高人民检察院关于废止1980年1月1日至1997年6月30日期间制发的部分司法解释和司法解释性质文件的决定(法释〔2013〕1号,2013年1月18日起施行)》中被宣布废止。

附件二

全国人民代表大会常务委员会制定的下列补充规定和决定予以保留,其中,有关行政处罚和行政措施的规定继续有效;有关刑事责任的规定已纳入本法,自本法施行之日起,适用本法规定:

1. 关于禁毒的决定①
2. 关于惩治走私、制作、贩卖、传播淫秽物品的犯罪分子的决定
3. 关于严惩拐卖、绑架妇女、儿童的犯罪分子的决定
4. 关于严禁卖淫嫖娼的决定②
5. 关于惩治偷税、抗税犯罪的补充规定③
6. 关于严惩组织、运送他人偷越国(边)境犯罪的补充规定④
7. 关于惩治破坏金融秩序犯罪的决定
8. 关于惩治虚开、伪造和非法出售增值税专用发票犯罪的决定

---

① 编者注:该《决定》被 2007 年 12 月 29 日第十届全国人民代表大会常务委员会第 31 次会议通过的《中华人民共和国禁毒法》(主席令第 79 号公布,2008 年 6 月 1 日起施行)废止。

② 编者注:2019 年 12 月 28 日,十三届全国人大常委会第十五次会议通过的《关于废止有关收容教育法律规定和制度的决定》(自 2019 年 12 月 29 日起施行)废止了《关于严禁卖淫嫖娼的决定》第四条第二款、第四款,以及据此实行的收容教育制度。

③ 编者注:该《补充规定》被 2009 年 6 月 27 日第十一届全国人民代表大会常务委员会第 9 次会议通过的《关于废止部分法律的决定》(主席令第 16 号公布施行)废止;原规定中有关行政处罚和行政措施的内容被纳入 2001 年 4 月 28 日修订后的《税收征收管理法》。

④ 编者注:该《补充规定》被 2009 年 6 月 27 日第十一届全国人民代表大会常务委员会第 9 次会议通过的《关于废止部分法律的决定》(主席令第 16 号公布施行)废止;原规定中有关行政处罚和行政措施的内容被纳入 2005 年 8 月 28 日制订的《治安管理处罚法》。

图书在版编目（CIP）数据

刑法适用全指引：罪名要义、关联法规、立案追诉标准、定罪量刑标准 / 孙强主编 . —北京：中国法制出版社，2021.4

ISBN 978-7-5216-0818-2

Ⅰ.①刑… Ⅱ.①孙… Ⅲ.①刑法-法律适用-中国 Ⅳ.①D924.05

中国版本图书馆 CIP 数据核字（2021）第 043716 号

策划编辑：胡艺（ngaihu@gmail.com）
责任编辑：胡艺　王悦（wangyuefzs@163.com）　　　　封面设计：周黎明

刑法适用全指引：罪名要义、关联法规、立案追诉标准、定罪量刑标准

XINGFA SHIYONG QUANZHIYIN: ZUIMING YAOYI、GUANLIAN FAGUI、LI'AN ZHUISU BIAOZHUN、DINGZUI LIANGXING BIAOZHUN

主编/孙强
经销/新华书店
印刷/三河市紫恒印装有限公司
开本/880 毫米×1230 毫米　32 开　　　　　　　印张/ 41.75　字数/ 1058 千
版次/2021 年 4 月第 1 版　　　　　　　　　　　2021 年 4 月第 1 次印刷

中国法制出版社出版
书号 ISBN 978-7-5216-0818-2　　　　　　　　　定价：168.00 元
北京西单横二条 2 号
邮政编码 100031　　　　　　　　　　　　　　传真：010-66031119
网址：http://www.zgfzs.com　　　　　　编辑部电话：010-66034985
市场营销部电话：010-66033393　　　　　　邮购部电话：010-66033288

（如有印装质量问题，请与本社印务部联系调换。电话：010-66032926）